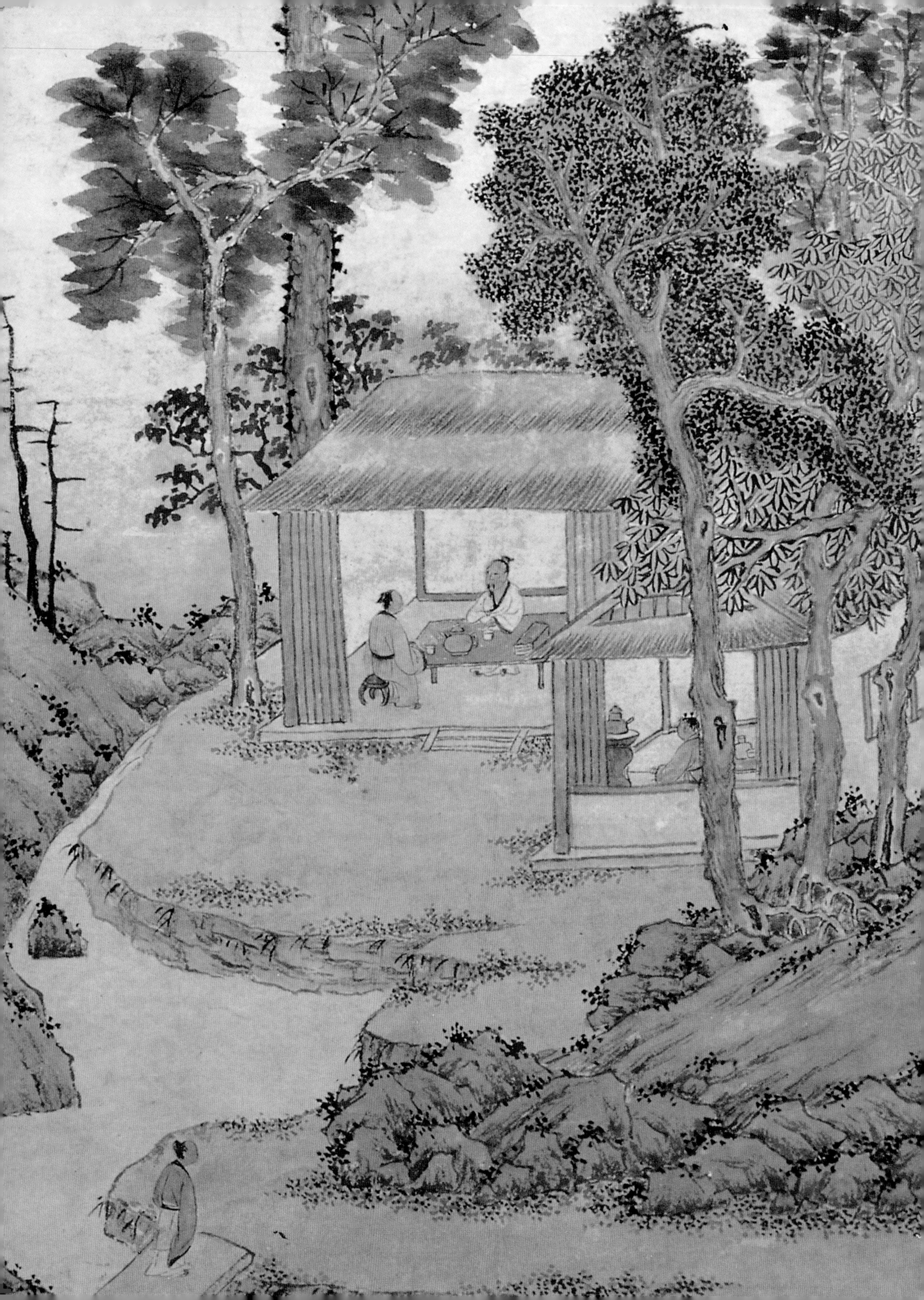

宜興紫砂珍賞

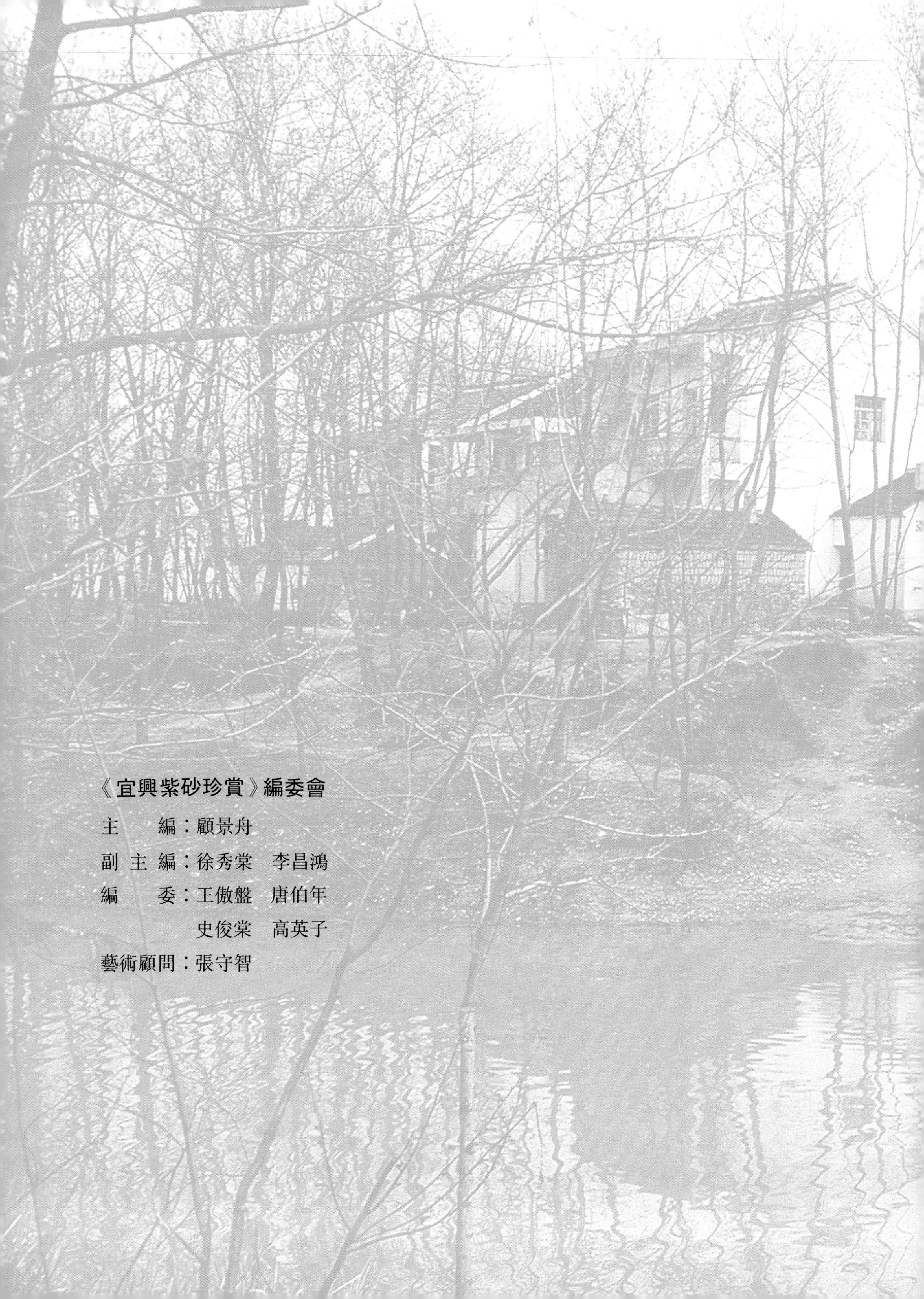

宜興紫砂珍賞

張珩題

主　編：顧景舟

副主編：徐秀棠　李昌鴻

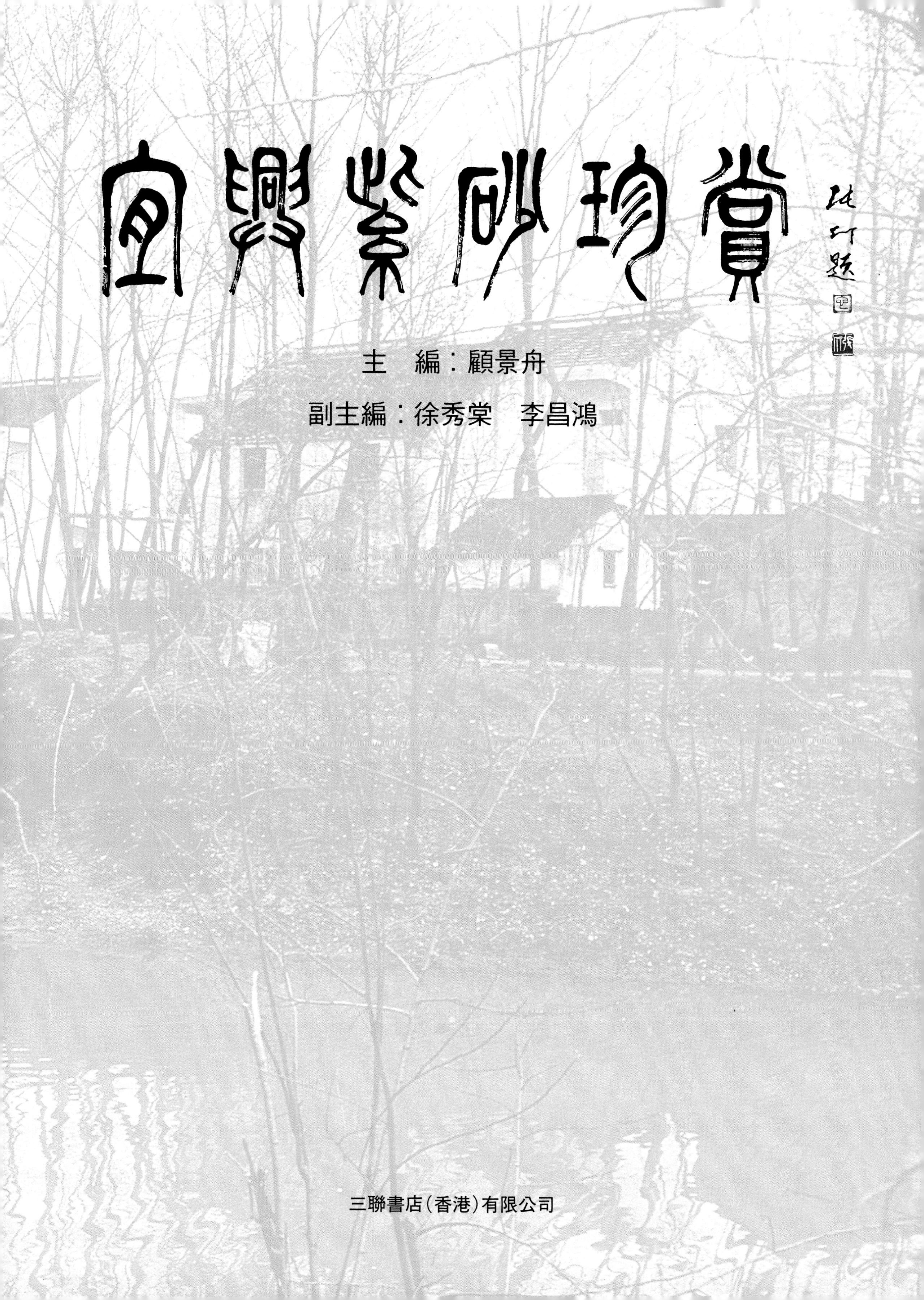

三聯書店(香港)有限公司

書名題簽　張　仃

策　　劃　董秀玉
文字編輯　張志和
美術編輯　寧成春
攝　　影　黎錦榮
裝幀設計　黎錦榮　寧成春

書　　名　**宜興紫砂珍賞**
主　　編　顧景舟
副 主 編　徐秀棠　李昌鴻
出　　版　三聯書店（香港）有限公司
香港北角英皇道 499 號北角工業大廈 20 樓
JOINT PUBLISHING (H.K.) CO., LTD.
20/F., North Point Industrial Building,
499 King's Road, North Point, Hong Kong
香港發行　香港聯合書刊物流有限公司
香港新界荃灣德士古道 220-248 號 16 樓
印　　刷　中華商務彩色印刷有限公司
香港新界大埔汀麗路 36 號 14 字樓
版　　次　1992 年 1 月香港第一版第一次印刷
2022 年 6 月香港第一版第八次印刷
規　　格　特 8 開（228 × 305mm）408 面
國際書號　ISBN 978-962-04-0962-2（精裝本）

Published in Hong Kong

目 錄

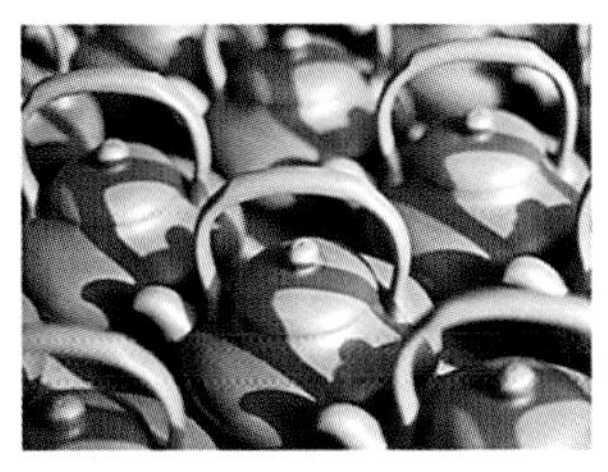

序 —— 馮其庸 —— 1

鼎蜀風情 —— 3

紫砂陶史概論 —— 顧景舟 —— 10

紫砂生產工藝 —— 李昌鴻 —— 19

陽羨茶事 —— 徐秀棠 —— 27

歷史作品 —— 35

現代作品 —— 169

主編簡介 —— 397

作者索引 —— 398

後 記 —— 400

◉ 卷頭畫《品茶圖》（局部） 明・文徵明

編輯說明

一. 本書圖版介紹宜興紫砂精品511件（套），分歷史、現代兩大部分，按製作年代先後排列。歷史部分以1949年爲界限，展示了明、清、民國58位名家的167件精品；現代部分以高級工藝師的作品爲主，展示了91位名家的344件（套）精品。

二. 圖版之前，由主編者撰寫了三篇專論；文前配有一組"鼎蜀風情"攝影作品，文中選用了60餘幅圖片作爲插圖以使讀者更形象地理解宜興紫砂。

三. 歷代名家精品多有仿製，本書非精不取，對真品、仿品也作了鑒定區別。凡鑒定爲真品者，均標明製作者姓名；凡不能確認或經鑒定爲仿品者，只照錄銘款。

四. 爲了便於讀者鑒別、欣賞，重點作品都有鑒賞評論。這些文字，除香港中文大學文物館的藏品特邀黎淑儀女士撰稿之外，其餘均出自主編者手筆。

序

馮其庸

宜興紫砂，是中國傳統的茶文化和陶文化相結合的產物，是製陶工藝史上的一枝奇葩。

據現代考古所得，宜興鼎蜀鎮①周圍有豐富的新石器時代以至於各代的陶器遺存，羊角山的發掘，更證實了從北宋中期一直到明初，已經開始用當地的紫砂製陶。

宜興歷來又是著名的產茶區，唐代詩人盧仝的名作《走筆謝孟諫議寄新茶》詩說："天子須嘗陽羨茶，百草不敢先開花。"陽羨就是宜興的古稱，此詩下半部分描寫喝茶的豪興：

一椀喉吻潤。兩椀破孤悶。
三椀搜枯腸，唯有文字五千卷。
四椀發輕汗，平生不平事，
盡向毛孔散。
五椀肌骨清。六椀通仙靈。
七椀喫不得也，
唯覺兩腋習習清風生。②

這一段文字，已成爲描寫飲茶的千古名句，殊不知它恰好是描寫飲陽羨茶的，由此可見陽羨茶聲名之高。

宋代大詩人蘇東坡有寫煎茶的名詩《汲江煎茶》云：

活水還須活火烹，自臨釣石取深清。
大瓢貯月歸春甕，小杓分江入夜瓶。
雪乳已翻煎處脚，松風忽作瀉時聲。
枯腸未易禁三椀，坐聽荒城長短更。

此詩短短八句，把汲水煎茶到茶熟而飲，一直到茶後不眠，坐聽夜更種種情事，寫得生動逼真。東坡晚歲曾買田陽羨歸隱，至今宜興東坡書院還有東坡買田碑的石刻，昔年我曾去書院親見。現在宜興紫砂中流行的東坡提梁，雖並非東坡實迹，但也足見詩人見愛於茶鄉兼陶都的人們了。

以上種種，都説明宜興於陶、茶二事，都是得天獨厚，淵源極深的。

我家鄉無錫與宜興緊鄰，近年宜興與無錫又合爲一市，多年來我常去宜興鼎山、庚桑、善卷、慕蠡諸洞，東氿、西氿水區，國山碑，周孝侯墓，蛟橋諸名迹，都曾尋訪。我十分欣賞陽羨山水，尤其是從宜興到鼎蜀鎮的一段，真是風景絡繹，如行山陰道上。據説南山深處茶區，風景更爲清絕，無怪乎宜興會成爲人文之鄉了。

宜興紫砂自明供春、時大彬以來，盛名不衰，供春壺我只看過顧景舟老先生的臨本，大彬壺則看過多件，書載大彬壺初期題刻係用竹籤劃刻，我在故宮看到了這樣一件真迹，現在此壺還陳列在珍品展覽裏，實爲難得珍品。大彬以下各家，我雖未能盡閱，但大都我是目見過的。紫砂之得享盛名，一是因爲宜興鼎蜀鎮的紫泥優質獨絕，冠甲天下，無與倫比；二是歷代以來，工藝相傳，青出於藍；三是與文人結合，一握紫泥，詩畫題刻，琳瑯滿目，雖黃金美玉，無以過也。因此數端，宜興紫砂至今見重於世，珍貴勝於翠玉。

當代的紫砂大師顧景舟先生，我與他論交已四十餘年，他的藝術，實在已是紫砂的至高境界。論歷史，大彬、曼生等功不可沒，論工藝，則今天已是後來居上，顧老先生早已度越前輩了。我曾有詩贈顧老云：

彈指論交四十年，紫泥一握玉生烟。
幾回夜雨烹春茗，話到滄桑欲曙天。

然而，並不僅僅是顧老先生孤峯獨秀，與顧老同輩的蔣蓉，以花器馳名天下，其所作瓜菓草蟲，傳神文筆，妙絕一時。而顧老的傳人高海庚（已故）、徐秀棠、徐漢棠、汪寅仙、周桂珍、李昌鴻、顧紹培等，也都是一時俊才，如羣星燦爛，輝耀陶都。其中尤以周桂珍的曼生提梁、井欄六方、仿古如意、僧帽、追月等壺，綫條端莊流暢，風格樸實凝重，呈現出大家風範，我也有詩題贈云：

長空萬里一輪圓。憶得荊溪寒碧仙。
我欲乘風歸去也，庚桑洞外即藍田。

在紫砂雕塑中，徐秀棠天南獨秀，一時無雙。他的作品傳神寫意，別具風韵。他的羅漢、八怪諸塑，早已是馳名宇内，洛陽紙貴了。秀棠還能書能畫，他的刻尤爲精妙，我近年在宜興所寫茶壺，大部分是秀棠所刻，能與我的字妙合無間，我在壺上的書法也大抵借重他的刻，才得傳神，所以我也有詩贈他：

秀出天南筆一枝。千形百相有神思。
曹衣吳帶今何在？又見江東徐惠之。

今以顧老的聲望功力，秀棠、昌鴻諸君的才思，編此一部大書，自然聚百代壺珍於一集，晴窗展玩，衆美畢備，如對古賢，如接今秀，其樂爲何如也！因樂爲之序云爾。

一九九一年七月十八日於京華雨窗，時蘇、錫、宜、常正在洪水包圍中也，遙望南天，不勝神馳。

① 鼎蜀鎮即丁蜀鎮，現兩種名稱通用。
② 見《全唐詩》卷三百八十八。

鼎蜀風情

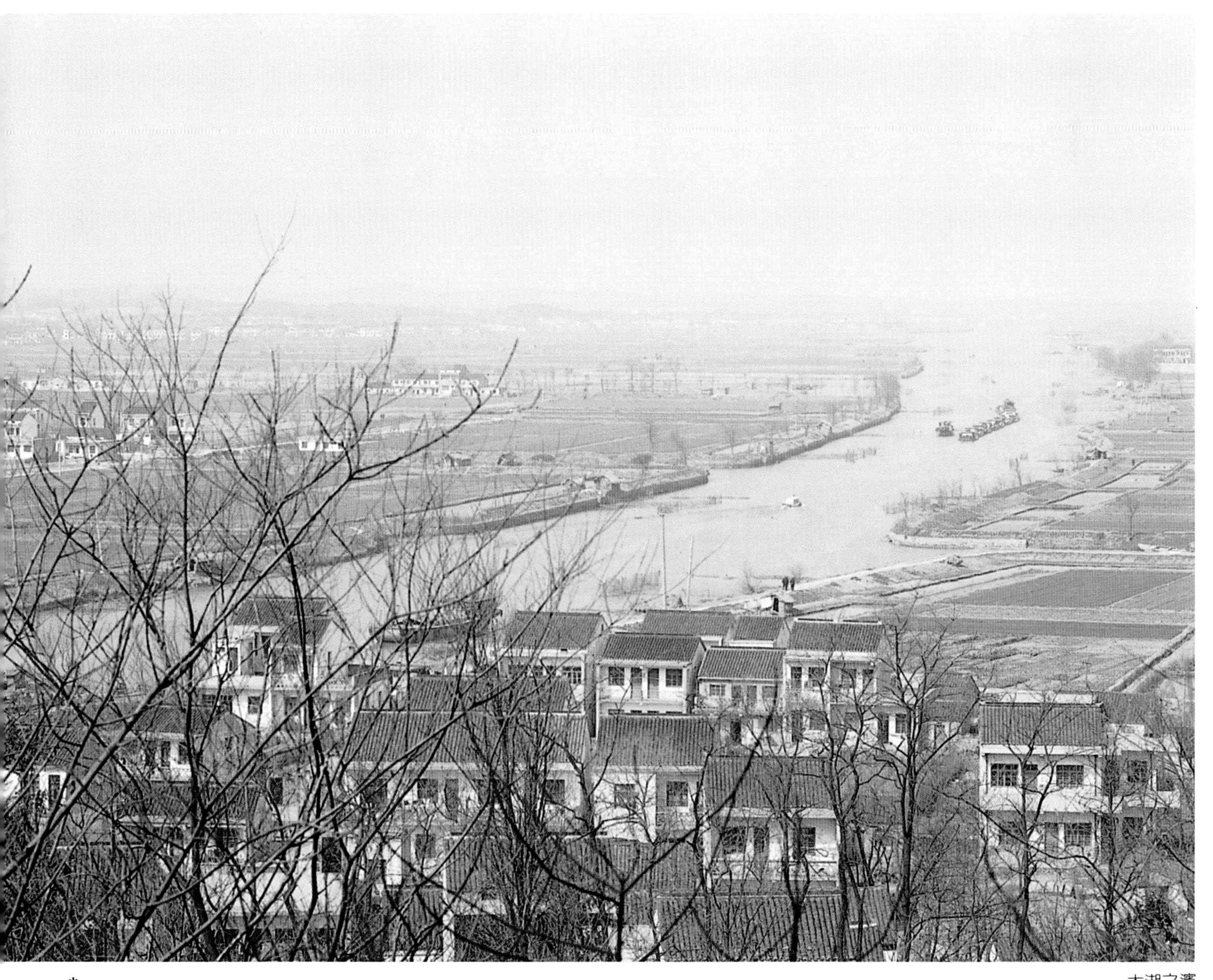

*

太湖之濱

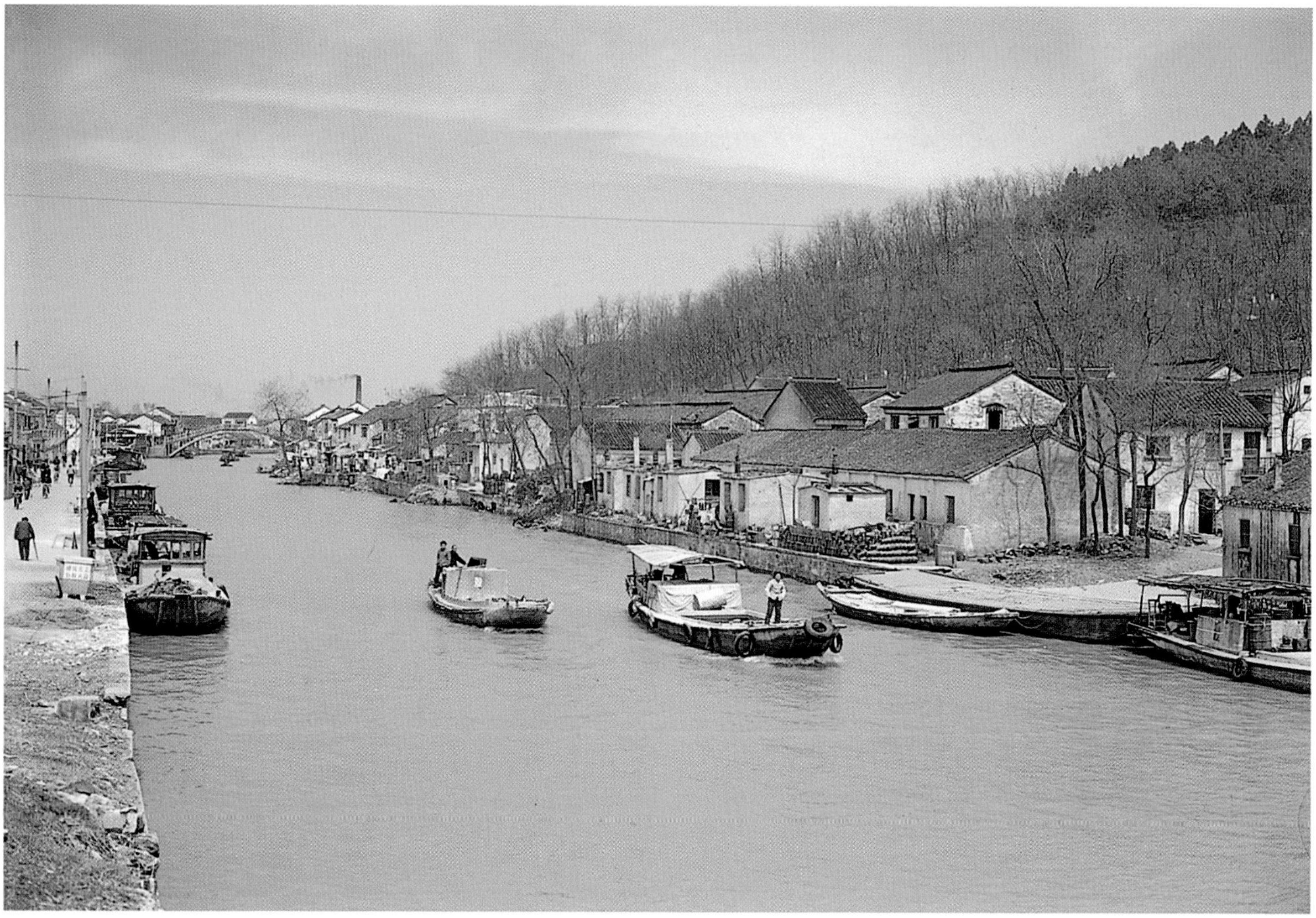

蠡河蜀山

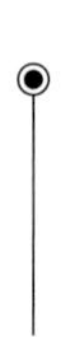

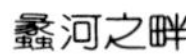

蠡河之畔

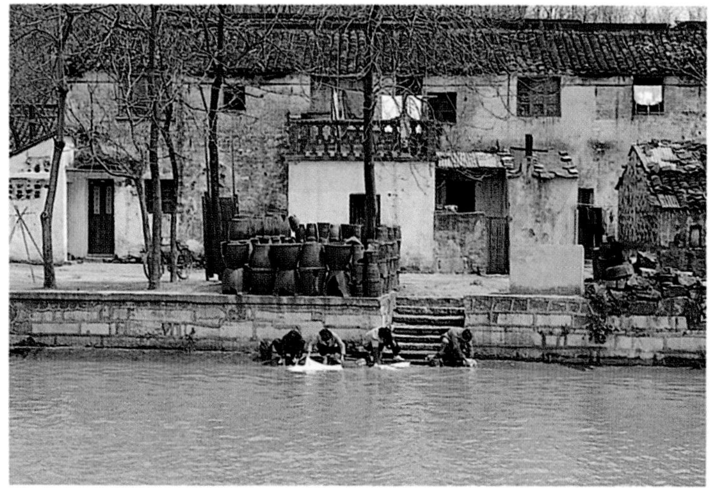

位於蜀山、蠡河附近的東坡書院。

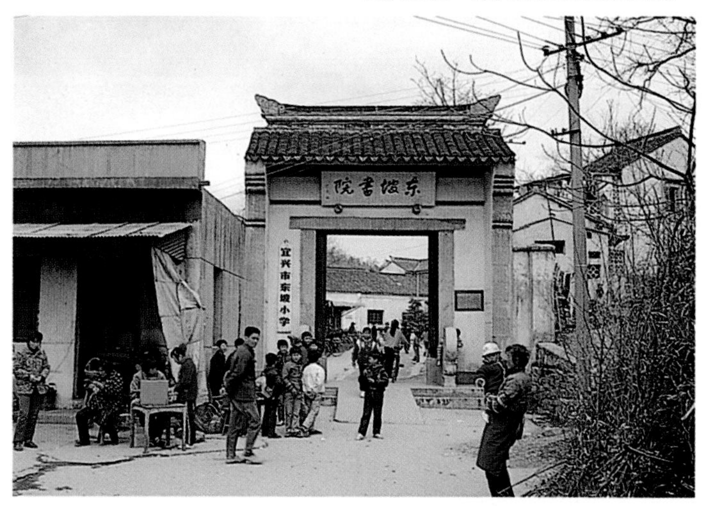

蜀山南街。四十年前紫砂作坊，經銷商賈雲集於蜀山腳下，這是一條繁華小街，街後蜀山南坡上曾趴臥龍窰近十座。

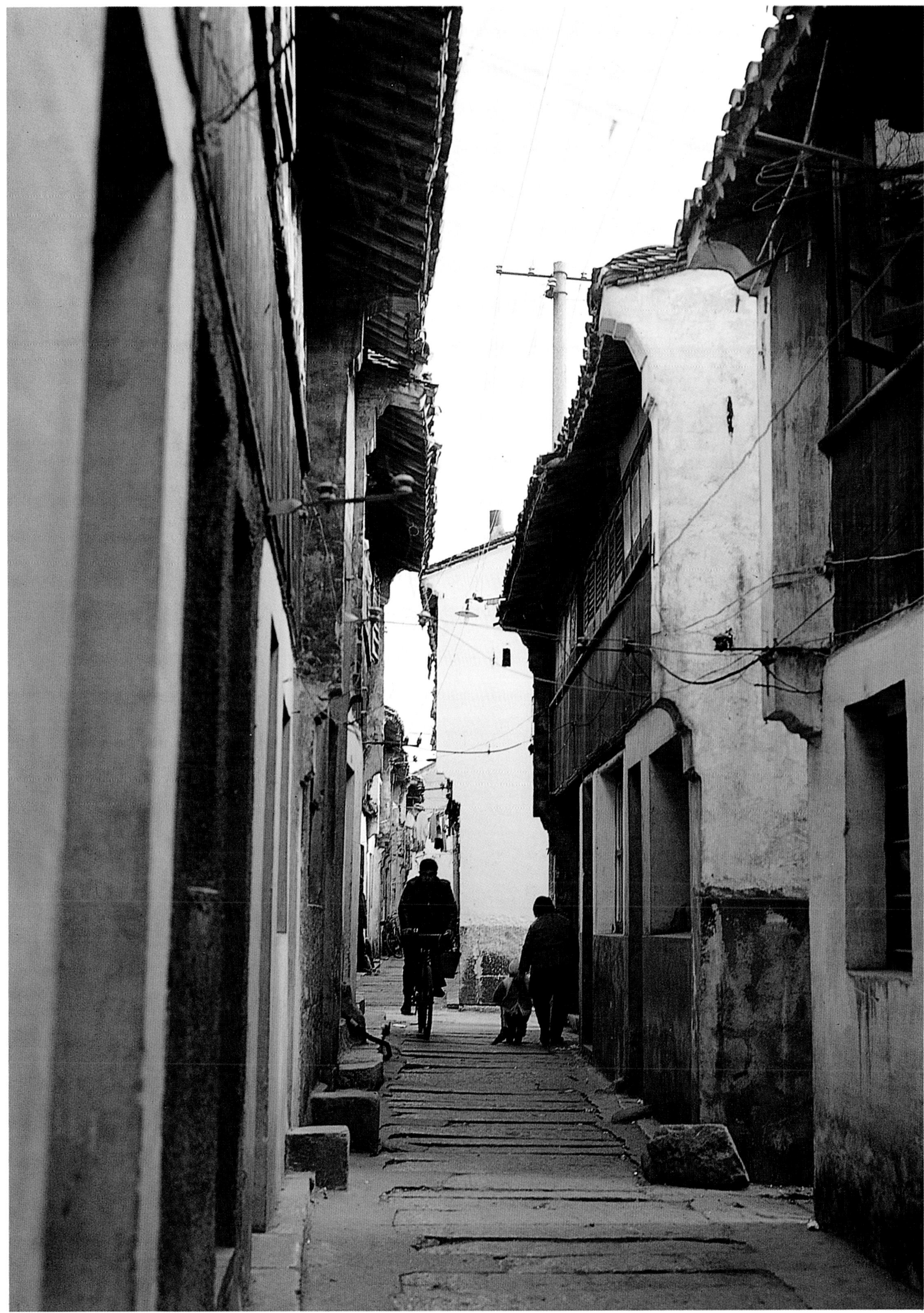

*

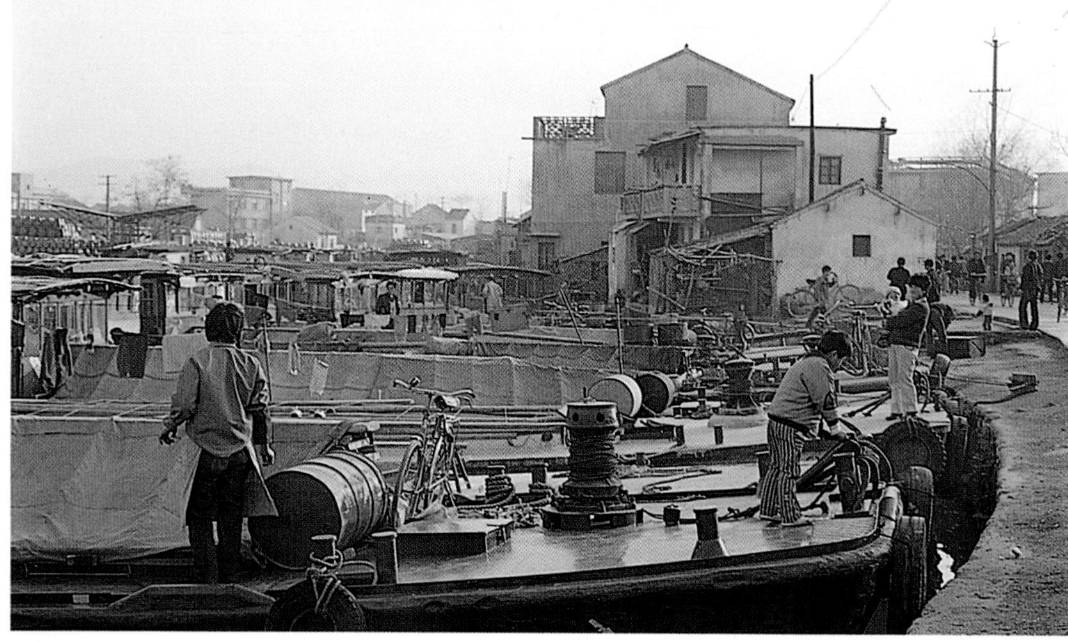
水道碼頭

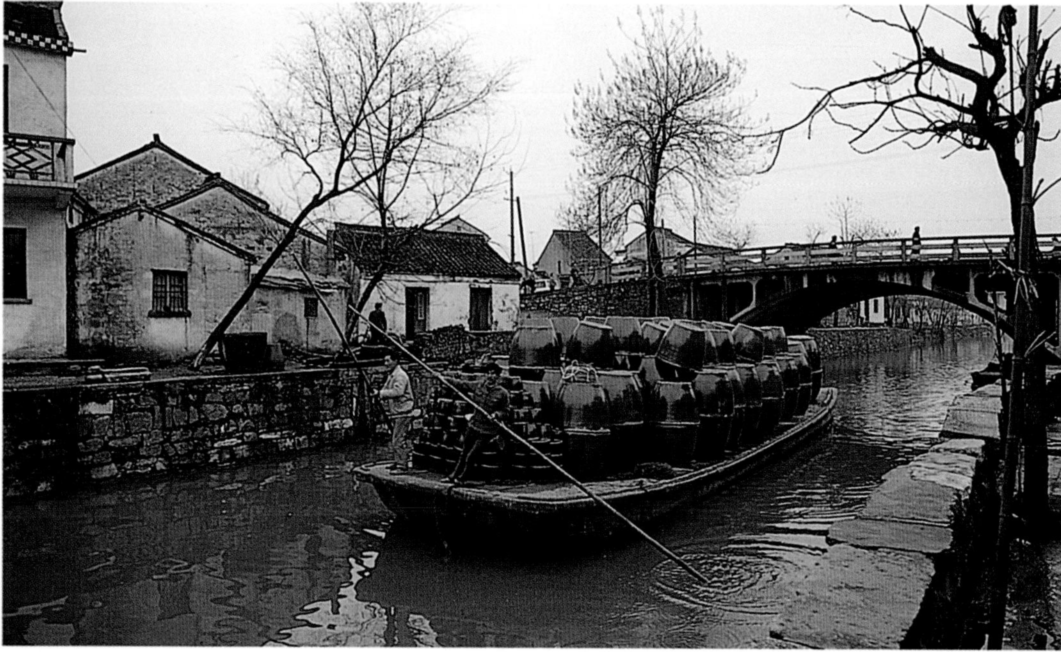
晨曦趕運忙

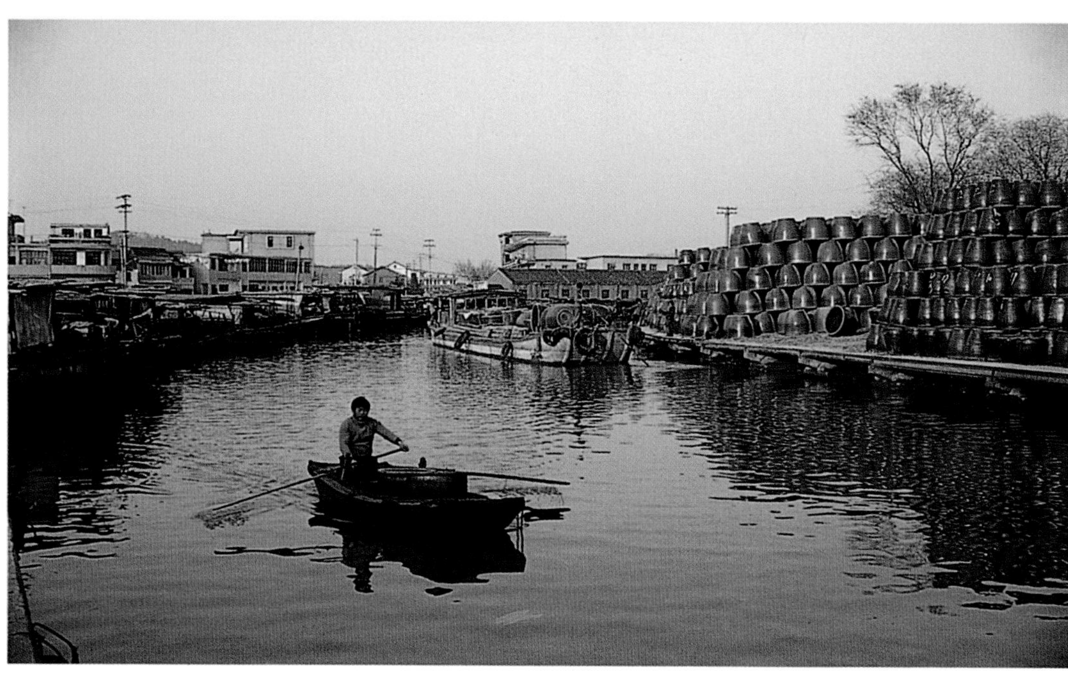
陶瓷批發貨棧

蠡河夕照

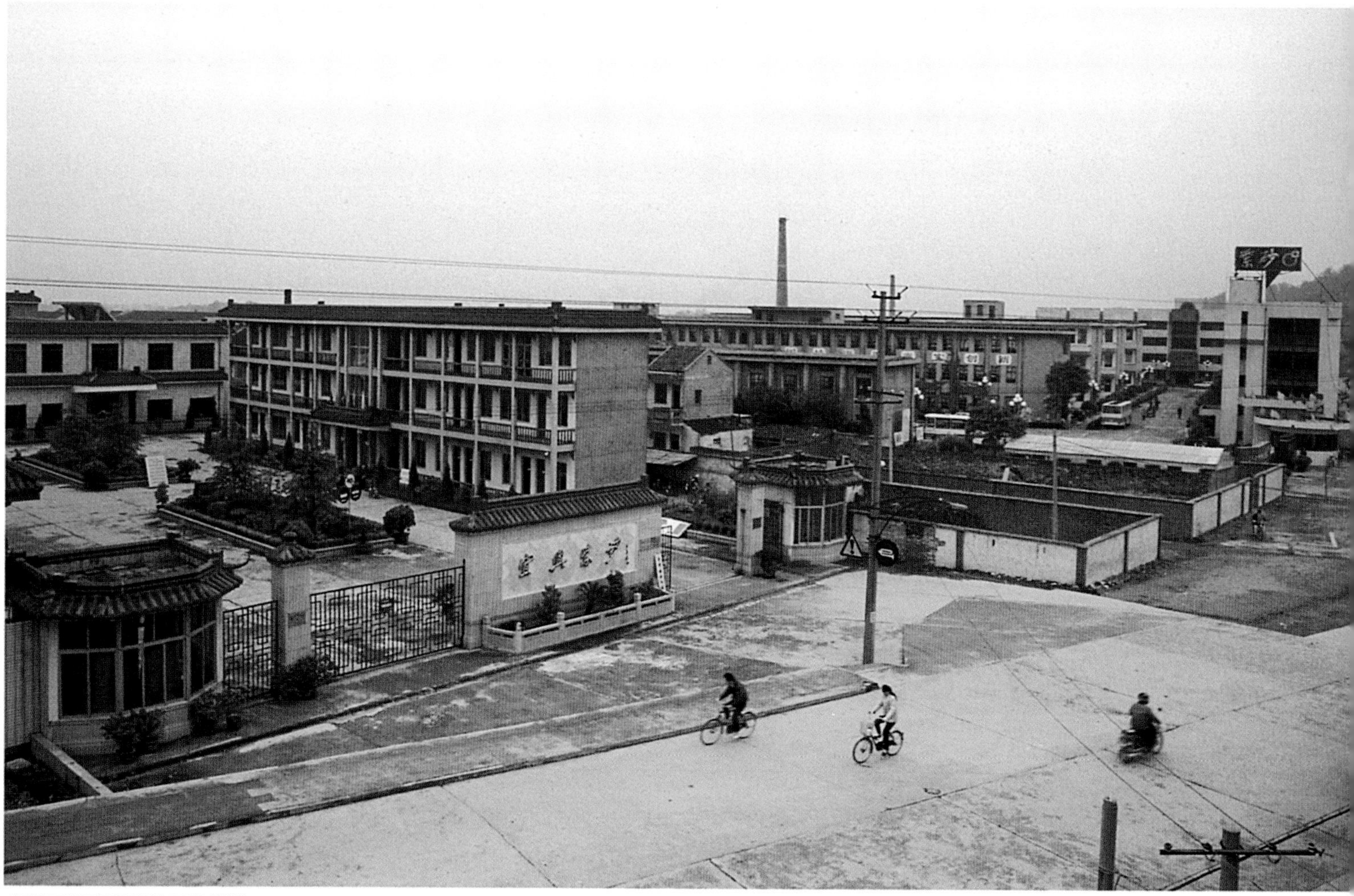

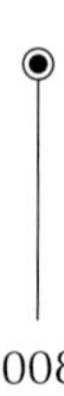

紫砂工藝廠和紫砂二廠相鄰

鼎蜀新街——公園路

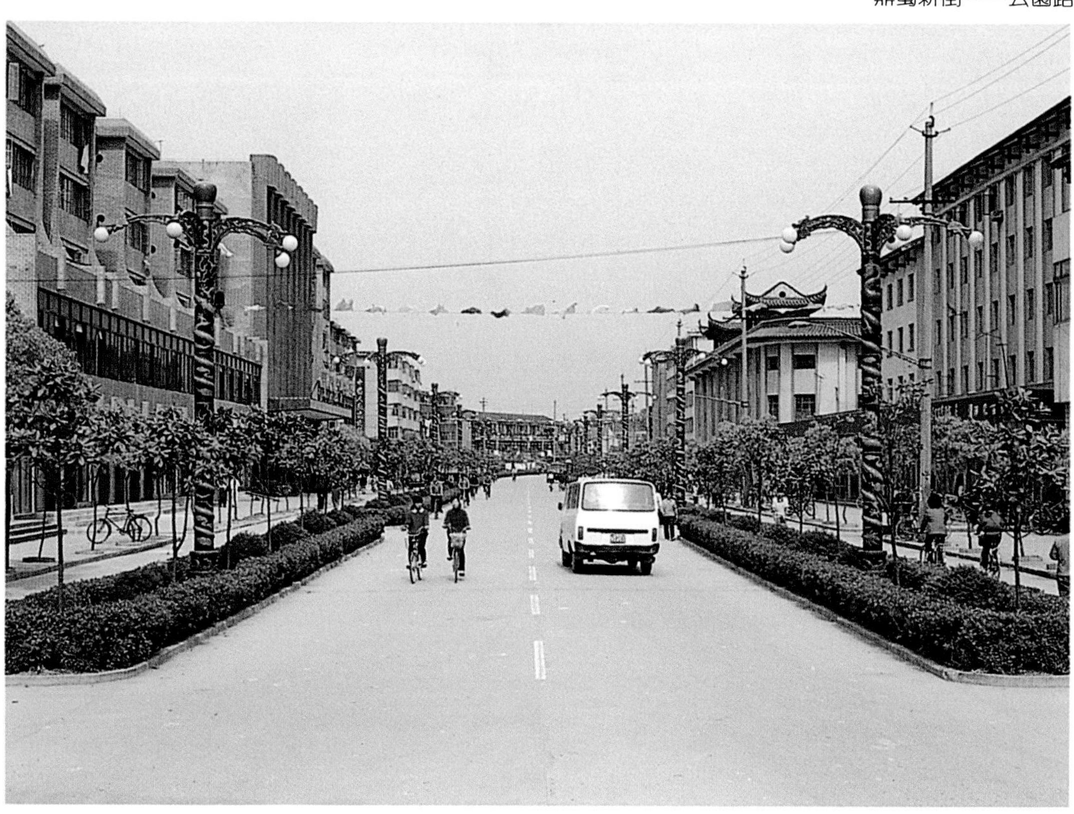

圖　　例

 宜興古窰址群

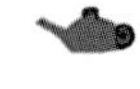 丁蜀鎮歷史早期紫砂燒製處
1937年以前紫砂生產主要在潛洛、上袁、蜀山、鼎蜀（青龍山）

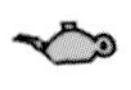 丁蜀鎮1949年以前紫砂燒製處
1949年以前紫砂燒製集中到蜀山，有10餘座窰趴列在蜀山西南山脚下。製坯主要集中在上袁、潛洛

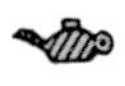 丁蜀鎮現在紫砂燒製處
1986年以後至今紫砂燒製已擴展到上袁、潛洛、周墅、大浦、太湖沿岸一帶

●	縣政府駐地	—·—	鄉鎮界
⊙	鄉鎮政府駐地	▬	鐵路
前墅	村委會駐地	———	公路
∘	村	∩	岩洞
—··—	縣界		

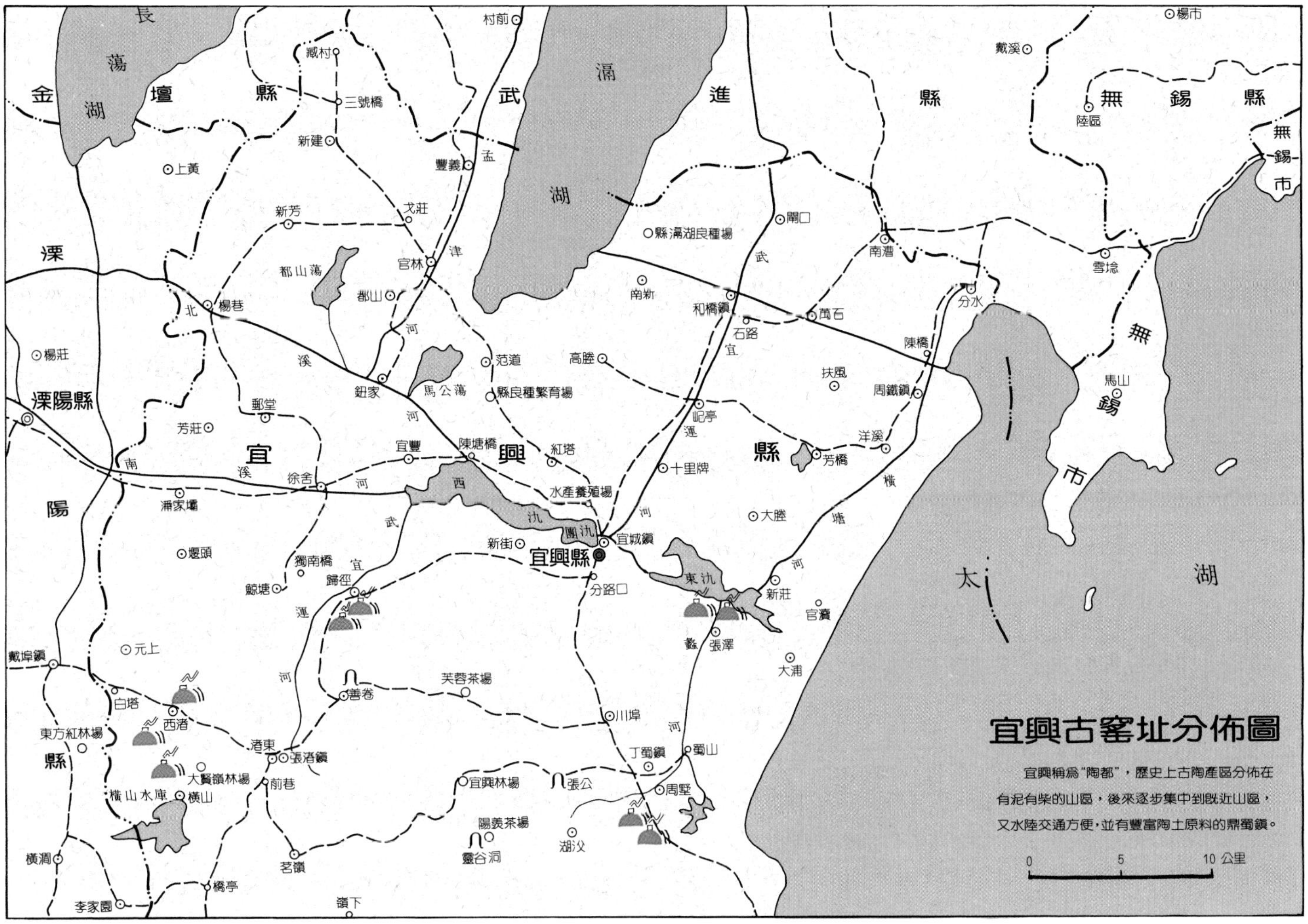

宜興古窰址分佈圖

宜興稱爲"陶都"，歷史上古陶產區分佈在有泥有柴的山區，後來逐步集中到既近山區，又水陸交通方便，並有豐富陶土原料的鼎蜀鎮。

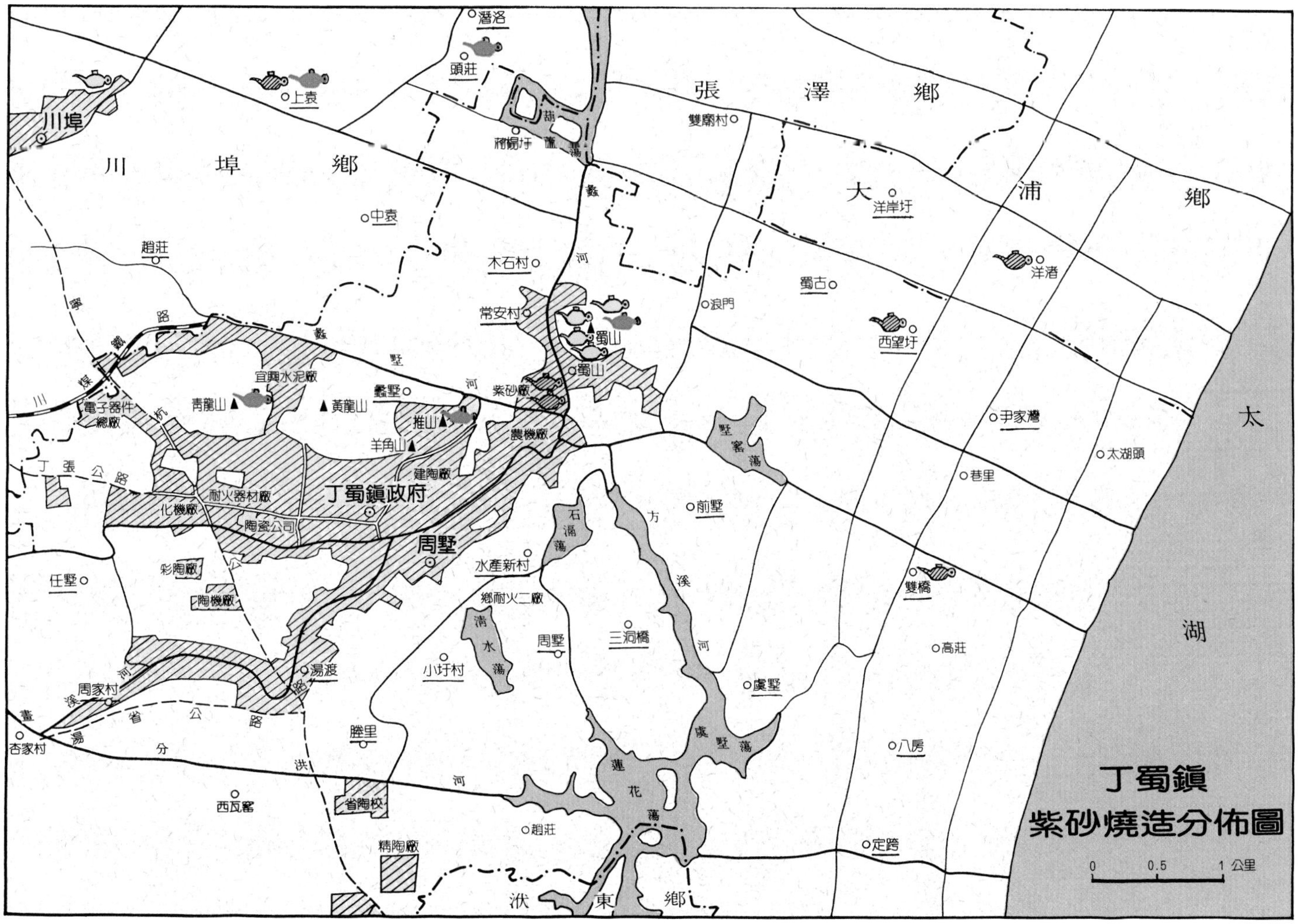

0　5　10 公里

丁蜀鎮紫砂燒造分佈圖

0　0.5　1 公里

紫砂陶史概論

顧景舟

宜興陶瓷生產的歷史，源遠流長。從各個方面的文獻資料和考古發掘調查所積累的文物資料來看，宜興地區的製陶業始於原始社會時期。

根據宜興全境内分佈的古窰普查資料，宜興陶瓷業的起源該不晚於五千年前的新石器時代。在張渚區歸徑鄉的駱駝墩、唐南村以及鼎蜀區洑東鄉的塋里村、元帆村（下層）都找到了以細泥製的紅衣陶缽、夾砂粗紅陶鼎、釜及牛鼻式耳罐爲特徵的陶器，它們與磨光的石斧、石碎共存於新石器時代遺址中。陶器的主要特點都與太湖流域及錢塘江流域的“馬家浜文化類型”特點相一致。

考古調查發掘的大量文物資料，說明隨着生產鬥爭經驗的不斷豐富，從事宜興陶業生產的原始居民的製陶技術也在不斷演進，與太湖周圍的其他氏族社會生產同步向前發展着。在同一個文化遺址，如鼎蜀附近元帆村的叠壓（中層）中，可以明顯地看到一個發展過程：最早的以盤築法手製後，經過充分氧化焰燒成的低溫紅陶，如何過渡到輪製後經過還原氣氛燒成的灰陶或再用滲炭法燒成的烏黑發亮的黑陶。伴隨陶器出土的石器工具證明，該遺址的文化分期應劃入“良渚文化”時期。再往後，相當於商周之際的幾何印紋軟陶和磨製石器、小件青銅器共存的文化遺址，在鼎蜀周圍地區也發現了好幾處，如張澤鄉壽山村東氿邊和大樹村山坡等地。

在分佈全境内的古窰遺址調查考察中，

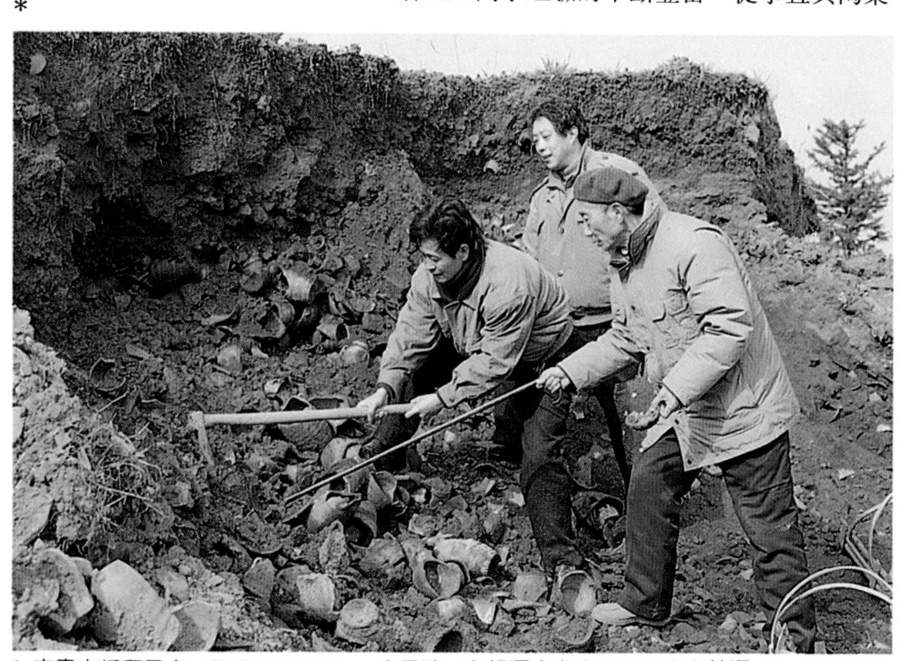

1.本書主編顧景舟，副主編徐秀棠、 李昌鴻，在歸逕古窰遺址挖掘南宋韓瓶。

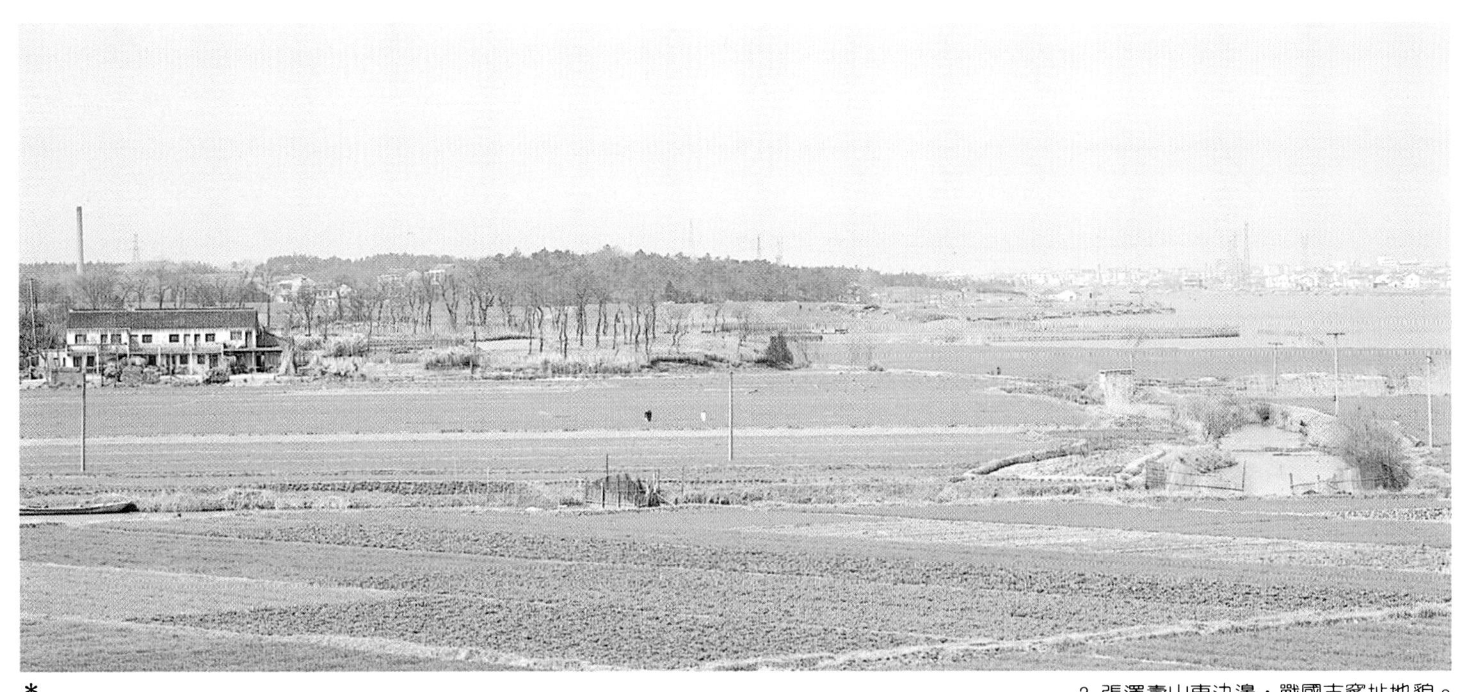

2.張澤嶄山東氿邊，戰國古窰址地貌。

*

曾發現大量的殘陶碎片，加之川埠鄉和西山前“漢代窰址”、南山北麓“六朝青瓷窰址”、湯渡村“古青瓷窰址”、均山“青瓷古窰址”、澗溹“唐代古龍窰遺址”的墓葬出土，也有幾何印紋硬陶、原始青瓷以及漢代的陶罐、陶鬲、陶瓶、陶鼎，證明宜興不但是“印紋硬陶”的基地，也是原始青瓷的另一故鄉。

唐以後直至南宋的古窰址，幾乎遍佈縣西南部靠山地帶的許多鄉村，這也都説明宜興的陶業是名副其實地有着歷史淵源的。下文將就宜興陶瓷發展史上的幾個問題逐個加以探究。

1. 宜興製陶窰業區域上的變遷

根據實地調查勘察以及有關史料的查證，宜興窰業區域範圍自南宋以來的變遷情況如下：宋王朝南遷後，受當時社會政治軍事的影響，西部山區的製陶業，也紛紛投入爲軍需服務的生產中，大量生產各種大小水罐。在調查中發現的每一古窰址的殘陶堆，幾乎全部是大量所謂“韓瓶”的廢器，其中也間雜很多較爲完整的產品，但這些產地，似乎在南宋以降，就没有再生產的迹象。

自南宋迄元代的將近一個多世紀中，宜興的製陶業，雖然持續生產，但並無明顯的發展趨勢，一直要到明代才逐漸中興。明代陶業逐漸由宜興西部山區向東南方向轉移。由於東南地區依山傍水，礦土資源豐富，水陸交通方便，社會政治又相對穩定，宜興製

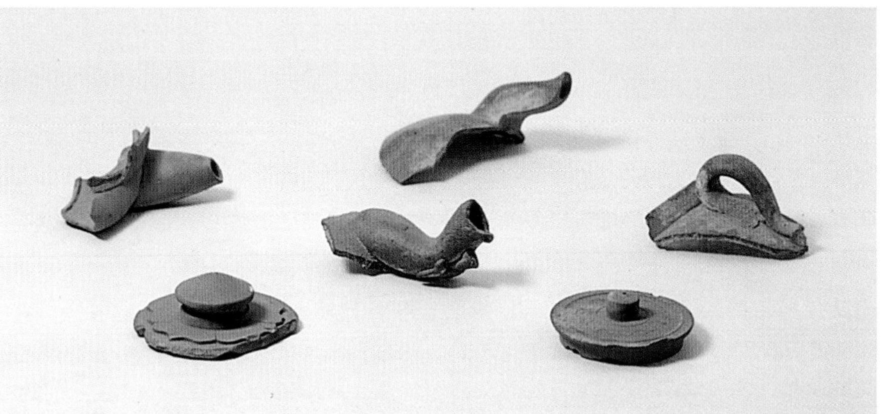

3.羊角山出土的宋元時期殘陶碎片。

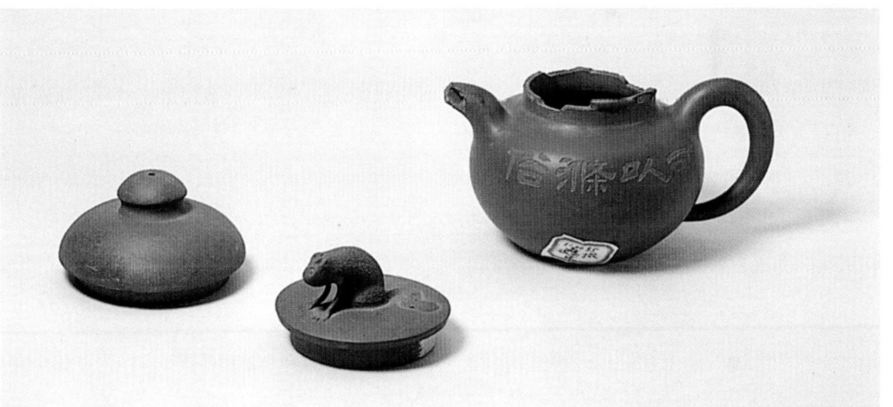

4.明清時期的松鼠蓋、掇球蓋和破損無蓋掇球壺。

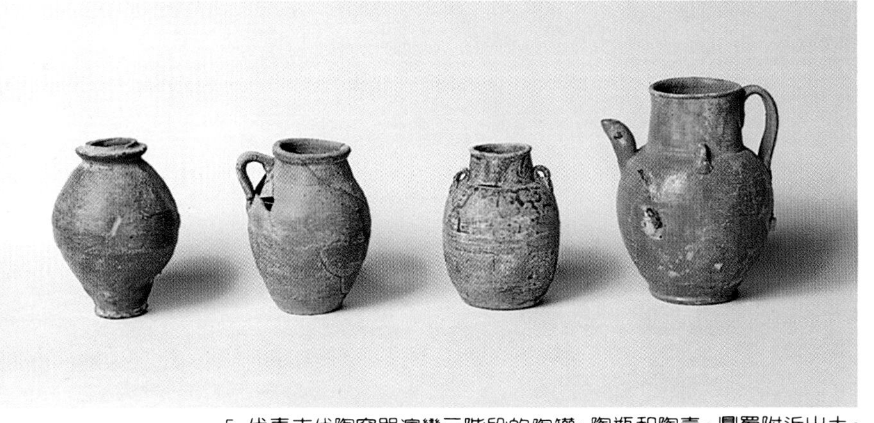

5.代表古代陶容器演變三階段的陶罐、陶瓶和陶壺。鼎蜀附近出土。

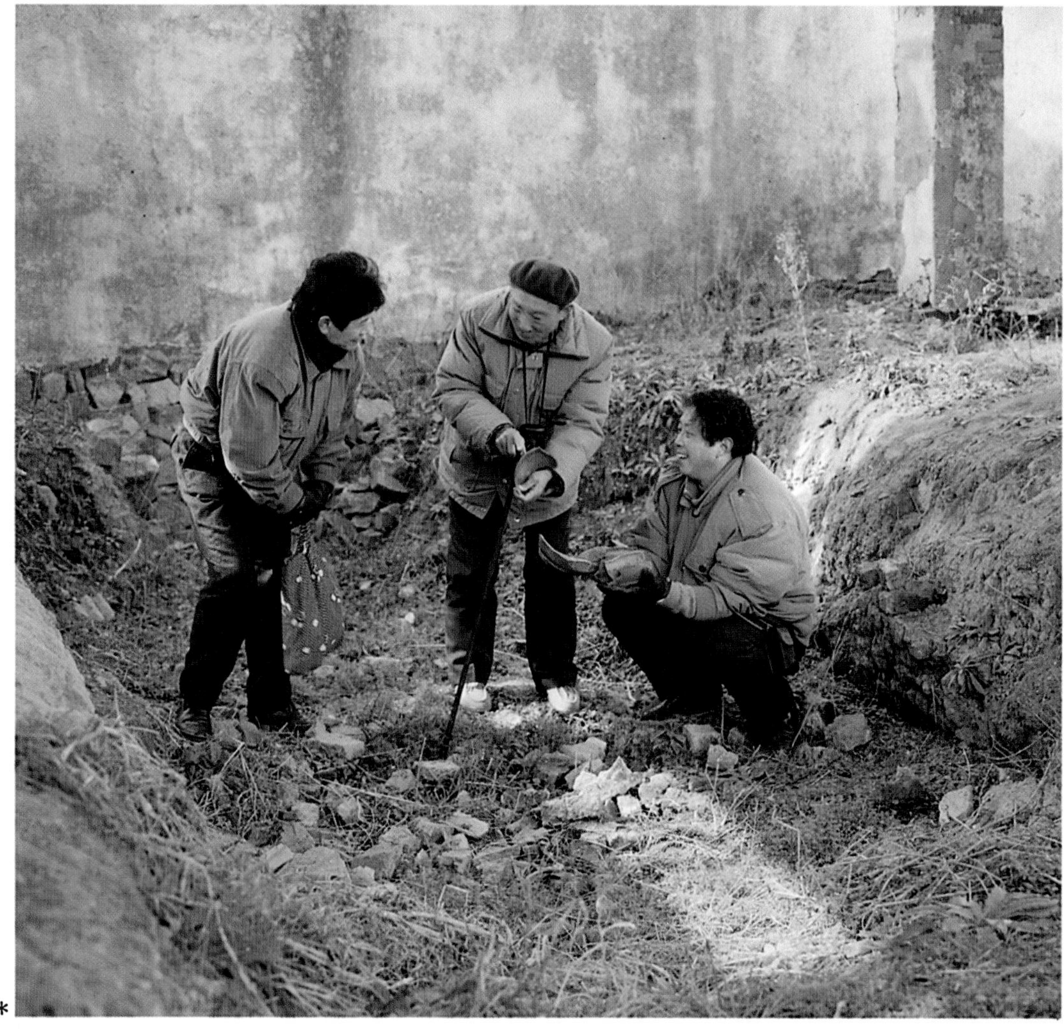

6. 本書主編顧景舟，副主編徐秀棠、李昌鴻，在丁蜀鎮澗淶村考察唐龍窰遺址。

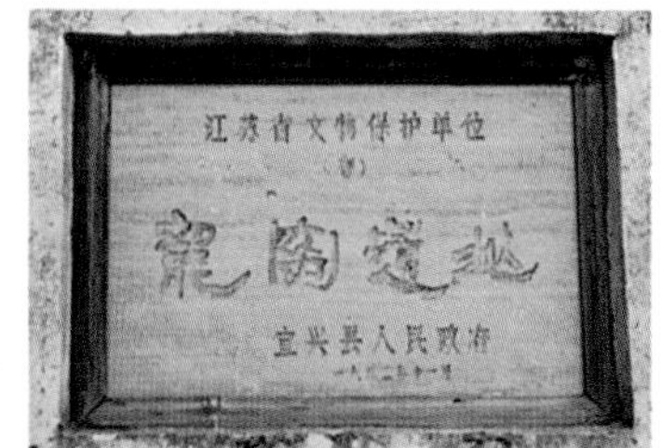

7. 唐龍窰遺址碑文

陶業才有着長足的發展。據調查，明初宜興窰址多分佈於沿山一帶；南起湫東鄉白坭場，北至川埠查林大嶺下，縱長二十餘華里，至今還存有近數百年前的窰址。到明代中晚期以後，南北窰業相互靠攏，逐漸在鼎蜀鎮形成了方圓約十五平方公里的稱譽中外的新陶都。

宜興陶瓷業有着優秀歷史傳統，總是以生產日常生活用陶爲主流。幾千年來，隨着社會發展、時代變遷，它歷經幾度興衰，但基本上没有斷產，其所以有這樣强大生命力是和上述傳統直接相關的。

2. 宜興陶業統稱中的幾個分支

宜興陶業從明清以來，大體可以分爲六個大類型，按照當時的行次，分稱：粗貨（指最大型的缸、罎類）、溪貨（指醃菜甕、酒罎類）、黑貨（指中小型盆罐類）、黄貨（指日常炊具，如砂鍋、糖罐等小罐小罎類）、砂貨（指中型盛器，如陶鉢以及“湯婆子”之類）、紫砂（指茶壺、花盆、瓶鼎和工藝陳設品的紫砂工藝陶）。

3. 紫砂陶的創始和發展

紫砂陶瓷藝術的創始，根據對一些歷史文獻的研究和古窰址的發掘，可以追溯到北宋中葉。

先説文獻記載。如梅堯臣《宛陵集》第十五卷《依韵和杜相公謝蔡居譔寄茶詩》有句云：“小石冷泉留早味，紫坭新品泛春華”；第三十五卷《宣城張主簿遺雅山茶次其韵》有句云：“雪貯雙砂罌，詩琢無玉瑕。”又如元代蔡司霑《霽園叢話》裏也記載説：“余於白下獲一紫砂罐（俗稱壺爲罐），有‘且吃茶，清隱’草書五字，爲孫高士遺物，每以泡茶，古雅絕倫。”（注：孫高士名孫道明，號清隱，元末人，曾名其居處爲“且吃茶處”）這些吟詠和記述，多直接談到了紫砂茶具，説明在宋元間宜興已有了紫砂器。

再説古窰址的發掘。在鼎蜀地區，由於古今窰址的重疊，加之解放後廢棄舊式龍窰，宋代窰址已較難尋覓；再者，古代窰址分散，故發現的數量也較少。這些窰址發現的產品以缸類爲主，與張渚地區發現的有所不同。比較重要的宋代窰址，是一九七六年紅旗陶瓷廠興建隧道窰移山整基時發現的蠡墅村羊角山的早期紫砂窰址。就筆者實地考察所見，羊角山窰址爲一小型龍窰，長十餘米，寬一米多。當人們發現它具有考古價值而加以重視時，其墩阜已被掘去大半，尚有小部分埋在地基之下。窰址旁邊的廢品堆，上層爲近代的缸甕殘器；中層爲元至清初的廢品（中有細頸大腹的釉陶注壺及器肩堆貼菱花狀邊飾的陶甕等）；下層則是早期紫砂器的廢品。羊角山早期紫砂器的廢品堆，以各式壺類爲主，有大量的壺身、壺嘴、提梁、把手和器蓋發現，特別要指出的是，部分壺嘴上的捏塑龍頭裝飾，與宋代流行於南方的龍虎瓶上的捏塑手法相一致；再結合此層所掘出的宋代小磚，以及中層出土的具有元明風格的器物來看，大致可以推定下層堆積物爲宋代產品，而主要的燒造年代大抵在南宋，其下限可能延續至元代。

觀察羊角山出土的早期紫砂殘器可知，其器物的用途與明清乃至現代的紫砂器有較大區別。當時的紫砂器，如鉢、罐、壺等，胎質均較粗，製作也不够精細，可能作煮茶或煮水之用；但考查中華茶道文化，在宋代還未發展到手撮茶葉、用壺沖飲，替代烹煎方式的階段，一九六六年，在南京市郊外江寧縣馬家山油坊橋挖掘的明嘉靖十二年（一五三三年）司禮太監吳經墓曾出土一件紫砂提梁壺，從它的形制與裝飾紋樣推測，它被用作案几陳設品的可能性也是存在的。

4. 紫砂陶技藝上的演進

拿《陽羨茗壺系》（明朝周高起著）、《陽羨名陶錄》（清朝吳騫著）和《宜興縣舊志》等史籍的記載，來跟羊角山古窰址發掘所得殘器的製作工藝結構、手段，以及南京郊外吳經墓出土的那件紫砂提梁壺的製作工藝技法對照着揣摩，可知史籍文獻的記載是正確的。紫砂陶因宜興製陶工藝不斷演進而誕生，這個觀點是研究紫砂歷史得出的。《陽

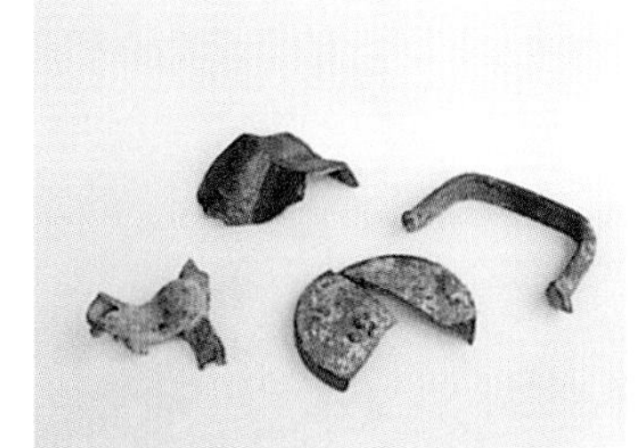
10. 蠡墅村羊角山早期紫砂窰址出土的殘片

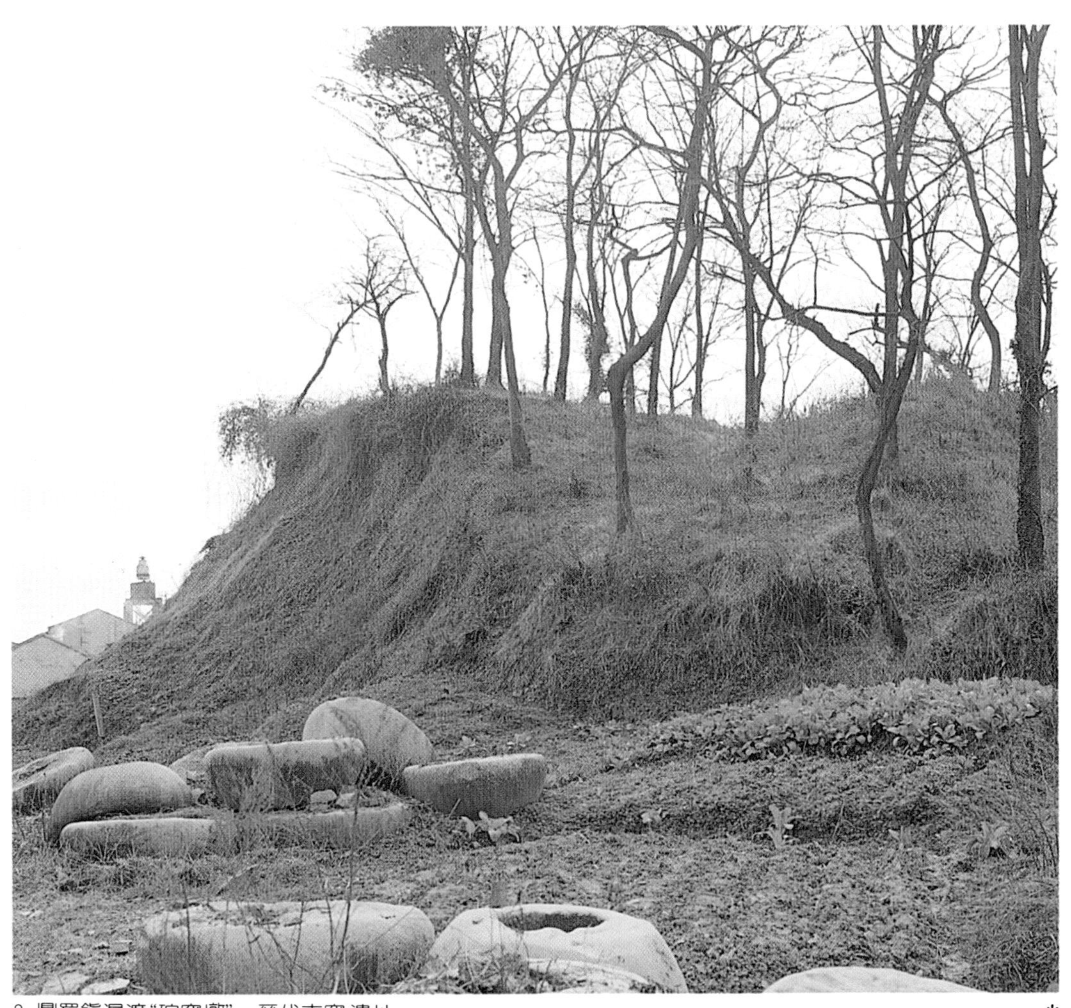
8. 鼎蜀鎮湯渡“碗窰墩”，晉代古窰遺址

*

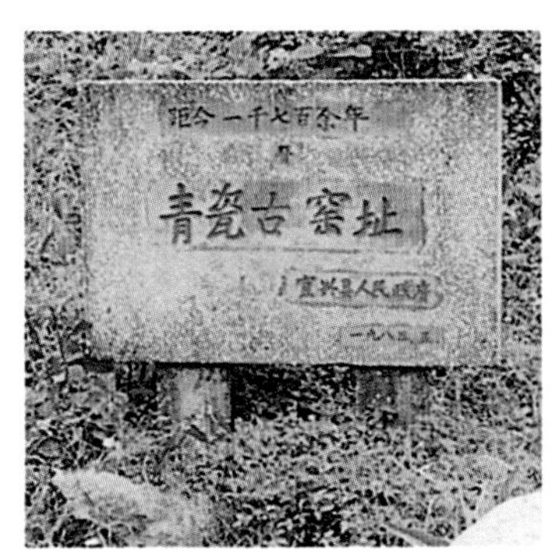

9. 窰址碑文

羨茗壺系》的“創始”一節及《宜興縣舊志》的“藝術”一章，都這樣記載着：金沙寺僧久而逸其名矣，聞之陶家云：僧閑靜有致，習與陶缸甕者處，“摶其細土，加以澂練，捏築爲胎，規而圓之，刳使中空，踵傅口、柄、蓋、的，附陶穴燒成，人遂傳用。”又如《陽羨茗壺系》的《正始》云：“……供春於給役之暇，竊仿老僧心匠，亦淘細土摶胚，茶匙穴中，指掠内外，指螺紋隱起可按，故腹半尚現節腠，視以辨真。……”但這些文字的說法，可能使局外人摸不着頭腦。在清吳騫著的《陽羨名陶錄》裏編載周容的一篇《宜興瓷壺記》，介紹了砂壺的製作技法，稍覺合理，但文章好杜撰術語，使人費解，且文字佶屈聱牙，艱澀難懂，即使陶人，若淺於文理，也不易領會。這裏僅就文中技藝改革演進部分，斷章摘引幾句，以說明紫砂創始之技法：“……始萬曆間大朝山僧（當作金沙寺僧）傳供春；供春者，吳氏之小史也，至時大彬，以寺僧始止。削竹如刃，刳山土爲之。供春更斲木爲模，時悟其法，則又棄模，而所謂削竹如刃者，器類增至今日，不啻數十事……”這些話顯然是作者周容實地察看製壺的全過程，又向陶人了解砂藝當時及以往的一些製作情況後記下的。

對照早期的紫砂器（如羊角山發掘的殘器和明吳經墓出土的提梁壺）不難發現，其成型方法多和手工日用陶砂鍋小罐等的製法相一致。周文中提到了金沙寺僧削竹如刃的手工捏作及供春斲木爲模的成型技法，實際上，用模製壺的技法，金沙寺僧和供春之前很久便有人運用。倒是“時悟其法，則又棄模……”這一點我們確實應該承認。揣摩時壺及明代民間的傳器，可以看到時大彬後來的製作方法確有了突飛猛進。最大的改進是用泥條鑲接拍打法憑空成型。紫砂藝術發展到這一階段，遂真正形成宜興陶瓷業中獨樹一幟的技術體系。這種高難度的技巧上的巨大創製，雖然也經過時大彬以前的父輩們（包括時鵬、董翰、趙梁、元暢四大家在內）的共同實踐，但時大彬是集大成者。經他的總結力行，成功地創製了紫砂傳統上的專門基礎技法。《名陶錄》云：“天生時大神通神，千奇萬狀信手出。”這樣的讚頌，唯時大彬足以當之。幾百年來，紫砂全行業的從業人員，就是經過這種基礎技法的訓練成長的。作爲紫砂陶藝術優秀傳統的繼承者，我深深體會到前人創造革新精神的偉大。

5. 砂藝的鑒賞

有幾百年歷史的紫砂，也是歷史悠久的我國民族文化的有機組成部分，它包括物質文化和精神文化兩個方面，但兩者之間又相輔相成，不可截然分割。

明代中葉，正值中華茶文化的鼎盛時期，茶的品飲方法日趨講究，沏茗暢飲替代了宋代流行的烹煎，因此，茶事開始講求器具，其所具有的藝術價值與使用價值端賴茶事的發展而發展，二者之間相互推進，具體表現在精神和物質兩個方面。品茗本是生活中的物質享受，茶具的配合，並非單純爲了器用，也蘊涵着人們對形體審美和對理趣的感受，既要着重内容，又要講求形式，以期達致内容與形式之間的矛盾統一。一件真正雅俗共賞的珍品，應有它出類拔萃的氣質和高超的技巧功力，方能得到社會的公認和歷史的肯定。

關於砂藝之品位問題，應該這樣來看，任何種類的工藝美術，從某種意義上講，都具有一定的共通性。書畫、金石、琢玉、竹木雕刻等等，都有它一定的技藝層次，或屬於藝術層次；或屬於高檔層次（指批量商品分檔）；或屬於普及層次（即生活日用品）。砂藝情形亦然。造型形態完美，裝飾紋樣適合，内容健康向上，使用功能理想，製作技巧精湛，且藝趣盎然，雅俗共賞，使人把玩不厭、怡養性靈的，才够得上藝術層次的上乘，堪稱傳世傑作；其次是因瑕就瑜，美中不足，有趣失理，有理失趣，不能兼勝者，是爲中乘；至於高檔層次，大都出自基礎技術比較扎實的藝人技工，複製某種佳作，痛癢無着，技雖精而藝不足，終不免匠氣流溢，難臻高尚境界，有識者當能有會意合理的評點；普及層次的成品乃出自某地區賴以發展經濟、維持人民生活、溝通物質交流的地方事業，它是爲適應社會消費的需要而製作的。

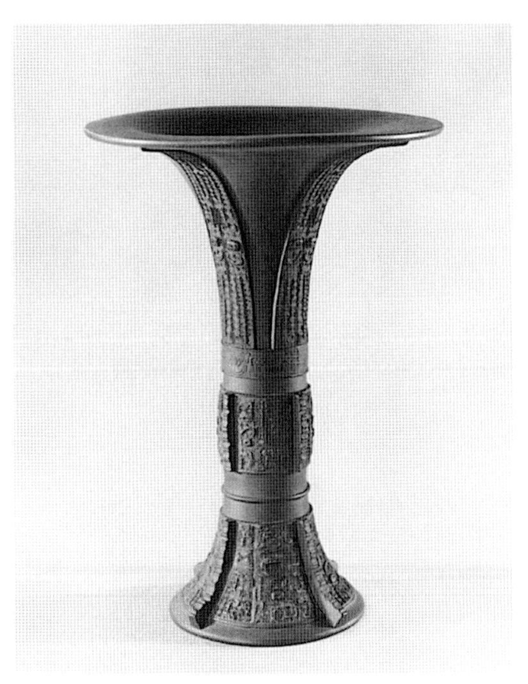
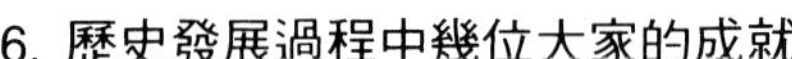

11.清乾隆宜興窰，仿古銅花觚。故宮博物院藏。

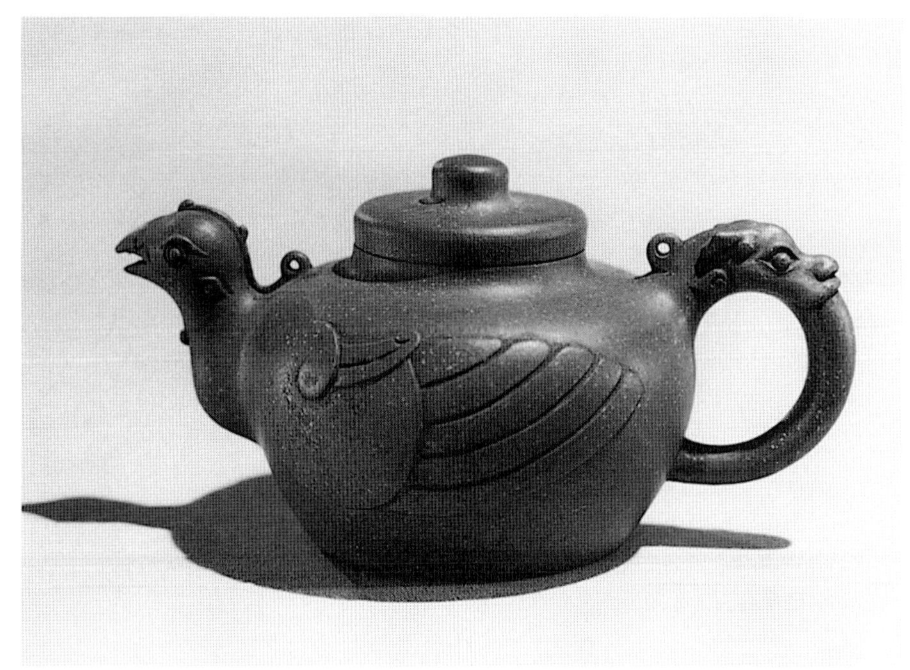

12.清陳鳴遠款龍柄鳳流紫砂壺。故宮博物院藏。

6. 歷史發展過程中幾位大家的成就

金沙寺僧與供春，是史籍中第一批有姓名可稽的人士；與供春同時，還有四大家：董翰、時鵬、趙梁、元暢（一曰元錫），可惜他們的作品，連明代周高起的《陽羨茗壺系》和清代吳騫的《陽羨名陶錄》兩書，都說没有見過，在四五百年後的今天，更無從評說了。

砂藝史上一致推崇的大家，當以時大彬爲典範。他的貢獻在於：對砂藝開創時期技藝法則的創造性革新，這是後輩從業者都應爲之歌功頌德的；更重要的是，他爲後世留下稀世傑作，創紫砂藝術陶文化的先河。本編敬將其鳳毛麟角的幾件傳器，列於圖版卷首，供愛好者欣賞品評。

在時大彬同時或之後的幾位砂藝作者，他們僅留姓氏於經傳，却未見確切可信的傳器，無法評點。其中時被提及的有：與李茂林（時大彬同代人）並稱爲“三大”的時大彬兩個徒弟李仲芳和徐友泉，以及其他許多徒弟蔣伯荂、歐正春、邵文金、邵文銀、陳俊卿等，另外還有陳用卿、陳仲美、沈君用、惠孟臣等人。

《桃杯》（見圖版二十一）的作者聖思，史籍上未曾列載，無從考據他姓什麼，但憑這件傳器，觀摩欣賞他的藝技，其巧妙的構思、精湛的技巧，真可謂重鏤叠刻，雖名爲杯，誰忍心用它飲茶。作爲技藝高超的陳設品，它堪稱砂藝又一個流派的代表作。

在明清這兩個朝代更替的動盪時期，文化生活曾處於低潮。砂藝的發展，自然也受到一定的阻滯。清康、雍、乾階段，社會相對穩定，反映各個時期經濟基礎和與之相適應的政治體制的物質文化復見生機。紫砂陶藝名人，又得到了施展才技的良好氣候。這個階段，最傑出的應首推陳鳴遠。他的作品，可以說是在繼承明代傳統的基礎上大膽創新的產物。筆者從少年習藝直至暮年的五六十年中，所見他的真品雖僅有數件，但憑此已能窺見其藝術素養之深湛。所製珍壺中的幾何型類，樸質大方，結構合理，技巧嚴謹；自然型類，則概括誇張，源於生活而高於生活，並擅於借鑒、繼承中華民族的優秀傳統，如三代青銅器的造型與紋樣，利用紫砂泥料優良可塑的特徵，得心應手、隨心所欲地發揮着神工般的技巧，堪爲砂藝之觀止。惟其美中不足者，在於其部分作品，沾染着清代宮廷之繁縟氣息，却也是時尚所趨，在所難免。

由於鳴遠名噪一時，品位高卓，故仿效者衆，僞冒贋品，因而泛濫流傳，時至今日，餘孽不絕。

這一時期成就可觀的砂藝作者，還有邵玉亭、王南林等人。邵玉亭曾爲乾隆宮廷製器，筆者五十年前曾見一壺，一面浮雕荷趣，一面鐵綫凸描篆書乾隆御製詩七絕一首，製作非常精細，此人也應是當時的佼佼者。

王南林當時亦頗有聲望，但觀其遺作，亦僅以渾樸勝，未及精巧。

殷尚、陳蔭千、邵旭茂、楊季初等，傳器都甚寥寥，本編依次收入有關圖版，從藝技上觀賞，各有千秋，或技巧刻劃縝到，或造型氣度宏偉，或題材形式典雅，各擅勝場。

歷史延續至清嘉慶、道光年間，也陸續出現許多騷人墨客熱衷紫砂陶藝（在此不作臚列，日後當作專題述説）。最突出的要數當時的金石書畫家陳鴻壽與砂藝作者楊彭年的結合。陳鴻壽，字子恭，號曼生，浙江錢塘人，嘉慶六年（一八〇一年）拔貢。在藝術上，他主張“詩文書畫，不必十分到家，乃時見天趣”，從中可以看到他的藝術欣賞觀。陳鴻壽在溧陽做縣宰時（許多記載都誤作宜興縣宰），一度與楊彭年合作，由楊彭年製壺，曼生刻寫。在壺上題銘書刻，即濫觴於此。曼生是一位在書畫金石文學上有相當影響力的人物，他的愛好並涉獵砂藝，與楊彭年合作當是順理成章的事。筆者一生中偶見他的三、五真器，印章、書法、詞藻鐫刻款式均書卷氣息醇厚，別饒一番文藝情趣，但彭年的壺藝技巧，功力平凡，並不出色。所以，筆者過去在一篇小文中，曾說曼生壺“壺隨字貴，字依壺傳”。

至於傳說中所謂曼生曾參與造型設計，這當然很有可能，然而，若說什麼十八式、十九式，那就誠屬無稽之談了。很多以訛傳訛的謬論，大致起源於民初狡黠的骨董商所編寫的一部《骨董瑣記》。那是專借歷史文獻中的一些記述，捕風捉影，繪聲繪色，爲各種傳統工藝品的摹製贋品而作輿論工具的。更有甚者，在曼生壺的傳器中，有“曼公督船茗壺第四千六百十四爲犀泉清玩”。像這樣的作品，使探討史實的人，不能不產生疑竇；曼生作溧陽縣官，按清官制，縣令一任三年，封建社會的地方官能如此閑適嗎？在三年縣任內，即使專司其事地以工餘之暇死勁幹，也要合到四、五件一天。若請人代庖，也必須僱傭至少兩三個專職人員方能完成偌大數量，能使人信服嗎？陳曼生在清代文學藝術各方面都有相當的地位，不可能粗製濫造。

曼生之與彭年合作，可以說是一代藝緣，兩人定有深厚的友誼在；當時砂藝超出彭年的別有人在，而曼生始終未與他人合作，不然砂藝史上興許另有絕唱。

于廷，也常有人提及，可惜未見傳器。倒是另外一位叫虔榮的，應記上一筆。虔榮，潘姓，字菊軒。名在《宜興縣志》長壽耄耋之列，當地砂藝老輩頗爲推重。高熙的《茗壺說贈邵大亨君》一文中，亦首提其名。現尚有二佳器傳世。此壺曾見於《宜興陶器圖譜》（台灣出版第二〇二頁圖版），壺底刻有紀年名款及作者年齡。一九三七年李景康、張虹著《陽羨砂壺圖考》，即載有碧山壺館及披云樓各藏同型同款紫砂大壺一持，“……砂細工精，底鐫楷書‘歲在辛卯仲春，虔榮製時年七十六並書’十六字”。筆者一九八一年秋訪問香港時，由羅桂祥先生陪同參觀香港中文大學文物館，偶見珍藏砂器中有此同樣款式的壺，很覺稀罕，亦感欣逢。據館長高美慶博士介紹，此壺數十年中輾轉新加坡、台灣、香港，現爲私人所庋藏而寄存博物館中。筆者於一九八五年和一九八九年再訪香港時，都去香港中文大學文物館觀摩欣賞，洵可樂也。

按上述該壺和作者的紀年推算，作壺年代當爲道光十一年（一八三一年），是年虔

13. 陳鴻壽的詩文書法。蘇州博物館藏。

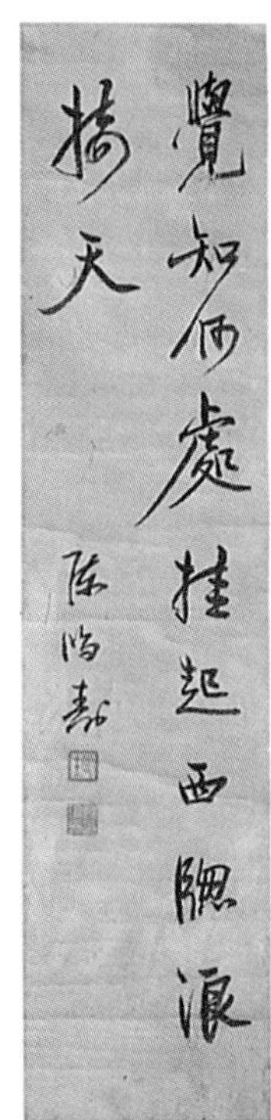

榮七十六歲，往上推算，虔榮當出生於乾隆二十一年（丙子，一七五六年）。陳鴻壽生於乾隆三十三年（戊子，一七六八年），卒於道光二年（壬午，一八二二年），據此，虔榮即長於曼生十二歲；曼生去世時，虔榮還健在，且七十六歲尚有如此佳作。

邵大亨，上袁里人，準確的生卒年已無法查考（因邵氏宗譜毀於十年浩劫），估計約生於乾隆晚期，歿於道光末年。大亨藝技卓越，秉性剛烈，情趣閑逸，當時譽滿全邑。他精彩絕倫的傳器，理趣、美感盎然，從藝者觀之賞之，如醍醐灌頂，沁人心目；藏玩者得之愛之，珍於拱璧，不忍釋手。本書所收的幾件作品，尚不足以窺其全豹。

從格調上來品評，大亨傳器應該説是紫砂陶文化前進中的又一大轉折。他一改盛清階段宮廷化的繁縟靡弱之態，重新强化了砂藝質樸典雅的大度氣質；既講究形式上的完整、功能上的適用，又表現出技巧的深到，成爲陳鳴遠之後的一代宗匠。筆者自習藝開始，以之爲畢生孜孜於斯道的技藝上的楷模，揣摩端倪，悟其真諦，遂得以奠定基礎。

大亨秉性的剛烈，在清光緒《宜興荆溪縣志》上有如下的一段記載："……有邑令欲得之（指壺），購選泥色招入署，啗以重利，留之經旬，大亨故作劣者以應。令怒而杖之，亦不吽暴也。"這顯示了大亨是一個威武不屈、富貴不淫、貧賤不移、珍惜藝術靈魂的堅强藝人，具有高貴的品格。

大亨在情趣上亦頗爲閑逸，他在創作上注意把握靈感，正如高熙贈他的文章中所品評的："或遊覽竟日，或靜卧逾時，意有所得，便欣然成一器，否則，終日無所作，或强爲之，不能也。"一個投身藝事的人，沒有這種精神，猶如從事文學創作的人缺少"語不驚人死不休"的志氣一樣。大亨是能進入藝術境界的一代大家。

與邵大亨同時的邵友蘭，年齡稍輕，亦生於乾隆晚期，歿於同治初年，享壽頗高。筆者幼年時，聽祖輩述其甚詳，故頗爲耳熟。他所用印章有橢圓式帶邊紋的"陽羨邵友蘭製"，還有帶邊方章"友蘭秘製"，小印楷書"友蘭"二字，銘刻一般署"二泉"所作。故宮博物院及愛壺家均有藏器。但在技藝上，他比大亨，則要遜色多了。

以上品薦之虔榮、大亨、友蘭三人，都是陳曼生同時期人。他們傳器的技藝水平量之於楊彭年，都要高出，後世諳於砂藝鑒賞之道者，沒有不稱道他們的。

蔣德休，字萬泉，歷清道光、咸豐、同治三朝，據光緒《宜興縣志》記載：德休"工摶埴業，無所師承，而藝極精，凡茗壺、花盆、杯盤及一切書案陳設器具，色色工致，爲一時之冠"。觀其傳器實質，《縣志》似有溢美之詞，姑且記之，以待有識者公論。

邵友廷、邵湘甫、邵權衡（一字權寅，又號赦大）這三個人，應推友廷爲首，都生於道光朝，歷咸豐時皆已壯年，先後歿於光緒年間，生平並皆載入《宜興縣志》。

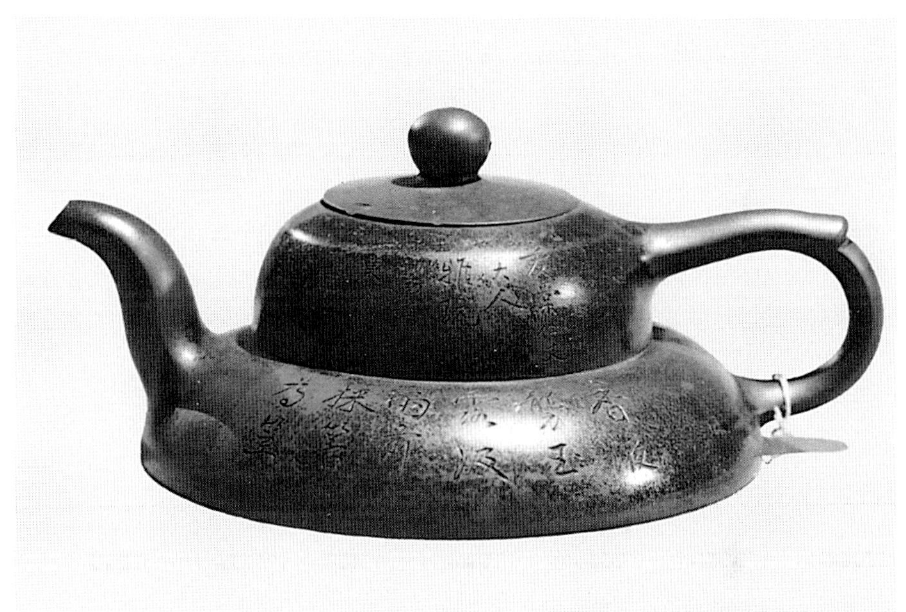

14.清黃玉麟款紫砂壺。故宮博物院藏。

本編收入黃玉麟力作數件，故亦着重品薦，藉此機會，也想説明一下他的生卒年限。黃在清同治初年，隨邵湘甫習藝，當生於道光末年或咸豐初年。太平天國兵燹以後，他遂拜在邵湘甫門下。湘甫與筆者祖輩有葭莩親，故亦自幼耳熟。黃歿於民國初年，終年六十餘歲。他的成就，讀者仔細觀賞他的傳器便可了解，鄙以爲他是自大亨之後唯一傑出的人物。黃在技藝上亦是多面手，方圓器形都擅長，每器紋樣、細部、結構、銜接、刻畫，均清晰乾淨，但一般圓器終覺得渾塌塌然，腴潤有之，巧麗欠缺，有大亨的格調而無大亨的氣質。《宜興縣志》有黃玉麟傳記。

程壽珍是邵友廷之養子，同治四年（一八六五年）生，民國二十八年（一九三九年）卒。承父家教，少年所作品類較多，中年至晚年僅製三個品種：掇球、仿古、漢扁。技藝嫻熟，形制掌握正確，不務妍媚，粗獷中饒有韵致，是個多產作家。他的壺價廉物美，當時嗜壺者都能購得，故其傳器較多，頗受大衆推崇。常用印章“冰心道人”、“壽珍”，把下則鈐“真記”二字小印。其子盤根，一向做與其父相同的品種，並以其父所用印章鈐之，以致混淆真僞，但盤根形制掌握差父遠甚，故識者大抵不難辨認。

陳光明，字匡廬，小名順寶，中年以後，依其女僑寓上海，藝技較同輩精緻，複仿歷史作品，則技不如黃玉麟。傳器樸雅古茂，格調較高。

俞國良，原籍無錫，一九三九年卒，享壽六十五歲。傳器製作嚴謹，器形格調雅致，是晚於黃玉麟的名手，但總的表現，又遜於黃玉麟一籌。

砂藝自明代到現在這幾百年中，是逐漸演進發展而成爲宜興陶業中一個獨特體系的；它能躋身於中華民族物質文化的一脈——紫砂陶文化中，並非哪一位巨匠個人的功勞，而是無數名師高手實踐創造的結果。以上簡略介紹部分歷來公認的砂藝大家的成就，意在憑一己之見，拋磚引玉，供熱忱於砂藝的人士共同探究耳。

今天的紫砂工藝，在百花齊放的形勢下，雖正欣欣向榮，但它今後究竟應當朝什麼方向繼續發展，却仍見仁見智。

人類社會的精神文化與物質文化在不斷演進發展着，舊事物總是要被新事物替代。造型藝術的審美趣味亦然。各個時代的人們對器用要求的差異，相應地反映出不同的審美觀。當前，人類社會的科學技術突飛猛進，一日千里，過去了的生活方式、審美方式，不可能再一成不變地倒回來。

但文化又是靠世世代代相互繼承積累下來的，它是屬於全人類的。藝術欣賞、審美活動不分國界，“古爲今用”、“洋爲中用”也已成爲人們的共識。顯而易見，古代優秀的傳統，應該批判繼承，例如：對於我國民間工藝美術，特別是對於其中高難度技巧的部分，更應研究掌握，不能畏懼，不認識到這一點，就是一種短視和無知；同樣的道理，外國的新鮮事物，也要有選擇地爲我所用，但這種“用”爲的是開拓視野，有所創新，而不是背棄我們的民族形式與地方特色，因爲正是這種民族形式與地方特色，才使我們的藝術有着可貴的獨立價值。

是在繼承傳統的基礎上而後創新，還是破壞了傳統而後標新立異？我認爲正確的選擇應是前者。

繼承傳統而創新，就是窺探歷史，認識傳統，在砂藝領域裏，唯有鍛煉並掌握高難度的基礎技巧，工藝改革才能有突破性的創新。一個人的生命是短暫的，假定能活八十歲，那他的創作年限至多不過六十年。下一代如果踢開師承，重起爐竈，那就永遠談不上文化積累，即使嘩衆取寵，也只能是曇花一現，沒有推廣和傳世的生命力。民族文化的發展，不能捨源逐流，唯有不忘本、肯開拓，才能不斷提高，永無止境。

藝術品不一定是實用品，但實用品宜藝術化。應該從千變萬化的形式中，求出能與具體內容相配合相統一的一種，並使之臻於完美的境界，這樣創製出來的東西才能有活潑的生命力。

本書的編著正處於紫砂工藝的黃金時代，編者悉力蒐集各大博物館及私人所庋藏的歷代珍品，加以編排整理，公諸於世，力圖顯現砂藝的真正歷史面貌，彰揚其藝技上的優秀傳統，希冀進一步提高世人對紫砂工藝的真正認識，俾使紫砂事業傳承有據，創新有路，百尺竿頭，更進一步。區區宿願，倘蒙天下紫砂愛好者及各界人士共同關心、垂注，進而扶持紫砂藝術這枝絢爛的奇葩，使之綻放驚世新花，則於願足矣！

一九九一年五月十八日完稿

紫砂生產工藝

李昌鴻

神州大地，不乏陶藝之英，但其中能比較全面繼承發揚傳統製陶技藝的，首推獨樹一幟的紫砂製陶術。時人曾有"千萬雙手和腦並用的智慧結晶"的讚語，對此作了非常恰當的概括。要說精湛的紫砂陶製作工藝，還得先從得天獨厚的紫砂土說起。

宜興紫砂陶所用的泥原料是紫泥、綠泥（本山綠泥）、紅泥三種，統稱爲紫砂泥。其中，紫泥產於宜興市鼎蜀鎮黃龍山，深藏在黃石岩下，夾存於甲泥礦層中。本山綠泥是紫泥層的夾脂，故紫泥和本山綠泥有"岩中岩，泥中泥"之稱。紅泥產於宜興市川埠朝莊村，是嫩泥礦底部的泥料，質堅如石；古云："未觸風日之石骨也"（吳騫《陽羨名陶錄》），指的就是它。

紫泥的地質特徵及成因，基本上與甲泥一致。黃龍山甲泥礦，位於上泥盆統五通葷上段，有四個礦層層位，自下而上分別編爲Ⅰ、Ⅱ、Ⅲ、Ⅳ、Ⅴ號礦層。紫泥產於厚度爲八米左右的Ⅲ號礦層中。紫泥礦體形態呈薄層狀、透鏡狀，礦層厚度一般在幾十公分到一米左右，穩定性差，有時不延續而滅尖。原料外觀呈紫紅色、紫色，有微細銀點閃爍，並隱現淺綠色的斑點，軟質致密塊狀斑狀結構，燒後外觀爲紫色、紫棕色和紫黑色。

紫砂岩類型，據建材部地質公司於一九七四年五月的紫砂泥岩礦鑒定報告，爲含鐵質黏土質粉砂岩。綜合分析紫泥主要礦物成份爲水雲母，並含有不等量的高嶺石、石英、雲母屑和鐵質等。紫泥的主要化學成份可詳見"表一"、"表二"。

紫泥原料的工藝性能，見"表三"、"表四"、"表五"、"表六"和"表七"。

以上一些數據，充分表明紫泥、本山綠泥和紅泥，由於有其固有的、極爲合理的化學成份、礦物構成和工藝性能，所以只需由單一的泥料通過粉碎、澂練的製備，即能成爲製作紫砂陶半成品（即泥坯）的泥原料。這在製陶業上是少有的。本山綠泥由於礦藏

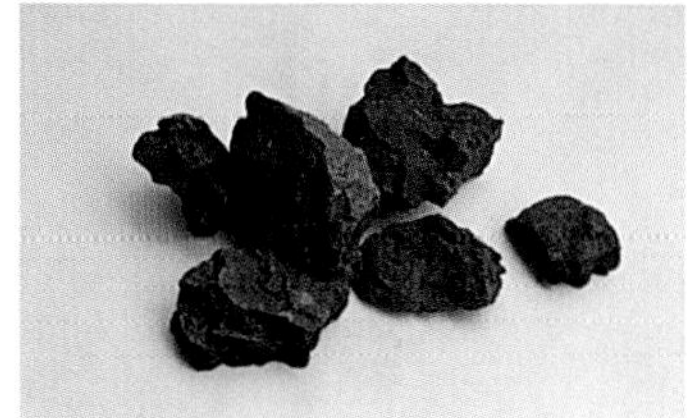
1.紫泥礦石

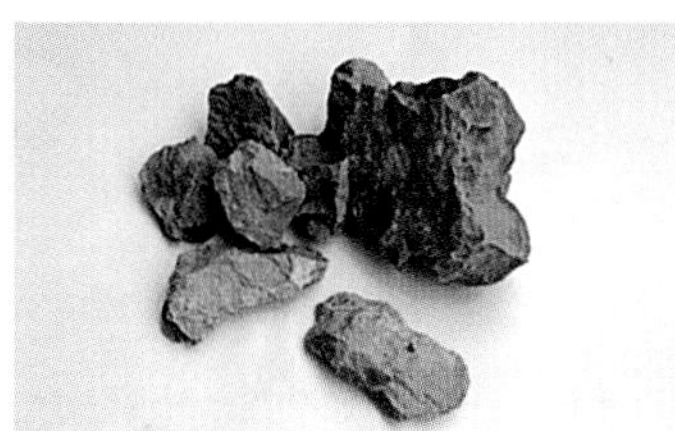
2.綠泥礦石

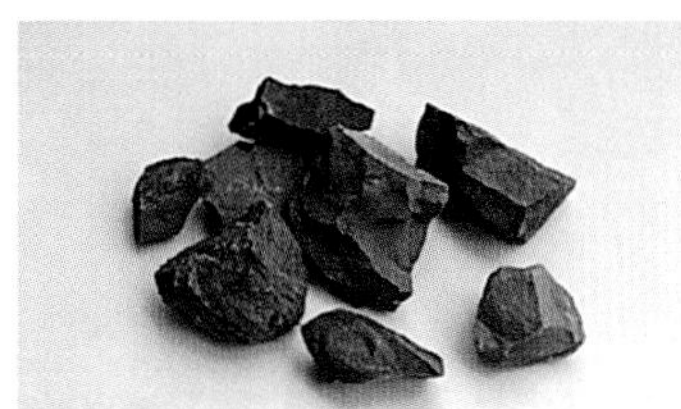
3.紅泥礦石

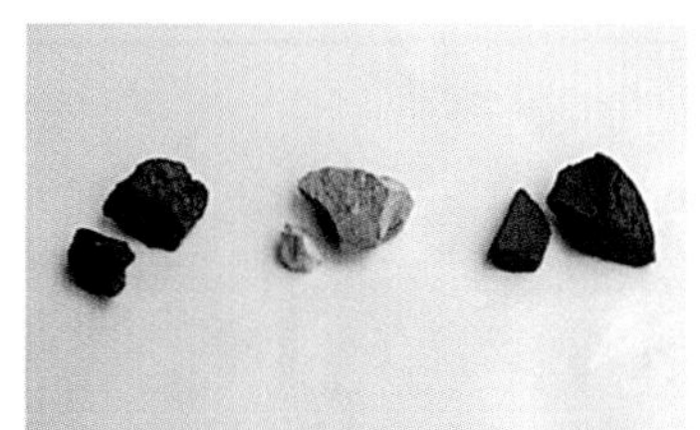
4.燒成狀態：紫泥（左）、綠泥（中）、紅泥（右）。

表一、紫泥的化學成份

試樣編號	化學成份 %								
	SiO_2	Al_2O_3	Fe_2O_3	CaO	MgO	K_2O	Na_2O	TiO_2	灼減量
羊角山古窰殘器（北宋）	62.50	25.91	9.13	0.43	0.36	1.36	0.07	1.32	
一九七三年取樣	55.00	26.00	18.08	0.70	0.54	0.72	0.25		7.80
一九七七年取樣	58.39	20.12	8.38	0.25	0.57	3.38	0.06	1.08	7.30
一九八一年取樣	52.88	25.61	9.39	0.83	0.52	0.95	0.15		10.30

表二、五個紫泥礦紫泥的化學成份

礦名	化學成份 %					
	SiO_2	Al_2O_3	Fe_2O_3	CaO	MgO	灼減量
總廠礦	64.30	21.69	9.58	0.95	0.68	7.00
	52.12	27.89	8.10	0.70	0.34	11.66
工農礦	63.16	17.10	11.65	0.60	0.40	7.08
北山礦	64.80	17.70	9.17	0.70	0.90	5.44
煤山礦	46.30	34.30	2.30	1.00	0.34	15.54
中袁礦	59.40	21.84	8.00	0.70	0.50	7.09

表三、紫泥的可塑性

原料名稱	液限%	塑限%	指數	屬性
紫泥	33.4	15.9	17.5	高可塑性

表四、紫泥的結合能力

原料名稱	不同加砂配比量%	抗折强度kg/cm³		
	0	20	40	60
紫泥	30.0	20.5	13.5	10.5

表五、顆泥分析（移液管法）

顆粒級比	>0.25m/m	0.25～0.05m/m	0.05～0.01m/m	0.01～0.005m/m	0.005～0.001m/m	<0.001m/m
百分比%	24.12	3.81	42.87	3.3	11.1	13.8

表六、乾燥性能

原料名稱	乾燥收縮%	吸水率%	氣孔率%	體積比重 g/cm³	抗折强度kg/cm³
紫泥	3.8	7.1	20.9	2.79	3.00

表七、燒結性能

原料名稱	適宜燒成溫度°C	吸水率%	燒成收縮%	體積比重	燒成溫度範圍
紫泥	1150	3.96	5.76	2.70	較寬

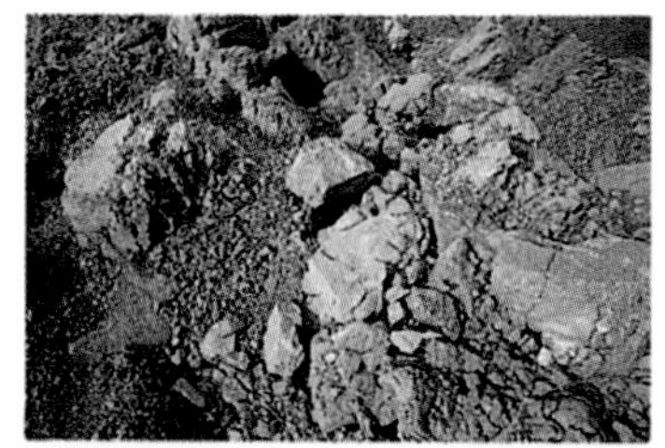

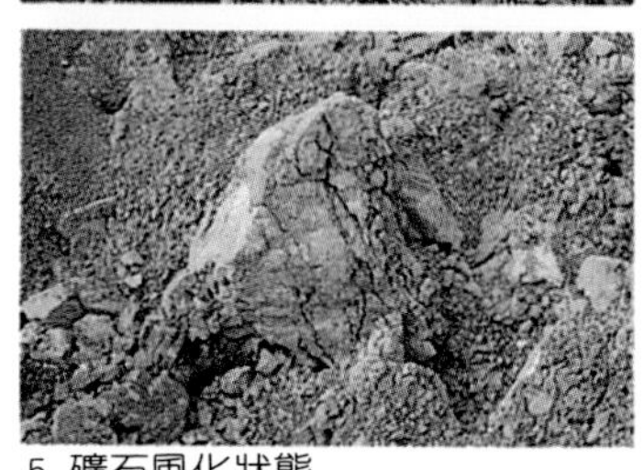

5.礦石風化狀態

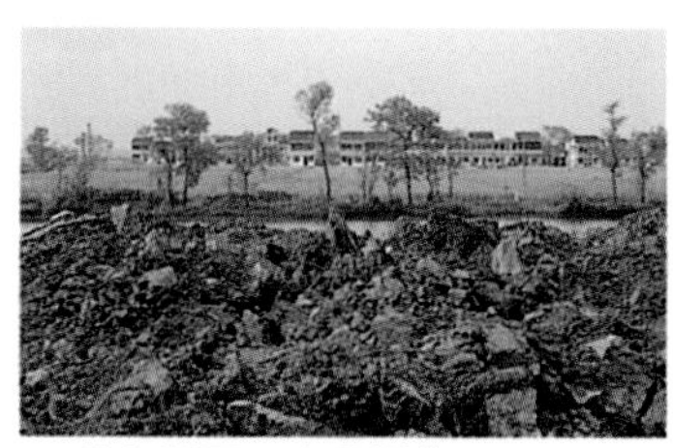

6.堆在露天，自然風化。

量不多，加上不宜製作和燒造大件產品，因此，除少量的用於製作單一中小型產品外，大多用作化粧土，塗在紫泥表面作爲裝飾。紅泥，因爲燒成溫度偏低，因此，通常用作化粧土及製作小件產品。紫砂泥有着這樣奇妙的性能，難怪前人對紫砂泥有“人間珠玉安足取，豈如陽羨谿頭一丸土”的讚語。

自明、清至民國，紫砂泥（俗稱青泥）礦土的開採和加工，其設備和方法都很簡陋，經營者以私人爲主，人稱“塘戶”。“塘戶”把開採的紫砂礦泥賣給磨坊人家，磨坊人家把大塊的紫砂礦泥，攤在竹席上日曬，不讓雜物混進礦土，並用小鐵鎚把它們敲成核桃大的小塊塊，經風化後又成棗核大小的顆粒，再用石磨研細。磨細了的泥粉用粗細不同的蔴篩分篩之後，倒在石盆或匹缸中，加適量的水拌勻，然後就地掇成一尺長六寸見方的元寶狀濕泥塊。將這種濕泥塊堆放在蔭涼處，使之慢慢陳腐，最後用木榔頭在泥櫈上（即工作枱）搥練腐泥，並加入一定量的熟泥（製作過坯件的餘泥），這樣一層一層，一遍一遍的搥練，逐漸排出泥中的空氣，增强泥的可塑性，就成了可以製作坯件的熟泥。

隨着時代的前進，科學技術的發展，紫砂泥的粉碎方法由小磨磨到石輪碾，又由碾砣碾到機械加工處理，大大減輕了工人的勞動强度，勞動環境也相應得到了改善。

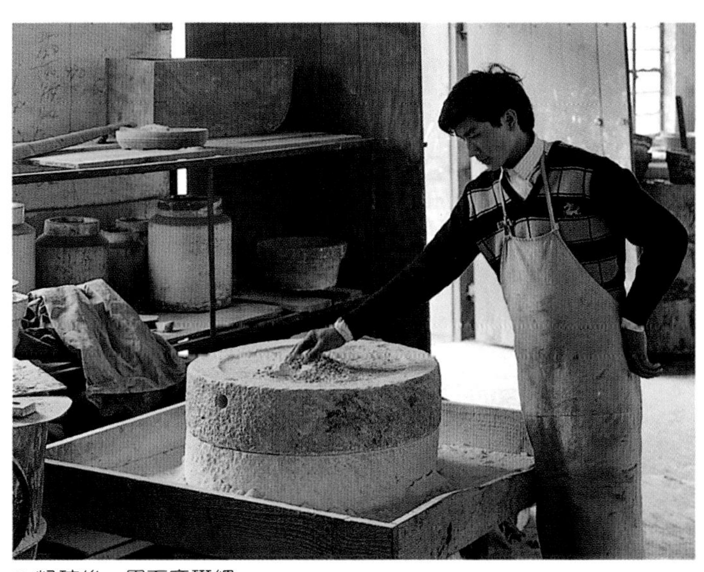

7.粉碎後，用石磨研細。

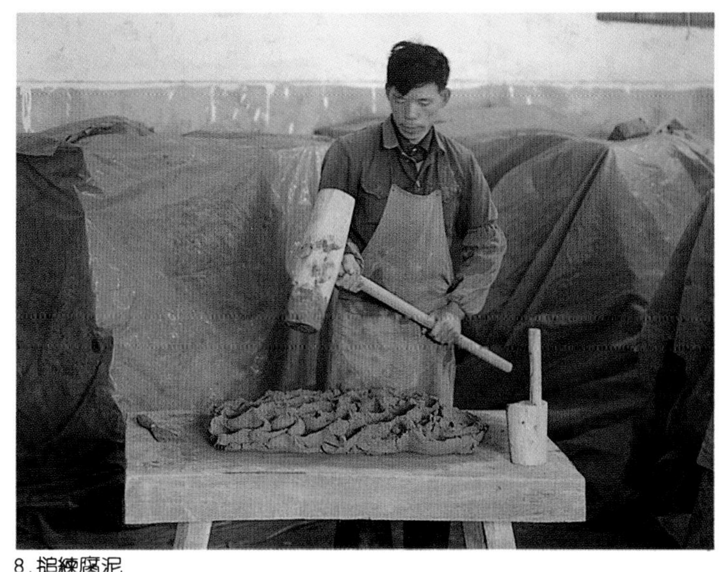

8.搥練腐泥

現今從礦層中開採出的紫泥，（它如何從礦井中採出，見圖十至十六的採掘過程。）俗稱生泥。泥似塊狀岩石，經露天堆放攤曬，稍事風化，待其鬆散，然後用鶚式破碎機初碎，經輪碾機粉碎，按產品要求的顆粒數目，送風選篩。選篩後的泥灰，由雙軸攪拌機攪拌；攪拌後的一塊塊溼泥，堆放陳腐，再把腐泥進行真空練泥，這樣便成爲供製坯用的熟泥。綠泥、紅泥的製備工藝亦與紫泥相同。

在紫砂泥澂練和製備過程中，所用水的水質也必須講究。水質的優劣會影響製品的質量。成品後的紫砂，假如放在有臭氣或煤氣味的屋子裏，它的外觀質量也都會受到影響。

爲豐富紫砂陶的外觀色澤，滿足工藝變化和製作設計的需要，可把幾種泥料以不同配比混和製備；也可在泥料中加入適度的金屬氧化物着色劑，控制好窰內溫度和氣氛，產品燒成後，便會五光十色莫可名辨，或紫而不姹，或紅而不嫣，或綠而不嫩，或黃而不嬌，或灰而不暗，或黑而不墨。紫砂器的色澤，好比是染在毛紡葛織品上的顏色，沉着而没有火氣；細細觀察，各種泥色裏又有白砂星星，如銀粉閃閃，日光映射，宛若珠璣。有時在泥中和以粗泥砂或鋼砂，則穀縐周身，珠粒隱現，更爲奪目。近年來，還試製成功了帶有自然光澤的紅色和青銅色蓋面漿，別開泥色裝飾的新面目。天然的紫砂泥

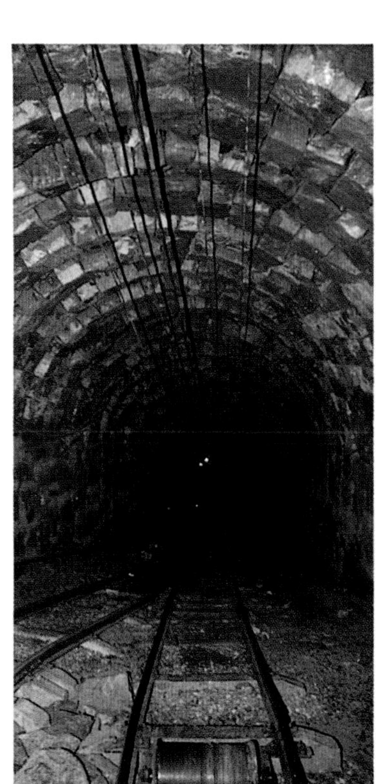

9.紫砂泥礦坑道(深約800米)

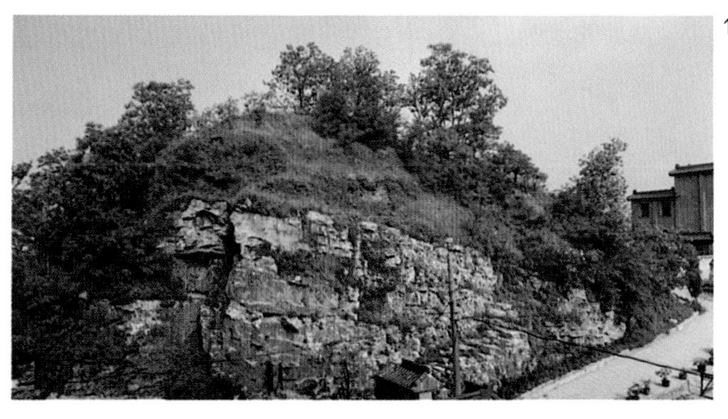

10.羊角山北宋古窰址，是現今發掘的最早燒造紫砂器的代表窰址。現存窰址殘迹剖面，位於宜興市鼎蜀鎮紅旗陶瓷廠內。

11.紫砂泥礦井口

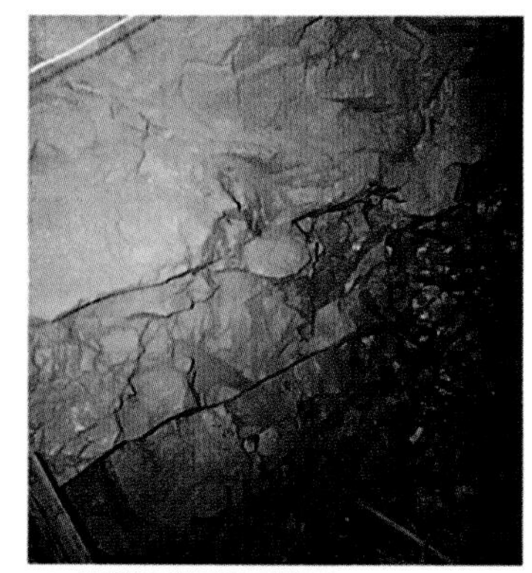

12.紫砂泥礦截面礦層

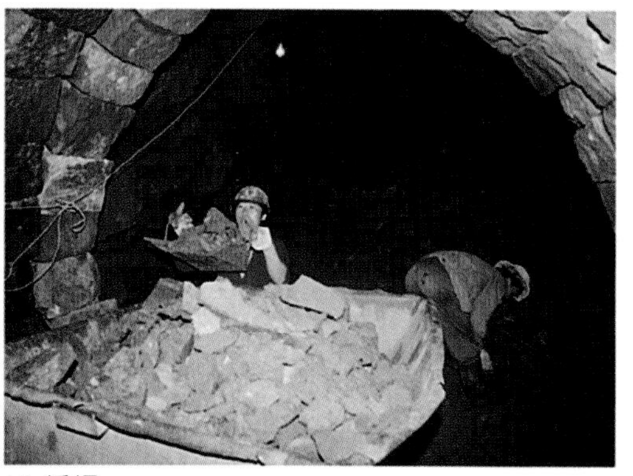

13.採掘

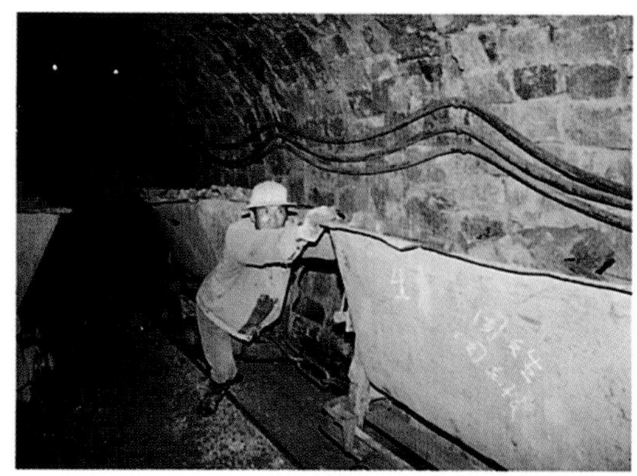

14.運輸

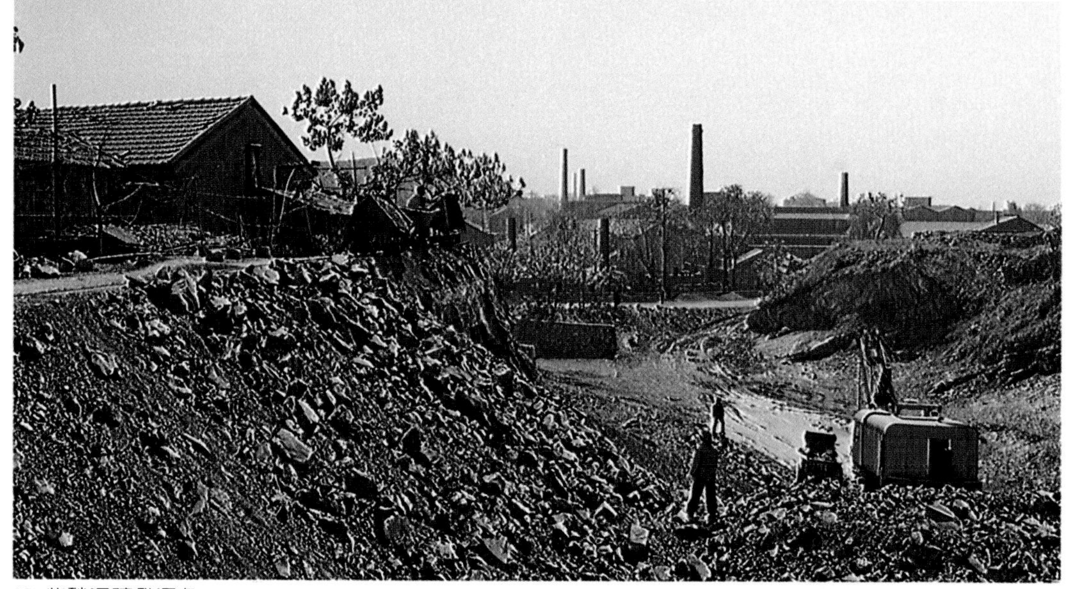

15.紫砂泥礦發運處

經藝人們謹嚴工致的製作、裝飾和工藝處理，產品是粗砂製的，妙不覺糙；細泥製的，潤而不膩；調砂、鋪砂製的，珠璣隱現、羣星燦然；塗化粧土的，鬆和勻淨，真是“妙色天錯，爛若披錦”。

物華天寶，人傑地靈。宜興有這樣得天獨厚的泥原料，遂造就了成千上萬的製陶巧匠名手。紫砂泥可塑性好，生坯強度高，坯的乾燥收縮和燒成收縮率小，爲多種多樣的品種，多姿多貌的造型，千變萬化的綫條，提供了良好的工藝條件。藝人們在紫砂陶成型技藝方面積累了不少寶貴的精湛技法，世代相傳，精益求精。紫砂產品種類繁多，其中的茶壺、花盆純靠手工摶製而成，製作法則以優良的傳統技藝爲基礎，而體現出來的獨特民族風格，極盡巧致，向獲口碑。《陽羨茗壺賦》就有這樣的讚語：“脫手則光能照面，出冶則資比凝銅，彼新奇兮萬變，師造化兮元功，信陶壺之鼻祖，亦天下之良工。”由於藝人和技工充分認識泥性、掌握泥性，創作時，遂能重鏤叠刻，得心應手地把坯體處理得珠圓玉潤，規方挺括，形制上可以説達到了“綜古今而合度，極變化以從心”“畢智窮工”的高水平。

成型製作的主要工具是：泥櫈（工作枱）、木搭子、轉盤、薄木板拍子、竹爿拍

16.成型製作的主要工具

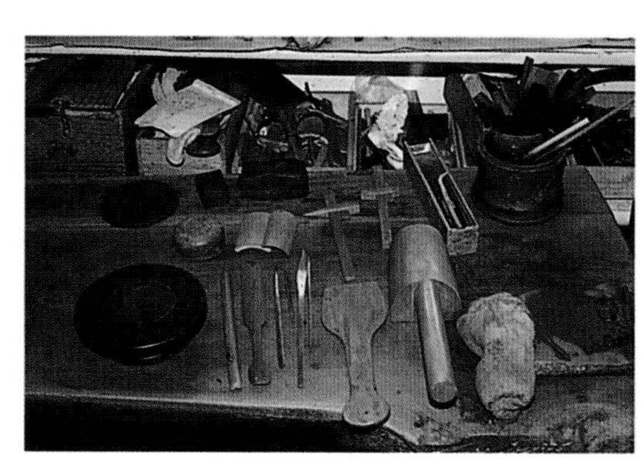

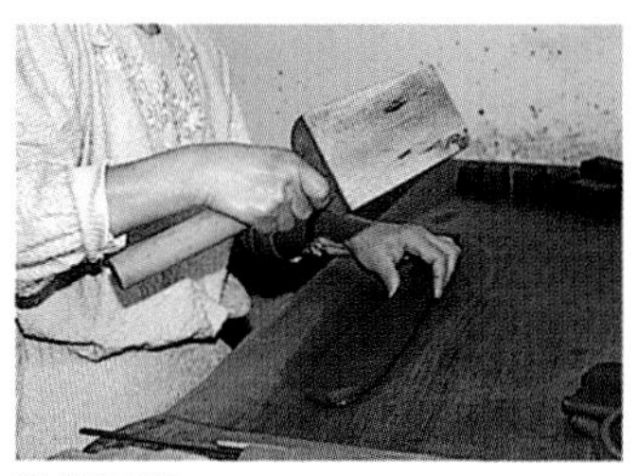
①打泥條

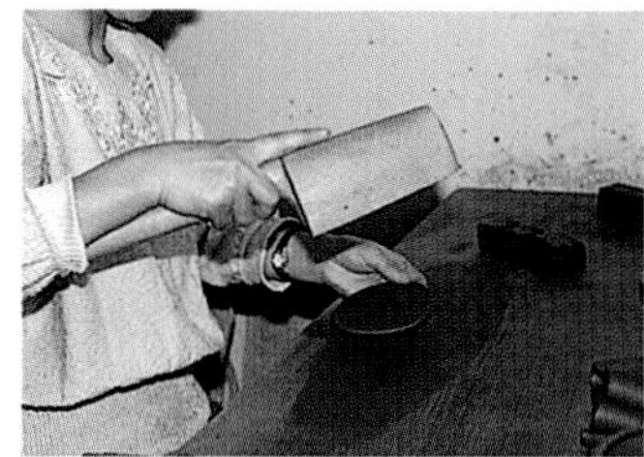
②打泥片

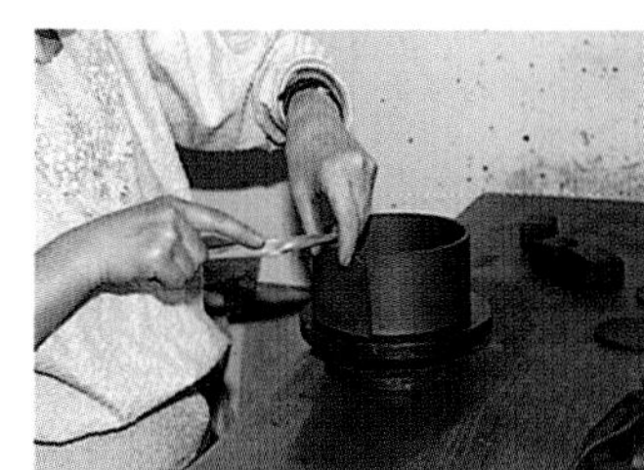
③圍身筒

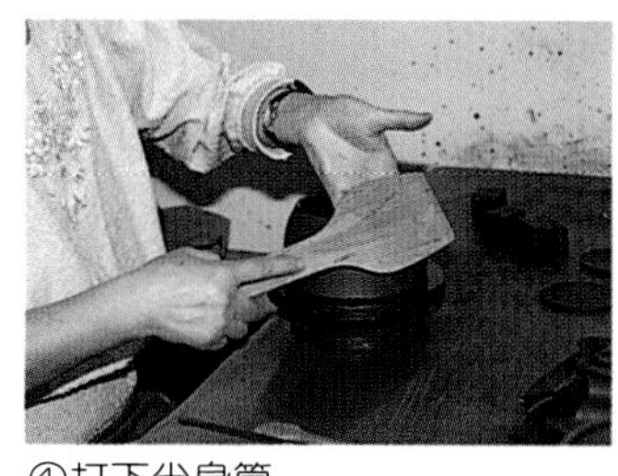
④打下半身筒

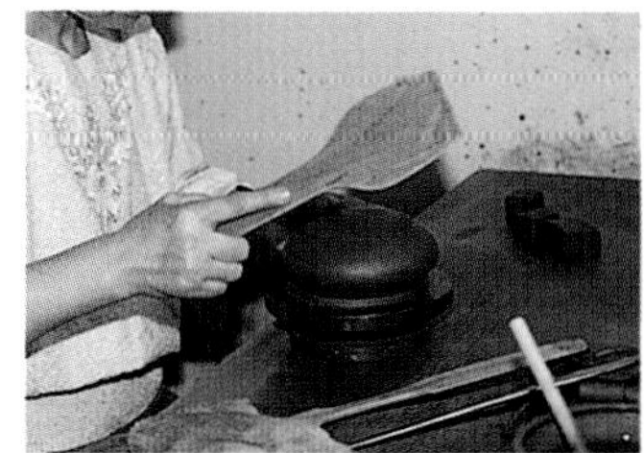
⑤打上半身筒

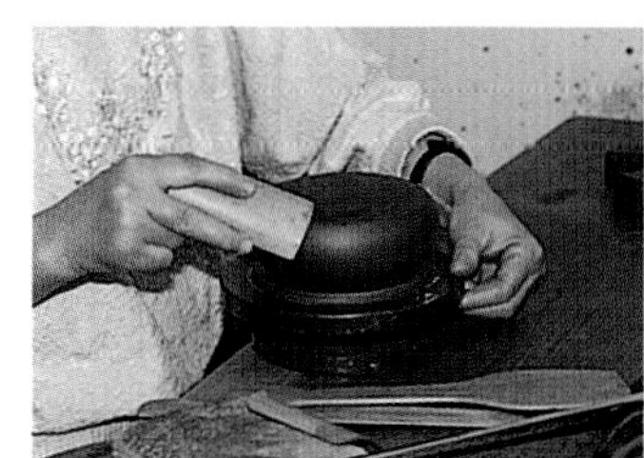
⑥理好身筒

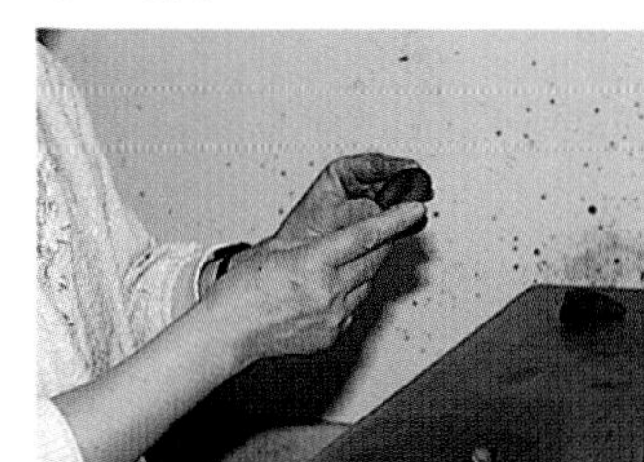
⑦彎嘴

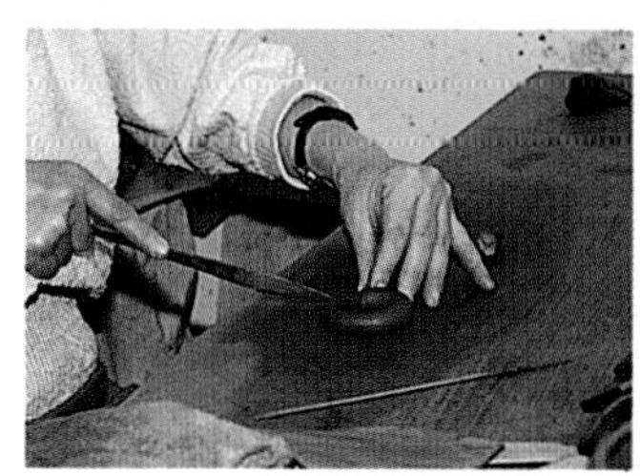
⑧彎鋬

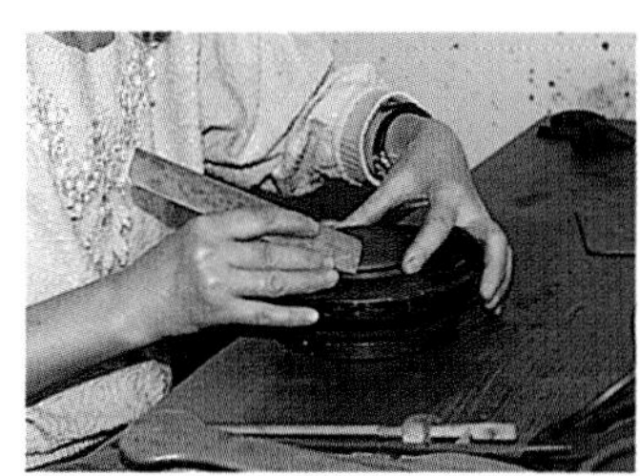
⑨做蓋

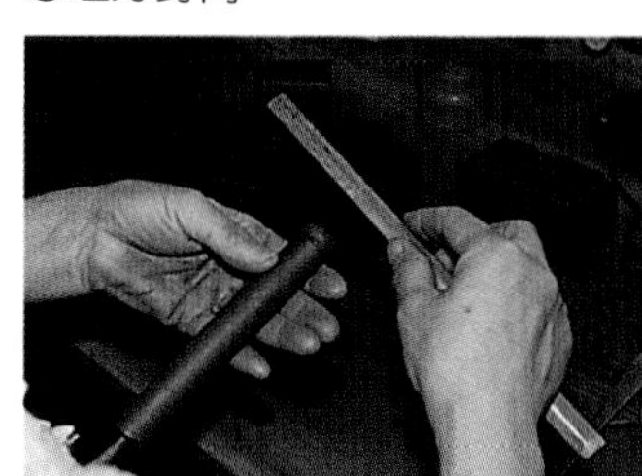
⑩搓的

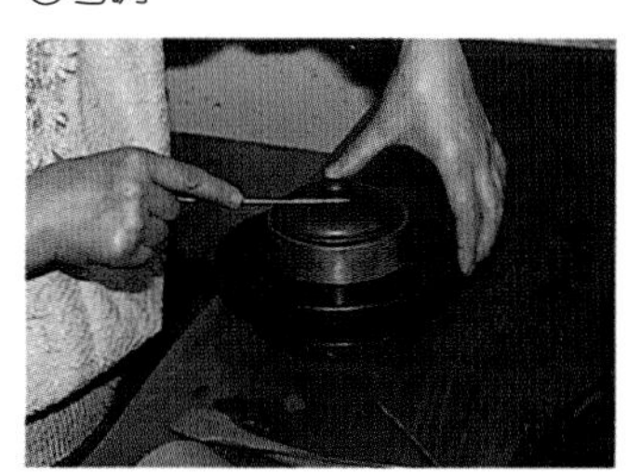
⑪裝的

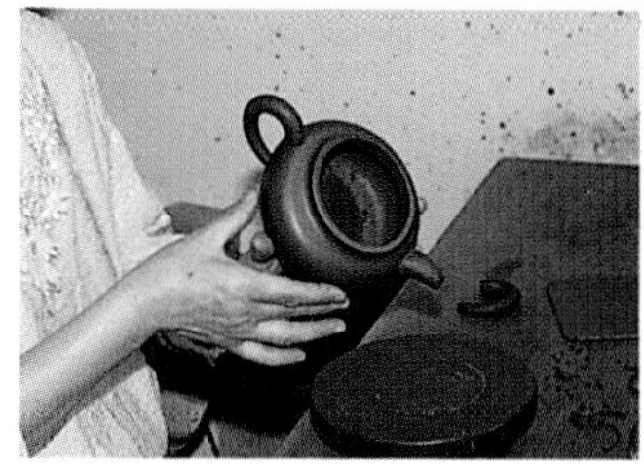
⑫裝嘴

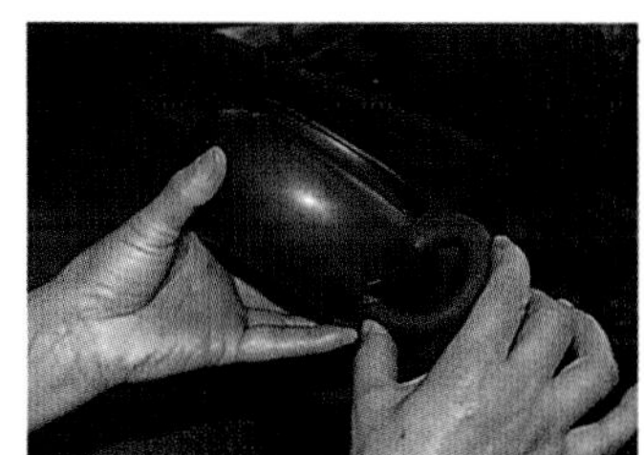
⑬裝鋬

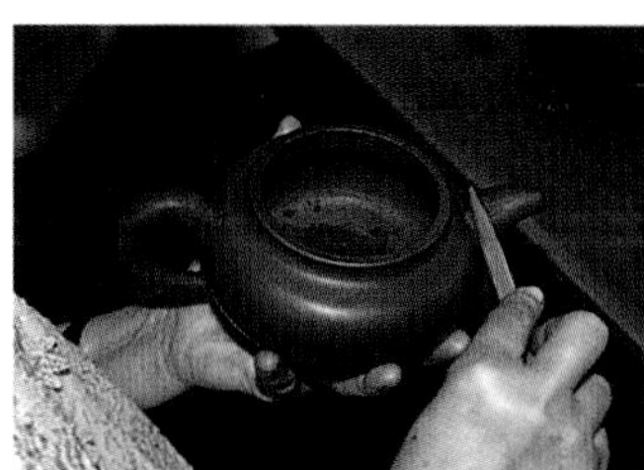
⑭琢嘴

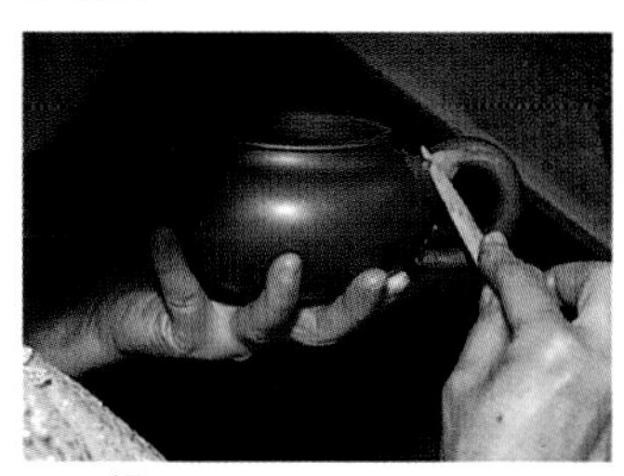
⑮琢鋬

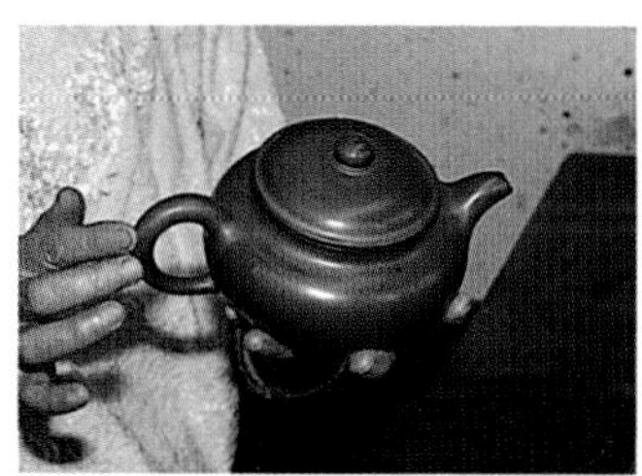
⑯成型

17.打身筒成型法

子、規車、牆車、旁皮刀、尖刀和明針。俗話說："工欲善其事，必先利其器。"每製一器，要達到預期的效果，得採用和製作專門工具以適應不同的工藝要求，因此，各種小工具很多，難以例舉。

紫砂陶產品形制多種多樣、千姿百態，但它們的成型方法，基本上是"打身筒"和"鑲身筒"兩種。

打身筒成型法，大都適用於圓型類器皿的造型。圓器成型方法，在明代和明以前，主要是模成型。具體方法是分器皿的上、下兩部，或上、下、口三部（一般是前者）進行。操作順序是先打泥條和泥片，再把泥條、泥片劃上需要的尺寸，然後將劃好尺寸的泥條圍在木製或石製的模具上，接好兩頭；不要卸下模具，把底和滿，拍在圓筒上，黏接和潤，取下圍在模上的上下兩部，醮水相接（大都是腹部相接），故"腹半尚現節腠"。明代時大彬悟其法，則不用模具規製，而把泥條、泥片置於轉盤上，以拍打身筒的成型方法來做。精湛的徒手操作技法就此開始。這種方法沿傳至今，成爲"打身筒成型法"。它的操作順序是先將練好的熟泥開成泥路絲（即1～1.5cm寬、4cm厚、25～30cm長的泥條條），把泥路絲用木搭子在工作枱上打成高度及口、底、腹徑符合所製器皿要求的泥條和泥片，用牆車劃出泥條的闊度（即器型需要的高），用規車旋出器型的口和底，同時旋一塊比口或底厚兩倍的圍片（即器型的腹徑），然後把圍片黏貼在轉盤的正中，把泥條沿着圍片圍好，圈接成一個泥筒，接口接和不露痕迹，調校端正，再以左手襯在圓筒內，以右手握着薄木拍子，很自然地一拍一拍向圓筒拍打過去，逐步收口。一般是先拍打器皿的底部，待口收到與底尺寸一樣時，就用脂泥（稀濕的糊狀泥），把底黏接在底部上，翻過身來，用竹爿拍子去掉身筒底部黏接的多餘脂泥。接着開始拍打器皿的上半部，拍打至口徑合符要求，再用脂泥黏接好口滿，這樣就做成了一個球鼓形的空心壺身。然後，按造型形制整理身筒，用薄木板子旋壓旋搓、或按或提，把空心體摶成各種輪廓曲綫，如拋物綫、弧綫、雙曲綫、曲直綫組合或過渡、正反綫段相切等，之後，使器形骨肉亭勻，如同型範，分毫不差，到了一定乾濕度，又在壺身接頸、裝脚、安嘴、加鋬、製蓋、做蓋摘手，以致器皿坯體完整，最後用各種工具理剔規正，用明針周身壓光勻和，使製成高、矮、大、小與所製產品或設計的新品需求一致的形制，如作品要雕琢筋瓤圖案花紋的，另由製作者用各種專用工具和技法手段，加以鏤剔，以達成理想的製作效果。

"鑲身筒成型法"，則適用於方形（如：四方、六方、八方等）器皿製品。具體方法是：先將泥路絲料切成一個個方形泥塊，把方形泥塊打成泥片，按產品設計要求的尺寸配製樣板（樣板一般用金屬片，如銅片、鋁片、鋅片、不銹鋼片和塑料片），把樣板放在泥片上裁切，裁切好的泥片，按器皿形制規格要求，用脂泥黏貼鑲接（每道加工順序與打身筒成型的操作順序相同），直至完整的製好一件方形作品爲止。

花盆及其他各式器皿的製作方法，和常規的兩個方法基本相同。雕塑作品的成型方法，主要是手捏、印坯和注漿成型三種方法。

泥料要根據器皿的大小，在泥顆粒上有合理的配比。器皿大的，泥顆粒要粗的多；器皿小的，泥顆粒不宜過粗。所以用拍打成型的方法，一則是由於原料的性能所決定，另外亦是工藝上的規律所要求，因爲使用工具加工的過程也是將坯體表面的粗泥顆粒向坯體內壁壓擠的過程。它一面使坯體表面周身修整得平滑光潤，一面使坯體外表形成較細膩的表皮層，經過燒製，這表皮層容易形成較致密的燒結層。加工愈是精細的壺，賞壺者就愈早看到壺上的亞光寶氣，惹人喜愛。經過精細加工後的紫砂壺，口蓋嚴密，準縫一絲不苟，是其他陶瓷壺類無法比擬的。

紫砂陶上的裝飾方法，不下數十種，其中最主要的裝飾方法是陶刻。

陶刻的主要工具是毛筆和刻刀兩種。操作技法分刻底子和空刻兩種。

刻底子，是在已經乾燥的坯件上，先用毛筆畫好設計的墨稿，然後用刻刀依墨會意地雕刻。握刀管如握筆，强調腕指用力，一

18.鑲身筒成型法

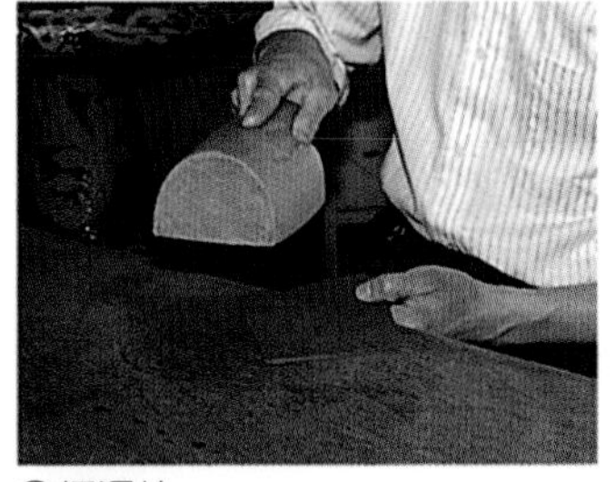
①打泥片

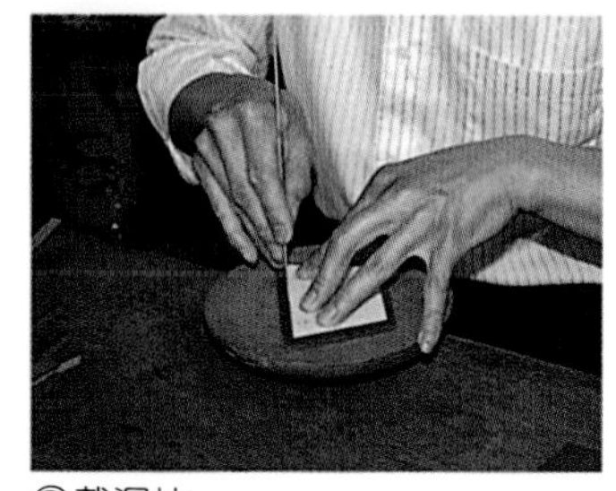
②裁泥片

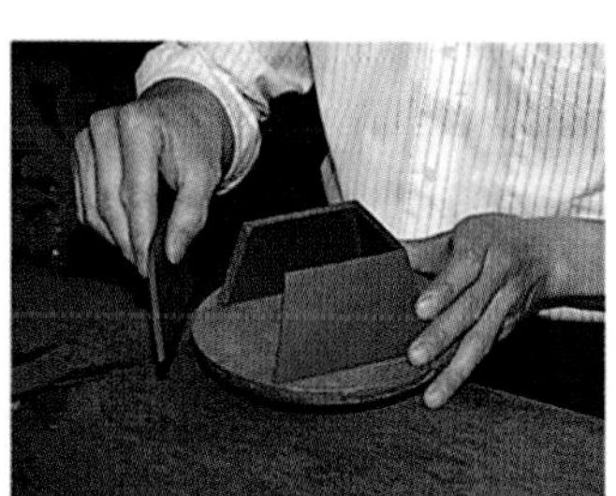
③鑲身筒

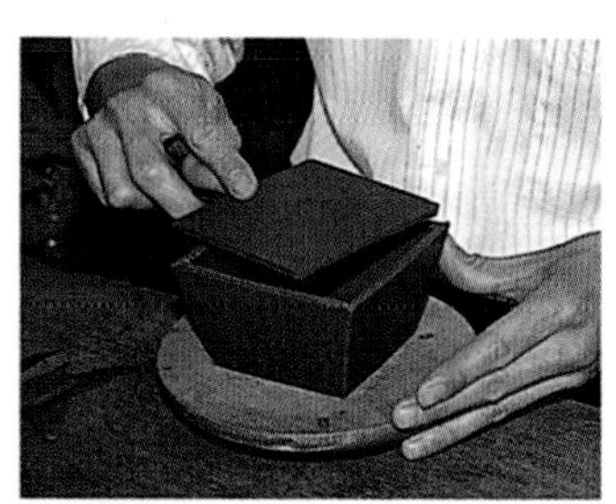
④上底

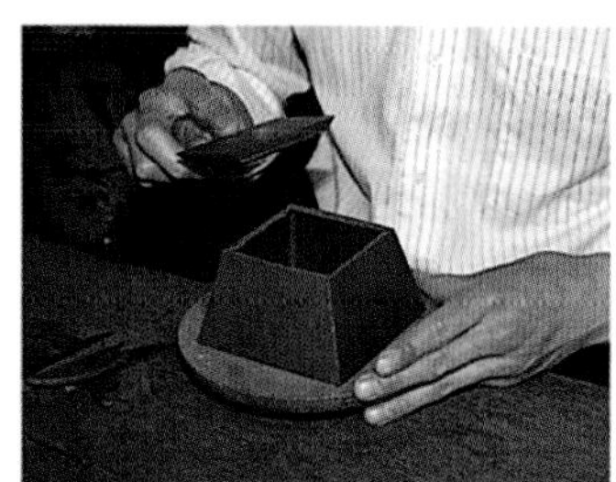
⑤上滿

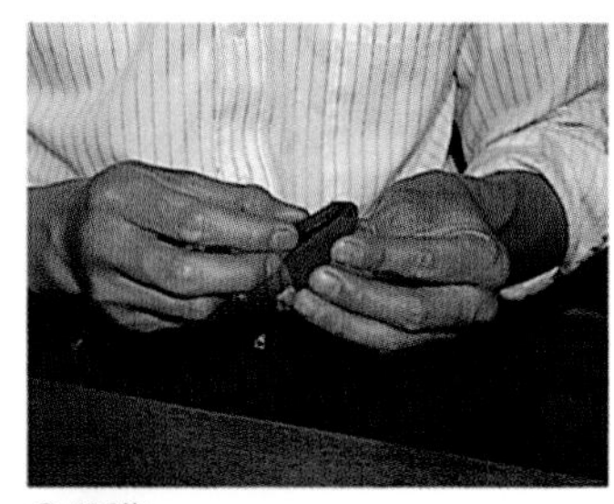
⑥鑲嘴

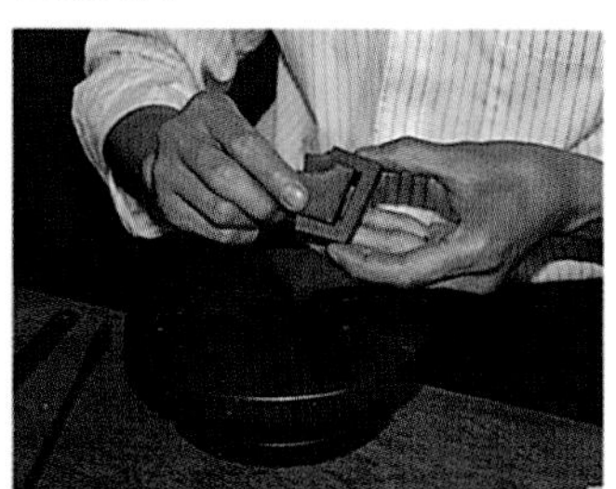
⑦切鋬

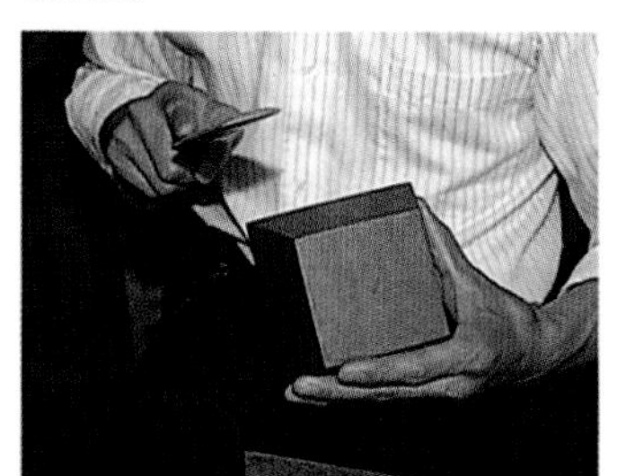
⑧拍身筒

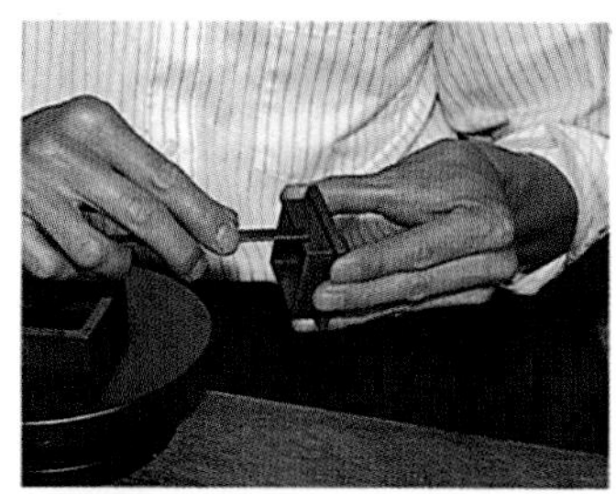
⑨做蓋

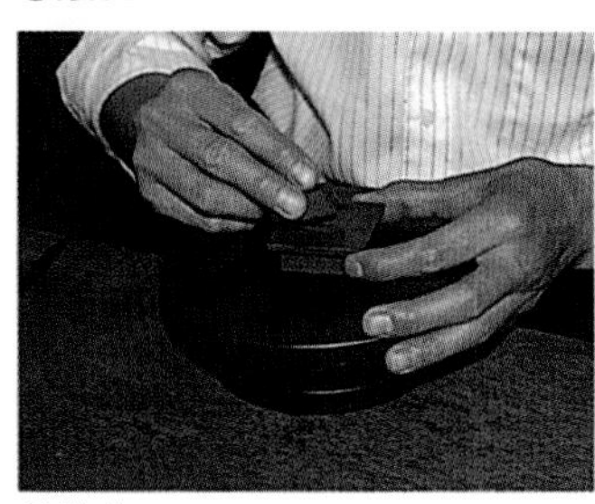
⑩裝的

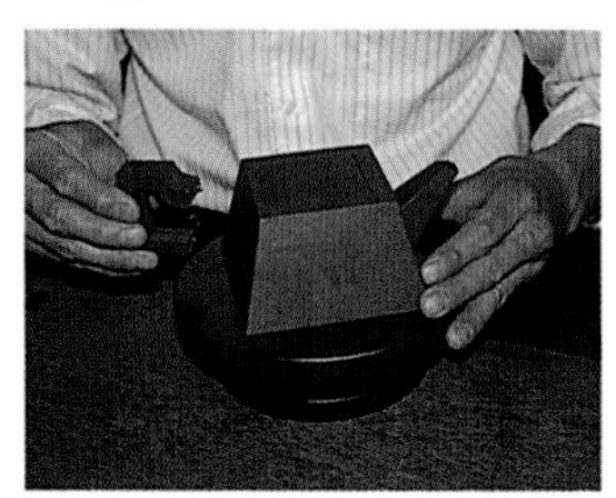
⑪裝嘴、鋬

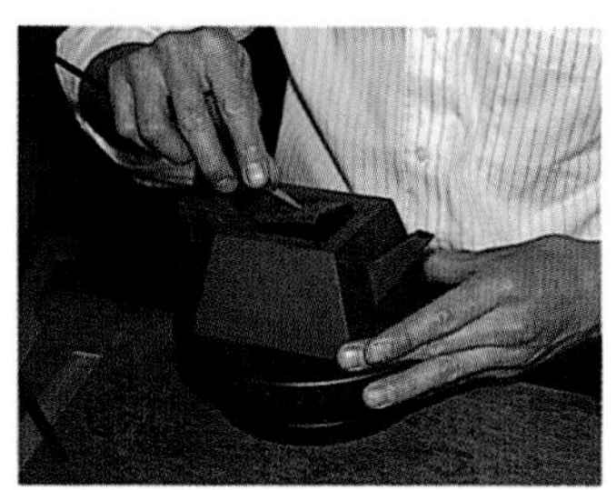
⑫開口

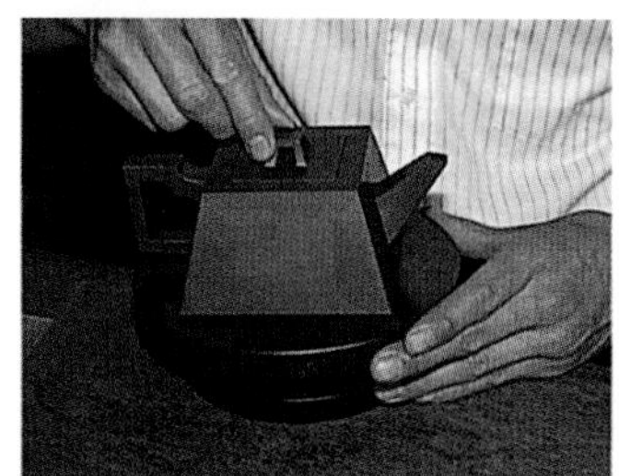
⑬成型

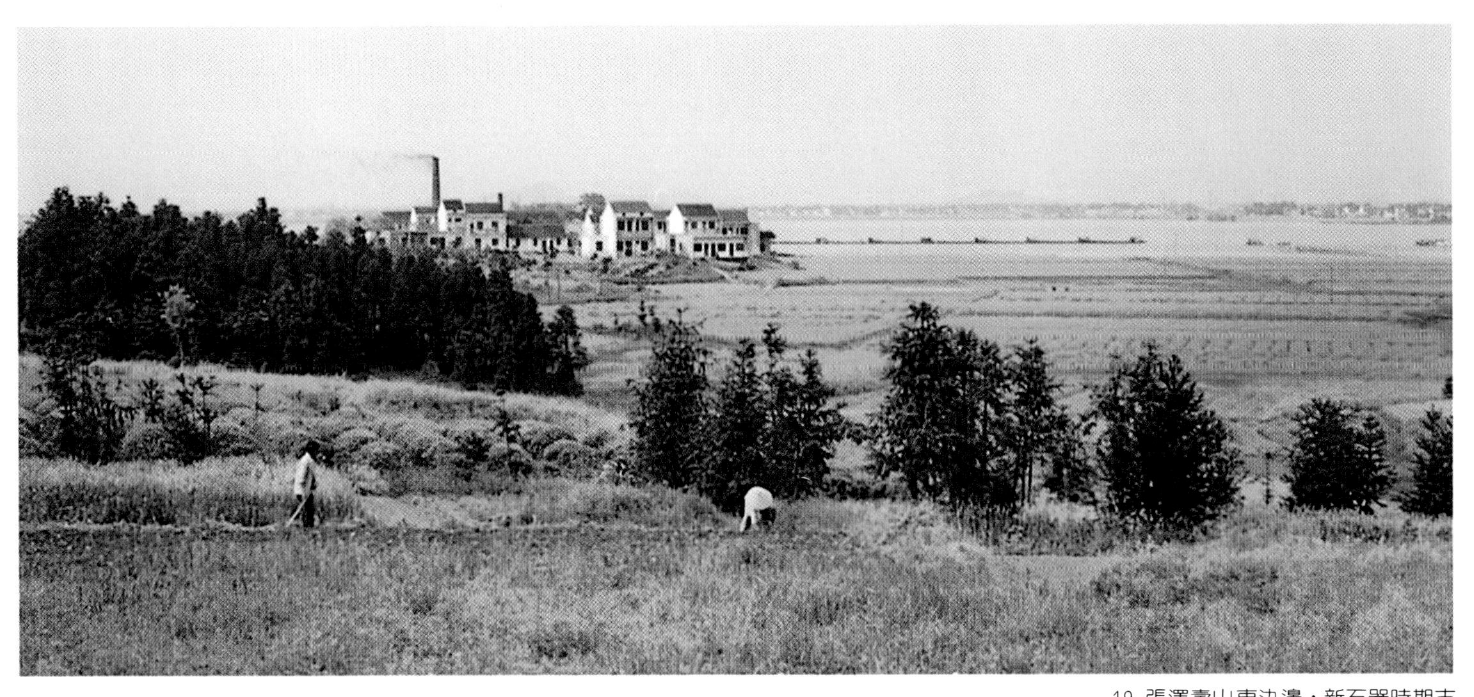

19.張澤壽山東氿邊，新石器時期古窰址地貌

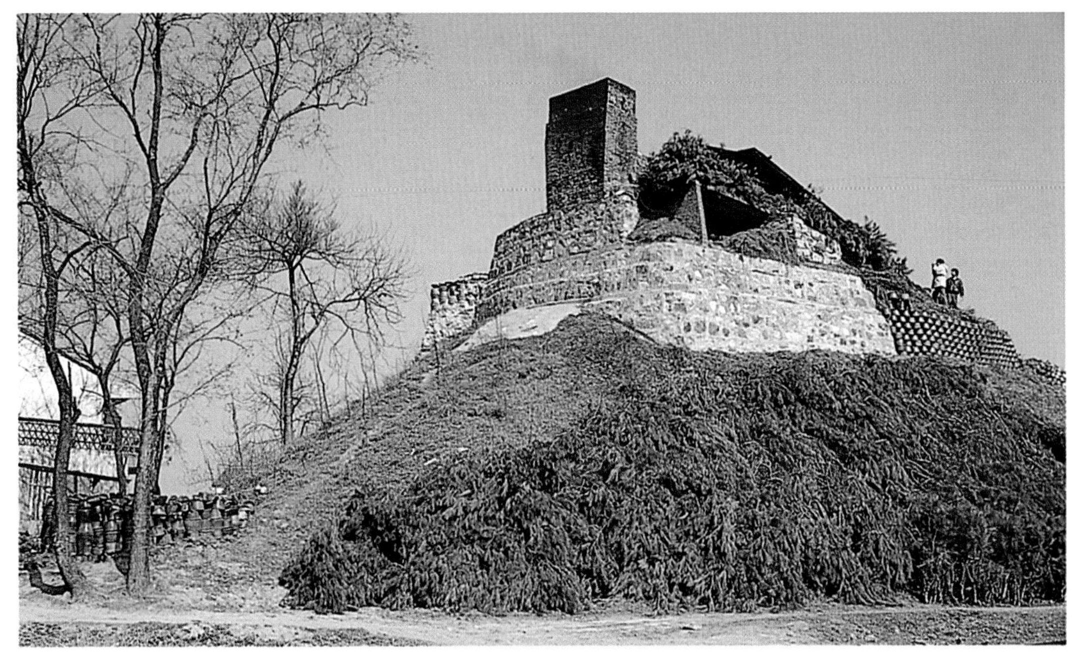

20.仍在生產的前墅龍窰

般多用雙入正刀法，注意行刀的浮沉利純、深淺闊窄，筆順的氣脈連貫，並要用刀刻出各體書法的藝術要求；至於繪畫的構圖筆意，濃淡層次，疏密曲直，全要憑刀路體現出來，切忌用刀輕滑或不依筆序而奏刀紊亂，以免出現粗滯的敗筆。

空刻，就是用刻刀直接在乾坯上雕刻，技藝高超者，運刀自如，臻停蓄頓挫、剛健婉轉之致。能者像鐫刻金石單刀邊款似的，得以迹外傳神。

經裝飾後的乾燥泥坯，已是半製成品。下一道便進入燒煉。從文獻記載和發掘的古窰殘器可知，早期的紫砂器是把坯件和陶、缸、甕裝放在一起燒煉成的（參見羊角山古窰址圖片），所以，製品表面往往惹上釉

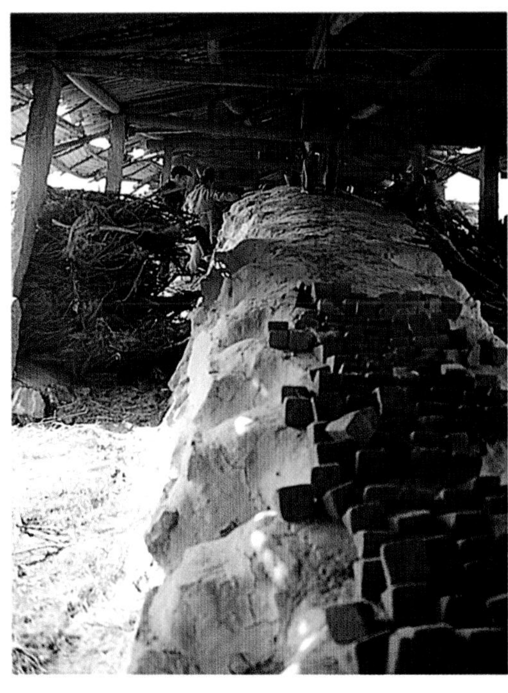

21.點火封窰

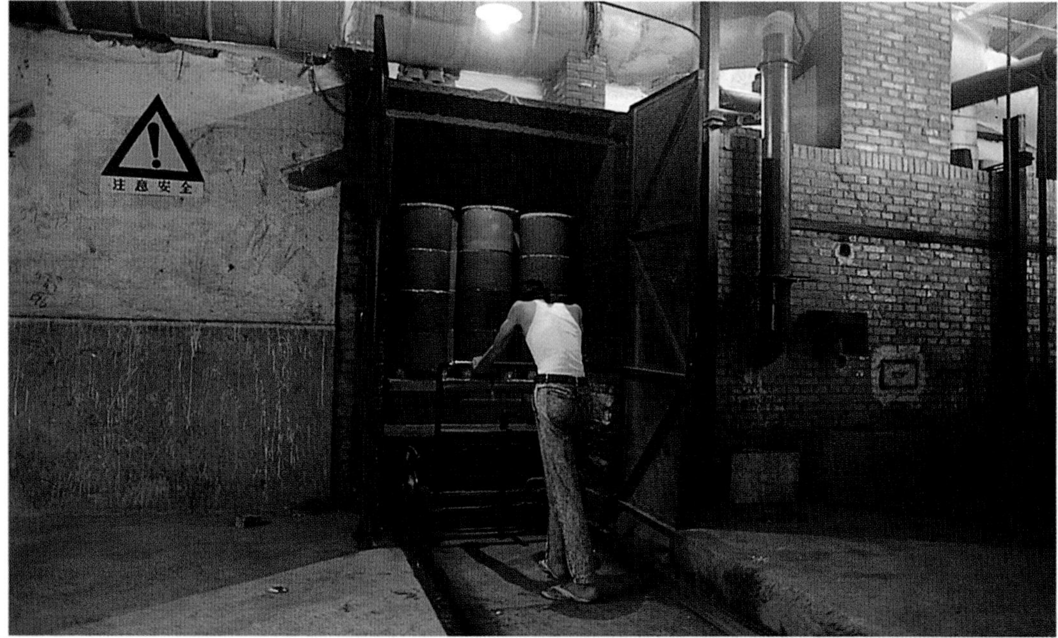

23.進窰

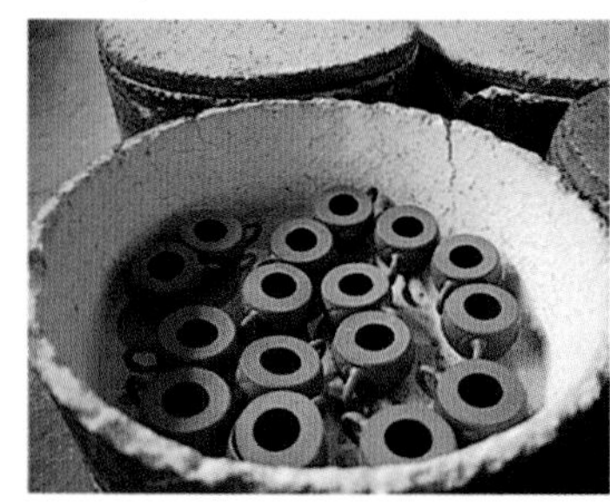
22.現代電窰，將泥坯放在匣缽內燒煉。

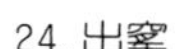

淚，或有射火的疵點；到了明代中葉，開始用專門窰具掇罐（匣缽）裝燒，才避免了以上缺陷。宜興陶瓷，據考查，已有五千年歷史；古窰址已發現的，有一百二十處。在宜興市張澤鄉境內，就有新石器時期的古窰址羣；在鼎蜀鎮周家潭境內，就有晉代青瓷古窰址；而在鼎蜀鎮澗衆村境內，還有唐代龍窰遺址。歷史上紫砂陶的燒煉是在龍窰中進行的，這一直沿用到一九五七年。一九五七年後，燒成工藝採用圓形或方形的倒焰式窰。一九七三年，倒焰式窰又被隧道窰所代替。紫砂龍窰用的燃料是茅草，倒焰窰用的燃料是烟煤，隧道窰用的燃料是重油。目前，宜興紫砂工藝廠的紫砂陶燒成工藝，以隧道窰重油作燃料，採用自動儀表計溫控溫的熱工工藝操作，質量穩定。燒成過程在1090℃～1180℃的氧化焰氣氛中進行。燒成後的紫砂陶製品的色澤、吸水性和抗折强度，都達到相當水平，臻於理想效果。

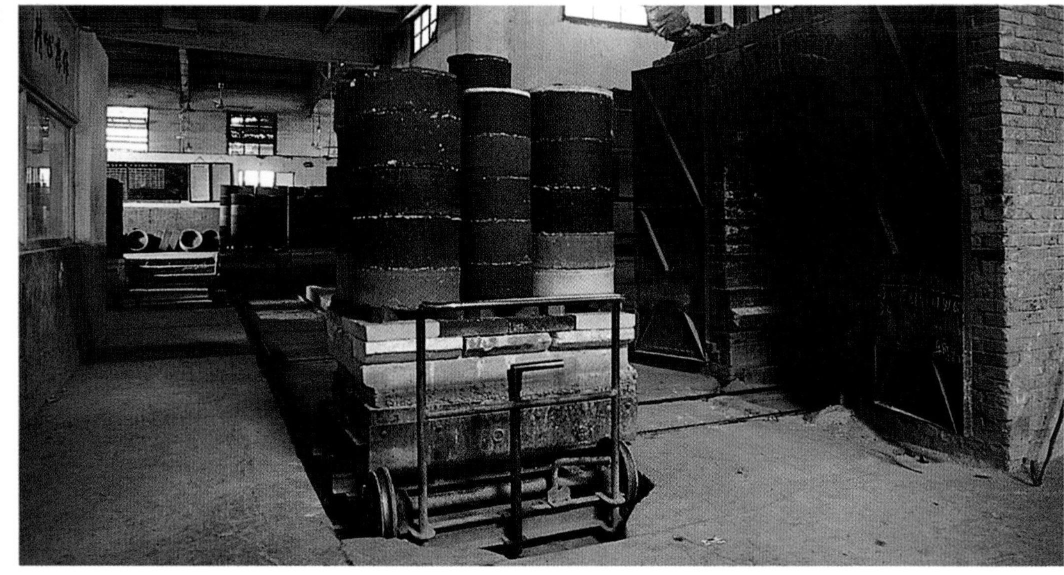
24.出窰

陽羨茶事

徐秀棠

宜興周代稱荆邑，秦王政二十六年（公元前二二一年）設置陽羨縣，屬會稽郡（郡治今蘇州），至今已二千二百餘年。西晉陽羨名將周處的長子周玘，三興義兵，晉懷帝爲表彰其功，在永嘉四年（公元三一○年）設置義興郡，下轄陽羨、國山、臨津等六縣。隋文帝開皇九年（公元五八九年）廢義興郡，將國山、臨津二縣重新併入陽羨縣，並改名爲義興縣，屬常州。宋太宗太平興國元年（公元九七六年），因避諱，改爲宜興縣。清雍正四年（一七二六年）分置宜興、荆溪二縣。民國元年仍合併爲宜興縣。

宜興位於北緯31°07′～31°37′，東經119°31′～120°03′。地處江蘇省南端，與浙江、安徽二省交界。東瀕太湖，西鄰溧陽，南交浙江長興縣，北接武進縣，西北、西南分別與金壇縣和安徽廣德縣毗連。地勢南高北低，南部爲丘陵山區，佔總面積的40%，屬天目山餘脈，陶土礦藏量豐富，山林柴草密佈，是宜興陶瓷發展的本源。其地山清水秀，竹海溢嶺，溶洞幽藏。歷代文人、雅士、宦臣、高流足涉幽聚，竟相延攬，其中前來結廬避世者大有人在。古代文學家，如：任昉、蘇東坡、元稹、白居易等多有詩詞題詠稱陽羨爲山水之冠。這裏氣候溫和濕潤，雨量充沛，四季分明，不但農事富庶，還是古代"陽羨茶"、"晉陵紫笋"、"顧渚紫笋"和"羅岕茶"的產地。

宜興素以陶文化樹名，茶文化的光輝因而常被掩蓋。我們對茶文化並無研究，不應煞有介事强作學究，只是摘錄有關宜興茶文化方面的部分資料，以作了解紫砂茗壺發展淵源的參考。

根據《桐君錄》記載推斷，宜興產茶應始於東漢（公元二二○年）以前。唐（公元七五八年前後）陸羽《茶經》八之"出"裏記載："浙西以湖州上，湖州生長城縣（公元二八二年分烏程，立長城縣；公元九一○年改爲長興縣）顧渚山谷，與峽州、光州同；生桑山、儒師二寺，白茅山懸脚嶺，與襄州、荆南、義陽郡同；生鳳亭山伏翼閣飛雲、曲水二寺，啄木嶺，與壽州、常州同。常州次，常州生義興縣（公元九七六年改爲宜興）君山懸脚嶺北峯下，與荆州、義陽郡同；生圈嶺善權寺石亭山，與舒州同。"由此可以說明宜興所產名茶，最早論茶之《茶經》裏早有記述。《桐山岕茶系》提到皇甫曾送陸羽南山採茶詩：

> 千峯待逋客，香茗復叢生，
> 採摘知深處，烟霞羨獨行。
> 幽期山寺遠，野飯石泉淸，
> 寂寂燃燈夜，想思罄一聲。

由此可見，陸羽曾到宜興之南山採茶。膠然和尚《賦得夜雨滴空階送陸羽歸龍山》詩裏龍山當指宜興之龍山。史料曾提到陸羽晚年隱居湖州苕溪，在此前後他活動於長興顧渚、宜興南山一帶，當在情理之中。

唐肅宗（公元七五六～七六一年）年間李棲筠守常州時，山僧進陽羨茶，陸羽品爲芬芳冠世之產，可供上方，遂置茶舍於罨畫

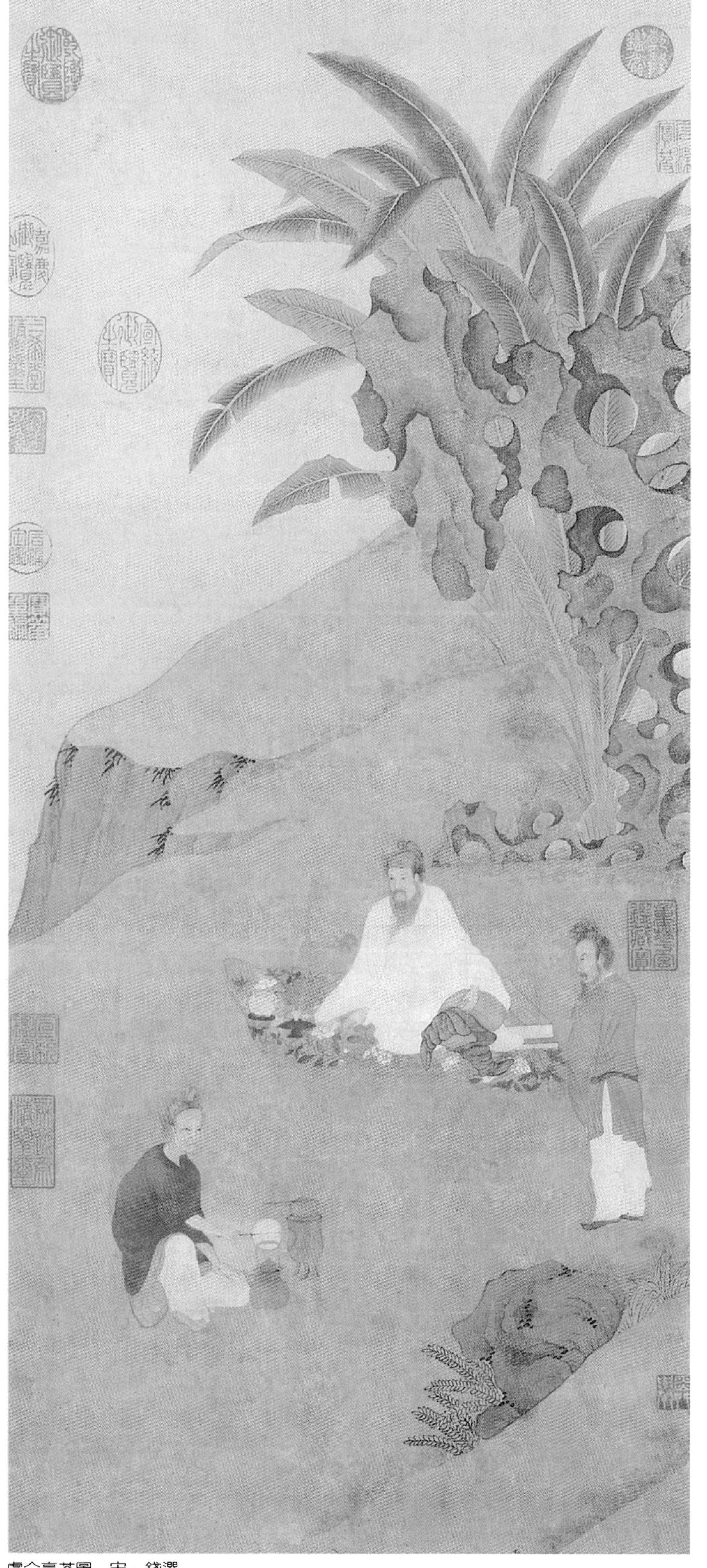
盧仝烹茶圖　宋・錢選

溪。許有谷有詩云：

陸羽名荒舊茶舍，却教陽羡置郵忙。

自此陽羡茶才成貢茶。陽羡茶又稱“晉陵紫笋”，也叫“陽羡紫笋”，每年貢茶萬兩以上。另外浙江之顧渚與宜興接境，唐時以宜興造數多，命長興均貢，可見陽羡茶不僅產於宜興，長興顧渚所產也稱謂“陽羡茶”。貢茶的生產設貢茶院。貢山（即官場），採製極爲隆重，太守要親臨開園，徵調幾萬人突擊採製。貢茶製成後，湖州、常州兩刺史都要到兩州毗鄰的茶山境會亭（顧渚），張宴賦詩，蔚爲盛事。唐寶曆年間（公元八二五年），常州刺史賈悚和湖州刺史崔雲亮去境會亭共商修貢事宜，約蘇州刺史白居易赴宴，白因病未成行，賦了《夜聞賈常州、崔湖州茶山境會，想羡歡宴，因寄此詩》云：

遙聞境會茶山夜，珠翠歌鍾俱遶身。
盤下中分兩州界，燈前合作一家春。
青蛾遞舞應爭妙，紫笋齊嘗各鬥新。
自歎花時北窗下，蒲黃酒對病眠人。

當時陽羡唐貢山產的“貢茶”是皇室偏愛的珍品，產量不多，極爲名貴，是通過驛道，快馬加鞭日夜兼程送往長安的，到了朝廷必先薦宗廟後賜重臣，以茶開清明大宴，當時稱做“急程茶”。李郢的《茶山貢焙歌》中云：

凌烟觸露不停採，官家赤印連貼催；
驛騎鞭聲砉流電，半夜驅夫誰復見，
十日皇程路四千，到時須及清明宴。

盧仝的《走筆謝孟諫議寄新茶》中云：

日高丈五睡正濃，軍將打門驚周公；
口云諫議送書信，白絹斜封三道印。
開緘宛見諫議面，手閱月團三百片；
聞道新年入山裏，蟄蟲驚動春風起。
天子須嘗陽羡茶，百草不敢先開花；
仁風暗結珠琲瓃，先春抽出黃金芽。
摘鮮焙芳旋封裹，至精至好且不奢；
至尊之餘合王公，何事便到山人家。
柴門反關無俗客，紗帽籠頭自煎喫；
碧雲引風吹不斷，白花浮光凝碗面。

都説明陽羡茶的品位了。盧仝曾隱居洞山，種茶於陰嶺，因此宜興西南的一座山才得名茗嶺，嶺南即爲長興之羅岕。皮日休有詩云：

丞相當思煮茗時，郡侯催發只嫌遲，

吳郡去國三千里，莫笑楊妃愛荔枝。

皇帝愛茶本是聖意，却不知茶農艱辛。袁高茶山詩中說：

陰嶺茶未吐，使者牒已頻。

盧仝茶歌中也說：

安知百萬億蒼生，命墮顛涯受辛苦。

郭三益題南岳寺壁云：

故人陰森梵帝家，寒泉一勺試新茶，

官符星火催春焙，却使山僧怨白蛇。

（注：唐天寶中，稠錫禪師名清宴，卓錫南岳，洞上泉忽迸石窟間，字曰"真珠泉"。師曰："宜烚吾鄉桐廬茶，爰有白蛇銜種庵側之異，南丘產茶不絕。"）

宮廷名貴茶事，官府也必重視，於是茶樹由野生而成農物栽種，進而逐步擴展到民間栽種，"上有所好，下必有甚焉者"，飲茶之風也必盛於此。謝應芳《煮茗軒》云：

聚蚊金谷任董氈，煮茗留人也自賢；

三百小團陽羨月，尋常新汲惠山泉。

星飛白石童敲火，烟出青林鶴上天；

午夢覺來湯欲沸，松風初響竹爐邊。

可見當時文人品茗之格調。

宜興山區茶境甚佳，唐代杜牧《題宜興茶山》詩可見一瓣：

山實東吳秀，茶稱瑞草魁；

剖符雖俗吏，修貢亦仙才。

溪盡停蠻棹，旗張卓翠苔；

柳村穿窈窕，松澗渡喧豗。

等級雲峯峻，寬平洞府開；

拂天聞笑語，特地見樓臺。

泉嫩黃金湧，牙香紫璧裁；

拜章期沃日，輕騎疾奔雷。

舞袖嵐侵潤，歌聲谷答迴；

磬音藏葉鳥，雪艷照潭梅。

好是全家到，兼為奉詔來；

樹陰香作帳，花逕落成堆。

景物殘三月，登臨愴一杯；

重遊難自剋，俛首入塵埃。

宋代飲茶之習基本承循唐法。皇室貴族，亦以飲茶為雅尚，北宋徽宗自撰茶論，提倡茶藝。宋製茶及備茶的方法與唐已不相同，茶具形制與唐相比，亦有相異之處；飲茶風氣比前更為普及，民間常有茶會，外鄉客藉此以傳遞各方信息，嗜茶者更設立湯

煮茶圖　明・王問

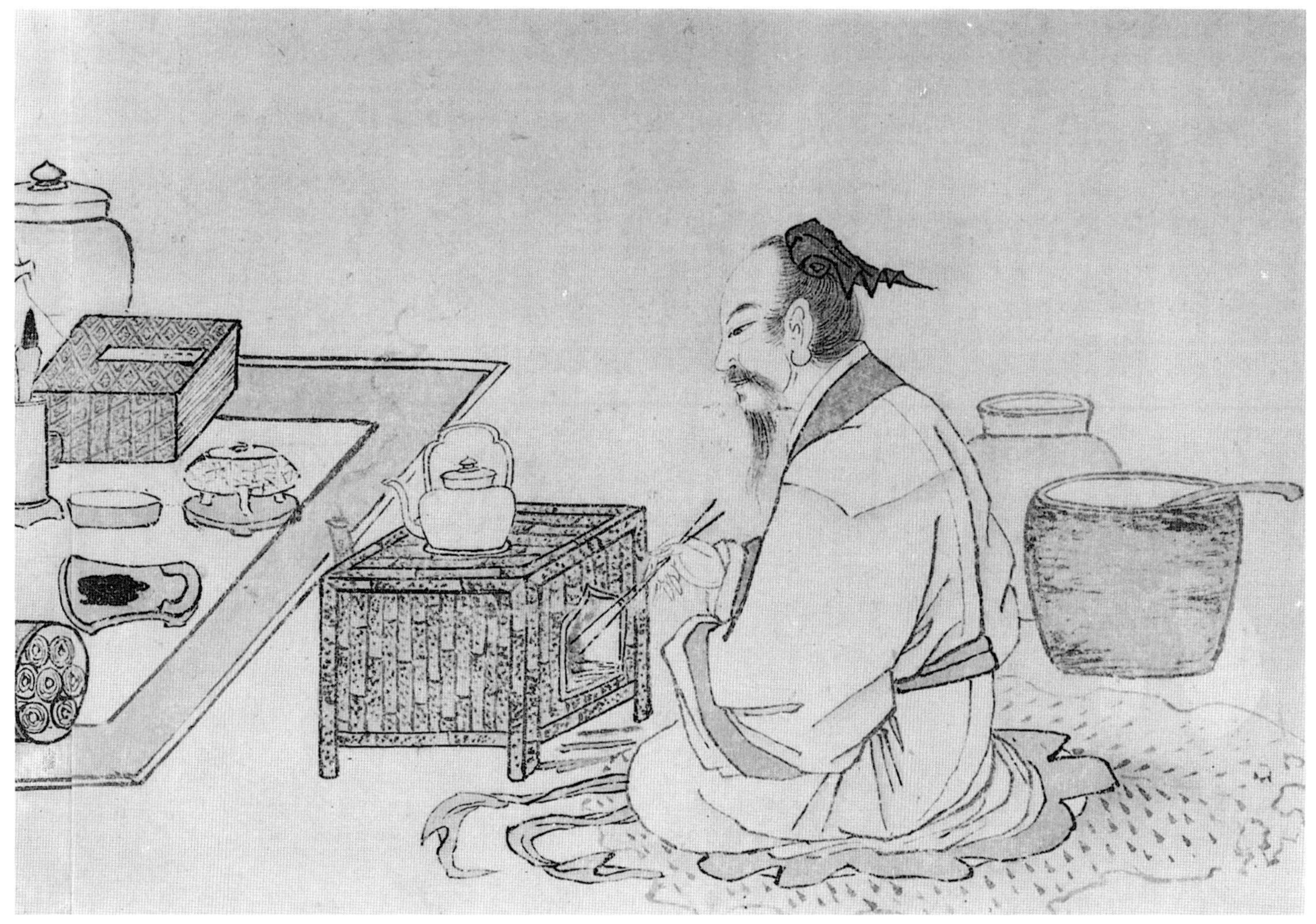

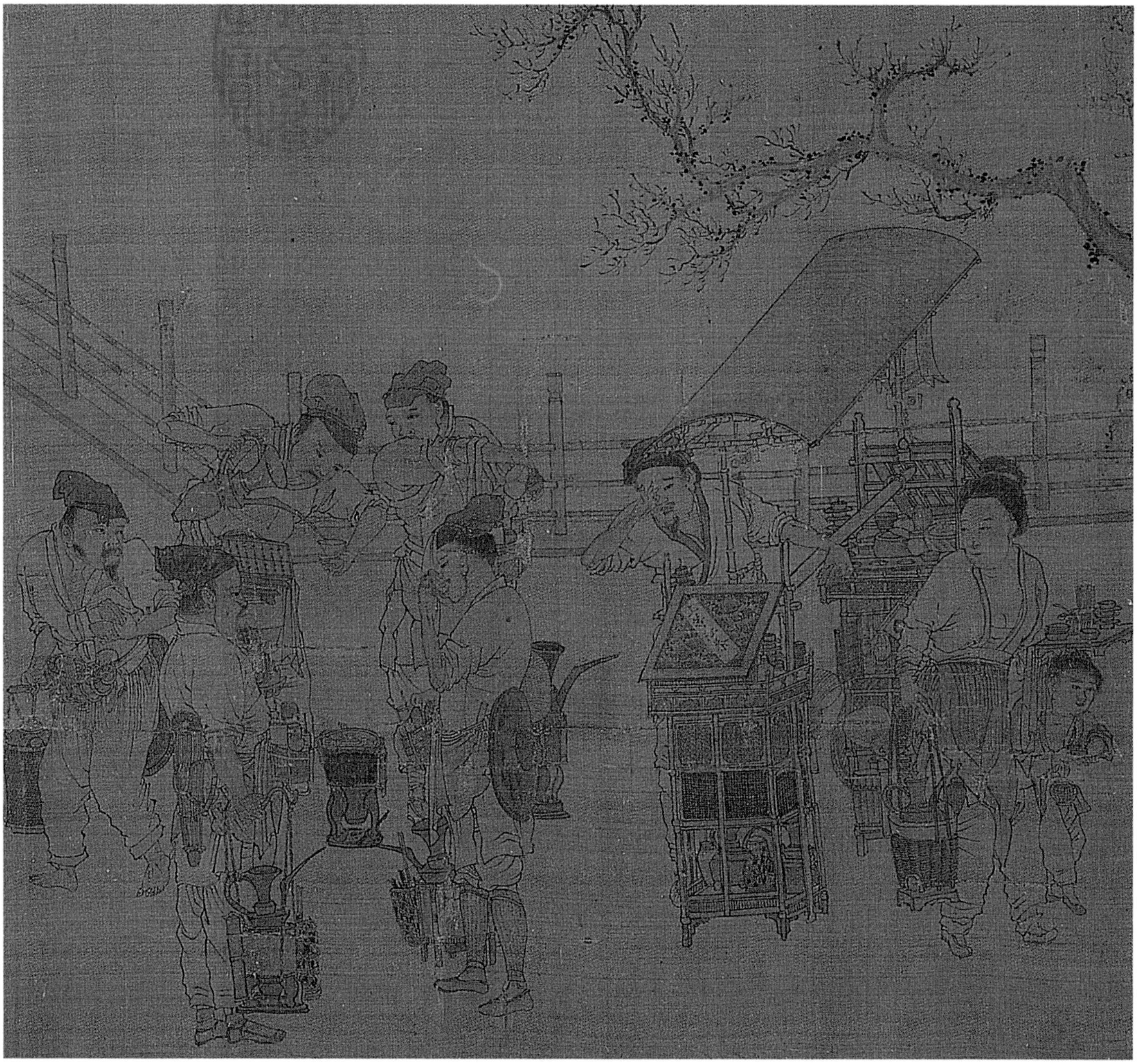

茗園賭市　宋·劉松年

社，彼此比試茶品。更有盛者，寓玩耍娛樂於一起，嗜茶者每每相聚比試茶藝，此種玩意稱爲“鬥茶”。宋代文人雅士尤精於茶藝，都是品茗之行家。

稱冠於唐的“陽羨茶”到了宋代，地位有所改變，據明代許次紓《茶疏》（一五九七年）云：“江南之茶，唐人首稱陽羨，宋人最重建州，今子貢茶，兩地獨多，陽羨僅有其名。”但貢茶數量不減。《畫墁錄》團茶裏亦談到：“有唐茶品，以陽羨爲上供，建溪、北苑未著也。貞元中，常袞爲建州刺史，始蒸焙而研之，爲之研膏茶，其後稍爲餅樣其中，故謂之一串。陸羽所烹，惟是草茗爾。迨至本朝，建溪獨盛，採焙製作，前世所未有也。士大夫珍尚鑒別，亦過古先。”

陽羨茶宮廷所重雖不如前，但仍爲文人雅士所好，所產“雪芽”在宋代亦負盛名。

蘇軾曾四次到過宜興。元豐年間，慕江南山水，留戀宜興作《次韵完夫再贈之什，某已卜居毗鄰與完夫有廬里之約》云：

柳絮飛時笋籜斑，風流二老對開關。
雪芽爲我求陽羨，乳水君應餉惠山。
竹簟涼風眠晝永，玉堂制草落人間。
應容緩急煩閭里，桑柘聊同十畝閑。

蘇軾於熙寧七年（一〇七四年）離杭州通判時在常州宜興買過田。元豐七年（一〇八四年）三月，神宗下手詔把蘇軾從黃州改調汝州時，他在上神宗的《乞常州居住表》裏講到：“臣有薄田在常州宜興縣，粗給饘粥，欲望聖慈，許於常州居住。”

由於宋代流行點茶法，注子的使用就更爲普遍。宋羅大經《鶴林玉露》中說：“然近世瀹茶，鮮以鼎鑊，用瓶煮水。”對茶瓶的形制，宋徽宗說：“注湯害利，獨瓶之口嘴而已。”爲使點茶時注湯緊湊有力，點注嚴確，茶瓶的流子就變得更加圓小、長直而峻峭。而用以盛茶的茶盌，蔡襄的《茶錄》中說：“茶色白，宜黑盞，建安所造者紺黑，紋如兔毫，其坯微厚，熁之久熱難冷，最爲要用。”按上述注茗要求判斷，北宋宜興鼎蜀鎮羊角山出土之瘦長帶曲龍頭嘴流與當時實用要求相符合。另有歐陽修《和梅公儀嘗茶》云：

溪山擊鼓助雷驚，逗曉靈芽發翠莖，
摘處兩旗香可愛，貢來雙鳳品尤精。
寒侵病骨惟思睡，花落春愁未解酲，
喜共紫甌吟且酌，羨君蕭洒有餘清。

米芾《滿庭芳·紹聖甲戌暮春與周熟仁試賜茶，書此樂章》云：

雅燕飛觴，清譚揮坐，使君高會羣賢。
密雲雙鳳，初破縷金團。
窗外爐烟自動，開瓶試一品香泉。
輕濤起，香生玉塵，雪濺紫甌圓。

又梅堯臣《依韵和杜相公謝蔡君謨寄茶》中云：

天子歲嘗龍焙茶，茶官催摘雨前芽。
團香已入中都府，鬥品爭傳太傅家。
小石冷泉留早味，紫泥新品泛春華。
吳中內史才多少，從此蒓羹不足誇。

又如佚名氏詠茶詞《一斛珠》云：

紅牙板歌，韶聲斷六雲初徹，小槽酒滴眞珠竭，紫玉甌圓，淺浪泛春雪。　香芽嫩茶清心骨，醉中襟量與天闊，夜闌似覺歸仙闕，走馬章臺，踏碎滿街月。

從蔡襄所頌盛茶的盌宜黑即宜深色，因茶爲白色；歐陽修、米芾等提到紫甌也有色深、坯微厚、熁之久熱難冷的優點，可知甌與盞實多爲盌（古碗字）。“紫坭新品泛春華”也應理解爲在紫碗裏注茶。此時紫砂陶與茶已經結緣，實屬可信。

在此順便一提的是，蘇軾曾有過“松風竹爐提壺相呼”等品茶之句，此後紫砂圈內常把提梁壺稱爲“東坡壺”，有人因此在撰寫紫砂歷史時認定蘇東坡參與了紫砂壺的設計，這實屬牽强附會，極不可取。

元朝茶事史料記載較少，戰亂使茶的飲用範圍擴大到少數民族地區及俄國、波斯等國，國內避世隱居寄情茶事者有增。“炒菁”製茶法與“散茶”流行，使得飲茶方式日趨簡化，民間流行更爲廣泛，此間《宜興縣舊志》曾記有：“宜興貢薦新茶伍拾斤，金字末壹仟斤，芽茶肆佰壹拾斤。”

宜興“雪芽”的影響可能不減前期，如元代耶律楚材《西域從王君玉乞茶因其韵七首》中第七首云：

啜罷江南一椀茶，枯腸歷歷走雷車；
黃金小碾飛瓊屑，碧玉深甌點雪芽。
筆陣陳兵詩思勇，睡魔卷甲夢魂賒；
精神爽逸無餘事，卧看殘陽補斷霞。

茶事中使用紫砂的記述可見於蔡司霑《霽園叢話》所記：“余於白下獲一紫砂罐，有‘且吃茶清隱’草書五字，知爲孫高士遺物。每以泡茶，古雅絕倫。”孫高士即孫道明，號清隱，元代人，曾以其居名“且吃茶處”。

到了明代洪武年間（一三六八～一三九八年），朝廷曾下詔令禁止製造貢茶。據《吳興掌故錄》記載：“明太祖喜歡顧渚茶……縣官親詣採茶進南京奉先殿，焚香而已，未嘗別有上貢。”葉茶（片茶）於是漸漸地取代了末茶的使用，在沿用煮茶法的同時，出現了瀹泡茶的方法。汪道會和茅孝若試岕茶歌兼訂分茶之約說：

昔聞神農辨茶味，功調五臟能益思。
北人重酪不重茶，遂令齒頰饒羶氣。
江東顧渚夙擅名，會稽靈荈稱日鑄。
松羅晚歲出吾鄉，幾與虎丘爭市利。
評者往往爲吳興，請盧淡穆有幽致。
去年春盡客西泠，茅君遺我岕一器①。
更寄新篇賦岕歌，蠅頭小書三百字。
爲言明月峽中生，洞山廟後皆其次。
終朝採擷不盈筐，阿顏手擇柔荑焙。
急然石鼎斟惠泉，湯響如聆松上吹。
須臾縹碧泛瓷甌，茀然鼻觀微芳注。
金莖晨露差可方，玉泉寒冰詎能配。
頓浣枯腸淨掃愁，乍消塵慮醒忘睡。
因知品外貴希夷，芳馨穠郁均非至。
陸羽細碎摶紫芽，烹點雖佳失眞意。
常笑今人不如古，此事今人信超詣。

馮公已死周郎在，當日風流猶未墜。

君之良友吳興臧，可能不爲茲山誌。

嗟予耳目日漸衰，老失聰明慚智慧。

君能歲贈葉千片②，我報隃麋當十劑。

涼颸杖策尋黃山，倘過陸家茶酒會。

《秋園雜佩》的《廟後茶》裏是這樣談岕茶的："陽羨茶數種，岕爲最，岕數種，廟後爲最，廟後方不能畝，外郡人亦爭言之矣，然雜以他茶，試之不辨也，色香味三淡，初得口泊如耳，有間，甘入喉；有間，靜人心脾；有間，清人骨。嗟乎，淡者道也，雖吾邑士大夫家，知此者可屈指焉。"

明代重科舉，盛文風，喜以風雅相尚的文士，在吟風頌月之際，品茶助興蔚然成風。如明四大家之一的文徵明與宜興茶有很深之情，有詩可證，題爲《是夜酌泉試宜興吳大本所寄茶》：

醉思雪乳不能眠，活火沙缾夜自煎，

白絹旋開陽羨月，竹符新調惠山泉，

地爐殘雪貧陶穀，破屋清風病玉川，

莫道年來塵滿腹，小窻寒夢已醒然。

隨着製作綠茶工藝的漸漸成熟，明代人就更加懂得用壺來泡綠茶了。張源的《茶錄》（一五九五年）對泡茶的程序有這樣的記載："探湯純熟便取起，先注少許壺中，祛蕩冷氣，傾出，然後投茶，茶多寡宜酌，不可過中失正……兩壺後又用冷水蕩滌，使壺涼潔，不則減茶香矣。"

製茶泡茶的方法大勢演進以後，對茶壺茶盞要求也發生了變化，壺器尚陶而輕瓷。明周高起《陽羨茗壺系》載："近百年中，壺黜銀錫及閩豫瓷，而尚宜興陶，又近人遠過前人處也。……其製以本山土砂，能發真茶之色香味，故杜工部云：傾金注玉驚人眼，高流務以免俗也。至名手所作，一壺重不數兩，價重每一、二十金，能使土與黃金爭價，世日趨華抑足感矣。"難怪有紫砂價貴如金之説。如前人有詩《與趙莒茶讌》云：

竹下忘言對紫金，全勝羽客醉流露，

塵心說盡興難盡，一樹蟬聲片影斜。

佚名氏作《某伯子惠虎丘茗謝之》云：

虎丘春茗妙烘蒸，七椀何愁不上升，

靑箬舊封題穀雨，紫砂新罐買宜興，

却從梅月橫三弄，細攪松風灺一燈，

合向吳儂彤管說，好將書上玉壺冰。

這些文人已把宜興紫砂與品茗雅興連在一起了。又如聞龍《茱㭊》製法中云："……東坡云，蔡君謨嗜茶，老病不能飲，日烹而玩之，可發來者之一笑也，孰知千載之下，有同病焉。余嘗有詩云，年老耽彌甚，脾寒量不勝，去烹而玩之者幾希矣。因憶老友周文甫，自少至老，茗碗、薰爐，無時蹔廢，飲茶日有定期，旦明、晏食、禺中、餔時、下舂、黃昏凡六舉，其僮僕烹點不與焉，壽八十五無疾而卒，非宿植清福，烏能畢世安享，視好而不能飲者，所得不既多乎。家中有龔春壺，摩挲寶愛，不啻掌珠，用之既久，外類紫玉，內如碧雲，真奇物也，後以殉葬。"從這裏可以看到茶事活動中"供春壺"的地位。《梅花草堂筆談》之《洞山茶》裏說："王祖玉貽一時大彬壺，平平耳。而四維上下虛空，色色可人意。今日盛洞山茶，酌已，飲倩郎，問此茶何似。答曰：'似時大彬壺。'予囅然洗盞，更酌飲之。"明許次紓《茶疏》甌注裏云："往時龔春茶壺，近日時大彬所製，大爲時人寶惜。蓋皆以粗砂製之，正取砂無土氣耳。隨手造作，頗極精工，故燒時必須火力極足，方可出窰。然火候少，壺又多碎壞者，以是益加貴重……。"

據《宜興縣志》記載：嘉靖十六年南京戶部給宜興張渚茶引所茶引8,298引（茶引是贖買茶葉的見證）。按每引可通行100斤計算，此地買賣茶葉約計8,298擔，這個數字可能是蘇、浙、皖三省的總計，這說明宜興民用茶葉產量非常可觀。正如《長物志》香茗中所道："香茗之用其利最溥。物外高隱，坐語道德，可以清心悅神。初陽薄暝，興味蕭騷，可以暢懷舒嘯。晴窻榻帖，揮塵閑吟，篝燈夜讀，可以遠辟睡魔。青衣紅袖，密語談詩，可以助情熱意。坐雨閉窗，飯餘散步，可以遣寂除煩。醉筵醒客，夜雨蓬窻，長嘯空樓，冰絃戛指，可以佐歡解渴。品之最優者，以沉香岕茶爲首。第焚煮有法，必貞夫韵士，乃能究心耳。"這也許是茶事普及的原因所在。

到崇禎癸酉，有好事者開茶館，泉實玉帶，茶實蘭雪。湯以旋煮，無老湯，器以時滌，無穢器。其火候湯候，亦時有天令之者。余喜之，名其館曰："露兄"，取米顛

"茶甘露有兄"句也（見《陶庵夢憶》之《露兄》篇）。此作者並爲之作門茶檄曰："水淫茶癖，愛有古風；瑞草雪芽，素稱越齒。特以烹者非法，向來葛竈生塵，更兼賞鑒無人，致使羽經積蠹。邇者，擇有勝地，復舉湯盟。水符遞自玉帶，茗戰爭來蘭雪。瓜子炒豆，何須瑞草橋邊；橘抽香梨，出自仲山圃內。八功德水，無過甘滑香潔清涼；七家常事，不管柴、米、油、鹽、醬、醋。一日何可少此君，子猷竹庶可齊名……。"這可説明茶事在向"生活化"發展着。

宜興紫砂茗壺的生產，明時已創貢局，考林古度爲馮本卿作陶寶肖象歌有"荆溪陶正司陶覆"之句；前人並有"宮中閑説大彬壺，海内競爭鳴遠碟"之佳對。文人雅士推崇名人、名作，價值千金，隨着茶肆的建立，民間把茶作爲家常事而使整個紫砂陶業興旺發達起來。

自明以來，讚頌紫砂茗壺的著述比稱頌宜興茶葉的有所增加，有關紫砂方面的資料可在紫砂專著裏綜覽，這裏不另展開。

清代以後專題論及宜興茶事的篇章已不多見，這與清代的政治、經濟制度有着密切的關係，文人很少有心吟詠"茶道、茶藝"。清代詞壇巨擘、"陽羨詞派"首領，宜興籍人陳維崧有詠宜興春茶詩：

最難忘處三春事，楊柳參差蝴蝶杯。

摘蕙滿山裙帶綠，焙茶十里水泉香。

詩中顯然暗示宜興茶已不如以往顯赫於世了。整個茶業隨着時勢的興衰而起伏變化，太平天國戰爭期間宜興是拉鋸爭戰的要道，宜興茶山曾一度荒蕪。總之，清以後茶質、茶量多不如前期興盛；但宜興地處江南，仍是文人會萃之域，他們在茶事中不但講究茶水之選擇，瀹茗之品格，並且把注意力集中到茶具上來，這時，文人學士，尤其是書畫家多把宜興紫砂茗壺當成他們什襲、珍玩、品頌的對象，他們或直接參與設計進行合作，或銘詩文刻書畫，其中著名的如金農、黄慎、鄭燮、任伯年，吳昌碩、吳大徵……等。而陳鴻壽之"曼生壺"，對紫砂工藝向藝術升華，促進尤大，影響至今未衰。順治年間陳維崧作《滿庭芳》（"吾邑茶具俱出蜀山，暮春泊舟山下賦此"）：

攆茶圖　宋・劉松年

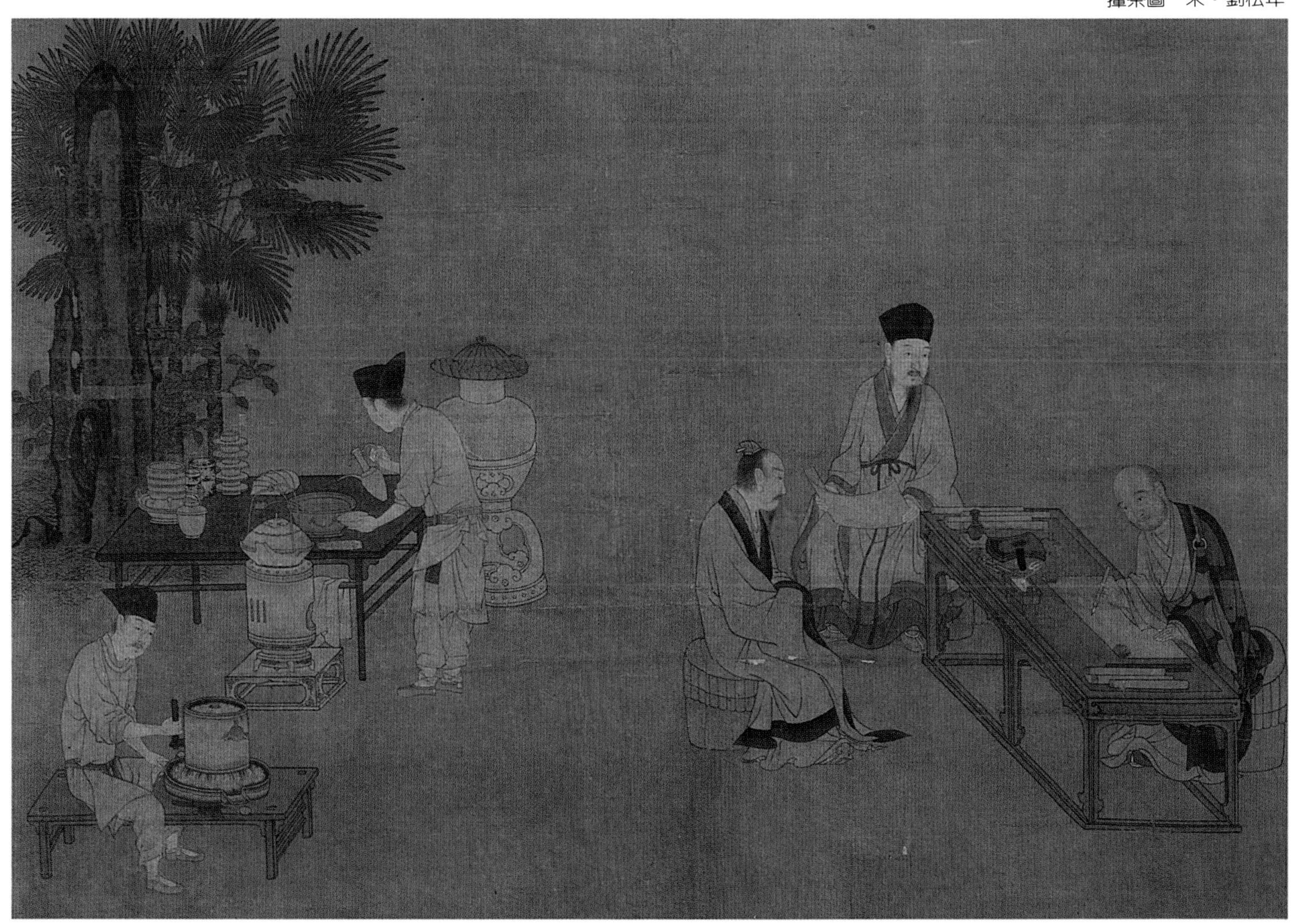

白甄生涯，紅坭作活，亂煙細裊孤村。春山脚下，流水浴柴門。紫笋碧鱸時候，溪橋上，市販爭喧。推蓬望，高吟杜句，旭日散鷄豚。 田園。淳樸處，牽車鸞畚，壘石支垣。看鴟夷撲滿，磊磊丘樊。而我偏憐茗器，溫而栗，濕翠難捫。掀髯笑，盈崖綠雪，茶事正堪論。

這確是當時紫砂產地蜀山的生動寫照。

清以後，除了上層的雅趣品茗以外，宜興的茶館店在城鎮街巷，比比皆是，如盛產紫砂的蜀山小鎮，以蜀山大橋爲中心幾條街就開設茶館十多爿，極具江南風味。茶館是貿易談判、交流信息的公共場所，是勞心勞力者偶得閑暇求取安逸的小憩之處，有時也是公開發佈信息，爭論和解決是非的地方（方言曰“吃槓茶”），它的這些作用，雖然至今還在，但隨着生活習俗的改變也難免各有消長。不過宜興人愛吃茶的習慣一向極具特色，每有客至，他們必定泡茶以表敬意。近年由於對外開放，經濟發展，當地居民文化藝術素養不斷提高，交際日漸廣泛，茶道又開始受到重視，益發講究起來。一九八五年宜興各界著名人士爲弘揚陽羨茶文化，已組織了“陽羨茶會”，經常進行茶事活動，並按活動內容邀請有關人士參加，頗引起各方注目。正如無錫市政協何莘耕讚茶會詩所說的那樣：“茶道陽羨再度開，嘉朋高士連袂來，茗香泉冽人多壽，未遜蘭亭詩酒杯。”復甦了的陶都宜興，在未來的日子裏，將會吸引世界各地更多的茶道中人共聚一處，細訴衷腸。

一九九一年六月

① 岕茶指宜興、長興之茶。

② 已是片茶。

歷史作品

歷史作品

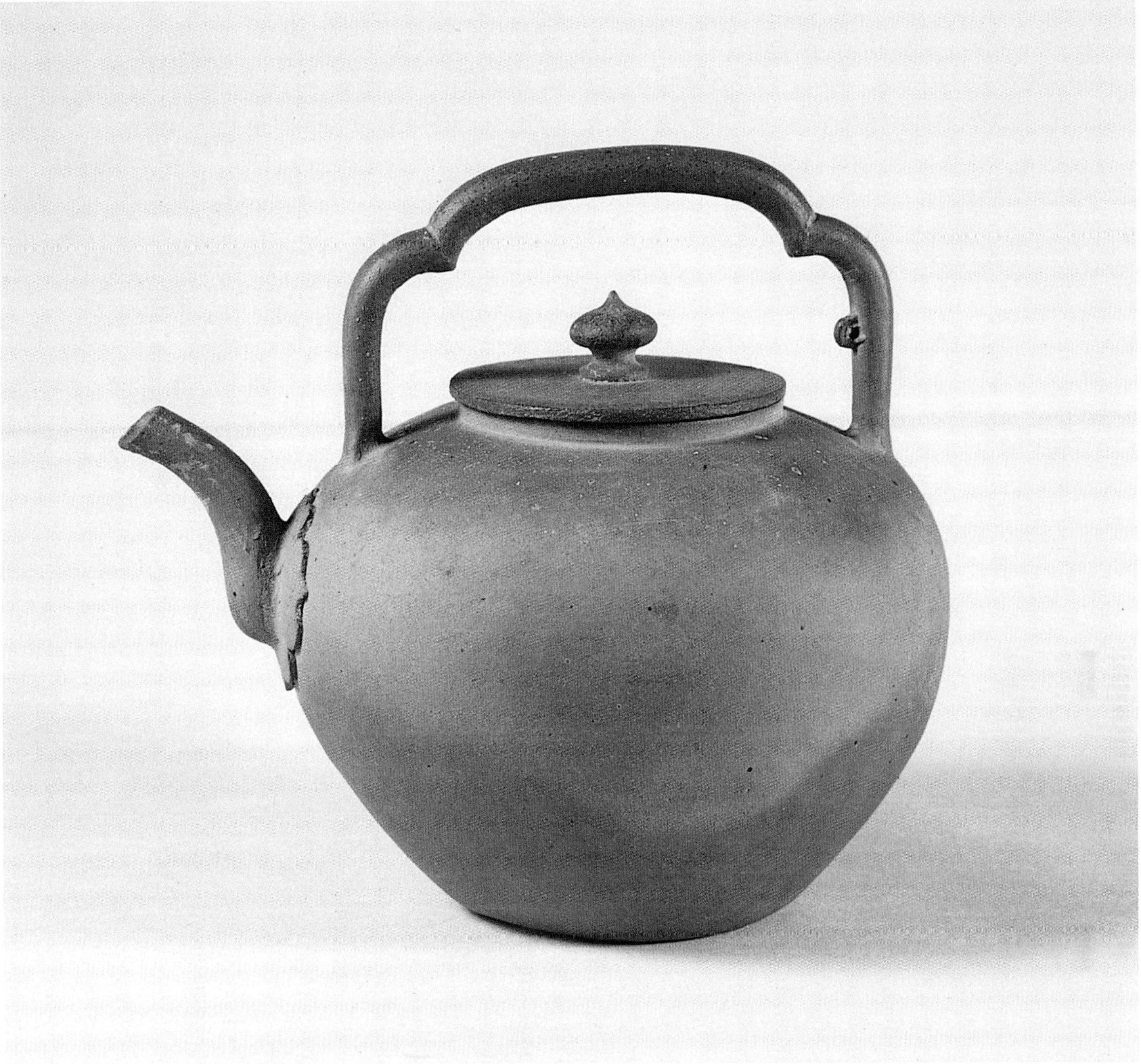

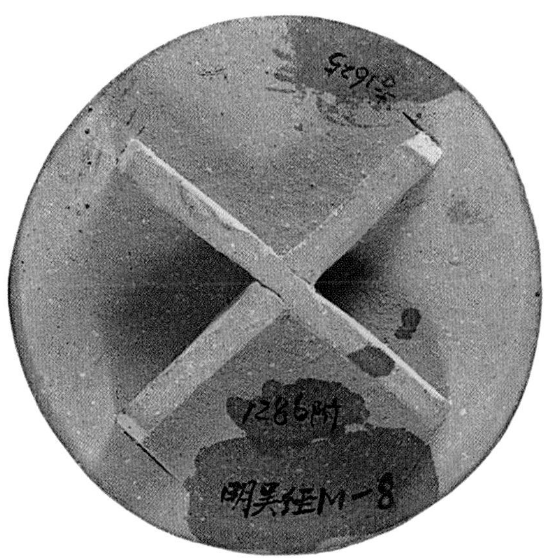

001.

提梁壺

明・嘉靖十二年（1533）

佚名

高177mm　口徑70mm

南京市博物館藏

◉　此壺是南京中華門外馬家山油坊橋明代司禮太監吳經墓中出土，該墓磚刻墓誌表明，墓葬年份爲明嘉靖十二年（1533年）。此壺是我國目前有紀年可考的最早的紫砂器，至遲產於明嘉靖十二年以前，它的泥料質地、燒成工藝和火候、製作技法與羊角山宋代古窰址出土的紫砂陶器殘片都完全一致。值得注意的是：其製作技法和明代中期以後製壺的工藝手段有明顯區別；另外從形制、容量及使用功能來看，它也完全符合明以前茶道用器的格調。壺嘴的製作，壺蓋內作爲蓋的子口的十字形撑架等也和明代中期以後的器物有很大不同。壺的腹半出現節膝，這與史籍記載的原始初創時期紫砂器的製法相一致，

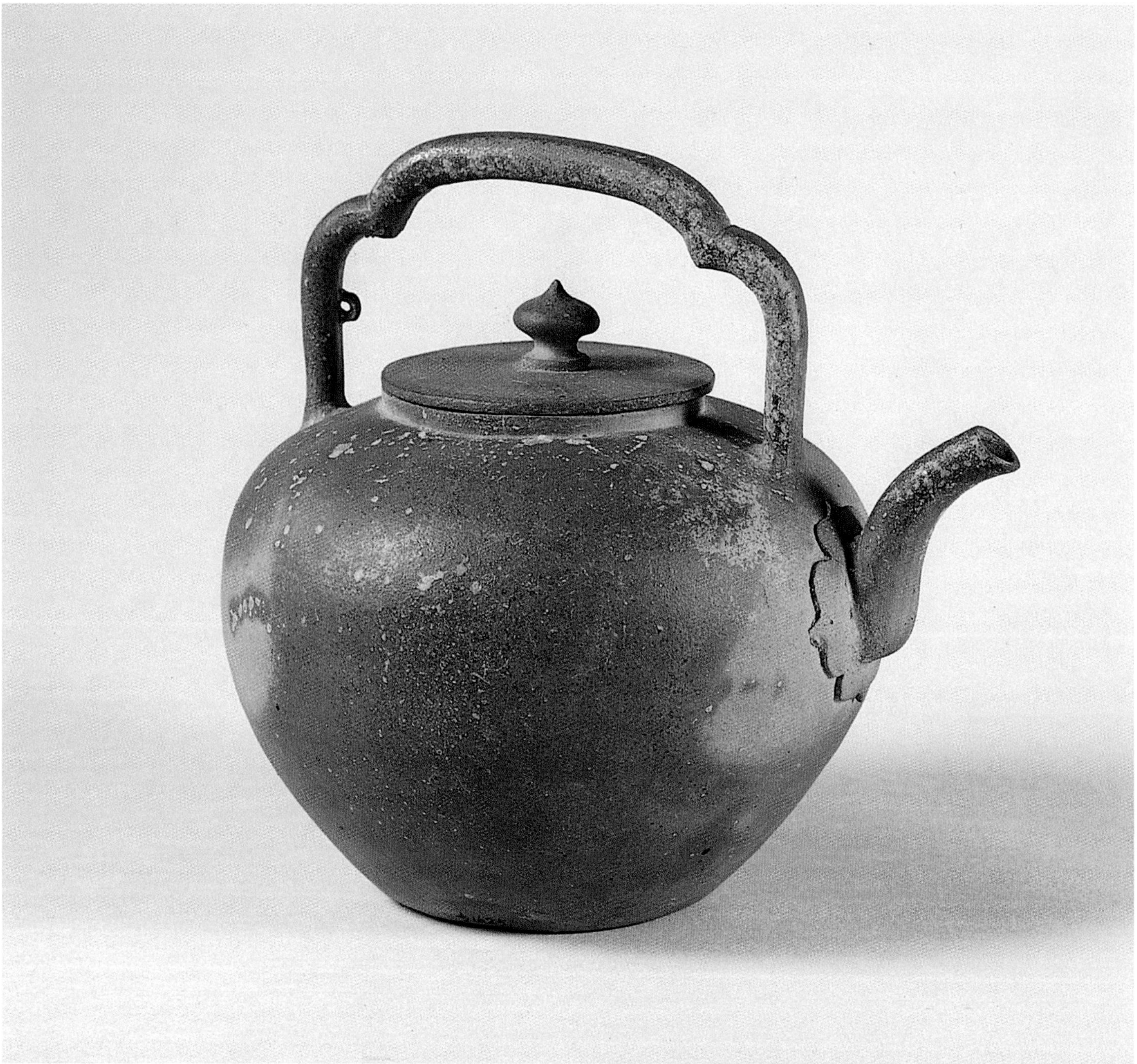

這種成型方法與明代工藝的區別在於：①是手工捏製，用木模鑲接成型，故腹半顯有節腠，不同於發展到後來的打身筒成型；②嘴、攀均用接榫法製做；③與缸罈一起燒成，壺身沾有釉淚可爲明證。由壺身受火不一致，就可以推測當時的燒成氣氛。

此壺爲宦官專權的明代中期一位司禮太監所擁有，這說明了紫砂器在明中期的地位已非同一般。

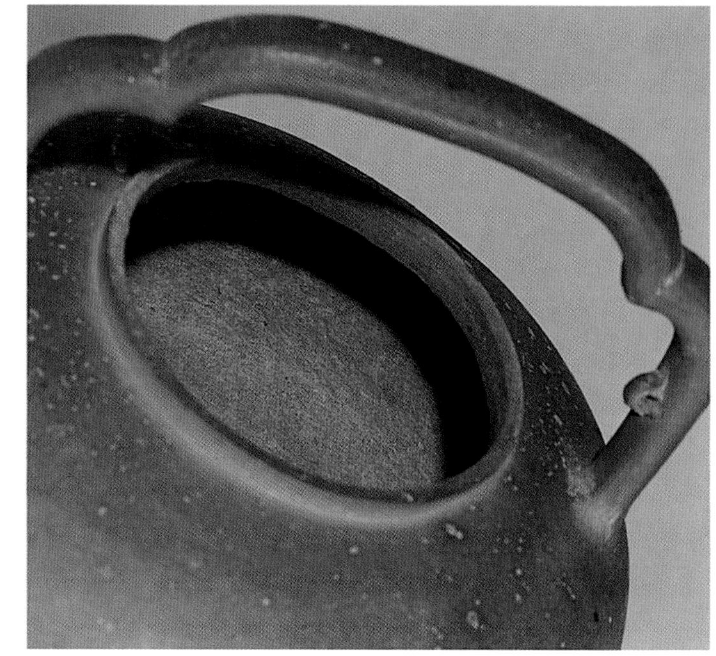

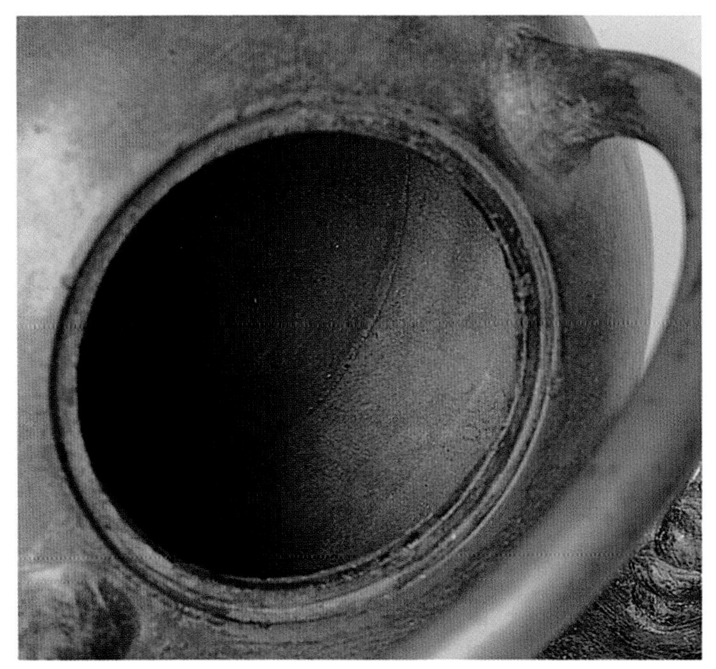

002.

早期嵌蓋大圓提壺

明

佚名

高193mm　口徑86mm

陳仲春藏

◉　腹半有手揑節腠可視，爲紫砂早期製作方法的佐證。製作粗獷、樸實，從實用功能出發，手揑泥團作蓋點，不多修飾，顯得協調、生動而具民間風格。

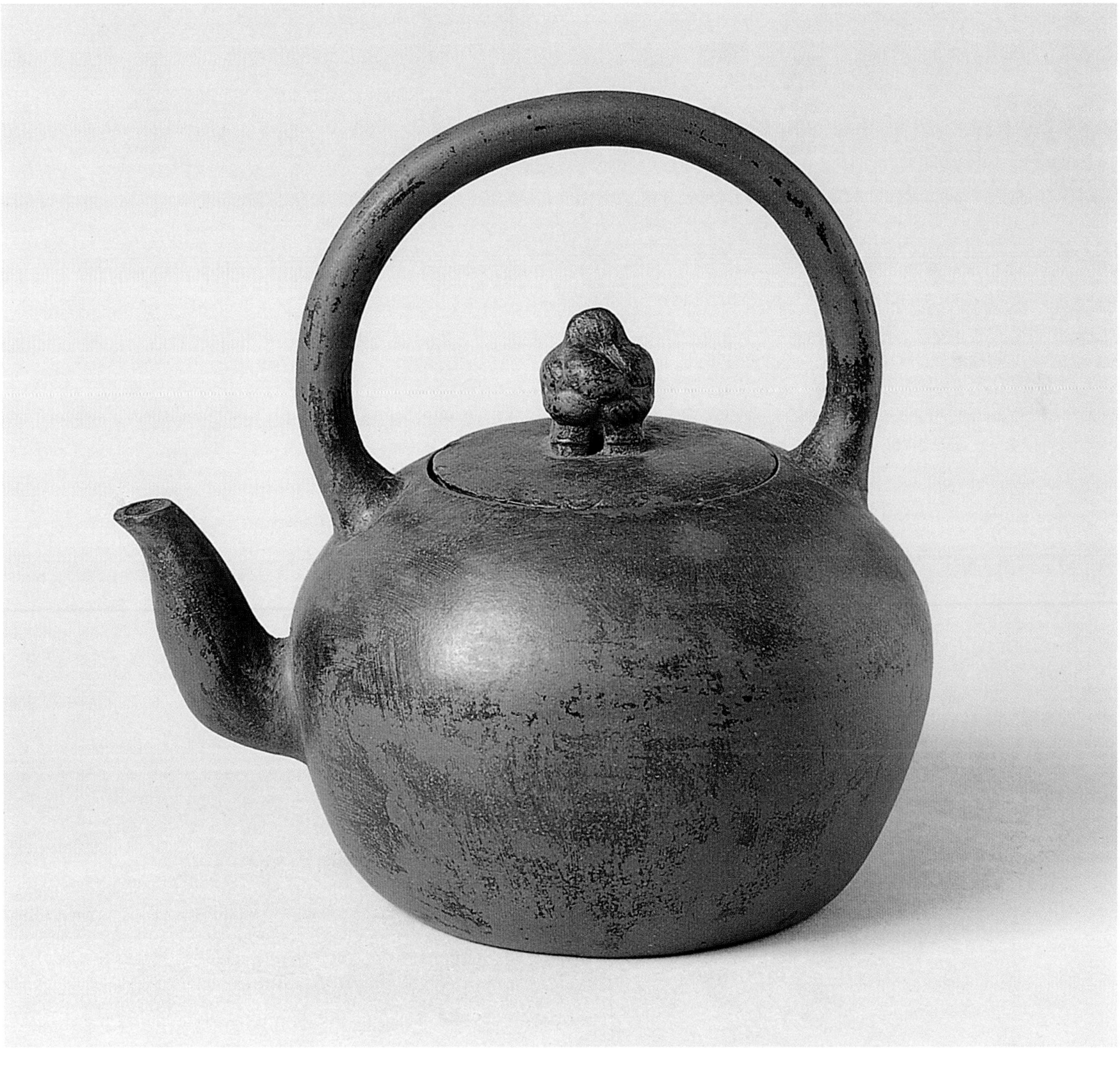

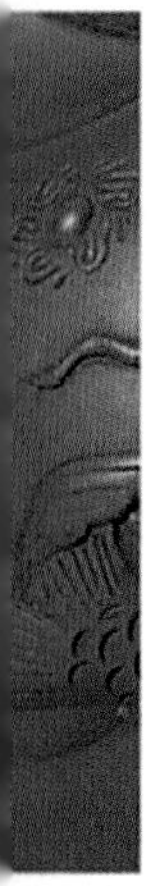

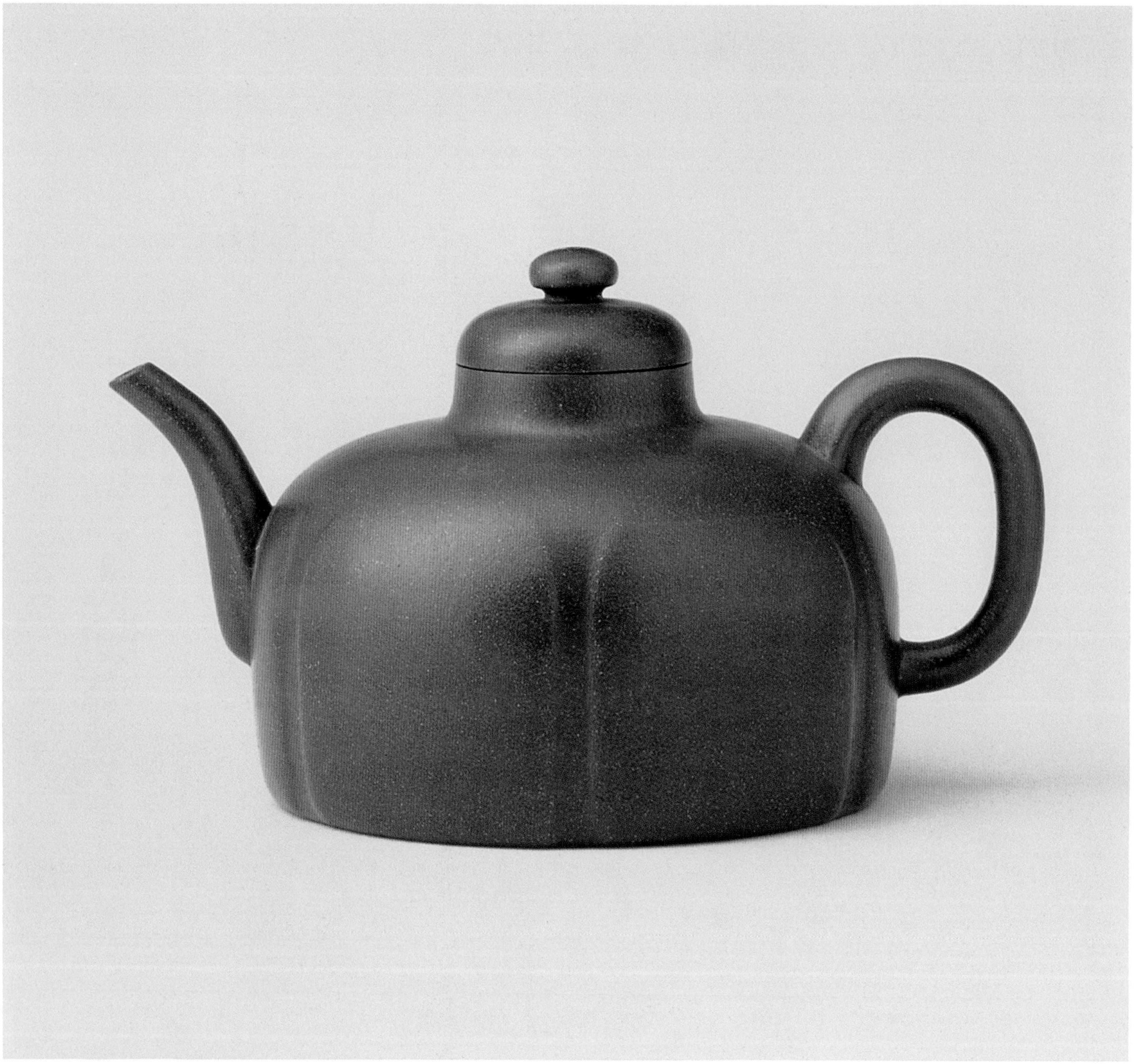

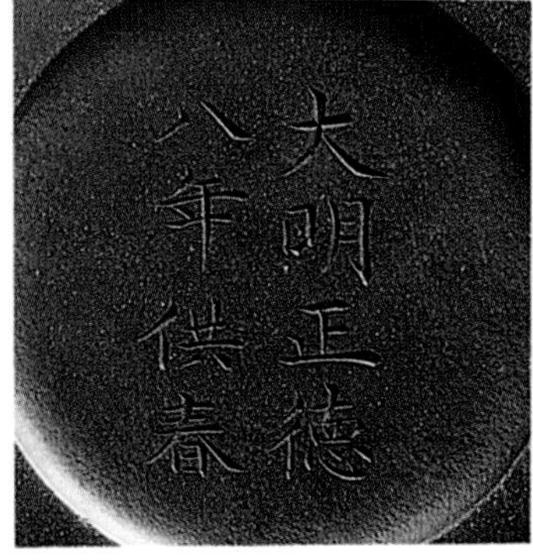

003.

六瓣圓囊壺

明・正德八年（1513）

高99mm　寬118mm

底刻款：大明正德八年供春

香港茶具文物館藏

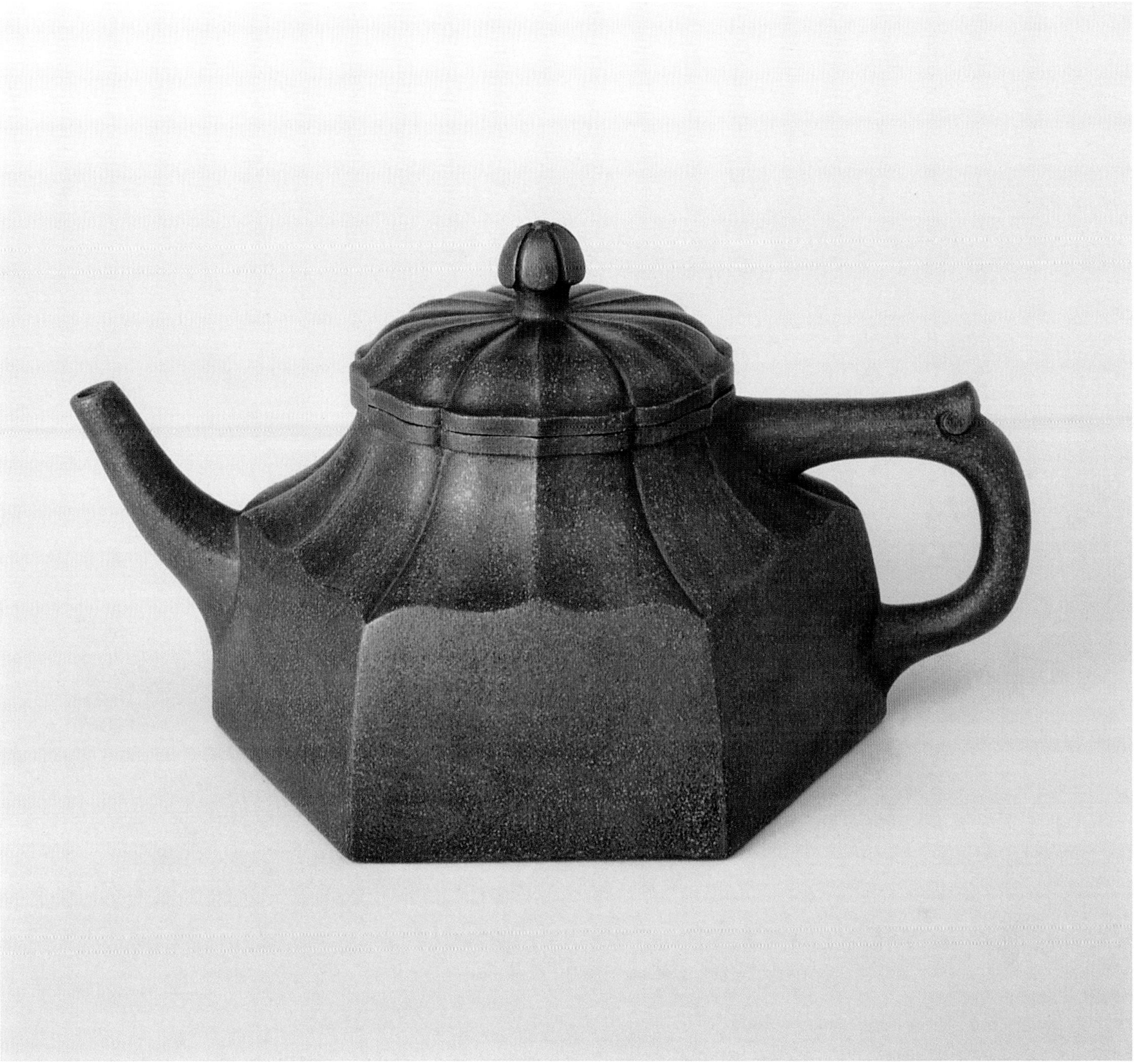

004.

水仙花六瓣方壺

明・嘉靖

高90mm　寬105mm

底刻款：時鵬

香港茶具文物館藏

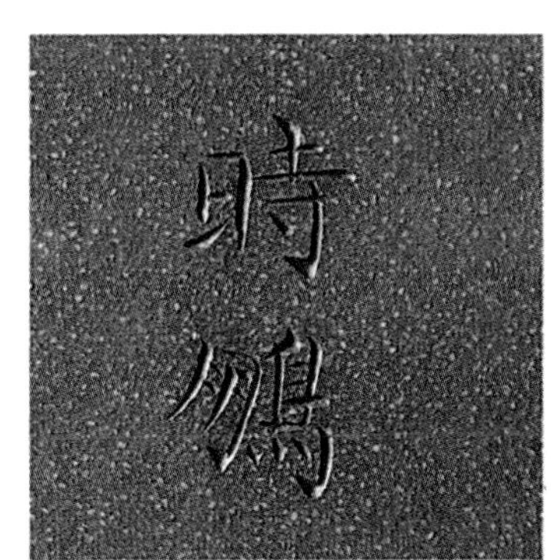

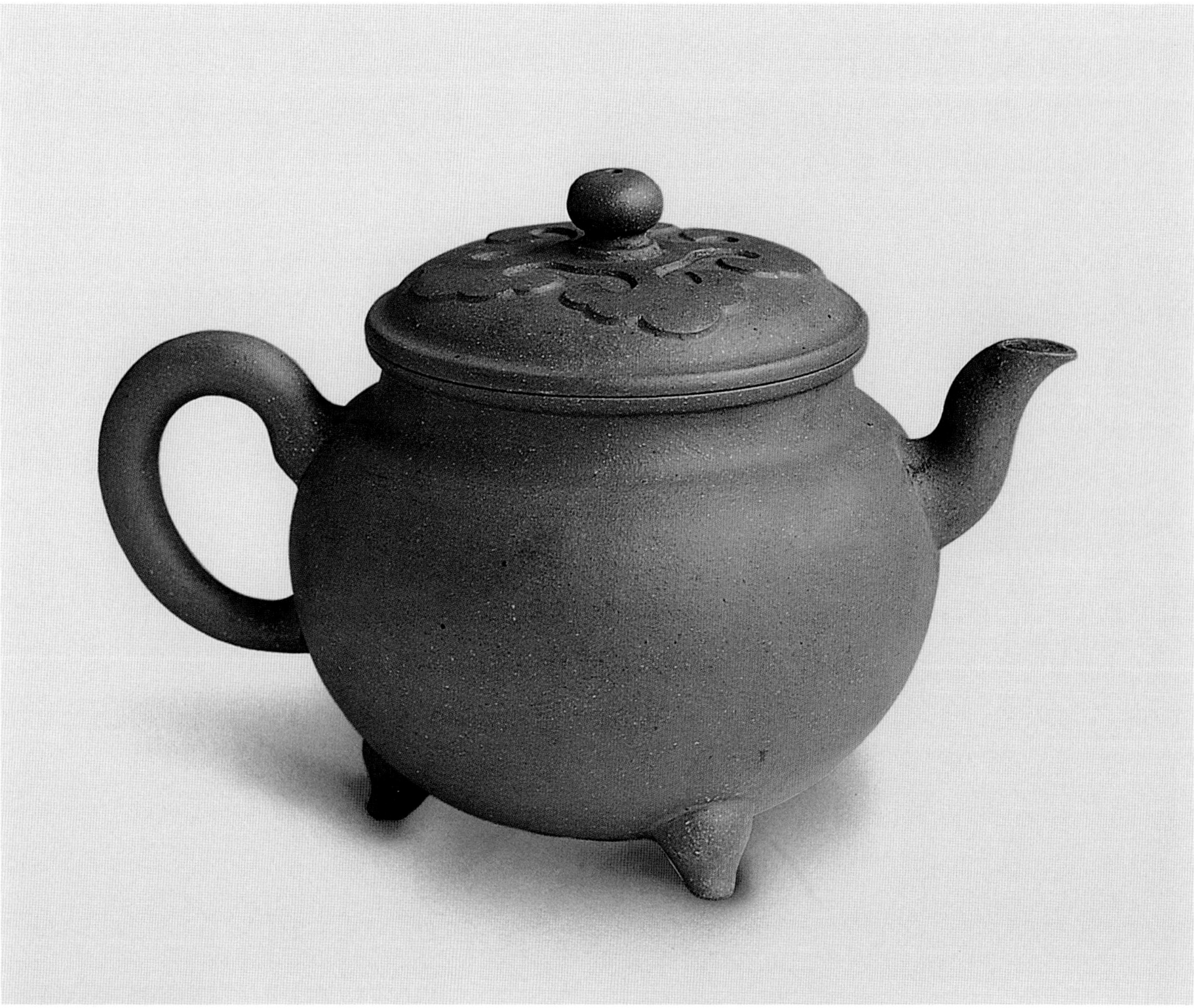

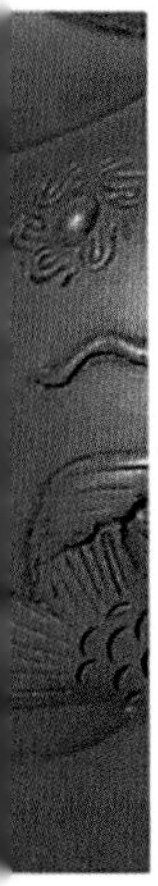

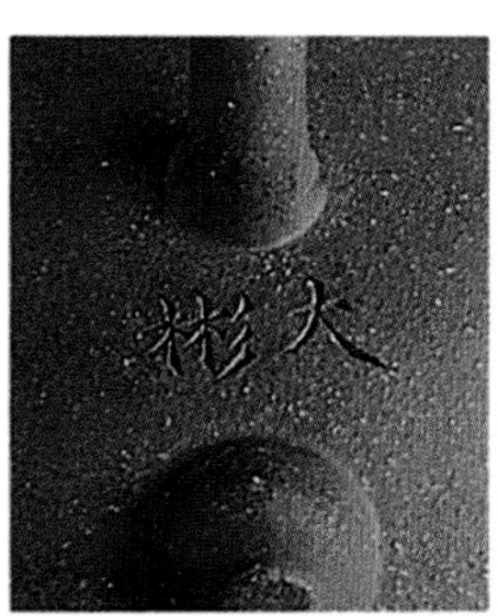

005.

如意紋蓋大彬壺

明・崇禎二年（1629）

時大彬

高113mm　口徑84mm

把梢下刻款：大彬

無錫縣文物管理委員會藏

◉　無錫甘露蕭塘華師伊墓出土，明代崇禎二年墓葬。從造型、製技、燒成火候等各方面審辨，這壺已是一件技藝成熟雅致的紫砂工藝品，僅選泥與後來精選講究的清代用泥尚有區別。此壺形制完備、技巧熟練，切合實用功能，是紫砂圓器的佳作之一，完全能體現出時大彬的風格。再者，此壺出土時有華氏墓誌的確切紀年，也是一件有據可考的時大彬壺。

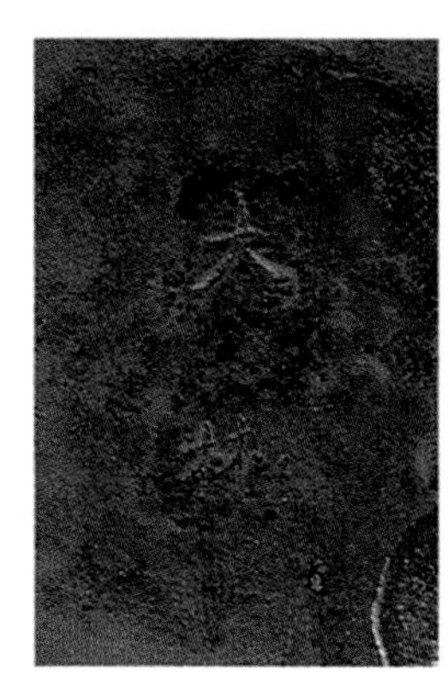

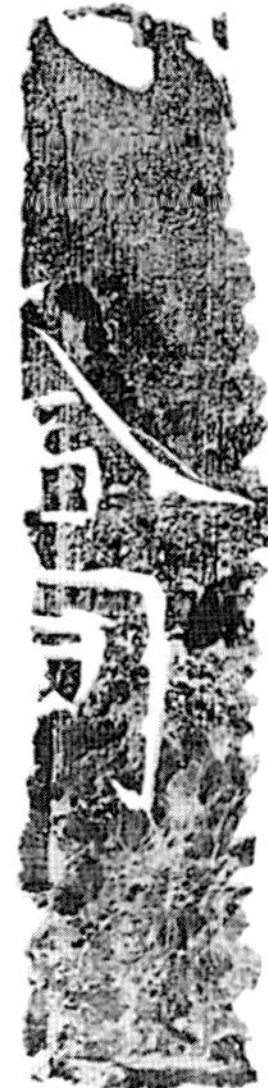

006.

六方大彬壺

明・萬曆

時大彬

高110mm　口徑57mm

底刻款：大彬

揚州博物館藏

◉　一九六八年在揚州江都丁溝鄉出土，墓主曹姓。發掘時伴有磚刻地券一方，注明爲明代萬曆四十四年墓葬。壺底款刻"大彬"二字。按該壺形制及年份推算，它殉葬時，時大彬應還在世。從形制上考證，手法屬大彬中晚期的風格，是時大彬遊婁東後改製小壺時所作。它是有確切紀年可考的大彬傳器之一。製作技法，與明以前的不同，捨棄了木模的成型手段，用裁片鑲接而成，且開始選用紫砂細泥，這是紫砂工藝歷史演進中一個轉折期的明顯標誌。

可惜由於該壺在燒成時欠火，因此未能顯出大彬製砂壺的真正精神和材質。

此件製作時，壺的嘴、把用手搓捏塑加工，使用了起綫等專門工具，確立了沿襲至今的傳統成型技法。

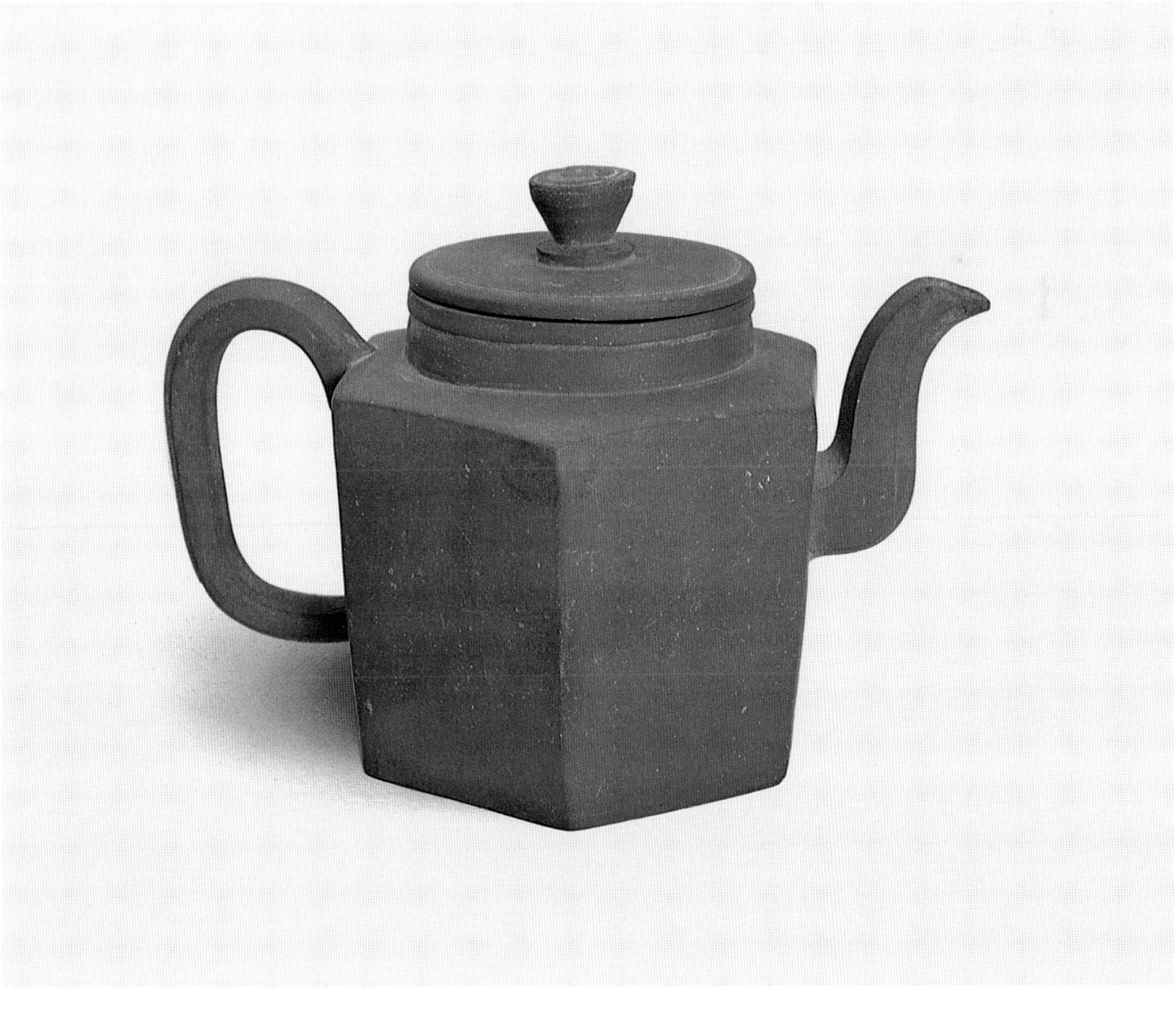

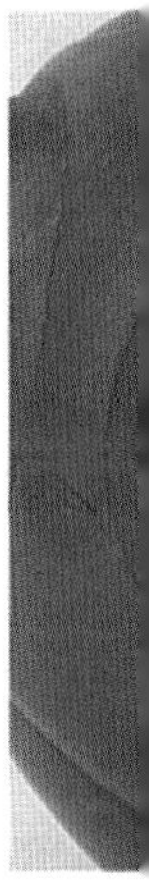

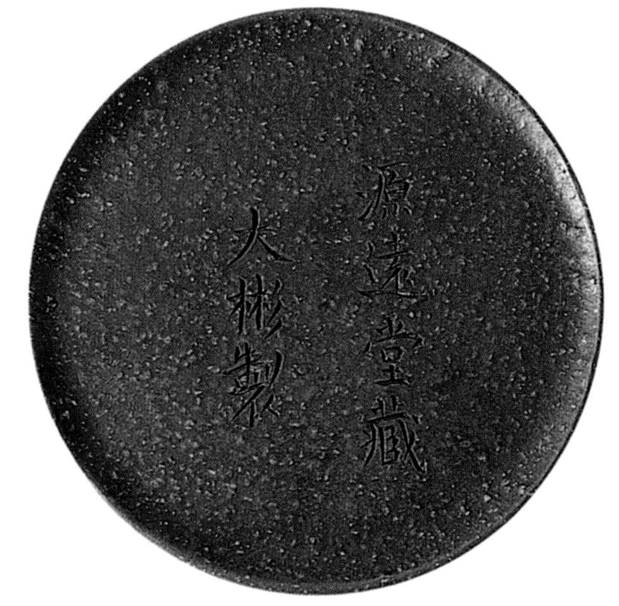

008.

提梁壺

明

時大彬

高205mm　口徑94mm

子口刻款：大彬

刻印：天香閣

南京博物院藏

◉　此壺氣勢雄健，綫面明快，清爽利索，結構謹嚴，比例諧調。提

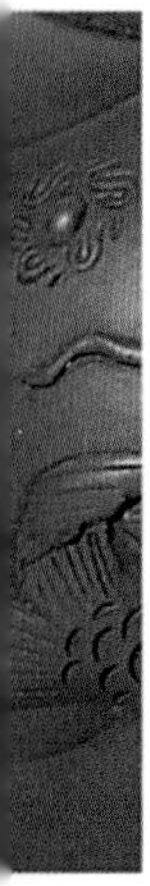

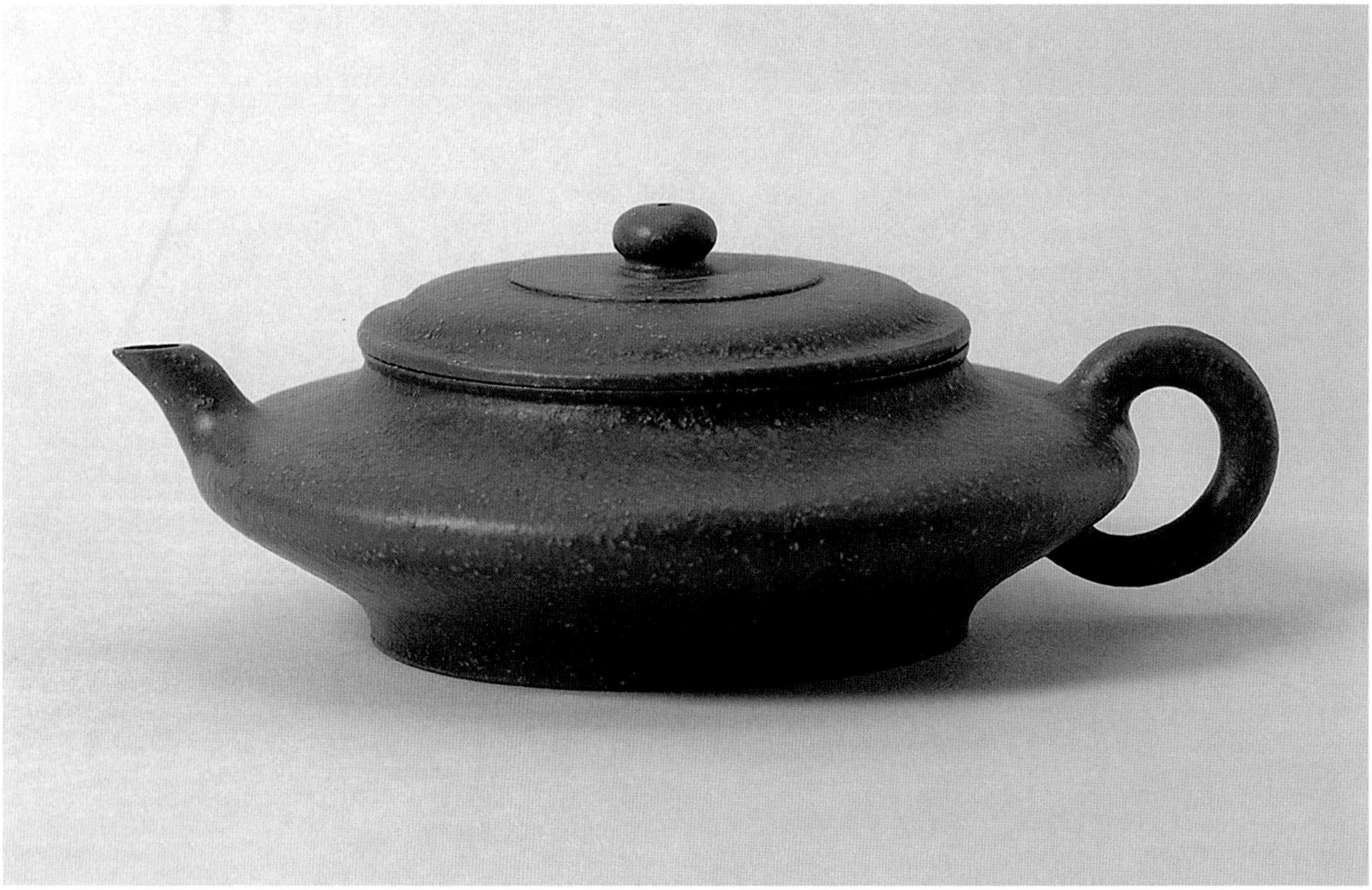

007.

虛扁

明

時大彬

高62mm　口徑98mm

底刻款：源遠堂藏大彬製

上海博物館藏

◉　此件爲砂壺形制中的極扁型，藝趣盎然；也是早期紫砂造型的代表作品，器形綫面屈曲和諧，寓瀟灑於纖巧中，形雖扁而氣却昂，剛柔相濟，神品也。泥質是較粗的調砂，粗而不糙，這種選料，反映出紫砂的特有肌理，與後一件南博藏“提梁壺”的泥質完全相同，顏色、火候、製技似出一人之手。

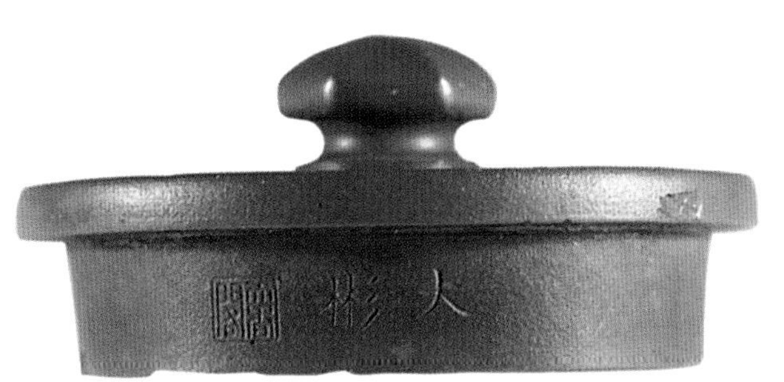

梁與壺體的兩個弧形構圖形成虛實對比，壺嘴、壺蓋綫面變換，總體造型簡練渾樸，寓剛挺於巧麗之中，具有明代器皿造型練樸大度的氣勢，堪稱早期紫砂造型中藝技高雅的佳作。款刻在蓋唇外邊，款式楷書“大彬”二字，又刻方印“天香閣”三字。壺的泥質精選，加工配比等已達到真正紫砂用料的較高水平，燒成火候也已達燒結陶瓷的最佳標準。尤其是調砂形成的肌理質感與整體形制的協調，至今仍堪稱非常完美。

由考據研究可知，此件傳器的泥色、製技、火候均屬上乘精品，款識爲“天香閣”。“天香閣”的資料未詳，因此，這件傳器的斷代尚待慎審考證。

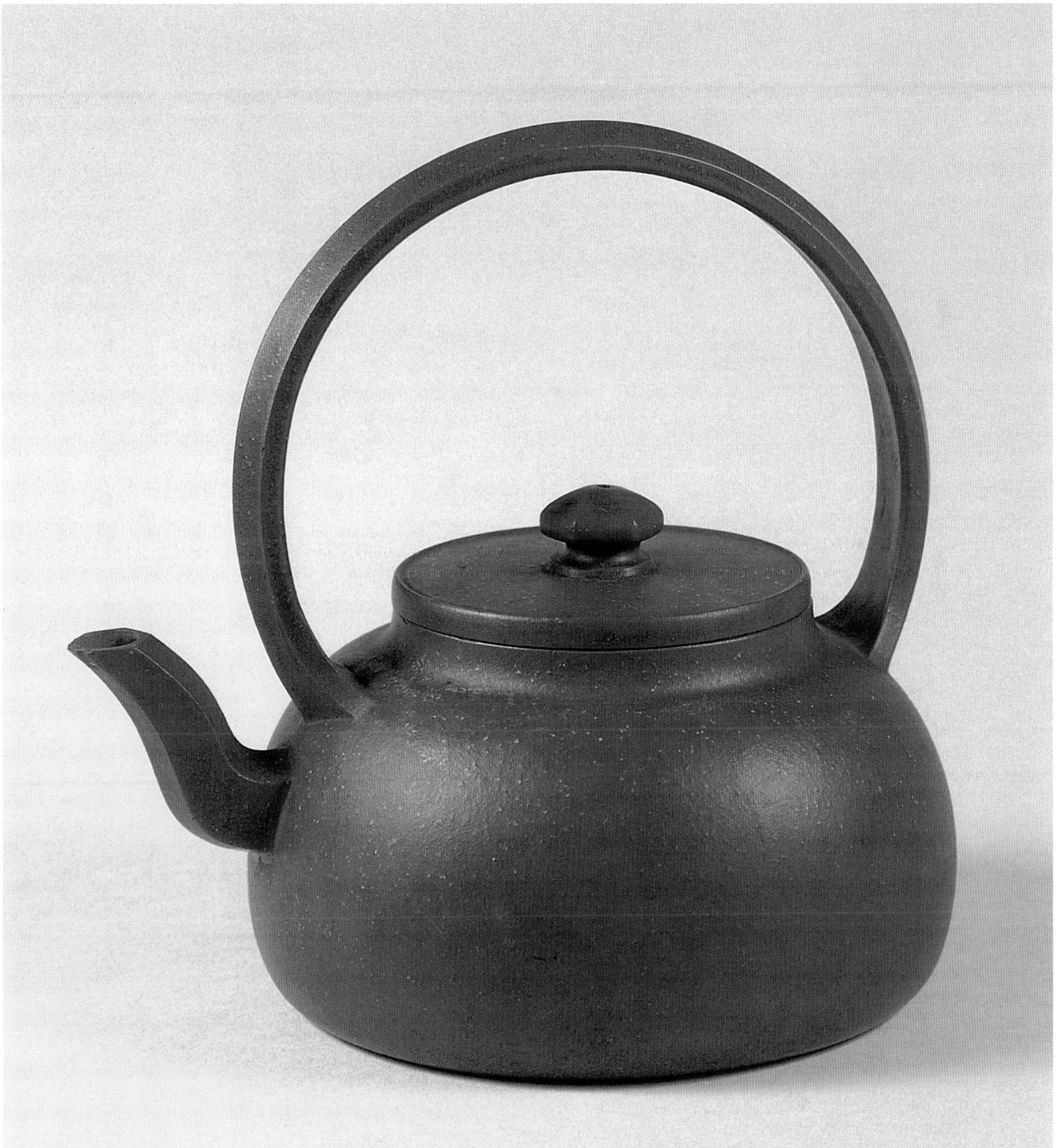

009.

紫砂胎剔紅山水人物執壺

明・萬曆

時大彬

高130mm　口徑78mm

故宮博物院藏

◉　一九七九、一九八二年，宜興紫砂工藝新品在京分別假座故宮乾清宮和端門城樓舉辦展覽期間，編者曾被邀爲故宮博物院庋藏砂器做過全面鑒定。當時，這件雕漆砂胎大彬壺咸以爲屬於漆器類，故藏於漆器庫房，院方有人偶然提起有此壺一事，即索來審視，始辨爲砂胎髹厚朱漆雕製。底部髹黑漆，漆層下隱刻"時大彬製"楷書四字。格局完全與揚州博物館藏的一件出土六方壺一制：一是六方壺加圓頸蓋；一是四方壺加圓頸蓋，容量幾乎相等。後者並外髹朱漆，精工細雕，裝飾華麗，爲舊宮廷用具，也是紫砂工藝與漆器工藝相結合的巧妙作品。如此優美的傳器，殊不多見，應是一件真正的時大彬原作無疑。

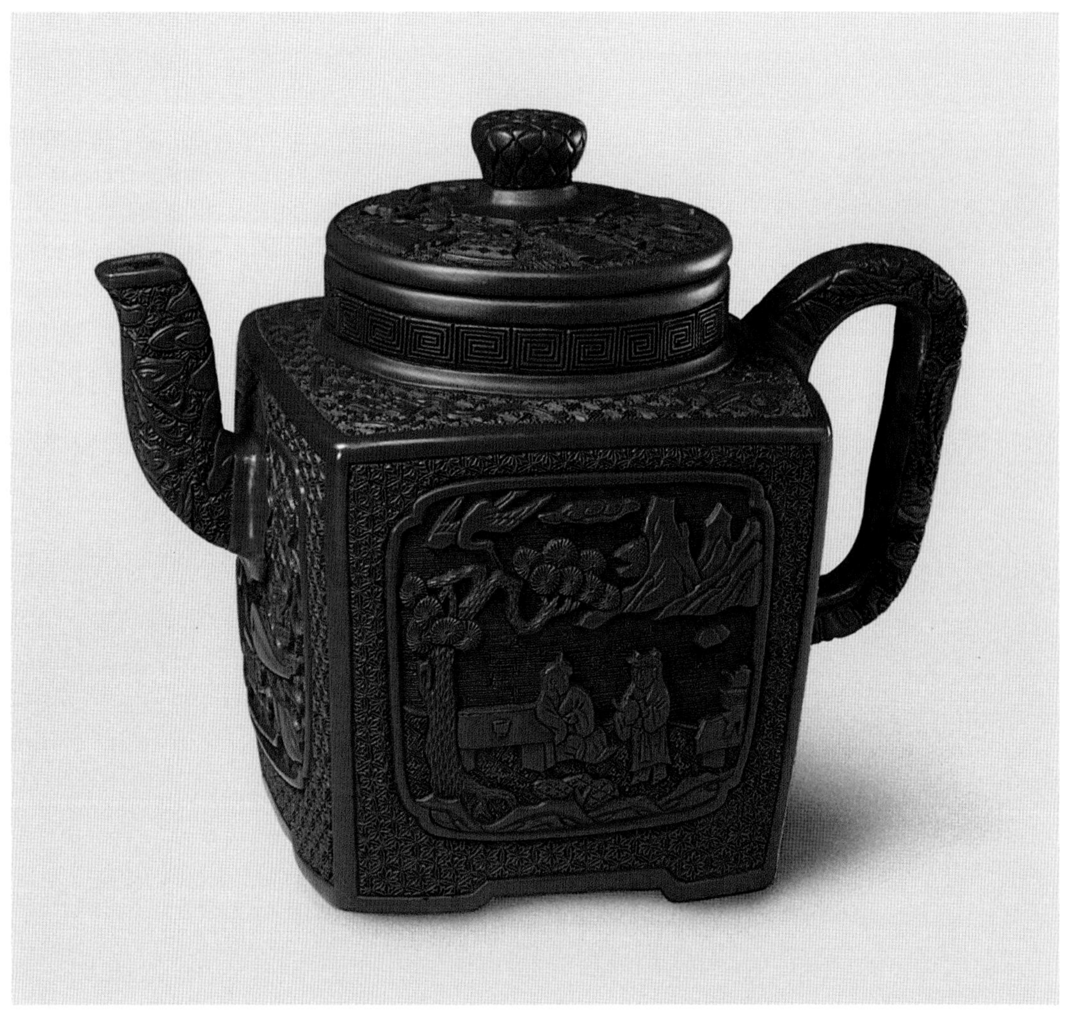

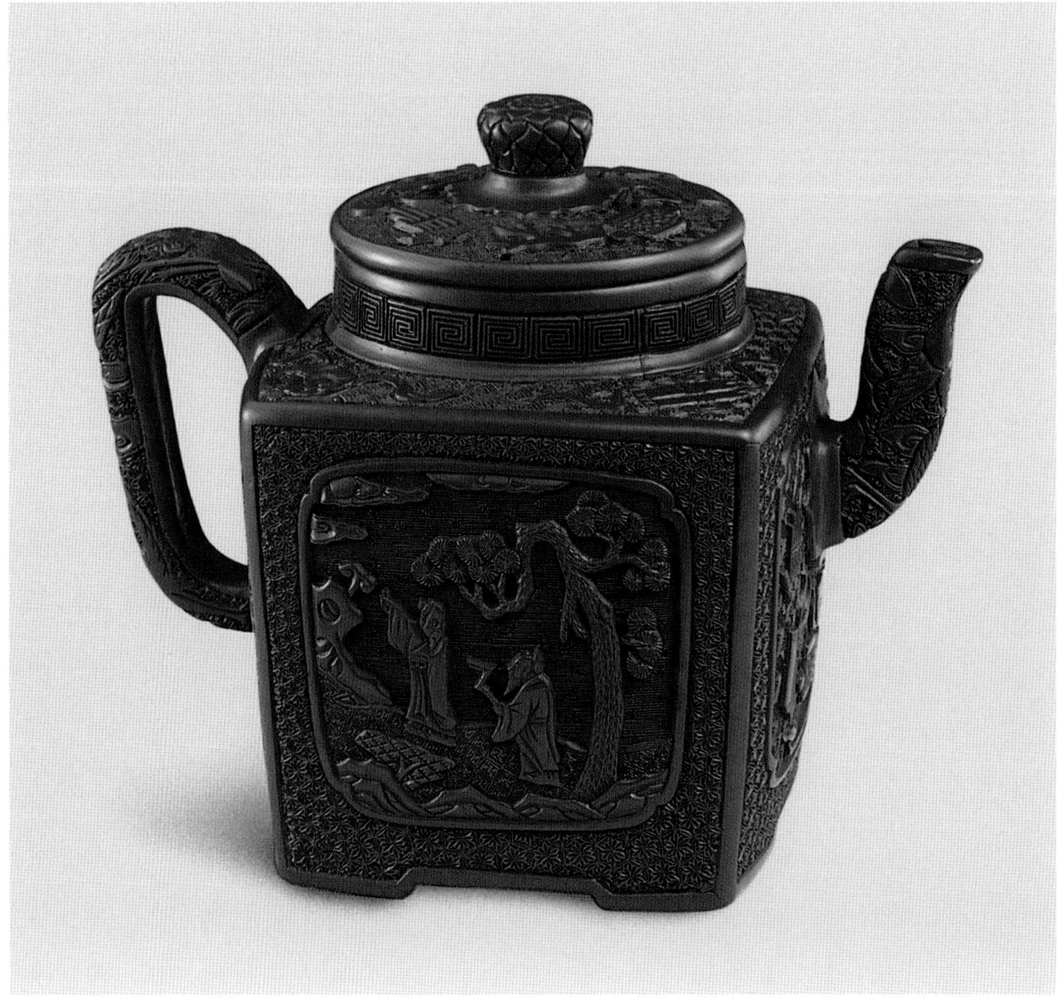

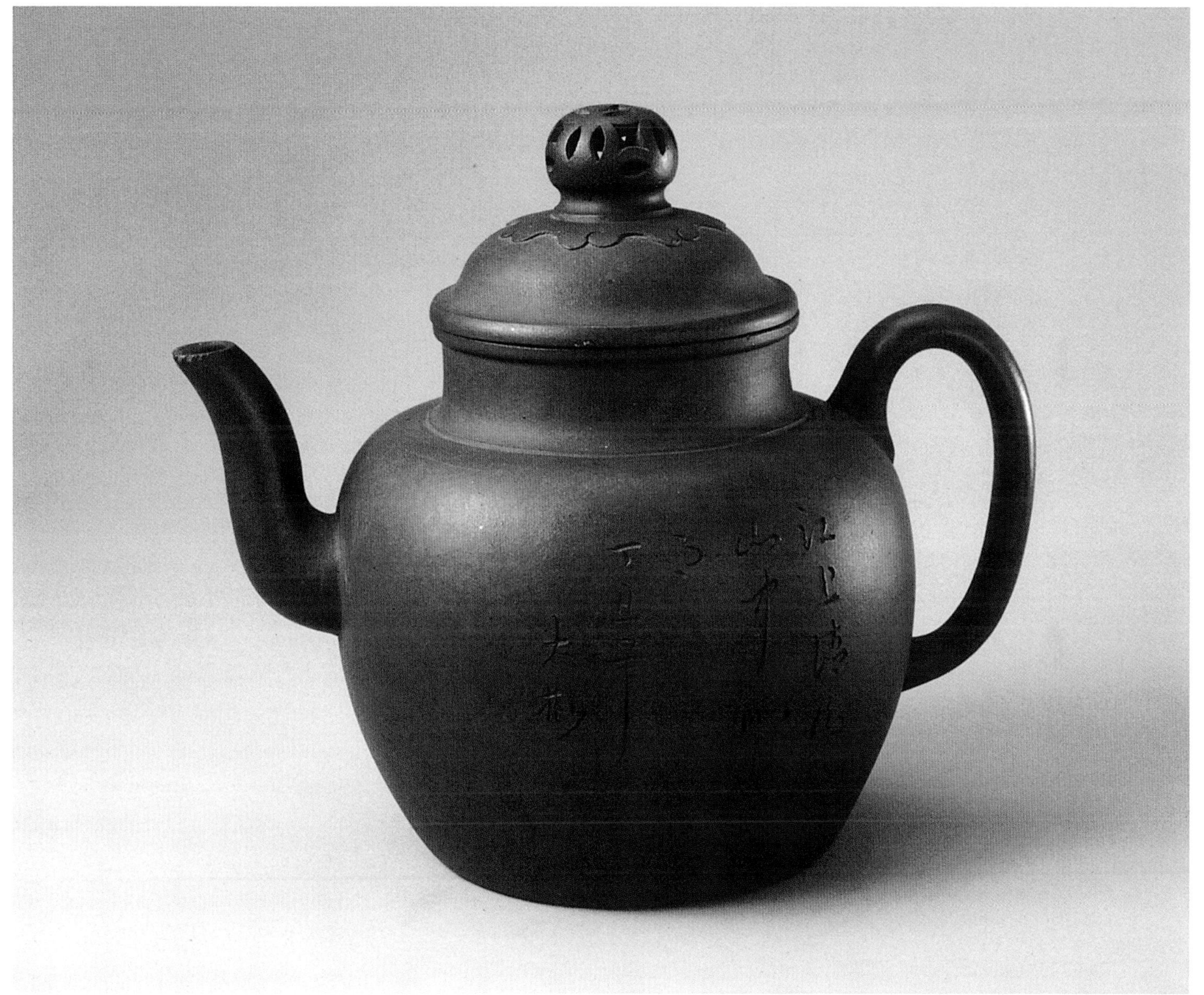

010.

特大高執壺

明・萬曆五年（1577）

時大彬

高270mm　口徑135mm

壺身銘：江上清風，
山中明月。
丁丑年　大彬

故宮博物院藏

◉ 此壺渾圓豐滿，端莊沉穩，製作十分精巧，壺蓋頂部裝置一鏤空錢紋飾的圓鈕，既美觀又實用。整個壺體由不同弧度的曲綫組成，壺蓋、流、柄等各部位比例協調，整體感强，表現出製壺技藝的嚴謹，達到圓潤、凝重而又清新的藝術效果。壺的腹部用竹篾刻詩題款，綫條流暢飄逸。時大彬早年仿供春大壺，後改製小壺，此壺形體特大，應爲早期作品，十分珍貴。

（葉佩蘭）

011.

蓮瓣僧帽壺

明・萬曆二十五年（1597）

高93mm　寬94mm

底刻款：萬曆丁酉年　時大彬製

香港茶具文物館藏

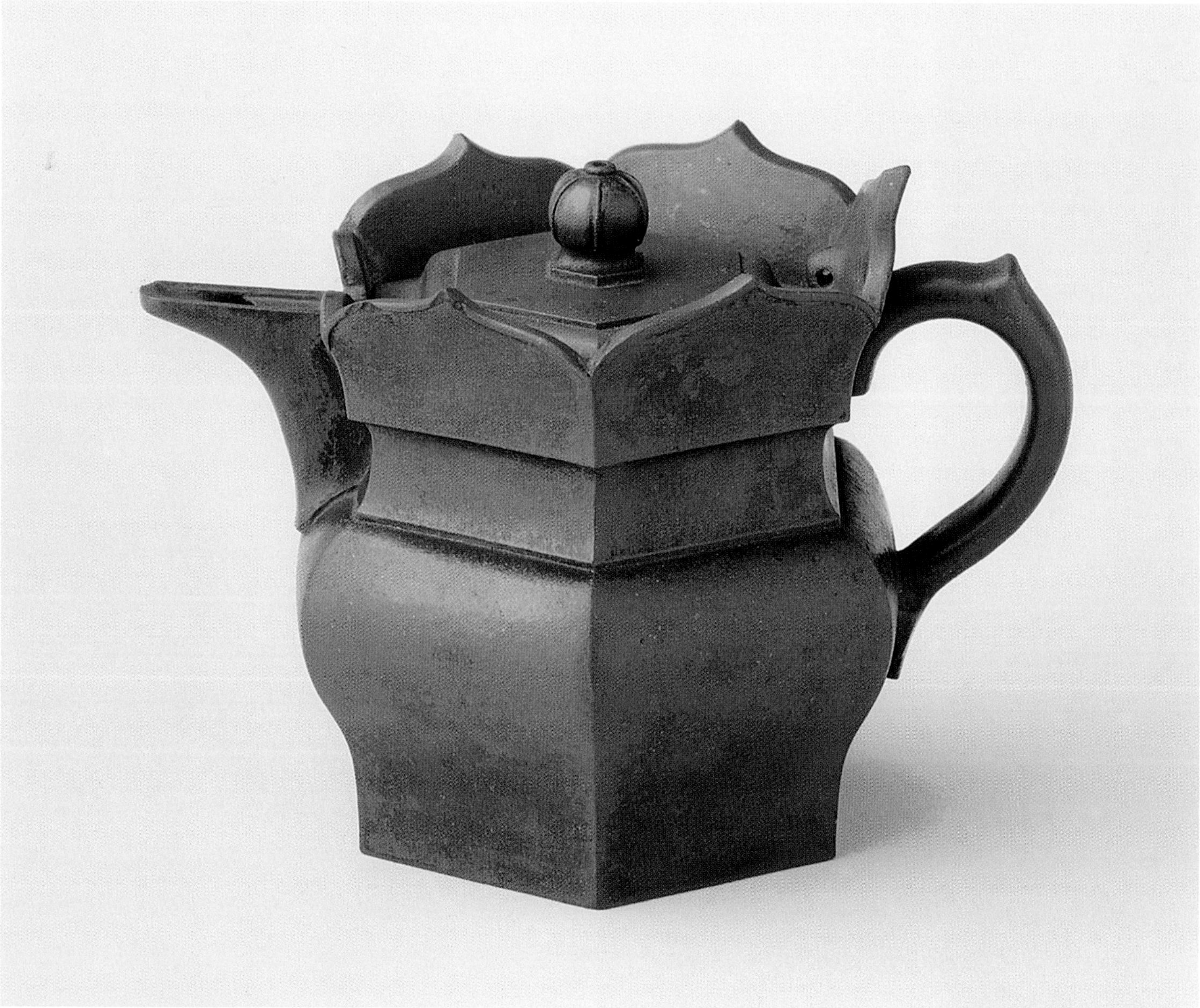

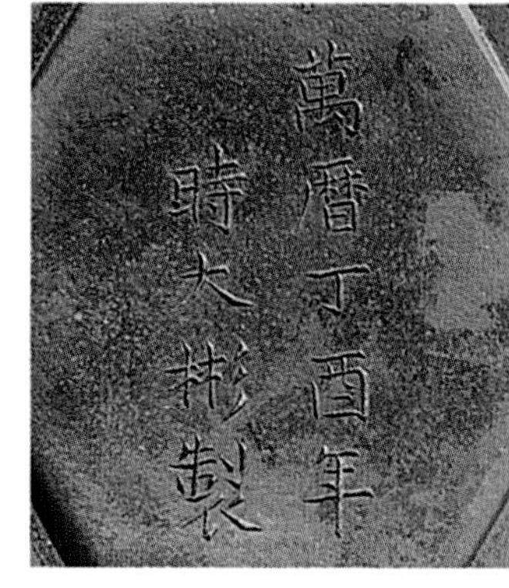

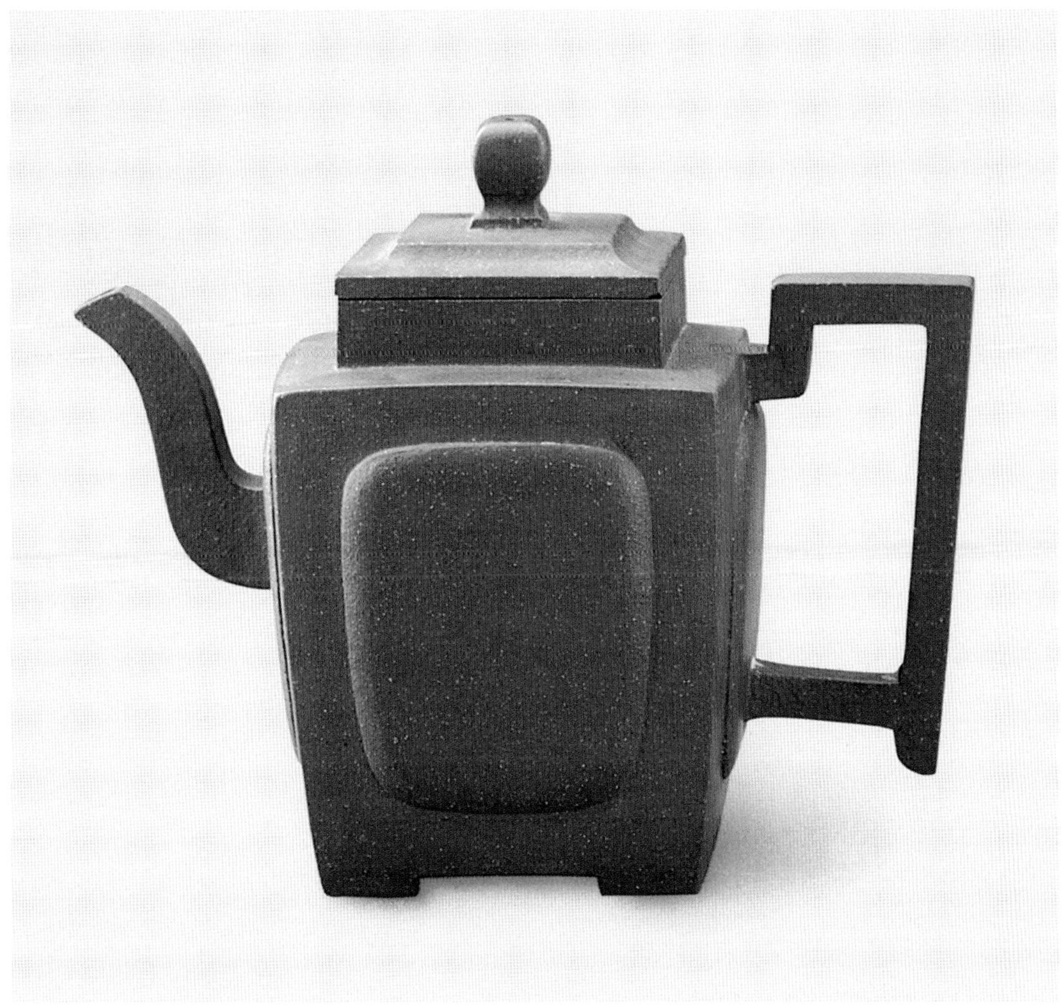

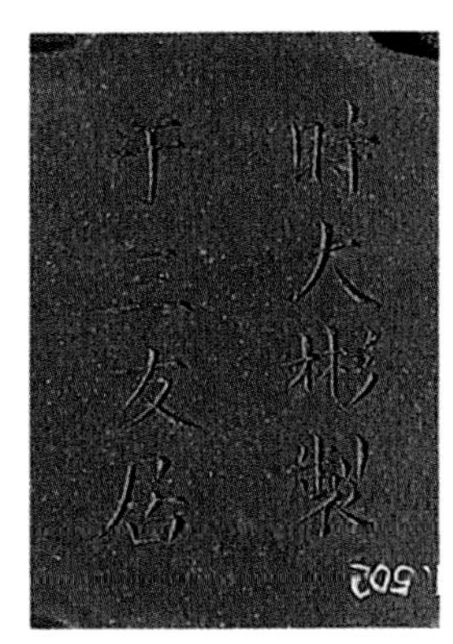

012.

開光方壺

明

高114mm　寬77mm

底刻款：時大彬製　于三友居

香港茶具文物館藏

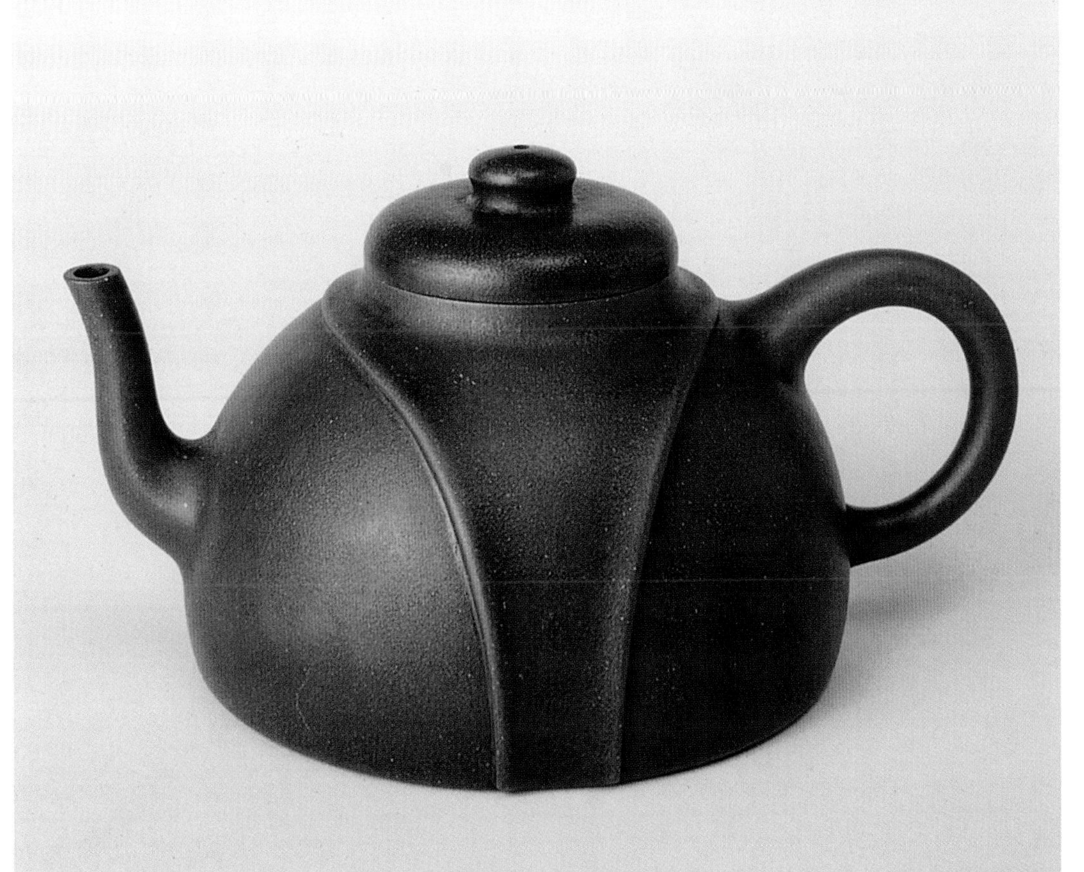

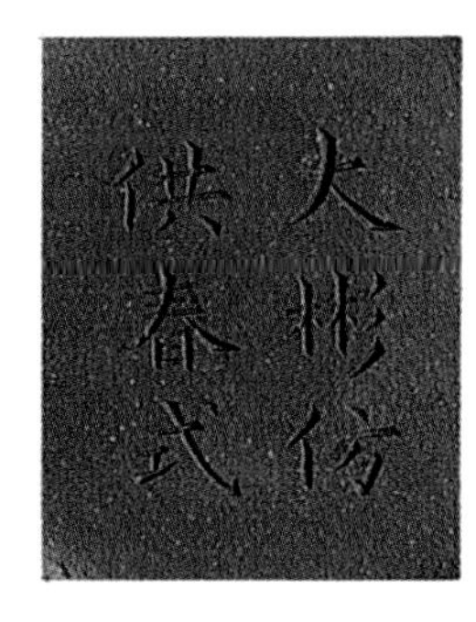

013.

仿供春龍帶壺

明

高90mm　寬120mm

底刻款：大彬仿供春式

香港茶具文物館藏

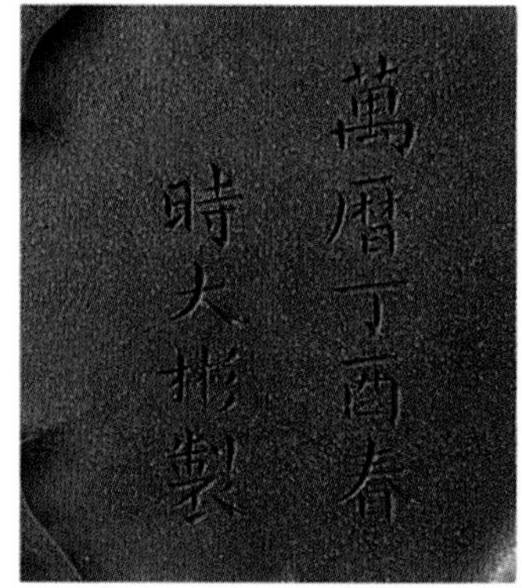

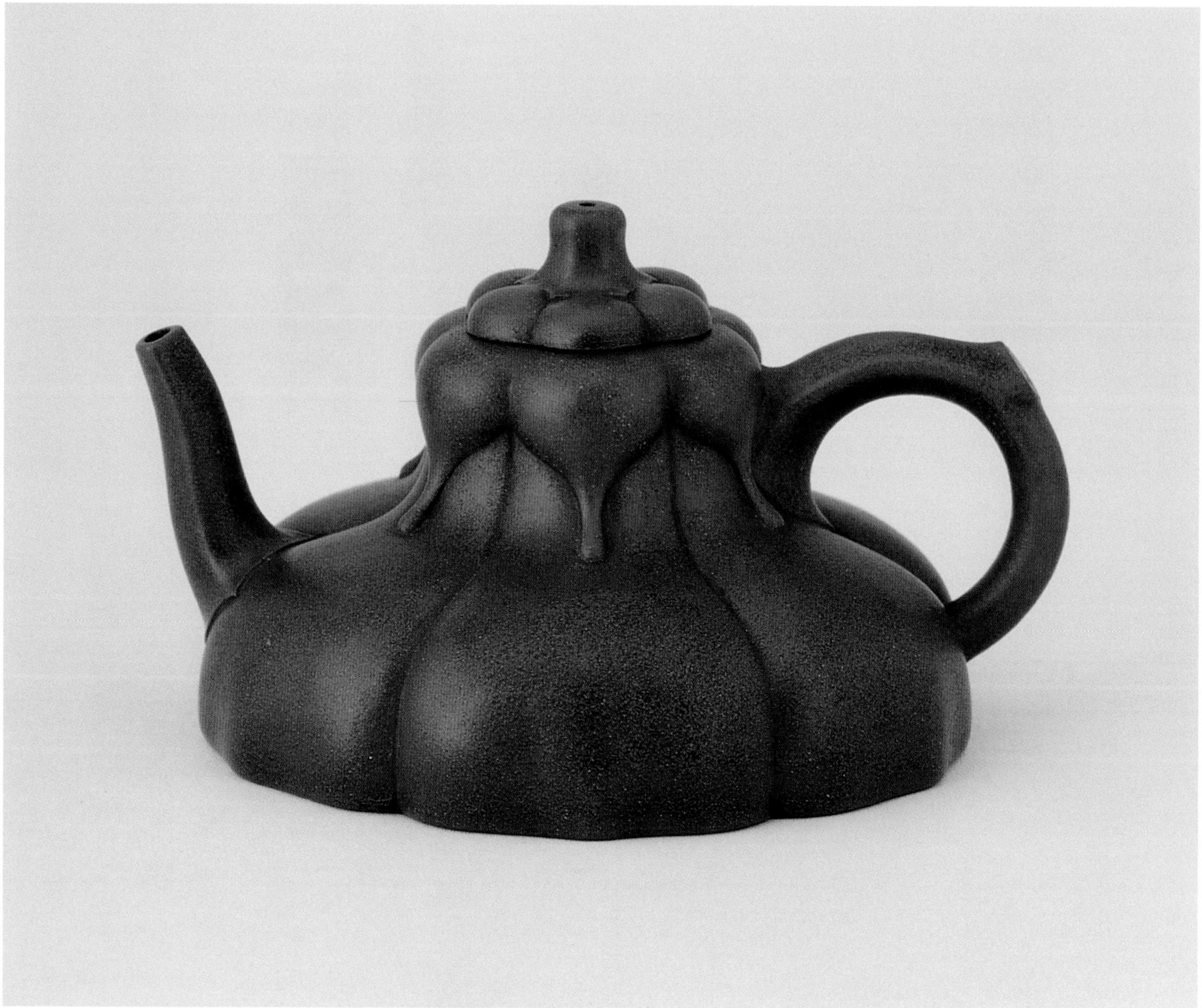

014.

玉蘭花六瓣壺

明・萬曆二十五年（1597）

高80mm　寬121mm

底刻款：萬曆丁酉春　時大彬製

香港茶具文物館藏

015.

高僧帽

明・萬曆

高100mm　口徑63mm

底刻款：叢桂山館　大彬

唐雲藏

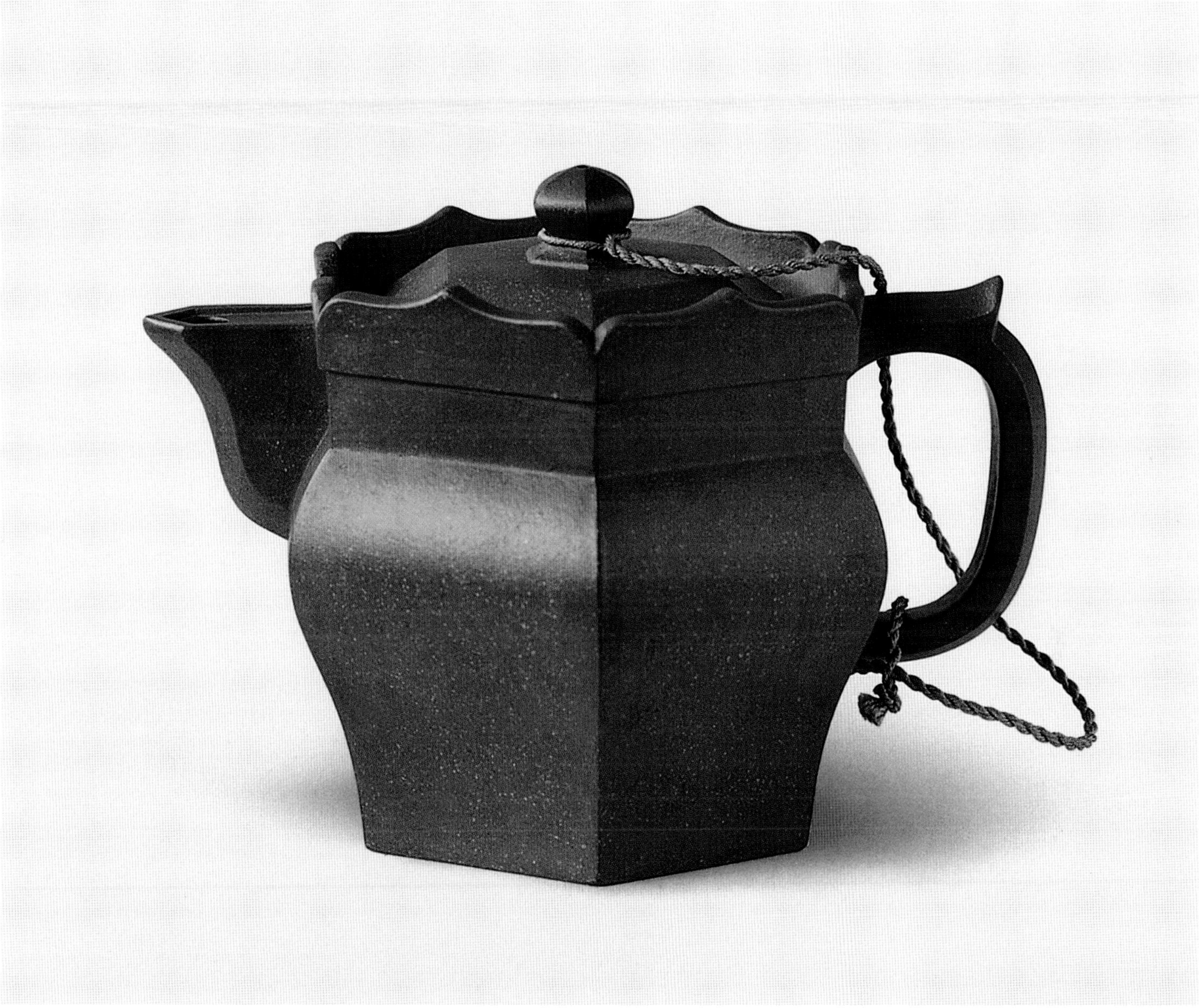

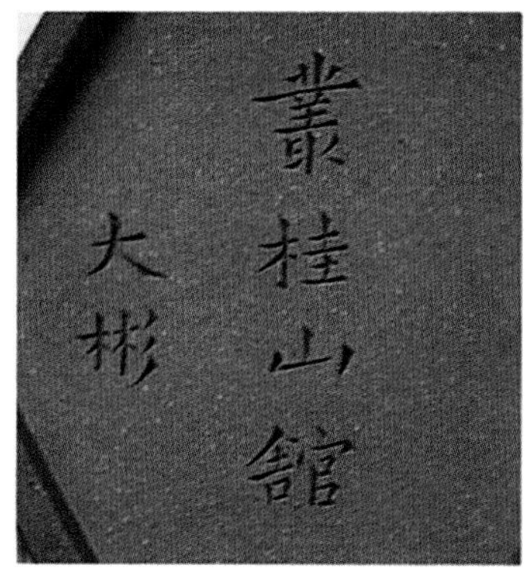

016.

半瓜水盂

明

高26mm　口徑54mm

壺身銘：辛亥夏五　製於正己堂

　爲可先老先生　少山時大彬

唐雲藏

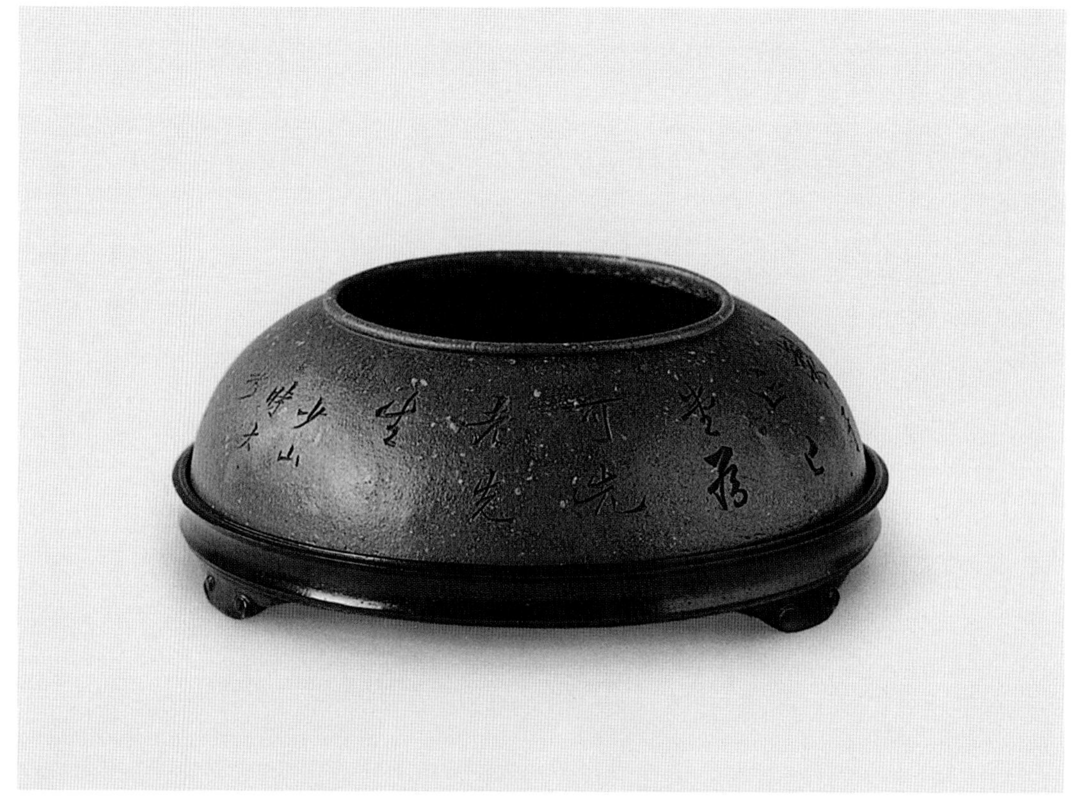

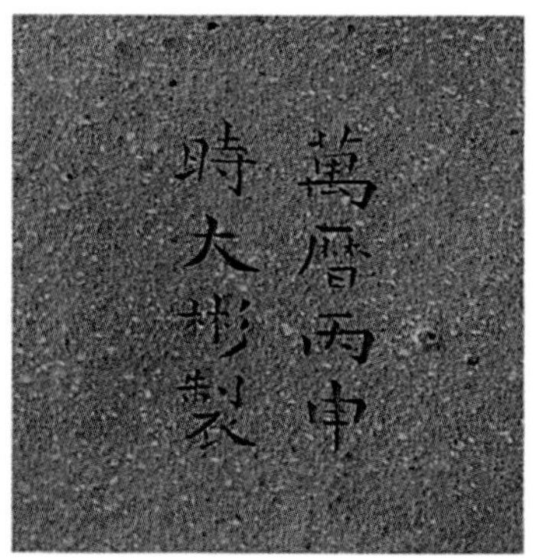

017.

鳳首印包壺

明・萬曆二十四年（1596）

高70mm　口徑橫45mm　縱34mm

底刻款：萬曆丙申時大彬製

唐雲藏

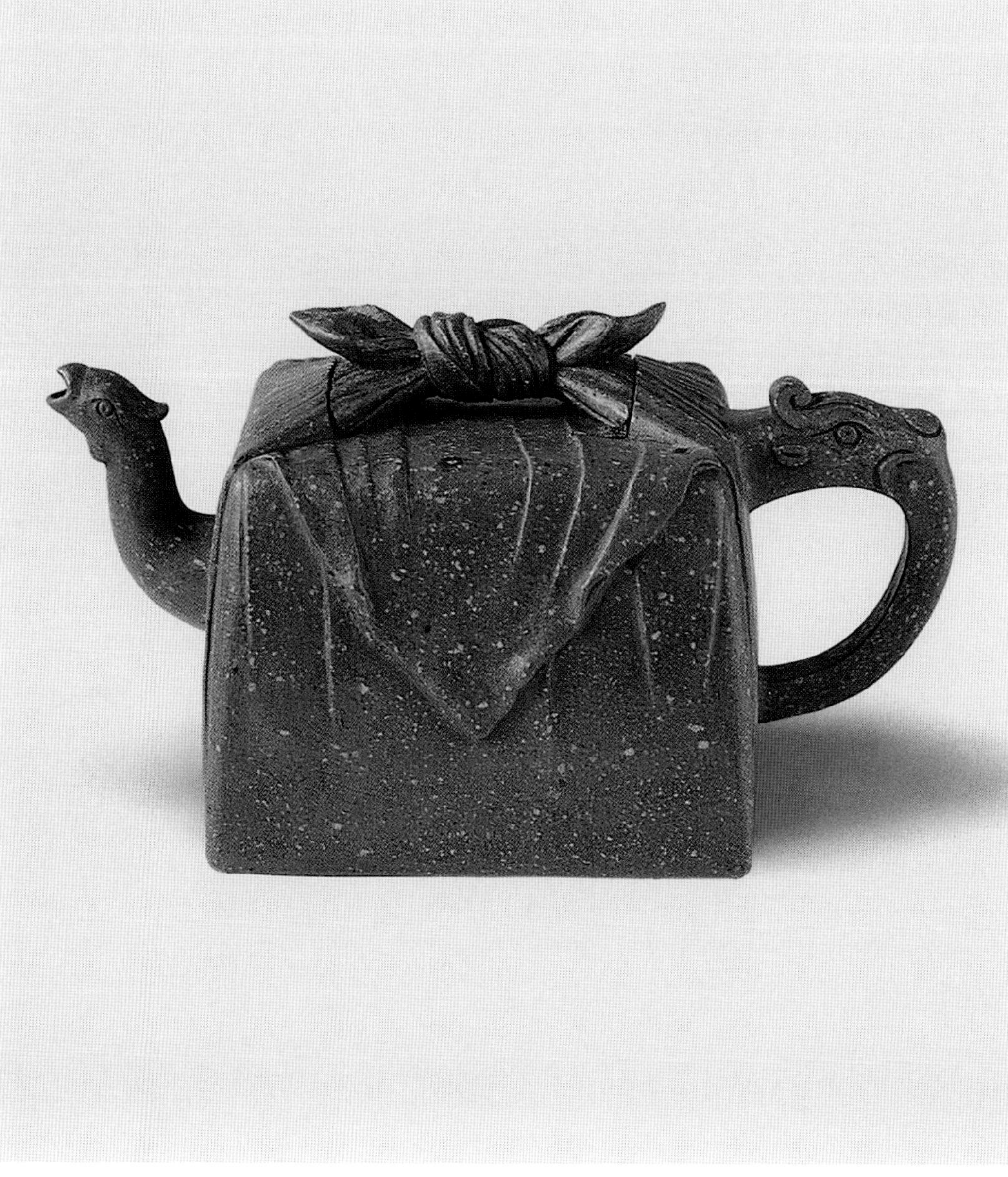

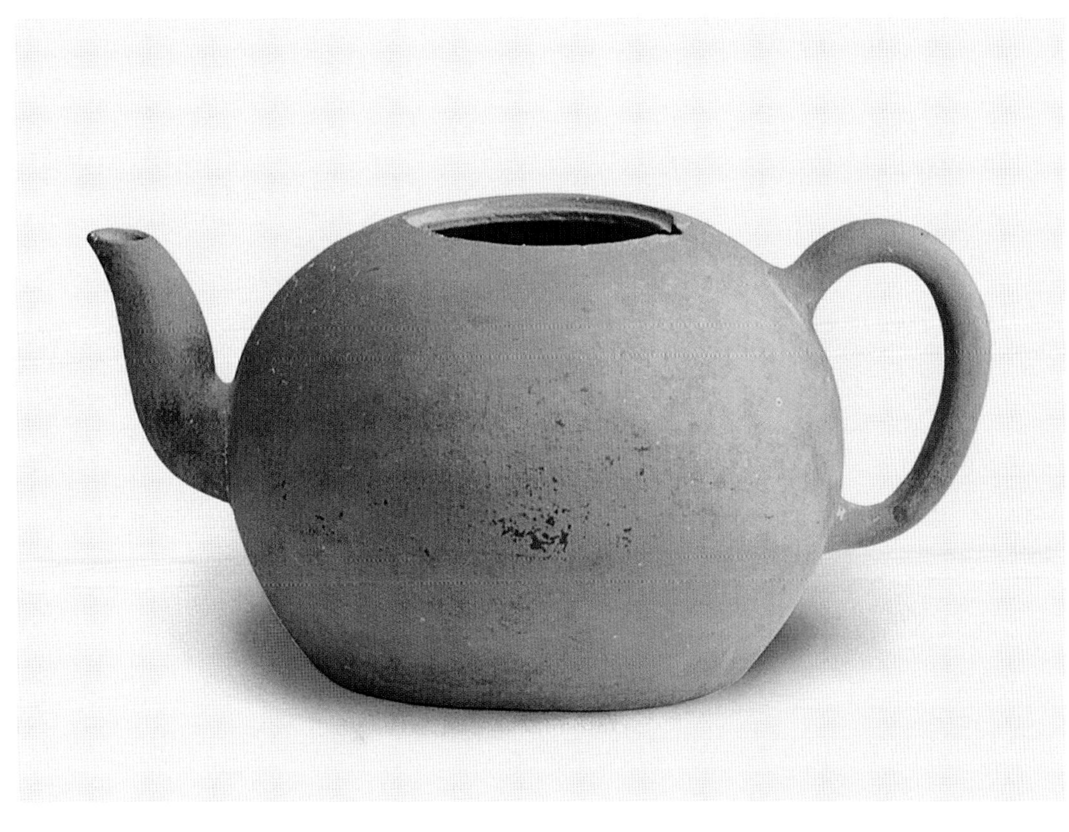

018.

缺蓋大圓壺

明

民間

高128mm　口徑76mm

鎮江博物館藏

◉　圖版第18.19.20.號三件，特選以代表早期（明季中葉）紫砂作品，是民間的大衆化產品。這幾件舊壺，顯示了紫砂在初創階段就有普及層次與藝術層次的區別，這兩個層次是同時共存並各自發展至今的。

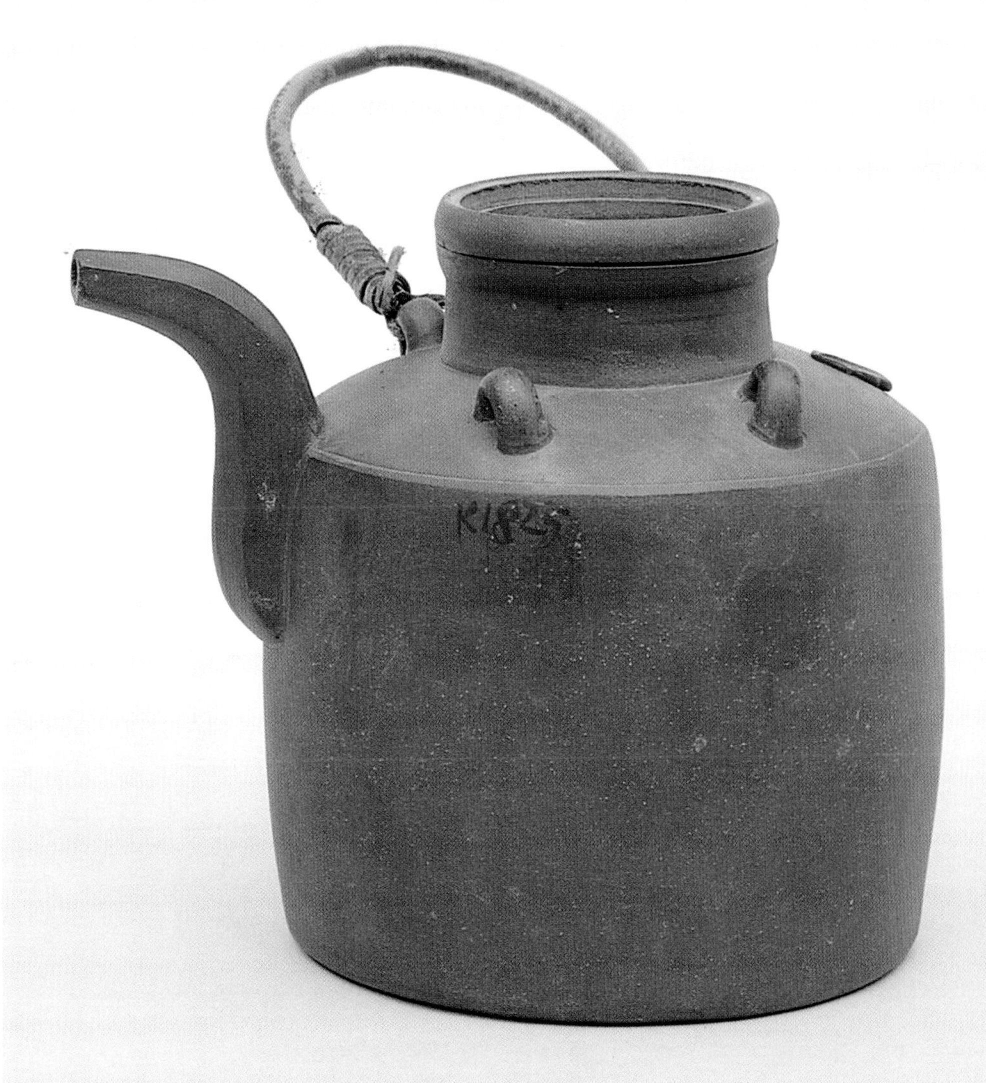

019.

缺蓋鈕大壺

明

民間

高170mm　口徑88mm

徐秀棠藏

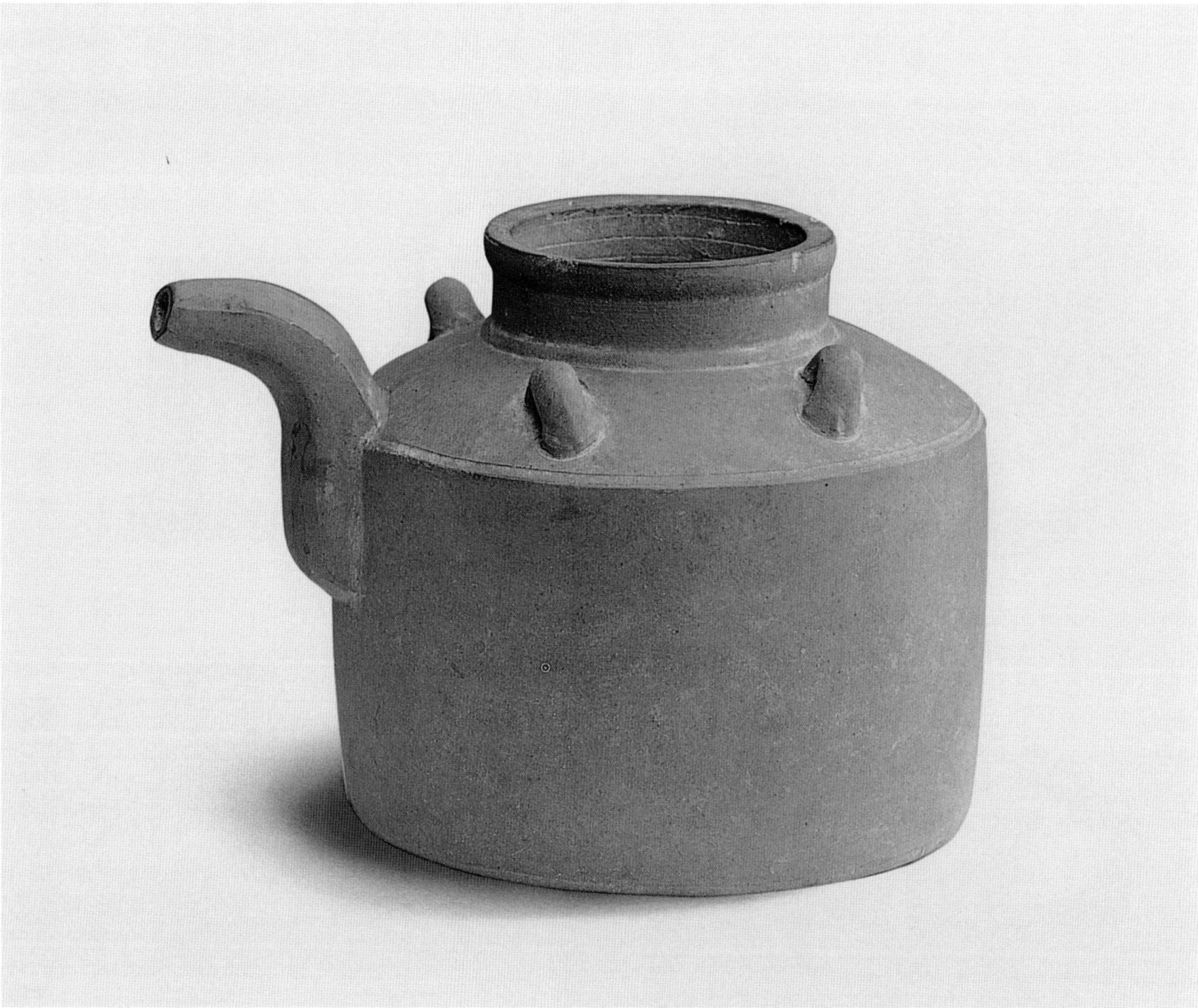

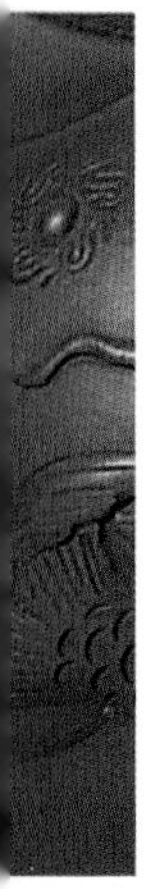

020.

桶形提鈕大壺

明

民間

高250mm　口徑88mm

鎮江博物館藏

◉　此壺的製作方法已經是圍身筒加假底的成型方法，比以前捏築、或用規模方法有了進步。

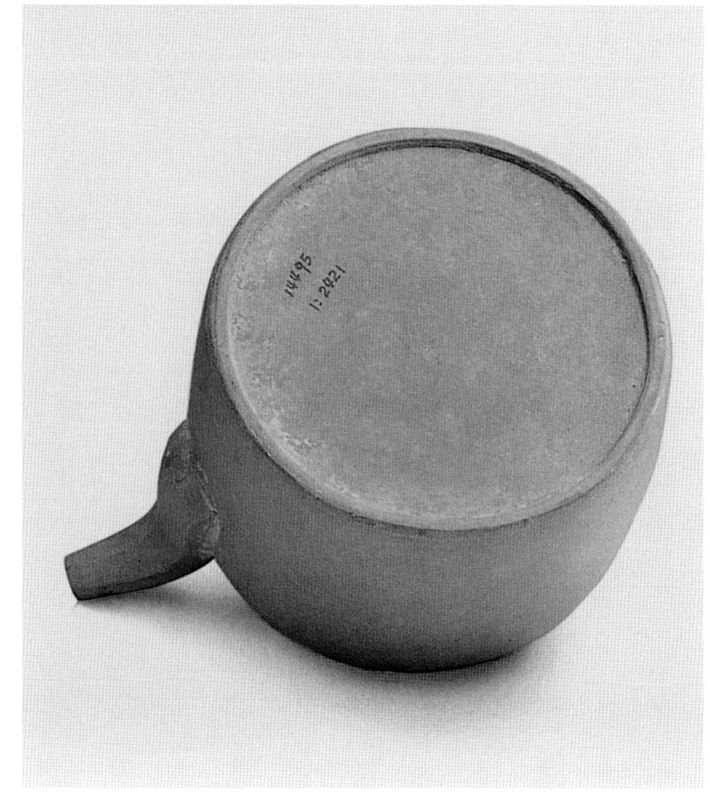

021.

聖思桃形杯

清・乾隆

聖思

高70mm　口徑10mm

杯托高35mm　直徑145mm

杯銘：閬苑花前是醉鄉，
拈翻王母九霞觴。
聖思
聖思氏（印）

杯托銘文：聖思，相傳爲修道人，姓項，能製陶杯，大於常器。花葉、幹實無一不妙，見者不能釋手。廿年前，簡翁得此於燕市，歸而寶之。杯底葉小損、微跛，名手裴石民，時方以"第二陳鳴遠"名於世，善爲前人修舊。昨年用賓虹老人之意，爲供春壺重配蓋。今歲復以鄙請，爲此杯加一外托，中虛而涵納之，趾乃定。遂爲之記略，兼揚其絕藝，以光於陶史爲二美。

南京博物院藏

◉　作者聖思，史籍上未見記載，生平無從考據。

以桃爲題材，源於生活而高於生活地誇張構思的美妙，技巧精湛，真可謂重鏤疊刻。憑其製作技藝，這件傳器堪稱一件傑出的工藝品，是砂藝陳設品流派中的代表性力作。

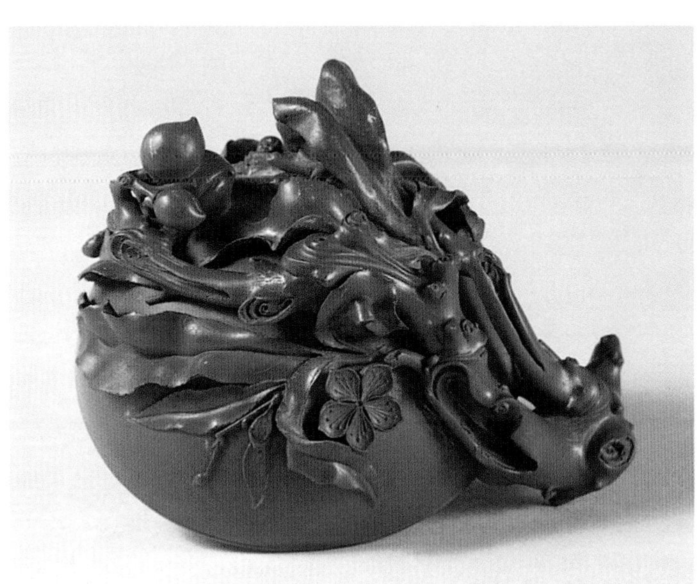

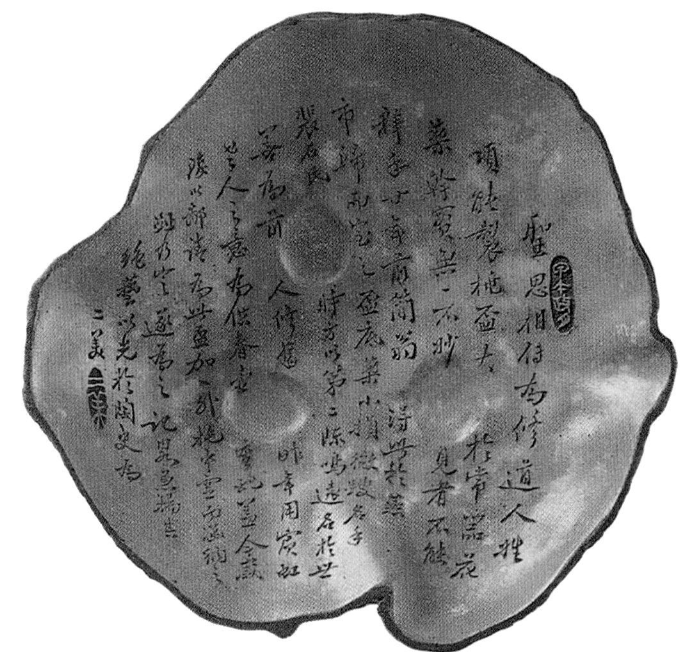

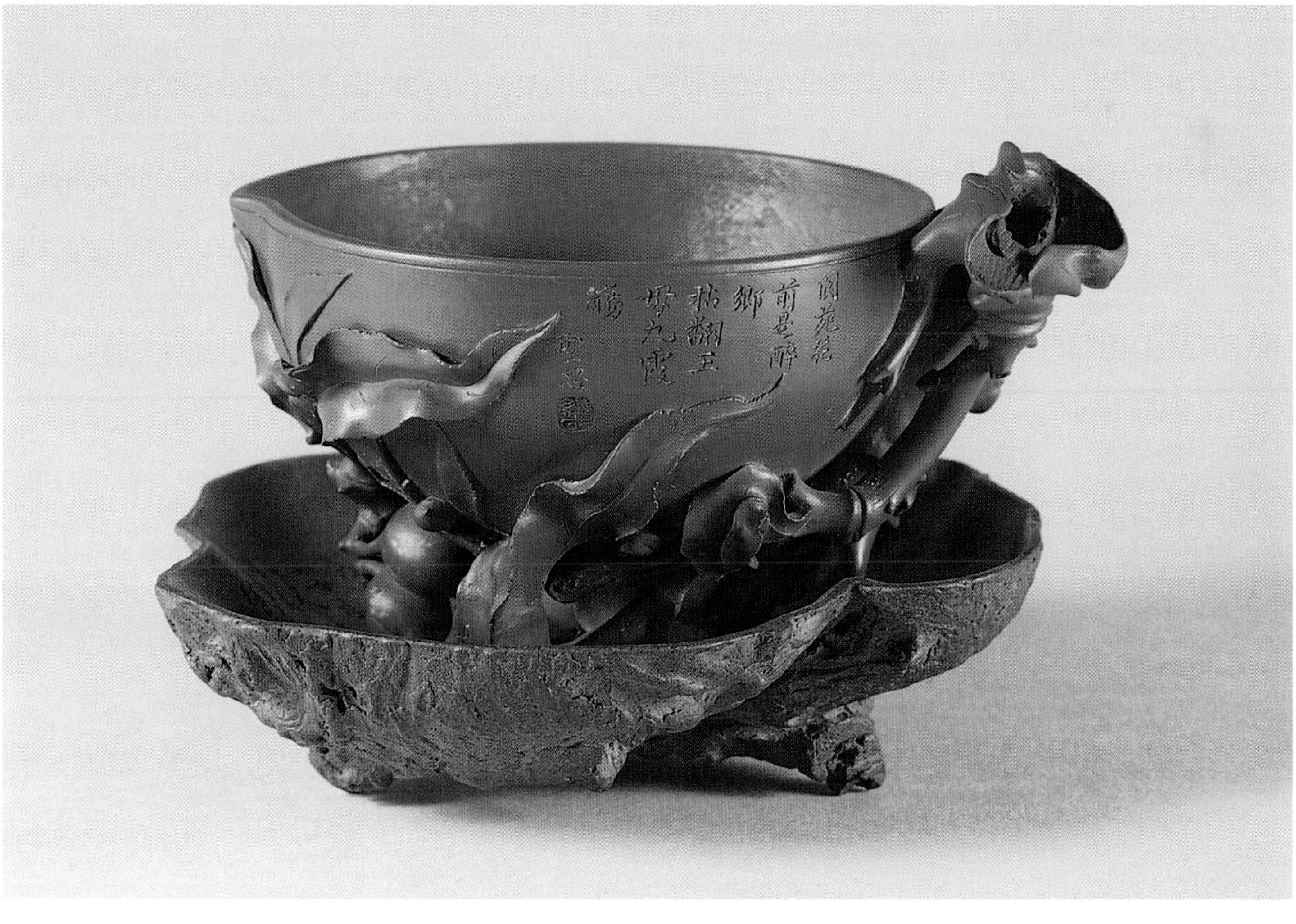

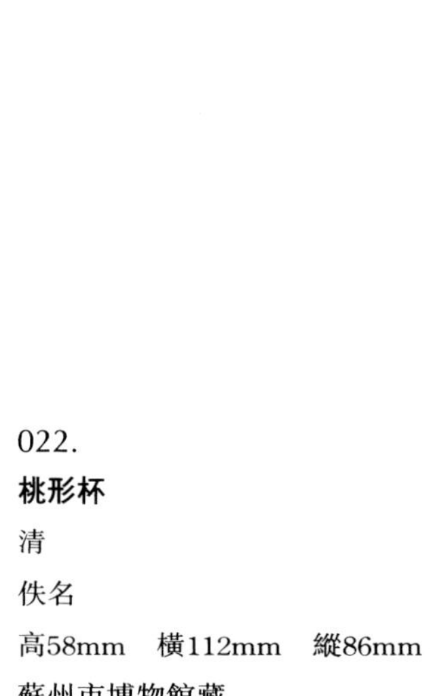

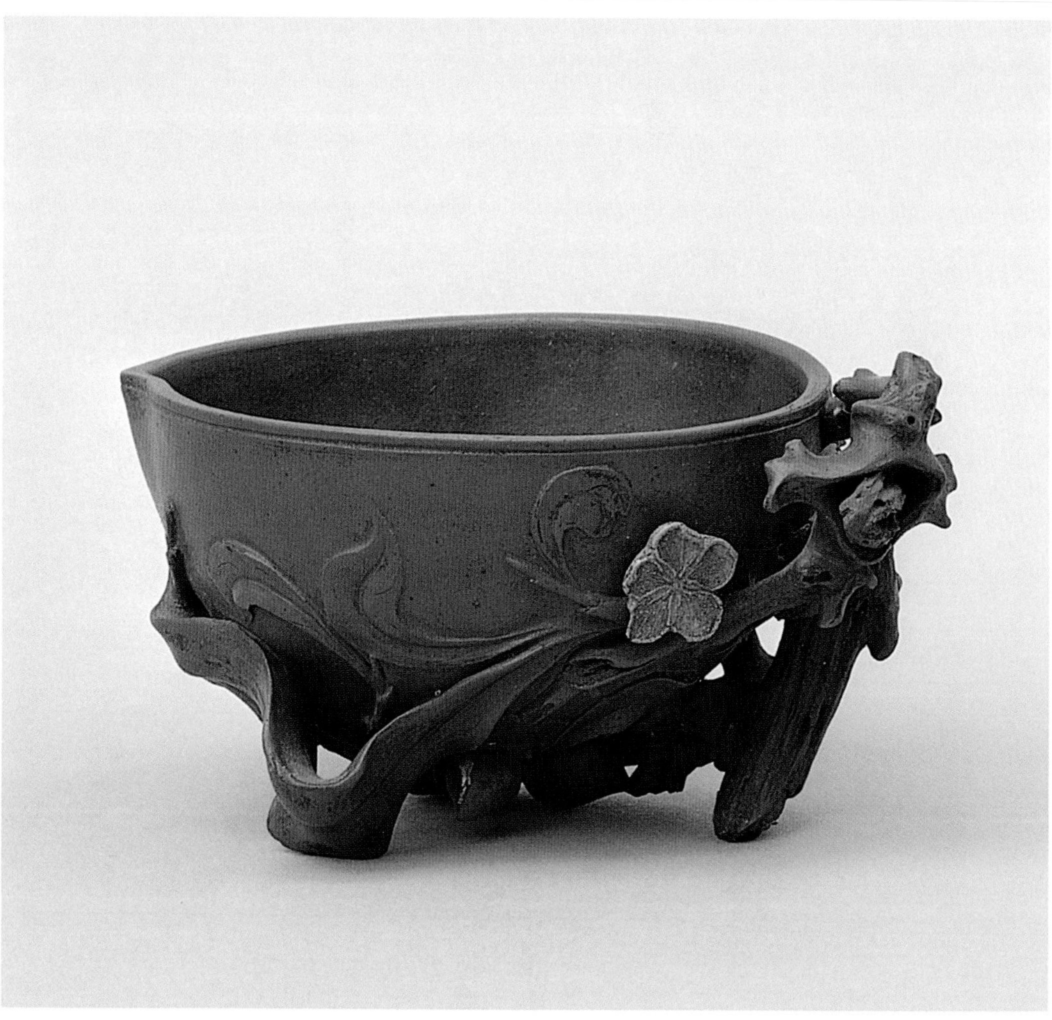

022.
桃形杯
清
佚名
高58mm　橫112mm　縱86mm
蘇州市博物館藏

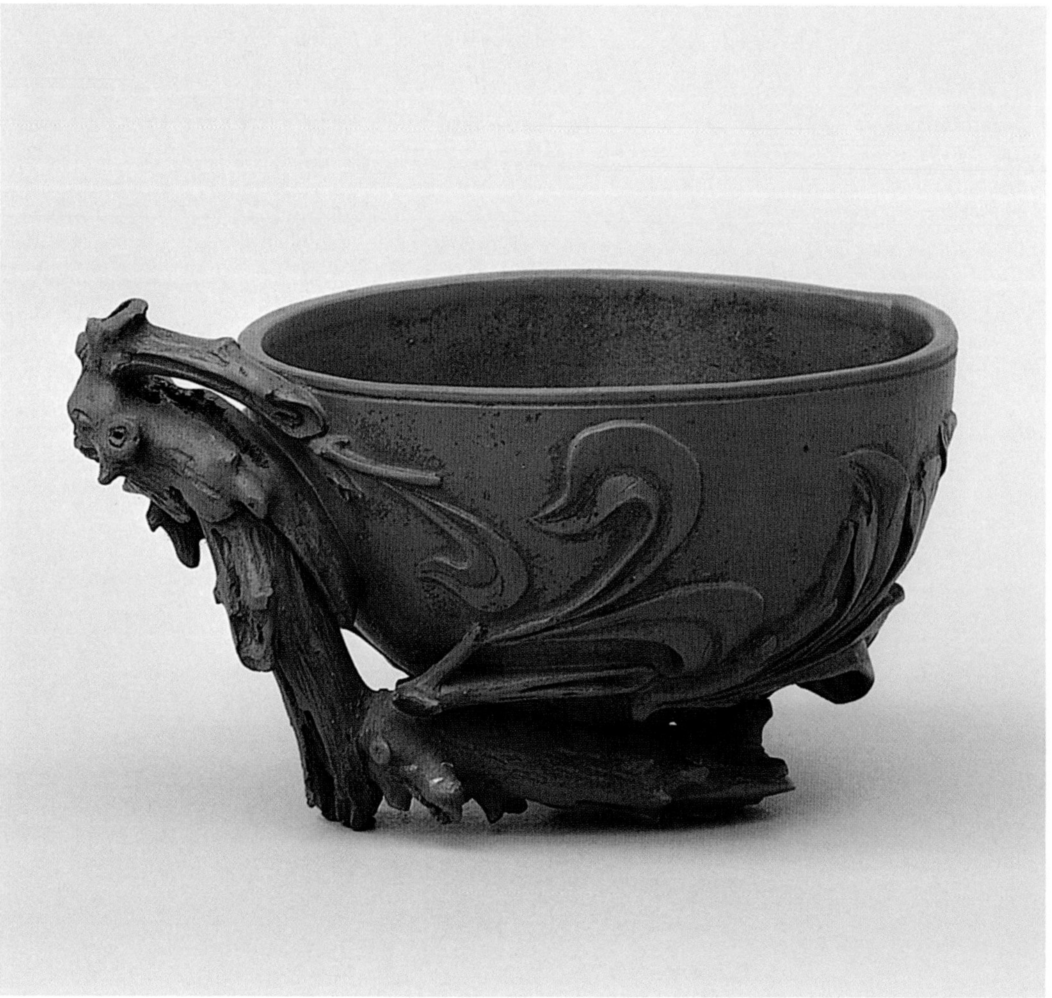

023.

菊花八瓣壺

明・萬曆

高90mm　寬115mm

底刻款：李茂林造

香港茶具文物館藏

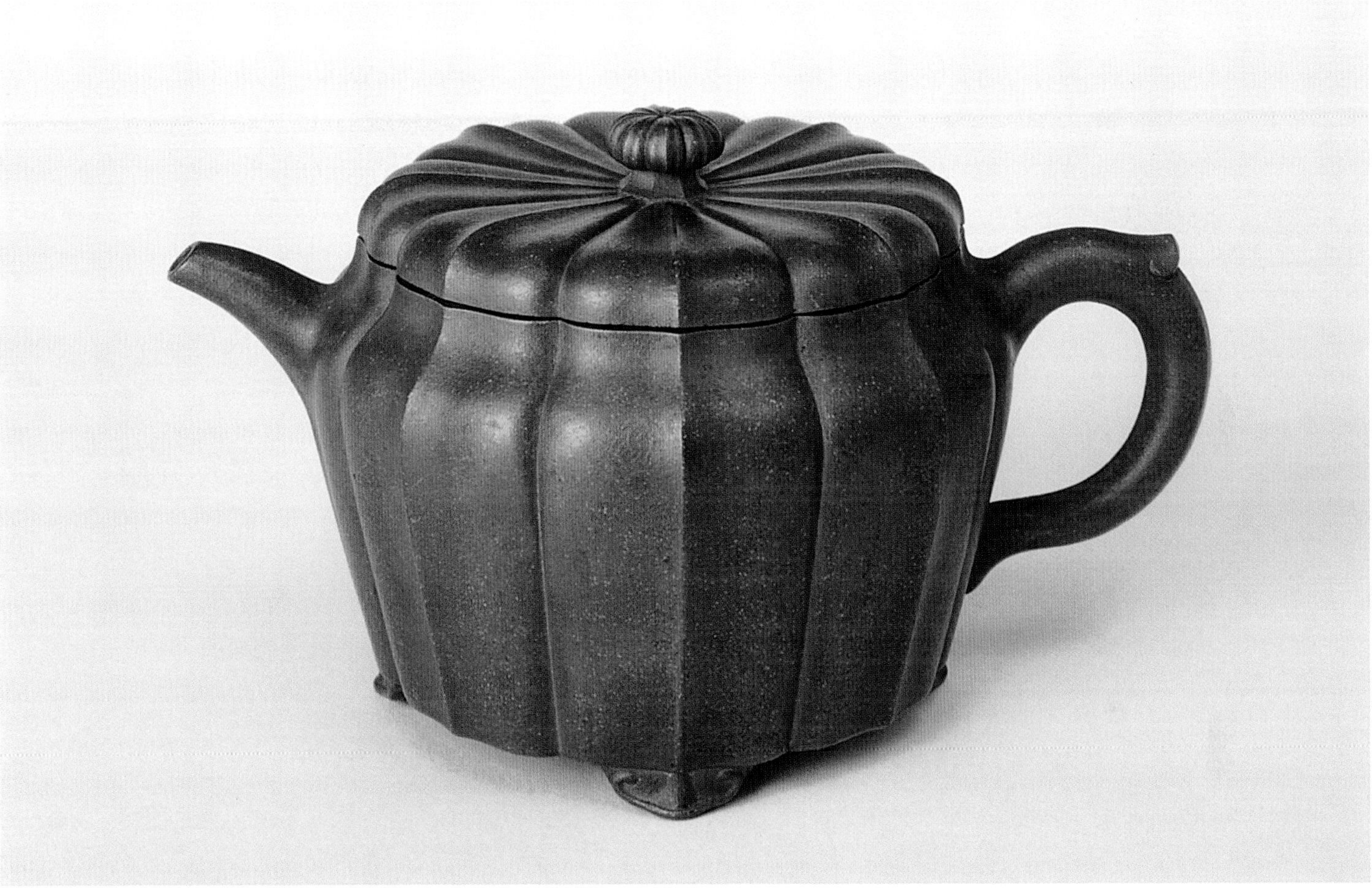

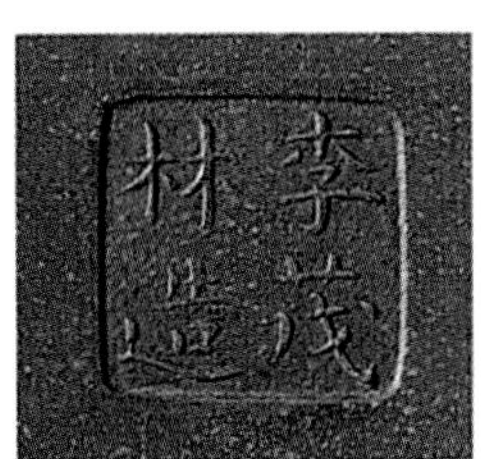

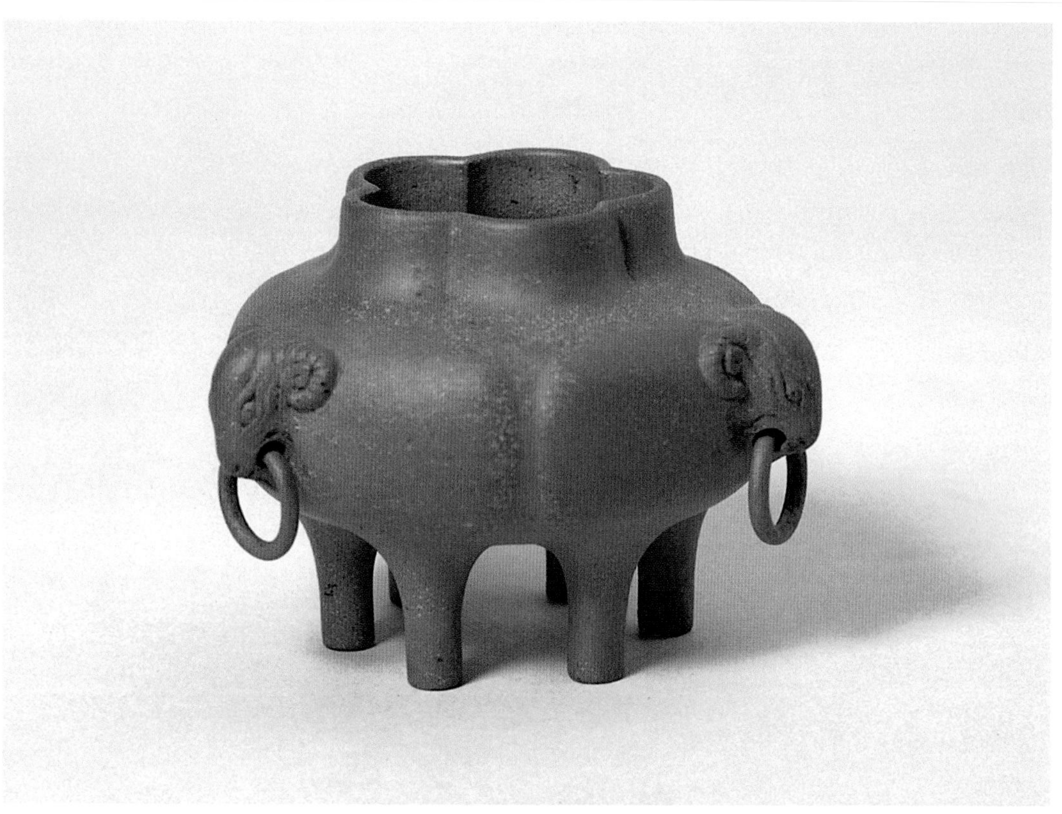

024.

三羊小水盂

清初

高62mm　口徑37mm

底刻款：友泉

宜興陶瓷陳列館藏

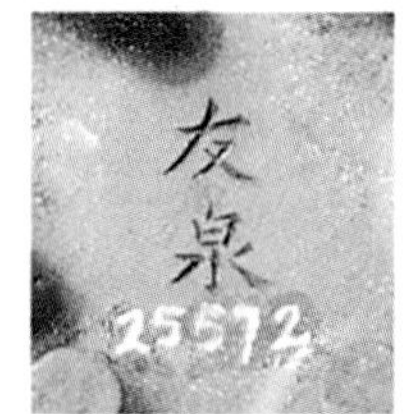

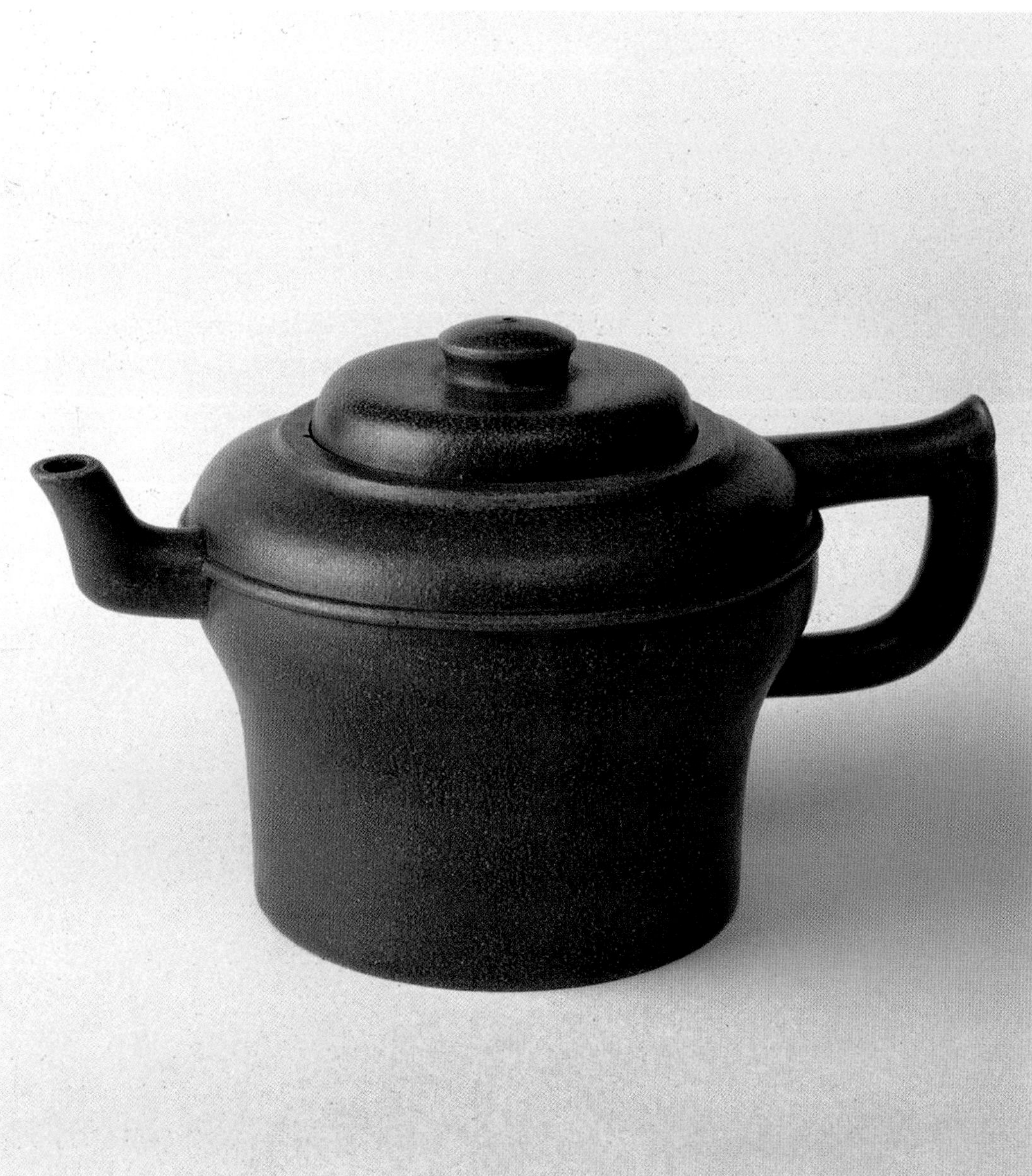

025.

仿古虎錞壺

明・萬曆四十四年（1616）

高77mm　寬84mm

底刻款：萬曆丙辰秋

七月　友泉

香港茶具文物館藏

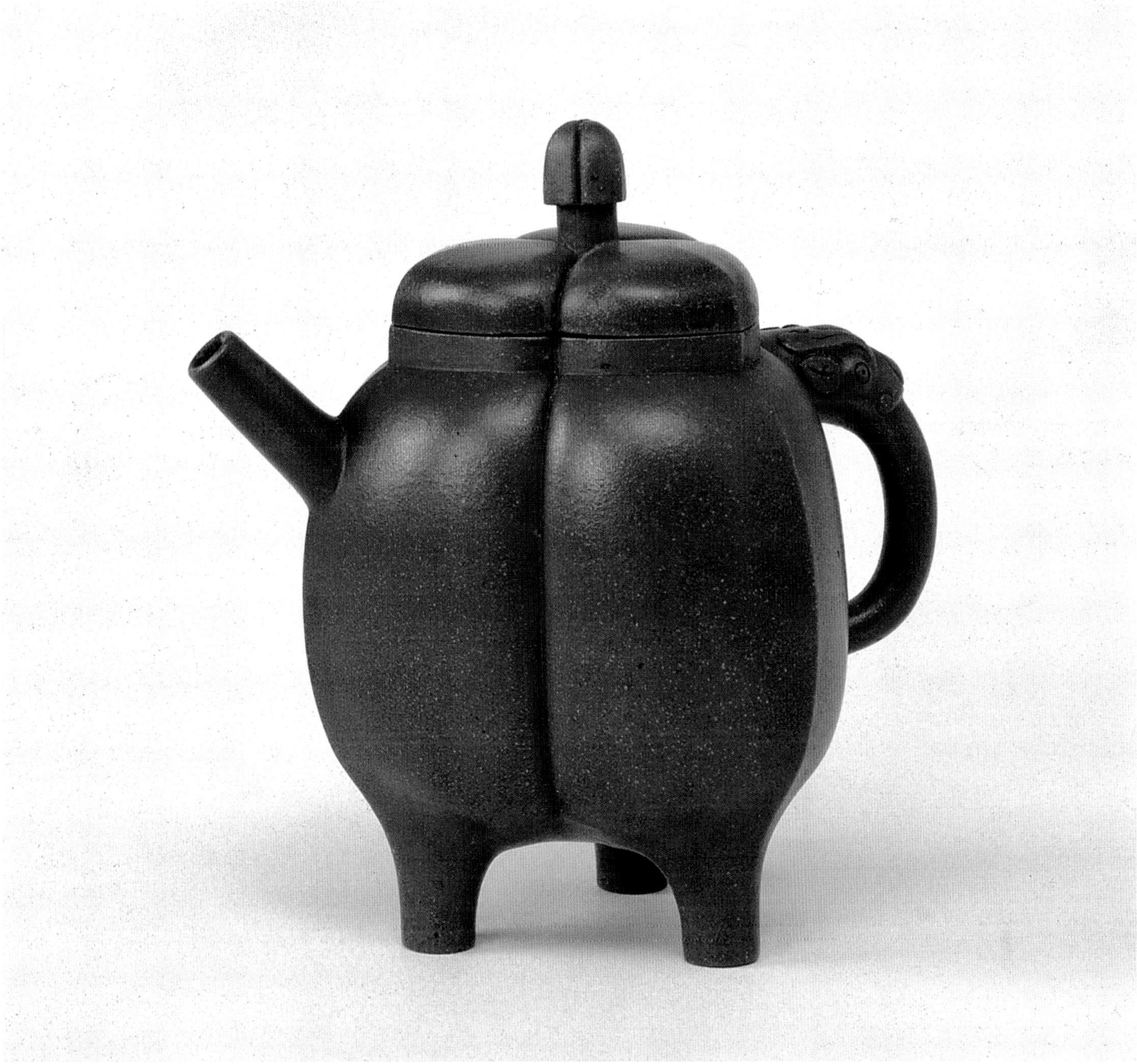

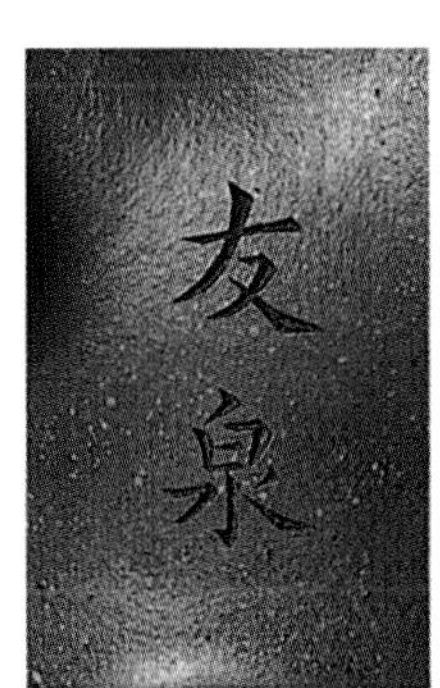

026.

仿古盉形三足壺

明・萬曆

徐友泉

高124mm　寬82mm

底刻款：友泉

香港茶具文物館藏

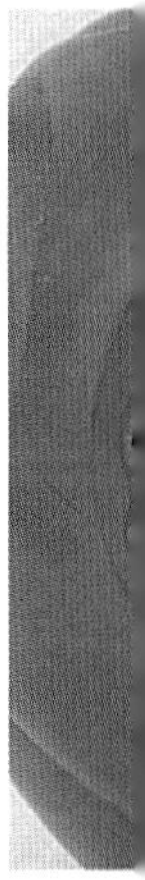

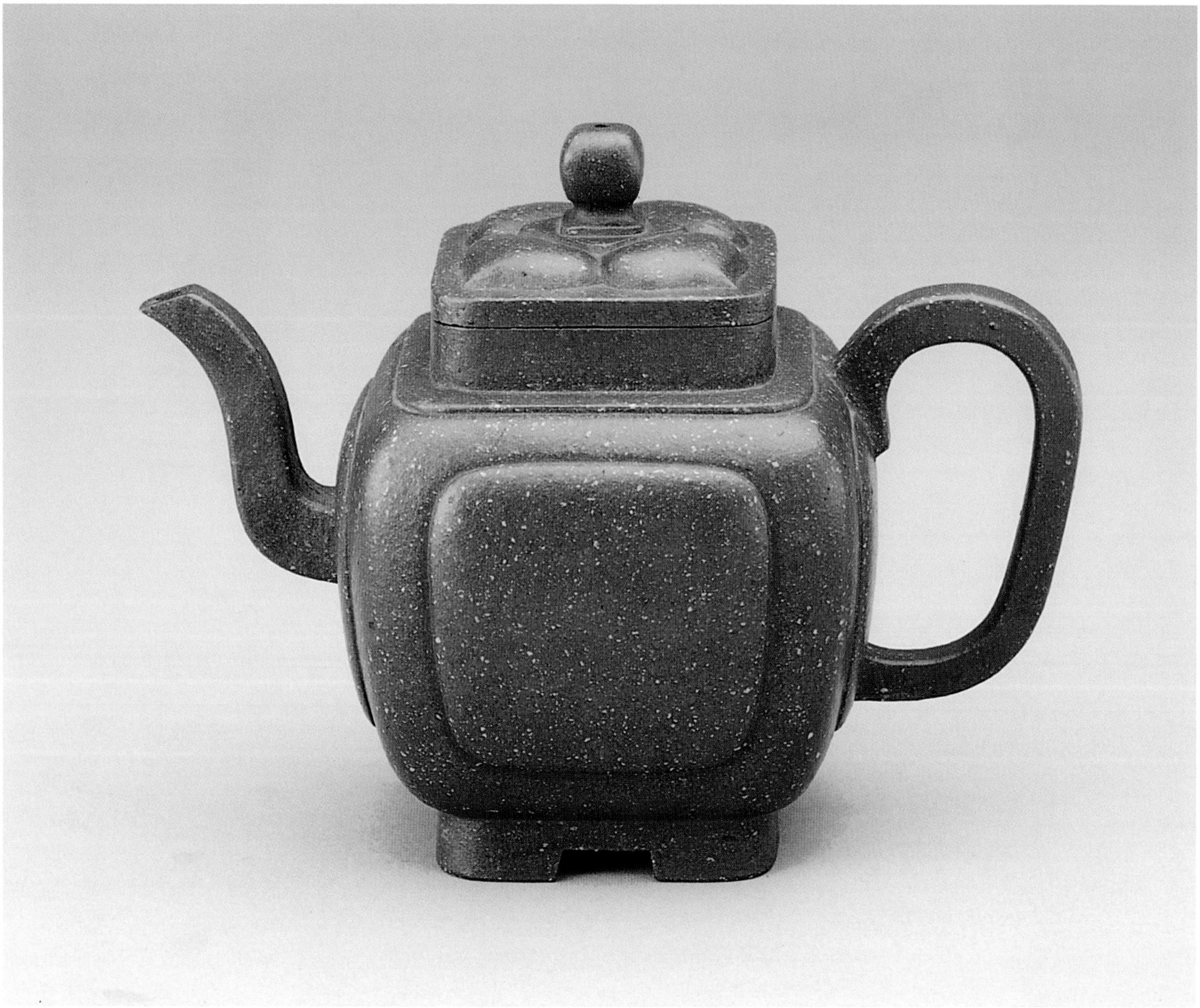

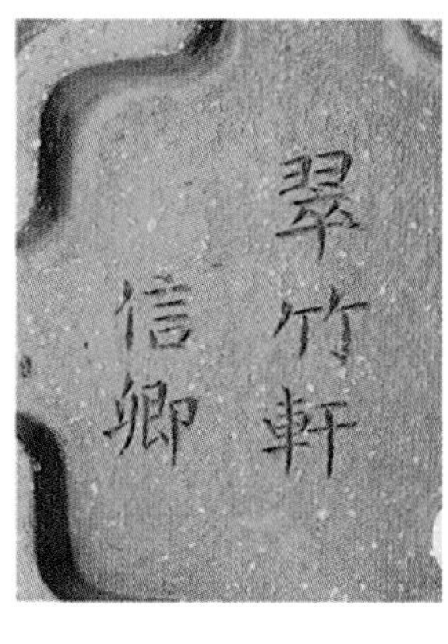

027.

方壺

明．晚期

陳信卿

高105mm　口徑50mm

底刻款：翠竹軒　信卿

香港中文大學文物館藏

◉　圓角方壺，紫泥調砂，胎體勻薄。壺身肩部較寬，向下漸斂，下承四折角足。壺身四面有素面開光，微呈弧形外拱，有秀潤之姿。蓋面浮雕四瓣柿蒂，蓋的作圓角方形，壺把及流亦削呈方形，與壺身相呼應。整體淳樸渾厚，是幾何型茶壺的代表作。

壺底有“翠竹軒信卿”楷書刻款。陳信卿是晚明人，以善仿時大彬、李仲芳知名於時。明季周高起《陽羨茗壺系》爲信卿作傳，列入“雅流”，評其作品“堅瘦工整，雅自不羣”。

（黎淑儀）

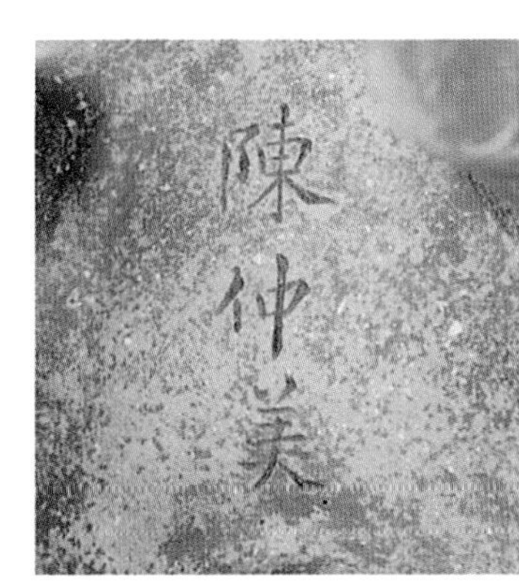

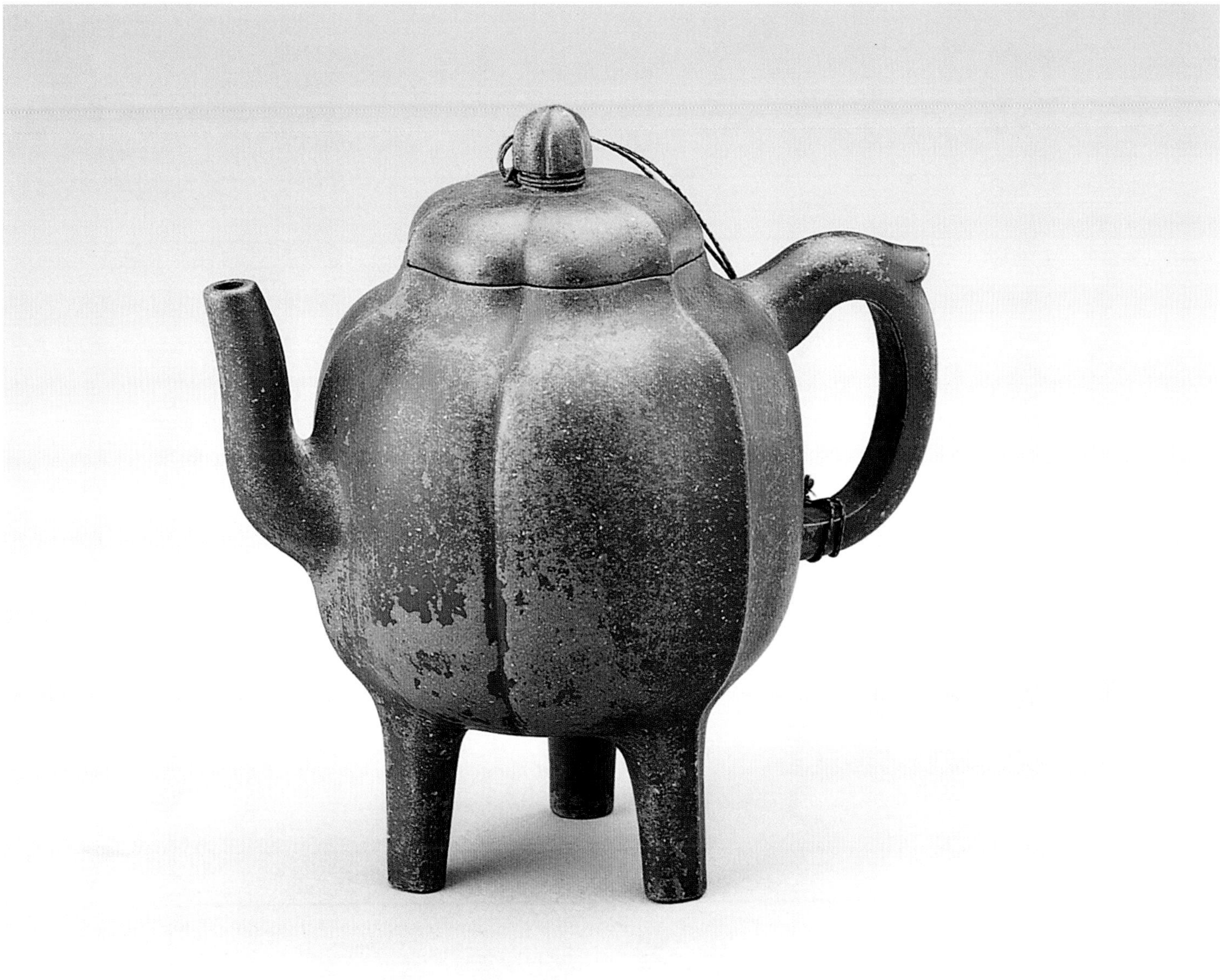

028.

三瓣盉形壺

明末

陳仲美

高110mm　口徑43mm

底刻款：陳仲美

香港中文大學文物館藏

◉　盉形壺，紫泥調砂。

此壺取古銅器中"盉"的造型，但同時又將壺身分作三瓣，於是三扁圓足又是三突稜稜脊所在，與把、流相呼應，略帶古拙韻味。

壺底有"陳仲美"楷書刻款。陳仲美亦明季人，周高起《陽羨茗壺系》爲之作傳，謂其原爲江西婺源人，因爲景德鎮業瓷者多，難以成名，於是赴宜興造壺，"好配壺土，意造諸玩"，可惜"心思殫竭，以夭天年"。

（黎淑儀）

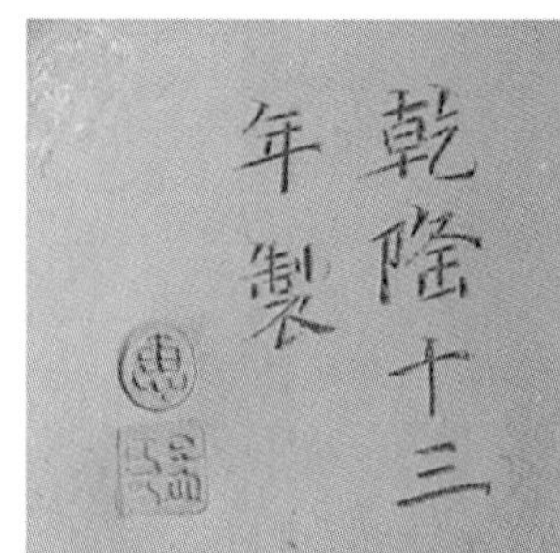

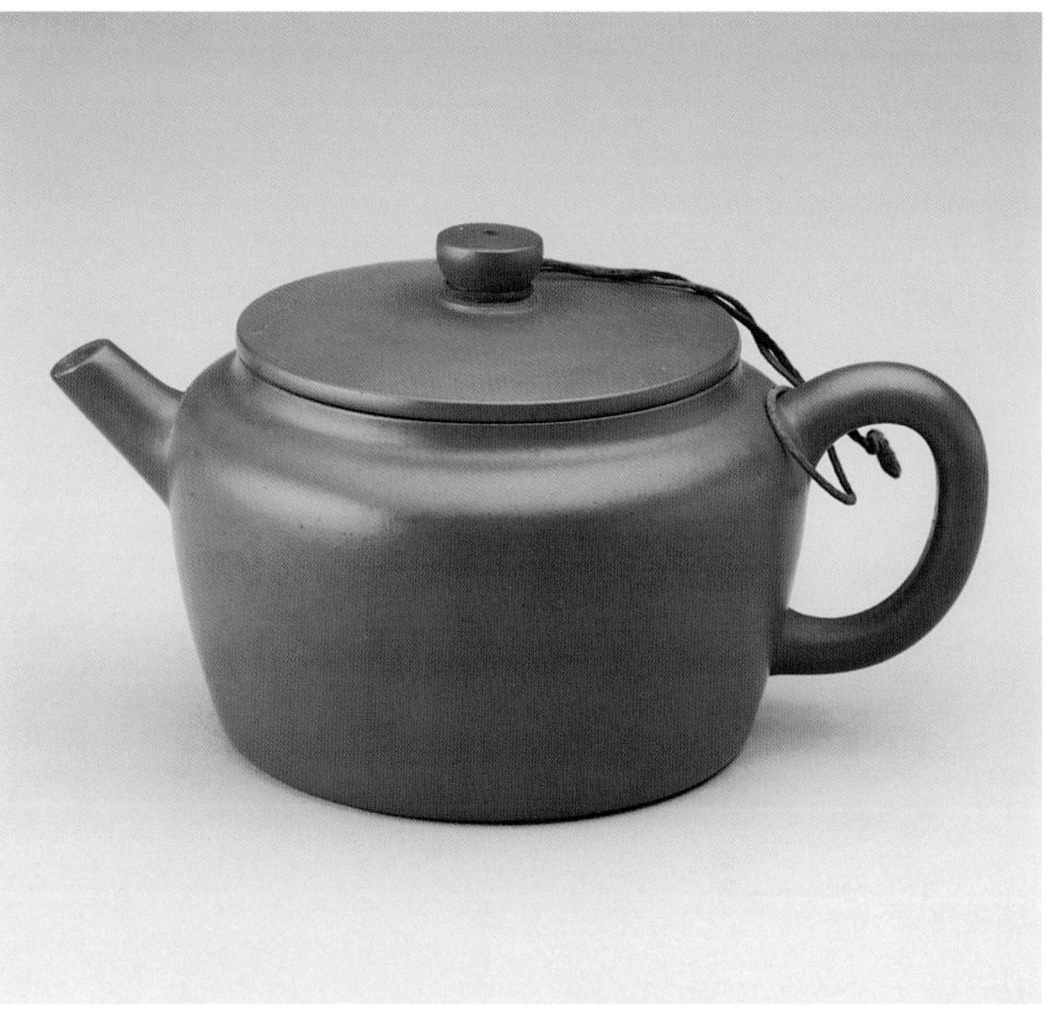

029.

朱泥圓壺

清・乾隆十三年（1748）

惠孟臣

高76mm　口徑29mm

底刻款：乾隆十三年製

印：惠　孟臣

香港中文大學文物館藏

◉ 朱泥圓壺。壺身溜肩直腹，壺底向內平凹，形成圈足一周。壺把外側圓、內側平，壺注短而微上翹，壺蓋則平頂圓的。整器挺秀自然，閑雅有度。

壺底有"乾隆十三年製"楷書刻銘、"惠"篆書陽文圓印及"孟臣"篆書陽文方印。壺蓋裏有"品茶"楷書刻銘。

惠孟臣始見載於吳騫《陽羨名陶錄》，謂"不詳何時人"，只道"善摹仿古器，書法亦工"。即使孟臣爲明季人，有清二百多年以至今時今日，孟臣壺時有仿造，觸目皆是，年代殊難考訂。此壺泥色朱紅潤澤，法度精微，信是乾隆時期佳製。

（黎淑儀）

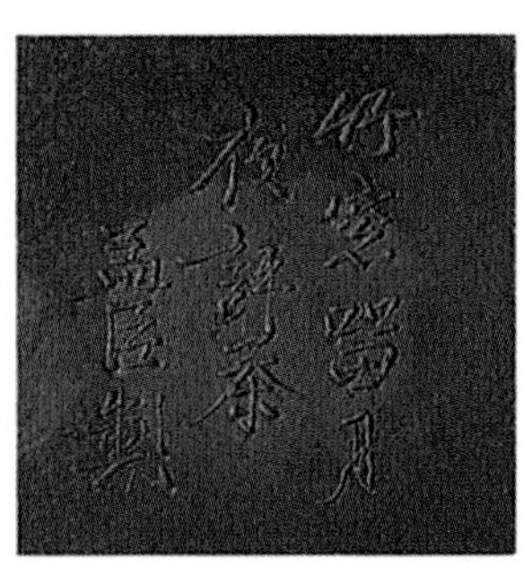

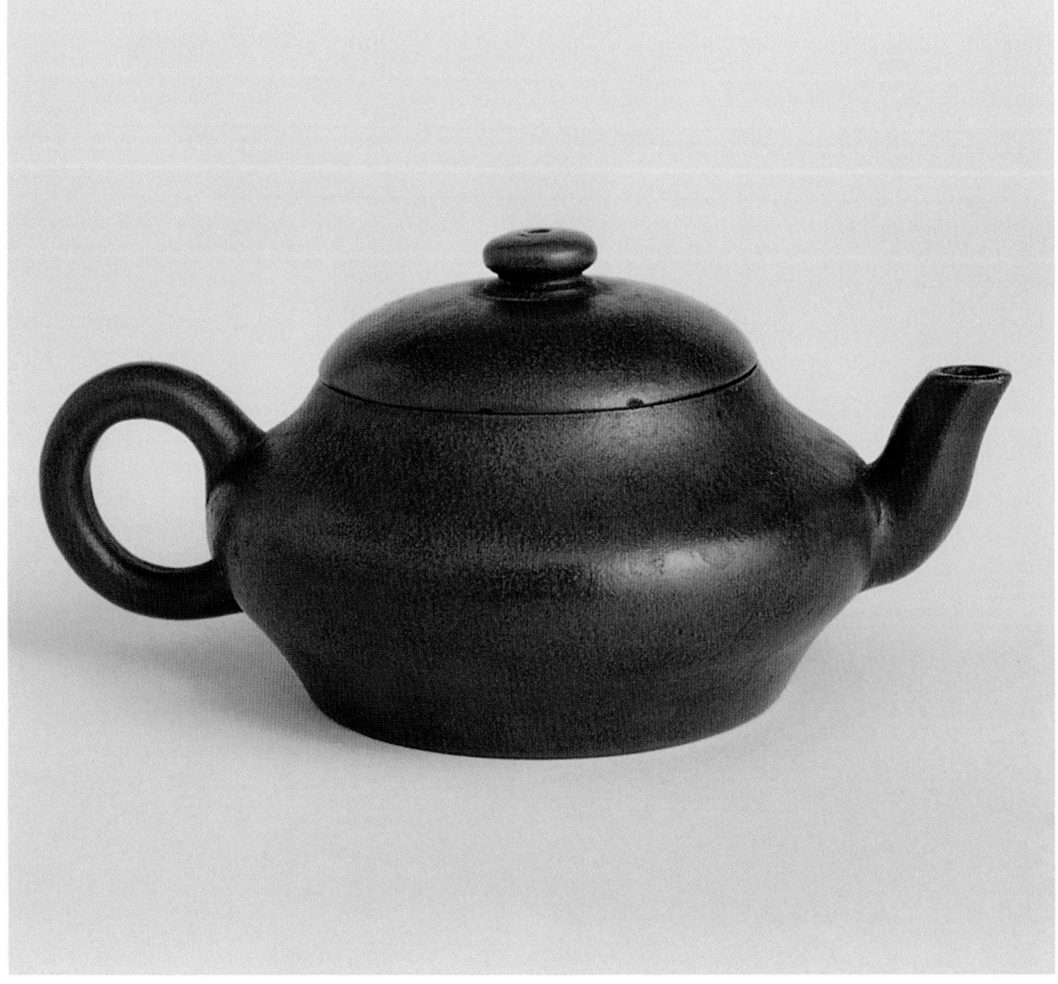

030.

扁鼓小壺

清

惠孟臣

高55mm　寬82mm

底刻款：竹窗留月夜評茶　孟臣製

香港茶具文物館藏

031.

貼梔子花樹段筆筒

明末清初

陳子畦

高134mm　寬95mm

底印：陳子畦

香港茶具文物館藏

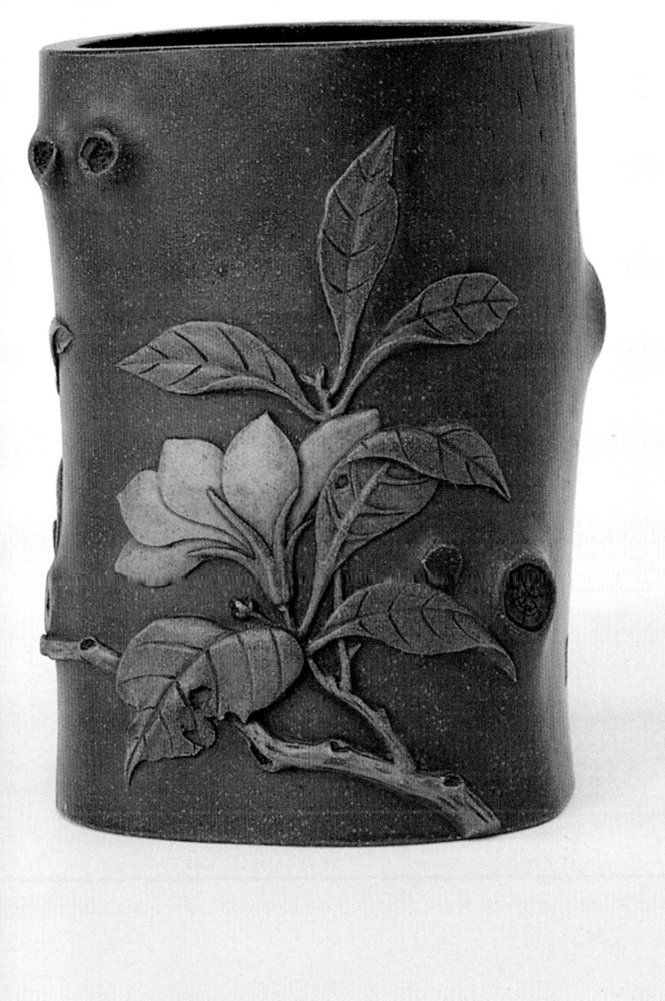

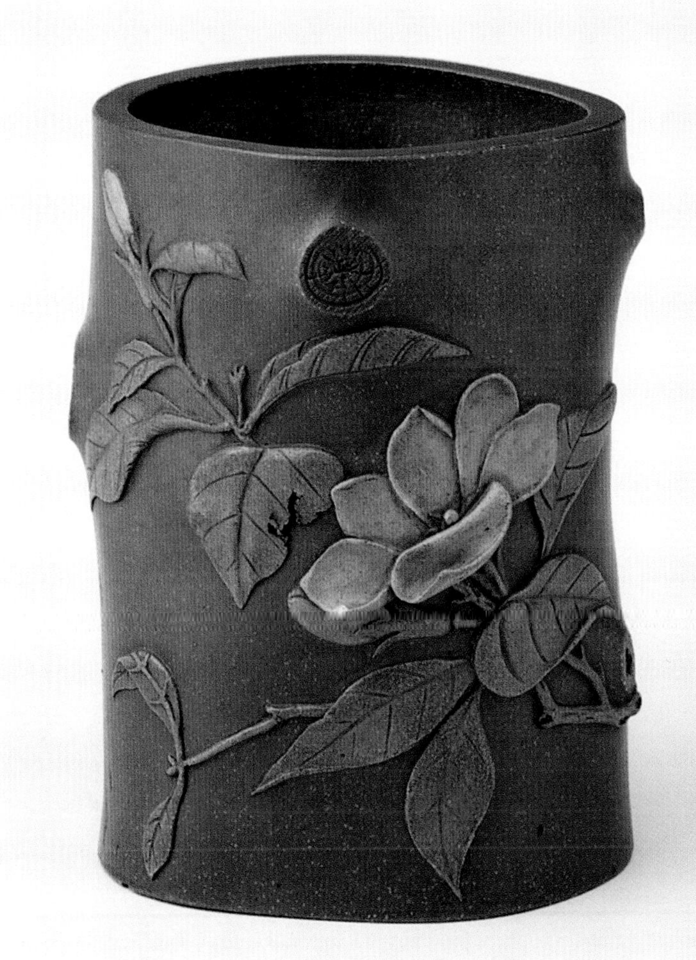

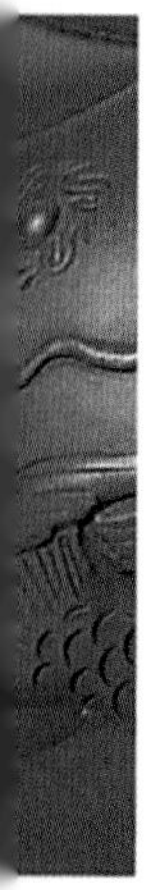

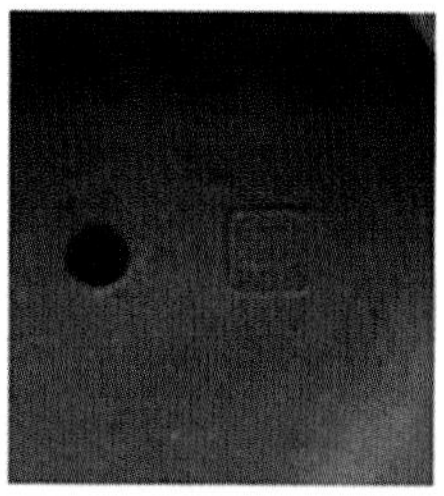

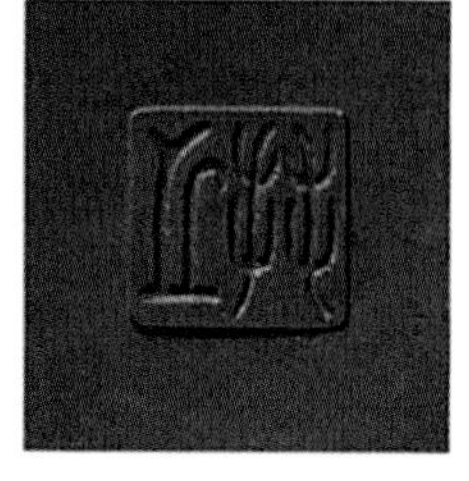

032.

提梁合歡

清

陳辰

高120mm　口徑71mm

底印：共之 **蓋印：**陳製

壺身銘：合歡當酒　庚戌西廬

唐雲藏

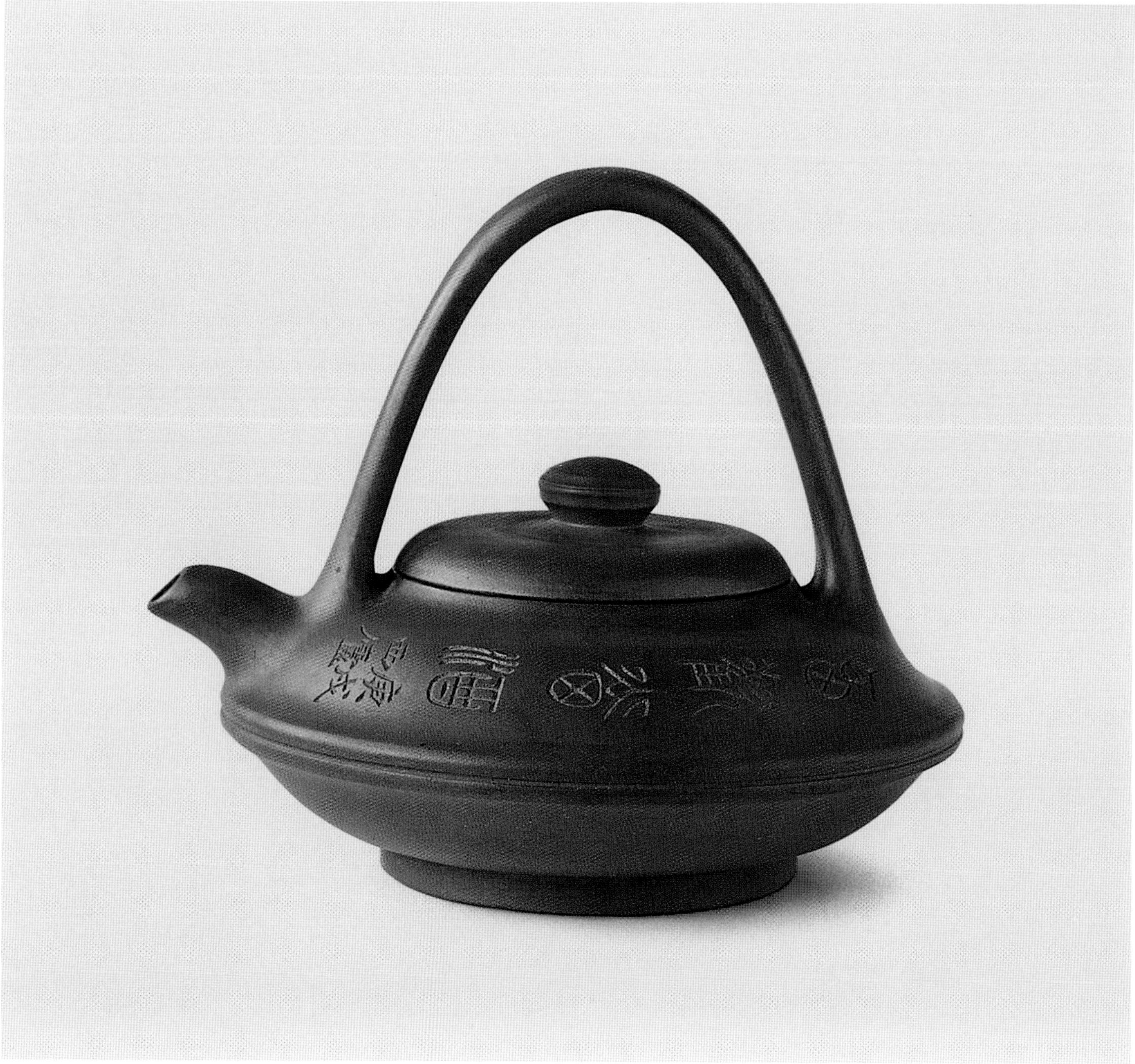

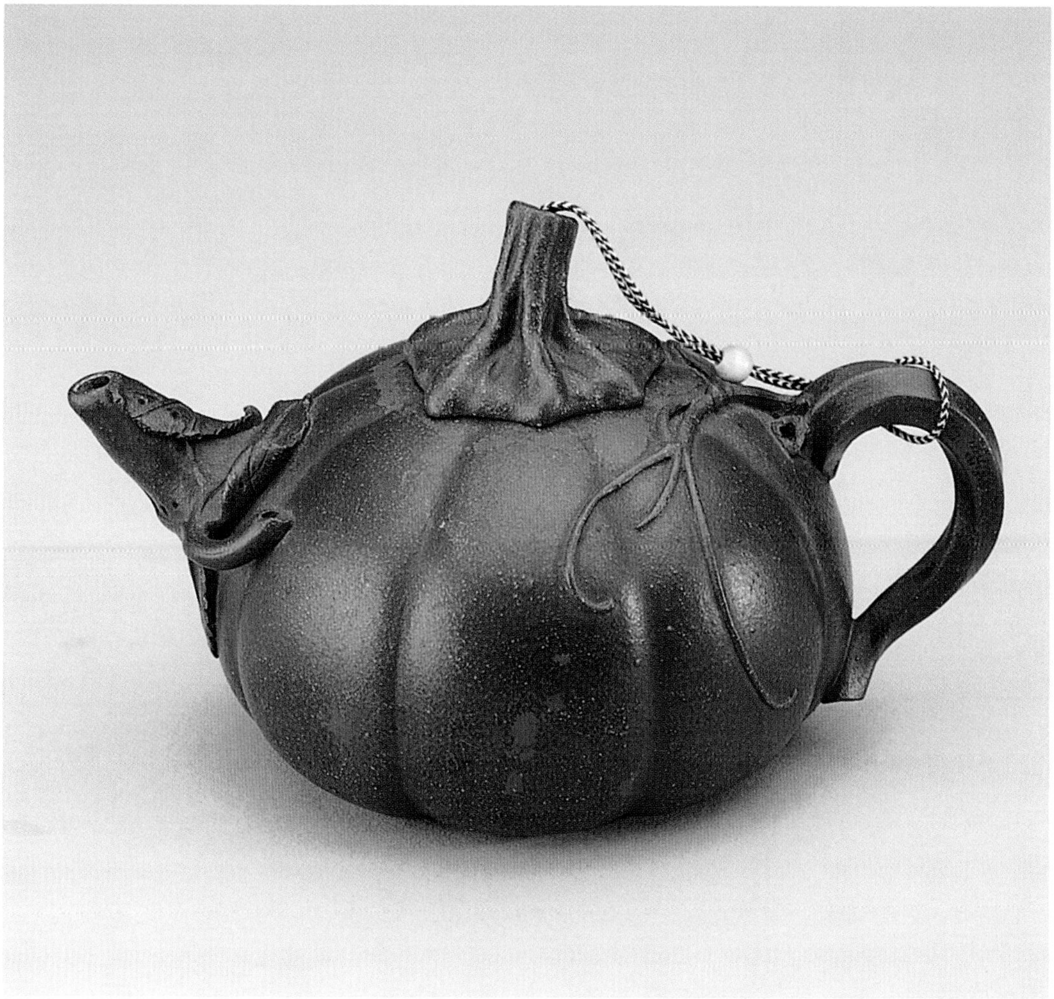

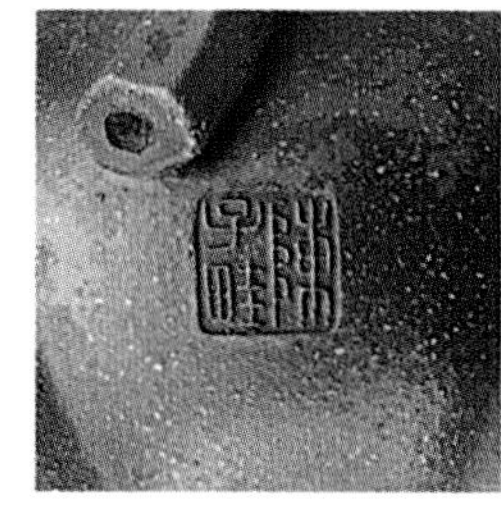

033.

南瓜壺

明末清初

陳子畦

高82mm　口徑26mm

把下印：陳子畦

香港中文大學文物館藏

◉　南瓜壺，紫泥調砂。

壺身作八瓣南瓜形，腹部圓鼓，向上漸收斂而成小圓口。壺把作成隨意彎扭的瓜藤，藤蔓貼飾壺身。壺注以一捲葉狀之，葉脈分明，且有蛀孔。壺蓋作瓜蒂狀。整體渾然天成，自然有致。

壺把下有“陳子畦”篆書陽文方印。陳子畦小傳初見載於吳騫《陽羨名陶錄》：“仿徐最佳，爲時所珍，或云即鳴遠父。”因考訂陳子畦爲明末清初人，善仿徐友泉，至於是否陳鳴遠之父，則有待佐證。

（黎淑儀）

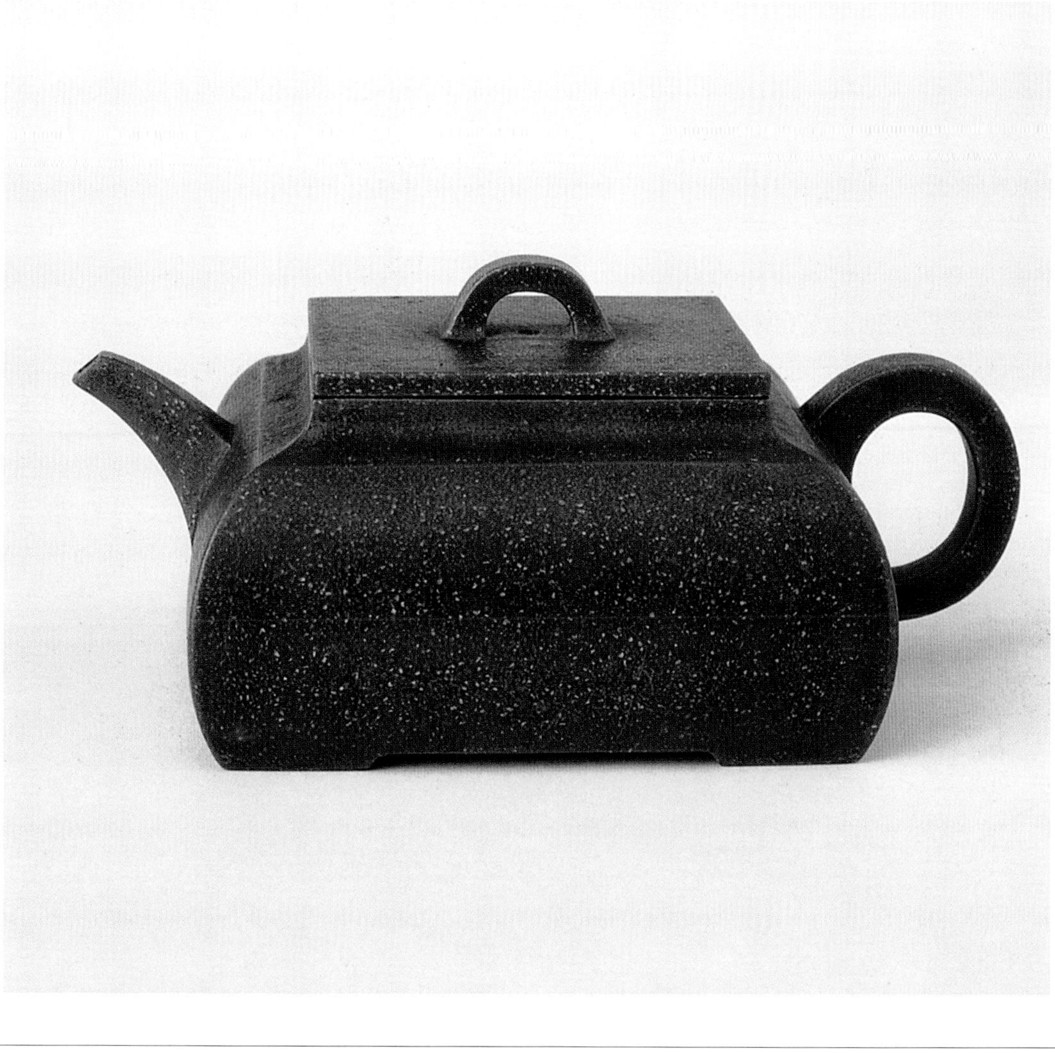

034.

長方扁壺

明末清初

陳辰

高70mm　寬95mm

底刻款：芳氣滿間軒
共之

香港茶具文物館藏

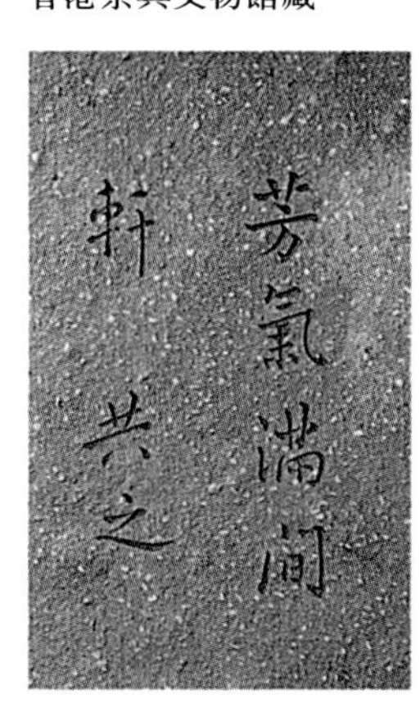

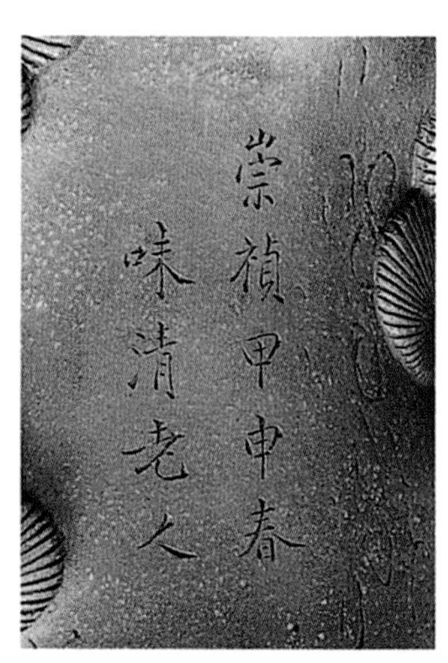

035.

松幹浮雕筆筒

明・崇禎十七年（1644）

高118mm　寬100mm

筒身銘：崇禎甲申春　味清老人

香港茶具文物館藏

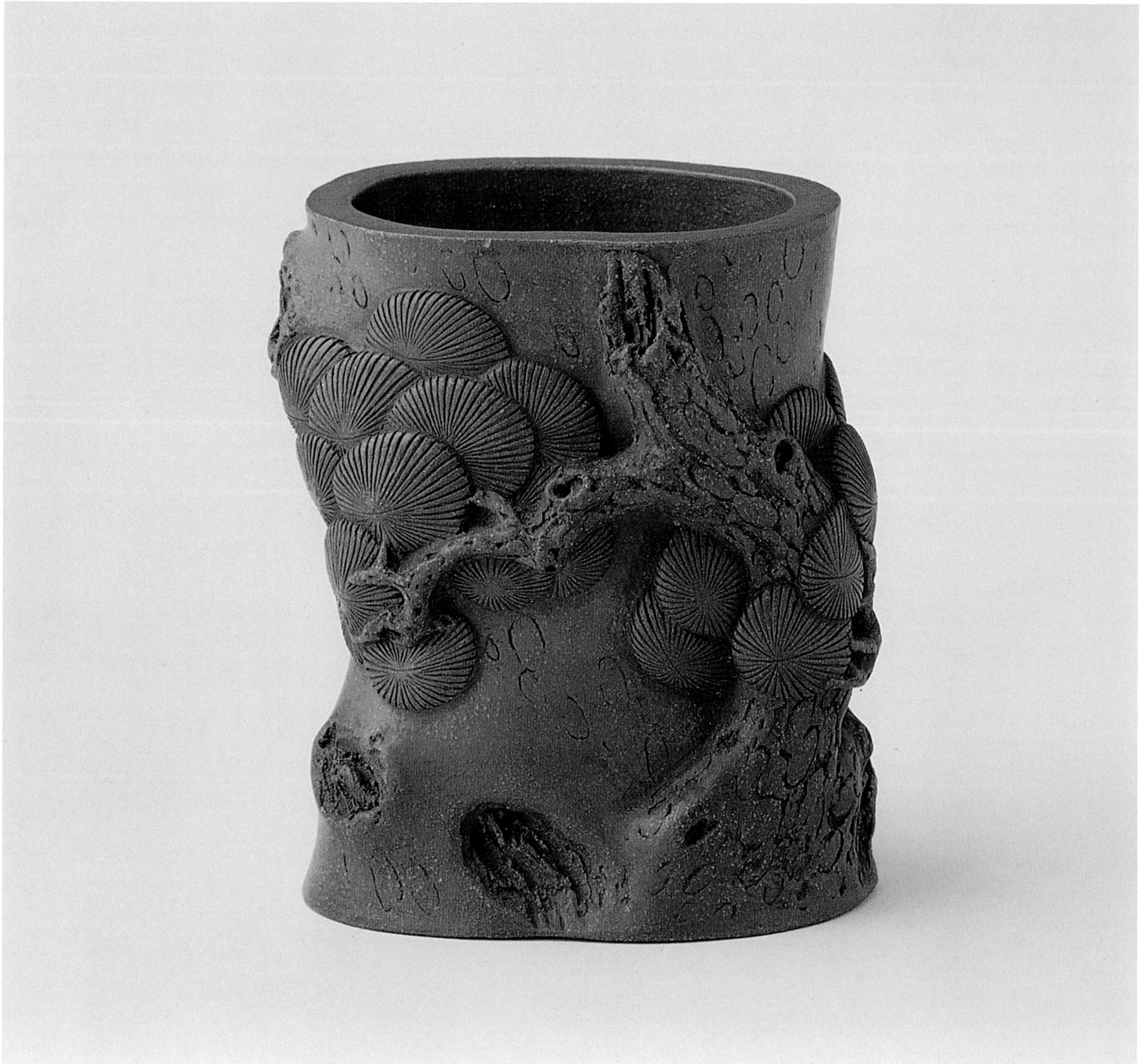

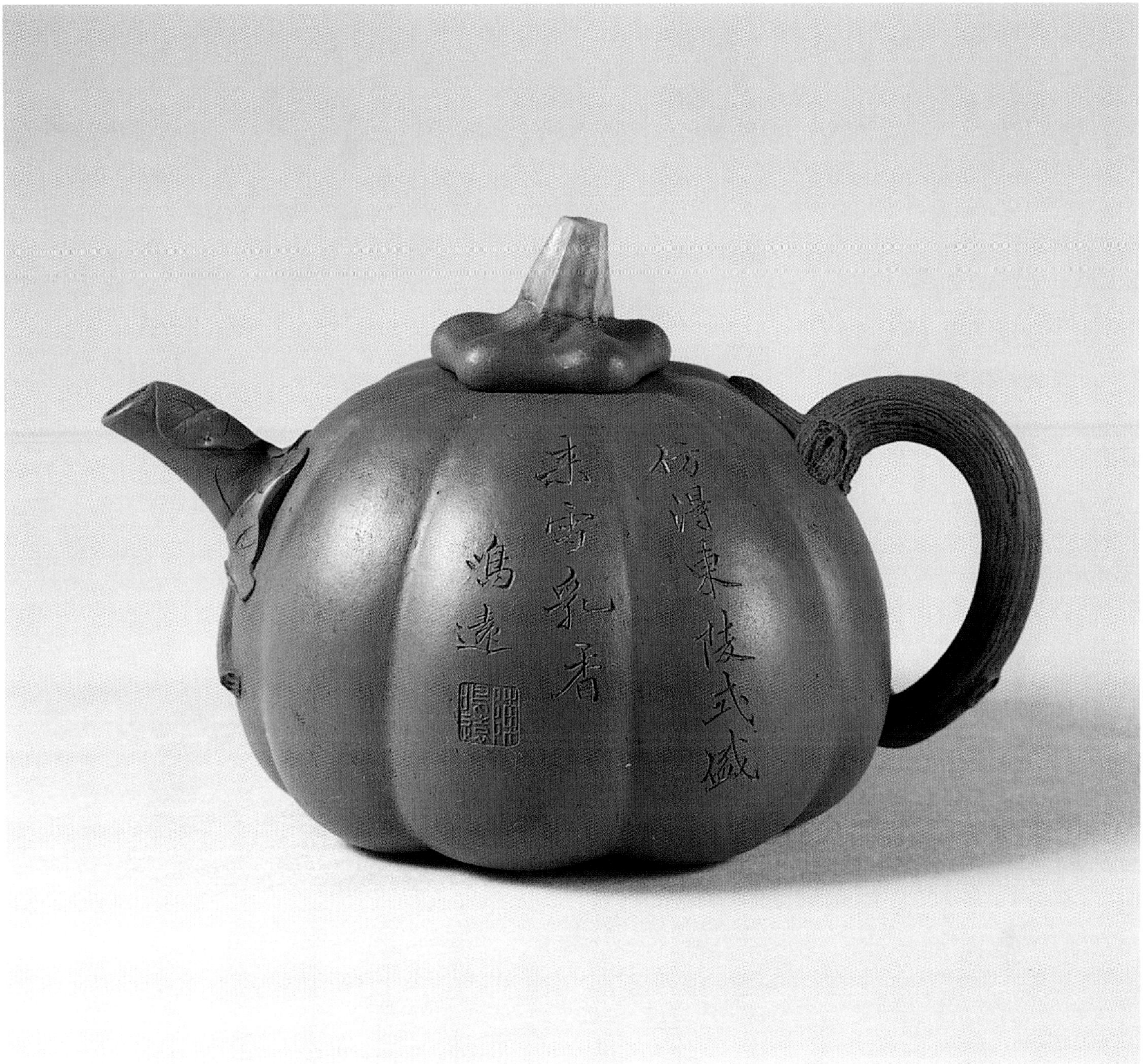

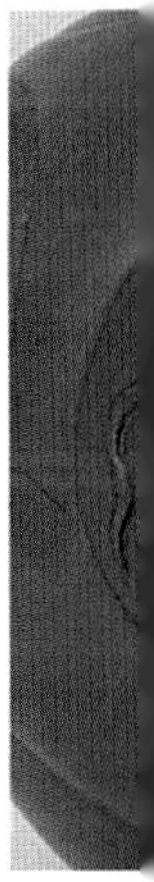

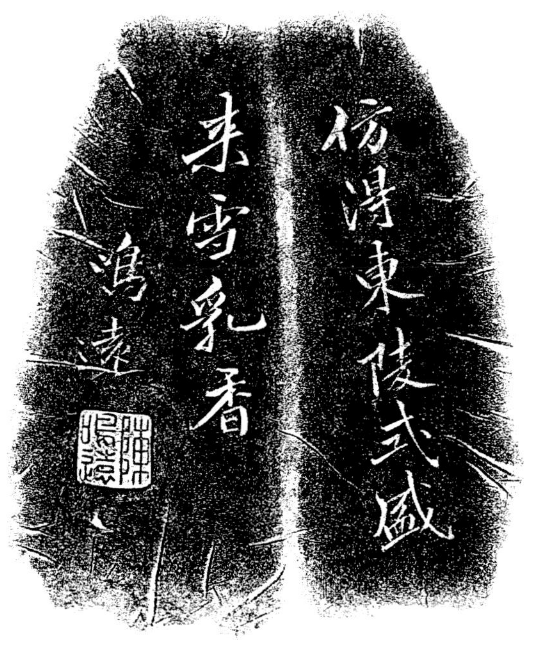

036.

南瓜形壺

清・乾隆

陳鳴遠

高105mm　口徑33mm

壺身銘：仿得東陵式，盛來雪乳香。

鳴遠　**印：**陳鳴遠

南京博物院藏

◉　陳鳴遠是集明代紫砂傳統之大成、歷清代康、雍、乾三朝的砂藝名手。他鮮明的個人風格具有這樣的特點：既承襲了明代器物造型樸雅大方的民族形式，又着重發展了精巧的仿生寫實技法。他的實踐樹立了砂藝史的又一個里程碑。編者曾於三十年代見其一件樹根杯，爲純粹天青色泥紫砂，以不規則樹皮裂沿組成杯形，借樹枝根鬚爲攀，小鬚纖如綫髮，寫實逼真，細部刻畫周到，確爲鳴遠絕妙精品，惜不知散落何方。這件瓜形壺尚不能代表他的最高技藝水平，算不上他的力作。

037.

四足方壺

清・乾隆

陳鳴遠

高103mm　口徑67mm

壺身銘：且飲且讀，不過滿腹。爲禹同道兄　遠　**印：**陳鳴遠

上海博物館藏

◉　這件作品應該説是陳鳴遠繼承明代紫砂藝術形式的代表作品，寓圓於方，敦實厚重。

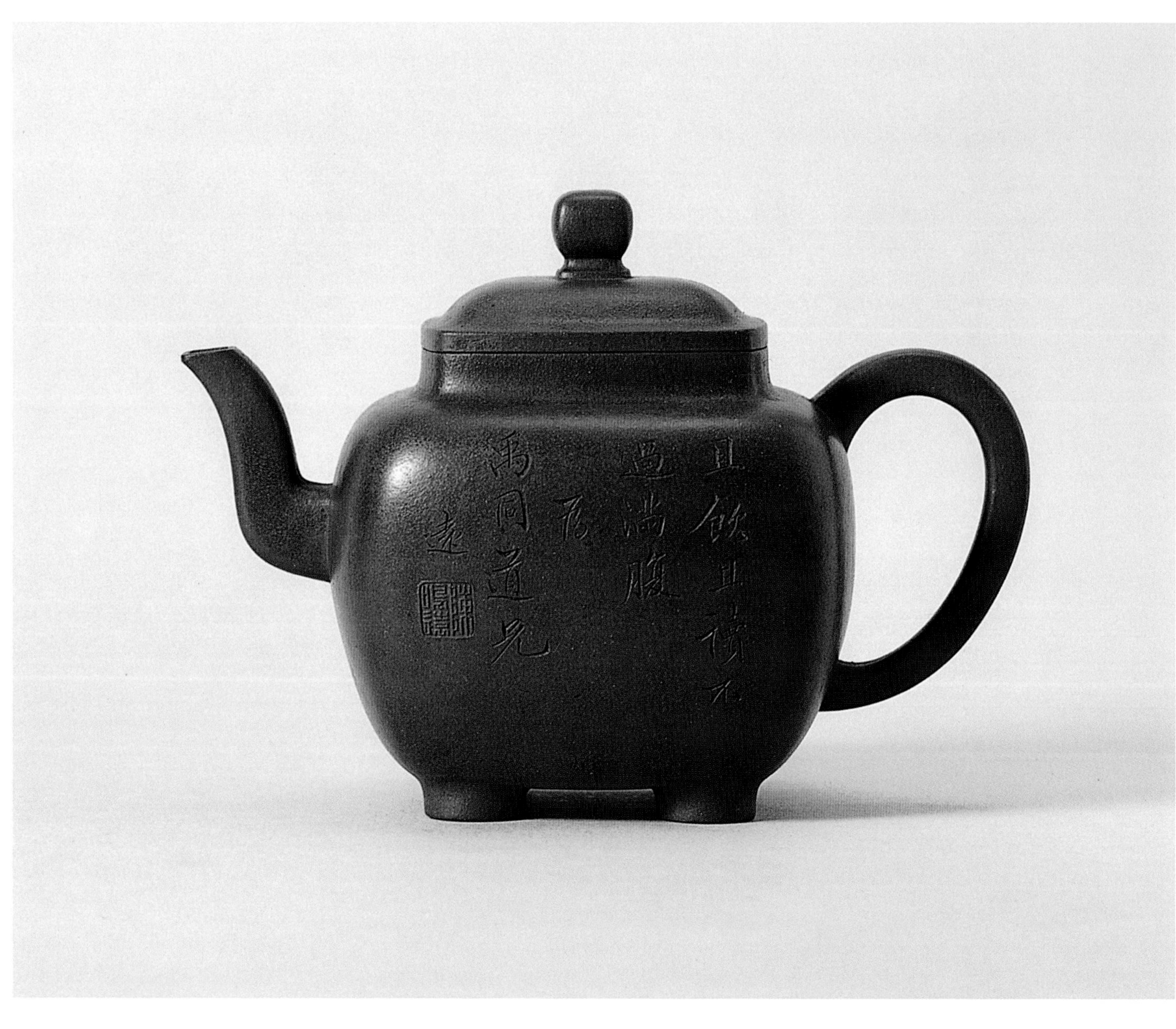

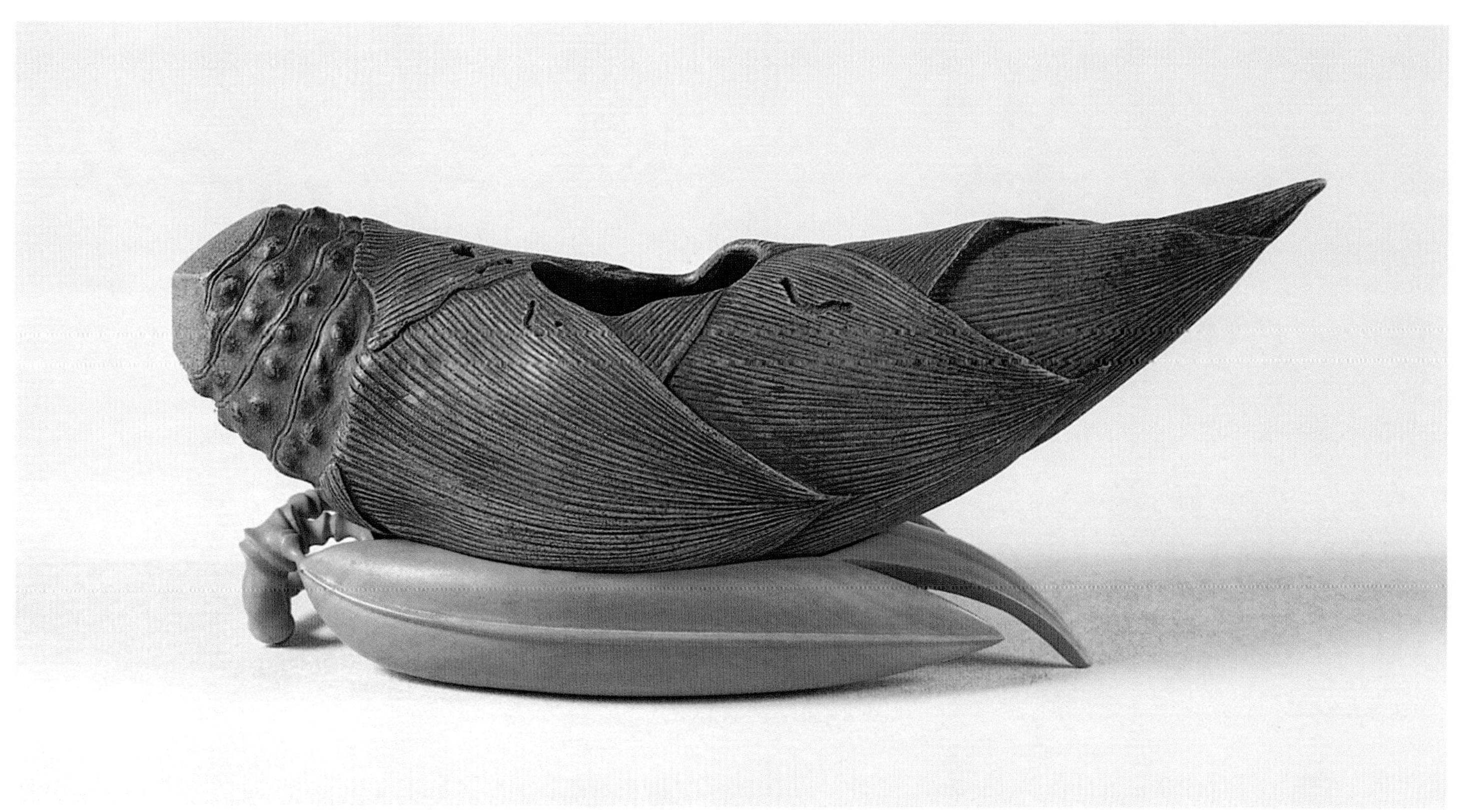

038.
筍形水盂
清・乾隆
高55mm　寬180mm
根印：陳鳴遠
南京博物院藏

039.
調砂虛扁壺
清・乾隆
陳鳴遠
高49mm　口徑85mm
底印：鳴遠
宜興陶瓷陳列館藏

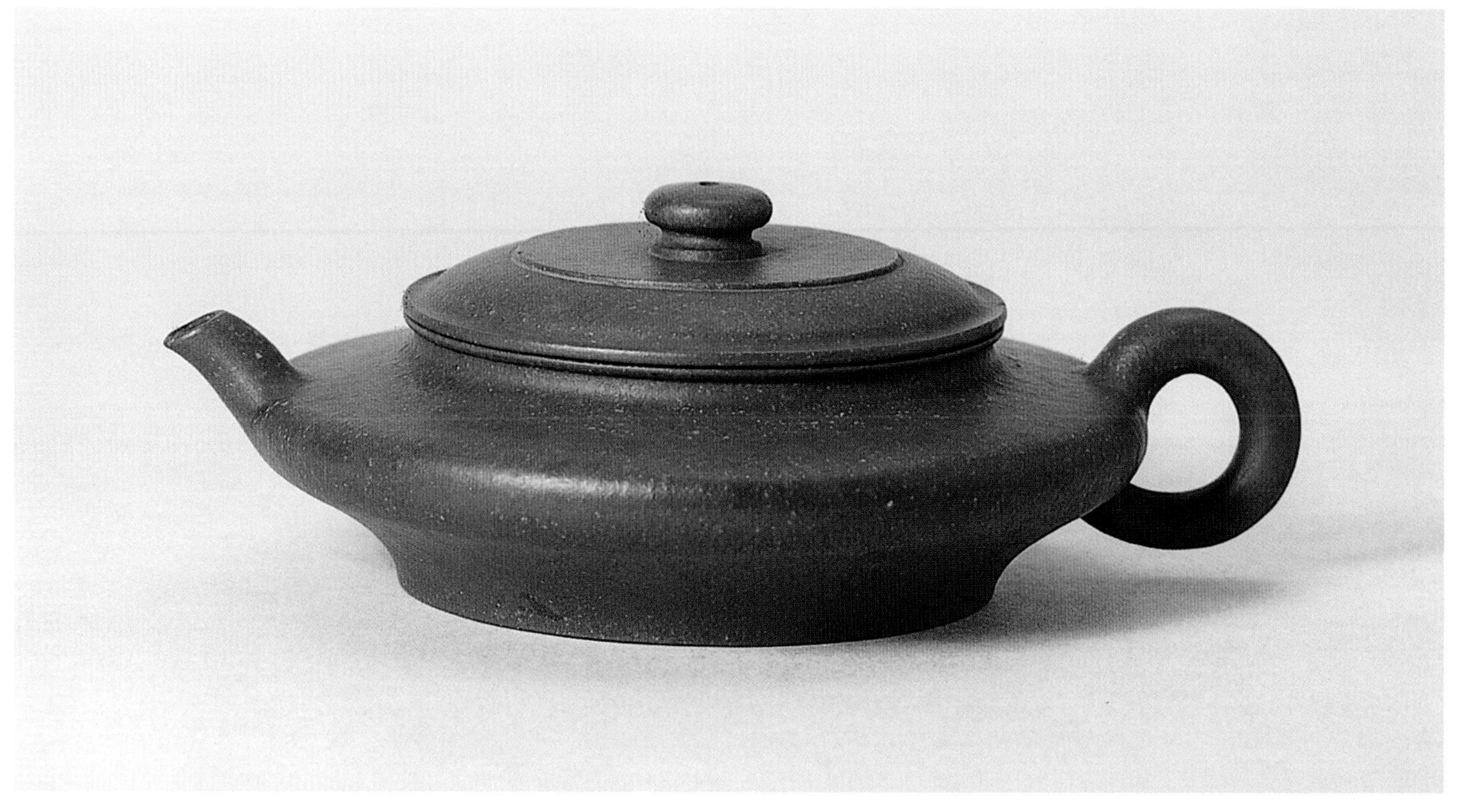

040.

桂枝歇蟬擺件

清

長149mm

底印：陳鳴遠

蘇州市博物館藏

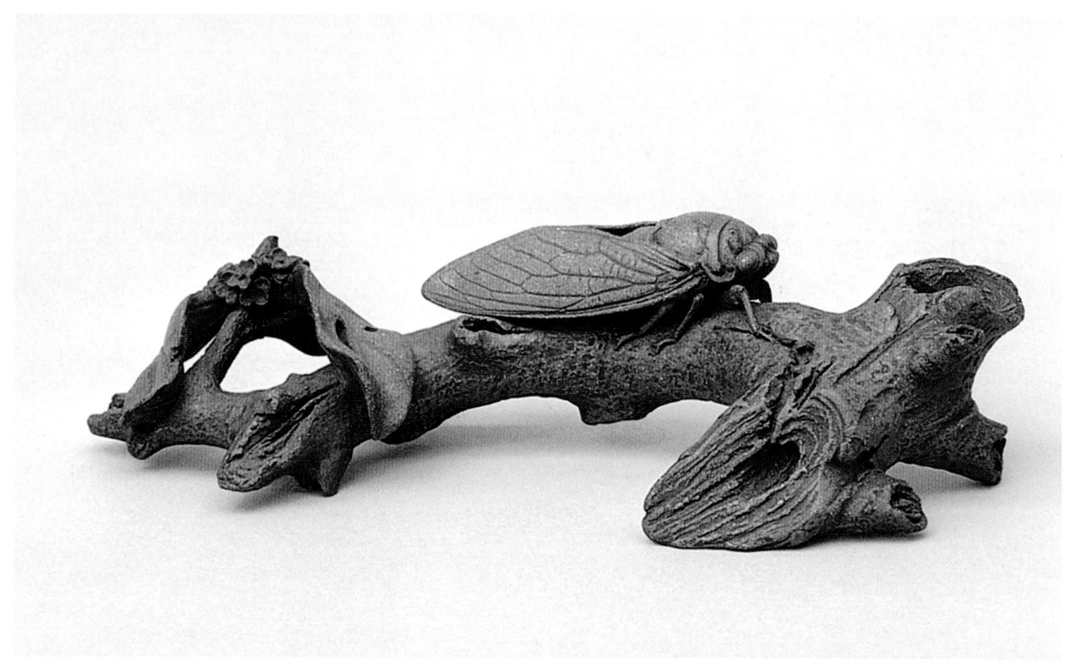

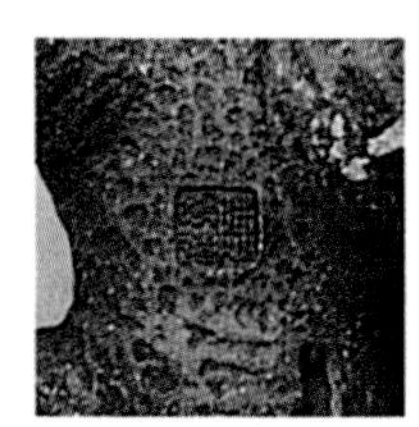

041.

蠶桑壺

清・乾隆

高67mm　口徑40～48mm

底印：陳鳴遠製

香港中文大學文物館藏

◉　蠶桑壺，白泥微黝，調幼砂。

壺身扁圓折腹，腹下部保留素面，上部則雕鏤成蠶蟲嚙食桑葉的自然情景，多條蠶蟲蠕動於佈滿大小孔洞、仰覆不一的桑葉間，忙於嚙食，生動非常。此外，壺注由片葉捲成，壺把作成桑枝，壺蓋作成一片帶有桑棗的桑葉，其上並以一蠶蟲食小桑葉作成蓋的，備見巧思不凡。

（黎淑儀）

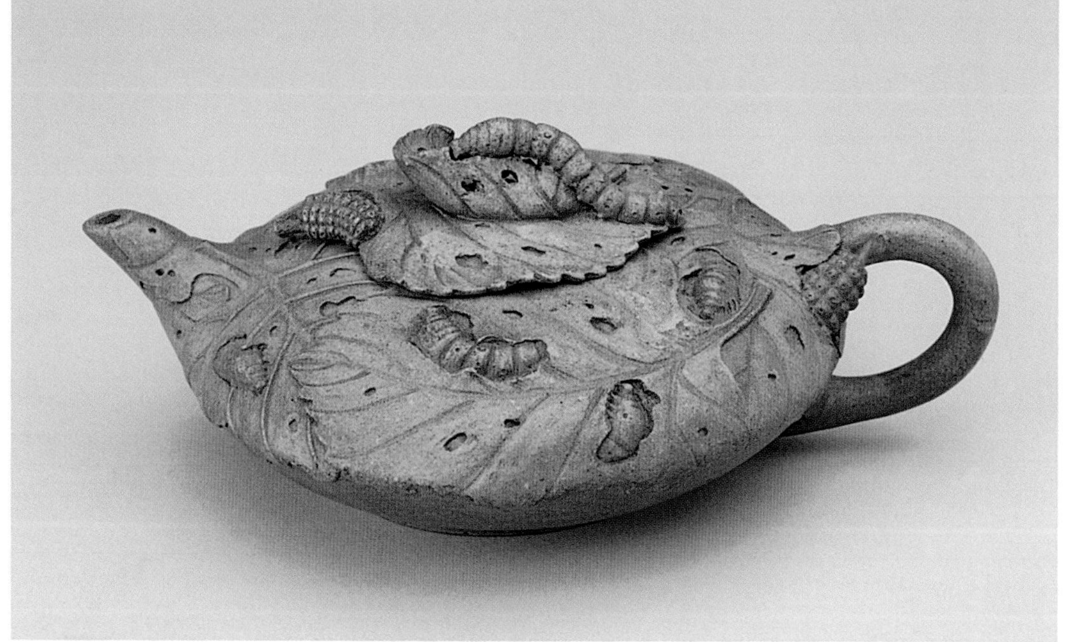

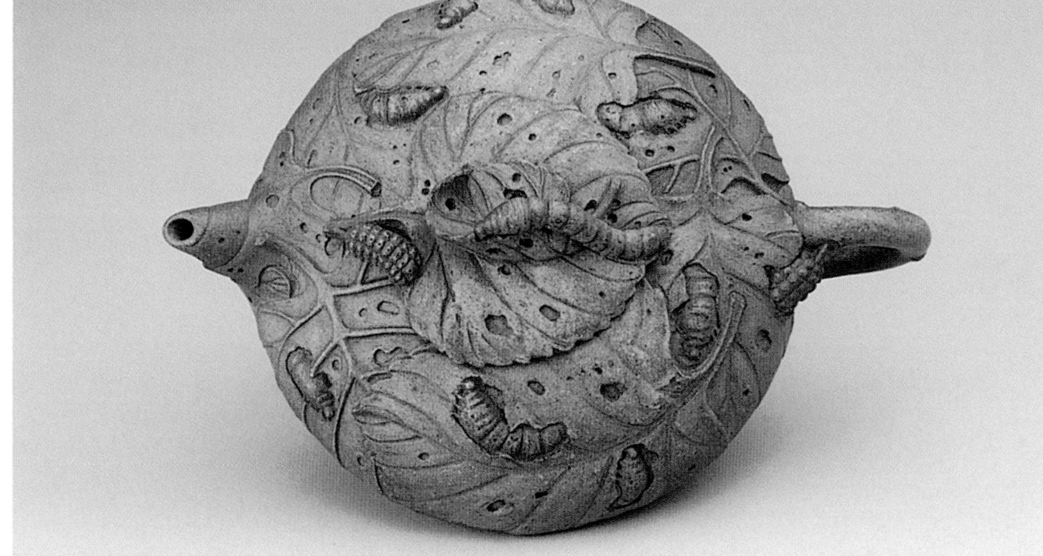

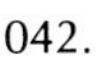

042.
回紋小水盂
清
高40mm　口徑42mm
底印：陳鳴遠
宜興陶瓷陳列館藏

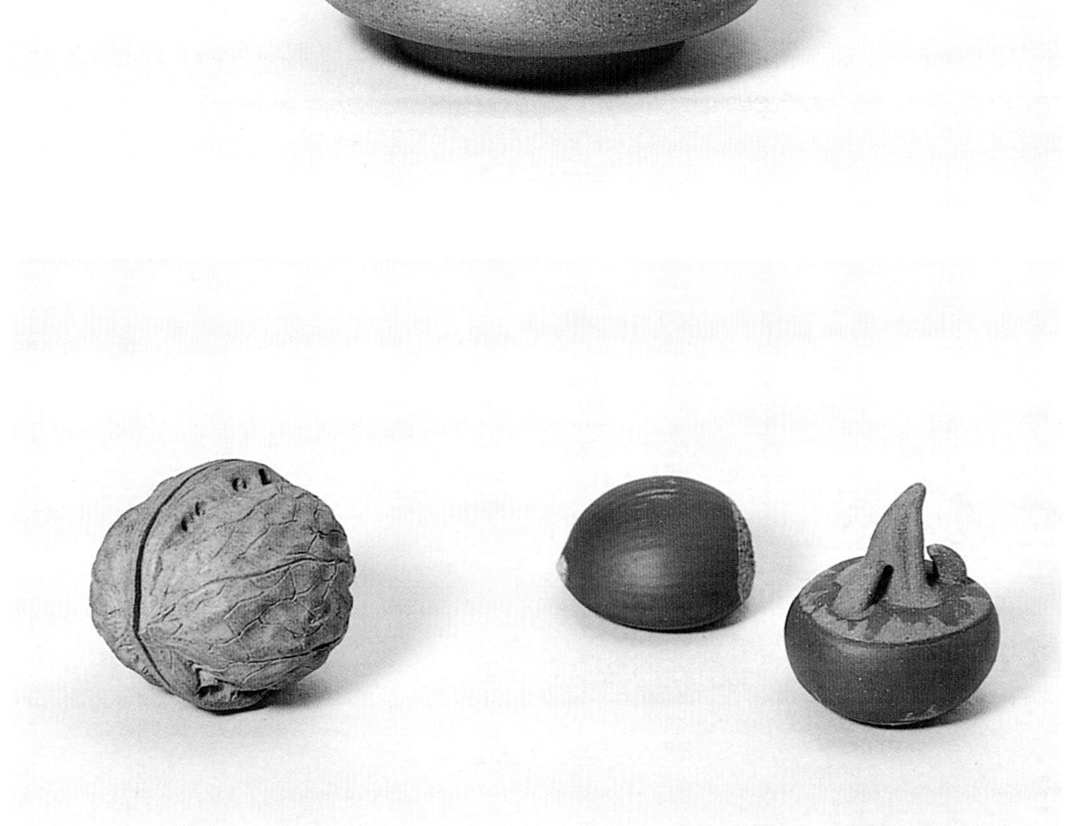

043.
果品
清
印：隺邨
宜興陶瓷陳列館藏

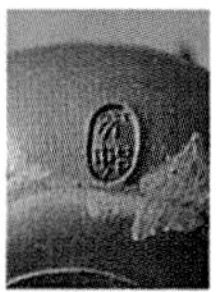

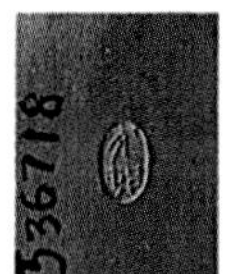

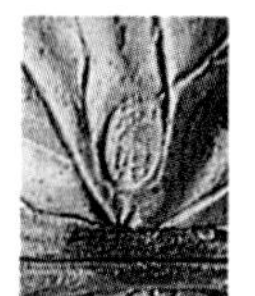

044.
果品核桃杯
清
高39mm　寬78mm
底印：陳鳴遠
宜興陶瓷陳列館藏

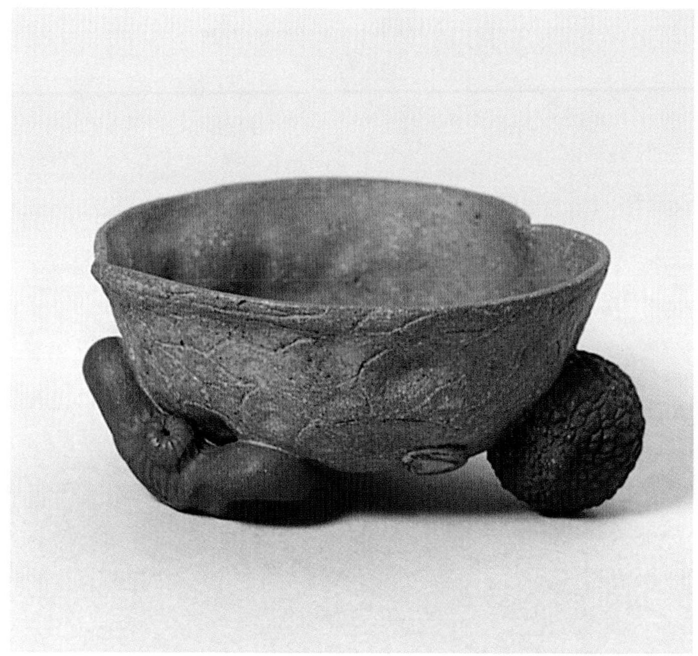

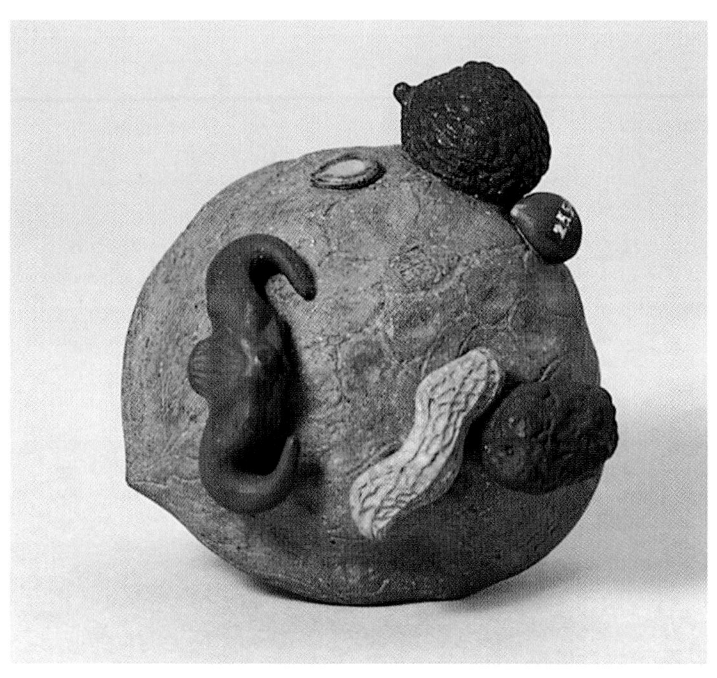

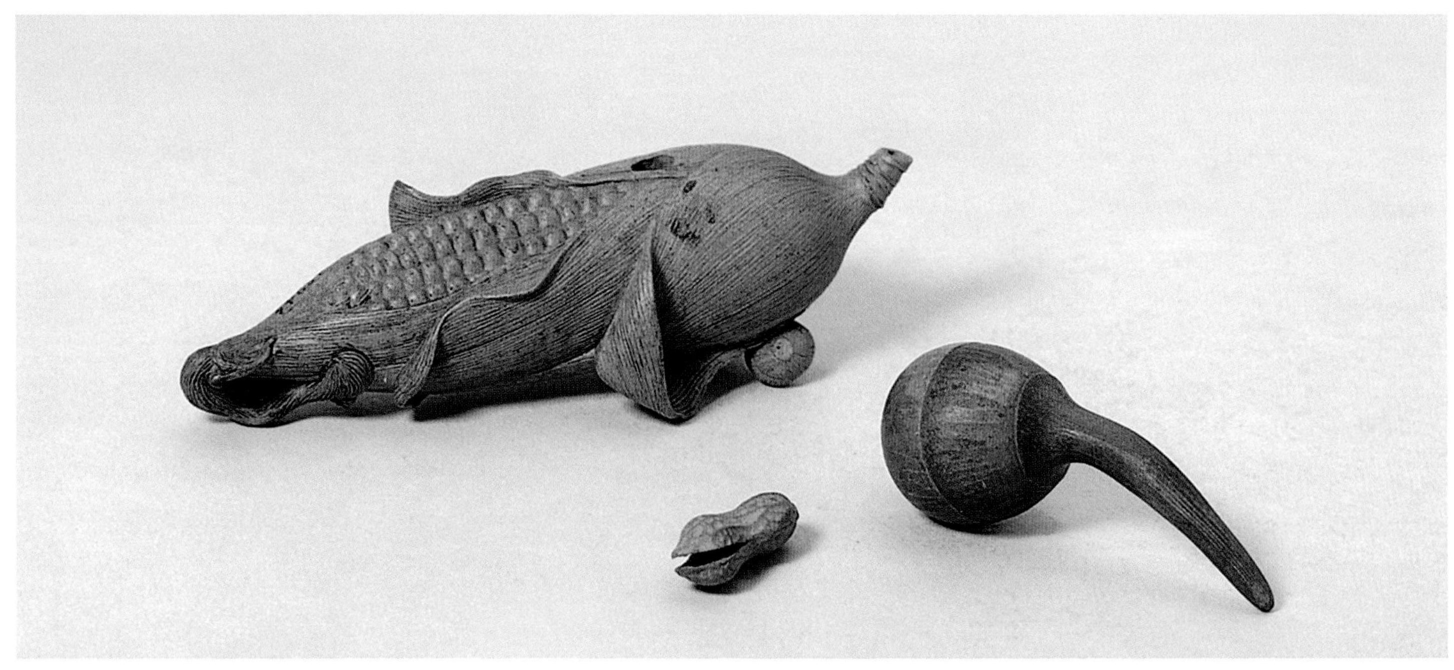

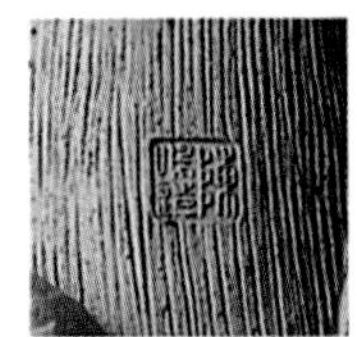

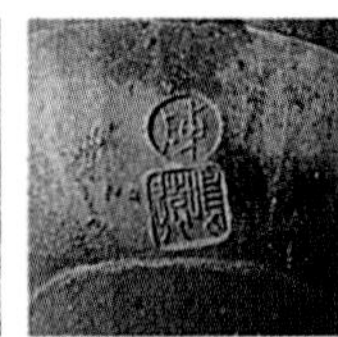

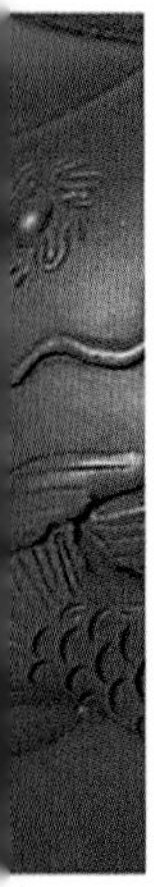

045.

玉蜀黍水盂、慈菇、花生

清

玉蜀黍底印：陳鳴遠

慈菇邊印：陳　鳴遠

宜興陶瓷陳列館藏

046.

松段

清

高105mm

口徑橫80mm　縱60mm

底刻款：鳴遠

底印：陳鳴遠

宜興陶瓷陳列館藏

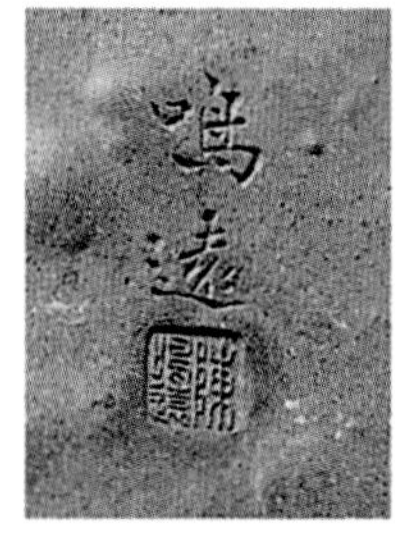

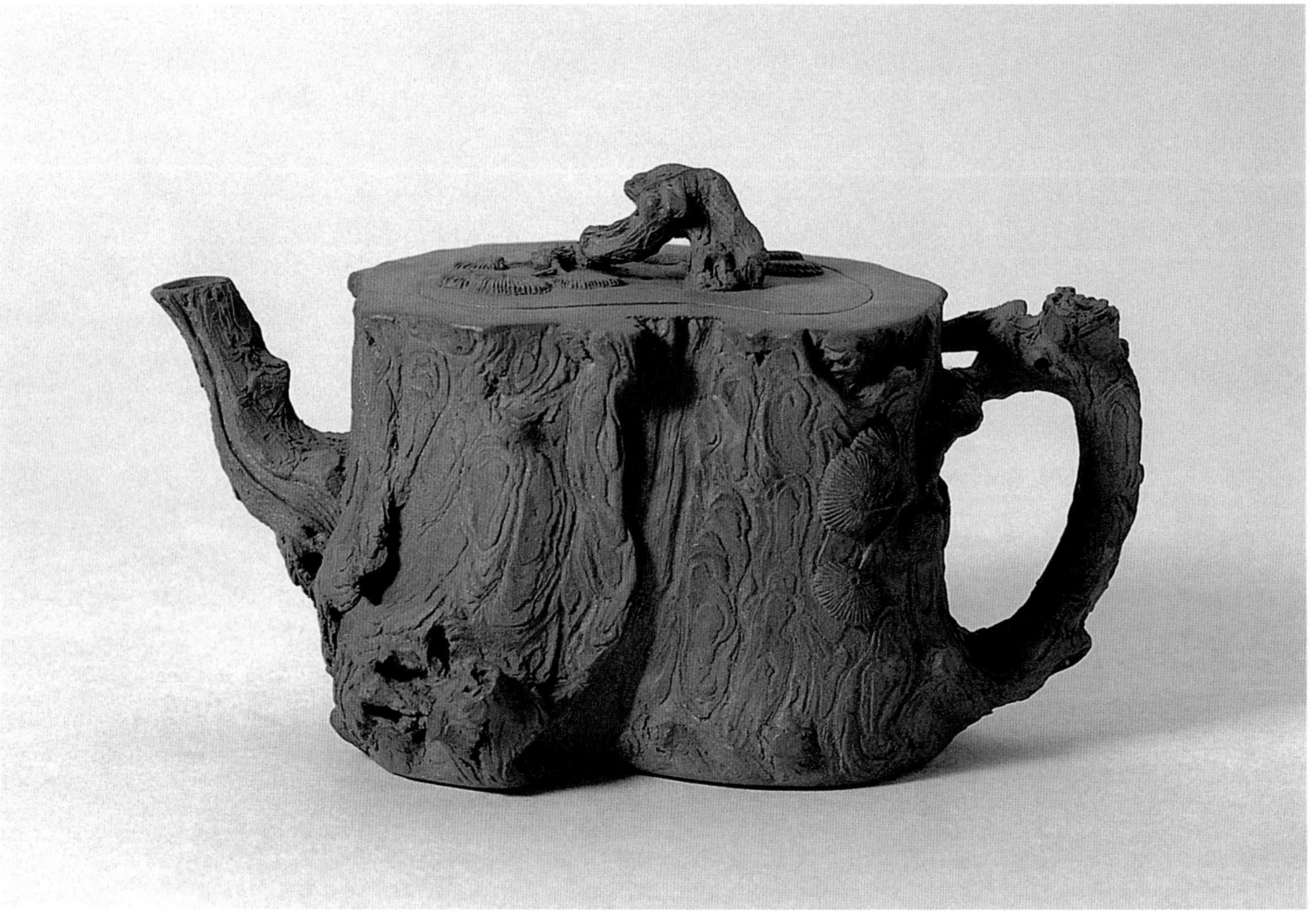

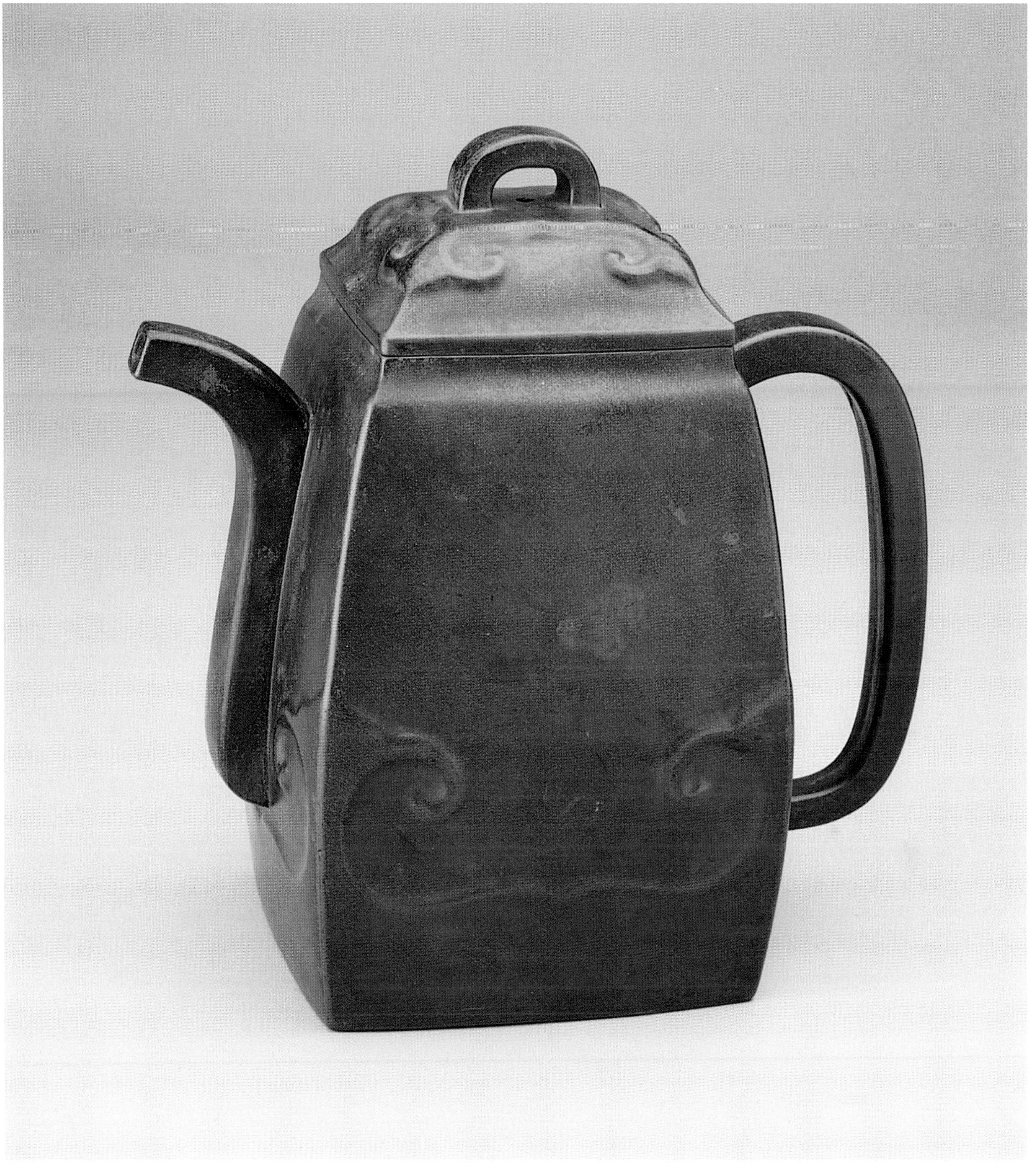

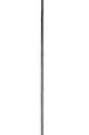

047.

如意雲紋角漢方壺

清・康熙

華鳳翔

高227mm　口徑97mm

底印：荊溪華鳳翔製

香港中文大學文物館藏

◉　此壺泥色朱紫，周身縠羅紋隱現。採漢方壺造型（壺體方或扁方形，以壺注約四分之三平貼壺身爲特色），一則體形宏大，再則壺腹下部四面均雕飾如意雲紋，壺蓋亦然，因之氣勢懾人，雄渾肅穆。

壺底有“荊溪華鳳翔製”篆書陽文方印。

（黎淑儀）

048.

堆雕菊花紋提梁壺

清・乾隆、嘉慶

佚名

高156mm　口徑59mm

南京博物院藏

◉　此壺寓方於圓的壺身與環形提梁配合得很是協調；粗細得體的三灣嘴曲屈與壺貫氣，整體效果上給人舒暢伶俐之感，可稱器形變化結構中之佼佼者；雖無名款，却體現創作設計者技藝素養的高逸。惟壺的四面貼上四塊木刻版印花紋，似覺有損形體的完美。

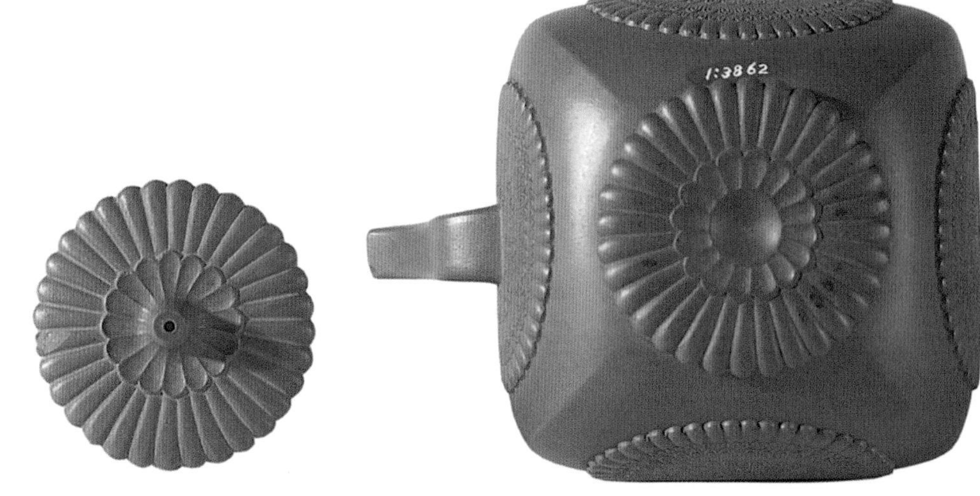

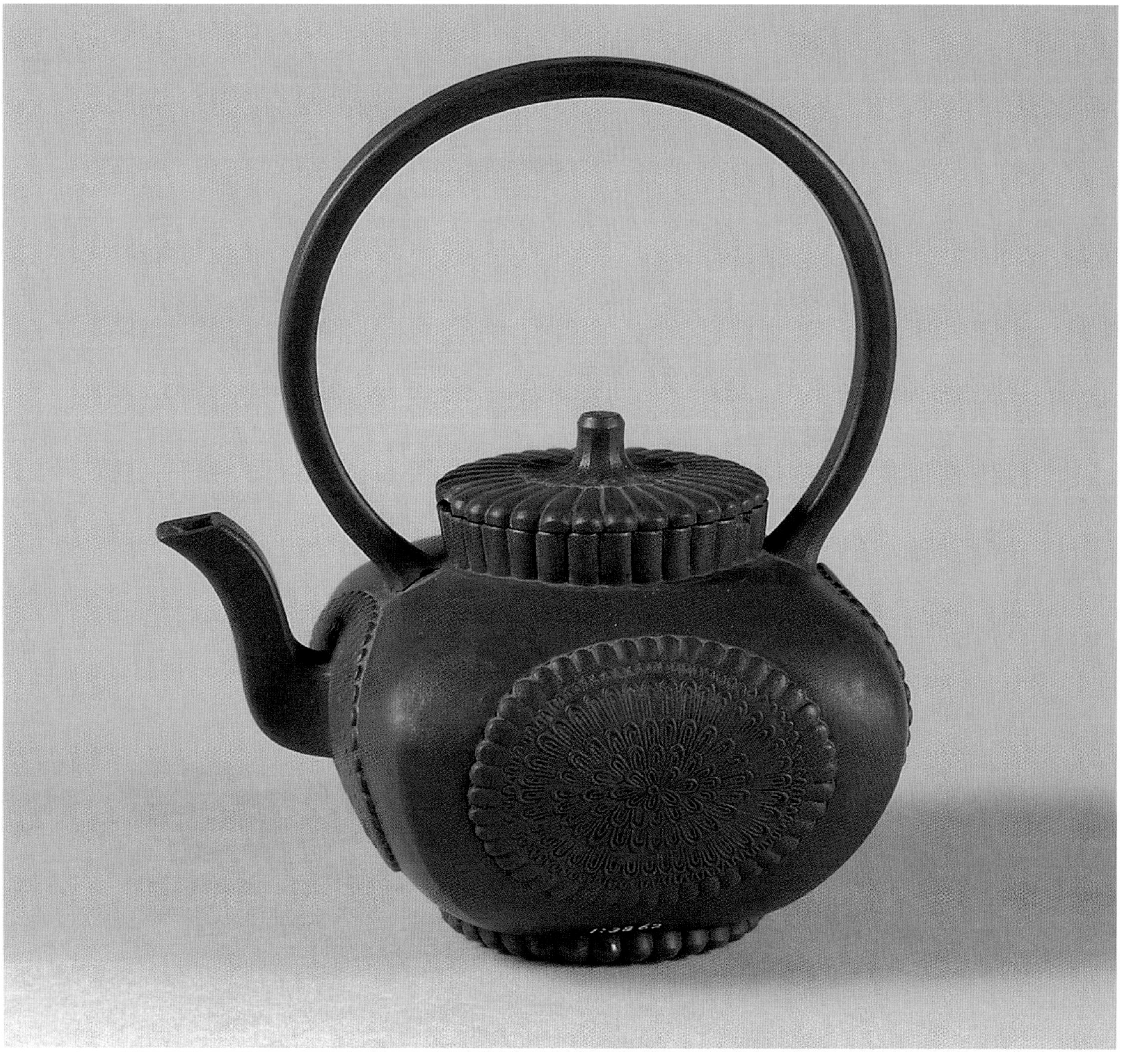

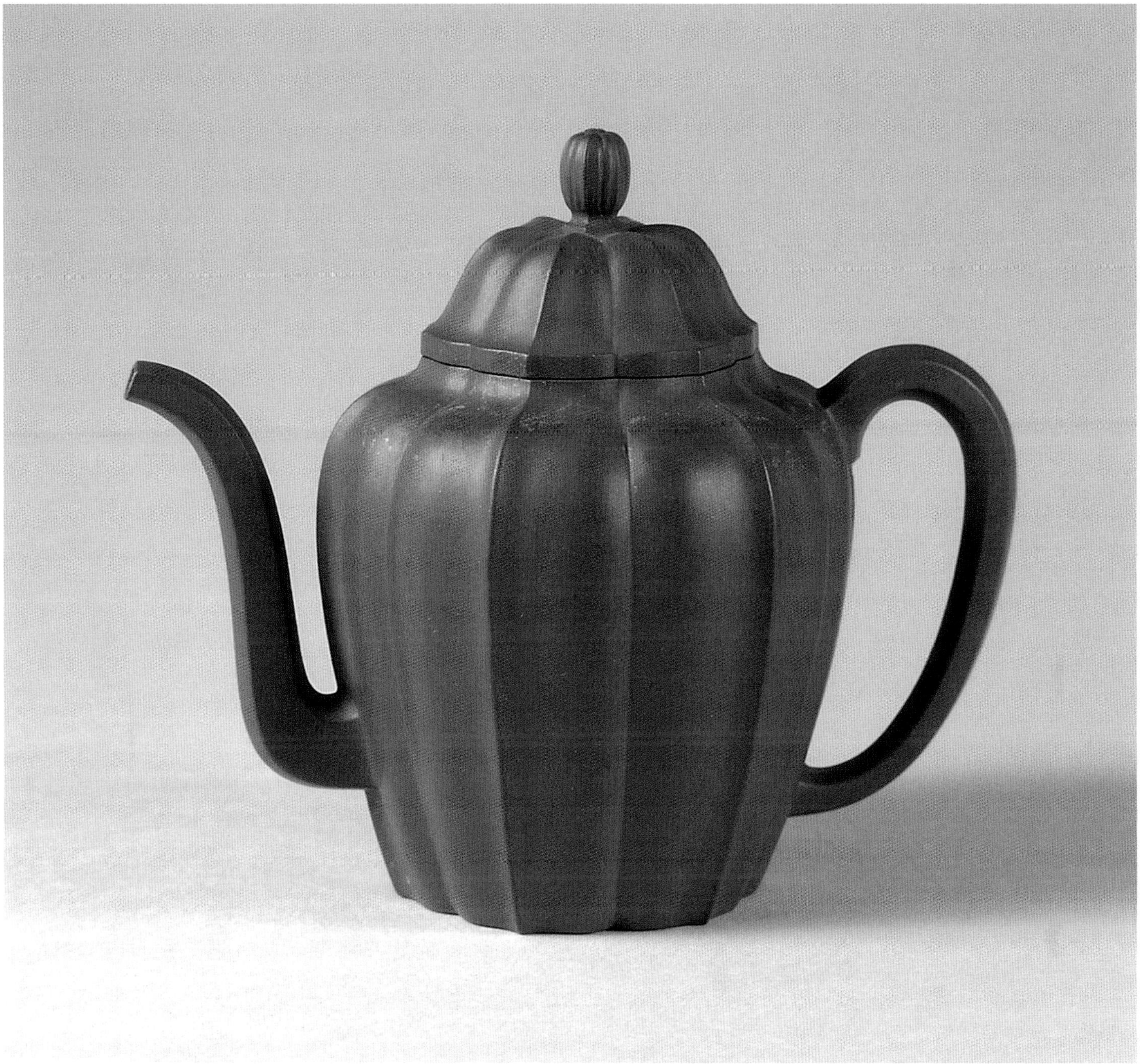

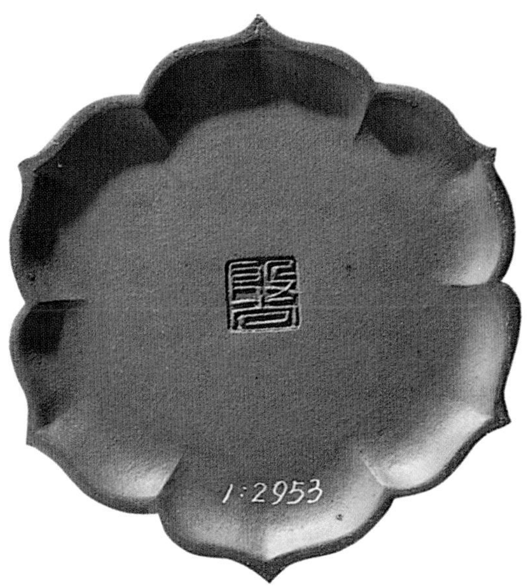

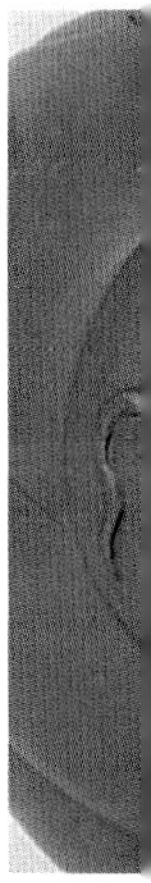

049.

水仙花瓣壺

清・乾隆

殷尚

高130mm　口徑59mm

底印：殷尚

南京博物院藏

◉ 該壺製技謹嚴，嘴攀形式別致。

050.

印花烹茶圖御製詩壺

清・乾隆

佚名

高153mm　口徑48mm

壺身銘：雨中烹茶泛臥游書室有作

溪烟山雨相空濛，
生衣獨坐楊柳風。
竹爐茗碗泛清瀨，
米家書畫將無同。
松風瀉處生魚眼，
中泠三峽何須辨。
清香仙露沁詩脾，
座間不覺芳隄轉。
乾 隆 （印）

故宮博物院藏

◉　此壺名實不甚相符，因壺上畫面用淺模印壓，泥繪，綫描，低浮雕雕塑、書法用鐫刻的幾種裝飾手法結合製作，故應改名“紅泥高六方壺”爲好。

這件壺的形制、手法技巧、裝飾風格，在在說明了清宮廷用器崇尚繁縟纖巧的奢靡形式。本編收入此件，也正好顯示了砂藝自明季至清初，在風格上的涇渭之分。

編者爲故宮作鑒定時，發現與此壺同樣的有數件，手藝相同，泥色有異。

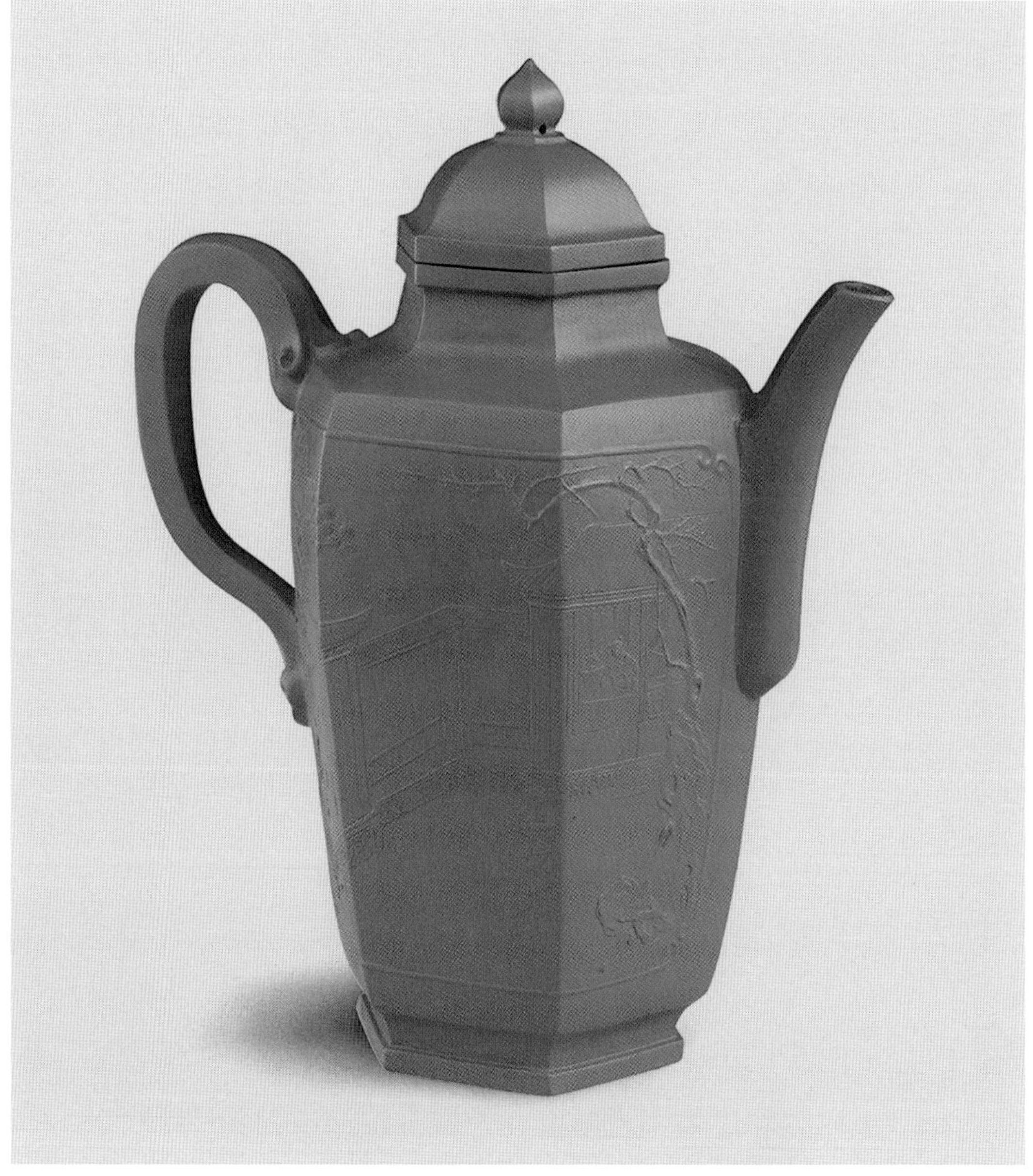

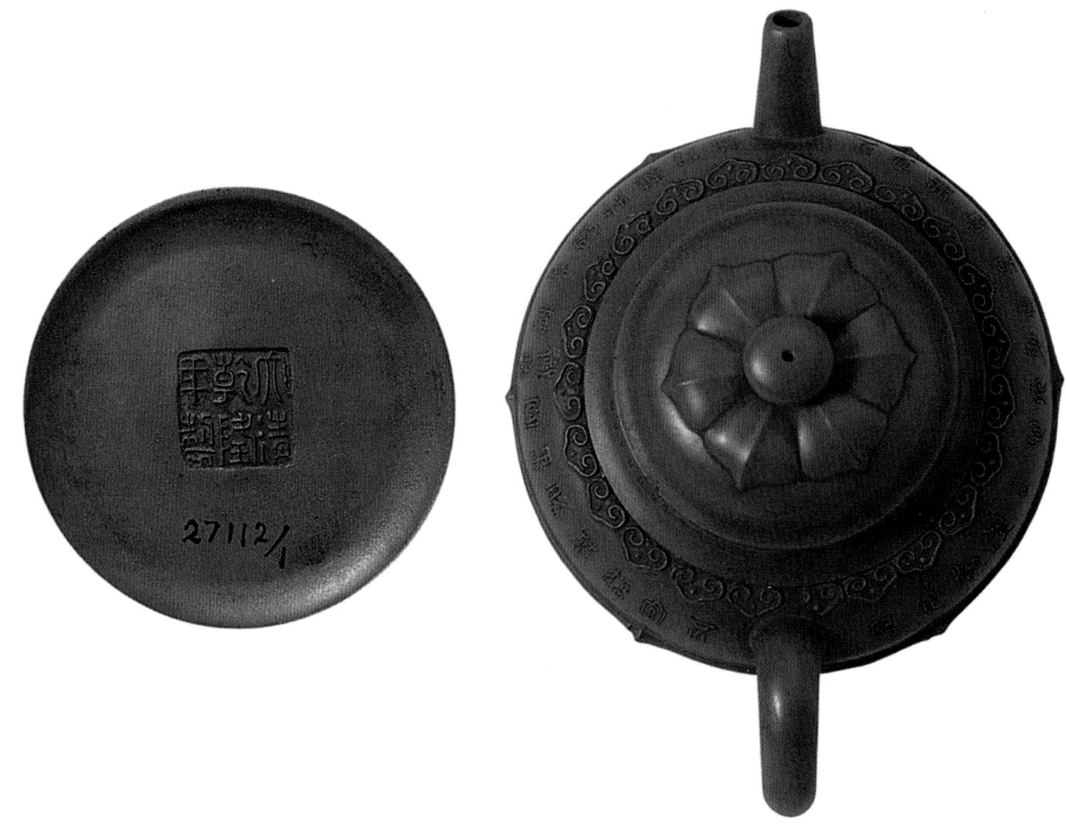

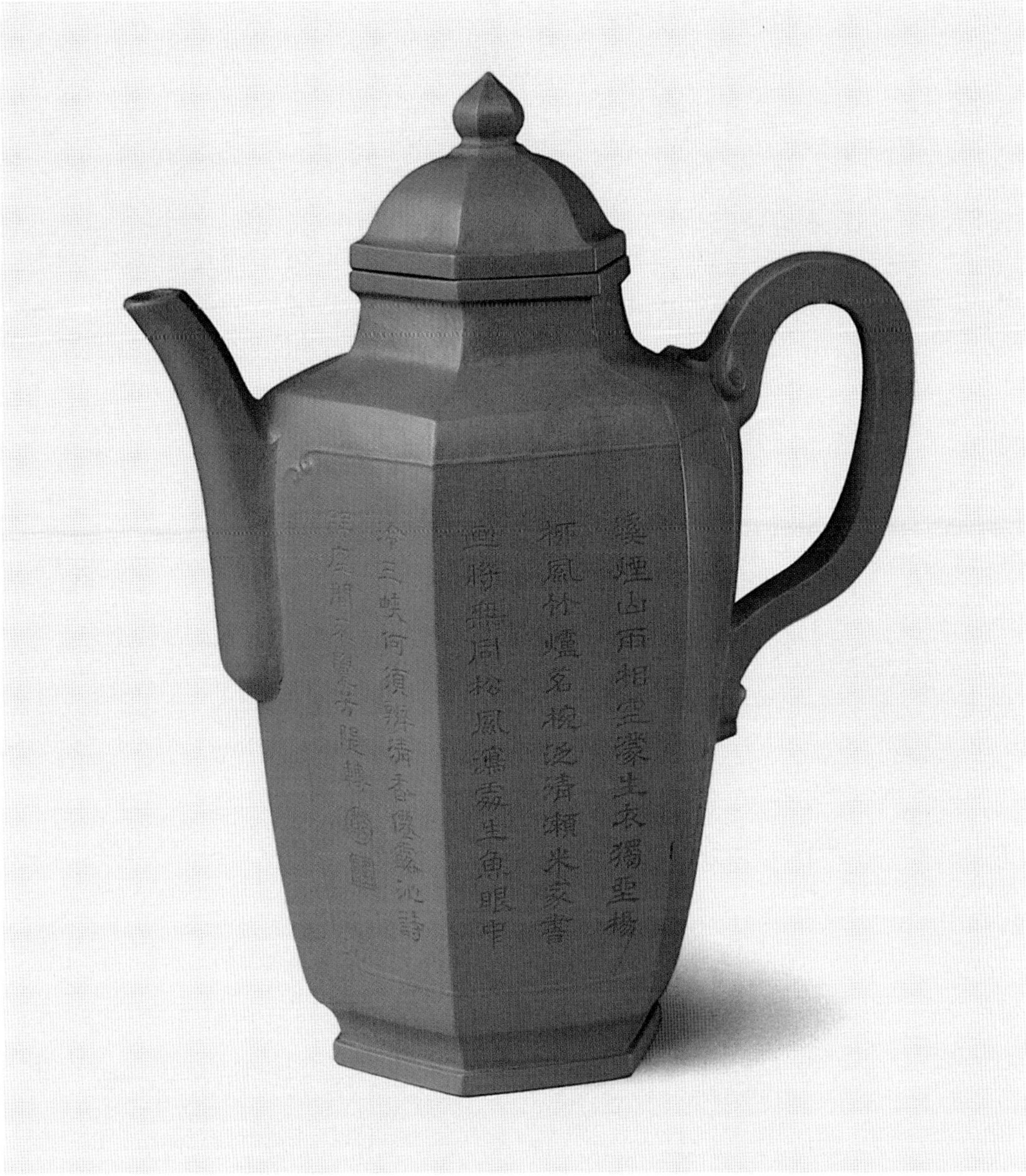

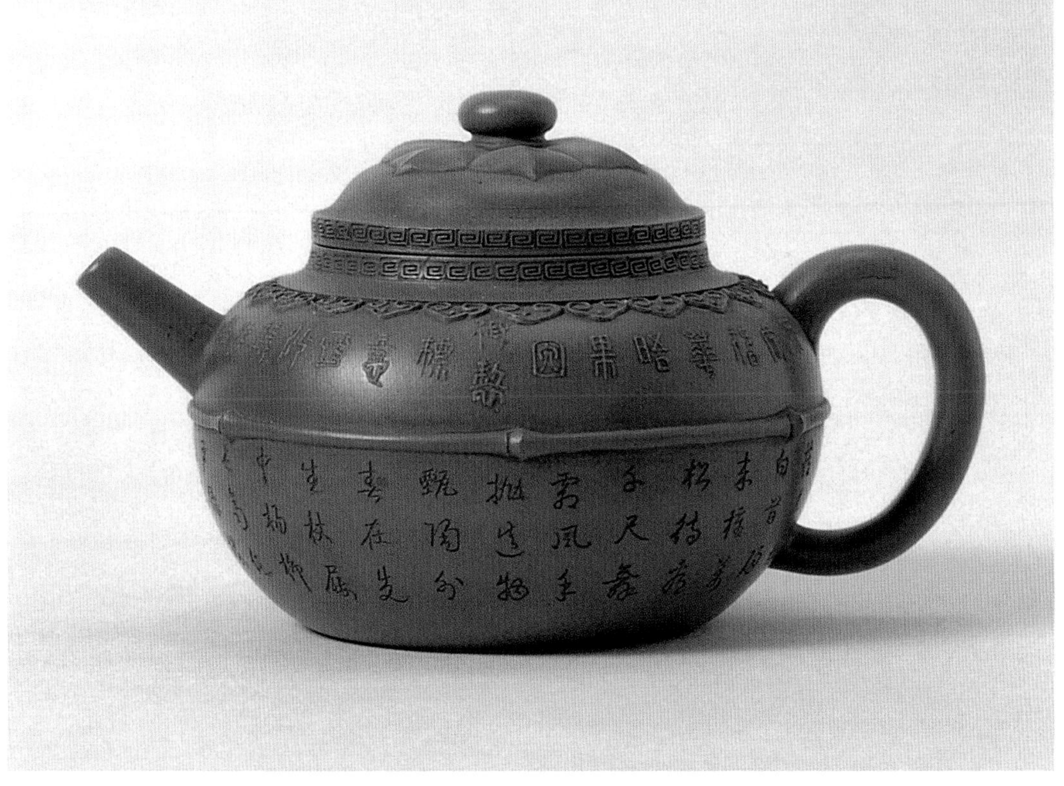

051.

御製詩壺

清・乾隆

佚名

高84mm　口徑63mm

底印：大淸乾隆年製

壺肩銘：見身非實是眞身，
穴心古鏡泓心印。
不向拈華晤果因，
標意恒沙轉法輪。

壺身銘：藏春塢
白首歸來種萬松，
待看千尺舞霜風。
年拋造物甄陶外，
春在先生杖屨中。
楊柳長齊低戶綠，
櫻桃瀾熟滴階紅。
何時却與徐元直，
共訪襄陽龐德公。

徑穿玲瓏石，
簷（掛崢嶸）泉。
不許亦自佳，
昨來龍井邊。

上海博物館藏

◉　此壺裝飾多樣，有印戳、模貼印、泥繪綫描、鐫刻、塑雕五種手法，精工細作，耗工浩繁，風格細膩，具有典型的清代風範。

052.

竹節提梁壺

清・乾隆

陳蔭千

高160mm

口徑橫74mm　縱67mm

底印：陳蔭千製

南京博物院藏

◉　此壺以竹子爲題材，是仿生變化的一件成功作品，反映出作者創作構思的鮮明。器皿處理空間與實體的對比，恰到佳處，茶具的功能有合理的發揮。

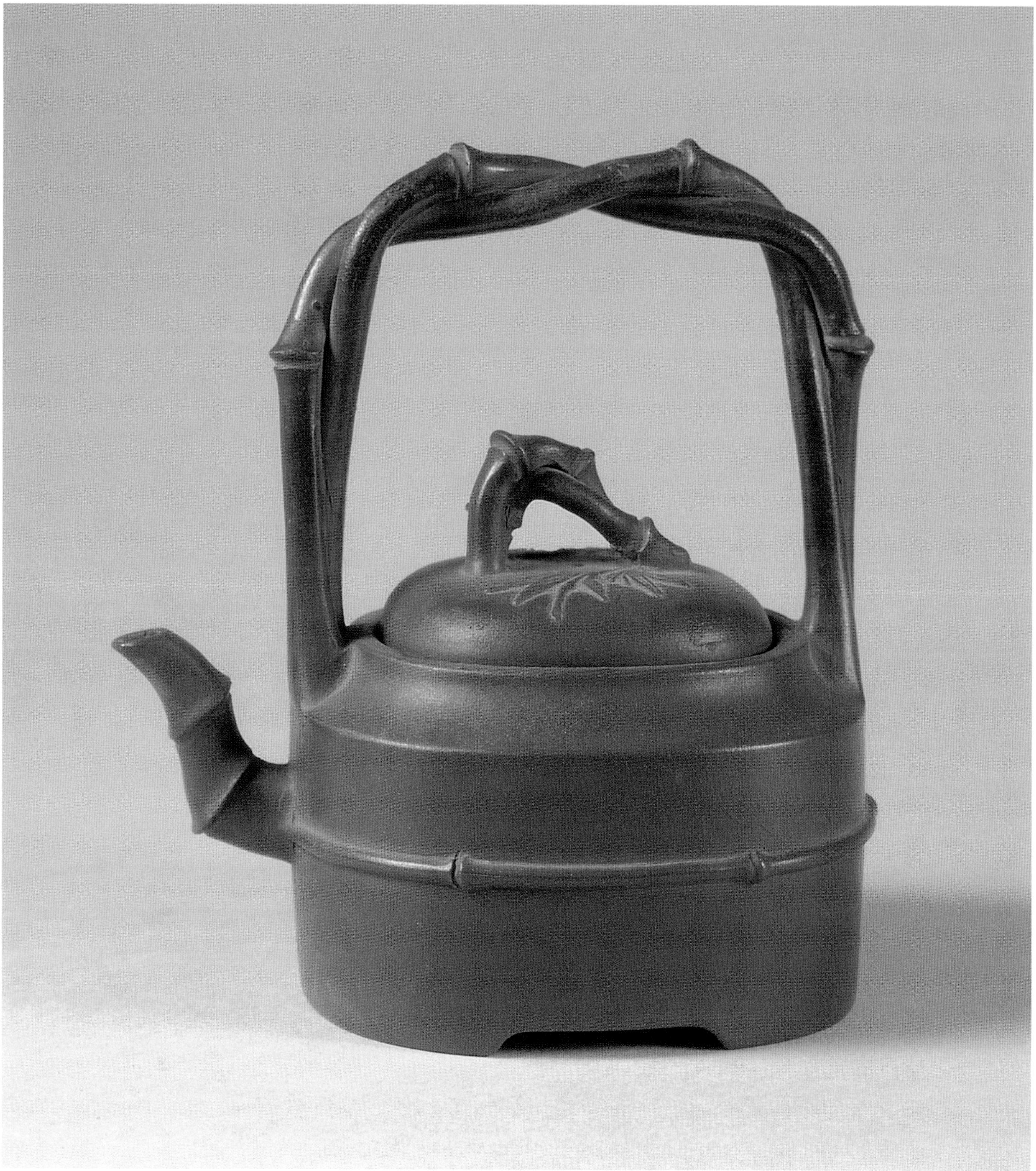

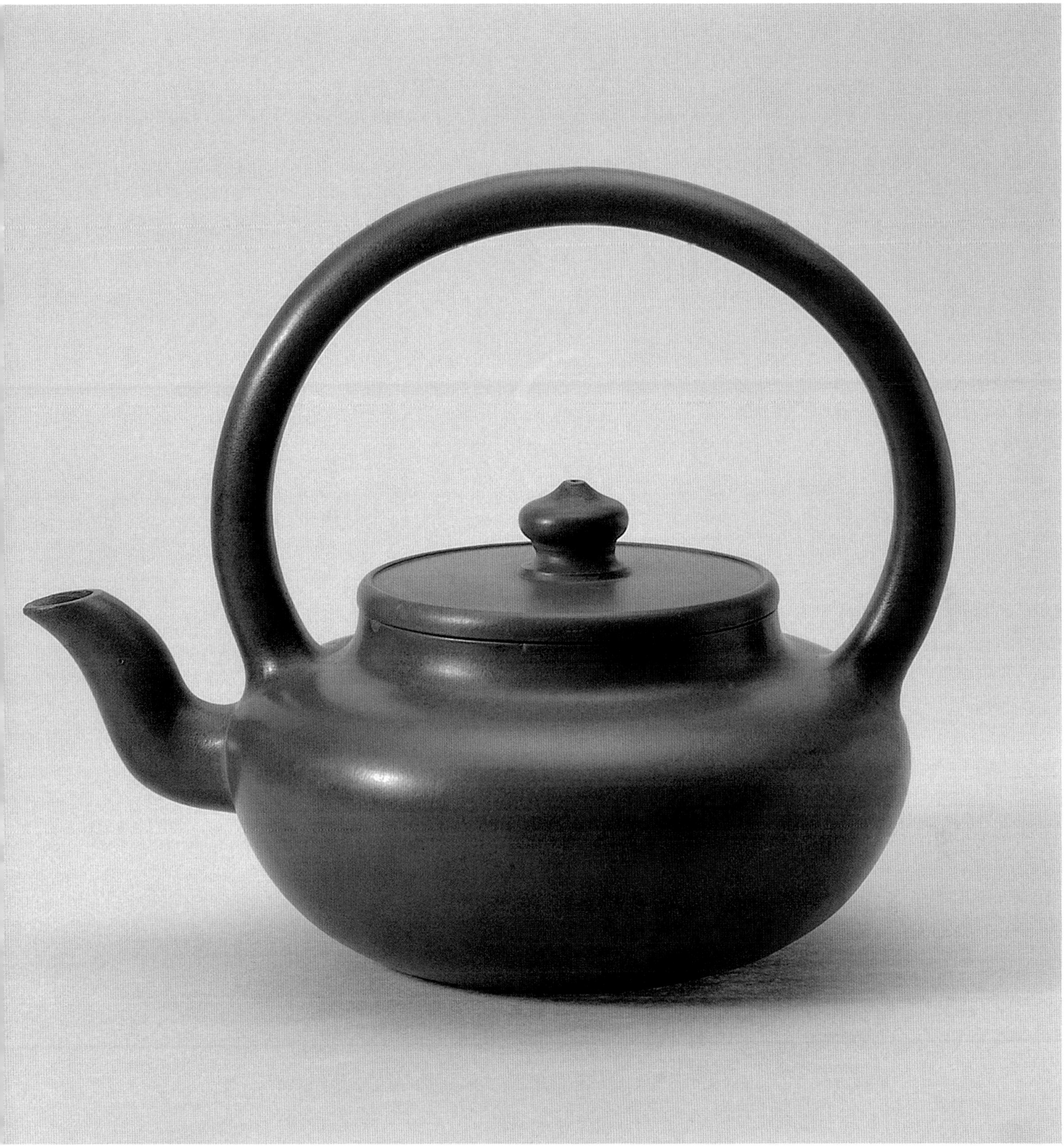

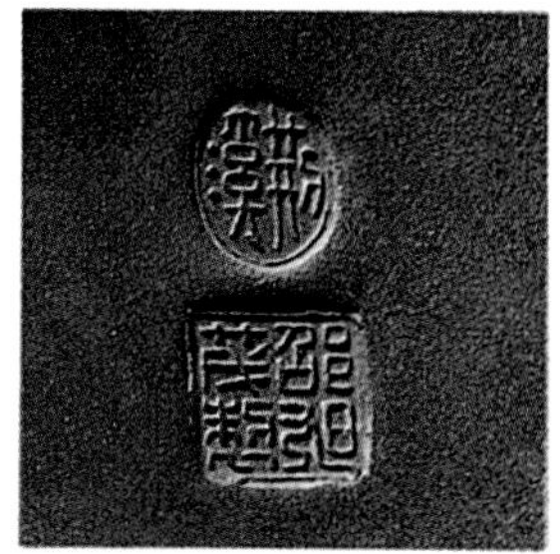

053.

旭茂提梁壺

清・乾隆

邵旭茂

高230mm　口徑123mm

底印：荊溪　邵旭茂製

宜興紫砂工藝廠藏

◉　此壺氣勢宏偉，造型渾樸，氣度非凡，且骨肉亭勻，製技精湛；泥質細而不膩，色澤紫而不姹，是砂藝史上又一件神品。即使欣賞圖版，也不失爲一種令人愉悅的精神享受。

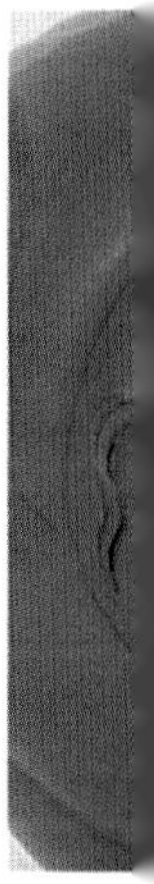

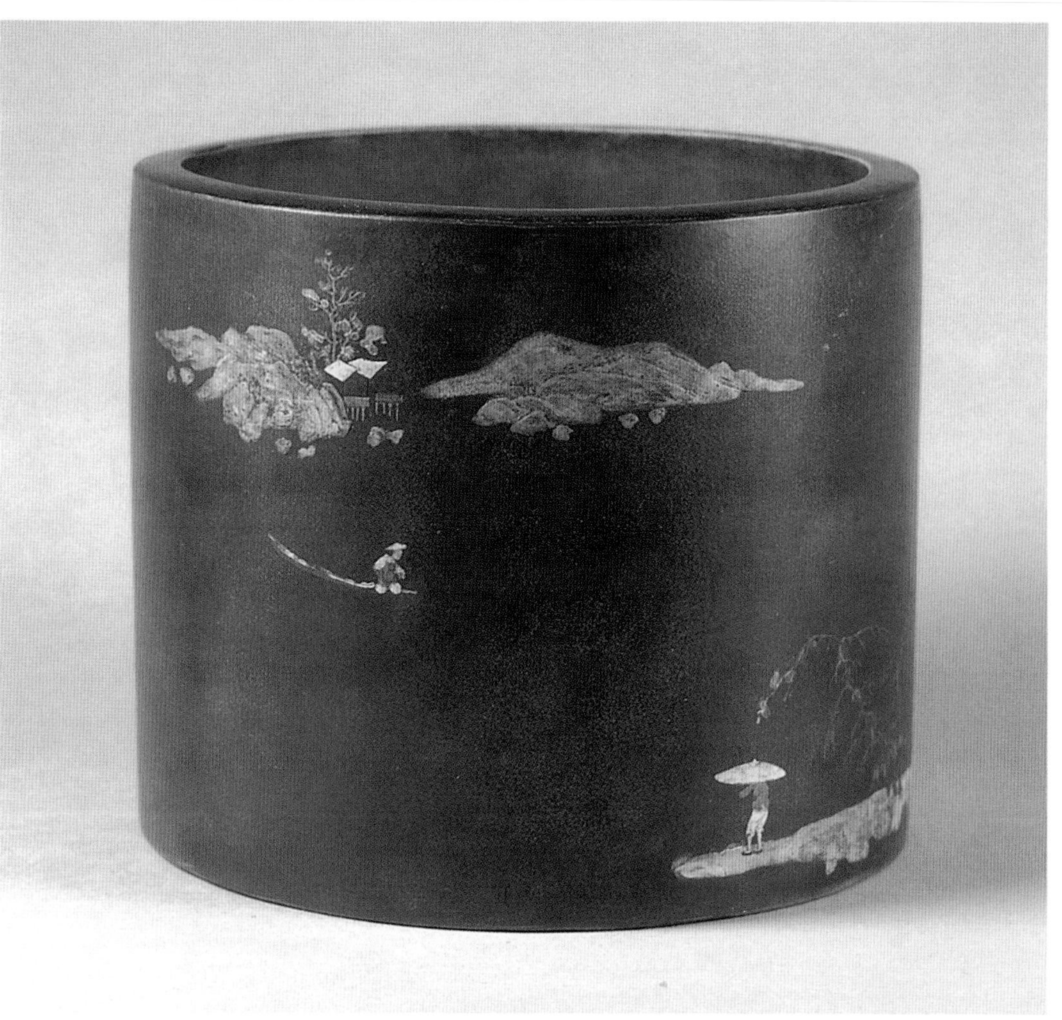

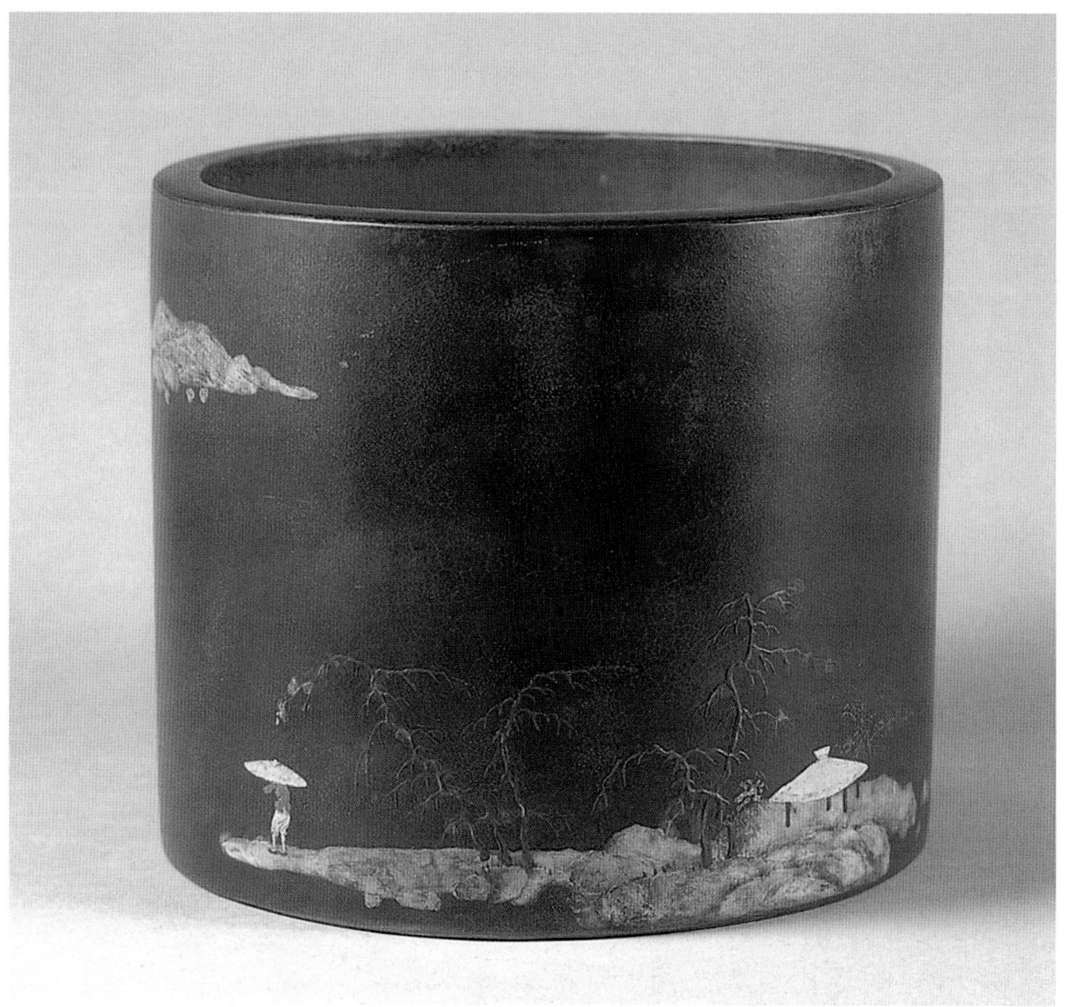

054.

泥繪雪江待渡圖筆海

清・乾隆、嘉慶

楊季初

高152mm　口徑180mm

底印：楊季初

南京博物院藏

◉ 泥繪兼淺浮雕的工藝裝飾手段，將文人畫的氣息表現得淋漓盡致；畫面構圖、意境極具書卷氣，是紫砂陶在昌盛時期曾作爲文人高雅文玩的明證。順便說說，此件的泥繪，筆力嫻熟，在紫砂歷史上，也是極其成功的實例。

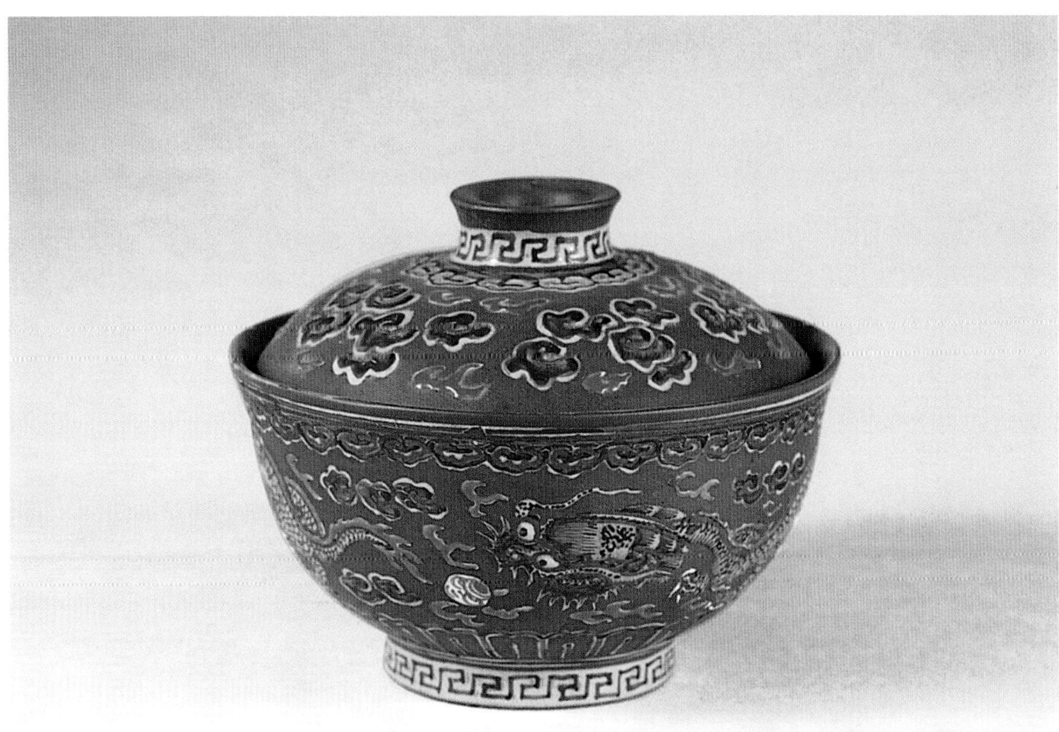

055.

雲龍紋畫蓋碗

清・乾隆、嘉慶

佚名

高82mm　口徑108mm

南京博物院藏

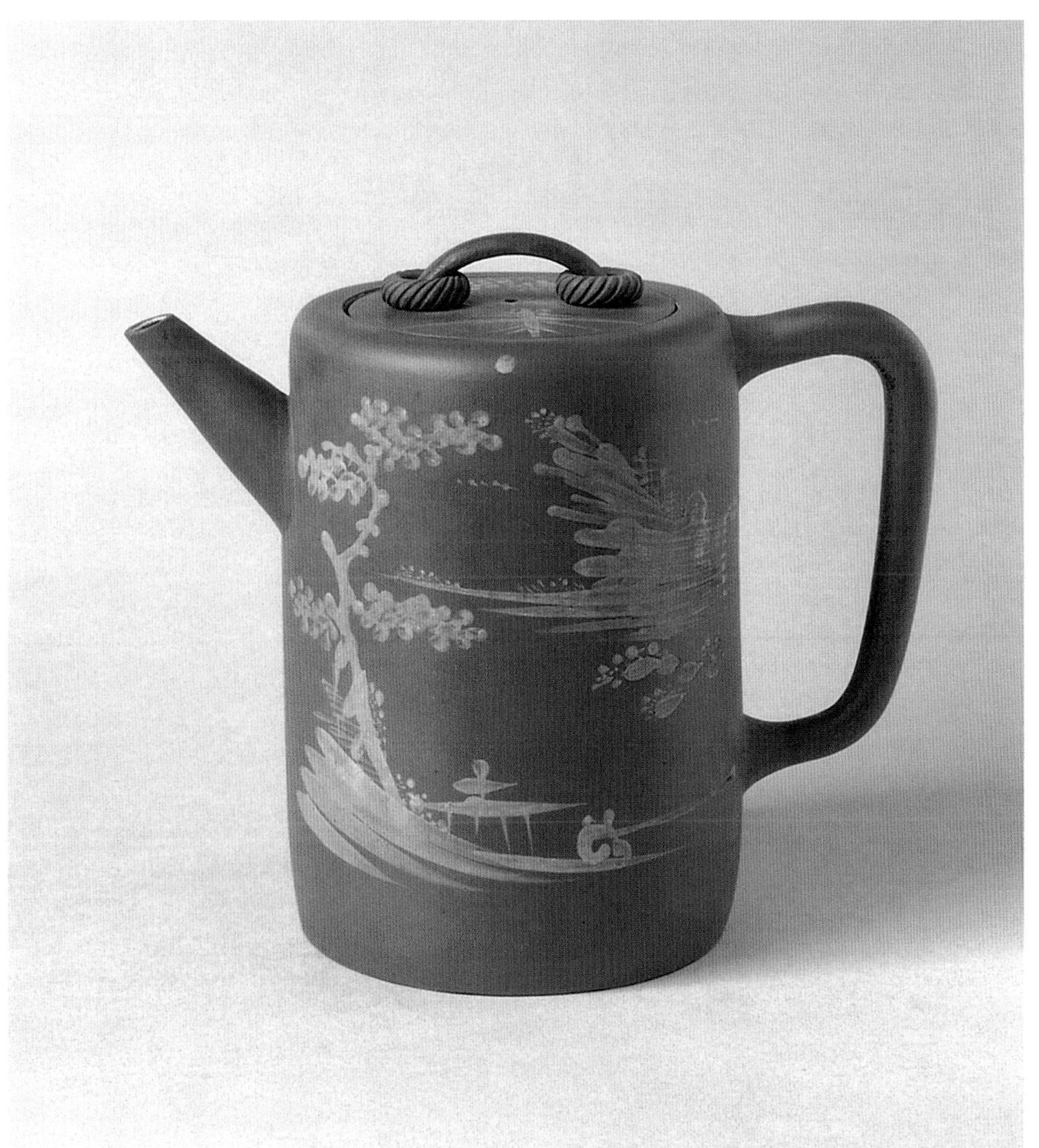

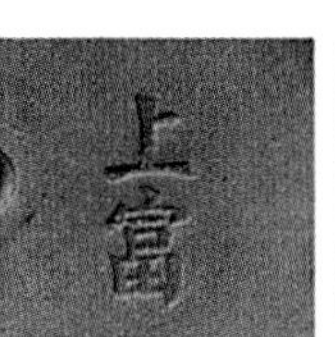

056.

高雙圈泥繪壺

清・乾隆、嘉慶

高197mm　口徑94mm

蓋印：上富

底印：董府翰林

陳仲春藏

◉　此件同樣是泥繪裝飾壺，明顯體現出濃厚的民間氣息，樸質粗獷，別饒藝趣。

057.

爐鈞釉執壺

清・道光

高215mm　口徑橫78mm

底印：荆溪永明

上海博物館藏

◉　是紫砂釉彩裝飾中的滿釉裝飾壺，砂器上的釉彩裝飾都是在成品上用釉料彩繪，再經過錦爐第二次燒成的，即世傳所謂宜興的爐鈞釉。

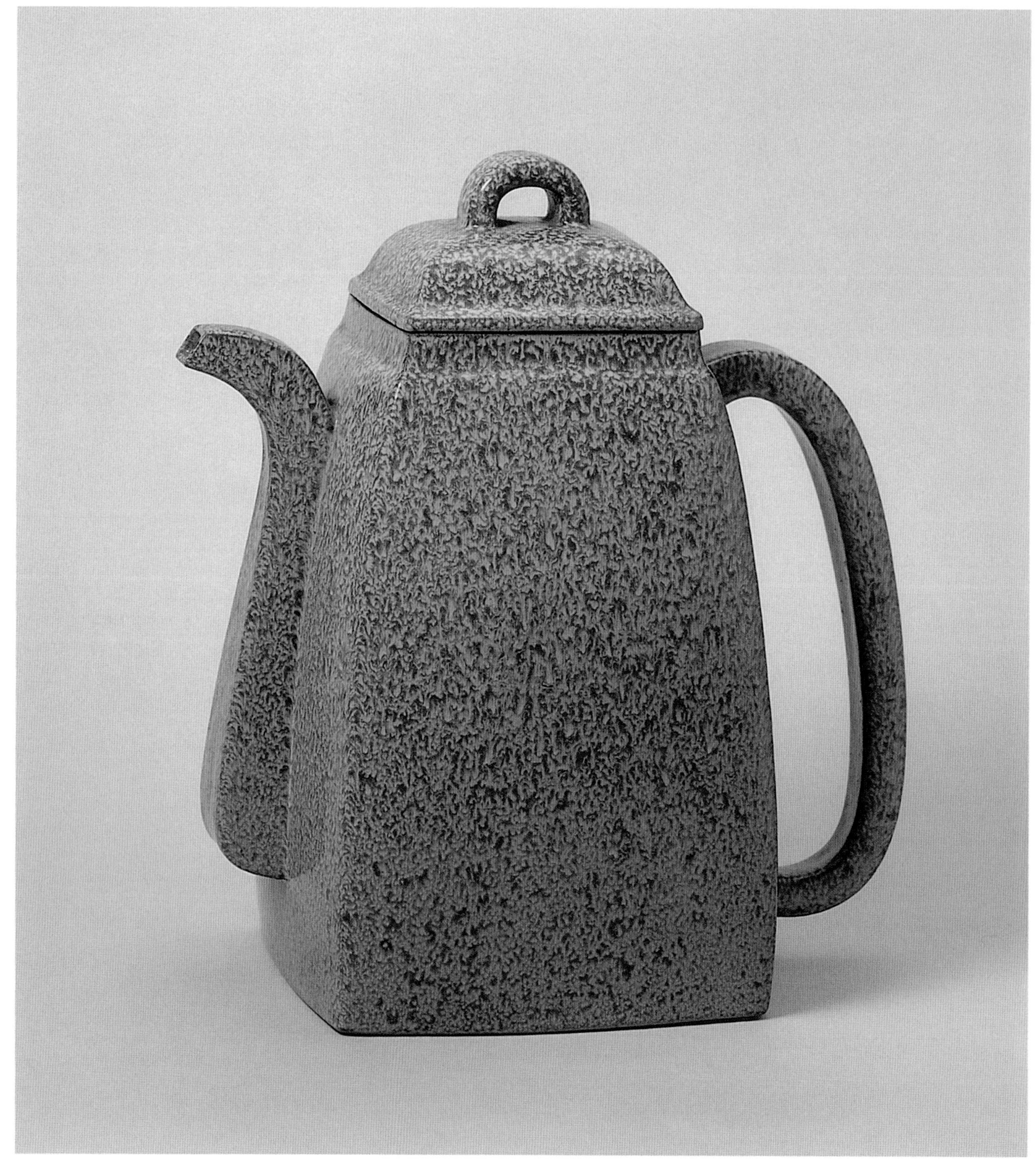

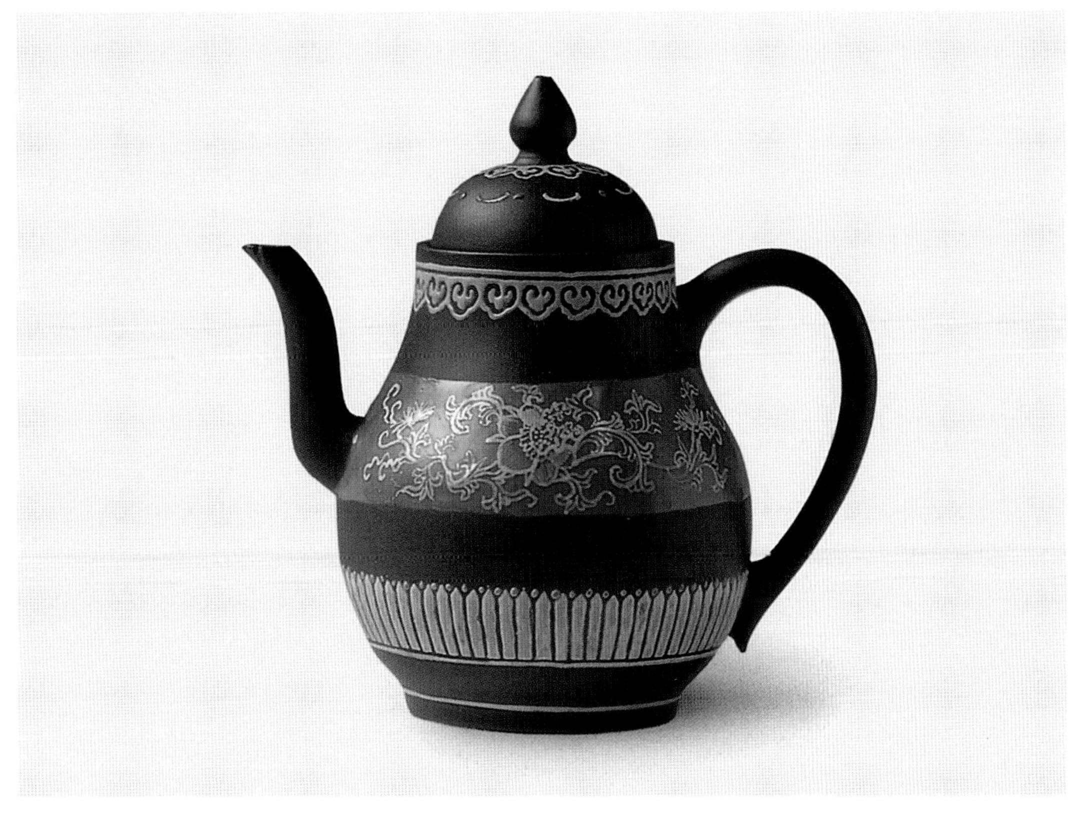

058.

梨形粉彩壺

清・嘉慶、道光

邵俊根

高130mm　口徑51mm

底印：邵俊根製

許四海藏

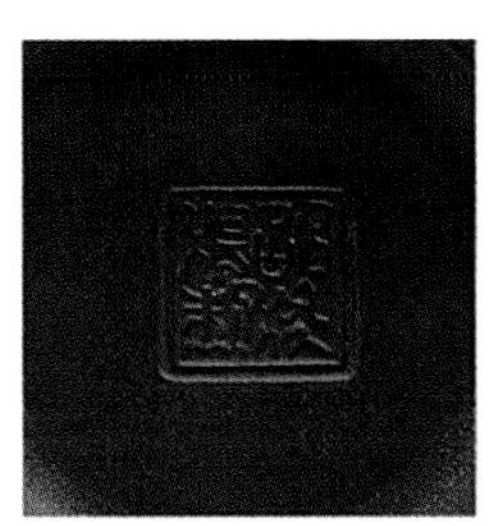

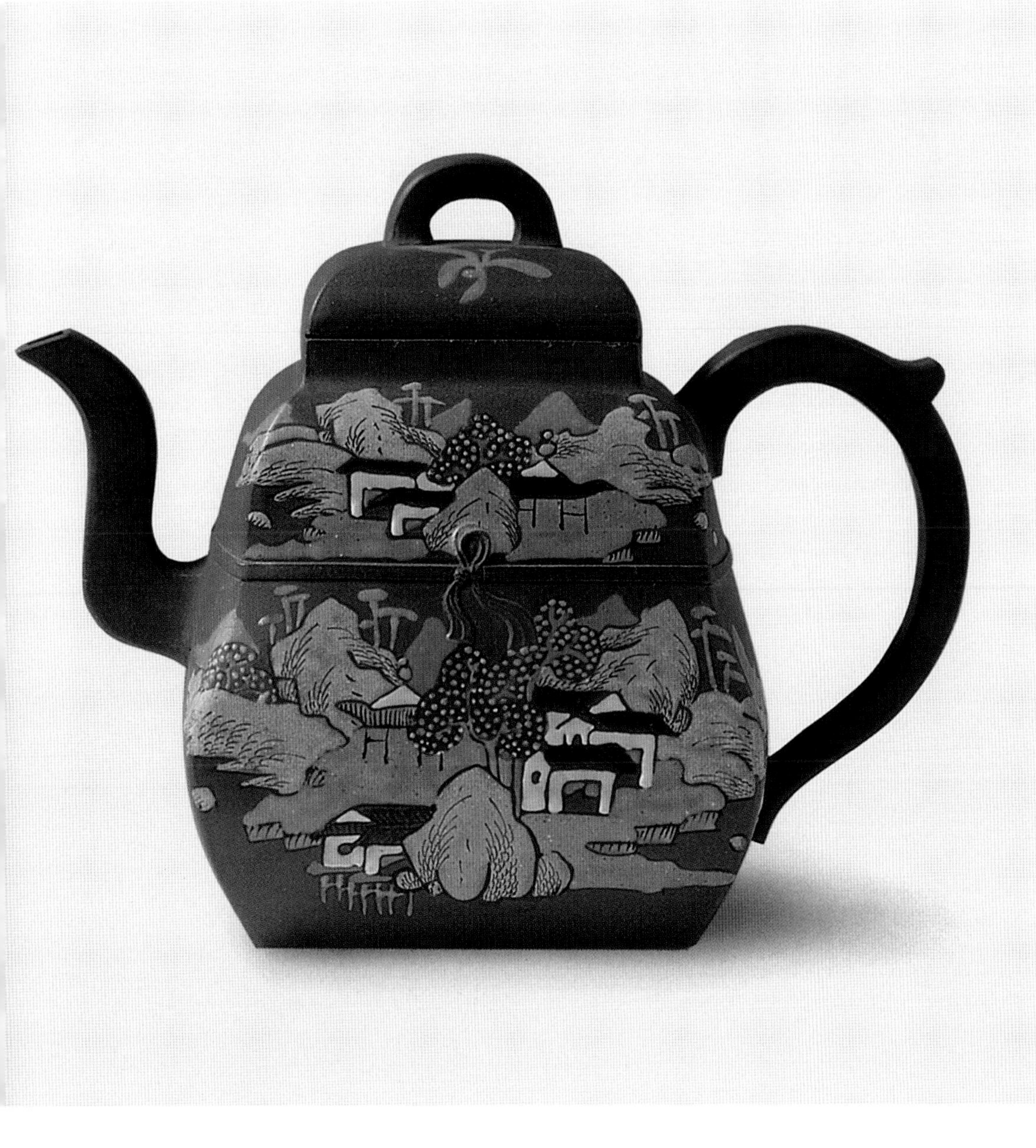

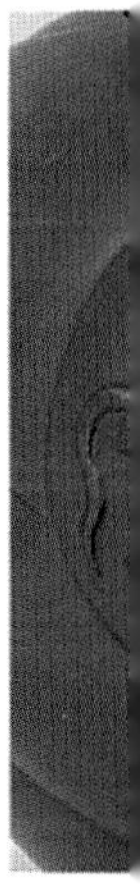

059.

四方粉彩壺

清・乾隆、嘉慶

史維高

高165mm

口徑橫70mm　縱60mm

底印：荊溪史維高製

許四海藏

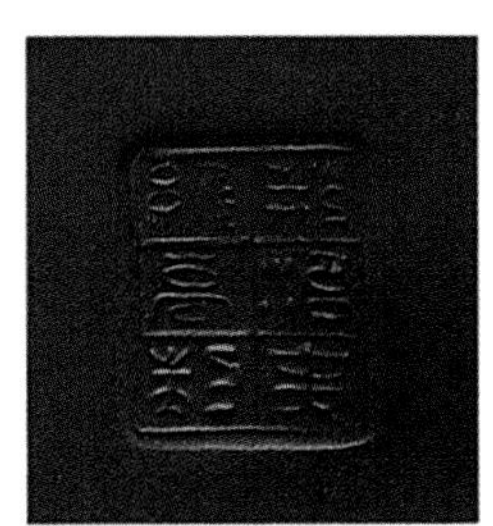

060.

長四方將軍罐形壺

清・乾隆、嘉慶

史維高

高238mm

口徑橫102mm　縱110mm

底印：荊溪史維高製

鎮江市博物館藏

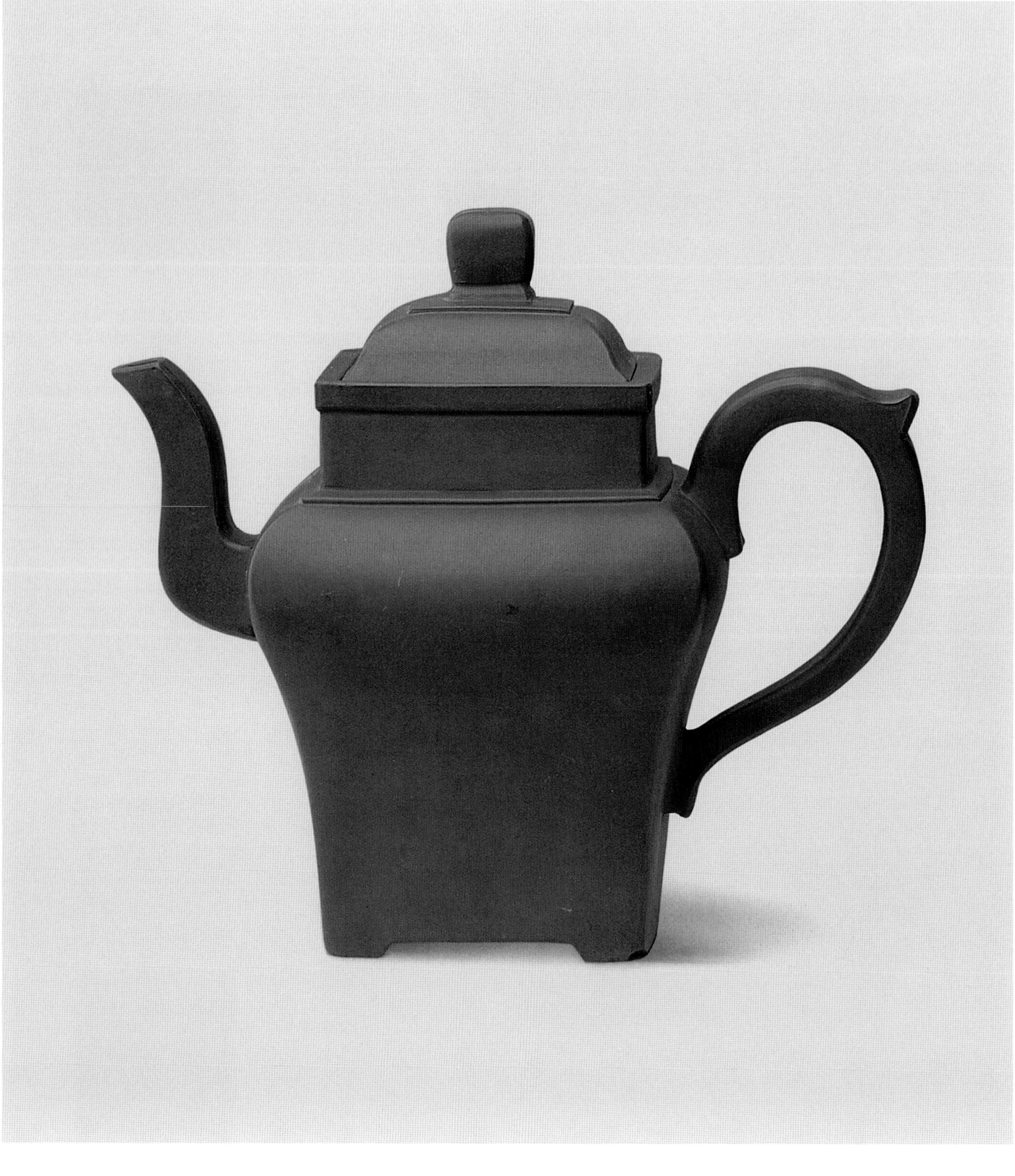

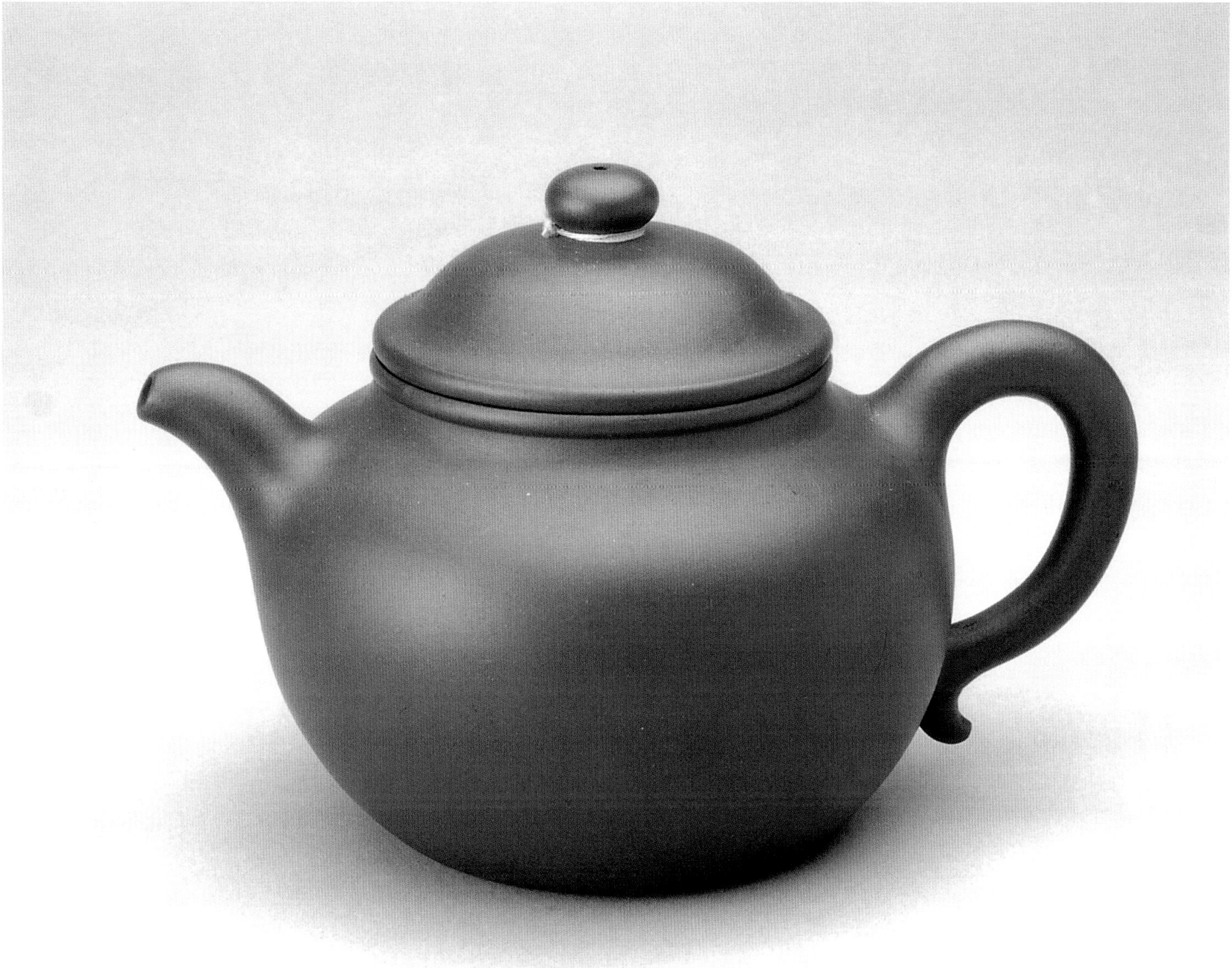

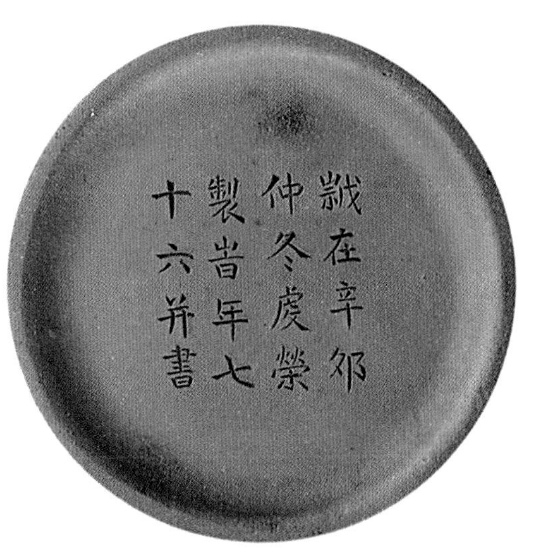

061.

蓮子大壺

清・道光十一年（1831）

虔榮

高116mm　口徑81mm

底刻款：歲在辛卯仲冬虔榮製時年七十六并書

香港中文大學文物館藏

◉　虔榮，潘姓，字菊軒，見《宜興縣志》。又高熙《茗壺說》之《贈邵大亨》一文中，有句云："……近得菊軒掇，并蒼老可玩……。"（《邵氏宗譜》卷十六）

此壺之作者，在壺底鐫有楷書："歲在辛卯仲冬虔榮製時年七十六并書"十六字，製壺年代當爲清道光十一年（1831年）。由此證實了虔榮歷經清乾隆、嘉慶、道光三朝，年登耄耋。此壺之可貴處，編者在卷首已作了論證。

062.
掇球
清・嘉慶、道光
邵大亨
高109mm　口徑65mm
蓋印：大亨
宜興陶瓷陳列館藏

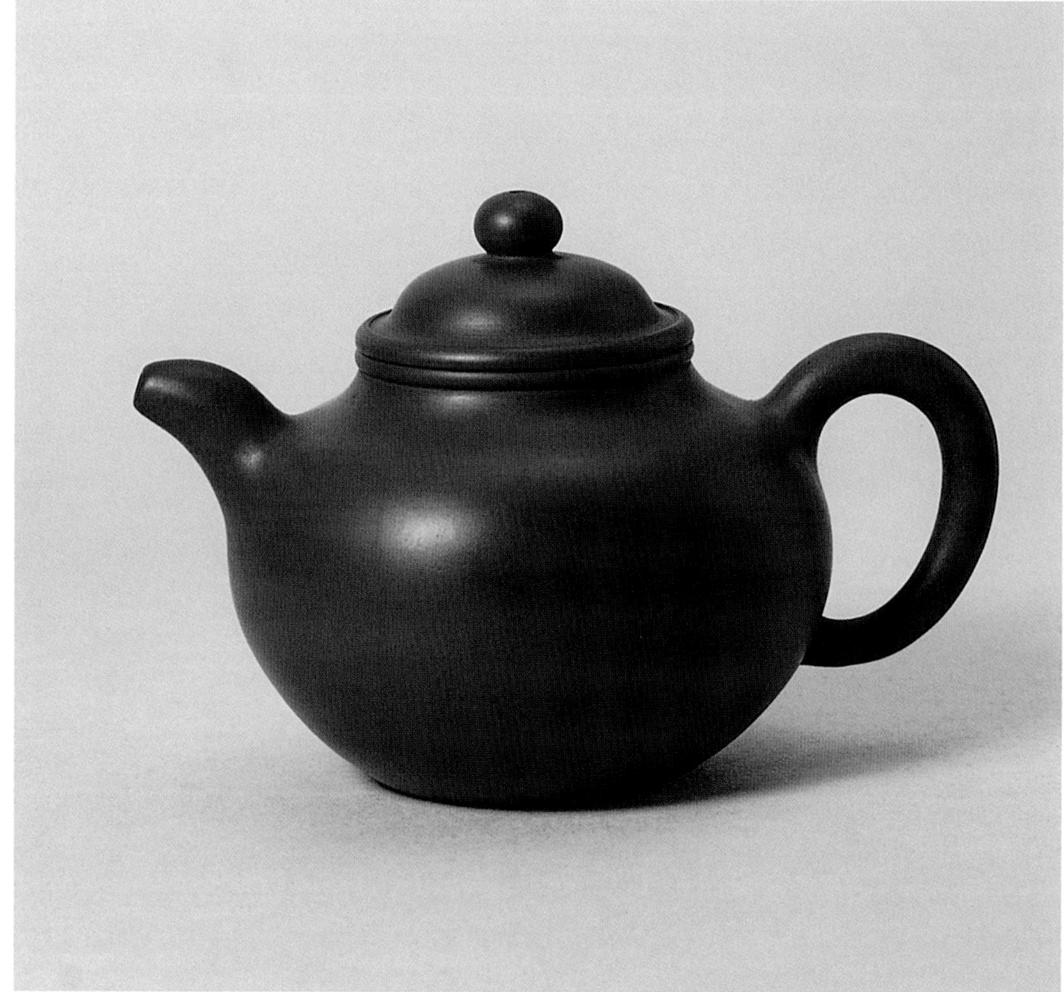

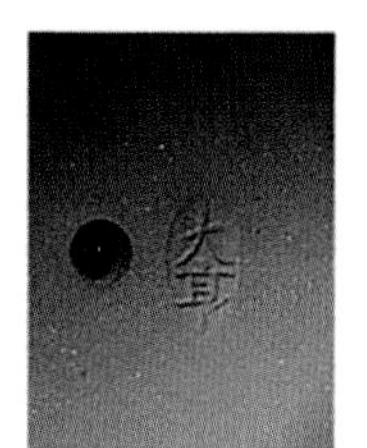

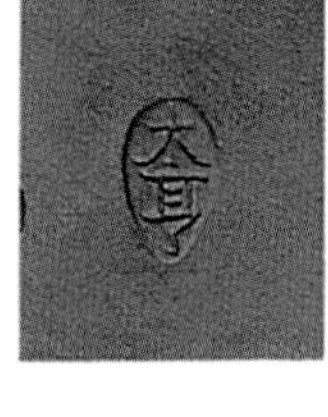

063.
鐘德壺
清・嘉慶、道光
邵大亨
高100mm　口徑96mm
蓋印：大亨
個人藏

◉　此件是大亨所創光素造型代表作中的又一佳器。器形端莊穩重、比例協調、結構嚴謹、泥色紫潤；技藝手法的表現已達紫砂傳統基礎技藝的巔峯；壺身手感極佳，觸摸舒服；造型練潔質樸，一洗清季宮廷之繁縟習氣。

大亨生逢清代動盪時期，是繼陳鳴遠之後，在砂藝上達到又一頂峯的人物，砂藝史上視作傑出的里程碑。因此，後人以其作品爲楷模，臨摹、仿製或僞托的，代不乏人，一直沿襲至今。大亨的真品，幾經社會變遷，許多已毁於瓦礫，傳世者稀於鳳毛麟角。鑒賞者須對他的真品作仔細觀察和深刻研究，才能領略到大亨技藝上的韵致。

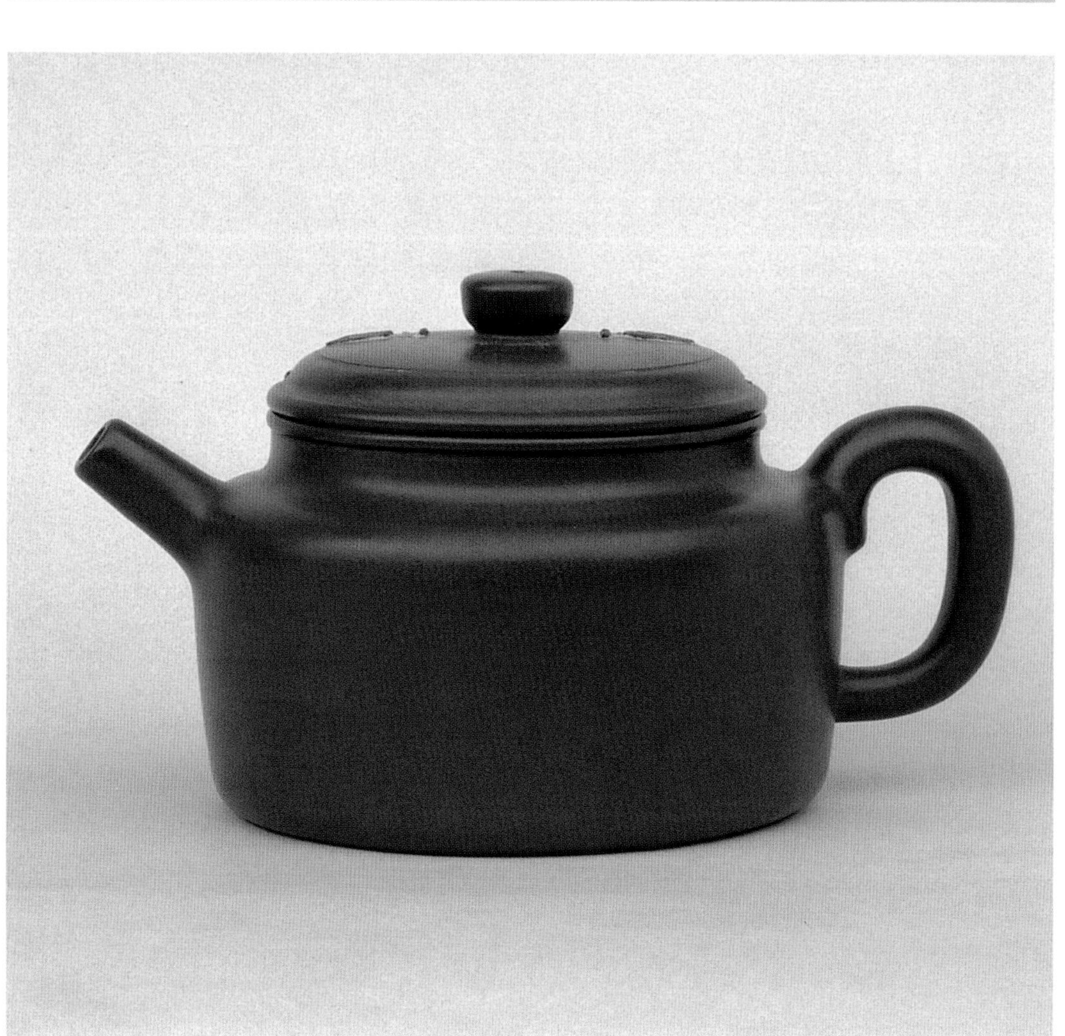

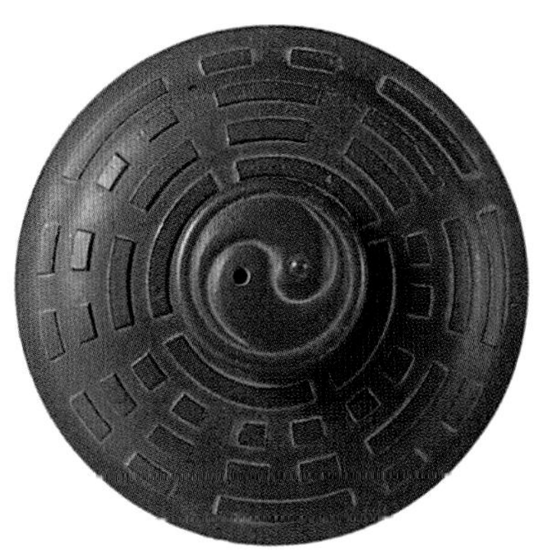

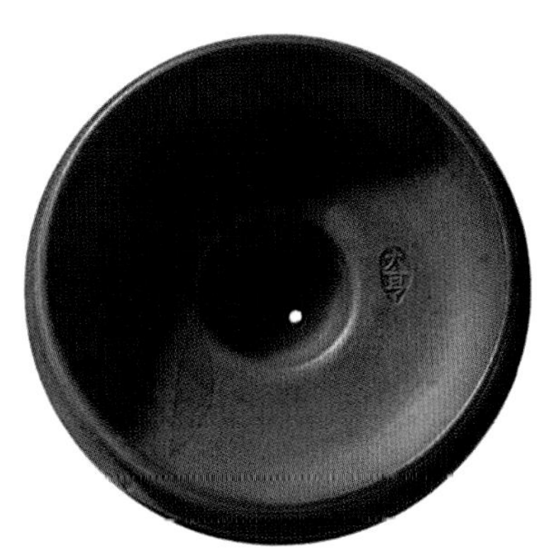

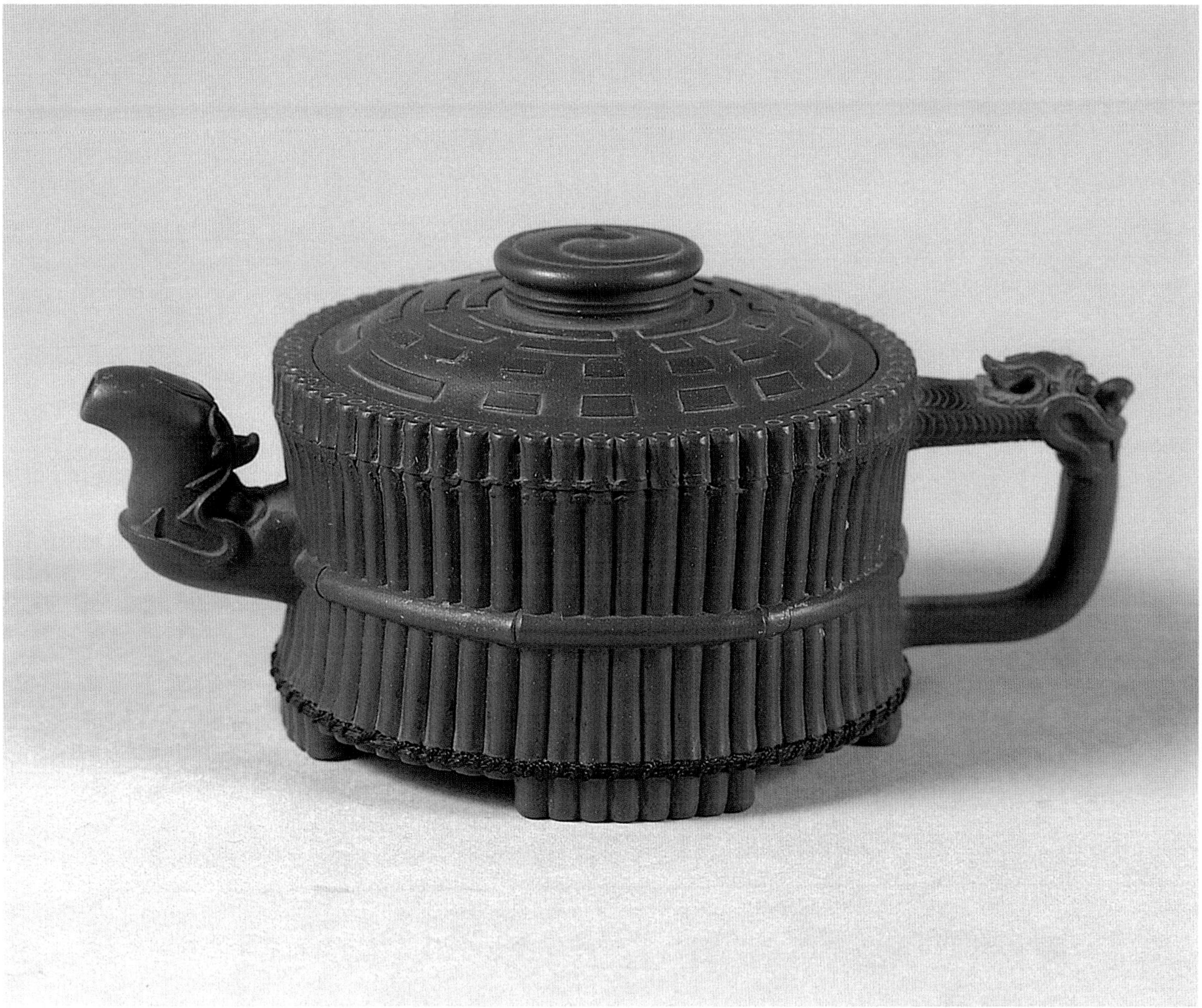

064.

八卦河圖洛書龍頭一捆竹

清・嘉慶、道光

邵大亨

高85mm　口徑96mm

蓋印：大亨

南京博物院藏

◉　此器具體顯示了大亨的精湛技藝：請注意，造型結構的比例合理協調；壺身是一捆竹，對竹的題材，處理也很獨特；壺身的束帶裝飾，使腰部綫條恰似捆緊的竹捆，意境自然；嘴、搫的龍頭裝飾別有生趣。在技法上，看似繁瑣，實則簡潔，從中，也體現了紫砂原料的可塑優越性。此壺將紫砂材質的特性和精湛的工藝技術，結合得非常得體，既有聖思桃杯般的細緻，又使人有可親可慕的感覺。凡此種種，可見大亨在創作構思上深邃的造詣和文學素養。

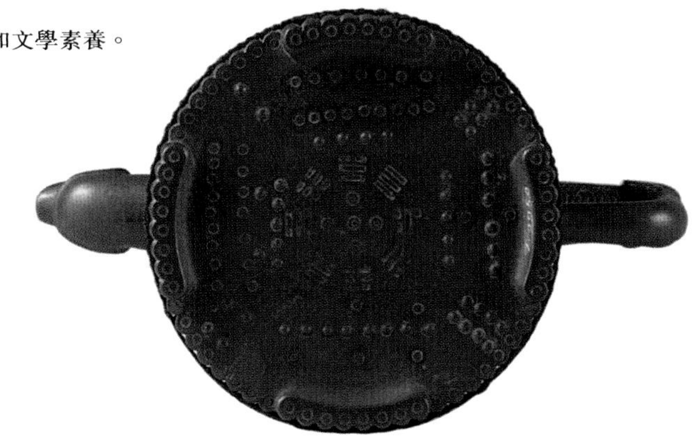

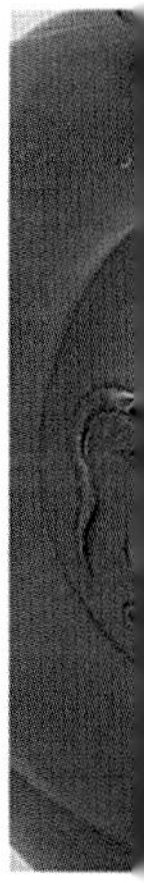

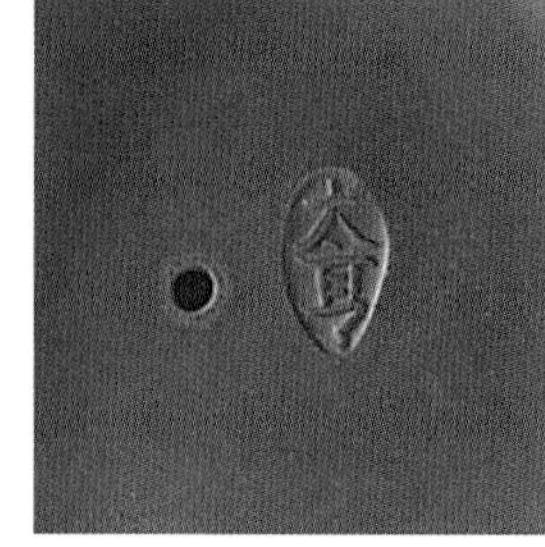

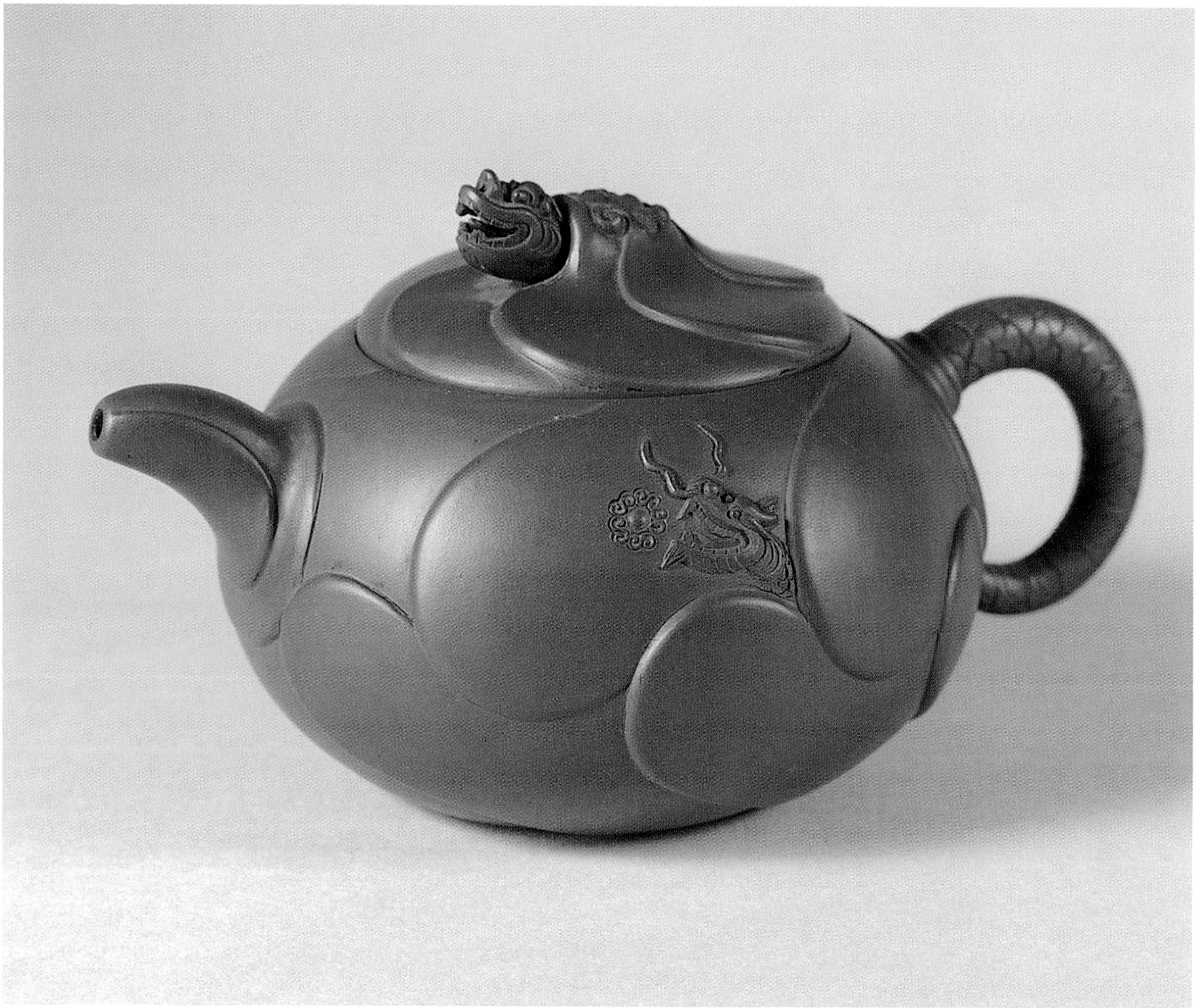

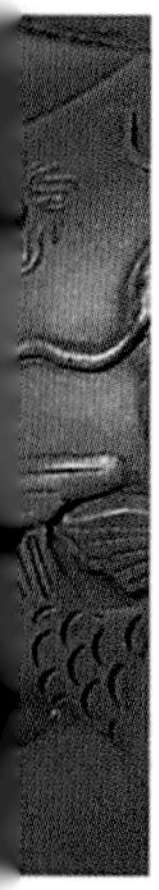

065.

魚化龍

清・嘉慶、道光

邵大亨

高100mm　口徑75mm

蓋印：大亨

王一羽藏

◉　魚化龍壺的款式，是邵大亨運用圖案變化造器的傑作。題材取自傳統的魚龍變化的故事。大亨以極規則的六瓣雲紋組成器形；婉轉的身筒，一改對稱圖案的呆板，使雲紋富於動態，這也體現出他對紫砂材質的熟稔，以及工藝表達手段的深厚功力。

魚化龍造型自大亨初創，流傳至今，仍然不衰。這是大亨傳器的代表作之一，也是紫砂寶庫中的一大珍品。

066.

魚化龍

清・嘉慶、道光

高92mm　寬122mm

蓋印：人亨

香港茶具文物館藏

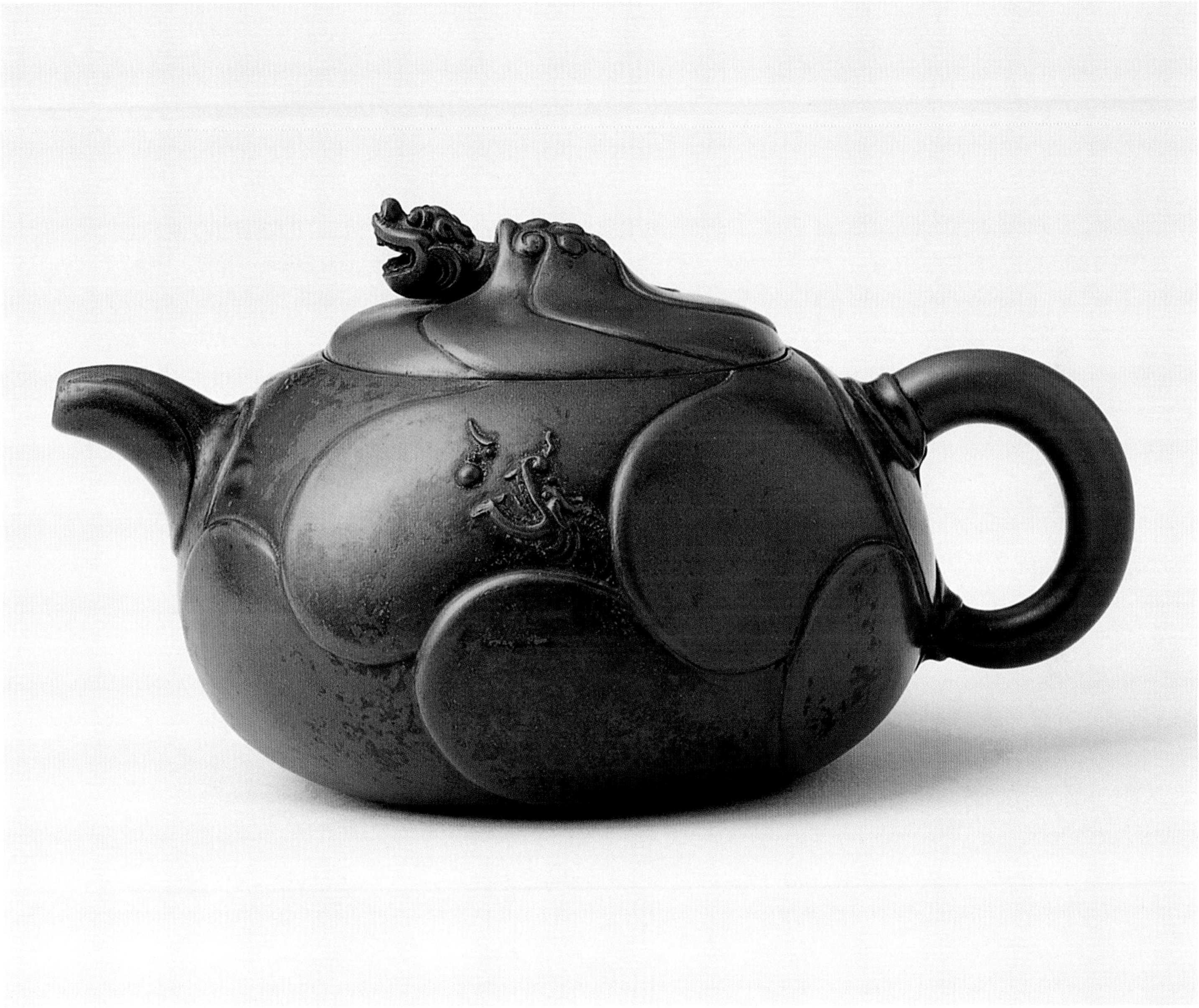

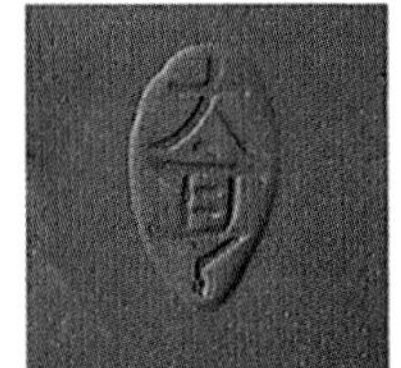

067.

高圈足矮蛋包

清・道光二十四年（1844）

邵大亨

高90mm　口徑60mm

蓋印：大亨

底刻銘：秋天明月桂花香。歲次甲辰孟秋之月

王一羽藏

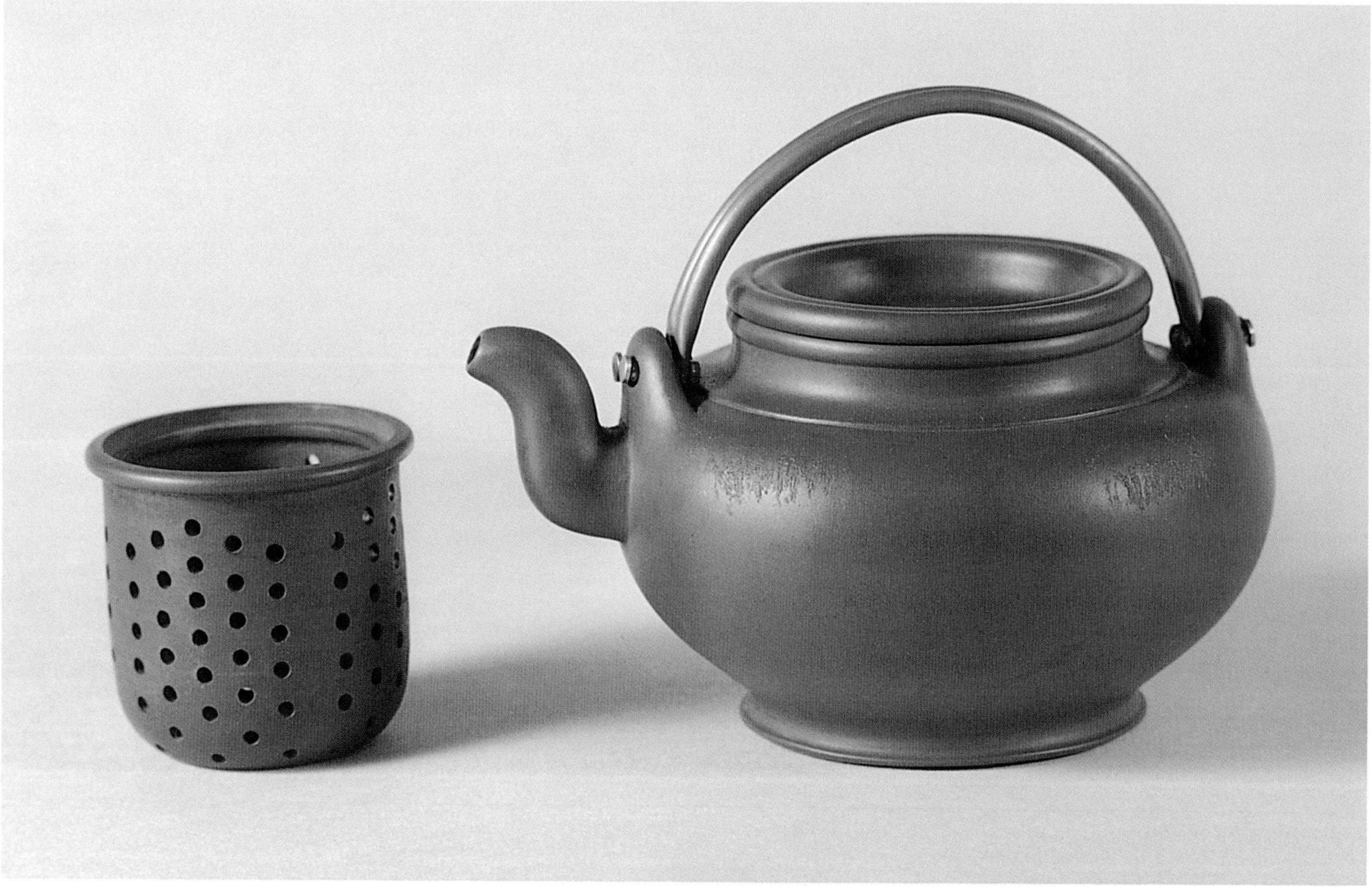

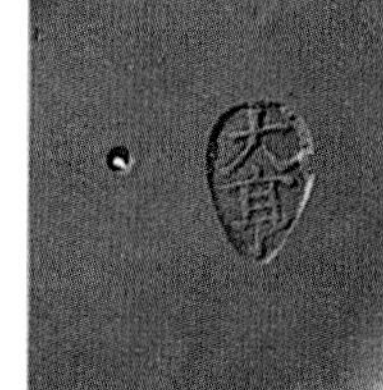

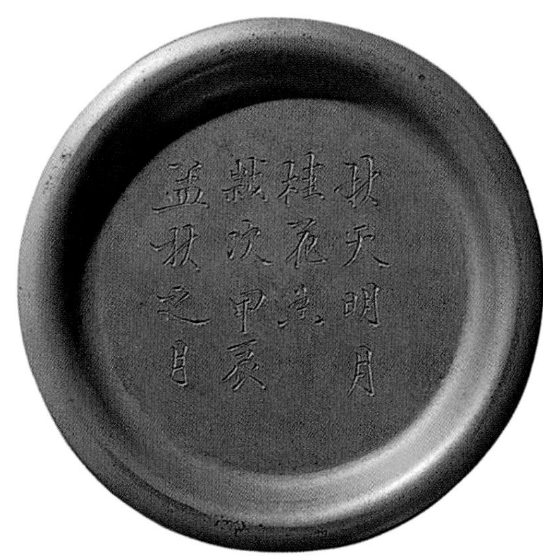

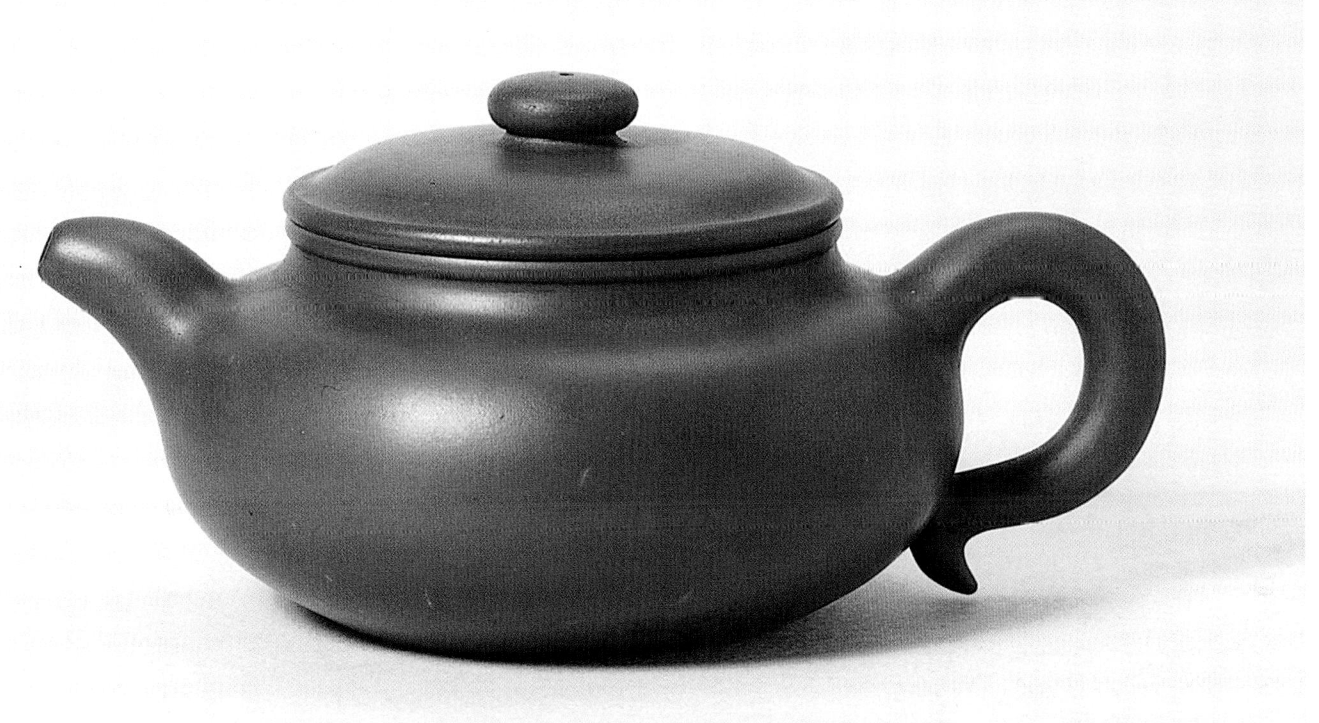

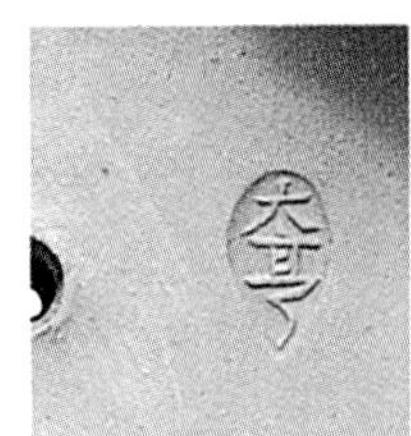

068.
仿鼓
清・嘉慶、道光
邵大亨
高86mm　口徑92mm
蓋印：大亨
宜興陶瓷陳列館藏

069.
漢扁
清・嘉慶、道光
大炳
高74mm　口徑78mm
壺肩刻款：大炳
南京博物院藏

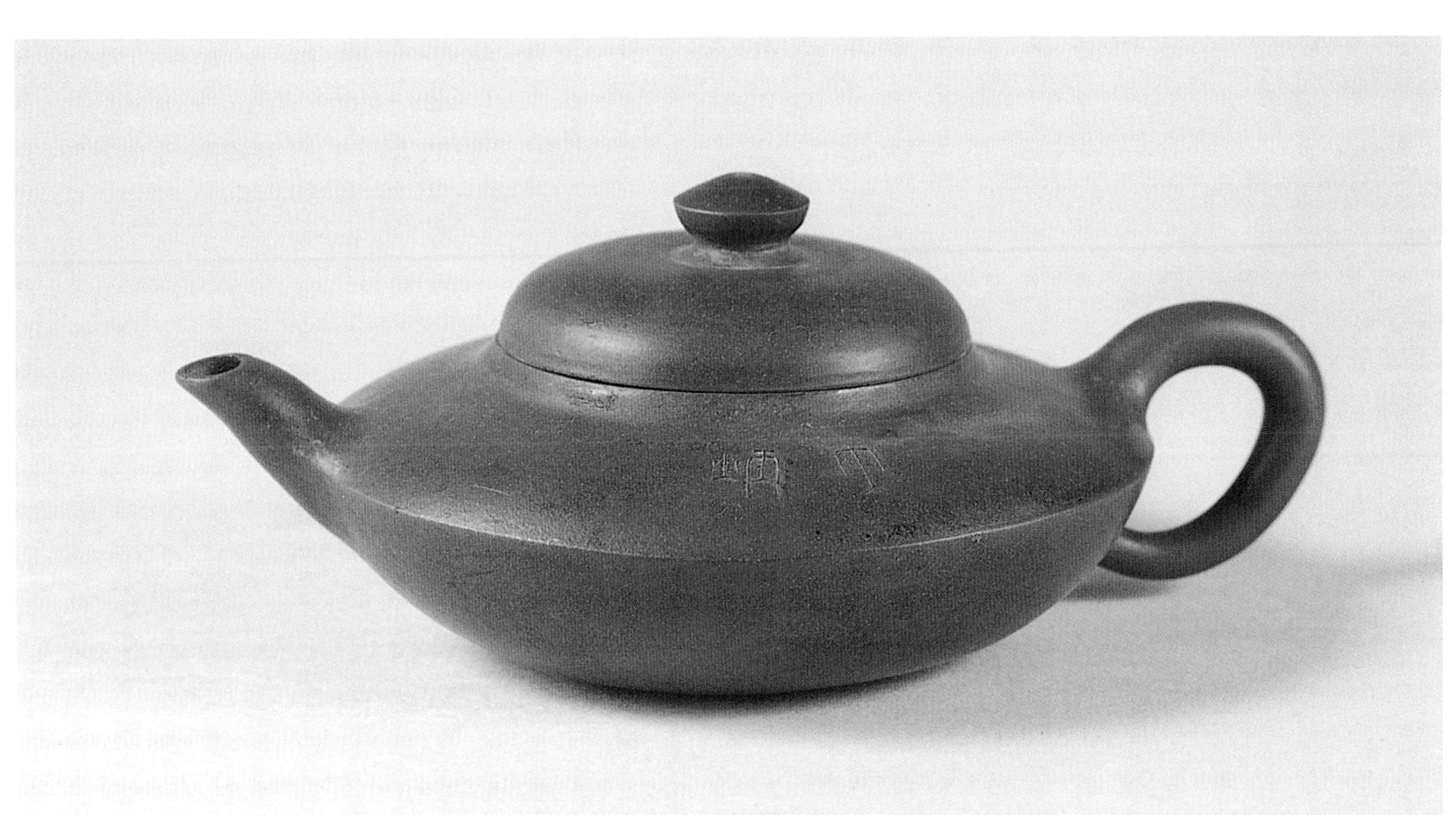

070.

高蛋寶

清・道光

邵友蘭（製）　邵二泉（銘）

高98mm　口徑66mm

蓋印：友蘭

底印：友蘭秘製

壺身銘：手托清泉當浩魄，半是盧同半李白。

二泉

個人藏

◉　作者邵友蘭，是與邵大亨同時的又一名手，藝技遜於大亨。友蘭的傳器壺身上，一般常見銘文鐫刻，刻者署名"二泉"，即史傳記載的"邵二泉"。友蘭於道光年間曾爲清宮廷製過貢品。故宮博物院現在還有他的藏器。

這件高蛋寶壺，內有茶膽，泥色潤佳，形制柔和稚巧，容量大小適度，使用功能特佳，壺嘴滴水不涎；造型雖屬傳統，但友蘭做得頗具個性，是饒有趣味的茶藝文物。

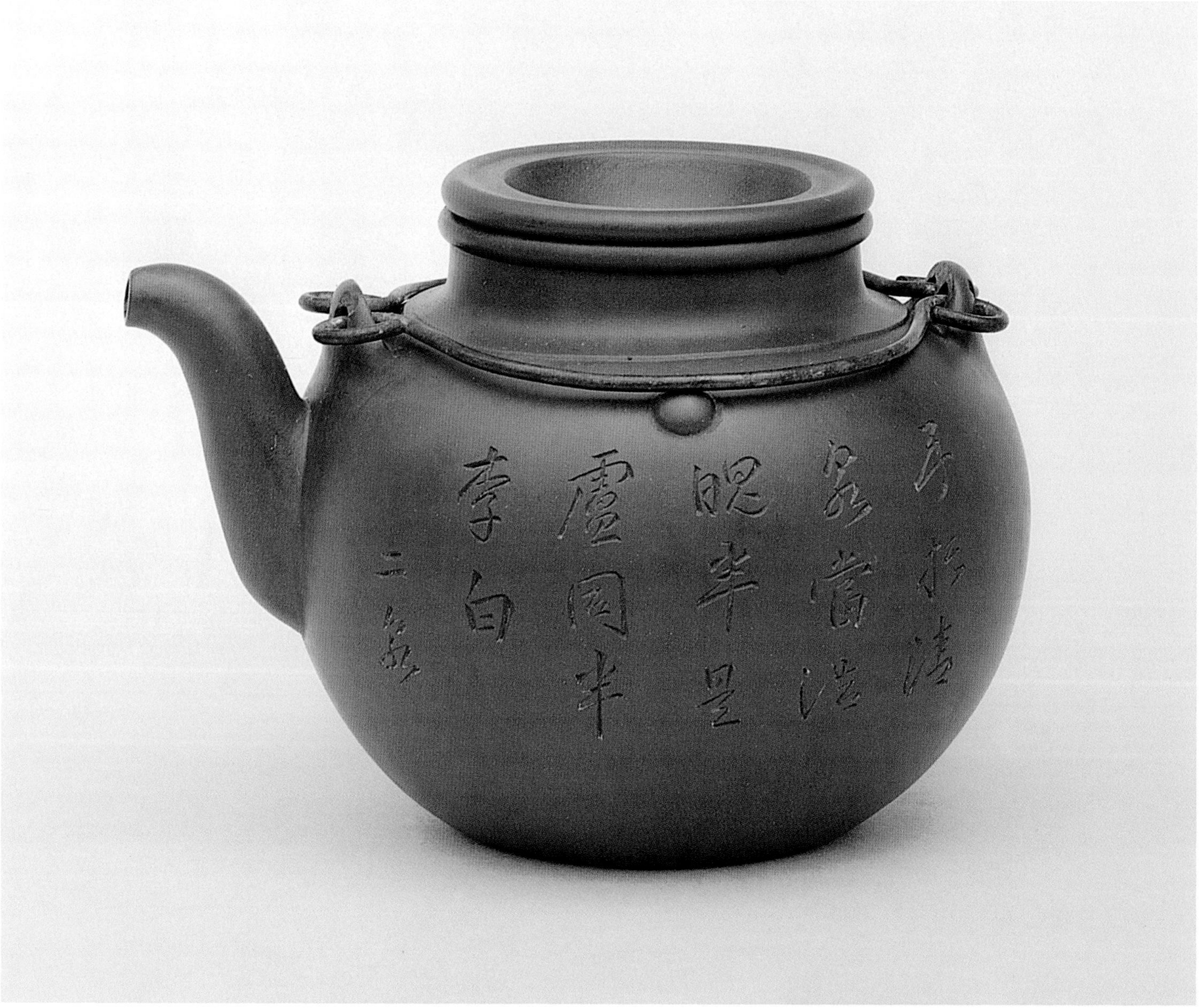

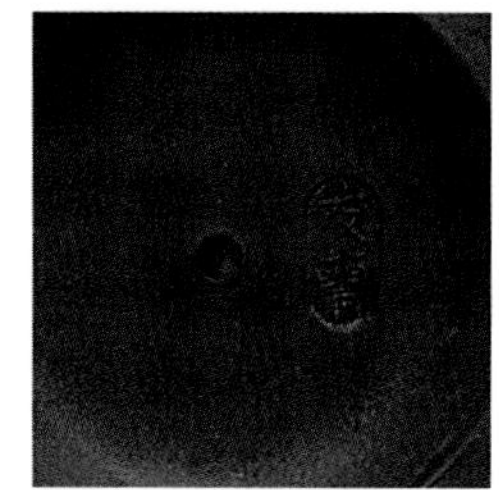

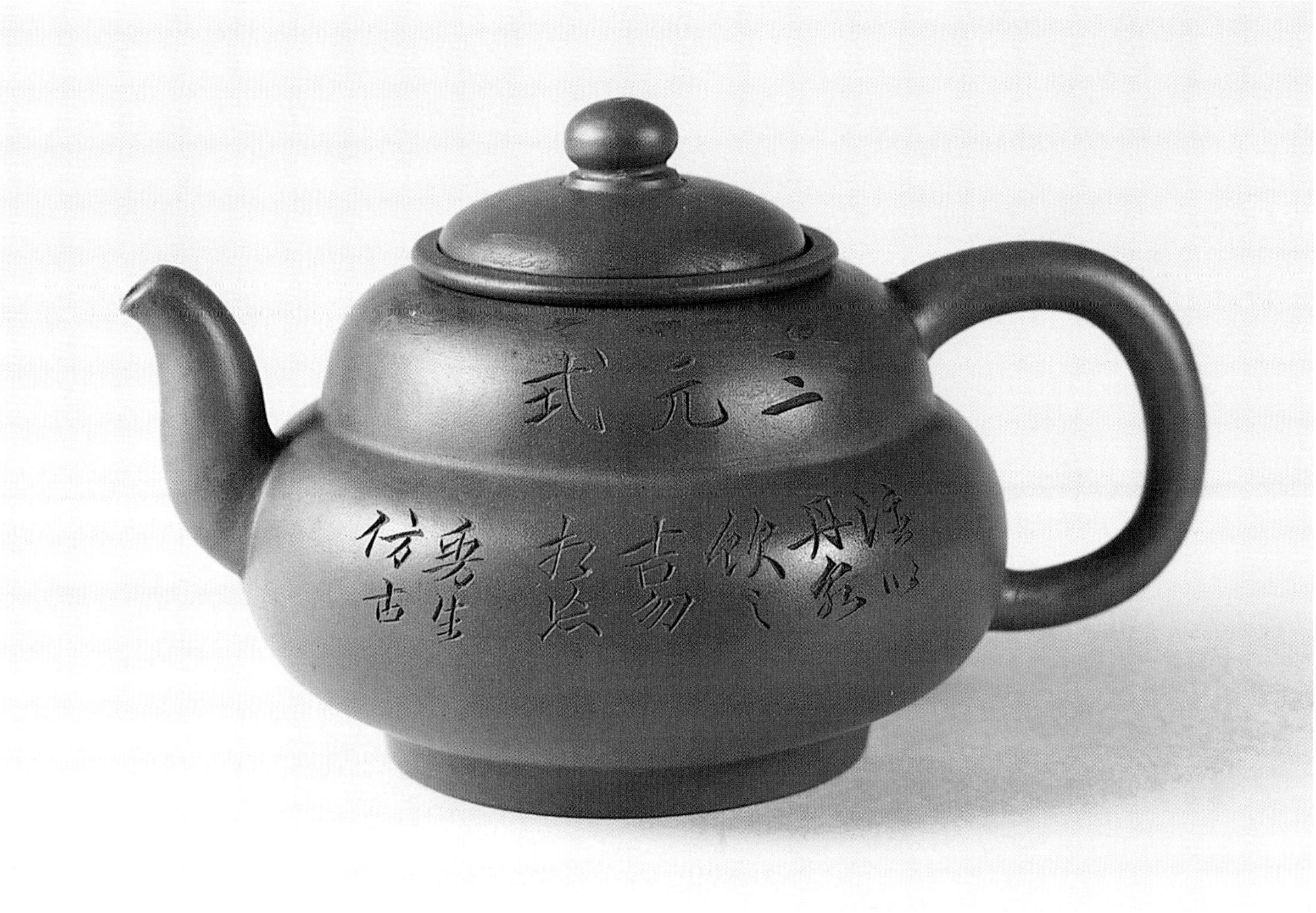

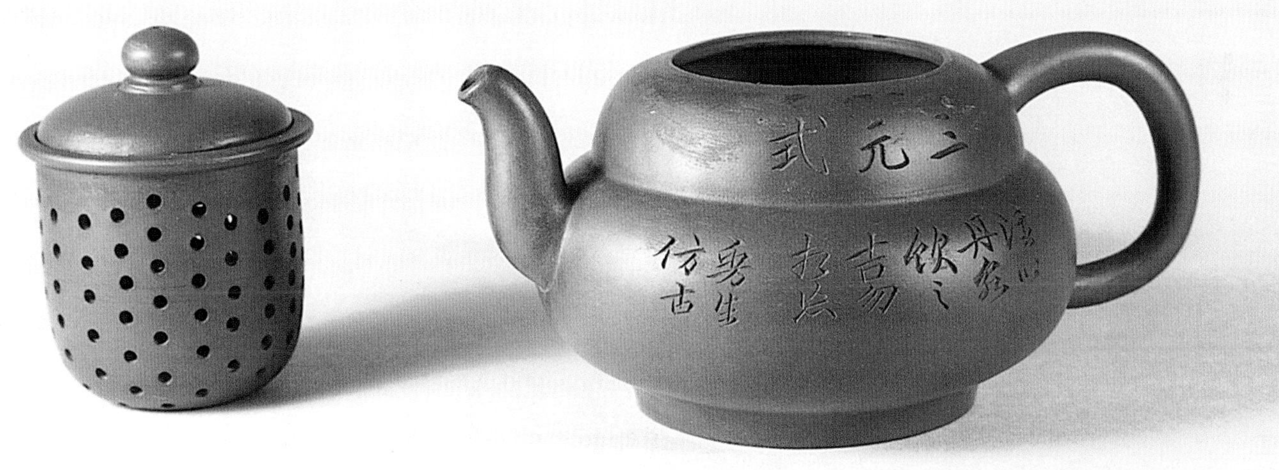

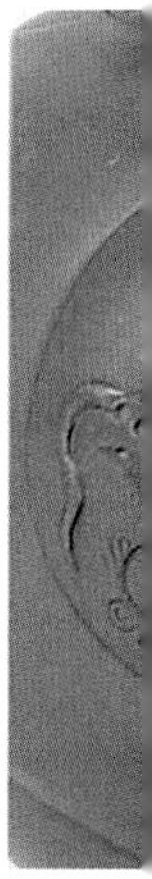

071.

三元式膽壺

清・道光

邵友蘭（製）　陳曼生（銘）

高105mm　口徑60mm

蓋印：友蘭

底印：符生鄧奎監造

壺身銘：三元式
注以丹泉，
飲之吉，
勿相忘。
曼生仿古

王一羽藏

072.

匏瓜

清・嘉慶

楊彭年（製）　陳曼生（銘）

高90mm　口徑63mm

底印：阿曼陀室

把下印：彭年

壺身銘：飲之吉，匏瓜無匹。

曼生銘

唐雲藏

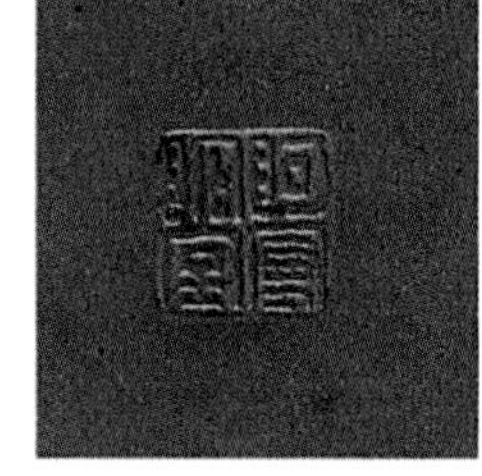

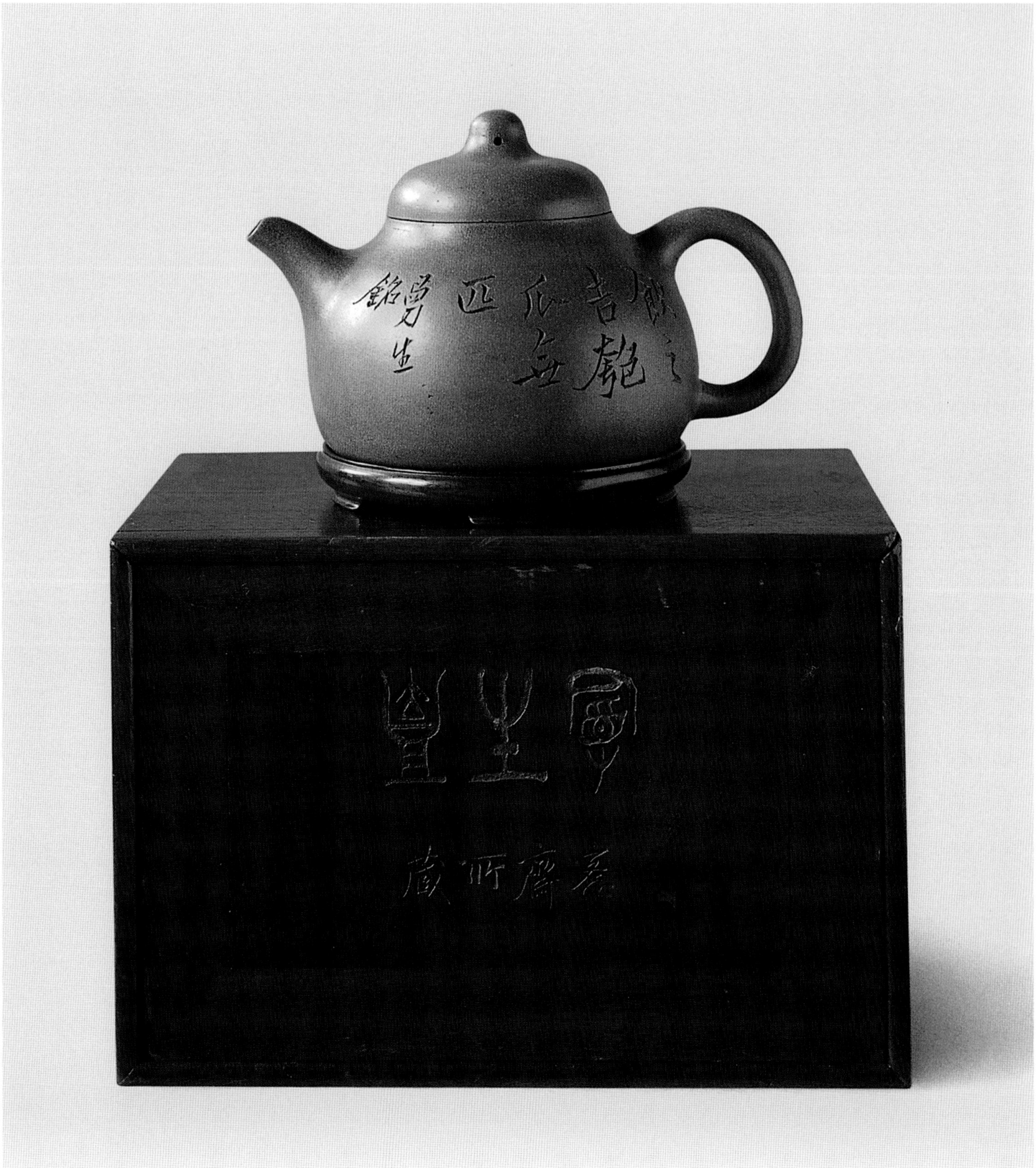

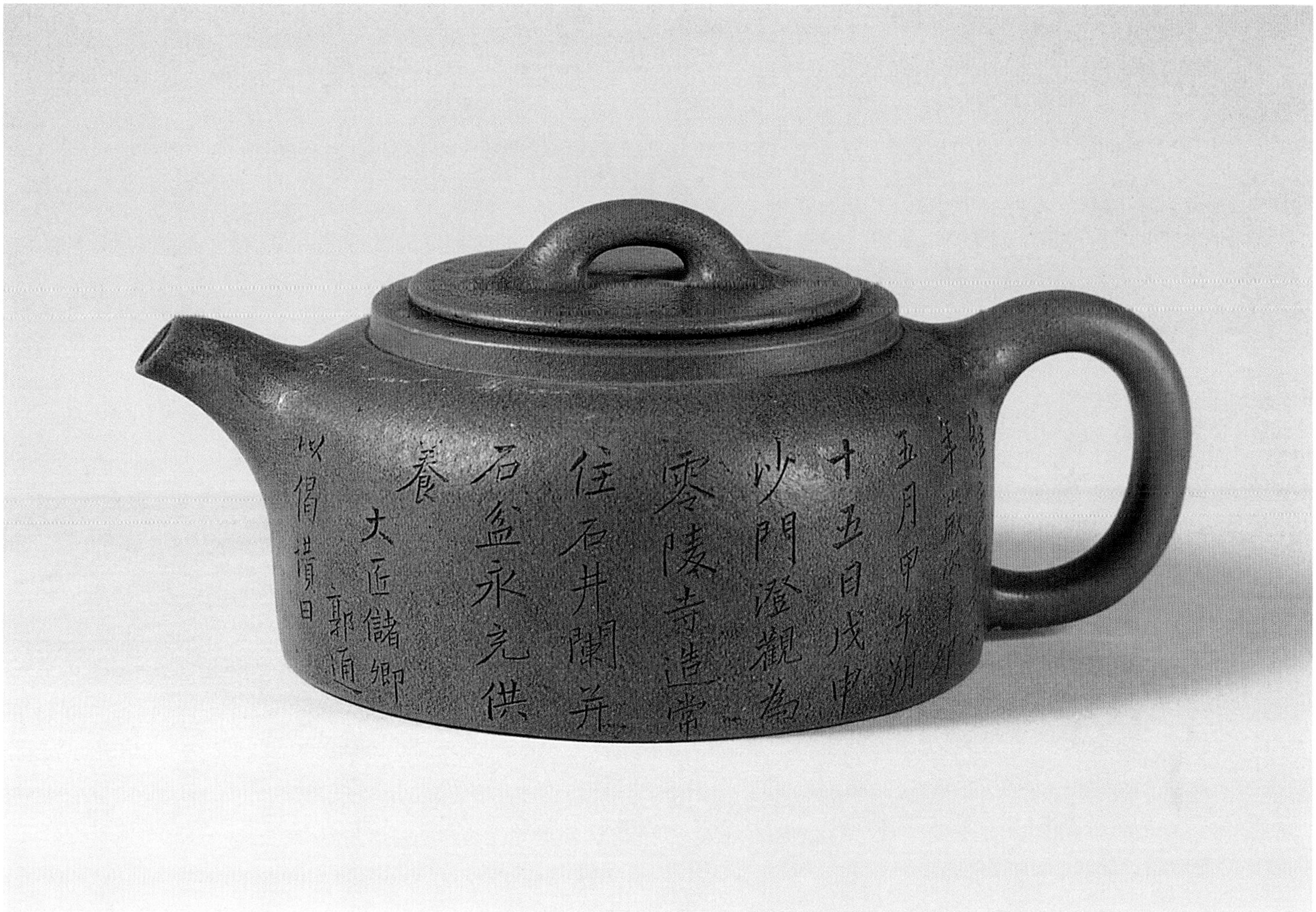

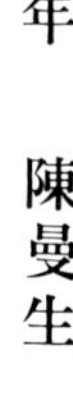

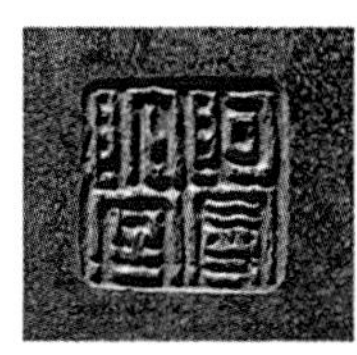

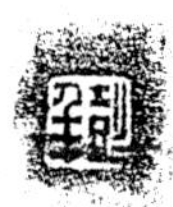

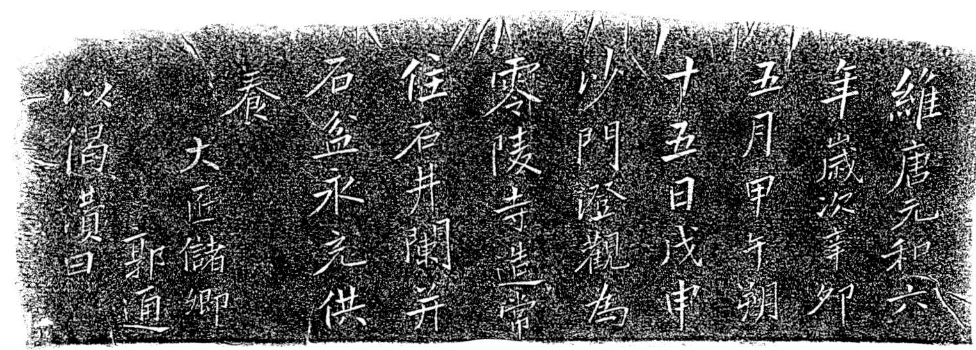

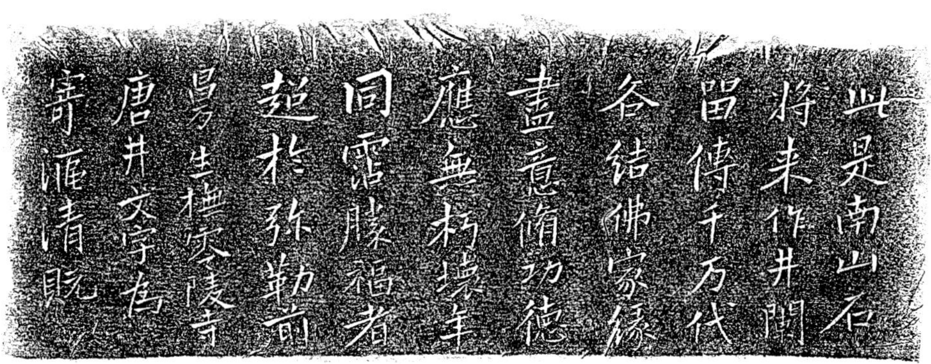

073.

仿古井闌壺

清・嘉慶

楊彭年（製）　陳曼生（銘）

高86mm　口徑79mm

蓋印：彭年

底印：阿曼陀室

壺身銘：維唐元和六年，歲次辛卯，五月甲午朔，十五日戊申，沙門澄觀爲零陵寺造常住石井闌并石盆，永充供養。

大匠儲卿・郭通

以偈讚曰：

此是南山石，將來作井闌。
留傳千萬代，名結佛家緣。
盡意修功德，應無朽壞年。
同霑勝福者，超於彌勒前。

曼生《撫零陵寺唐井文字爲寄漚清睆》

南京博物院藏

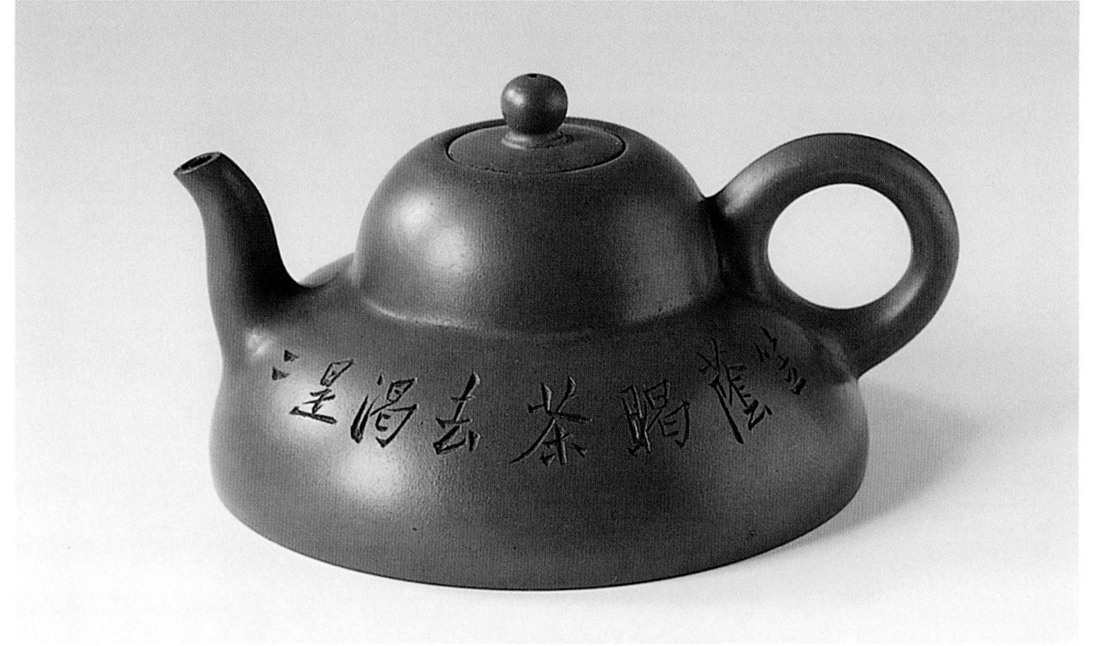

074.

箬笠壺

清・嘉慶

楊彭年（製） 陳曼生（銘）

高78mm 口徑32mm

底印：阿曼陀室

把下印：彭年

壺身銘：笠蔭喝茶去渴，
是二是一，
我佛無說。
曼生銘

唐雲藏

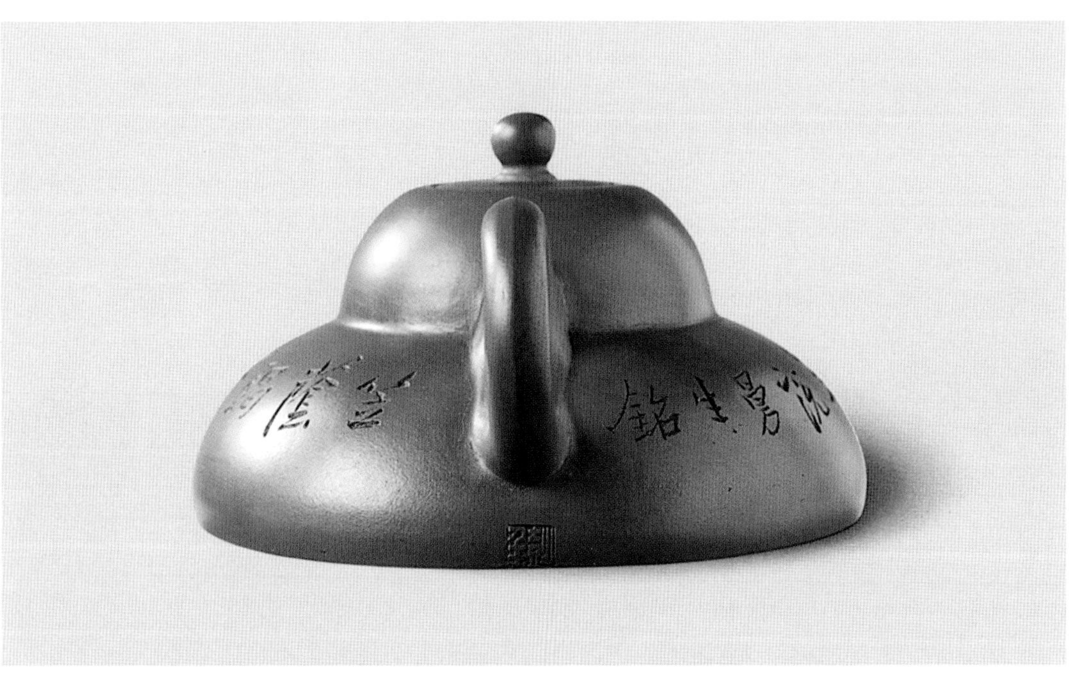

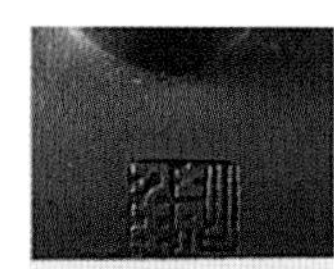

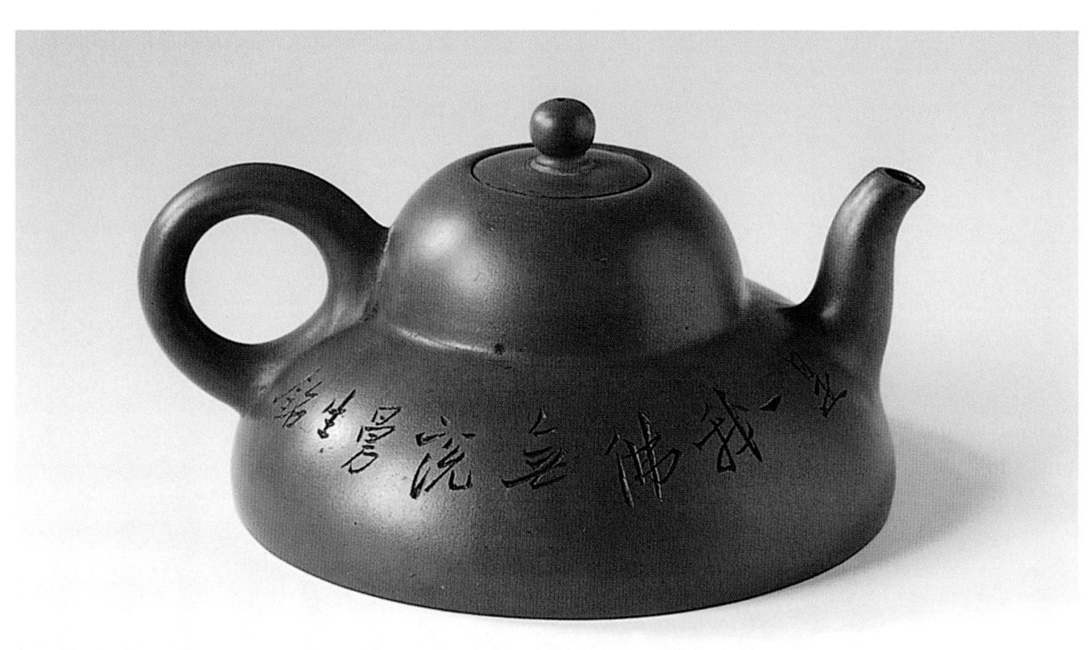

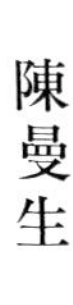

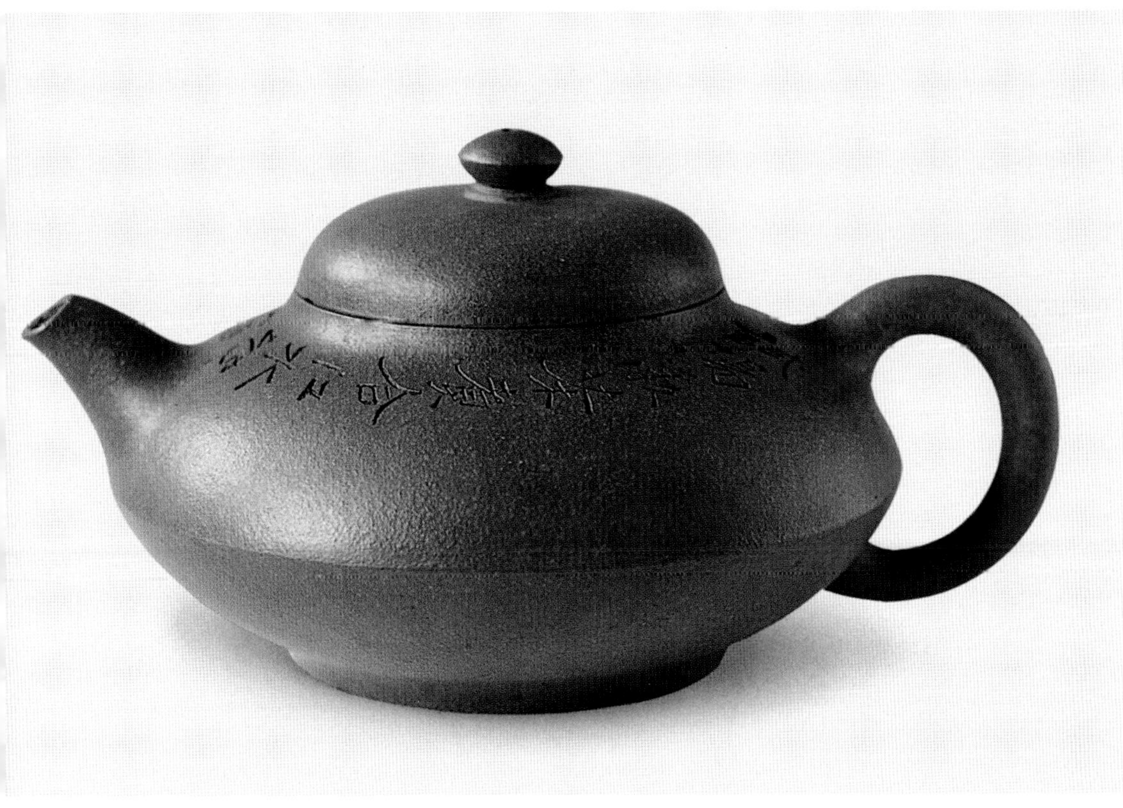

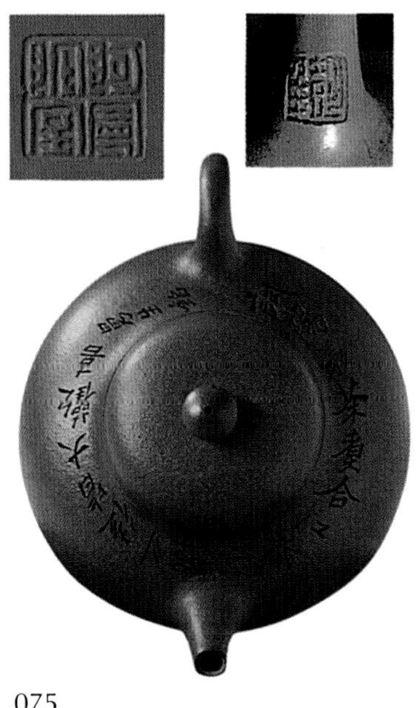

075.

合歡

清・嘉慶

楊彭年（製）　陳曼生（銘）

高84mm　口徑70mm

底印：阿曼陀室

把梢印：彭年

壺肩銘：試陽羨茶，煮合江水。
坡仙之徒，皆大歡喜。
曼生銘

唐雲藏

◉　此器是曼生與楊彭年結合的佳器，其印章、書法、銘藻，款式書卷氣息醇厚，確實別賦一番文學情趣。此壺尤可注意的是：銘飾和形制結合得非常成功，就算在楊彭年的作品系統中，也是製技較佳的。

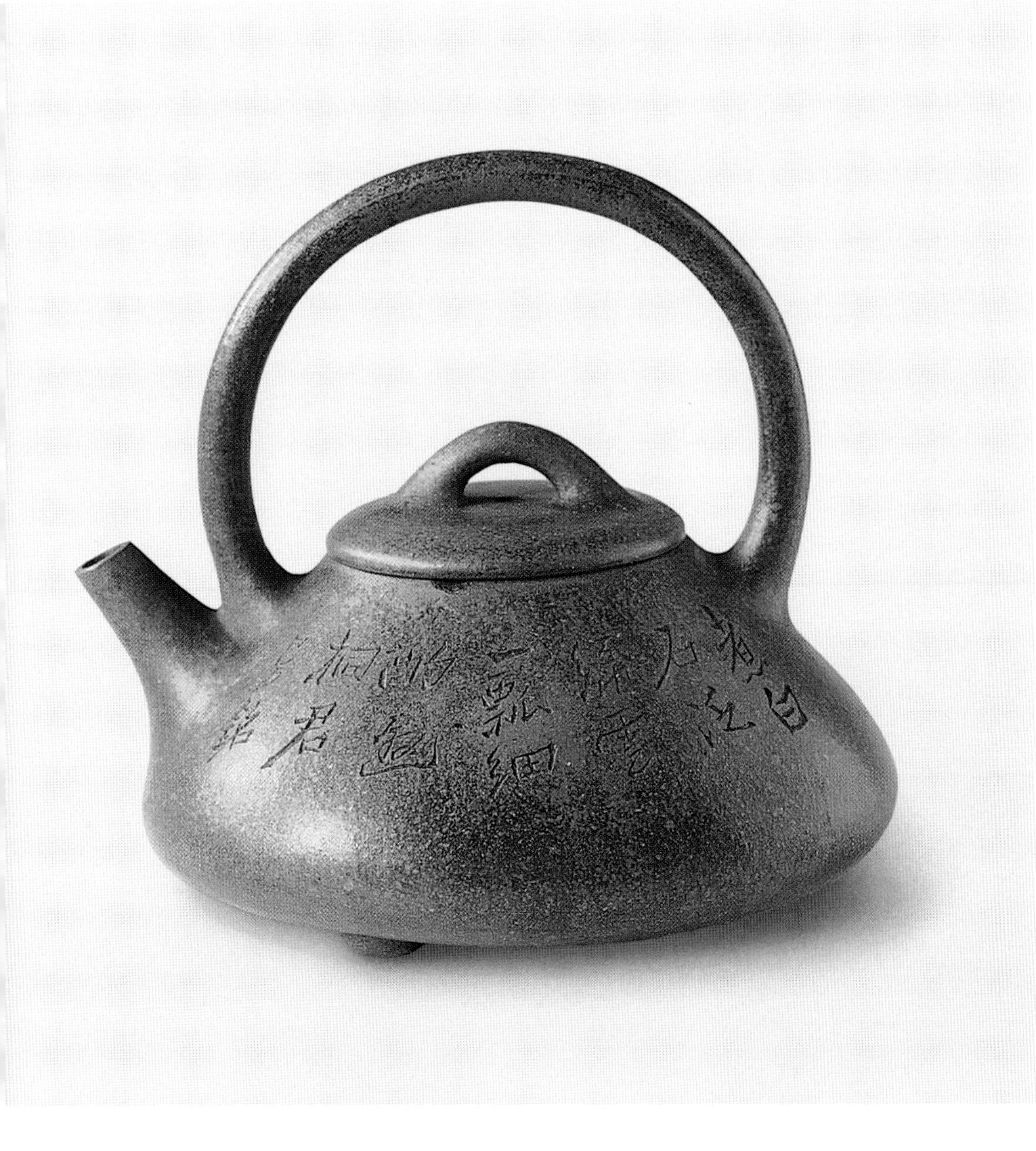

076.

石瓢提梁

清・嘉慶

楊彭年（製）　陳曼生（銘）

高110mm　口徑57mm

蓋印：彭年

底印：阿曼陀室

壺身銘：煮白石，泛綠雲，
一瓢細酌邀桐君。
曼銘

唐雲藏

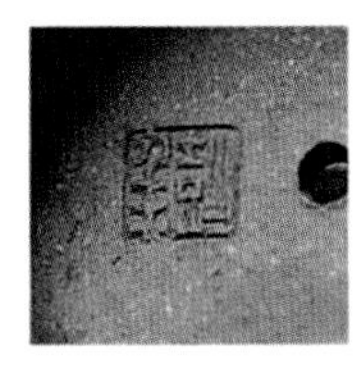

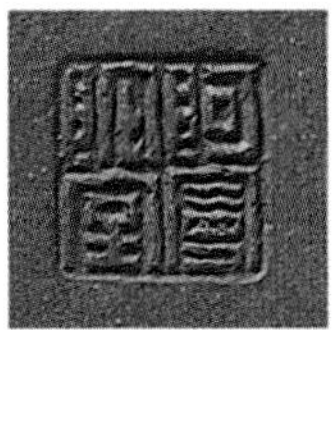

077.

半瓜

清・嘉慶

楊彭年（製） 陳曼生（銘）

高72mm 口徑61mm

蓋印：彭年

底印：陳曼生製

壺身銘：梅雪枝頭活火煎，
山中人兮僊乎仙。
曼生

南京博物院藏

◉ 底印“陳曼生製”，蓋印“彭年”。南京博物院藏器。此壺的泥色和手法與彭年其他傳器珍品相一致，書法、鐫刻亦佳，但印章底款和蓋印明顯矛盾，使後來的鑒賞者容易產生誤解，但這種情況在歷史上亦屢見不鮮，如後來清末的㙯大澂與黃玉麟合作的成品，底印爲“愙齋”，蓋印是“玉麟”。

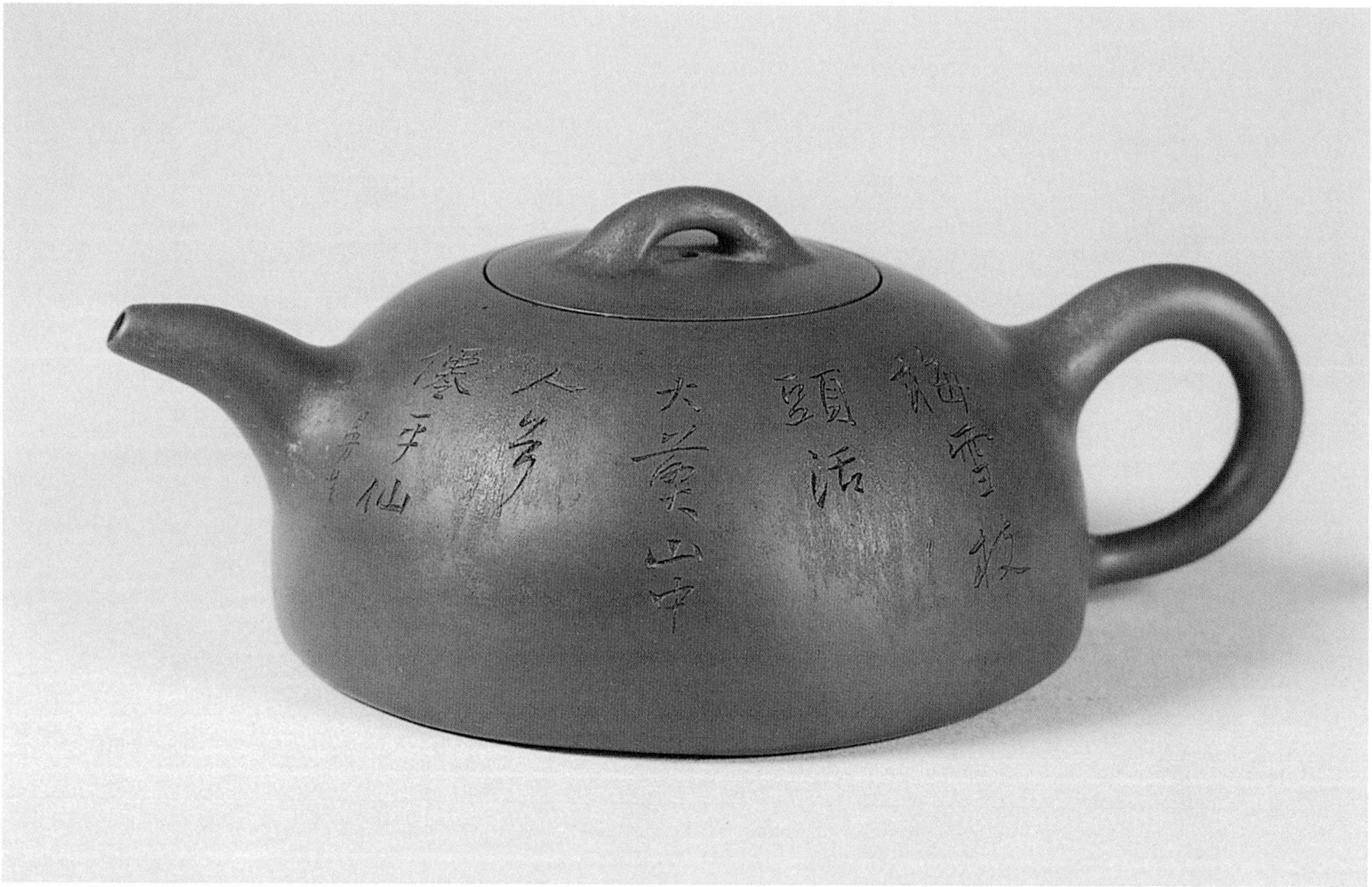

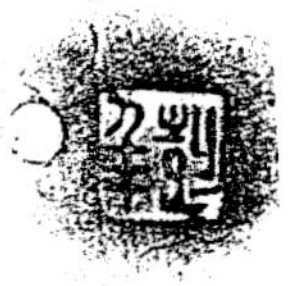

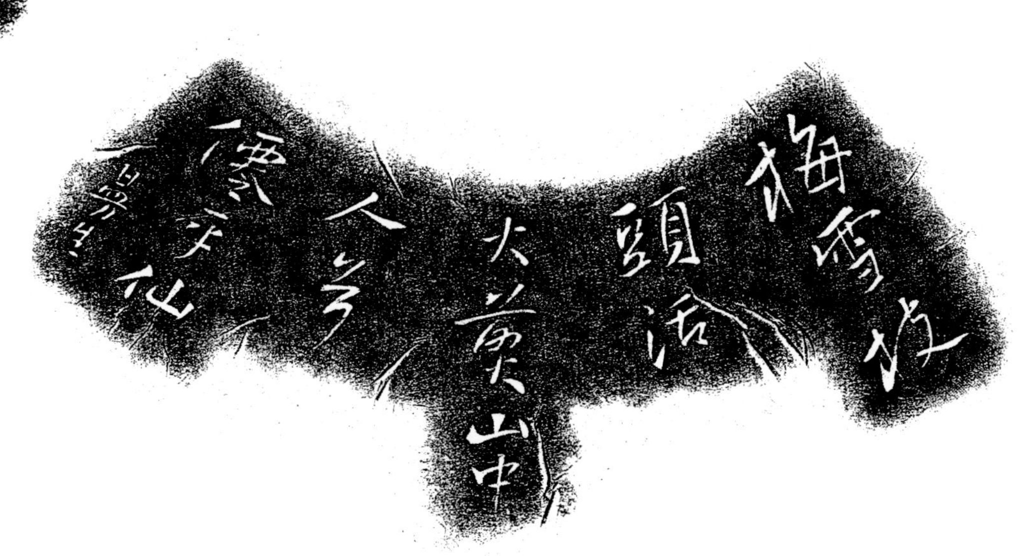

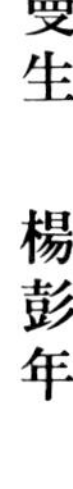

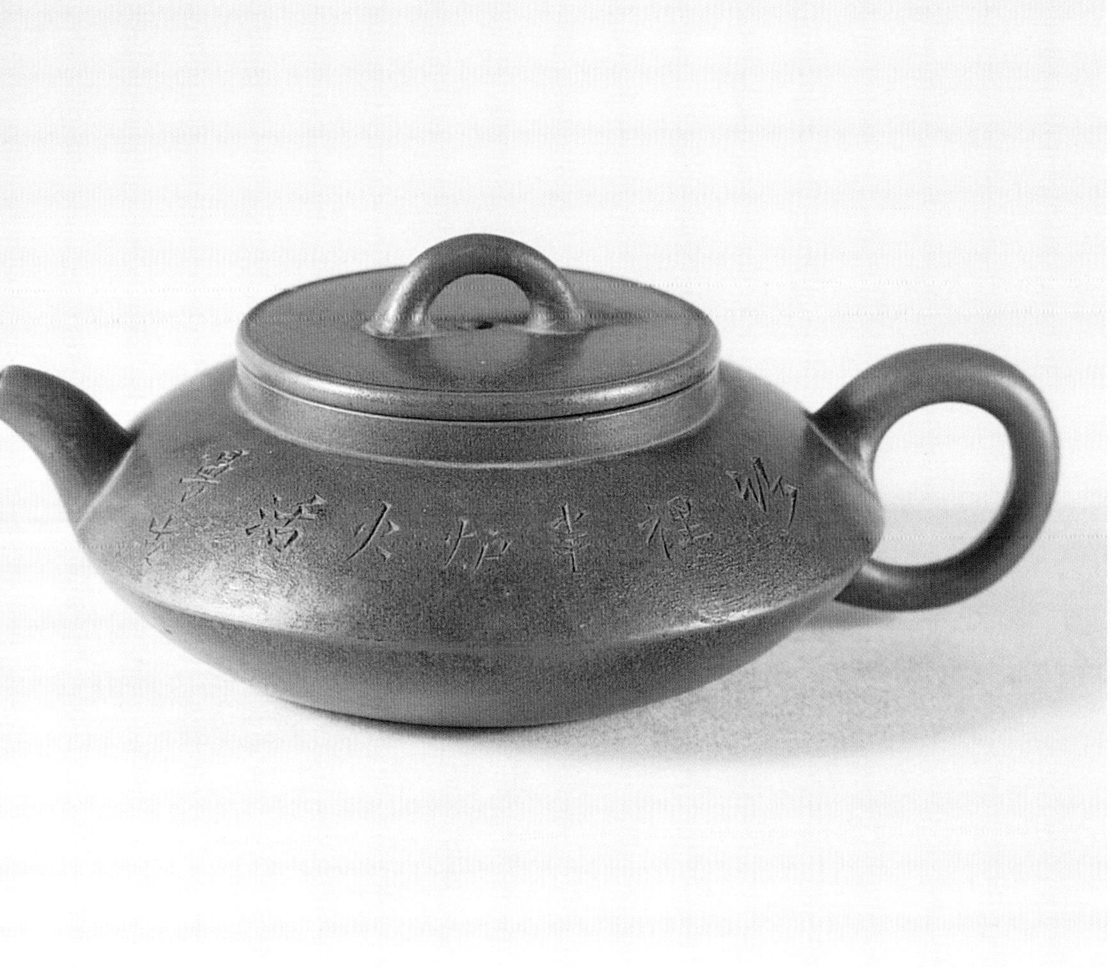

078.
合盤
清・嘉慶
陳曼生（銘）
高67mm　口徑70mm
壺銘：竹裡半爐火活　曼生
南京博物院藏

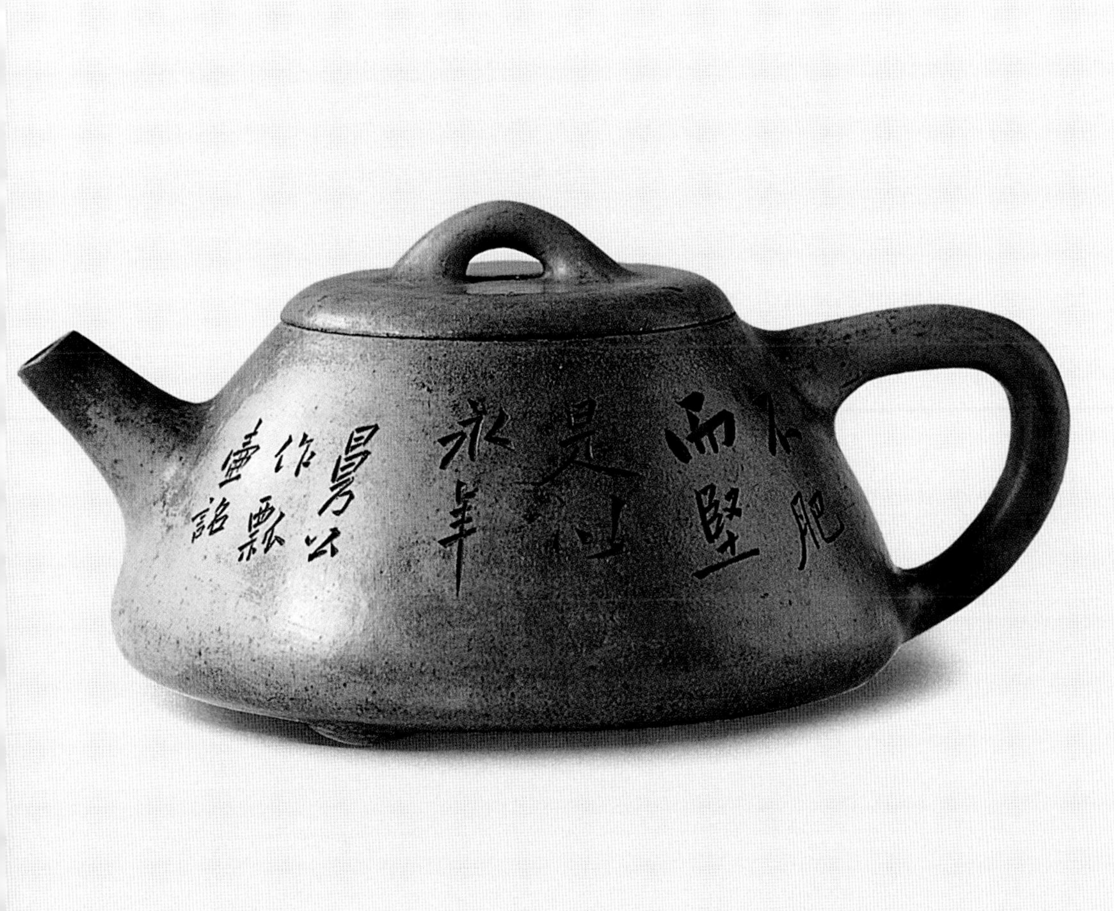

079.
石瓢
清
楊彭年（製）　陳曼生（銘）
高75mm　口徑68mm
把梢印：彭年
底印：阿曼陀室
壺身銘：不肥而堅，是以永年。
曼公作瓢壺銘
唐雲藏

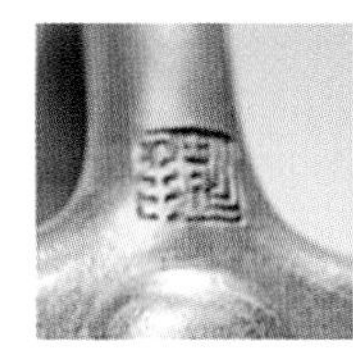

080.

瓢提

清・嘉慶

陳曼生（銘）　郭麐（書）

高183mm　口徑67mm

壺身銘：煮白石，泛綠雲，
一瓢細酌邀桐君。
曼銘頻迦書

上海博物館藏

◉　此壺爲楊彭年製作，陳曼生撰銘，郭麐書刻。郭麐字祥伯，號頻伽。

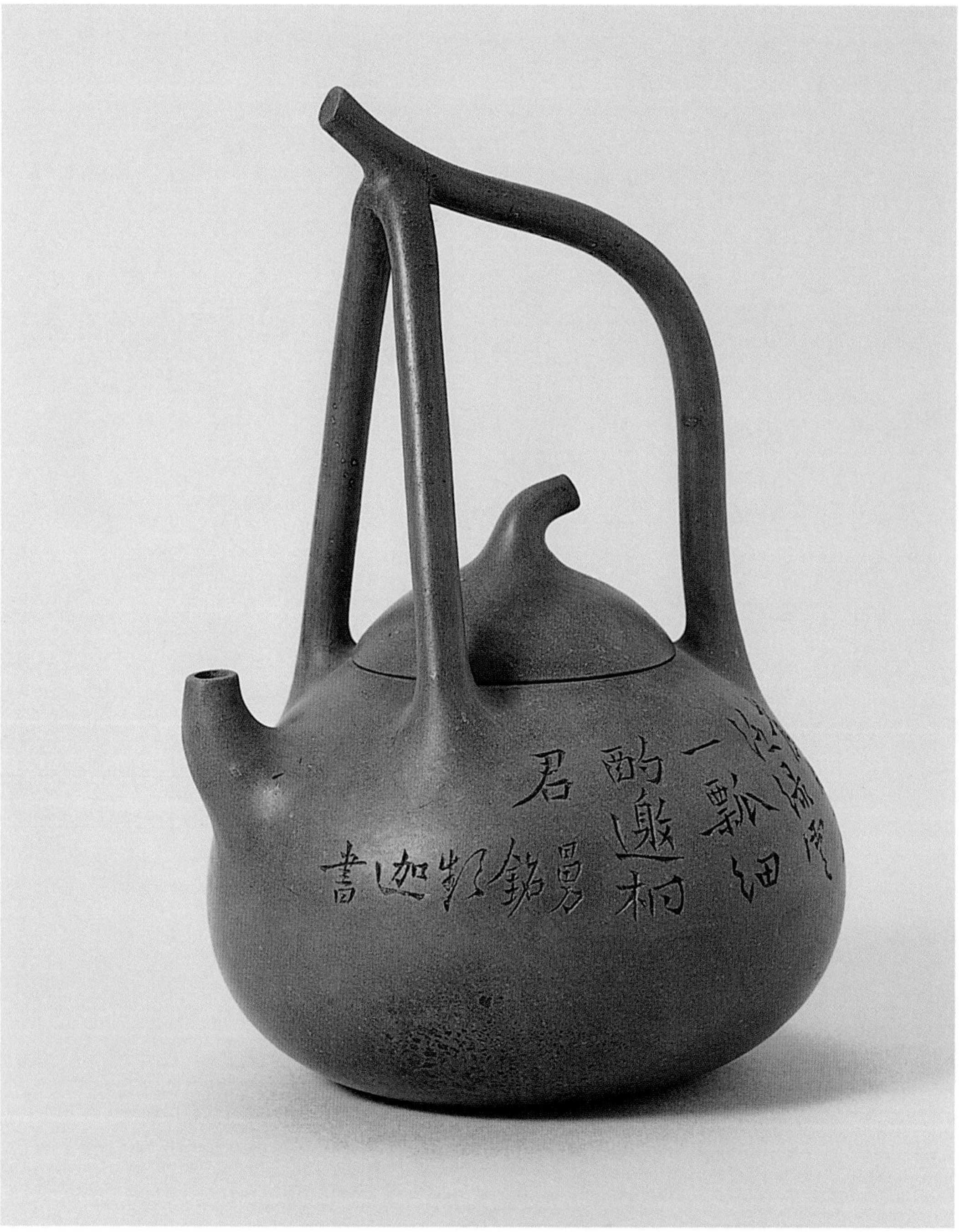

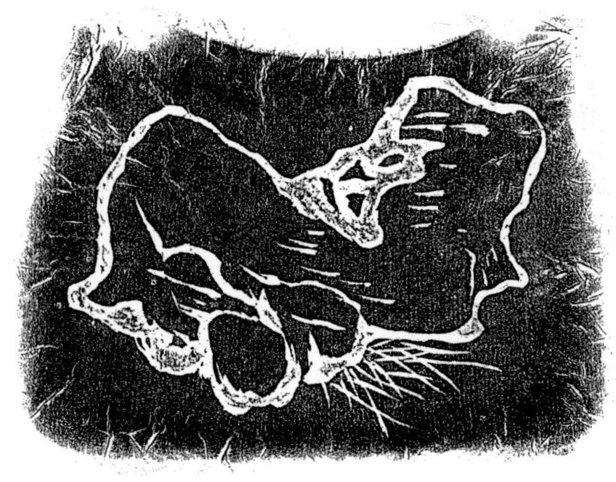

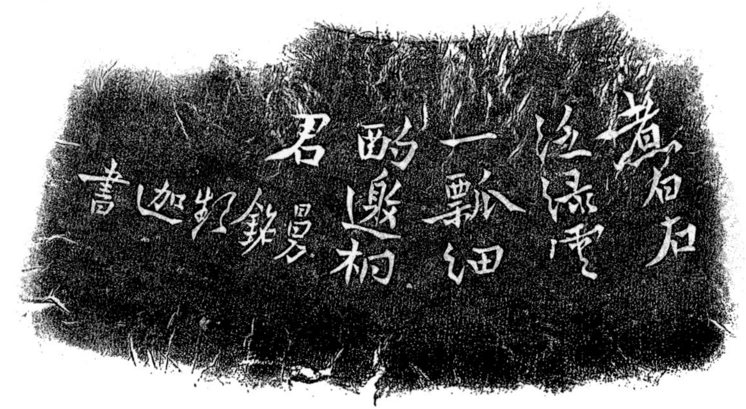

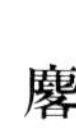

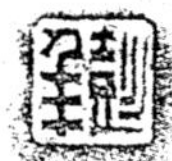

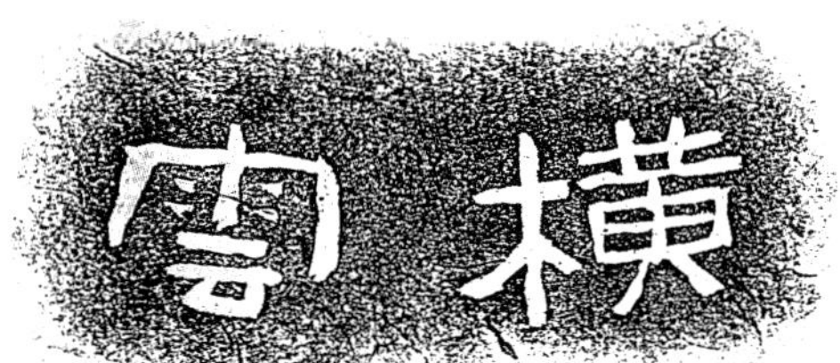

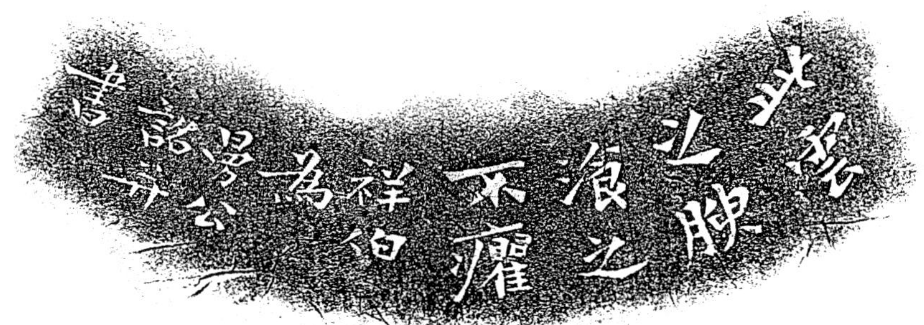

081.

乳甌壺

清・嘉慶

楊彭年（製）　郭麐（銘書）

高78mm　口徑56mm

底印：阿曼陀室

把梢印：彭年

壺身銘：橫雲

此雲之腴，淦之不癯。

祥伯爲曼公銘并書

南京博物院藏

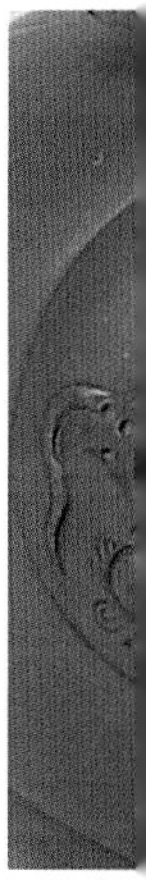

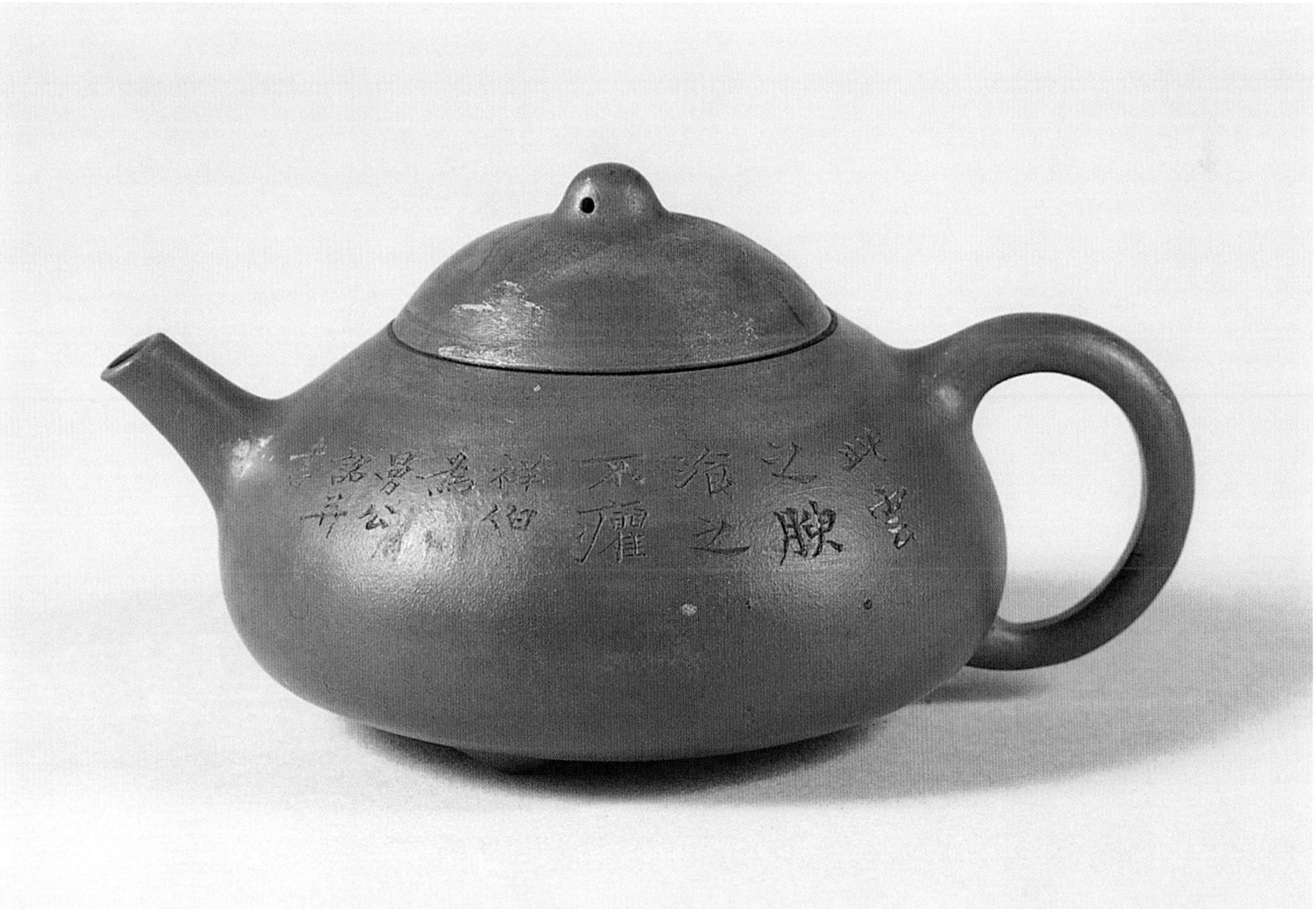

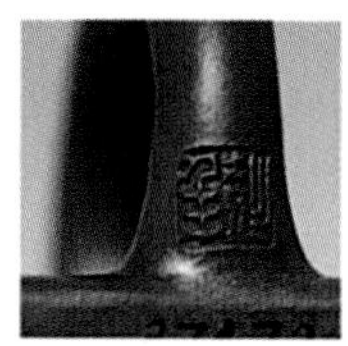

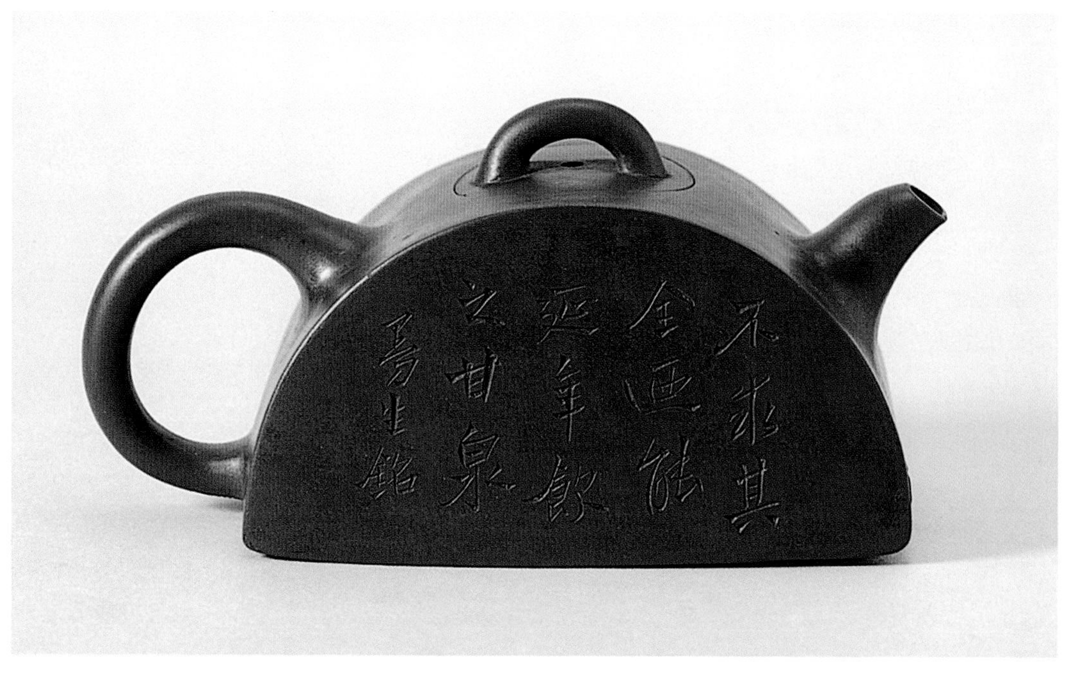

082.
半月瓦當壺
清・嘉慶
楊彭年（製） 陳曼生（銘
高74mm 口徑43mm
把梢印：彭年
底印：阿曼陀室
壺身銘：不求其仝，
迺能延年，
飲之甘泉。
曼生銘
上海博物館藏

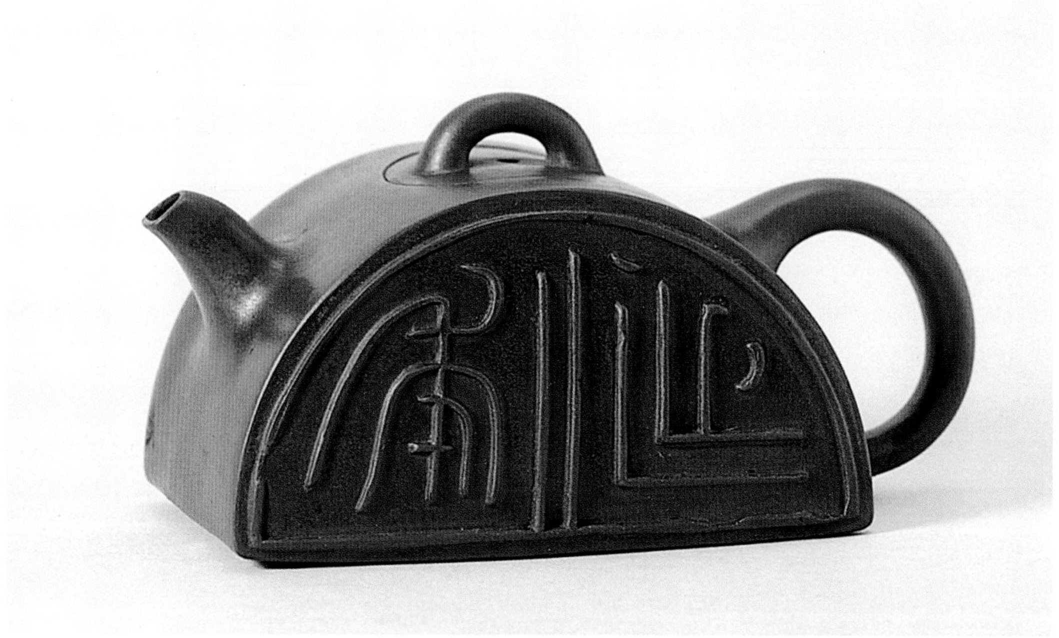
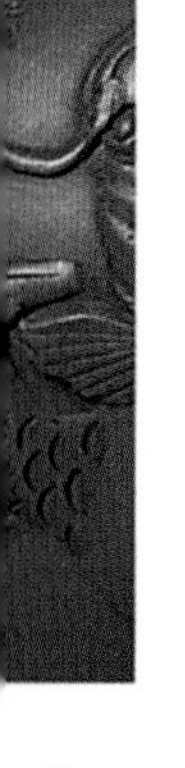

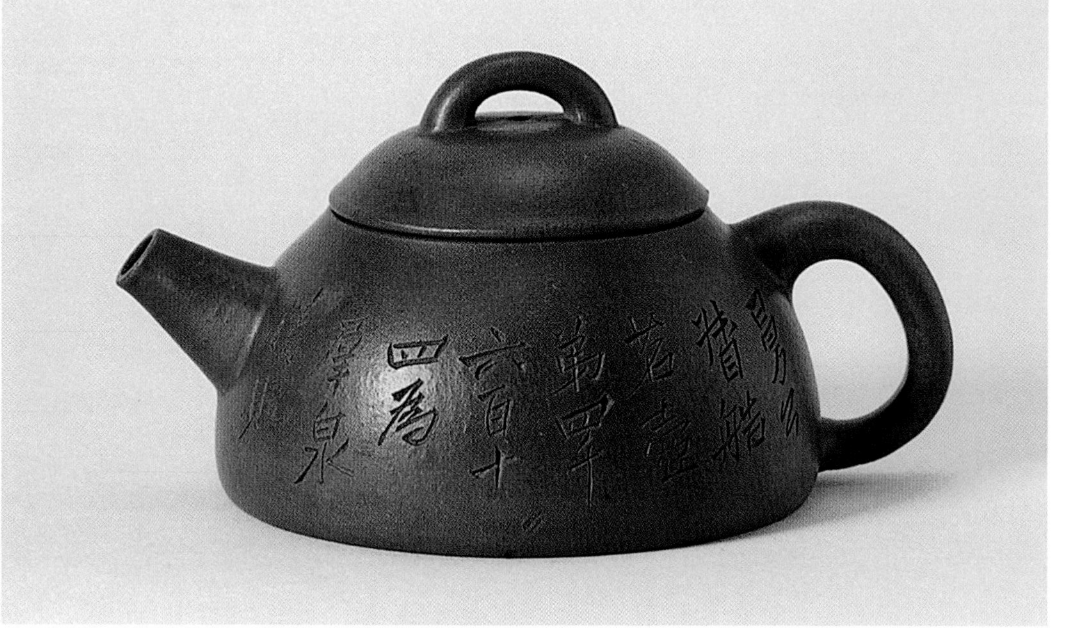

083.
半瓢
清・嘉慶
高72mm 口徑66mm
把梢印：彭年
底印：阿曼陀室
壺身銘：曼公督造茗壺，第四千六百十四。爲犀泉清翫。
上海博物館藏

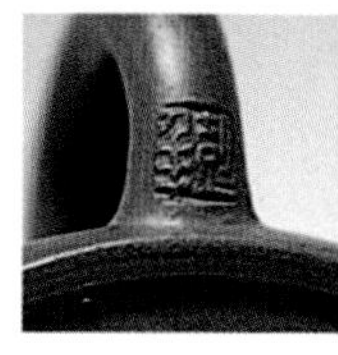

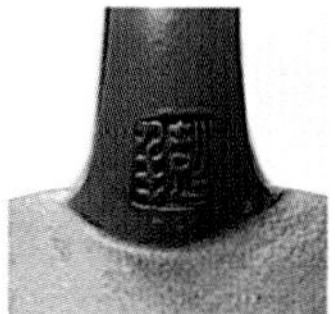

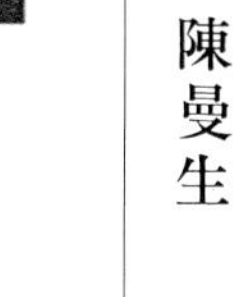
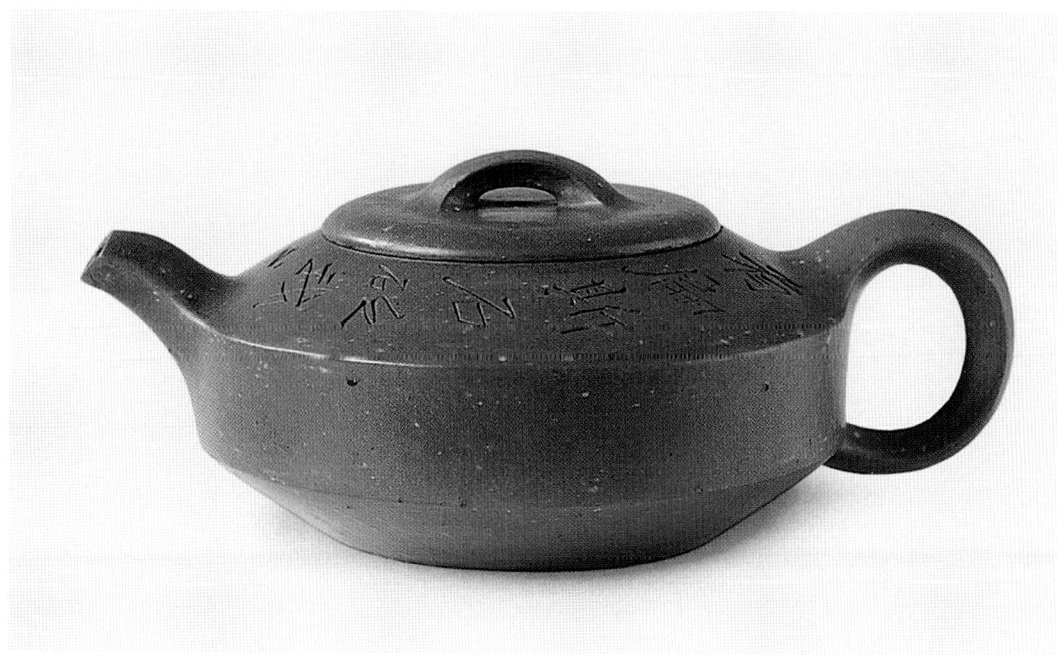

084.

扁壺

清・嘉慶

楊彭年（製）　陳曼生（銘）

高67mm　口徑71mm

把梢印：彭年

底印：阿曼陀室

壺肩銘：有扁斯石，砭我之渴。

曼公作扁壺名

唐雲藏

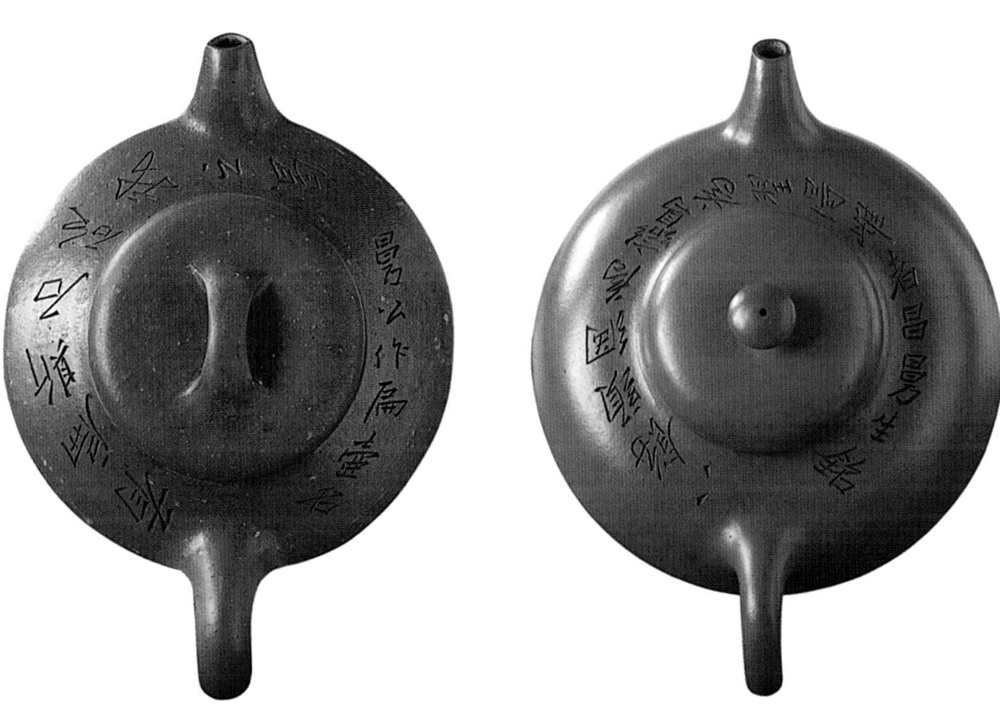

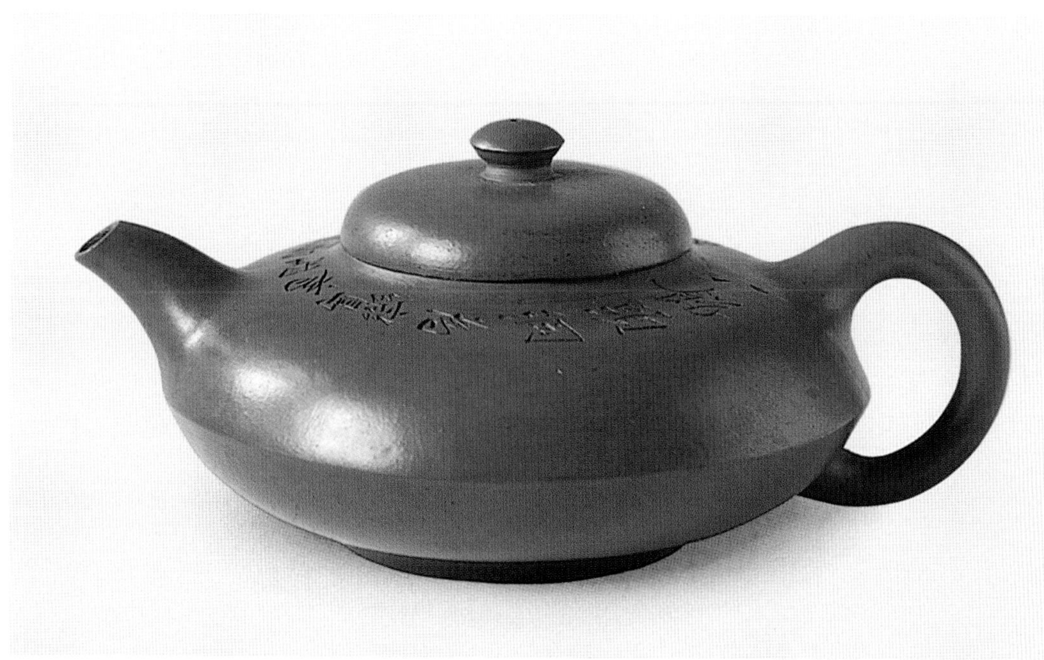

085.

合歡

清・嘉慶

楊彭年（製）　陳曼生（銘）

高77mm　口徑67mm

把梢印：彭年

底印：曼生

壺肩銘：八餅頭綱，

爲鸞爲翌，

得雌者昌。

曼生銘

唐雲藏

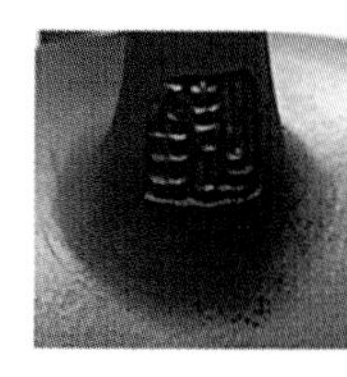
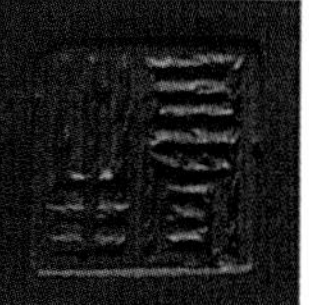

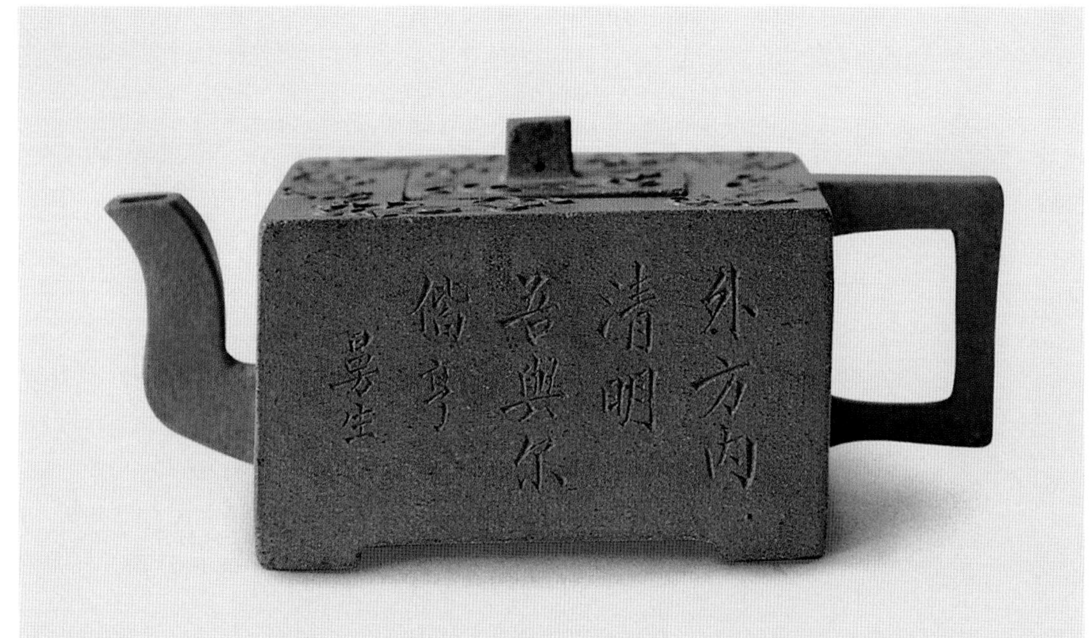

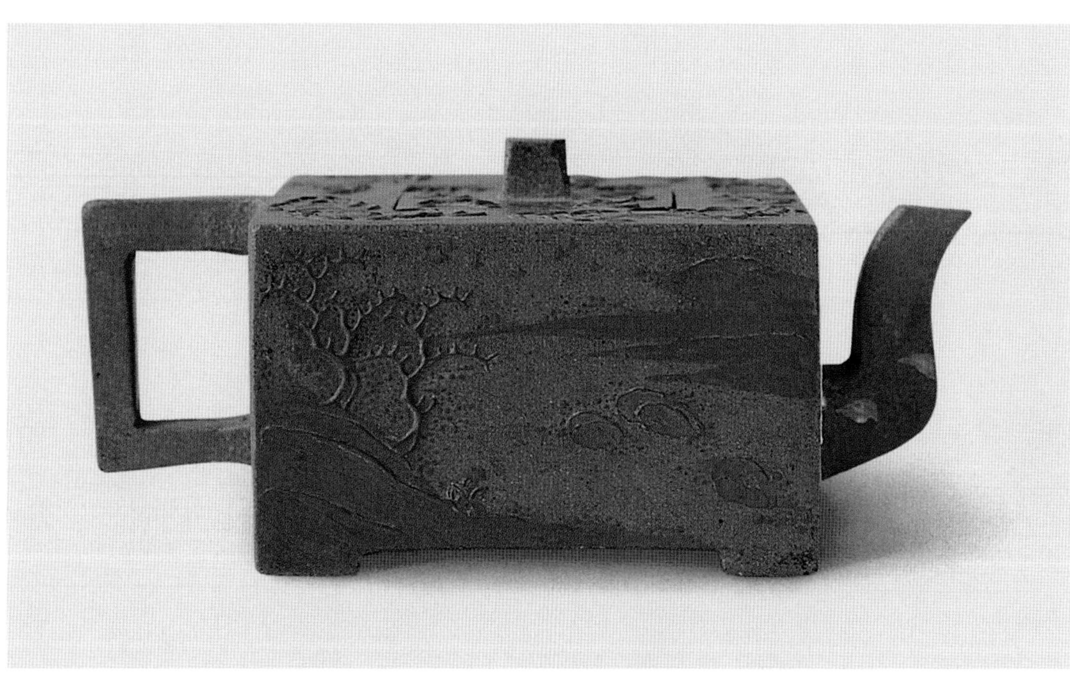

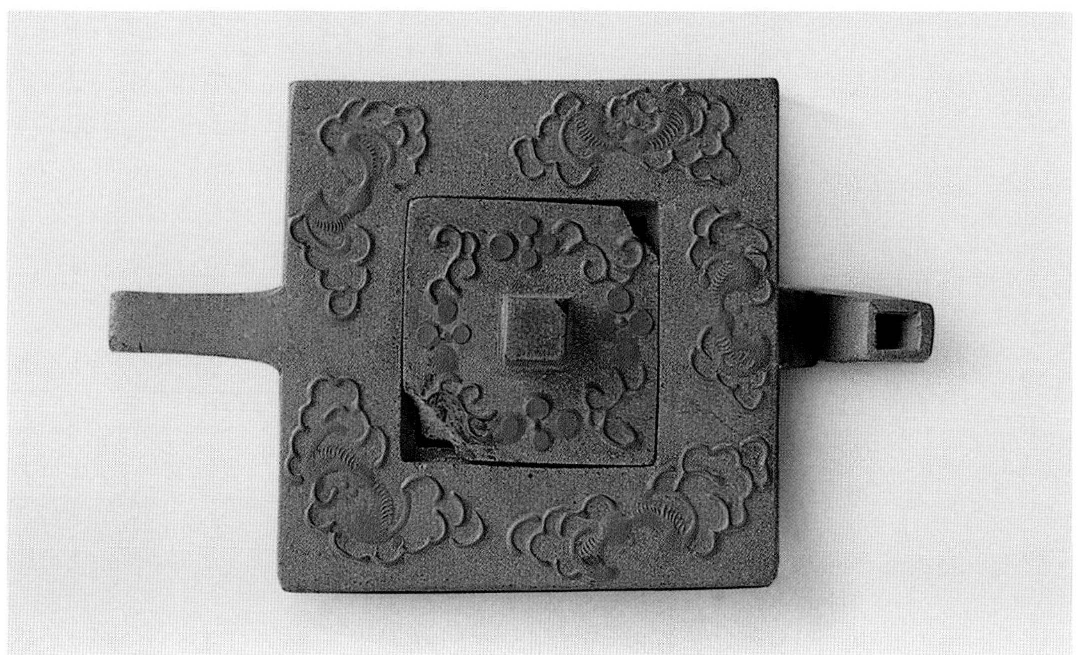

086.

雲蝠方壺

清

高70mm　口徑66mm

壺身銘：外方內清明，

吾與爾偕亨。

曼生

蘇州文物商店藏

087.
果元壺
清
楊彭年（製）　陳曼生（銘）
高75mm　口徑62mm
把梢印：彭年　**底印：**阿曼陀室
壺身銘：中有智珠，
使人不枯，
列仙之儒。
竹泉大兄先生雅玩
印泉監製
唐雲藏

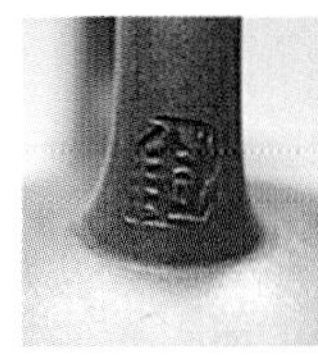

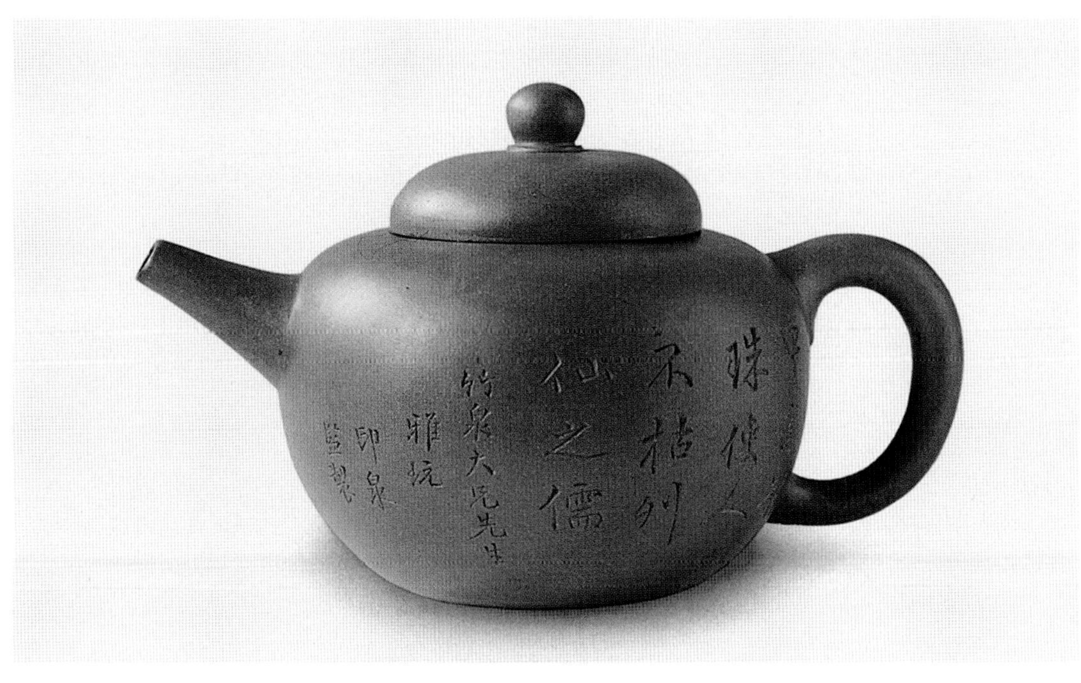
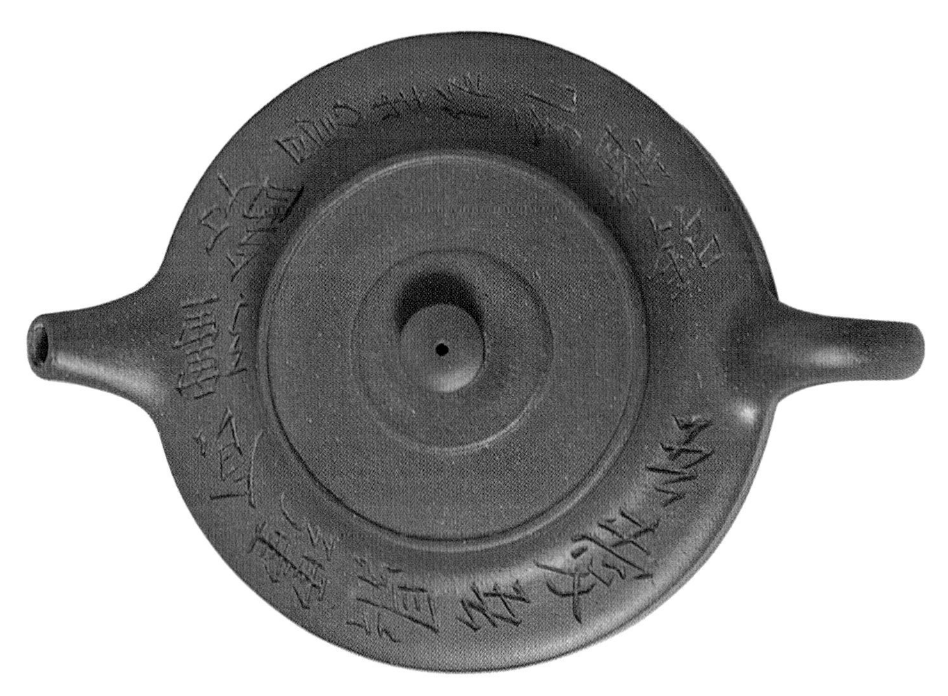

088.
小周盤
清
楊彭年（製）　陳曼生（銘）
高37mm　口徑58mm
把梢印：彭年
底印：香蘅
壺肩銘：吾愛吾鼎，彊食彊歃。
曼生作乳鼎銘
上海博物館藏

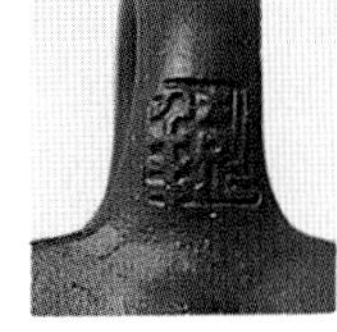

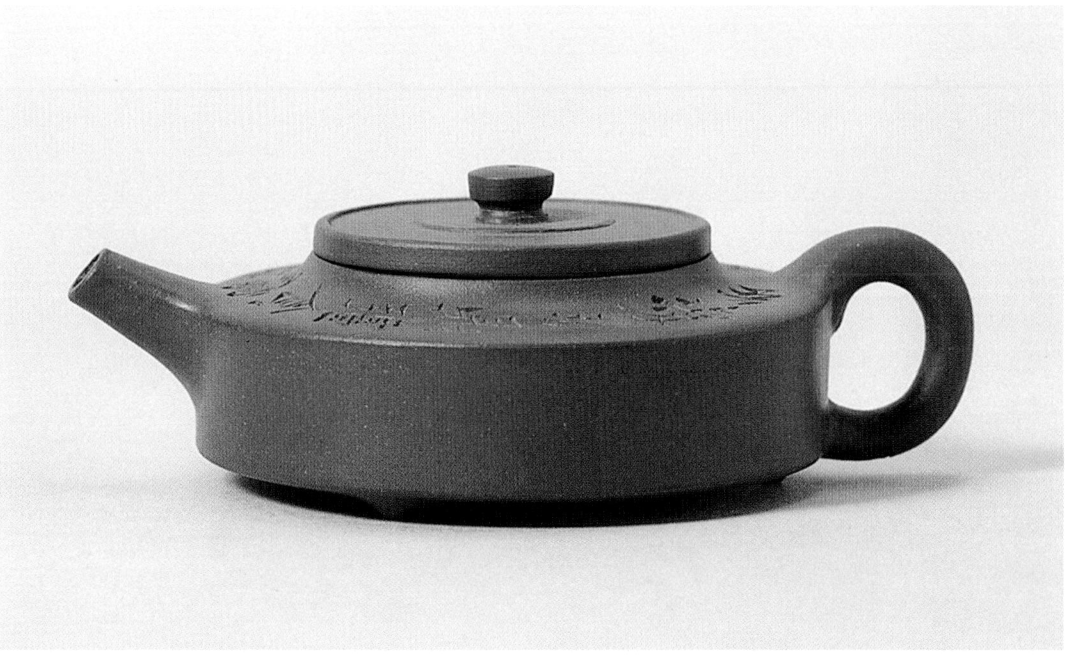

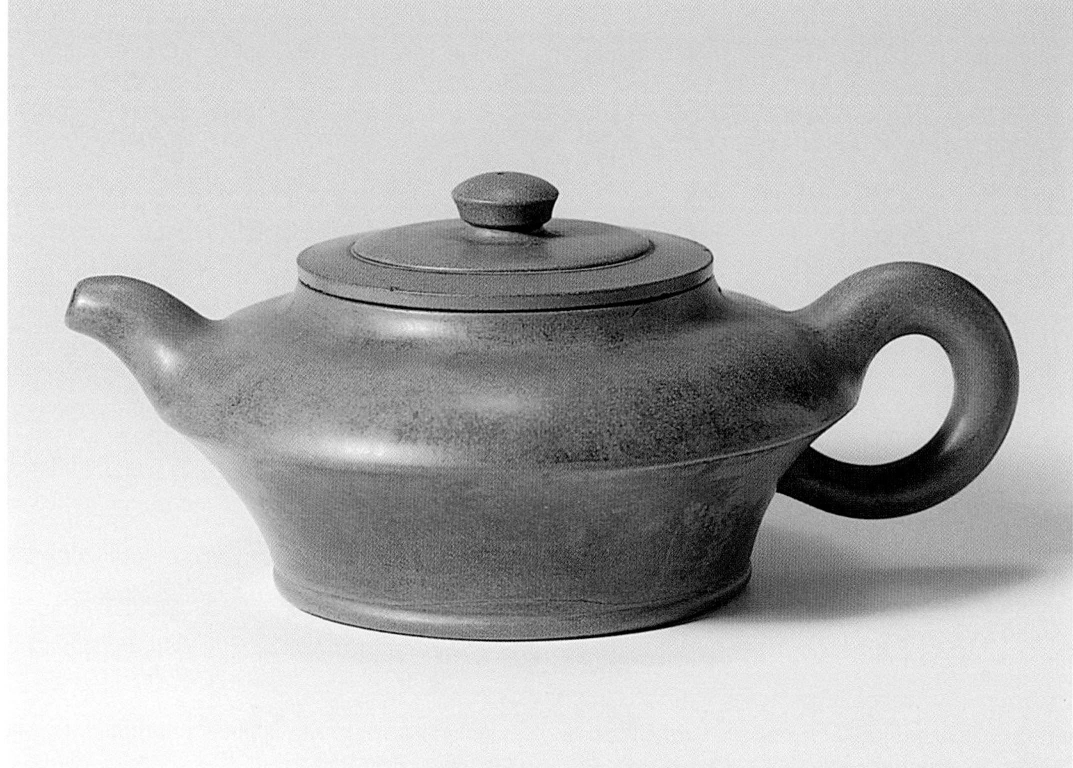

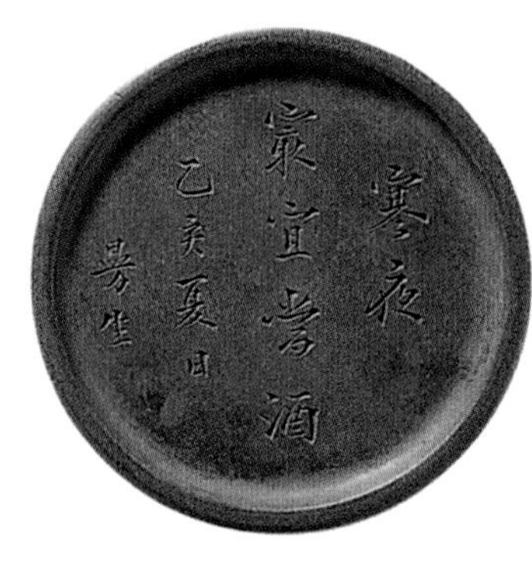

089.

漱石壺

清・嘉慶

高78mm　口徑70mm

蓋印：維松

壺底銘：寒夜最宜當酒
乙亥夏日
曼生

馮其庸藏

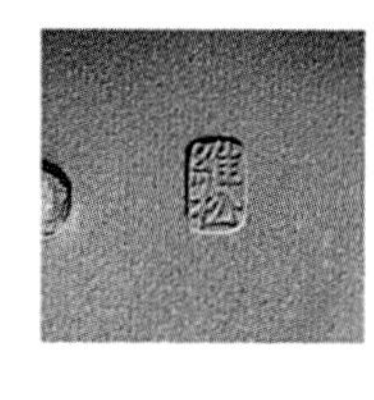

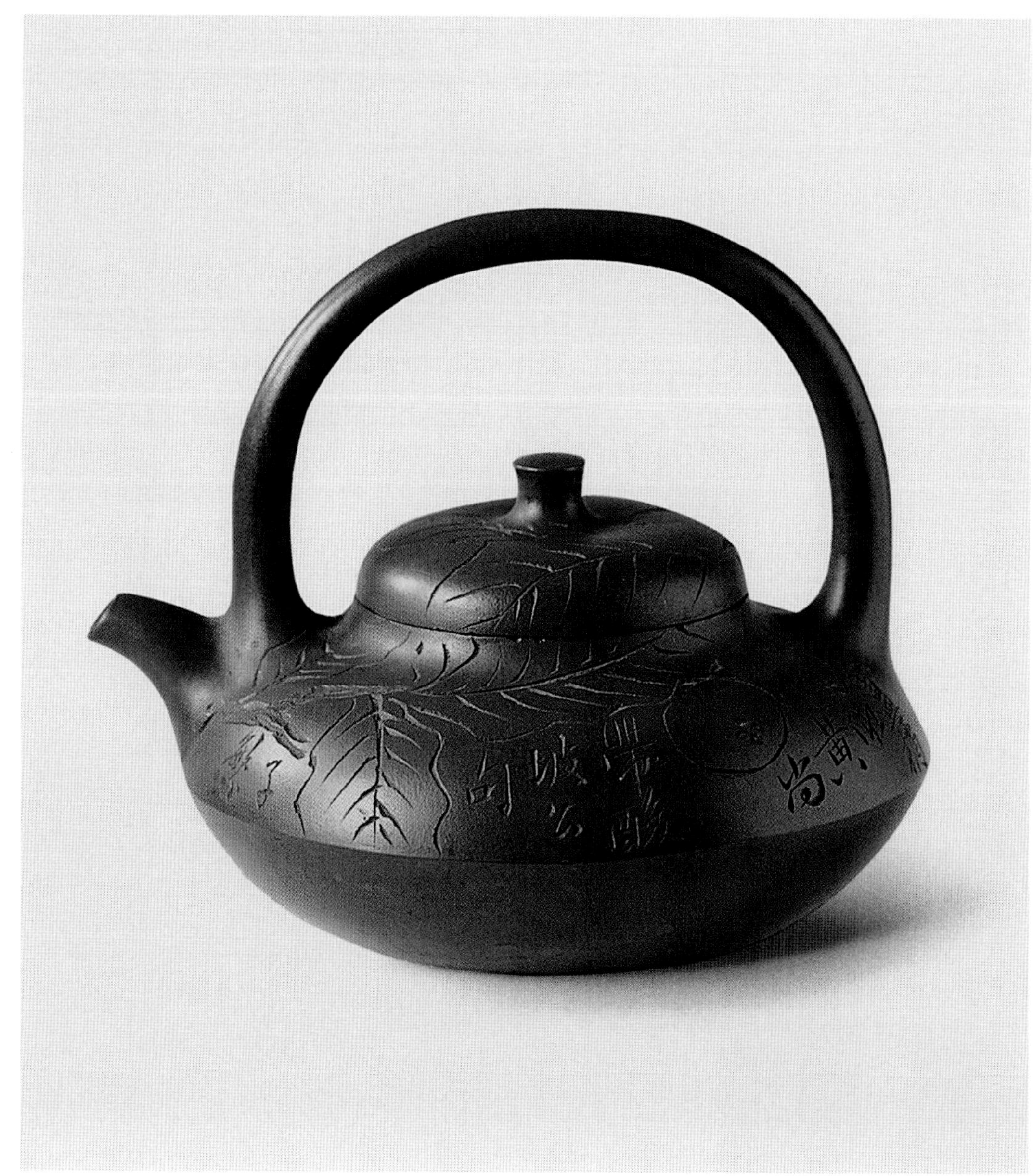

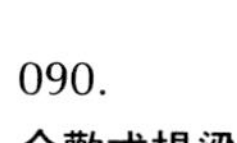

090.

合歡式提梁

清

楊彭年

高115mm　口徑68mm

底印：楊彭年造

壺身銘：廬橘微黃尚帶酸　坡公句
子繁

唐雲藏

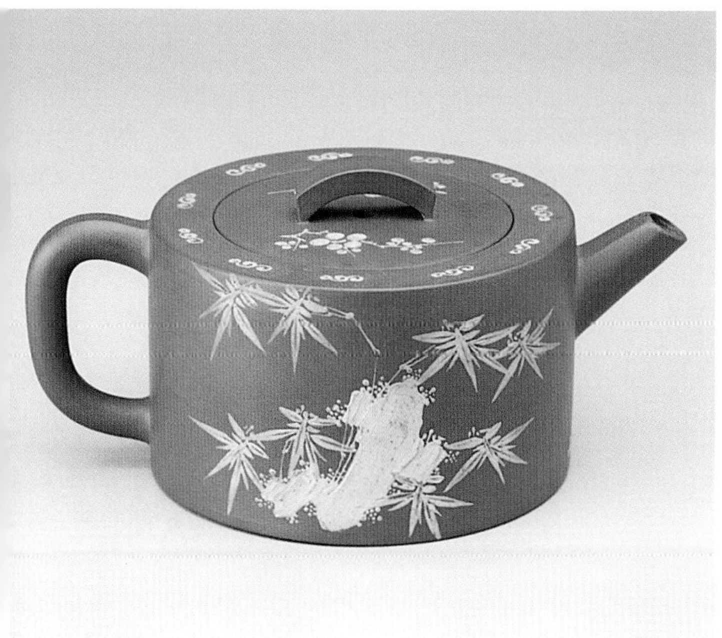

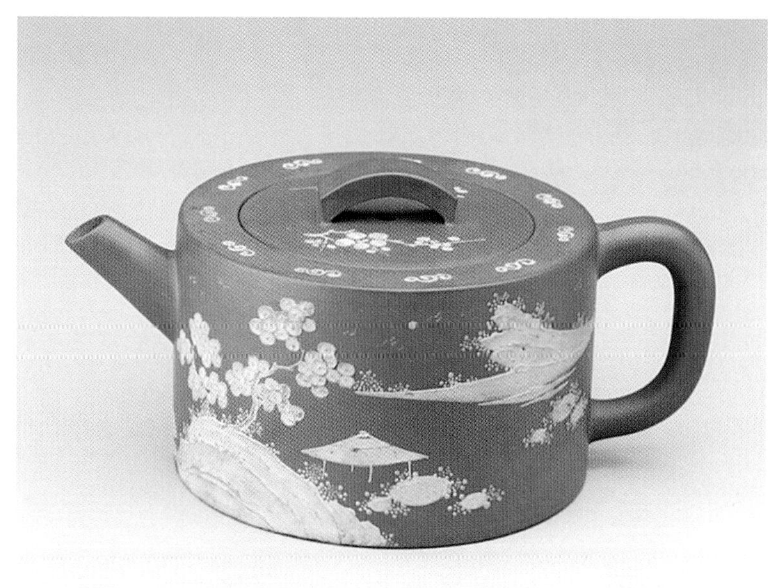

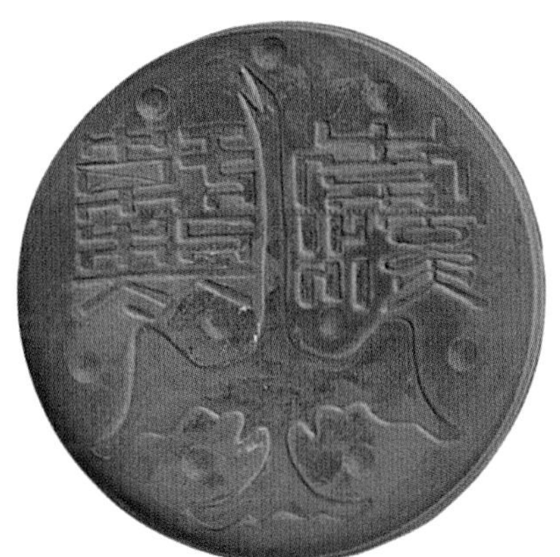

091.

泥繪松竹山水壺

清・道光

高77mm　口徑73mm

底款：南溪軒製

香港中文大學文物館藏

◉ 此壺泥色朱紫，巧施白泥繪飾。

壺身作圓筒形，把、流均圓形而一側稍微削平，蓋平，橋式鈕，意匠在其間。壺身泥繪裝飾，一側繪山水，一側繪竹石，蓋面繪折枝梅花，泥有厚薄深淺變化，意景殊佳。

壺底浮雕飛雁、九個圓點及“南溪軒製”陽文篆書銘。蓋裏有“彭年”楷書長形印，但仿品極衆，此壺疑是道光晚期的民間佳作。

（黎淑儀）

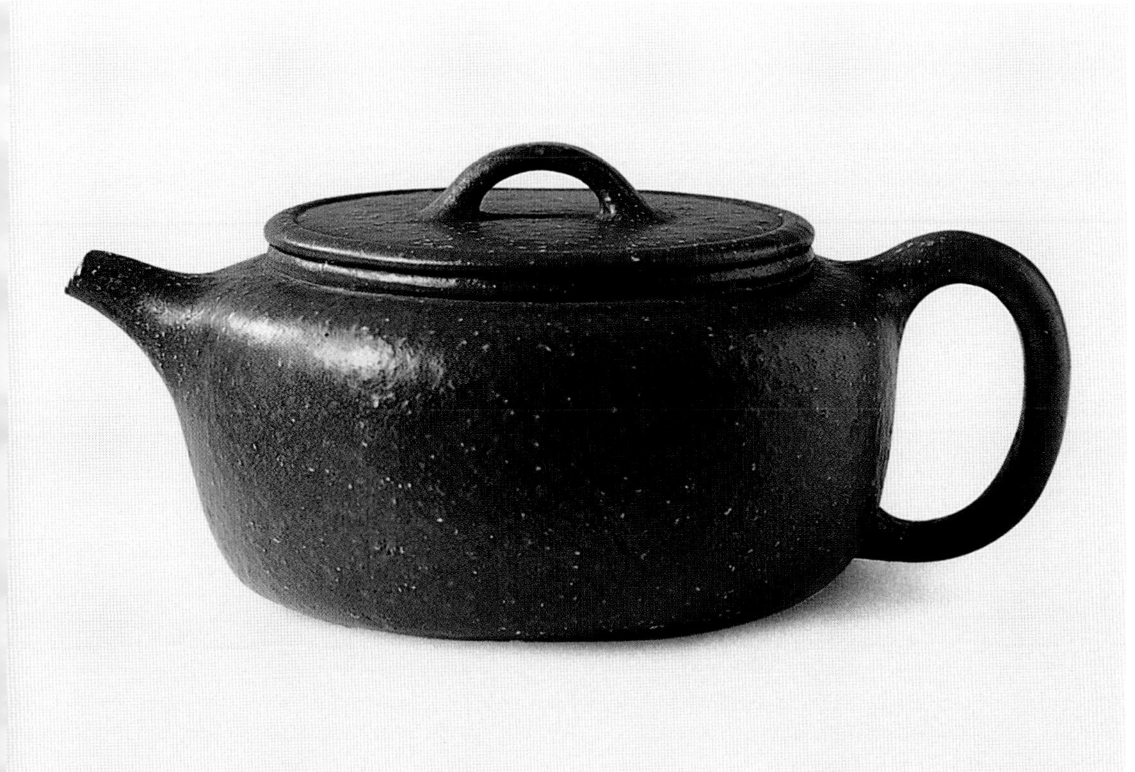

092.

砂扁墩

清

楊彭年

高70mm　口徑89mm

底印：陽羨楊彭年製

唐雲藏

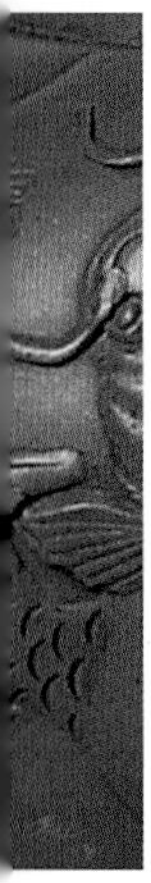

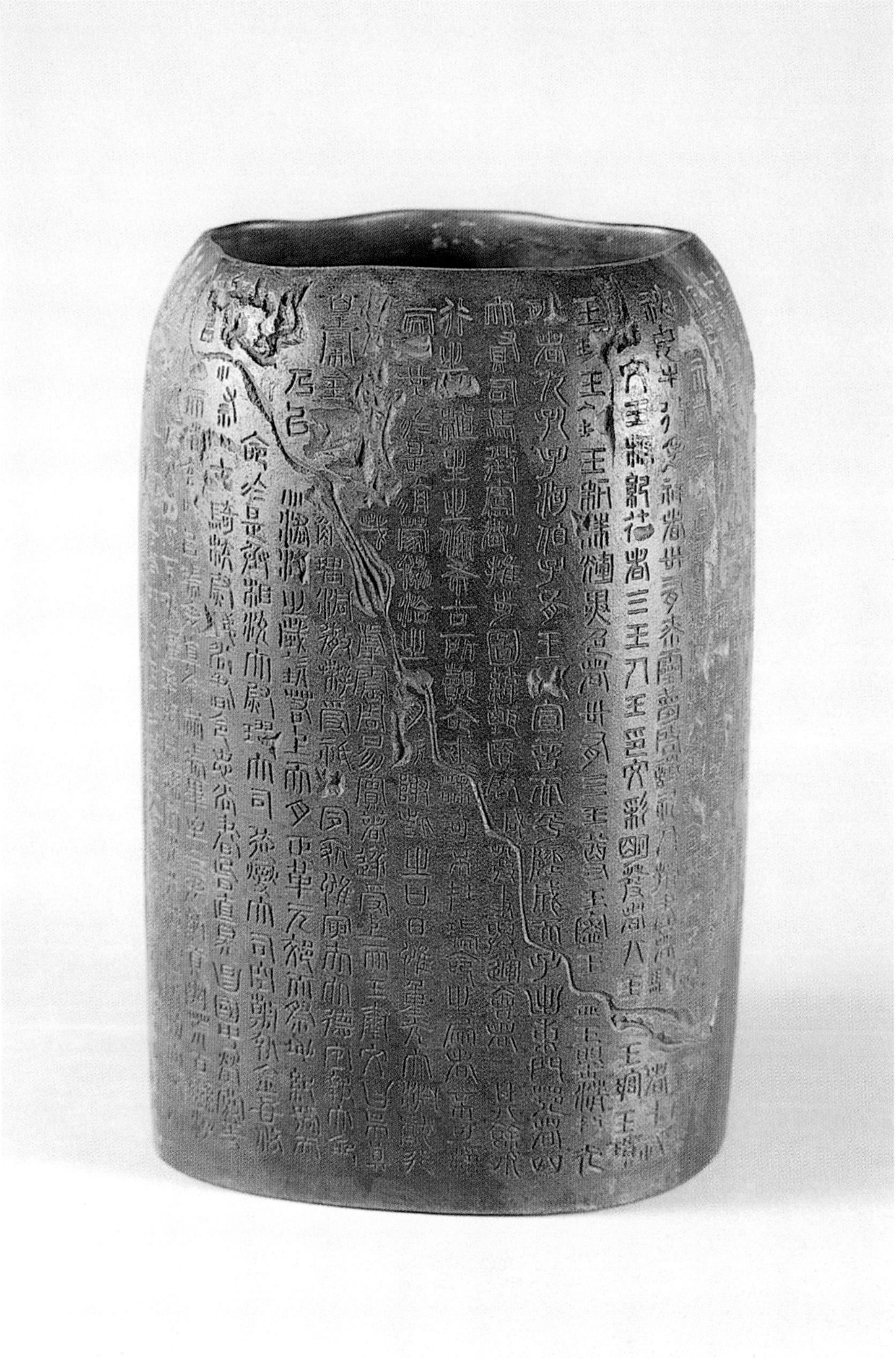

094.

楊氏梅段

清・道光

楊氏

高102mm

口徑橫90mm　縱62mm

底印：楊氏

南京博物院藏

093.

仿國山碑紋泥瓶

清

楊彭年

高203mm　寬126mm

南京博物院藏

095.

石銚提梁

清・嘉慶

楊彭年（製）　江聽香（銘）

高122mm　口徑59mm

底印：彭年

壺身銘：銚之製，摶之工，

自我作，非周穜。

聽香銘

唐雲藏

◉　查考聽香姓江，亦曼生當時契友。

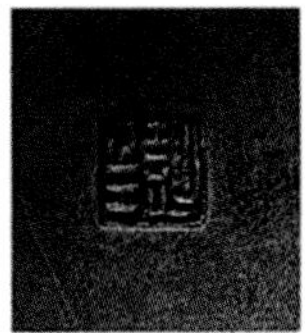

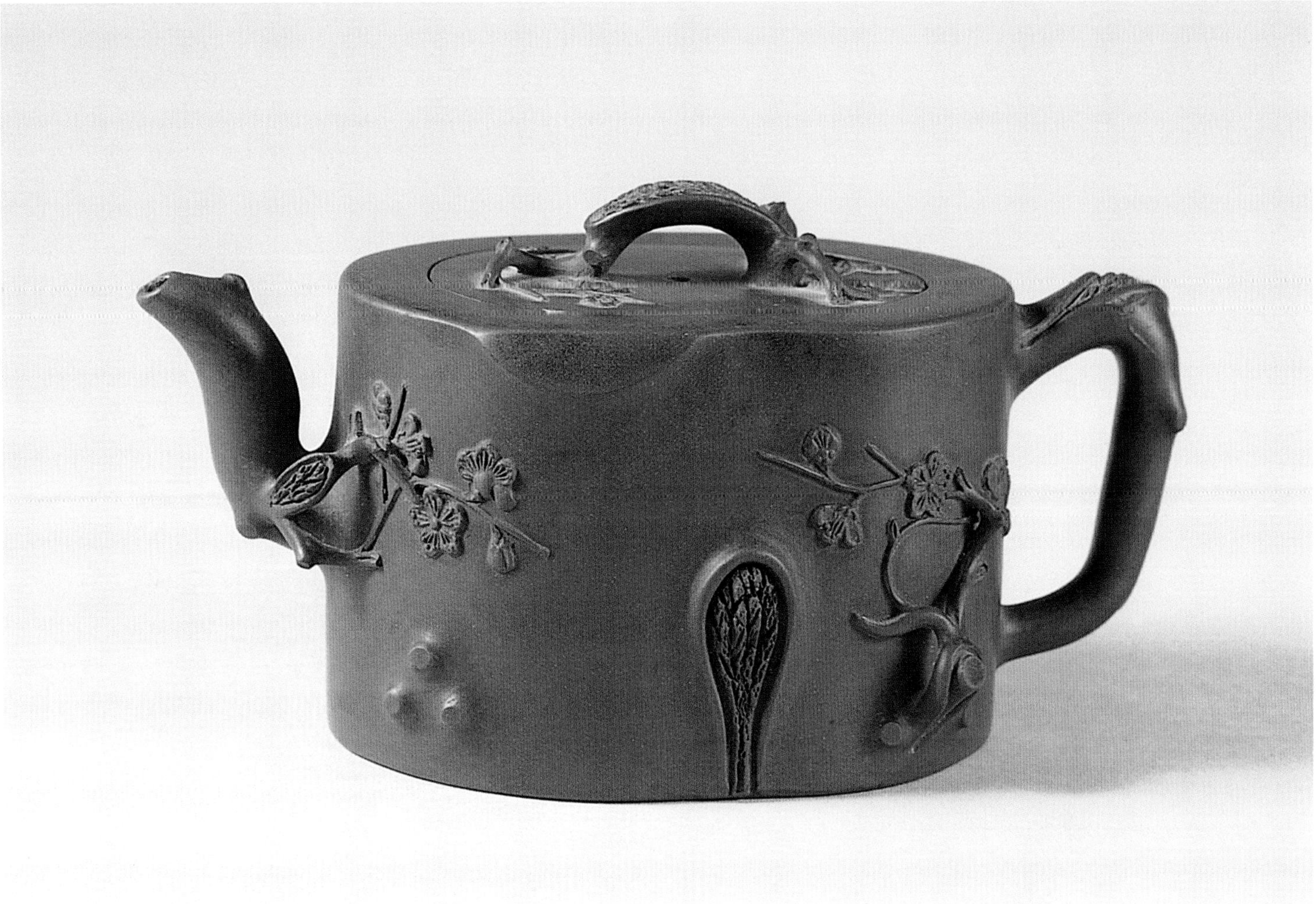

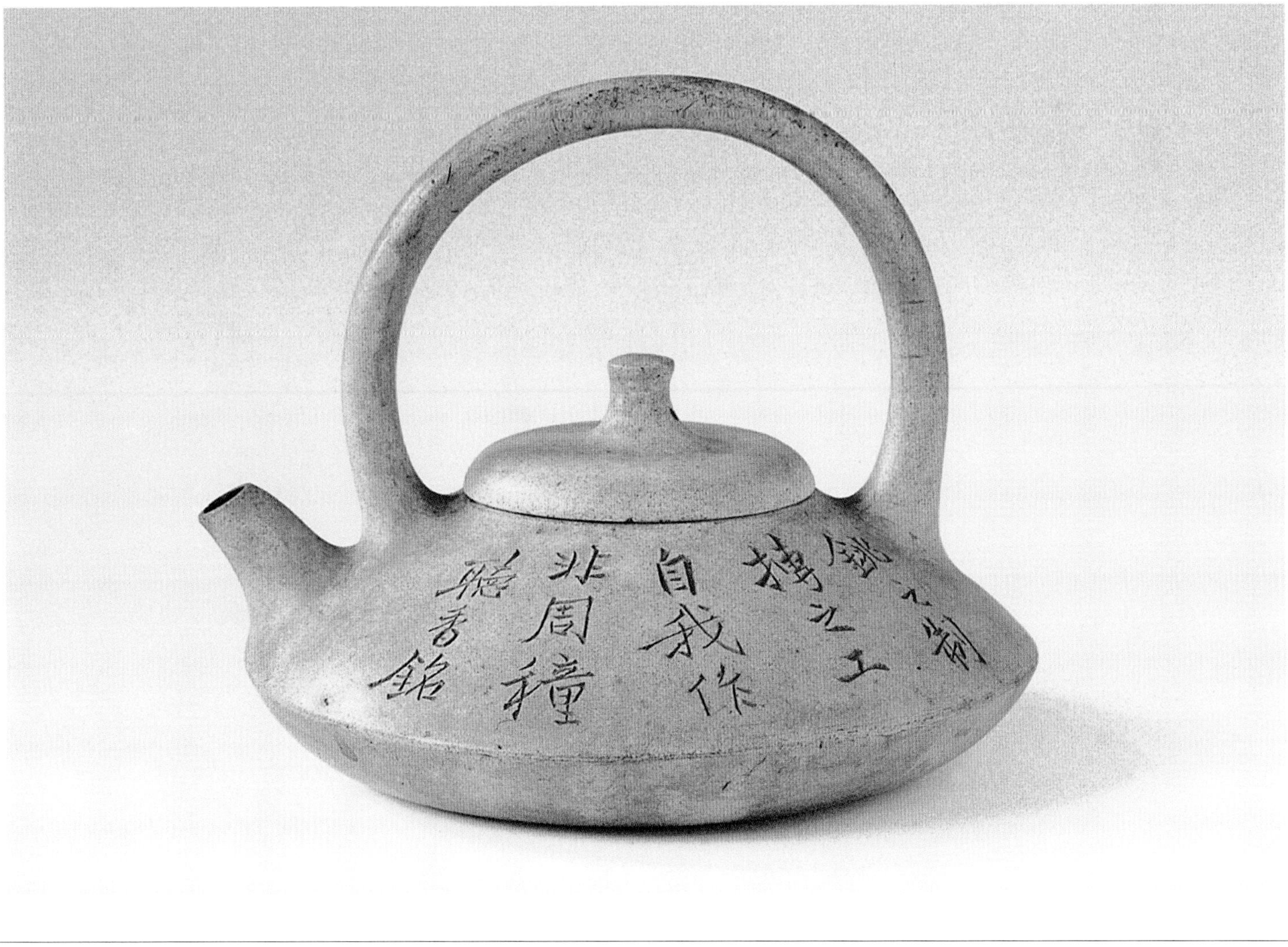

096.

風卷葵

清・道光

楊氏

高106mm　口徑67mm

把下印：楊氏

宜興陶瓷陳列館藏

◉　世傳楊氏爲楊彭年胞妹，擅製花貨，製壺之技優於其兄，此件風卷葵仿大亨所創造型，圖案規則生動，雖欠精緻，但器形手工藝甜味濃厚，不愧爲紫砂歷史上女藝人的傑作。

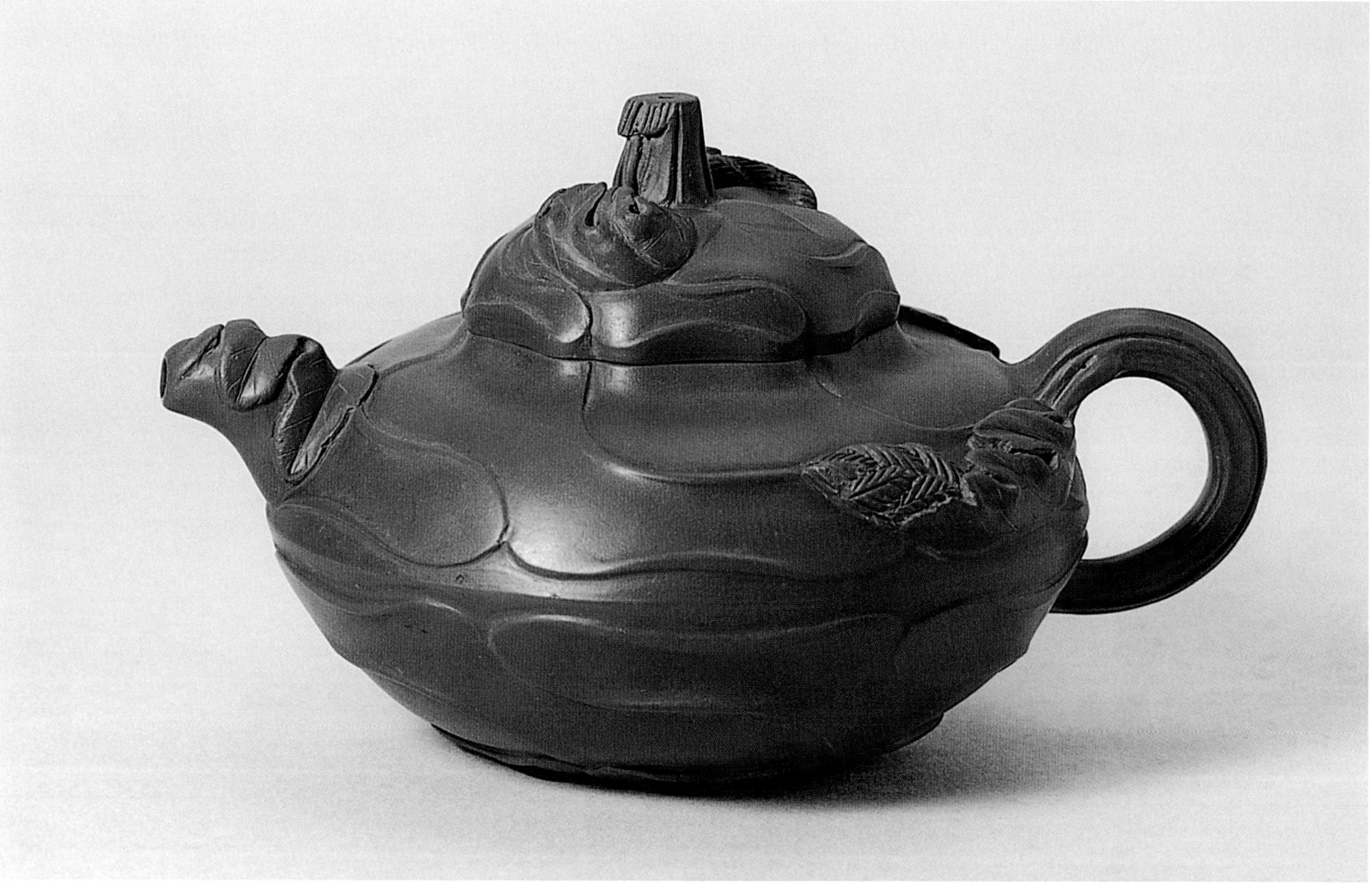

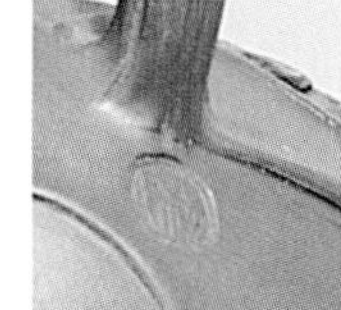

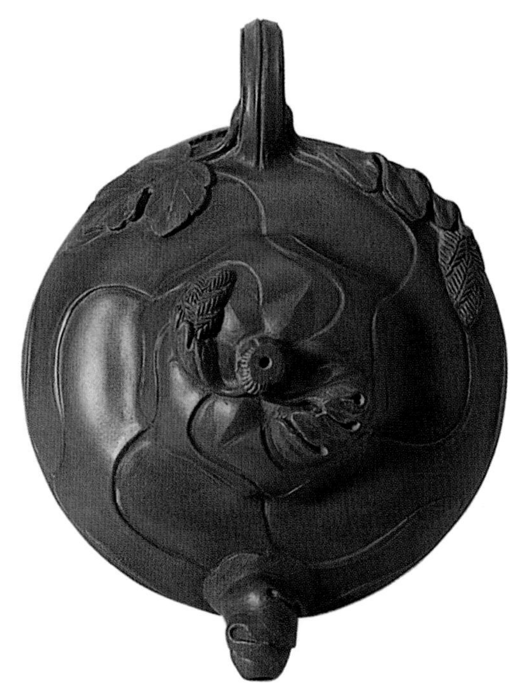

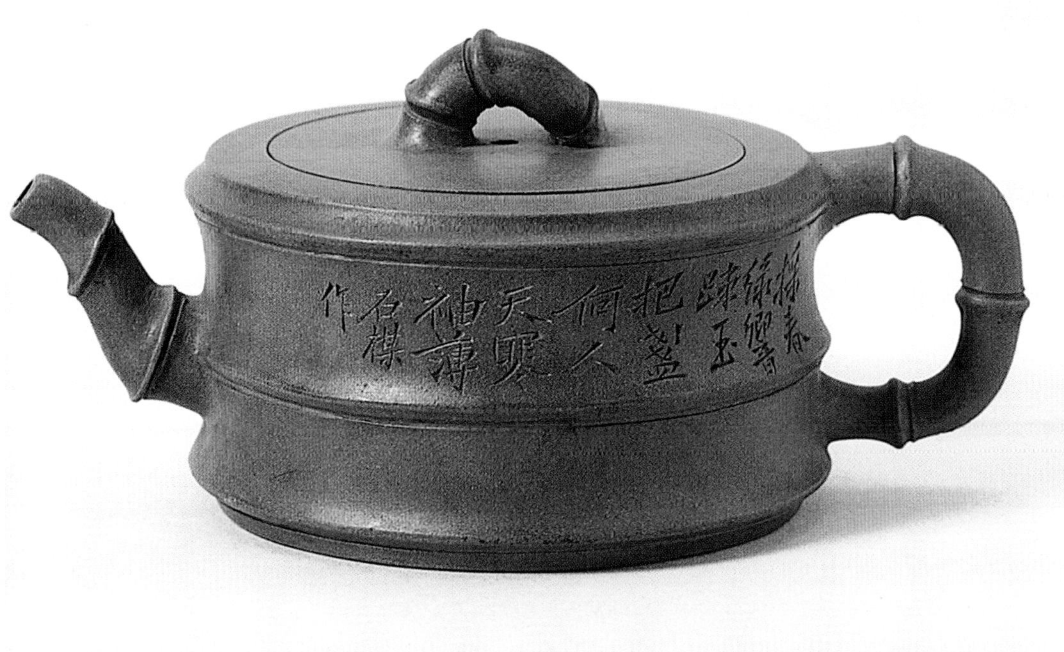

097.

平蓋竹段

清・道光

楊彭年（製） 朱石楳（銘）

高78mm 口徑78mm

底印：石某（楳）摹古

蓋印：彭年

壺身銘：採春綠，響疎玉。
把盞何人，
天寒袖薄。
石楳作

上海博物館藏

◉ 石楳姓朱名堅，擅長金石書畫，是略晚於陳曼生與楊彭年合作的文人。所見傳器之裝飾書畫格調高雅，金石韵味濃厚，刀法遒勁，歷來爲砂藝愛好者心屬雅玩，識者競相珍藏。

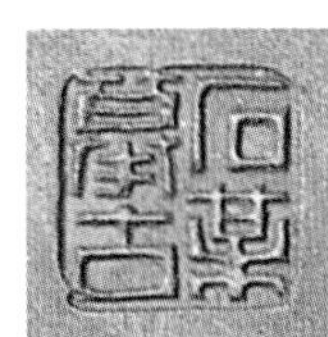

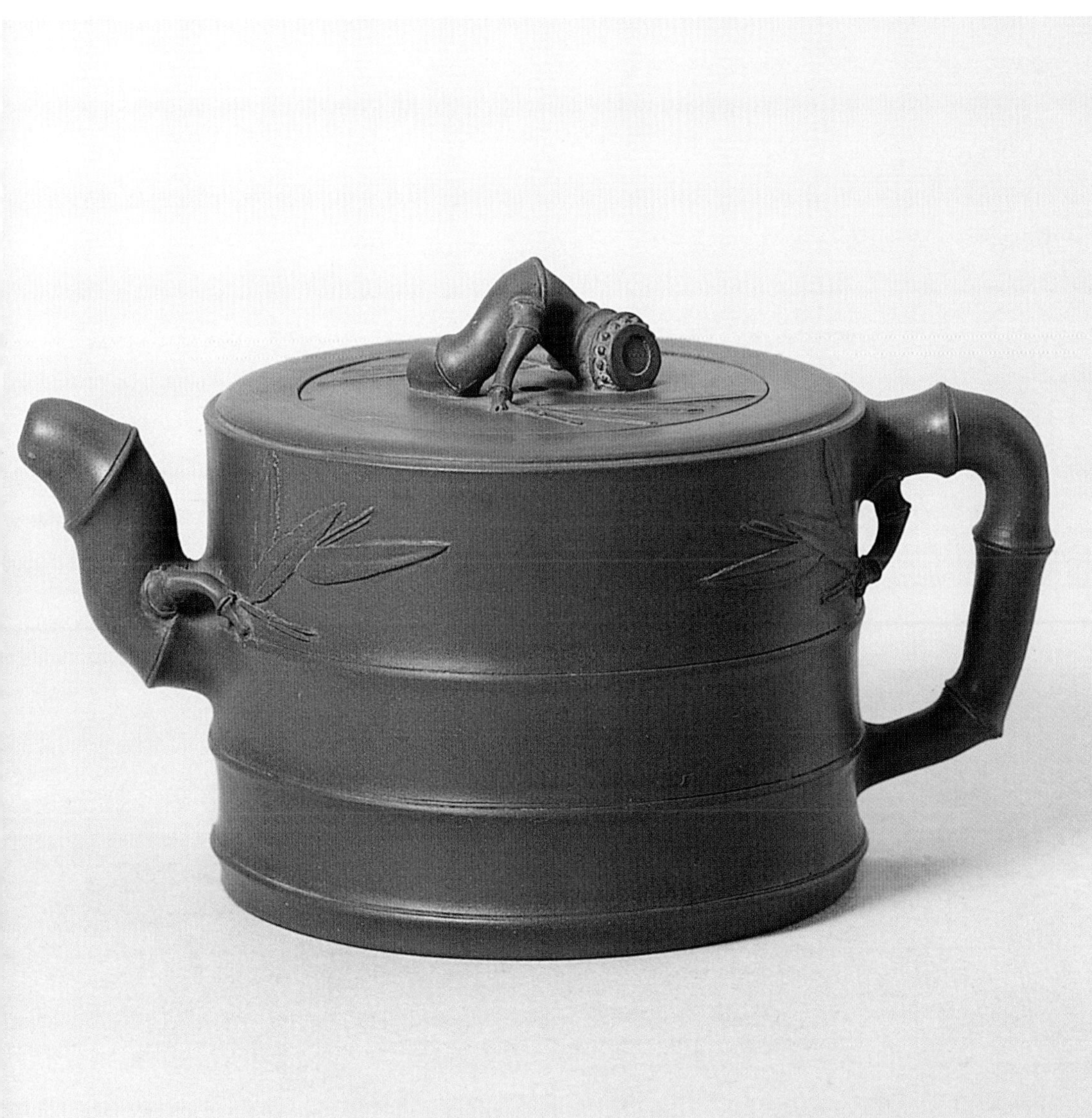

098.

楊氏竹段

清・道光

楊氏

高108mm 口徑81mm

底印：楊氏

宜興陶瓷陳列館藏

◉ 此件爲楊氏又一傑作，世稱楊氏竹段。作者對竹題材的提煉處理頗爲得體，泥色紫潤可愛。說它是傳世之器，非溢美之辭。

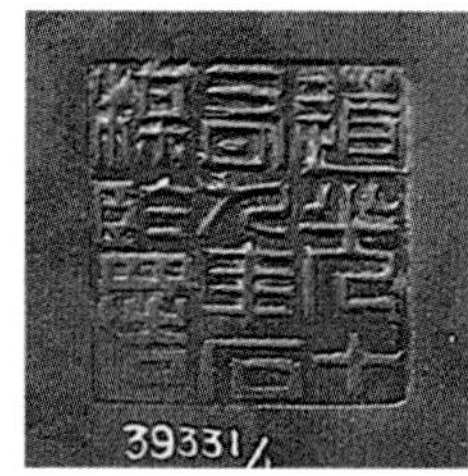

099.

虛蓋石瓢

清・道光十九年（1839）

朱石楳

高84mm　口徑81mm

底印：道光十有九年石楳監造

壺身銘：梅花一瓢，東閣招邀。
棨舫先生清玩
石楳製

上海博物館藏

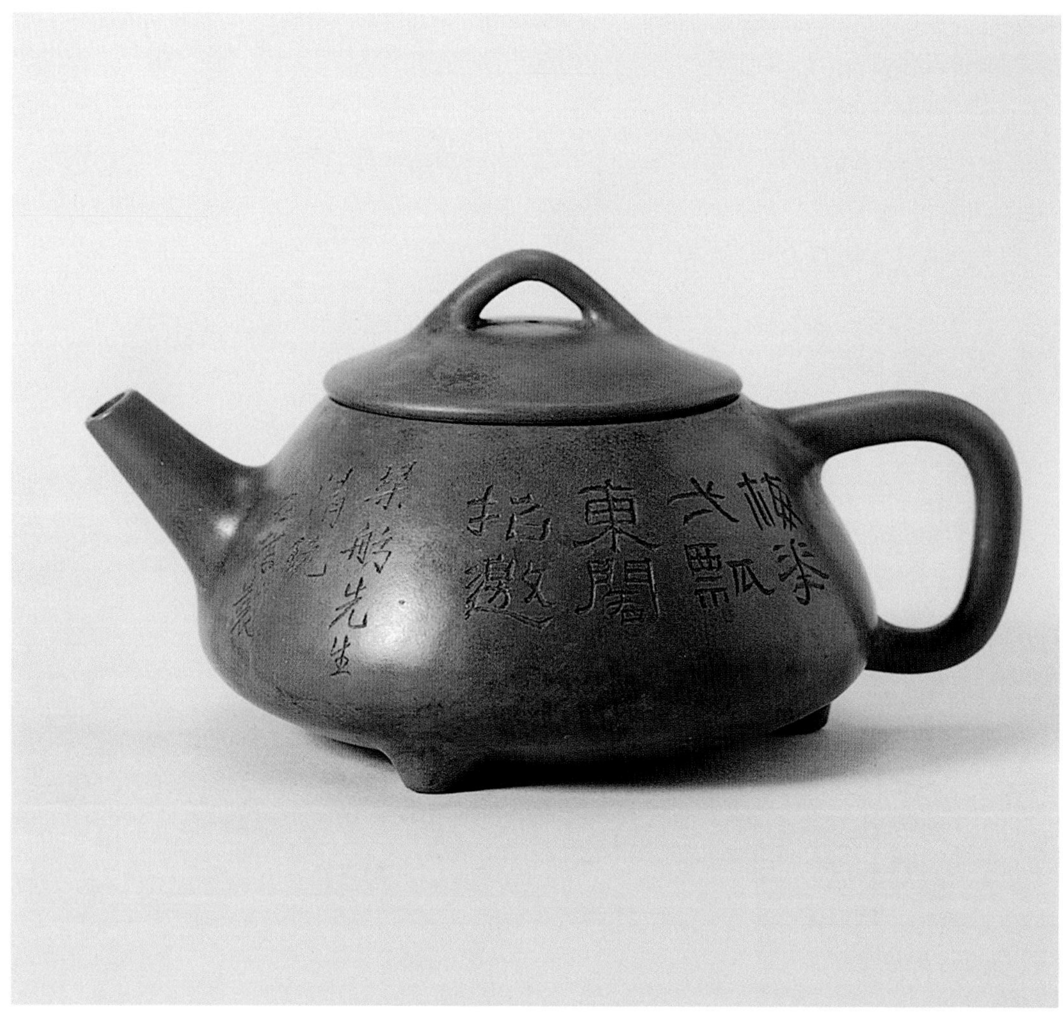

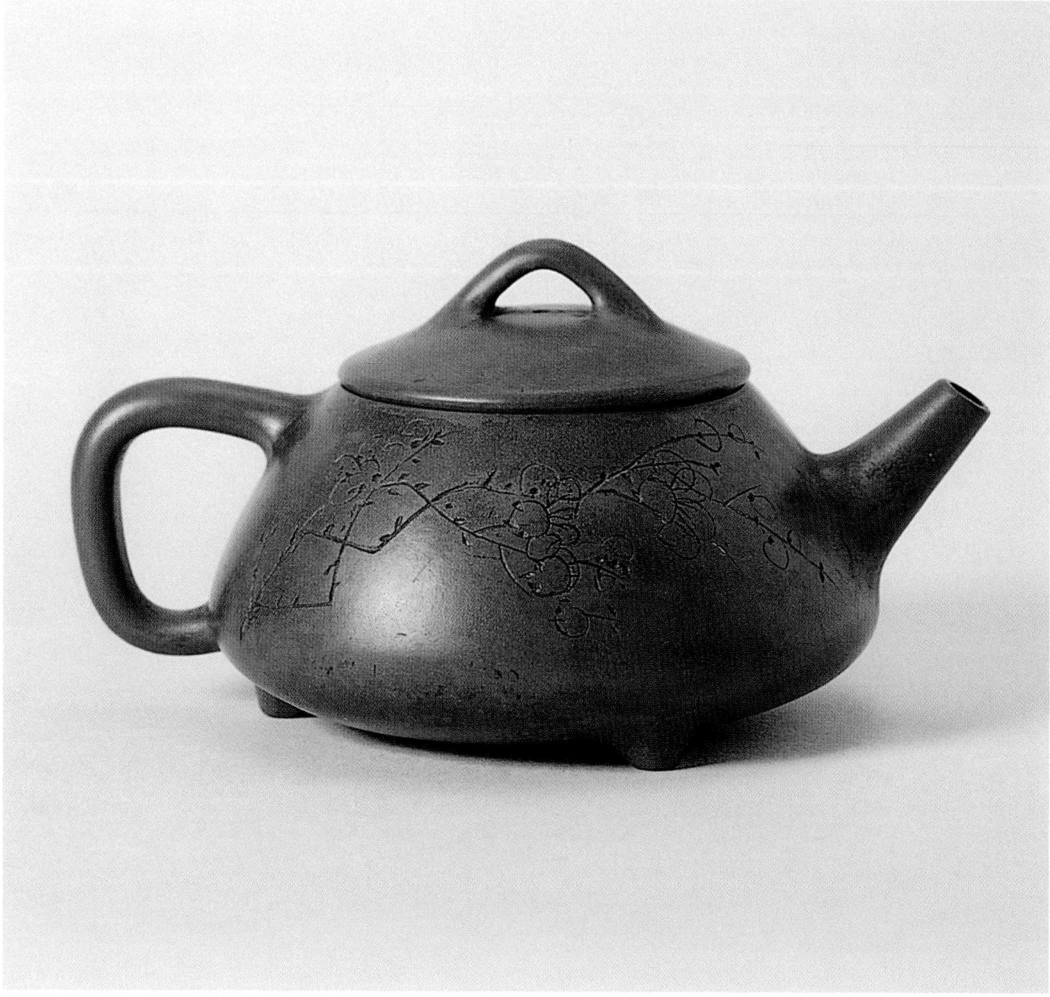

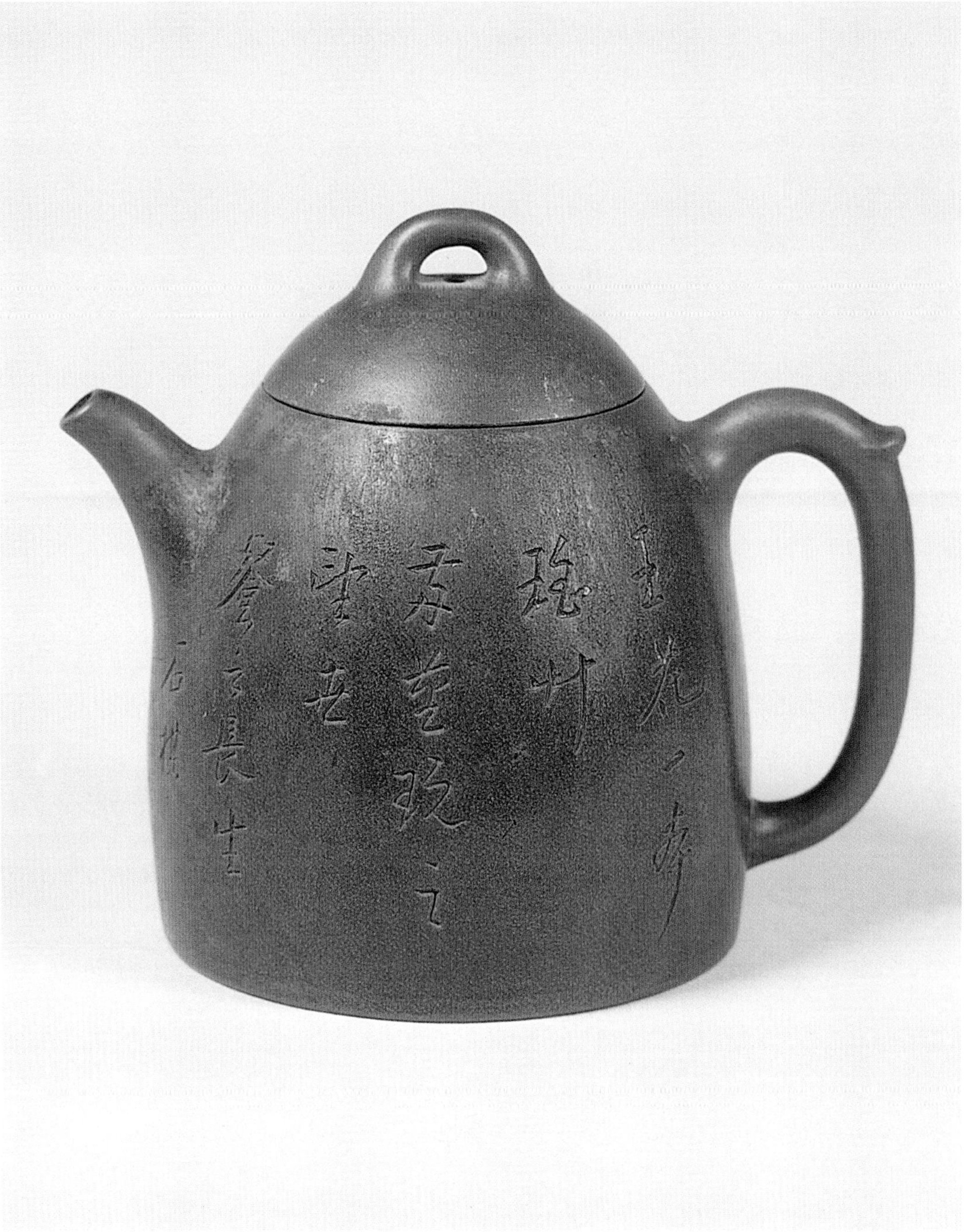

100.

刻梅花鐘形壺

清・道光

申錫（製） 朱石楳（銘）

高125mm 口徑64mm

底款：茶熟香溫

把梢印：申錫

壺身銘：玉花一本，瑤草兩莖。
玩之望世，餐之長生。
石楳

南京博物院藏

◉ 作者“申錫”，底印“茶熟香溫”，印章格式及刀法高雅，壺身銘刻書法遒勁，鐫刻剛挺，是砂藝傳器中之上品。

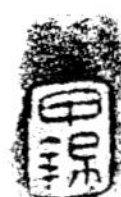

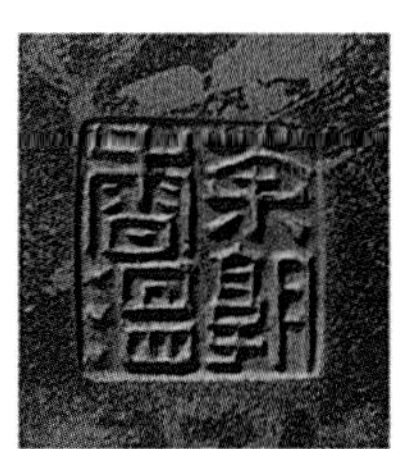

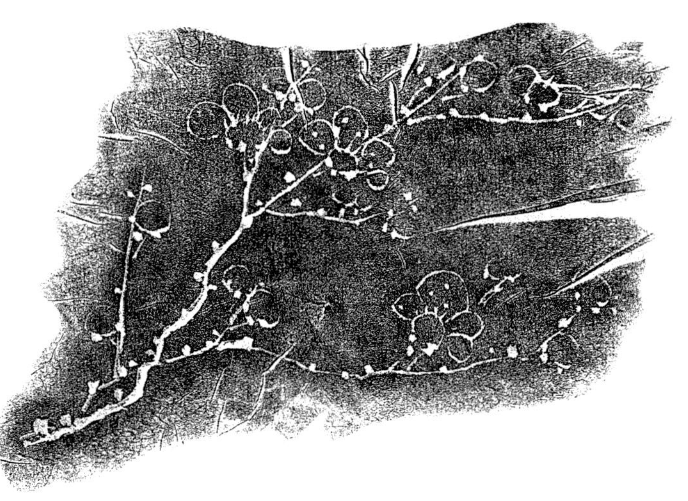

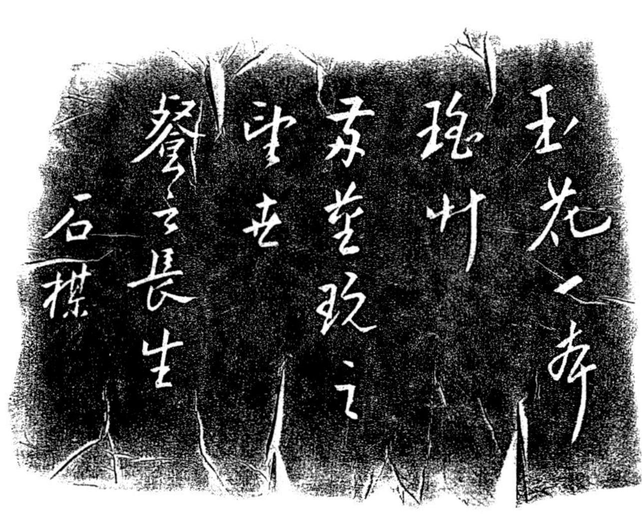

101.

圓角方礎

清・道光

楊彭年（製） 朱石楳（銘）

高66mm 口徑42mm

底印：石某仿製

把梢印：彭年

壺身銘：範佳果，試槐火。
不能七椀，興來惟我。
石楳製

唐雲藏

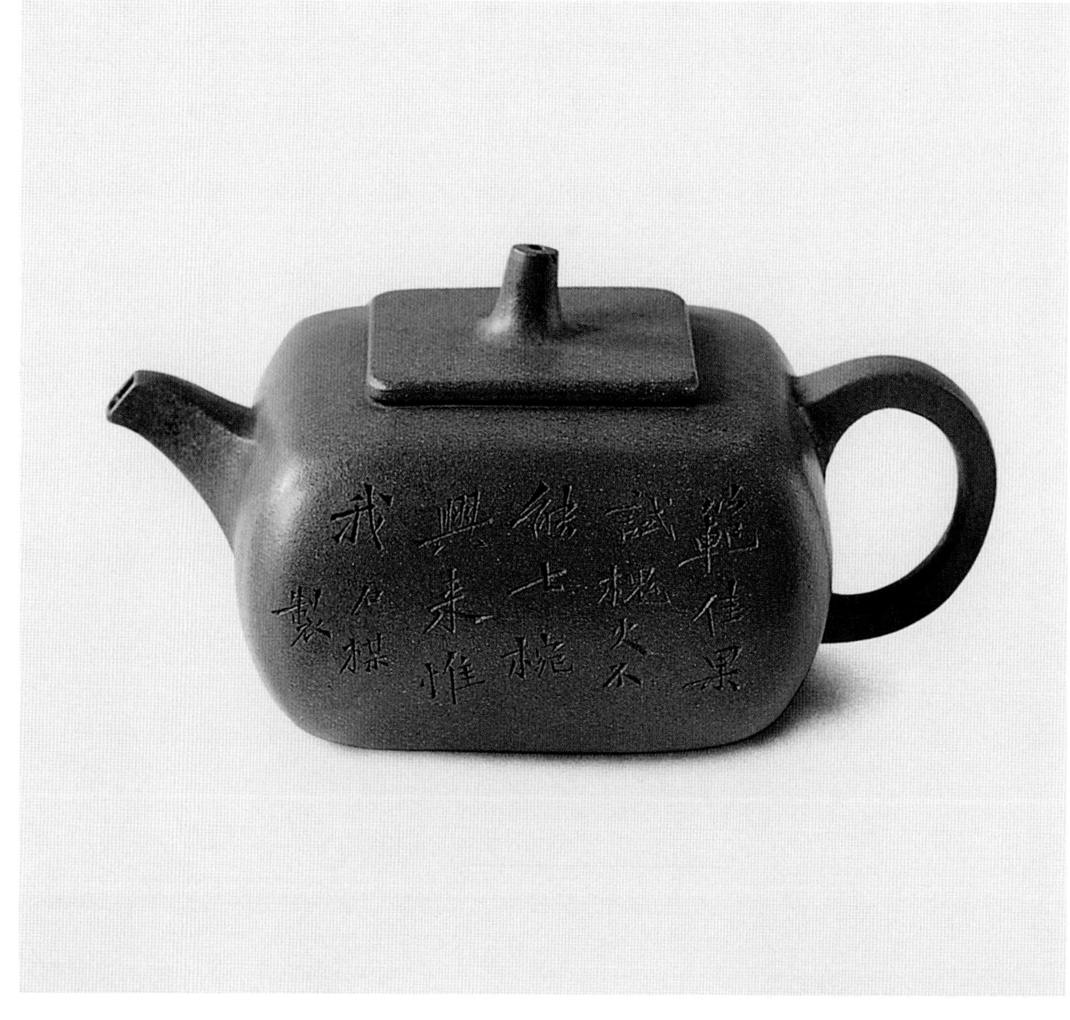

102.

水盂

清

朱石楳

高38mm 口徑50mm

底印：石某仿製

唐雲藏

竹節印盒

清

朱石楳

高28mm 寬70mm

底印：石某手製

唐雲藏

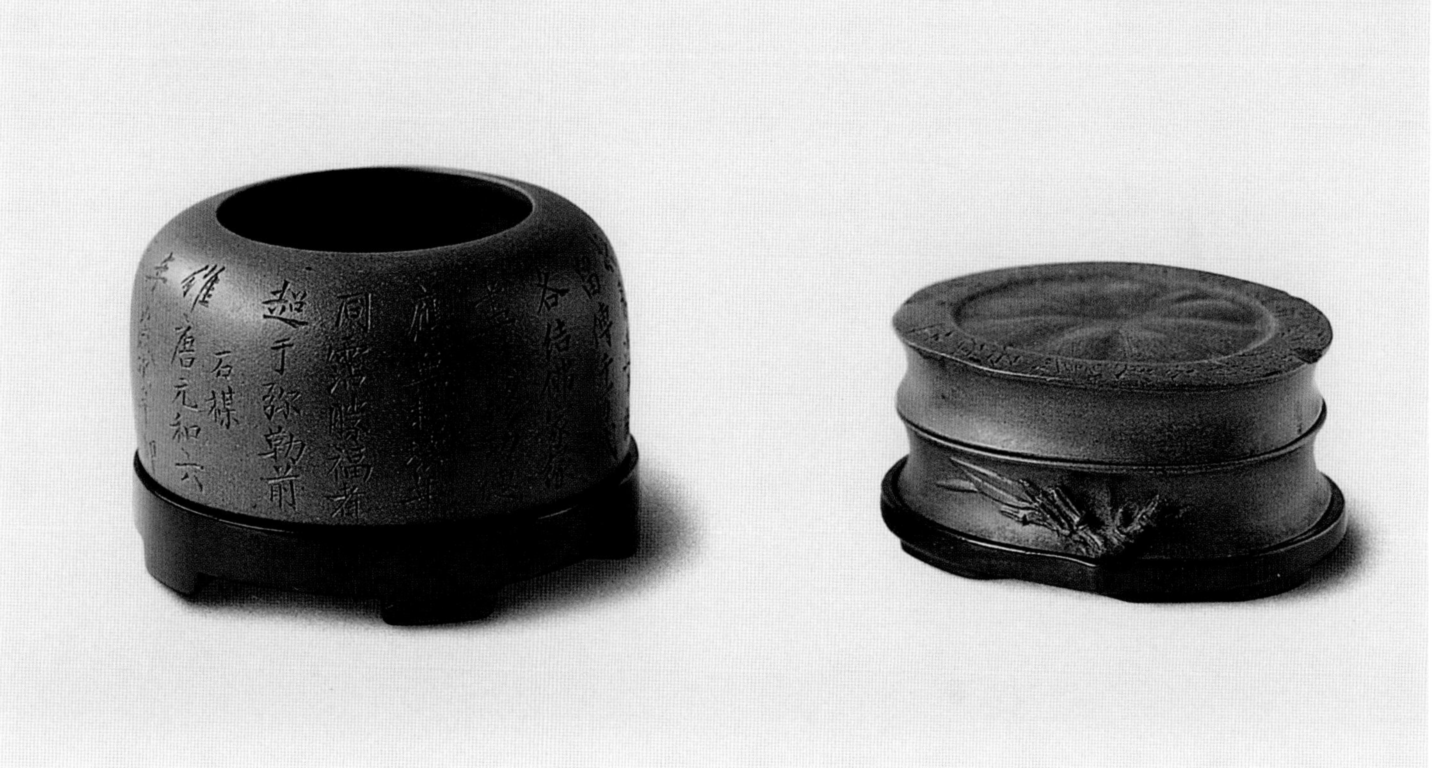

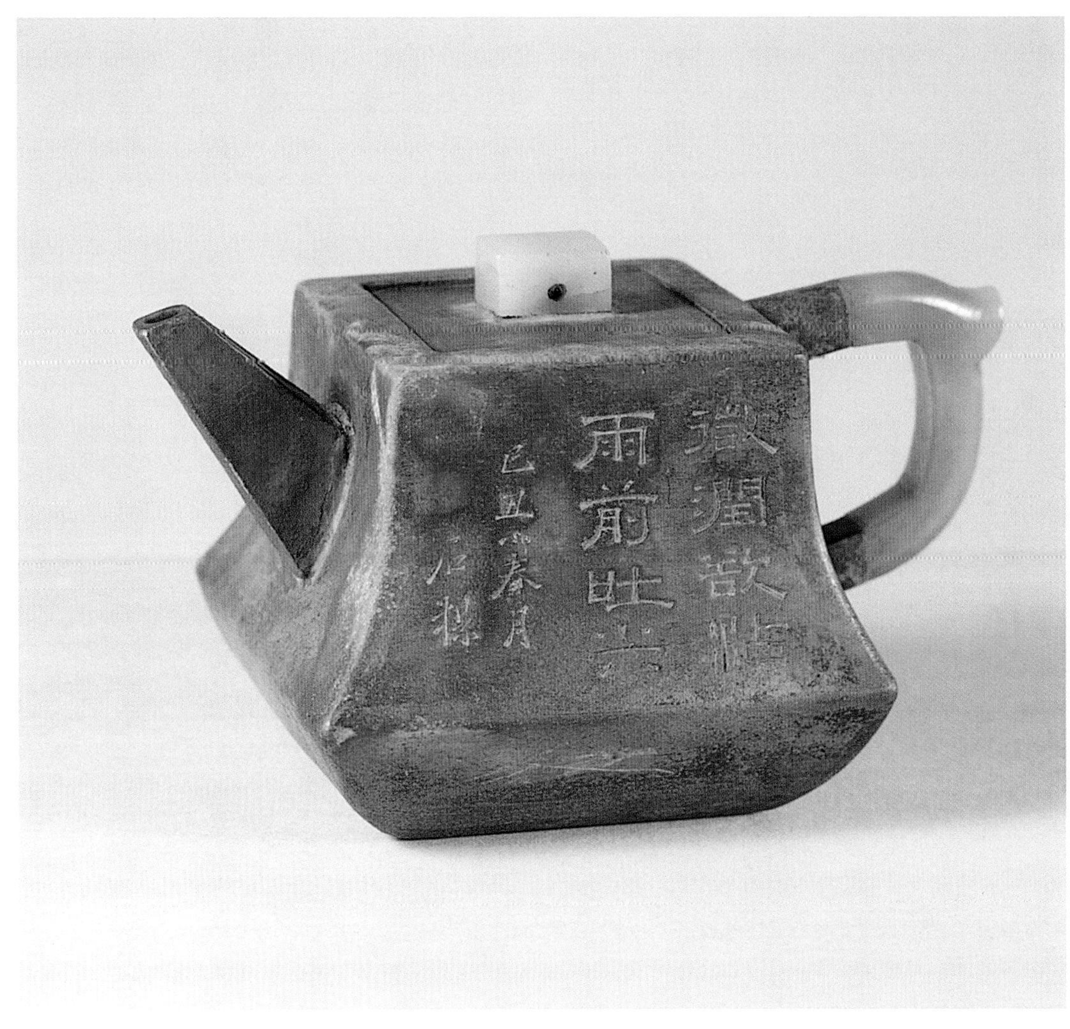

103.

包錫礎方壺

清・道光九年（1829）

楊彭年（製）　朱石楳（銘）

高83mm　口徑45mm

壺內底印：楊彭年製

壺身銘：微潤欲沾，
雨前吐尖。
己丑小春月
石楳

南京市博物館藏

◉　楊彭年製，朱石楳章；鑲有玉扭，錫面上題刻銘句，成所謂之砂胎包錫。這種裝飾方法當時頗有名，但因使器皿笨重，有損砂藝本色，未免蛇足之憾，故後世不再仿製。

*

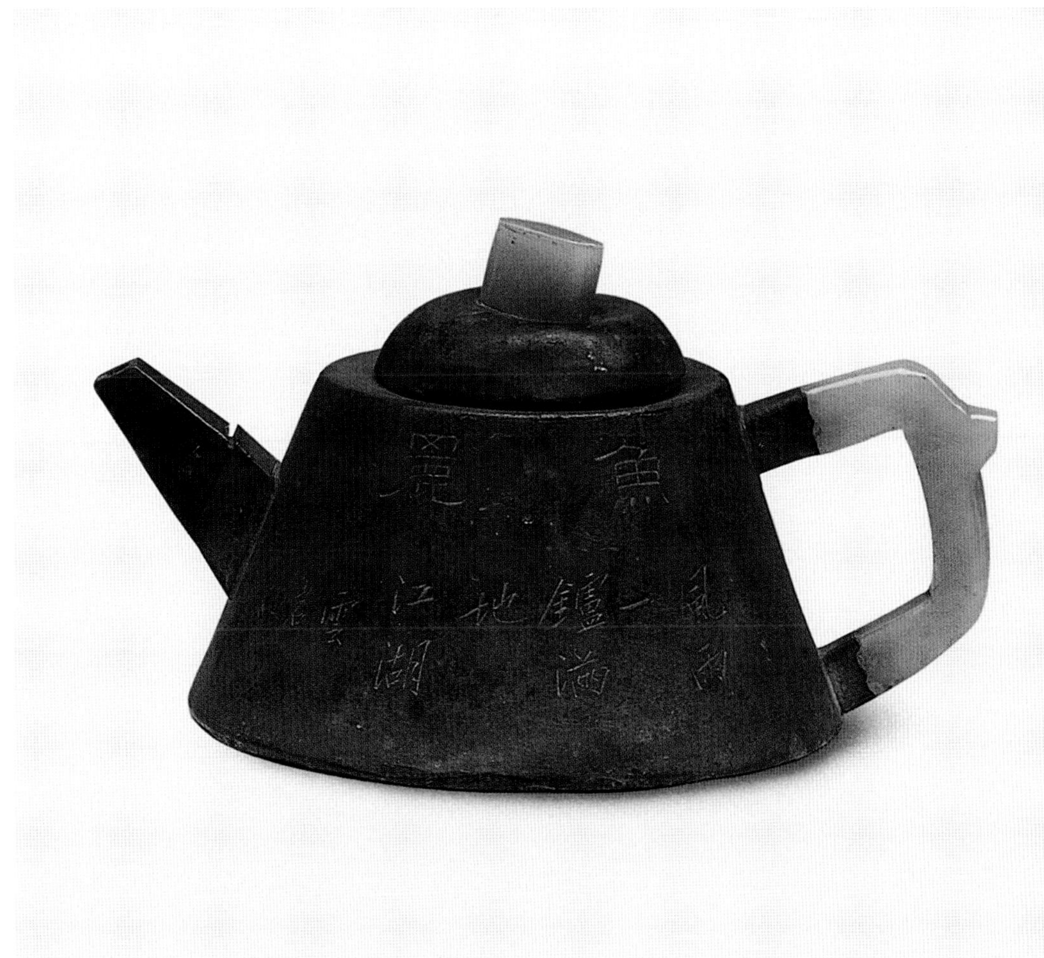

104.

包錫魚罩壺

清・道光

雲岩（銘）

高82mm　口徑43mm

壺身銘：魚罷
風雨一鑪，
滿地江湖。
雲岩

鎮江市博物館藏

105.

玉川飲茶圖壺

清・道光

高77mm　口徑100mm

把梢印：彭年

底印：陳父

壺蓋銘：玉川飲茶圖
臨劉松年本
石壺

壺身銘：女奴赤脚僕長鬚，
相見高風與俗殊。
春汲名泉烹活火，
雨香初試碧雲腴。

上海博物館藏

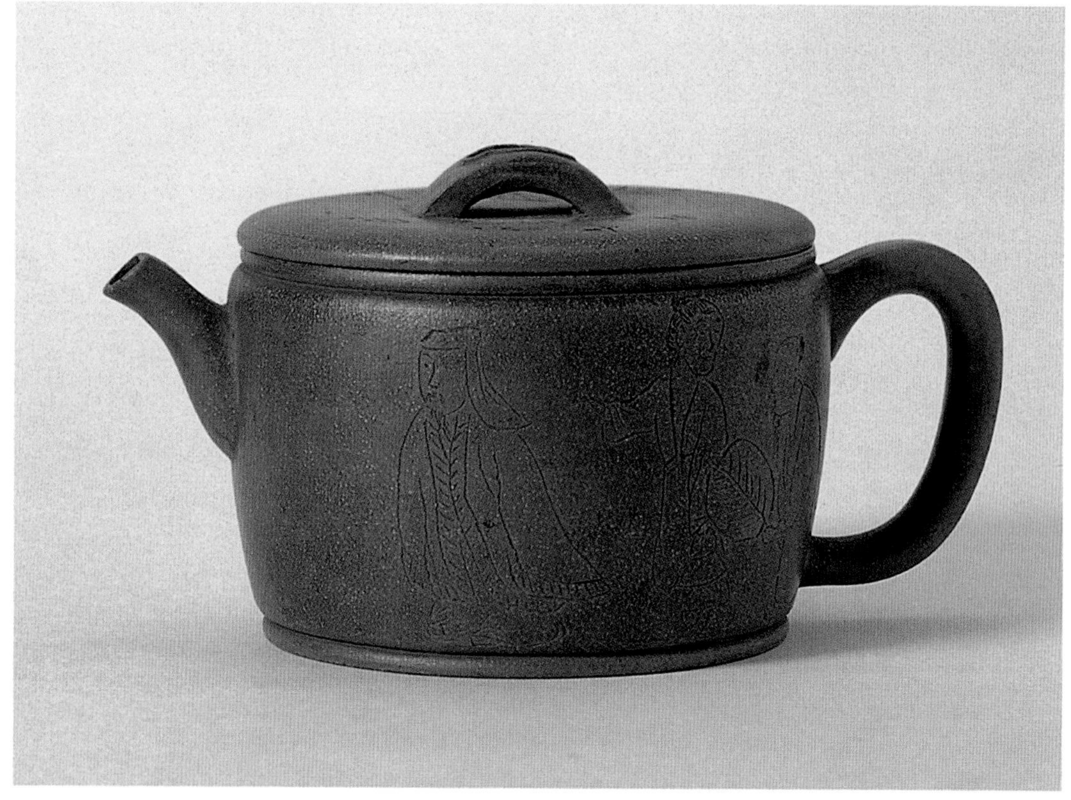

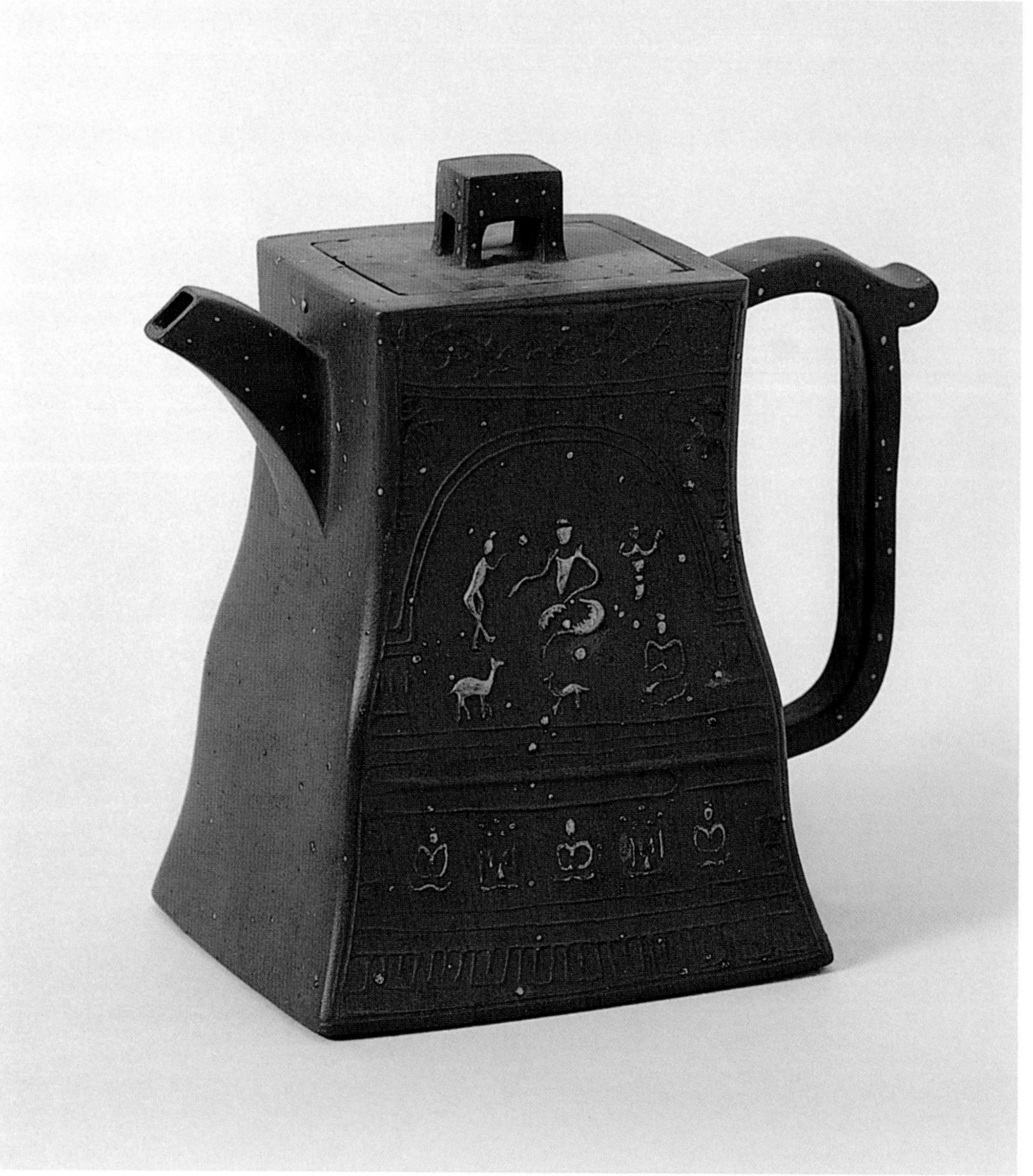

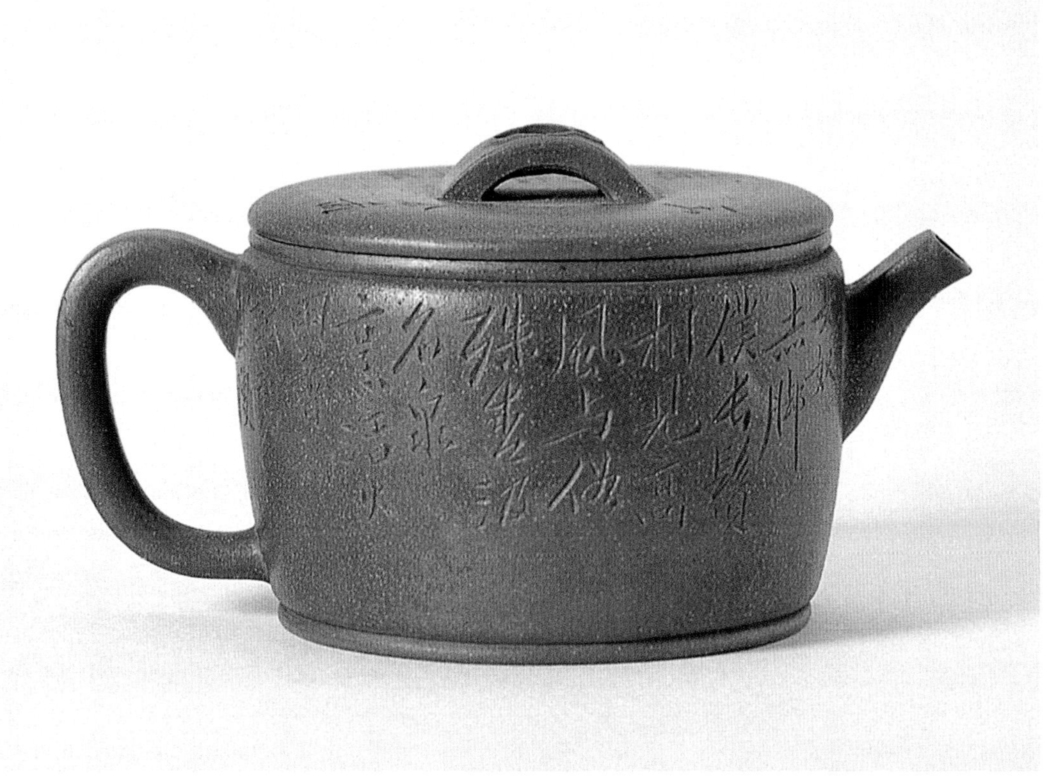

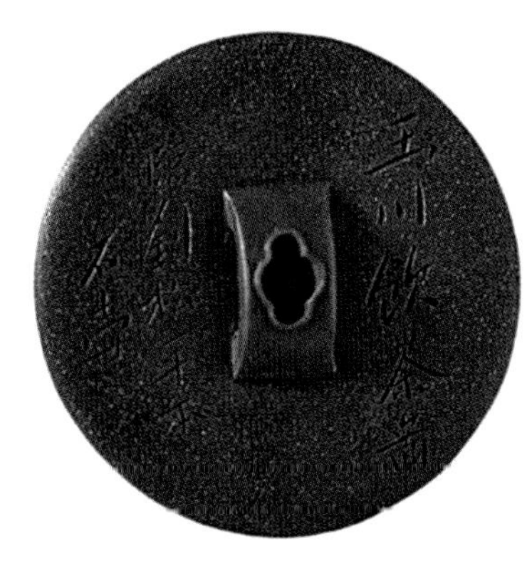

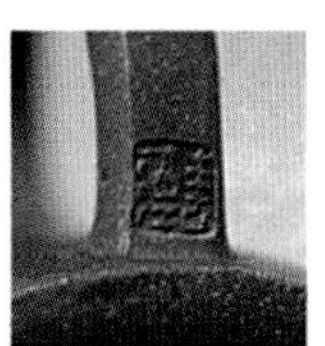

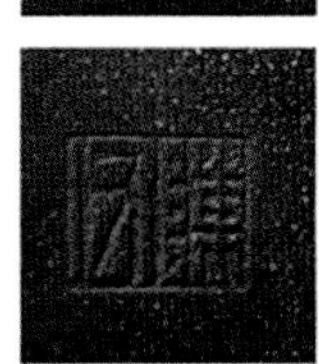

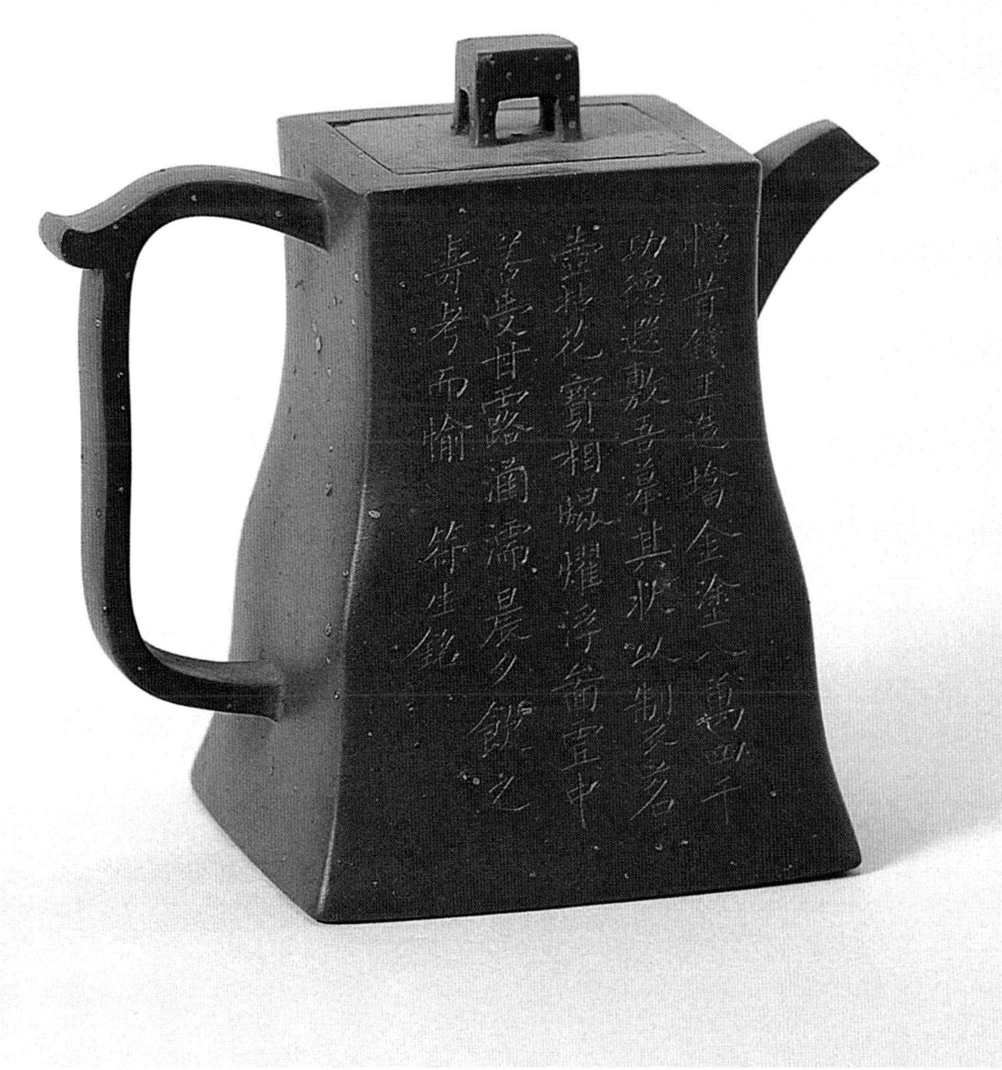

106.

金塗塔壺

清・道光

鄧奎（銘）

高126mm

口徑橫51mm　縱40mm

底印：符生鄧奎監造

壺身銘：憶昔錢王造塔，金塗八萬四千，功德遐敷。吾摹其狀，以製茗壺。拈花寶相，焜耀浮圖，虛中善受，甘露涵濡。晨夕飲之，壽考而愉。

符生銘

上海博物館藏

◉　鄧奎，字符生，其與砂藝藝人合作之傳器，亦爲高雅之文玩。

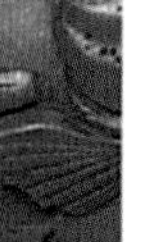

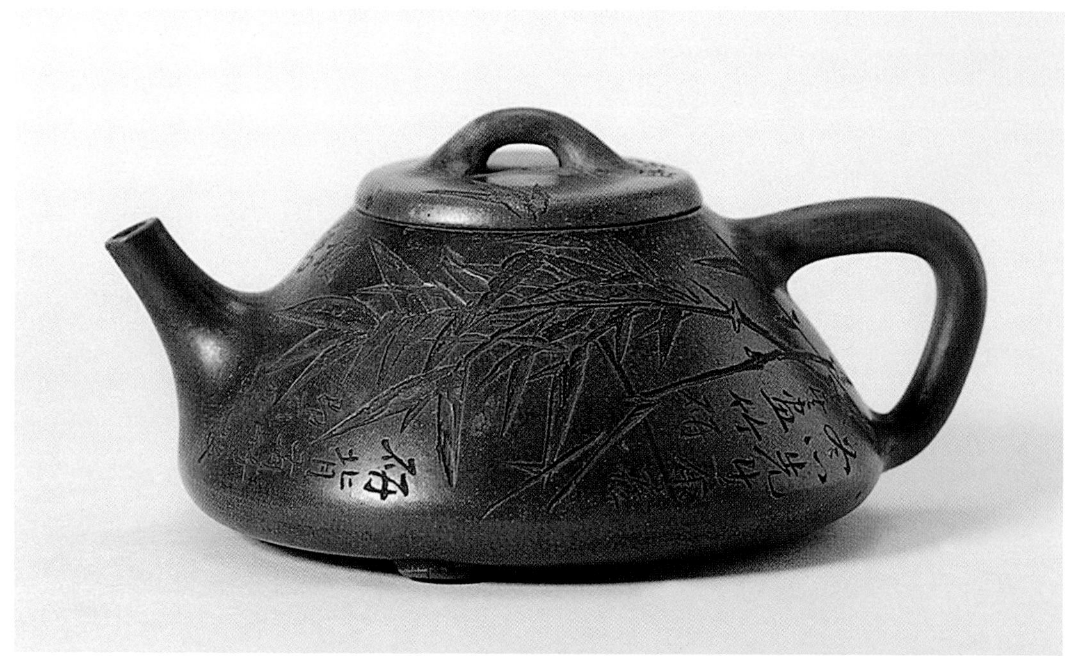

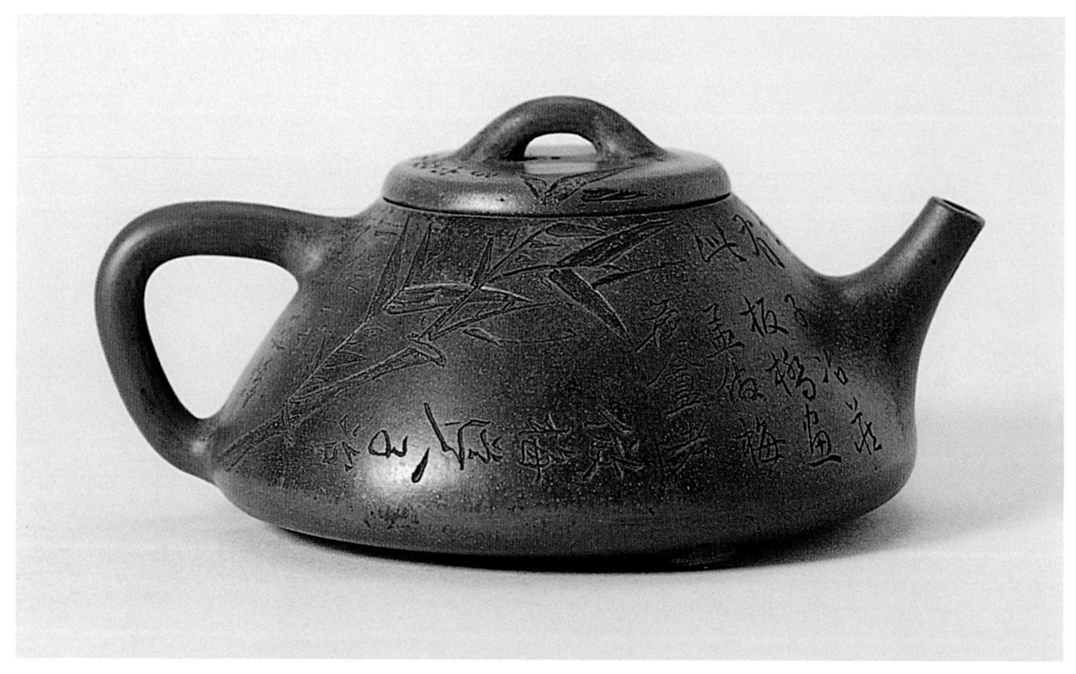

107.

中石瓢

清・道光、同治

楊彭年（製）　瞿子治（銘）

高66mm　口徑65mm

壺身銘：冬心先生余藏其畫竹研，研背有竹一枝，即取其意。板橋有此一縱一橫，頗有逸情。子治藏板橋畫蓋倣梅花盦者。倣梅道人子治。

壺蓋銘：宜園

底印：吉壺

把下印：彭年

上海博物館藏

◉　瞿應紹，字子治，是繼曼生、石楳後又一與砂藝密切結合的擅長金石書畫的文人。他所裝飾的砂壺，印章及書畫鐫刻格調高雅，韻致怡人，本編收有圖版數幀，不一一評點。

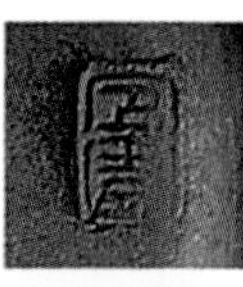

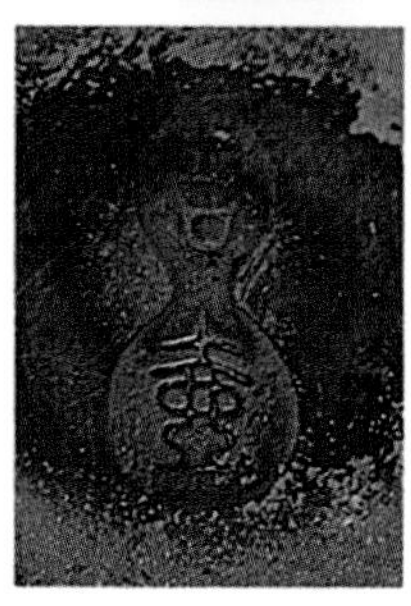

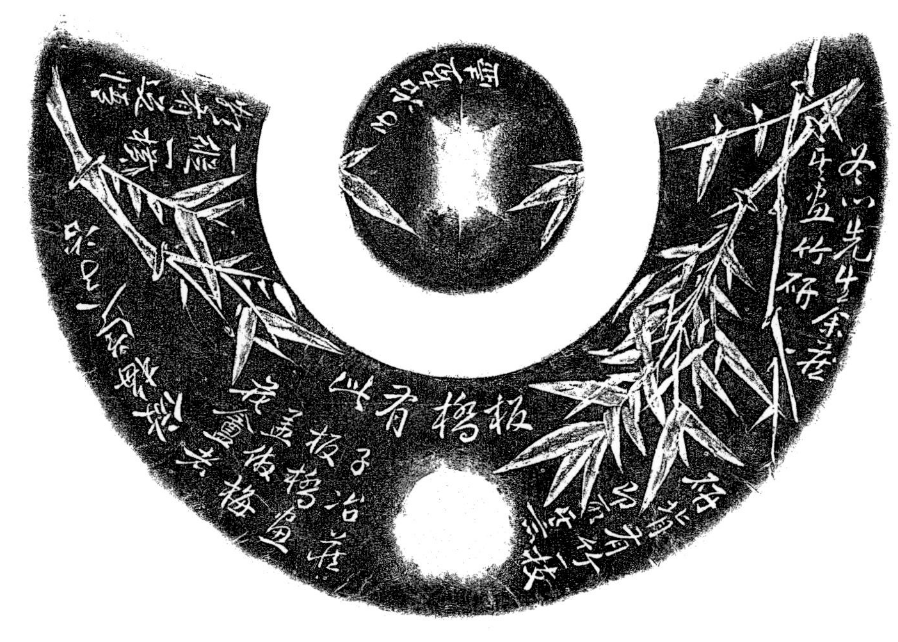

108.

漢鐘

清・道光、同治

瞿子冶

高112mm　口徑61mm

壺身銘：漢鐘　一勺八斗之子才
子冶

陳仲春藏

顧景舟配蓋

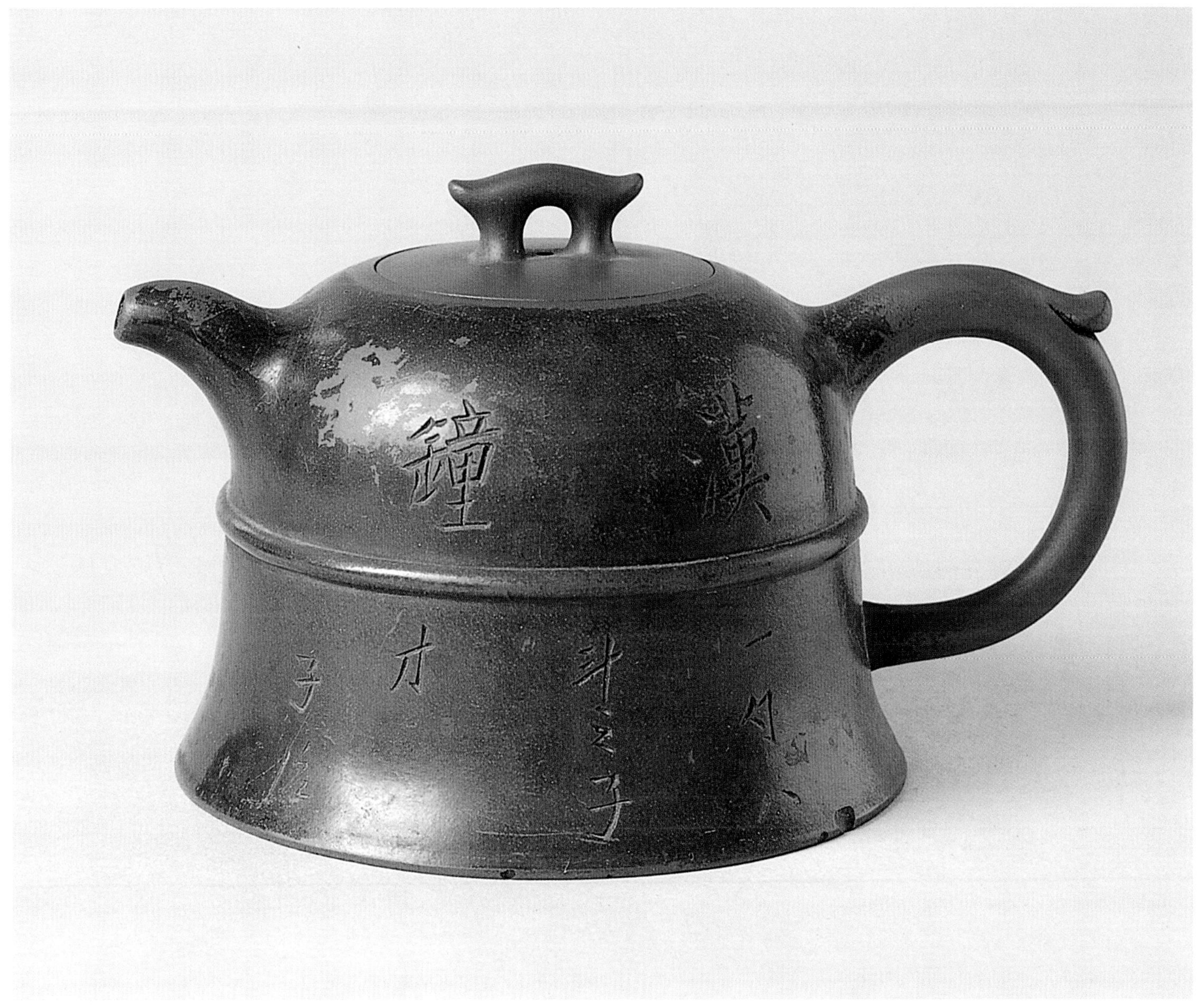

109.

截蓋圓珠

清・道光二十四年（1844）

楊彭年（製）　瞿子冶（銘）

高105mm　口徑68mm

底印：楊彭年造

壺蓋銘：石壺子繫自號

子冶畫並題

壺身銘：石古而臞，補天之餘。

壺中天小，石不厭巧。

甲辰九月　子治

蘇州文物商店藏

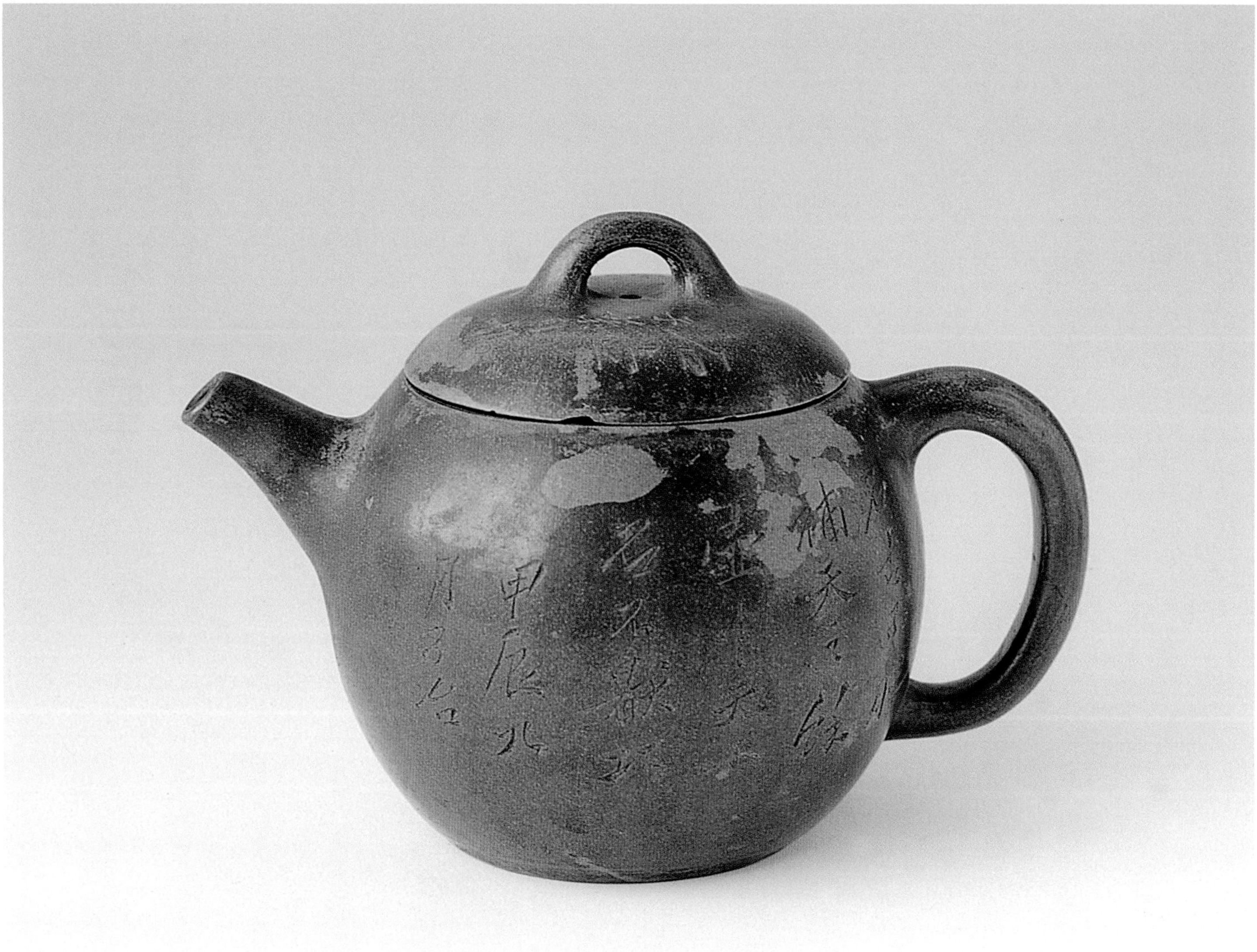

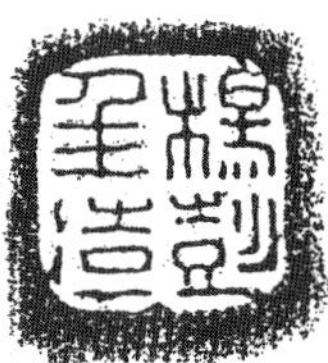

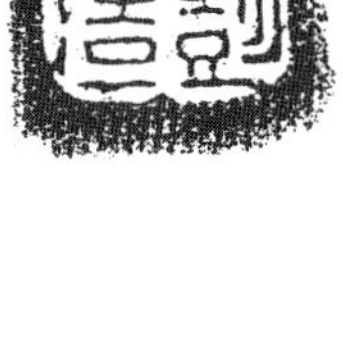

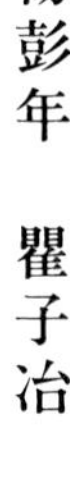

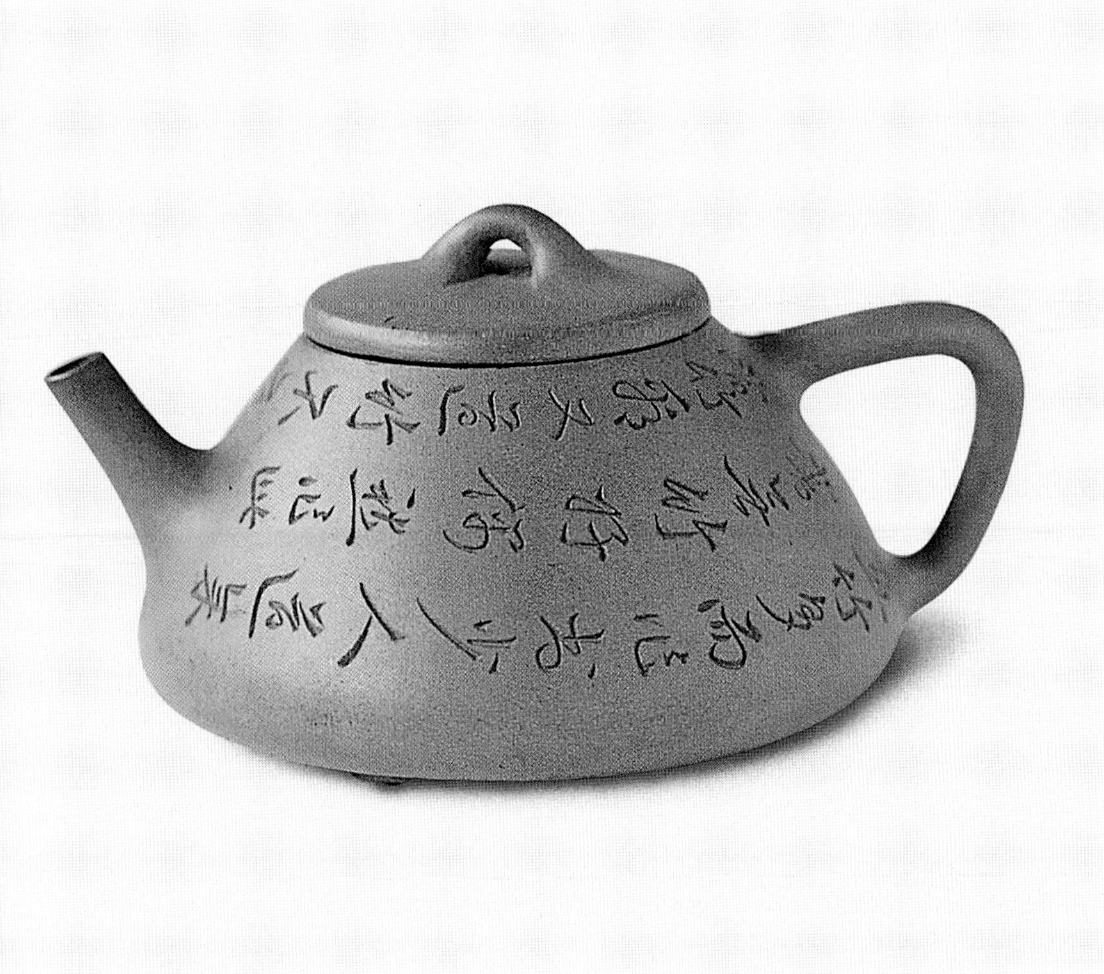

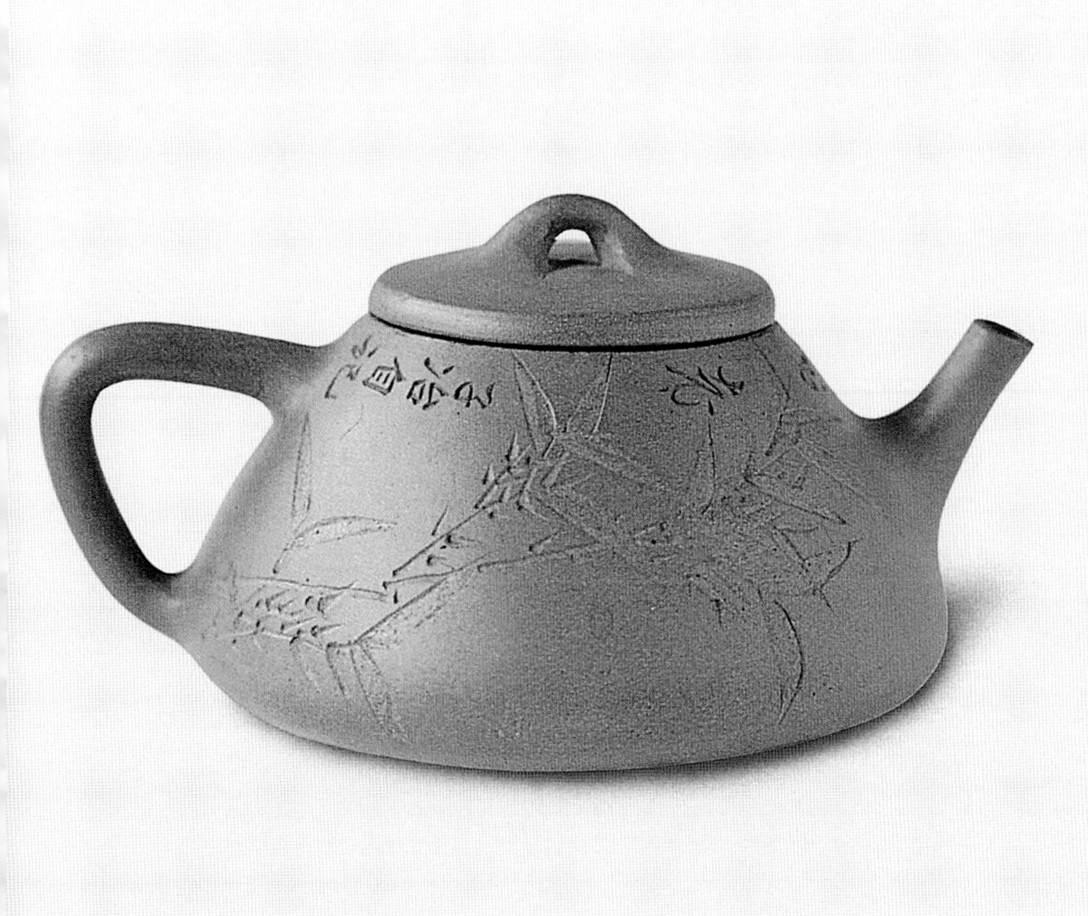

110.

子冶刻中石瓢

清

楊彭年（製）　瞿子冶（銘）

高88mm　口徑68mm

底印：樂陶陶室

把下印：彭年

壺身銘：畫竹多而作書少，
人道余書無竹好。
偶然作此當竹看，
又道竹　不如老。
子冶自記

唐雲藏

111.

高印包

清

高114mm　口徑62mm

底印：壺痴

許四海藏

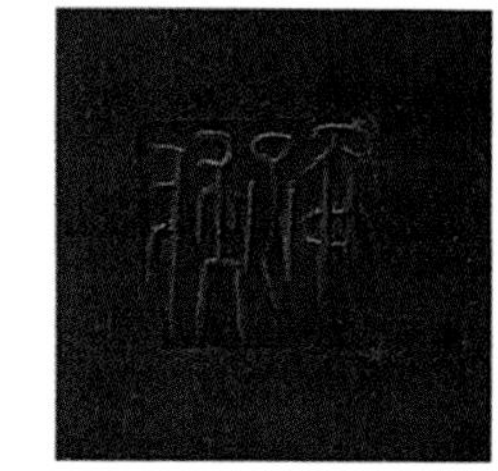

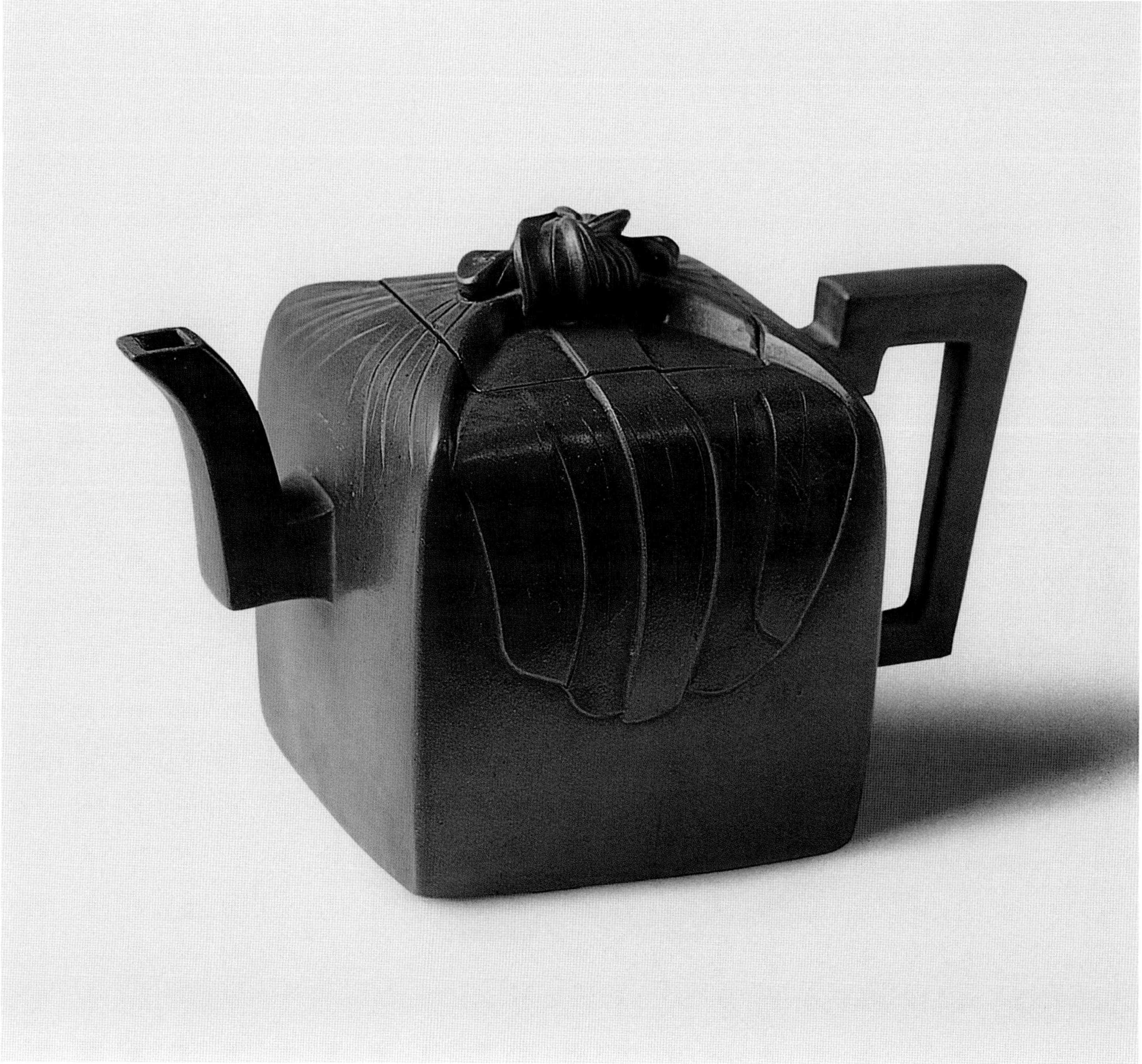

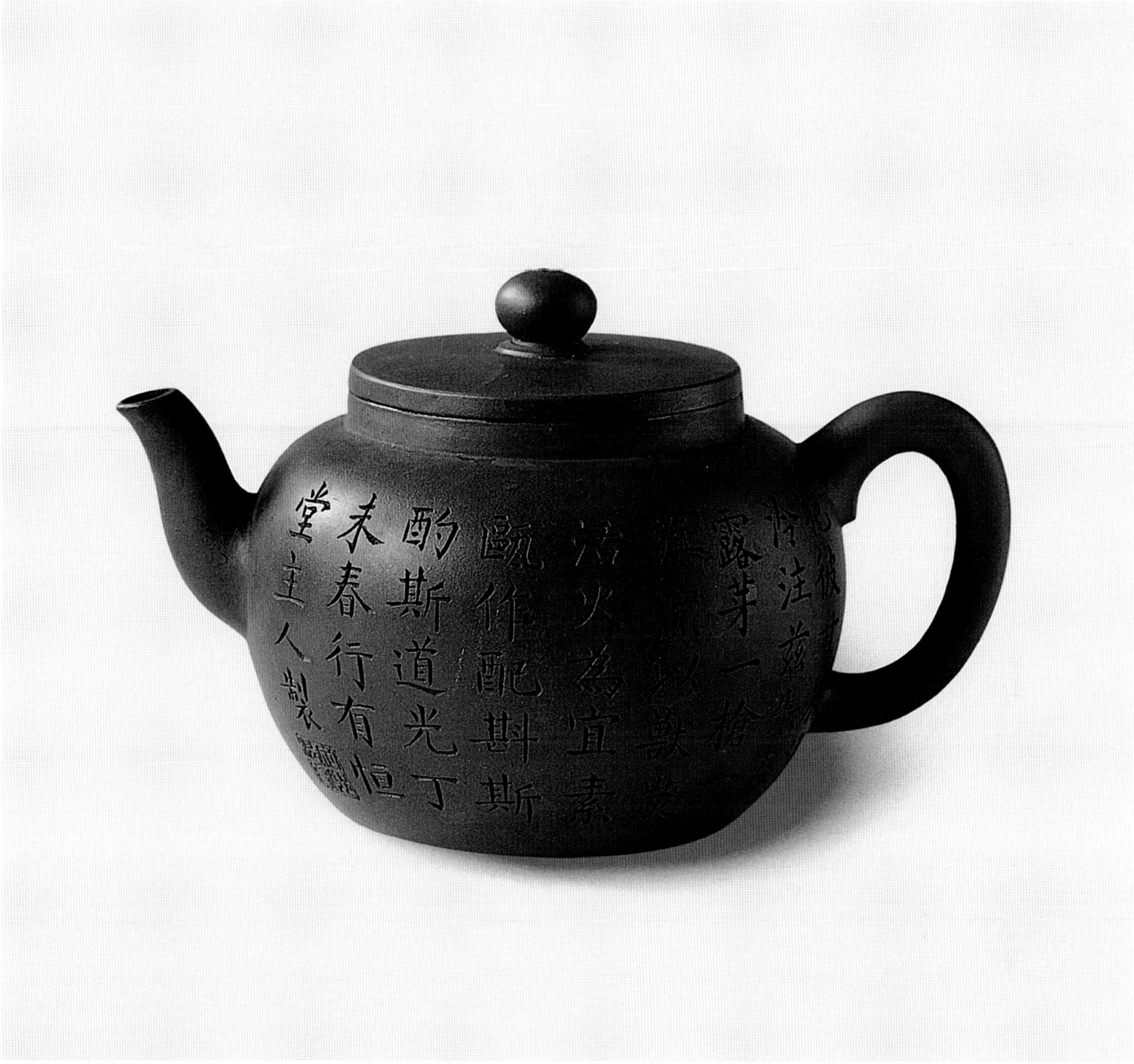

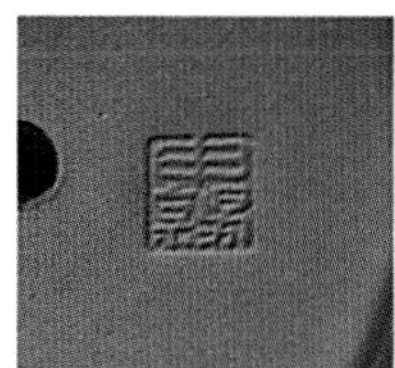

112.

平蓋蓮子

清・道光二十七年（1847）

申錫

高88mm　口徑68mm

壺蓋銘：申錫

壺身銘：挹彼甘泉，清冷注茲。
先春露芽，一槍一旗。
烹以獸炭，活火爲宜。
素甌作配，斟斯酌斯。
道光丁未春，行有恒堂主人製。

唐雲藏

113.
鈿合
清・嘉慶
楊彭年（製） 笏山（銘）
高65mm 口徑52mm
把梢印：彭年
底印：阿曼陀室
壺身銘：鈿合丁寧，
改注茶經。
笏山
唐雲藏

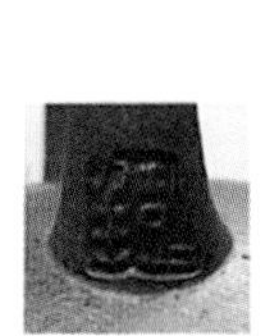
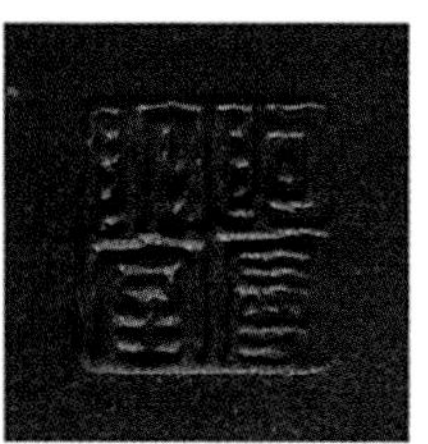
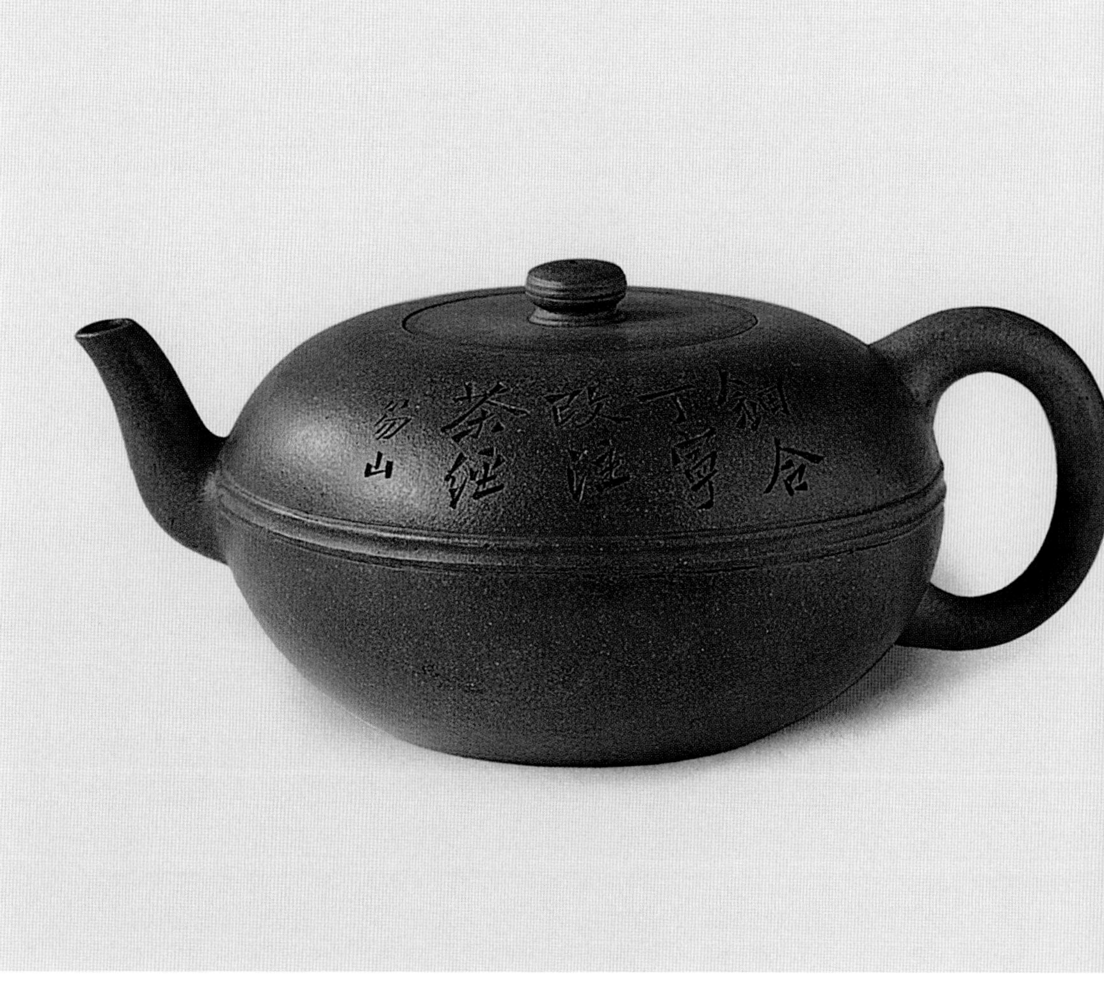

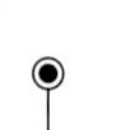

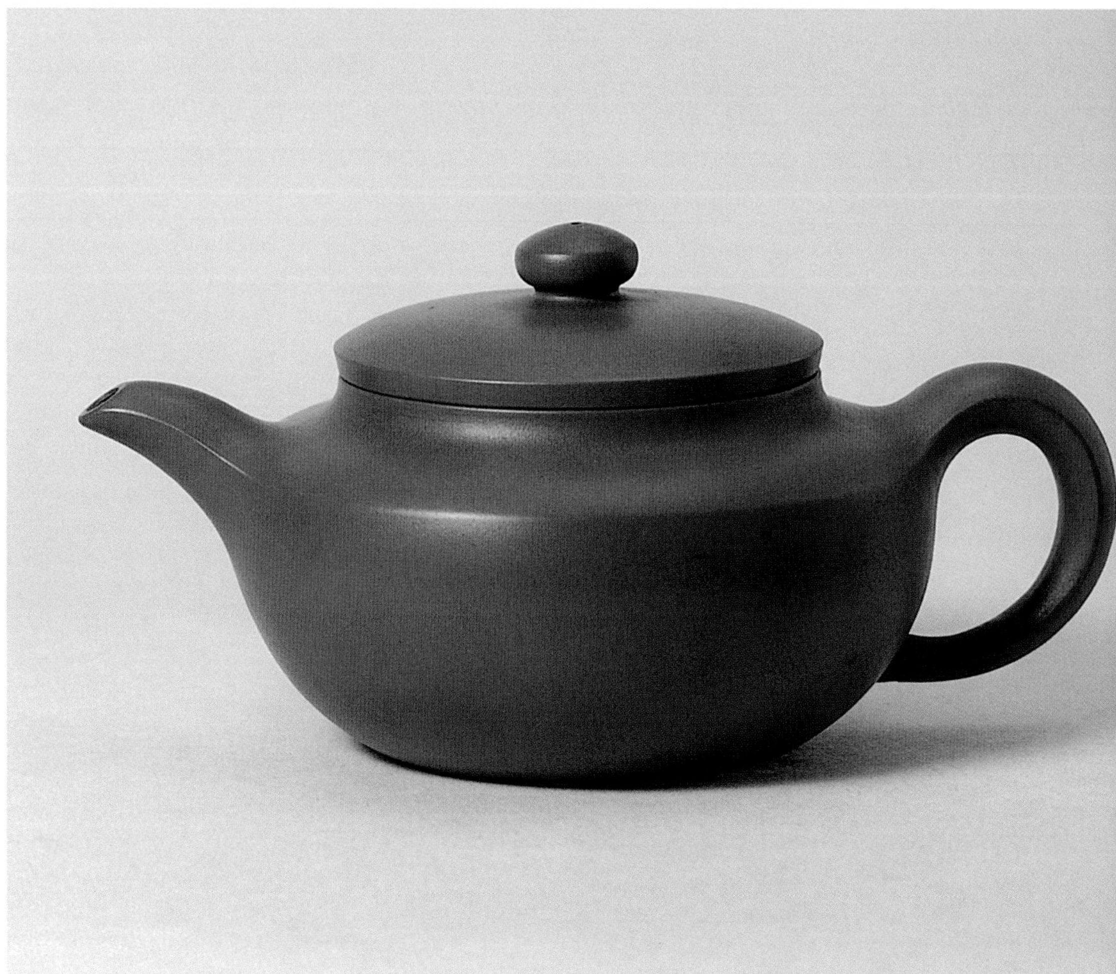

114.
漢扁
清・咸豐、同治
萬泉
高95mm 口徑94mm
把梢印：萬泉
宜興陶瓷陳列館藏

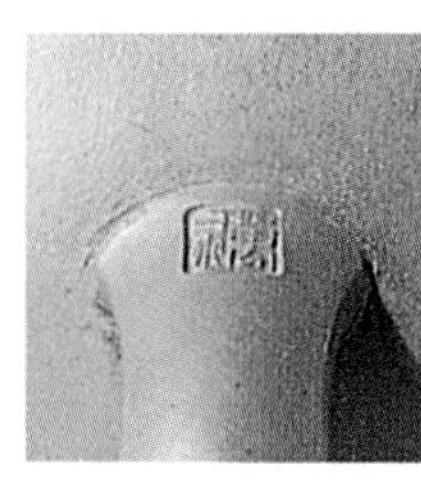

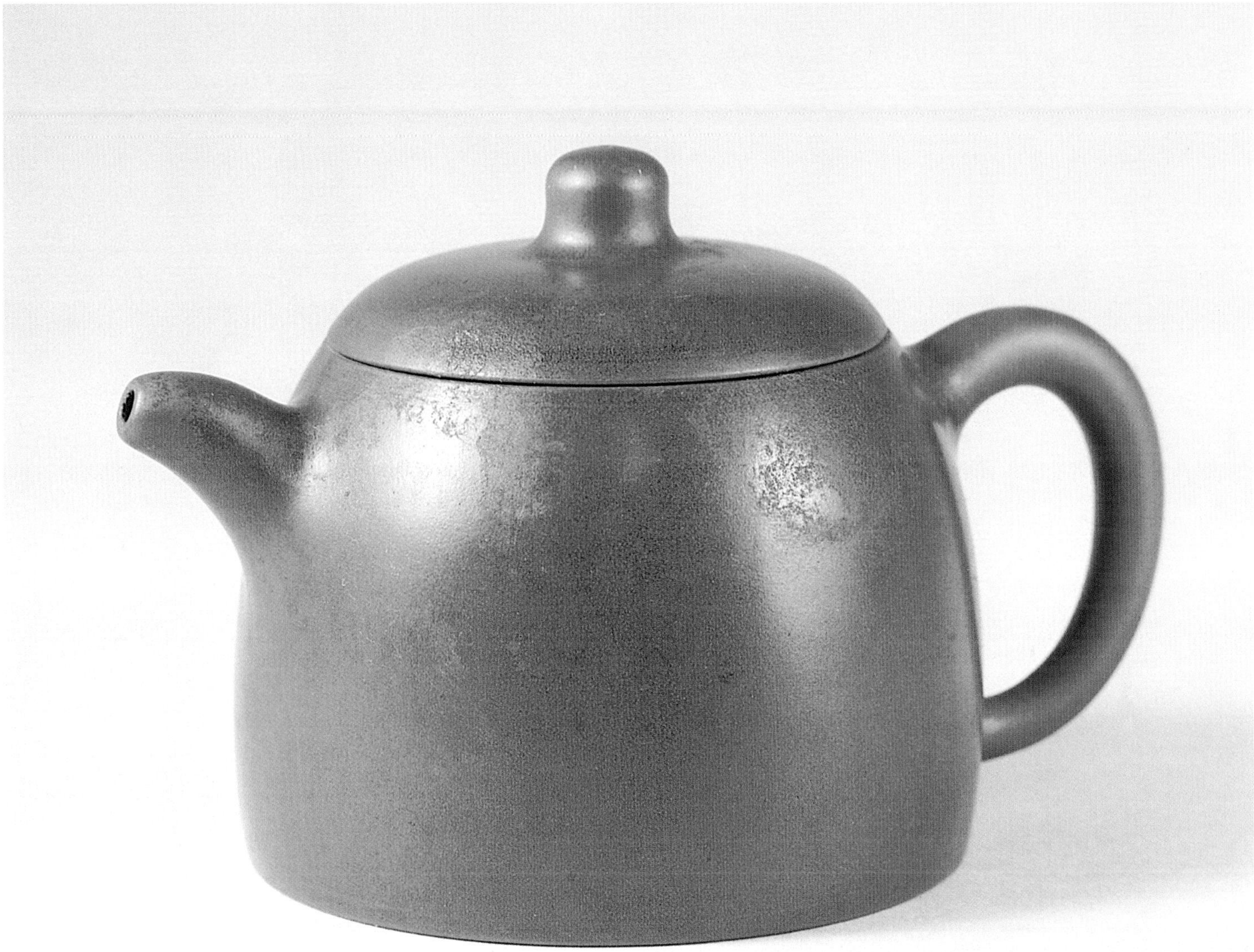

115.

秦權

清・道光

蓋印：萬泉

高112mm　口徑92mm

南京博物院藏

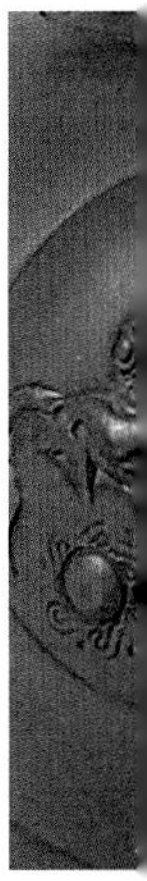

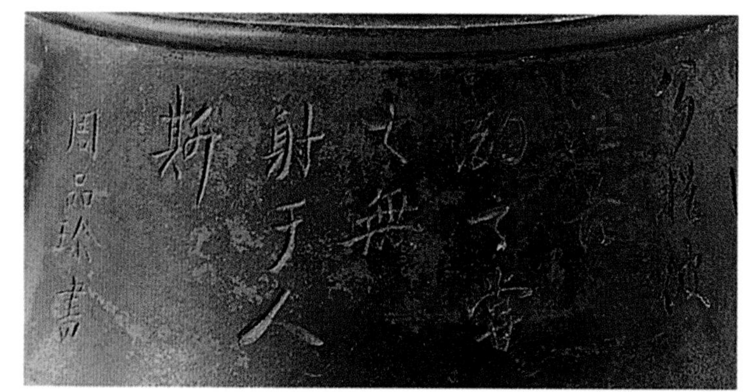

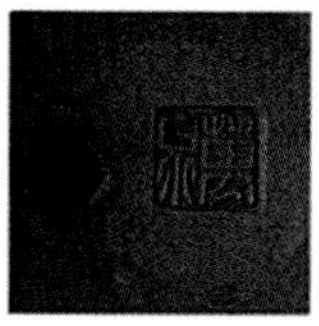

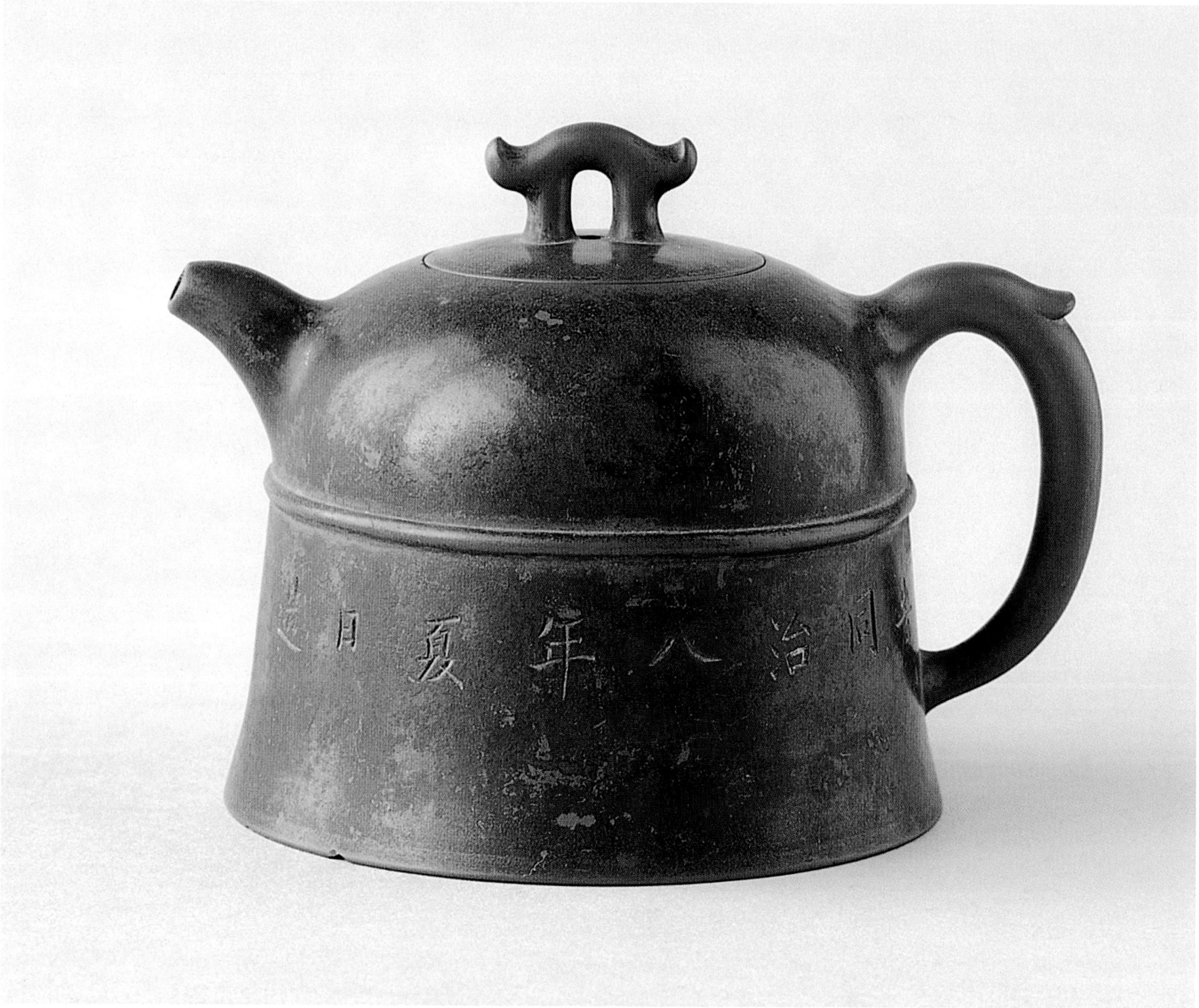

116.

漢鐘

清・同治八年（1869）

萬泉（製） 周品珍（書）

高118mm 口徑61mm

壺身銘：時同治八年夏日造

河水清且漣兮，

挹波注長酌之，

肻之無射於人斯。

周品珍書

蓋印：萬泉

個人藏

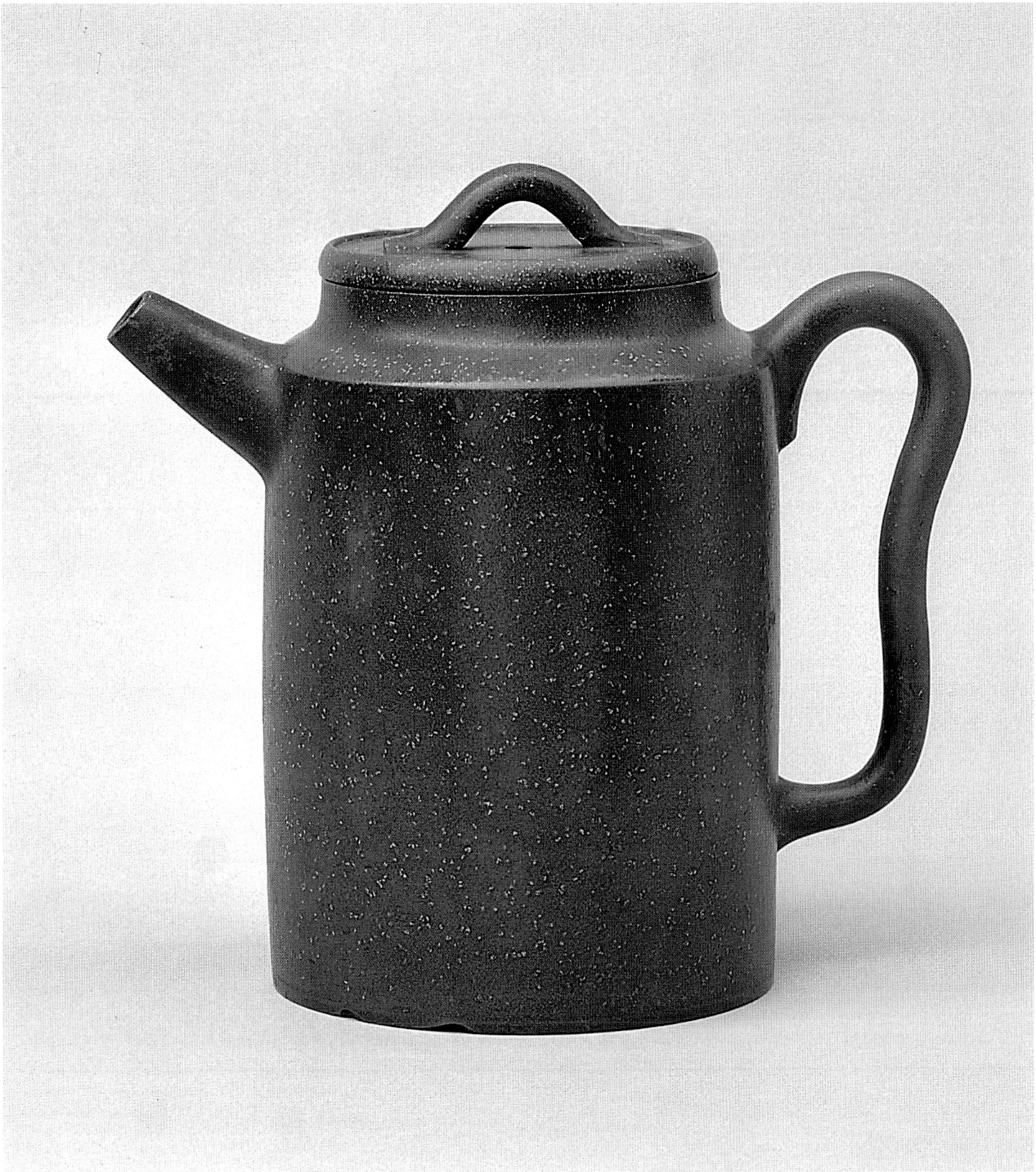

117.

調砂高筒壺

方拙

高173mm　口徑83mm

蓋印：方製

底刻款：時大彬製

蘇州市博物館藏

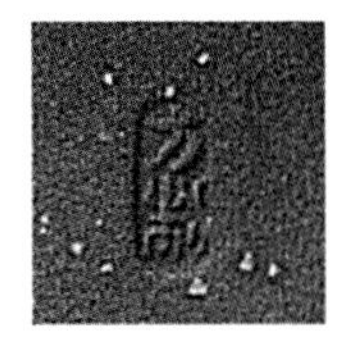

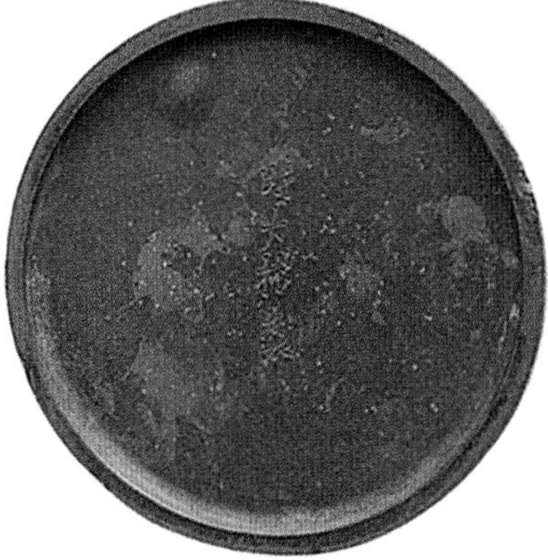

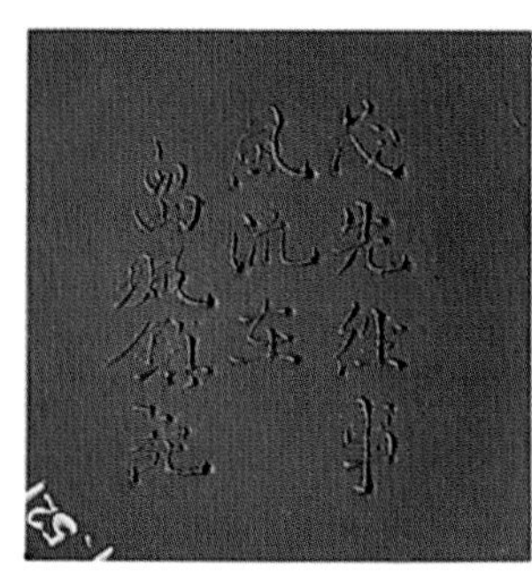

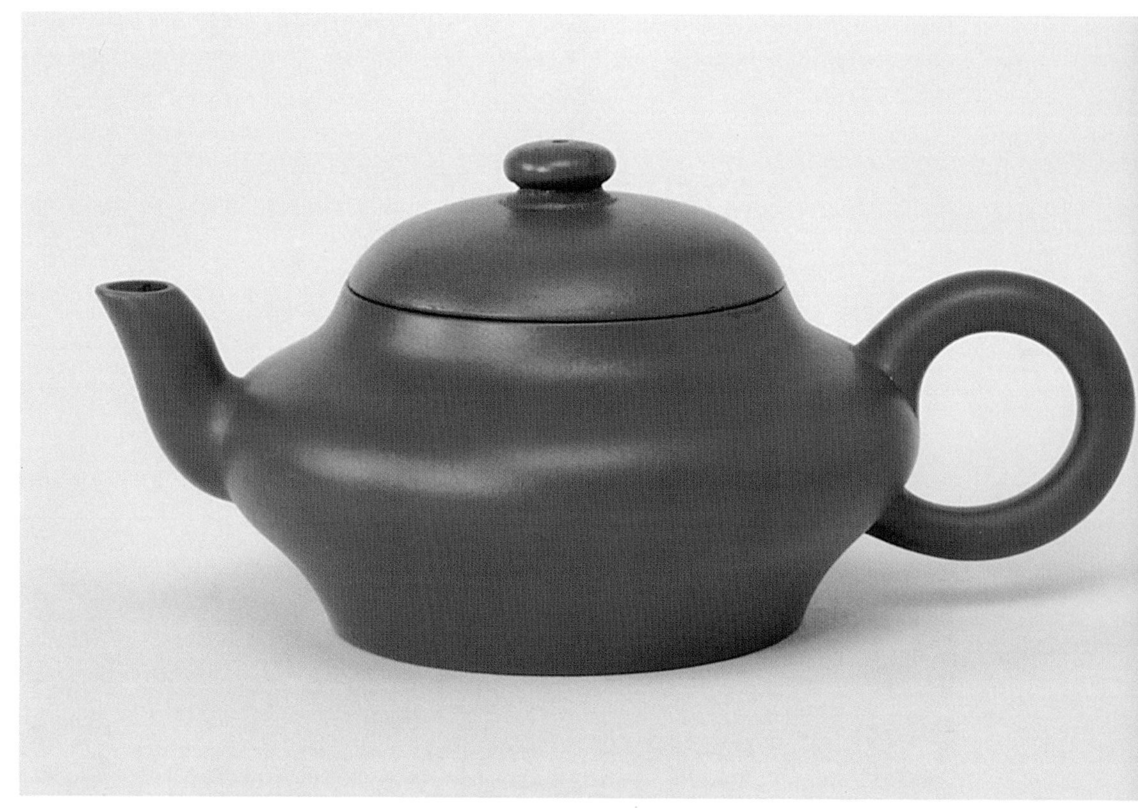

118.
扁壺
留珮
高60mm　寬88mm
底刻款：茂先往事風流在
　　　　　留珮鎸記
香港茶具文物館藏

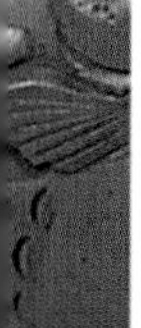

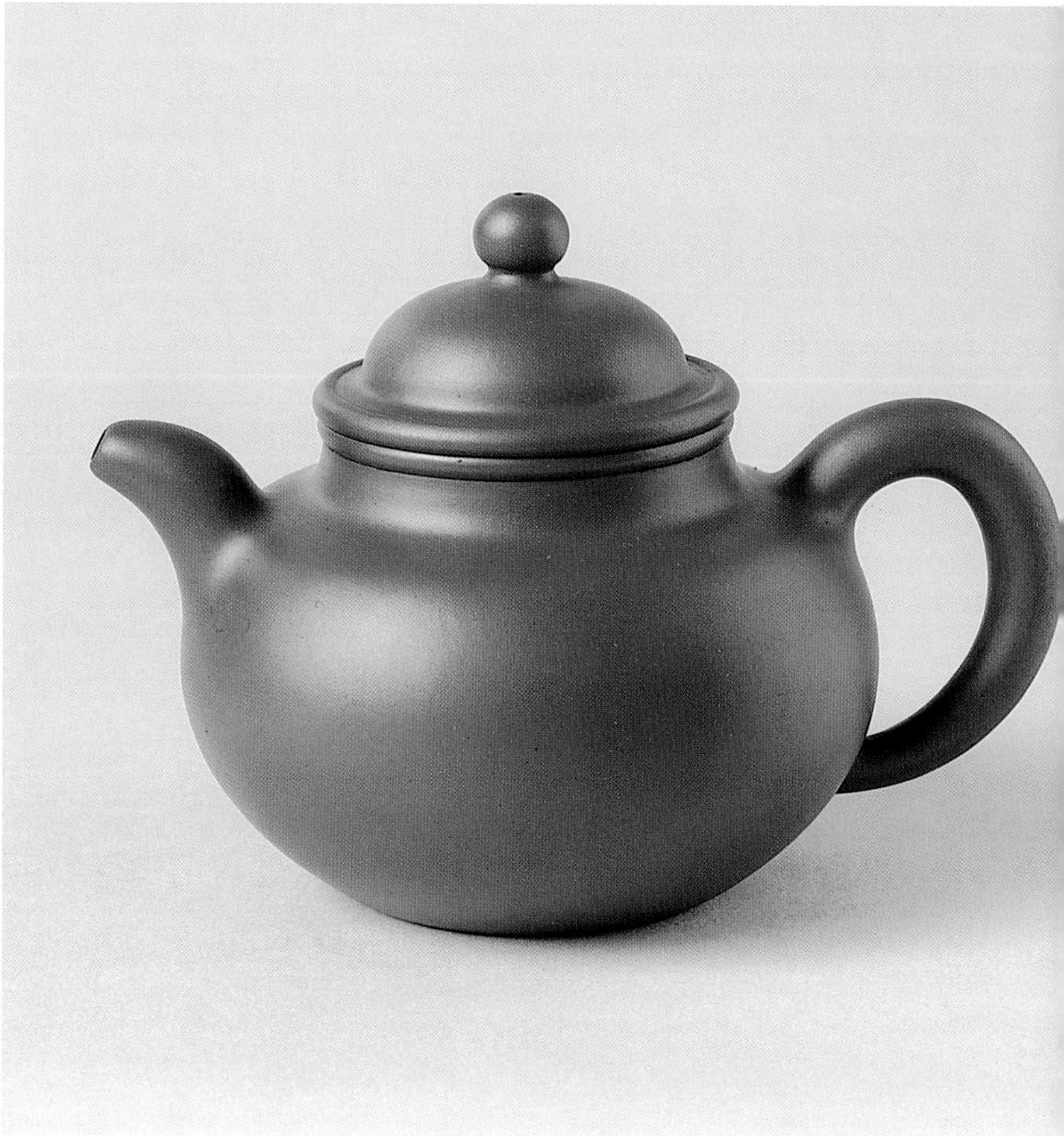

119.
掇球
清・道光、同治
邵友廷
高118mm　口徑70mm
把梢印：友廷
陳仲春藏
　顧景舟於一九八九年配蓋

120.
掇球
清・道光、同治
高121mm 口徑73mm
蓋印：友廷

宜興陶瓷陳列館藏

◉ 友廷姓邵，也是大亨後的一位名家，所製形制尚樸素、練潔。掇球和漢扁皆友廷之專長，成品腴潤有之，巧麗允缺。

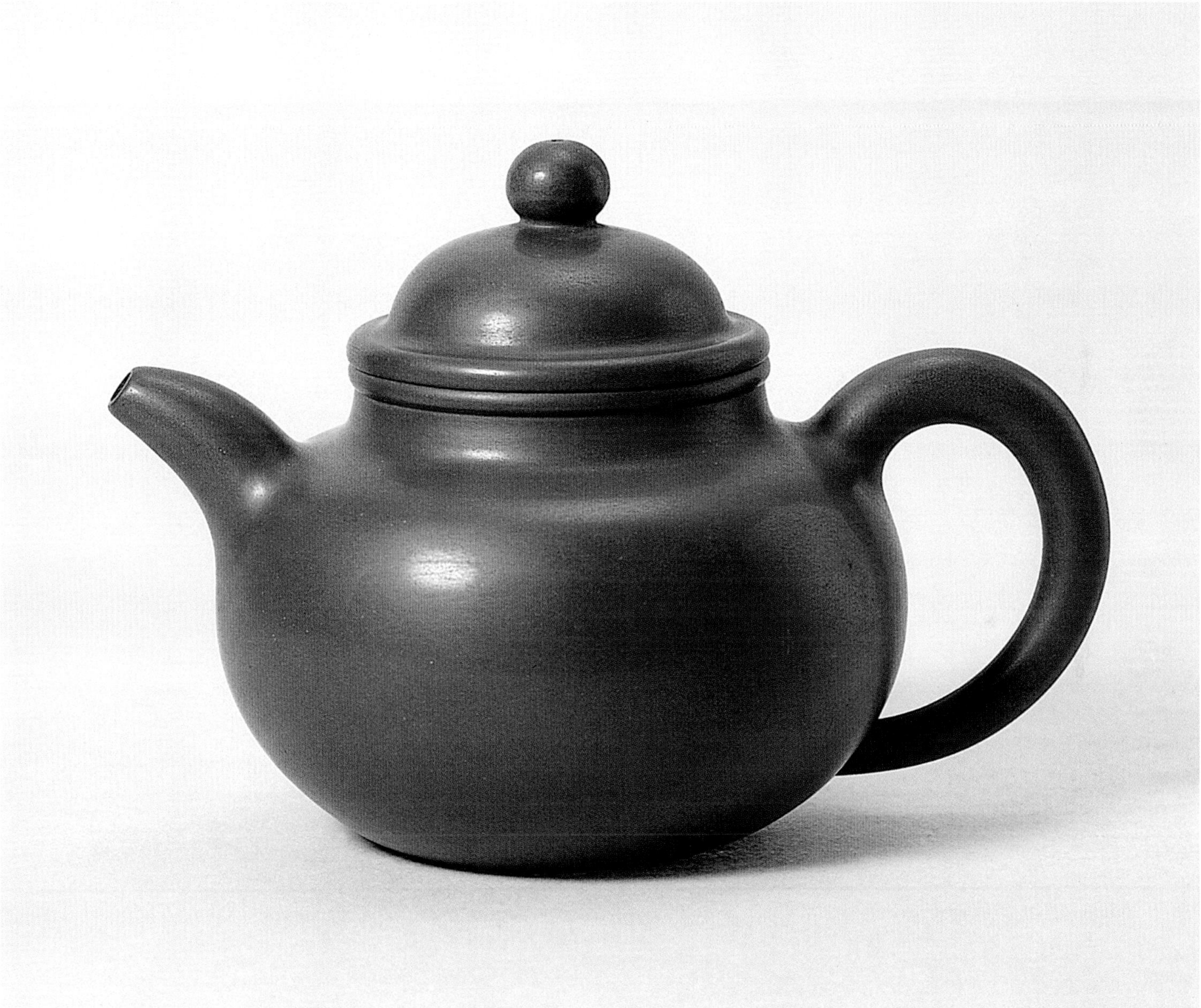

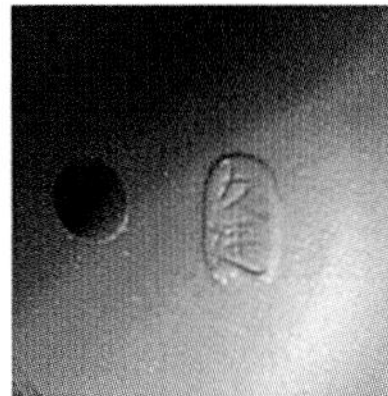

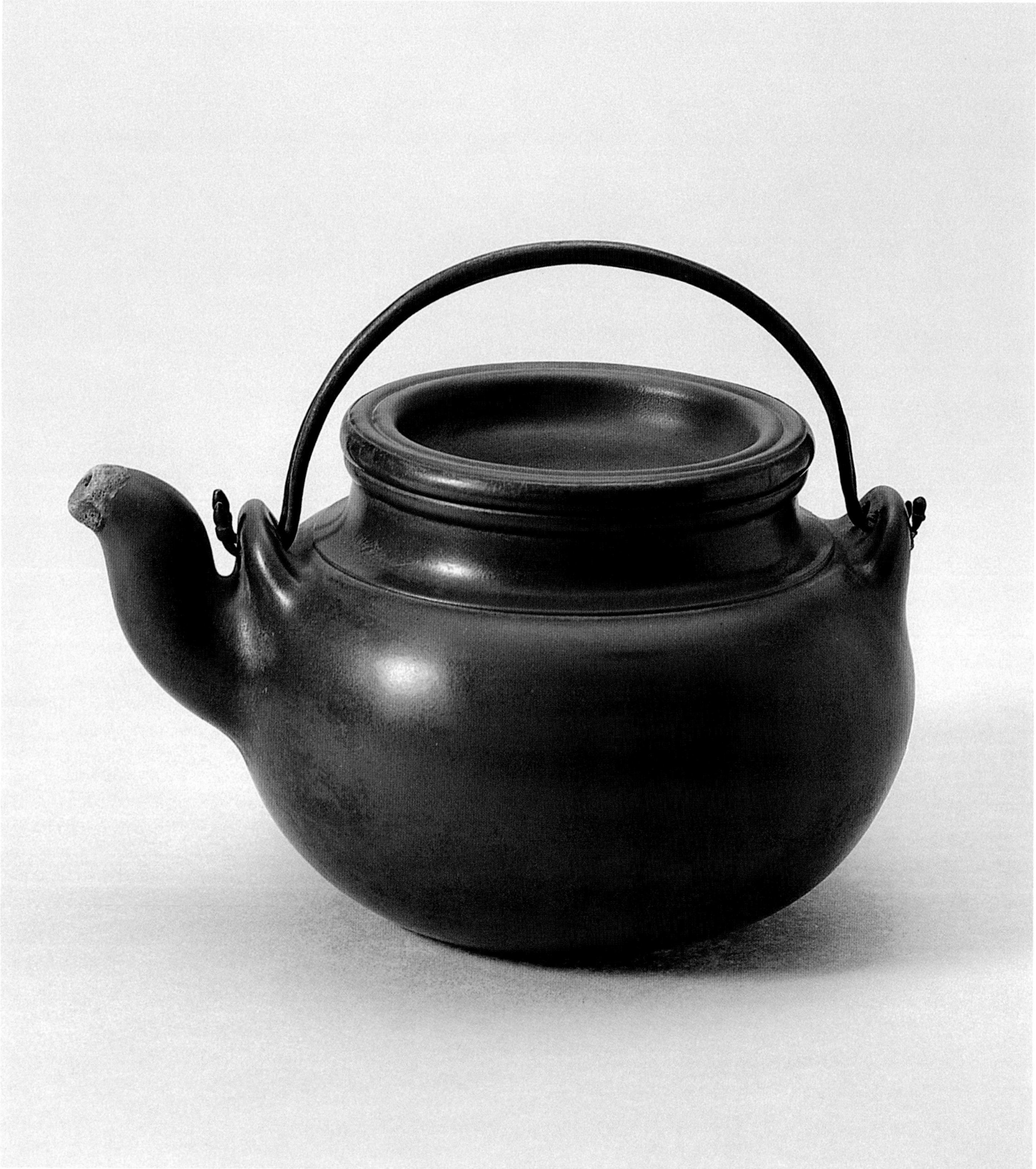

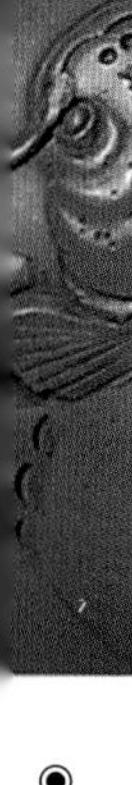

121.

矮蛋包

清・道光、同治

邵友廷

高133mm　口徑88mm

蓋印：友廷

宜興紫砂工藝廠藏

◉　器形圓渾，特顯豐滿柔和之感。

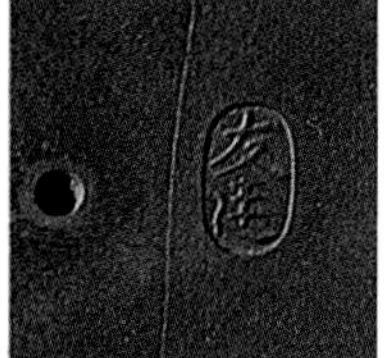

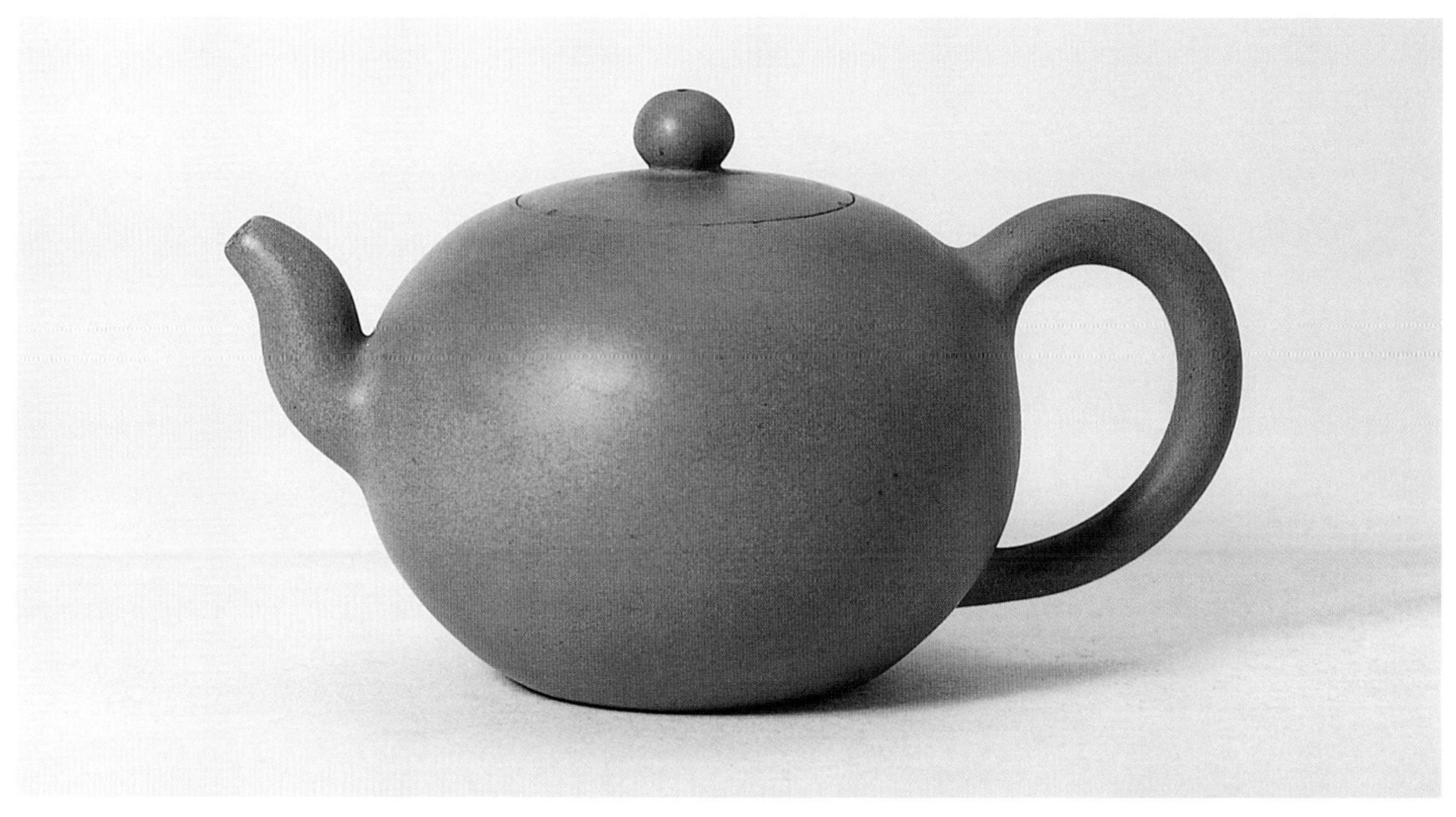

122.
一粒珠
清・道光、同治
邵友廷

高105mm　口徑58mm
蓋印：友廷
把梢印：福
宜興陶瓷陳列館藏

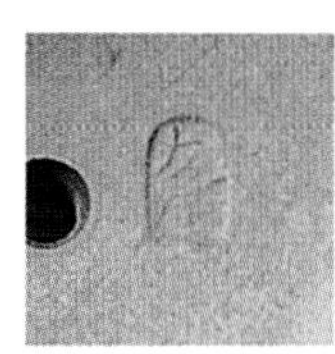

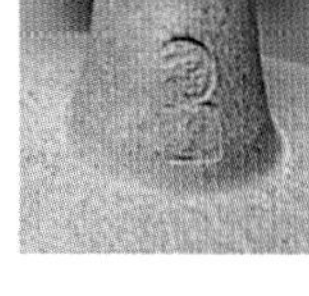

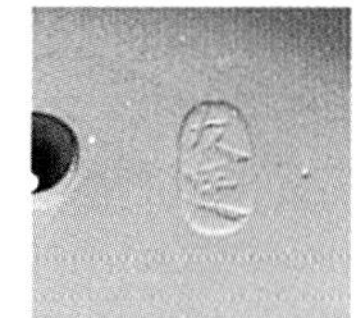

123.
漢扁
清・道光、同治
邵友廷

高95mm　口徑89mm
蓋印：友廷
宜興陶瓷陳列館

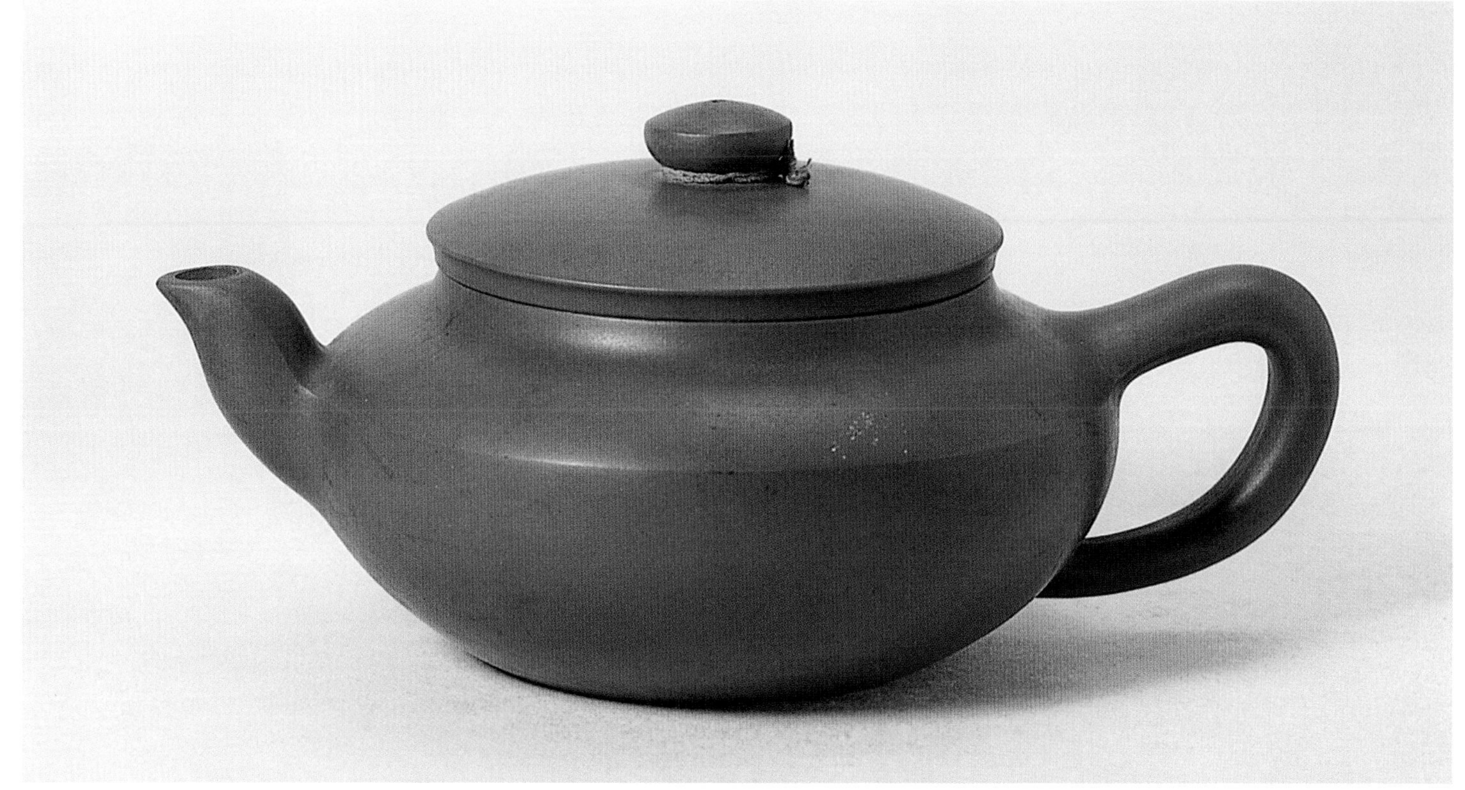

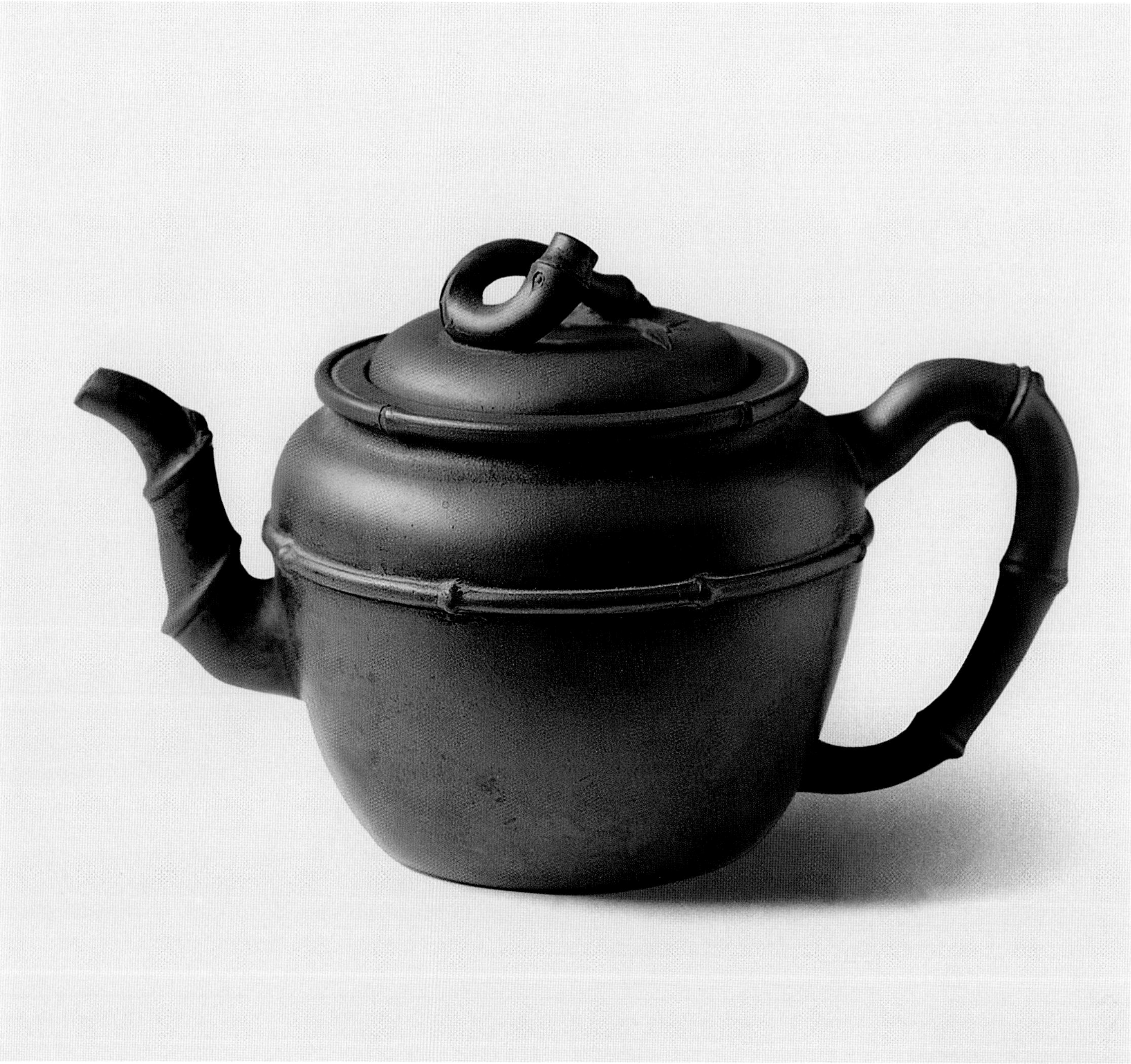

124.

腰綫竹節圓壺

清・道光、同治

邵維新

高138mm　口徑96mm

底印：邵維新製

許四海藏

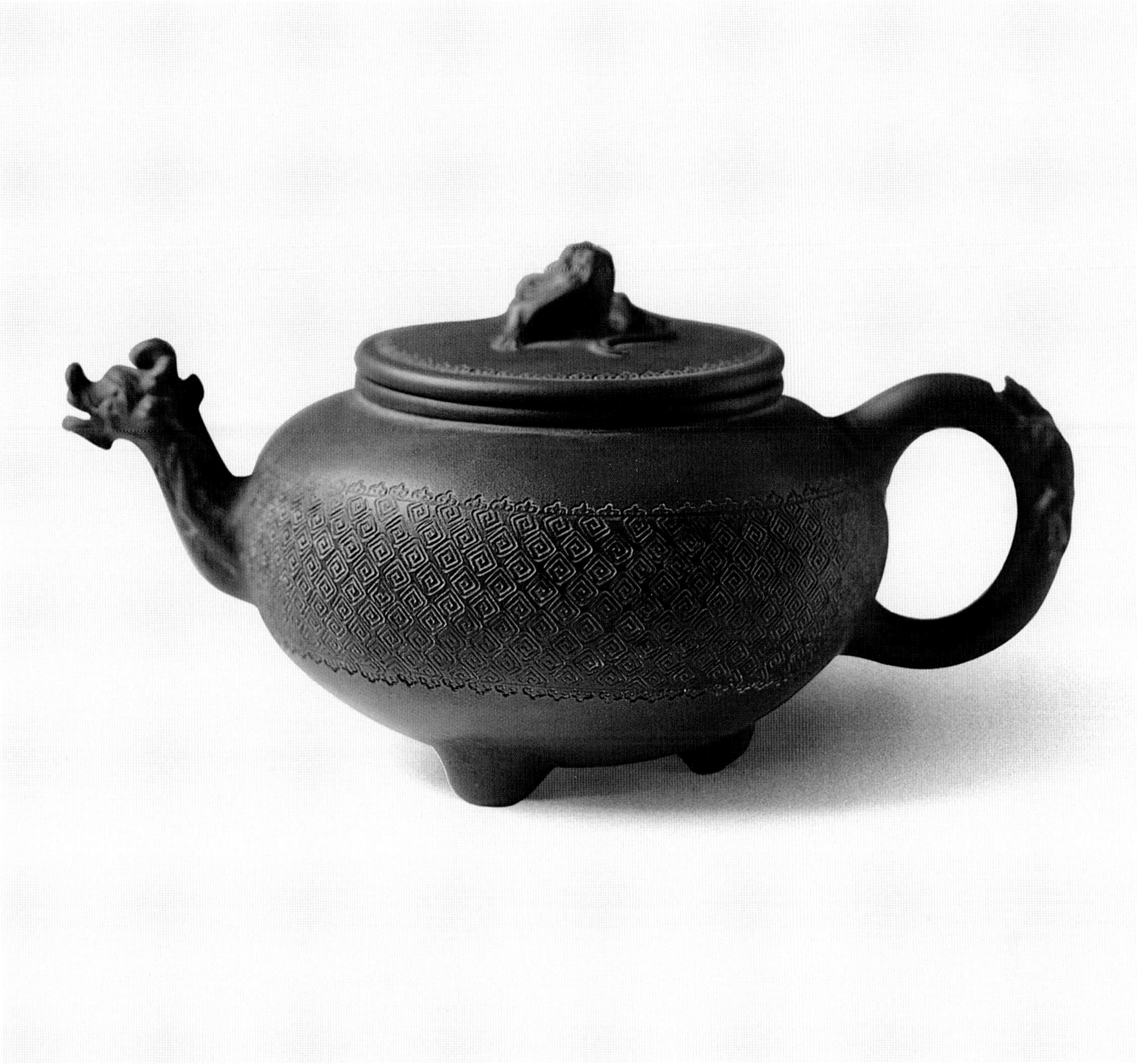

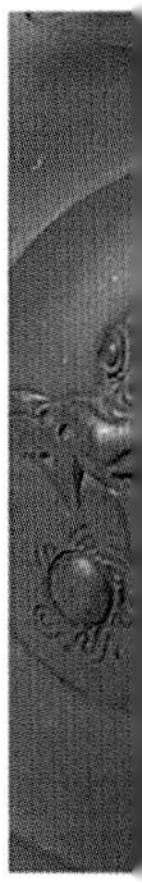

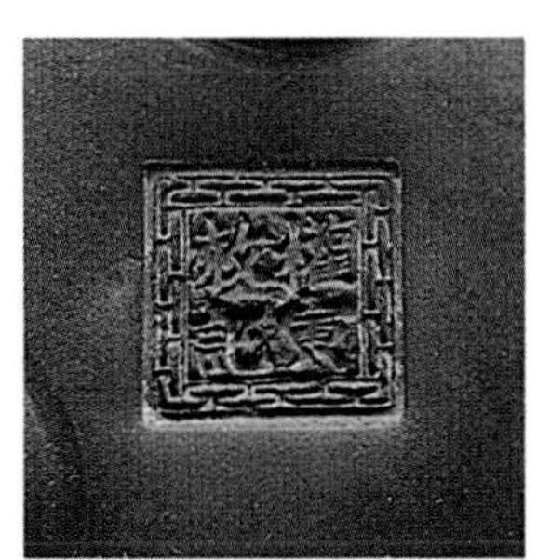

125.

三獸壺

清・道光、同治

邵赦大

高105mm　口徑83mm

底印：權寅赦記

許四海藏

126.

四方橋頂

清・咸豐、同治

銘遠

高97mm　口徑60mm

蓋印：銘遠

宜興陶瓷陳列館藏

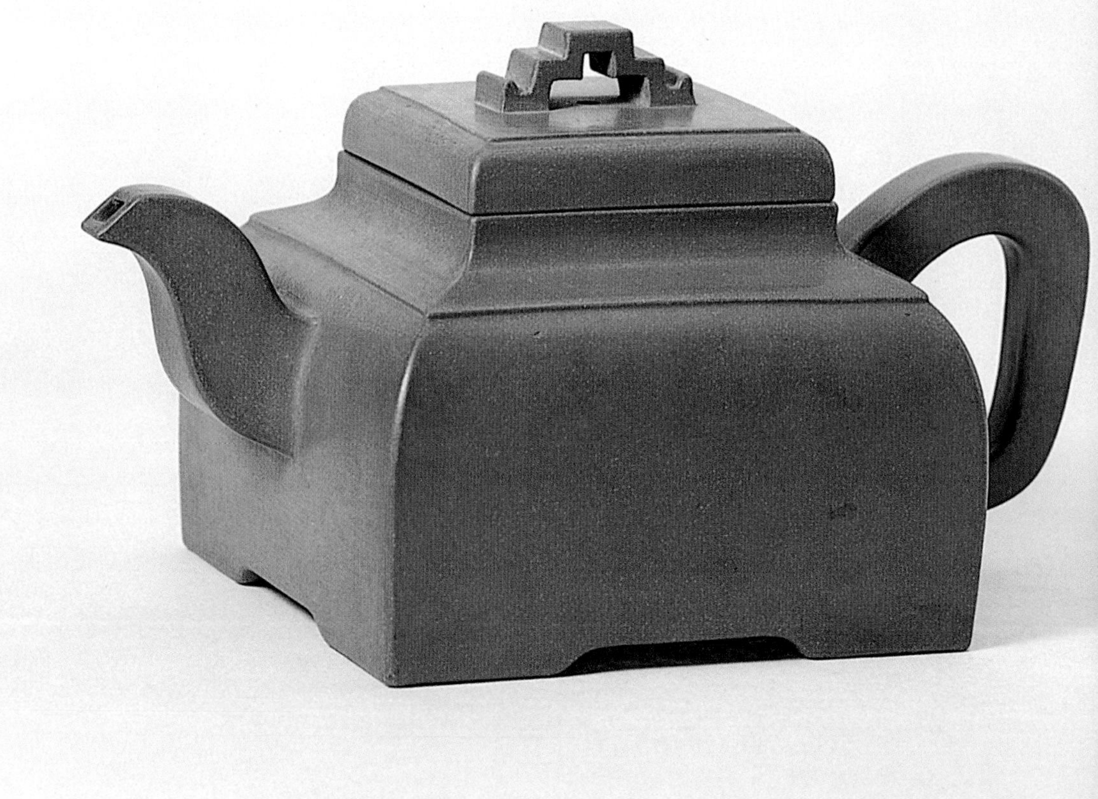

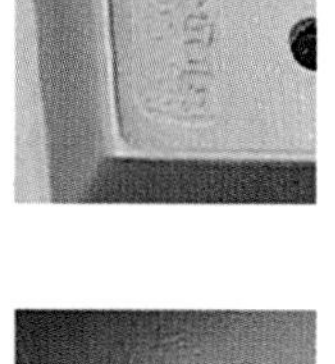

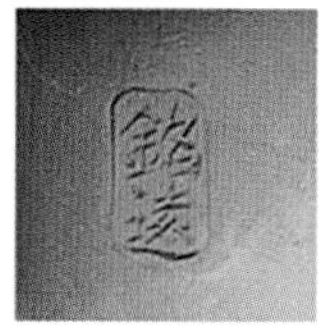

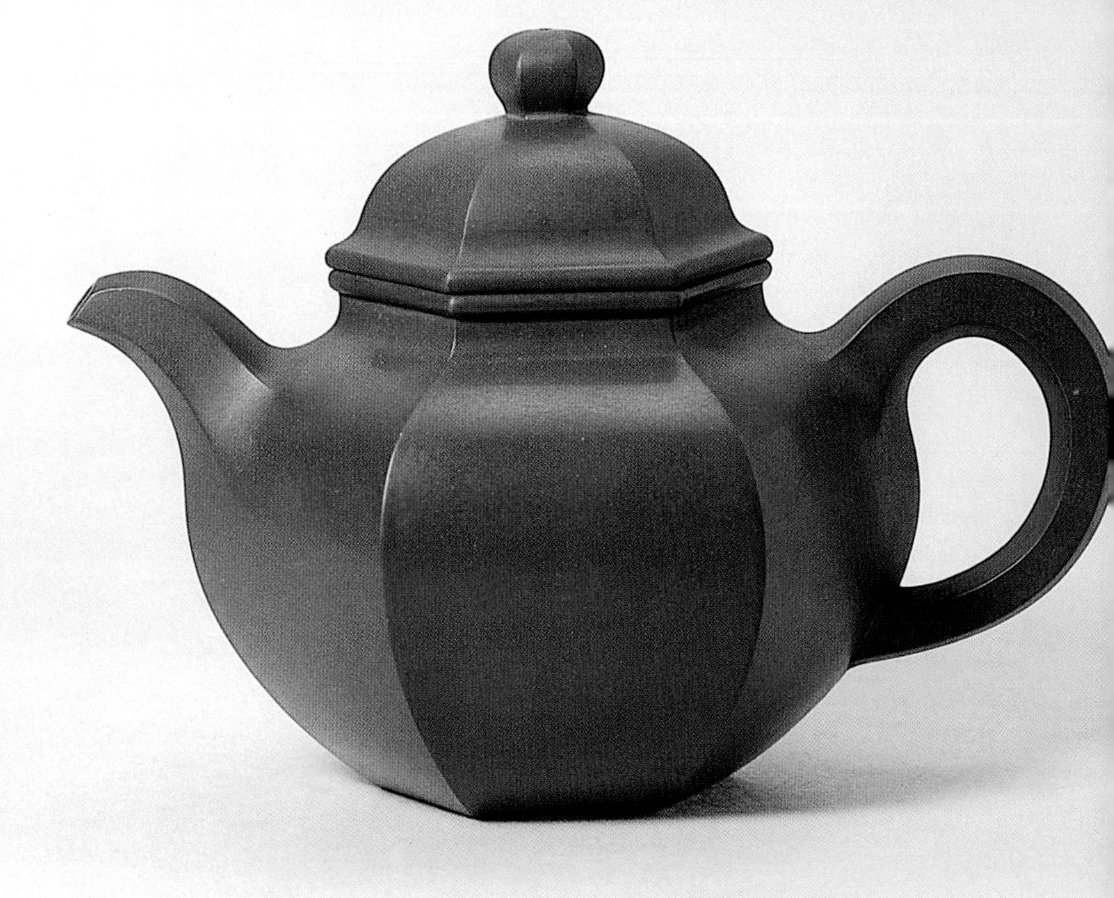

127.

六方掇球

清・咸豐、同治

銘遠

高137mm　口徑81mm

蓋印：銘遠

宜興陶瓷陳列館藏

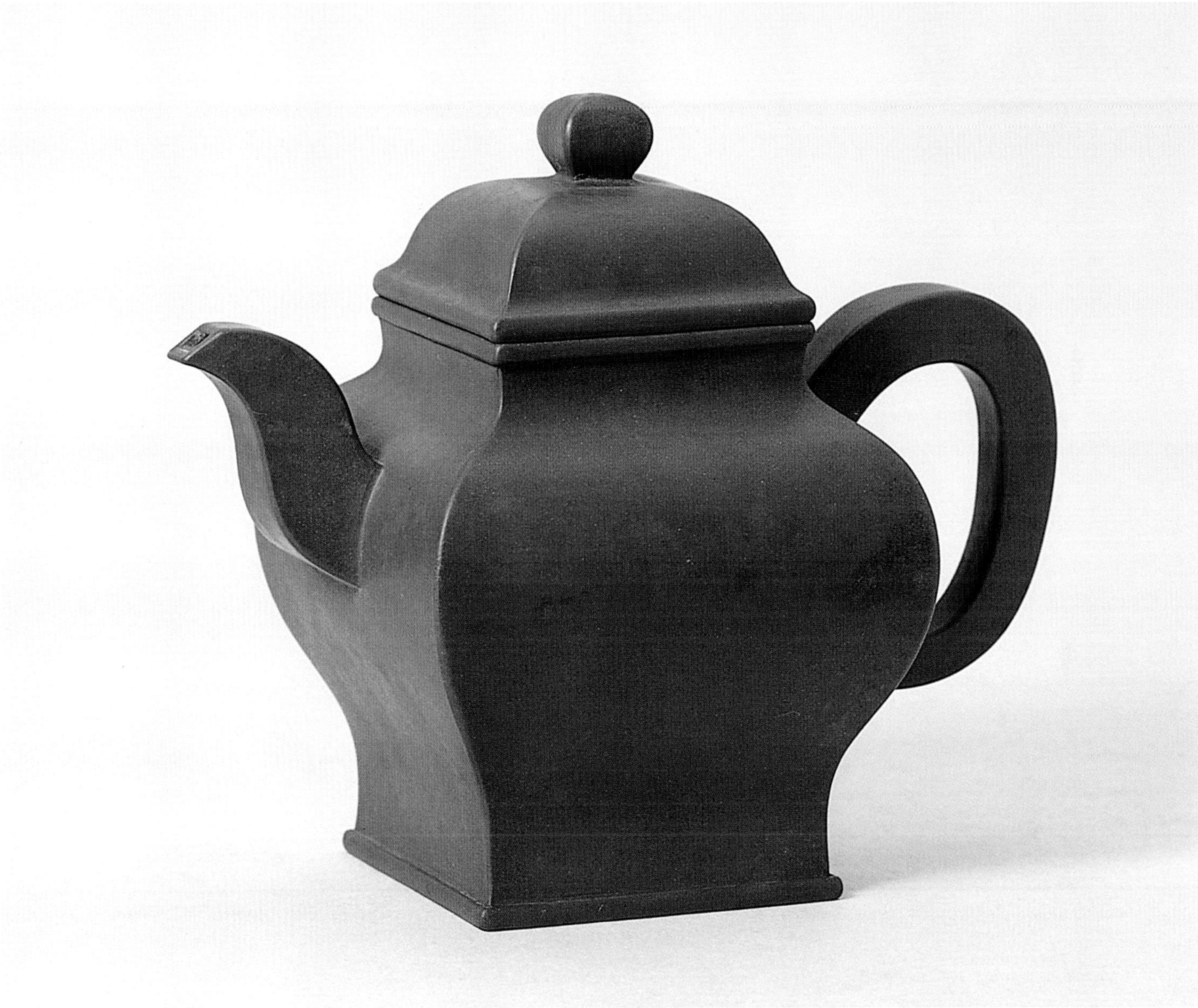

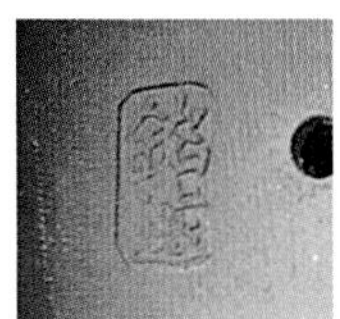

128.

四方鵝蛋壺

清・咸豐、同治

銘遠

高139mm　口徑62mm

蓋印：銘遠

宜興陶瓷陳列館藏

◉　作者銘遠，難考其姓。一般皆訛傳爲鳴遠，實乃大謬。兩人相隔兩個世紀，藝技更爲懸殊。銘遠傳器以方貨見長，本編圖版收入三件。

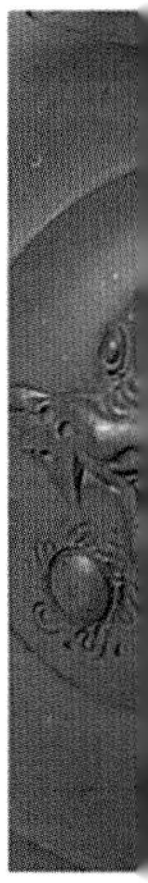

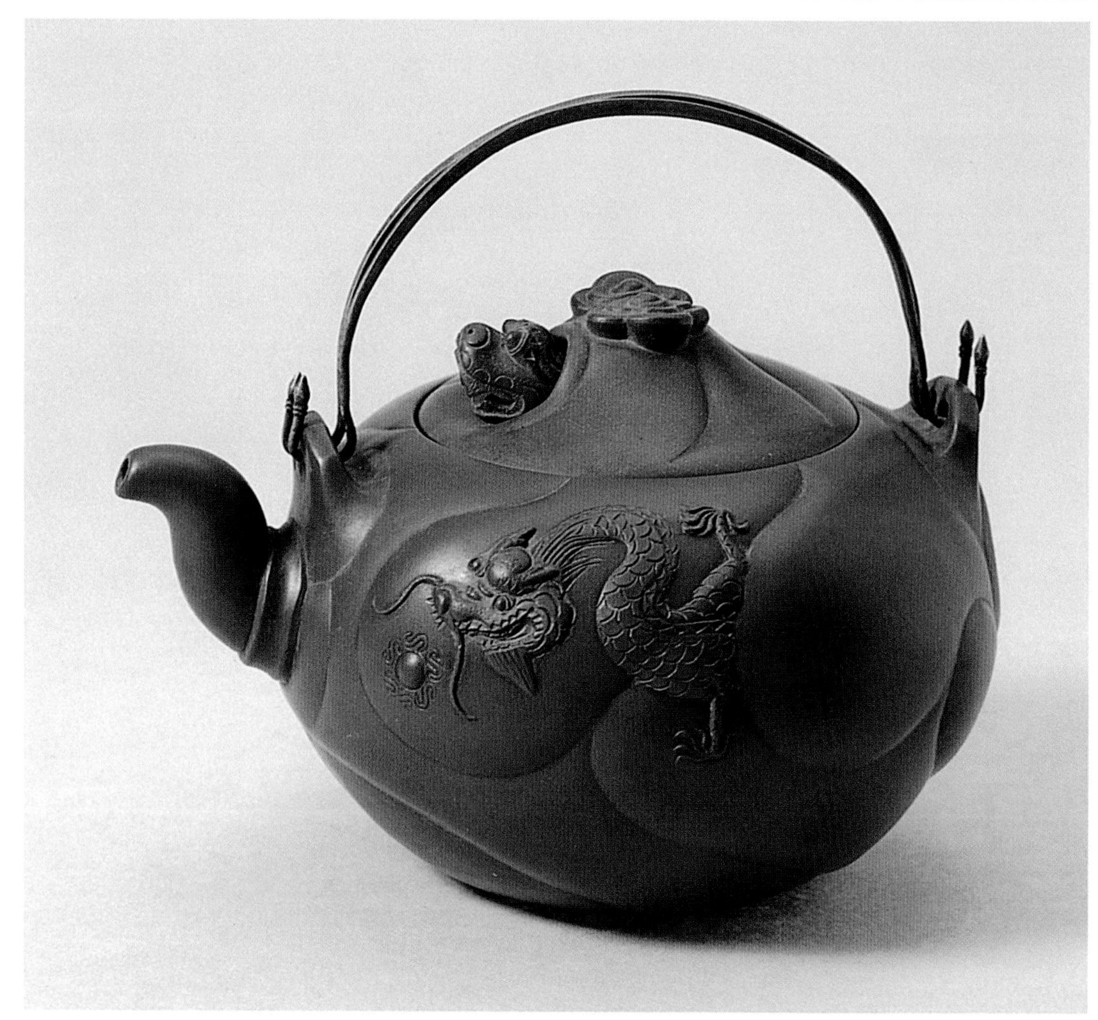

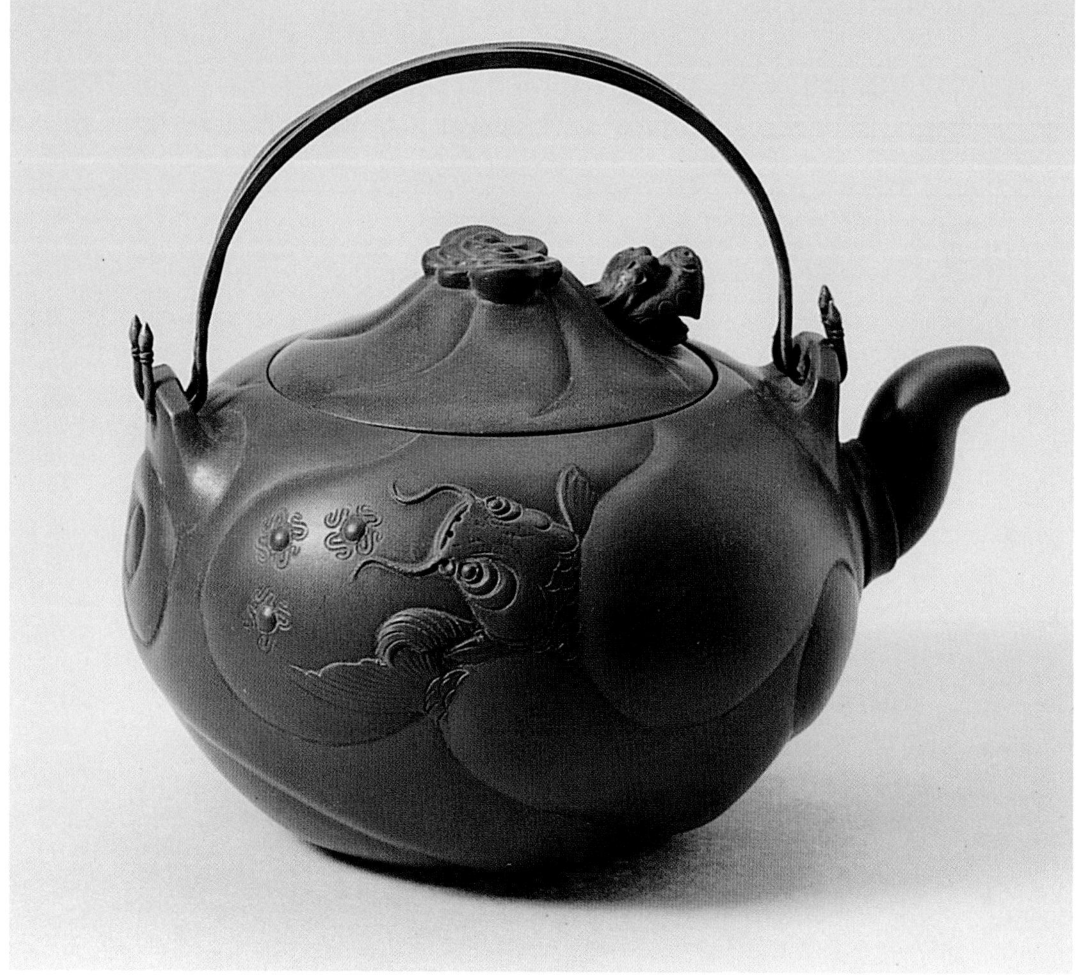

129.

鈕魚化龍壺

清・同治、光緒

黃玉麟

高101mm　口徑75mm

蓋印：國良

底印：黃玉麟

宜興紫砂工藝廠藏

◉　此件是黃玉麟之傳世佳作。俞國良配蓋。壺身雲浪紋，規則生動和順，紋理舒曲流暢，魚龍浮雕刻畫精細。壺的嘴、鈕結構自然，若生成者，形式豐滿而俏麗，總體非常諧調，泥色紫紅、潤膩，雖配蓋藝技差强人意，然形式上尚屬完整，無損傳器之大雅風姿。

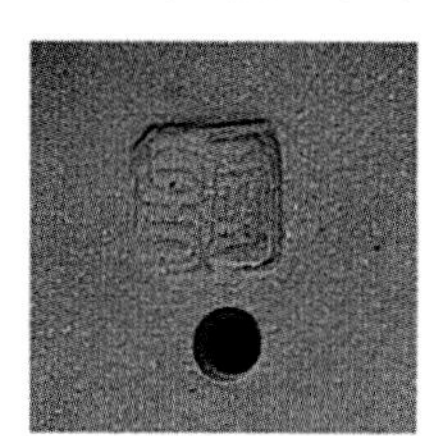

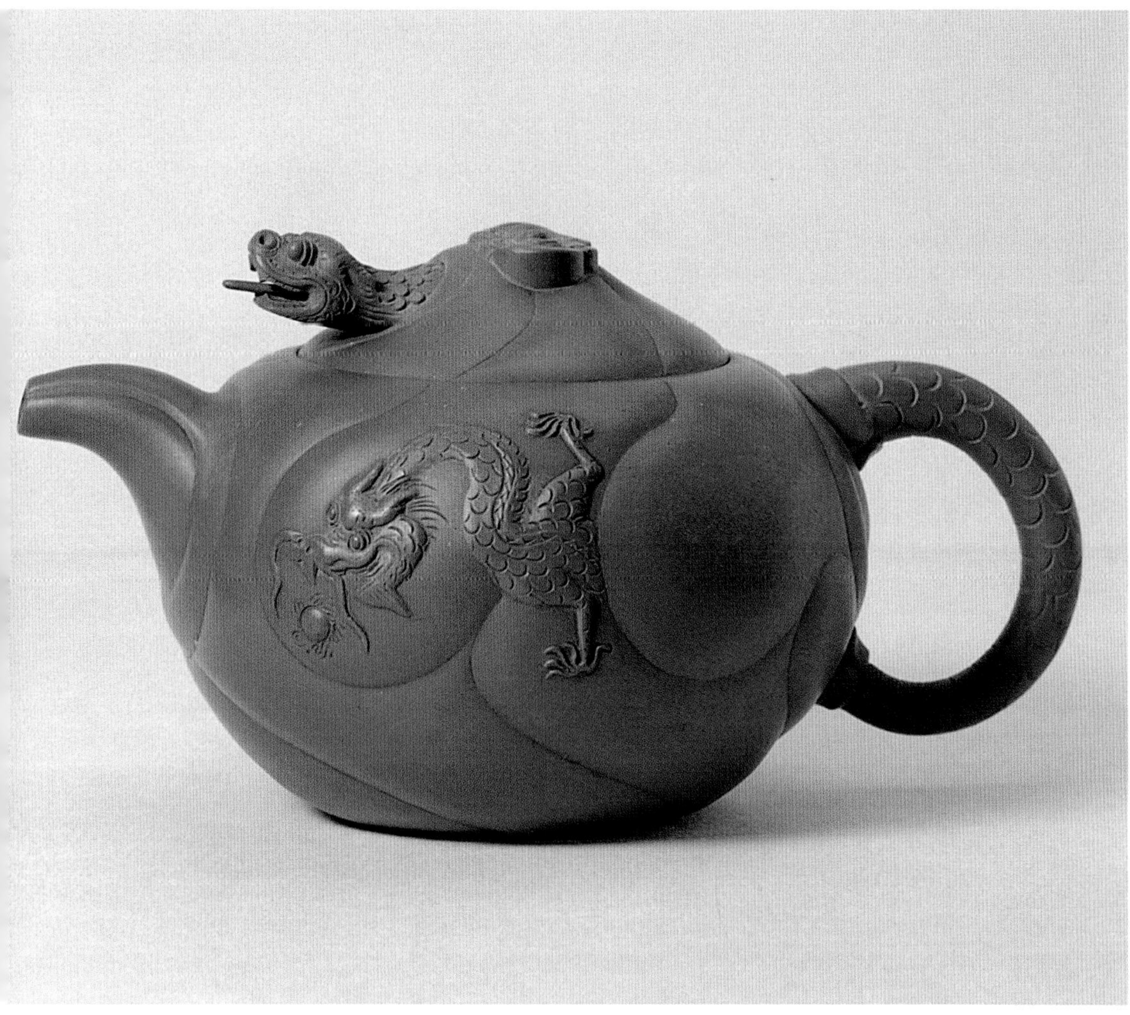

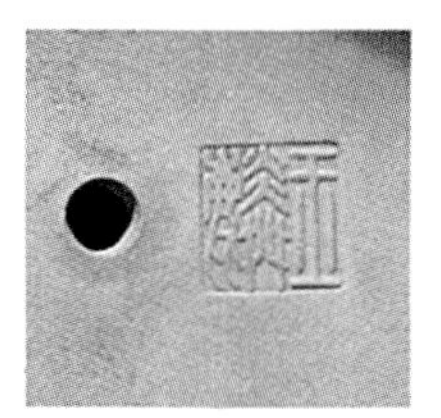

130.

魚化龍

清・同治、光緒

黃玉麟

高100mm　口徑76mm

蓋印：玉麟

宜興陶瓷陳列館藏

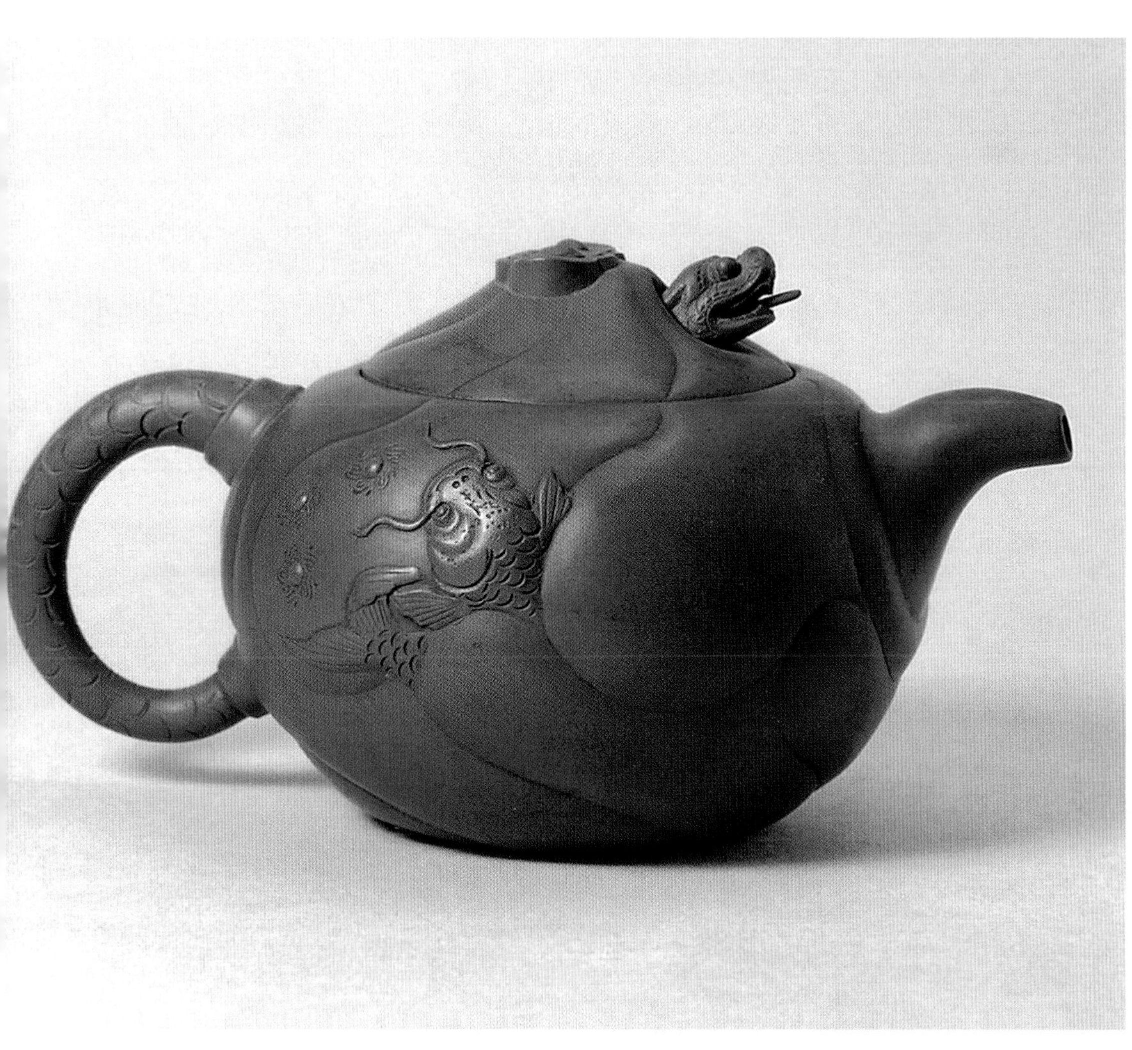

131.

弧棱

清・同治、光緒

黃玉麟

高89mm　口徑58mm

蓋印：玉麟

底印：黃玉麟 作

壺身銘：誦《秋水篇》，
試中冷泉，
青山白雲——
吾周旋。
吳昌碩書
庚子九秋　昌碩爲詠臺八
兄銘　寶齋持贈　畊雲刻

宜興紫砂工藝廠藏

◉　此壺是黃玉麟作品中的佳構。泥色似沉香而略帶青色，製技精巧，綫面和諧，邊沿棱角清晰；壺身有吳昌碩書刻，行、楷兩面，佈局合宜，若錦上添花。可惜壺嘴早年撞損，已非完璞。原收藏者包以黃銅，略感不諧。

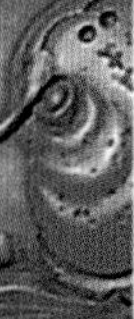

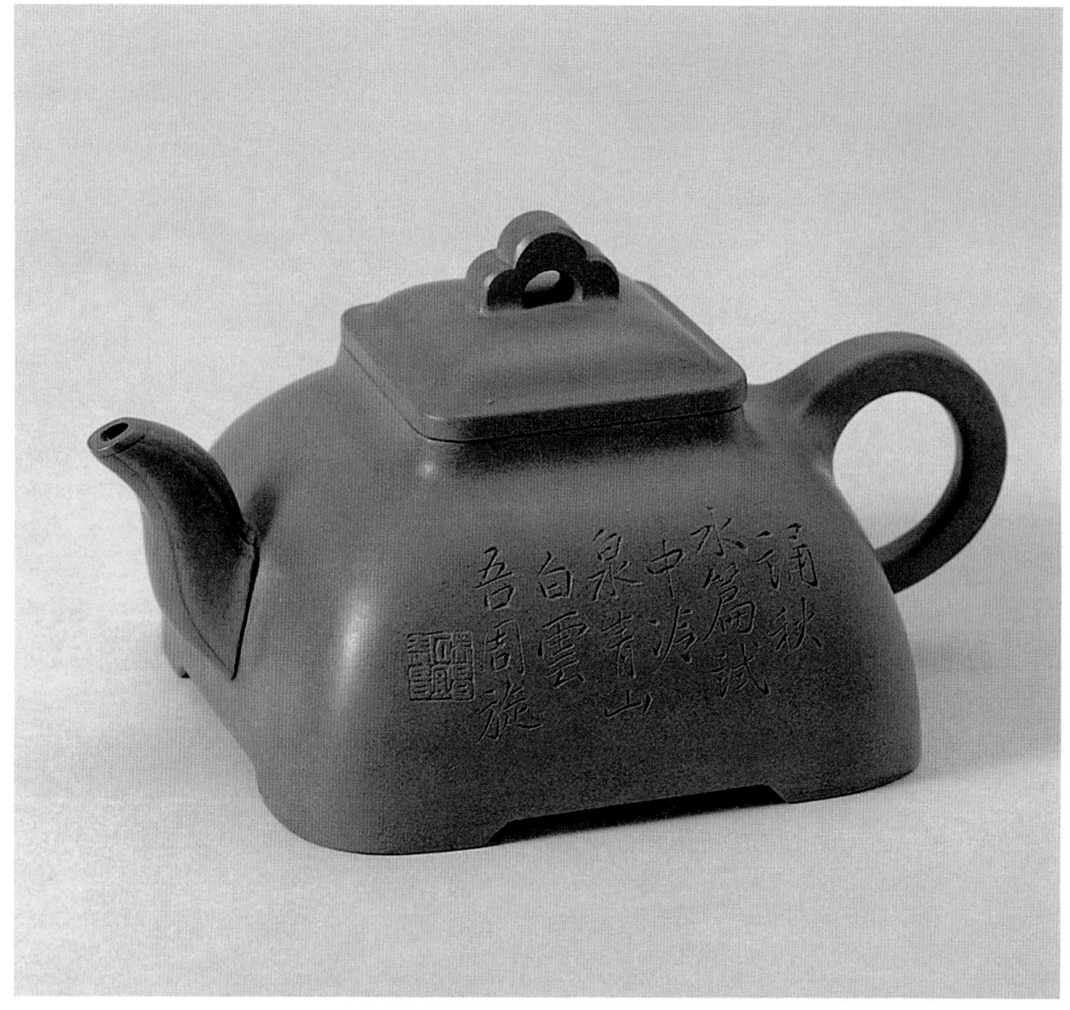

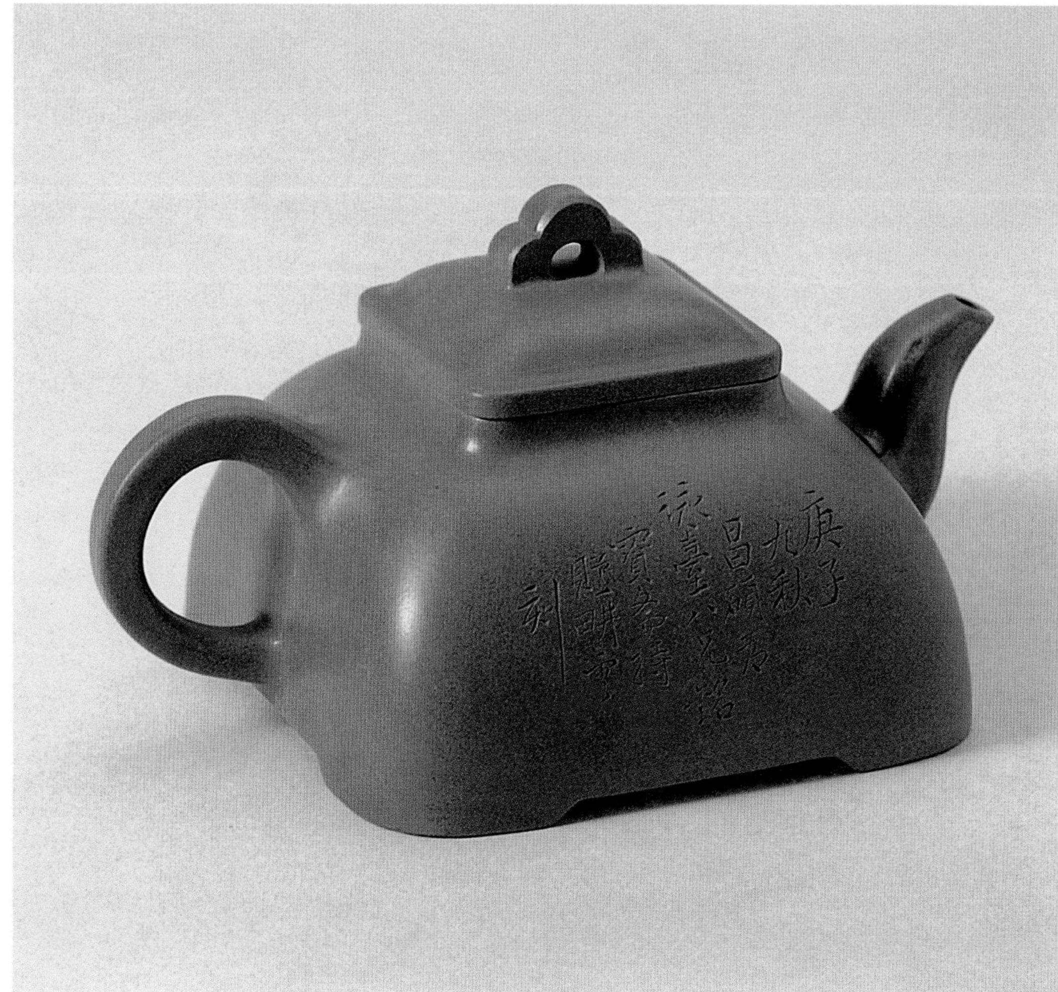

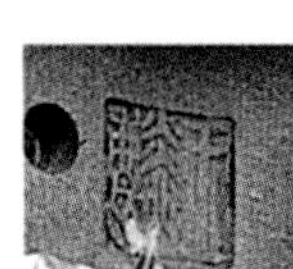

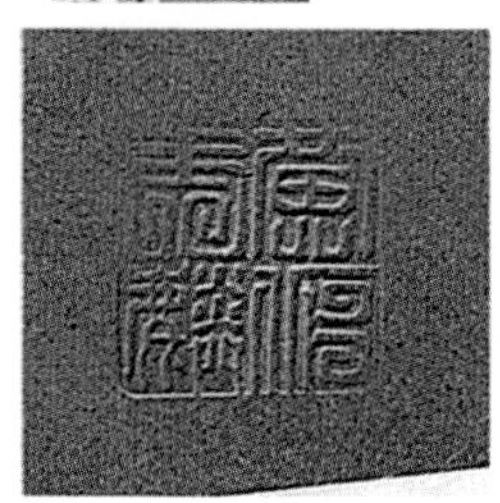

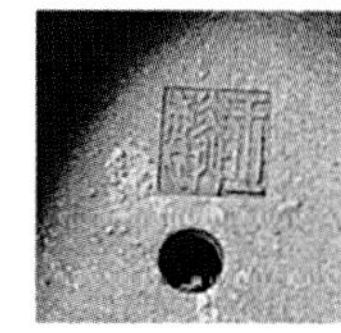

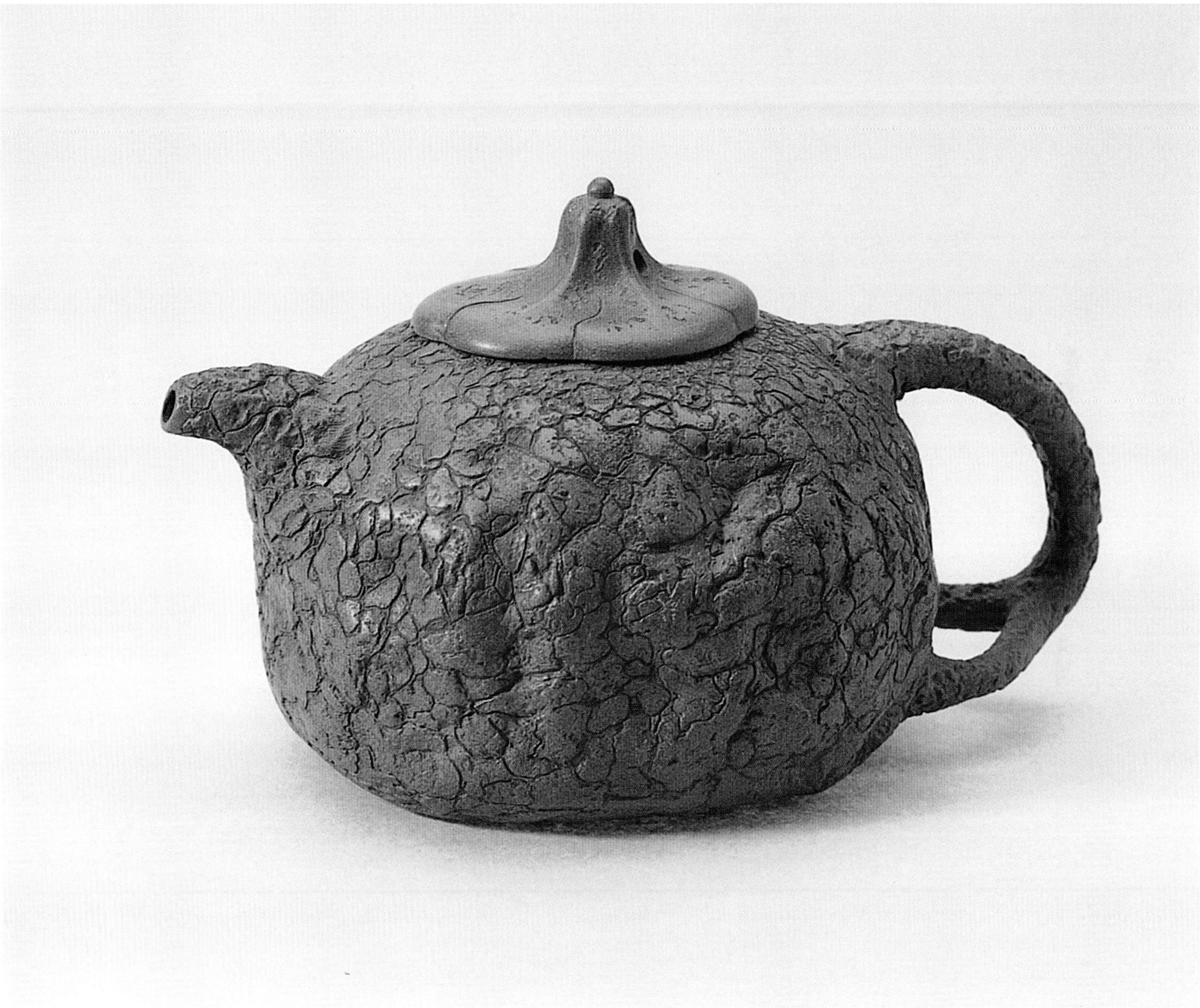

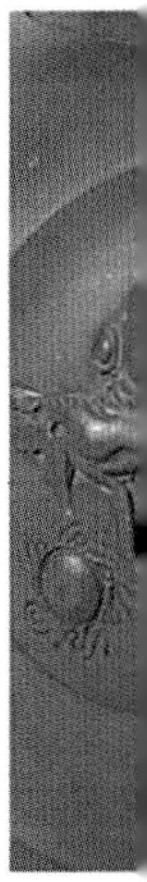

132.

供春壺

清・同治・光緒

黃玉麟

高115mm

口徑橫60mm　縱43mm

蓋印：玉麟

宜興紫砂工藝廠藏

◉　該壺世傳爲黃玉麟仿供春壺式而作。形似仿生香櫞，一說似樹癭，縠縐滿身，理紋繚繞。取瓜蒂形爲蓋。泥色黃褐，樸質輕巧，端握舒適，出水流暢；寓象物於未識之中，大有返璞歸真的意境，大智若愚的勢態。

器名供春，歷來傳諺種種，莫衷一是。編者認爲應是瓜不瓜、櫞不櫞。此壺結構巧妙，攀下刻“供春”二字，是黃玉麟客吳大澂門下時所創製。大澂乃一代學者，文才藝趣譽冠江南。創此形式以製壺，取名供春，編者認爲有春供二字之義。

真正的供春製壺，即便明代人也未曾親睹，僅見於文字記載，此式實爲黃、吳兩人合作構思創製出來的。

黃玉麟是晚於大亨七、八十年之後出現的佼佼者，也是砂藝史上的一代大家。

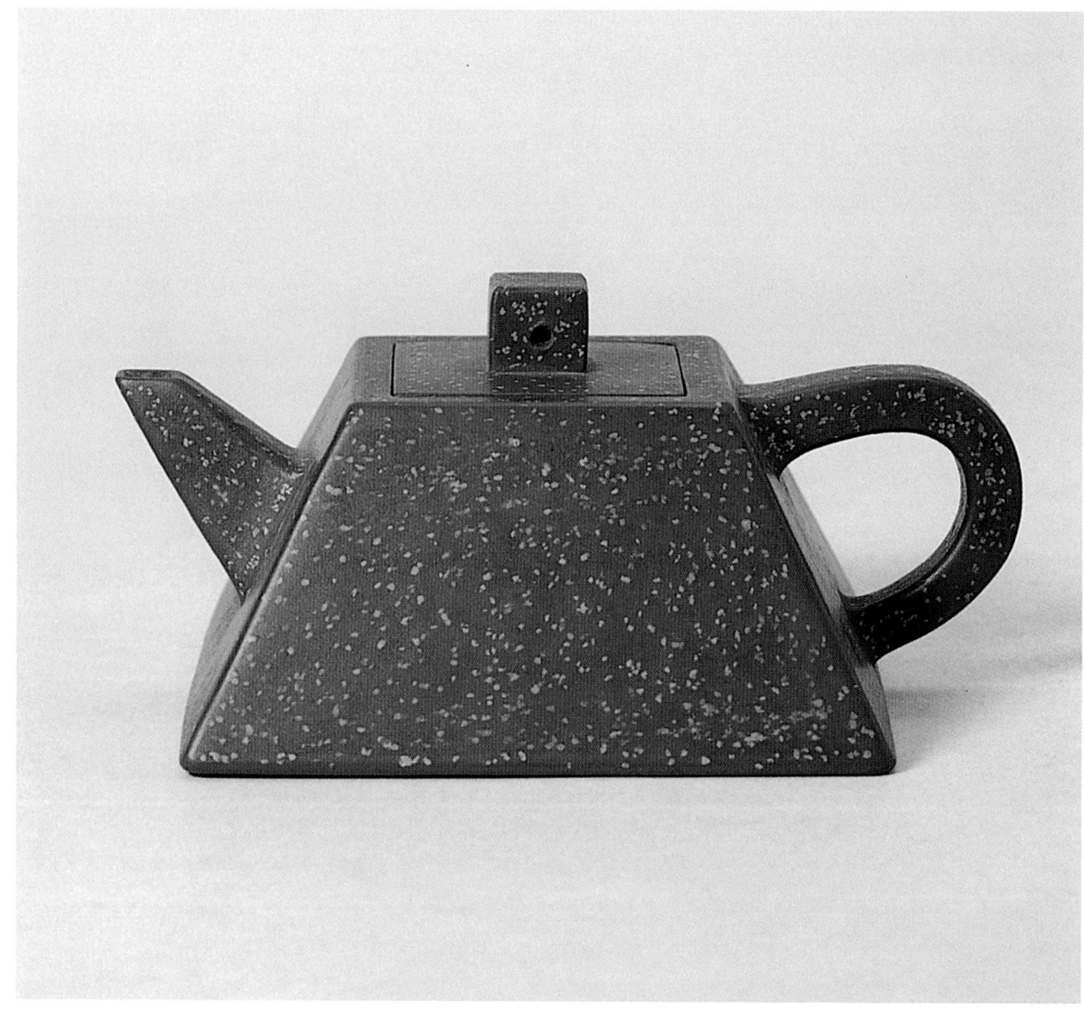

133.

舖砂升方壺

清・同治、光緒

黃玉麟

高65mm　口徑47mm

蓋印：玉麟

底印：宓齋

宜興陶瓷陳列館藏

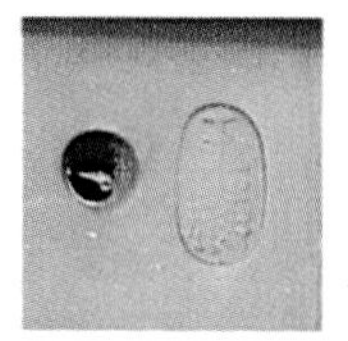

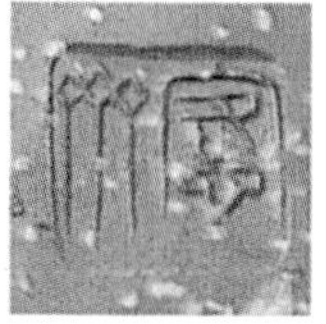

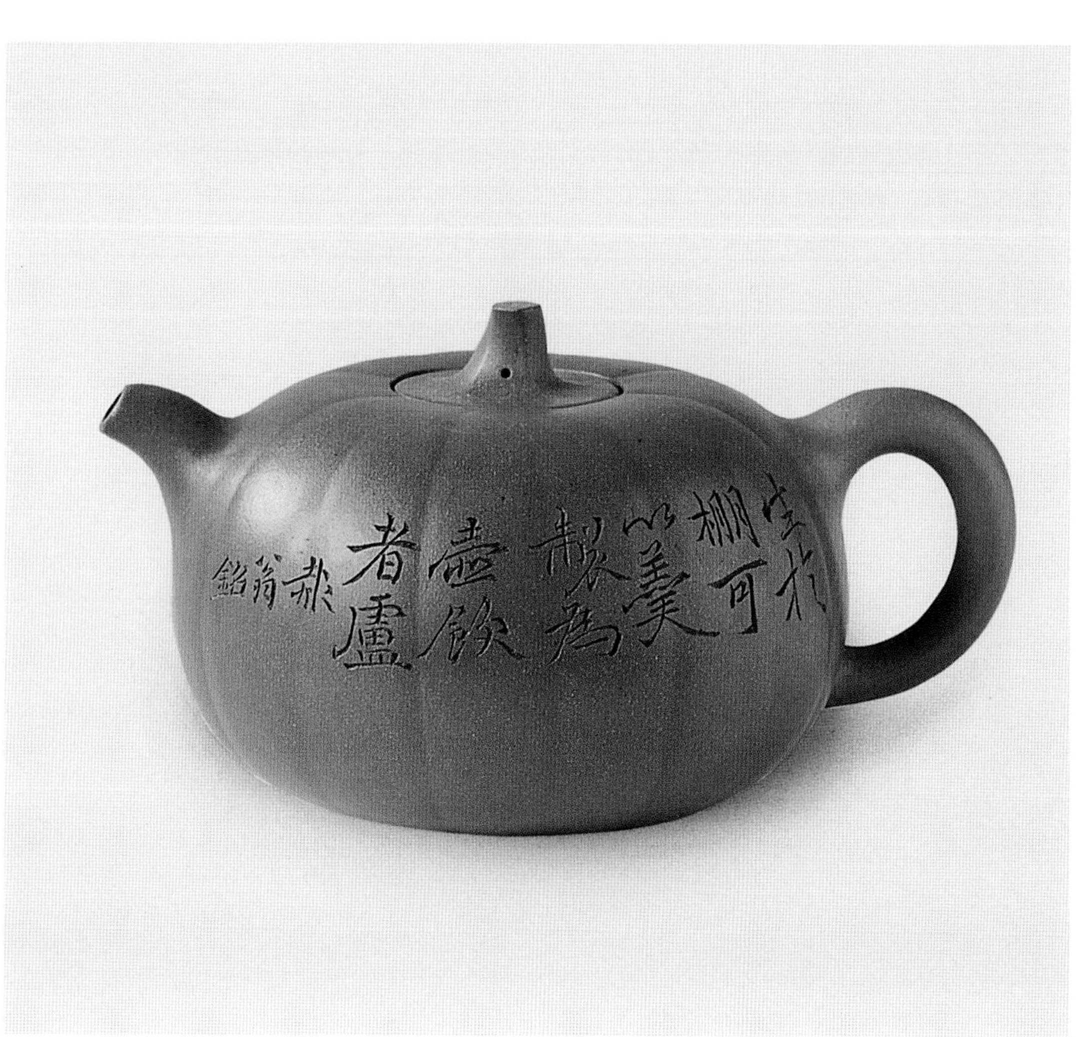

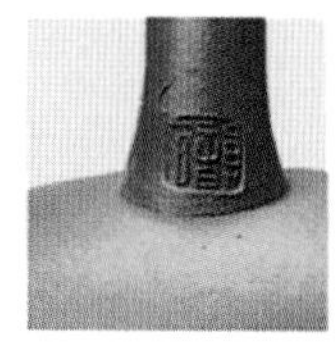

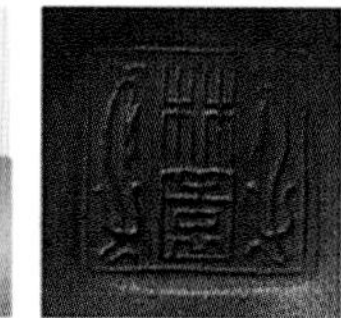

134.

赧翁瓜婁

清・光緒

韻石（製）　赧翁（銘）

高77mm　口徑37mm

把梢印：韻石

底印：林園

壺身銘：生於棚，可以羹。

製爲壺，飲者盧。

赧翁銘

唐雲藏

◉　形如瓜婁，書法秀逸，尤其底款印章“林園”二字，金石韻味醇厚，銘、書、印，堪稱壺之三絕。

其他尚有多件韻石與赧翁合作的精品，皆頗饒藝趣，不一一評點。

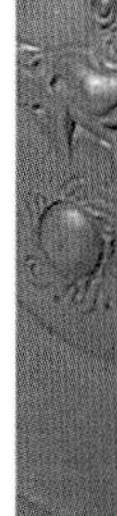

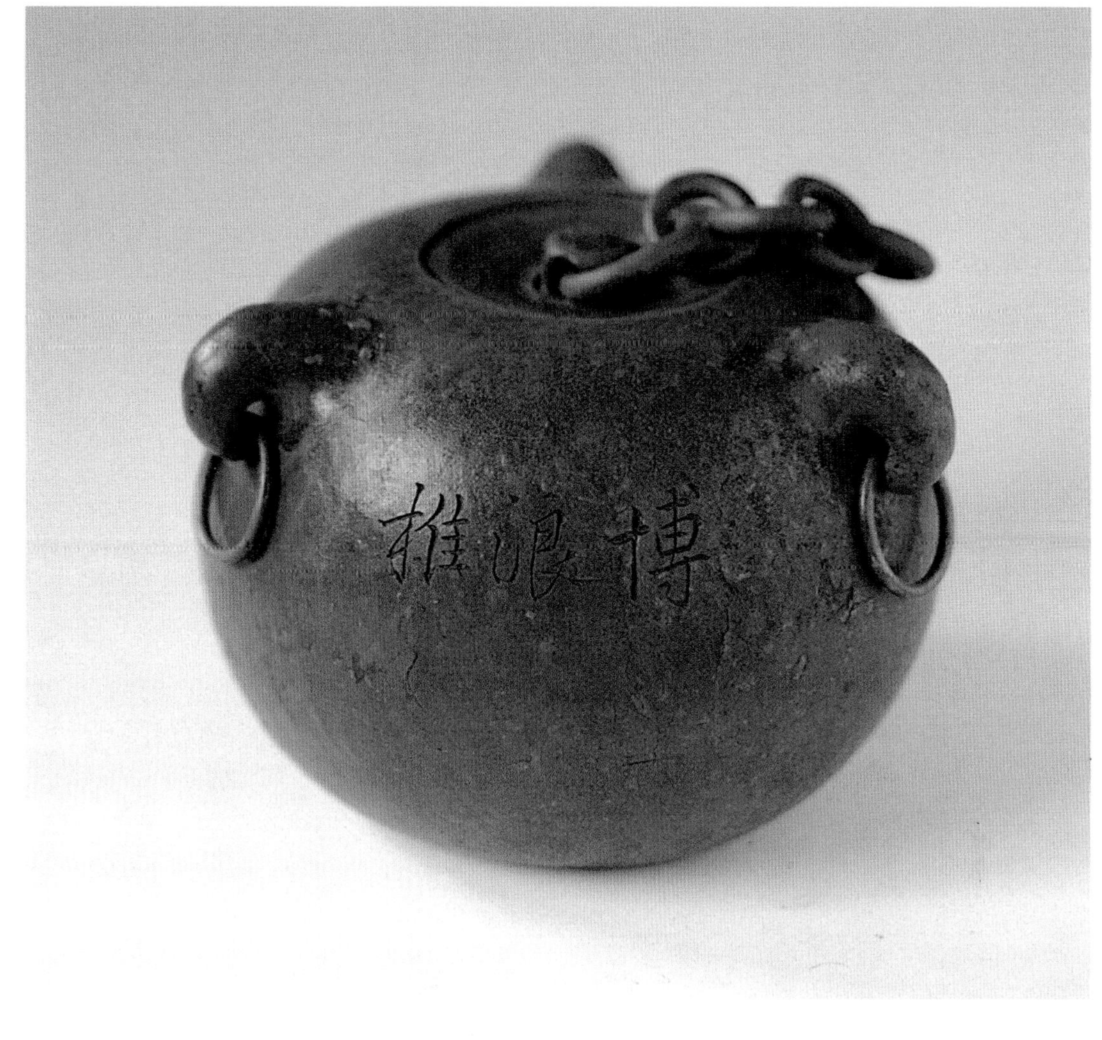

135.
博浪椎
清・光緒
韻石（製） 赧翁（銘）
高85mm 口徑46mm
嘴下印：韻石
底印：林園
壺身銘：博浪椎
鐵爲之，沙摶之。
彼一時，此一時。
赧翁銘
唐雲藏

◉ 赧翁爲晚清書法家、浙人梅調鼎之號。韻石則難考其姓氏。此壺製技尚稱精確周到，尤其是對泥的配製，頗爲講究，細泥調製粗砂，肌理粗而不糙，後飾以赧翁之精妙書法，鐫刻乾脆，鋒銳利落，游刃有餘，誠爲藝趣盎然的一件佳器。

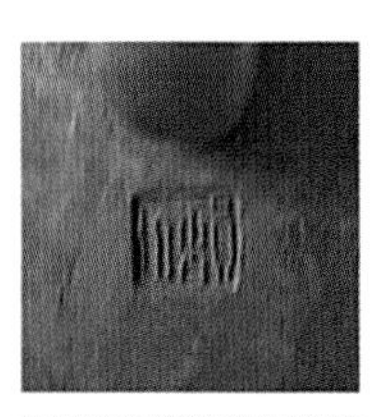

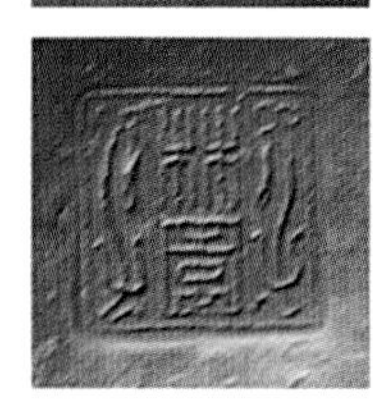

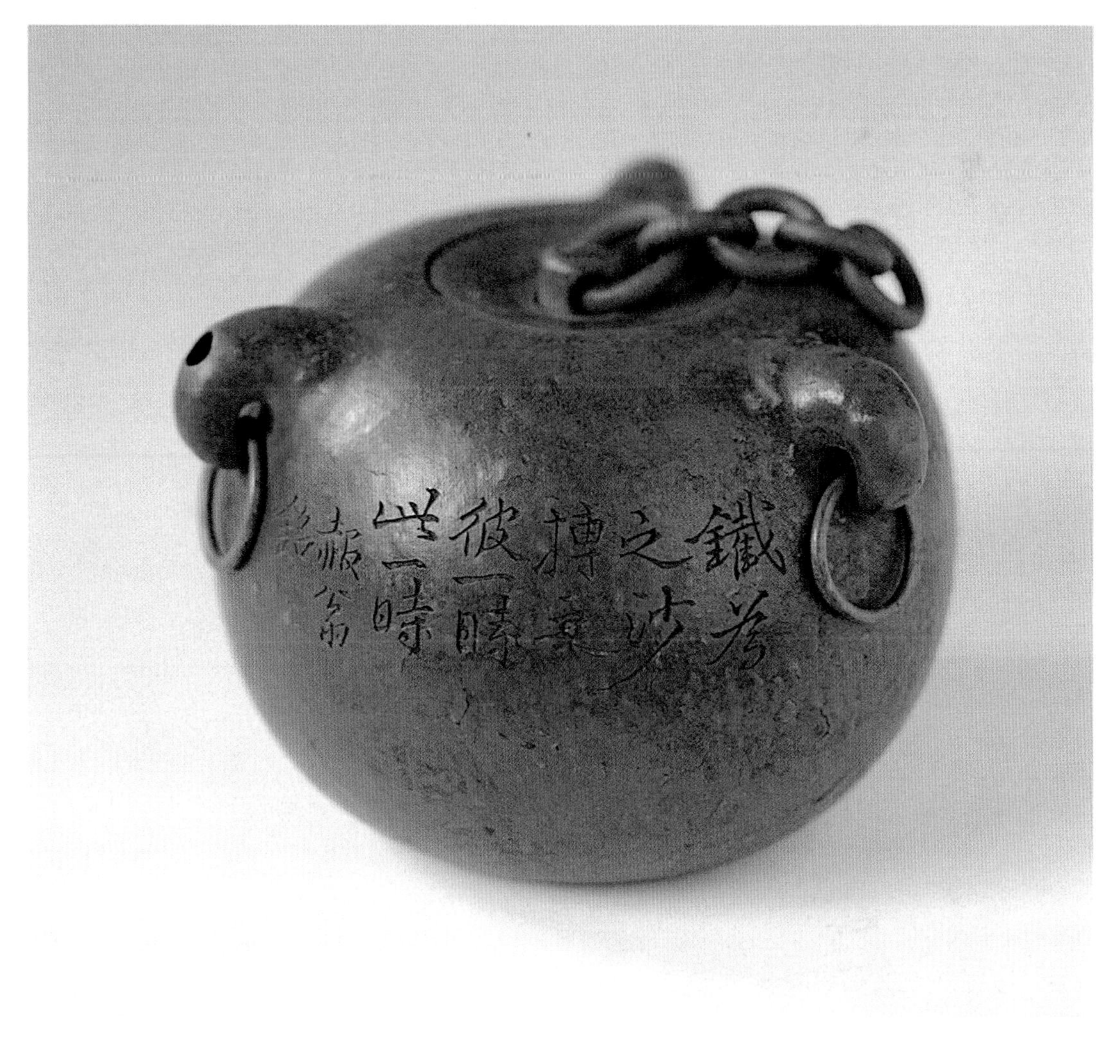

136.

高柱礎

清・光緒

韻石（製） 椒翁（銘）

高80mm 口徑58mm

壺身銘：久晴何日雨，
問我我不語。
請君一杯茶，
柱礎看君家。
椒翁

把梢印：韻石

底印：曼陀華館

唐雲藏

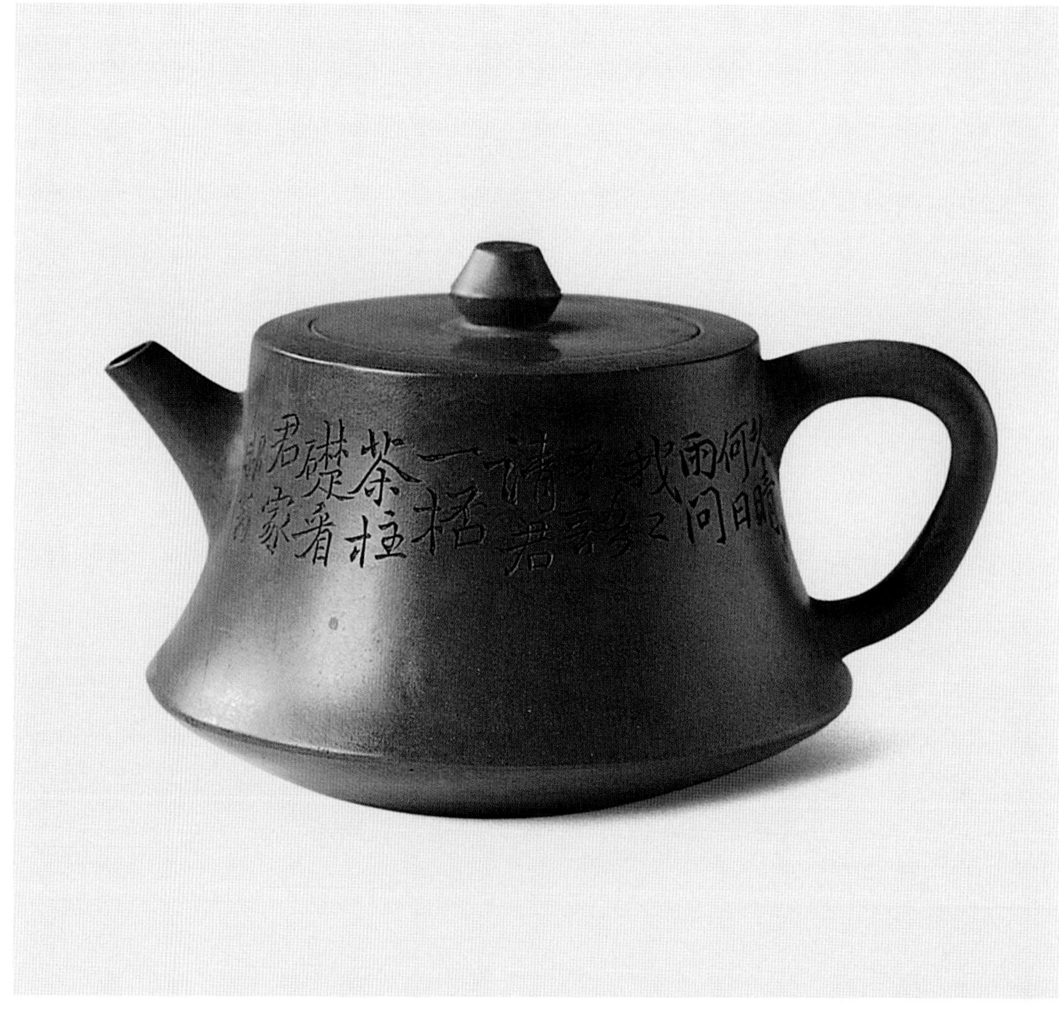

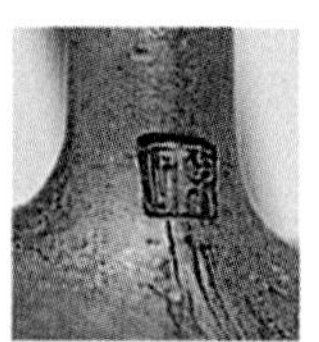

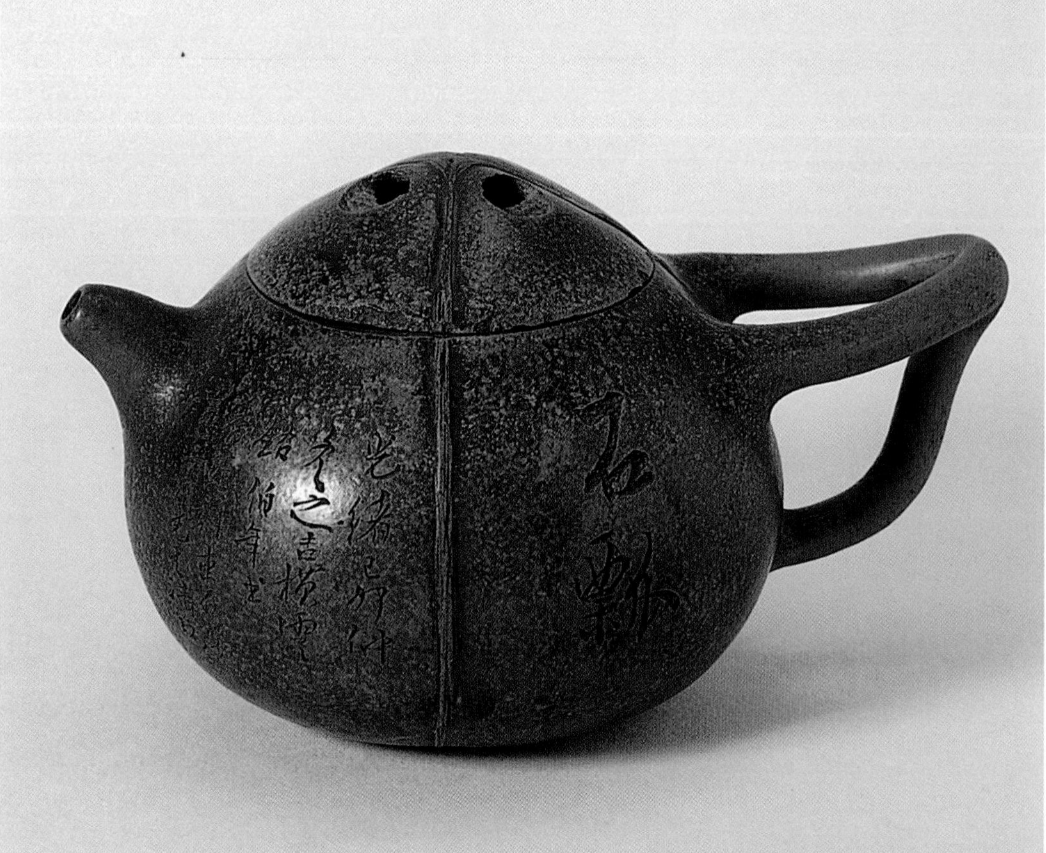

137.

瓢壺

清・光緒五年（1879）

東石（製） 任伯年（書）

高99mm 口徑80mm

把梢印：東石

壺身銘：石瓢。光緒己卯仲冬之吉，橫雲銘、伯年書、香畦刻、東石製，盌齋先生清玩。

上海博物館藏

◉ 東石與任伯年合作。

此壺可說成於集體創作，最突出的是任伯年的書法真迹。

138.

伯年刻花卉提梁壺

清・光緒

高165mm　口徑87mm

壺身銘：稚邨仁兄清玩，伯年并刻

南京博物院藏

● 此件藝技、格調似出一人之手，形制亦較別致。

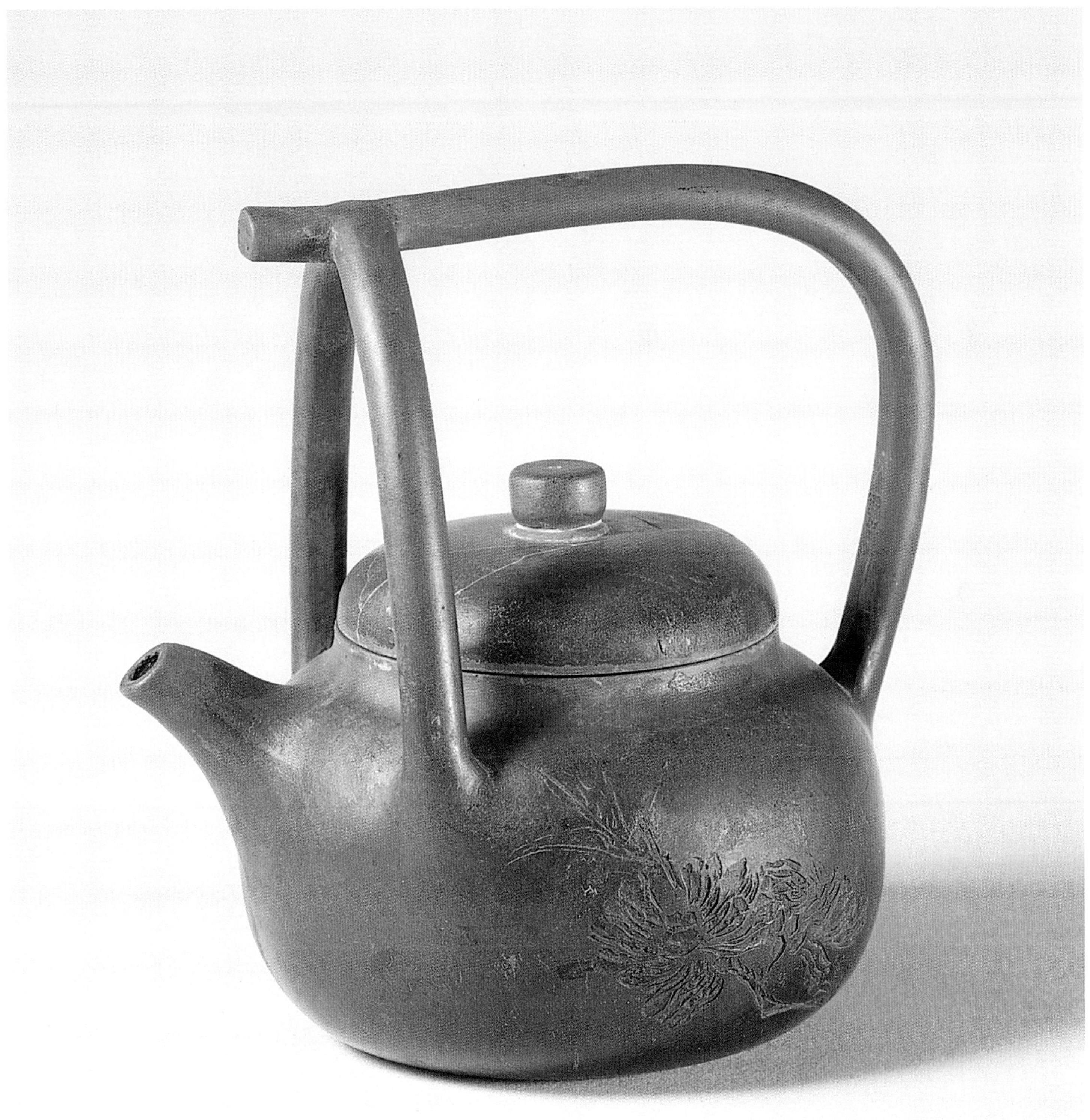

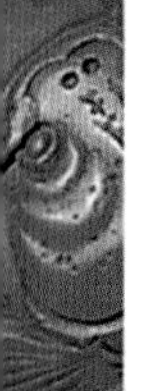

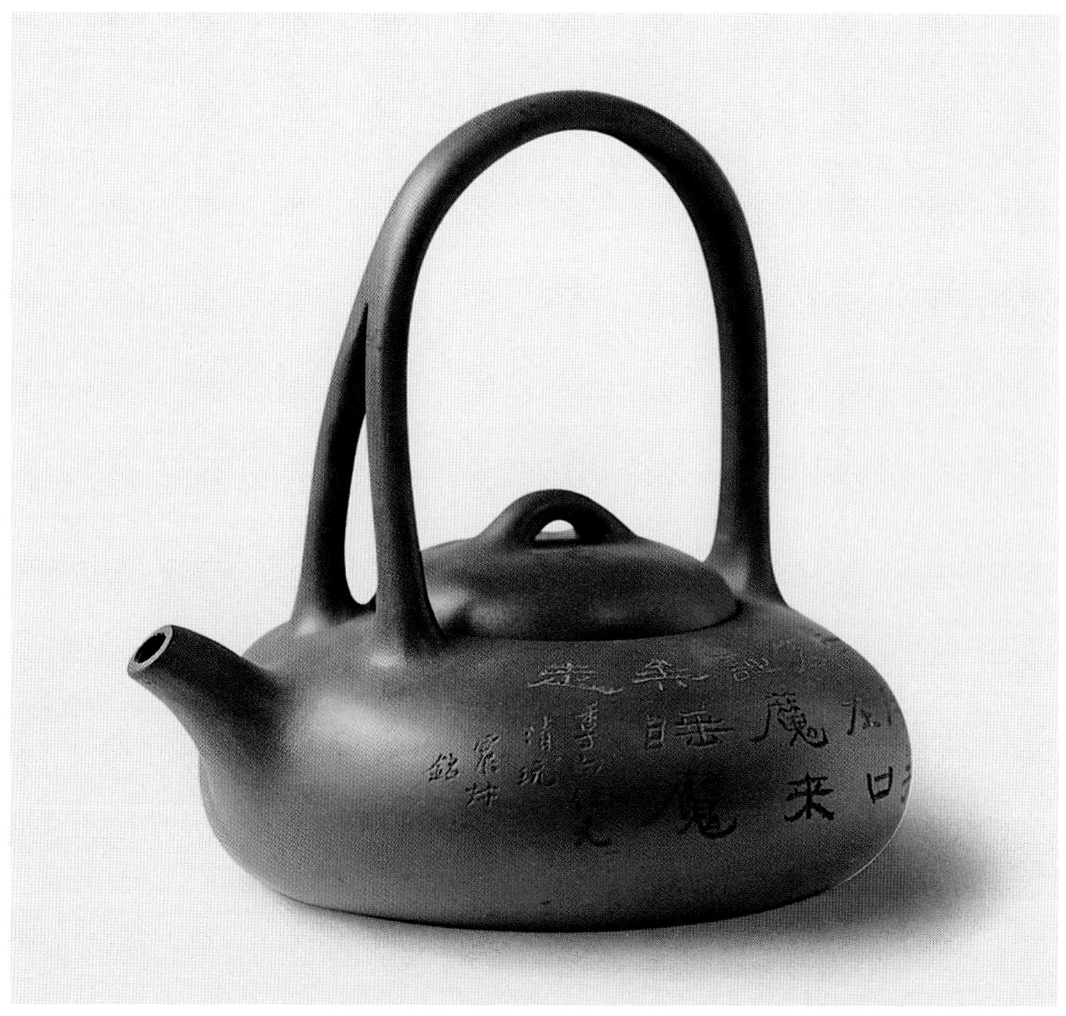

139.

張子祥刻提梁壺

清・光緒

高155mm　口徑82mm

蓋印：子亭

底印：冰壺道人

把印：用卿

刻款：畊園

壺身銘：壺在手，茗在口。

詩魔來矣，睡魔走。

季白仁兄清玩

震叔銘

季白六兄屬子祥

許四海藏

◉ 此壺爲砂藝名手與晚清書畫界合作的又一傳器實物。作者難考，因壺身印章多枚，且古今並用。銘句："壺在手，茗在口。詩魔來矣，睡魔走。"一面用刀畫刻折枝梅花，一如刻印章之邊款，雖不加精雕，但感書藝頗有功力，另有一種自然藝趣。

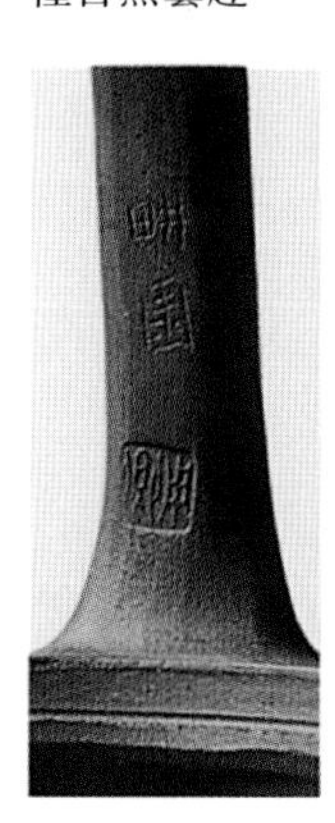

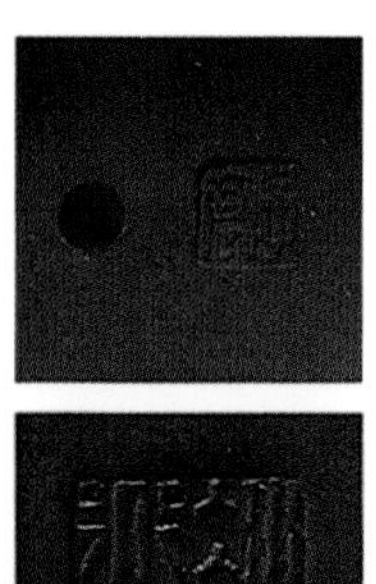

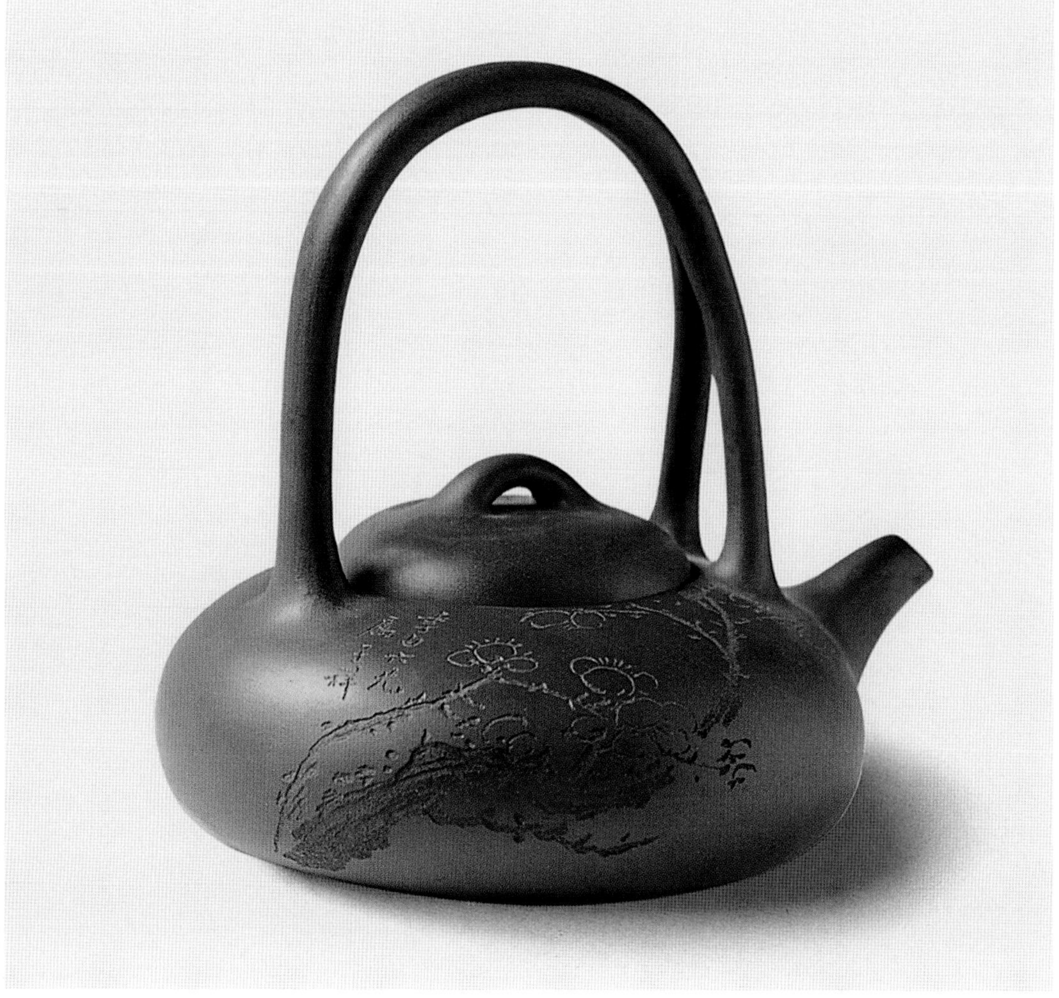

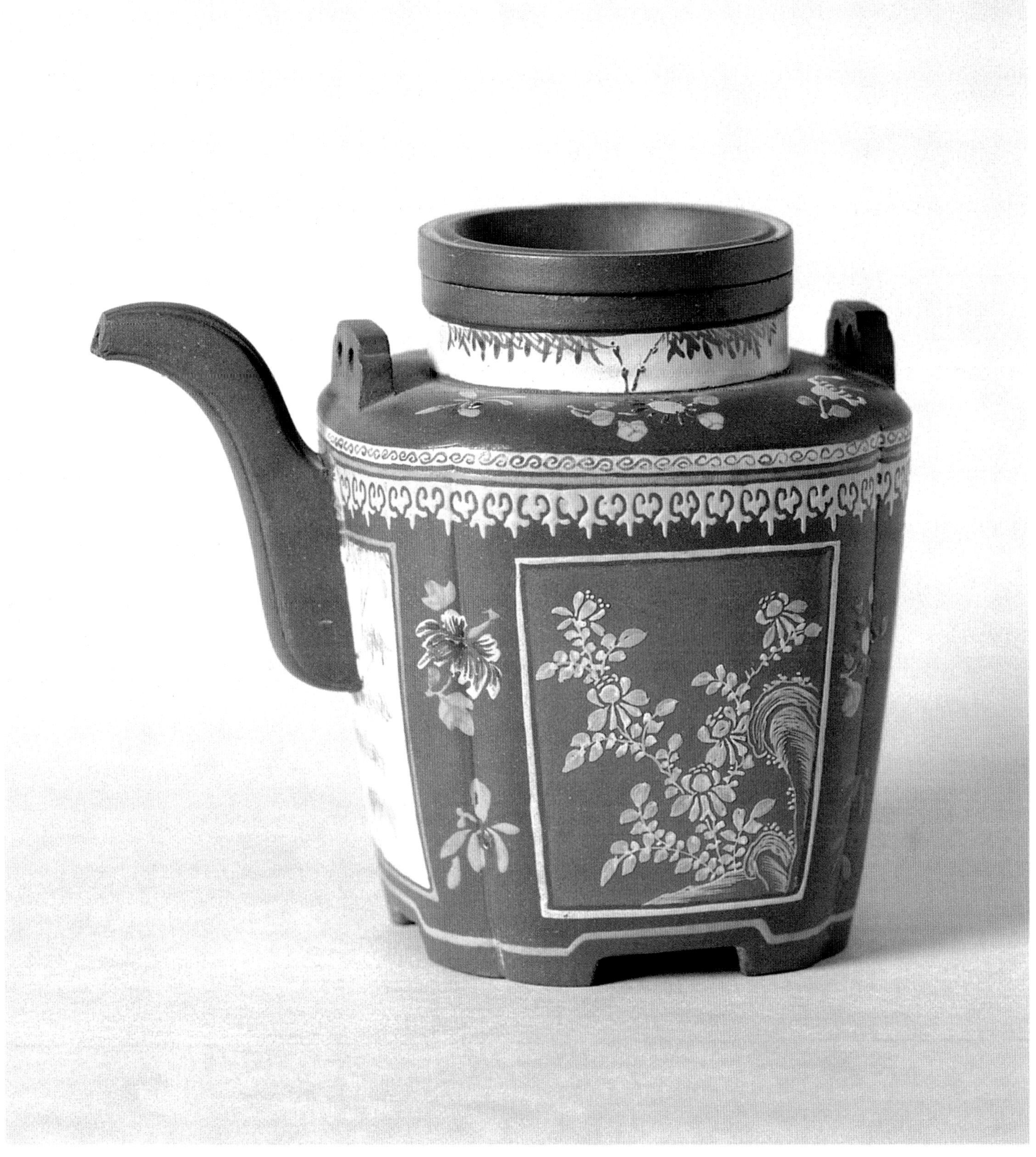

140.
彩釉壺
清・雍正、乾隆
佚名
高180mm　口徑82mm
李銘藏

141.

隱角竹鼓

清・光緒七年（1881）

趙松亭（製）　吳月亭（銘）

高84mm　寬165mm

底印：宜興松亭自造

壺身銘：中空空，而難測。

腹恢恢，其有餘。

竹溪

王一羽藏

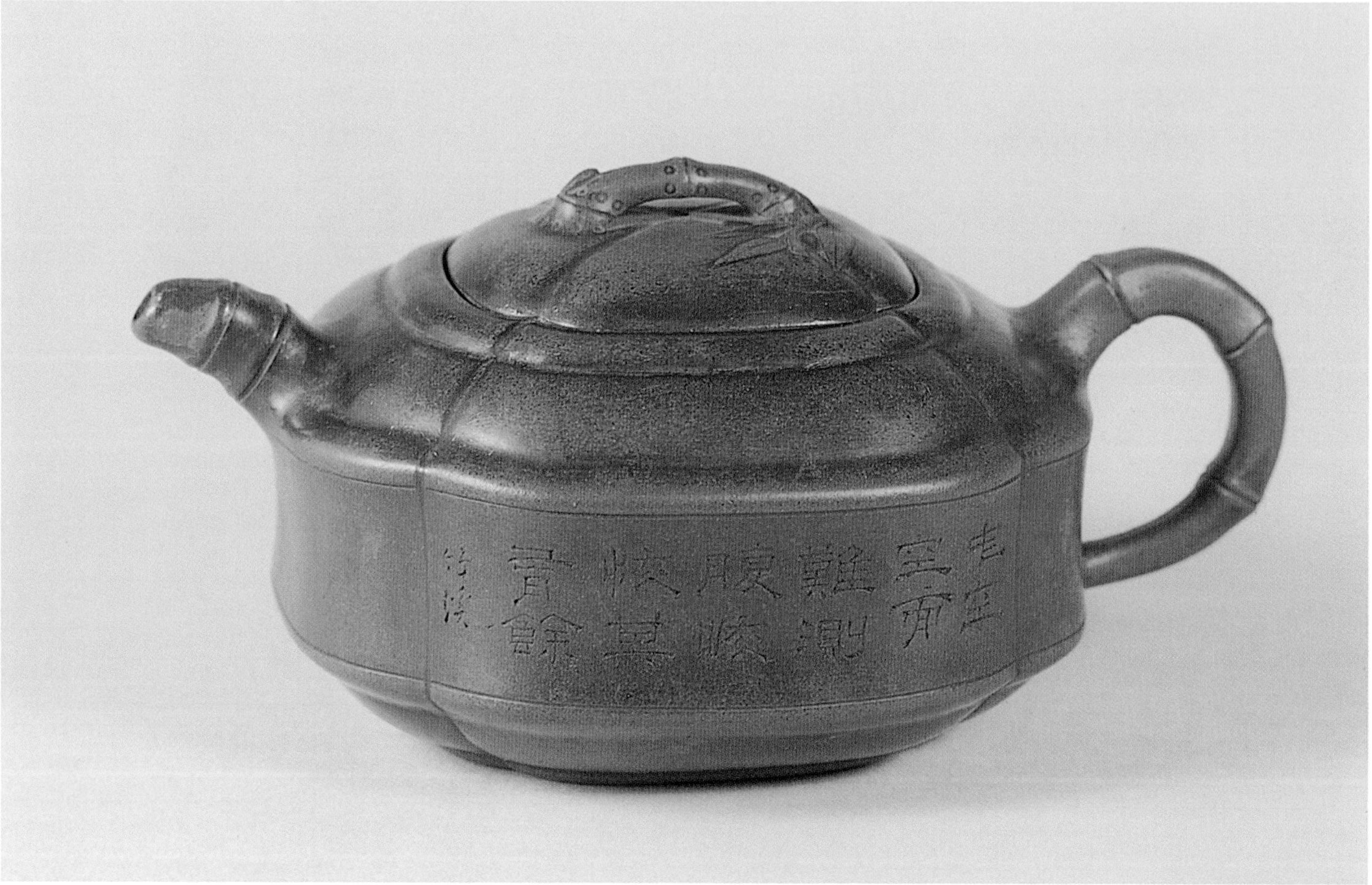

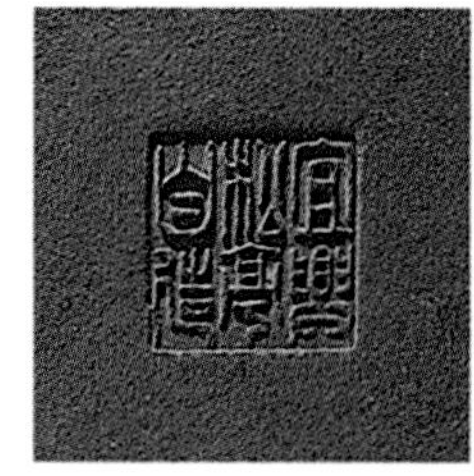

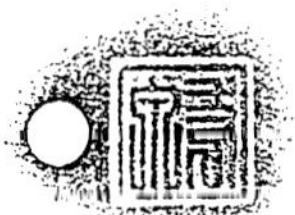

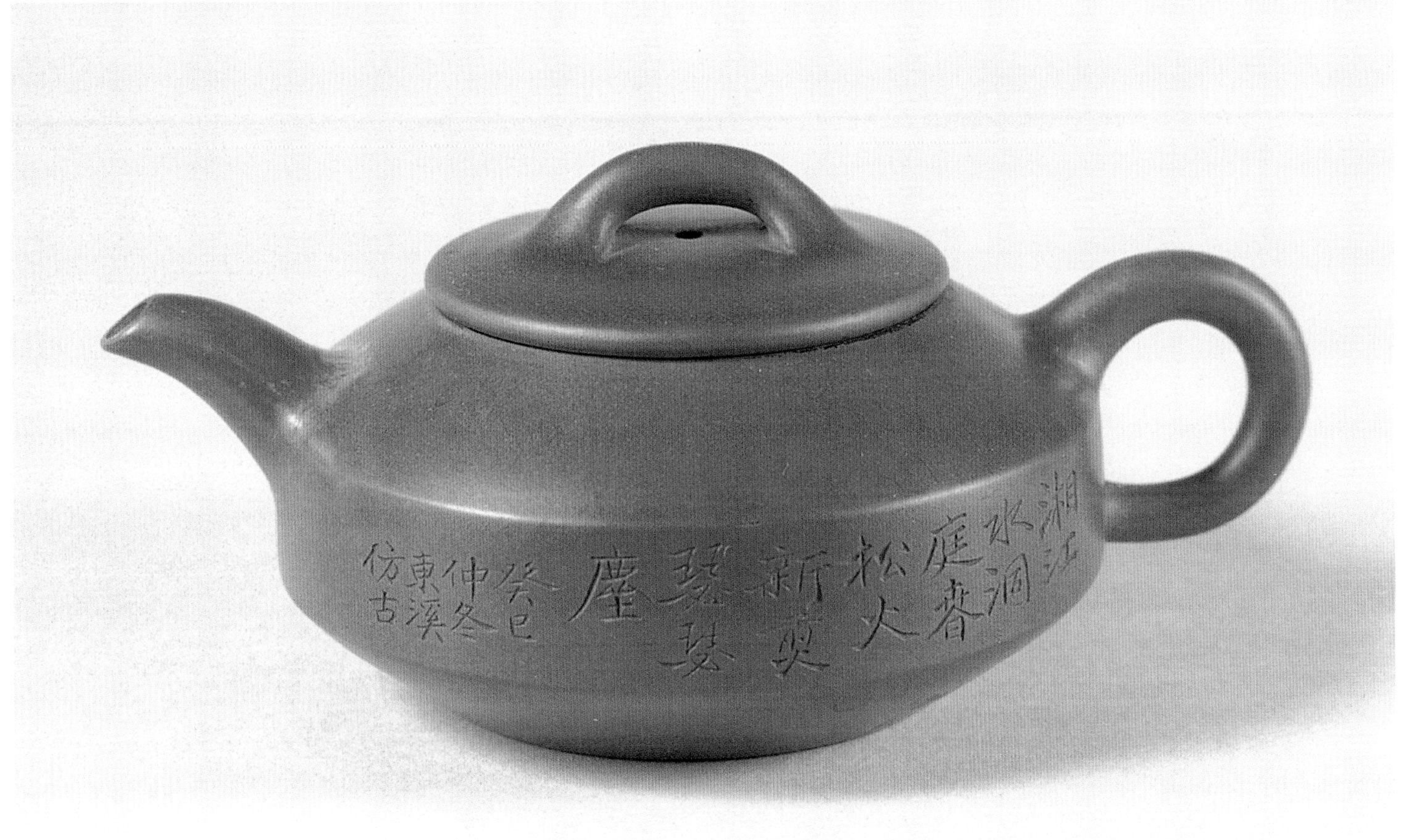

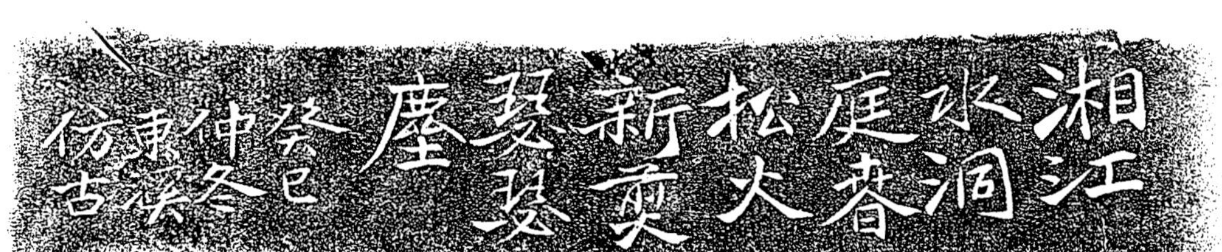

142.

平蓋扁鼓

清・光緒十九年（1893

趙松亭

高81mm　口徑74mm

底印：悳齋

蓋印：支泉

壺身銘：湘江水，洞庭春，
松火新爽琴瑟塵。
癸巳仲冬
東溪仿古

南京博物院藏

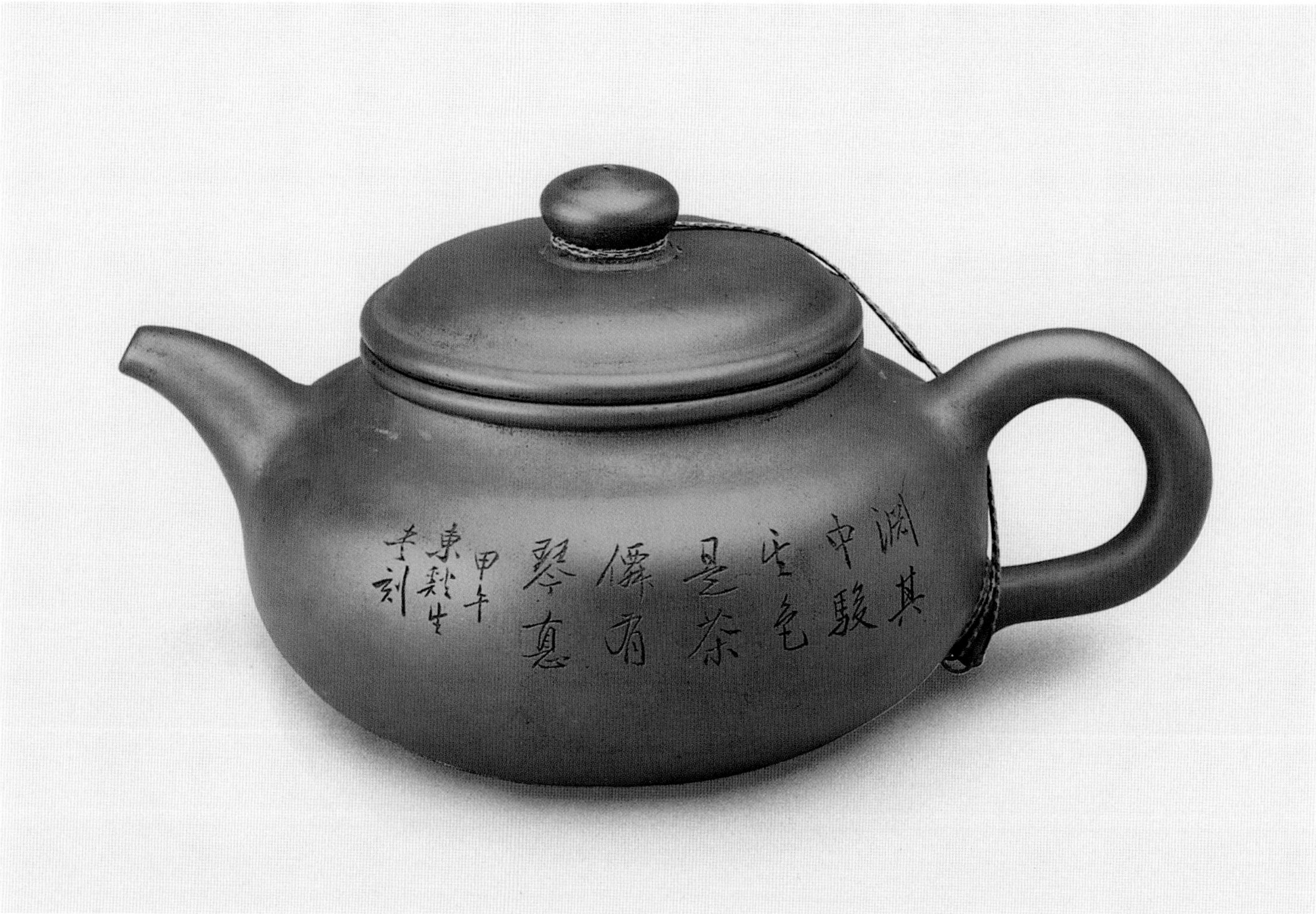

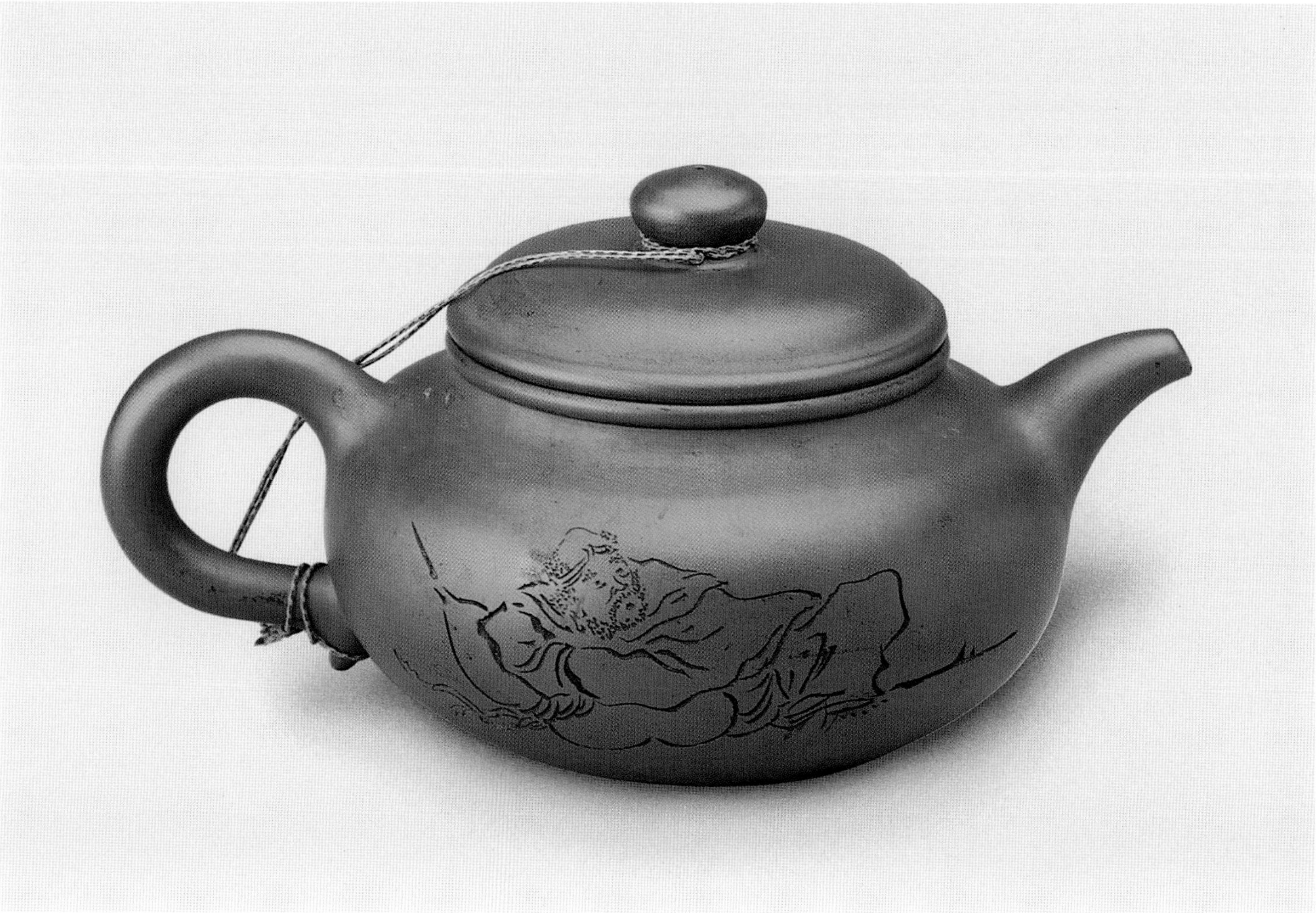

144.

靈芝

清末、民初

陳光明

黑色：長150mm　寬140mm

紅色：長150mm　寬110mm

黑色印：光明

紅色印：陳光明

宜興紫砂工藝廠藏

◉　爲仿生文玩。黑紫二色。配色自然，幾可亂真，可見陳光明擅於配泥，塑技亦頗高超。

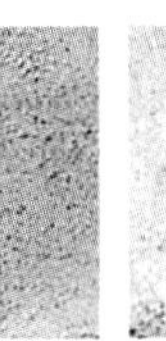

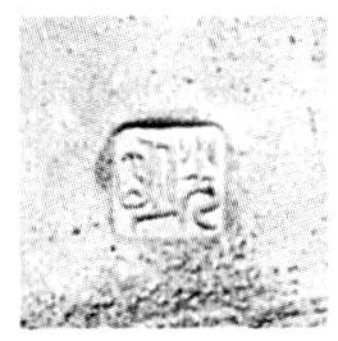

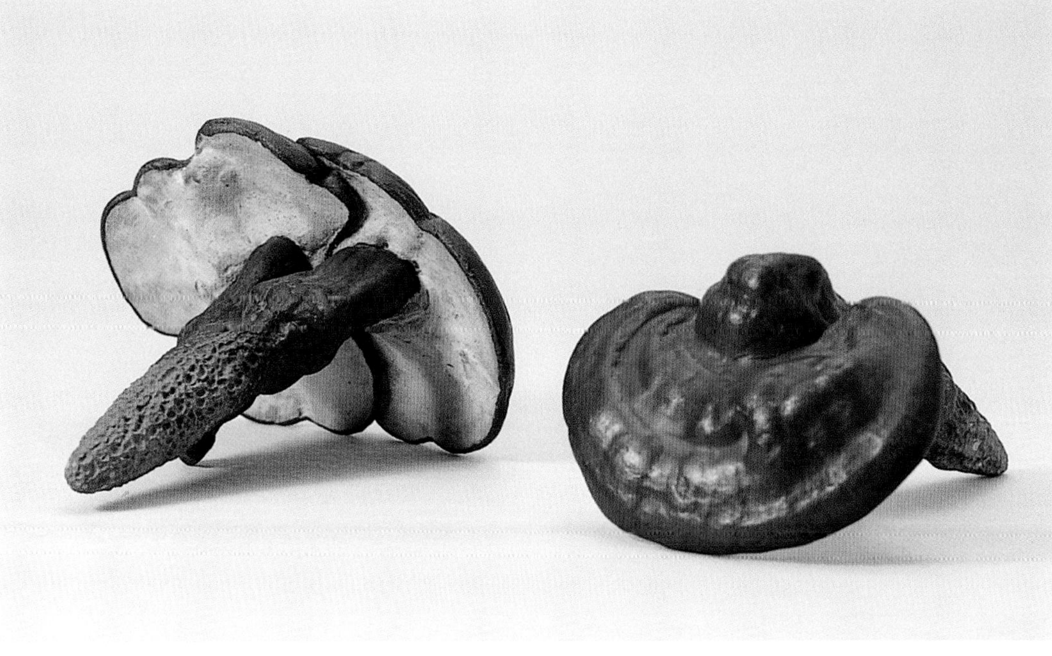

145.

印包

清末、民初

陳光明

高103mm　口徑62mm

蓋印：陳　光明

底印：陳光明製

宜興紫砂工藝廠藏

◉　陳光明是稍後於黃玉麟的名手，藝技尚根固周到。他的傳器如石瓢、提擕缽盂等皆古雅可玩。

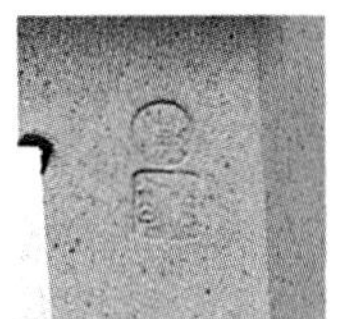

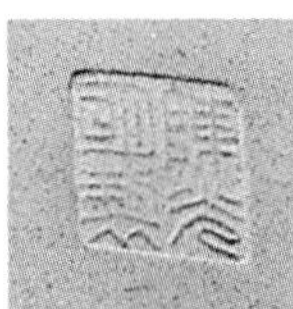

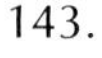

143.

詩畫仿鼓

清・光緒二十年（1894）

高95mm　口徑87mm

底印：愙齋

蓋印：支泉

壺身銘：淵其中，駿其色，
　　　是茶仙，有琴德。
　　　甲午東溪生書刻

香港中文大學文物館藏

◉　朱泥大壺。此壺得黃賓虹推介，曾入藏張虹碧山壺館，見載於張虹、李景康合著《陽羨砂壺圖攷》。壺身一側銘字："淵其中，駿其色，是茶仙，有琴德。"款署"甲午東溪生書刻"。另一側鋟頭陀與大葫蘆，筆到意到，勾劃入神。

壺底有"愙齋"篆書陽文方印，愙齋爲吳大澂書齋。吳大澂（1835～1902），吳縣人，累官廣東湖南巡撫，嗜蓄書畫鐘鼎之屬。此壺製於甲午(1894)年，正當吳大澂任台灣巡撫，師敗於日本之年，或如張虹謂，"紀之以寄慨"。又南京博物院藏"愙齋"砂壺一持，亦有東溪刻款，爲一八九三年作品，可相互參考。

（黎淑儀）

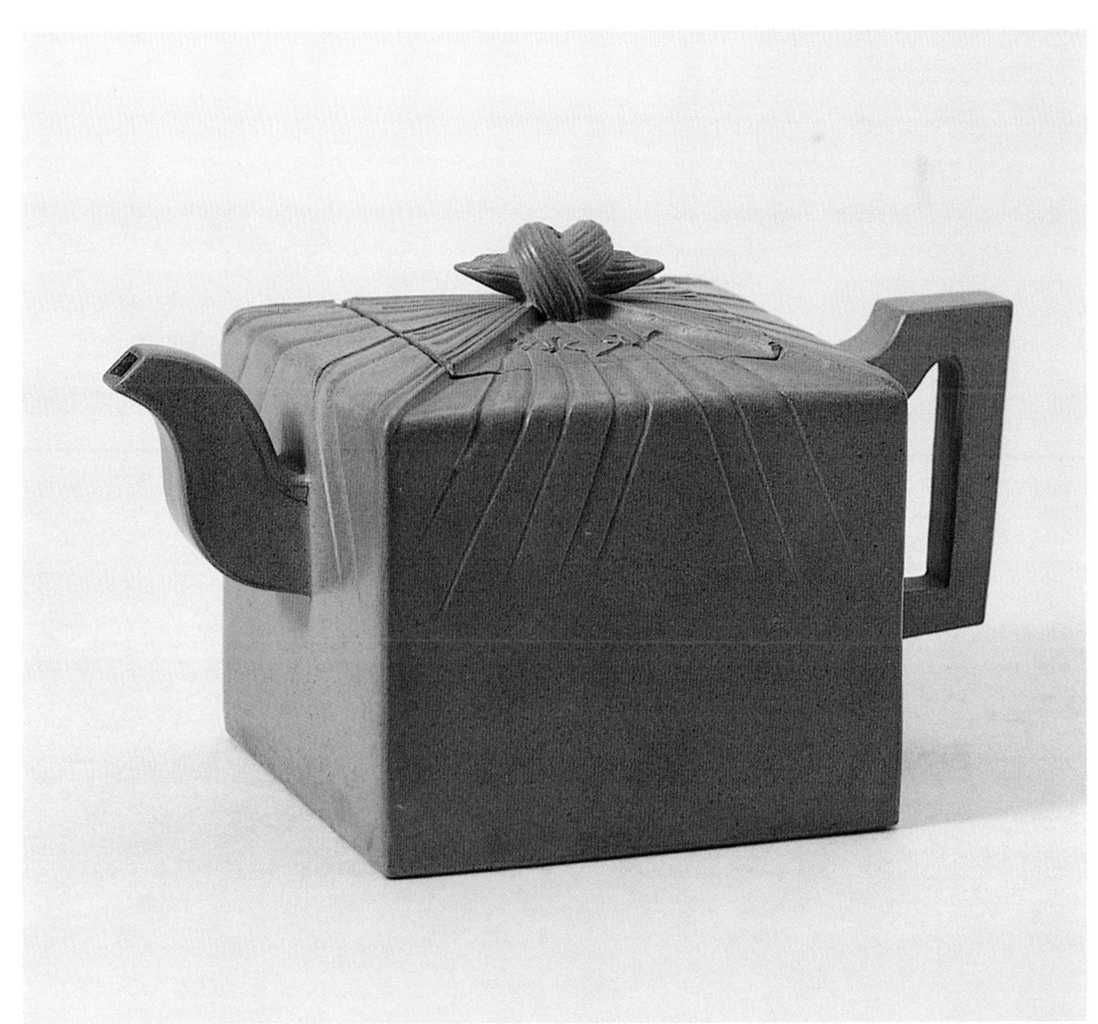

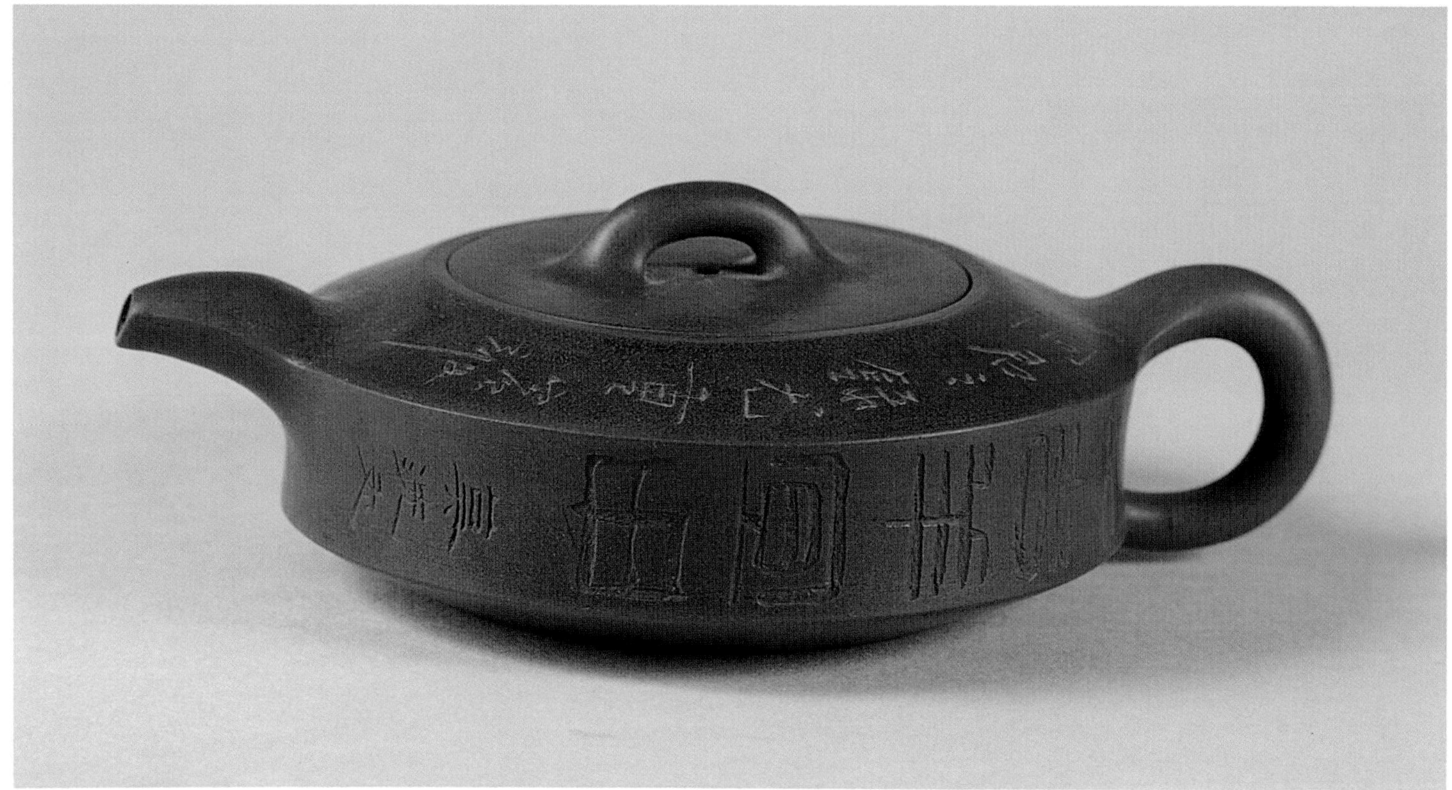

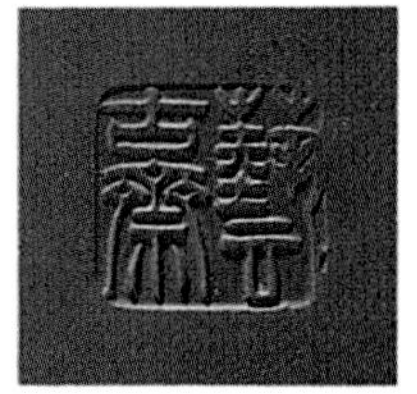

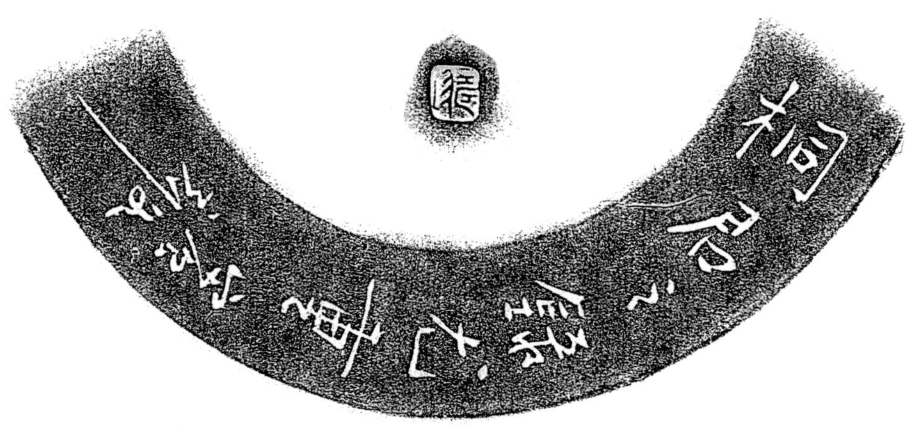

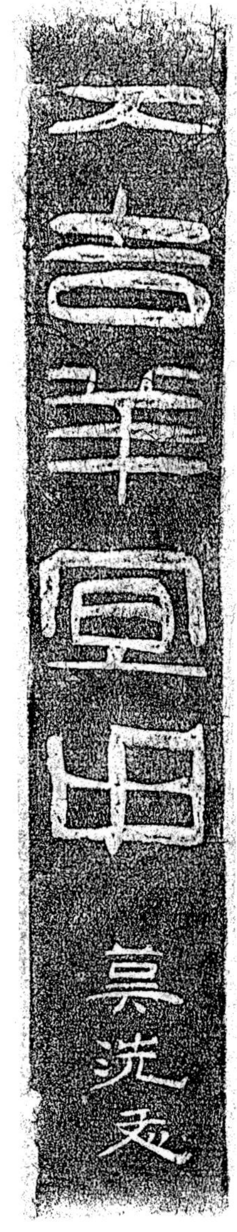

146.
扁鼓
清末
程壽珍
高55mm　口徑74mm
蓋印：壽珍
底印：藝古齋
壺肩銘：桐君之錄尤重　賓如刻
壺身銘：大吉羊宜用　漢洗文
南京博物院藏

147.

大掇球

清末、民初

程壽珍

高145mm　口徑79mm

蓋印：壽珍

底印：冰心道人

宜興紫砂工藝廠藏

◉　程壽珍是邵友廷的養子，承其家學，形制尚樸素。觀其傳器，少壯時，基礎紮實，產品製技較爲粗獷，不務妍媚，而器皿造型掌握頗準，高出友廷一籌；中晚年，僅製三式：掇球、仿古、漢扁，如圖版148、149。壽珍爲一多產作家，年過七十尚能製作不輟，壺的格調更顯獷樸，但終不及中壯年作品粗中有細的韵味。

程壽珍所用印章"冰心道人"、"八十二老人"等，皆爲其子盤根所截用，然盤根技藝遜其父遠甚，尤其在形制格局上更不及其父流暢，故識者不難辨其真僞。

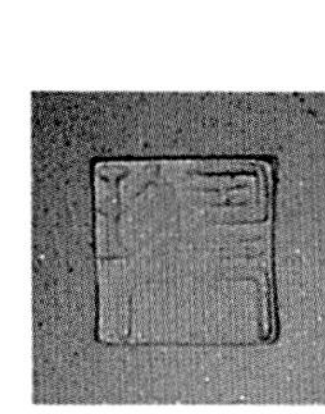

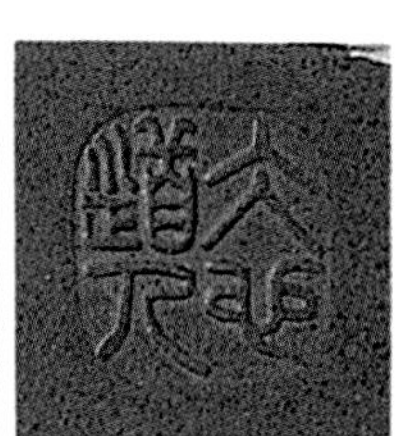

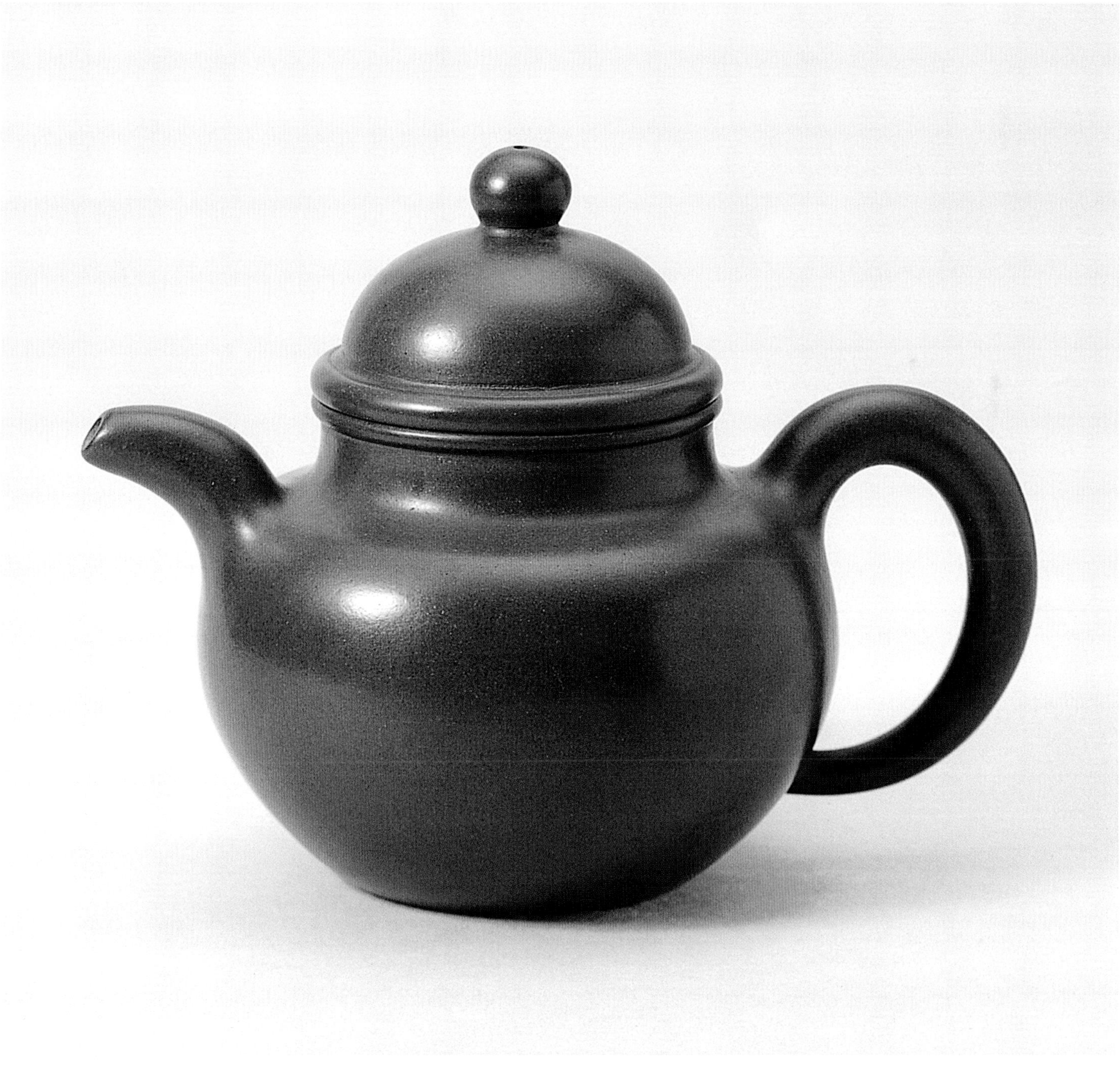

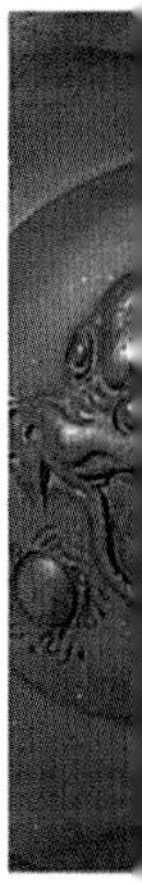

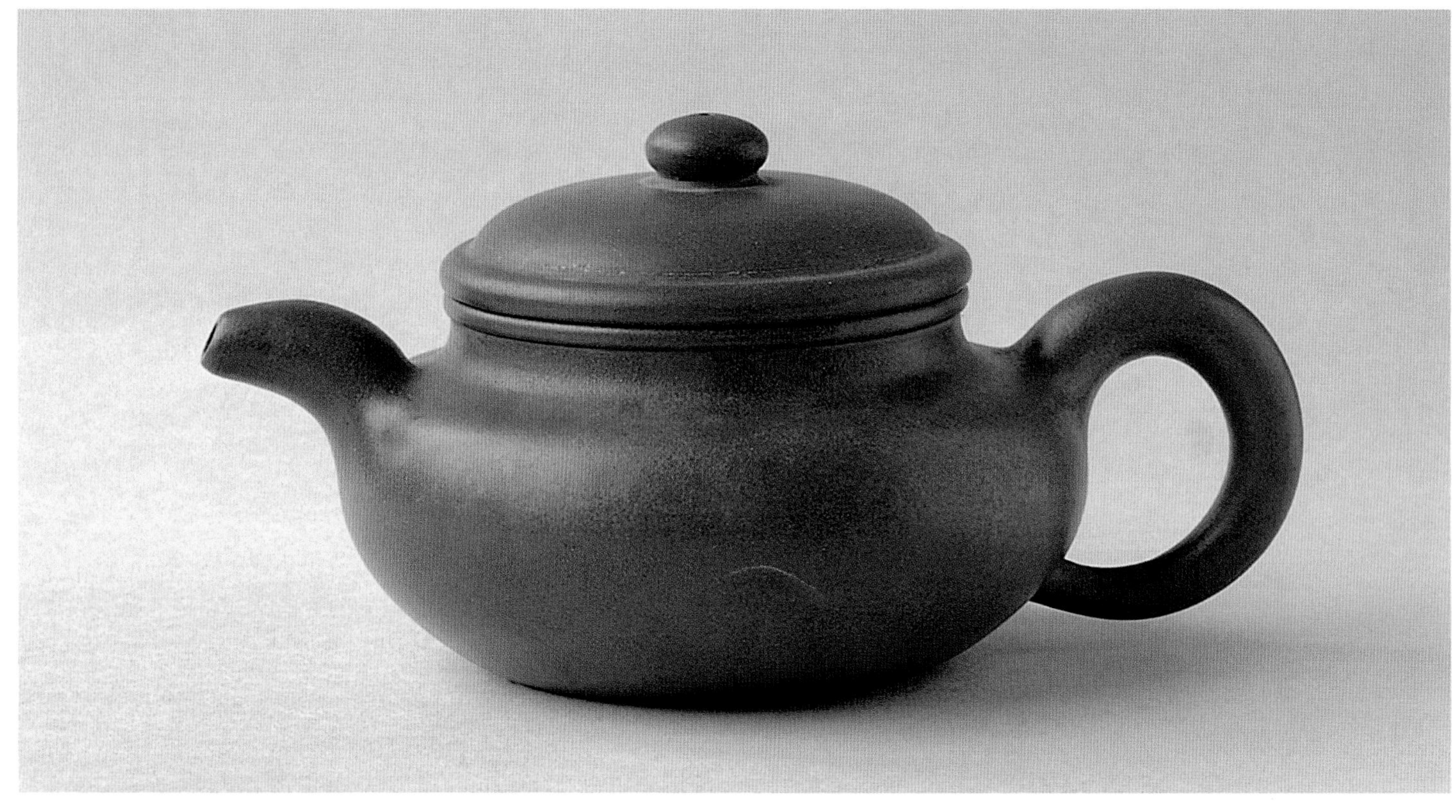

148.

大仿鼓

清末、民初

程壽珍

高97mm　口徑100mm

蓋印：壽珍

把下印字：眞記

底印：冰心道人

顧紹培藏

149.

漢扁

清末、民初

程壽珍

高84mm　口徑88mm

底印：冰心道人

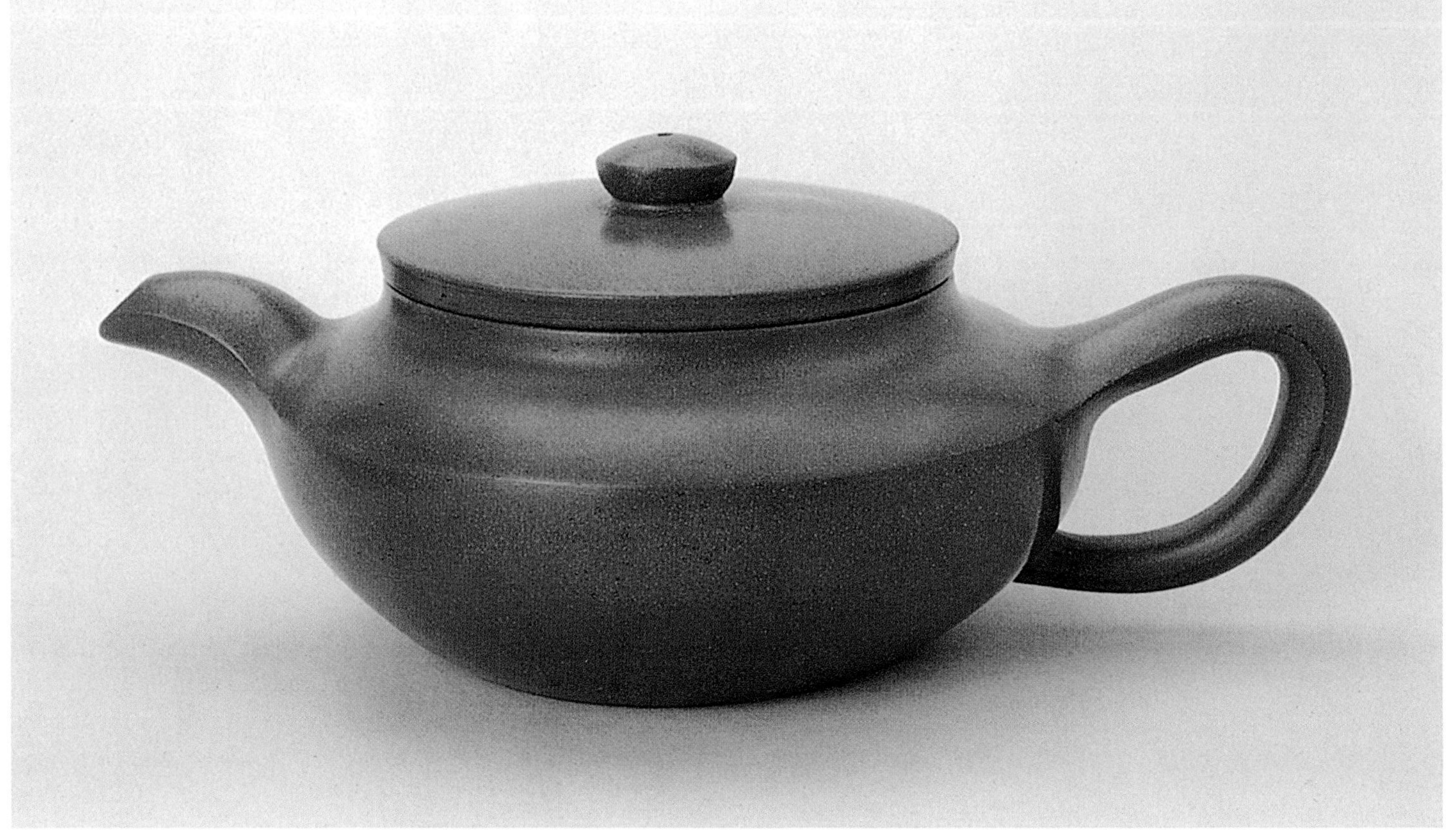

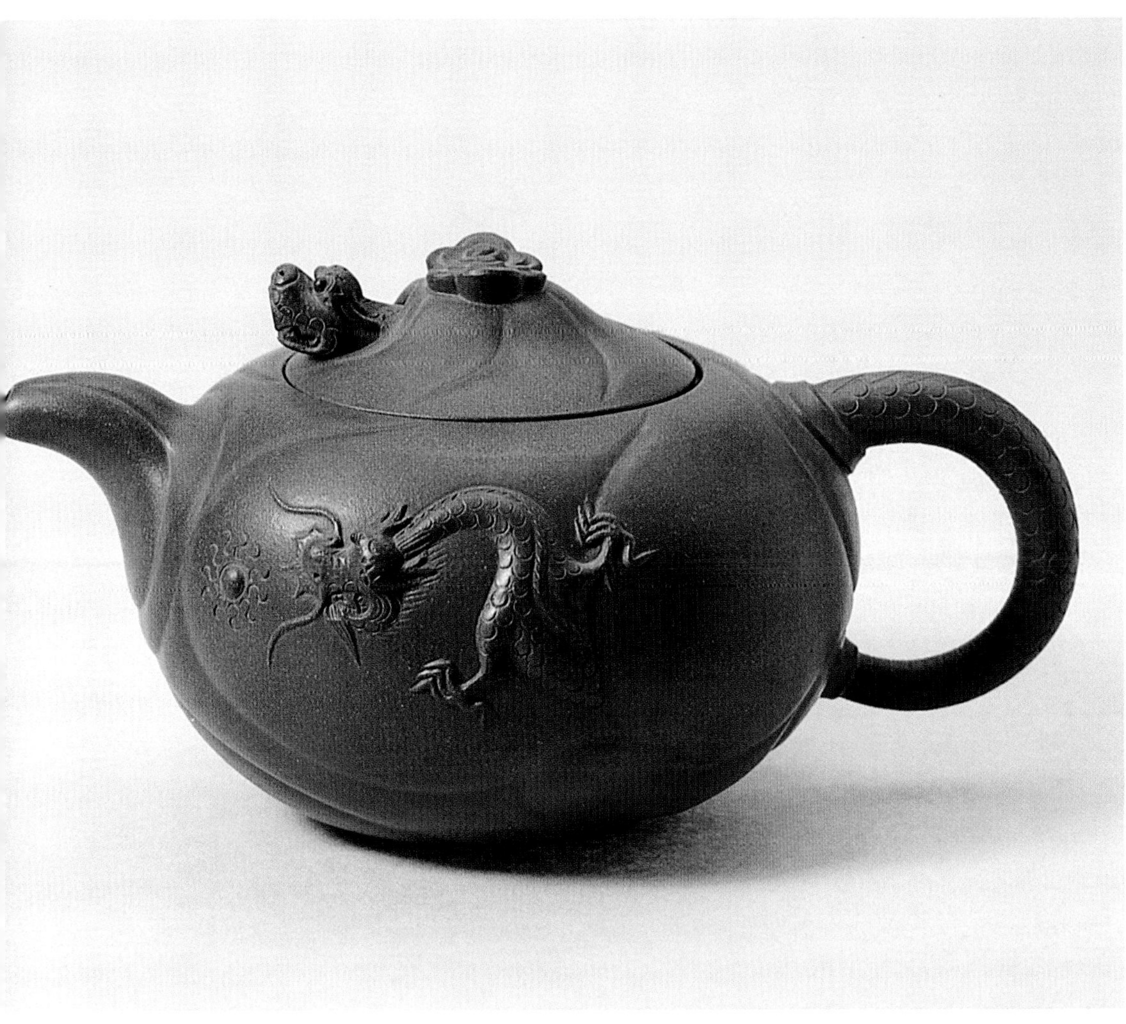

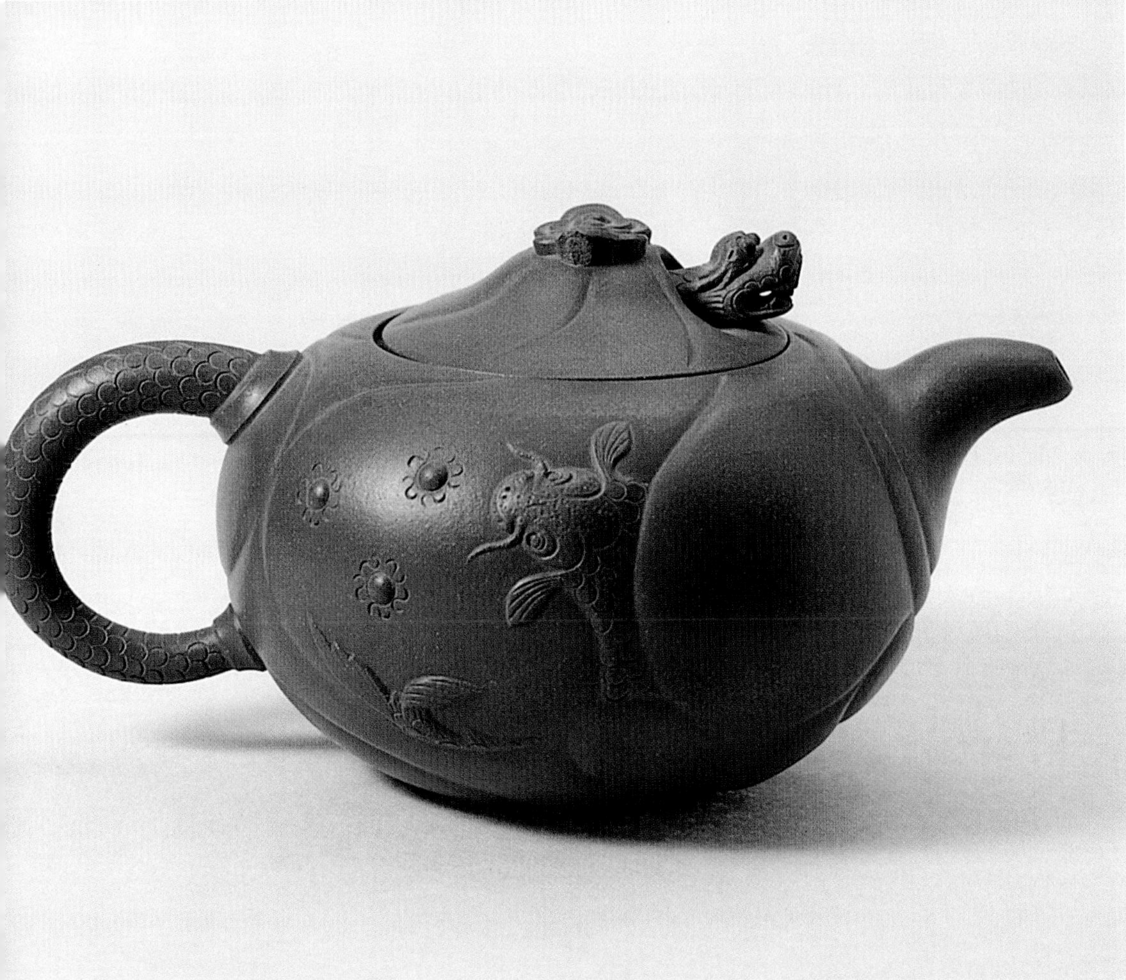

150.

魚化龍

民國

俞國良

高106mm　口徑76mm

蓋印：國艮

宜興紫砂工藝廠藏

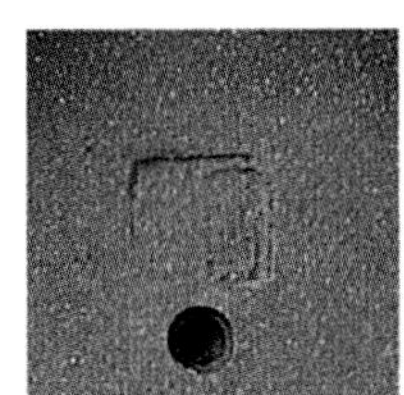

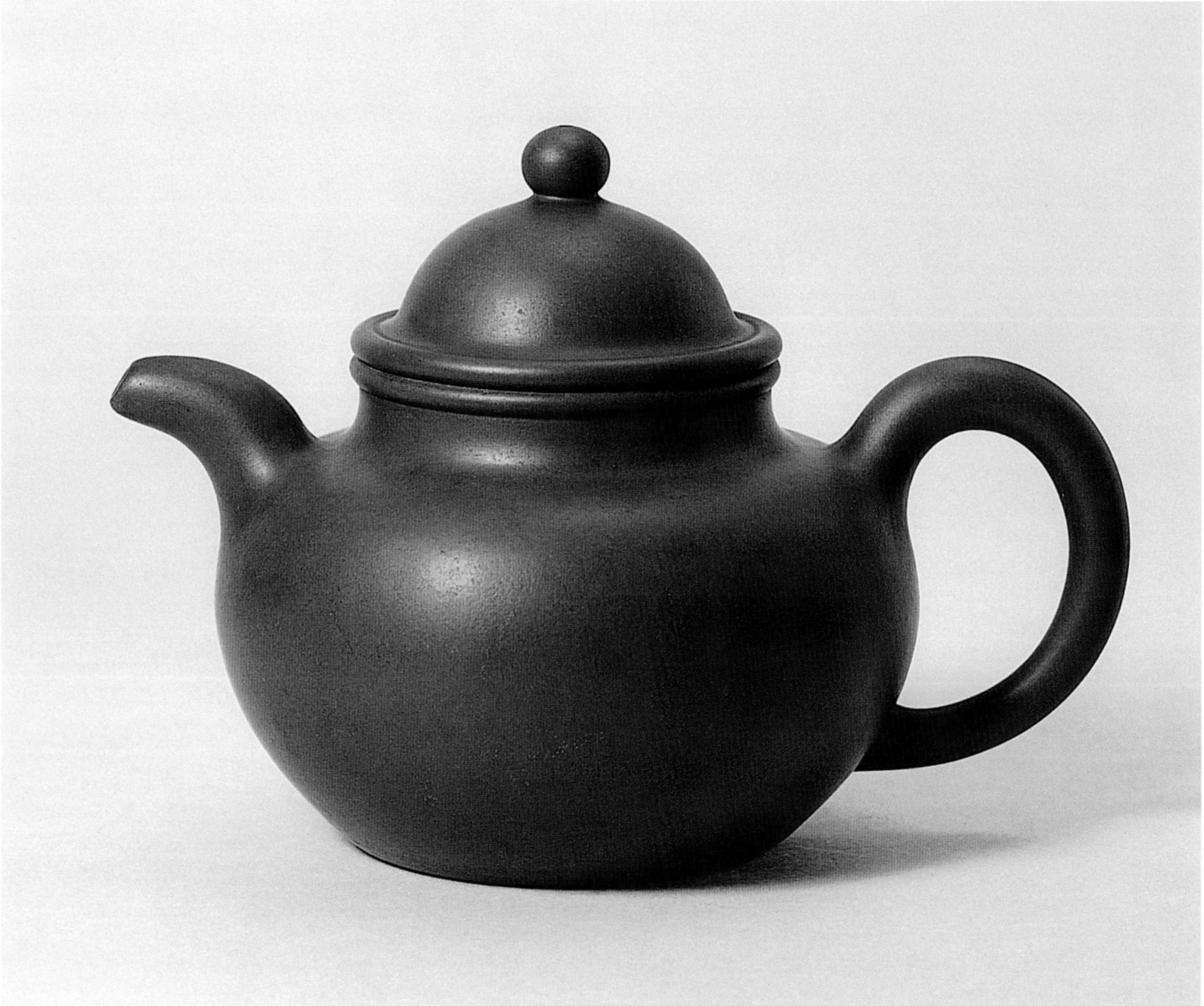

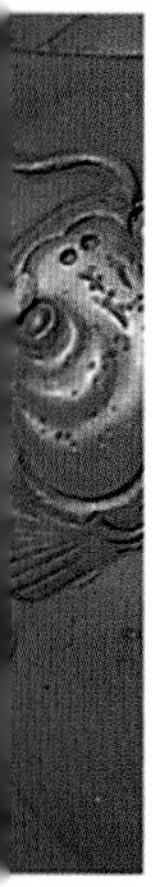

151.

掇球

民國

俞國良

高116mm　口徑72mm

底印：錫山兪製

宜興陶瓷陳列館藏

◉　俞國良是略晚於壽珍的一時名手，所製掇球巧麗過之，樸質欠缺，器形格局不够完美。

152.

紅大傳爐

民國

俞國良

高105mm　口徑70mm

蓋印：國良

底印：江蘇全省物品展覽會特等獎狀兪國良　民國念六年時年六十四

宜興紫砂工藝廠藏

◉　爲俞國良之最佳傳器，精選泥質最好的大紅泥製作；燒成火候絕佳，故色澤朱紅，光彩鑒人，肌理滋潤。製技與形制雖感有疵，但確是宜興朱泥器中之罕見者，堪稱顯示砂藝材質的絕佳傳器。

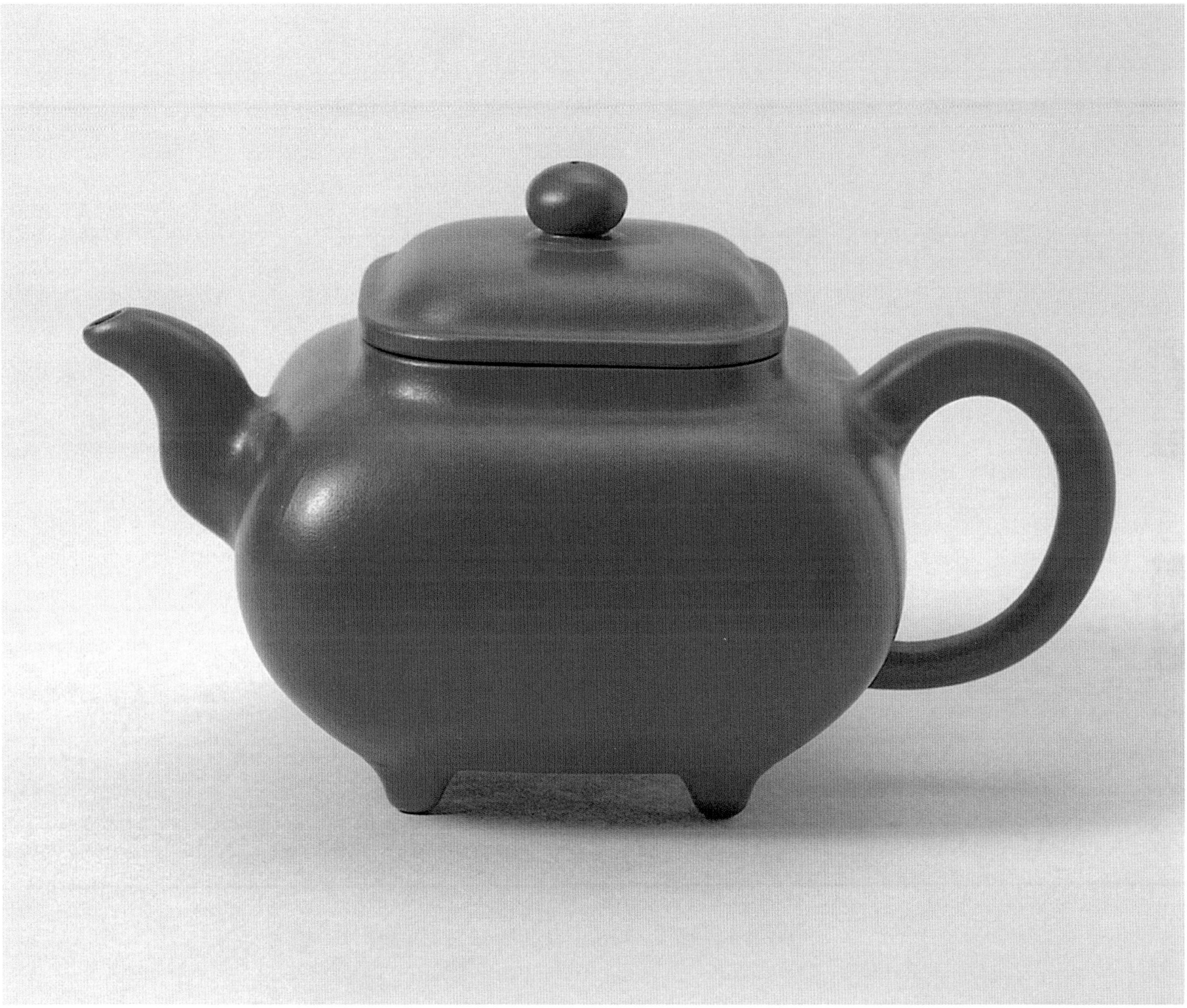

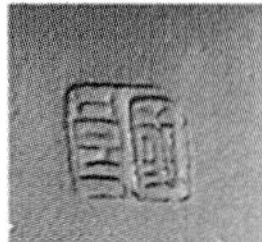

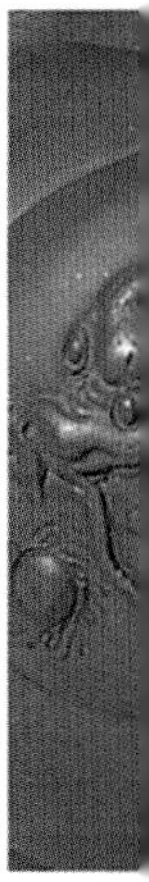

153.
梅花周盤壺
民國
俞國良
高84mm　口徑80mm
蓋印：國艮
底印：江蘇全省物品展覽會特等獎狀俞國艮　民國念五年時年六十三
宜興紫砂工藝廠藏

◉　俞國良的代表作之一。此壺構思巧妙、綫面個段交待清晰，製技着重細部刻畫，韵味秀美。

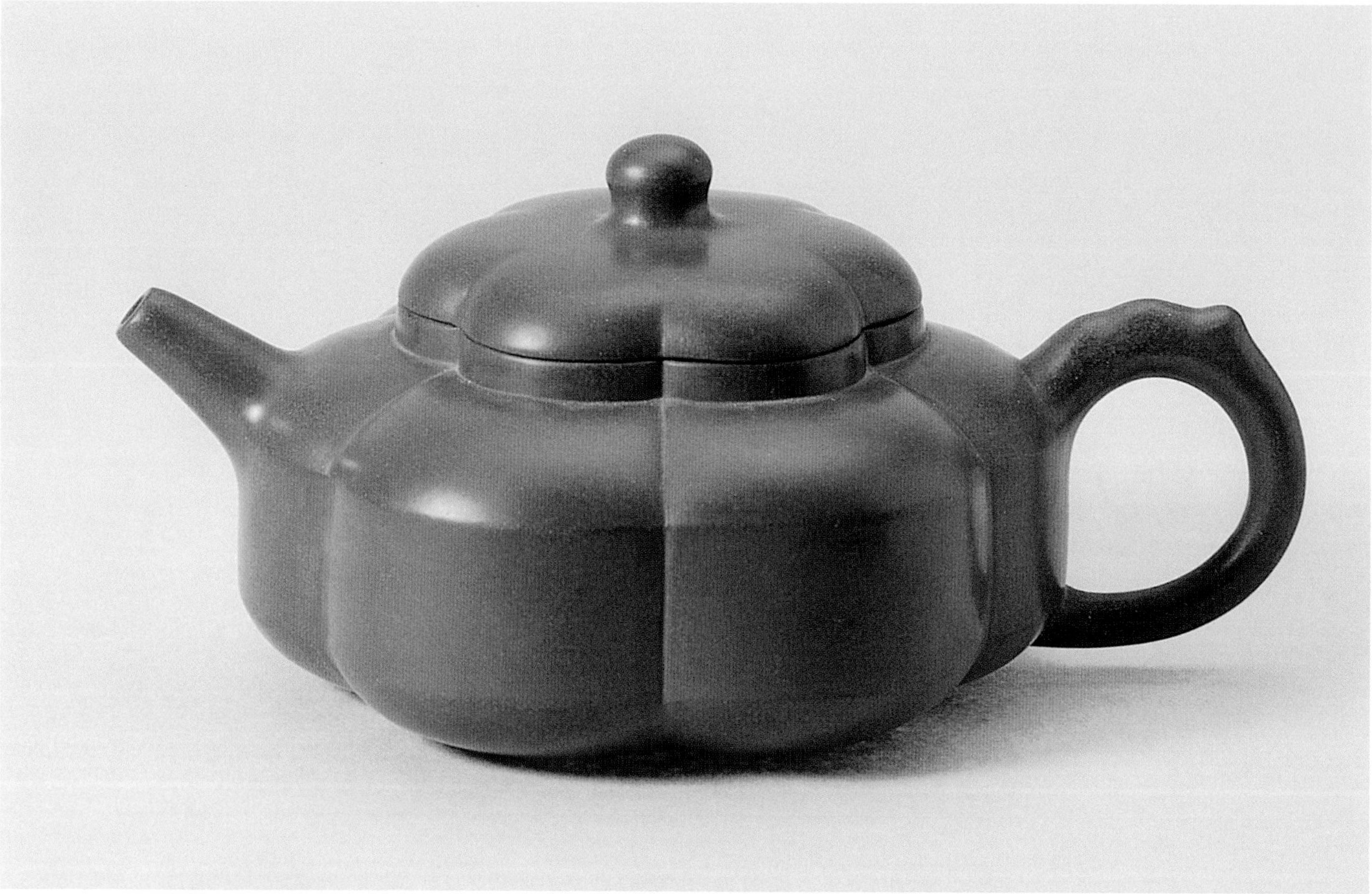

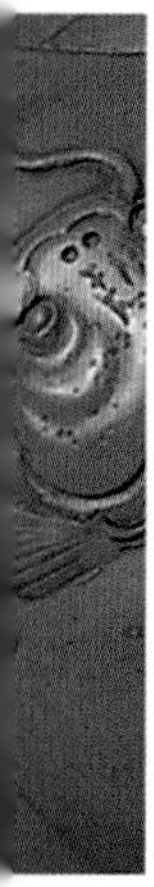

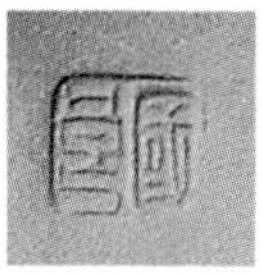

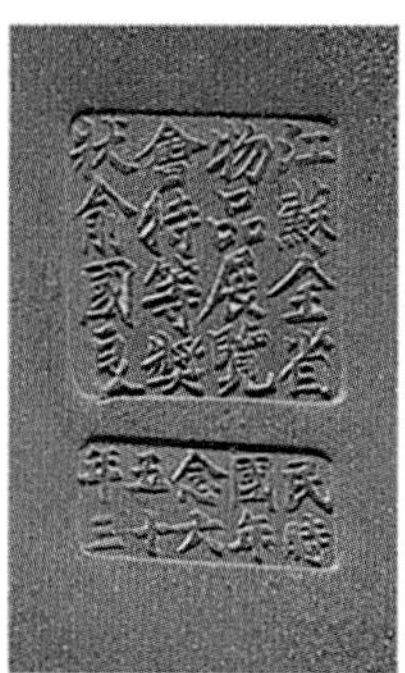

154.
拋光樸桶獨鈕
民初
高185mm　口徑82mm
底刻款：荷淨納凉
　　　　時　少山
南京博物院藏

◉　此類壺是銷往暹邏（泰國）拋光後返流進來的。

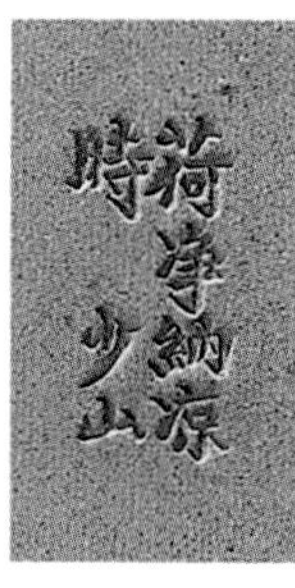

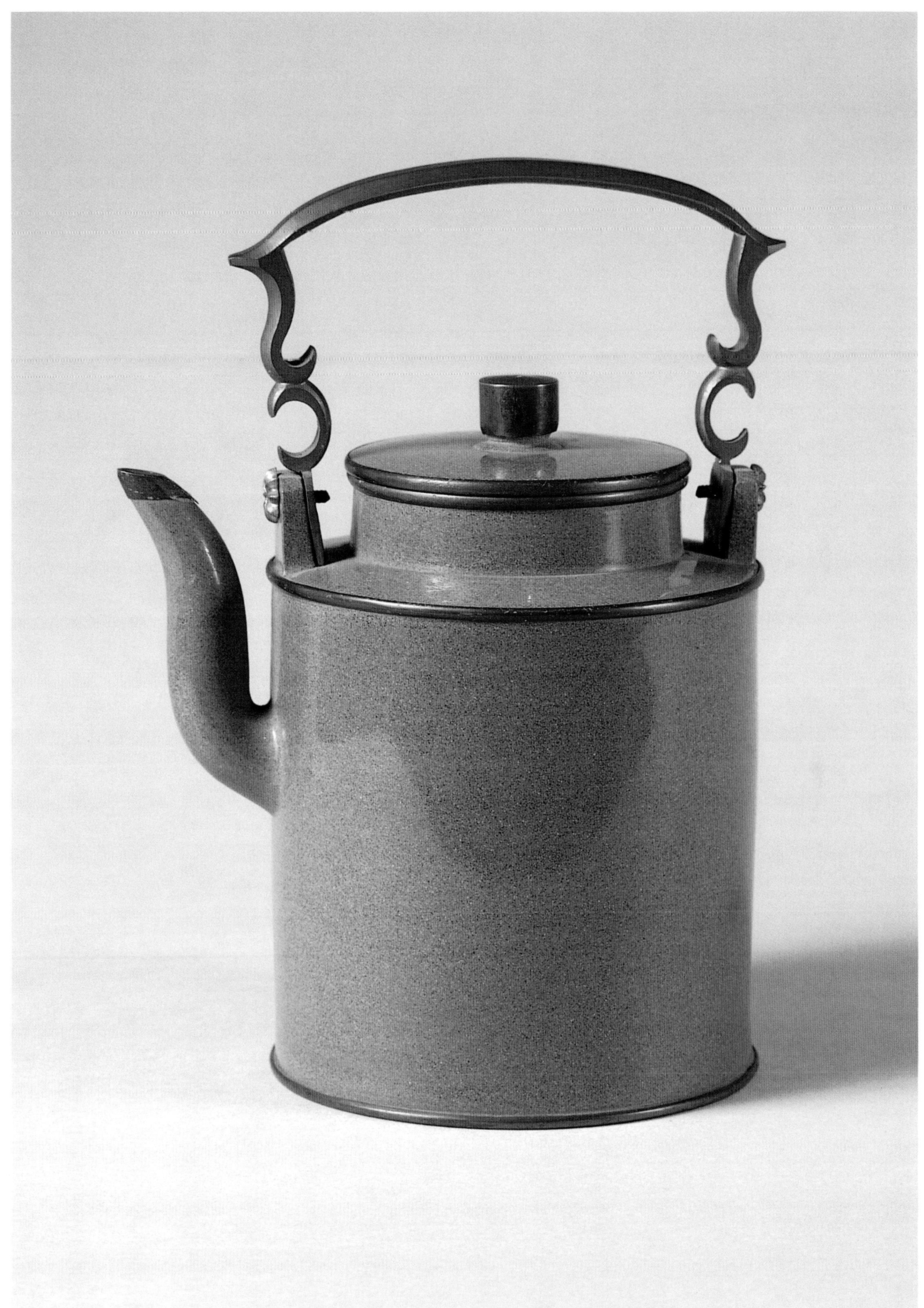

155.

大鵝蛋獨鈕

民初

佚名

高255mm　寬330mm

南京博物院藏

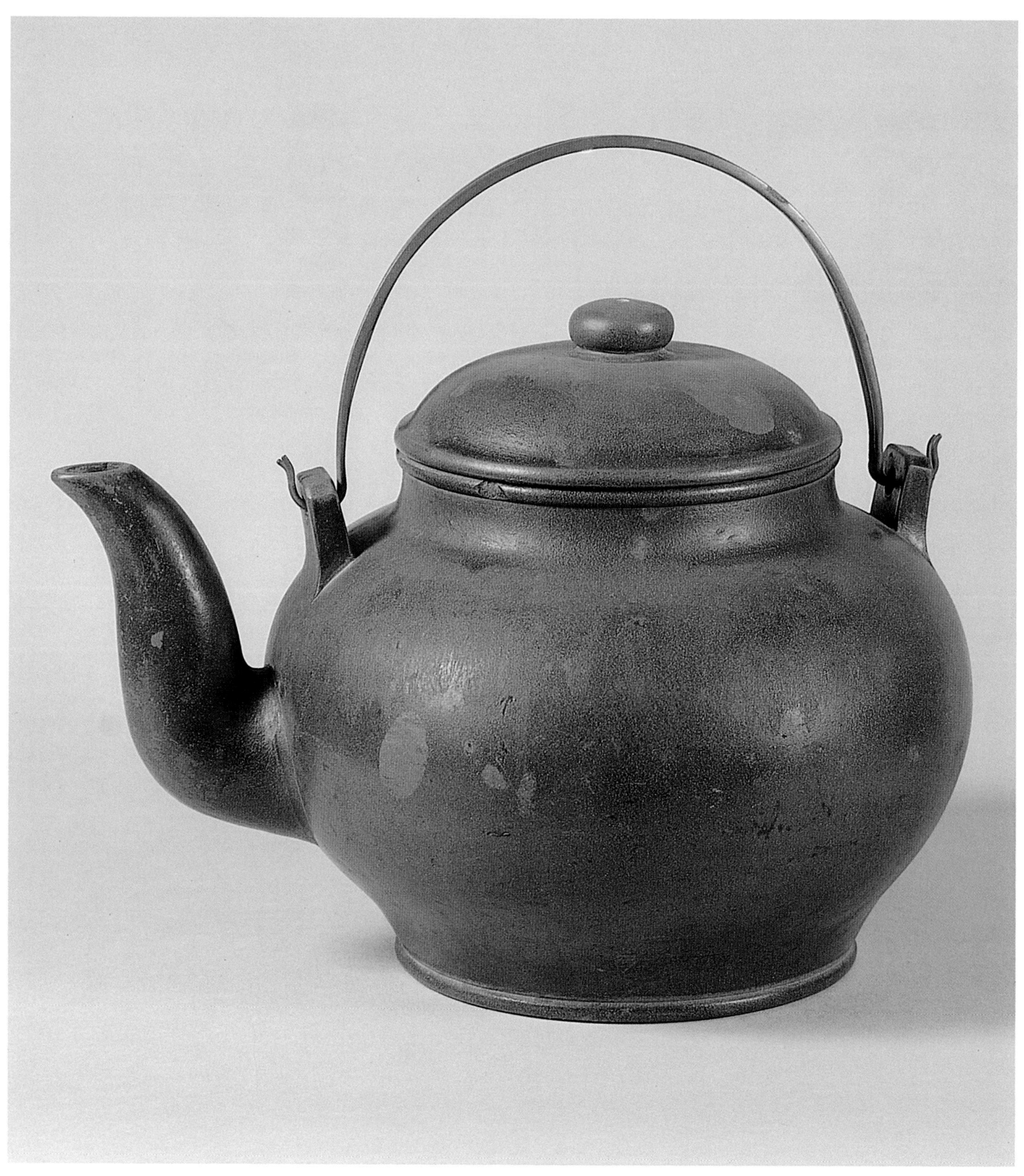

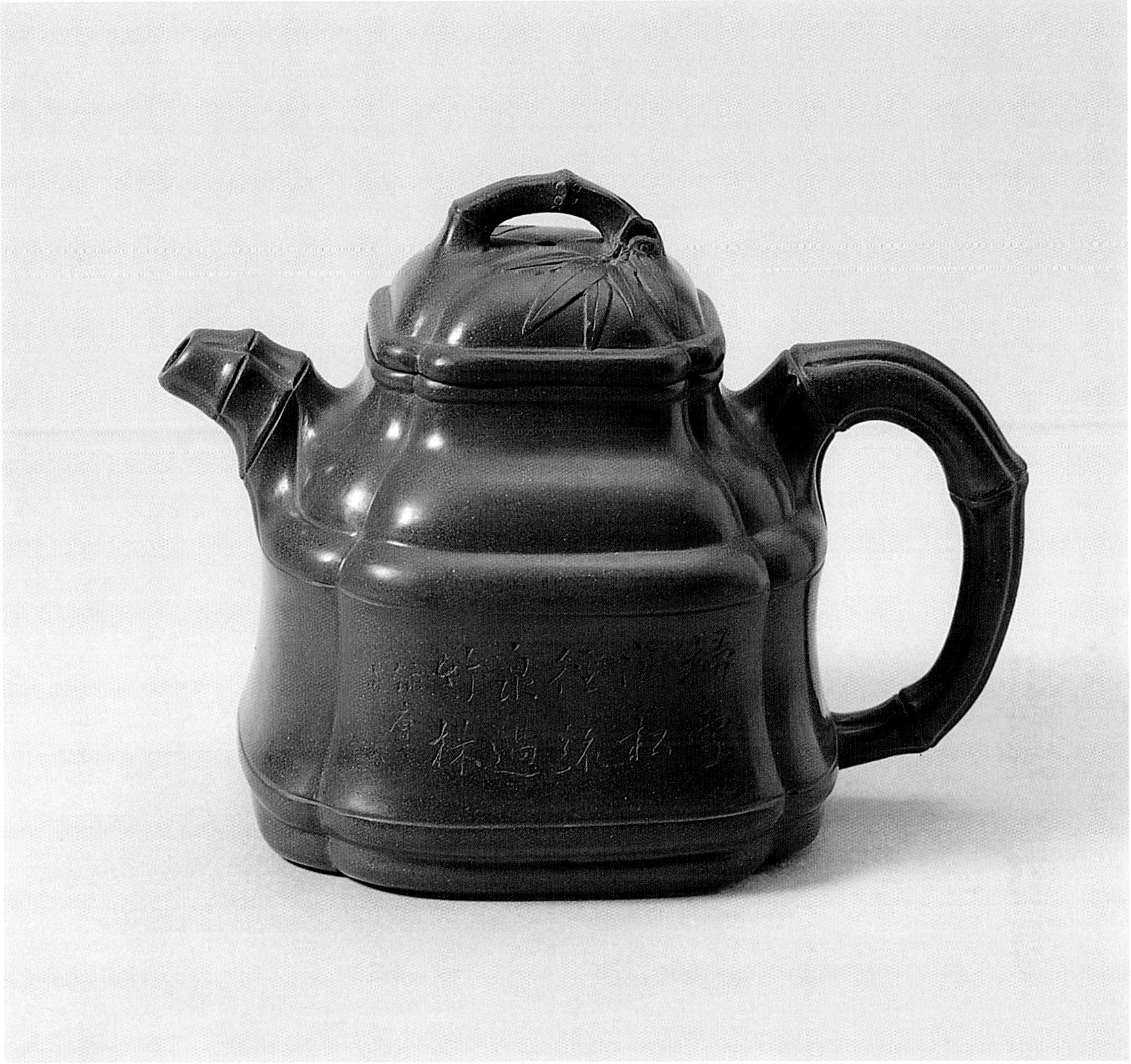

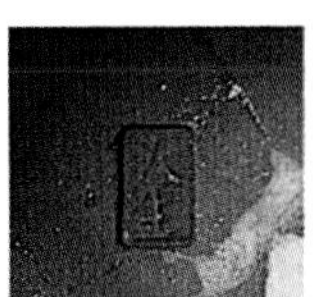

156.

四方隱角竹頂

民國

范大生

高126mm　口徑67mm

壺身銘：掃雪開松徑，

疏泉過竹林。

錄唐句

蓋印：大生

宜興紫砂工藝廠藏

◉　范大生爲俞國良同時的名手，此器爲大生一生突出的代表作，器形雖屬傳統，但經大生提煉更爲完整，製技亦够精細，鐫刻書法亦佳（陳少亭書刻）。

157.

六方竹頂

民國

范大生

高128mm　口徑72mm

蓋印：大生

底印：大生

壺身銘：但看雪泛雙甌，
滌芳情於腸胃。
果爾風生兩腋，
沁涼思於心脾。
凌卓學刻　**印：**周

宜興紫砂工藝廠藏

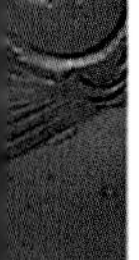

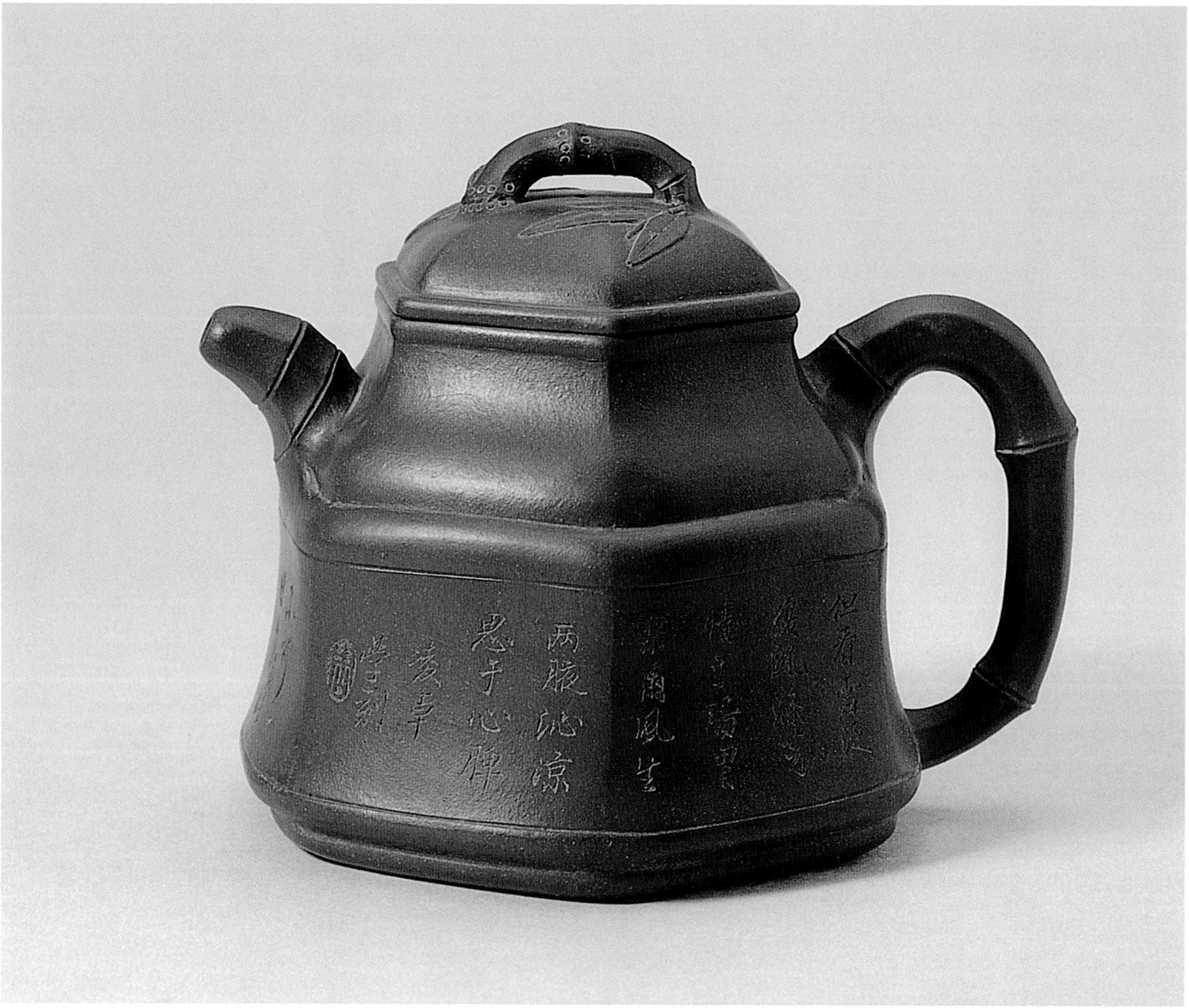

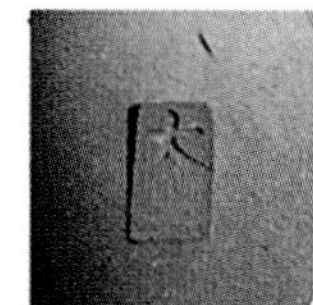

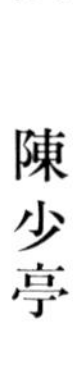

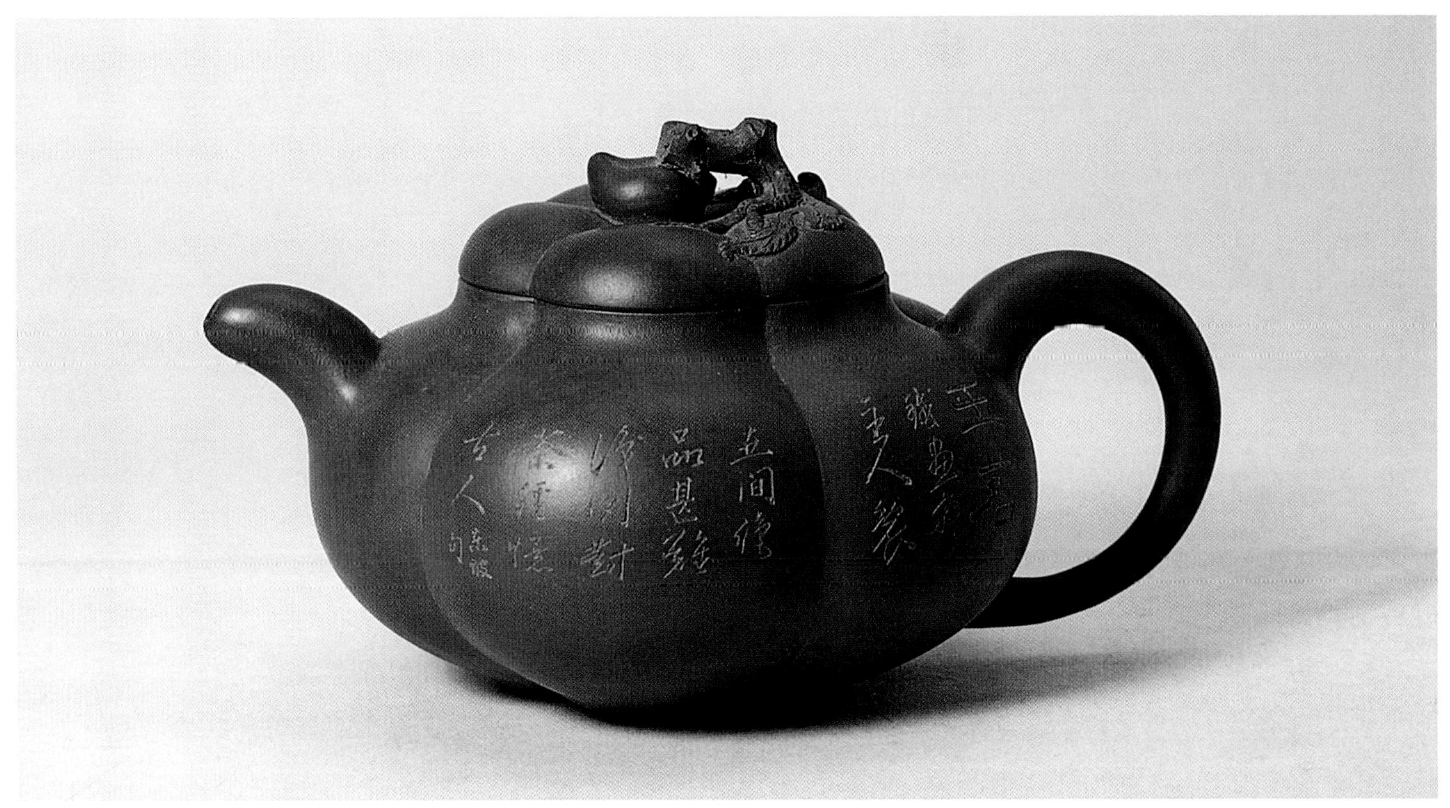

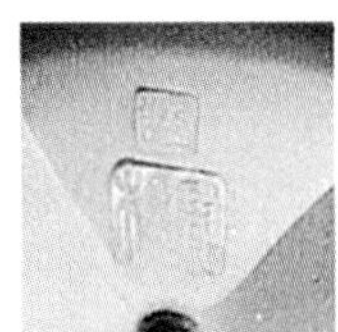

158.
合桃壺
民國

汪寶根
高110mm　口徑78mm
蓋印：汪　寶根
壺身銘：玉茗、鐵畫軒主人製
世間絕品甚難識，
閒對茶經憶古人。
東坡句
宜興陶瓷陳列館藏

159.
合桃壺
民國
汪寶根、陳少亭（刻）
高115mm　口徑80mm
壺身銘：仿鄧完白印法
回處餘香詩味後　於陵子
宜興紫砂工藝廠藏

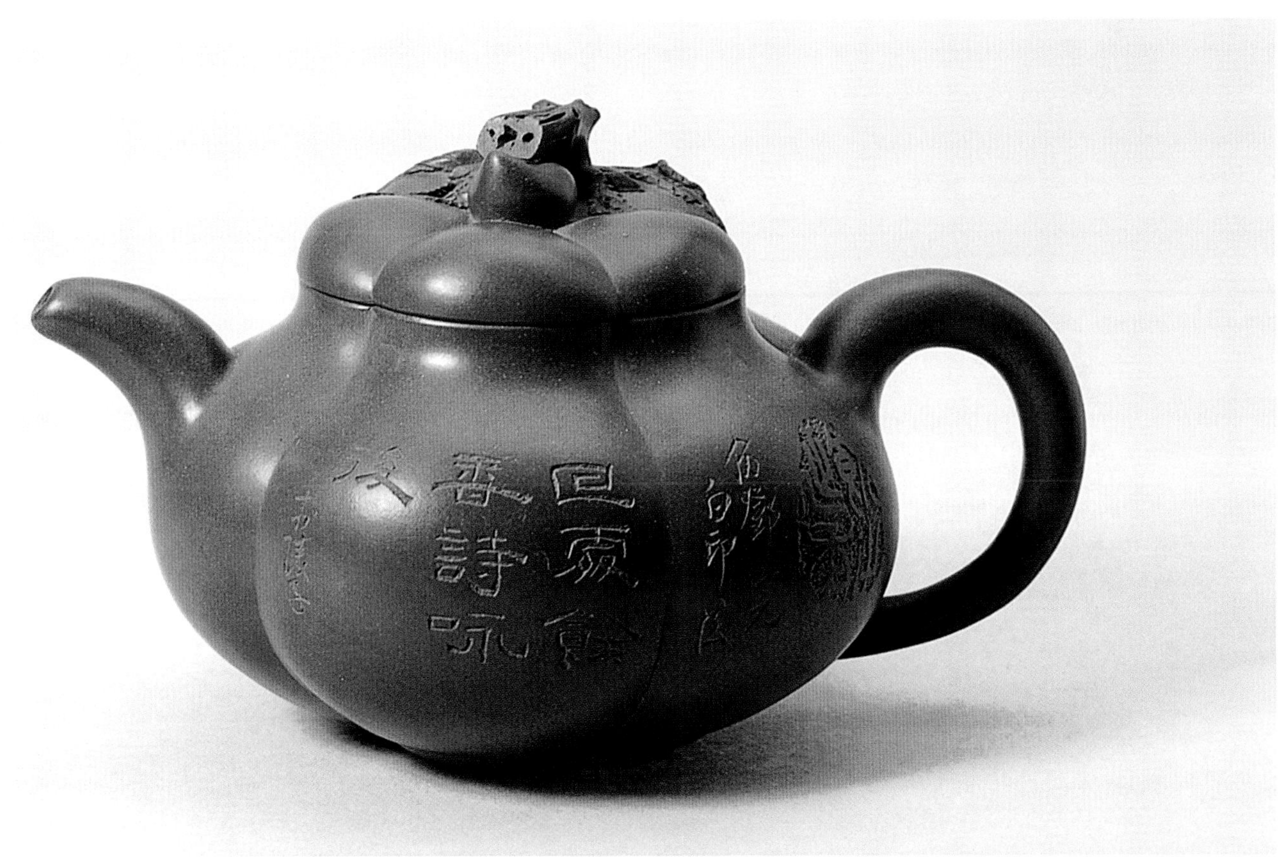

160.

綫雲

民國

汪寶根

高68mm　口徑80mm

蓋印：汪　寶根

底印：旭齋

馮其庸藏

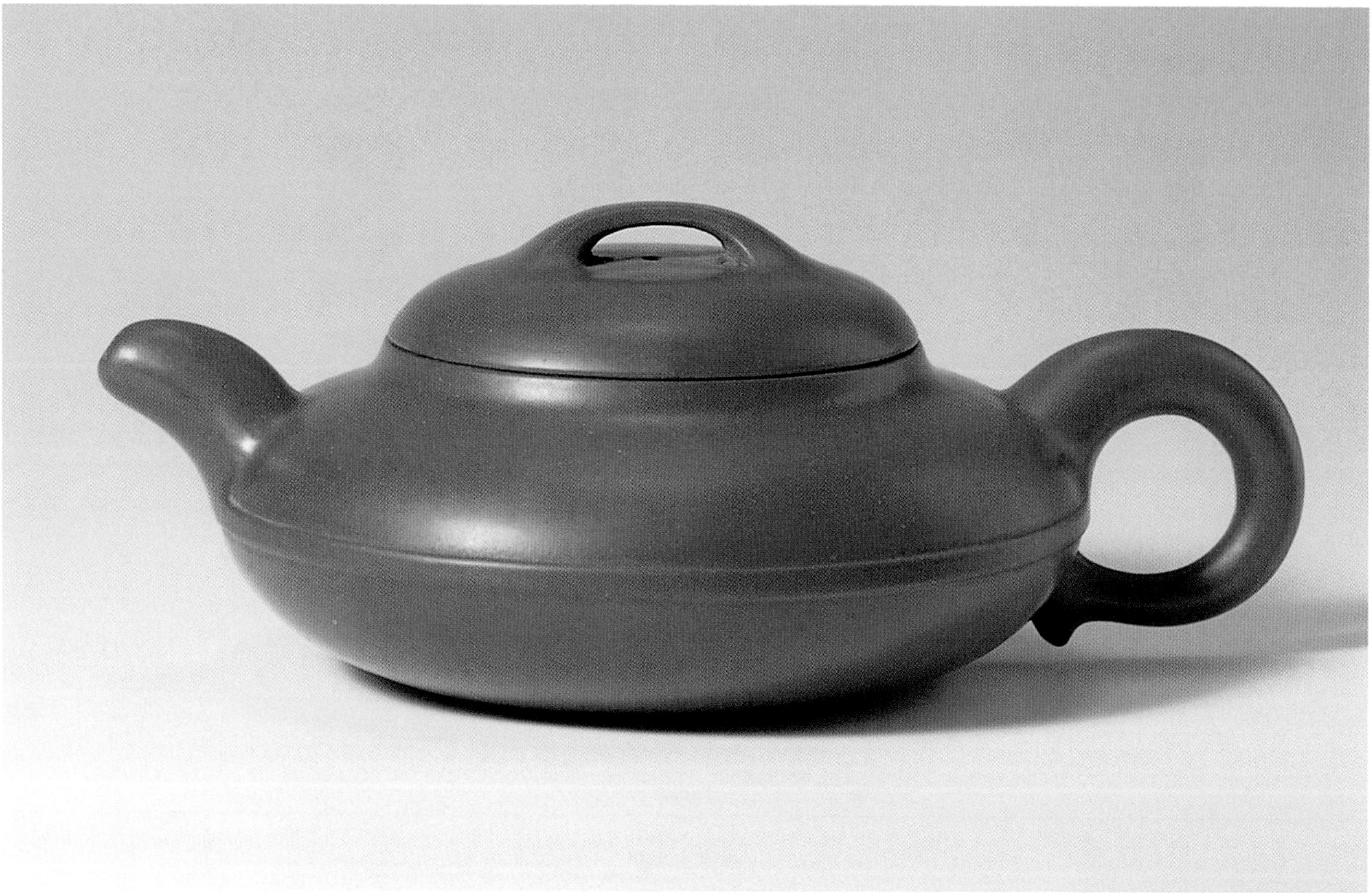

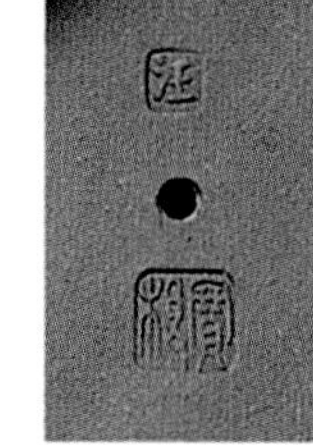

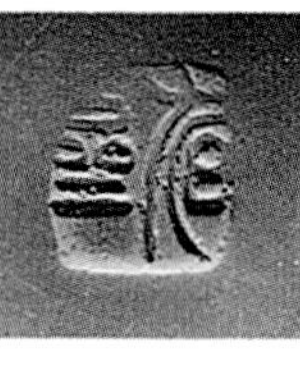

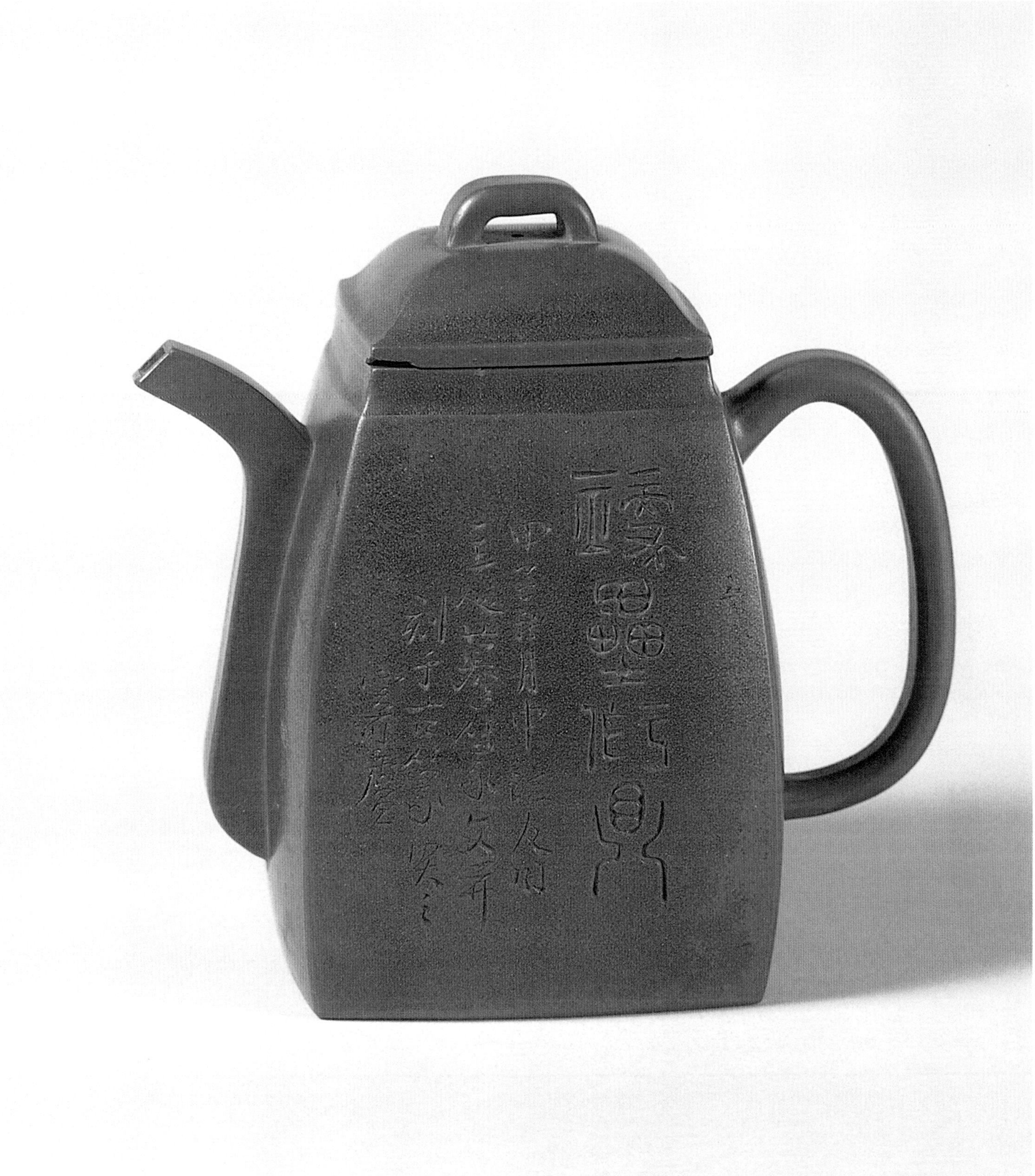

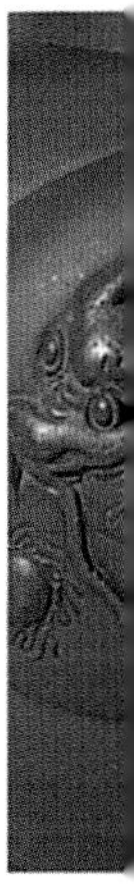

161.
秤砣方壺
民國十三年（1924）
胡耀庭
高165mm
口徑橫57mm　縱61mm

底印：鐵畫軒製
蓋刻款：耀庭
壺身銘：䜌壘貯𣎆
甲子秋月，申江友陶主人摹篆文并刻於古篆賢之寄廬
王一羽藏

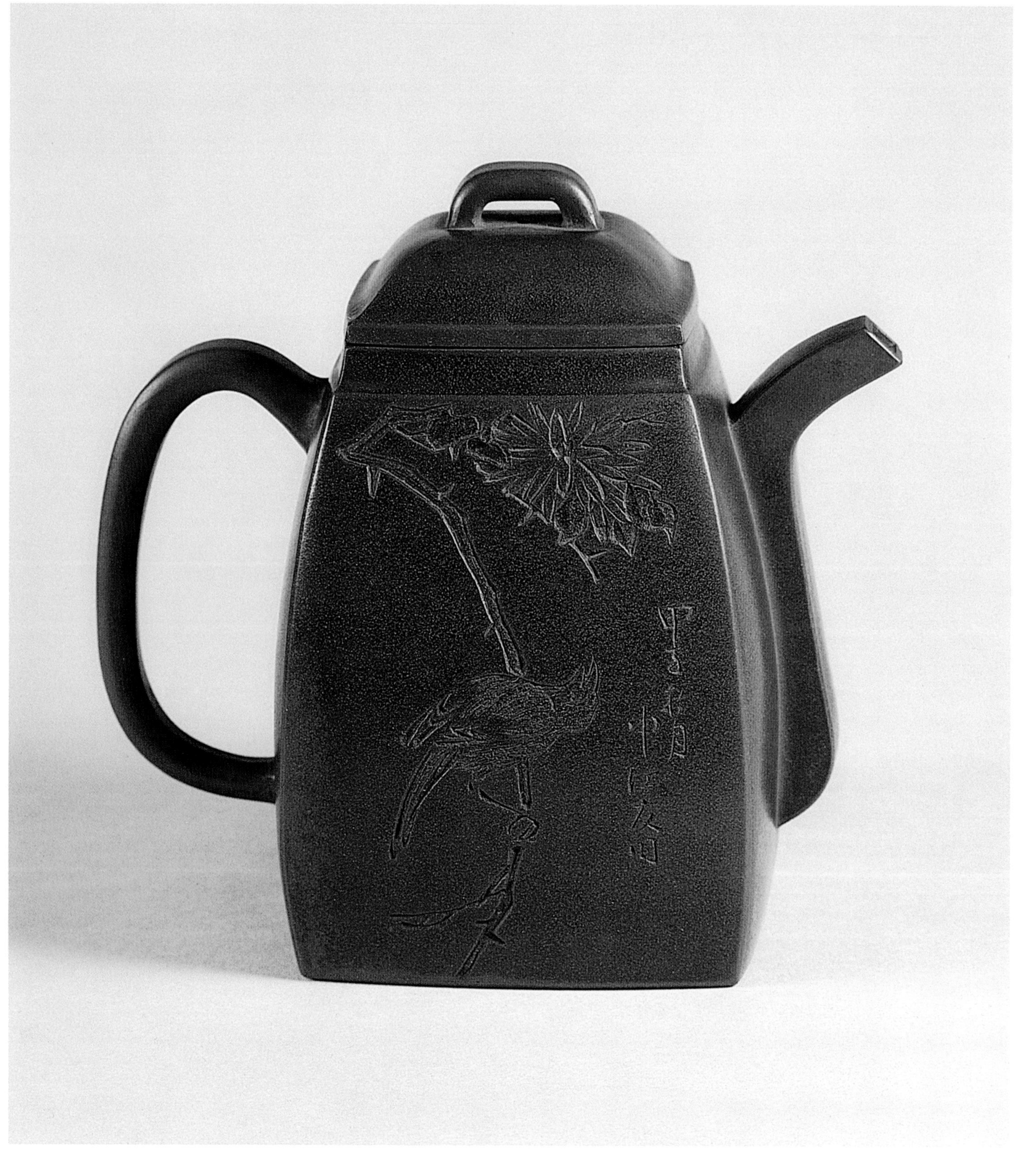

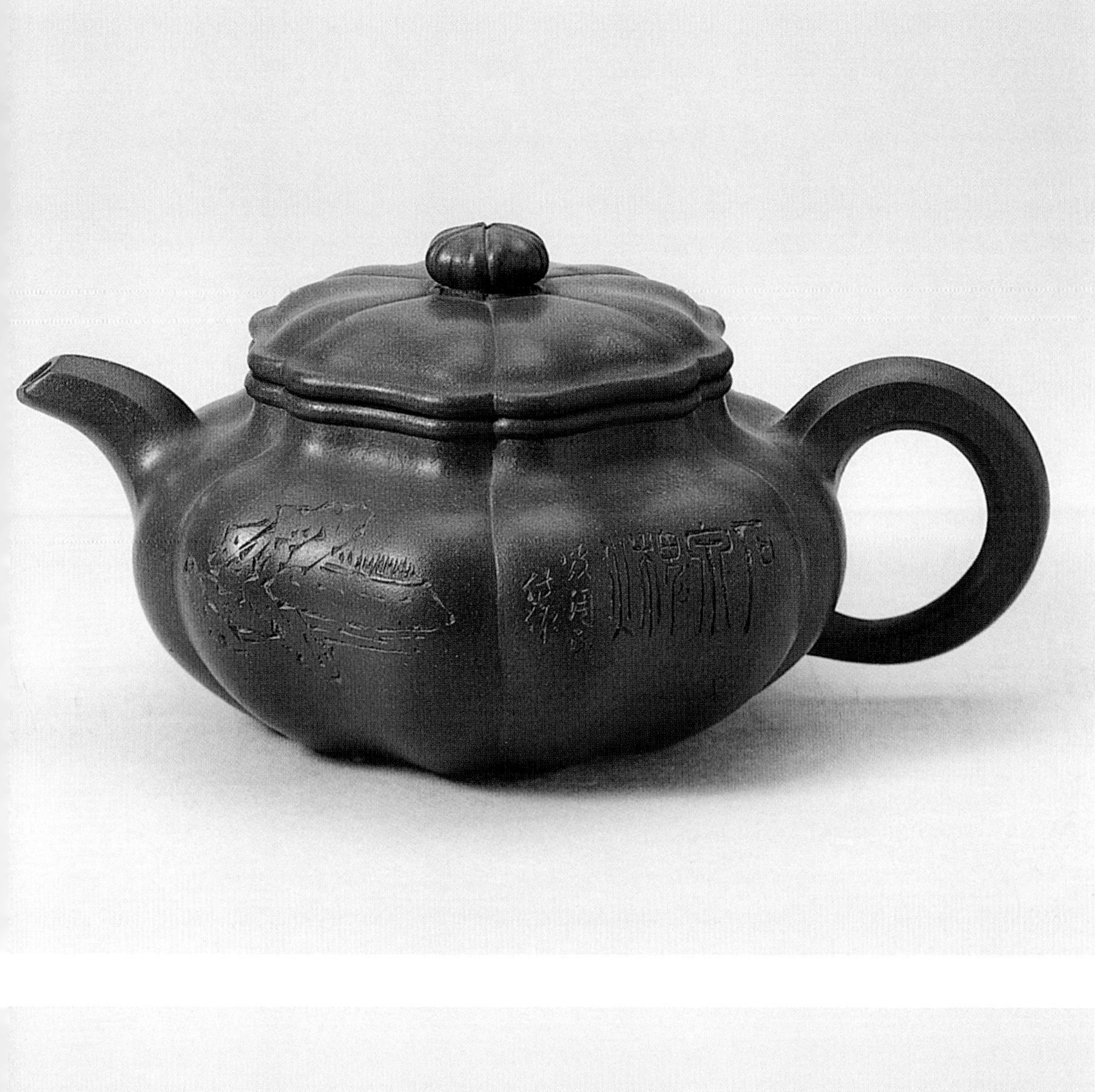

162.
葵仿古
民國
馮桂林
高95mm　口徑86mm
蓋印：桂林
底印：金鼎商標
壺身銘：石泉槐火　跂陶氏仿作
宜興紫砂工藝廠藏

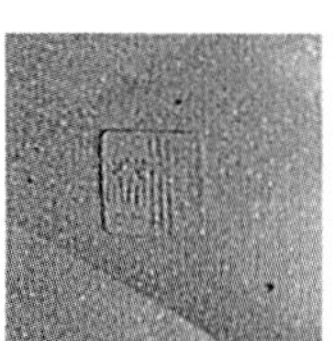

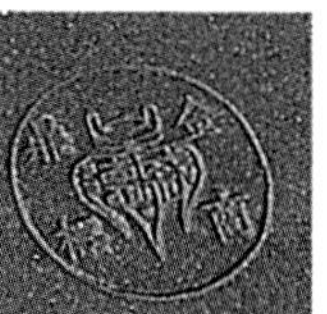

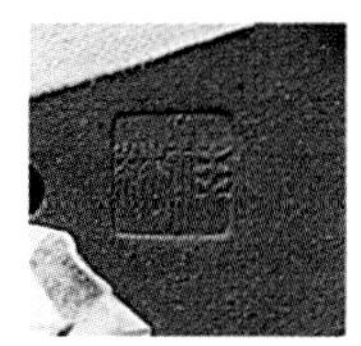

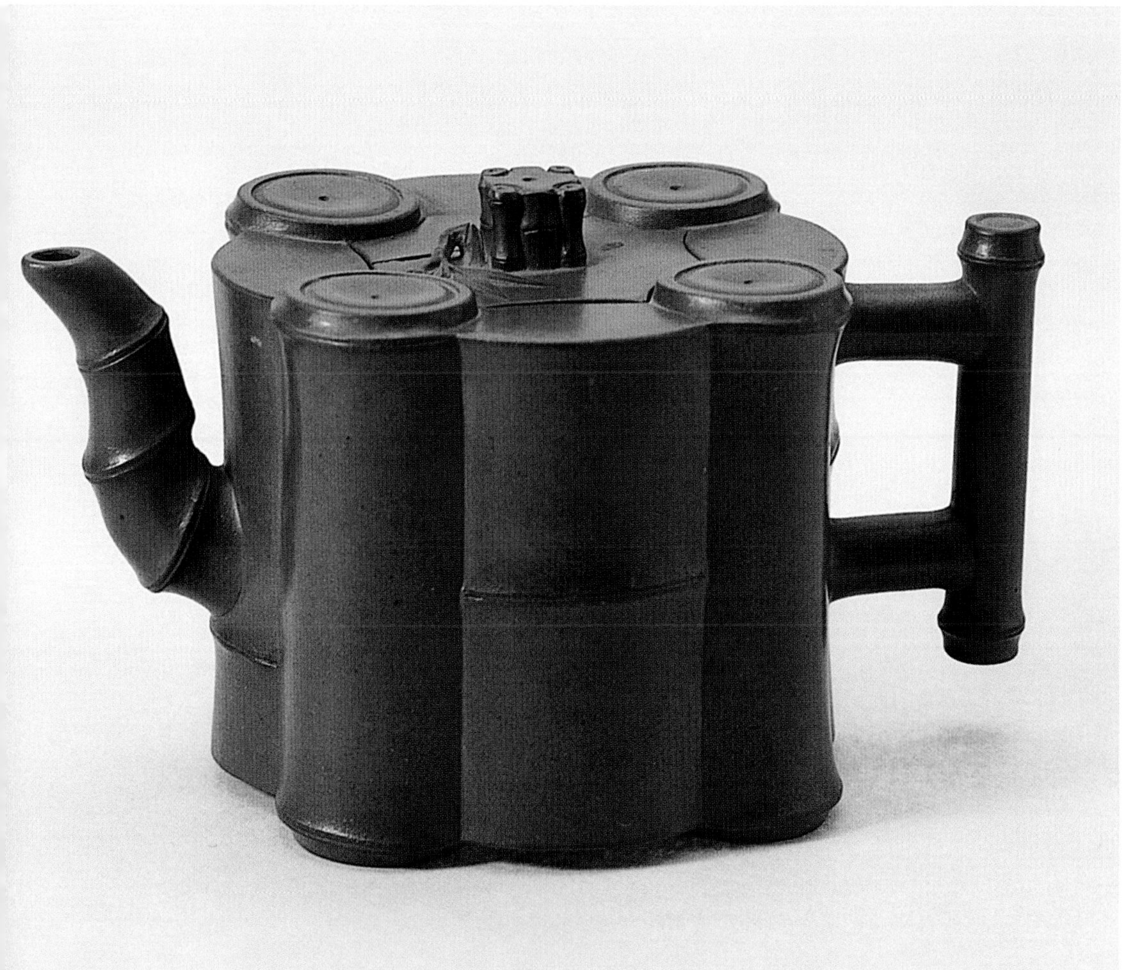

163.
五竹壺
民國
馮桂林
高100mm　口徑61mm
蓋印：桂林
宜興紫砂工藝廠藏

164.
大蛤蟆
民國
佚名
高110mm　寬280mm
鎮江市博物館藏

*

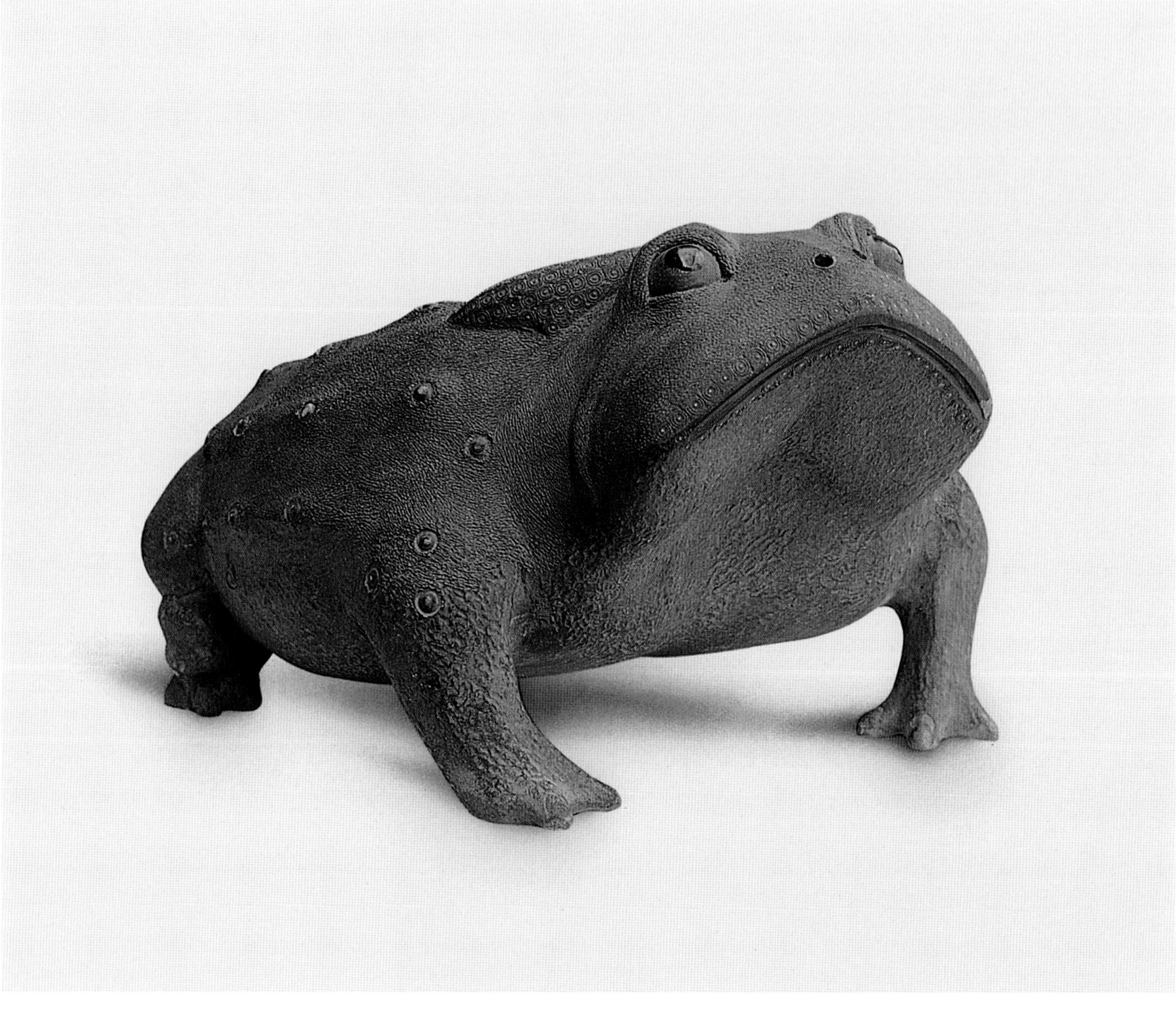

165.
大回紋瓶
民國
佚名
高512mm　口徑180mm
宜興陶瓷陳列館藏

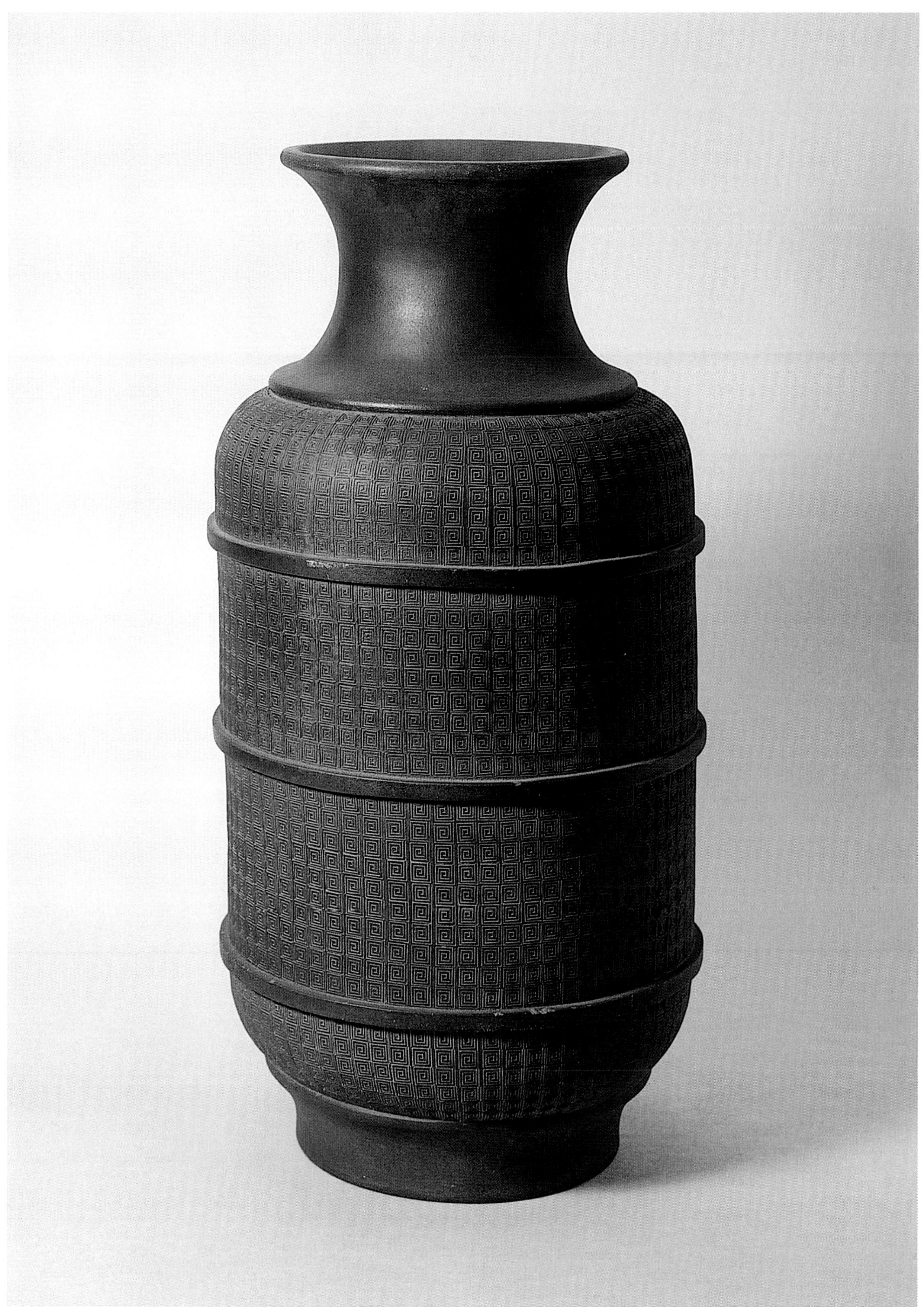

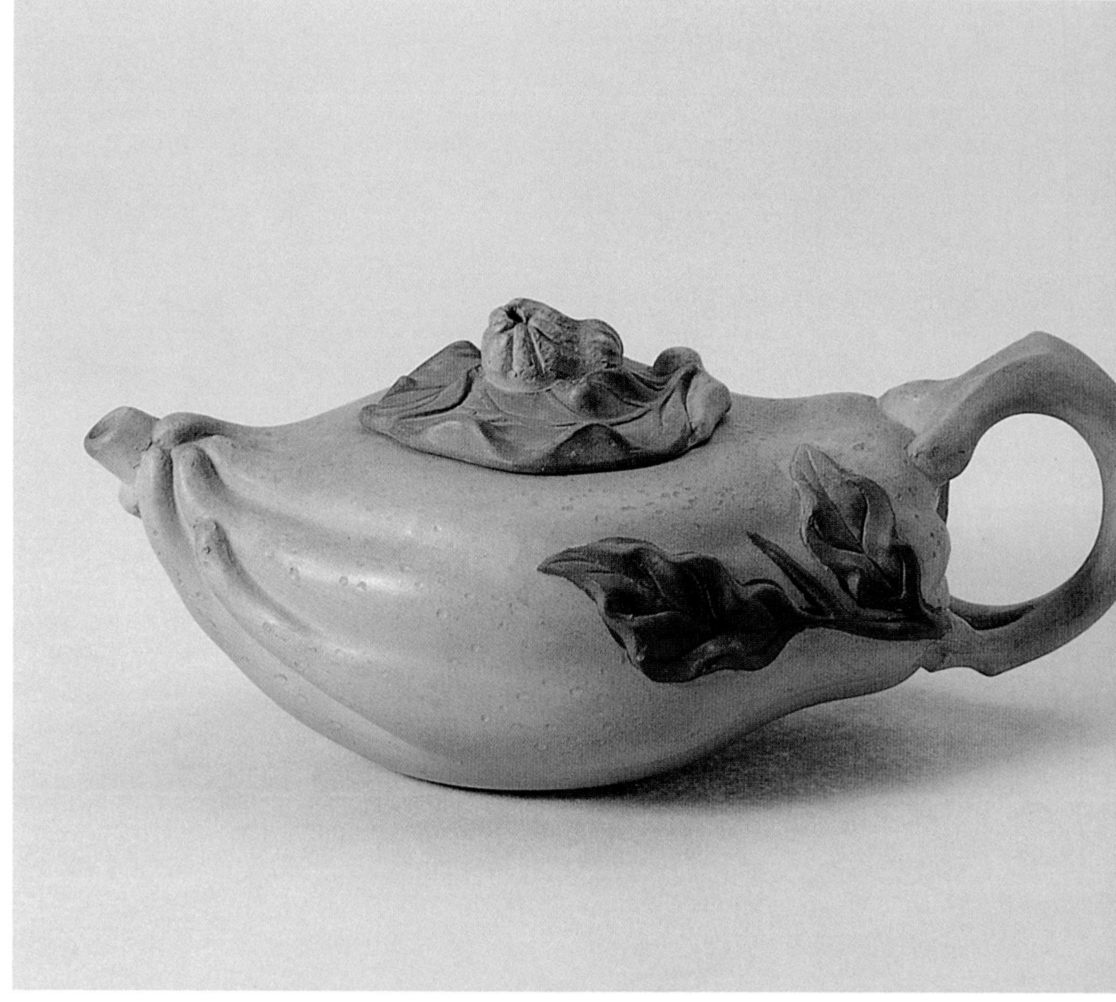

166.
佛手壺
民國
范占
高36mm　口徑橫55mm　縱46mm
宜興紫砂工藝廠藏

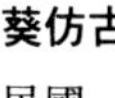

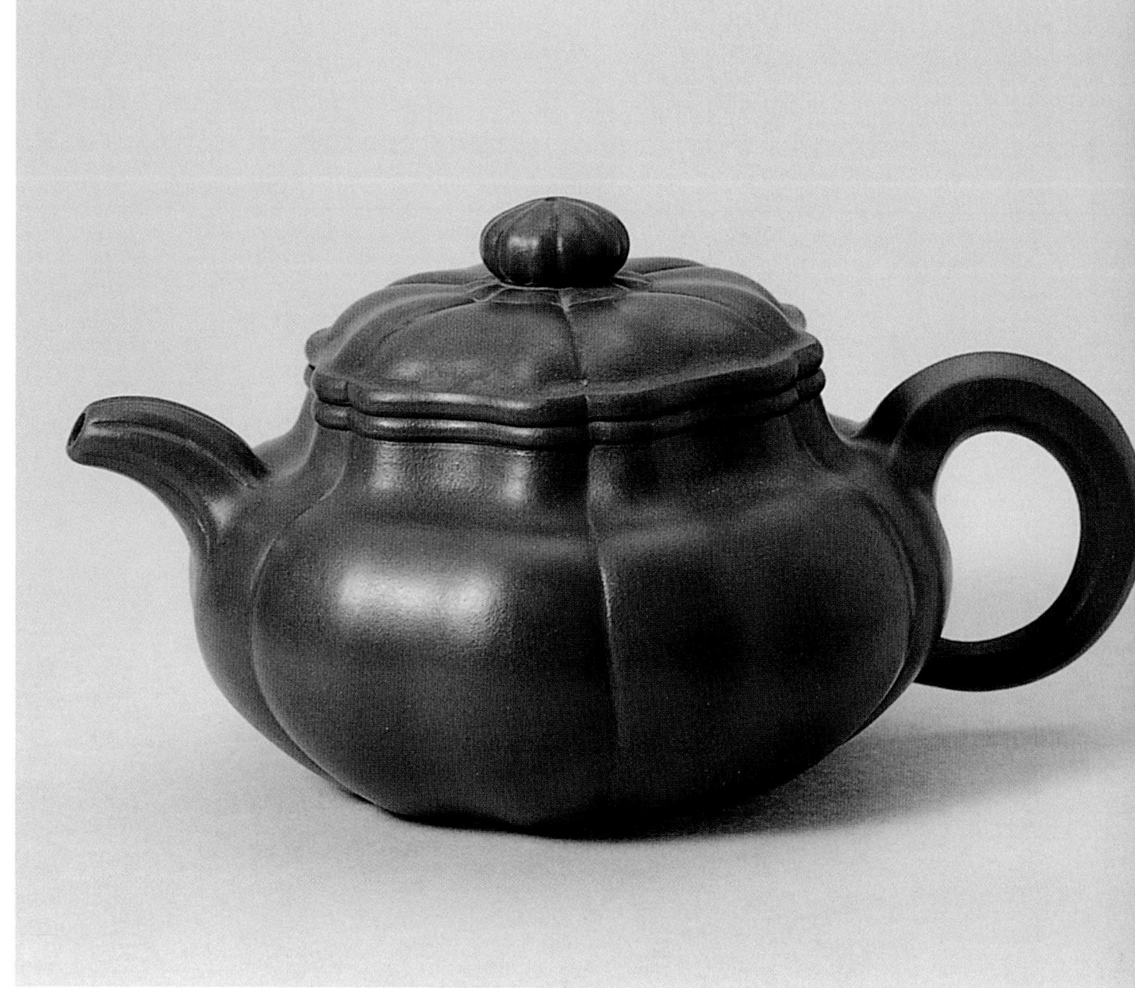

167.
葵仿古
民國
李寶珍
高104mm　口徑95mm
蓋印：寶珍
底印：李寶珍製
宜興紫砂工藝廠藏

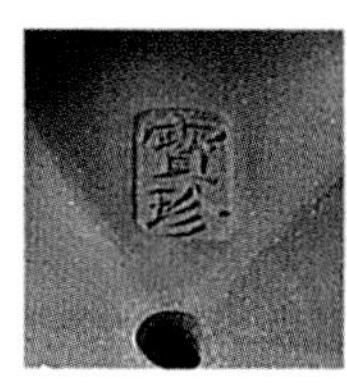

現代作品

現代作品

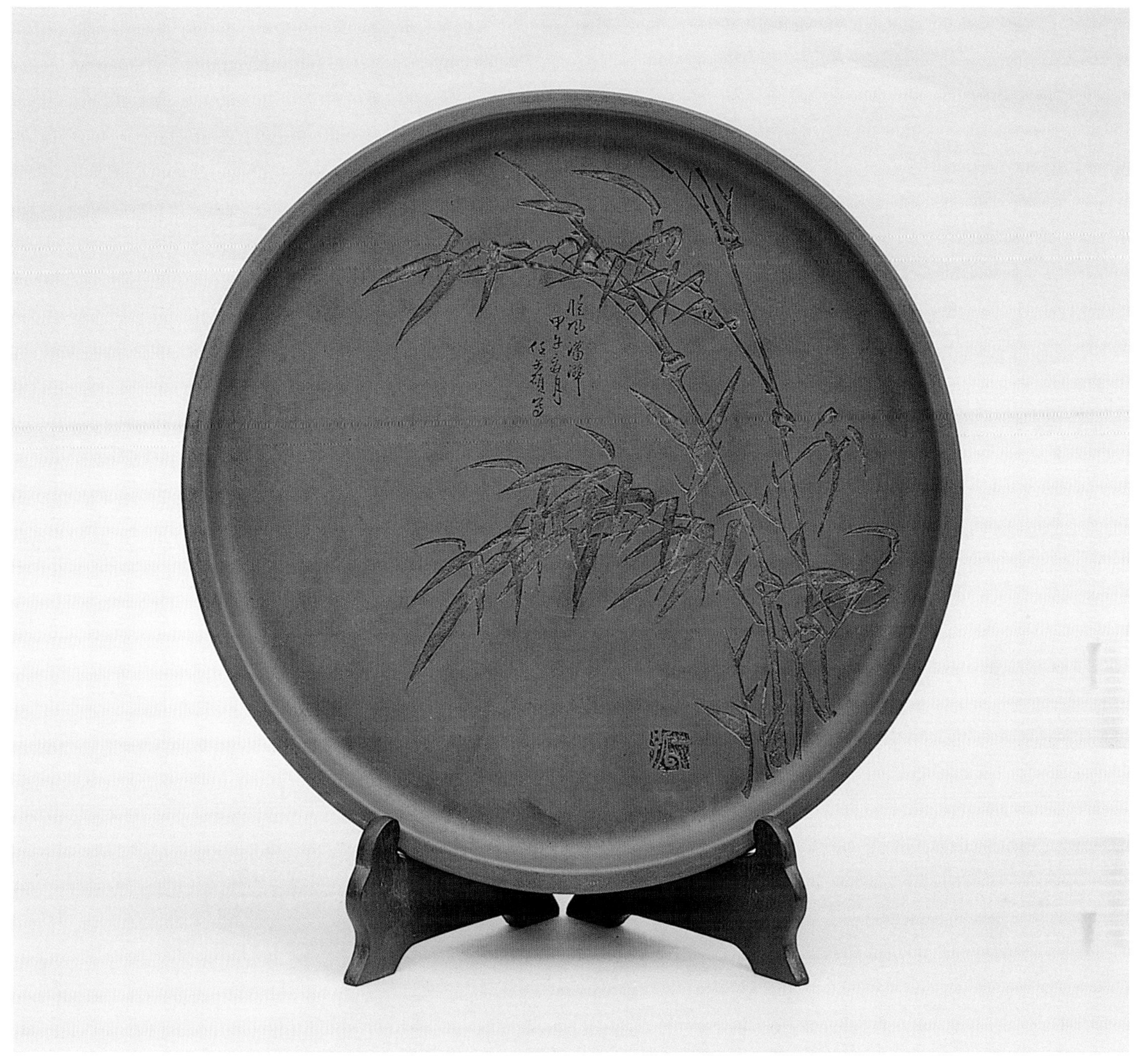

168.

刻竹紅盤

任淦庭（書畫） 徐祖純（製）

直徑334mm

銘文：臨風瀟灑

甲子夏月

任缶碩寫

刻印：一孤

徐秀棠藏

◉ 任淦庭（1888～1968），字缶碩、大聾、漱石、左腕道人，左民。近代紫砂陶刻名藝人，名牌手。中國美術家協會會員、江蘇省政協委員。

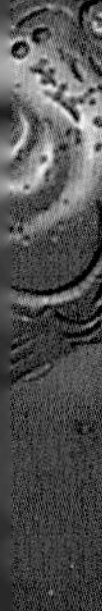

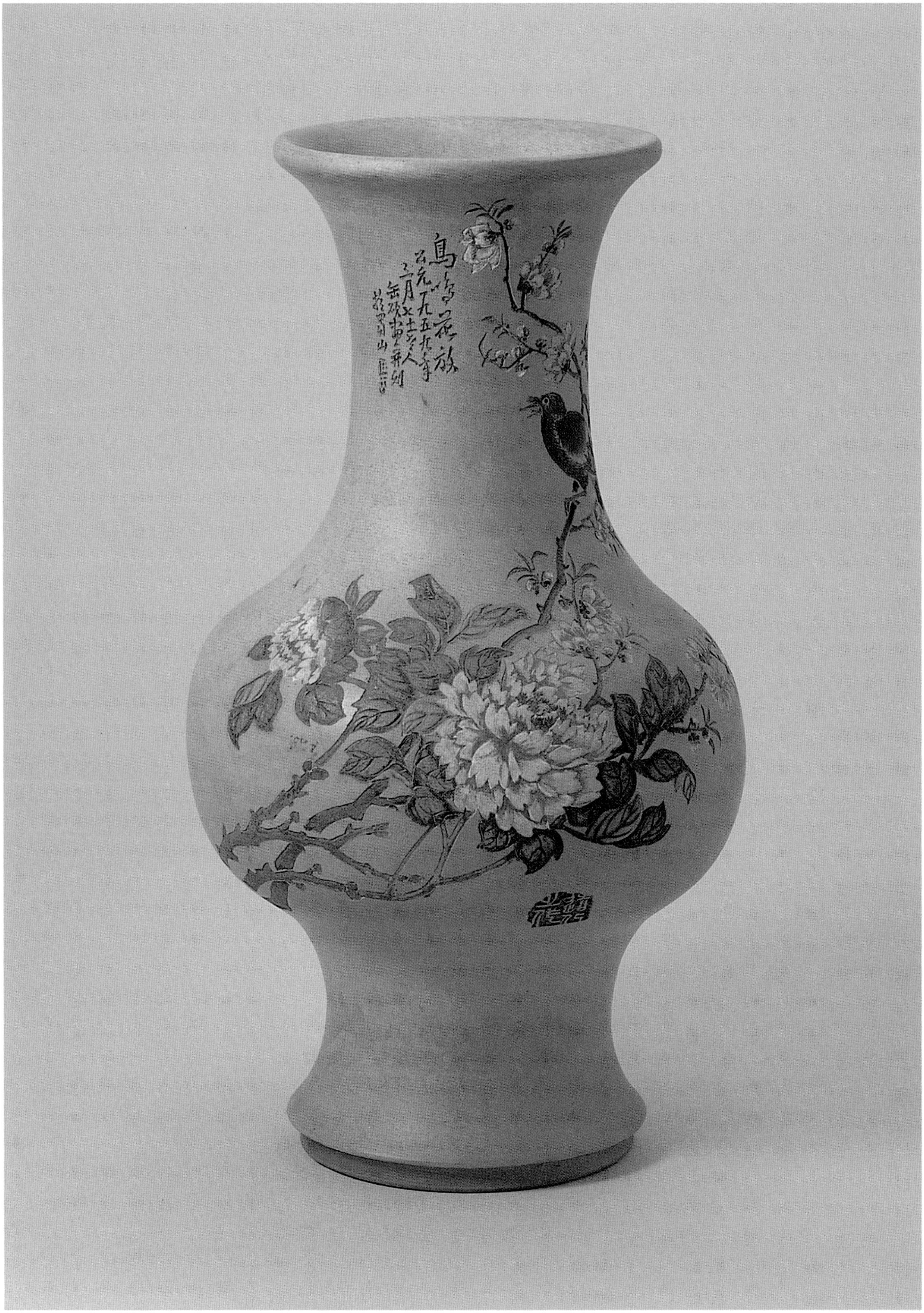

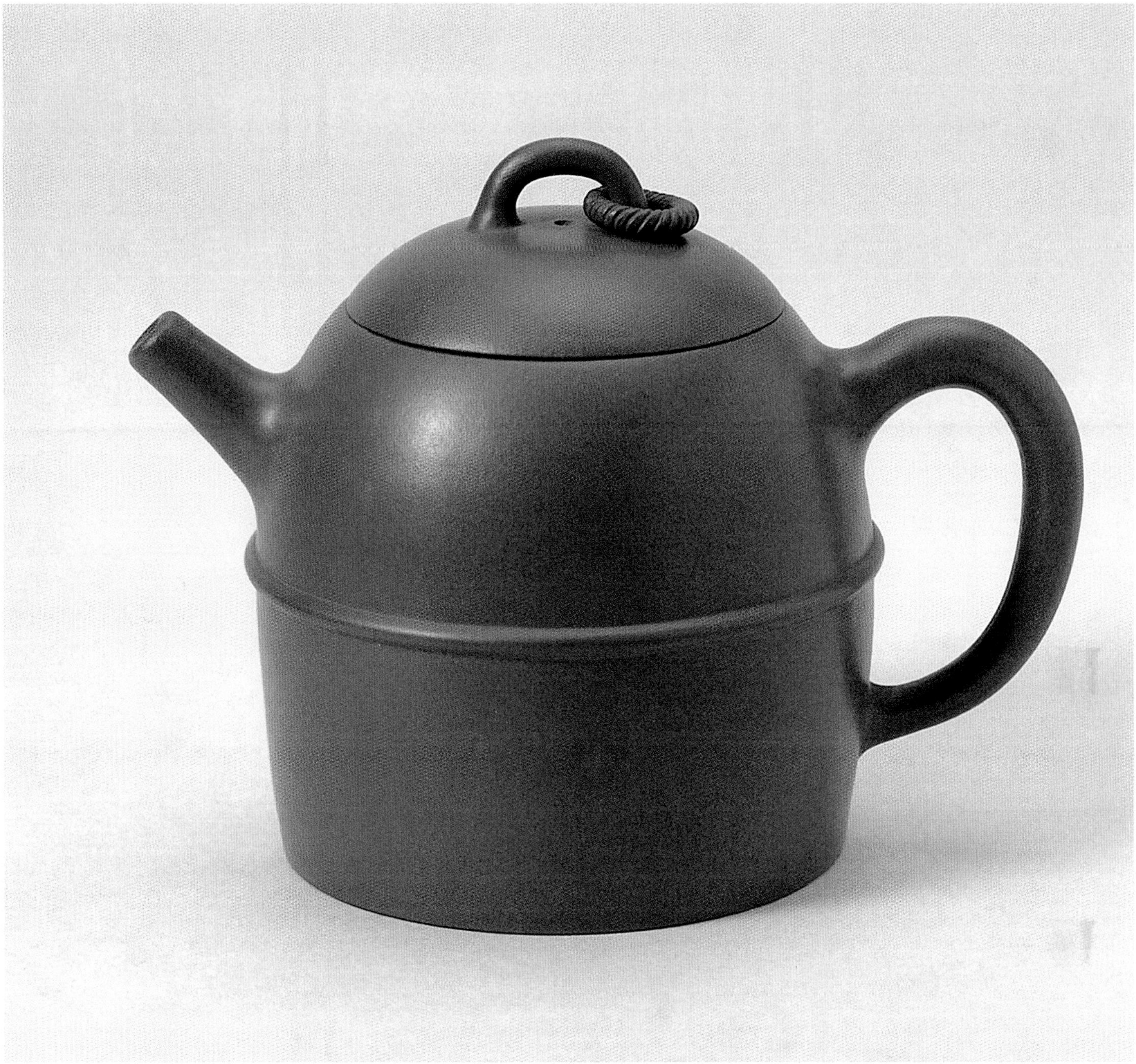

170.

串頂秦鐘

裴石民

高119mm　口徑68mm

蓋印：石民

底印：裴石民

宜興陶瓷陳列館藏

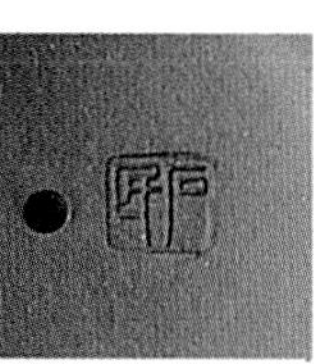

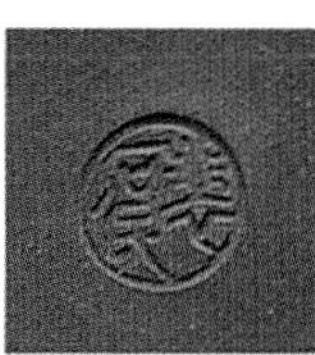

◉　以超凡入聖的構思，借秦鐘之形改裝爲紫砂壺；嚴峻肅穆的鐘，因之化爲清秀不俗的壺。作者克服"難狀之情"，把二者凝重渾厚的共通點作爲基因，按功能的需求加以添飾，遂成就了一件紫砂壺的珍品。

169.

牡丹瓶

任淦庭（刻）

高350mm　口徑130mm

銘文：鳥鳴花放。公元一九五九年三月，七十一老人，缶碩畫并刻於蜀山　**印：**任氏

宜興紫砂工藝廠藏

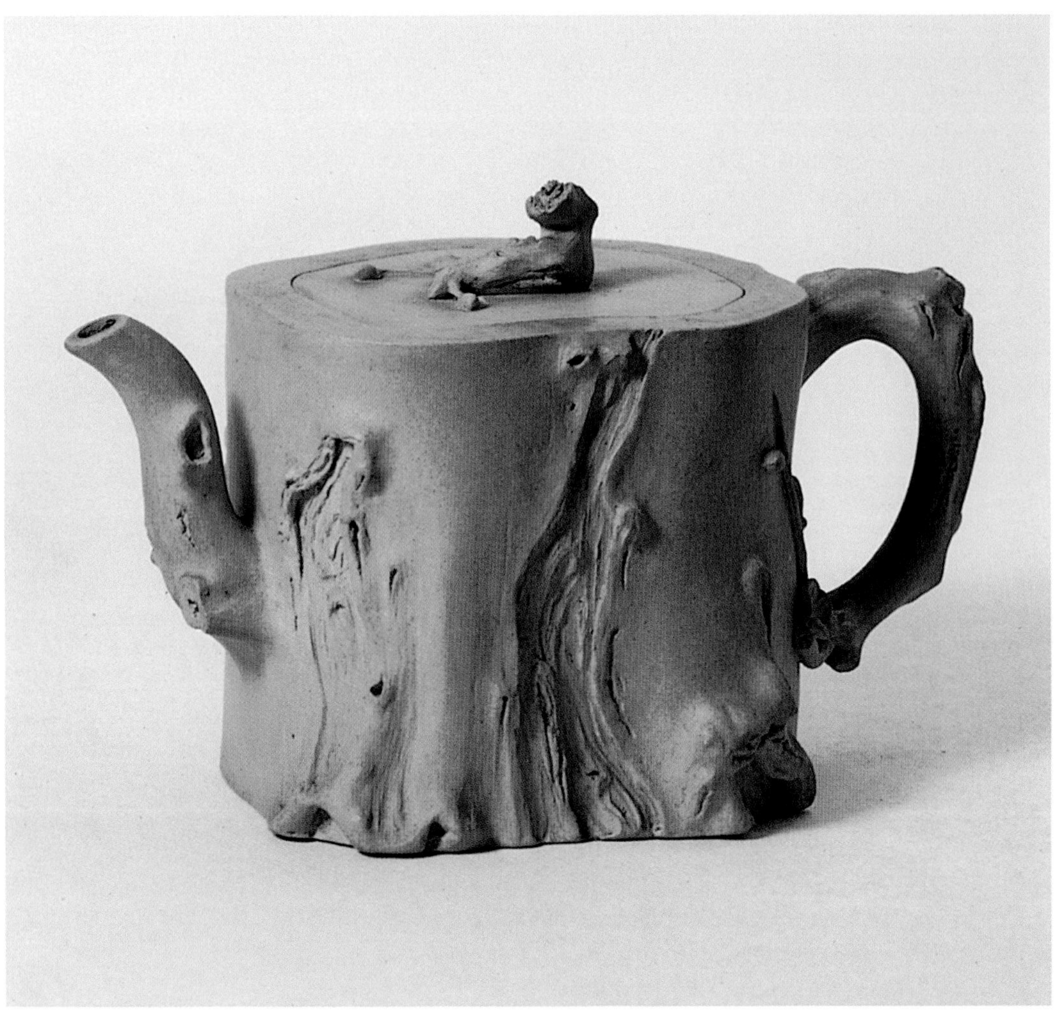

171.
梅段
裴石民
高108mm
口徑橫78mm　縱65mm
蓋印：石民
底印：石民氏
宜興陶瓷陳列館藏

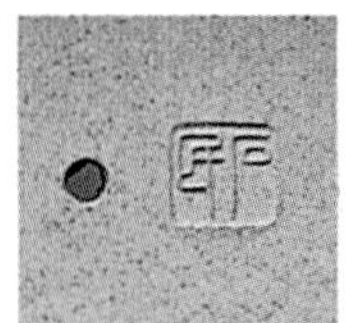
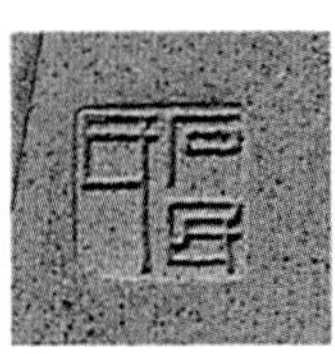

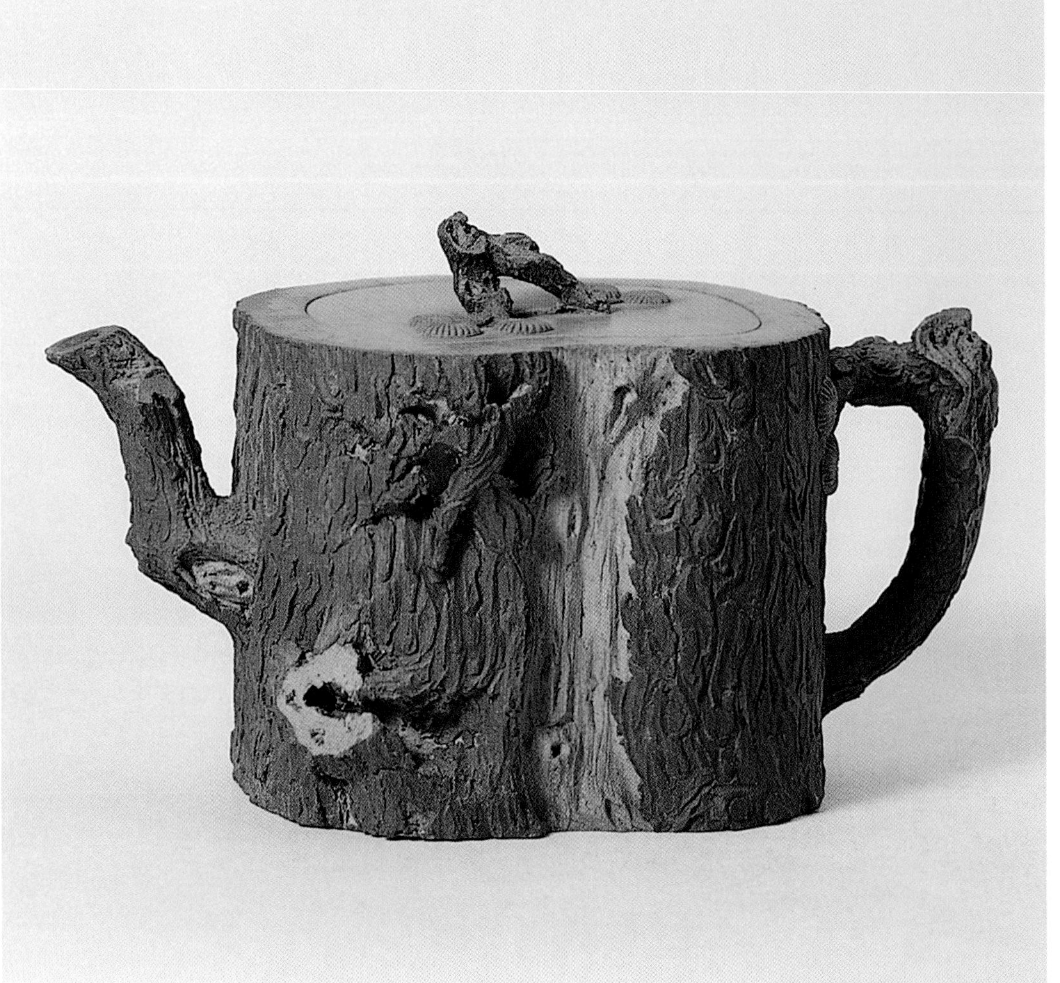

172.
松段壺
裴石民
高108mm
口徑橫83mm　縱63mm
蓋印：石民
底印：石民氏
宜興陶瓷陳列館藏

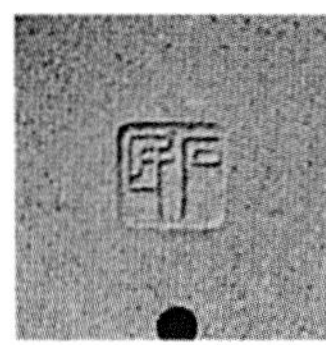
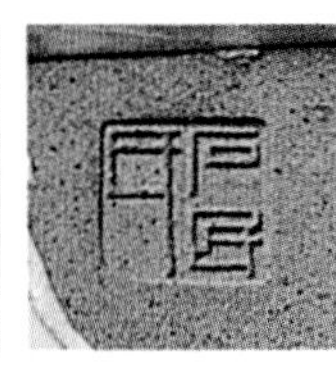

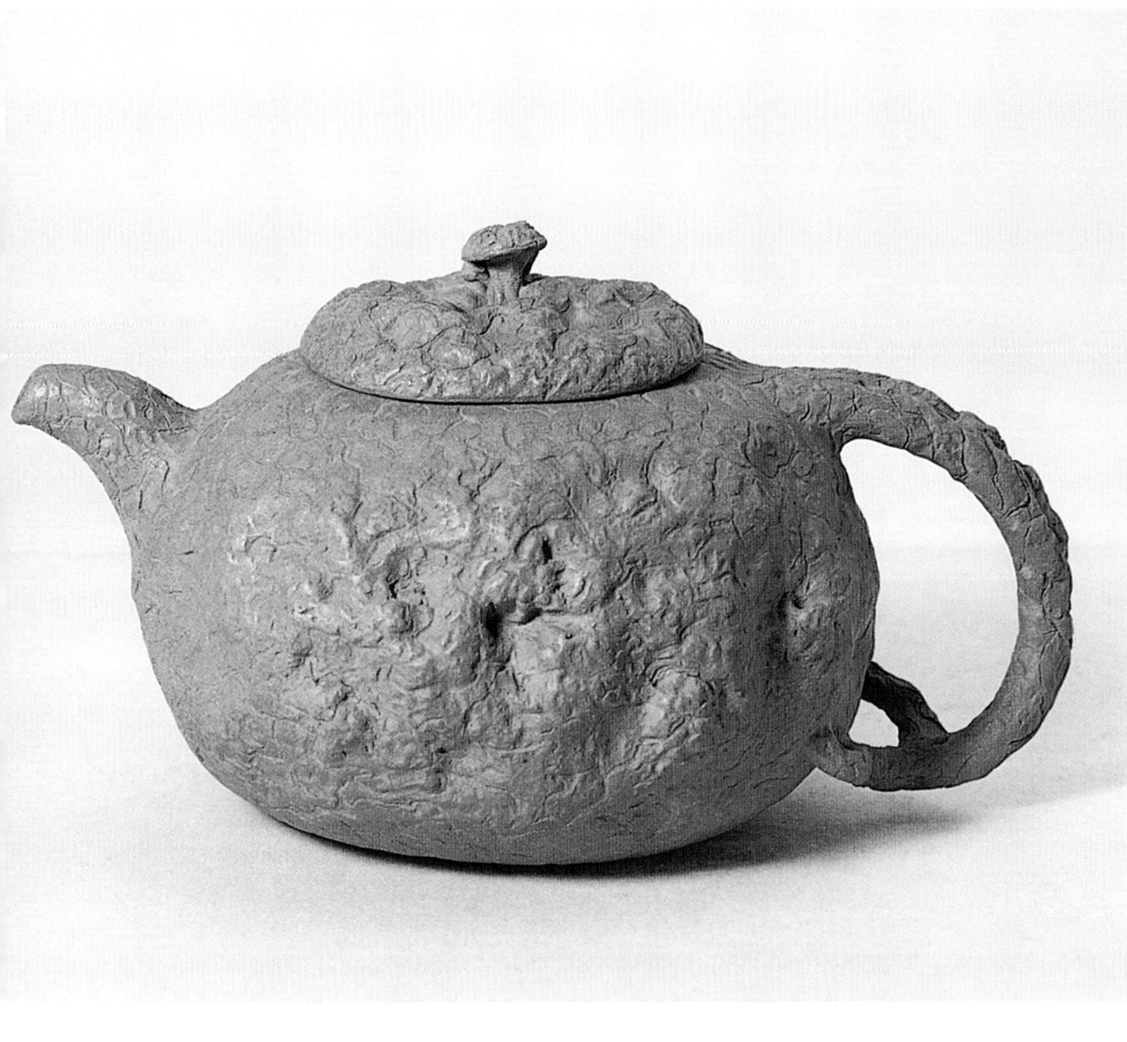

173.
供春壺
裘石民
高100mm
口徑橫58mm　縱50mm
蓋印：石民
把下印：裘石民
宜興陶瓷陳列館藏

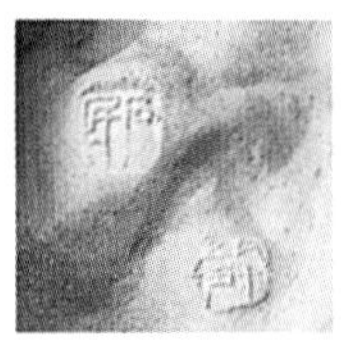
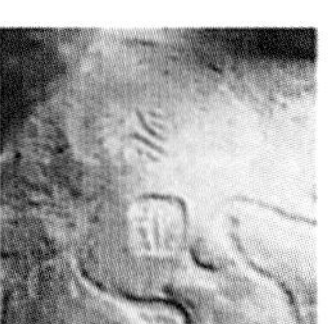

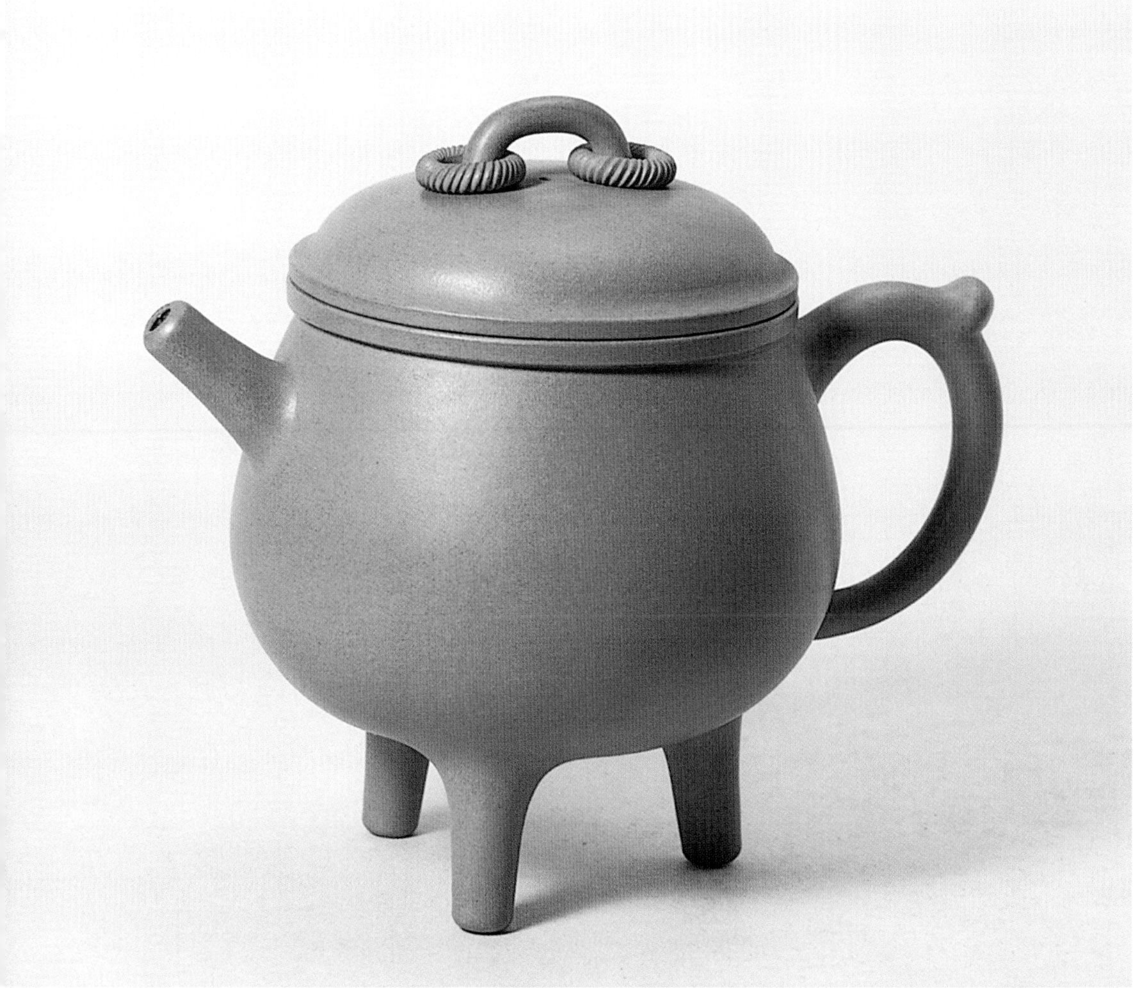

174.
圈頂三足鼎壺
裘石民
高152mm　口徑99mm
蓋印：石民
底印：裘石民
宜興陶瓷陳列館藏

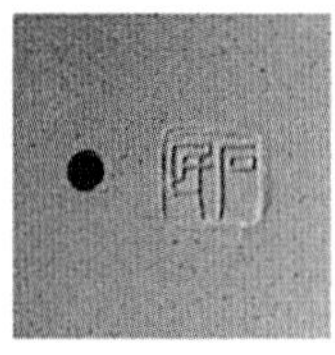
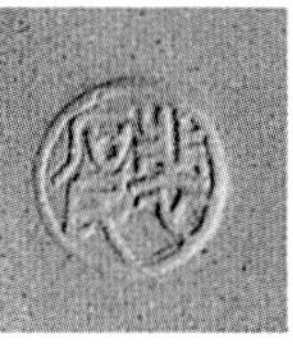

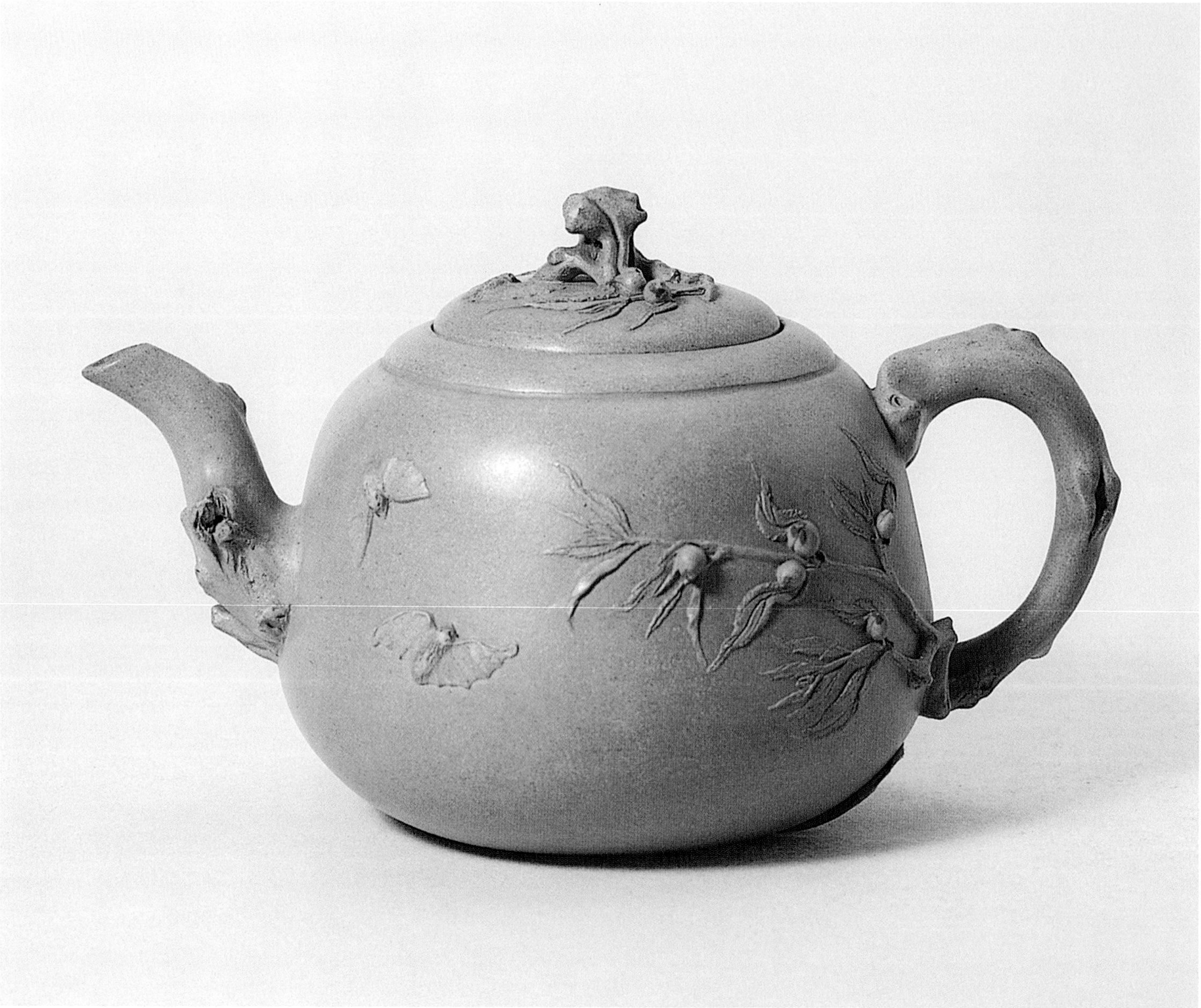

175.

五蝠蟠桃壺

裴石民

高112mm　口徑64mm

底印：宜興蜀山陶業生產合作社出品

宜興陶瓷陳列館藏

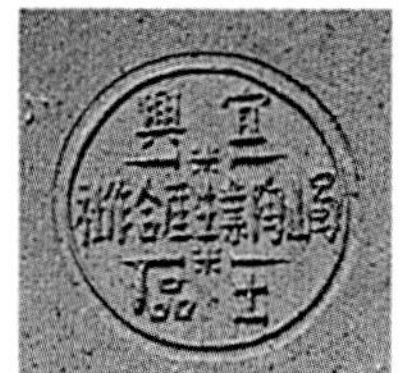

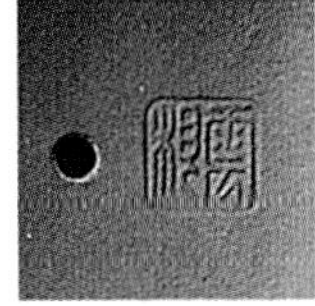

176.

提撐孤菱壺

吳雲根

高141mm　口徑62mm

蓋印：雲根

底印：吳雲根製

宜興陶瓷陳列館藏

◉ 提撐孤菱壺把孤菱壺的握把改爲提梁。後者有深奧的方中寓圓、圓中見方的奇妙特點，被譽爲傳統器皿中的"上品"，經作者一番改造之後，新壺更有濃郁的古色古香的韵味。

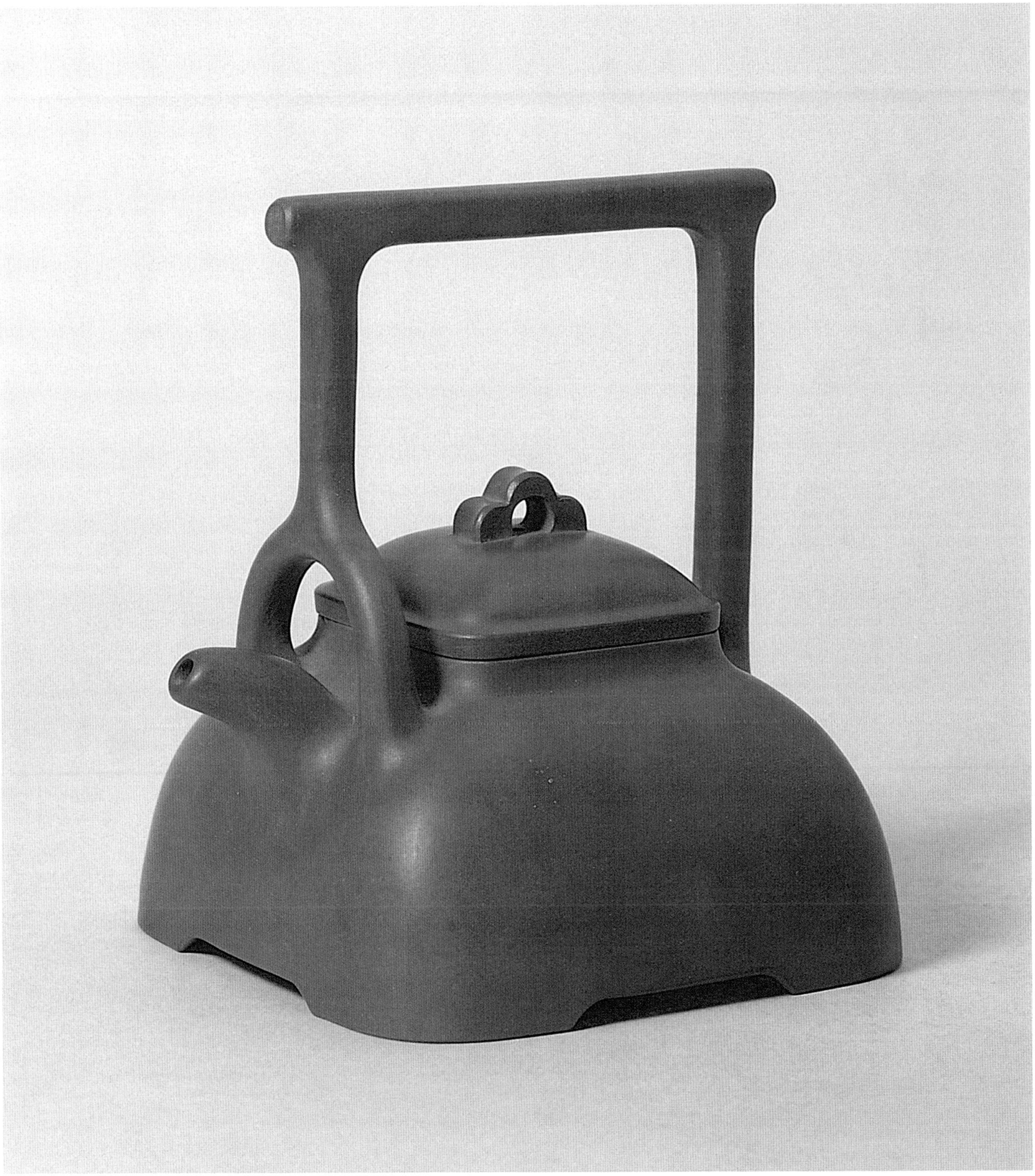

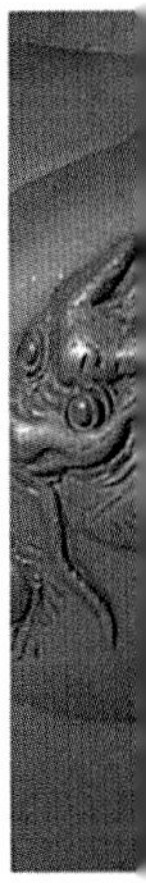

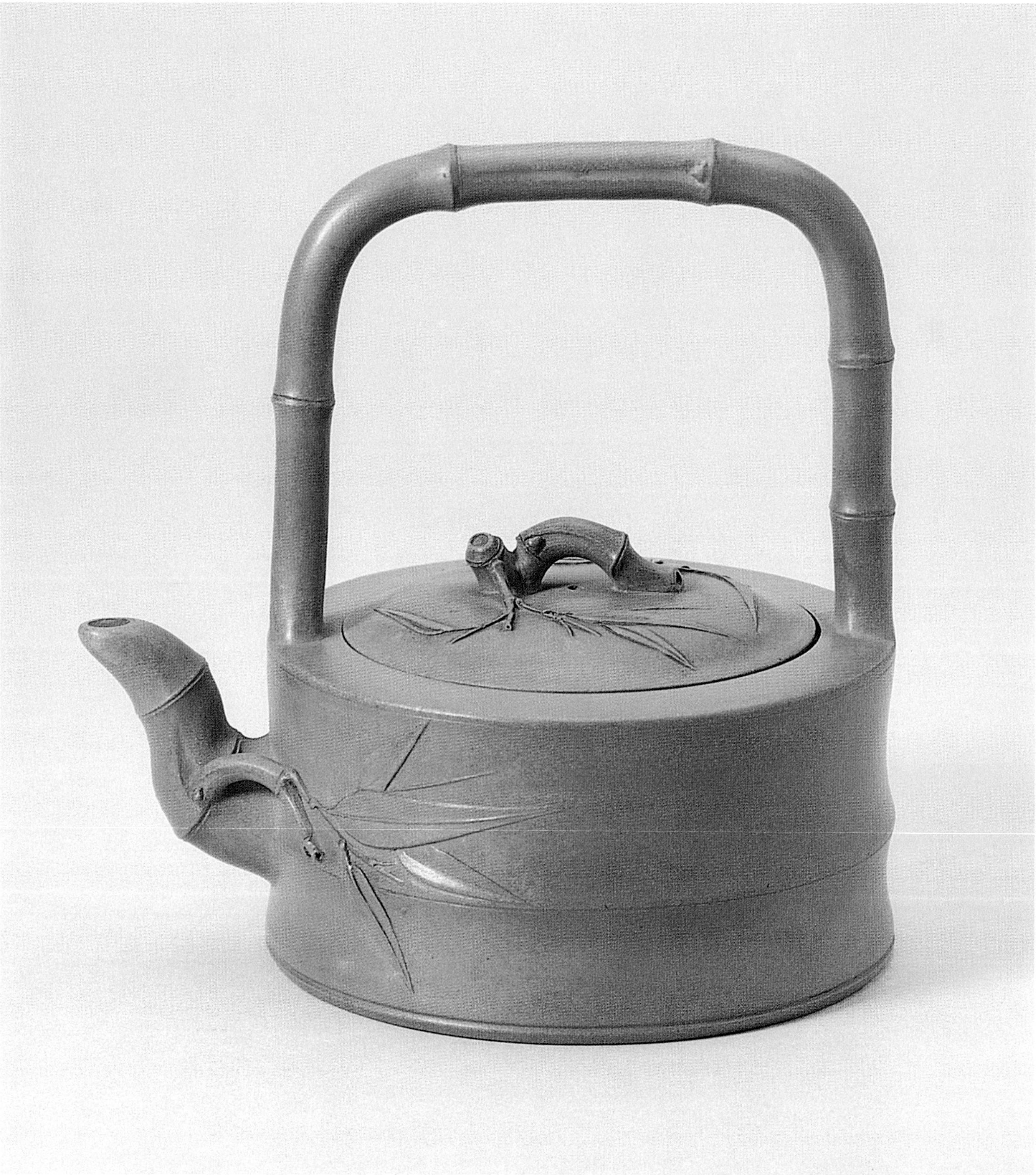

177.

竹段提梁壺

吳雲根

高165mm　口徑95mm

蓋印：雲根

底印：吳雲根製

宜興紫砂工藝廠藏

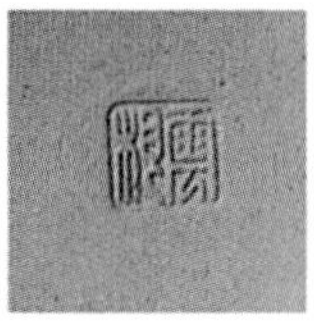

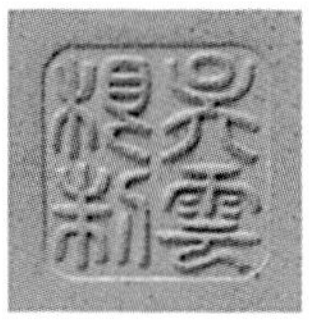

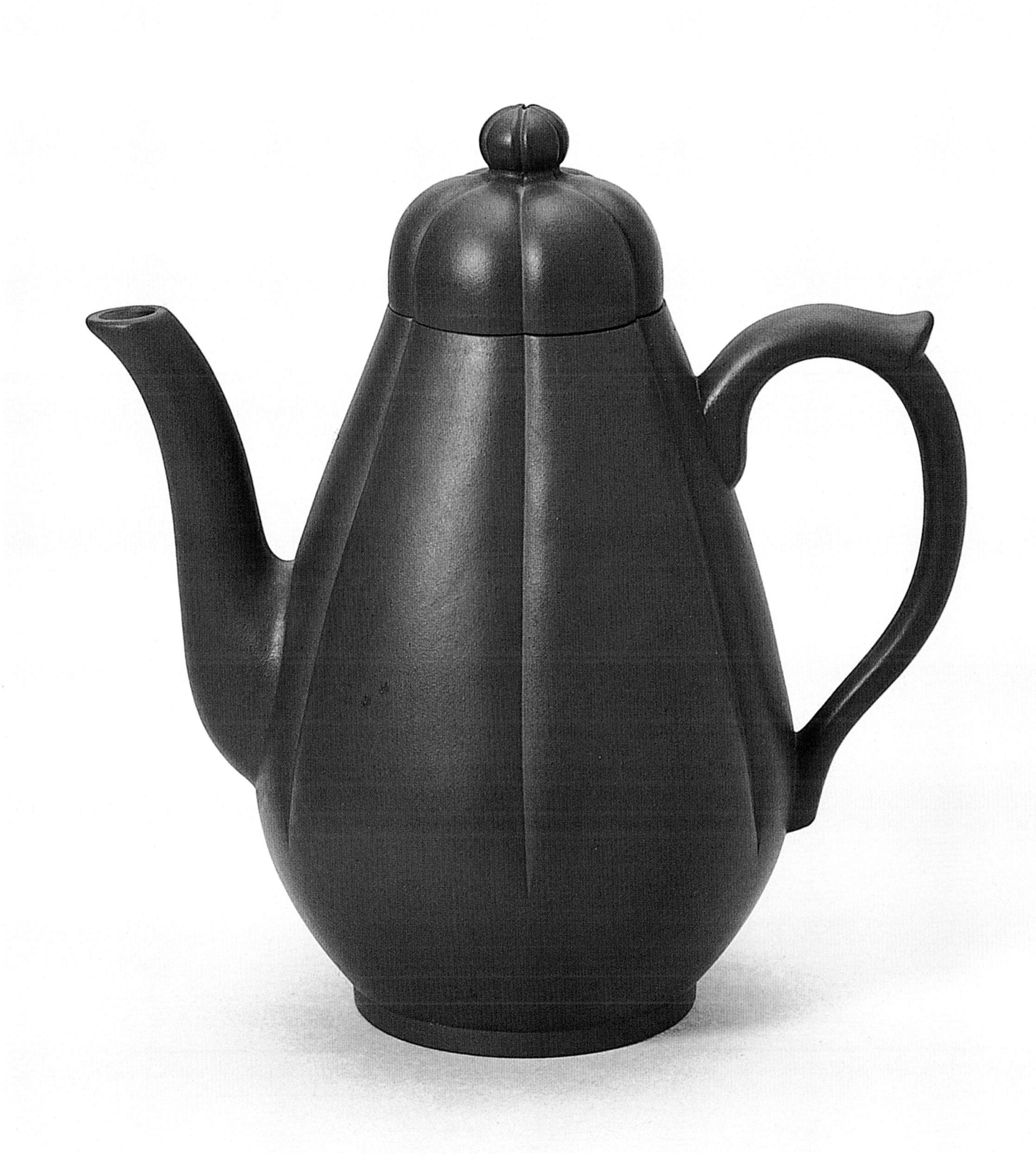

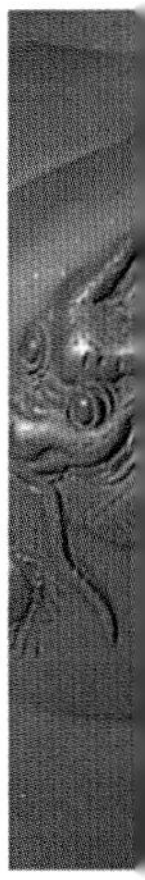

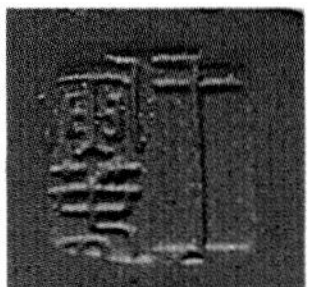

178.

高瓜形

王寅春

高202mm　口徑61mm

底印：王寅春

宜興紫砂工藝廠藏

◉　此壺是文人與藝人合作的產物。江蘇著名畫家亞明曾在江蘇宜興分水鄉體驗生活，他酷愛紫砂工藝，遂與紫砂藝人王寅春老師傅合作了一件"亞明方壺"和這件"高瓜形壺"。"瓜"形本不起眼，二位名家"遷想妙得"之後，借它創造了一件藝術品。真可謂：點土成金，別有會心。

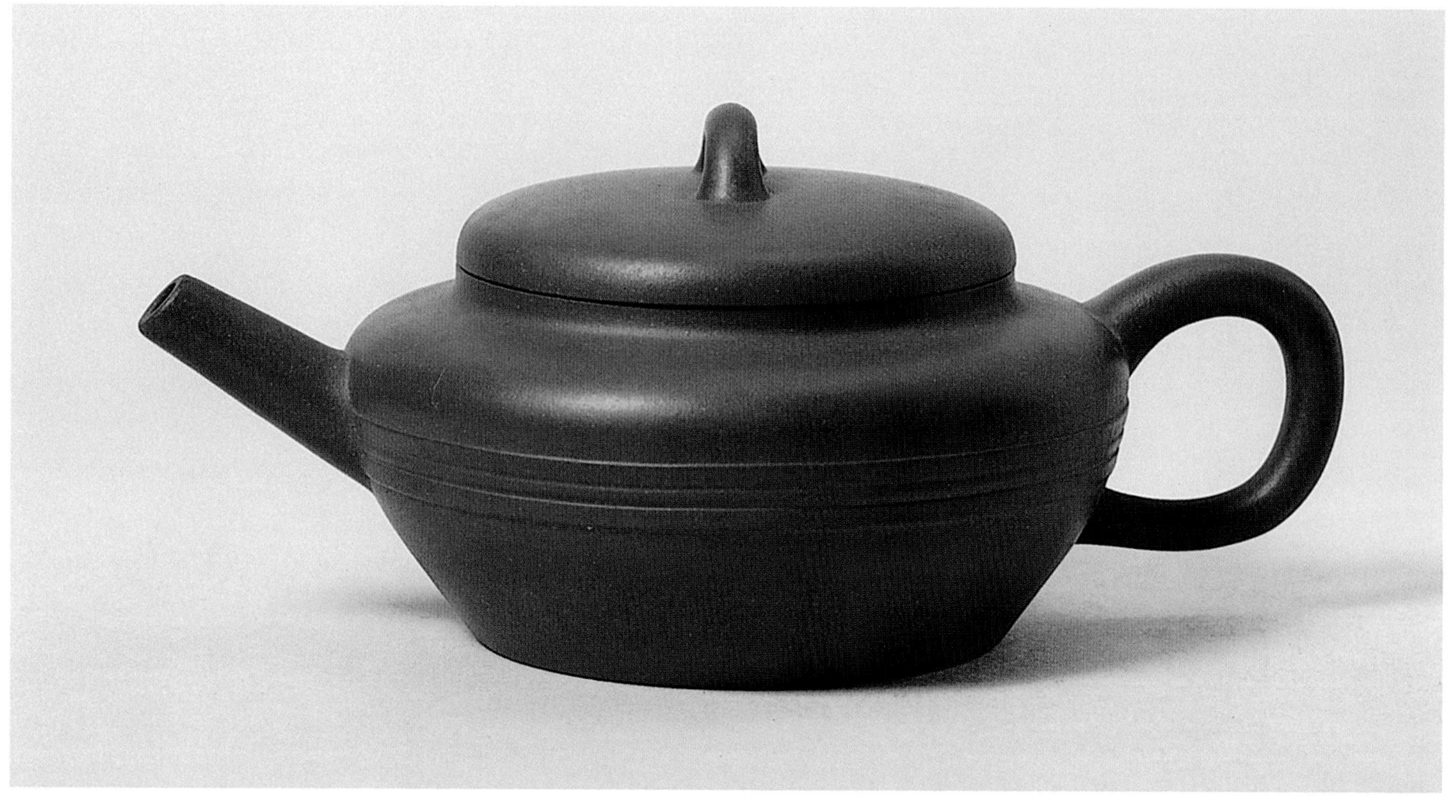

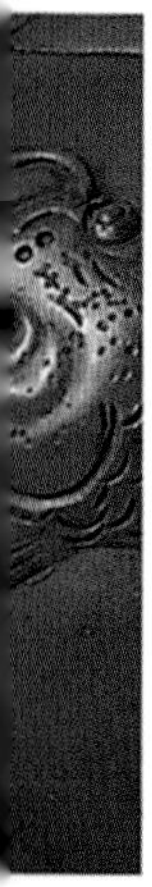

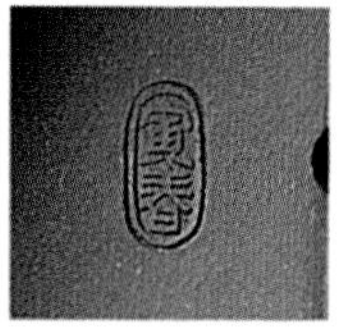

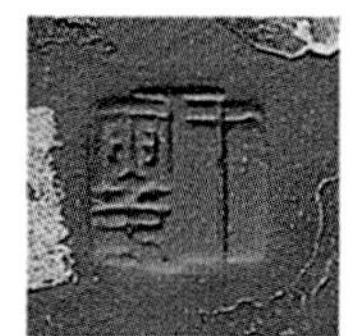

179.

腹三綫

王寅春

高74mm　口徑79mm

蓋印：寅春

底印：王寅春

宜興陶瓷陳列館藏

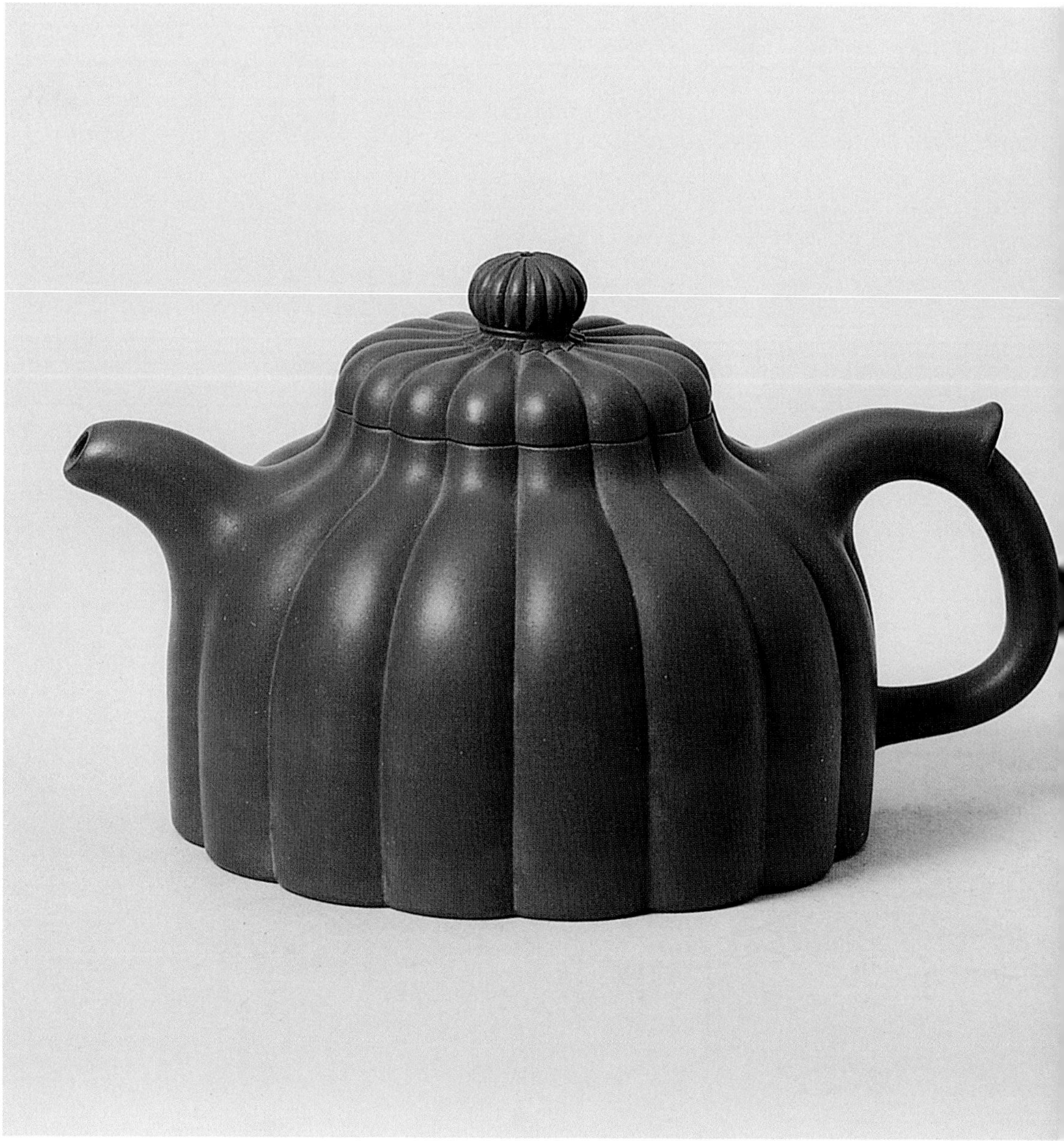

180.

半菊

王寅春

高78mm　口徑54mm

底印：王寅春

宜興紫砂工藝廠藏

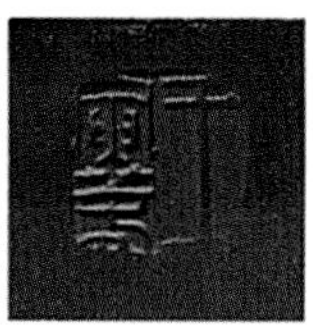

181.

六方抽角

王寅春

高108mm　口徑54mm

蓋印：寅春

底印：王寅春

宜興陶瓷陳列館藏

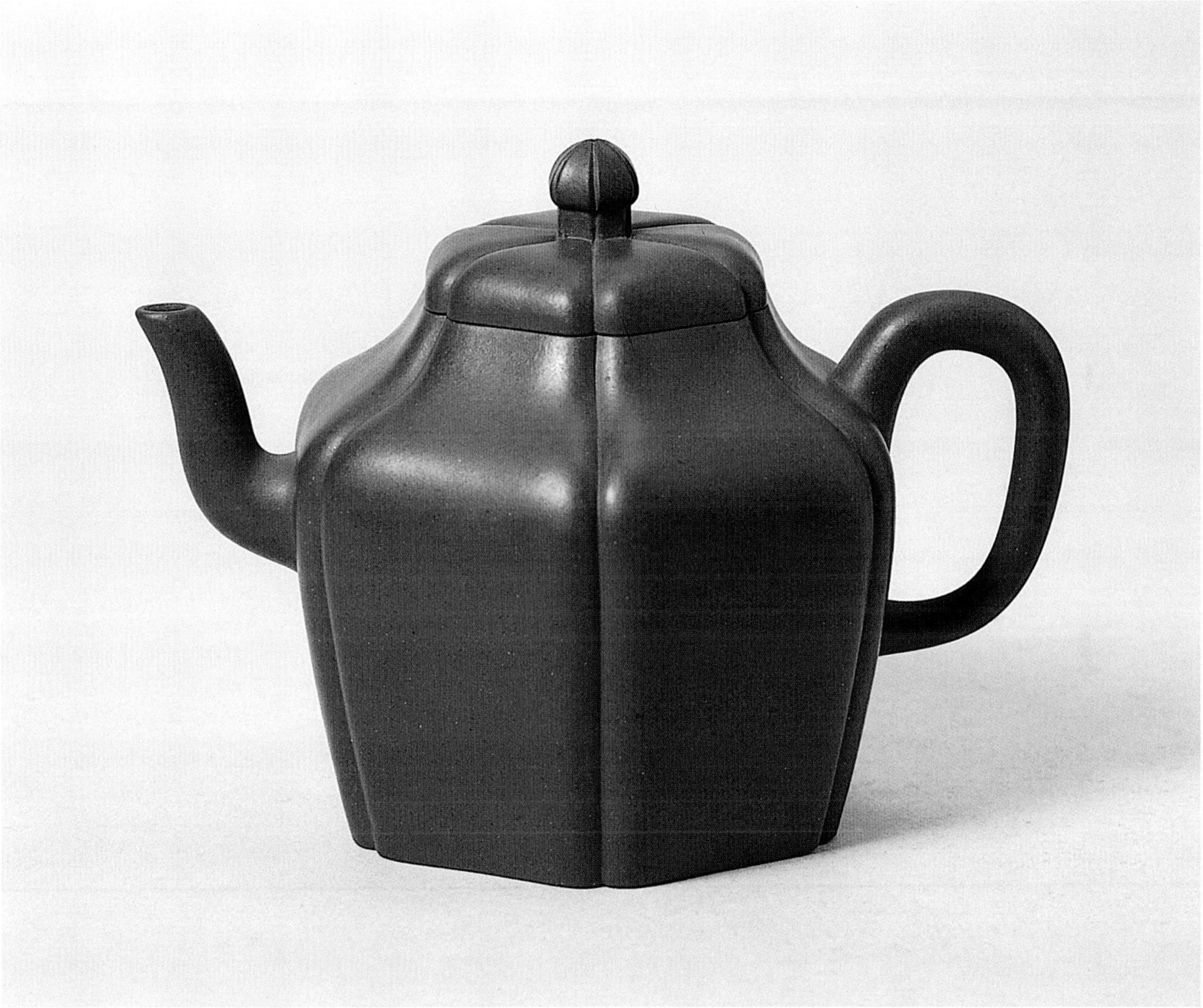

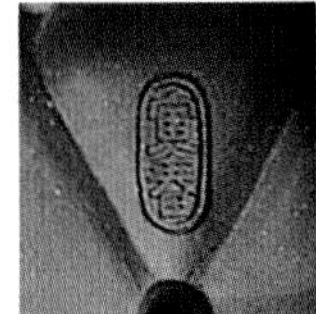

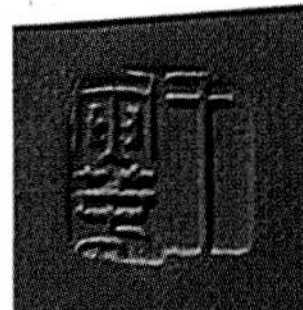

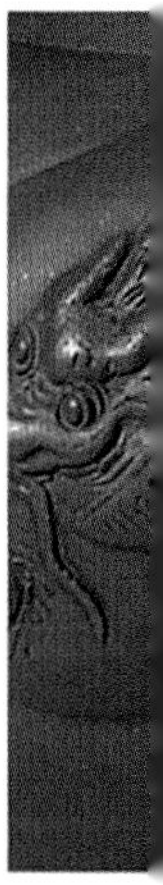

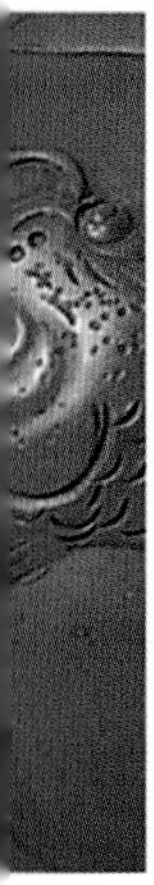

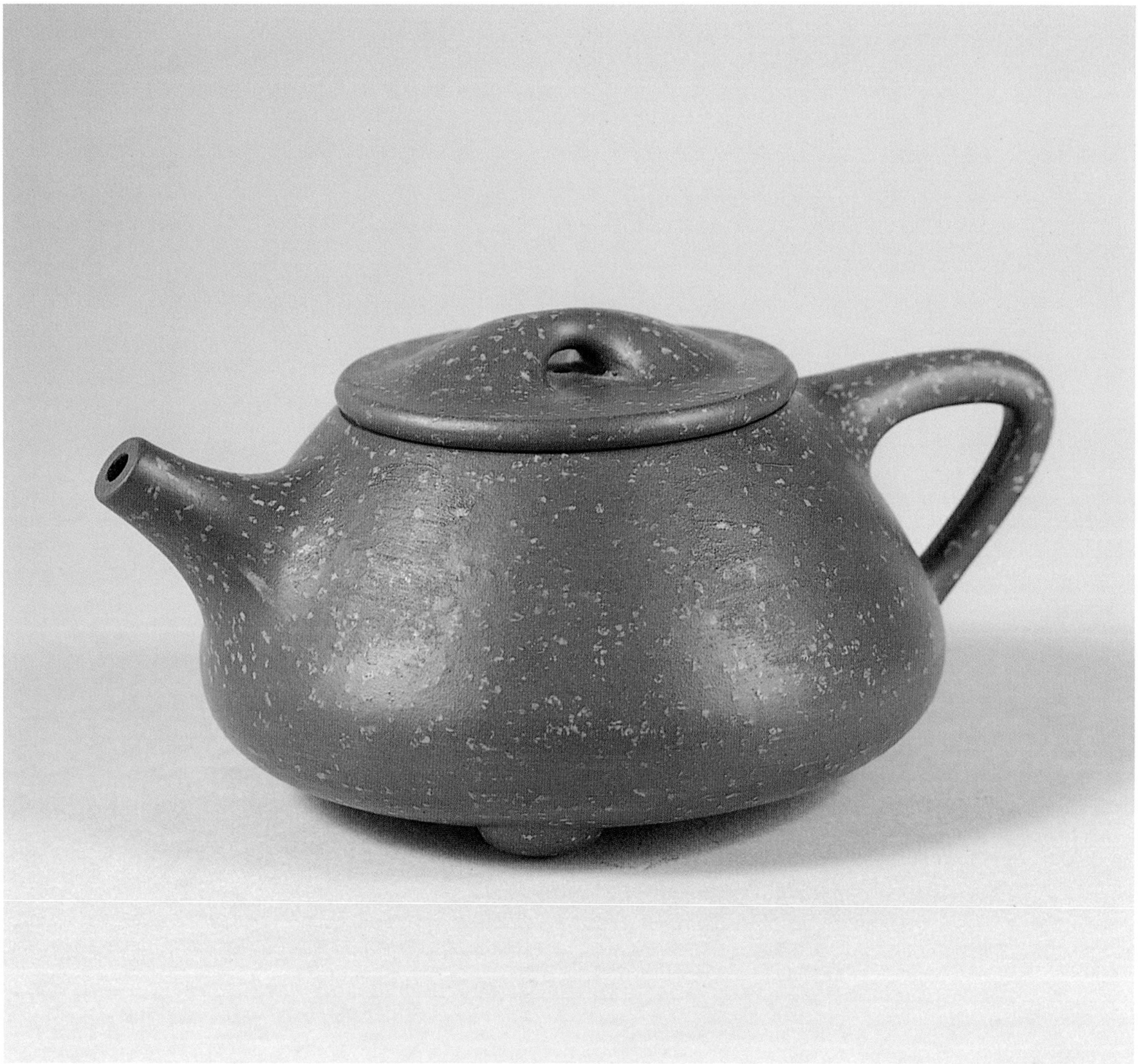

182.

舖砂大石瓢

王寅春

高83mm　口徑86mm

底印：王寅春製

南京博物院藏

183.

竹段松梅壺

朱可心

高102mm　口徑101mm

南京博物院藏

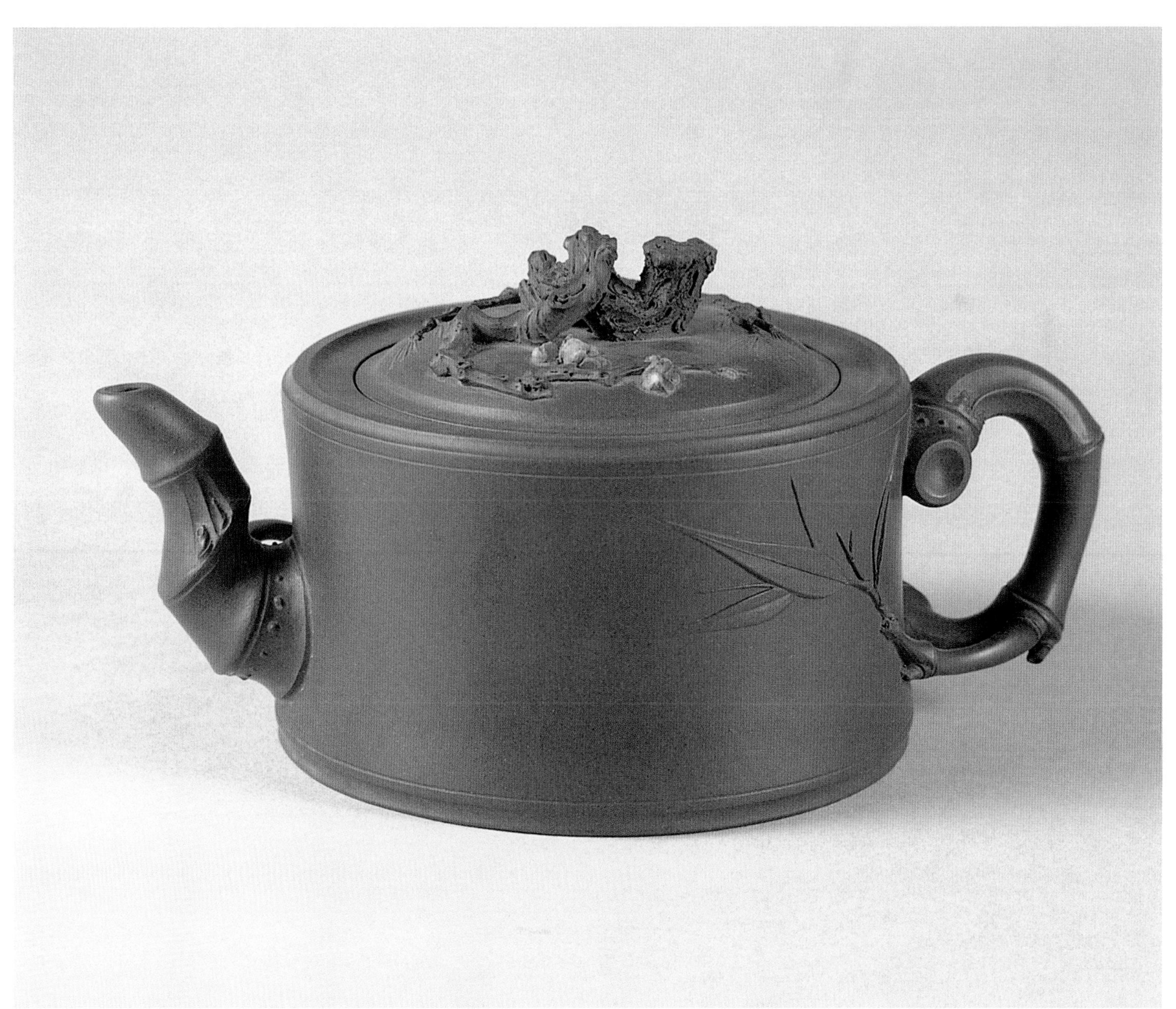

184.

彩蝶

朱可心

高106mm　口徑72mm

蓋印：可心

底印：朱可心

宜興紫砂工藝廠藏

◉　“萬物生意”。壺上翩翩起舞的彩蝶，呈現一片盎然生意，令人爲之肅然起敬。生，是生命的源。有了這個源，我們的生活將永不枯竭。作者將此意反映到壺上，流露了他對人生的馨香祝禱。

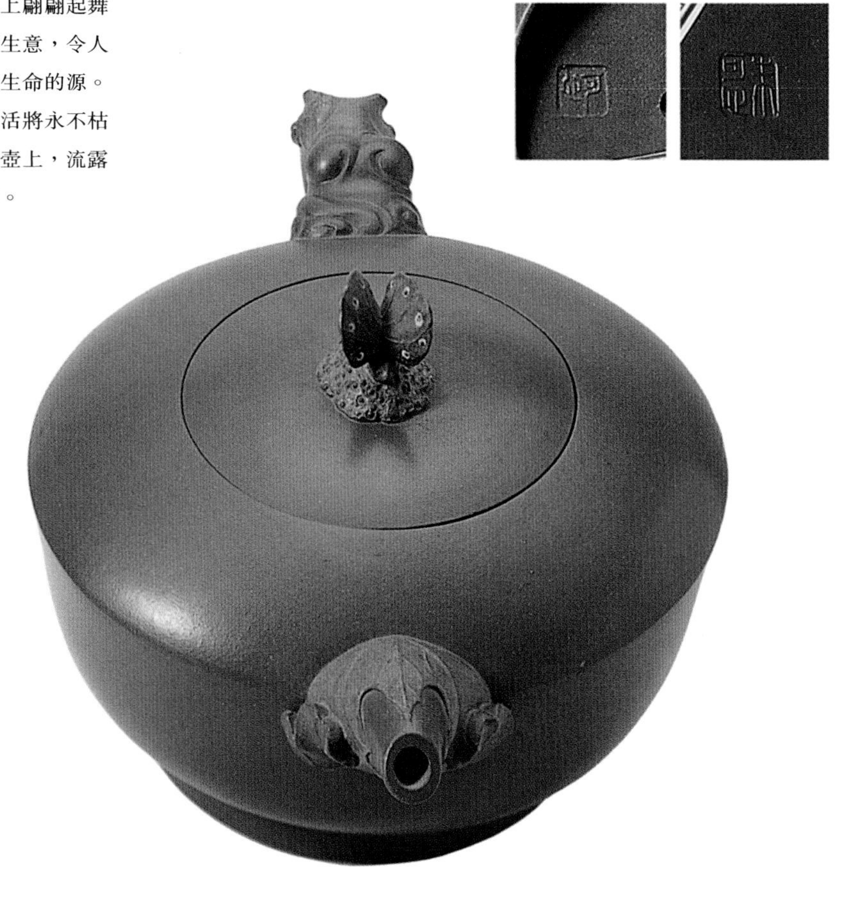

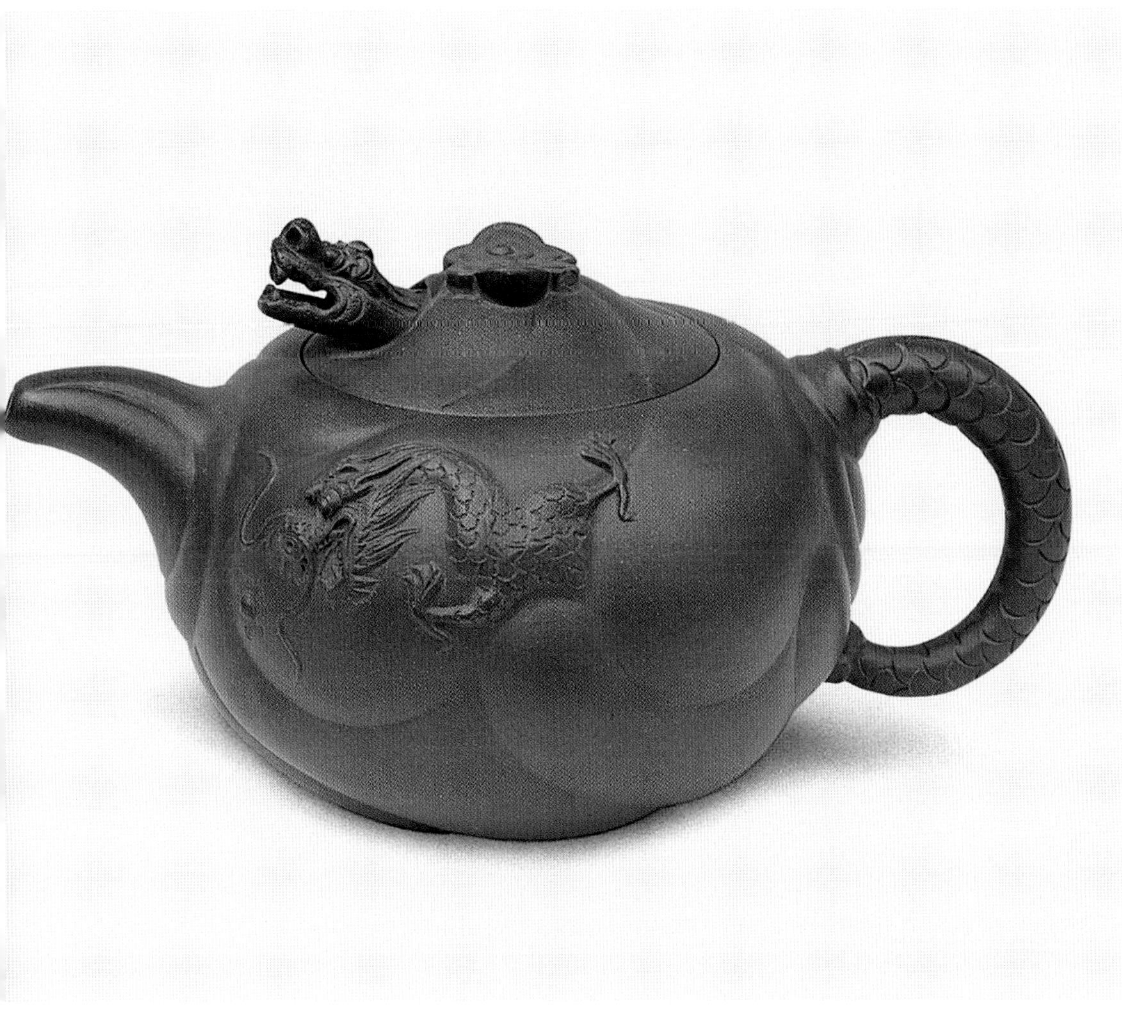

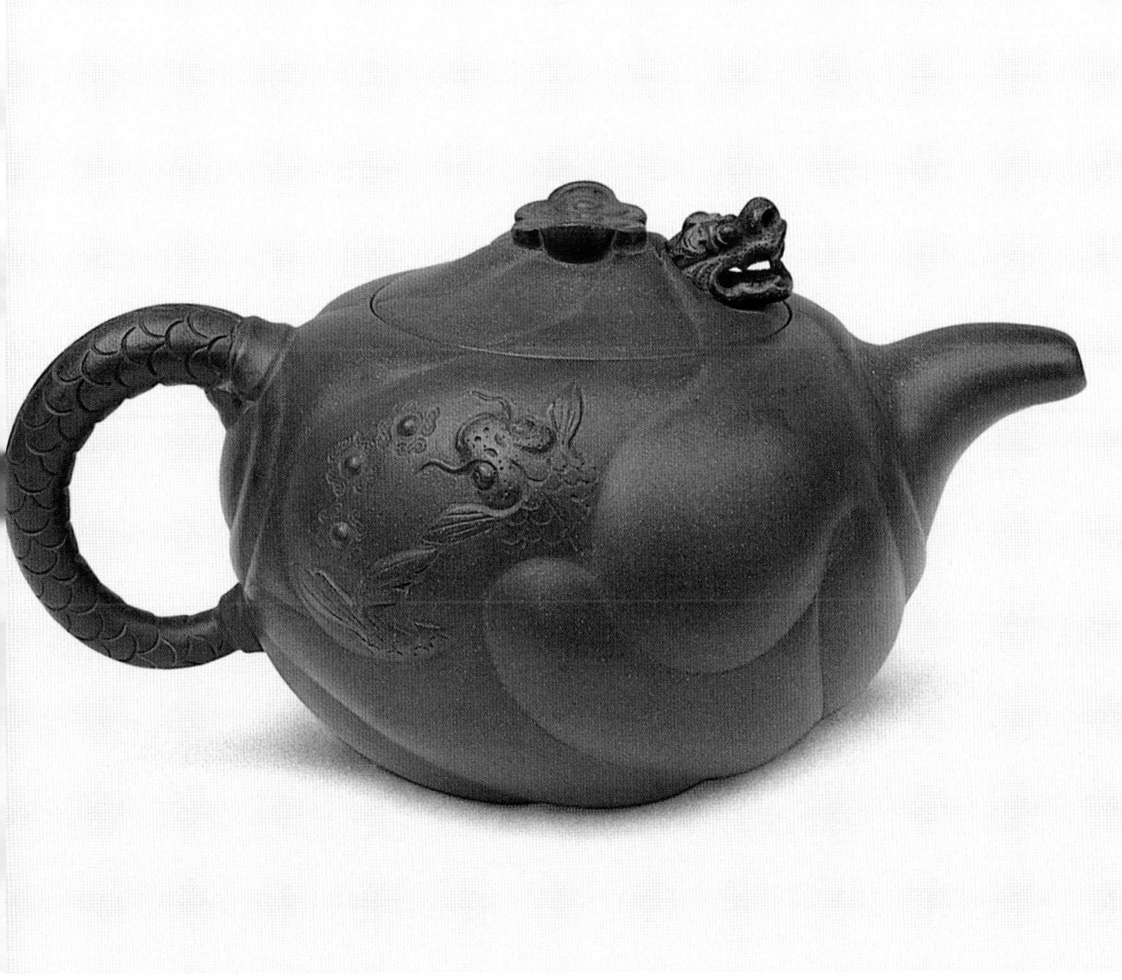

185.
魚化龍
朱可心
高103mm　口徑78mm
個人藏

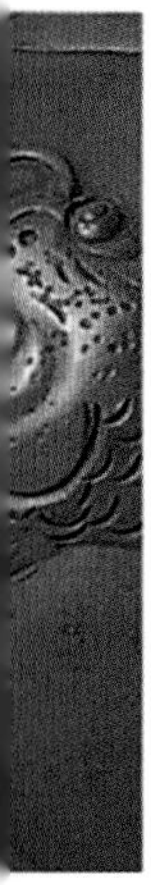

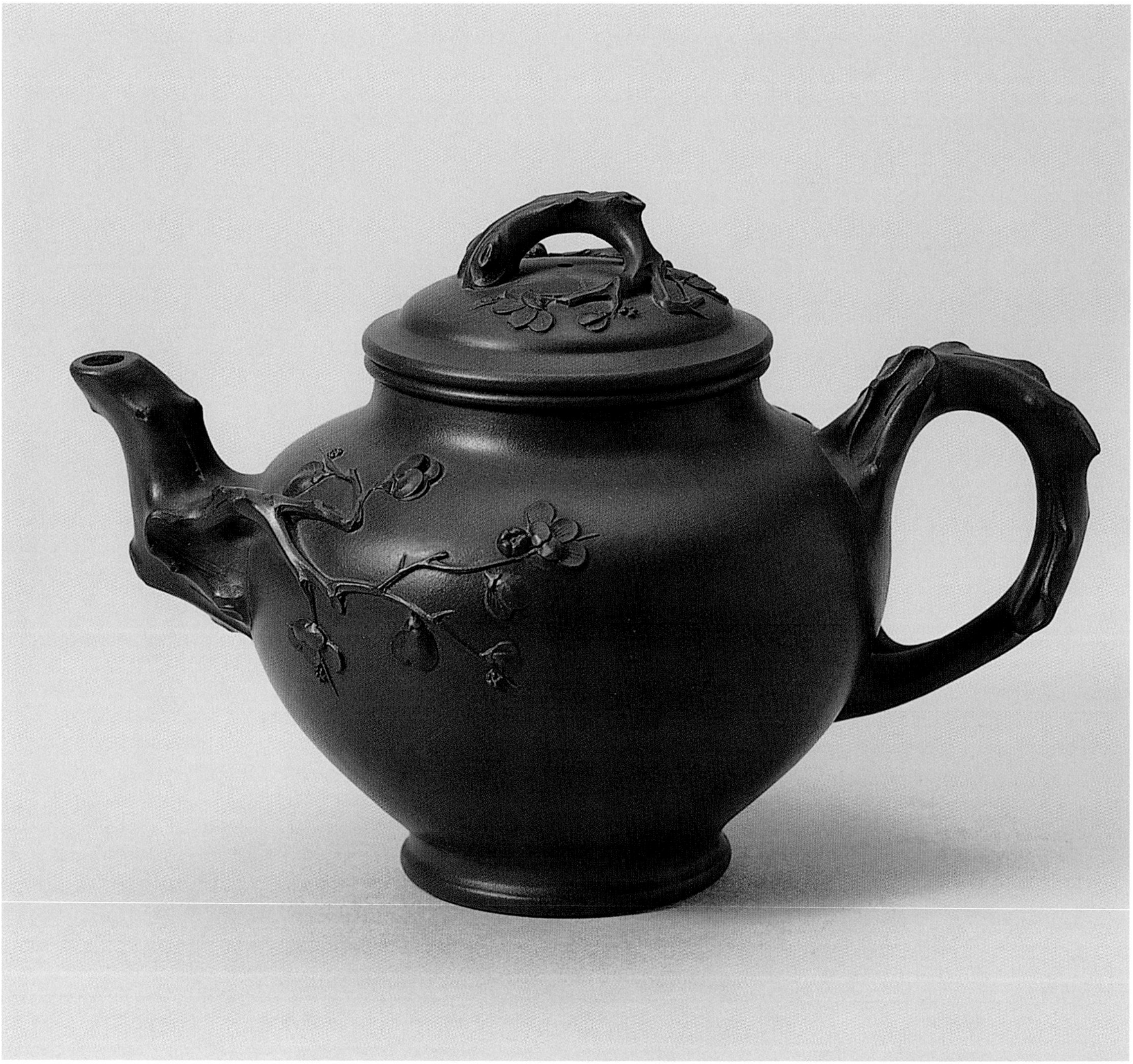

186.

報春

朱可心

高143mm　口徑80mm

蓋印：可心

底印：朱可心

宜興紫砂工藝廠藏

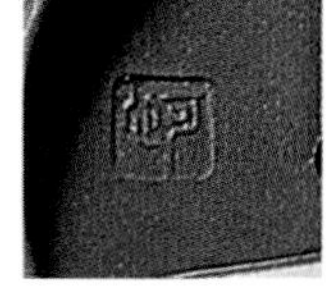

187.

報春茶具

范正根

高145mm　口徑82mm

鎮江市博物館藏

*

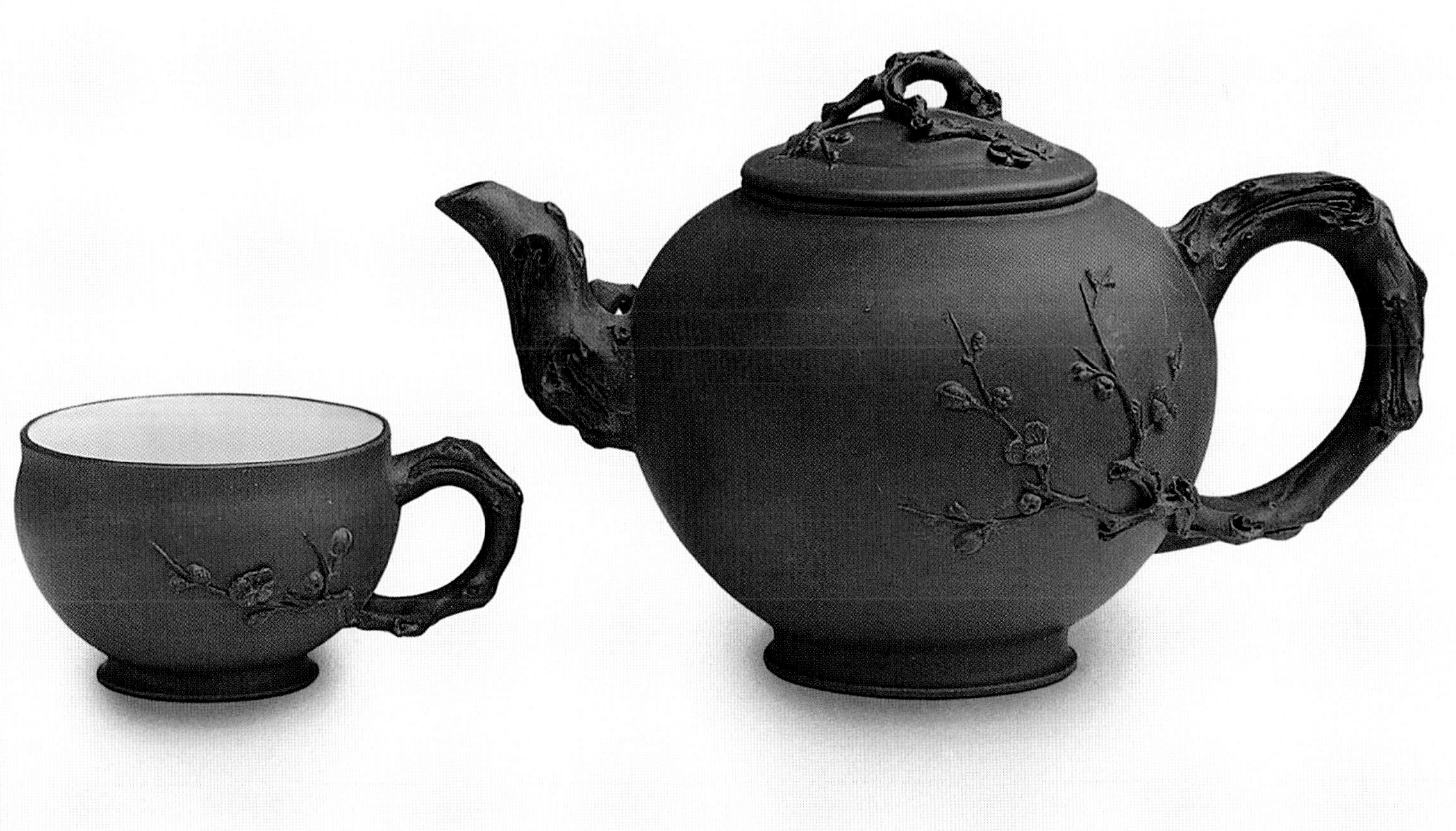

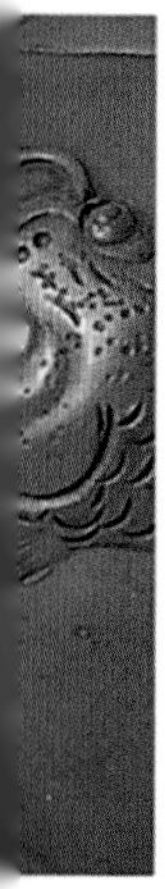

188.

高圈足果圓

邵全章

高90mm　口徑70mm

底印：半壺老　邵全章

許四海藏

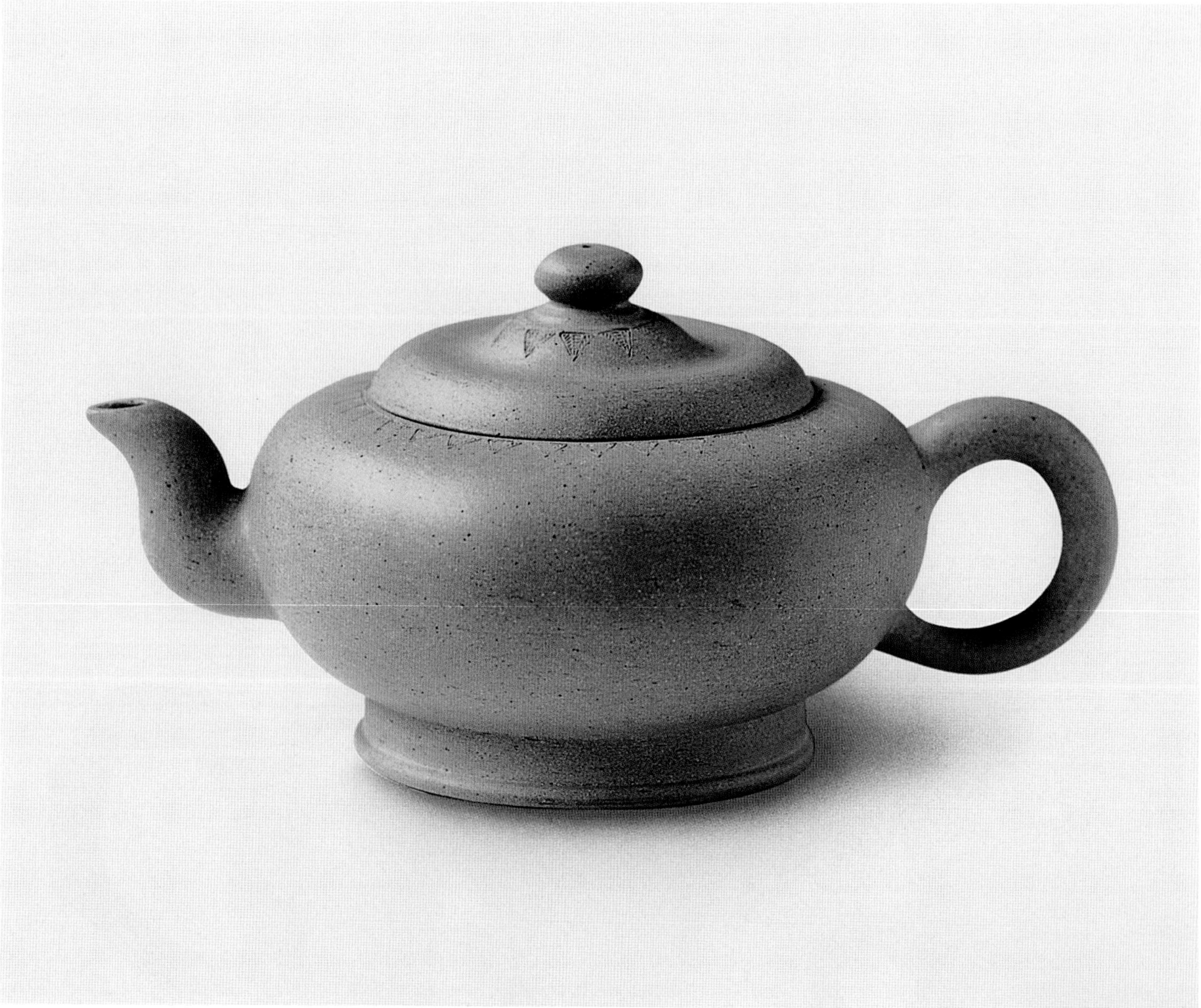

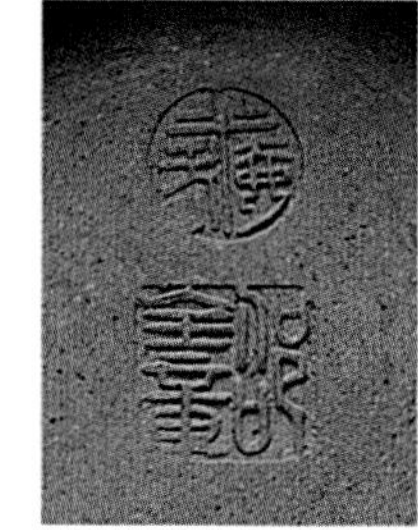

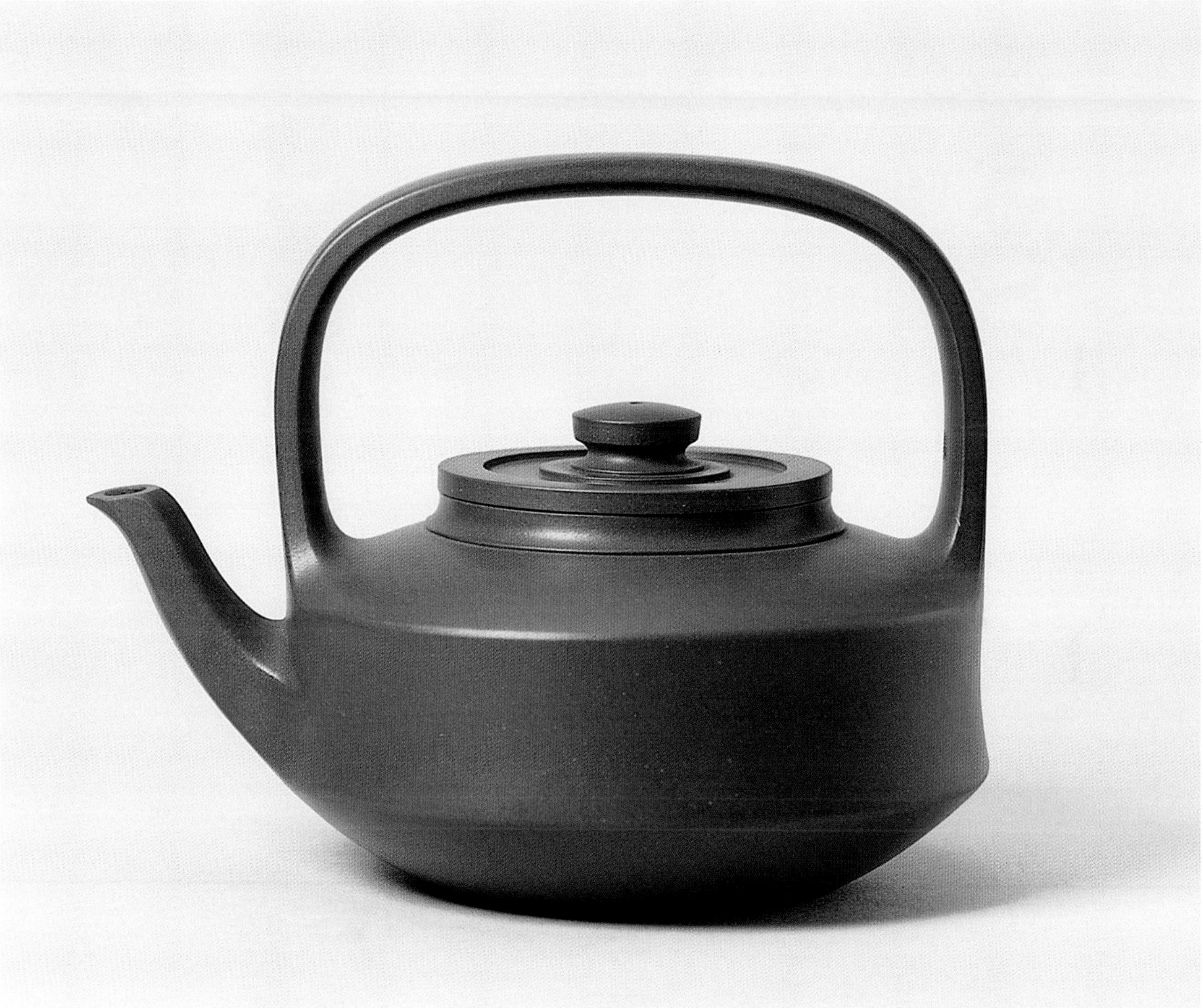

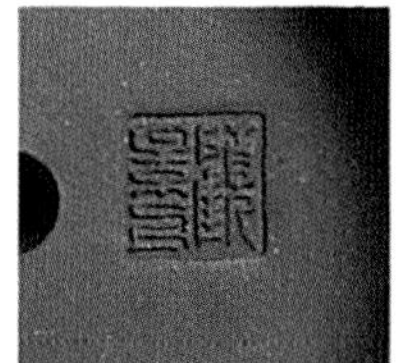

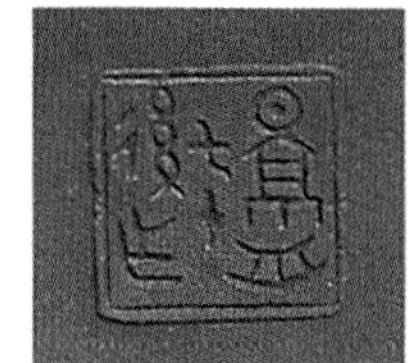

189.

提壁壺

顧景舟

高145mm　口徑78mm

蓋印：顧景舟

底印：景舟七十後作

◉ 提壁茶壺，造型輪廓端莊周正，結構嚴謹，比例和諧勻稱，虛實節奏協調，綫面簡潔明快，製作一絲不苟，寓巧麗於剛健之中，切實做到了內容、形式和功能的統一。

提壁茶具，剛中帶柔，氣韵素潔，肌理溫潤，色澤紫中泛紅，深沉樸茂，置於各種環境中品茗觀賞，都顯神彩，是當代紫砂壺中表現出材質美、工藝美、內容美、形式美、功能美等五美境界的一絕。

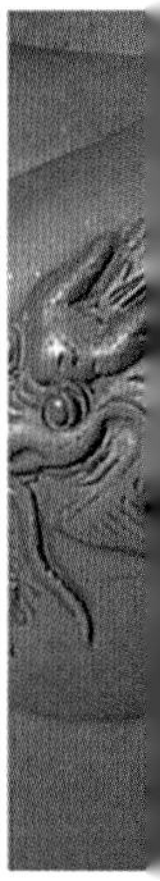

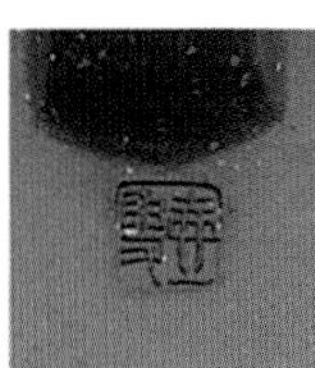

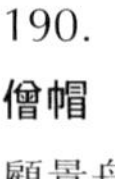

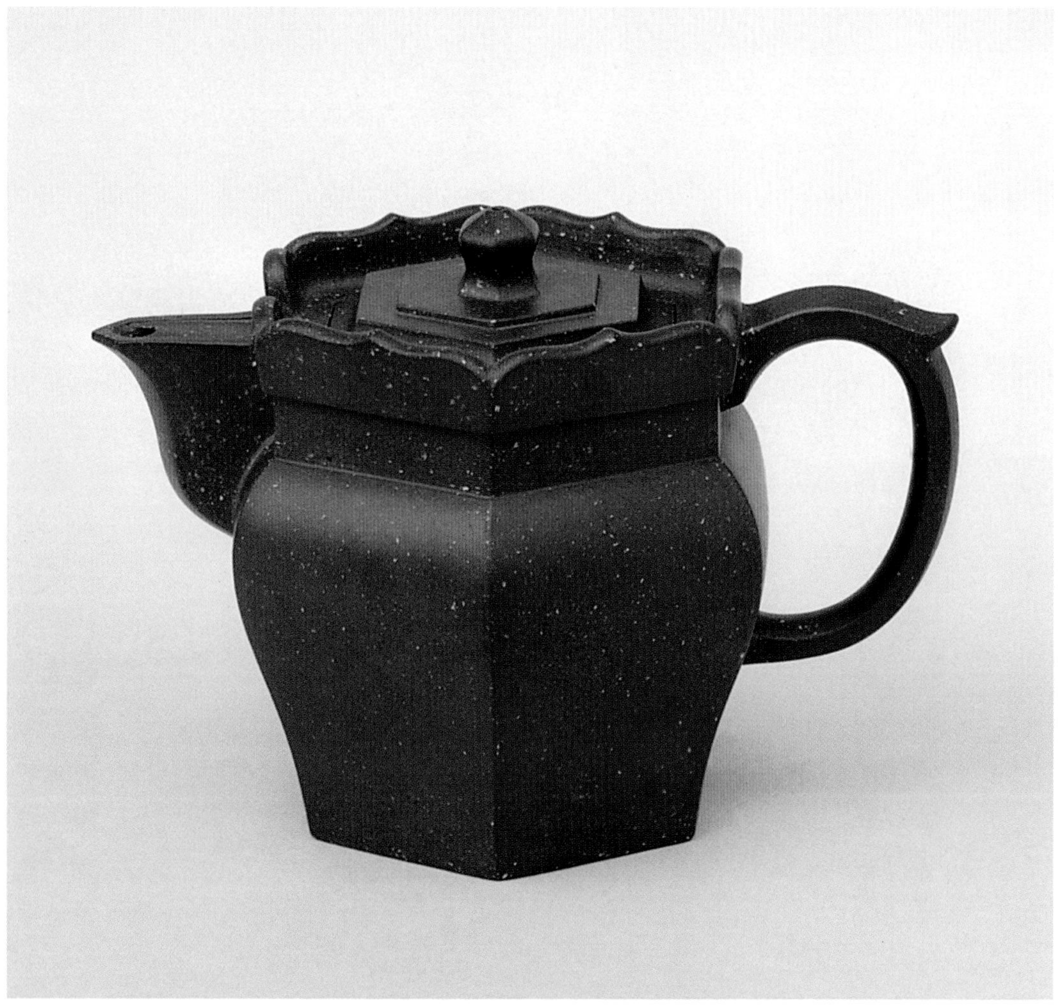

190.
僧帽
顧景舟
高105mm　口徑63mm
蓋印：顧景舟
把下印：壺叟
底印：景舟製壺

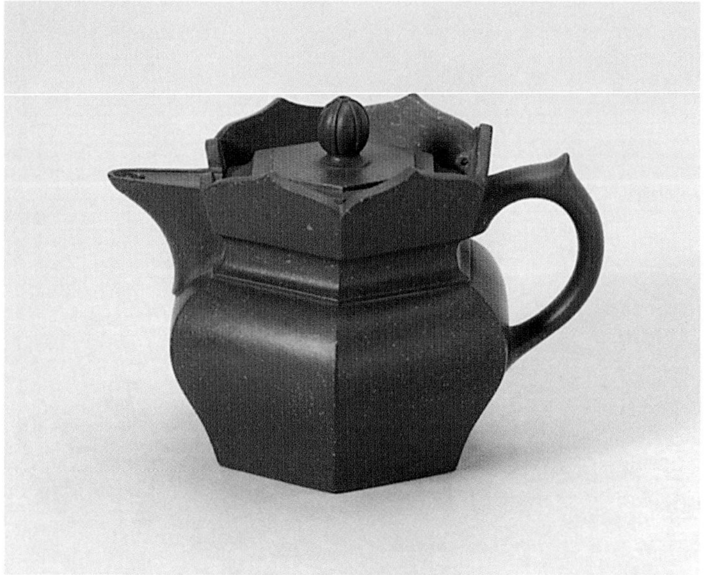

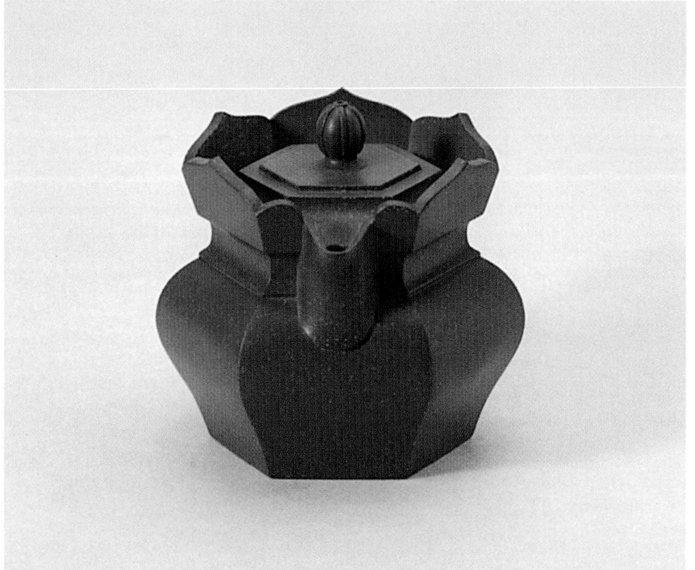

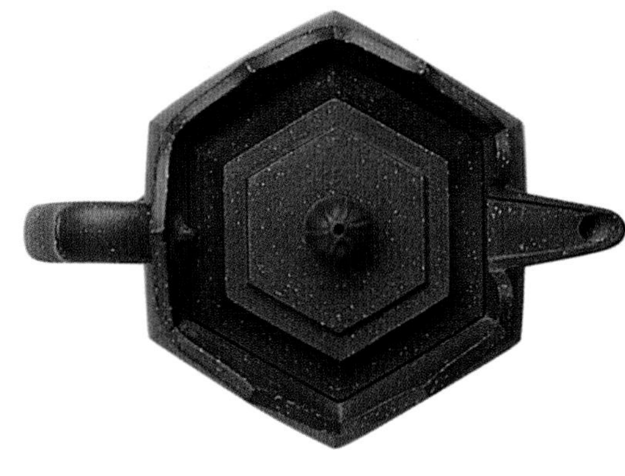

191.
矮僧帽
顧景舟
高94mm　口徑61mm
底印：景舟製陶

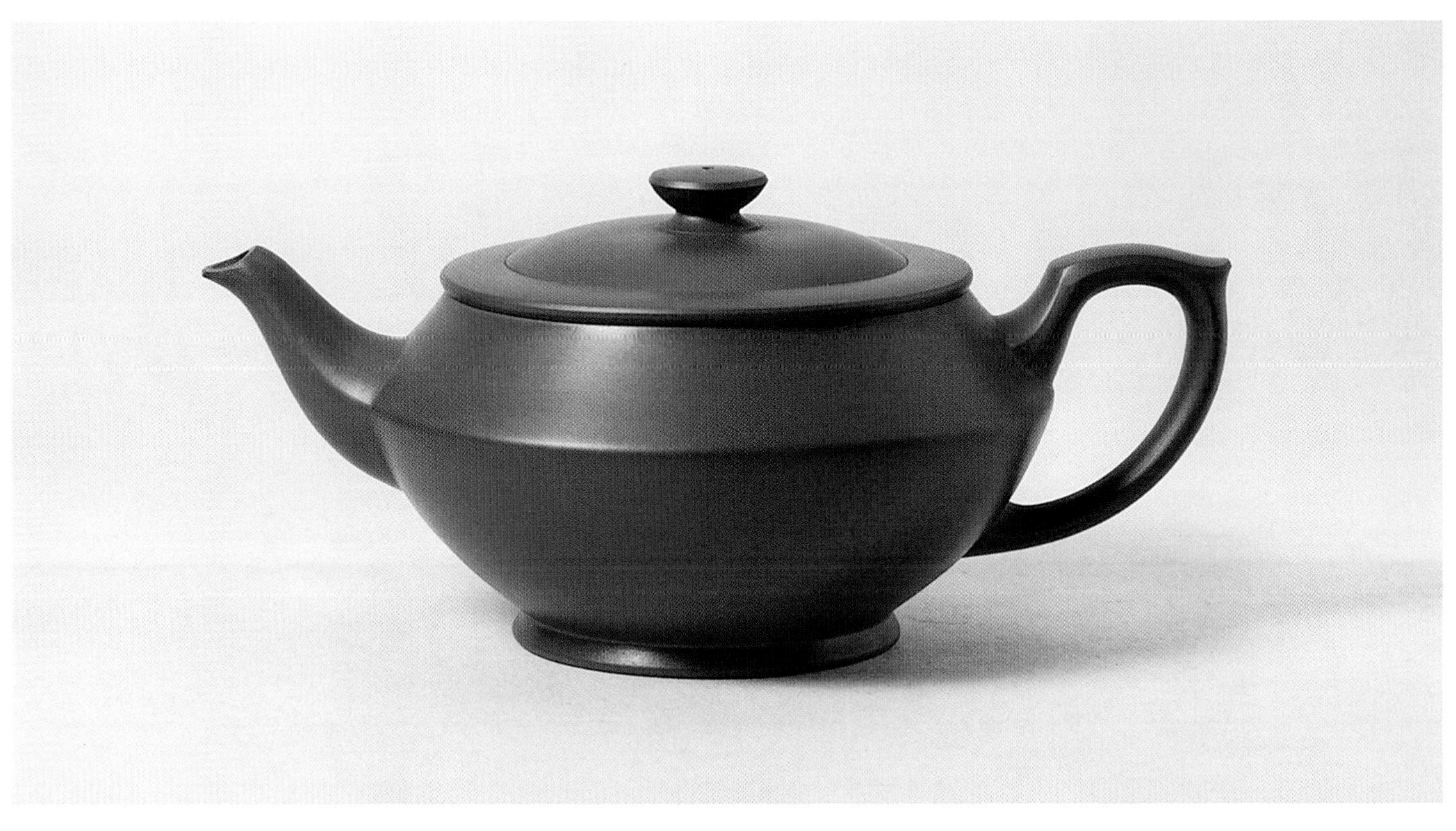

192.
漢雲
顧景舟
高89mm　口徑79mm
蓋印：顧景舟
底印：景舟製壺

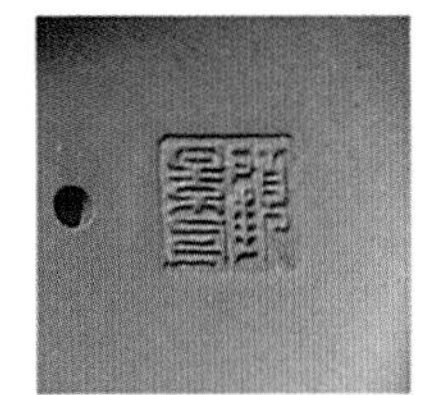

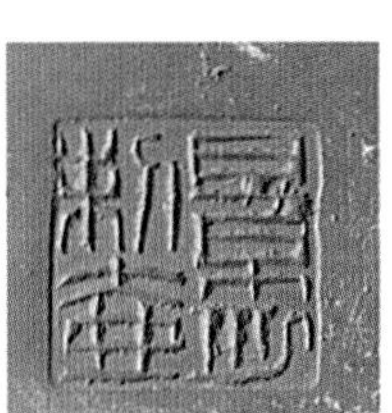

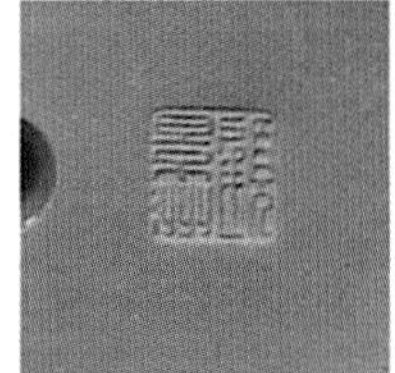

193.
仿鼓
顧景舟
高82mm　口徑99mm
蓋印：顧景洲

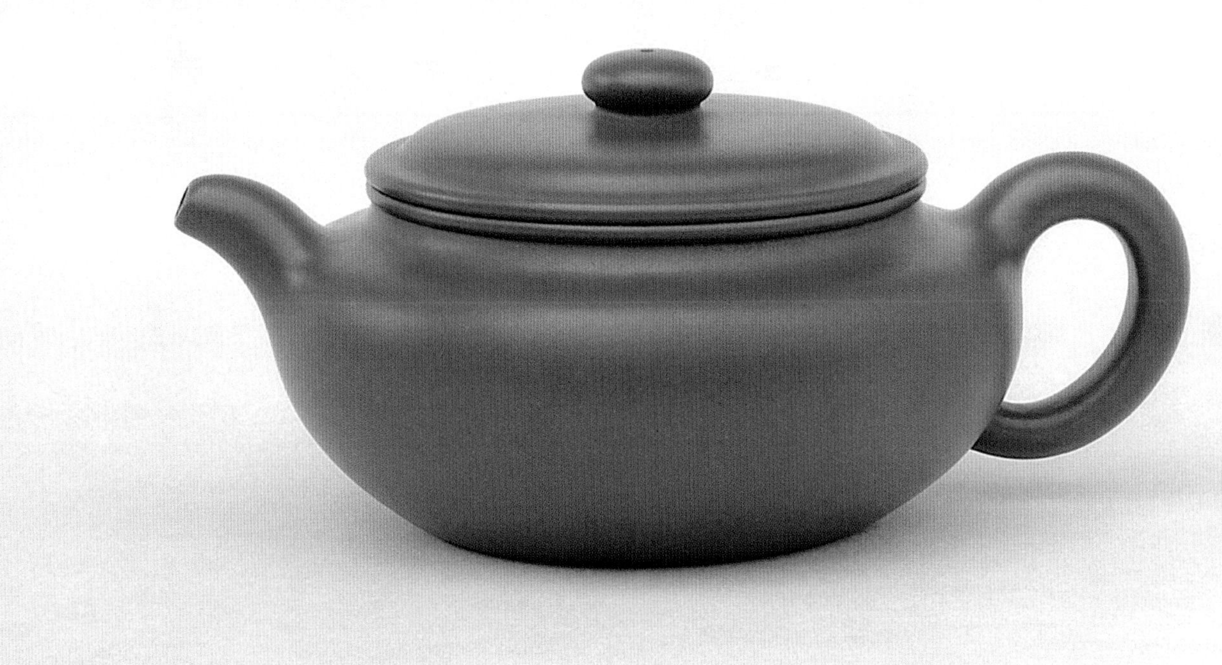

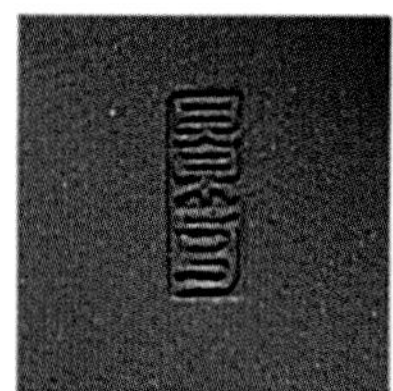

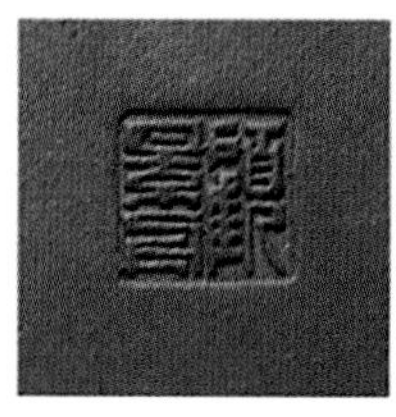

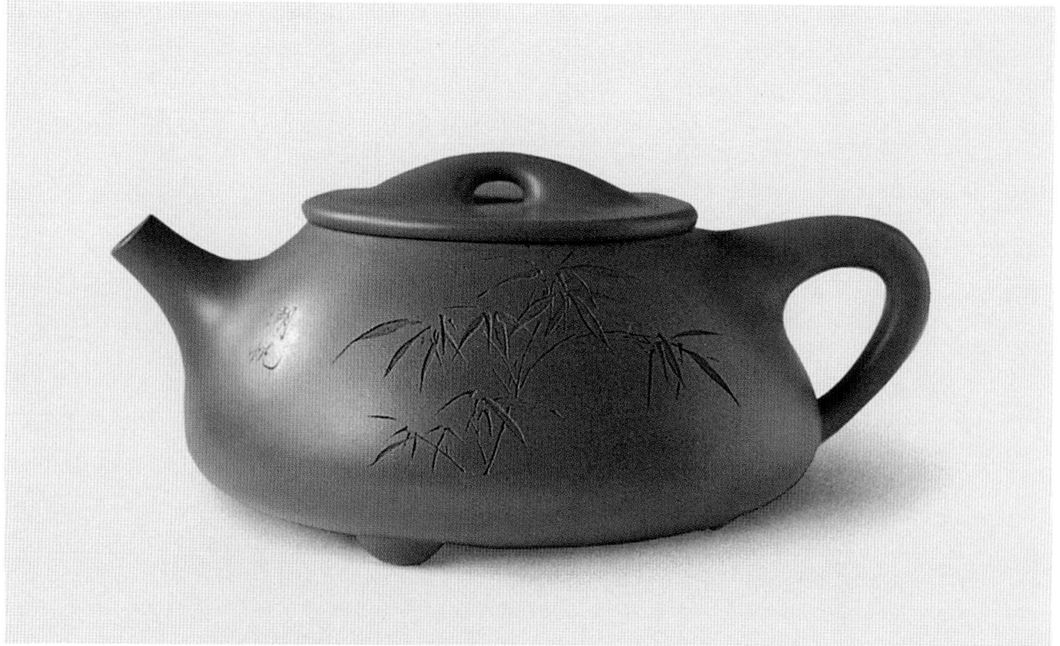

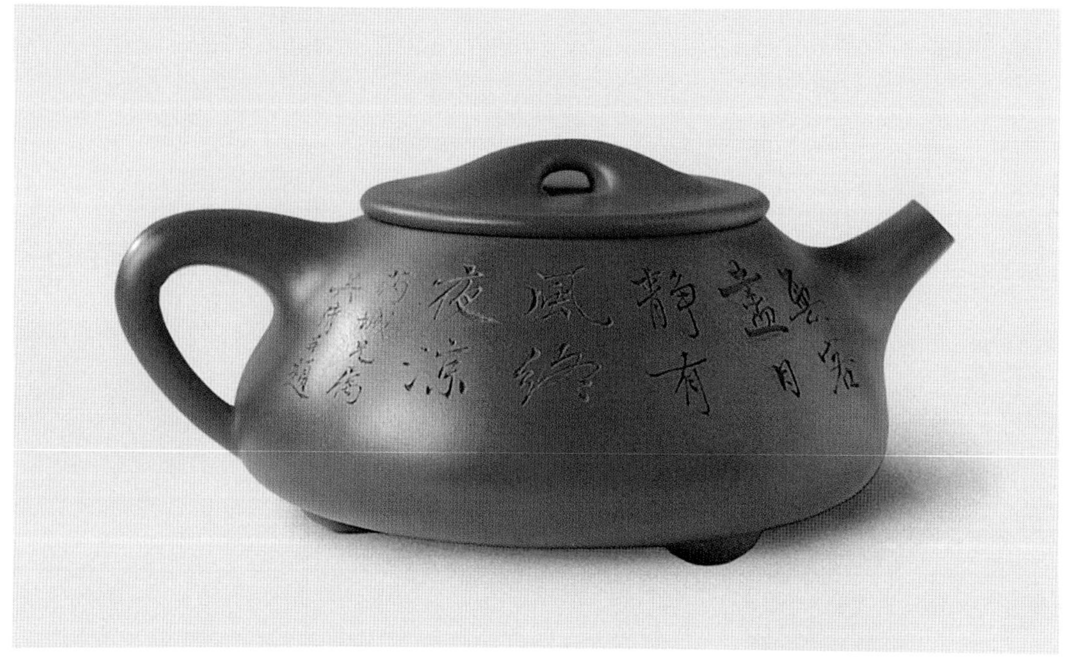

194.

大石瓢

顧景舟

高86mm　口徑80mm

蓋印：景舟

底印：顧景舟

壺身銘：湖帆

無客盡日靜，

有風終夜涼。

葯城兄屬　吳倩并題

◉　石瓢壺原是紫砂傳統造型。此壺作者却集各家之大成，創出自我。壺上宜書宜畫，一改清初以來纖細繁瑣、堆砌浮華之氣，刻意追求綫型的流暢舒展，反覆權衡比例的諧調秀美，顯現了簡樸大方的氣度。此壺是件智欲其圓、行欲其方、剛柔相濟、允克用藏的砂壺珍品。

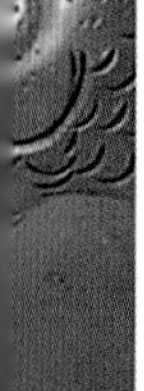

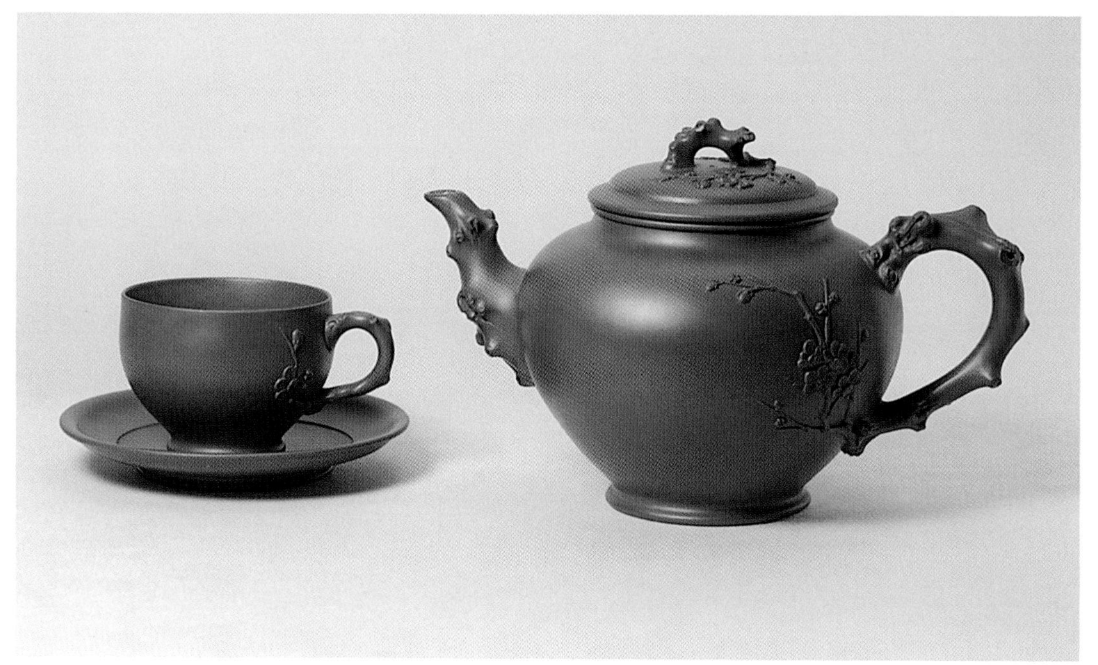

195.

大梅花茶具

顧景舟

高152mm　口徑92mm

蓋印：景舟

底印：景舟製陶

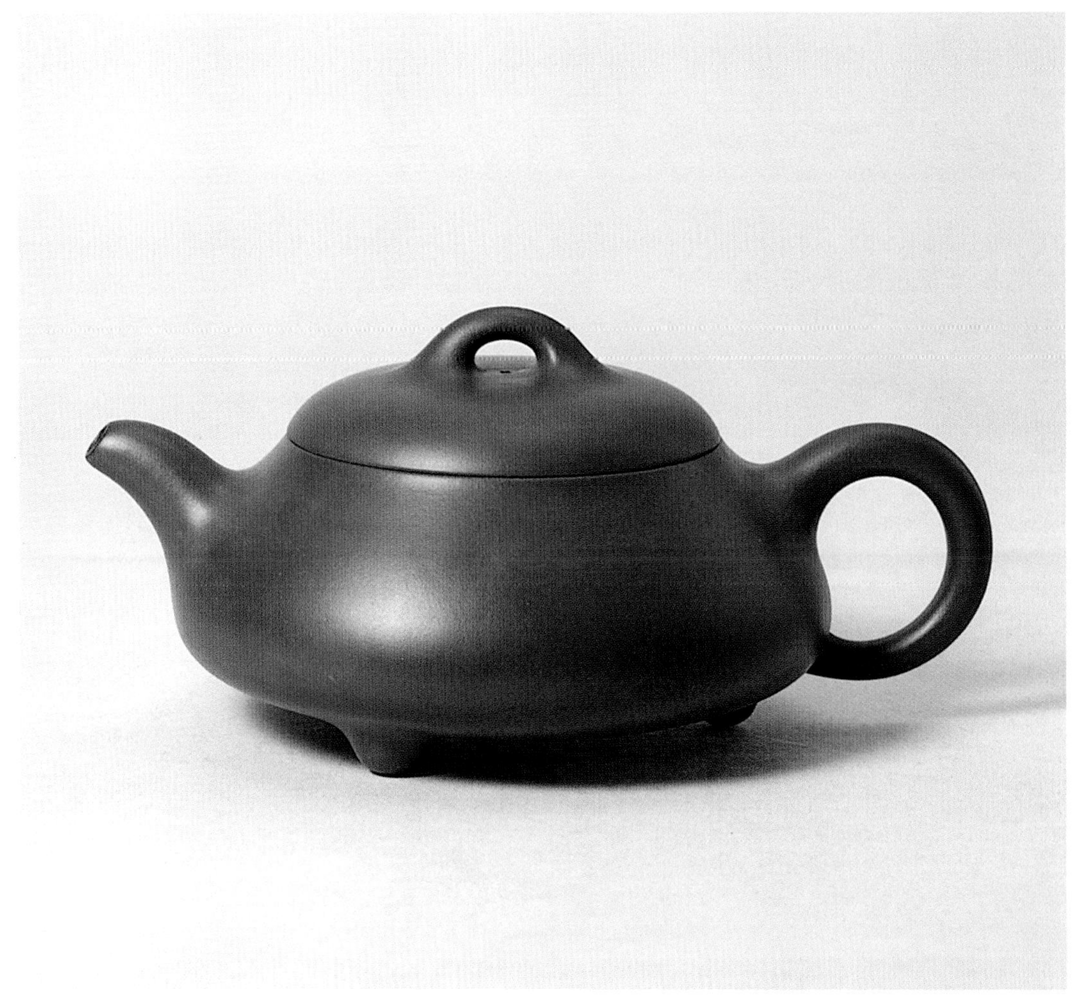

196.
矮石瓢
顧景舟
高82mm　口徑84mm
蓋印：景舟
底印：景舟製陶

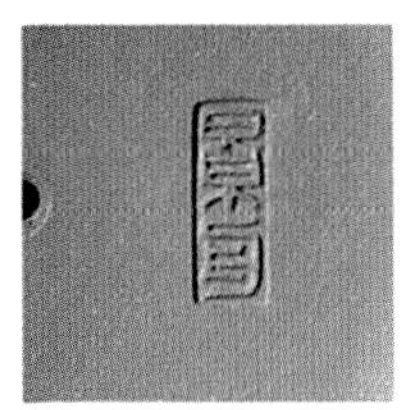

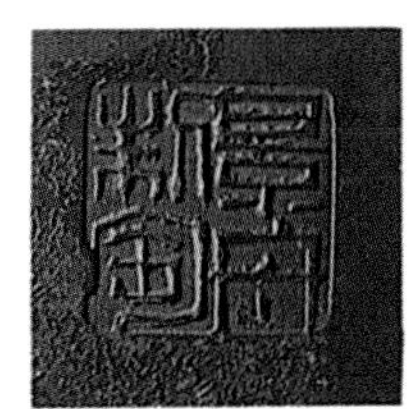

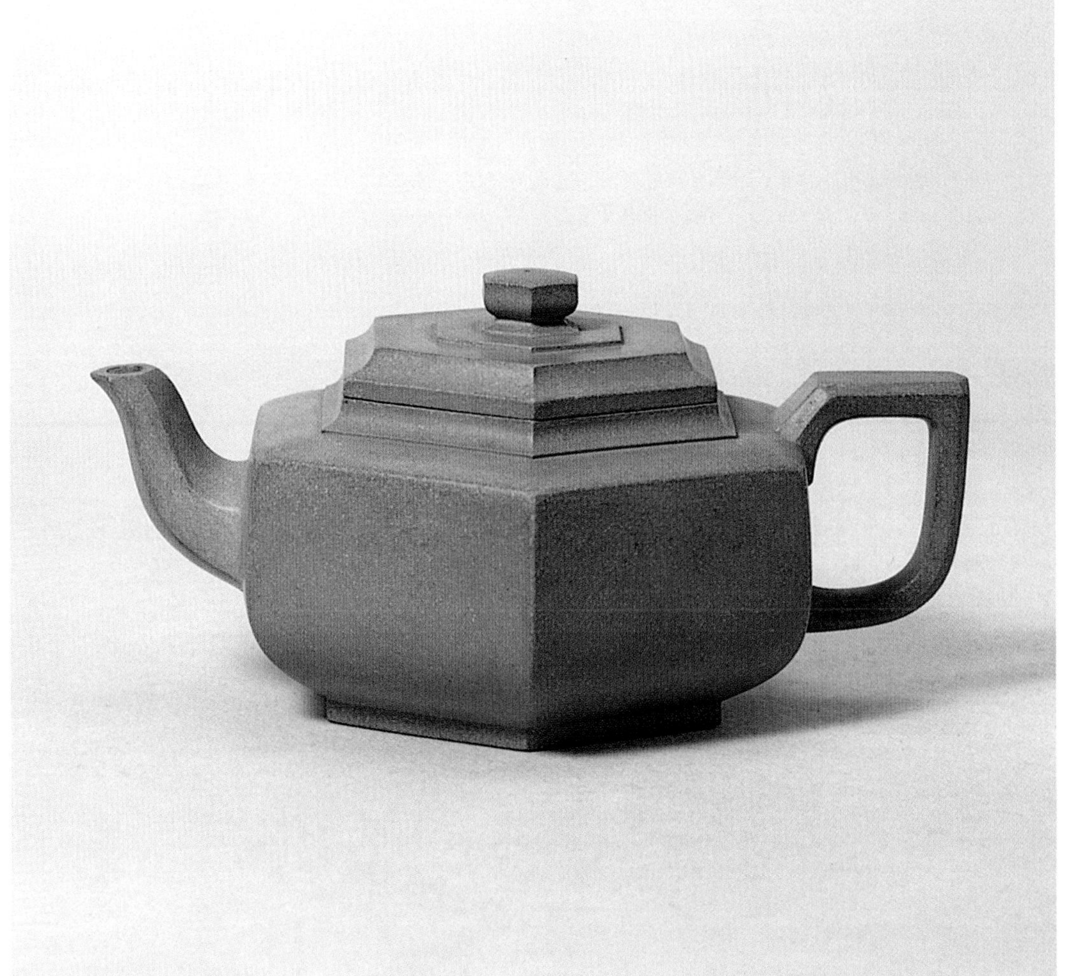

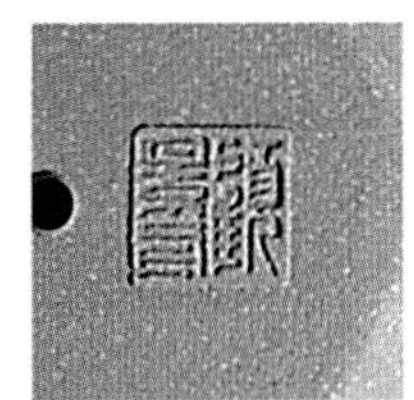

197.
雪華
顧景舟
高82mm　口徑72mm
蓋印：顧景舟
底印：景舟手製

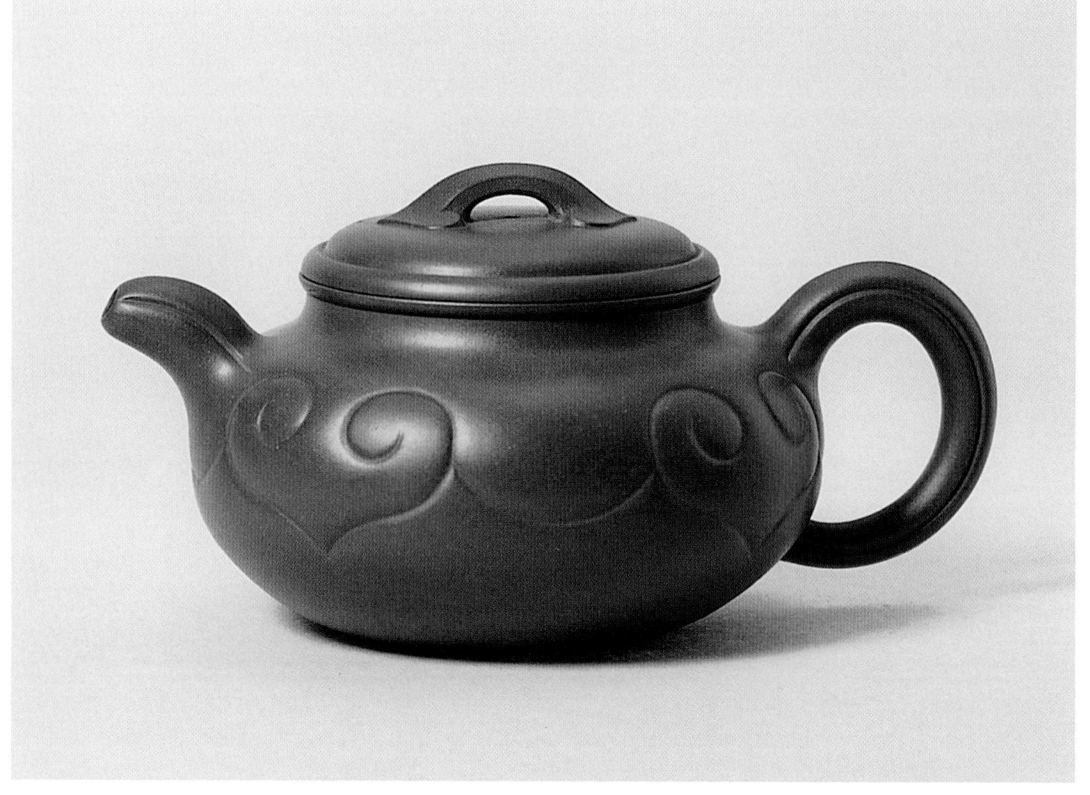

198.

如意仿古

顧景舟

高82mm　口徑79mm

蓋印：顧景洲

底印：荊南山樵

◉　在傳統仿鼓扁壺的造型上，加飾如意筋紋，使作品氣韵生動。如意仿鼓，頂項及腹，骨肉亭勻，壺口沿與壺蓋截成一條圓綫，口、蓋各佔其半，蓋子蓋上，即吻合成一條飽滿圓綫。無扎實功力者，不能爲之。口蓋直而緊，傾壺無落帽之憂，嘴鋬胥屈自然，若生成者。壺的形、神、氣有强烈的藝術感染力。這是砂壺中的一件極品。

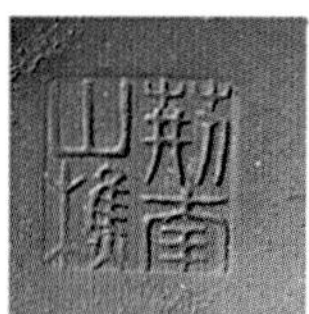

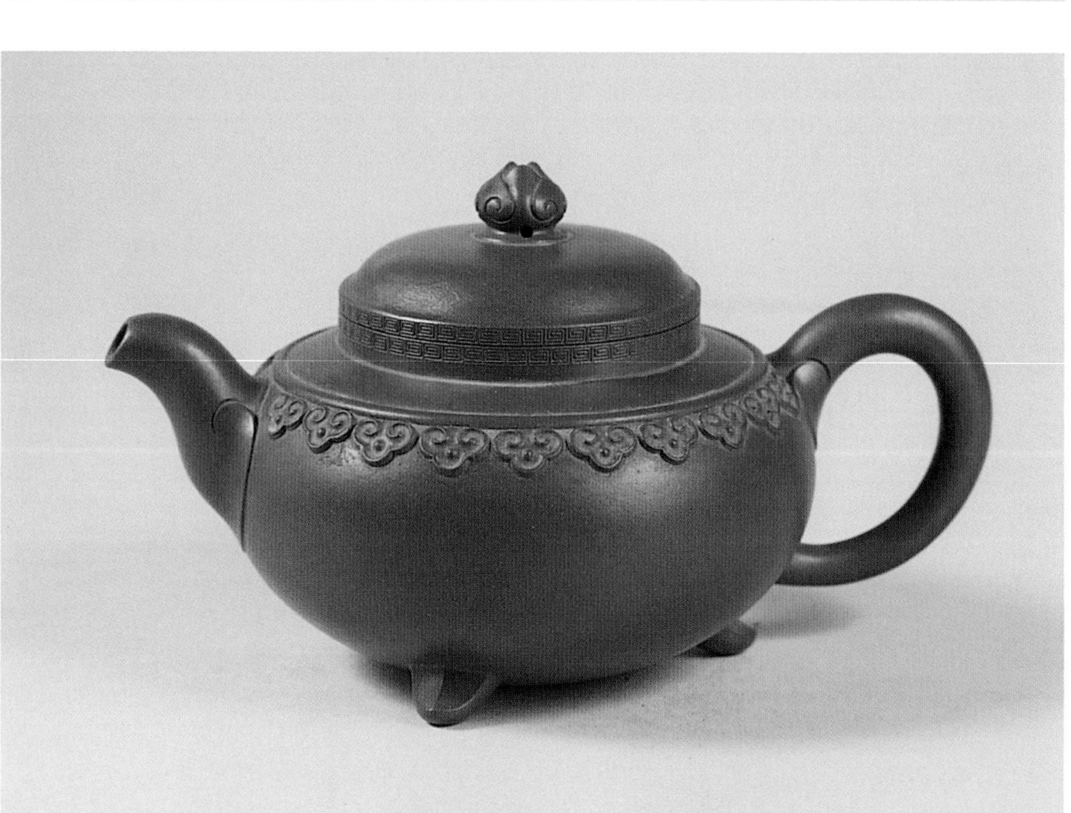

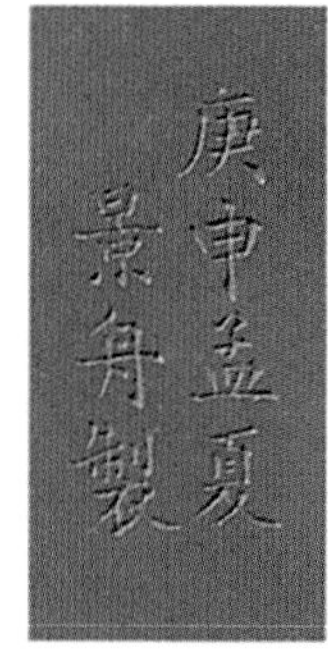

200.

上新橋

顧景舟

高88mm　口徑82mm

蓋印：顧景舟

底刻款：庚申孟夏景舟製

199.

雲紋肩三足鼎壺

顧景舟

高104mm　口徑71mm

蓋印：顧景舟

底印：宜興湯渡陶業生產合作社出品

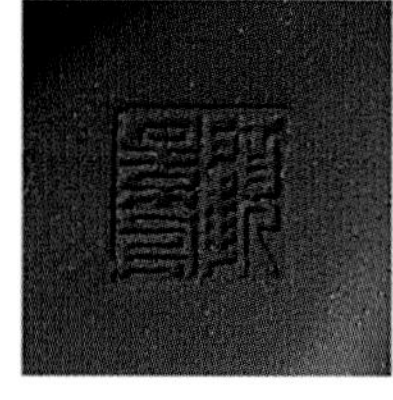

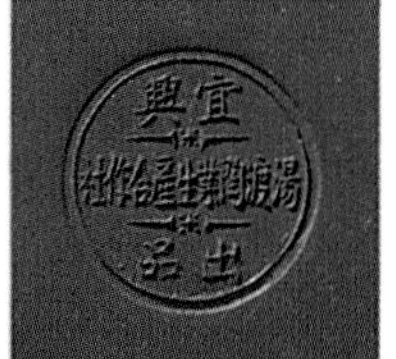

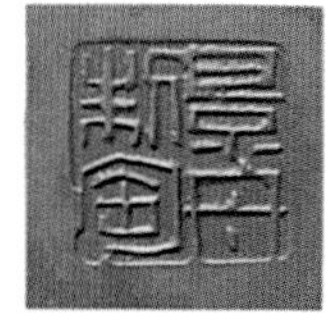

201.

井欄

顧景舟

高104mm　口徑62mm

底印：景舟製陶

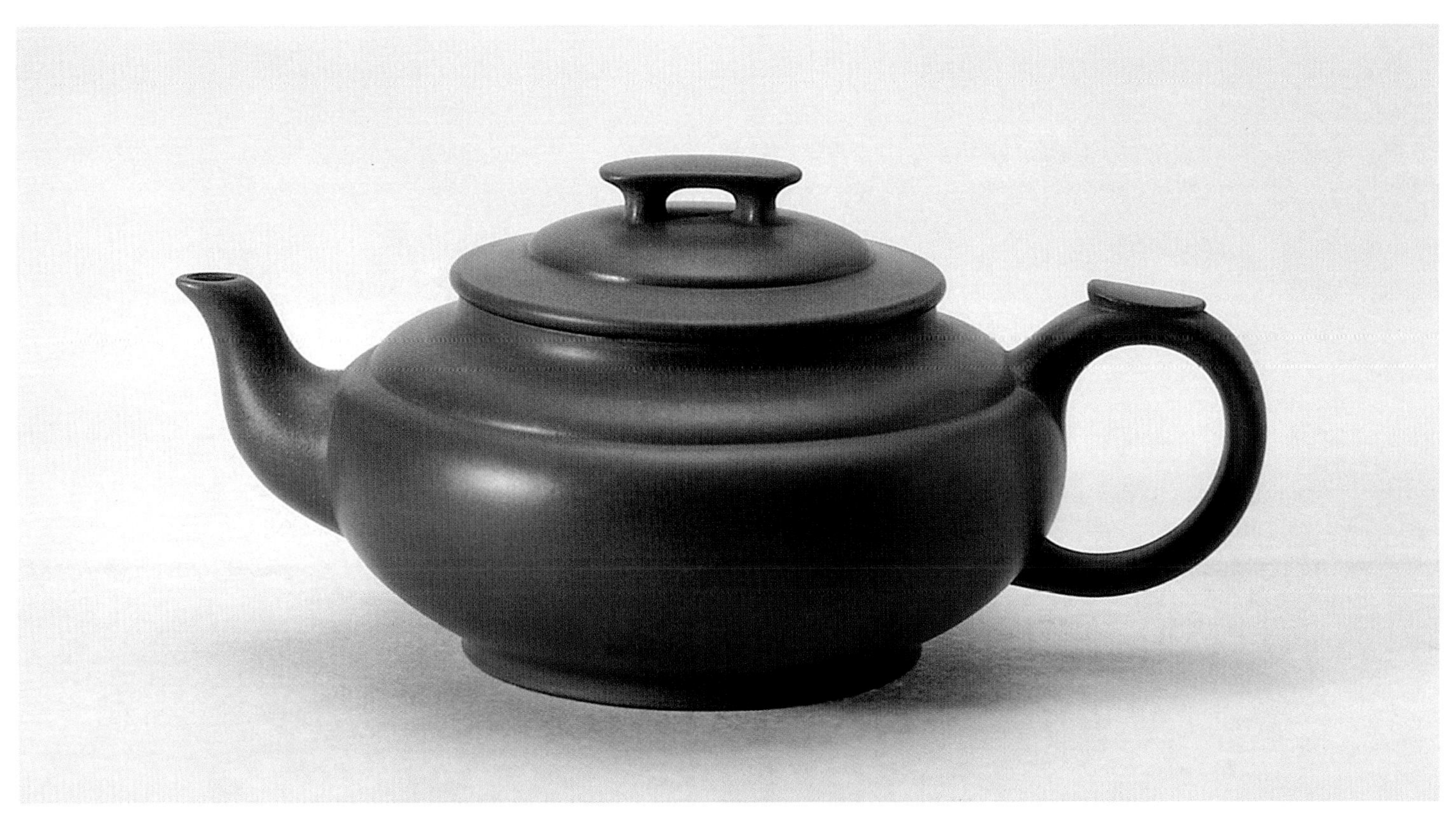

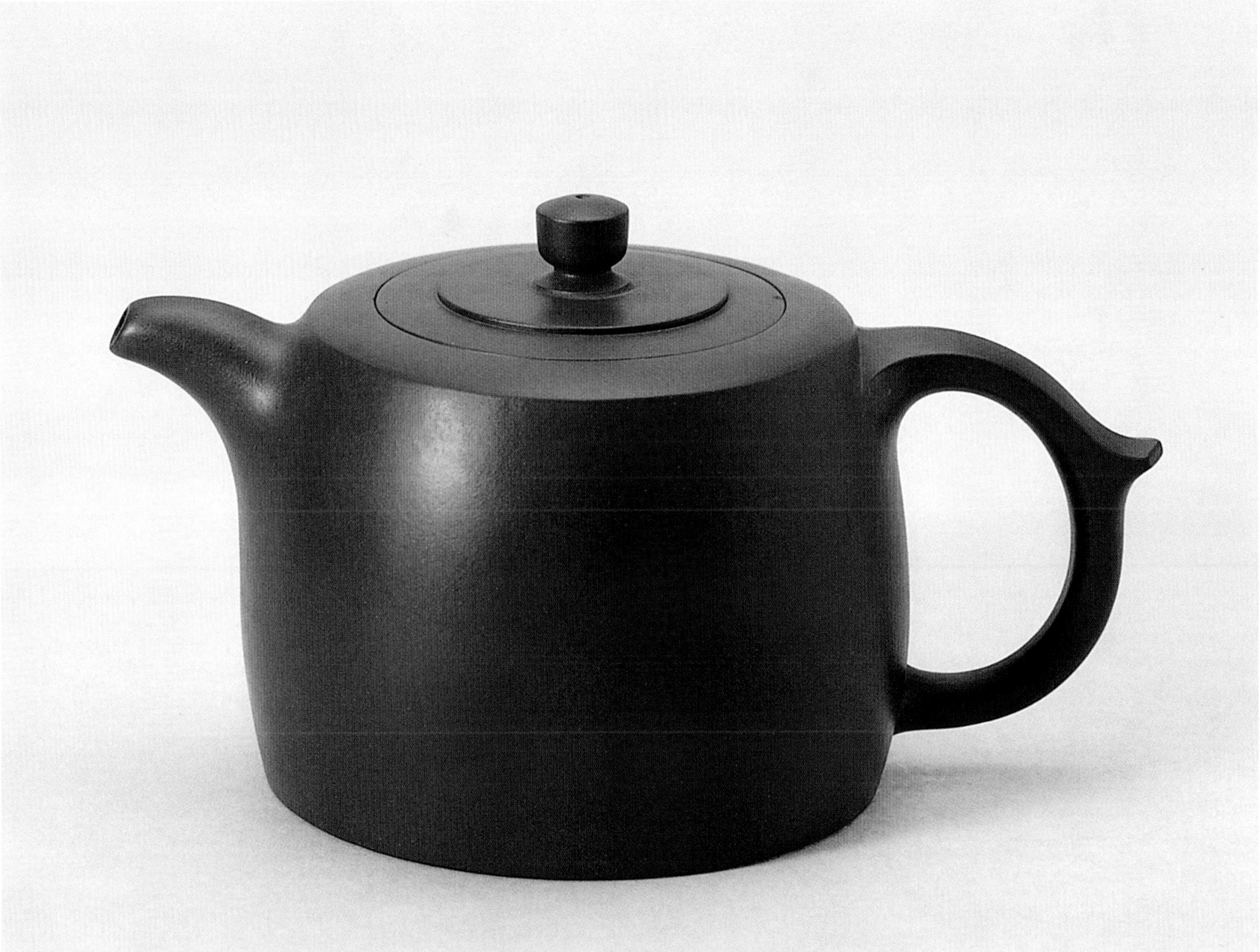

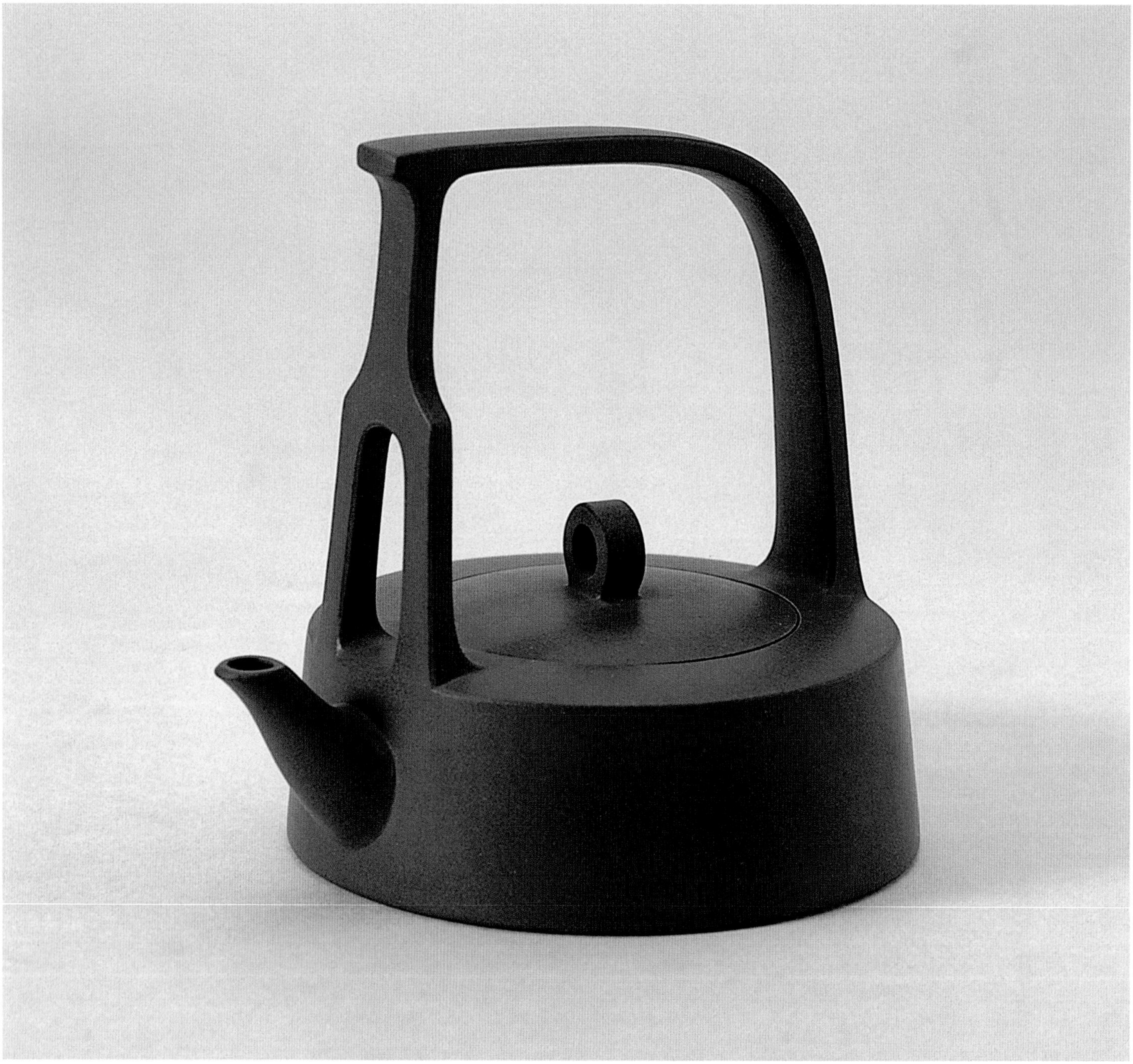

202.

鷓鴣壺

顧景舟

高120mm　口徑61mm

蓋印：景舟

底刻款：癸亥春，爲治老妻痼疾，就醫滬上。寄寓淮海中學，百無聊中，摶作數壺，以紀命途坎坷也。

景洲記　時年六十有九

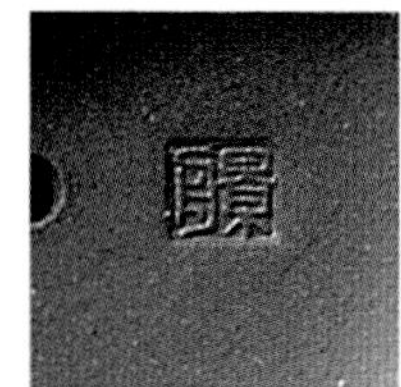

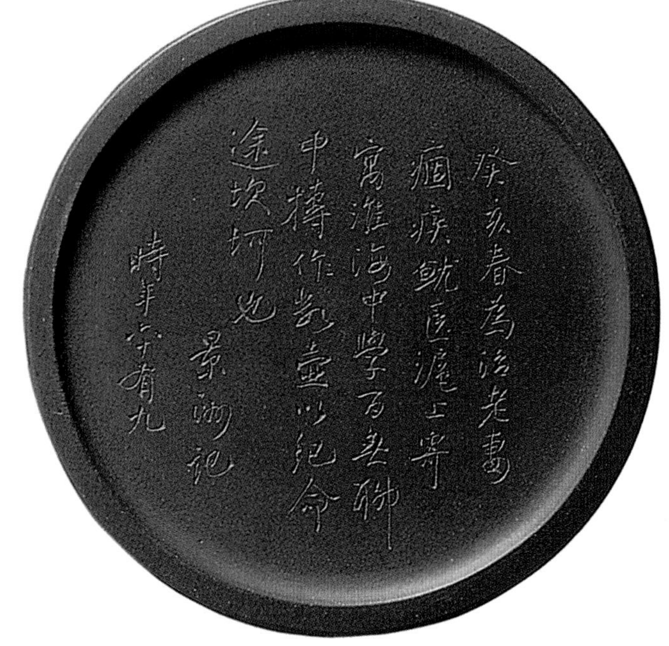

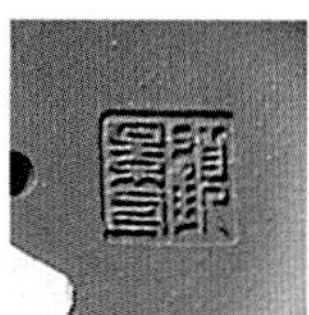

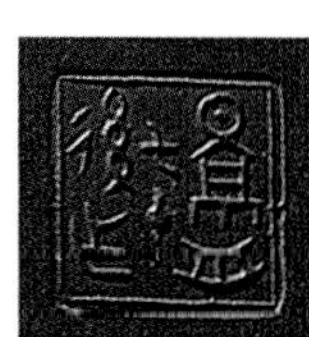

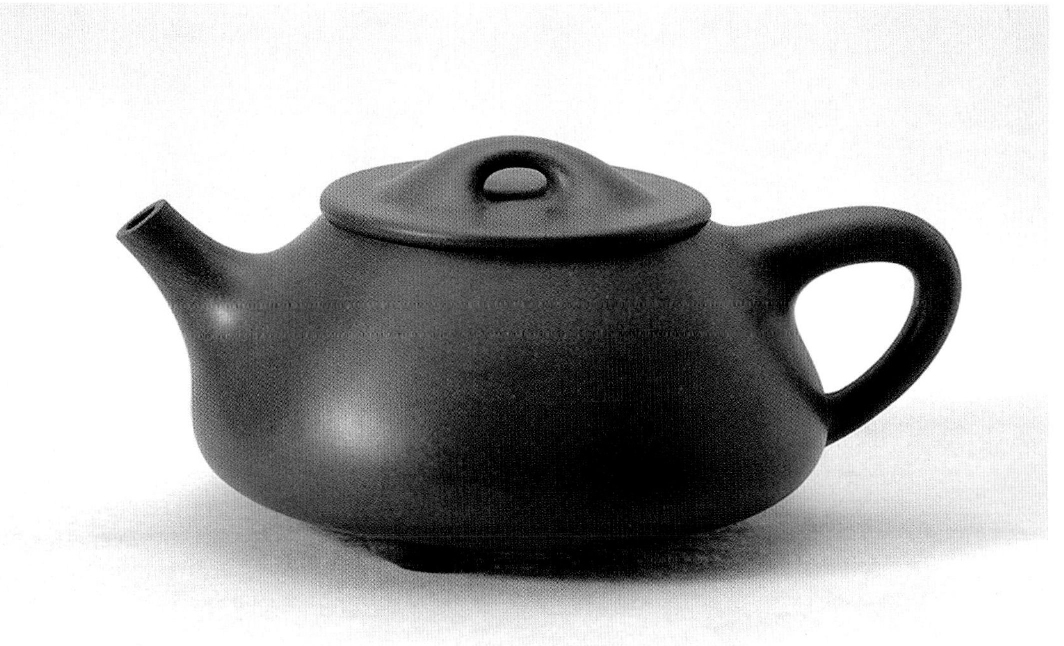

203.

中石瓢

顧景舟

高70mm　口徑71mm

蓋印：顧景舟

底印：景舟七十後作

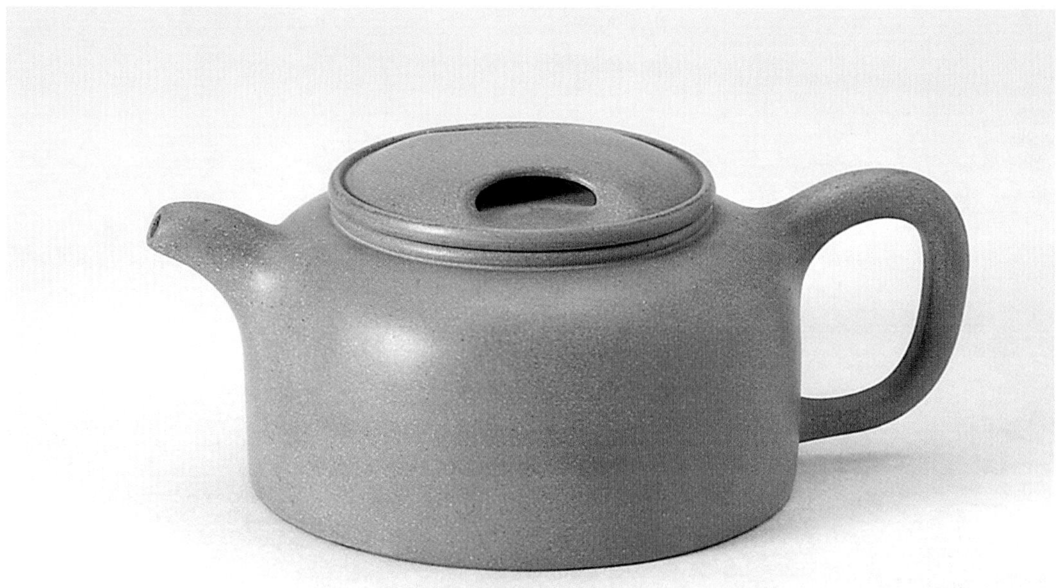

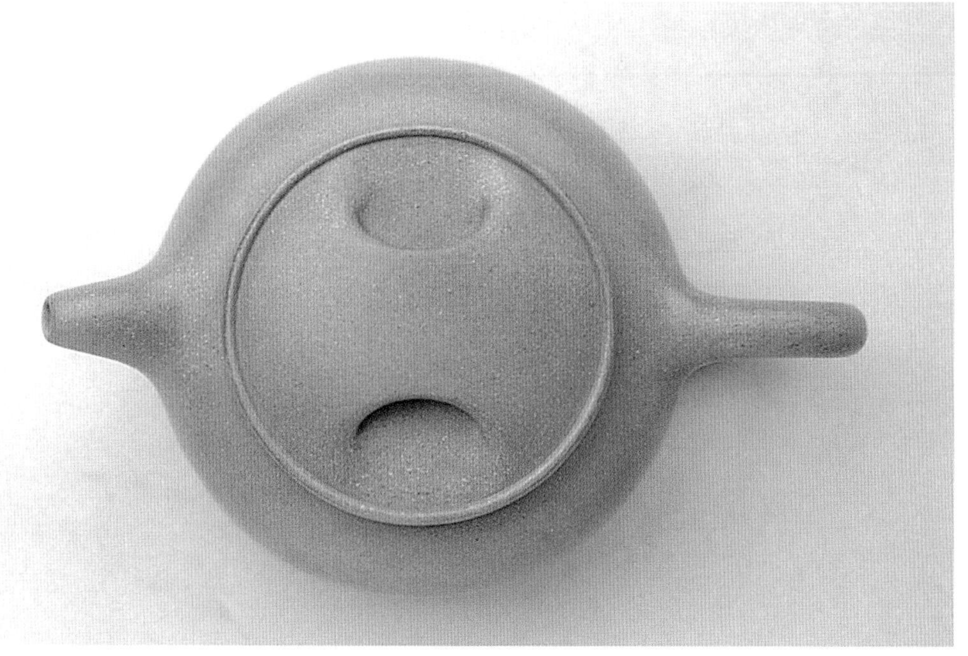

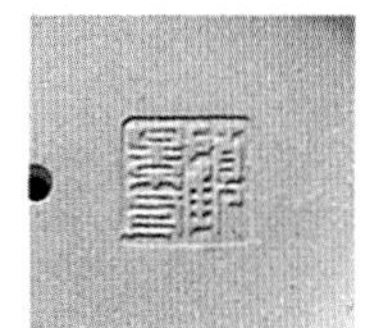

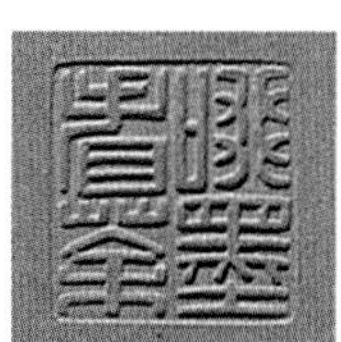

204.

牛蓋蓮子

顧景舟

高80mm　口徑79mm

蓋印：顧景舟

底印：晀墨看茶

205.

三足水平

顧景舟

高70mm　口徑46mm

底印：顧景舟

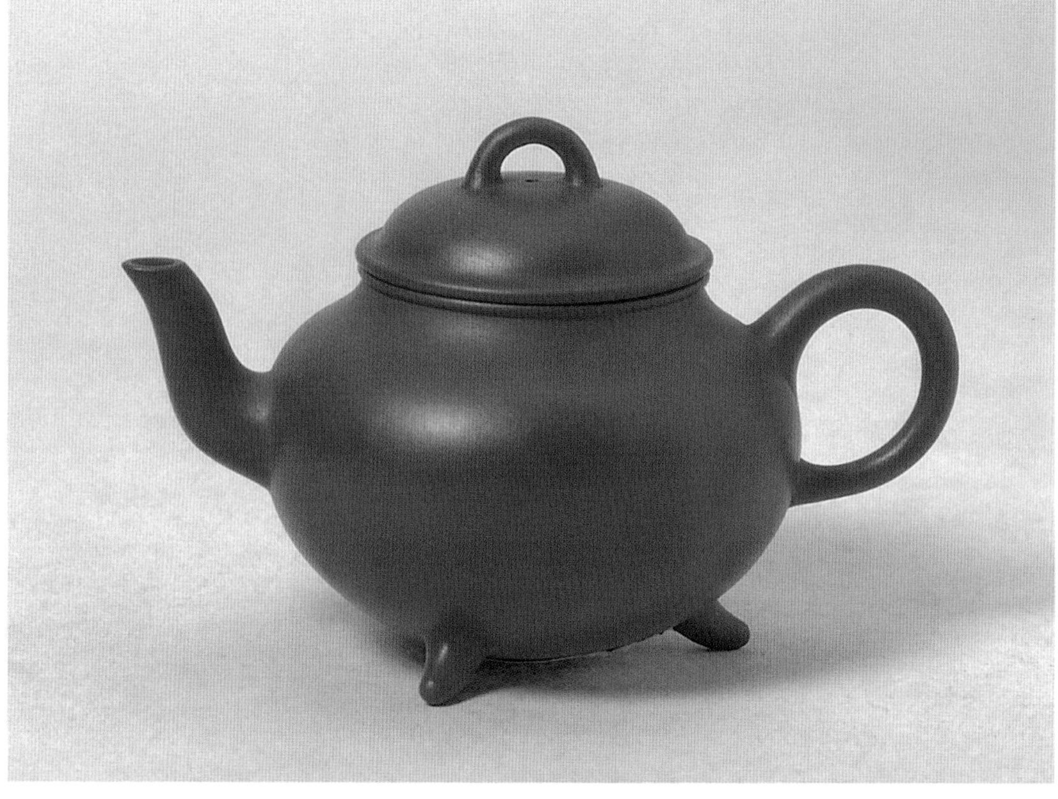

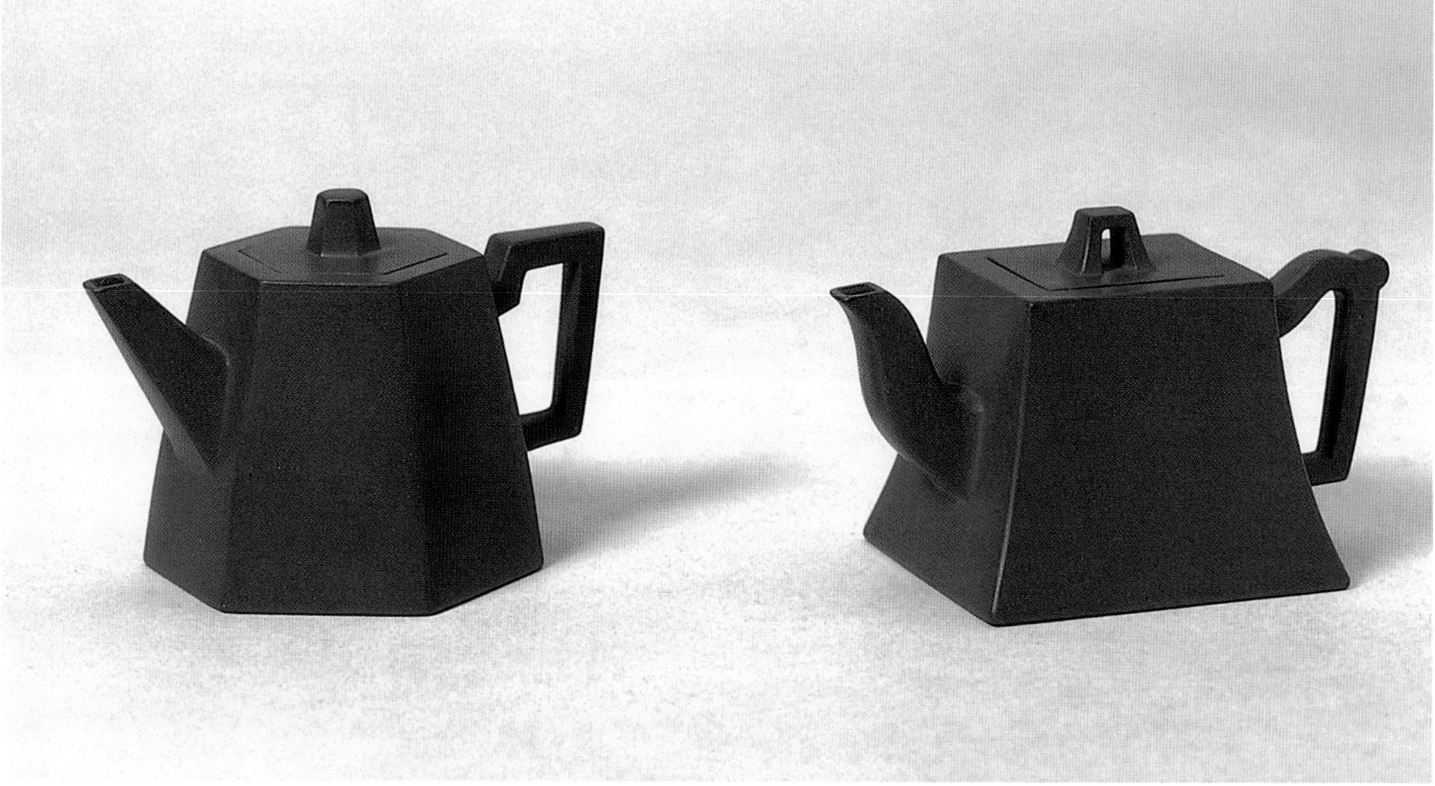

206.

六方水平

顧景舟

高57mm　口徑26mm

底印：景舟

方鐘水平

顧景舟

高52mm

口徑橫27mm　縱23mm

底印：顧景舟

207.

供春

顧景舟

高105mm

口徑橫61mm　縱51mm

蓋印：顧景舟

把下刻款：供春　**印：**壺叟

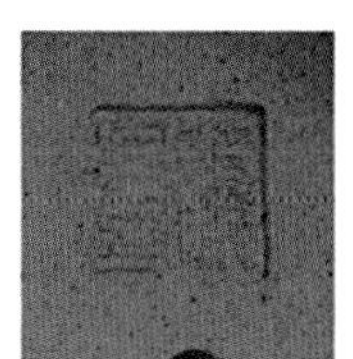

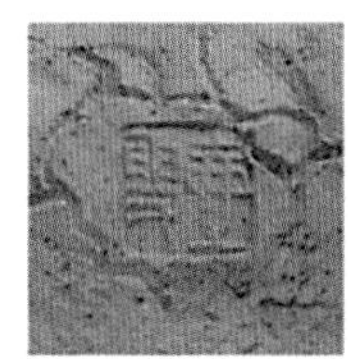

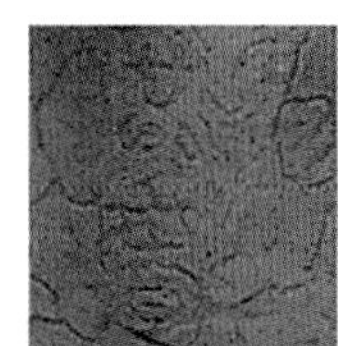

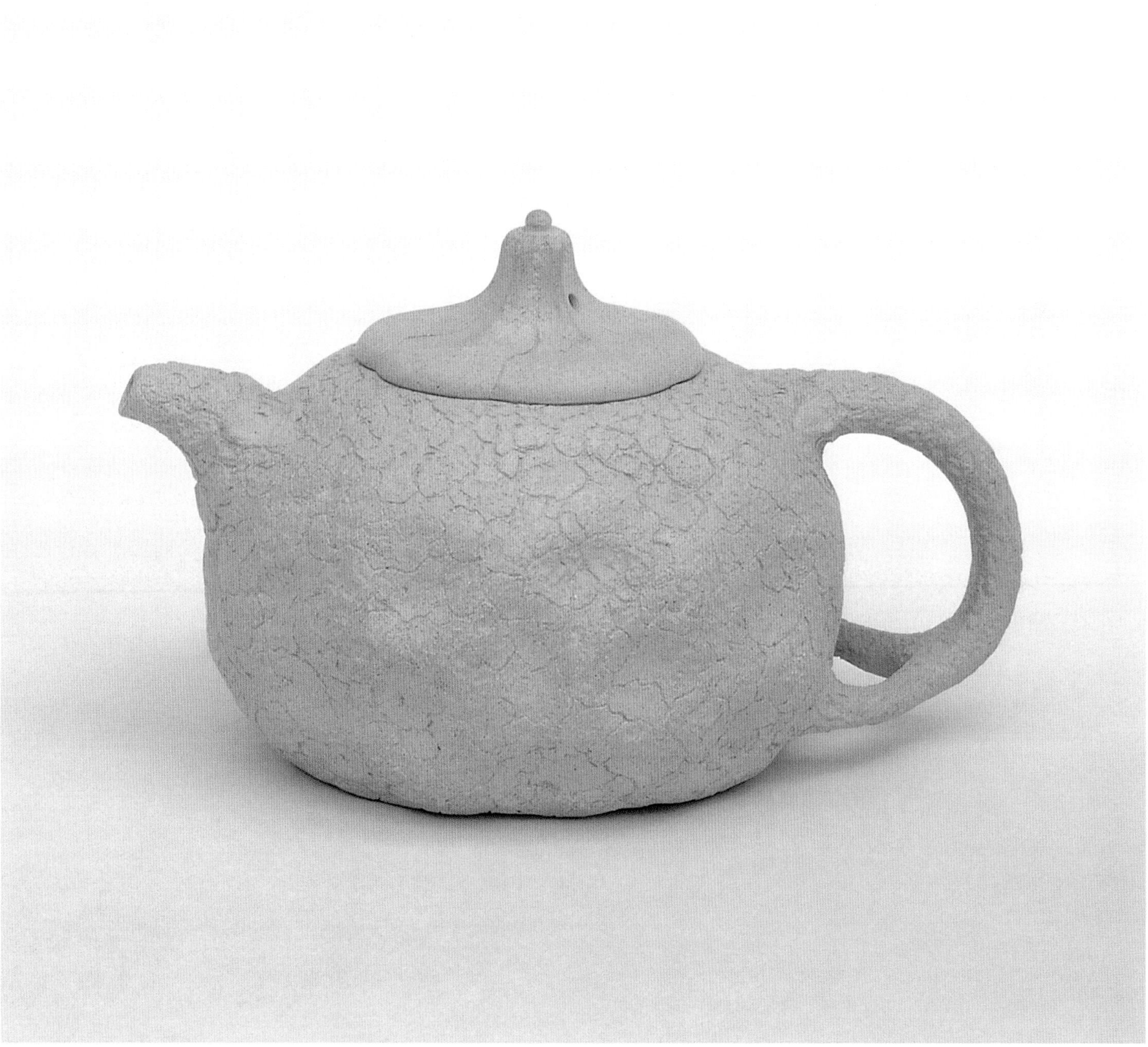

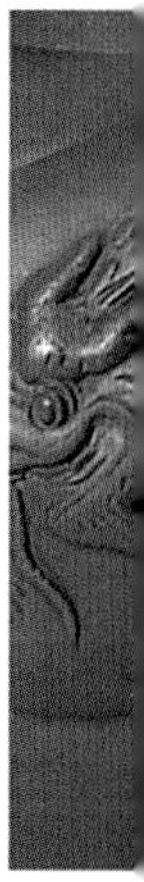

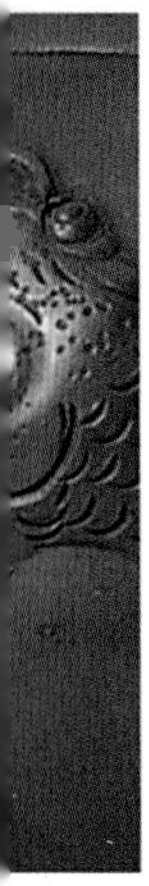

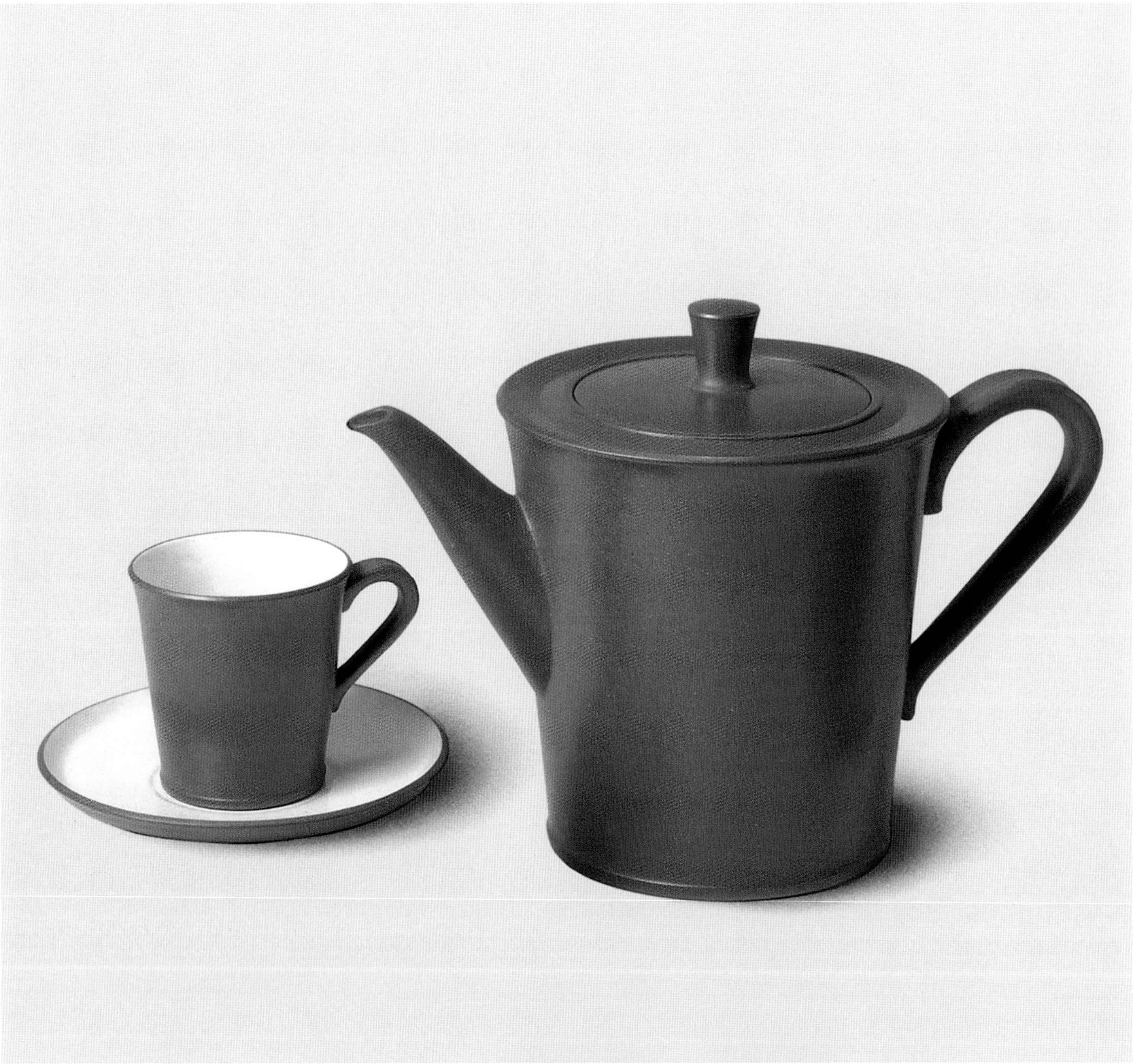

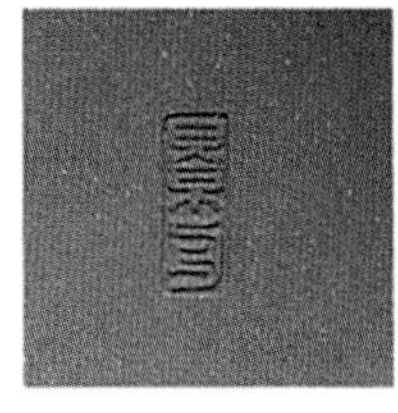

208.

醒鐘

顧景舟（製） 于耀忠（設計）

壺高165mm 口徑90mm

蓋印：景舟

壺底印：曼晞陶藝

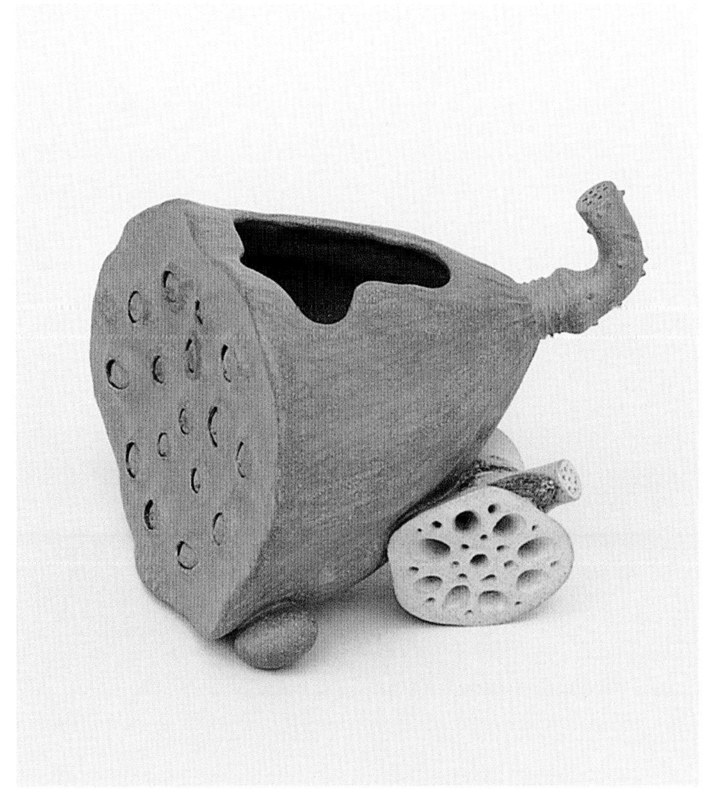

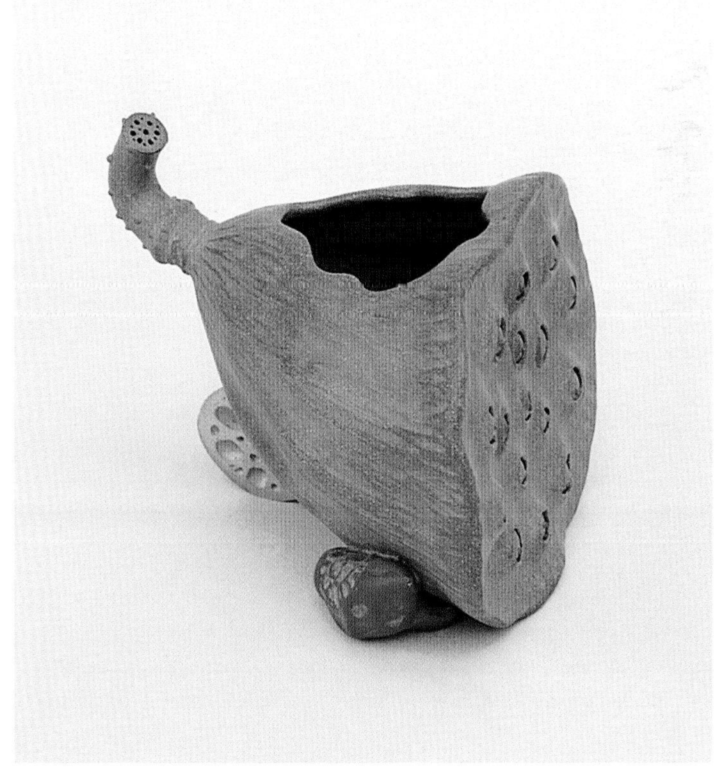

209.
蓮蓬
顧景舟
高75mm　口徑39mm
底印：景舟

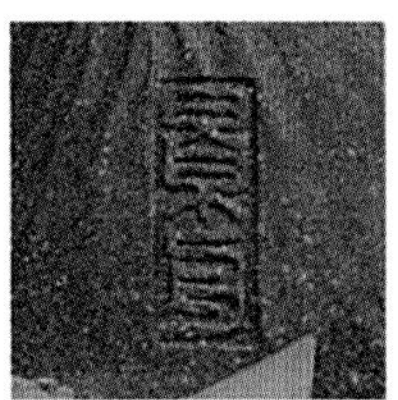

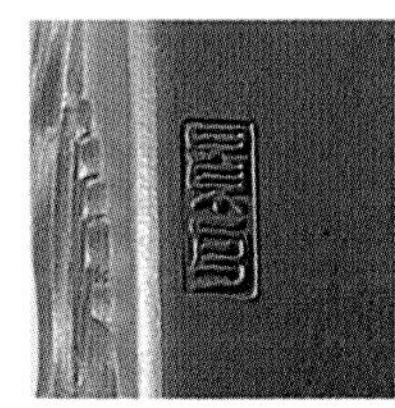

210.
蝙蝠烟碟
顧景舟
高45mm　長155mm
底印：景舟

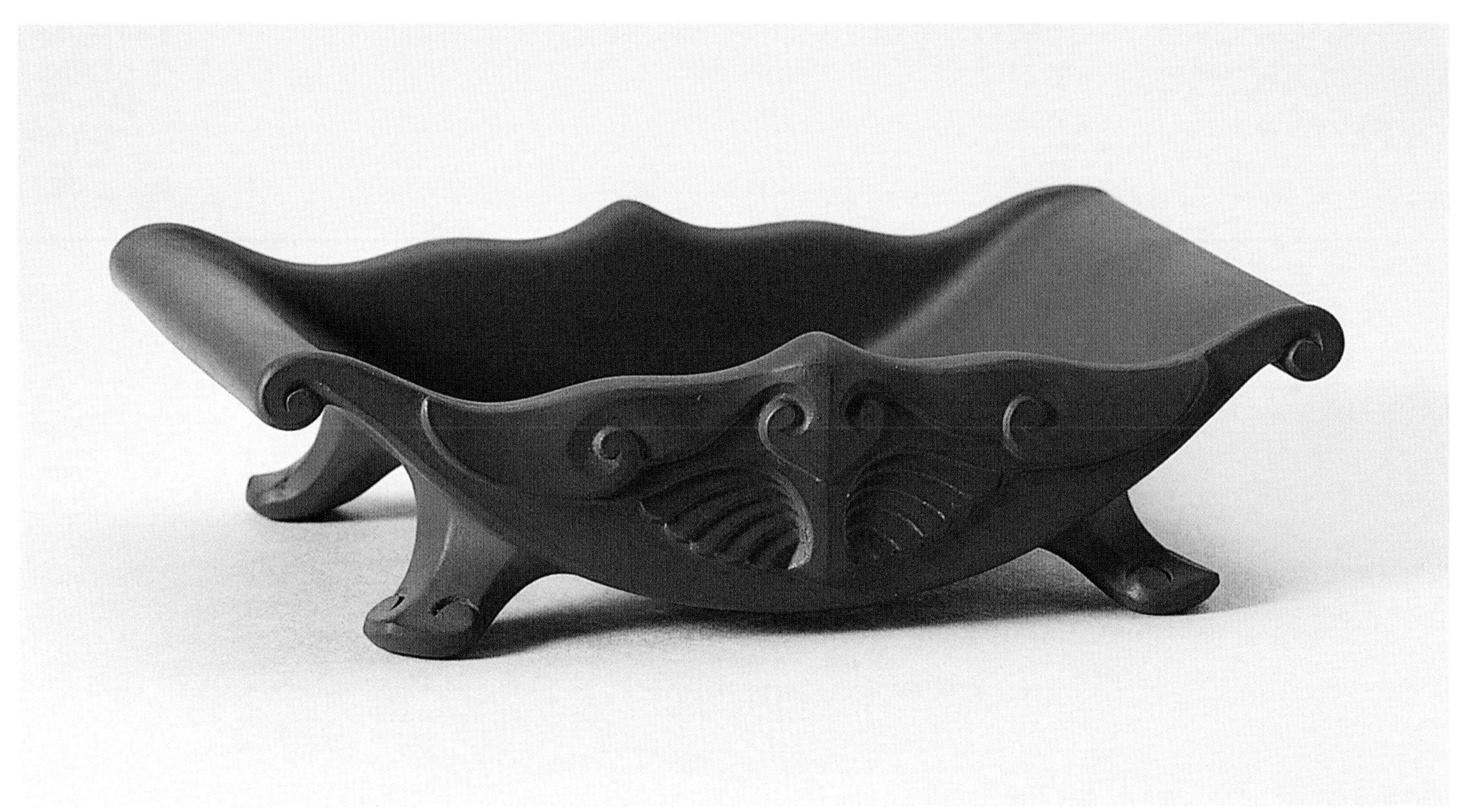

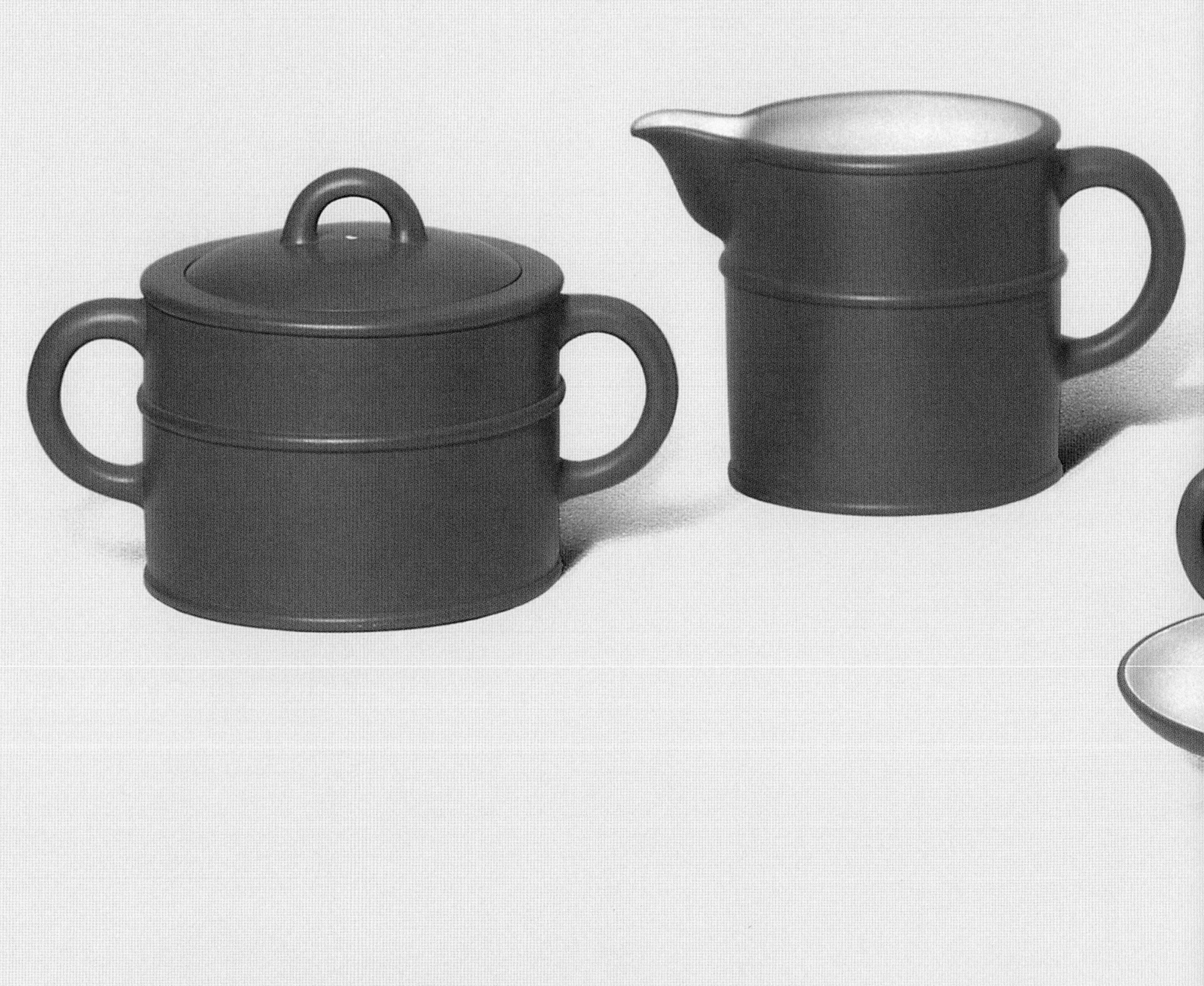

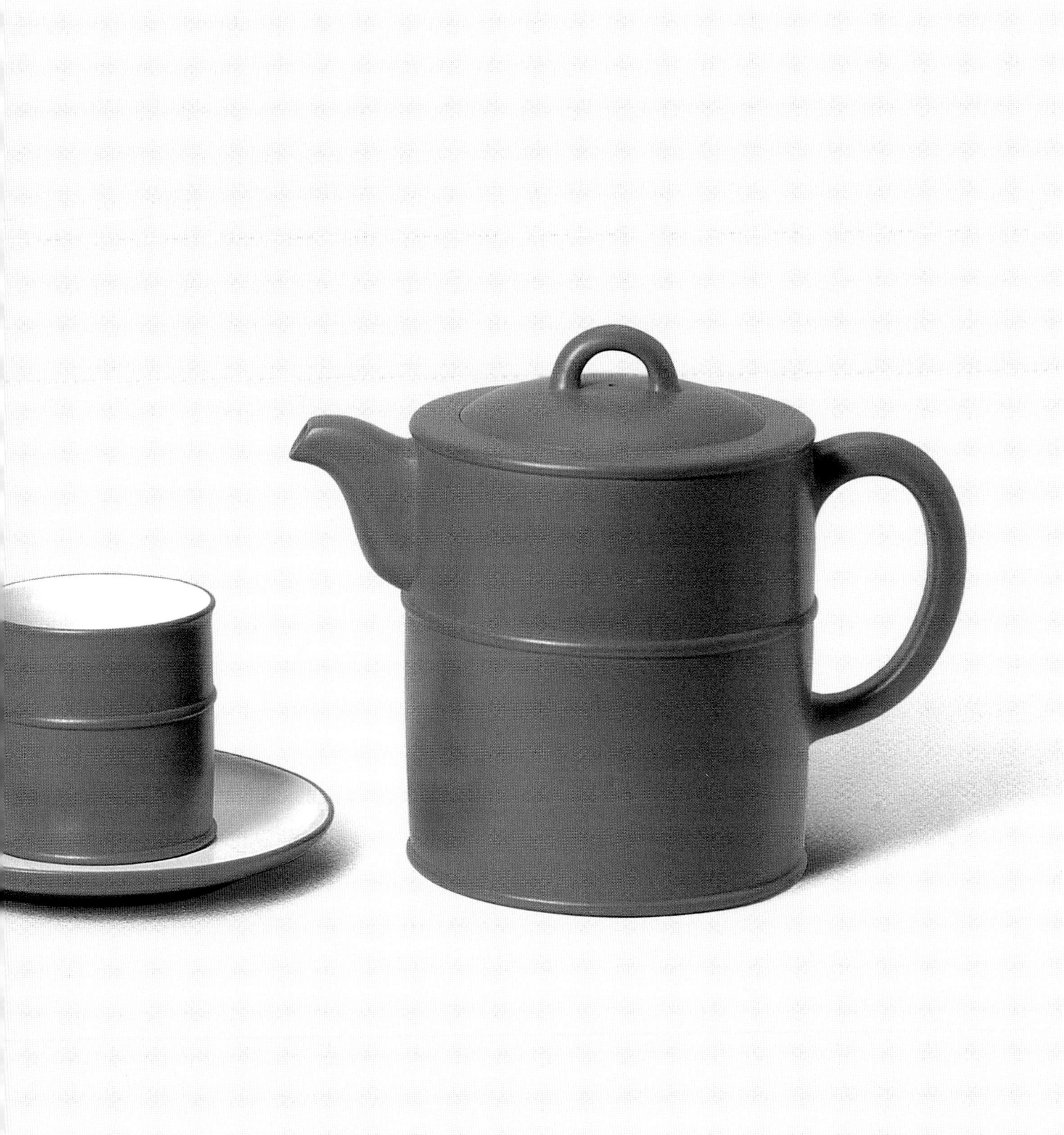

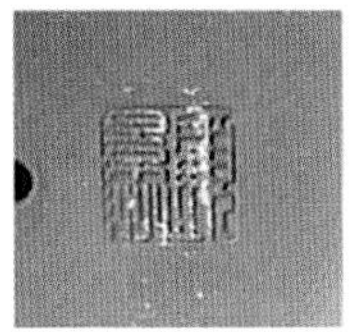

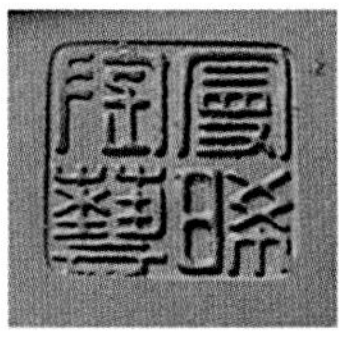

211.

三綫咖啡具

顧景舟

壺高135mm　口徑74mm

蓋印：顧景洲

壺底印：曼晞陶藝

糖缸高86mm　口徑70mm

奶杯高77mm　口徑63mm

杯高58mm　口徑53mm

碟高14mm　直徑119mm

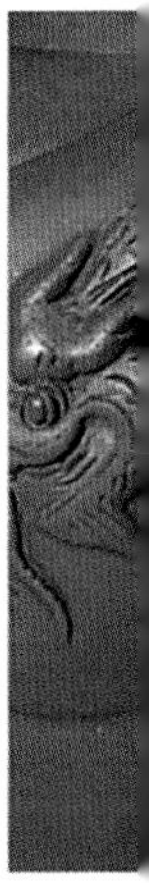

212.

蓮花茶具

蔣蓉

壺高107mm　口徑67mm

杯高51mm　口徑65mm

碟高22mm　直徑134mm

蓋印：蔣蓉

底印：蔣蓉

◉　荷花含包着鮮嫩的蓮蓬，蓮蓬棲息着活脫脫的青蛙，這是洋溢着何等濃郁的荷塘情趣的圖景。作者取荷葉爲嘴，採荷花梗爲撑，藝術地暗示了晶瑩潔白的荷花的美態，讓我們借助想像欣賞它出污泥而不染的風姿，真是"品茗遺興人不老，自有樂趣天上無"。

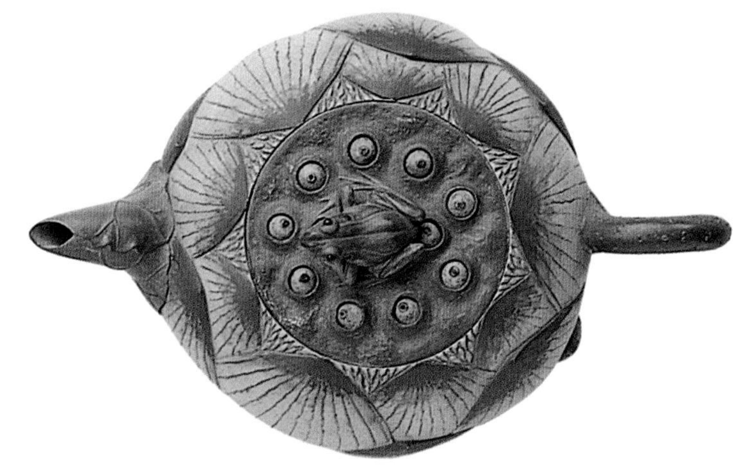

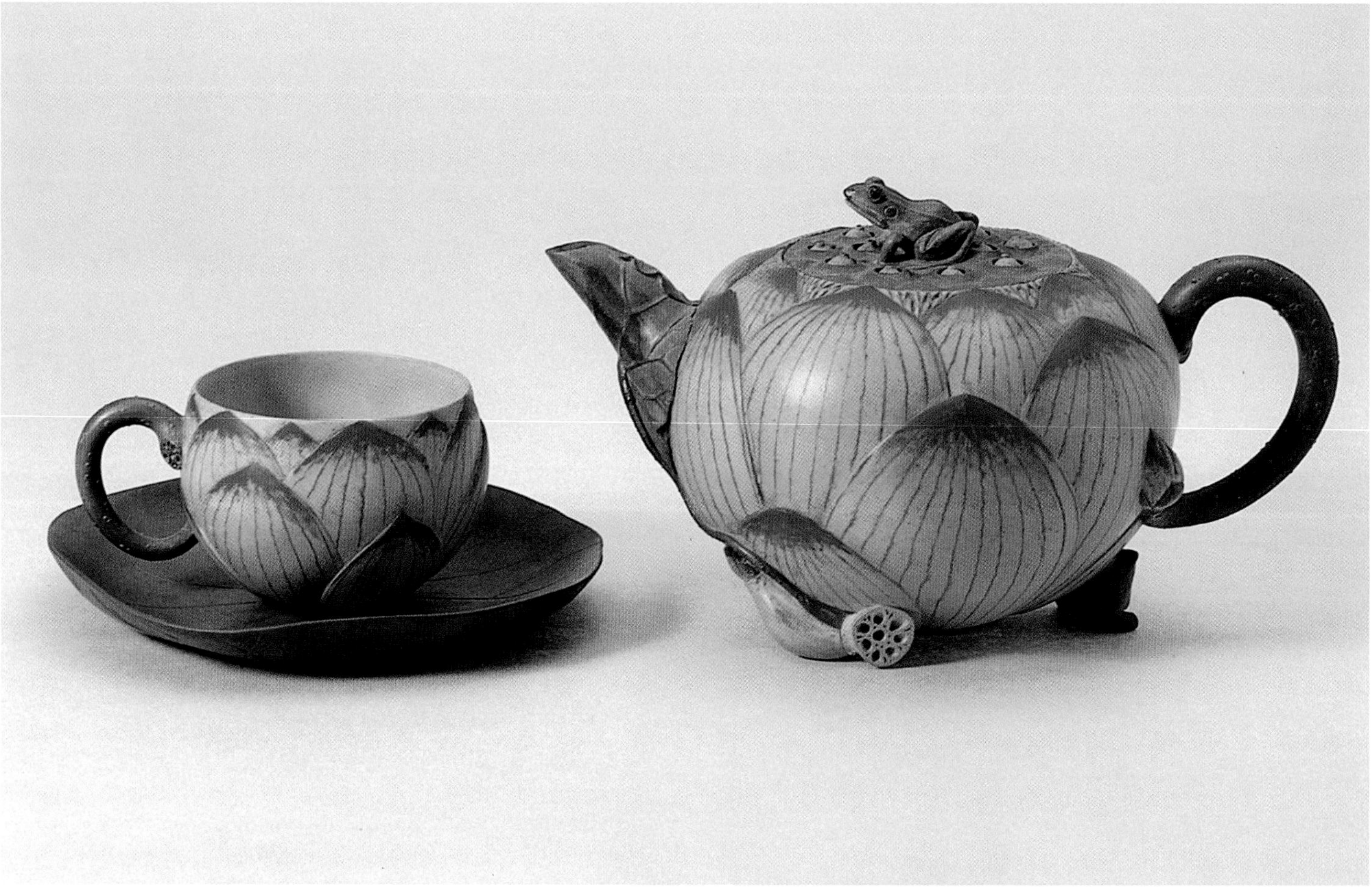

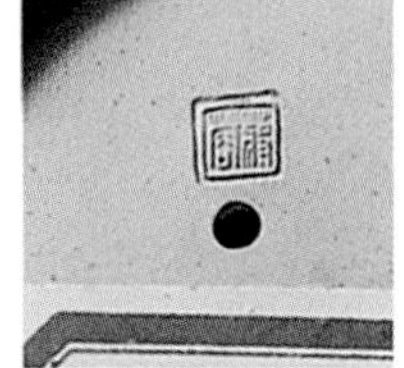

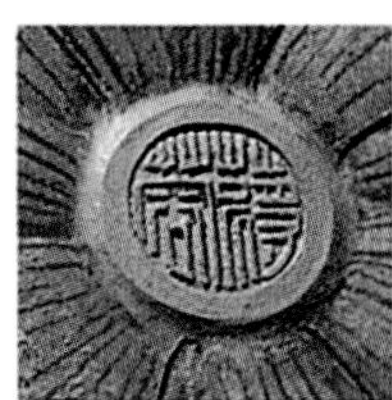

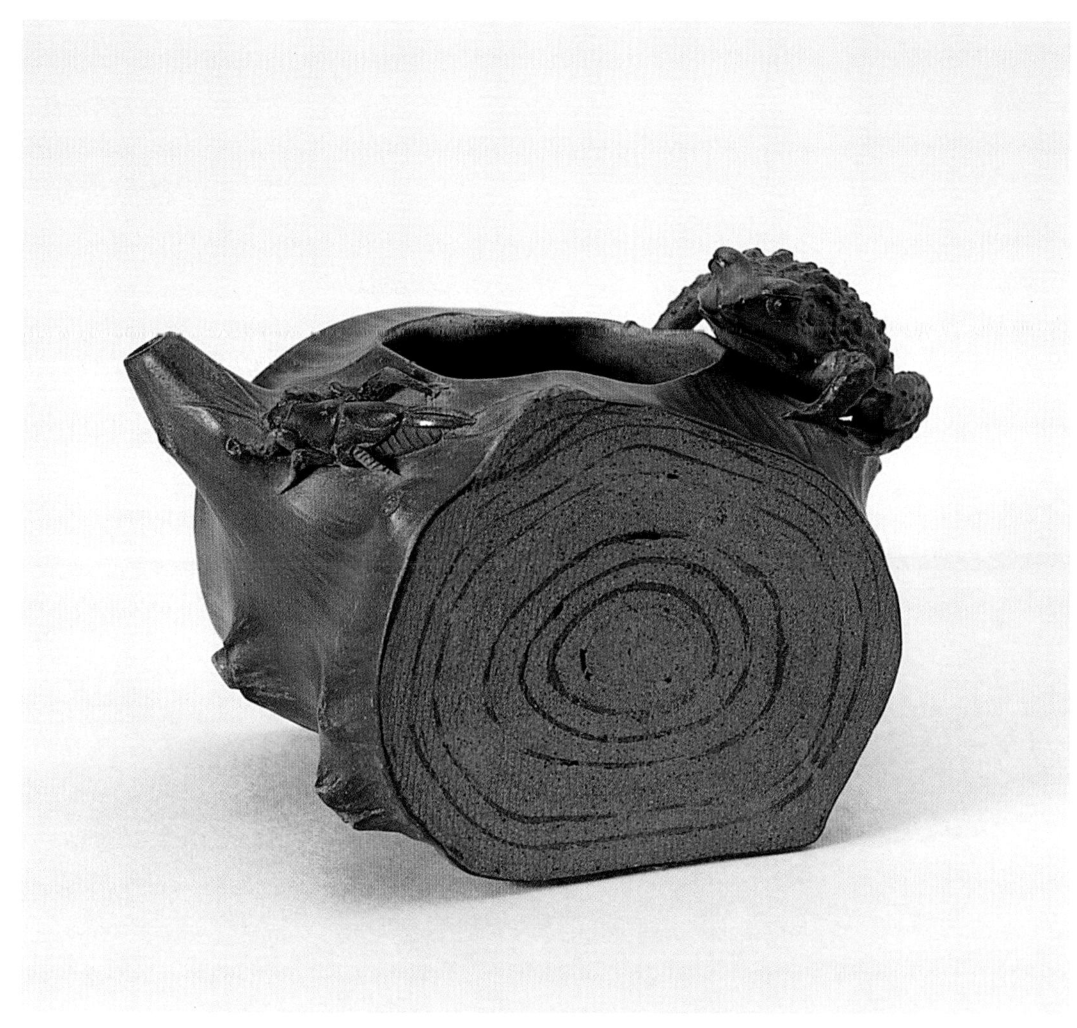

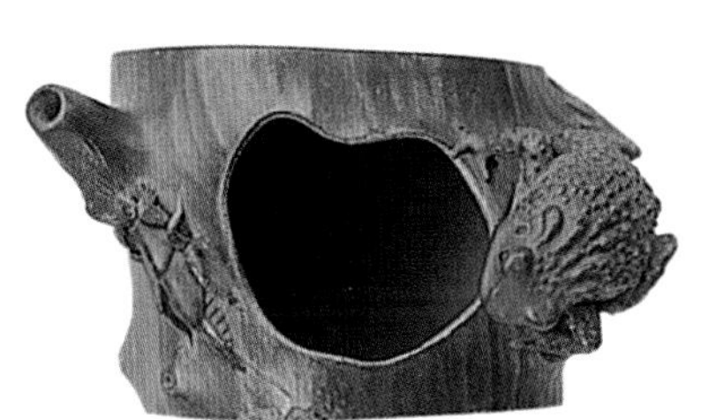

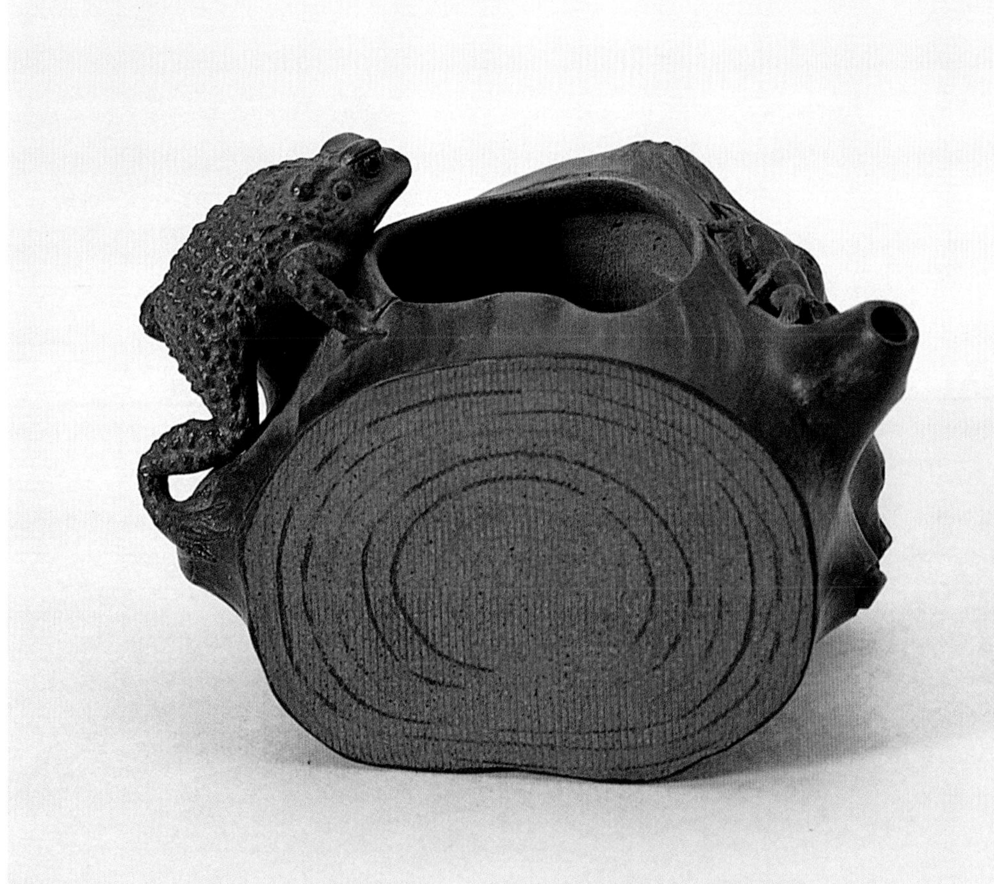

213.

蛤蟆捕蟲水盂

蔣蓉

高86mm

口徑橫49mm　縱41mm

邊印：蔣蓉

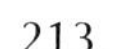

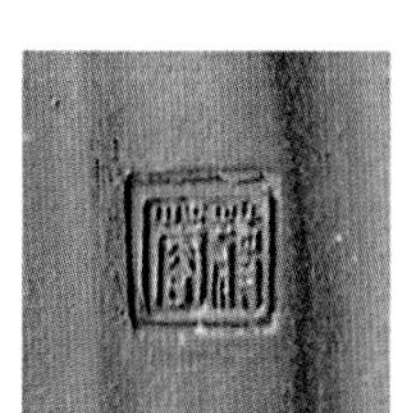

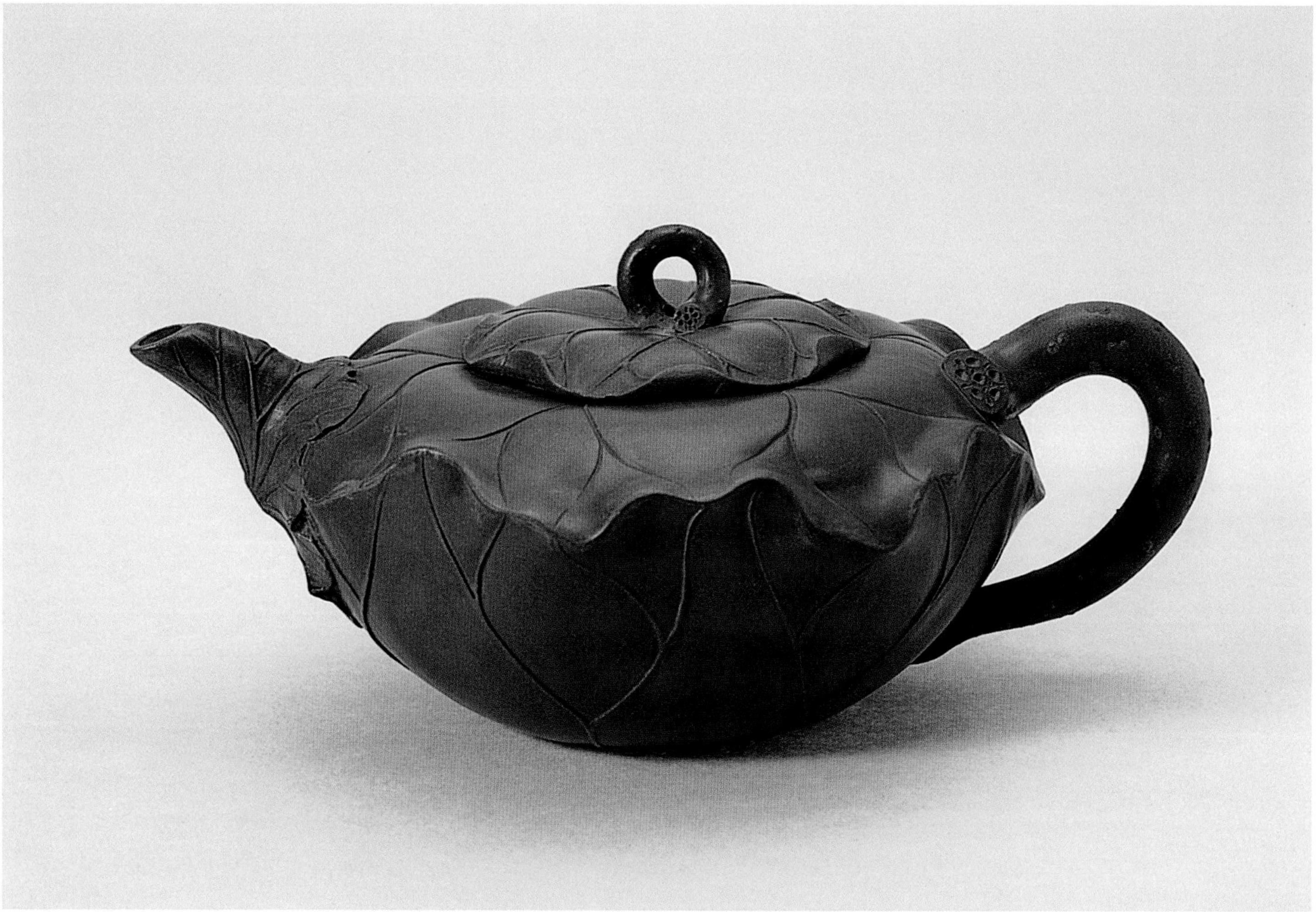

214.

荷葉壺

蔣蓉

高91mm　口徑65mm

蓋印：蔣蓉

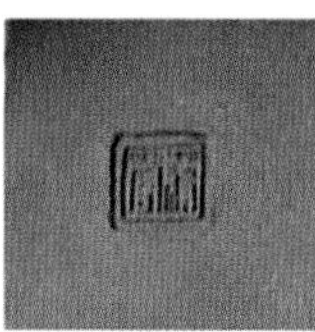

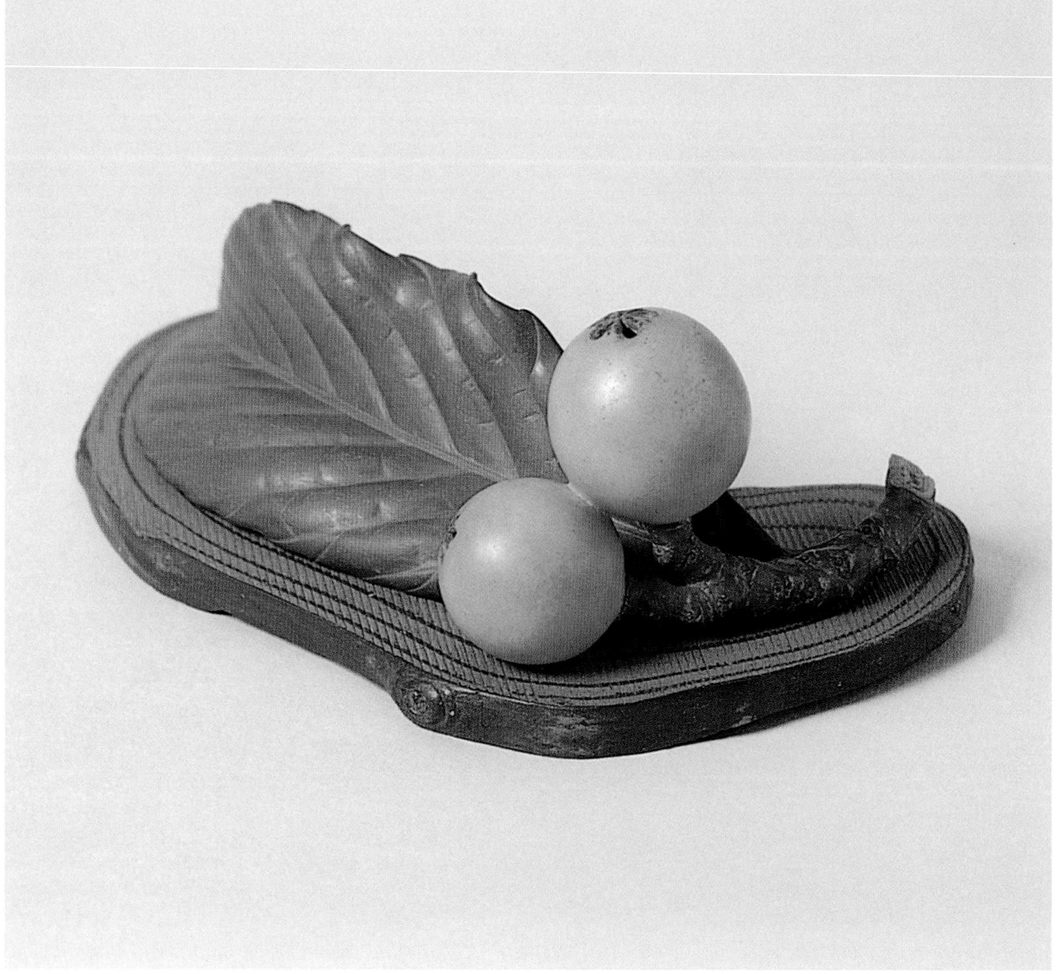

215.

枇杷

蔣蓉

高62mm　寬160mm

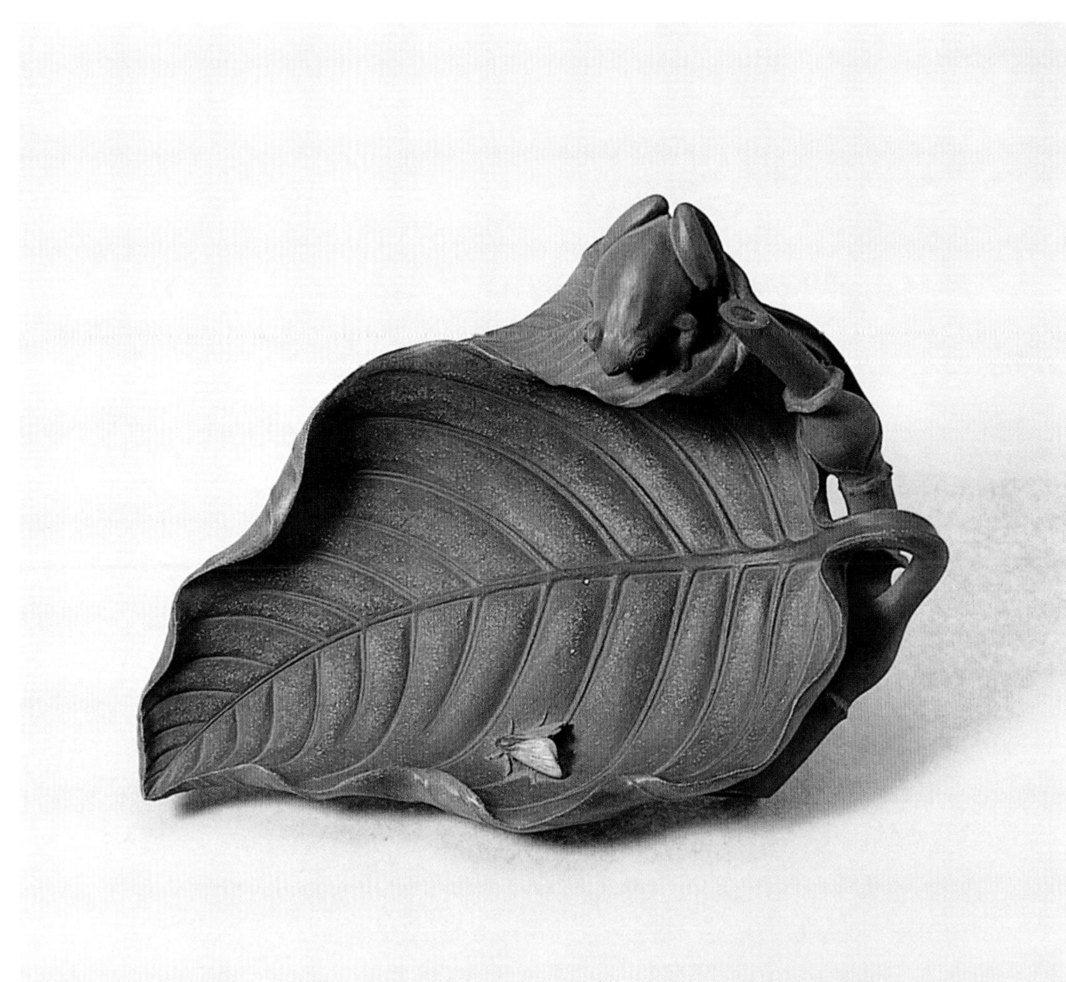

216.
蛙葉碟
蔣蓉
高53mm
長136mm
底印：蔣蓉

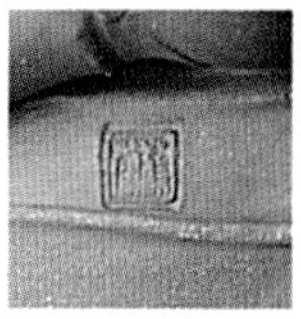

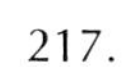

217.
小荸薺壺
蔣蓉
高57mm
口徑38mm
把梢印：蔣
底印：蓉

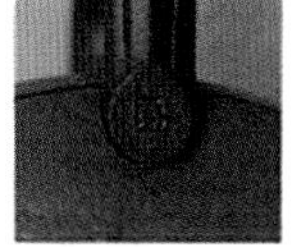

荷花瓣杯
蔣蓉
高42mm
寬137mm
底印：蔣、蓉

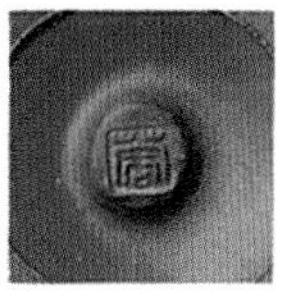

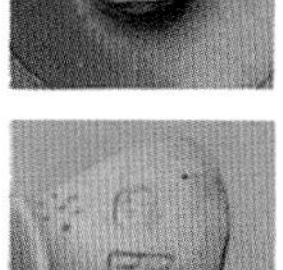

桃壺
蔣蓉
高76mm
寬108mm
把梢印：蔣、蓉

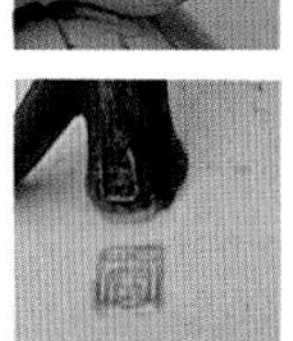

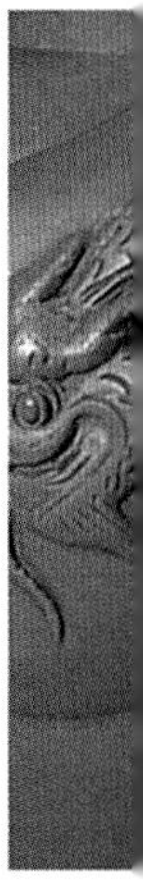

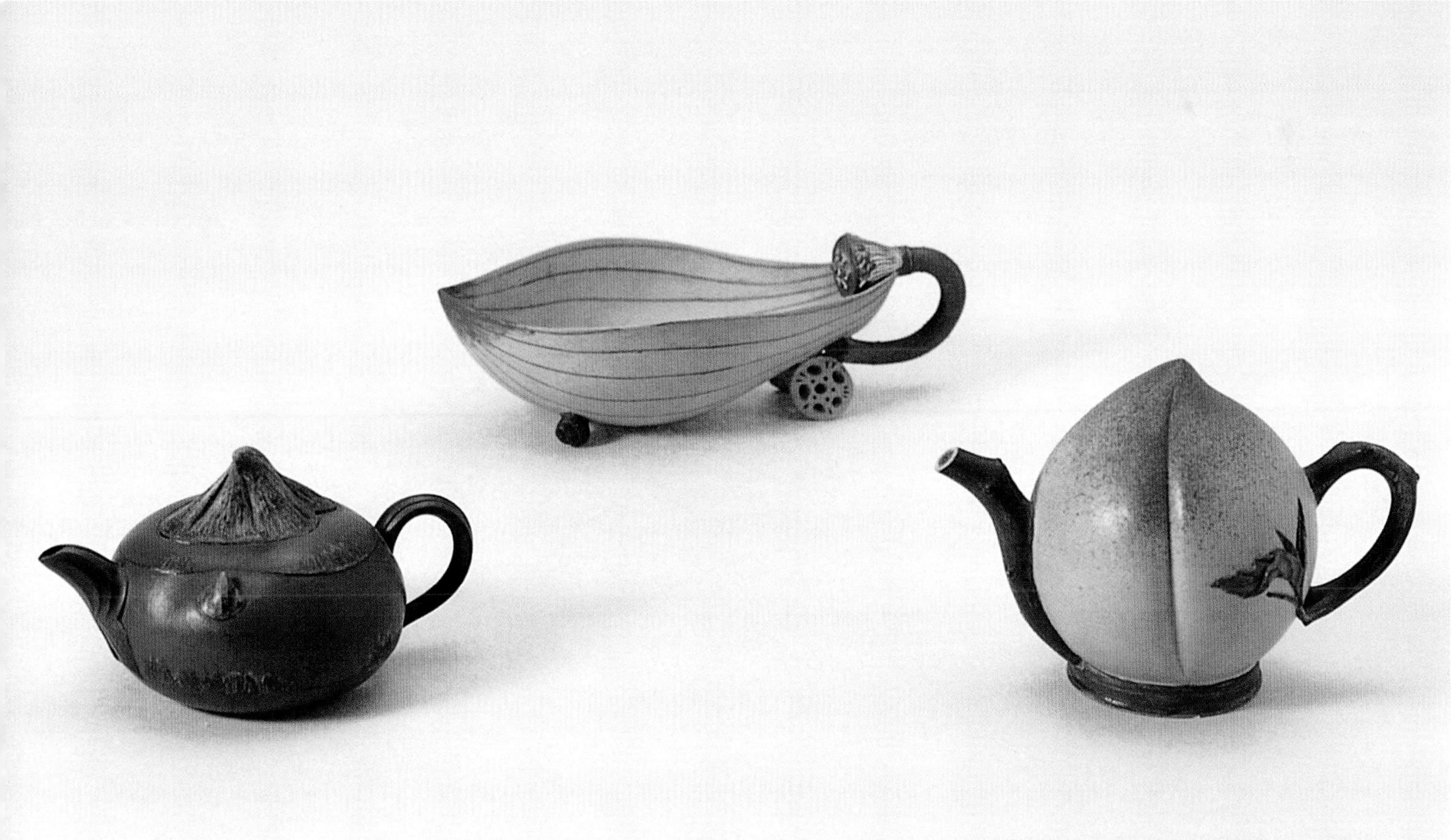

218.

菱花漢扁

吳純根

高89mm　口徑93mm

底印：吳純耿

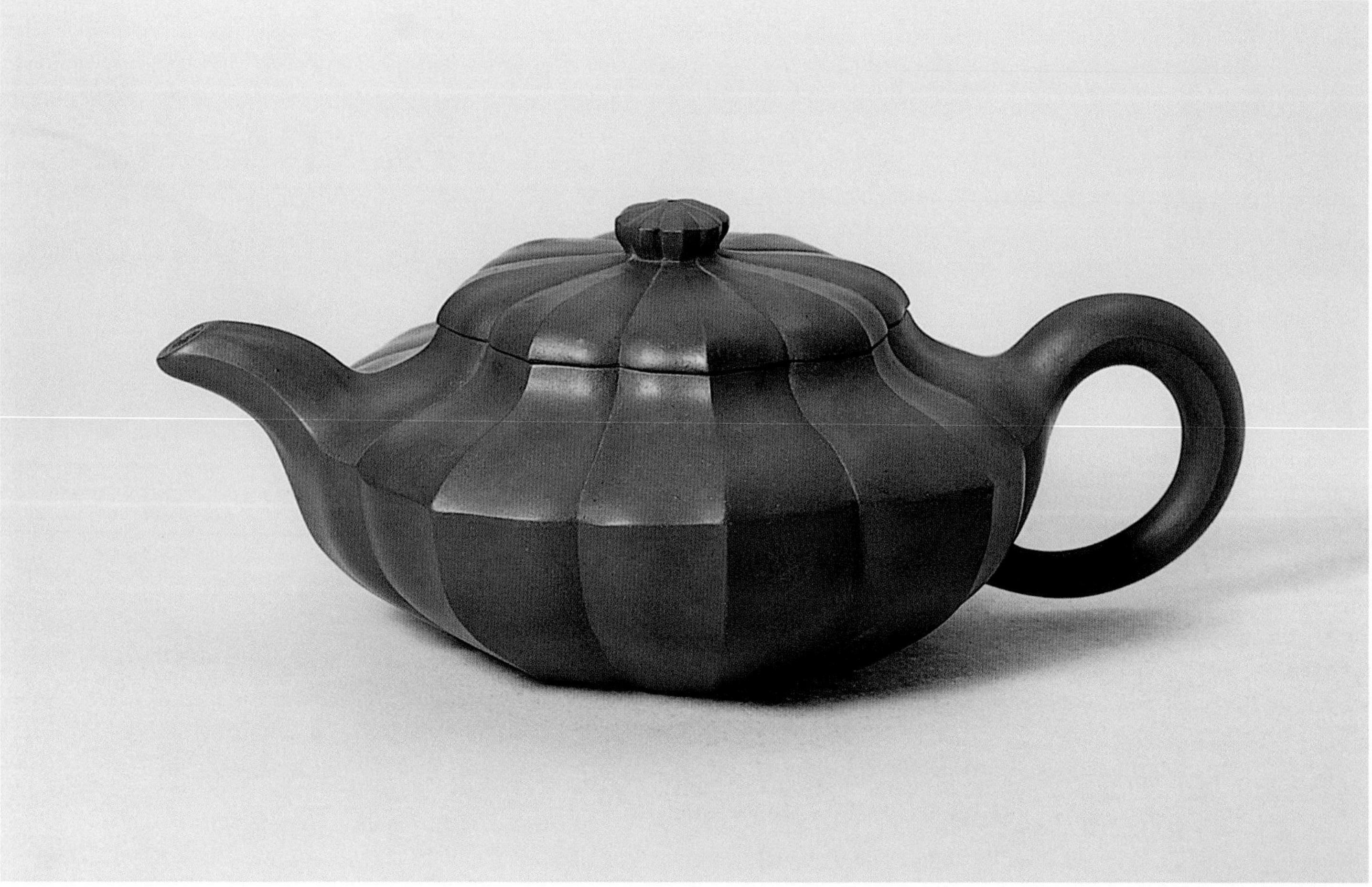

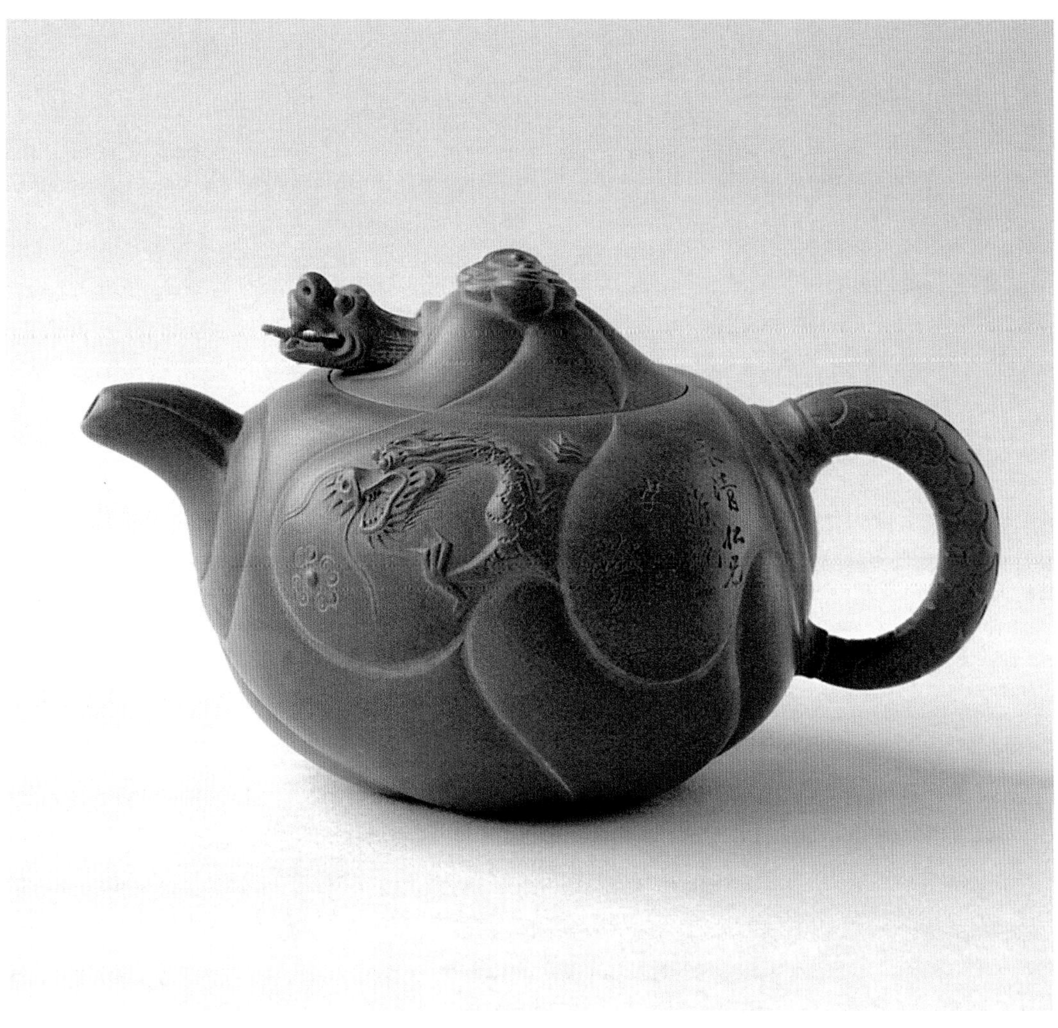

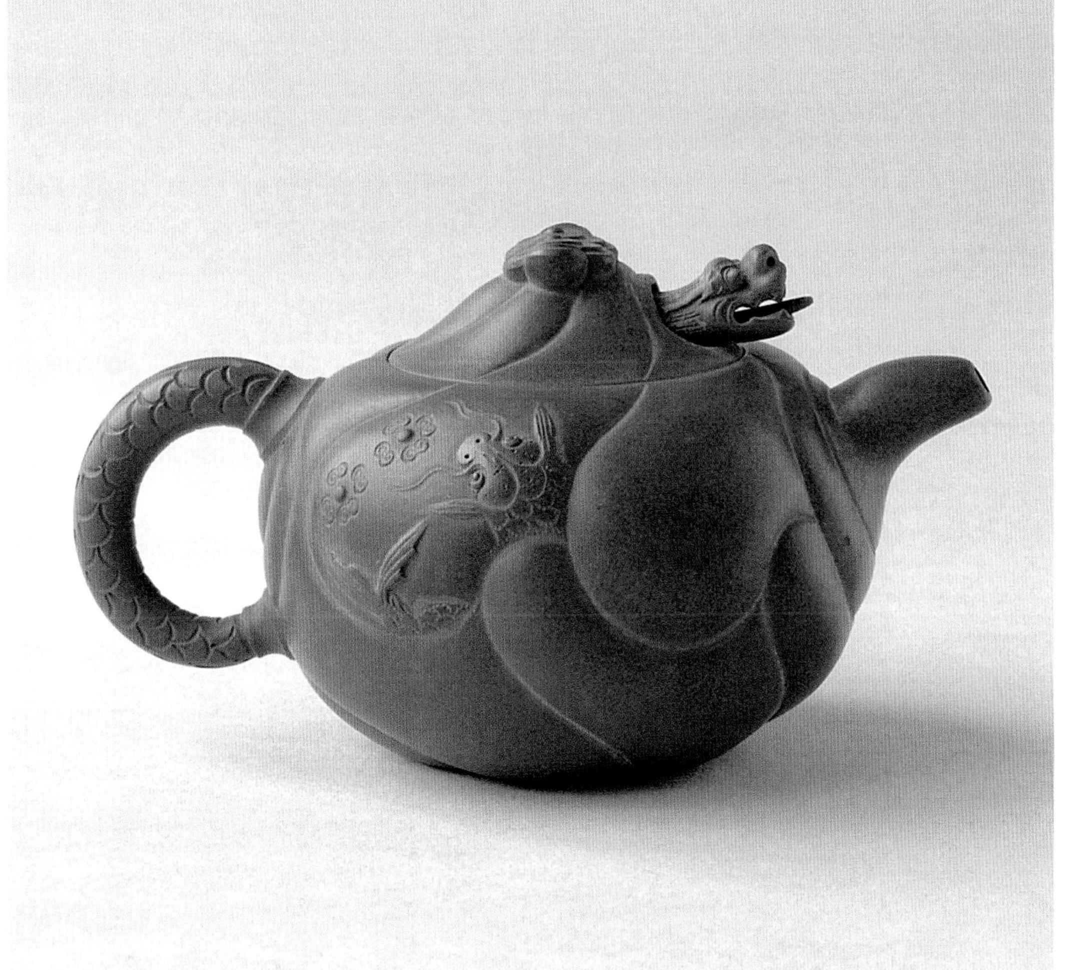

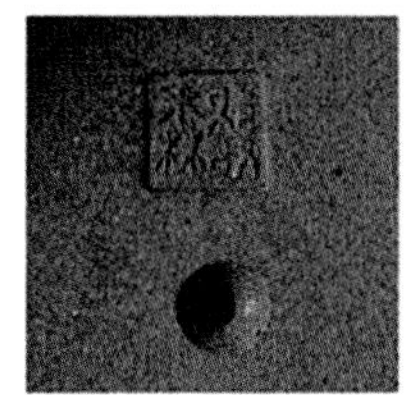

219.

魚化龍

施福生

高93mm　口徑64mm

蓋印：馥森

220.
提梁禮花
徐漢棠
高150mm　口徑92mm

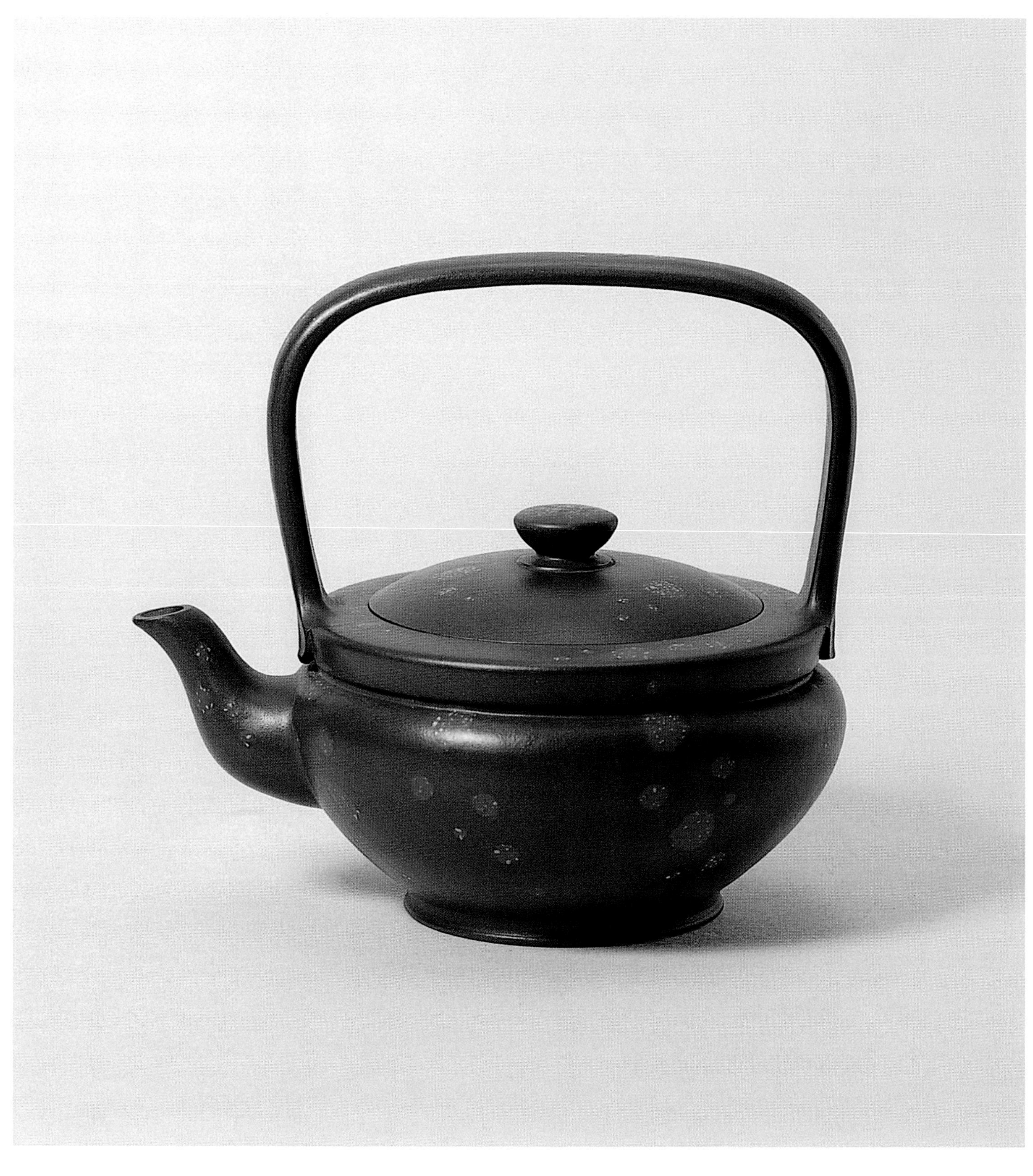

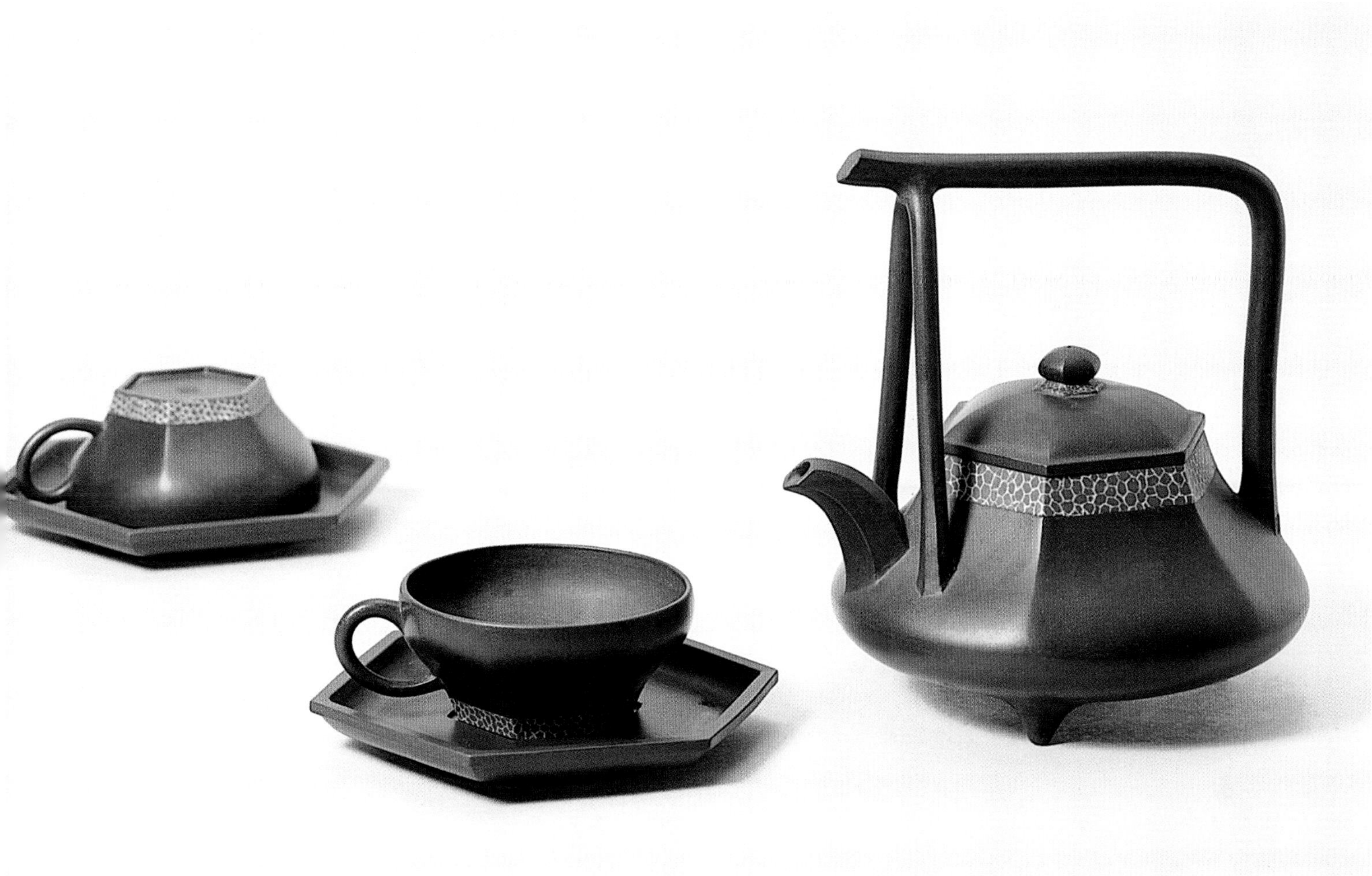

221.
提梁花邊茶具
徐漢棠
壺高146mm　口徑68mm
杯高35mm　寬93mm
碟高15mm　直徑111mm

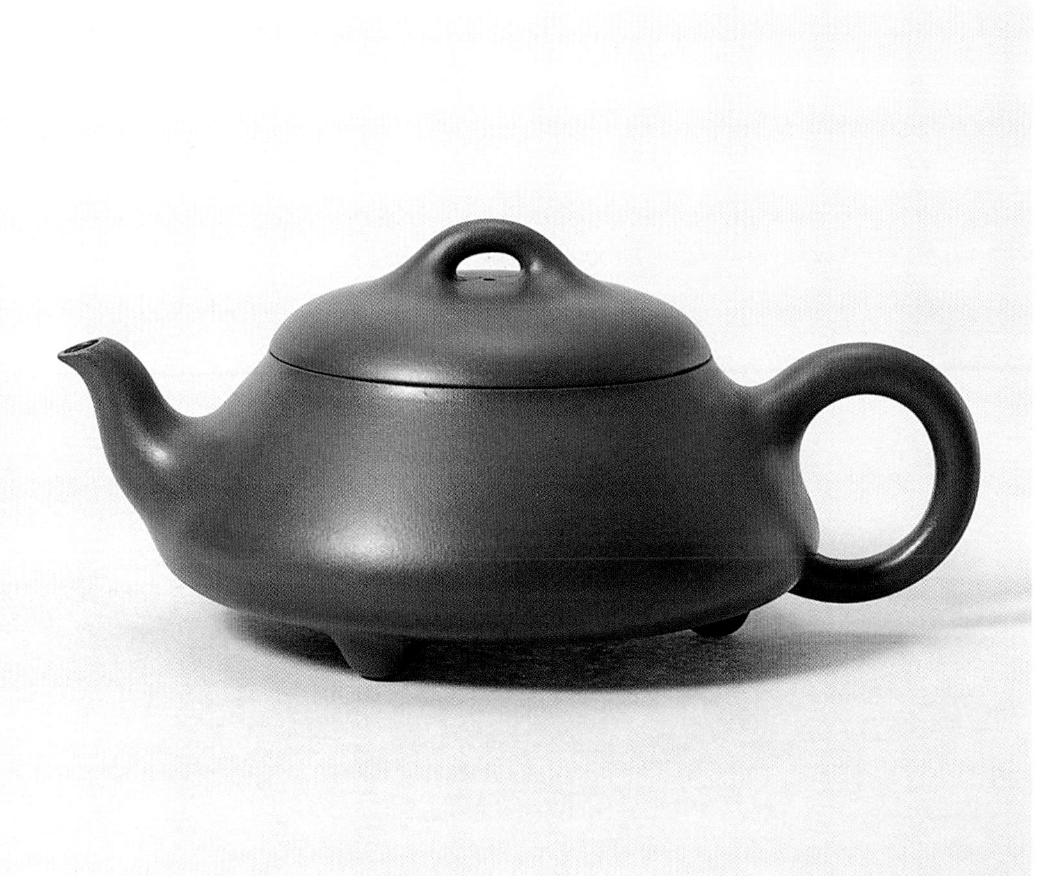

222.
矮石瓢
徐漢棠
高82mm　口徑80mm

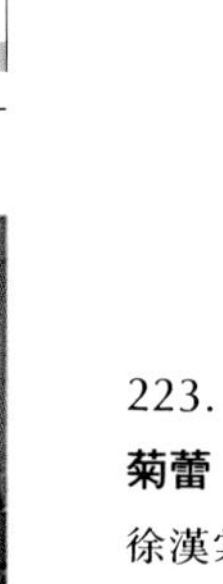

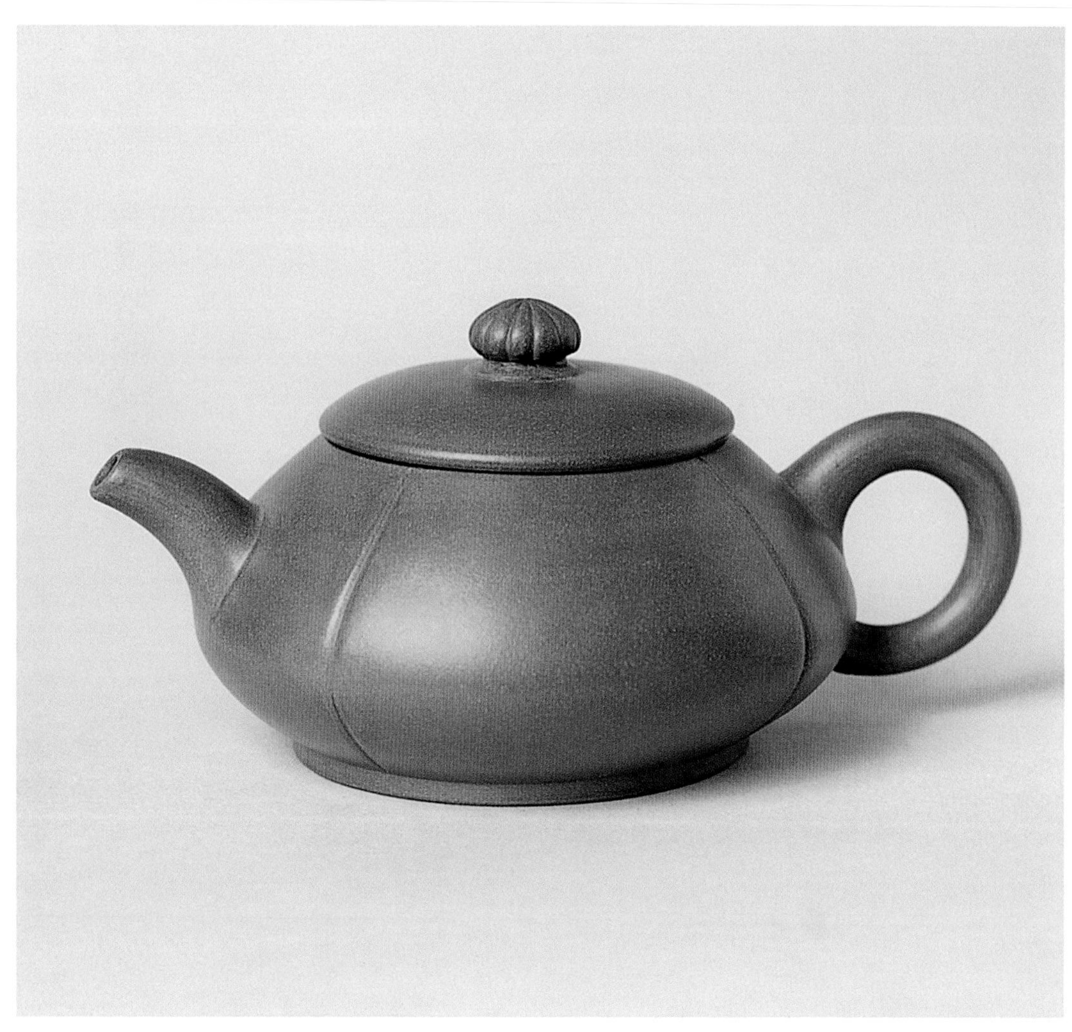

223.

菊蕾

徐漢棠

高85mm　口徑75mm

◉　此壺是顯示作者製作功力的傳統產品，也是作者的代表作。

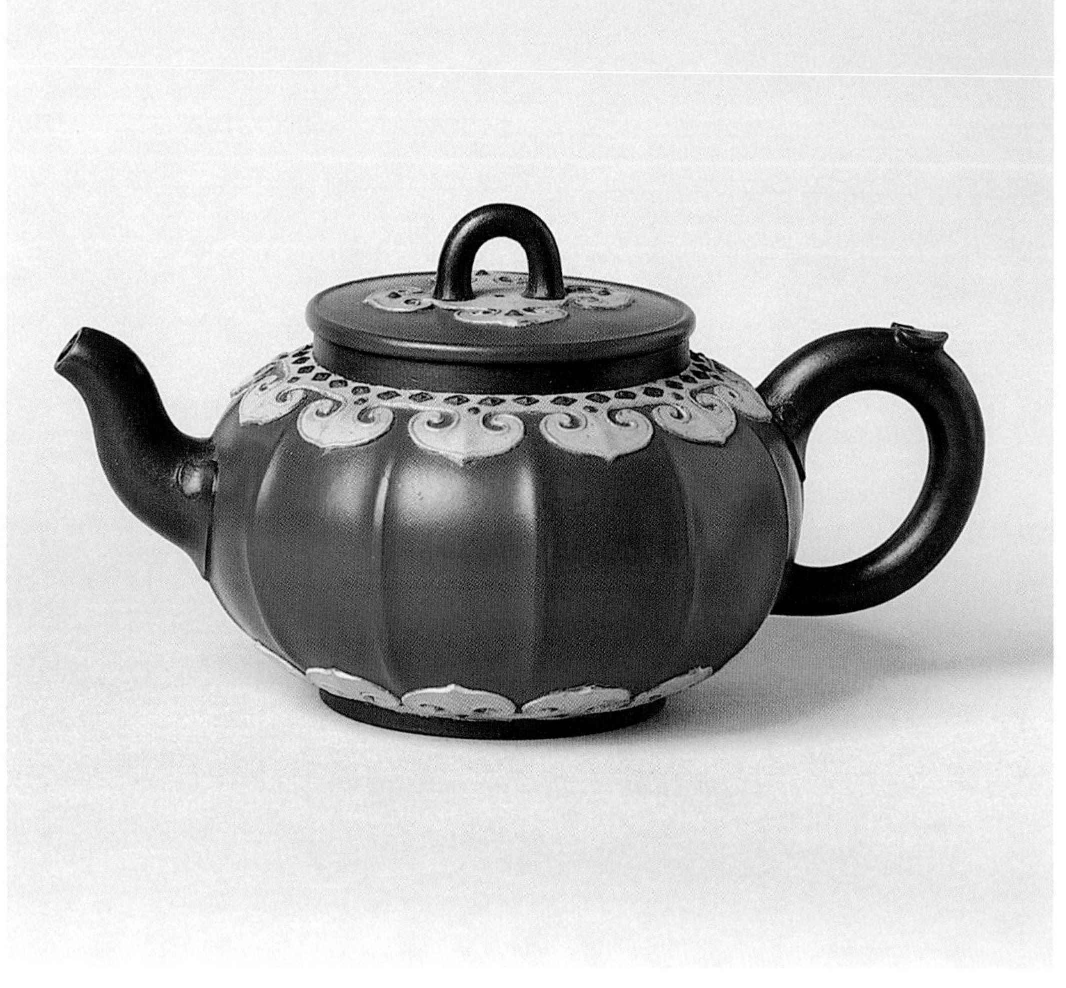

224.

龍宮寶燈

徐漢棠

高95mm　口徑72mm

◉　用紅、黃、黑三色泥料配製而成，令人感覺富麗協調，但三種泥的收縮率不同，生產工藝極難掌握。壺體莖瓤用凸綫，再加上連續如意圖案的浮貼雕，製作難度極大，故此壺不易複製。

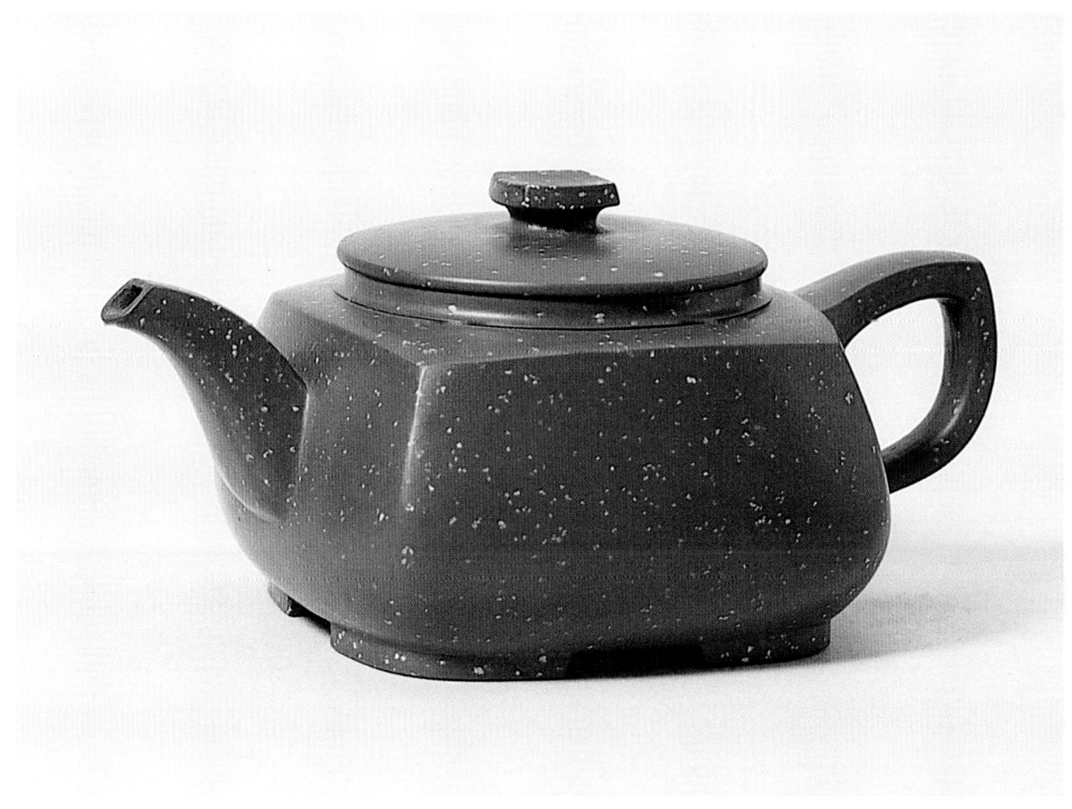

225.
砂四方壺
徐漢棠
高84mm　口徑78mm

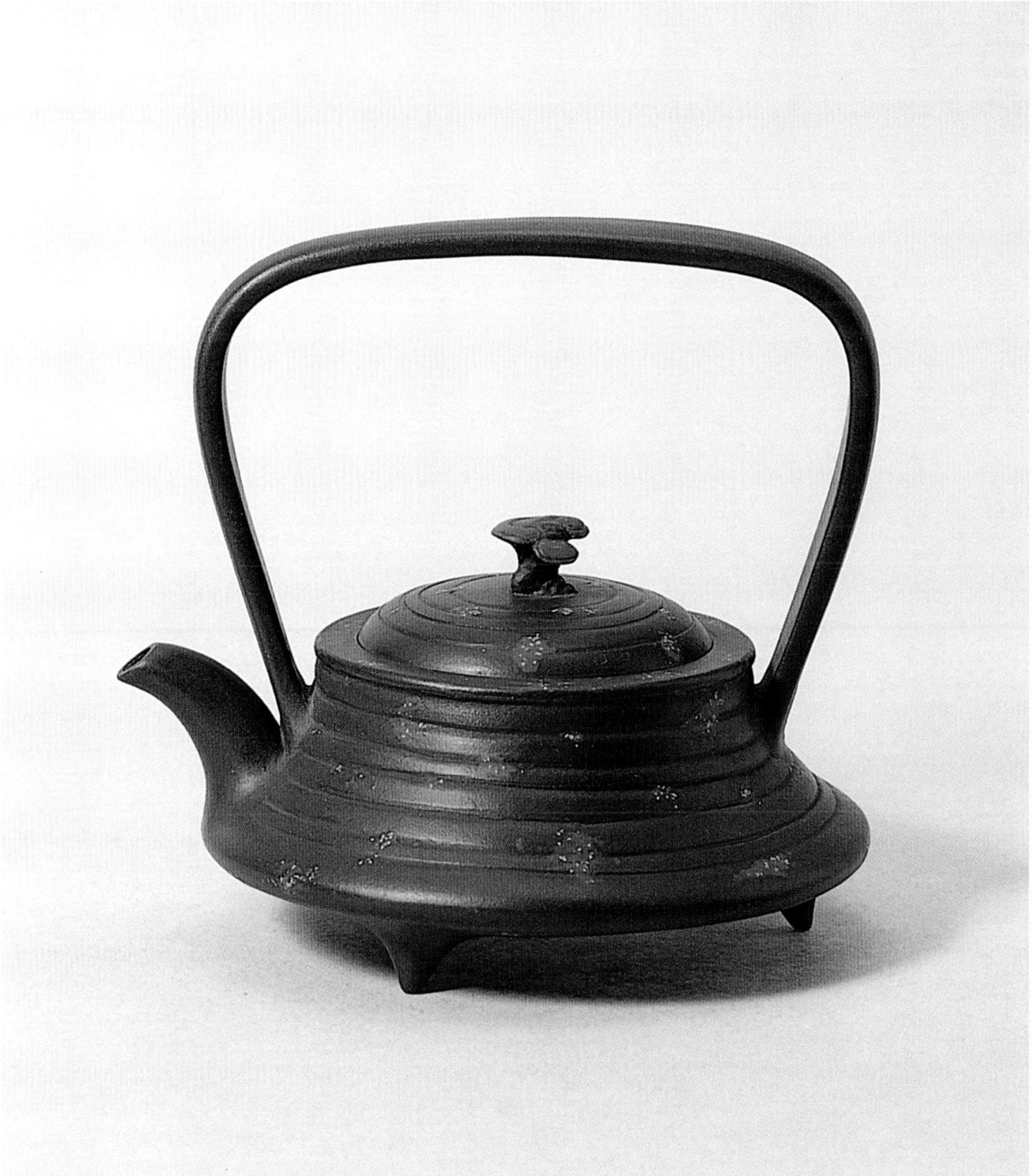

226.
提梁靈芝
徐漢棠
高124mm　口徑64mm

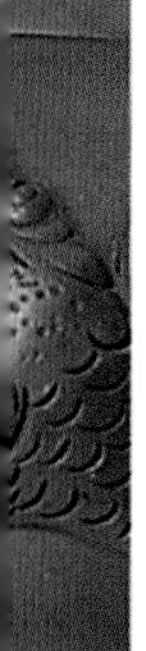

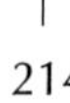

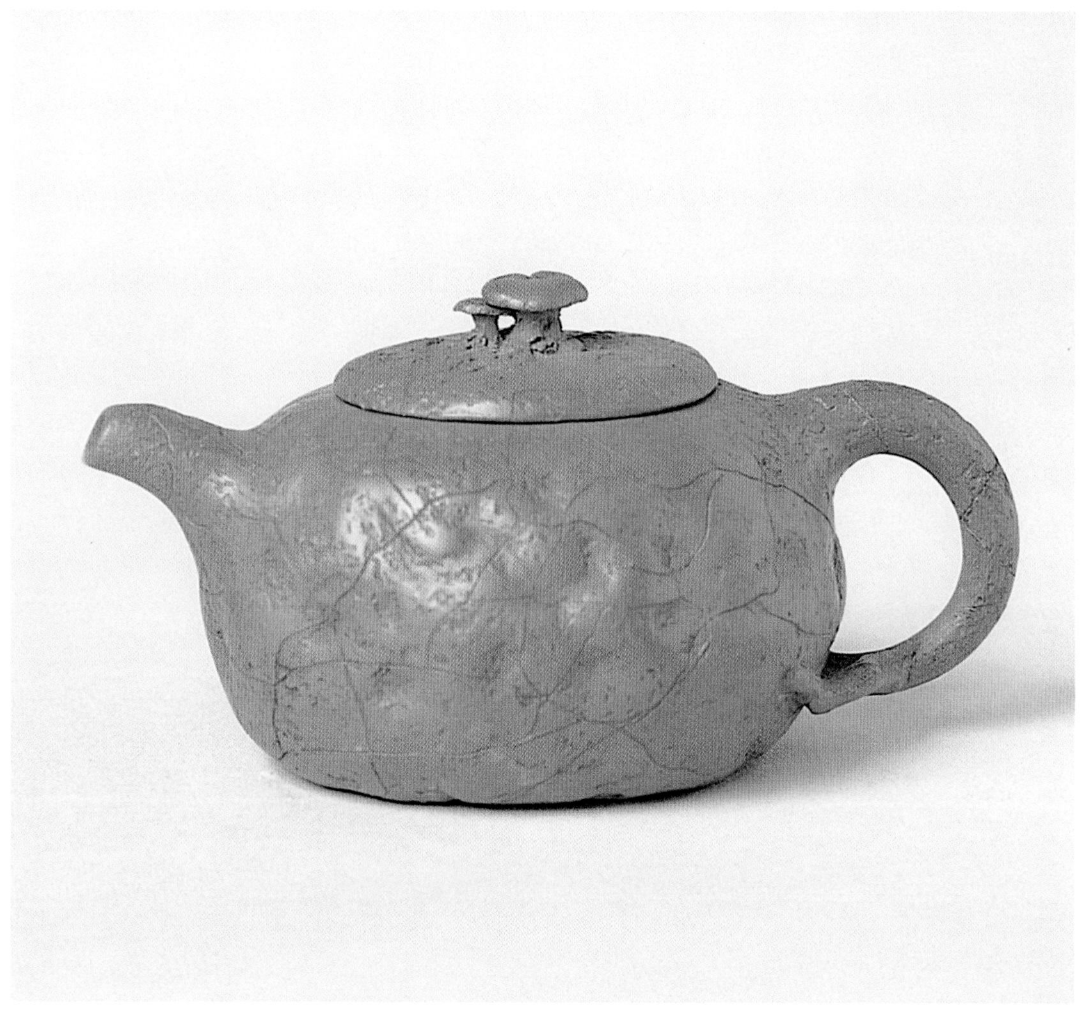

227.

靈芝供春壺

徐漢棠

高78mm

口徑橫55mm　縱46mm

◉　仿供春樹瘿壺，黃玉麟曾多次複製，蓋點爲瓜蒂狀，此處試以靈芝飾之，更顯古樸協調。

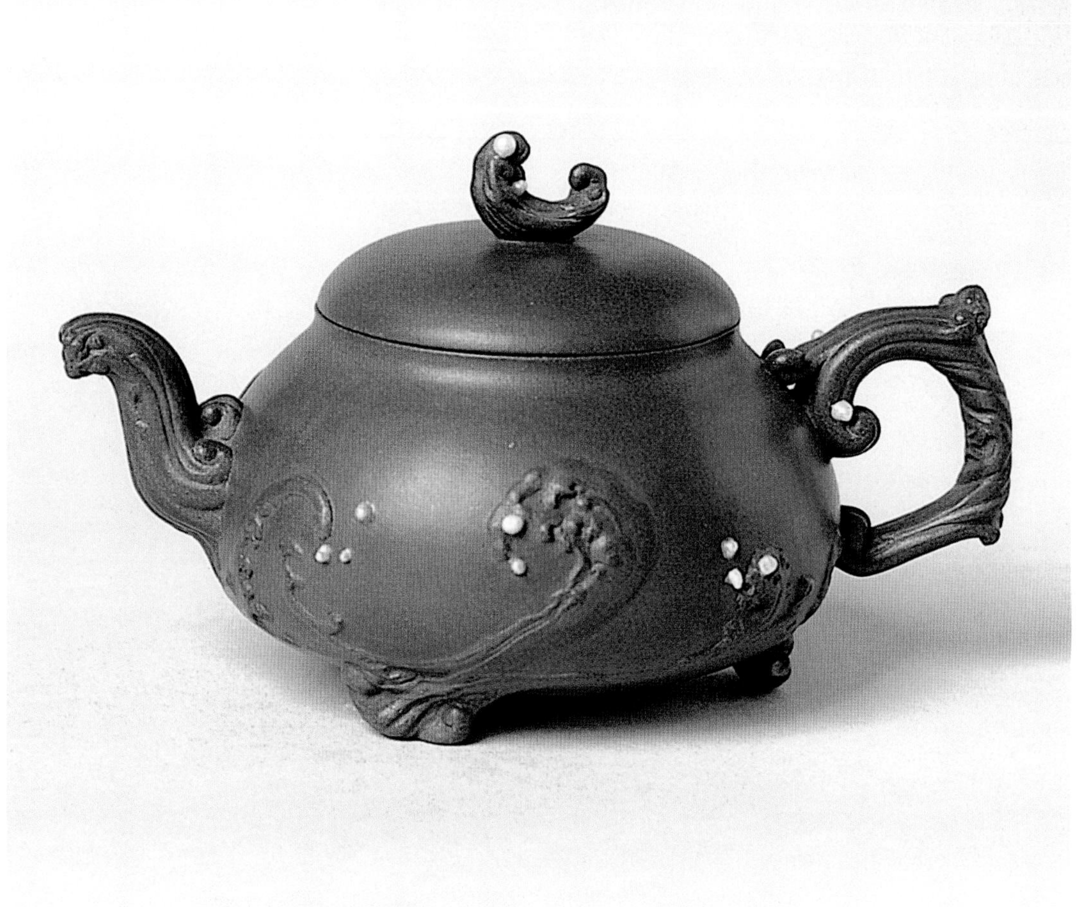

228.

碧海明珠

徐漢棠

高100mm　口徑75mm

◉　此壺是爲一九八七年香港海洋公司舉辦的“紫砂壺藝展覽”而作的“海洋壺”，壺體以珍珠鑲嵌，顯示了新的裝飾手段。

229.

提梁菱花

徐漢棠

高152mm

口徑橫106mm　縱74mm

◉　此壺顯示了紫砂洗練而精巧端莊且秀麗的造型風格，製技精湛，非具有嚴謹基礎功力者絕不能達，是作者的精品代表作之一。

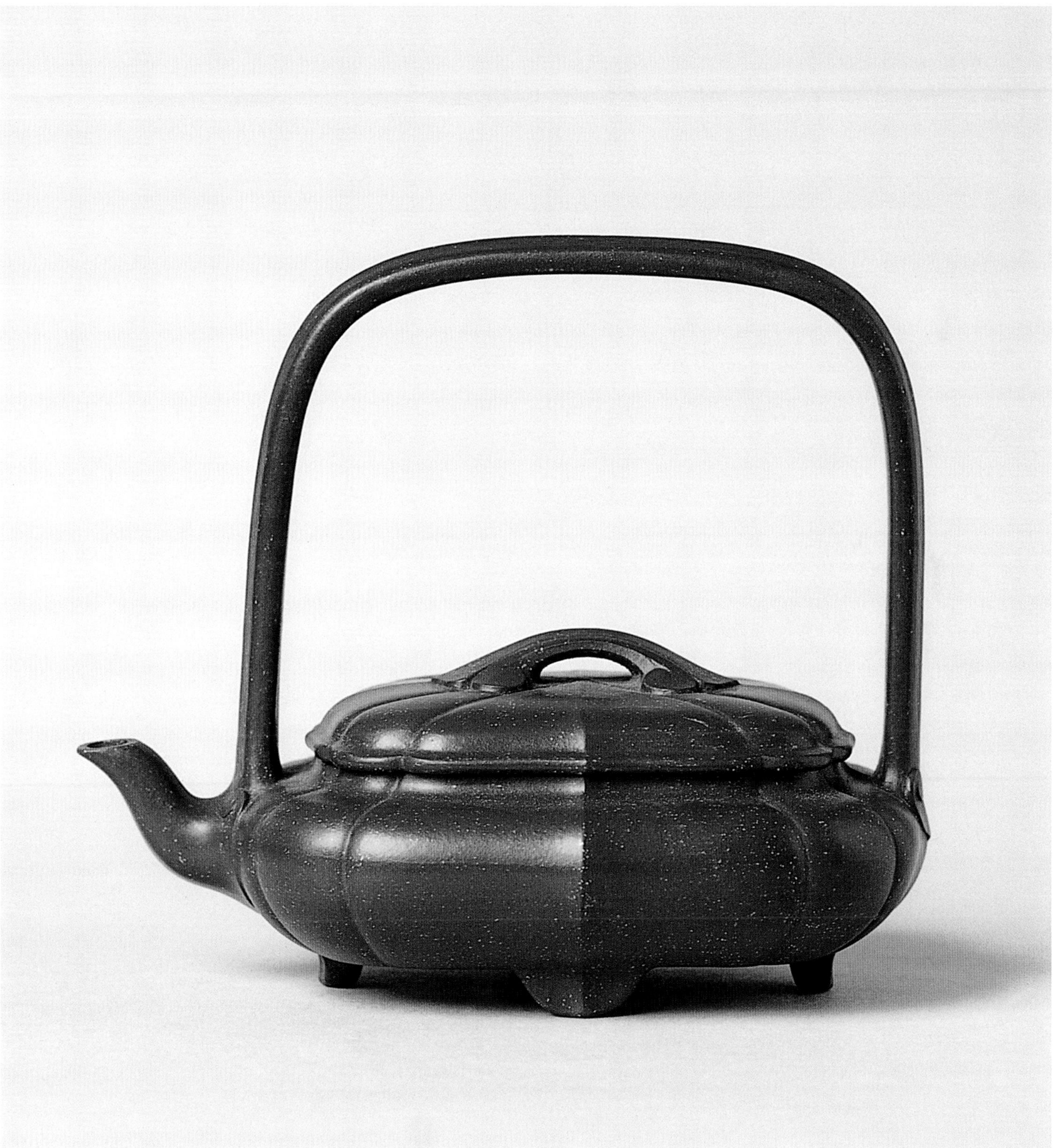

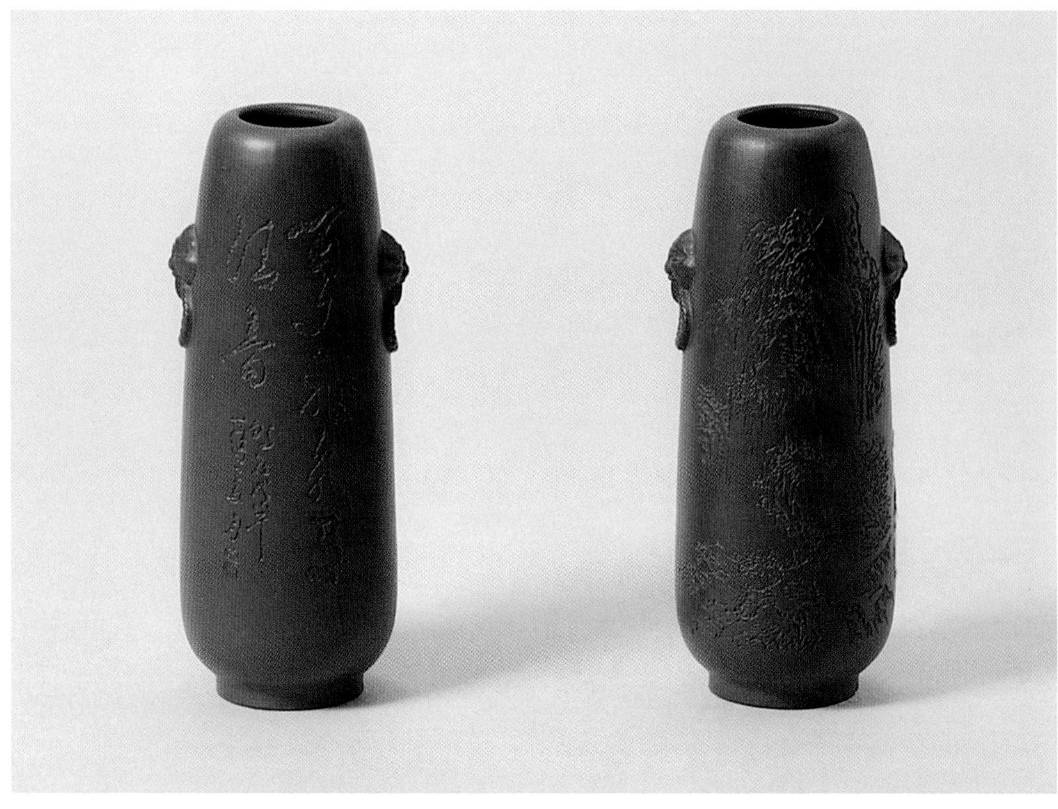

230.
獅頭小花瓶
徐漢棠
高120mm　寬43mm

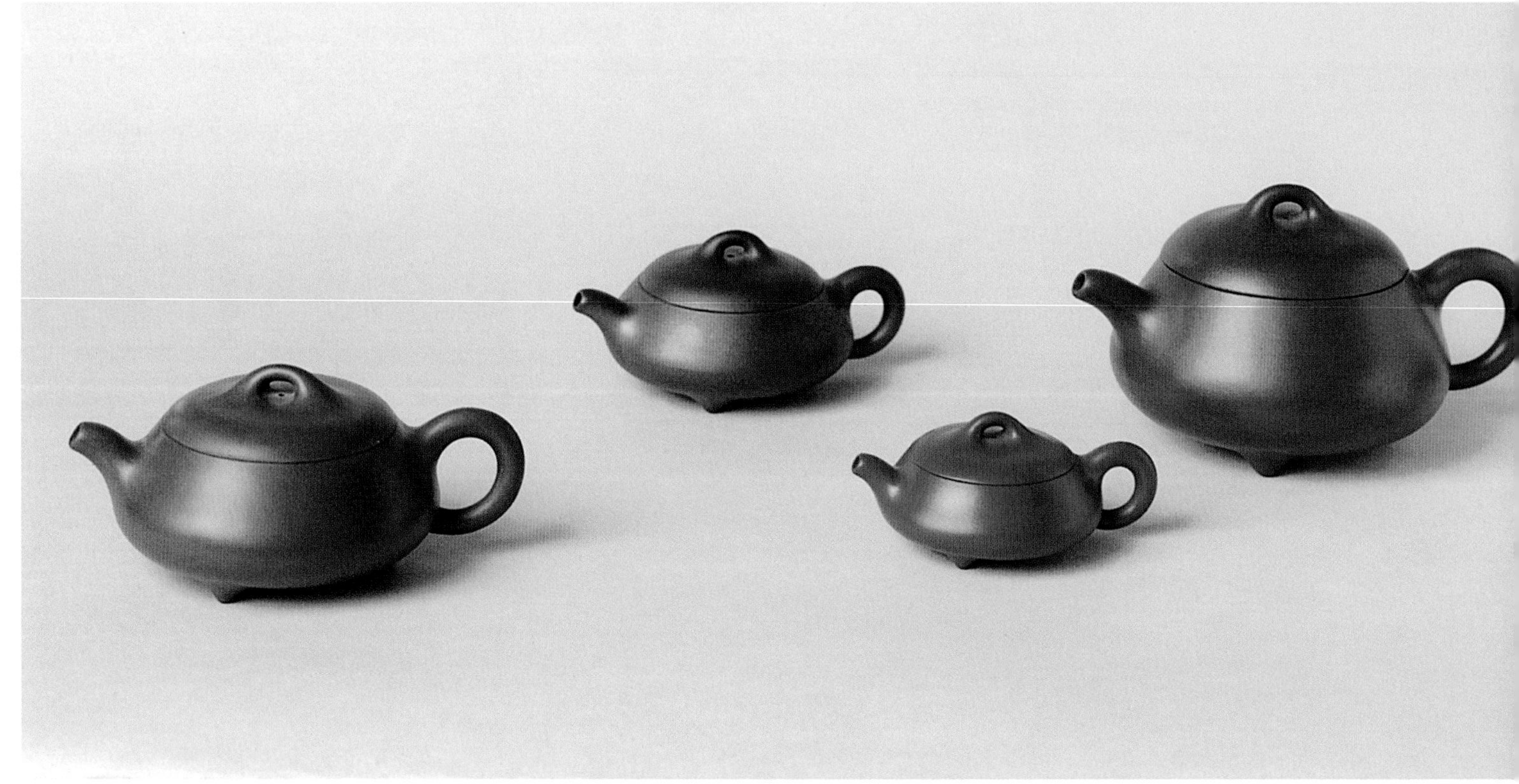

231.
四代同堂
徐漢棠
A高95mm　口徑87mm
B高67mm　口徑75mm
C高60mm　口徑67mm
D高45mm　口徑57mm

◉　石瓢是傳統品種的代表之一，作者以系列出之，一組四壺，用四種泥色；壺體比例稍有變化，大高小扁，以示徐氏製壺者現已"四代同堂"。

232.

小長方如意脚盆
徐漢棠
高58mm　長110mm

小圓鼓子盒
徐漢棠
高29mm　寬112mm

八方圓口盆
徐漢棠
高56mm　寬102mm

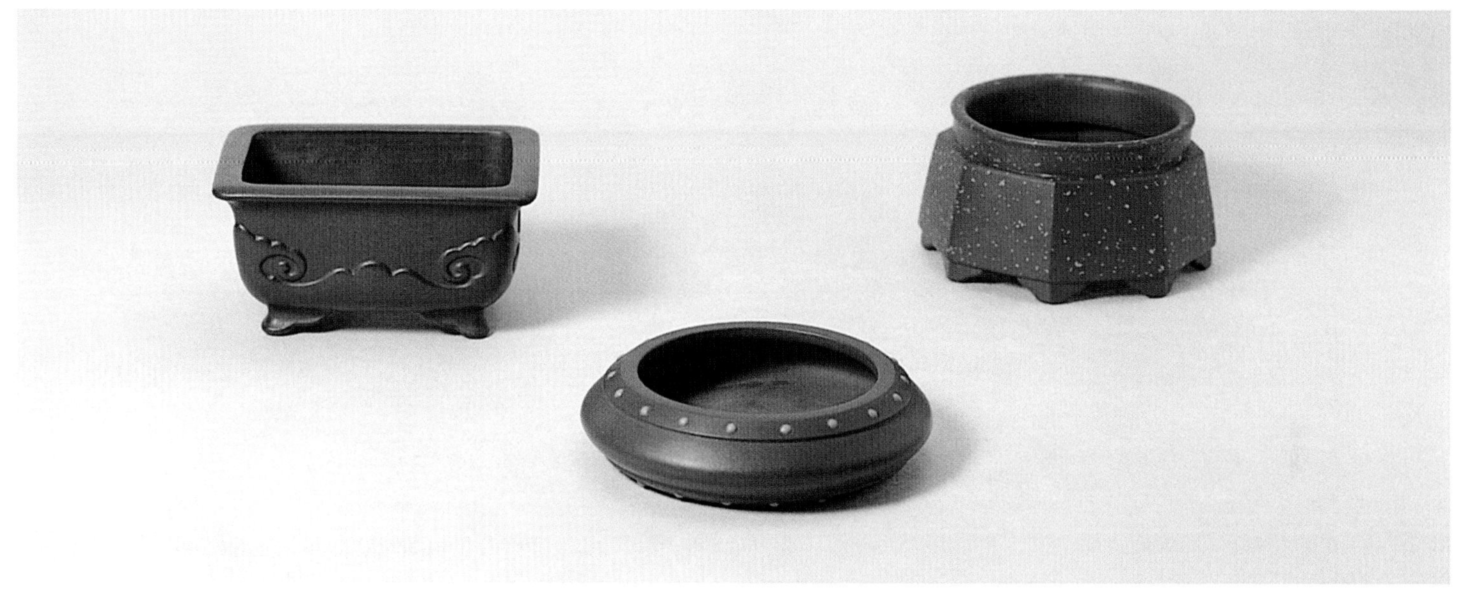

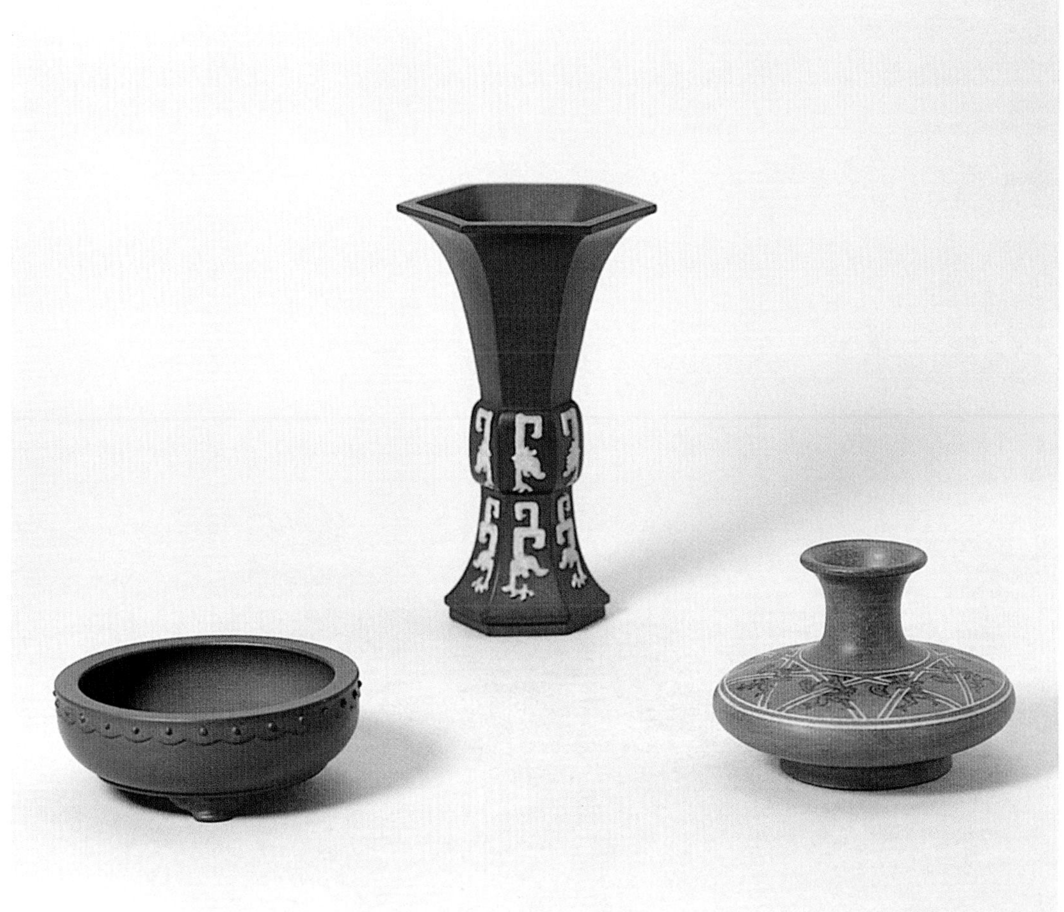

233.

六方喇叭口小瓶
徐漢棠
高125mm　寬66mm

紅小圓三足盆
徐漢棠
高31mm　寬82mm

小矮圓花瓶
徐漢棠
高57mm　口徑39mm

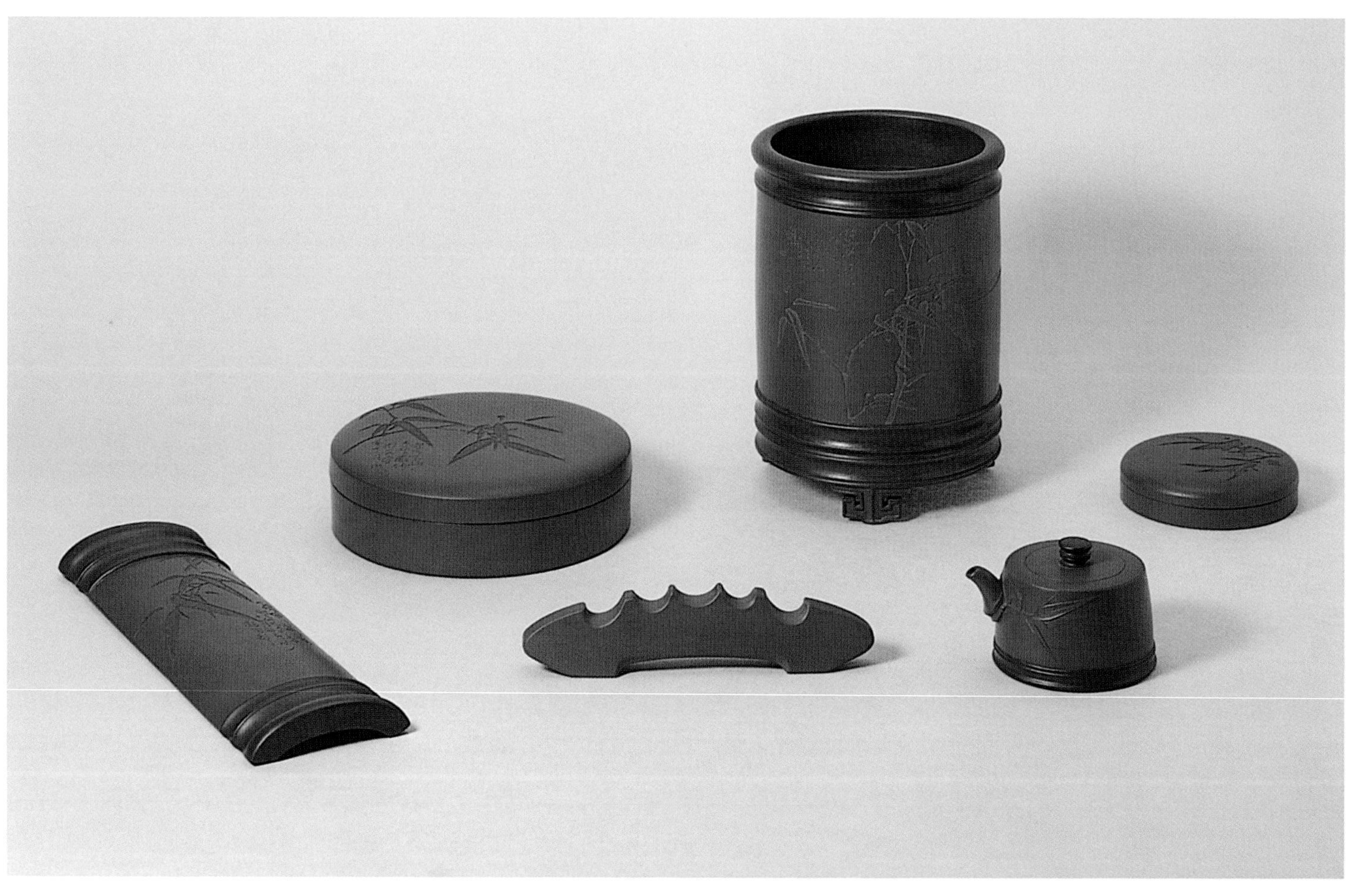

234.

文具

徐漢棠

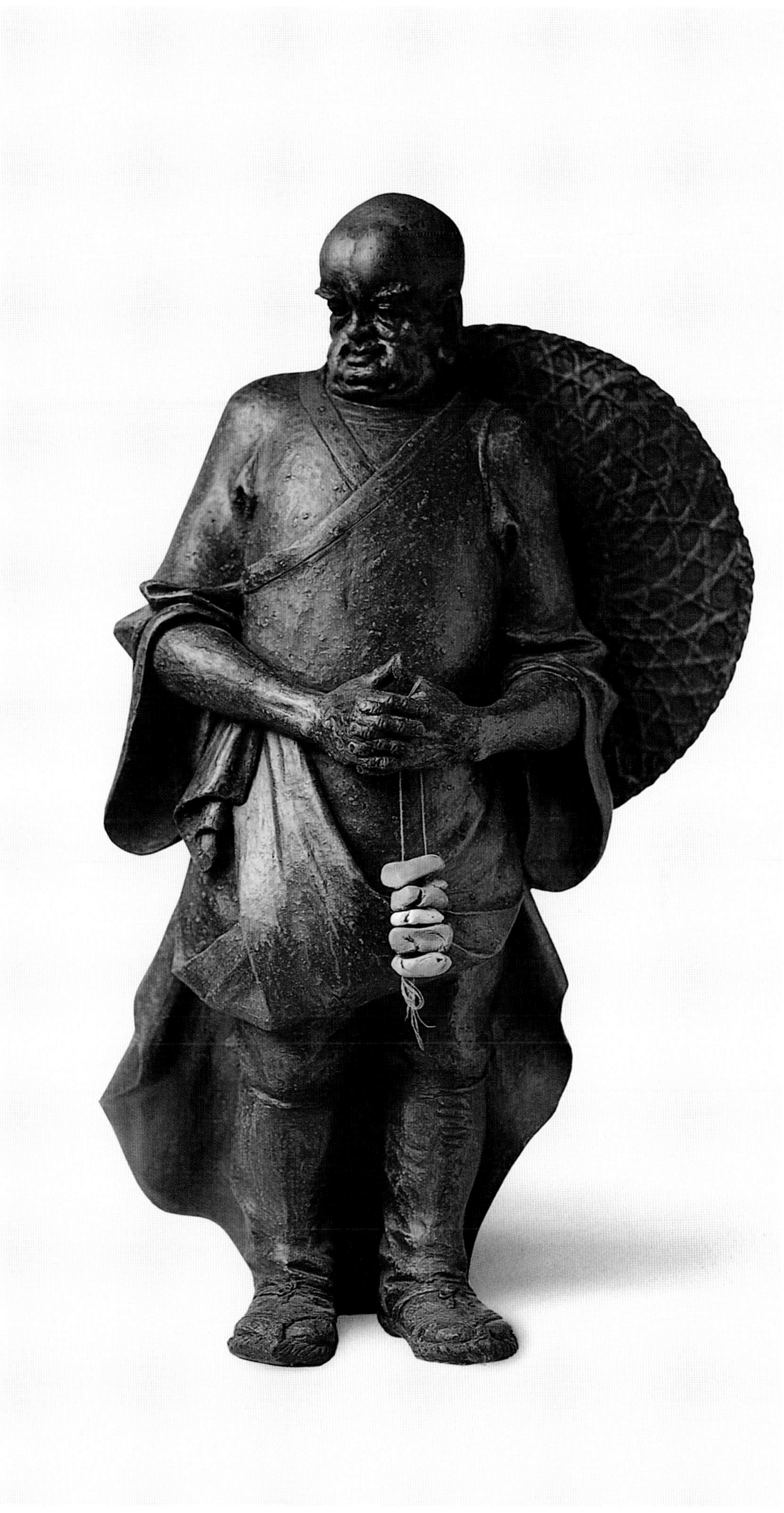

235.

始陶異僧

徐秀棠

高530mm

◉ 人物取材於紫砂專著《陽羨名壺系》原始篇："壺土初出時，有異僧經行村落，日呼曰賣富貴，人羣嗤之，僧曰貴不欲買，買富何如，因引村叟指山中產土之穴去，及發之，果備五色土，爛若披錦。"老僧異貌，誇張出格而有度，衣着、山襪、雨帽有江南地域特點，神態玄奧並自信。是作者的代表作之一。

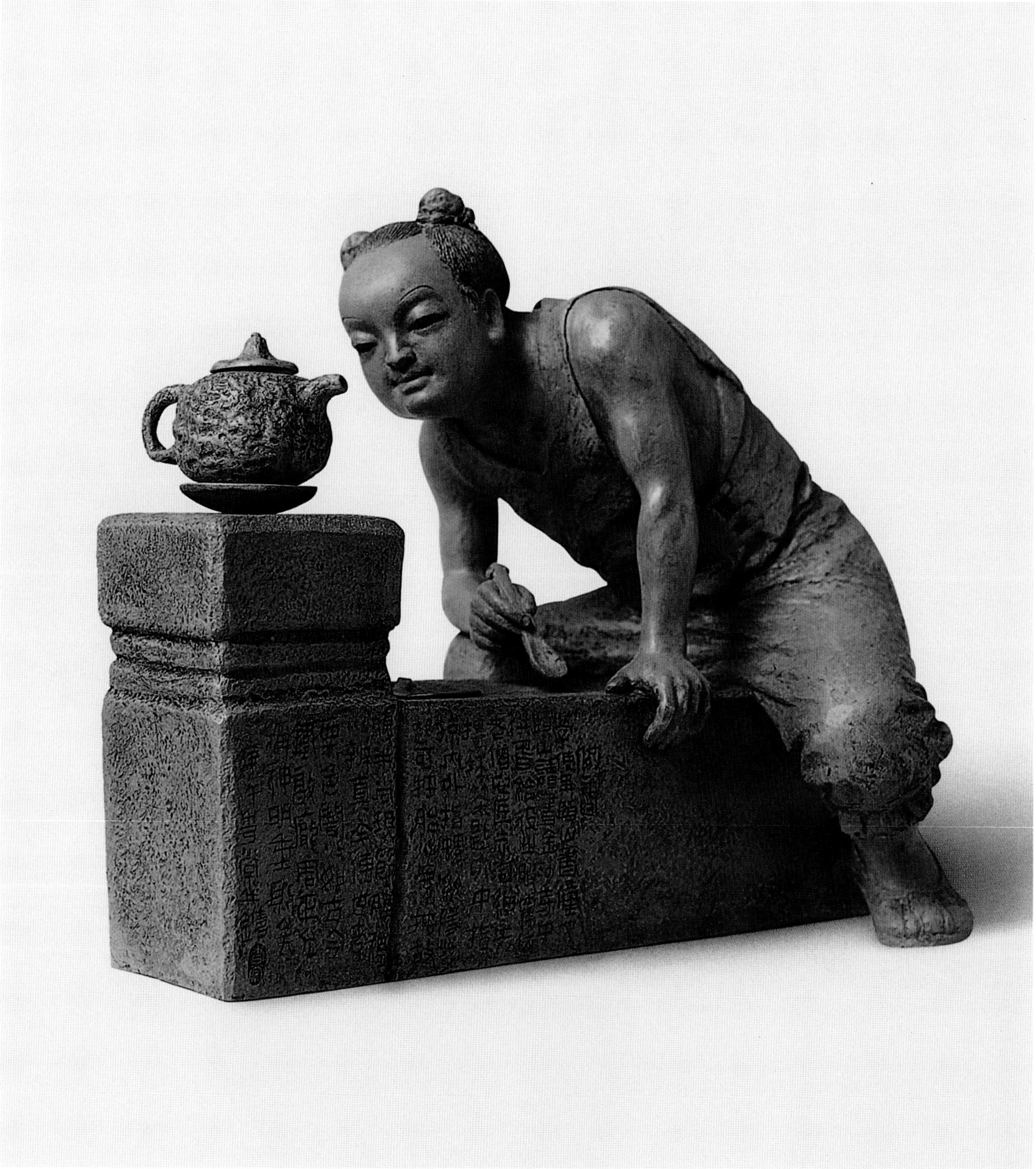

236.

供春

徐秀棠

高243mm　寬950mm

◉　"紫砂工藝陶祖師"《陽羨名壺系》載："供春爲明正德甲戌進士吳頤山的書僮。頤山讀書金沙寺中，春給役之暇，竊仿老僧製陶之技，亦淘土摶壺匙穴中空，指掠內外。"作者爲塑造供春形象，曾反覆多次推敲後才定稿。他的供春，天庭飽滿，脫俗超人，不同凡相，而又確是書僮年華，正在給役期間。將供春處理成偷閑坐於池邊石圍杆上，也是作者在有限的雕塑空間中體現特定環境的手法。

237.

蕭翼賺蘭亭

徐秀棠

高200mm

◉ 書聖王羲之所寫蘭亭序手迹，被後裔唐代高僧辨才和尚什襲珍藏，唐太宗欲得其寶，法不當，皆未逞，遂設計派大臣蕭翼，隱名與辨才深交。蕭屢得觀賞之機並知祕藏處，一日乘辨才出，留詔書取蘭亭交太宗。雕塑顯示：辨才手捧蘭亭書卷，津津樂道大發議論，無心防範；而蕭翼僞裝恭維，側耳傾聽，兩目斜視辨才胸前，意在智取蘭亭。

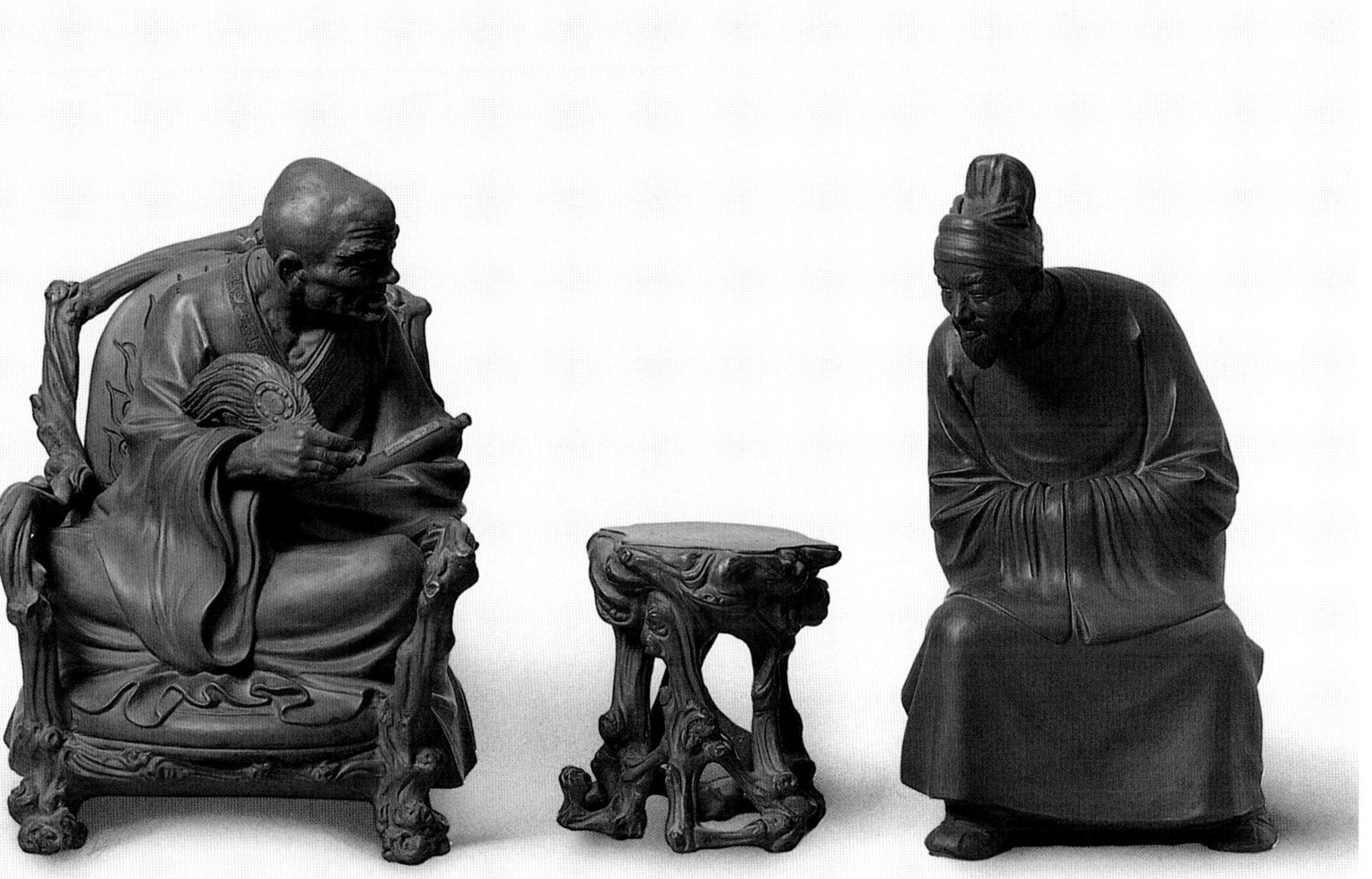

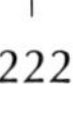

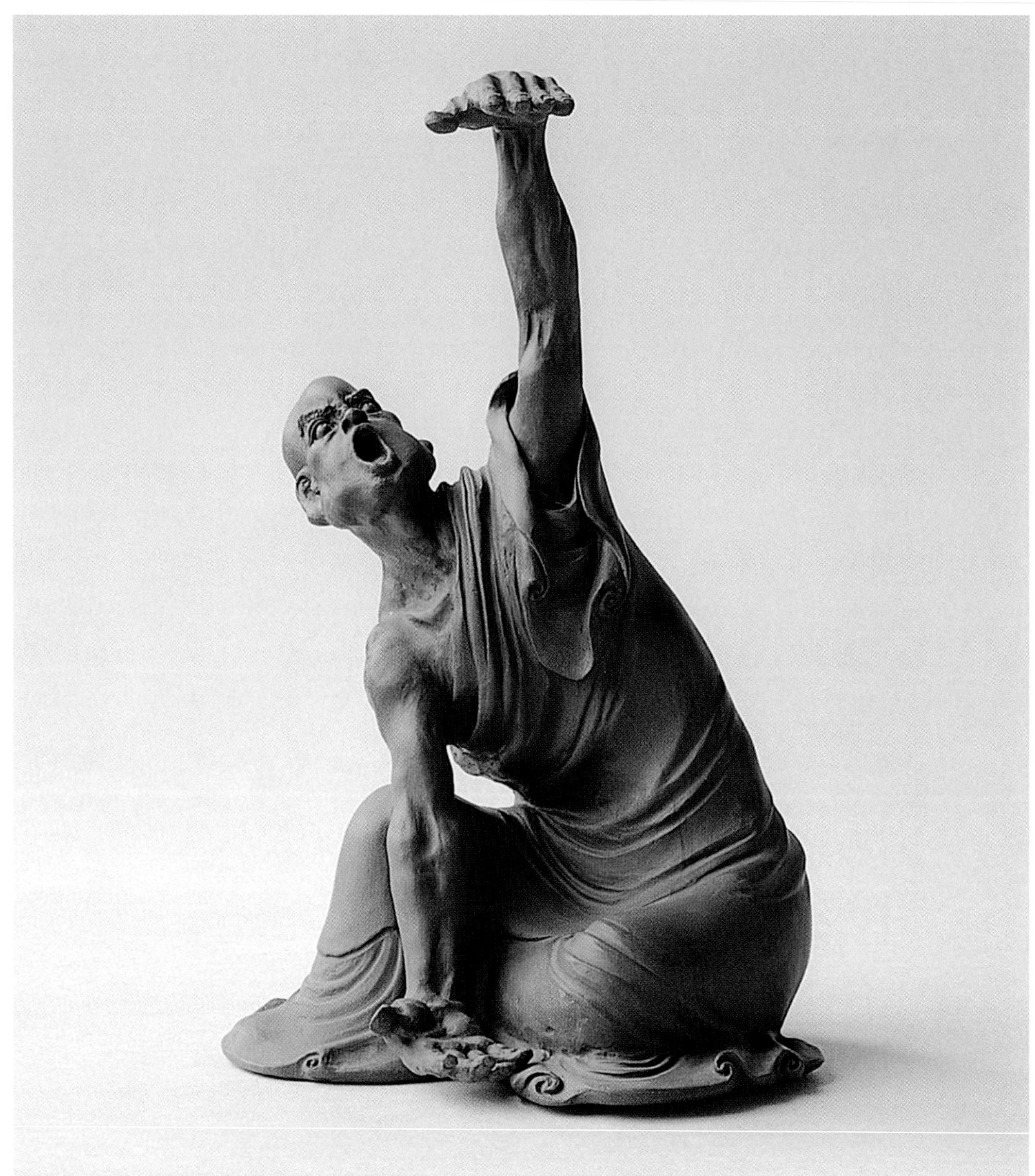

238.
坐八怪・丈天
徐秀棠
高282mm

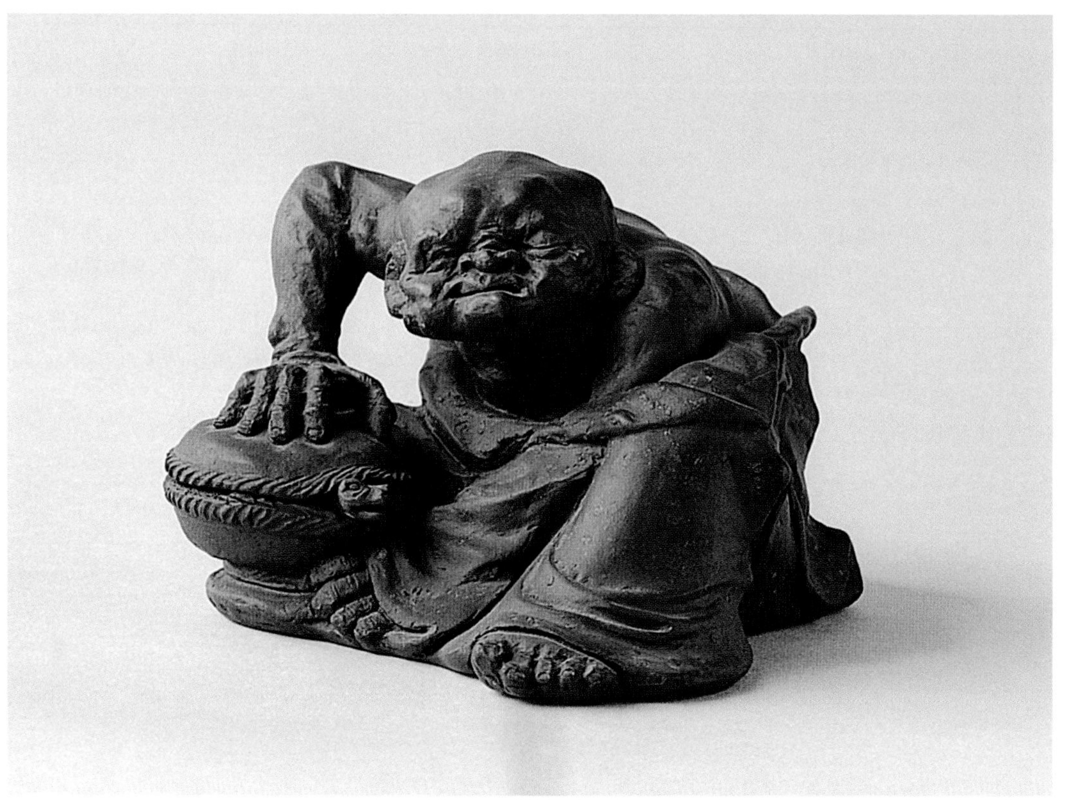

239.
坐八怪・探地
徐秀棠
高104mm

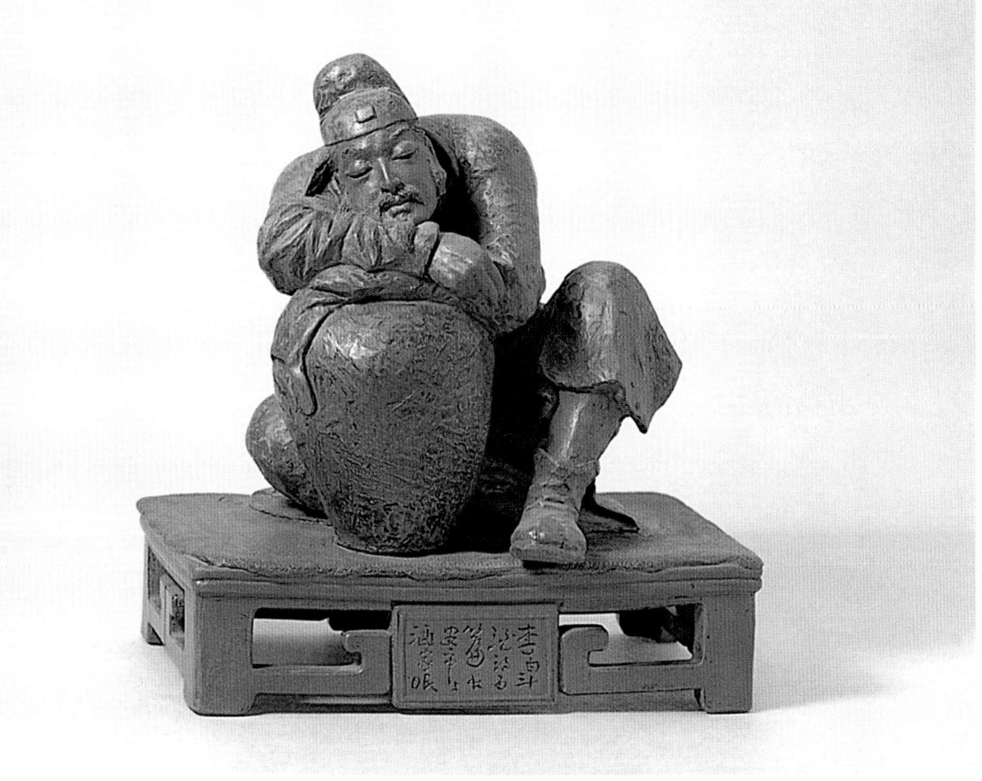

240.

飲中八仙・李白

徐秀棠

高225mm

銘文：李白斗酒詩百篇，
長安市上酒家眠。

◉ 取材於杜甫《飲中八仙歌》

知章騎馬似乘船，
眼花落井水底眠。
汝陽三斗始朝天，
道逢麴車口流涎，
恨不移封向酒泉。
左相日興費萬錢，
飲如長鯨吸百川，
銜杯樂聖稱避賢。
宗之瀟灑美少年，
舉觴白眼望青天，
皎如玉樹臨風前。
蘇晉長齋繡佛前，
醉中往往愛逃禪。
李白斗酒詩百篇，
長安市上酒家眠，
天子呼來不上船，
自稱臣是酒中仙。
張旭三杯草聖傳，
脫帽露頂王公前，
揮毫落紙如雲烟。
焦遂五斗方卓然，
高談雄辯驚四筵。

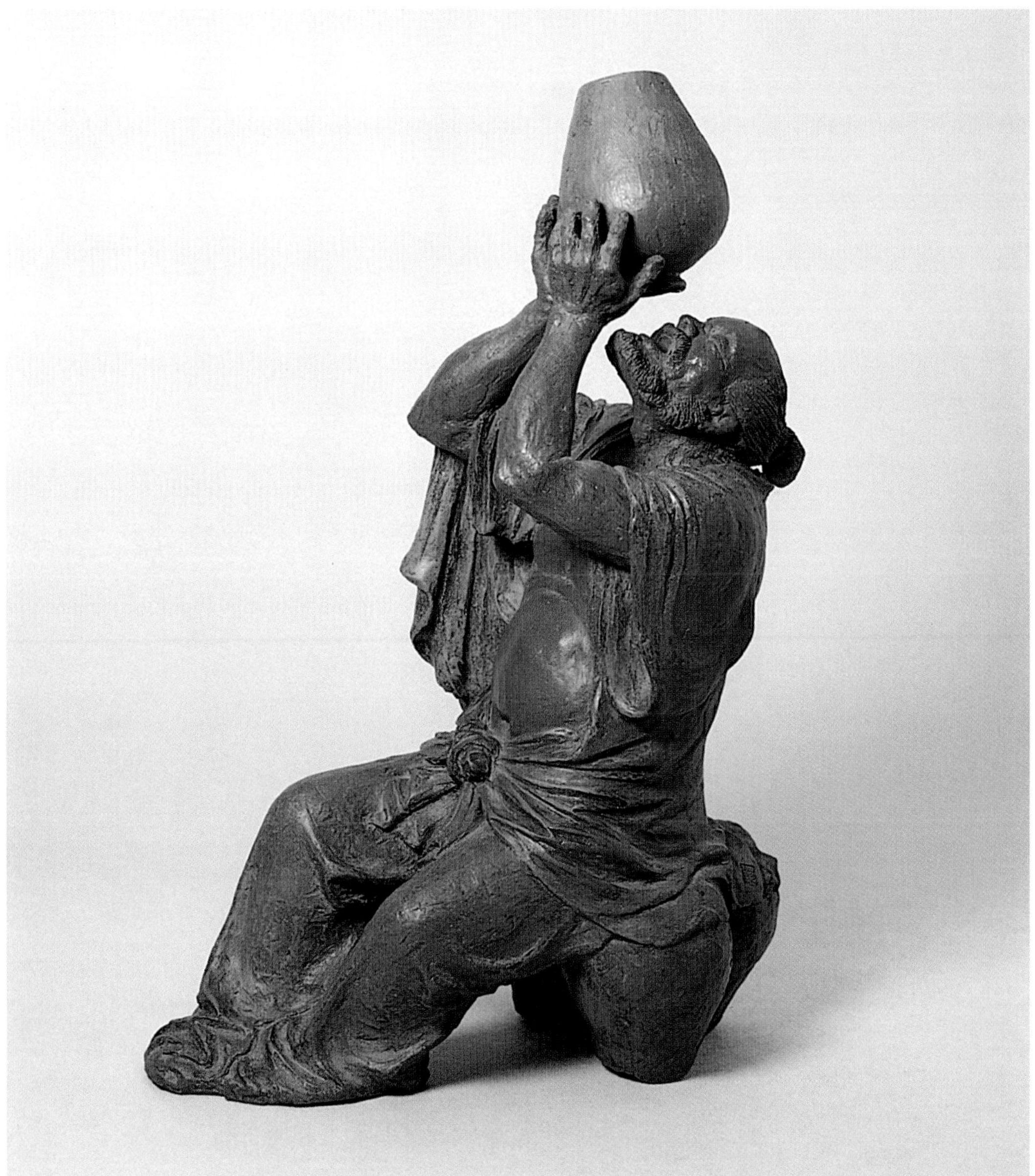

241.

飲中八仙・李璡

徐秀棠

高312mm

底刻款：左相日興費萬錢，
飲如長鯨吸百川，
銜杯樂聖稱避賢。

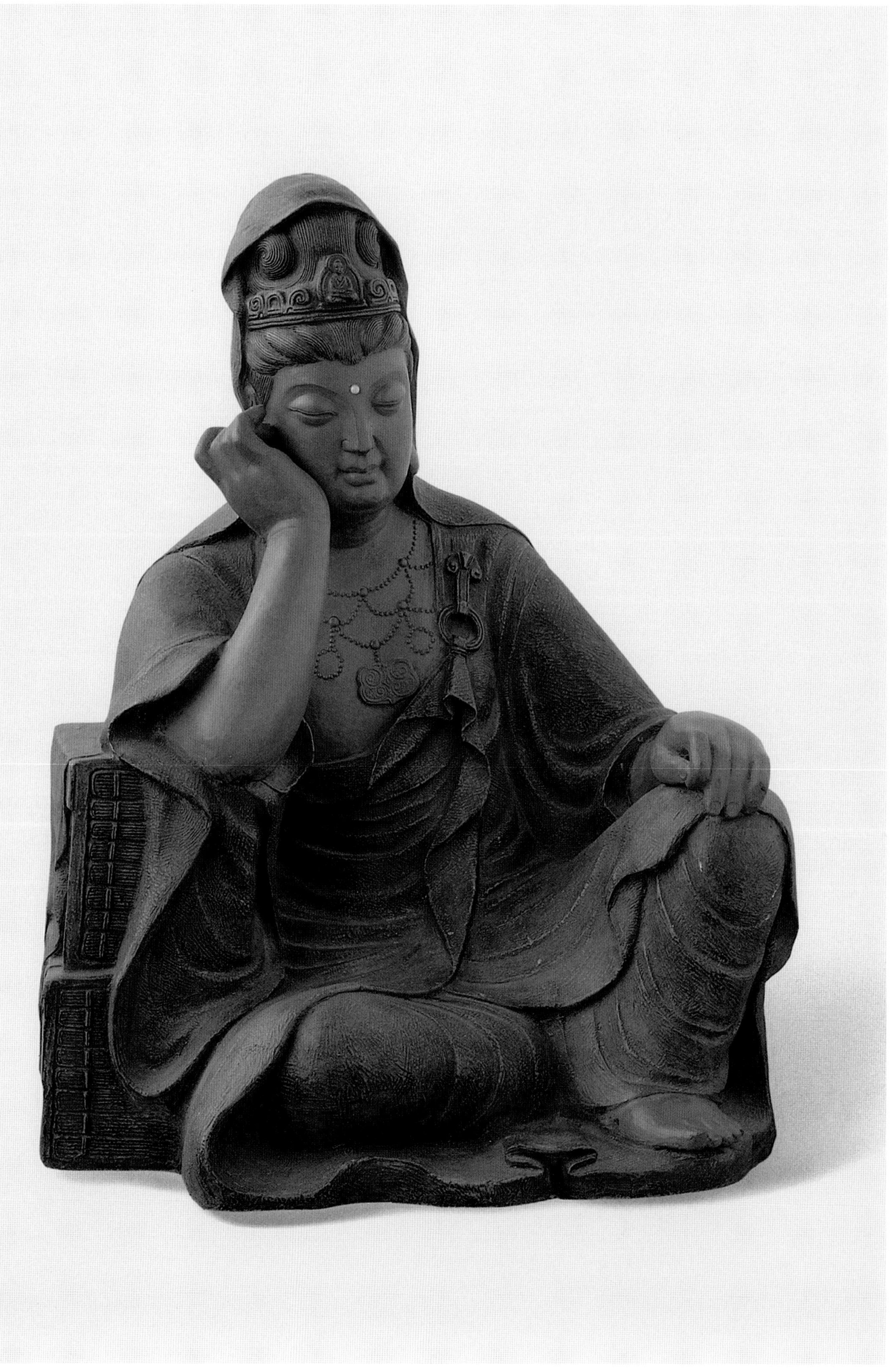

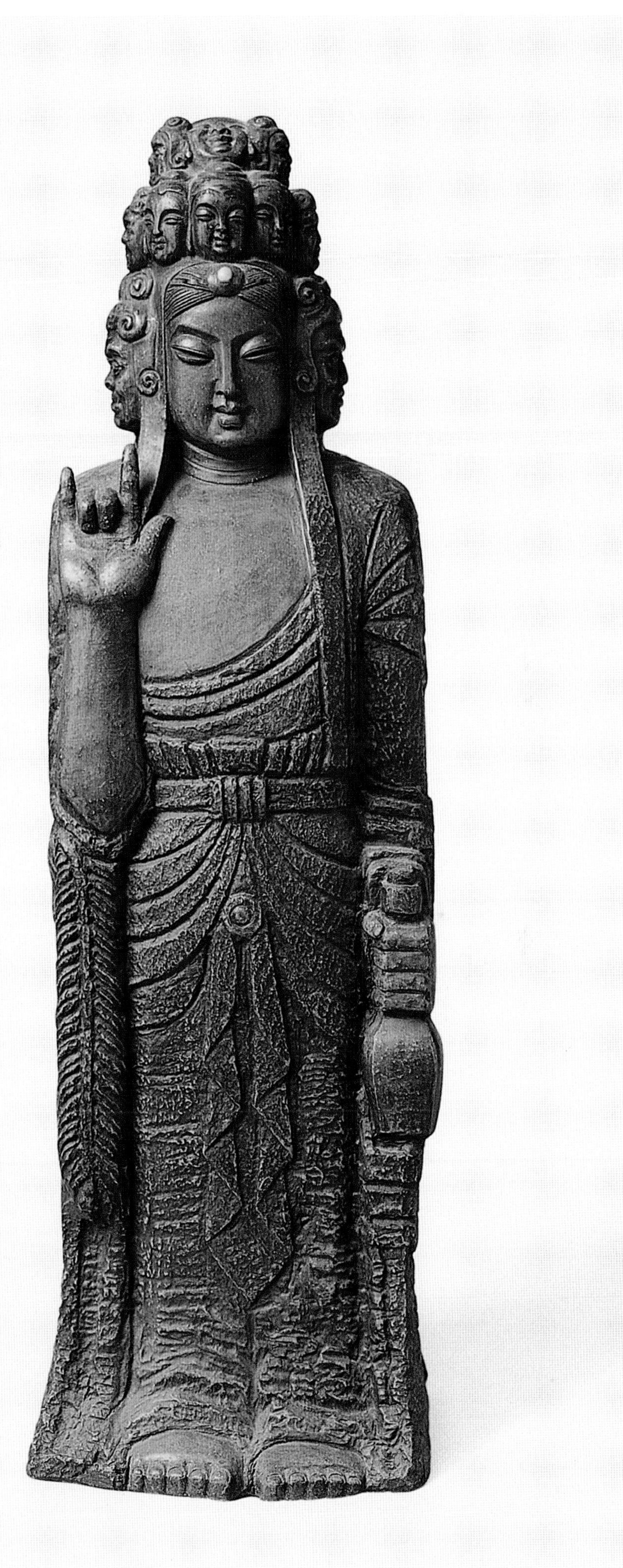

242.
自在觀音
徐秀棠
高650mm

243.
十一面觀音
徐秀棠
高665mm

244.

黑山曲壺

徐秀棠、陳鳳妹

高100mm　口徑52mm

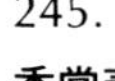

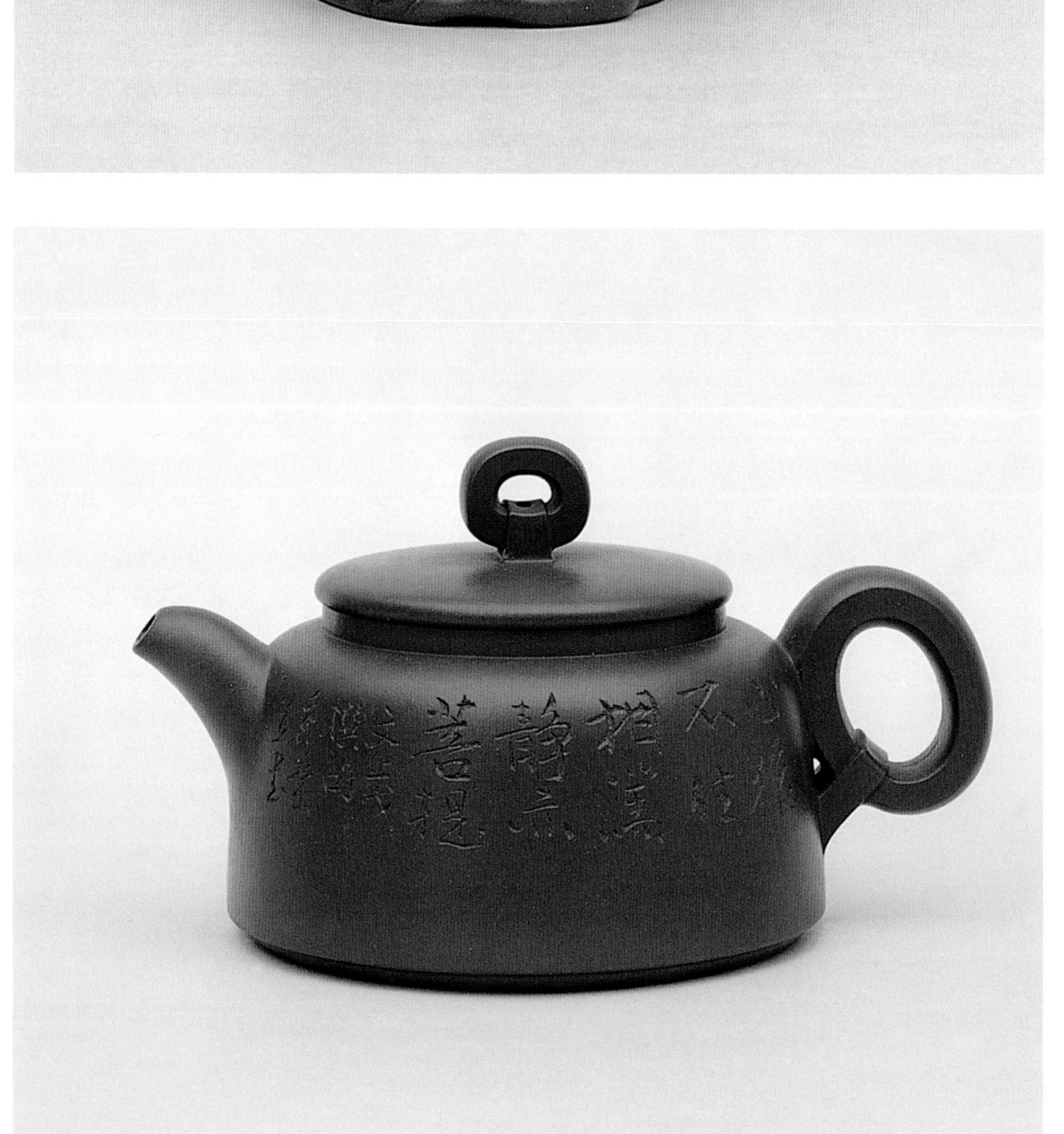

245.

秀棠壺

徐秀棠、陳鳳妹

高110mm　口徑64mm

壺身銘：心猿不住相，

篤靜亦菩提。

文止戈撰句　秀棠并書

246.

大如來佛

徐秀棠

高980mm

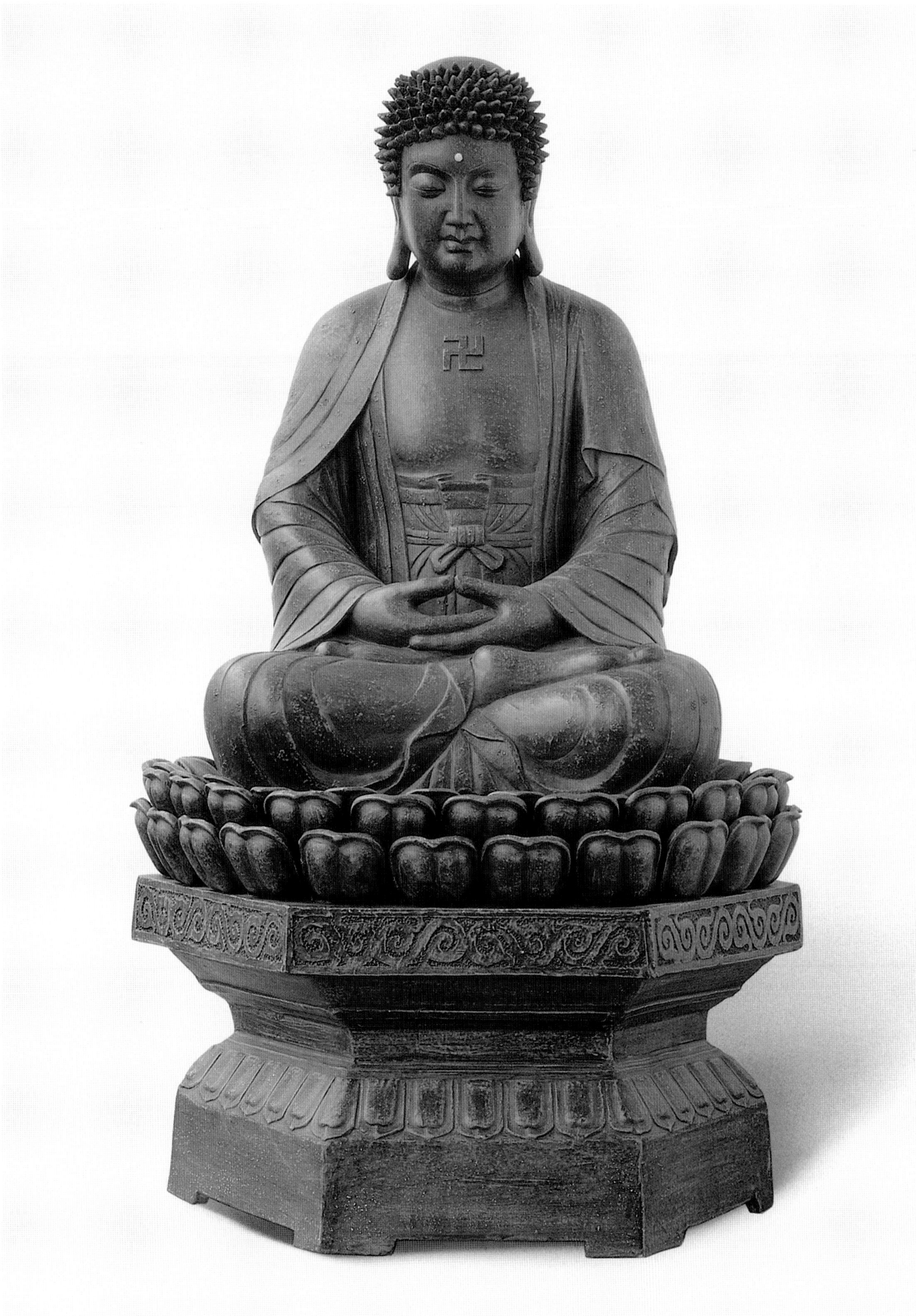

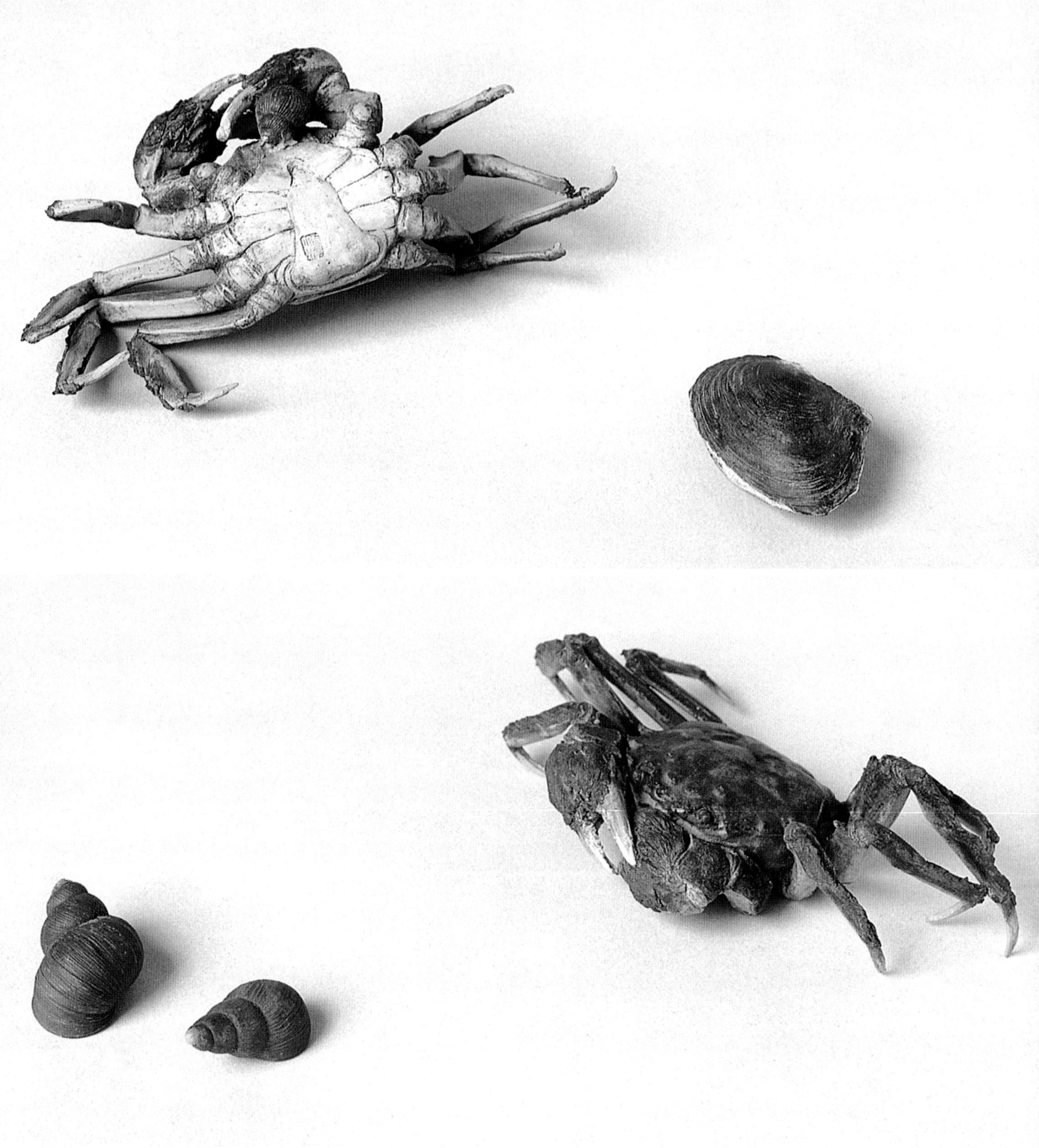

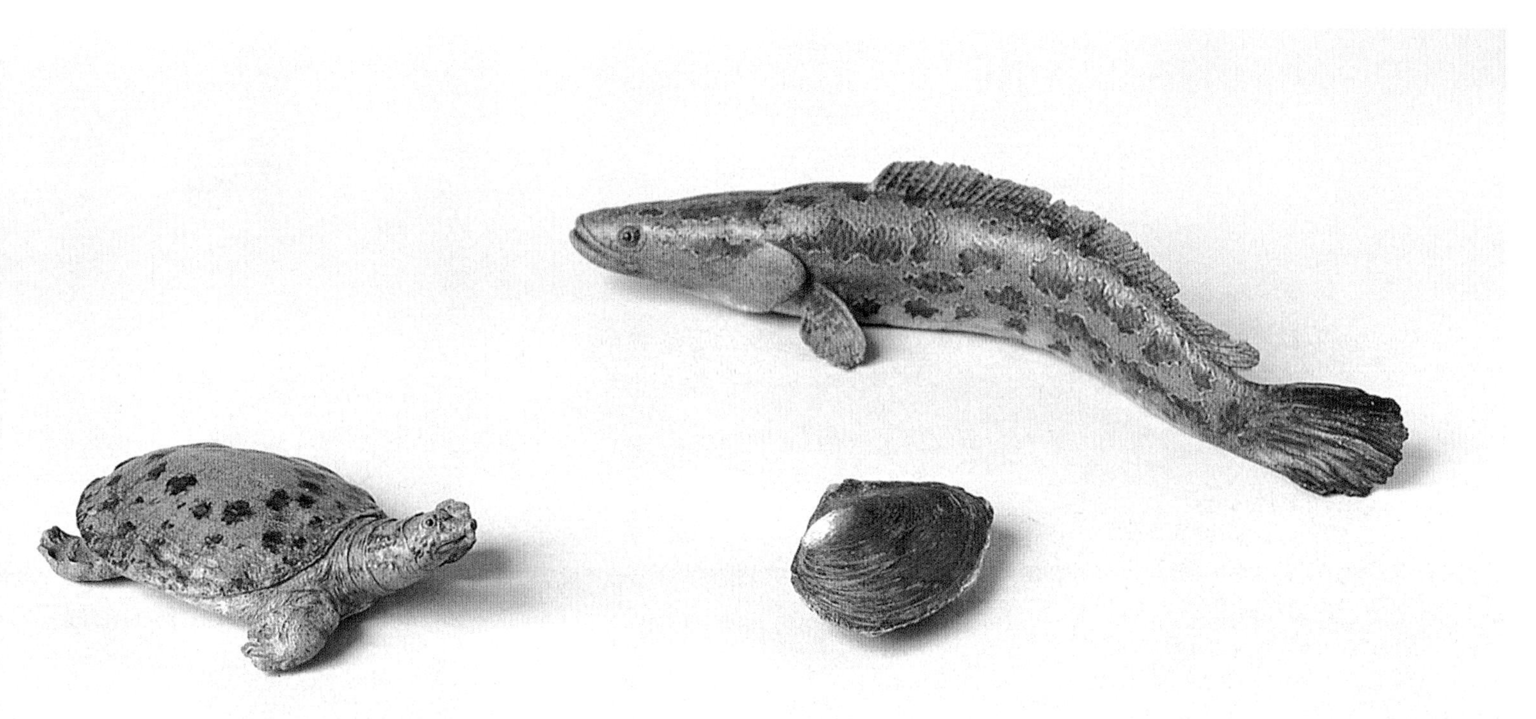

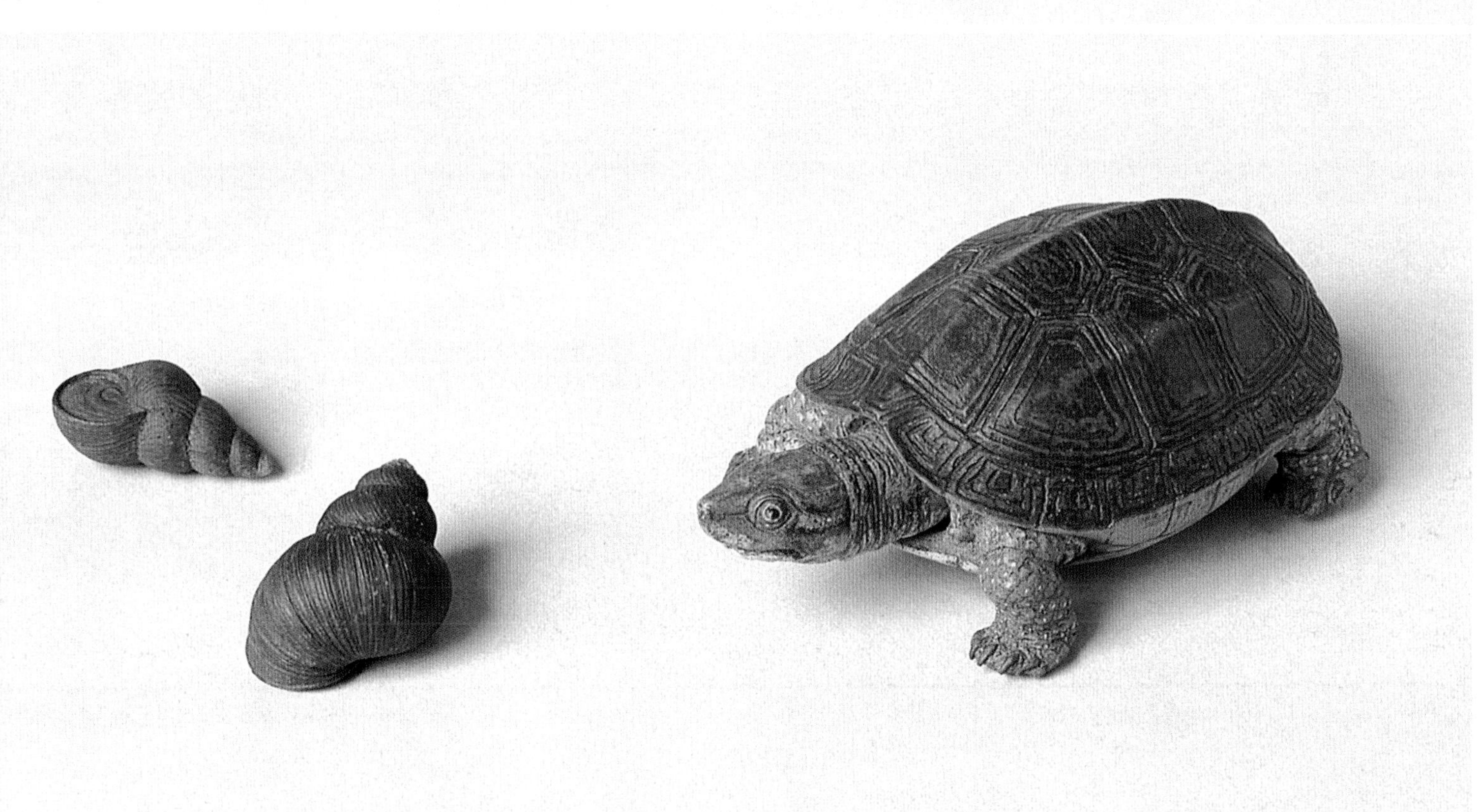

247.

不朽的生命

徐秀棠、徐徐

◉ 這些魚、蟹、鱉、蚌，是陶的，沒有生命，但作者以技藝使它們永遠是活的。

作者充分利用紫砂泥原料的材質優勢，神凝智解，超技施藝，再現自然靈氣，許陶土以生命。

◉ "九龍紫砂壺"從形制到裝飾，始終貫穿"龍"的主題，處處以各種手法含蓄地表演着龍的文化、龍的精神。

九件壺的製作，分別用了鑲接成型、打身筒成型、旋削成型、捏築成型的方法，達到了設計效果。在裝飾上，用嵌、印、雕、刻、填、畫、鏤等方法，來體現預期目的。九件作品有梨皮黄、暗肝紫、大紅袍、青銅色、沉香色、寶石藍、紅調砂、紫舗砂、綠調砂等九種泥色。在工藝手段上，有鑲青瓷珠、活動環、旋轉球，使作品增添靈氣和活力。九件作品，風格逸放，不苟一格，素淨、琢煉兼具，對稱型、均衡型各有韵致。造型整體有圓、方、橢圓型、握把式、提梁式，神態各異。

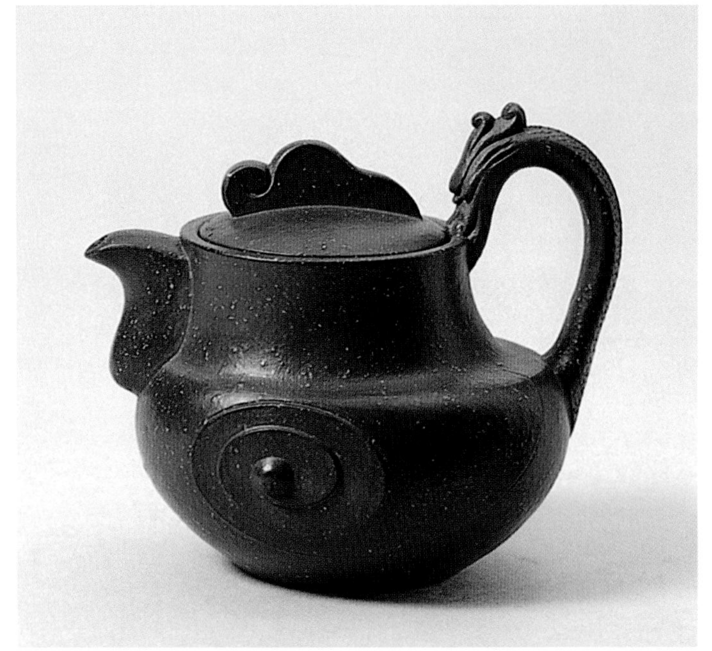

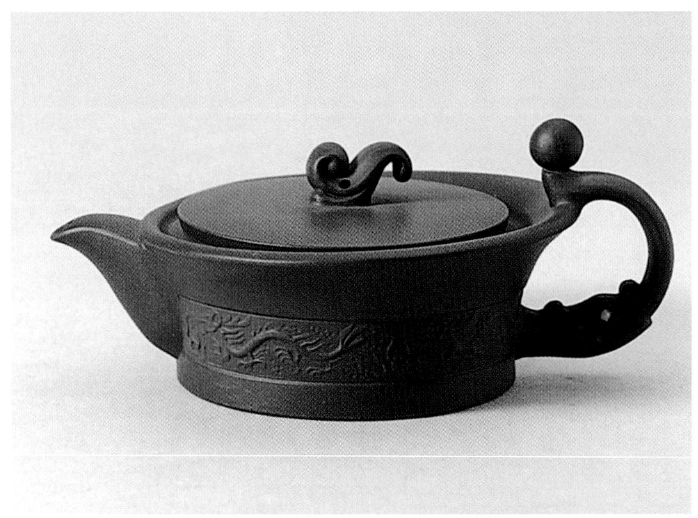

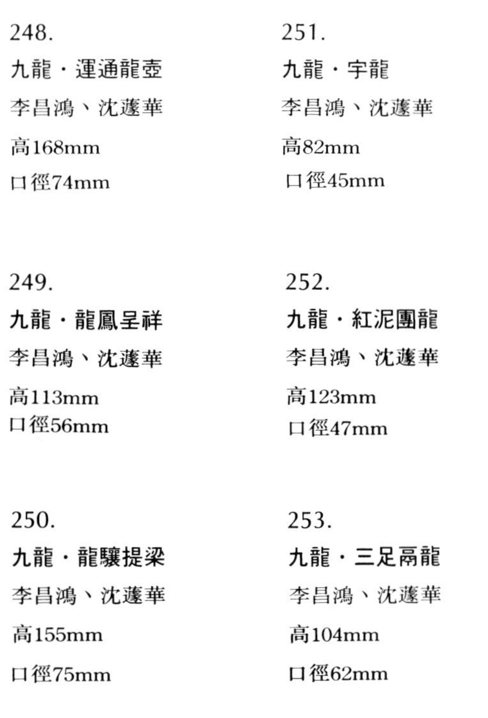

248.
九龍・運通龍壺
李昌鴻、沈蘧華
高168mm
口徑74mm

249.
九龍・龍鳳呈祥
李昌鴻、沈蘧華
高113mm
口徑56mm

250.
九龍・龍驤提梁
李昌鴻、沈蘧華
高155mm
口徑75mm

251.
九龍・宇龍
李昌鴻、沈蘧華
高82mm
口徑45mm

252.
九龍・紅泥團龍
李昌鴻、沈蘧華
高123mm
口徑47mm

253.
九龍・三足鬲龍
李昌鴻、沈蘧華
高104mm
口徑62mm

254.
九龍・龍穿鳳舞
李昌鴻、沈蘧華
高107mm
口徑69mm

255.
九龍・樂鐘
李昌鴻、沈蘧華
高126mm
口徑横80mm
縱54mm

256.
九龍・富龍
李昌鴻、沈蘧華
高93mm
口徑横69mm
縱52mm

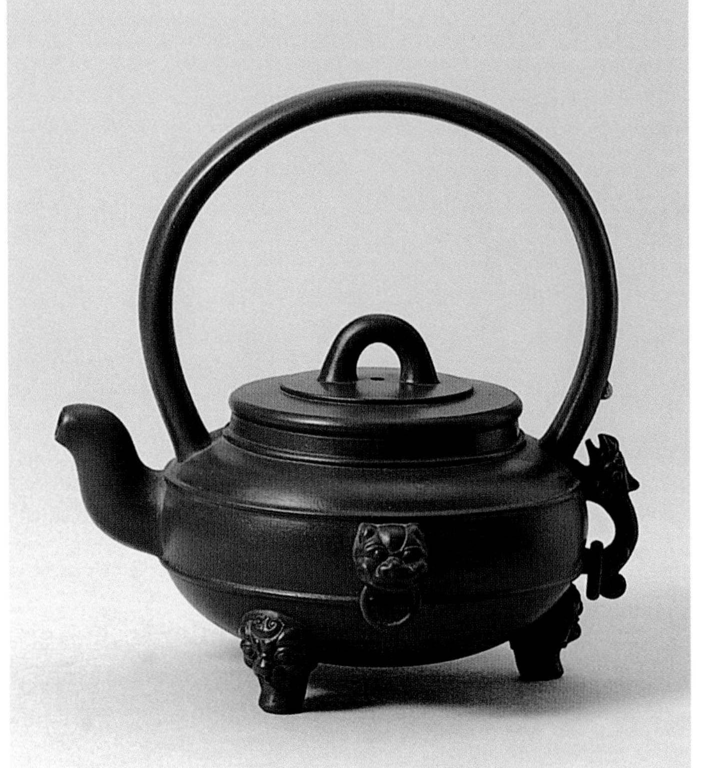

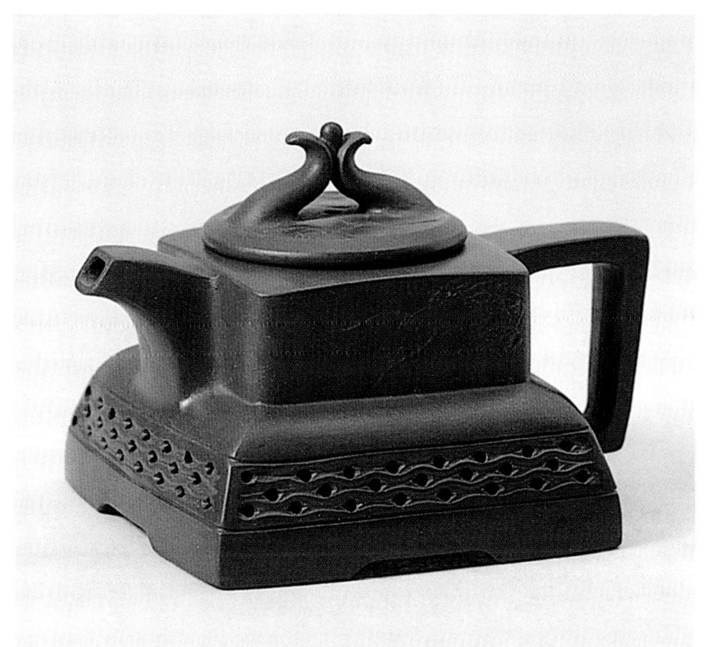

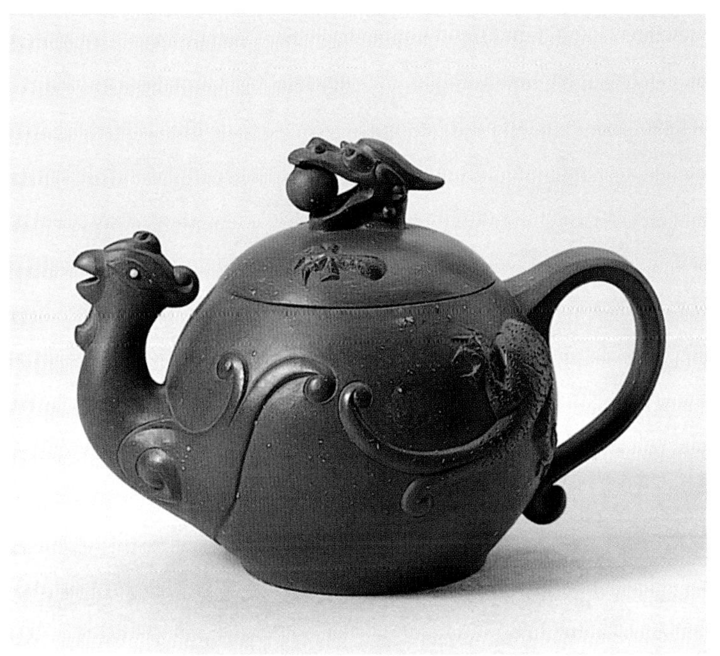

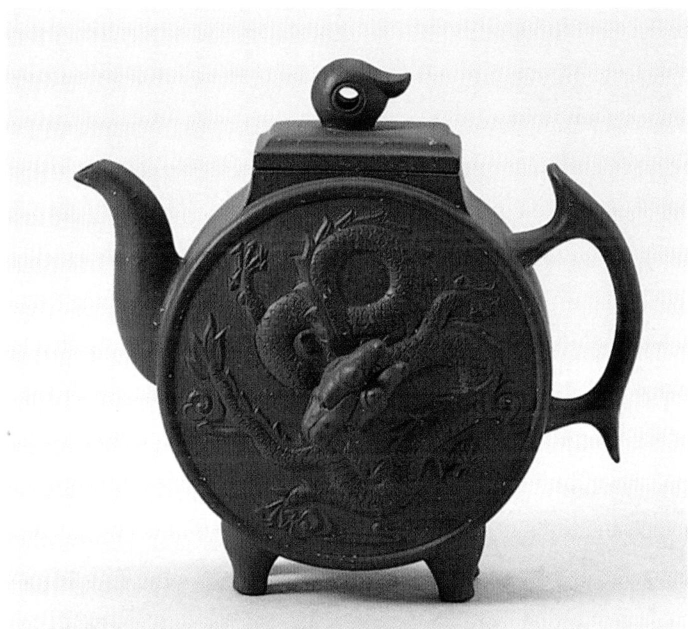

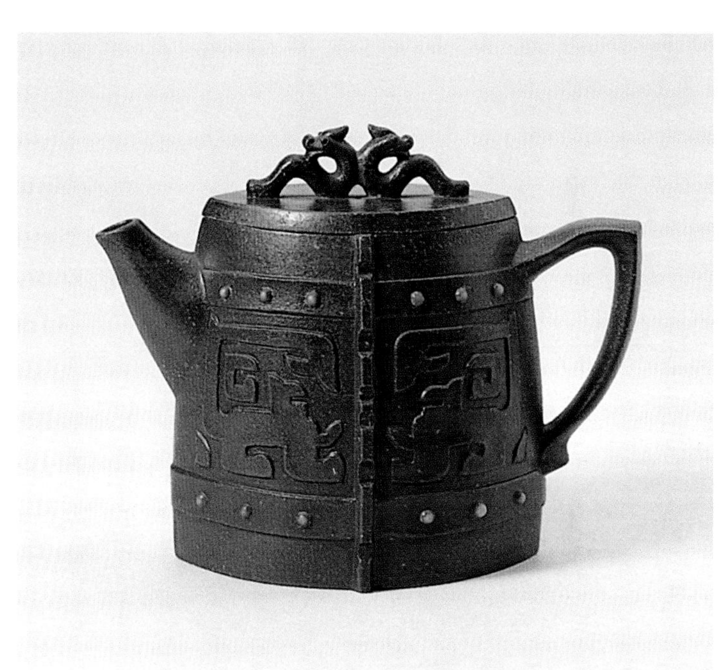

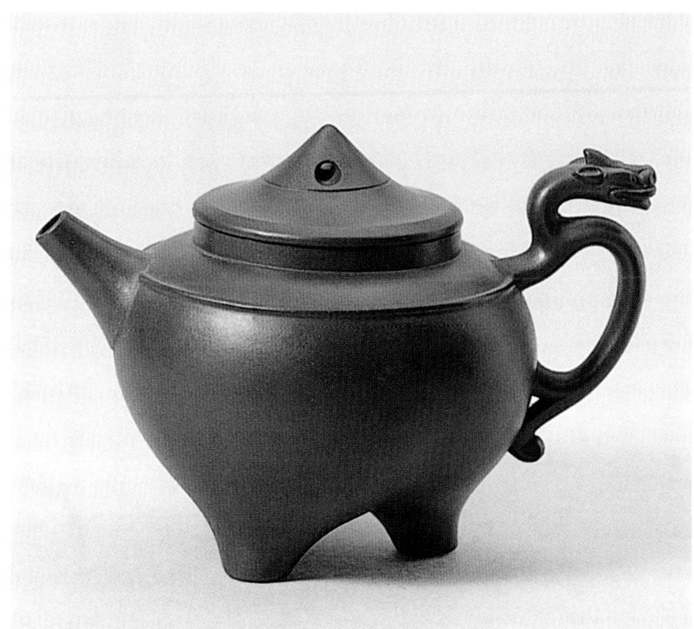

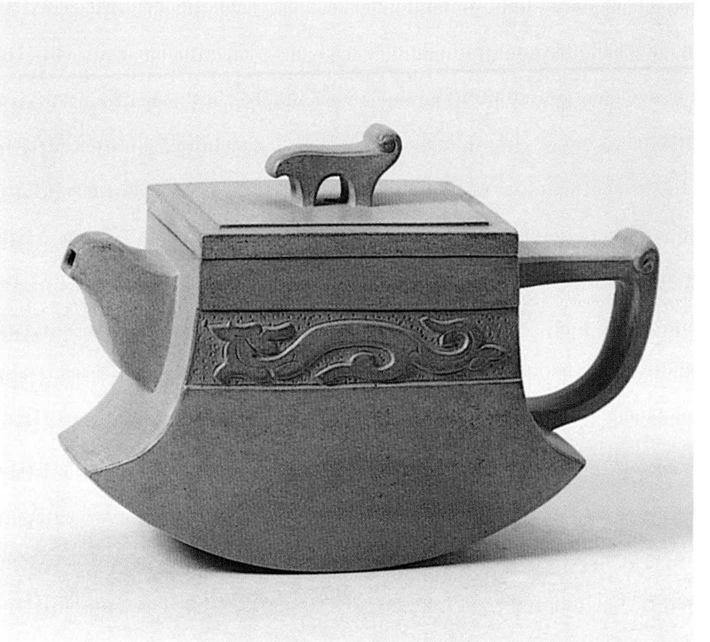

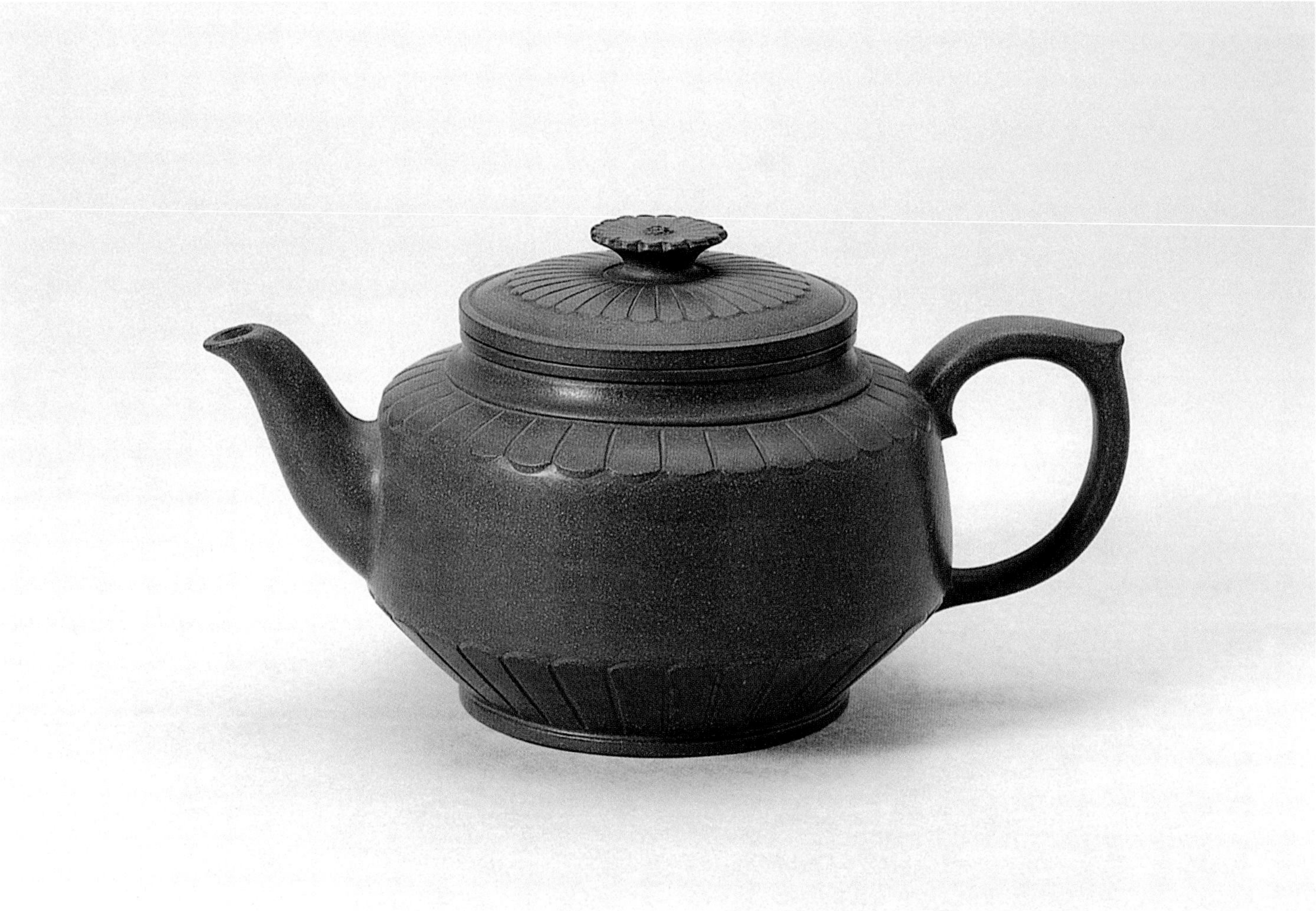

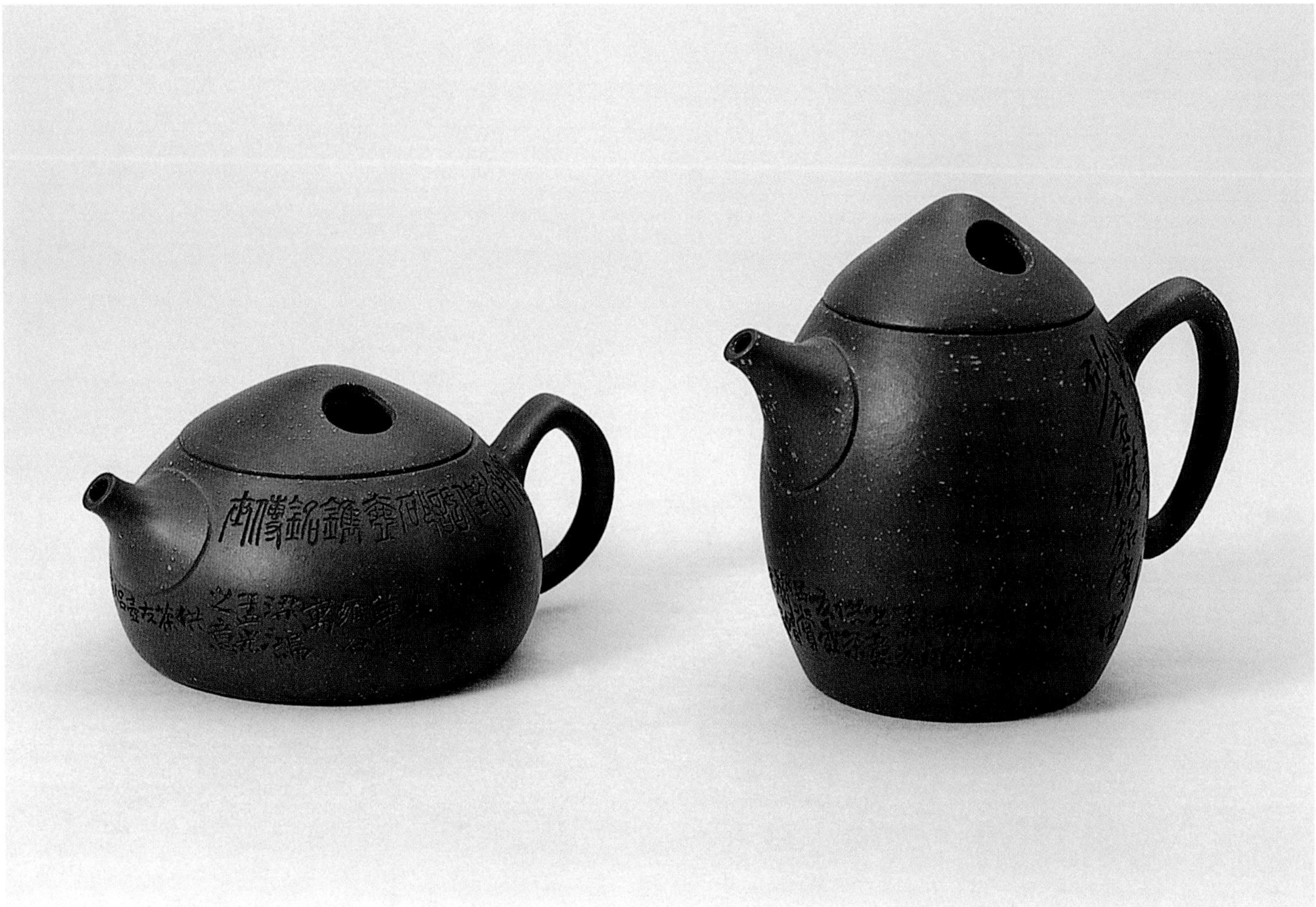

257.
菊壺
李昌鴻
高105mm　口徑85mm

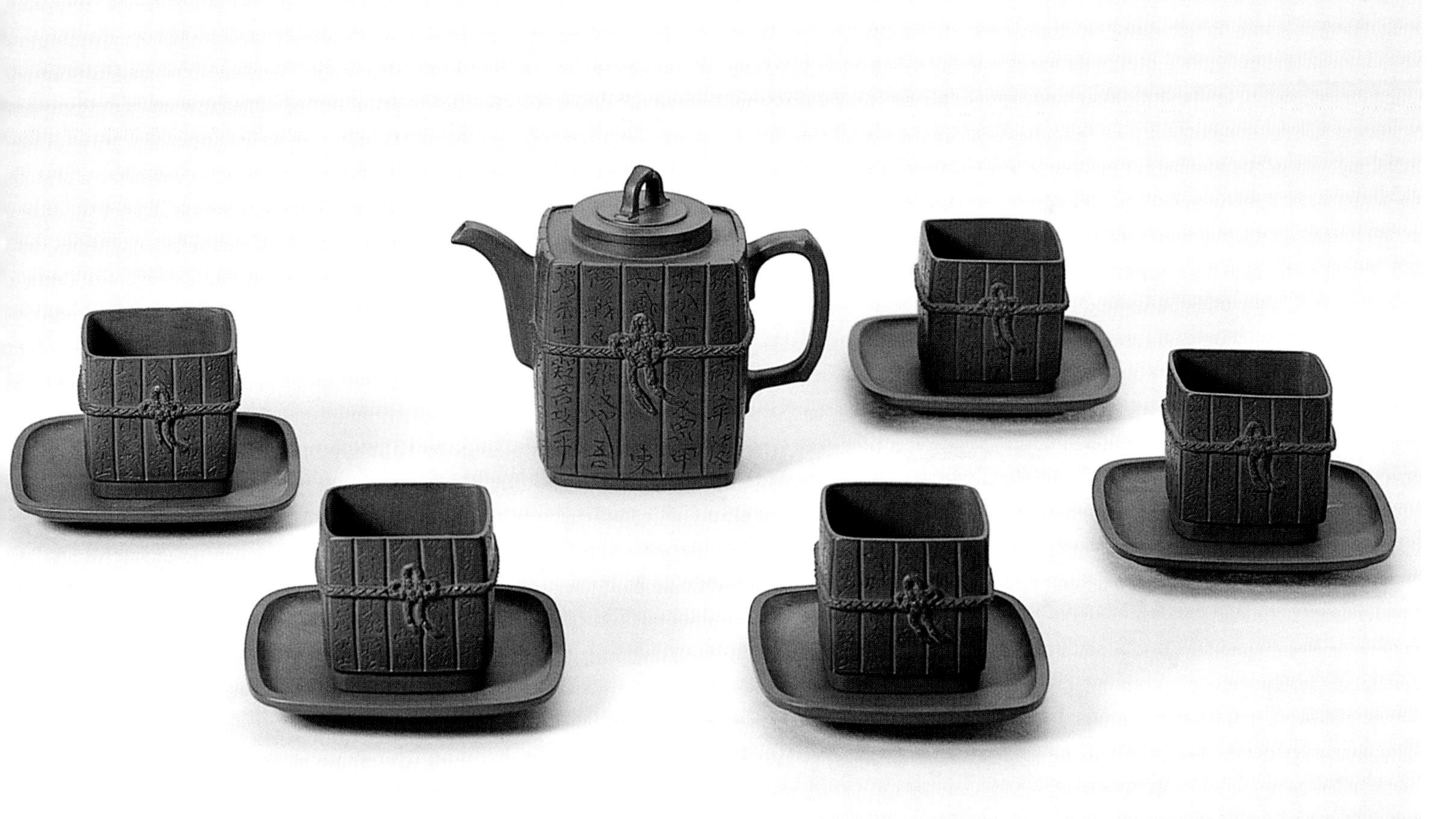

259.
九頭竹簡茶具
李昌鴻（設計）　沈蘧華（製）
沈漢生（刻）
壺高105mm　口徑47mm
杯高48mm　口徑46mm
碟高15mm　寬90mm

銘文：孫子曰："請南攻平陵。平陵，其城小而縣大，人衆甲兵盛，東陽戰邑，難攻也。吾將示之疑。吾攻平陵，南有宋，北有衛，當途有市丘，是我糧途絕也。吾將示之不知事。"於是徙舍而走平陵。忌子召孫子而問曰："事將何爲？"孫子曰："都大夫孰爲不識事？"曰："齊城、高唐。"孫子曰："請取所……"錄琅邪銀雀山漢墓出土竹簡《孫臏兵法‧擒龐涓》片段，摹刊於壺上。庚午年春，昌鴻書、一鳴刻。

底刻款：竹簡壺具榮獲一九八四年萊比錫國際博覽會金質獎

◉ "竹簡"是我國秦晉時期的書。書籍是人類進步的階梯。借"竹簡"爲題，創作紫砂竹簡壺，它寓意壺中沏泡的茗香，猶如取之不盡用之不竭的知識源泉。

壺身刻《孫臏兵法》"擒龐涓"片段，取歷史故事，告誡吾輩：在携手共進的人生道路上毋忘和氣團結。

作品創作意境深邃，造型裝飾高雅，可謂匠心獨運，因此榮獲一九八三年全國陶瓷優秀獎及一九八四年德國萊比錫國際博覽會金質獎。

258.
雍容華貴
李昌鴻
高123mm　口徑64mm
高73mm　口徑72mm

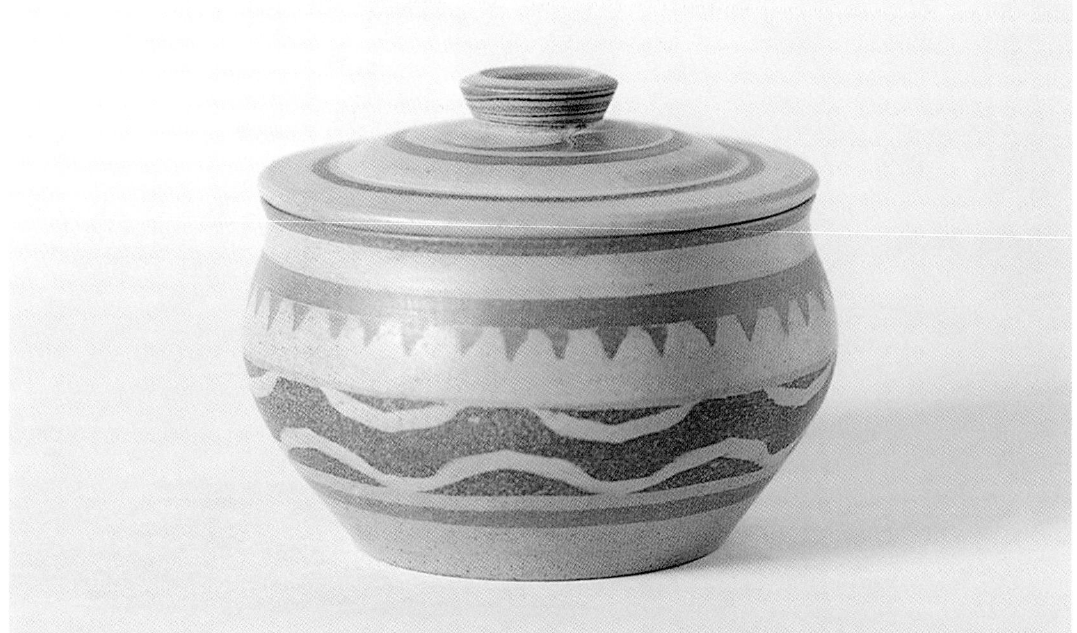

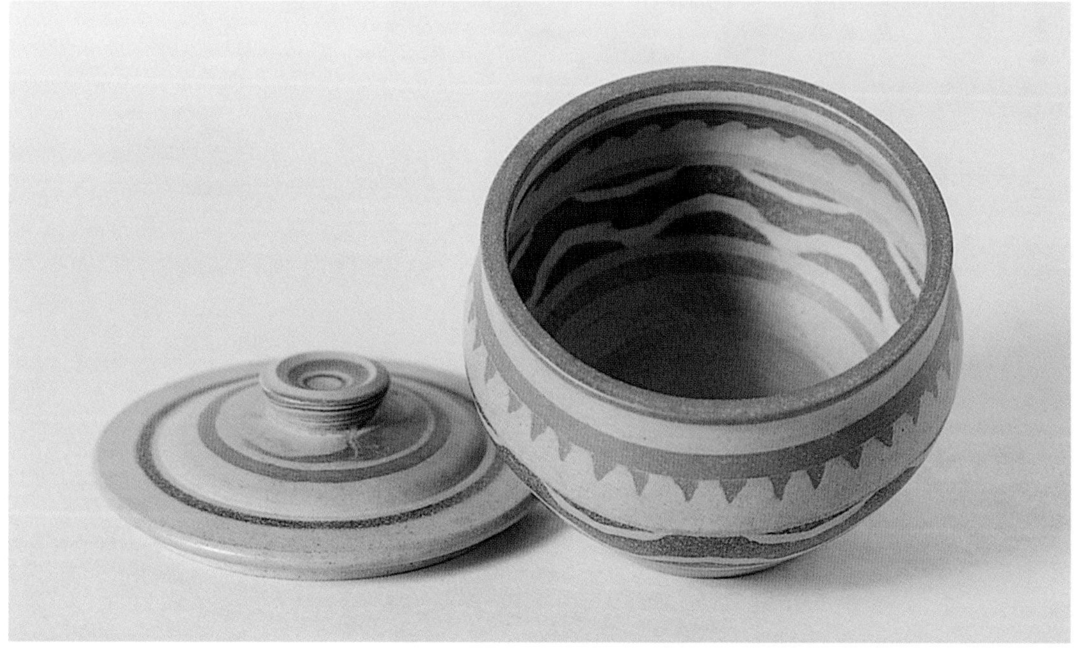

260.
紋泥罐
李昌鴻
高92mm　口徑108mm

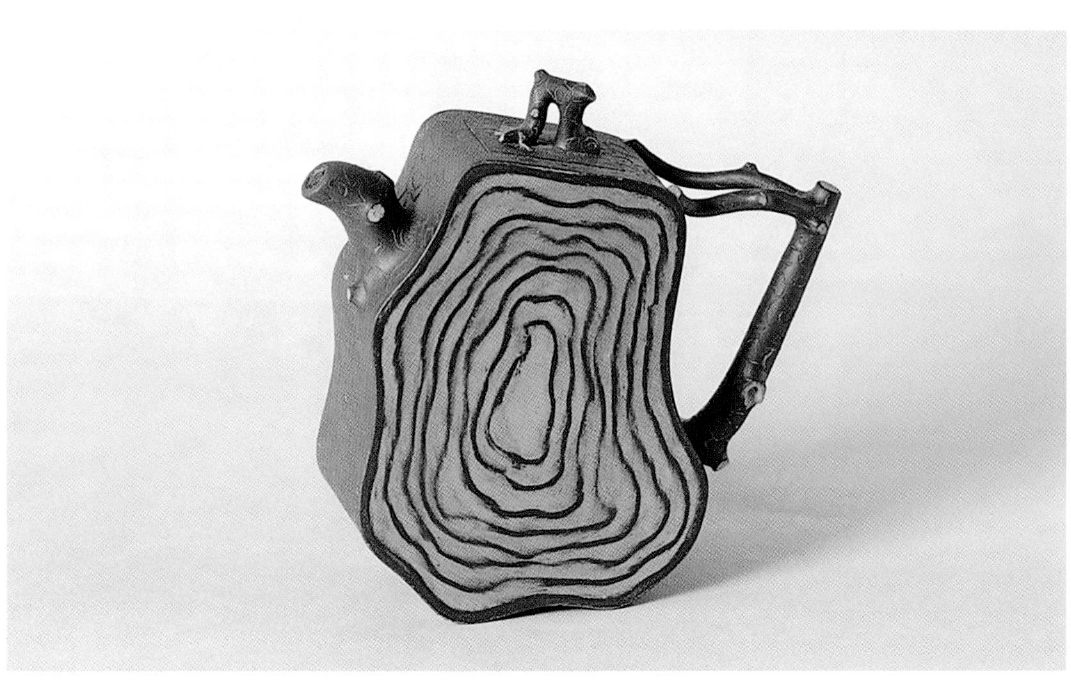

261.
紋泥松段壺
李昌鴻
高138mm
口徑橫41mm　縱30mm

262.

集玉

高海庚

高95mm　口徑76mm

◉ 集玉壺壺身，在圓筒形基調上修飾而成。壺腰用凹凸綫分界，束出壺身骨秀神清之姿；肩腹用弧綫膠接；底足用兩直角綫階梯收縮，烘托出壺體剛健婀娜之態；嘴、把、摘手，取玉器造型和紋飾，熔鑄在壺體上，和諧協調，富有充沛的生命力。作品樸雅敦厚，爲七十年代以後的成功新作。

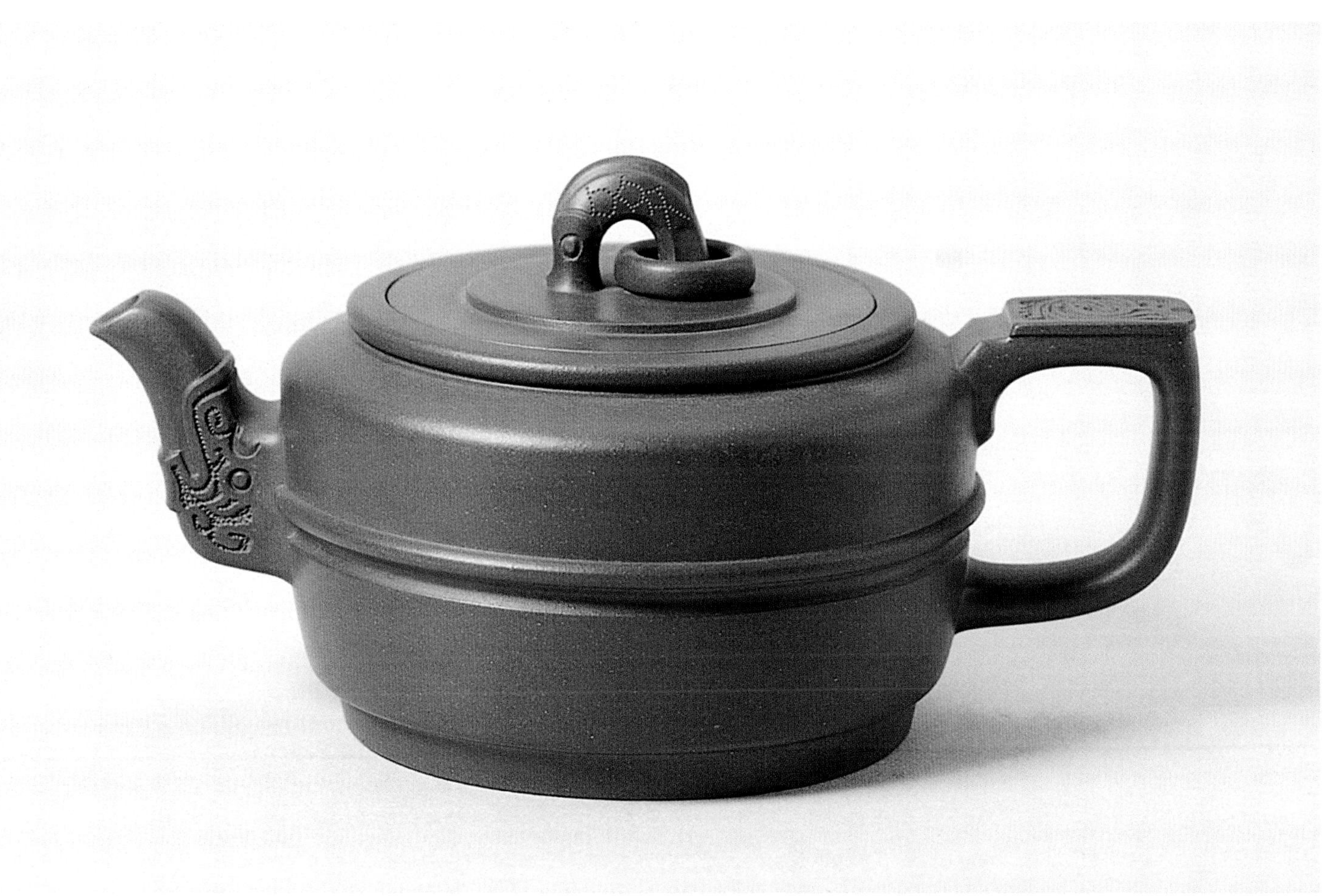

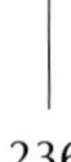

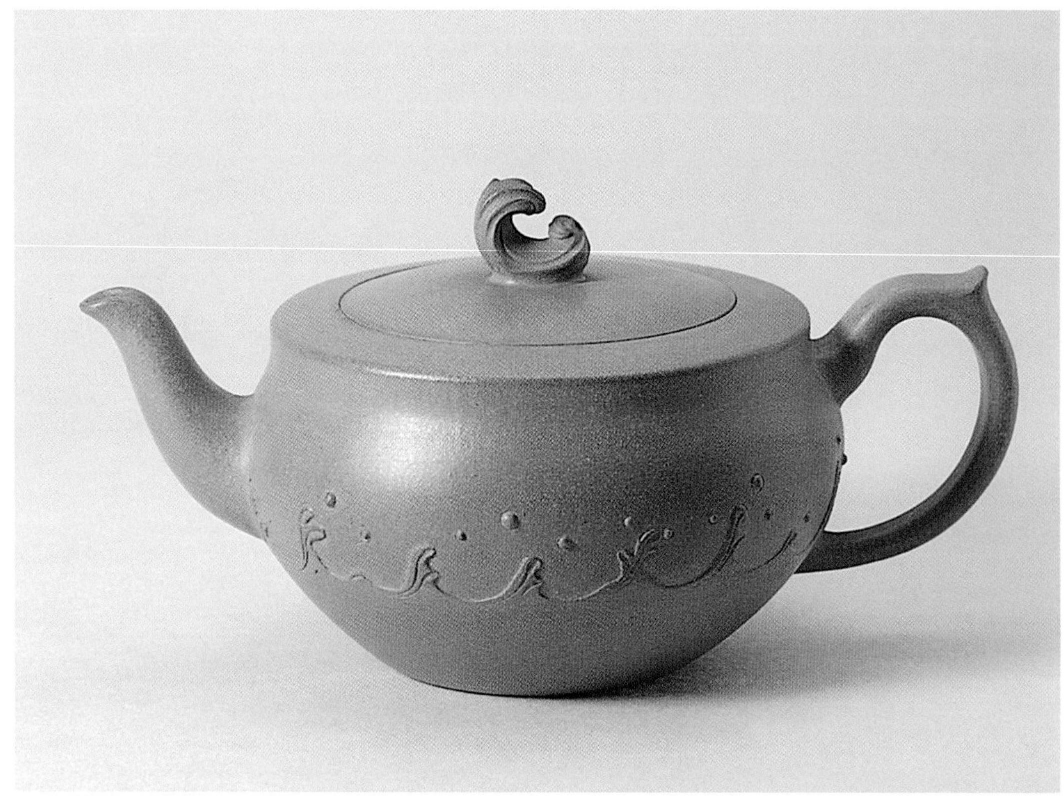

263.
水浪
高海庚(設計)　吳群祥(製)
高105mm　口徑81mm

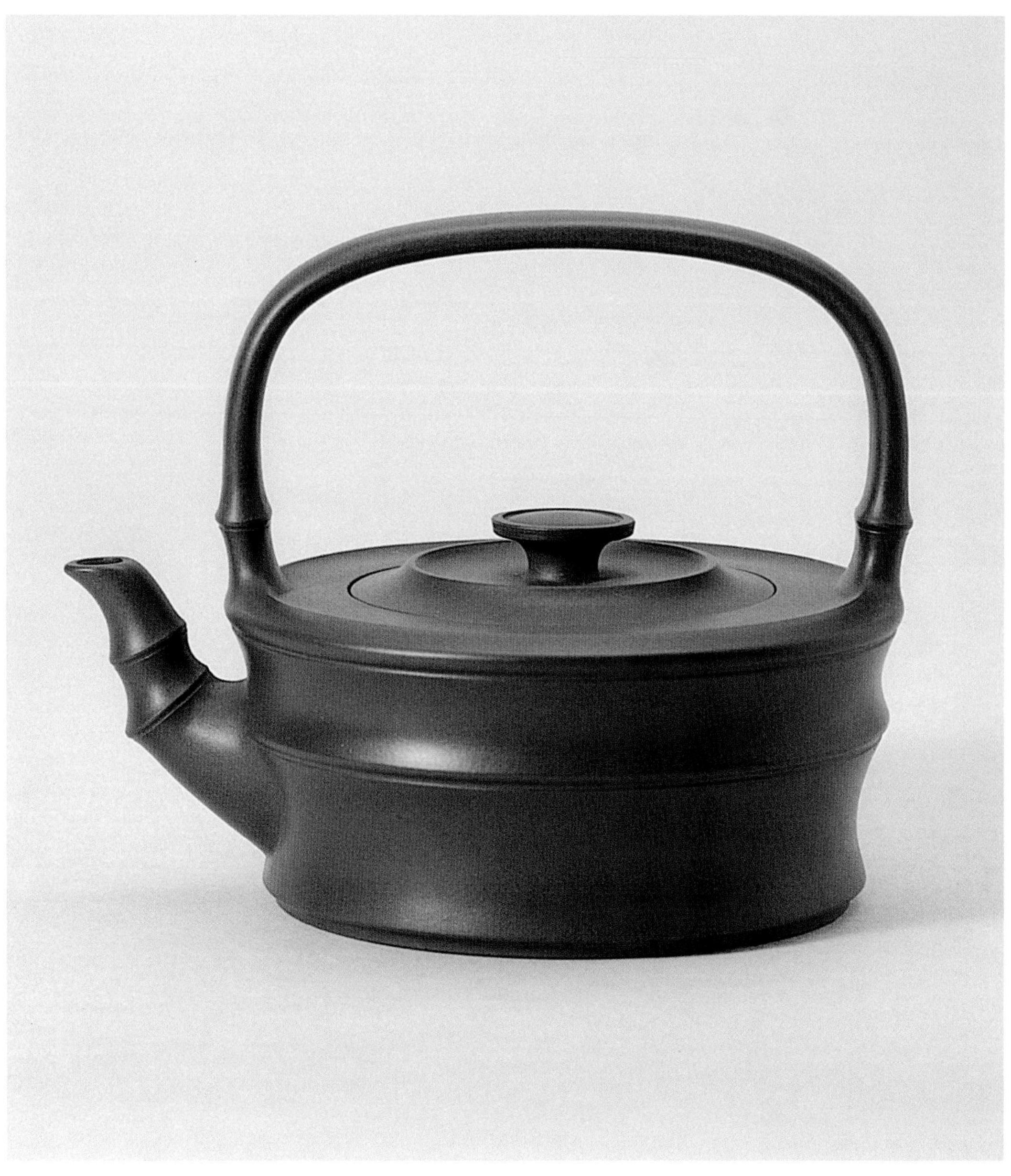

264.
扁竹提梁
高海庚（設計）　周桂珍（製）
高126mm　口徑78mm

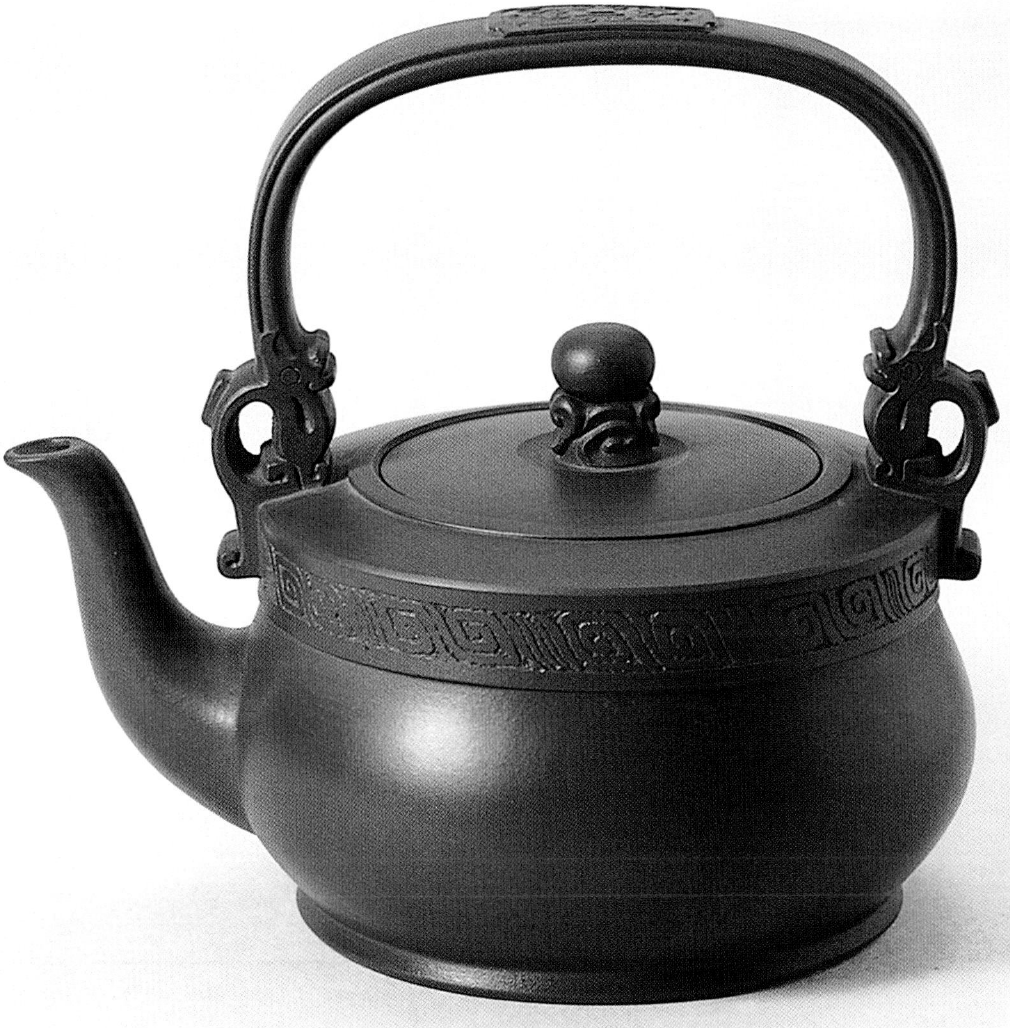

265.

雙龍提梁

高海庚(設計)　吳群祥(製)

高160mm　口徑73mm

◉　三件提梁壺的創作設計，同出一手。作者繼承發揚傳統精神，創自己的風格特色。扁竹提梁壺，秀麗中有神韵；雙龍提梁壺，渾厚中現妍倩；北瓜提梁壺，淳樸中顯凝重。三件作品反映了各自的藝術情愫。提梁壺埋設製，各有獨到之處，空間明快，虛實和諧；壺埋形體，點綴各異。壺嘴，順着壺身造型氣勢，設計縱横自如，胥屈自然。三件作品，給人視覺的美感、觸覺的舒服，功能得體，可與歷史名作媲美，且有過之而無不及。

266.

北瓜提梁

高海庚（設計）　周桂珍（製）

高174mm　口徑67mm

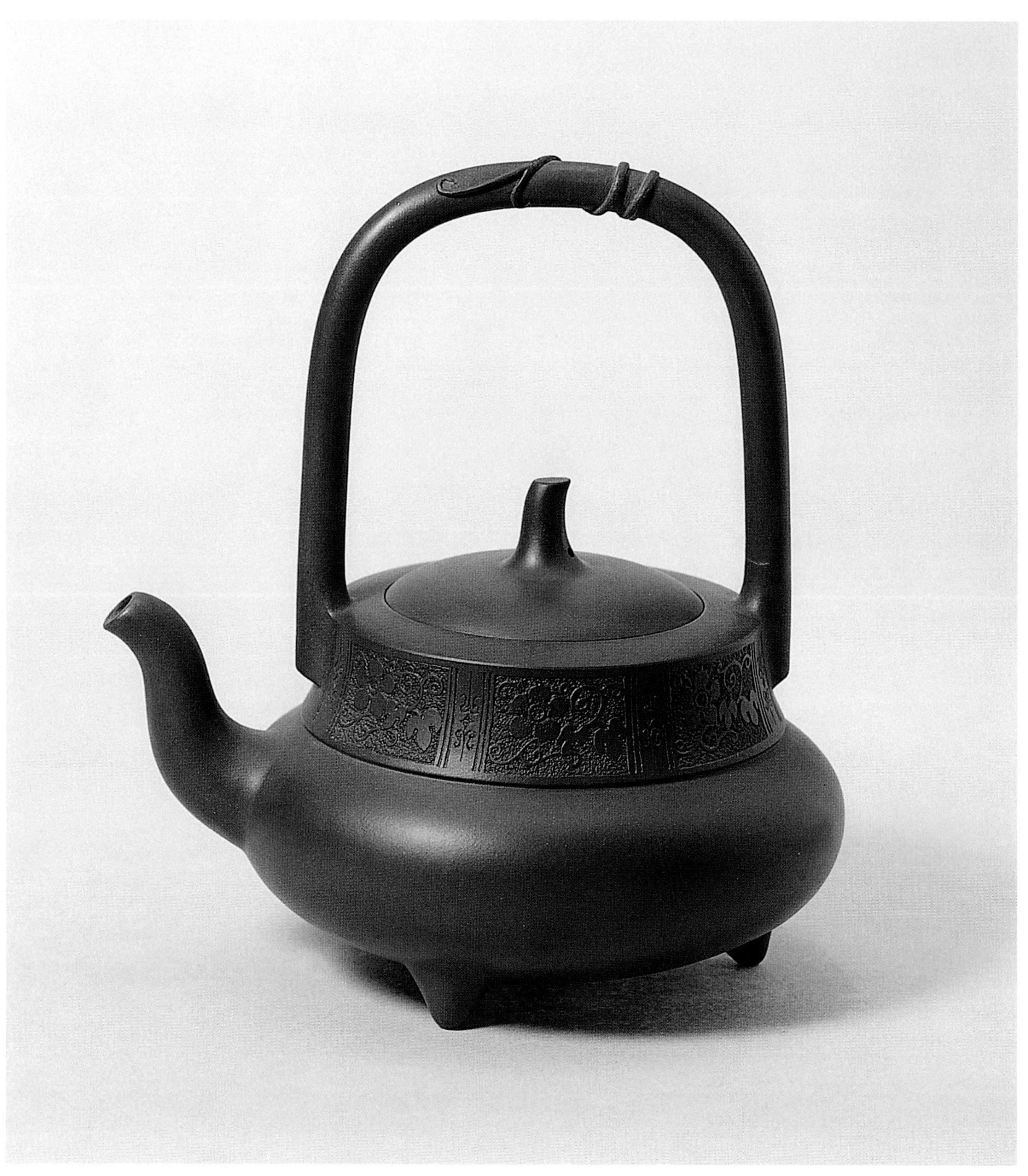

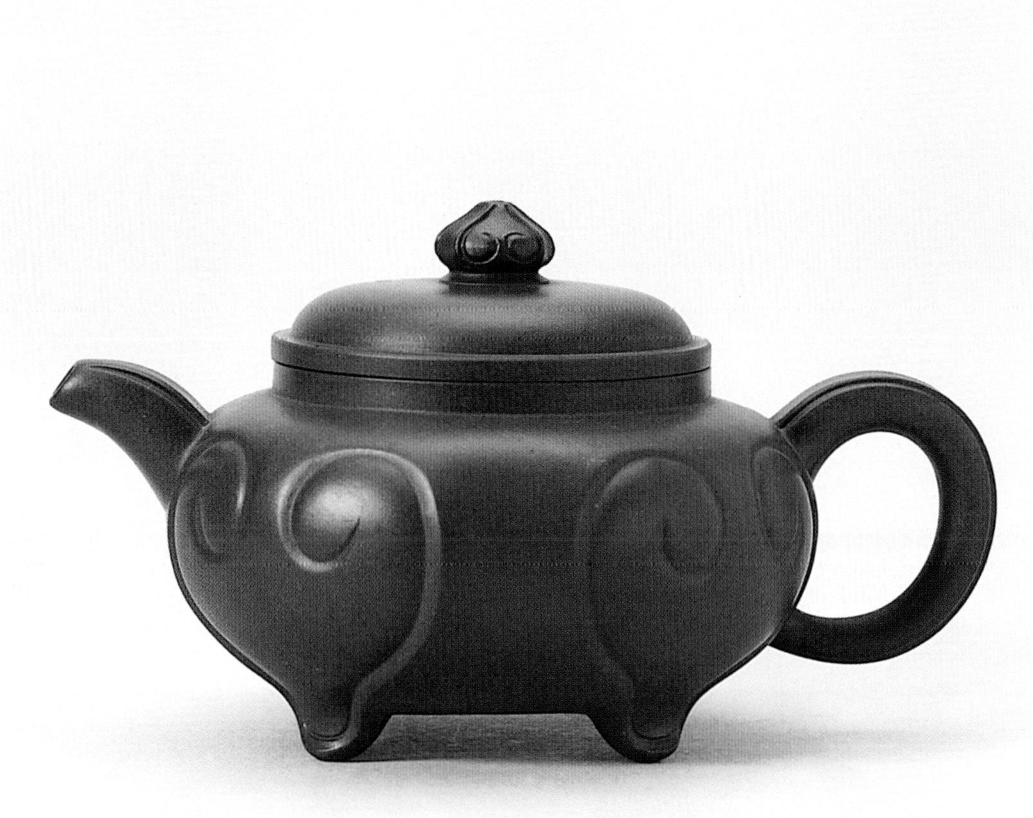

267.

四季如意

高海庚

高90mm　口徑71mm

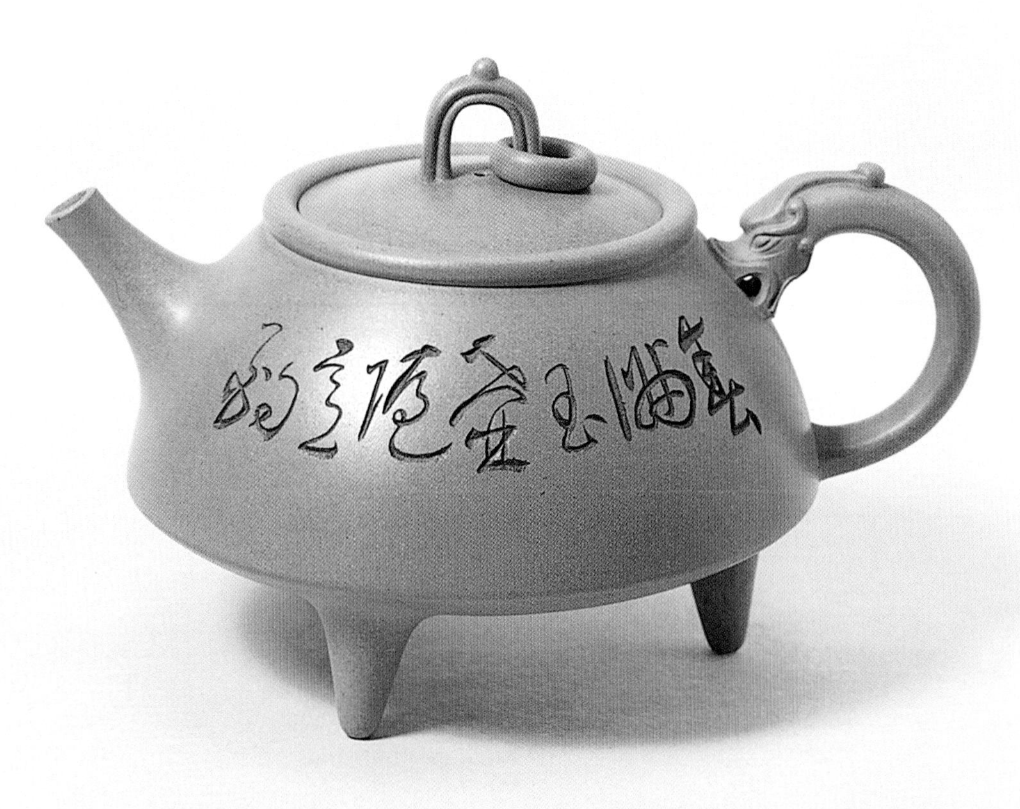

268.

環龍三足

高海庚（設計）　周桂珍（製）

高116mm　口徑66mm

壺身銘：春滿玉壺隨意酌

◉　半球形的壺體，配以三足，呈鼎立之勢，安定穩重。壺嘴壺把剛勁有力，與壺體氣韵貫通，恰似盤龍虬結；壺口飾一粗綫裝飾，既令壺形有變化起伏之美，又使口部張力加強；壺蓋環龍圈着玉環，畫龍點睛地傳達了設計者的巧思。

269.

追月

高海庚（設計）　周桂珍（製）

高147mm　口徑46mm

◉　“彩雲追月”，歷來被民間視作嚮往美好事物的象徵。作者以此題設計成壺。壺身呈新月型，肩部兩條充滿生命力的弧綫，撫摸手感舒適；兩弧綫延伸後引出飽滿的壺嘴；弧綫順勢兩頭仰起，成爲壺紐，若自然生成，毫不突兀。再鑲上一副銀色提撑時，意趣頓生。壺蓋上，祥雲形的摘手，使整個壺充滿雲彩般的靈動流暢美。

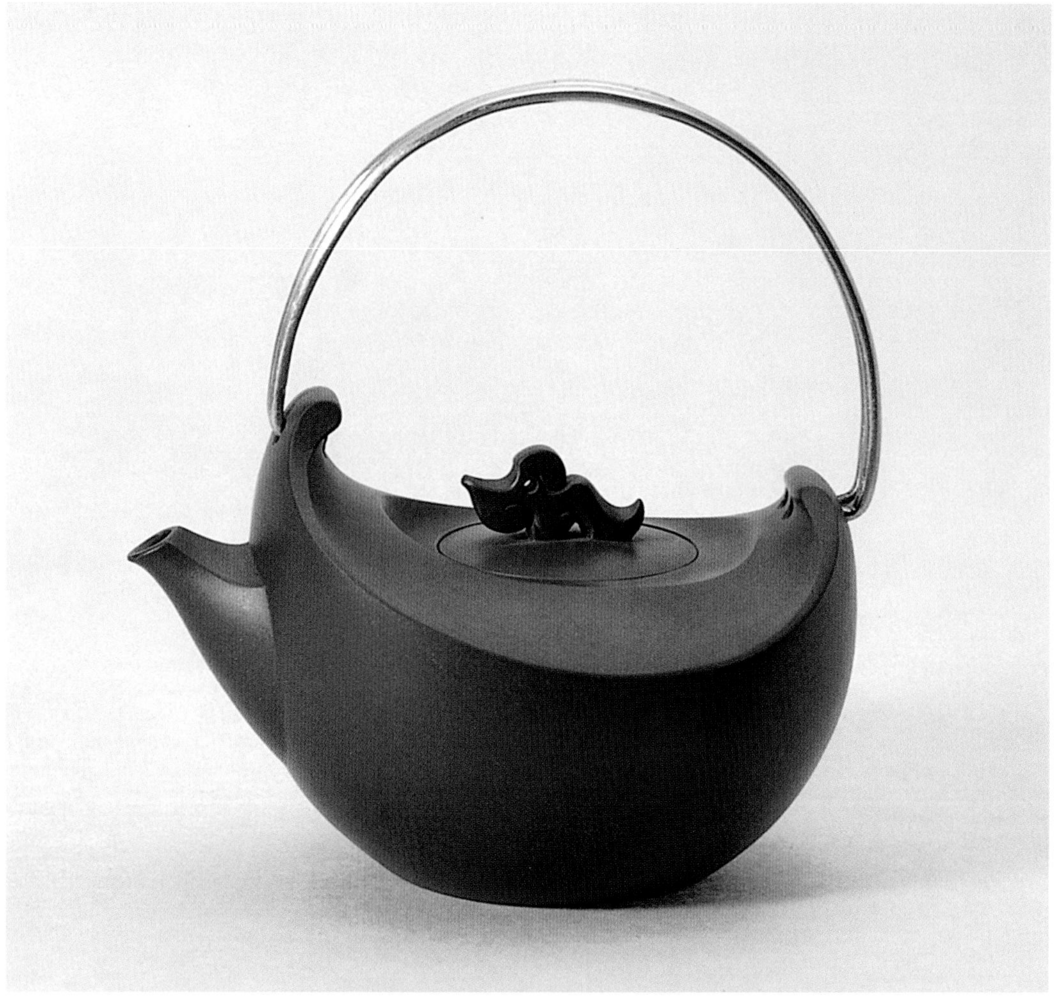

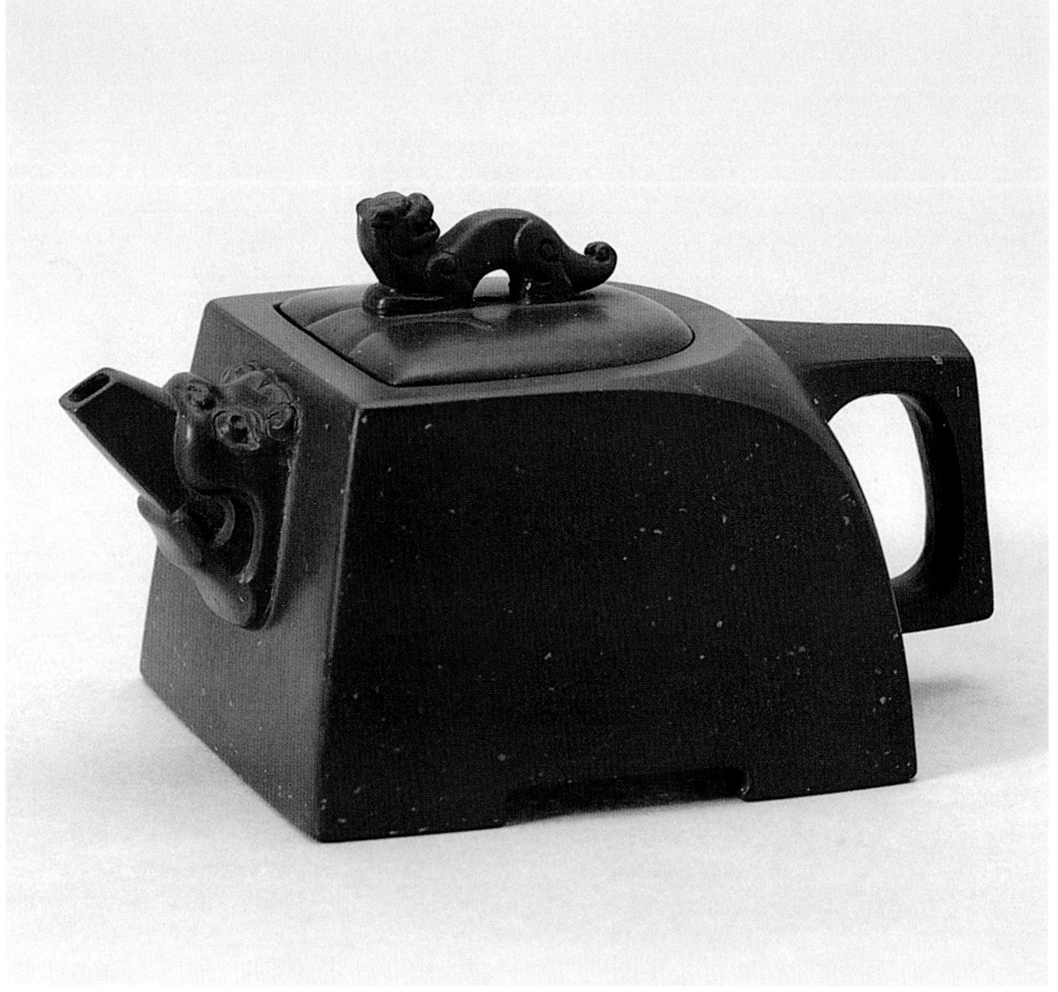

270.

虎壺

高海庚

高79mm

口徑橫53mm　縱51mm

◉　虎壺被認爲驅邪的吉祥物。此件是虎年之作，模擬一蹲伏虎，方中帶圓。虎頭爲壺嘴，短直有力；壺把與壺身相諧，撑面棱角分明，充滿陽剛力度，一氣呵成；壺蓋飽滿可觸，蓋面加飾如意紋樣，蘊含祥瑞氣息；蓋摘手塑一隻驚覺回首的伏虎，神態生動，與壺體貼切。

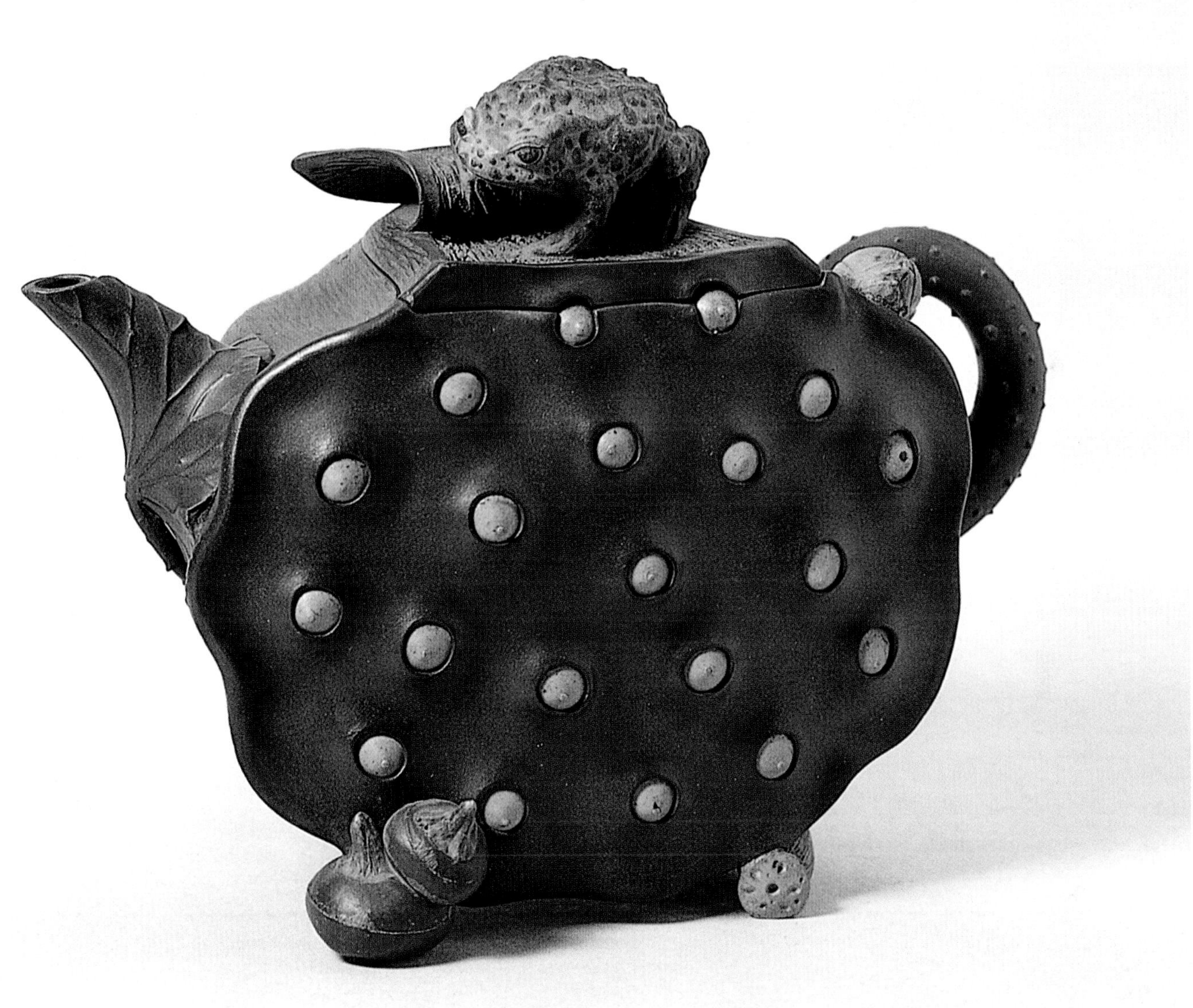

271.

蛤蟆蓮蓬

顧景舟（設計）　高海庚（製）

高143mm　口徑75mm

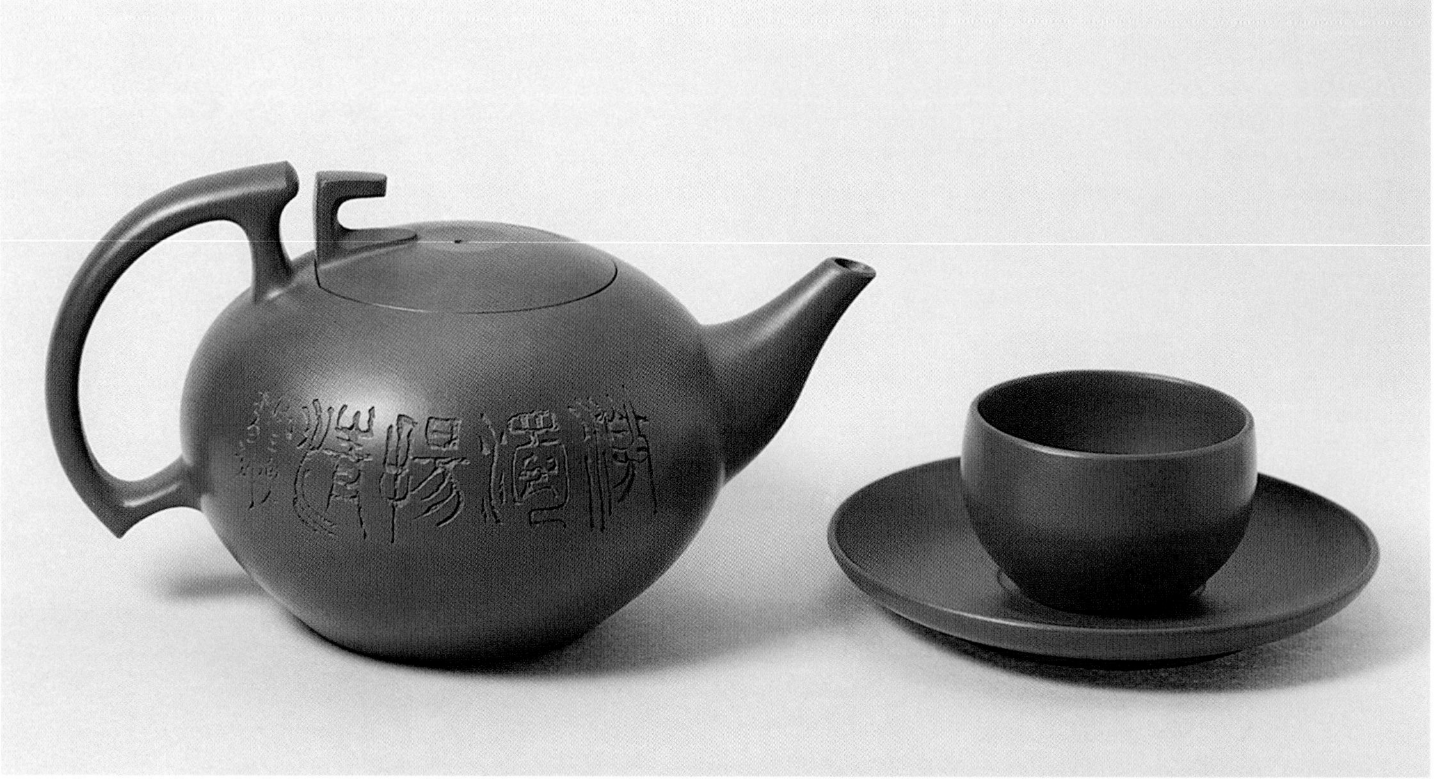

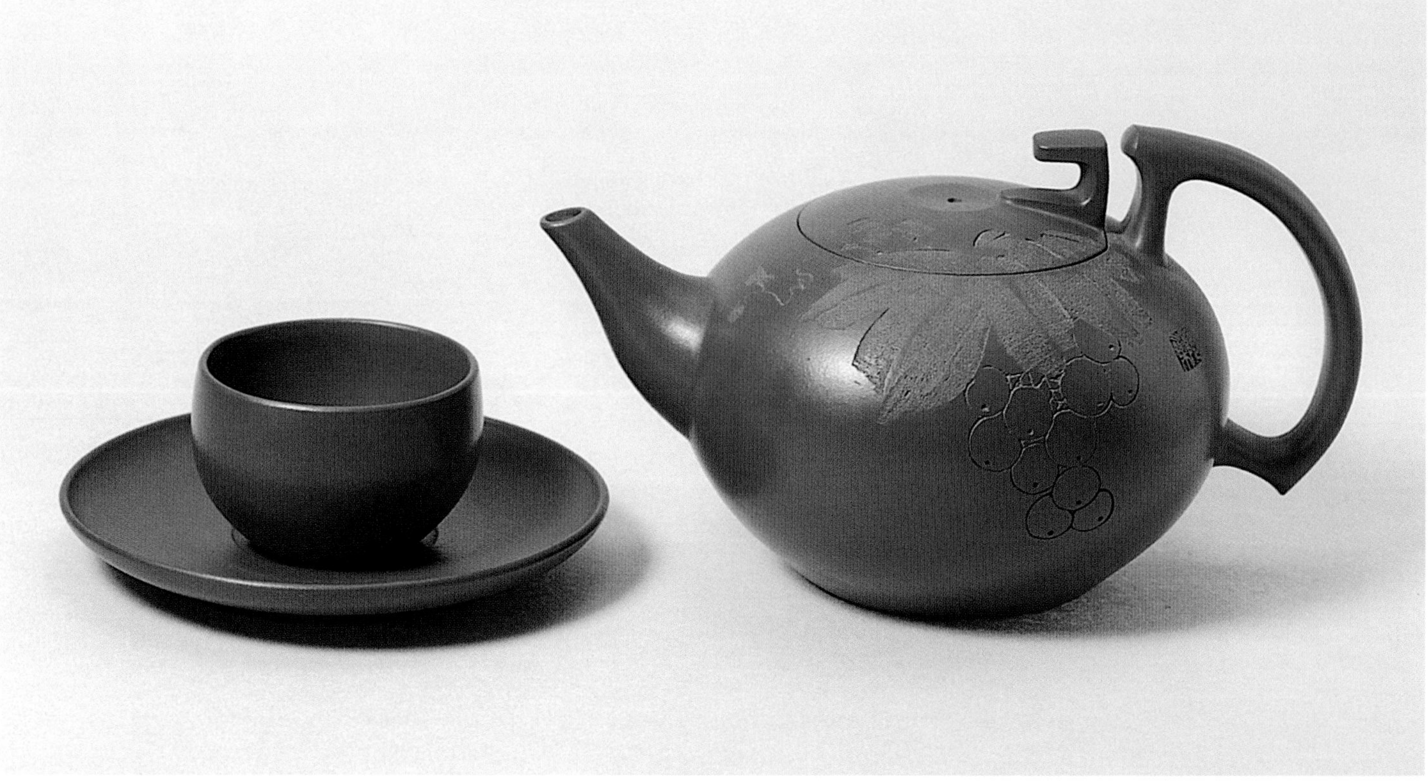

272.

紅碧泉茶具

高海庚（設計）　李碧芳（製）

壺高107mm　口徑71mm

杯高41mm　口徑65mm

碟高17mm　直徑127mm

壺身銘：激濁揚清

陶三樂書刻

273.

思源

沈蘧華

高104mm　口徑57mm

◉　思源壺取雙曲綫組成，壺身呈陀螺形，由於上體空間較大，因此，壺嘴呈S的三彎形，壺把取7健把造型與壺身相接，使壺在安定中有穩重感。壺的頸部和頂面，分飾一條"雲肩綫"和平面"傾角綫"，豐富了壺面、頸、肩的結構，體現了工藝美和形式美。

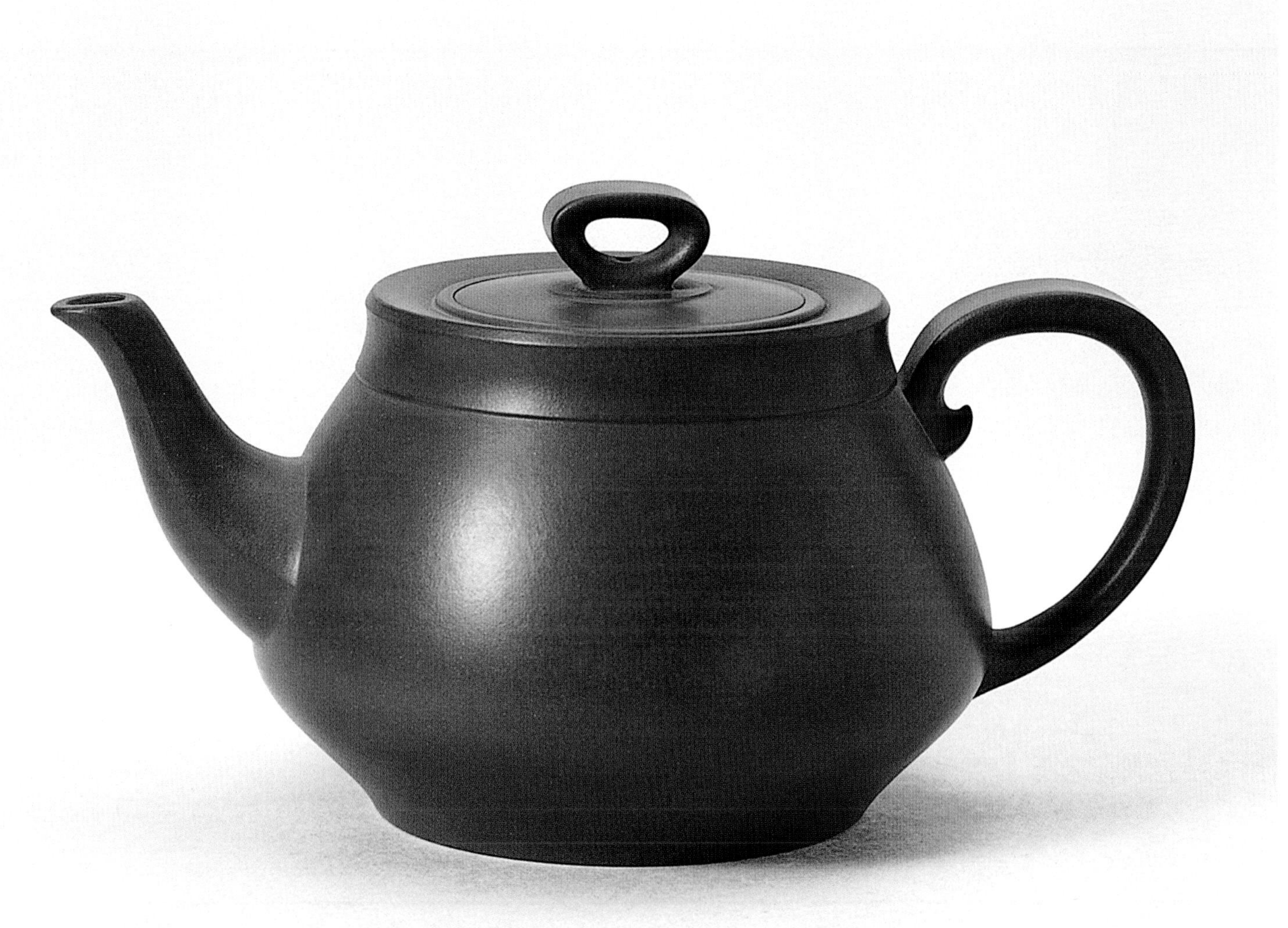

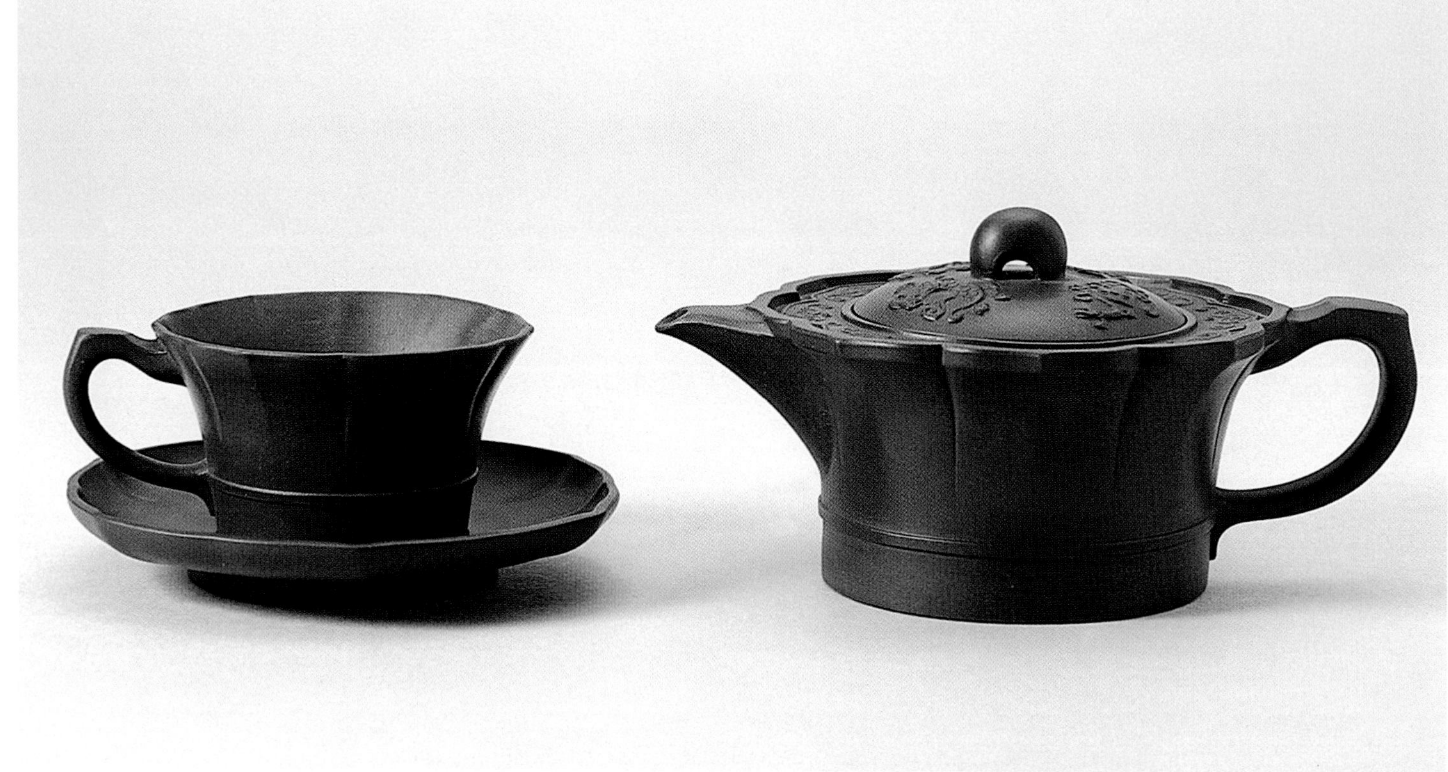

274.

銅鏡茶具

沈蘧華

壺高74mm　口徑66mm

杯高43mm　寬95mm

碟高19mm　直徑115mm

◉　作者取唐代菱花鏡爲題，設計成壺。俯視壺面，是一幅富麗的鏡背，挺括的菱花邊，突出了鏡的造型，浮起連續的唐草紋樣，圍成一圈；鏡中比例恰當地虛起一塊，作成壺蓋，蓋面貼四靈浮雕圖案，蓋的中央，黏上小小的鏡鈕，變成蓋的摘手，天趣盎然。

鏡乃明鑒。銅鏡壺蘊蓄着這樣的哲理：人們經茶文化、陶藝術的陶冶，不斷增進自己的修養，明鑒世情、洞察人生。

275.

百福鼎

沈蘧華

高237mm　口徑129mm

◉　鼎，爲我國古代立國、傳國之重器。鼎是端莊、肅穆之象徵。作者借題創作了紫砂“百福百壽獅象玉鼎”。

玉鼎，以三隻獅的面、身塑成的鼎足，雄健地托起如珠如玉的鼎身；喜氣洋溢的獅頭，啣着玉環作爲鼎的耳飾；在圓渾的蓋頂上，塑捏一隻大象作爲摘手，以構成完美的玉鼎造型。

獅，是智慧的啓示，象，爲美的化身，加上鼎身兩側刻上“百福”、“百壽”，那玉鼎將賦予你諸事吉祥、萬象更新的祝福。

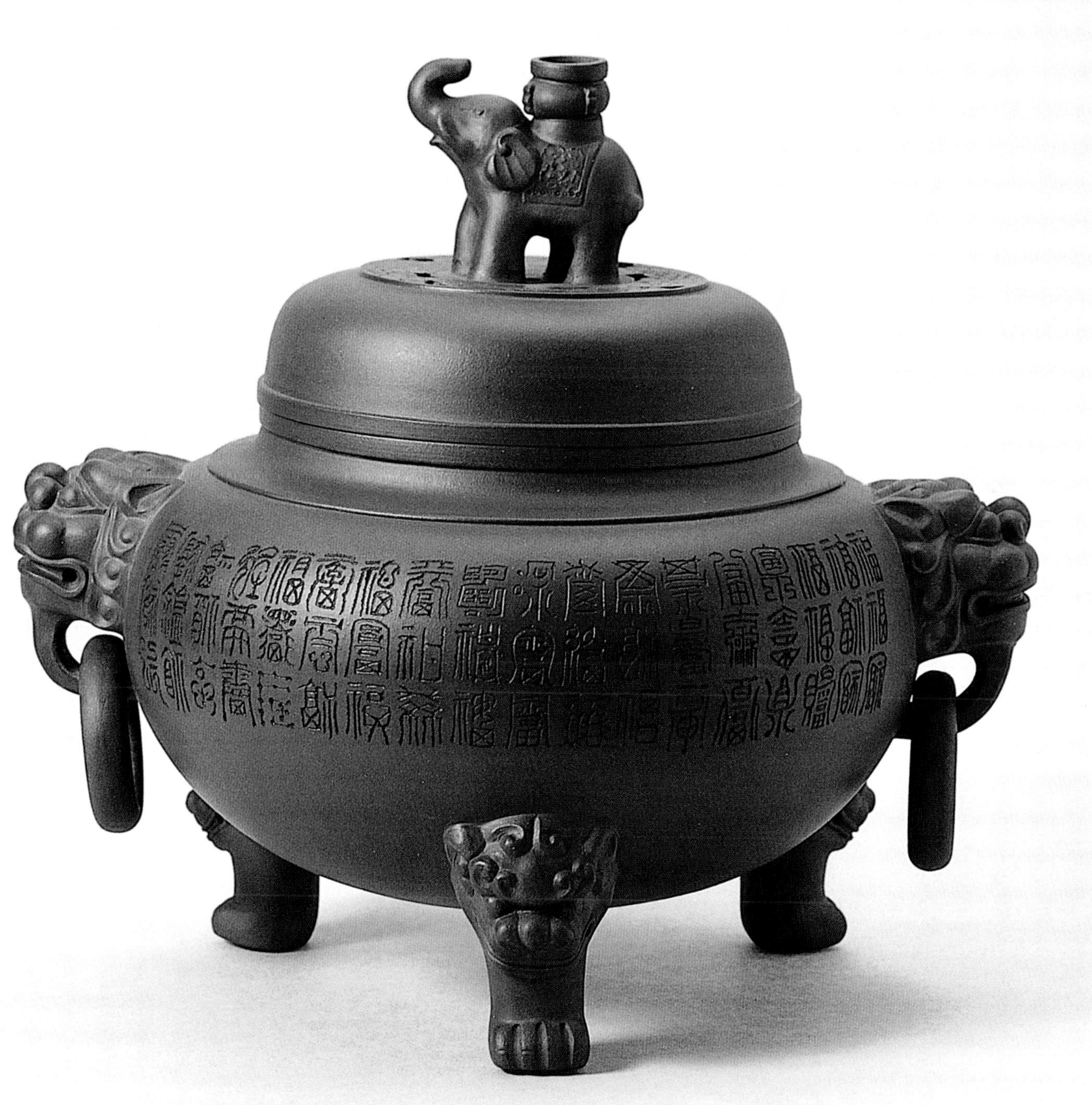

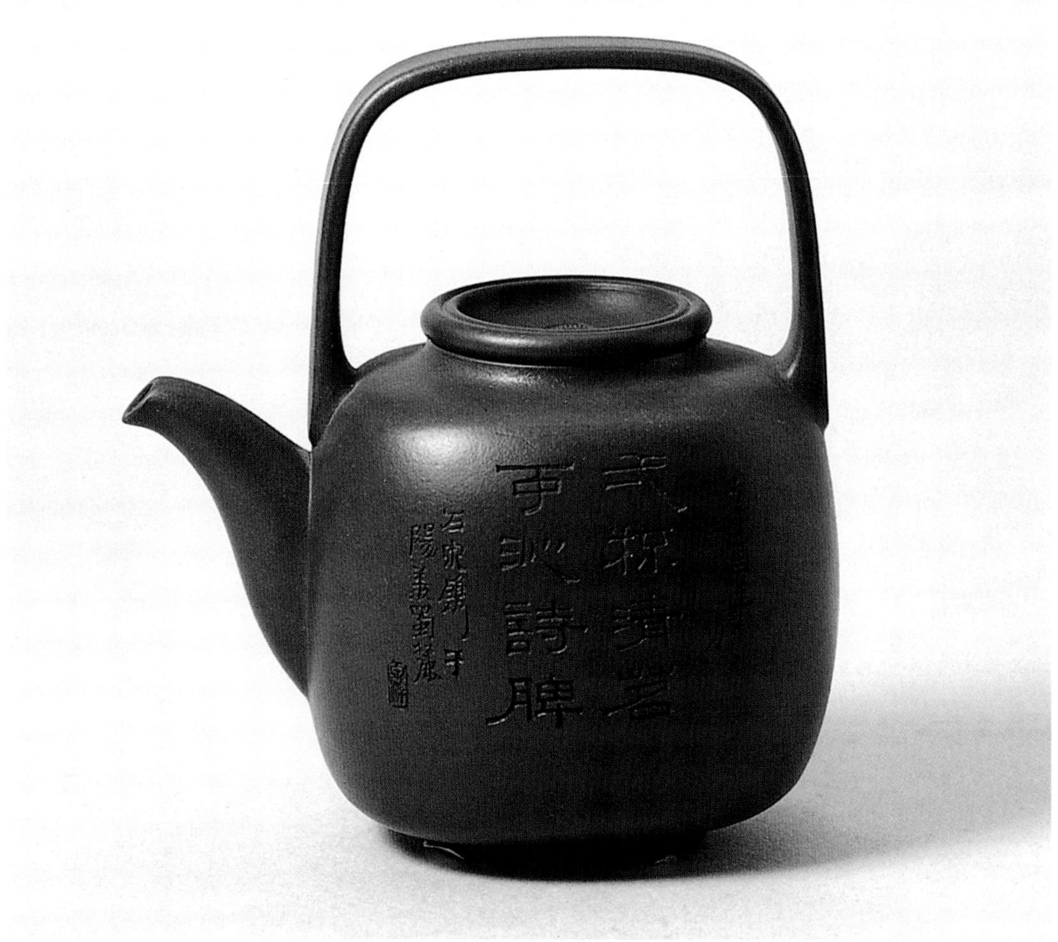

276.

紫玉提梁

沈蘧華（製） 譚泉海（銘）

高108mm 口徑40mm

壺身銘：一杯清茗，可沁詩脾。

石泉鐫於陽羨蜀蘢

刻印：泉海

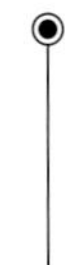

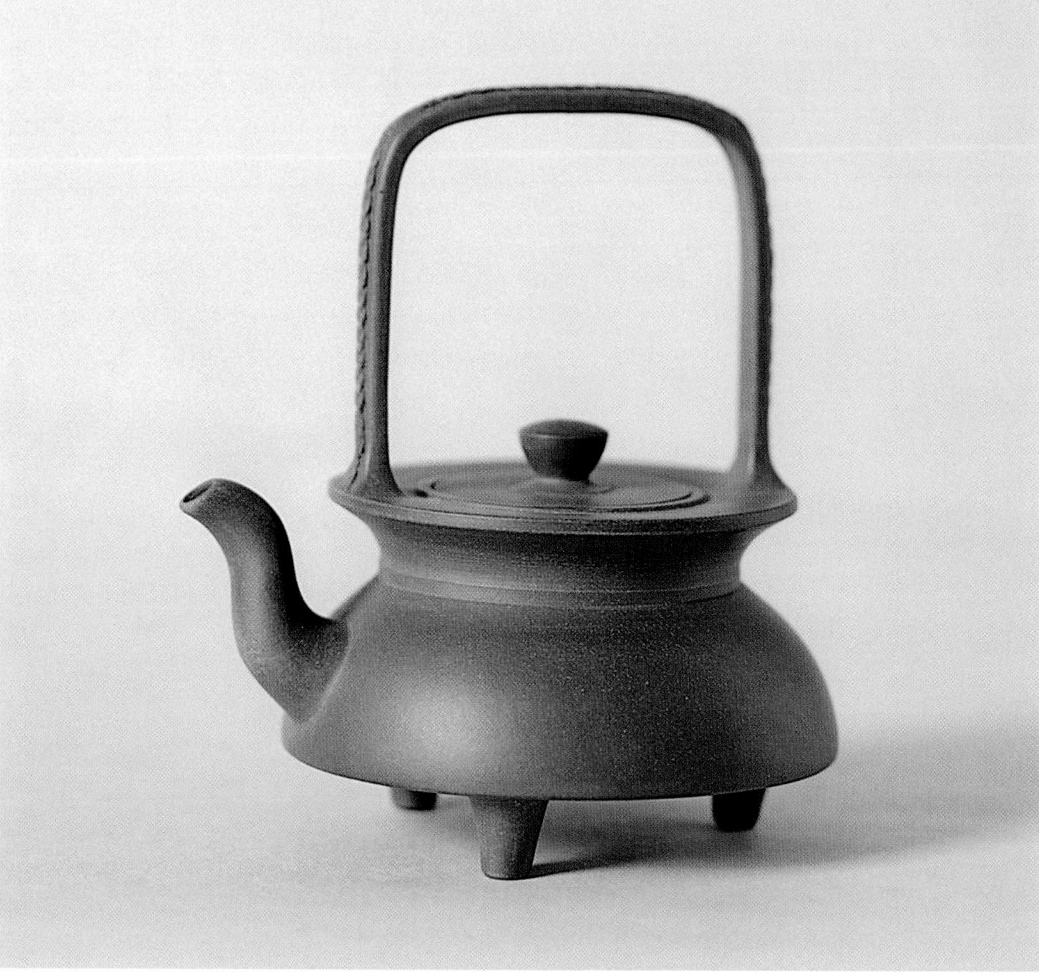

277.

花籃提梁

沈蘧華

高102mm 口徑34mm

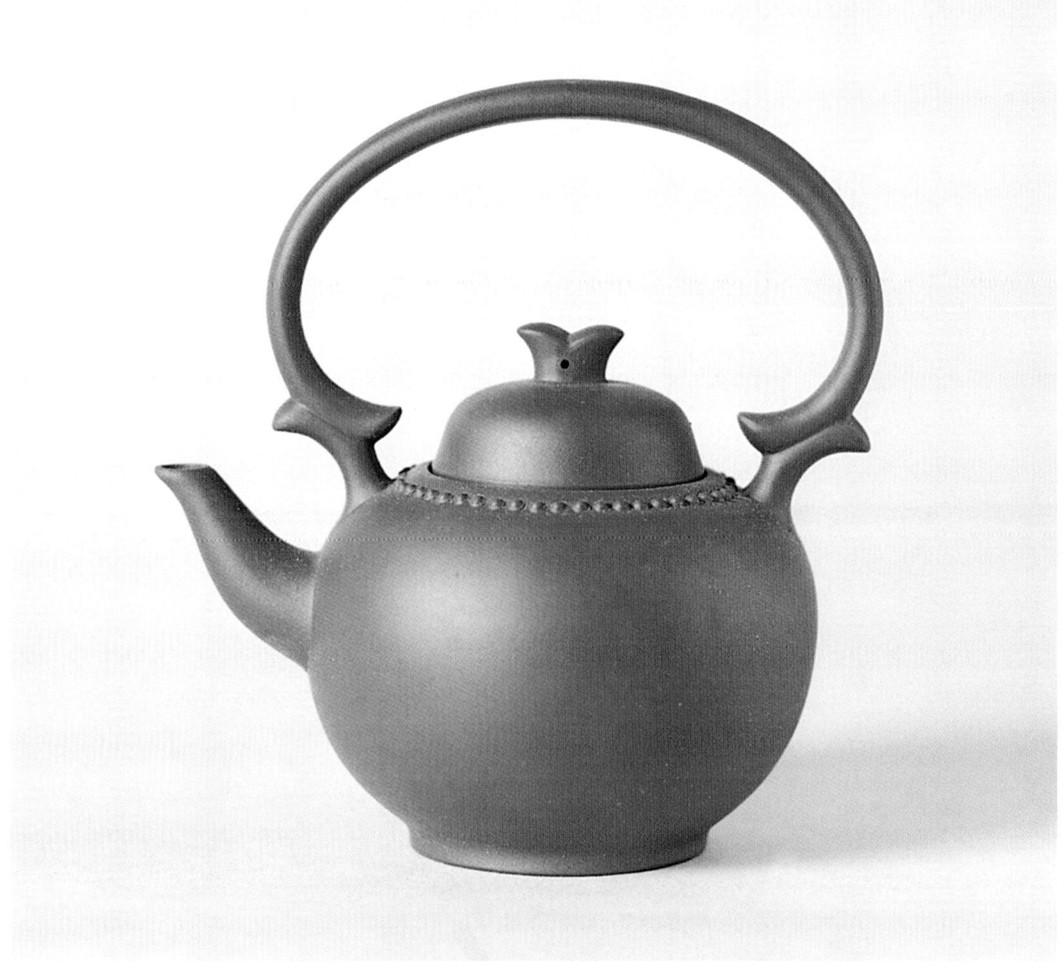

278.
寶珠提梁
沈遽華
高110mm　口徑40mm

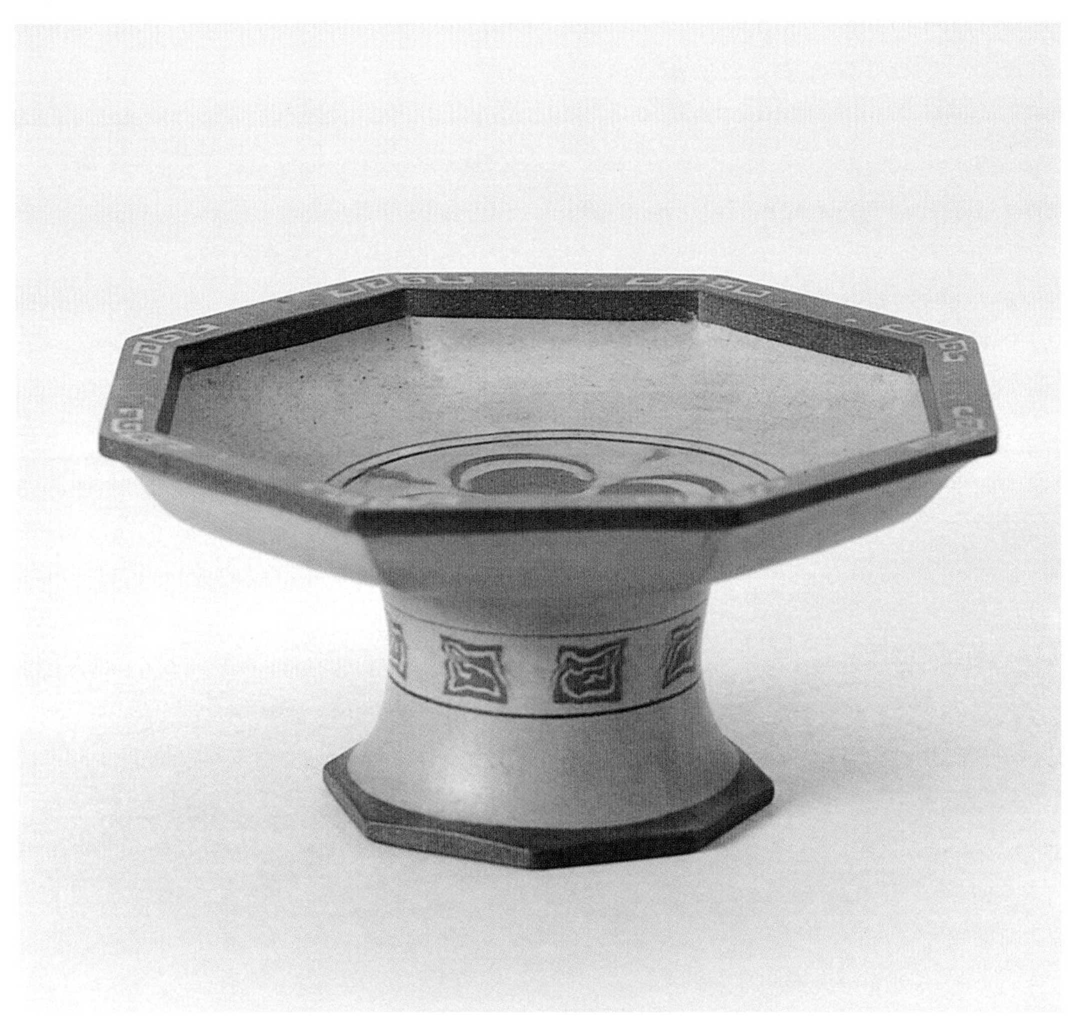

279.
絞泥盤
沈遽華
高83mm　寬84mm

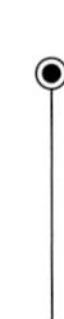

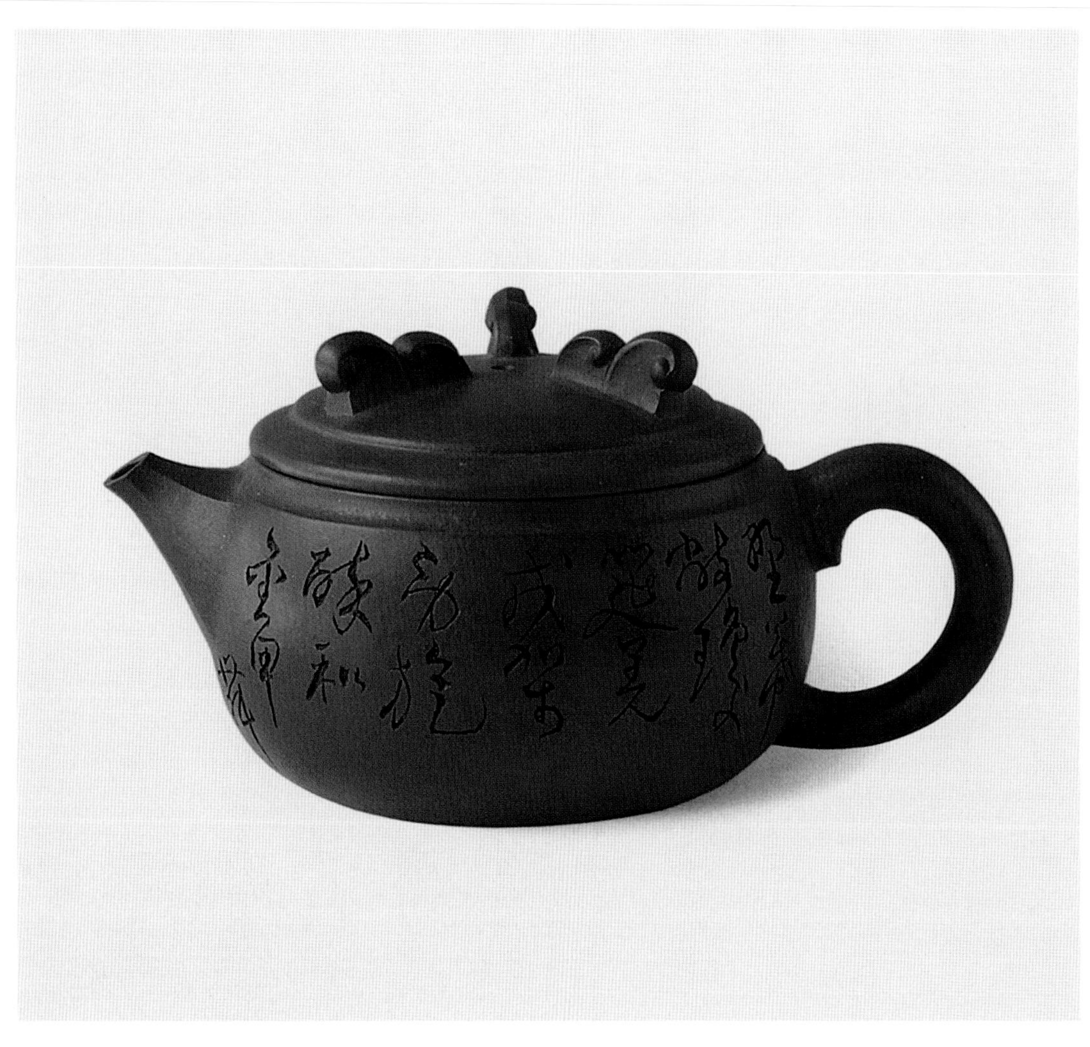

280.

五朝文化壺之一——唐詩

沈蘧華、李昌鴻

高78mm　口徑108mm

壺身銘：野幕敞瓊筵。
光戎賀勞旋。
醉和金甲舞。
雷鼓動山川。
唐盧綸塞下曲之四
昌鴻書　一鳴刻

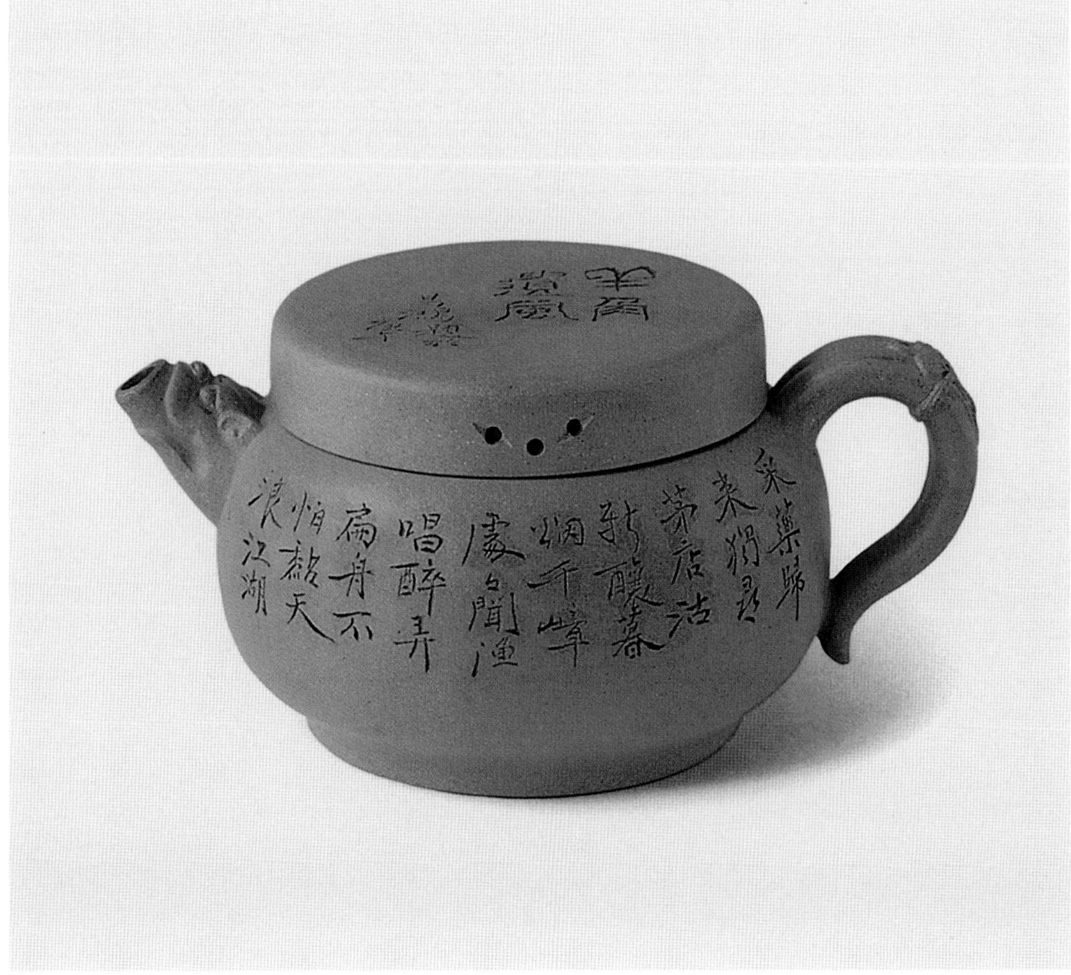

281.

五朝文化壺之二——宋詞

沈蘧華、李昌鴻

高72mm　口徑79mm

壺身銘：採藥歸來，
獨尋茅店沽新釀。
暮烟千嶂，
處處聞漁唱。
醉弄扁舟，
不怕黏天浪。
江湖上，
遮田疏放，
作個閑人樣。
調寄點絳唇　陸游詞
昌鴻書　一粟刻

◉　唐詩、宋詞、元曲、明畫、清說，堪稱華夏文化的絕調，作者受此啓迪，創作設計了唐之豐腴、宋之清秀、元之驃悍、明之端莊、清之華麗等五件壺，再在壺上以晉唐風貌的隸篆，書刻唐詩；以瘦金體，書刻宋詞；以筆畫謹嚴的隸魏，書刻元曲；以意態精密的行書，書刻文徵明的題畫；以爽朗自如的板橋體，書刻清說。五件壺用五色土表現，集文學藝術與紫砂壺於一體，達到藝與壺切、茶切、情切的高雅境地。

282.

竹節酒具

潘春芳

壺高203mm　口徑30mm

杯高47mm

口徑橫46mm　縱38mm

◉　竹子是紫砂壺仿自然生物造型的重要主題。歷來的竹節茶具、茶壺、酒具，形制大都端正規方，節是節、枝是枝，做得勻襯劃一。然而這個竹節酒具，節、枝有變，欣欣向榮，均衡中見穩定，別有一種風韻。

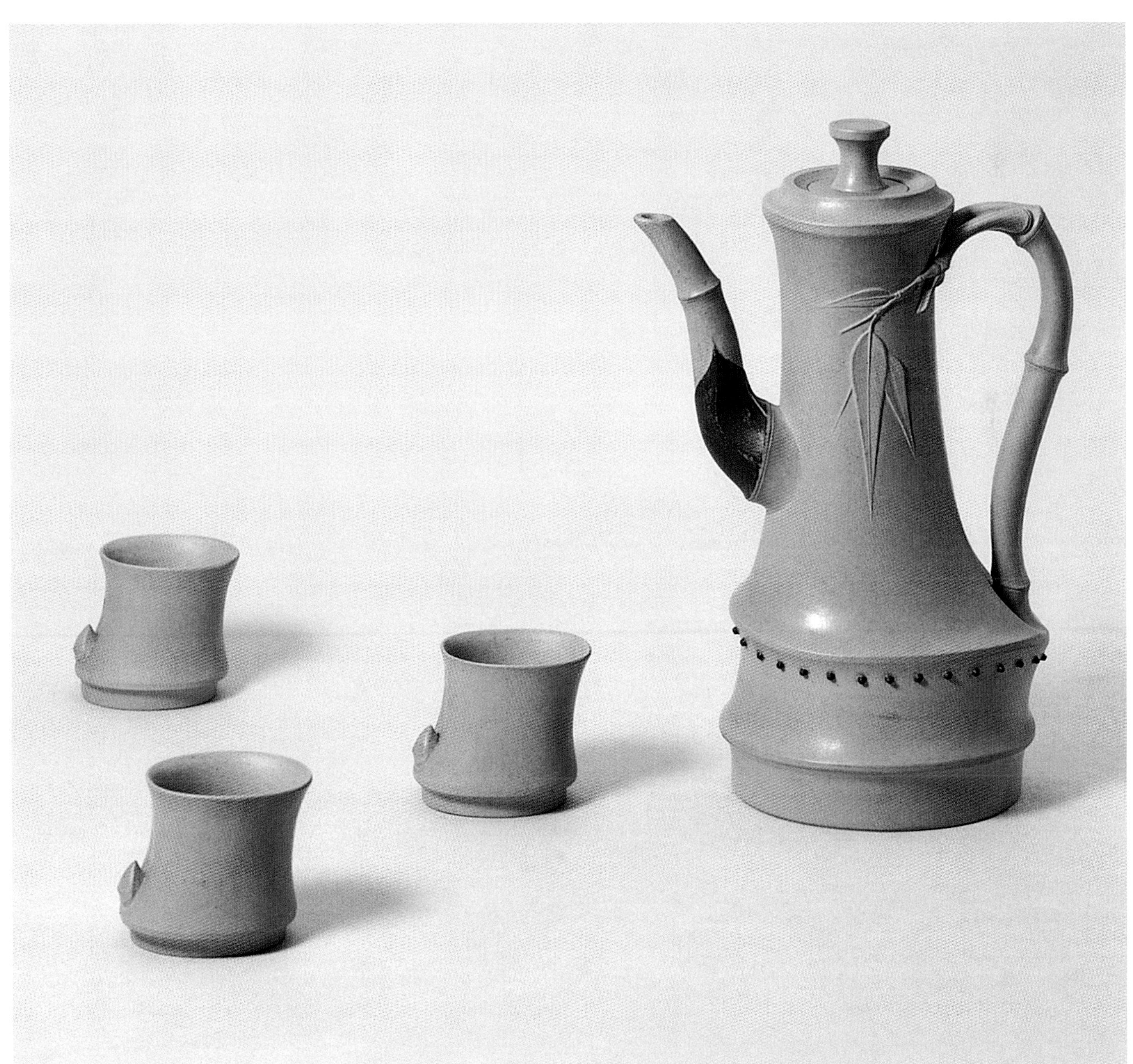

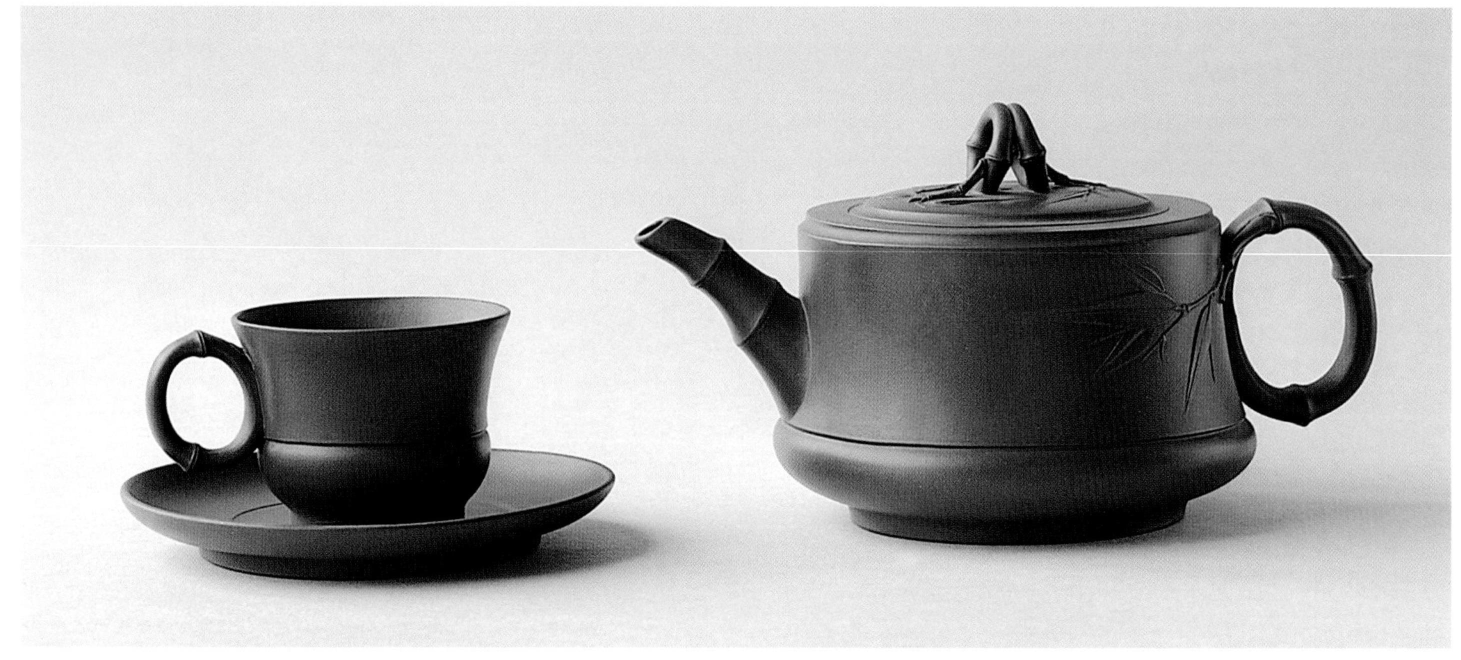

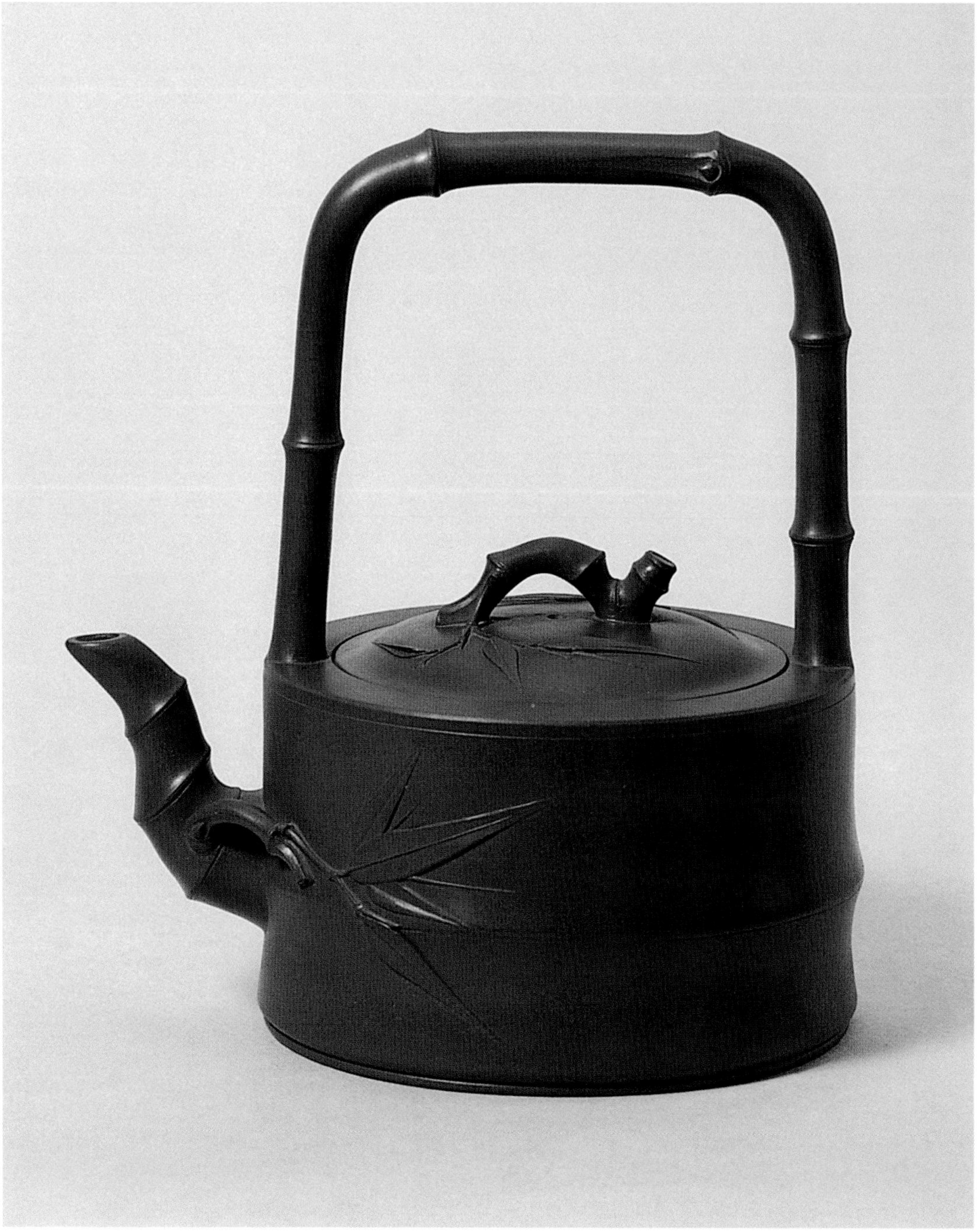

283.

竹節茶具

許成權

壺高103mm　口徑79mm

杯高51mm　口徑67mm

碟高17mm　直徑121mm

284.

竹段提梁

許成權

高187mm　口徑95mm

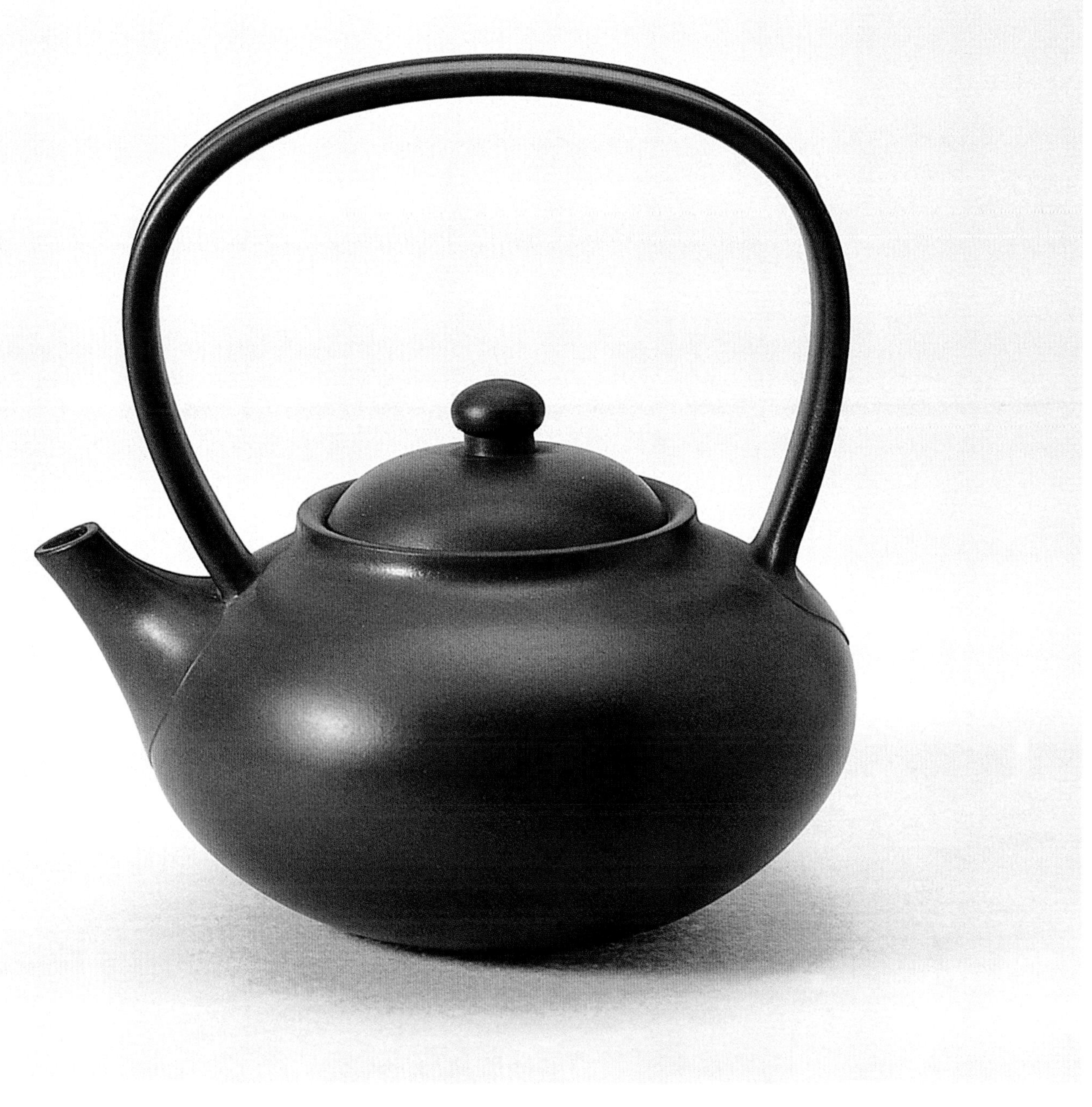

285.

雕花提梁

李碧芳

高160mm　口徑63mm

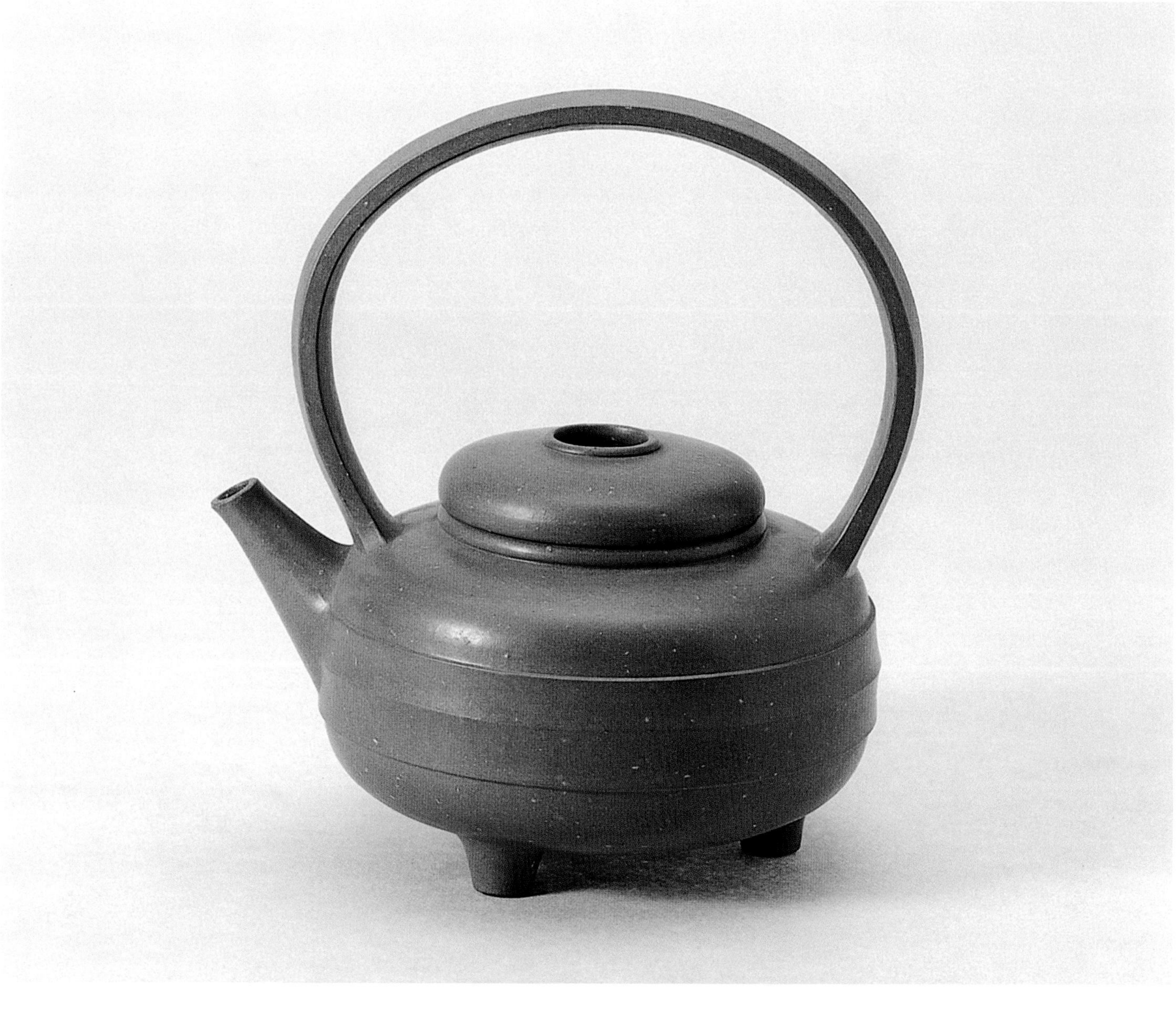

286.
香爐提梁
張守智（設計）　李碧芳（製）
高174mm　口徑69mm

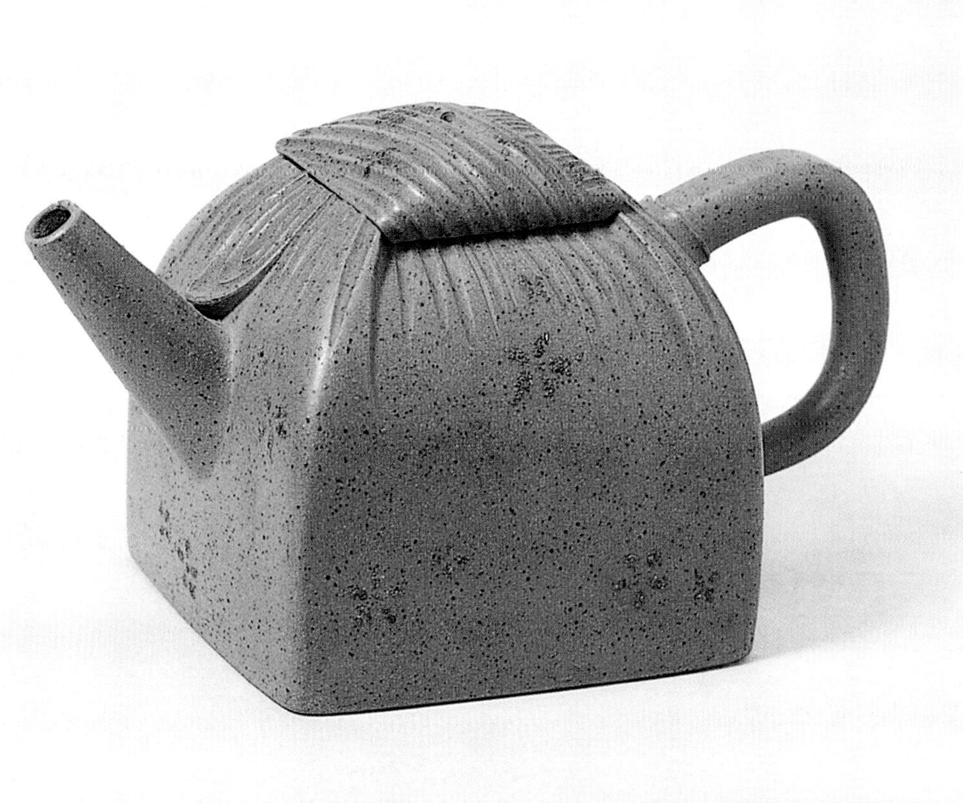

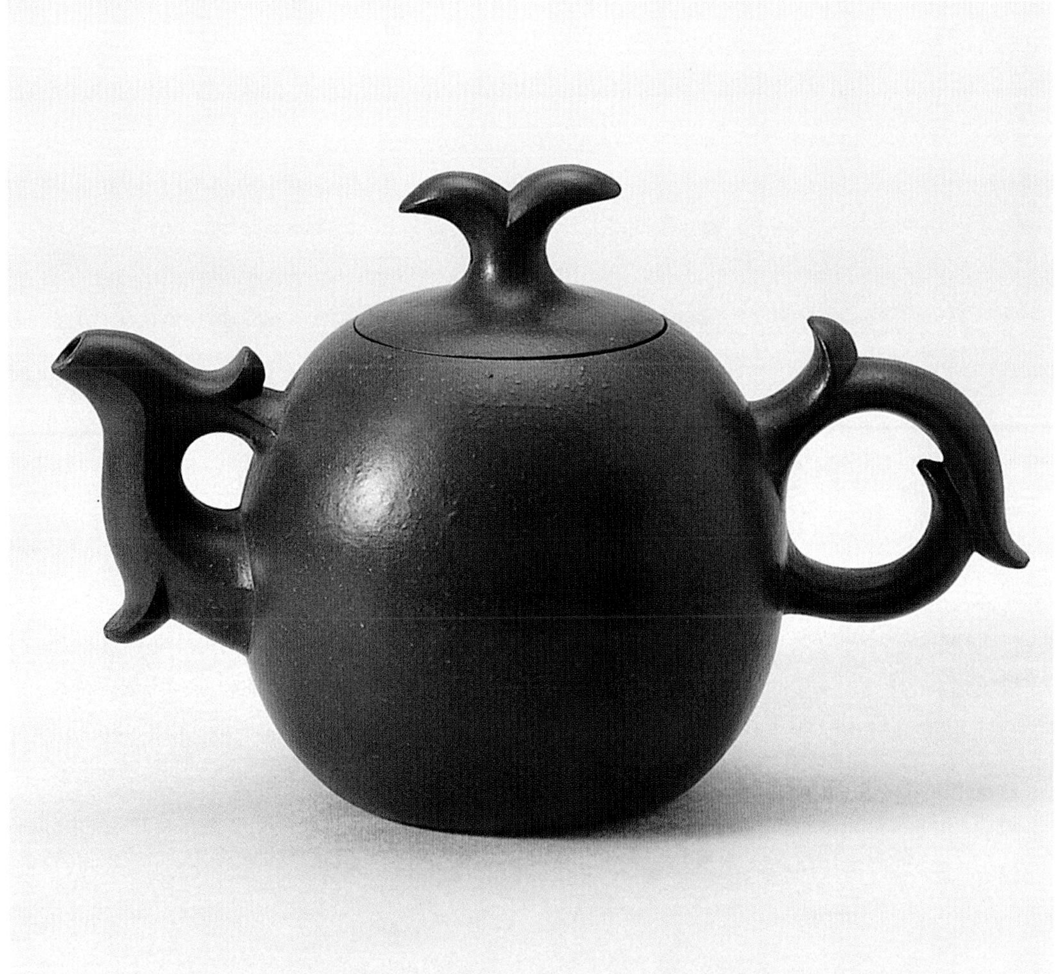

287.
段泥花印包
李碧芳
高100mm
口徑橫39mm　縱37mm

288.
綠榴花壺
韓美林（設計）　李碧芳（製）
高131mm　口徑63mm

289.
藤提梁
汪寅仙
高126mm　口徑80mm

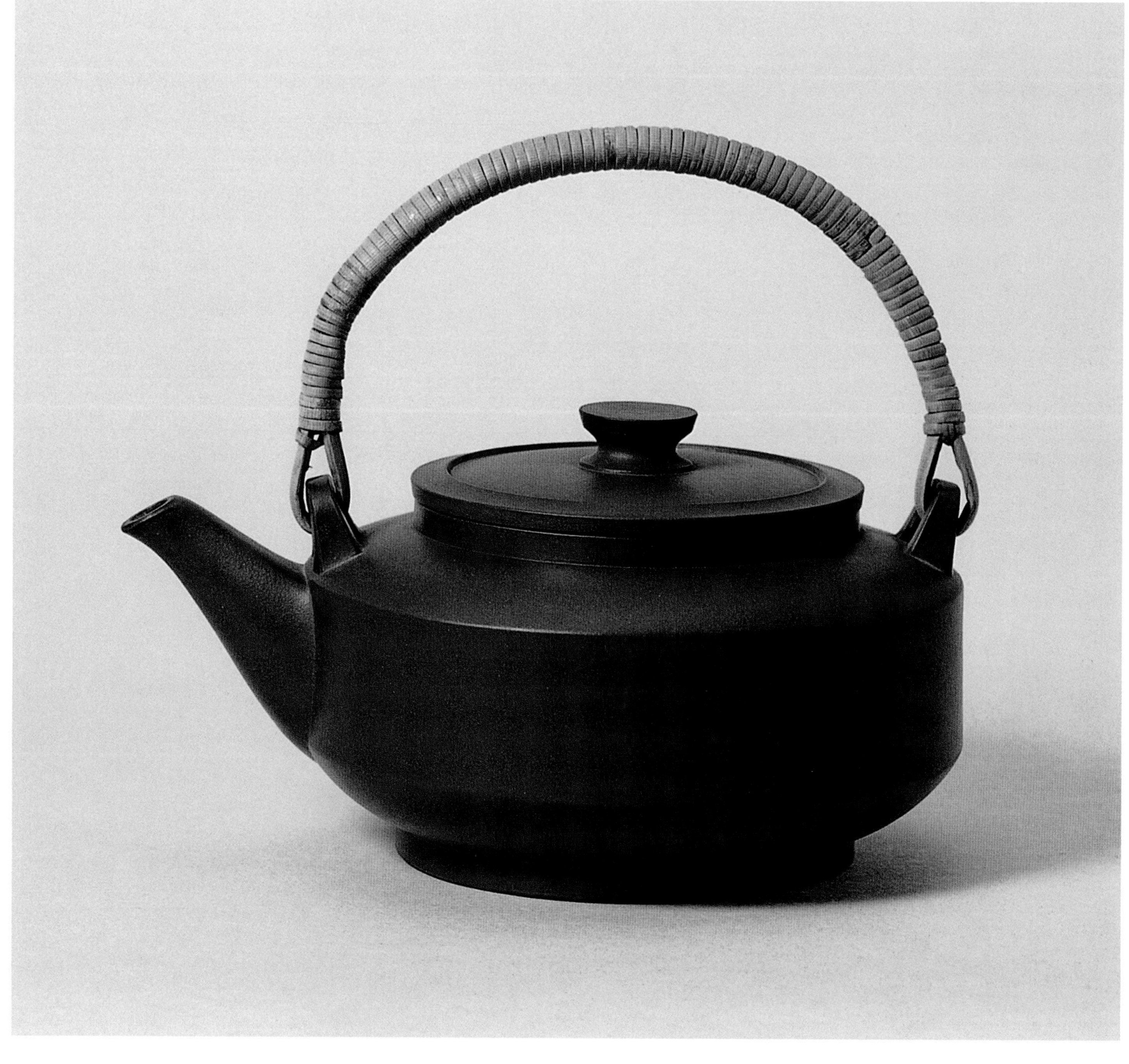

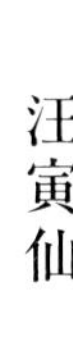

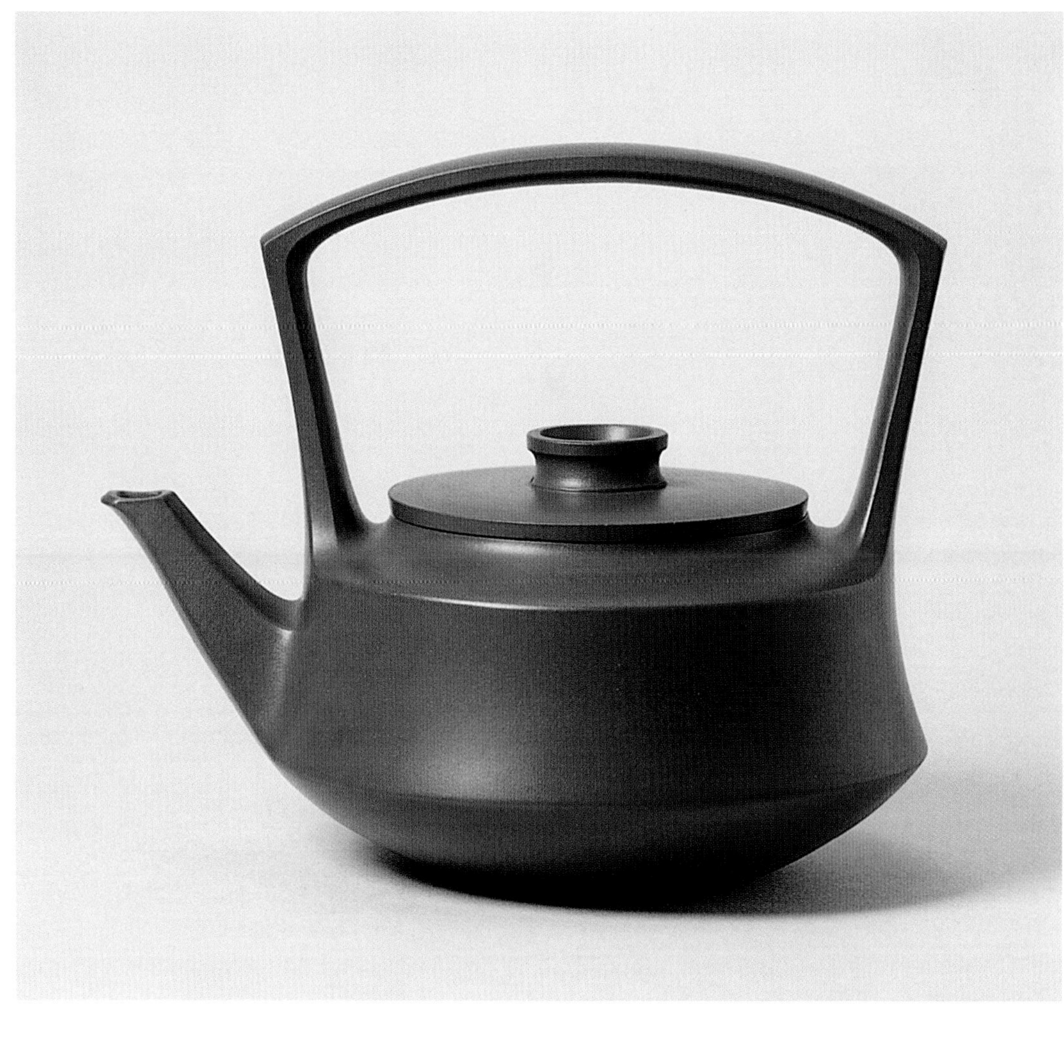

290.
珂玏壺
張守智（設計）　汪寅仙（製）
高158mm　口徑88mm

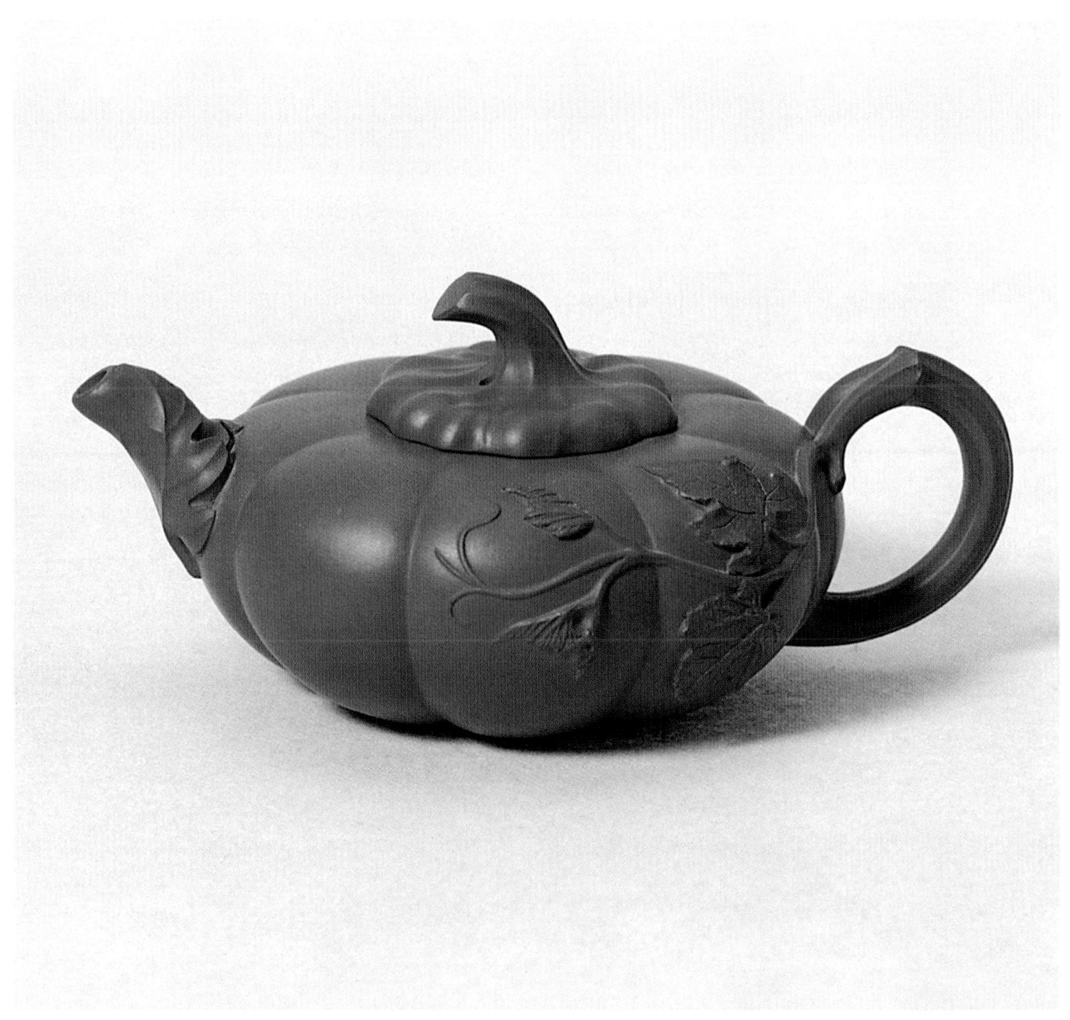

291.
紅小南瓜壺
汪寅仙
高61mm　口徑34mm

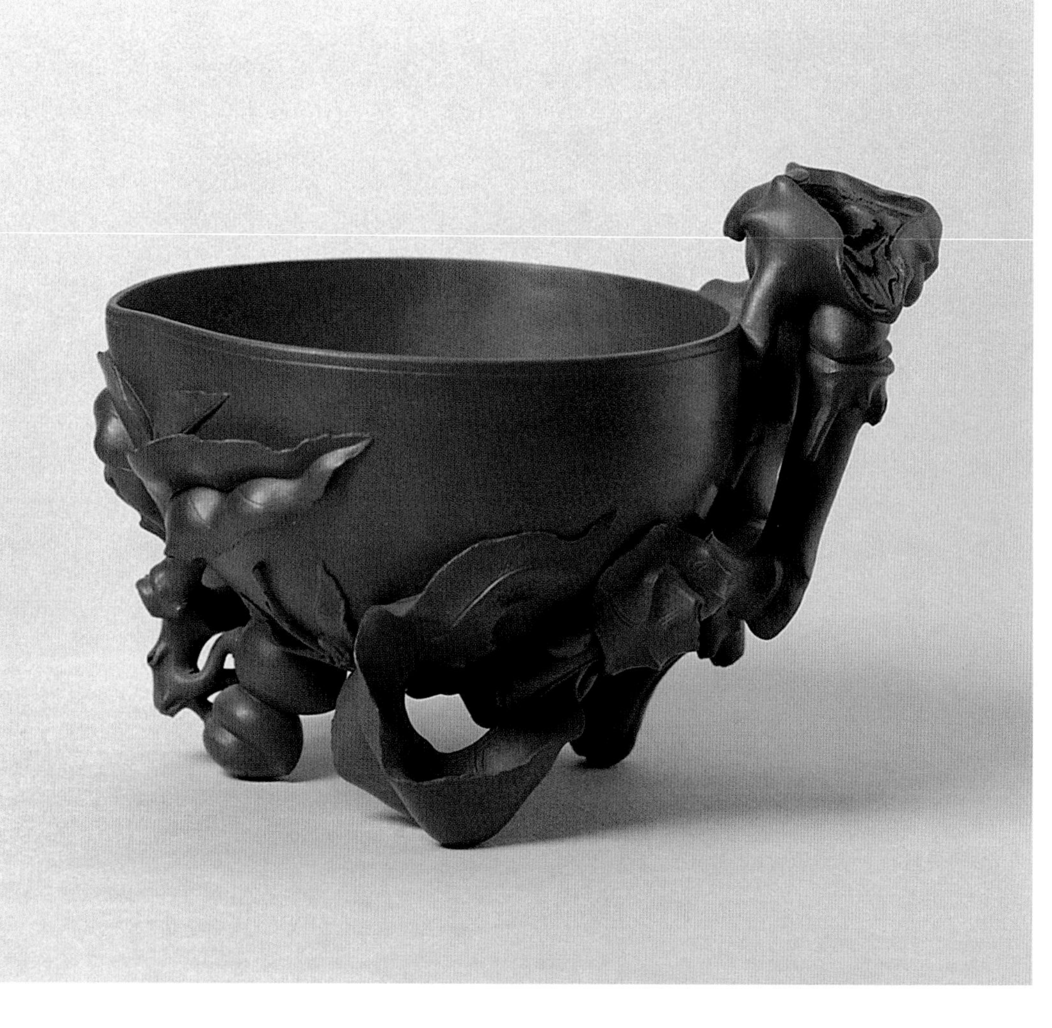

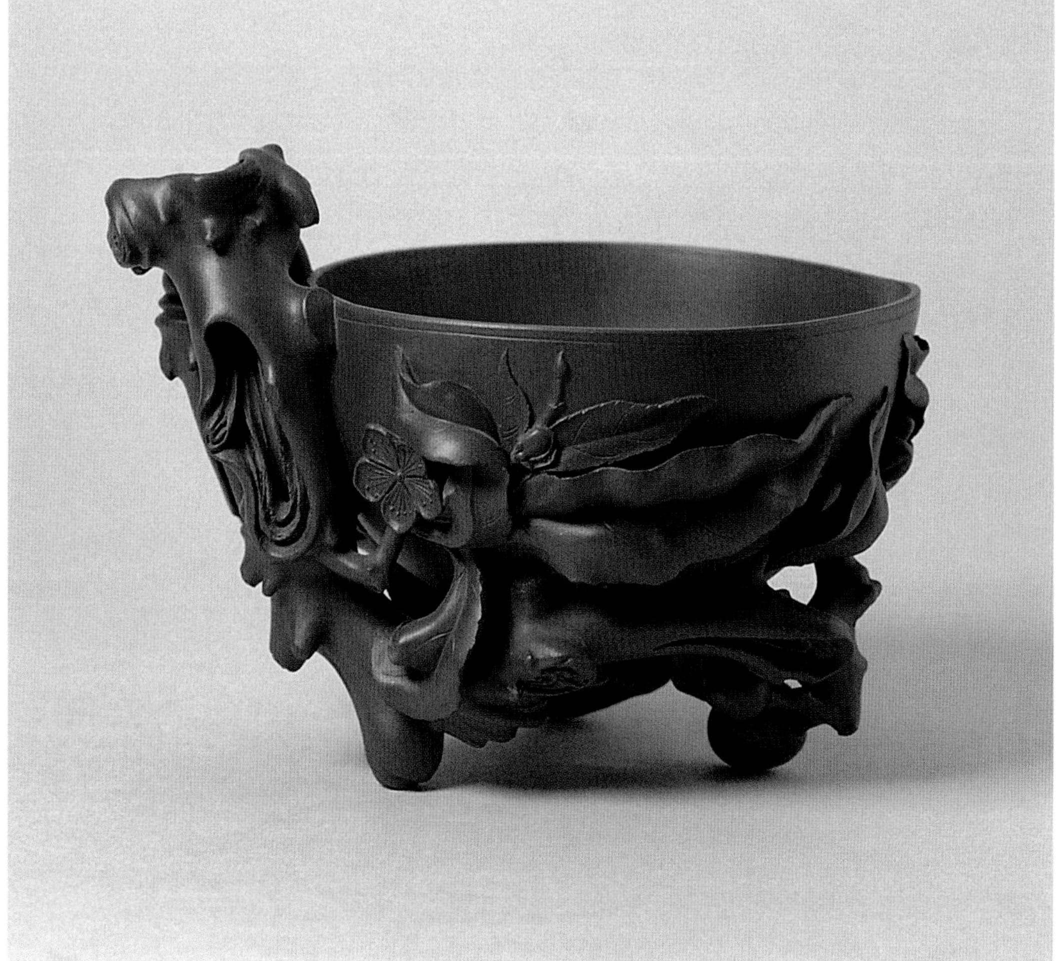

292.
桃杯
汪寅仙
高108mm　口徑100mm
◉　桃杯是紫砂花貨工藝品中的一件名作，尤以“聖思桃杯”爲最。當代作者心揣手摹前人佳作，悟其神妙，悉心仿製，仿品從杯身到桃的枝、芽、葉、花、果實等方面，都表達得淋漓盡致；而在選泥、製作、燒成工藝上，也都達到了前人未曾達到的高度。

293.

曲壺

張守智（設計）　汪寅仙（製）

高174mm　口徑101mm

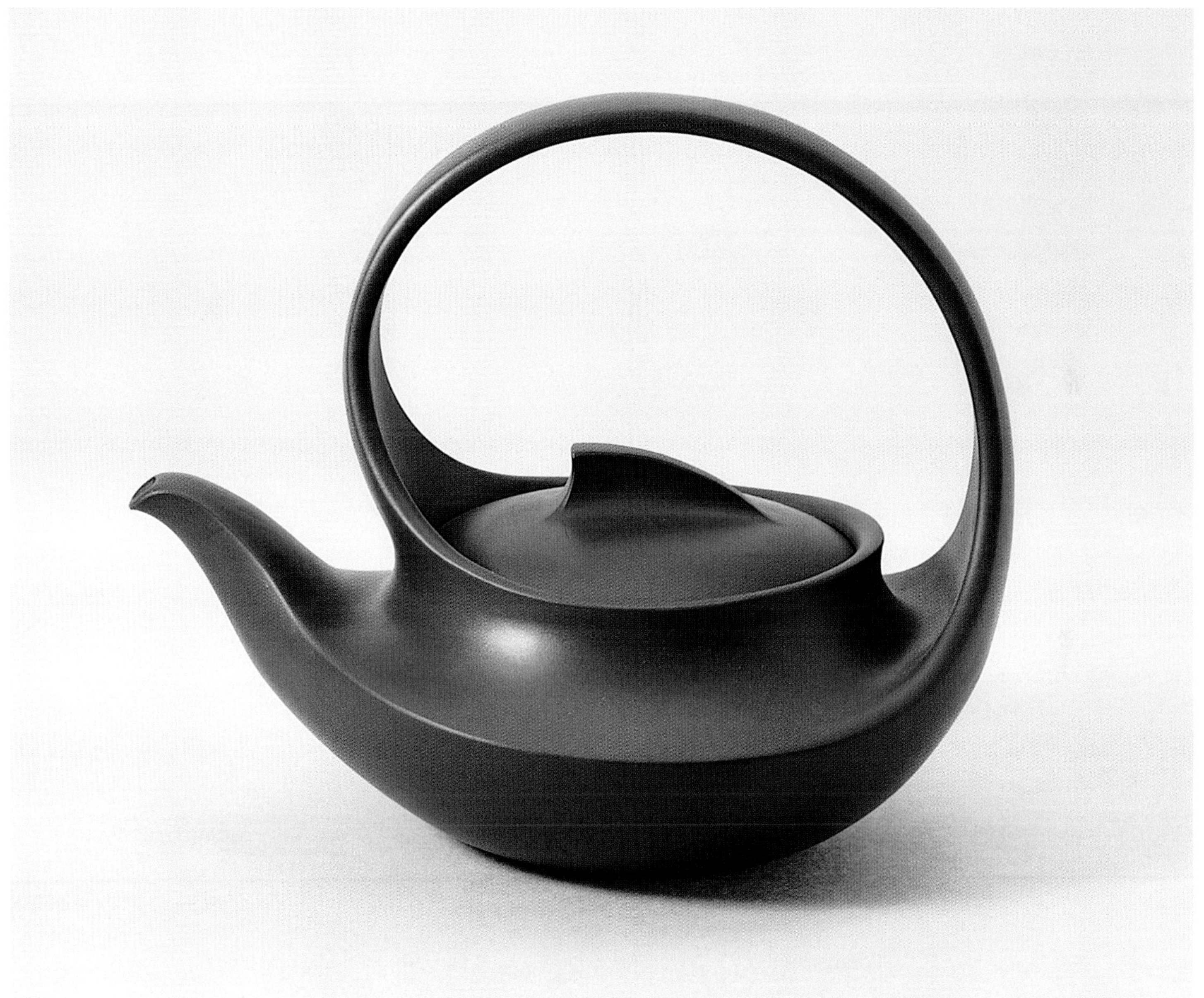

294.

菱花茶具

汪寅仙

壺高77mm　口徑64mm

杯高35mm　口徑83mm

碟高14mm　直徑112mm

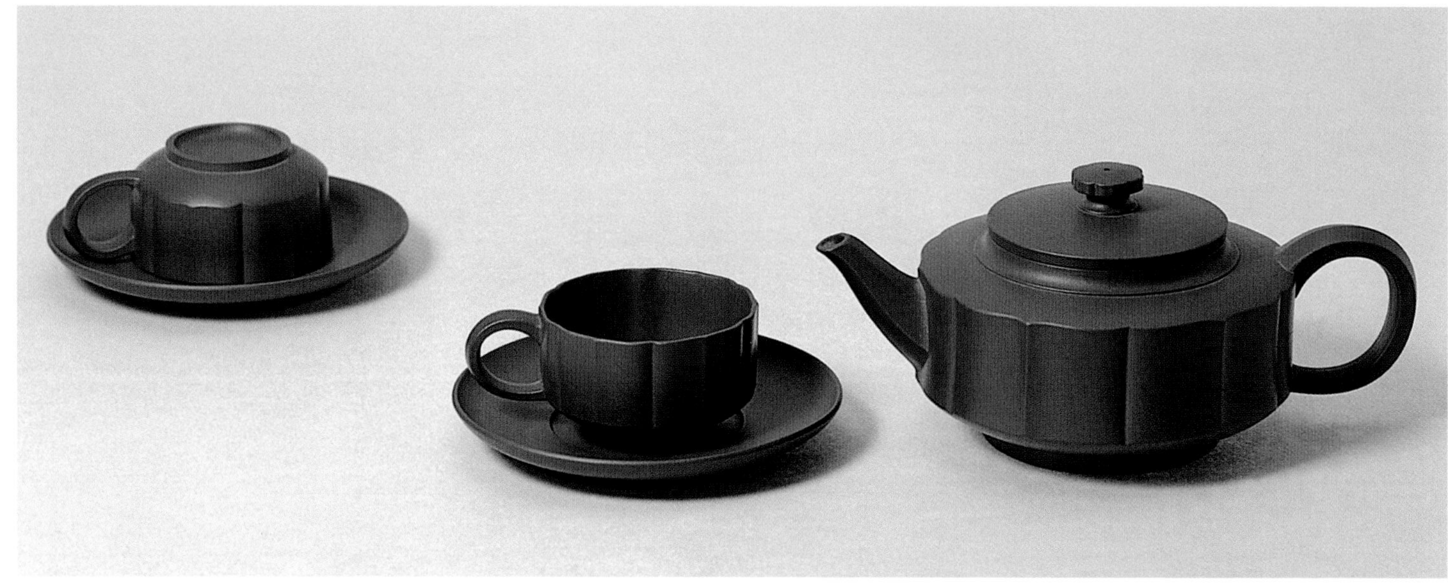

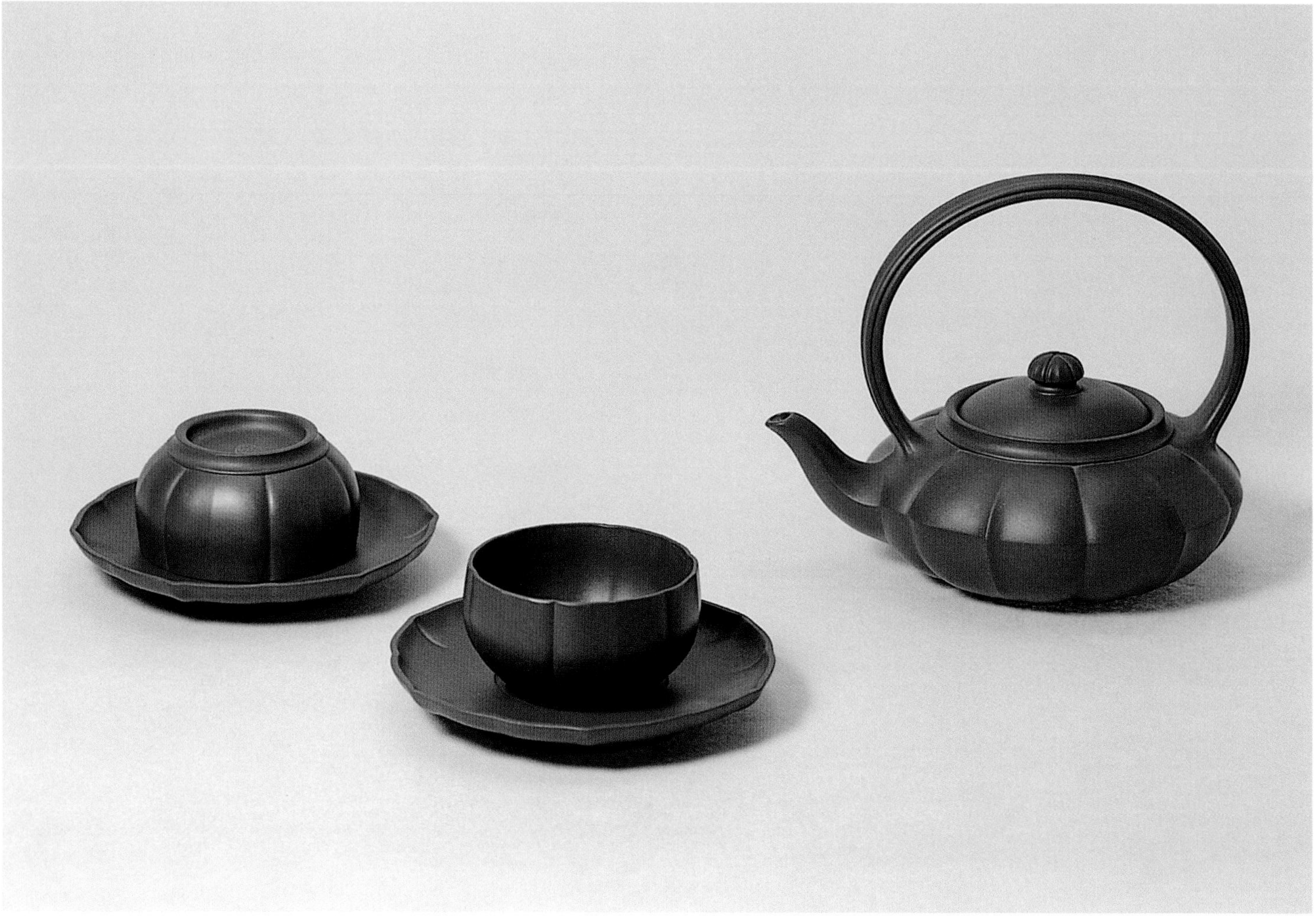

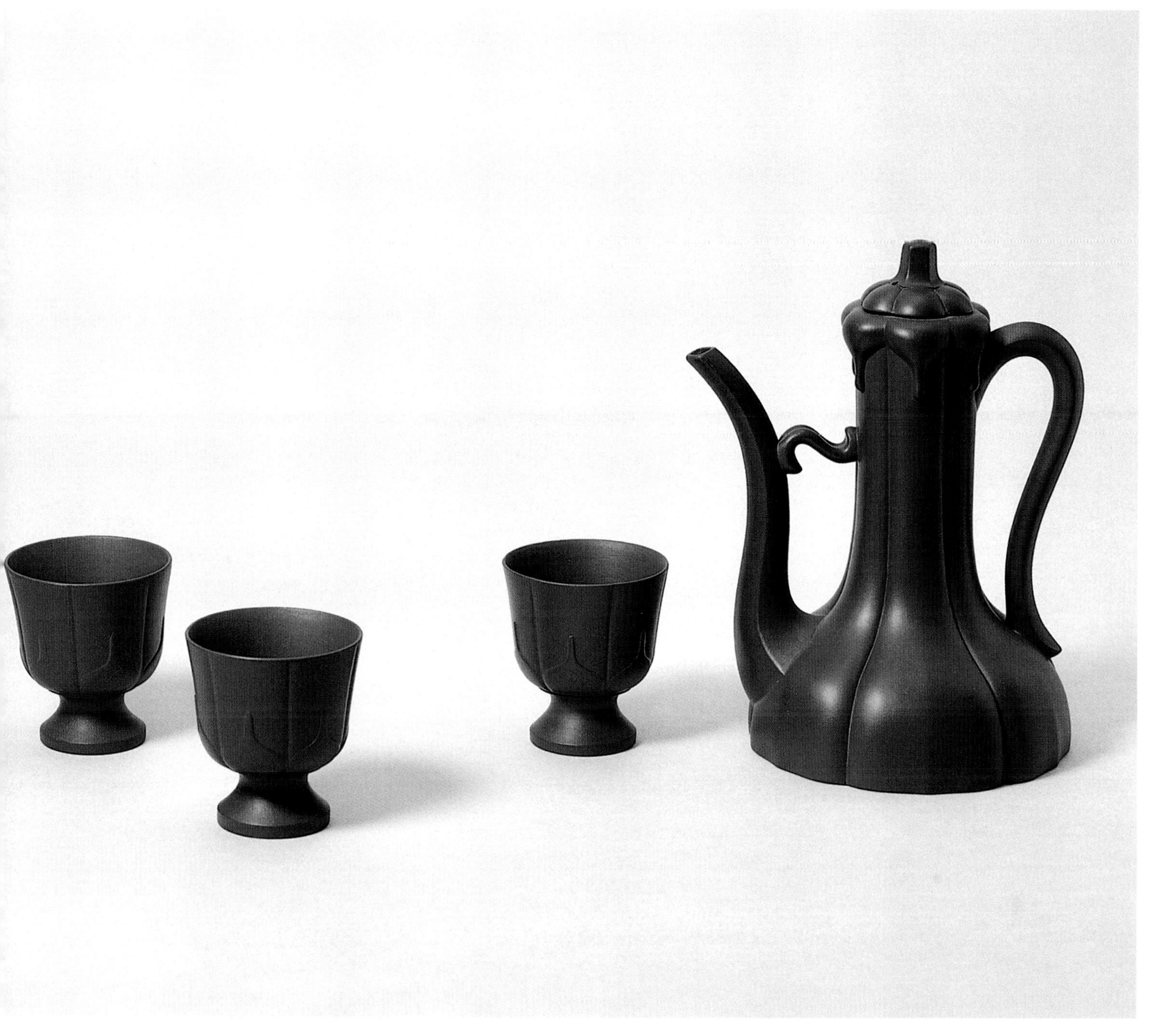

296.

葵花酒具

汪寅仙

壺高174mm　口徑33mm

杯高62mm　口徑56mm

295.

苑菱提梁茶具

汪寅仙

壺高123mm　口徑68mm

杯高36mm　口徑67mm

碟高15mm　直徑115mm

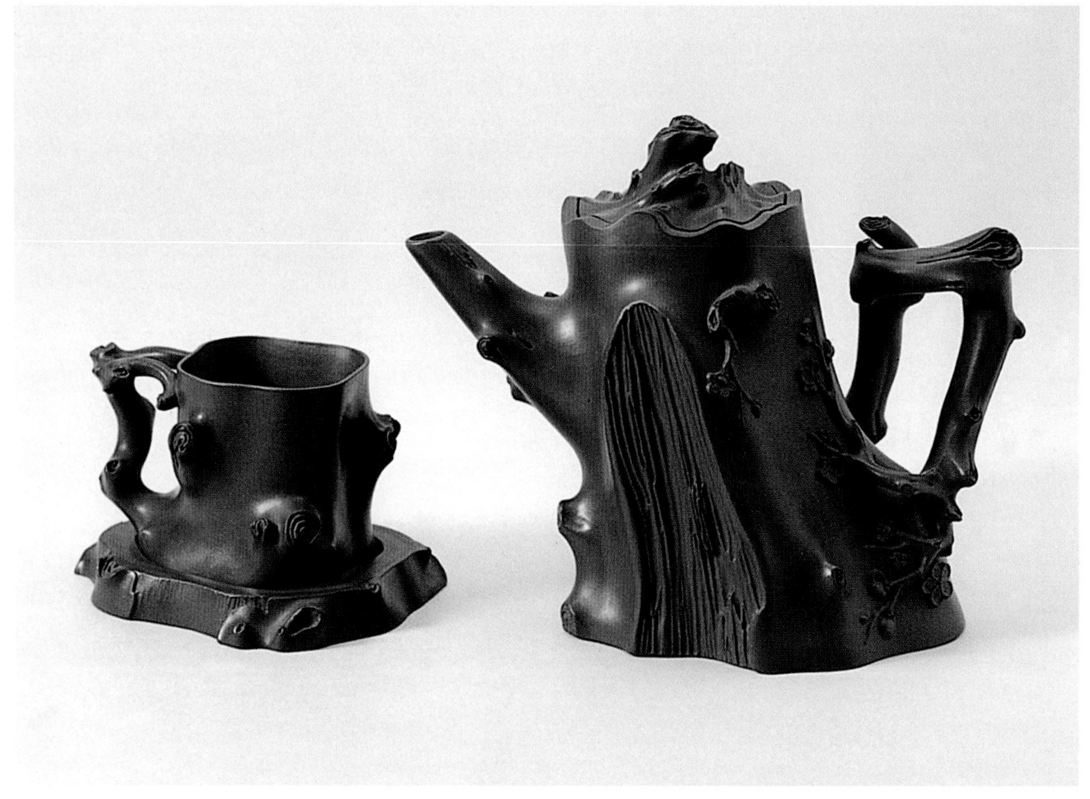

297.

梅樁茶具

汪寅仙

壺高146mm

口徑橫59mm　縱54mm

杯高61mm

口徑橫50mm　縱47mm

碟高13mm　寬110mm

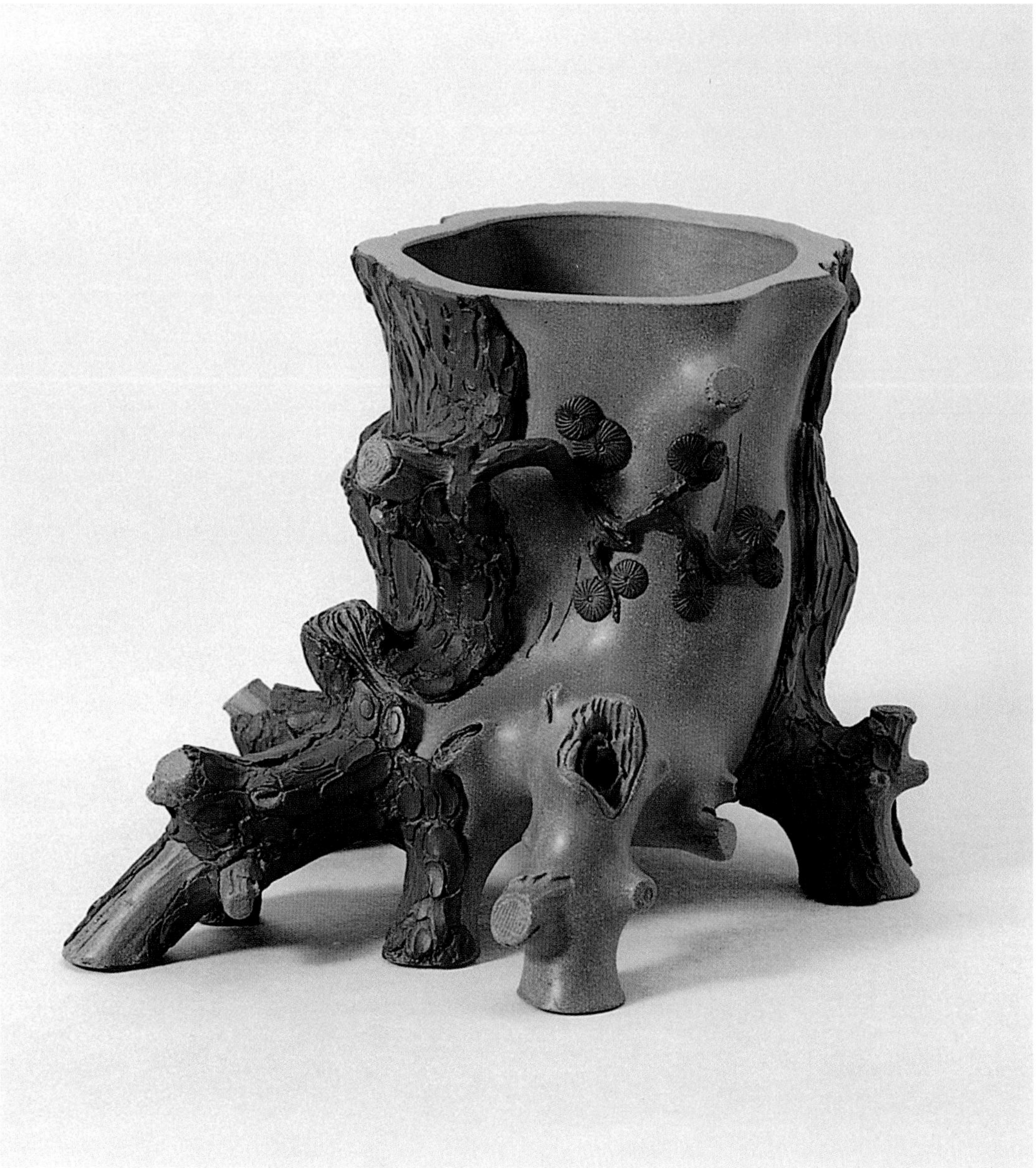

298.

松樁筆筒

汪寅仙

高164mm　口徑105mm

◉　藝人慧目洞見宇宙萬物之美，爲文人墨客、茶友壺侶搭了一座同心便橋，使好事者得以領略自然界的極致。作者取松、梅爲題，製成紫砂，松樁筆筒　梅樁茶具，讓我們通過物的欣賞，沉浸在“青松頑石寓長壽”、“數點梅花天地心”的無盡樂趣之中。

299.

十六竹管壺

何道洪

高123mm　口徑73mm

◉　十六竹壺與各種紫砂竹節壺同一類型，其表現手法却不盡相同。十六片竹的竹節，參差錯落；壺蓋各竹節，面面吻合；蜷曲的竹枝有百折不撓的精神。竹節的嘴𨋢，蘊含着堅强的生命，與壺身構成和諧的整體。

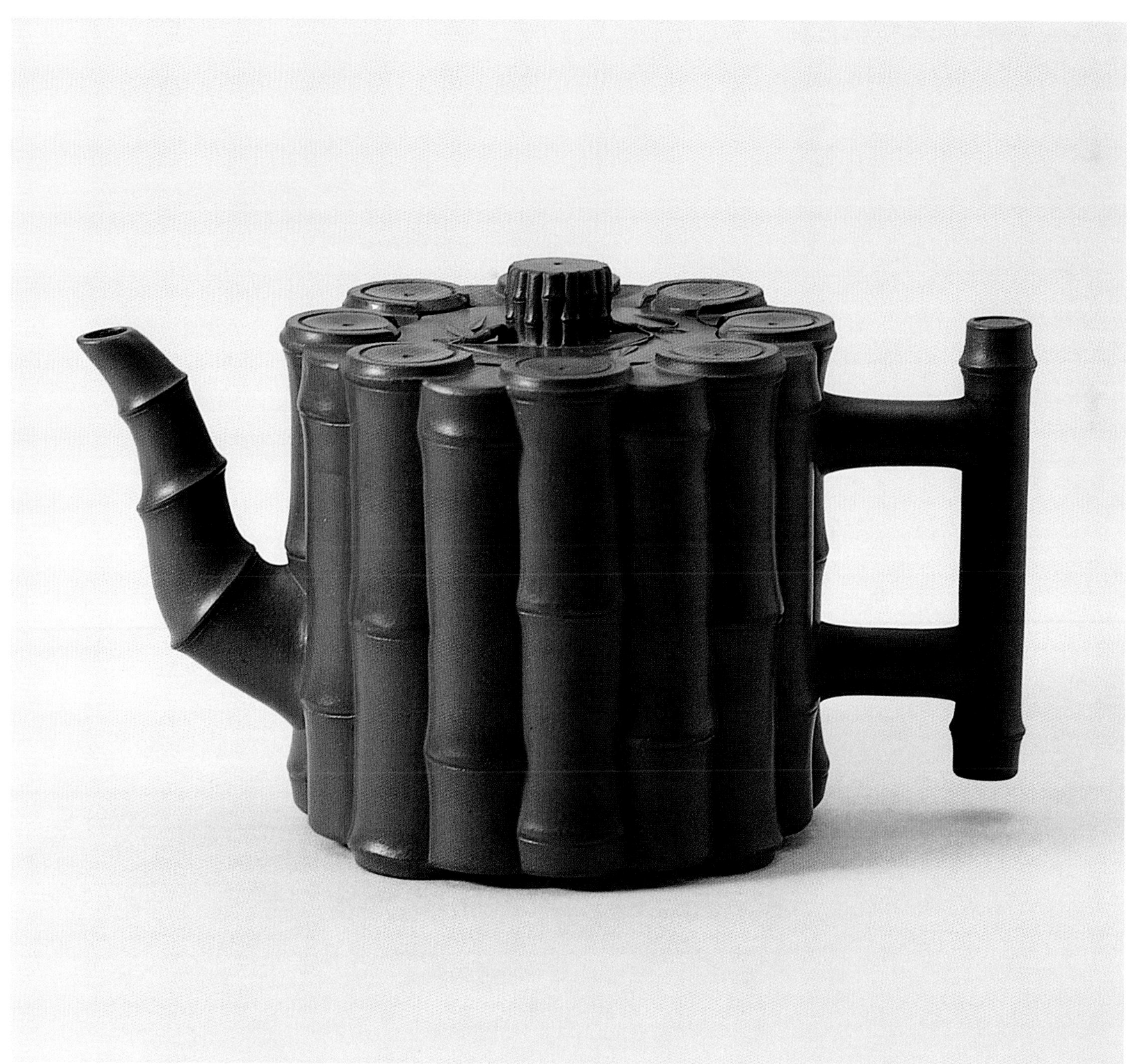

300.
古帶方提梁
張守智（設計）　何道洪（製）
高110mm
口徑橫54mm　縱38mm

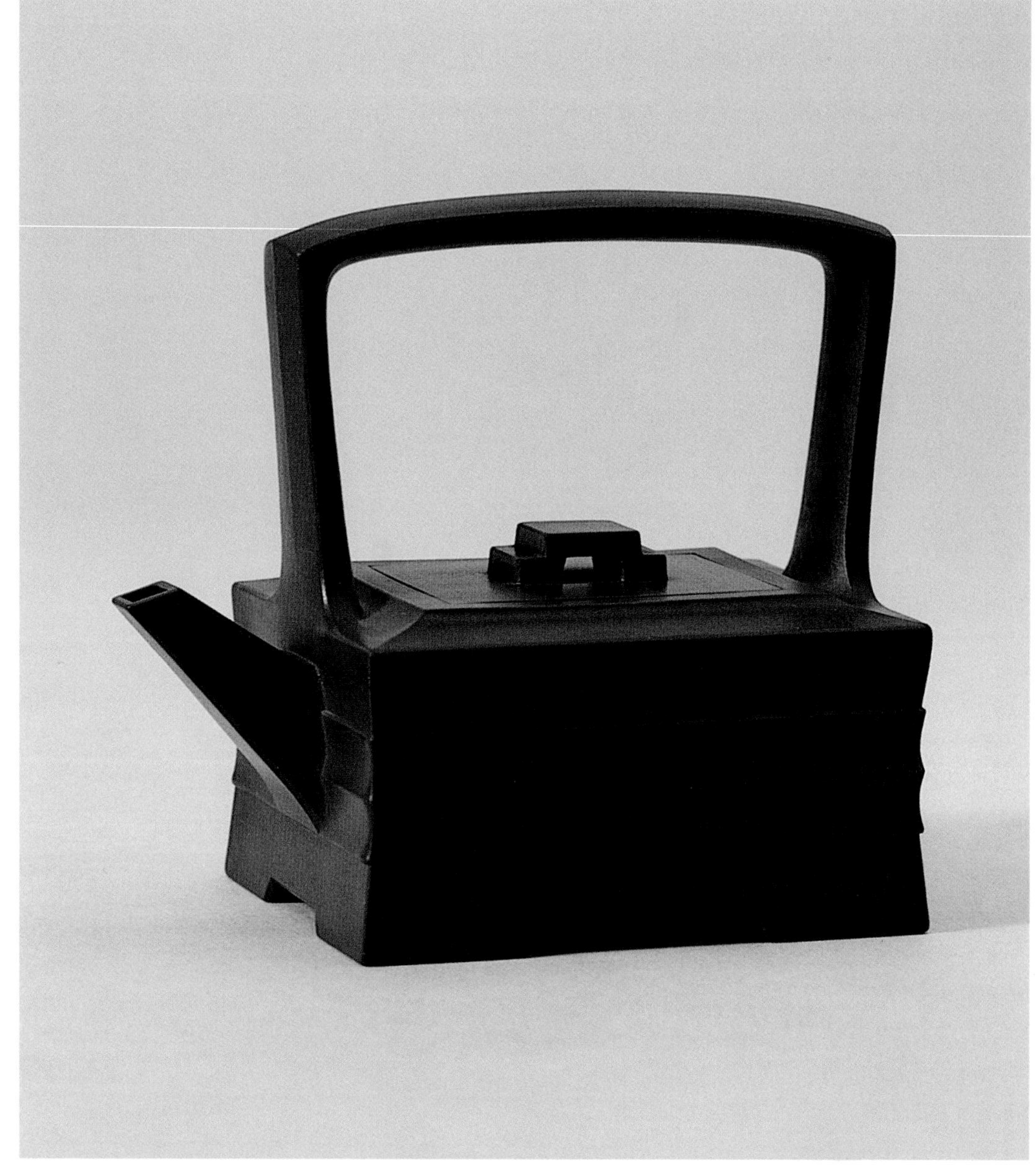

301.
洪梅茶具
何道洪
壺高87mm　口徑74mm
杯高41mm　寬91mm
碟高17mm　直徑123mm

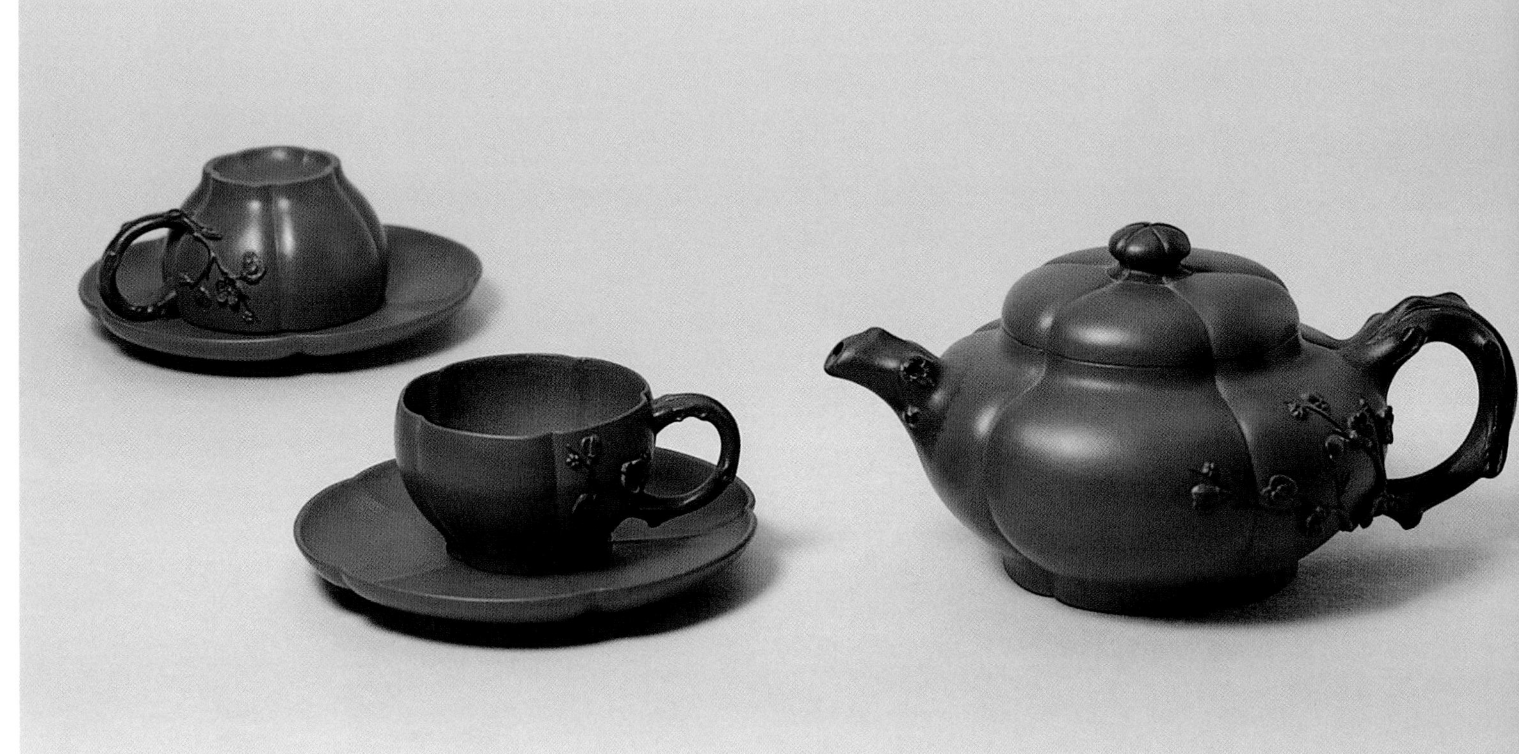

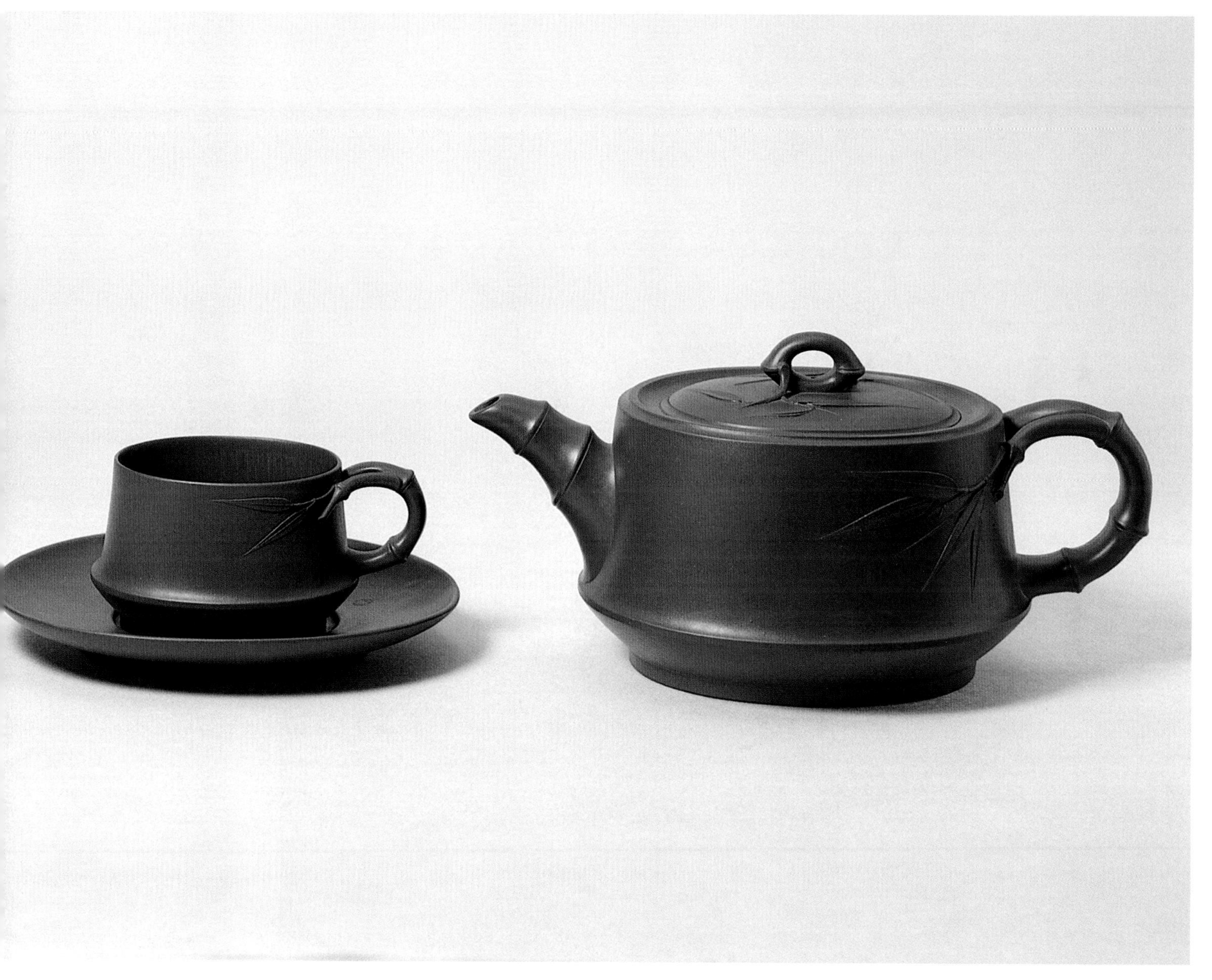

302.

腰圓竹節

何道洪

壺高100mm

口徑橫92mm　縱78mm

杯高51mm

口徑橫66mm　縱60mm

碟高18mm

直徑橫144mm　縱132mm

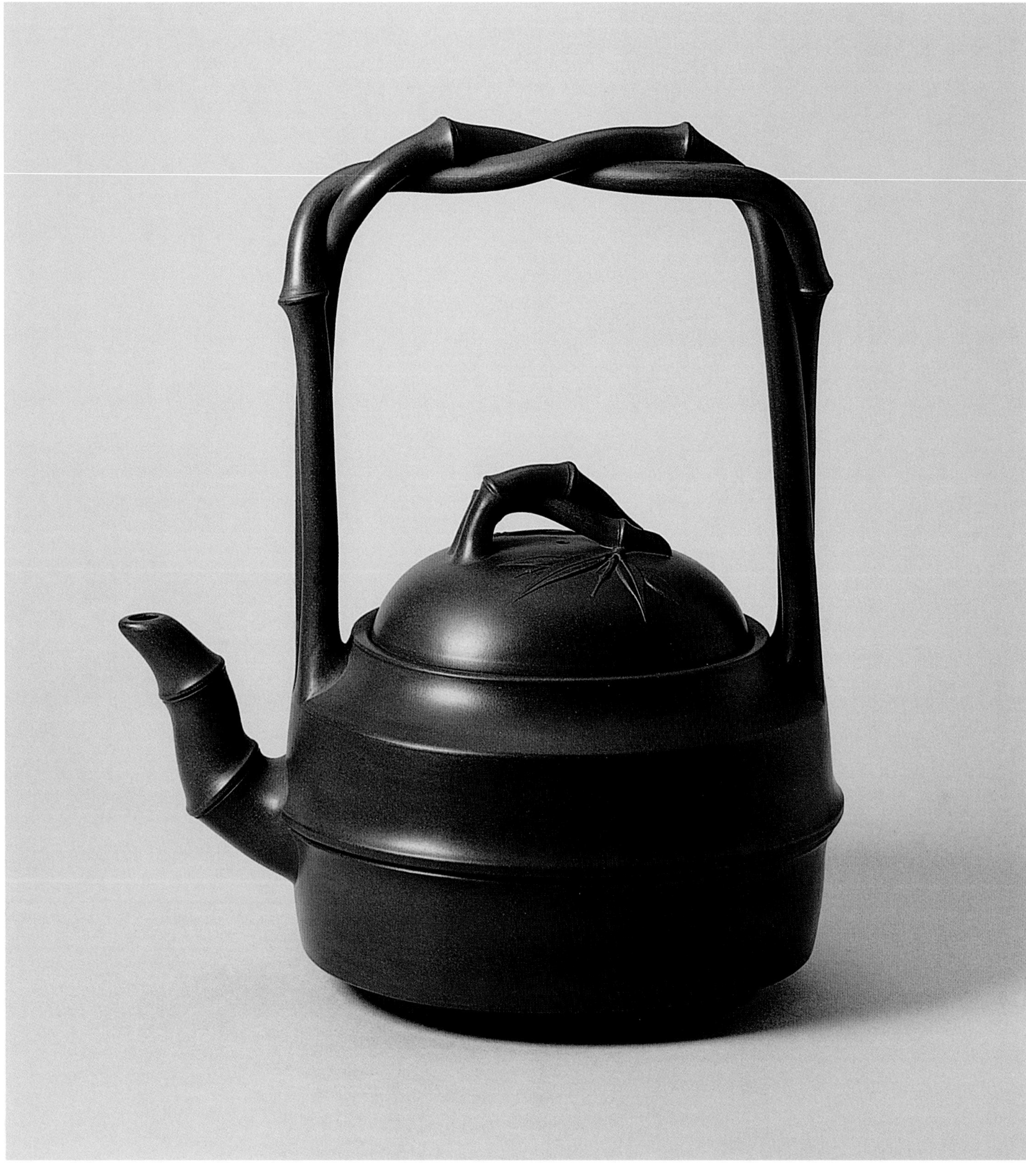

303.
綠大竹提
何道洪
高245mm
口徑橫111mm　縱94mm

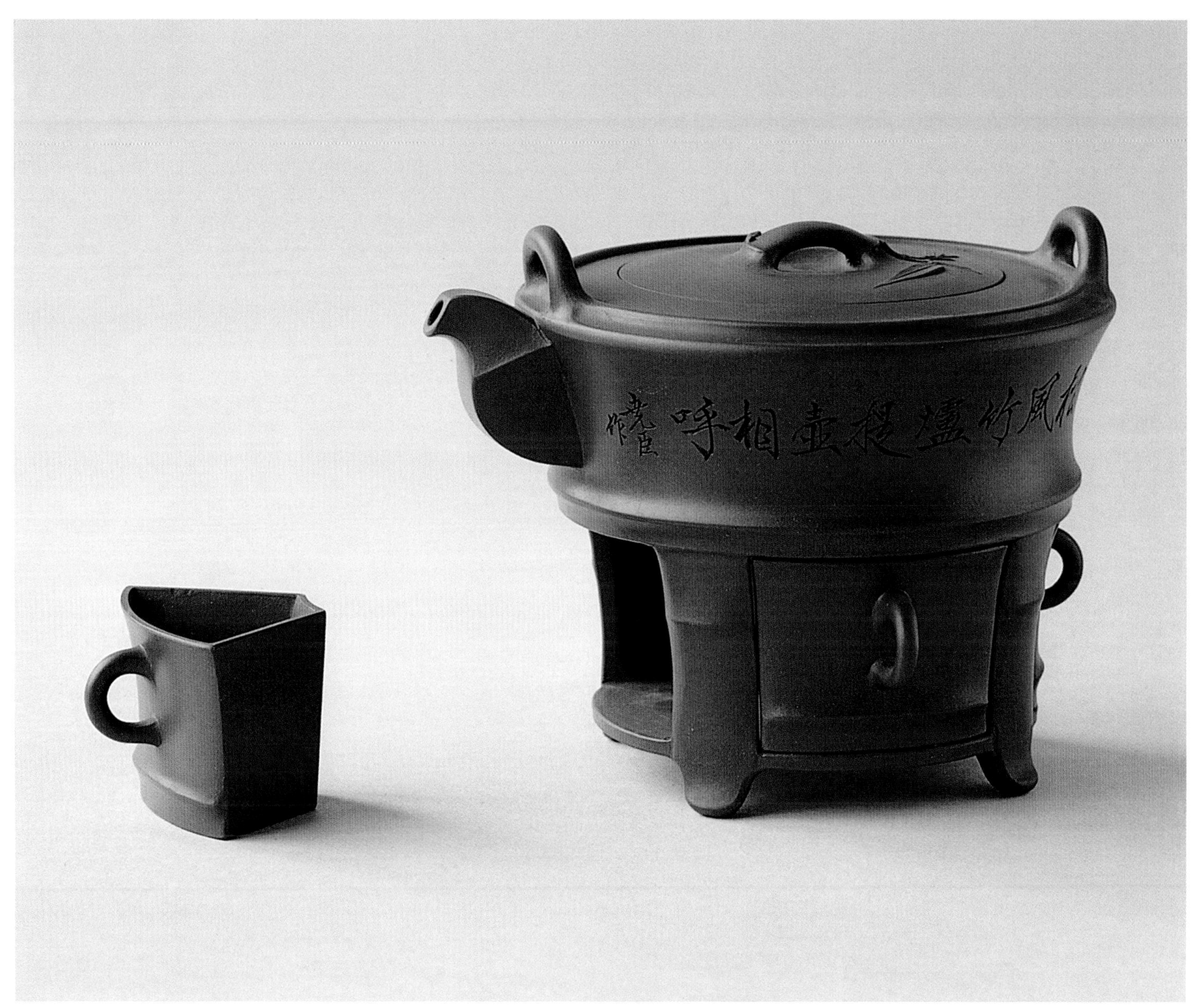

304.

松風竹爐

呂堯臣

通高117mm　口徑83mm

杯高42mm　寬50mm

壺身銘：松風竹爐，

提壺相呼。

堯臣作

305.

方雲中壺

呂堯臣

高100mm　口徑43mm

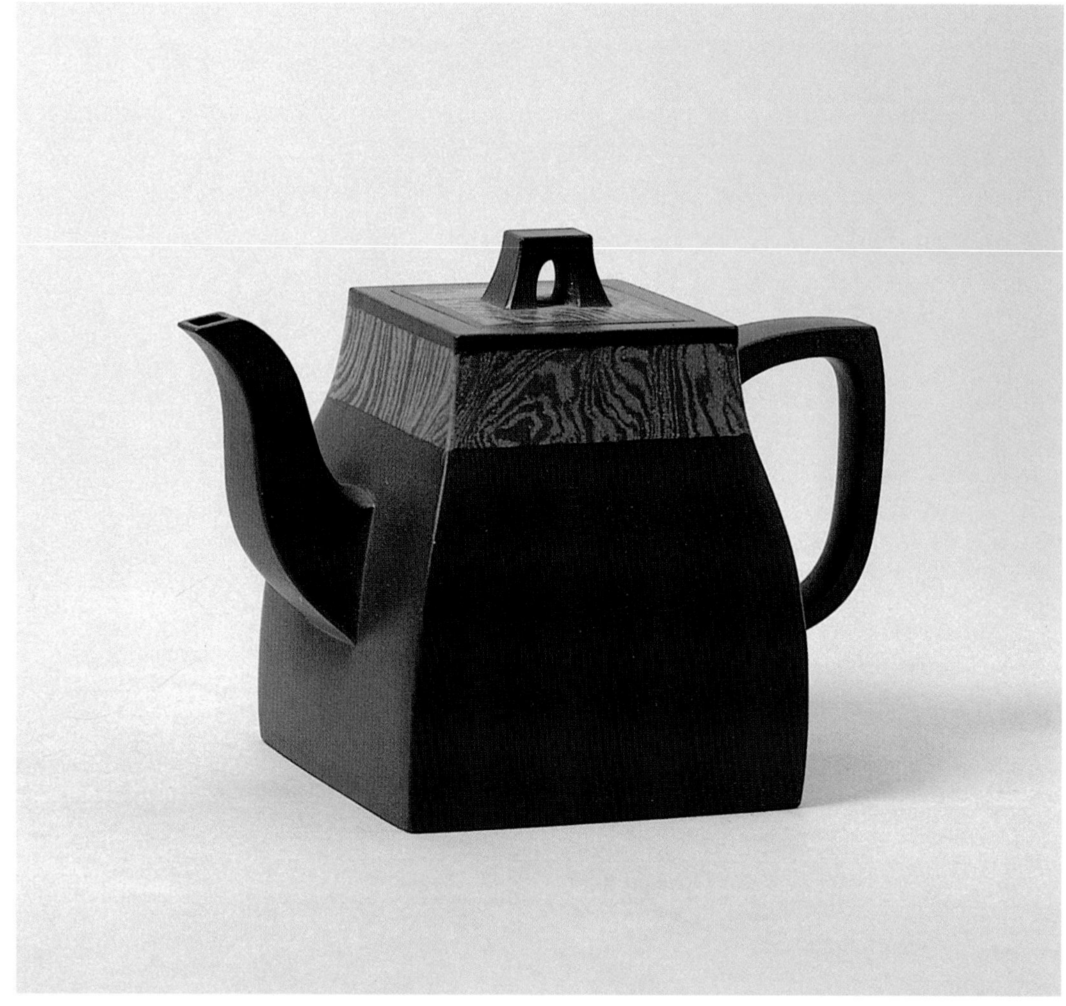

306.

八方雲紋絞泥壺

呂堯臣

高74mm　口徑52mm

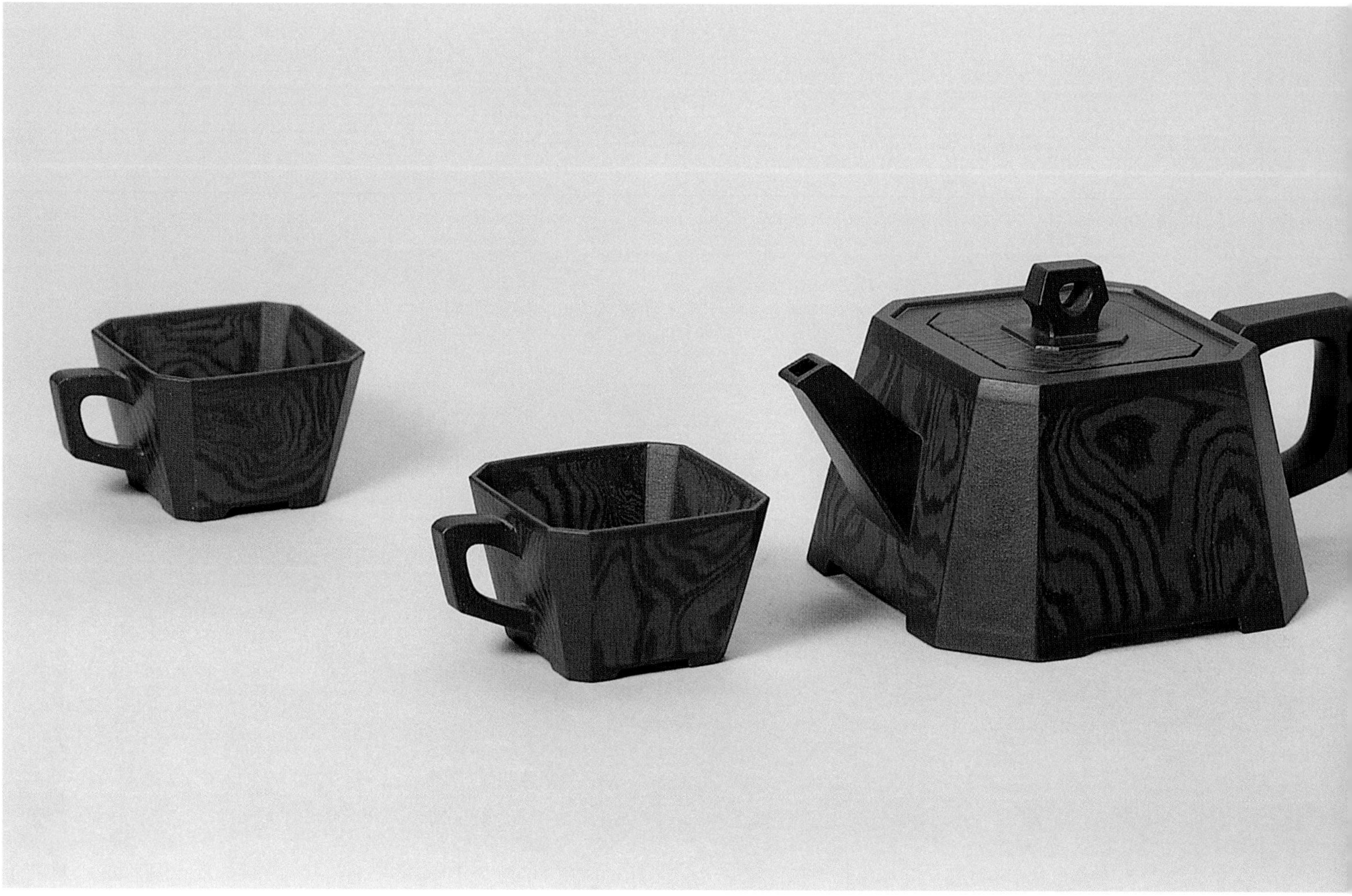

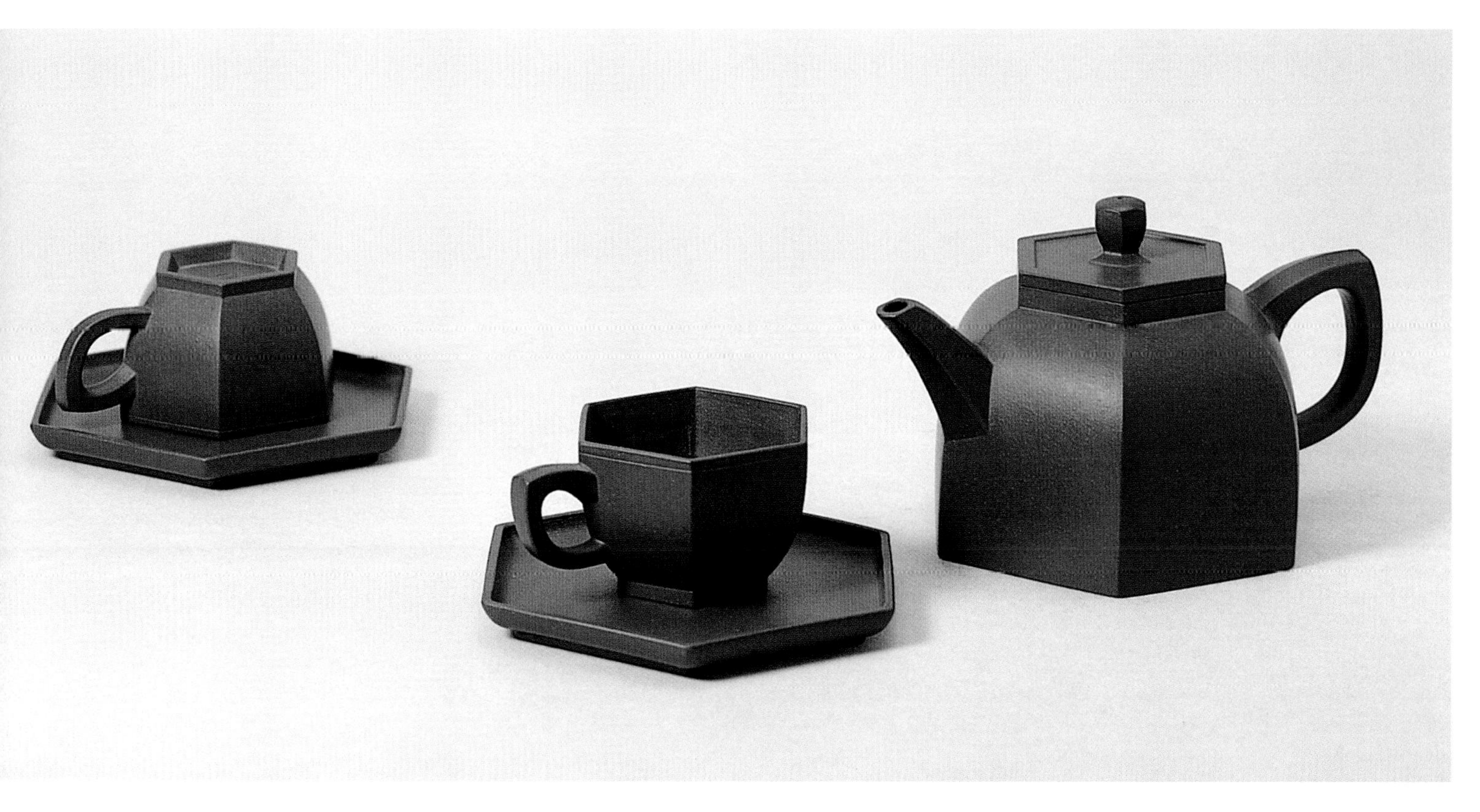

307.
長樂茶具
呂堯臣
壺高80mm　口徑52mm
杯高37mm　寬77mm
碟高10mm　寬93mm

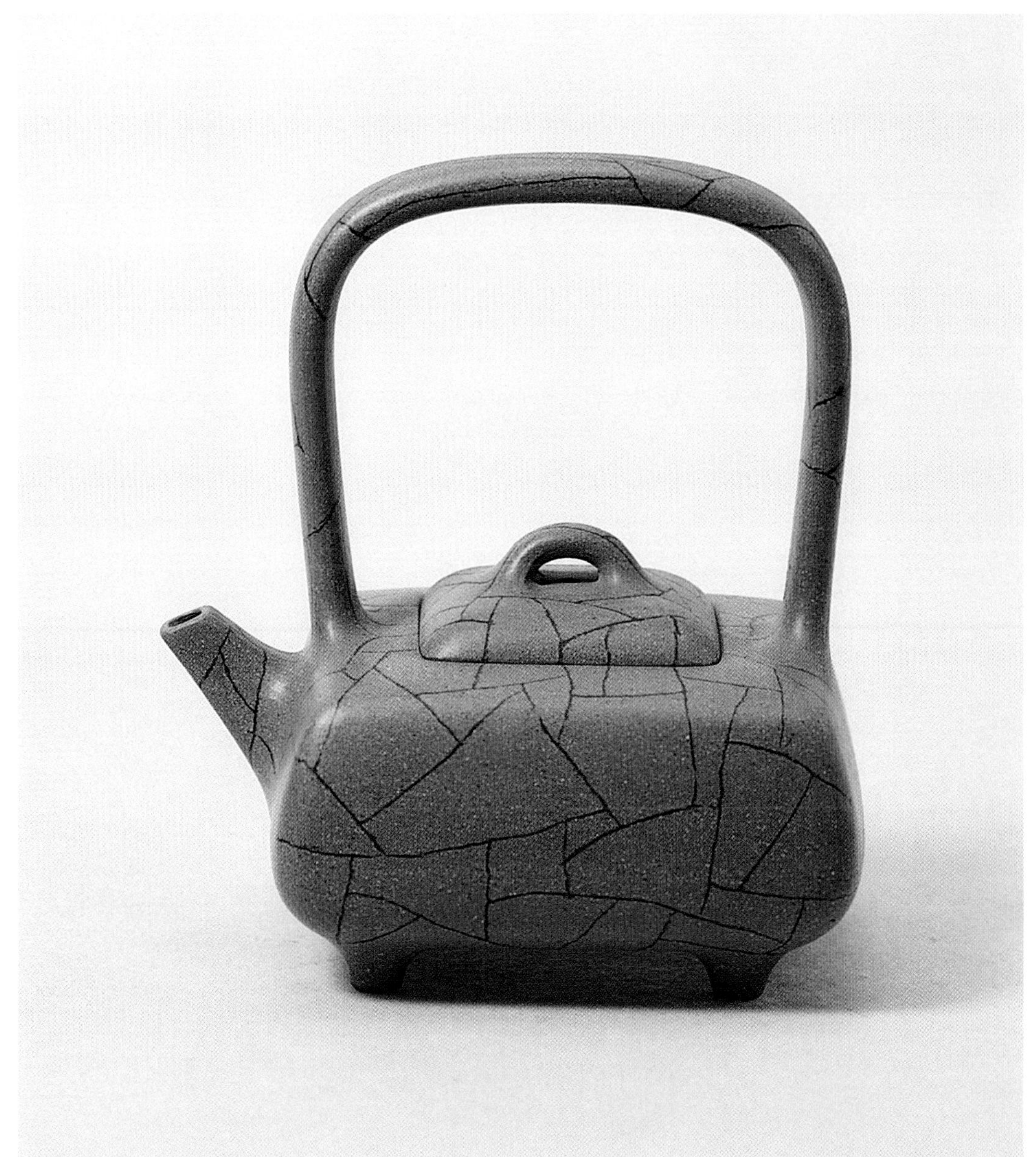

308.
冰提
呂堯臣
高105mm　口徑39mm

◉ 冰提壺，可取處在詩意和裝飾。作者以“一片冰心在玉壺”的樸質感情，用嵌色泥的裝飾手法，在壺身填嵌冰裂紋圖案。從壺身到壺嘴、壺蓋、壺摘手、壺提梁，紋紋相接，紋紋貫通。長方形的壺蓋，前後調面，冰紋脈脈相連，堪稱奇觀。

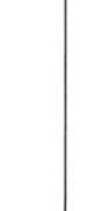

309.

華徑

呂堯臣

高72mm　口徑70mm

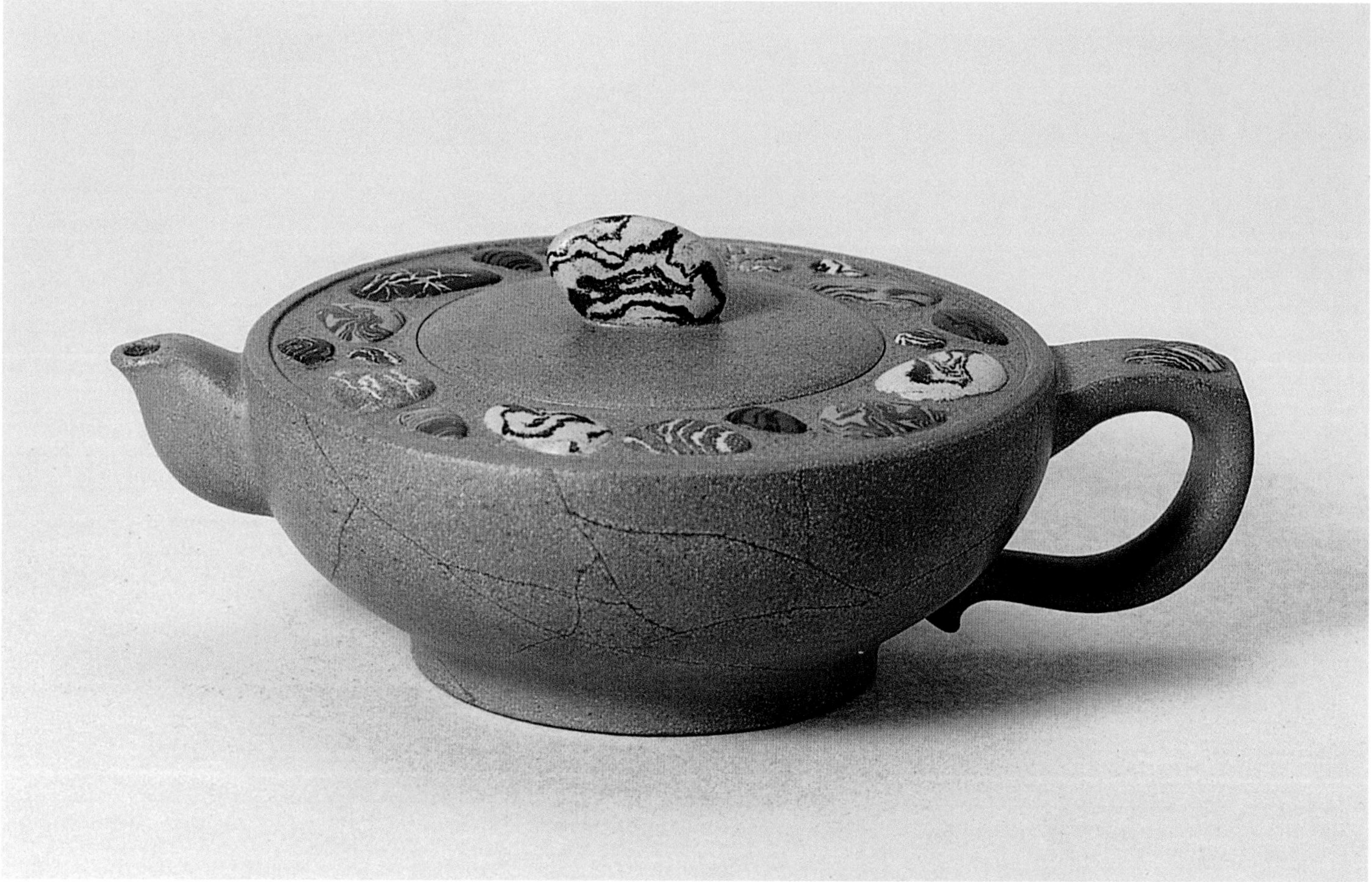

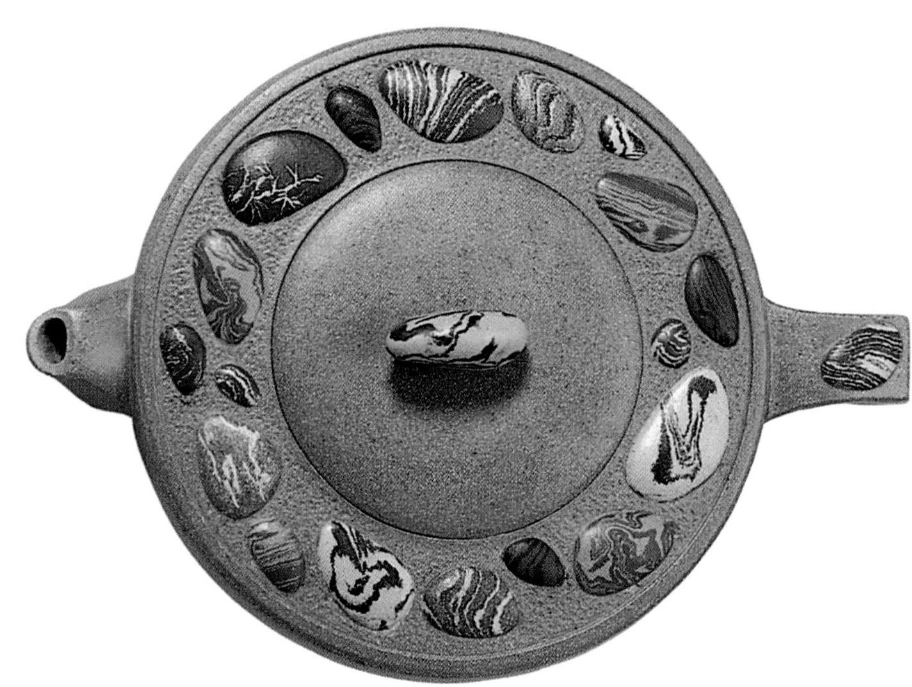

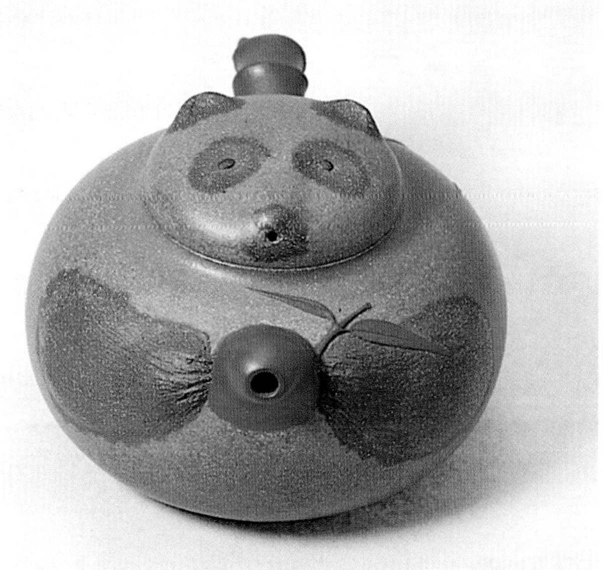

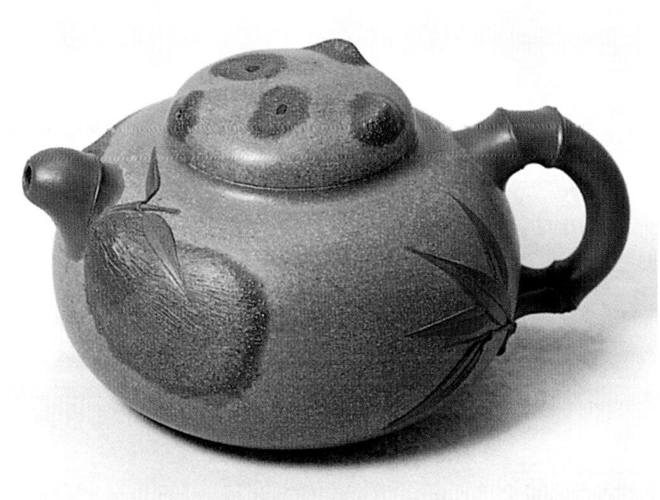

310.
稀世壺
呂堯臣
高81mm　口徑57mm

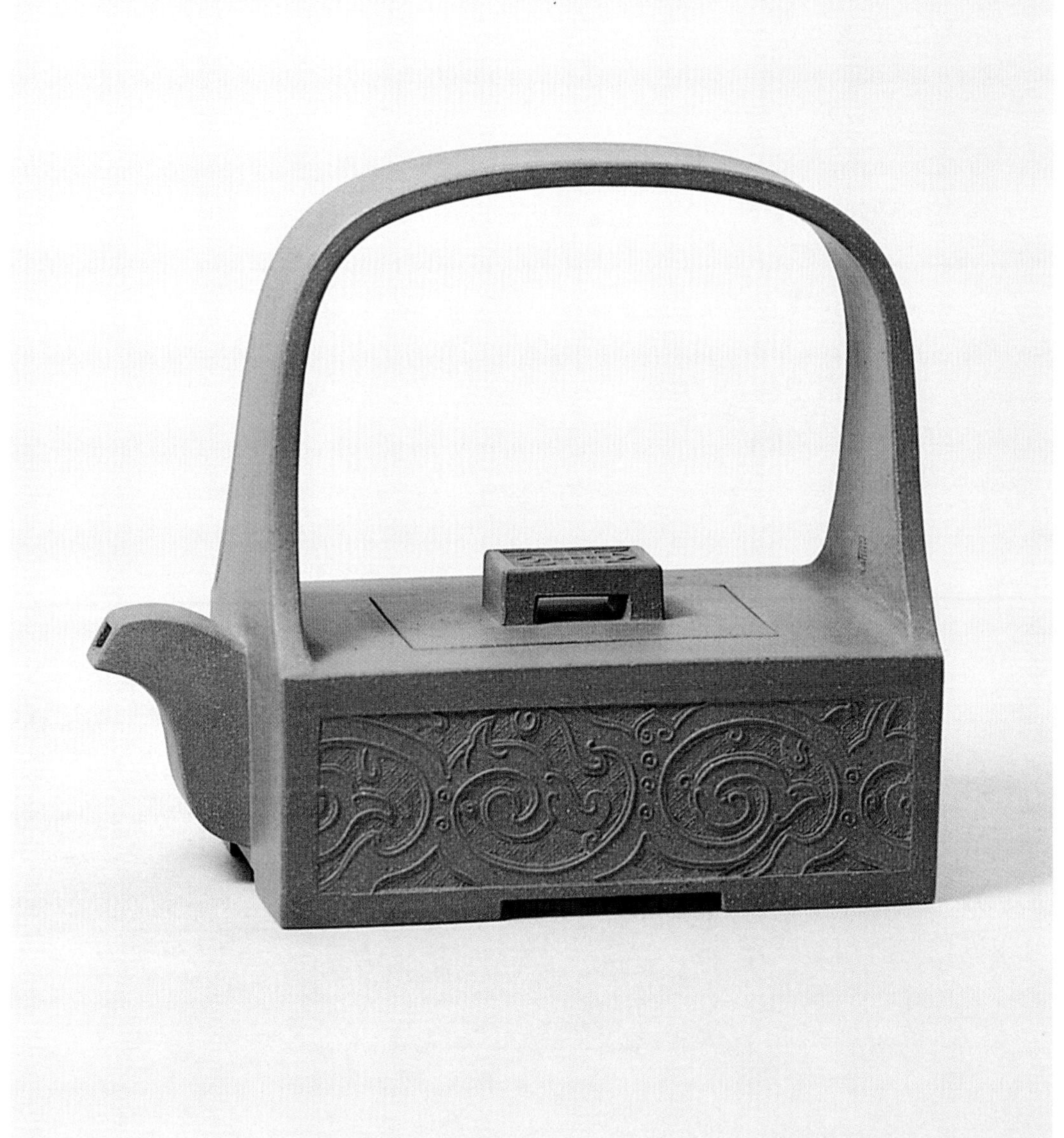

311.
玉帶壺
呂堯臣
高107mm
口徑橫55mm　縱37mm

312.

玉屏移山壺

呂堯臣

高63mm　口徑54mm

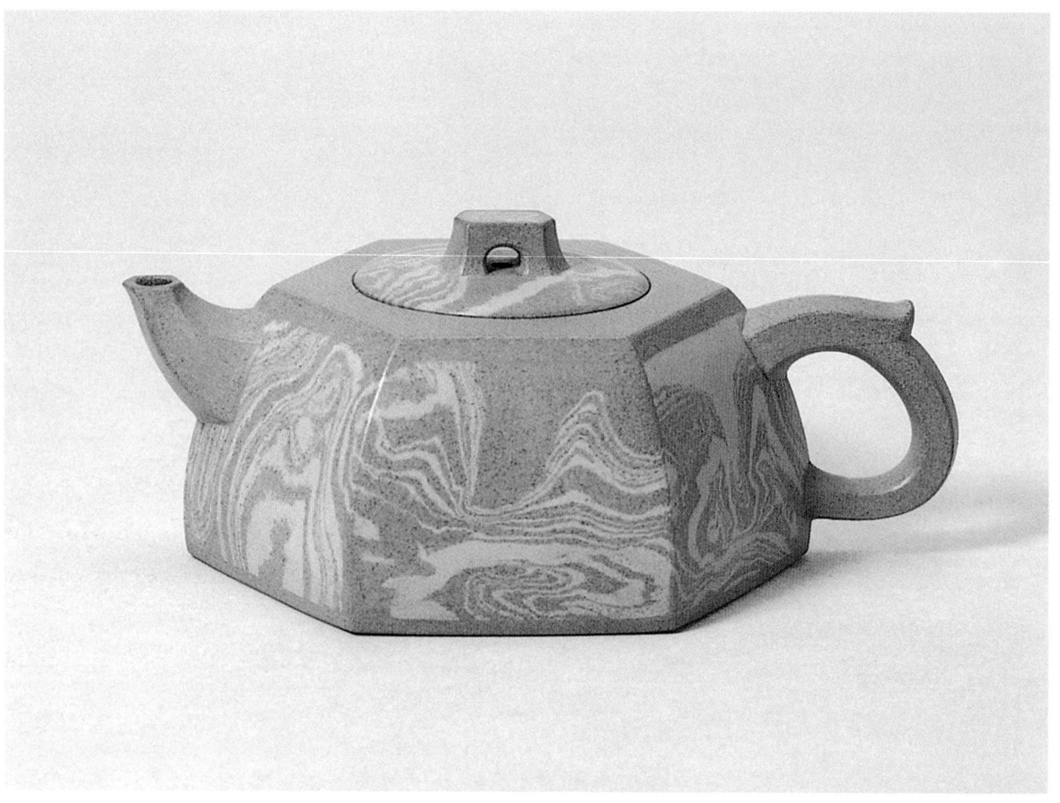

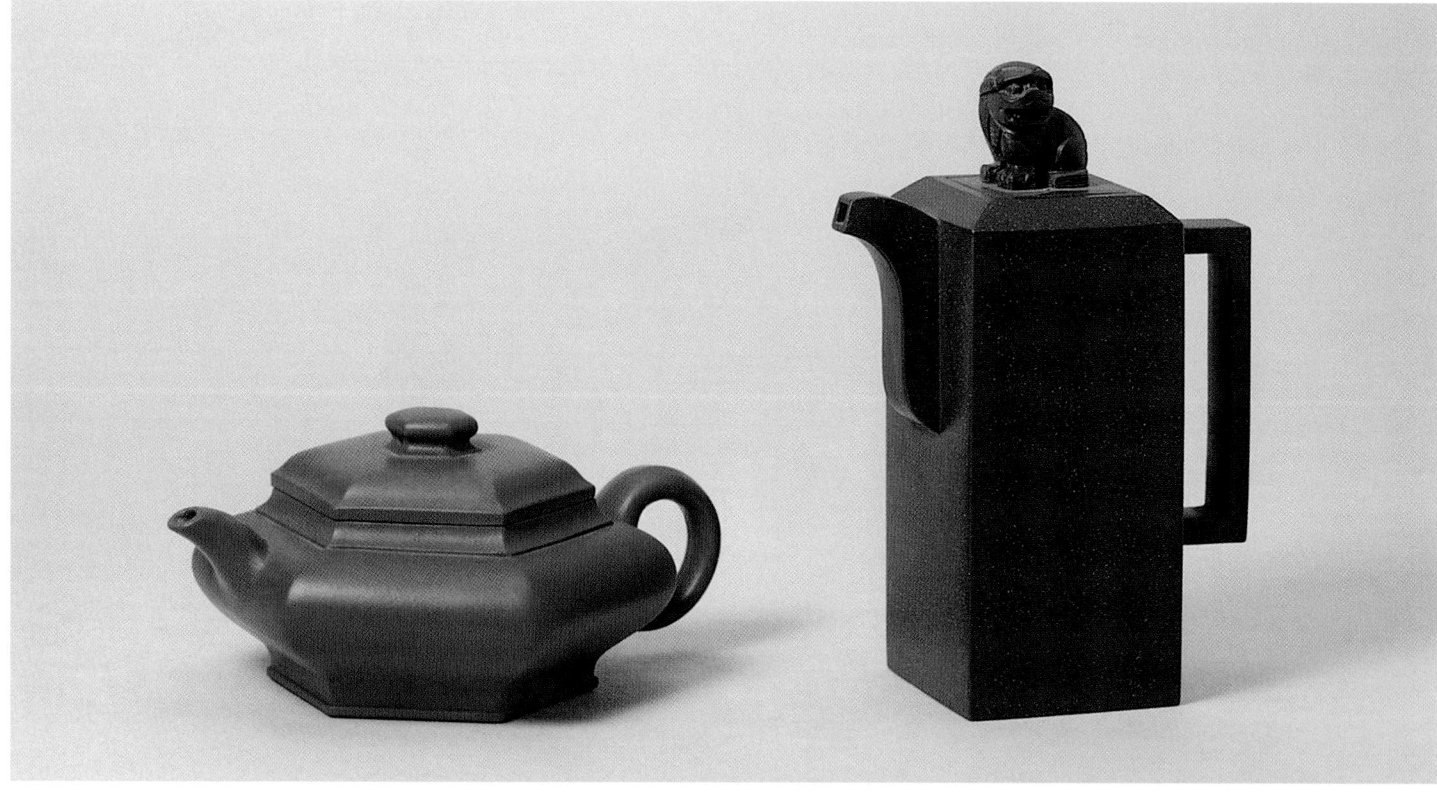

313.

玉璽壺

呂堯臣

高126mm　口徑28mm

紅小六泉壺

呂堯臣

高50mm　口徑58mm

314.

百壽瓶

顧紹培

高630mm　口徑250mm

◉ 瓶體端莊潤樸，綫條流暢清晰，紐鈴動靜結合，輔以一百個古樸的“壽”字圖案，用陶刻的手法進行裝飾。作品富有濃郁的東方特色，曾榮獲一九八四年萊比錫國際博覽會金質獎。

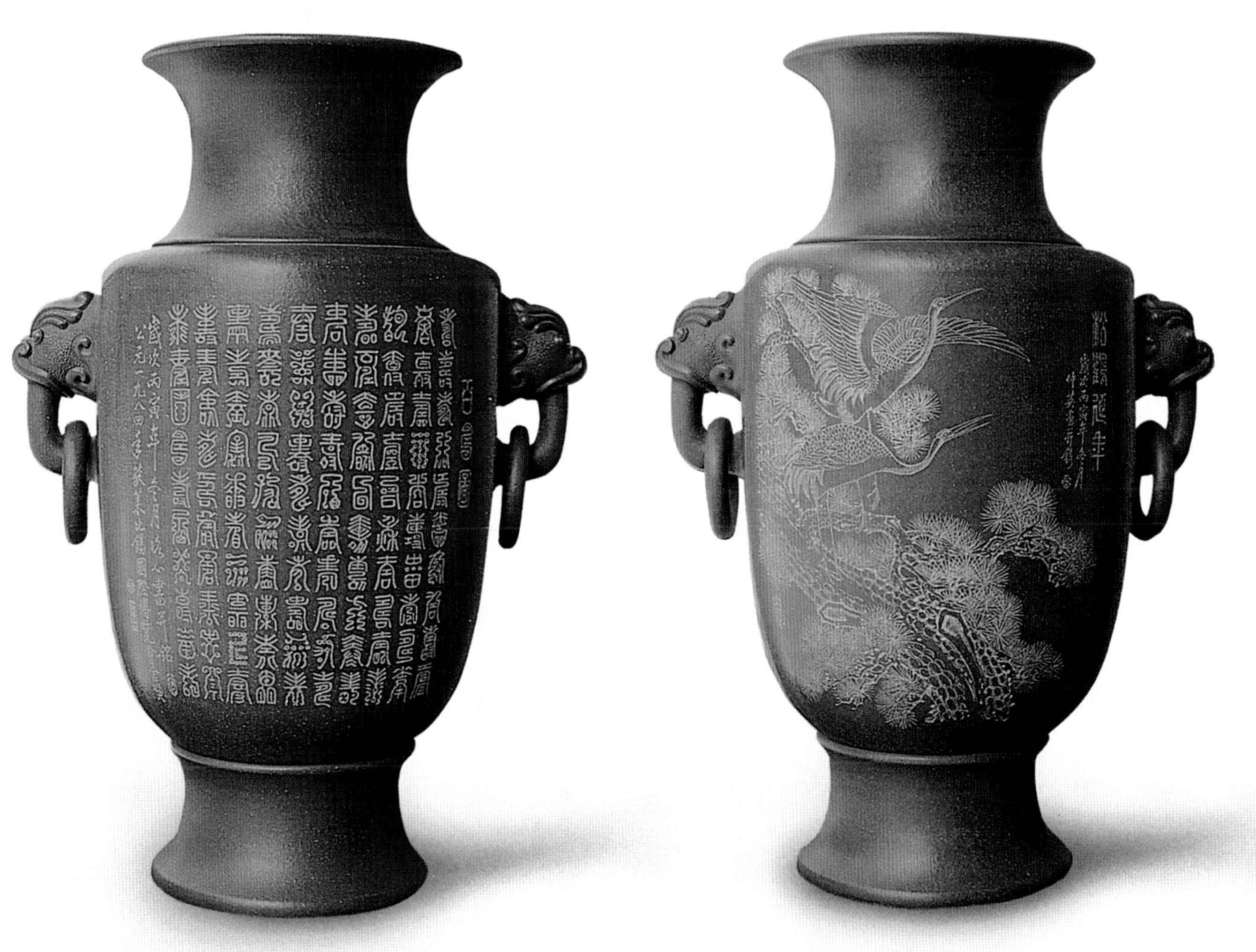

315.

高風亮節壺

顧紹培

高174mm　口徑51mm

◉　十六爿竹片捆紮一體成高立方壺體，壺嘴、䂺、摘手分別用扁方竹塑造而成，統一中有變化。每爿竹片，竹節錯落有致，束腰竹箍，攀上竹枝，貼上竹葉，刻以竹簡字體，狀物抒情，謳歌了竹的高貴品德和貞潔情操。

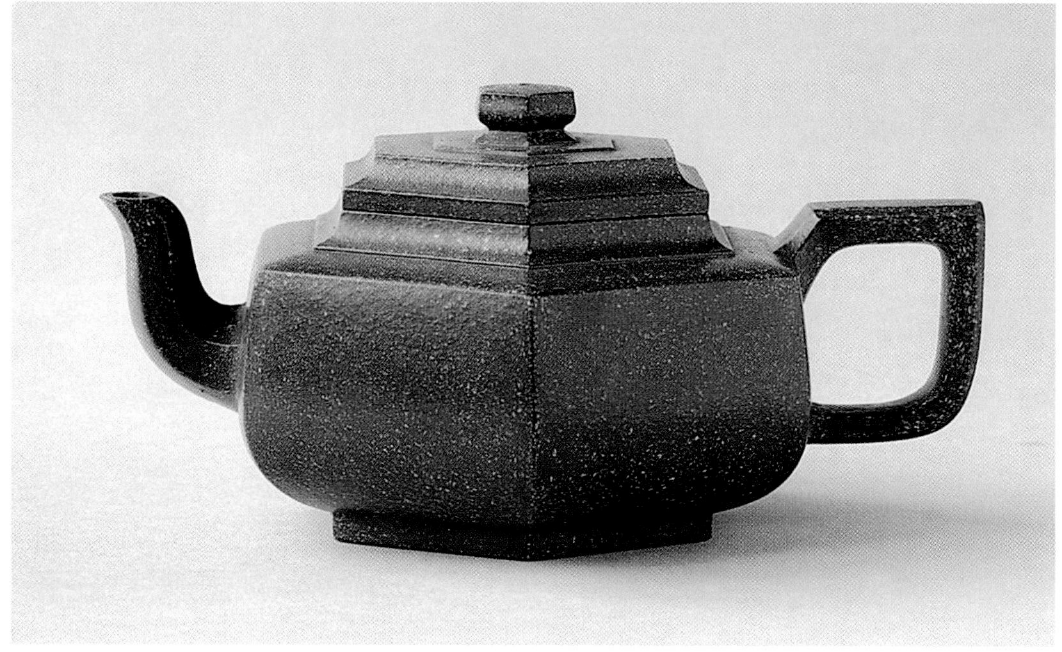

316.

雪華

顧紹培

高88mm　口徑74mm

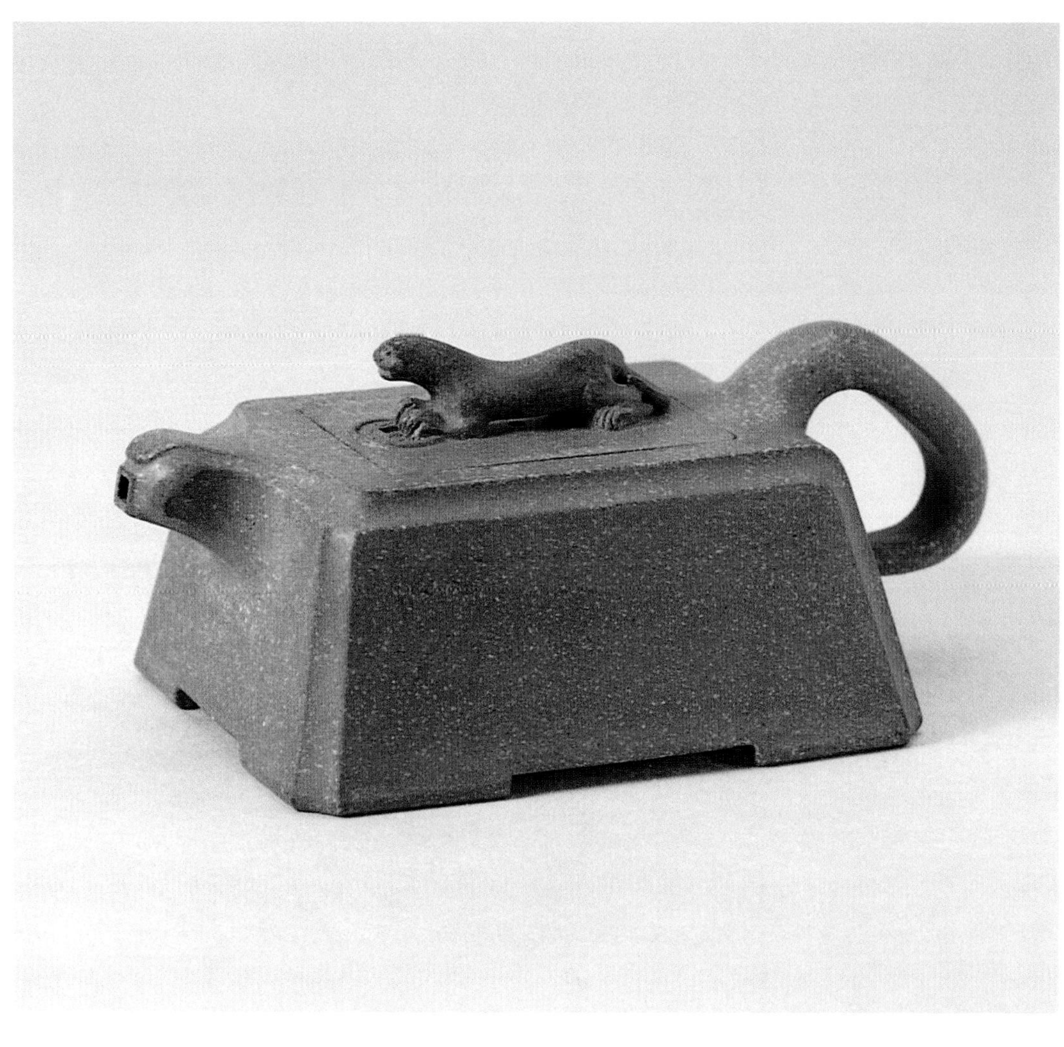

317.
豹方壺
顧紹培
高66mm　口徑橫61mm　縱40mm

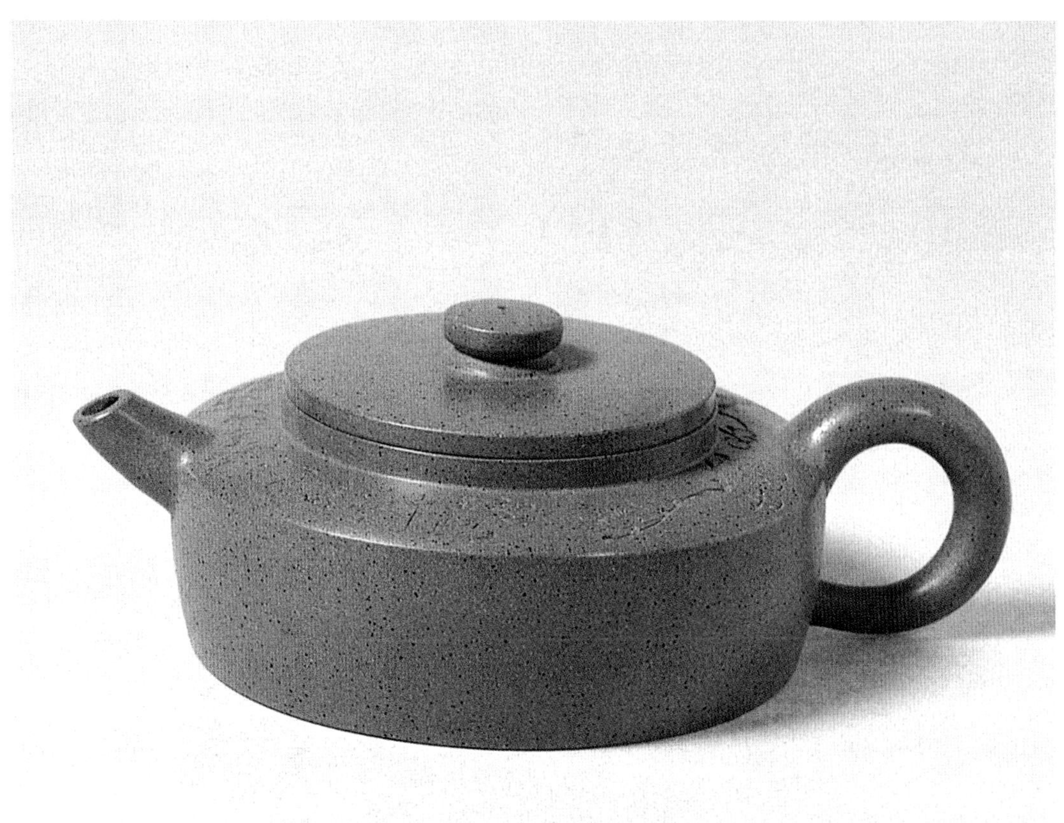

318.
臥輪壺
顧紹培
高62mm　口徑72mm

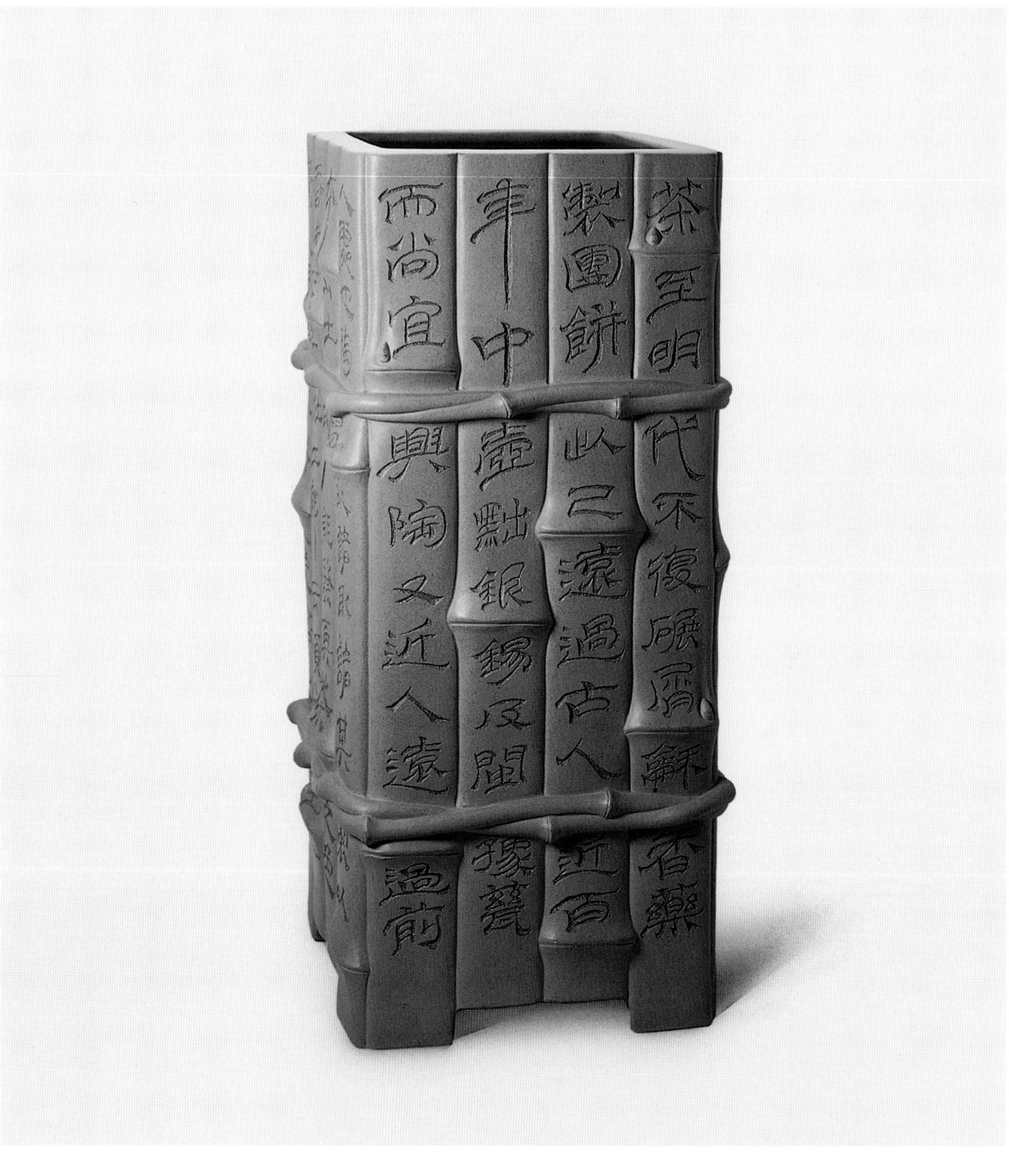

319.

十六竹大簽筒

張守智（設計）　顧紹培（製）

毛國強（刻）

高 860 mm

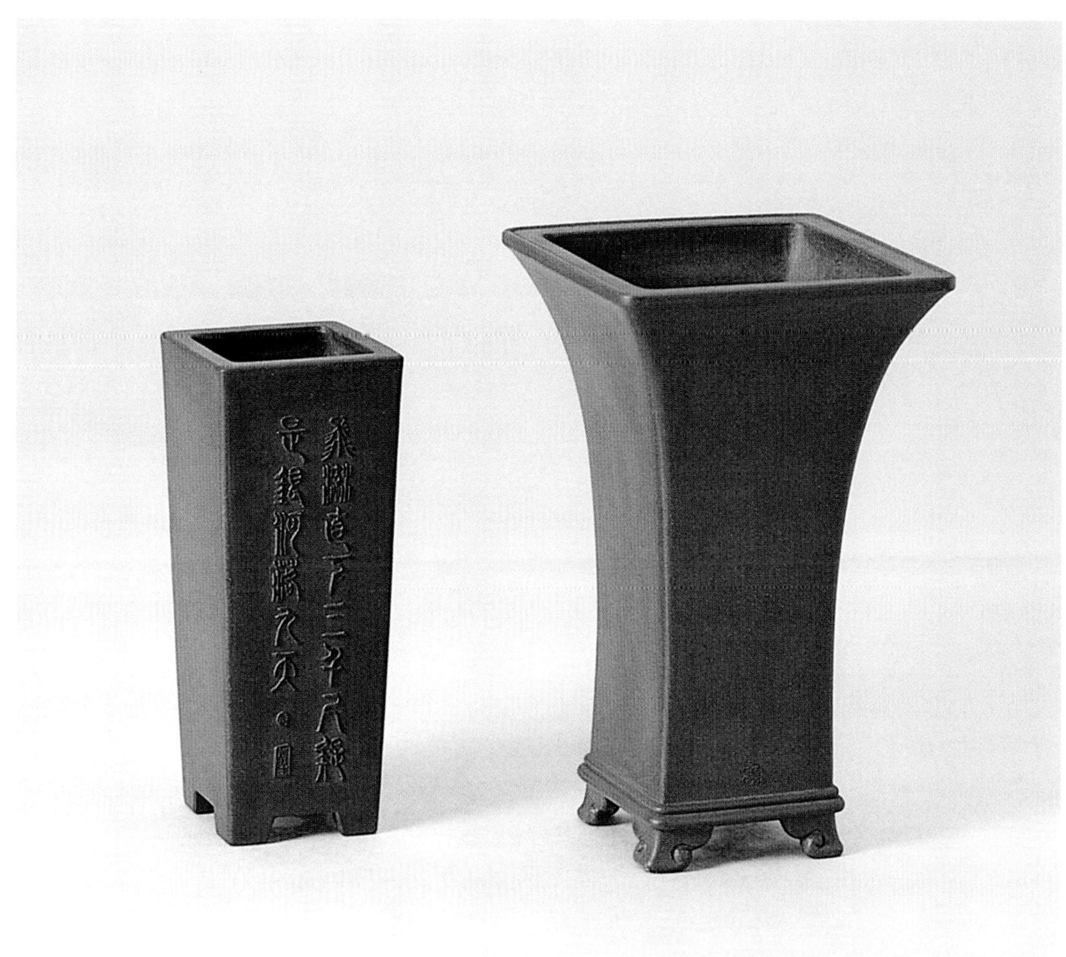

320.

墨綠浮雕簽筒

顧紹培

高106mm　口徑43mm

銘文：飛流直下三千尺
疑是銀河落九天

321.

枕式簽筒

顧紹培、毛國強（刻）

高154mm　寬82mm

銘文：蔚爲奇觀　篆刻蔚爲奇觀　甲子年一粟書刻
竹梢微動覺風來　見山樓主銘於似蜀　**刻印：**石

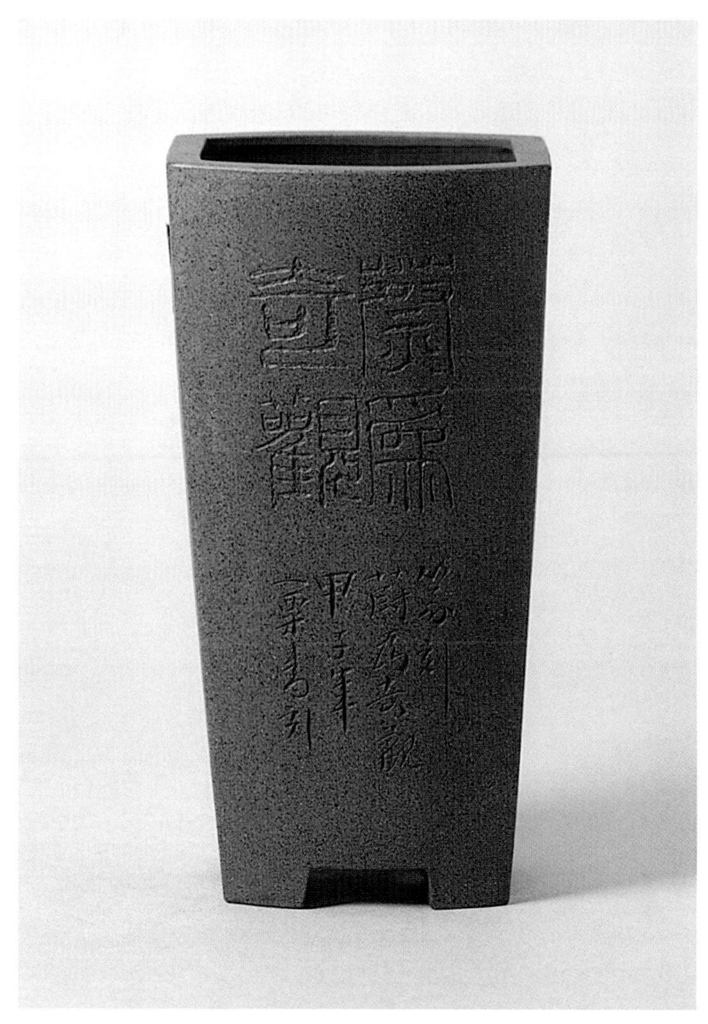

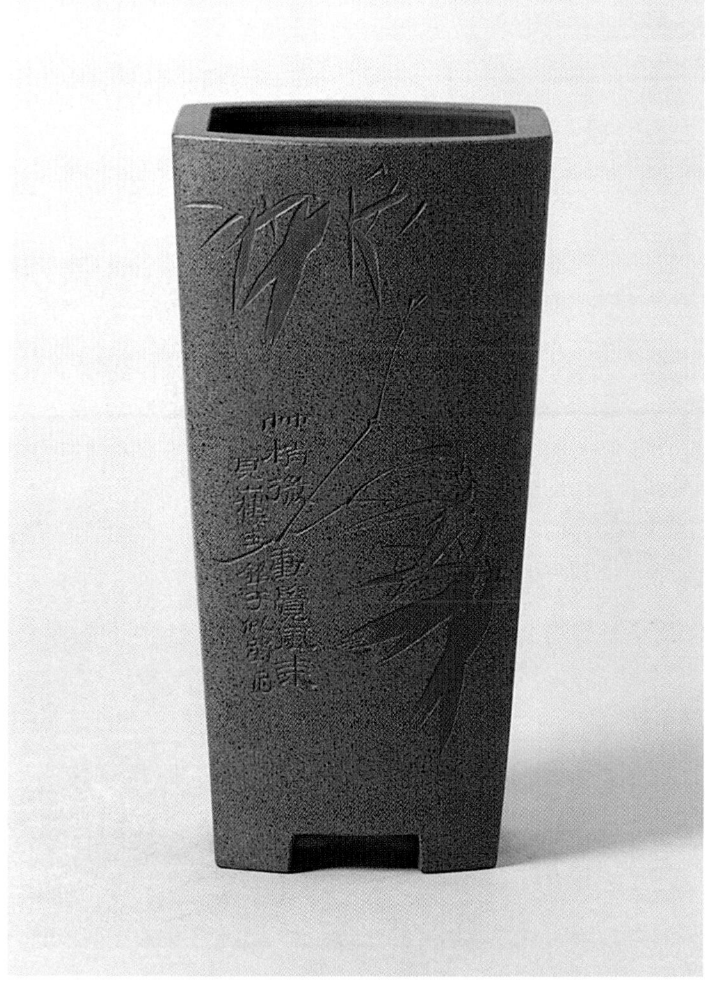

322.

竹卷窩口花盆

顧紹培

A高56mm　口徑135mm

B高45mm　口徑93mm

C高32mm　口徑62mm

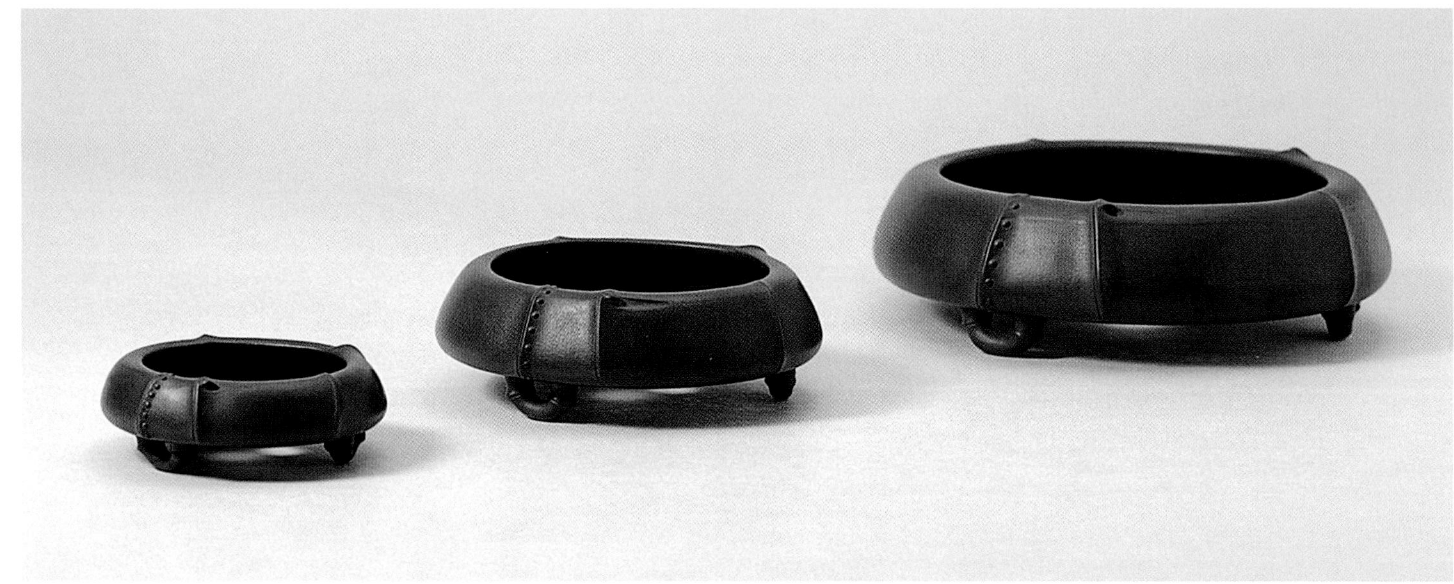

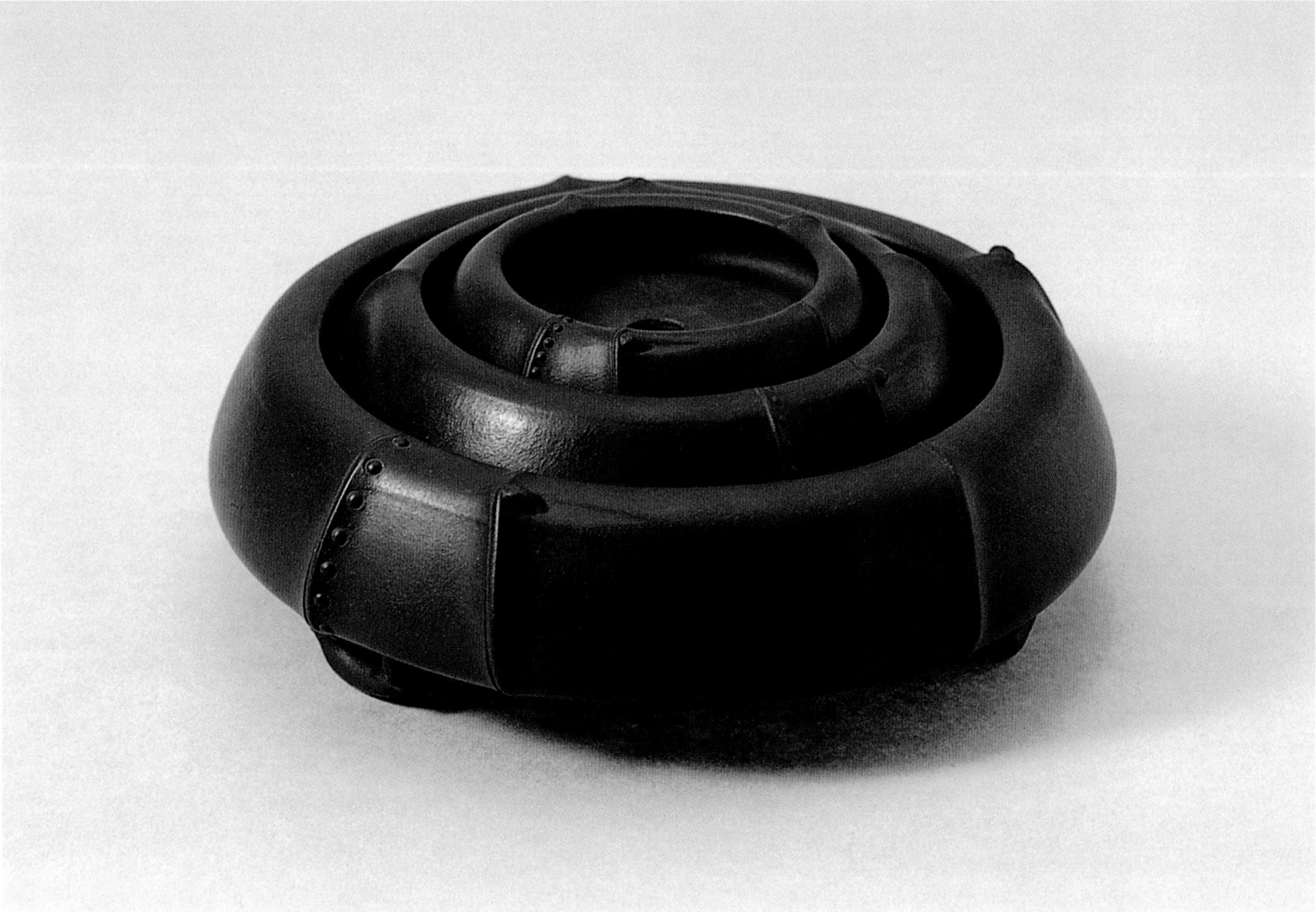

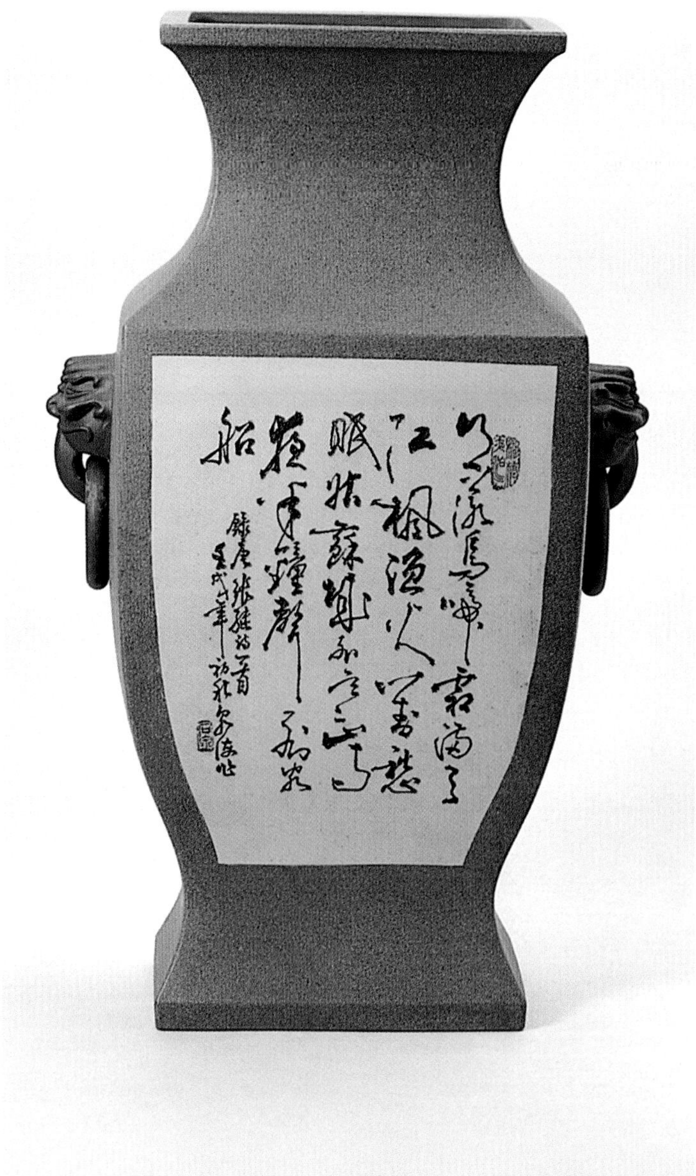

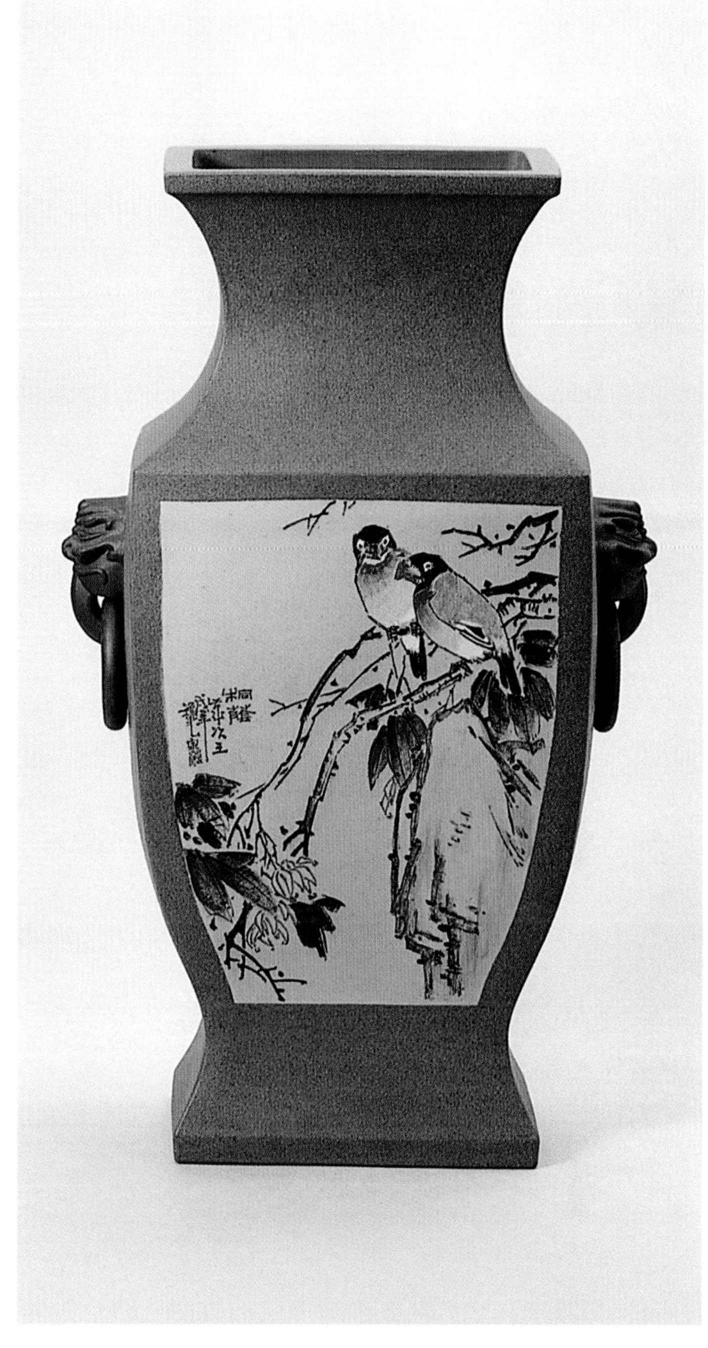

323.

扁四方瓶

譚泉海（刻）

高400mm　寬250mm

銘文：月落烏啼霜滿天，
江楓漁火對愁眠。
姑蘇城外寒山寺，
夜半鐘聲到客船。
錄唐張繼詩一首
壬戌年初秋泉海作
印：石泉

桐蔭

歲次壬戌年秋　泉海

◉　紫砂扁方瓶，粉芝蔴砂泥色作邊，主體用乳黃色開光，瓶身兩側裝有一對紫色耳環，增加了瓶體的莊重感。爲突出古樸穩重的瓶體，在裝飾處理上採用了草書和寫意花鳥。一對蠟嘴鳥棲息枝頭，數片梧葉，交相映襯，用刀乾淨利落，書法剛健婉曲，使瓶體格外增色。

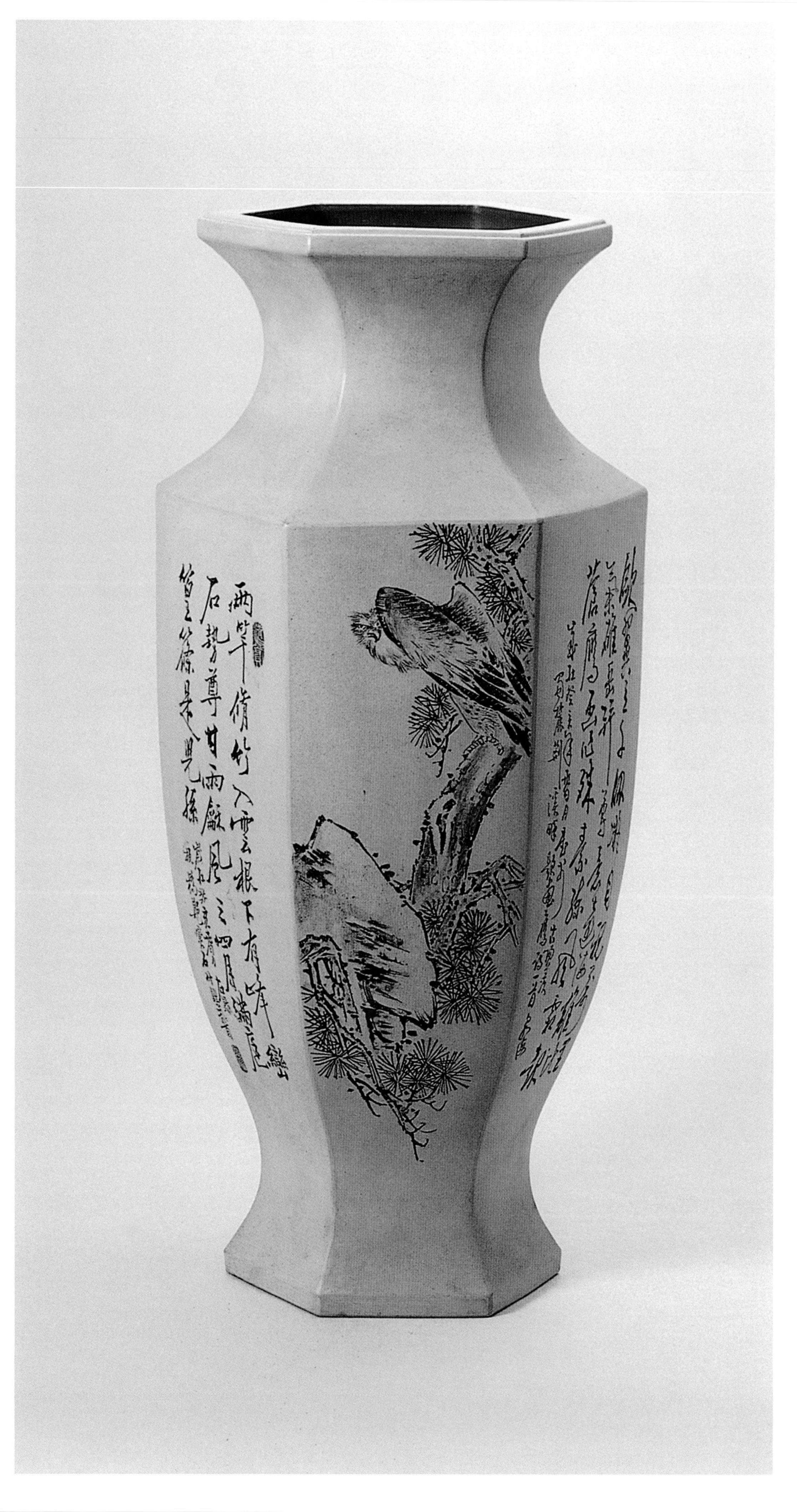

324.

六方魚尾瓶

譚泉海（刻）

高425mm　寬194mm

銘文：兩竿修竹入雲根，

下有峰巒石勢尊。

甘雨龢風三四月，

滿庭篁篠是兒孫。

歲在癸亥春月右錄板橋鄭燮石竹詩一首

歛翼立千釰，凝目視萬里。

氣雄岳拜尊，意遠海難比。

蒼鷹書作殊，素練風霜起。

歲在癸亥年春月於古陽羨蜀楚荆溪畔　題書鷹詩一首　泉海

◉ 六方魚尾瓶，採紫砂泥爲底胎，表面呈米黃色，利用瓶身六面，集石鼓文、草書、板橋書、花鳥、山水陶刻裝飾，書法、用刀頓挫有致，重若崩雲，輕似蟬翼，山水意取“四王”，並以赭褐色爲主調，刻畫出古代傳統淺絳山水，和瓶體溶貫，更添幾分古意。板橋書、板橋竹清麗灑脫，具有文人畫氣息。這是一件案頭高檔陳設品。

325.

源泉茶具

鮑志強、劉建平

壺高128mm　口徑46mm

杯高62mm　口徑62mm

碟高18mm　直徑115mm

壺身銘： 一椀喉吻潤。
兩椀破孤悶。
三椀搜枯腸，
惟有文字五千卷。
四椀發輕汗，
平生不平事，
盡向毛孔散。
五椀肌骨清。
六椀通仙靈。
七椀喫不得也，
唯覺兩腋習習清風生。

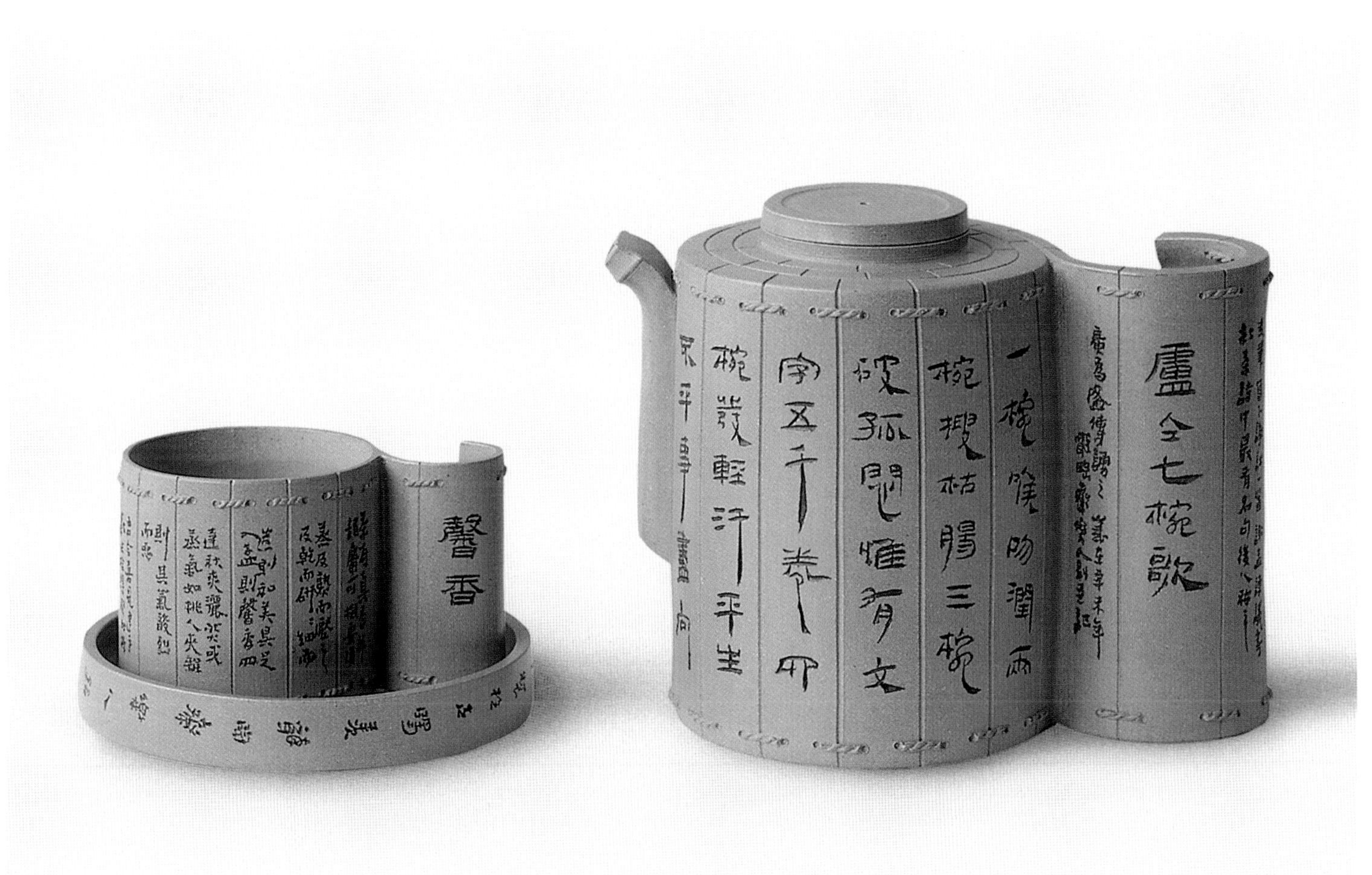

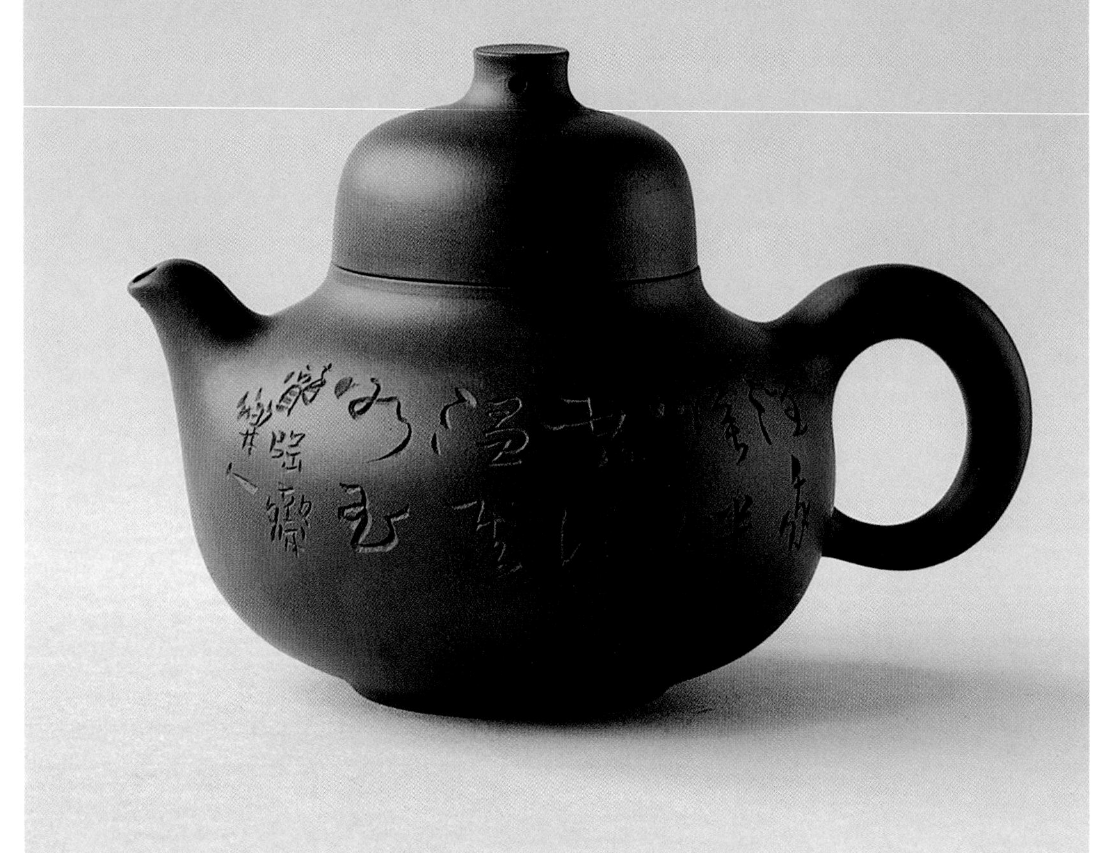

326.
球韵壺
鮑志强
高110mm　口徑64mm
壺身銘：潤吾喉，
伴我讀，
溫其如玉。

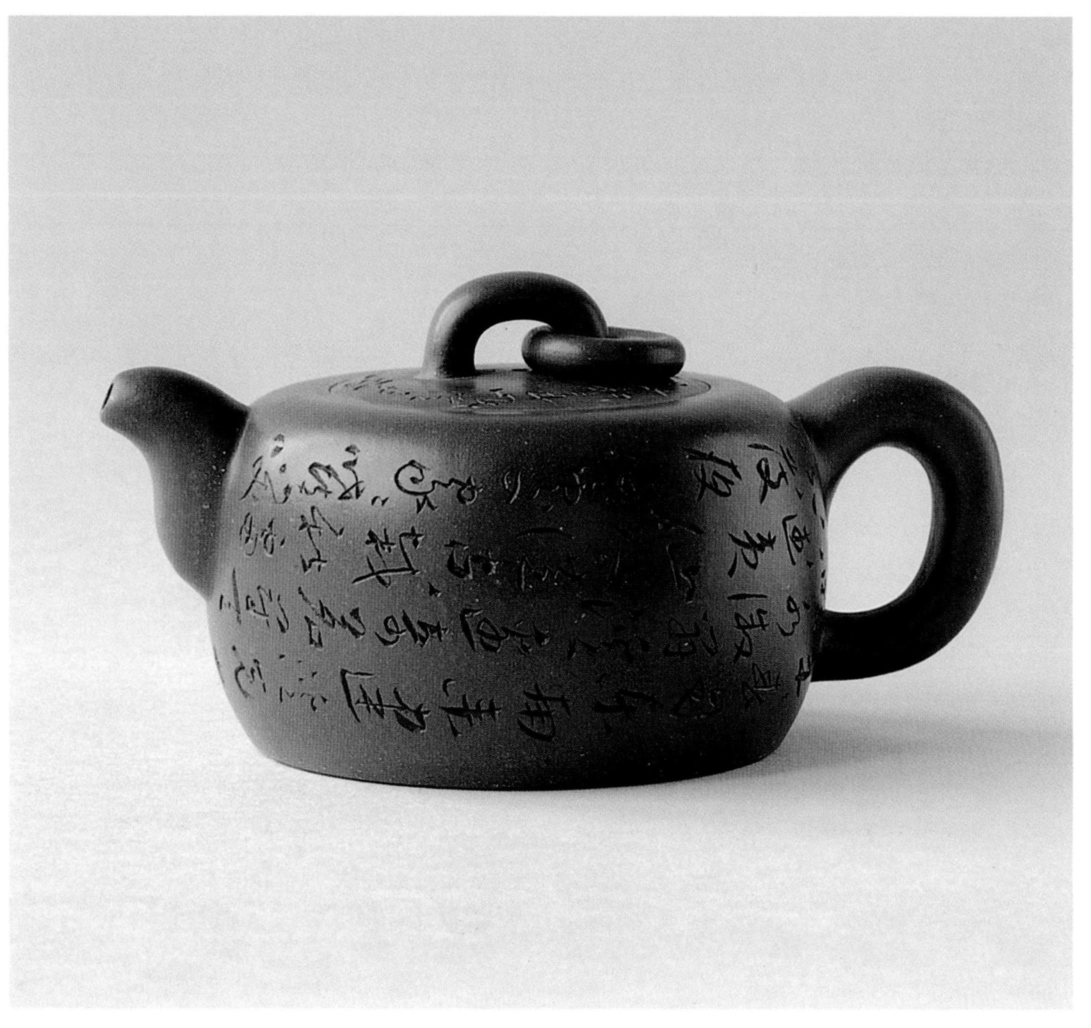

327.
碩圓壺
鮑志强
高100mm　口徑82mm
壺身銘：范希文和章岷從事鬥茶歌
年年春自東南來，
迷溪先暖水微開。
溪邊奇茗冠天下，
武夷仙人從古栽。
新雷昨發夜何處，
家家嘻笑穿雲去。
露芽錯落一番茶，
綴玉含珠散嘉樹。
終朝采掇未盈襜，
唯求精神不敢食。
研膏焙乳有雅製，
方巾圭兮圓巾蟾。

328.

濟公

儲立之

高116mm

◉ 民間傳說，南宋僧人道濟，法術神化，瘋癲滑稽，施善助人，世稱濟公活佛，爲人們所供奉。作者於是塑造屈膝而坐的濟公，投擲骰子於扇面，經他一揮收，骰子神話般地出現了六粒六點，以示全贏，故曰“六六大發”。

作品人物神態自然，衣紋生動，刻畫入微，形神兼備。此器一九九〇年參加首屆“瓷都景德鎮杯”國際陶瓷精品大賽，獲優秀創作獎。

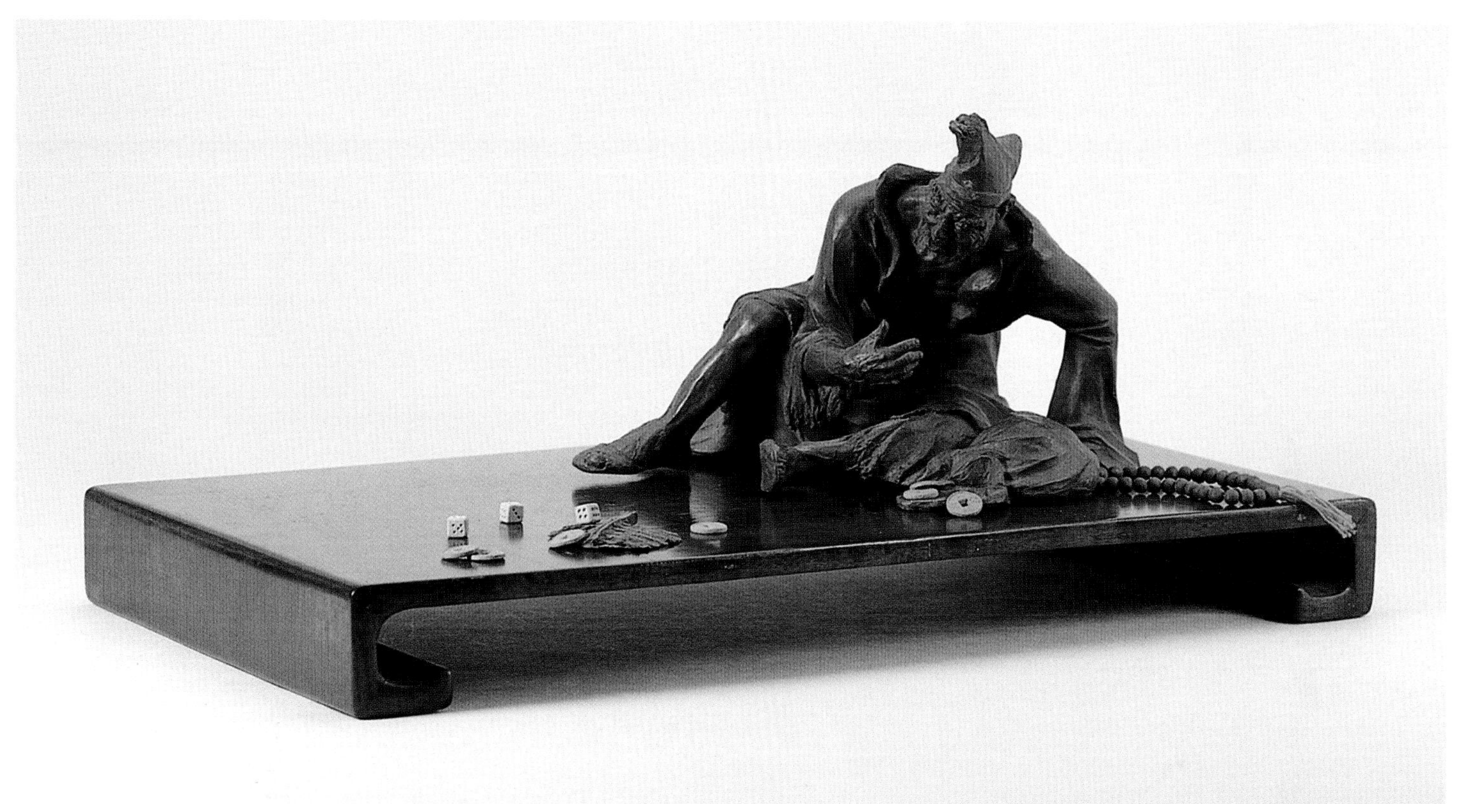

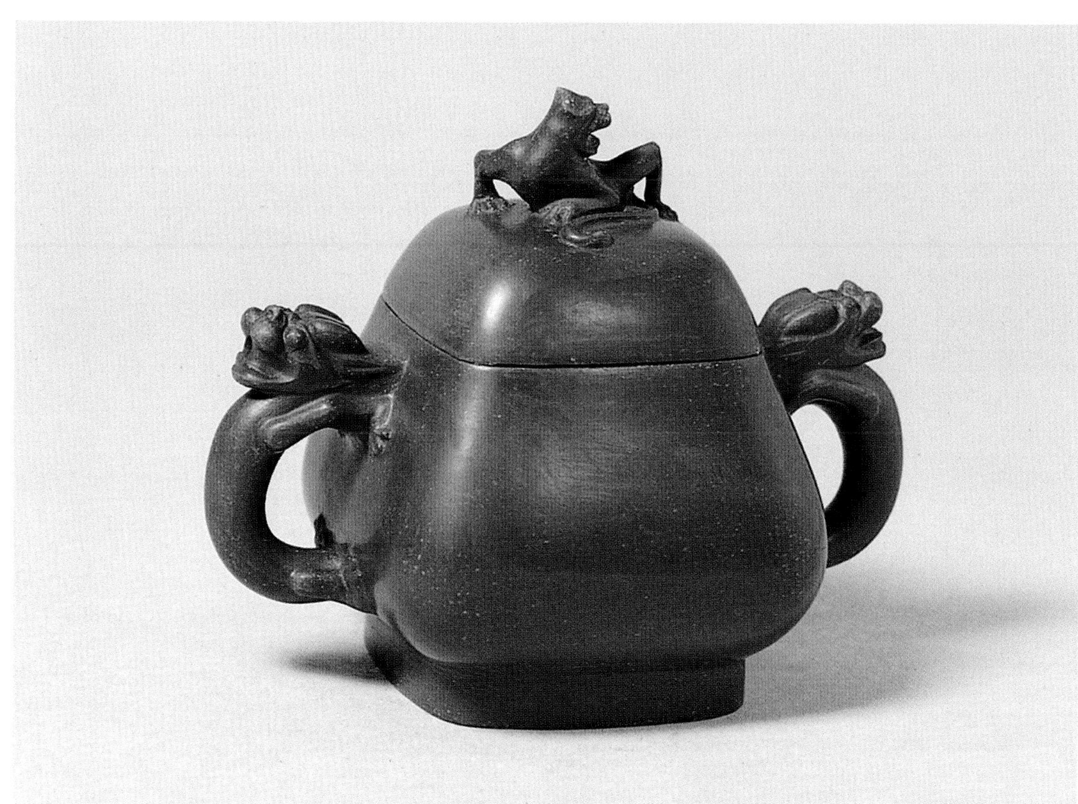

329.

蟠螭傳爐壺

儲立之

高120mm 口徑69mm

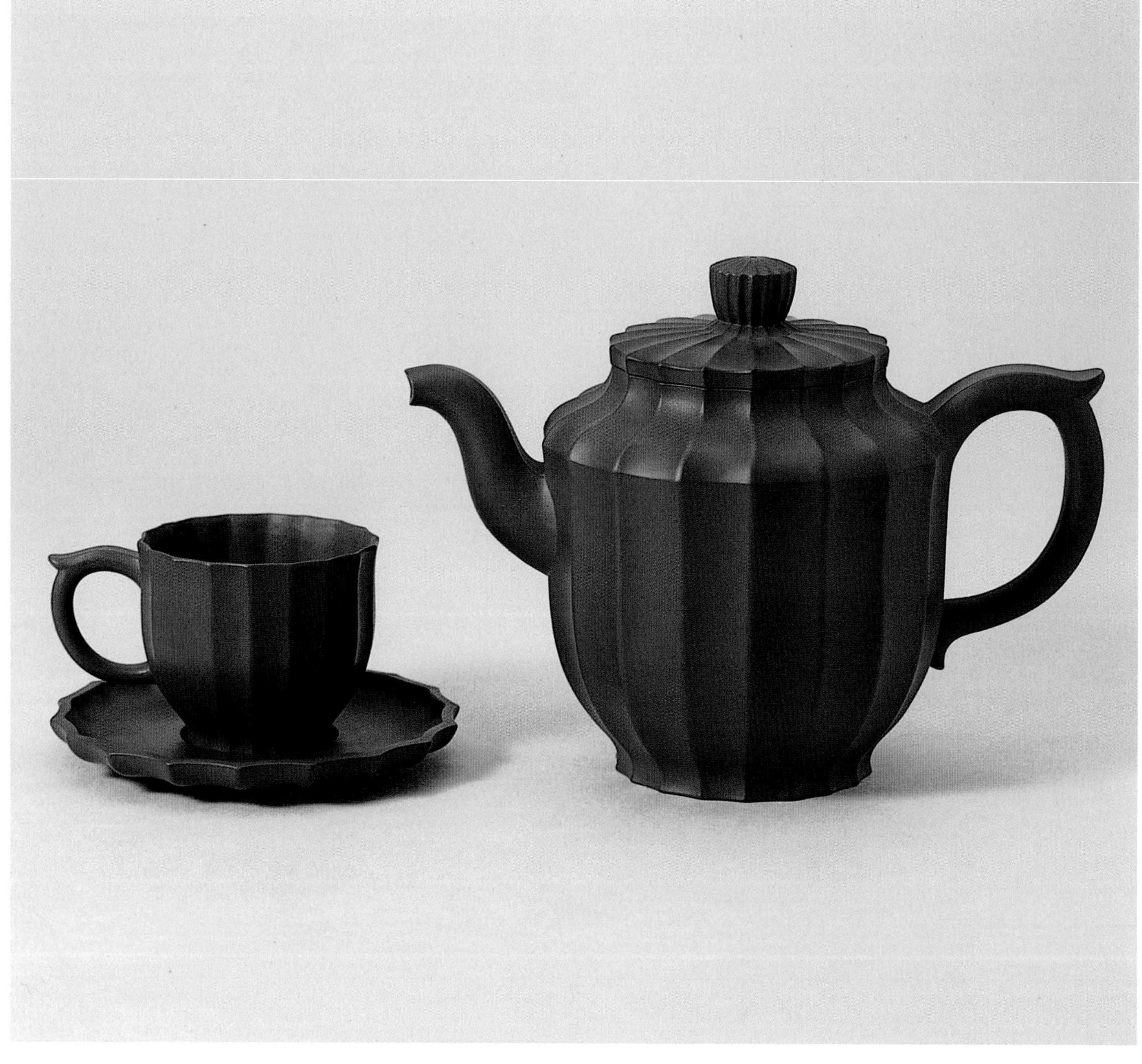

330.

高菱花茶具

王石耕

壺高150mm　口徑77mm

杯高60mm　口徑66mm

碟高14mm　寬122mm

◉　茶具以菊形瓣構成。壺取十八瓣，紋飾綫條流暢。菊瓣筋紋深淺變化自如，有傳統特色。

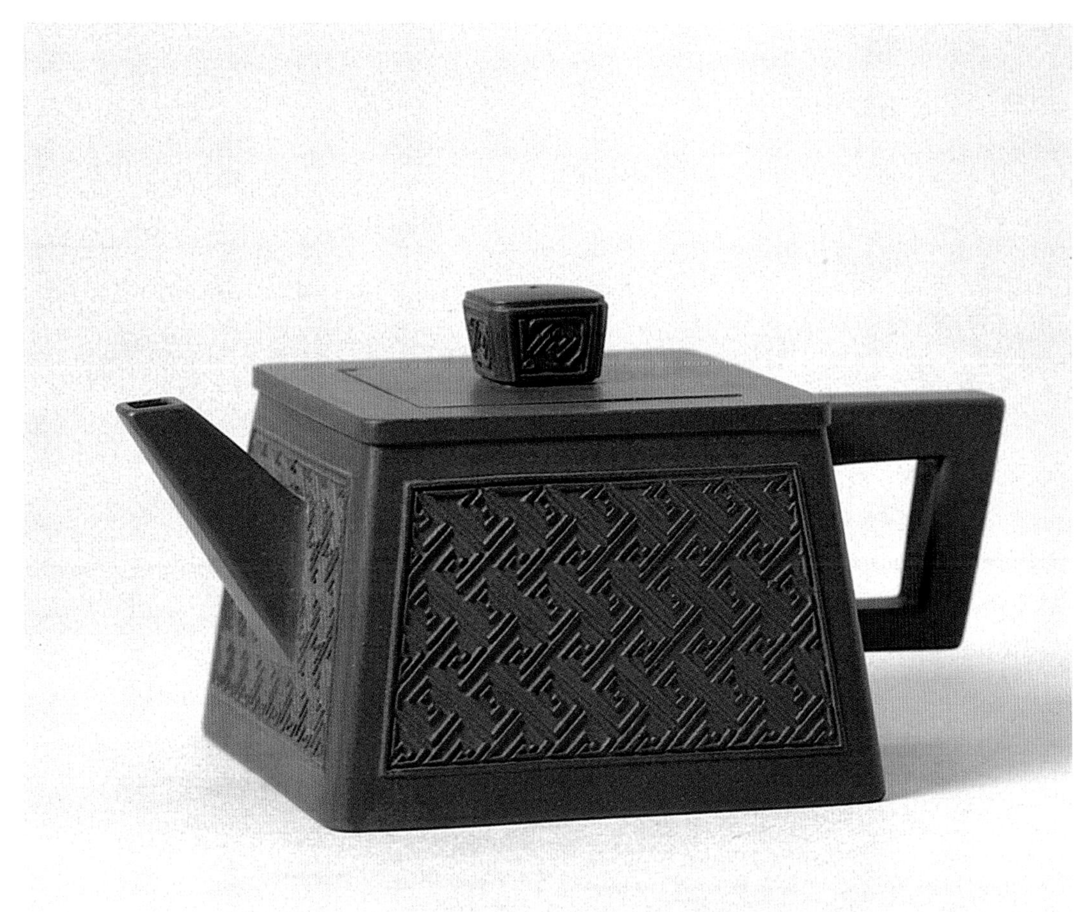

331.

貴方壺

王石耕

高74mm　口徑50mm

332.

四方周盤茶具

王石耕

壺高72mm　口徑62mm

杯高35mm　口徑55mm

碟高10mm　寬100mm

◉　茶具造型呈矩形，形態規正，質感渾厚，綫條挺括，輪廓分明，配以杯碟，諧調成套。

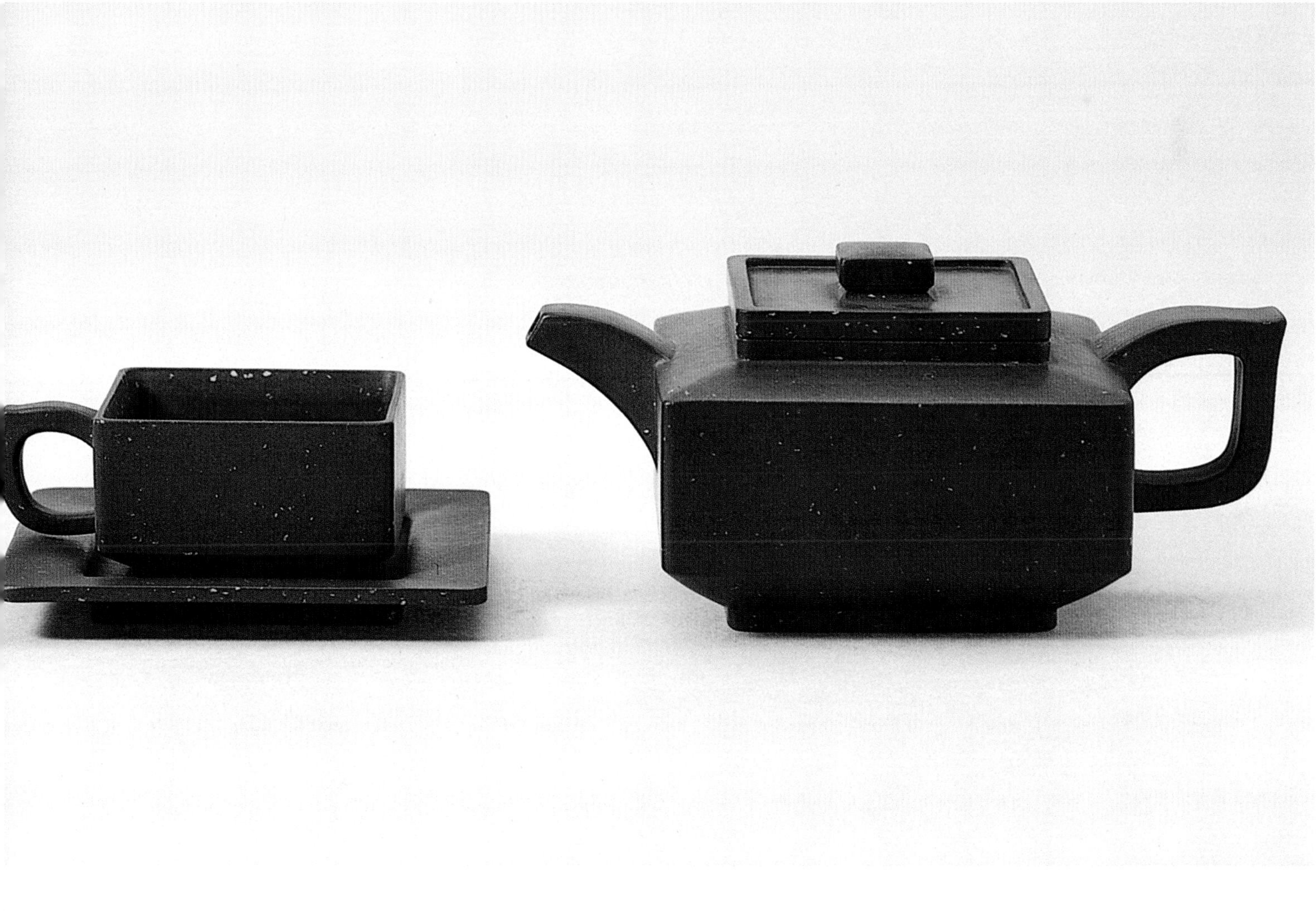

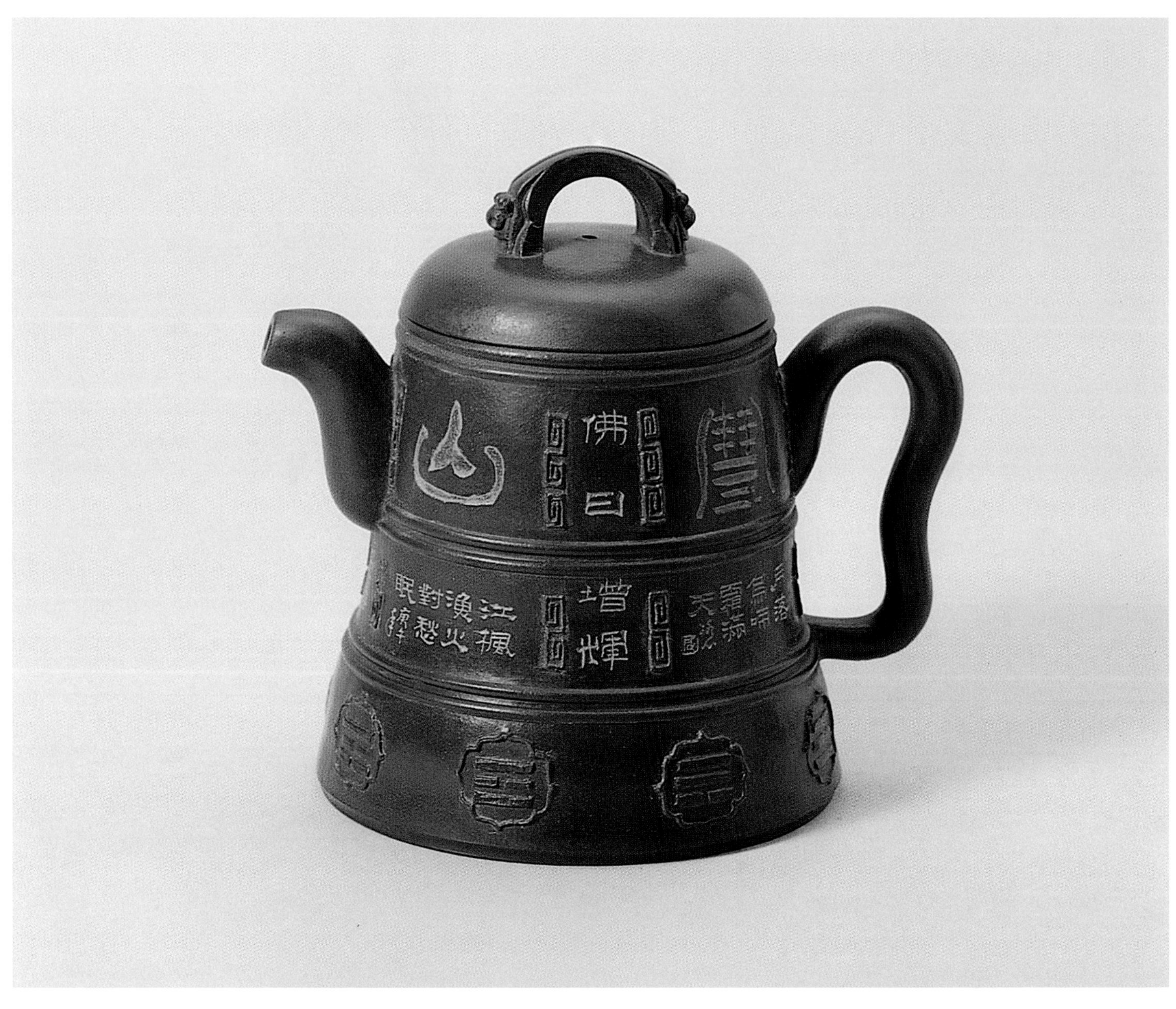

333.

寒山鐘聲壺

咸仲英、陸巧英

高133mm　口徑72mm

◉　“姑蘇城外寒山寺，夜半鐘聲到客船。”作者取唐代詩人張繼詩爲題，以日本山田寒山鑄贈蘇州寒山寺的“乳頭鐘”爲造型。

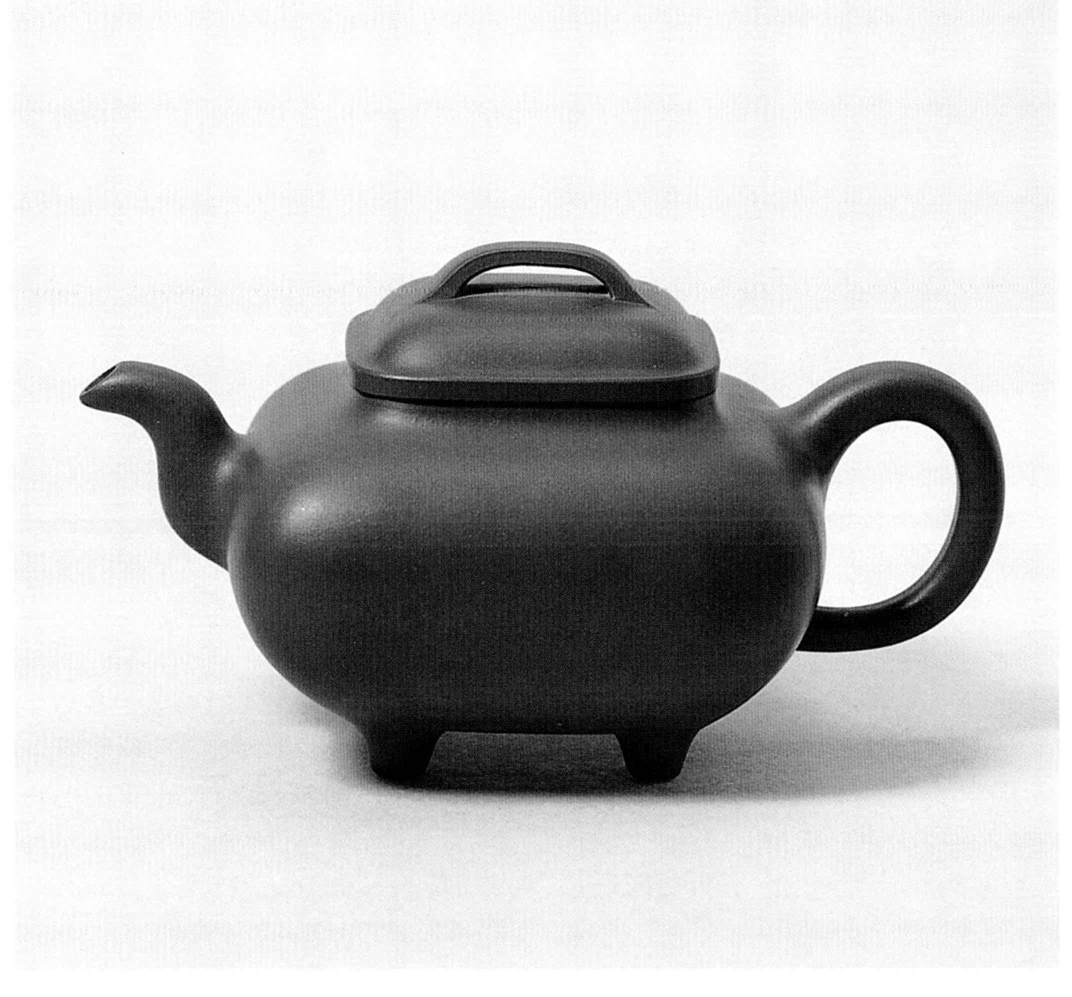

334.
仿古傳爐壺
曹婉芬
高86mm　口徑64mm

335.
鈕一粒珠
曹婉芬
高134mm　口徑62mm

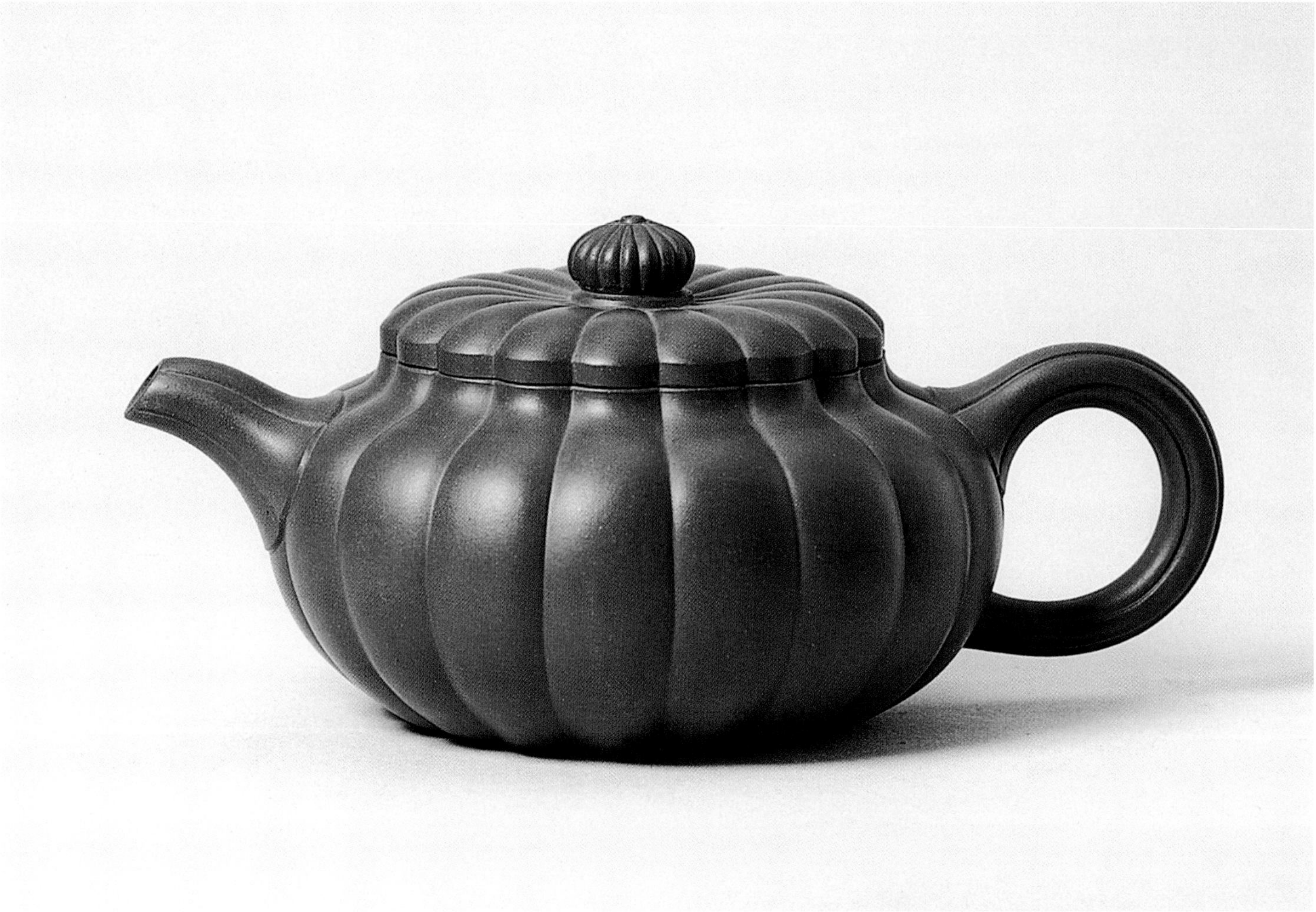

336.

大彬瓜棱壺

曹婉芬

高78mm　口徑78mm

◉　此壺雖是傳統器皿，由於出自名人之手，現代仿造具有難度。作者有製筋鑲類紫砂壺的基本功，所製瓜棱，上觀壺蓋摘手，下視壺底筋紋，貫通一氣。此壺深淺跌宕自如、挺直清晰、出手不凡，頗能傳達出傳統大彬瓜棱壺的神韵。

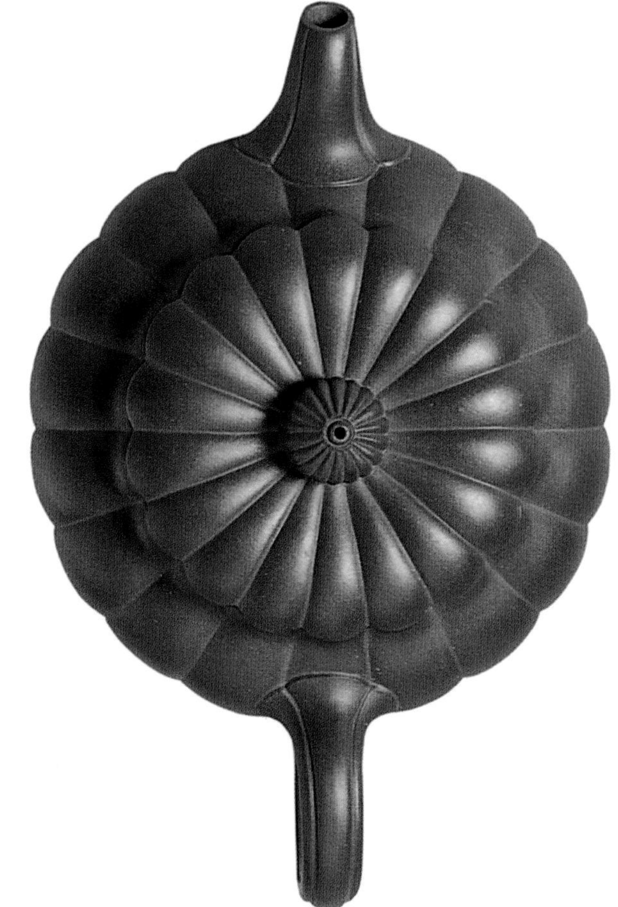

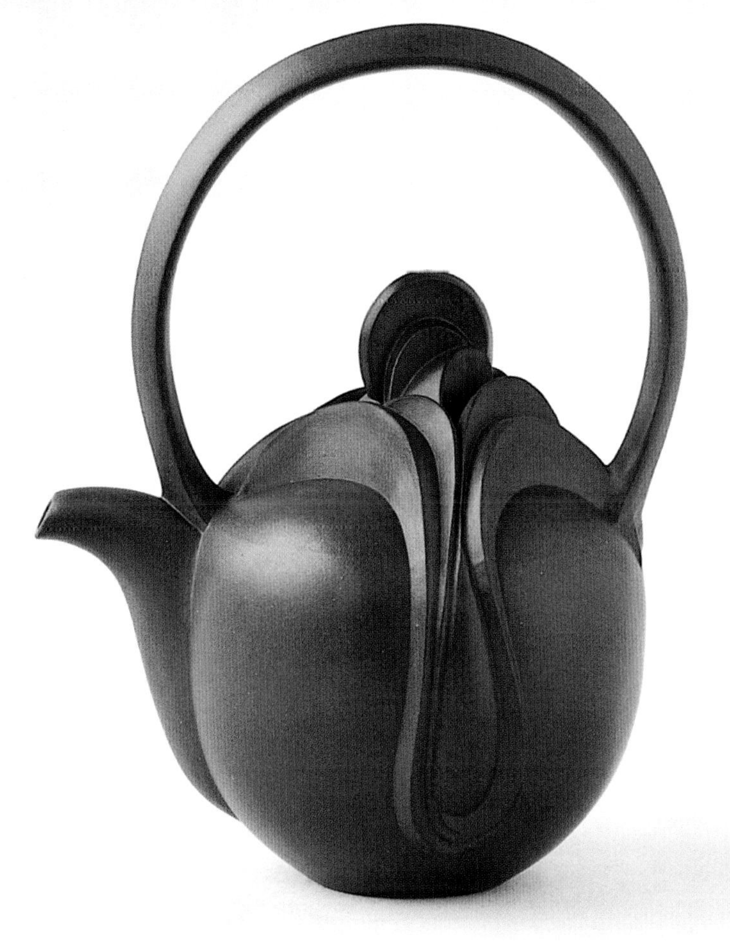

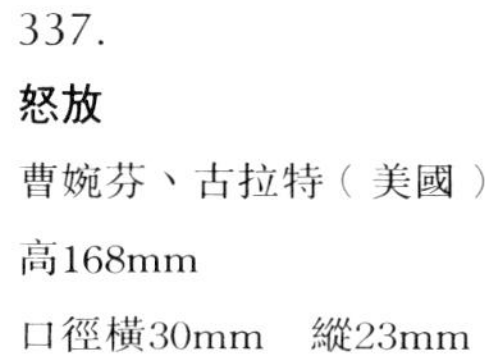

337.
怒放
曹婉芬、古拉特（美國）
高168mm
口徑橫30mm　縱23mm

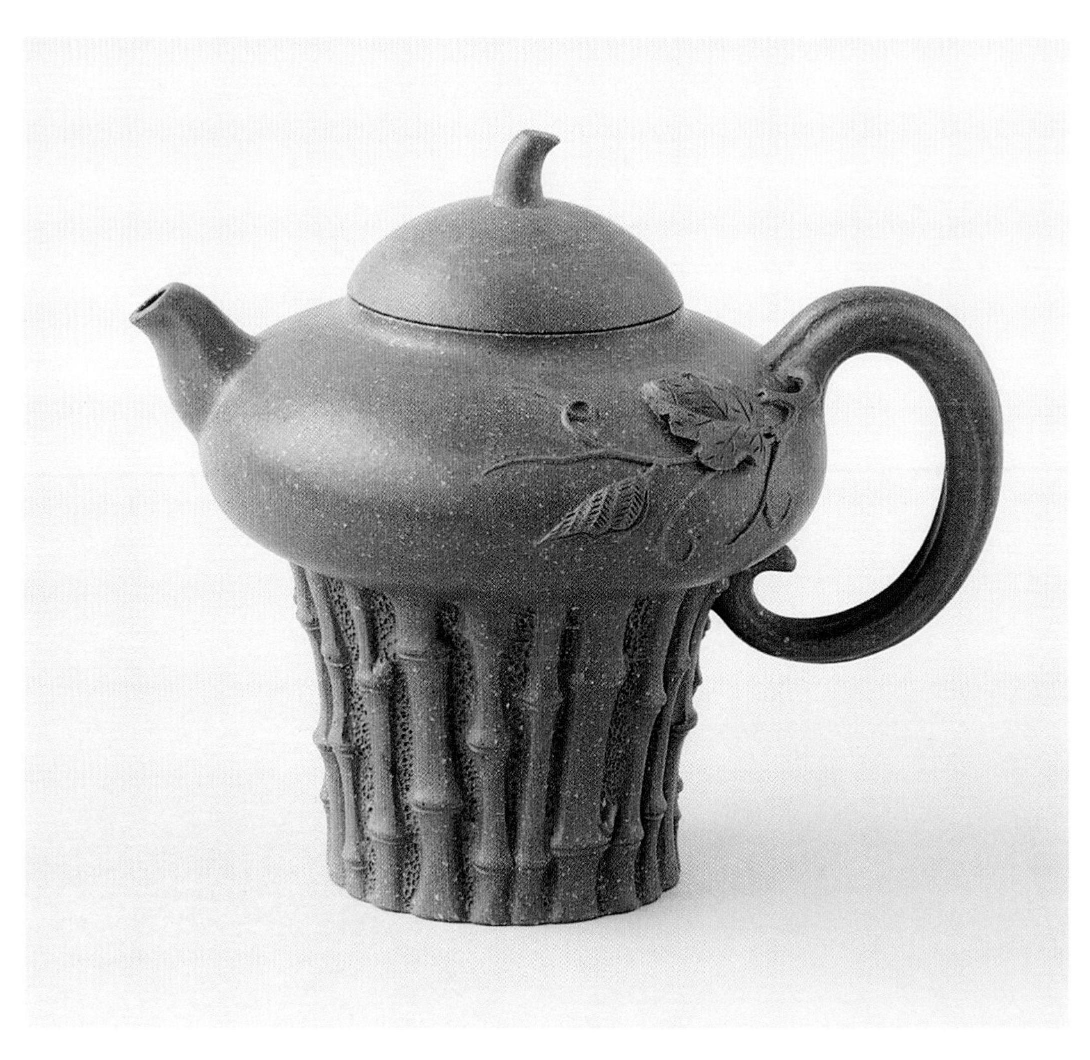

338.
田家樂
王建中（設計）　曹婉芬（製）
高135mm　口徑47mm

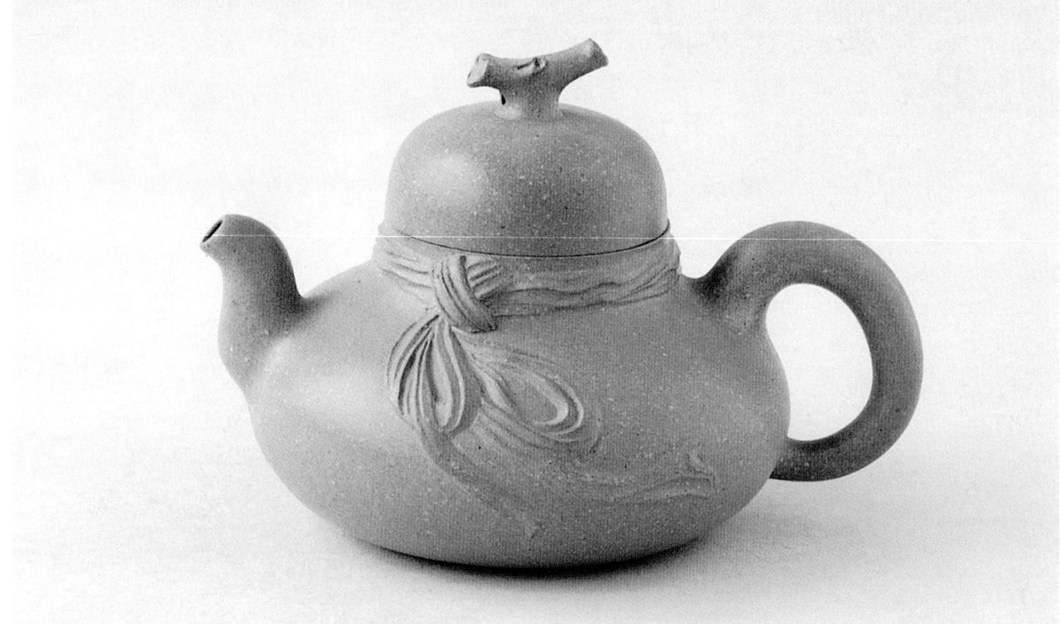

339.
逸仙壺
曹婉芬
高120mm　口徑53mm

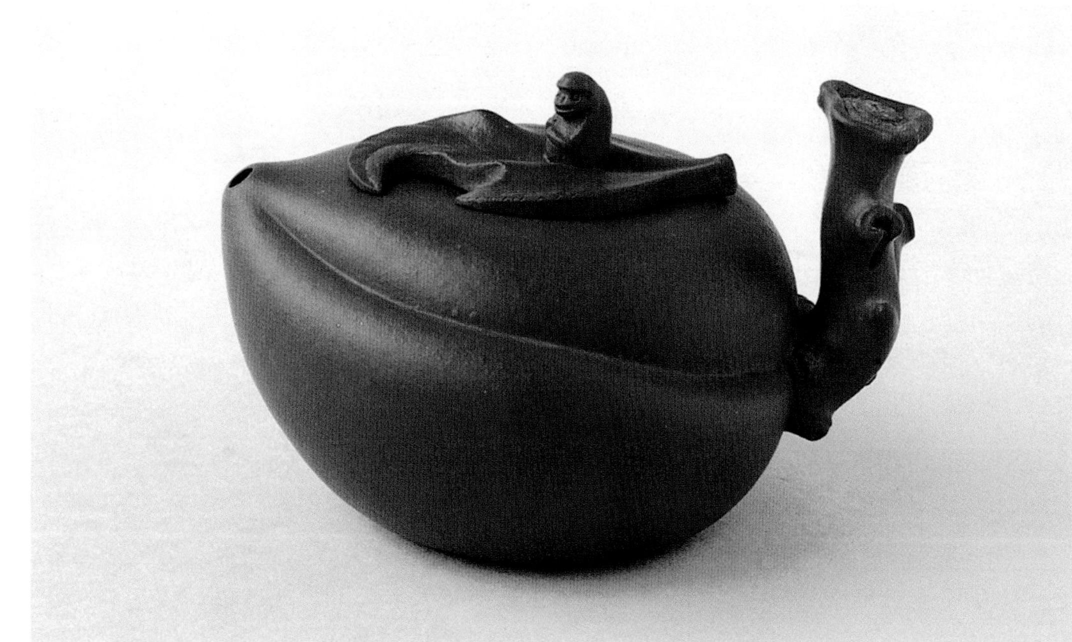

340.
欲滴
曹婉芬
高90mm
口徑橫42mm　縱35mm

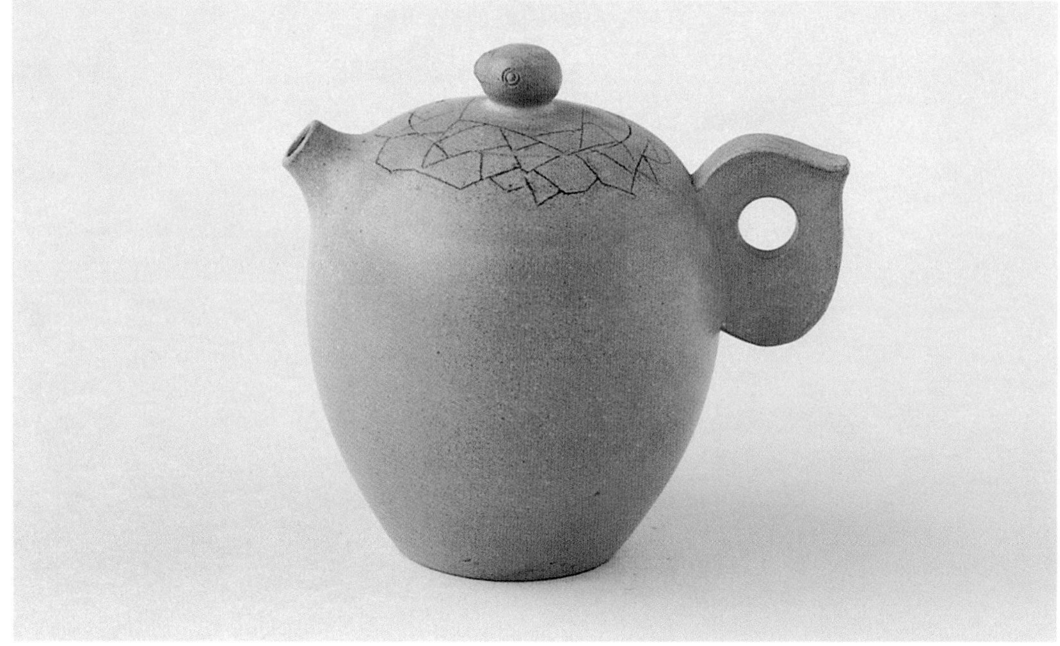

341.
脫穎
曹婉芬
高100mm　口徑35mm

342.

高八方茶具

高海庚（設計） 曹婉芬（製）

毛國強（刻）

壺高159mm 口徑68mm

杯高61mm 寬90mm

碟高17mm 直徑124mm

壺身銘：庚申夏月書

細嚼梅花雪乳香

一粟并於陽羨

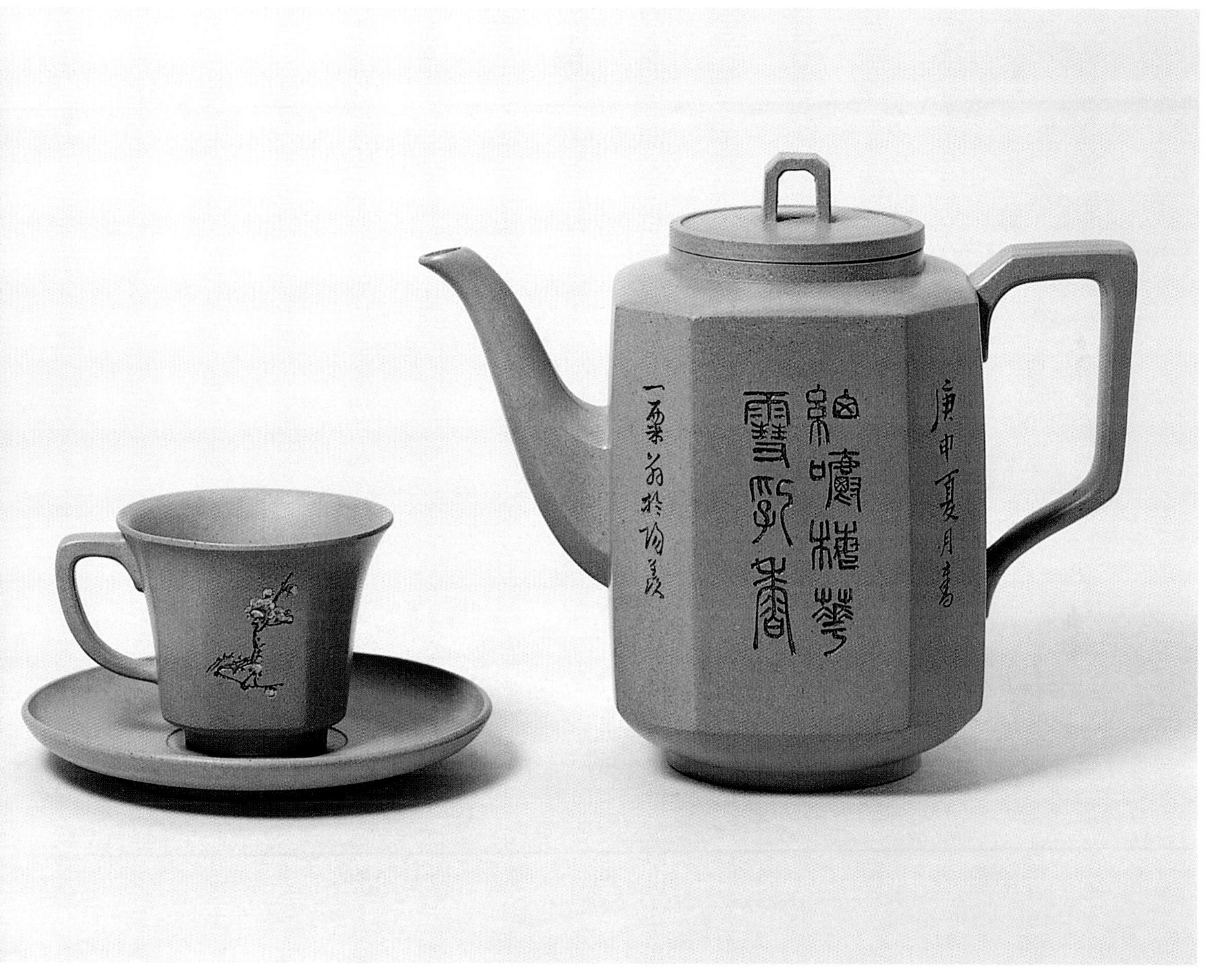

343.
矮竹鼓
高麗君
高95mm　口徑69mm

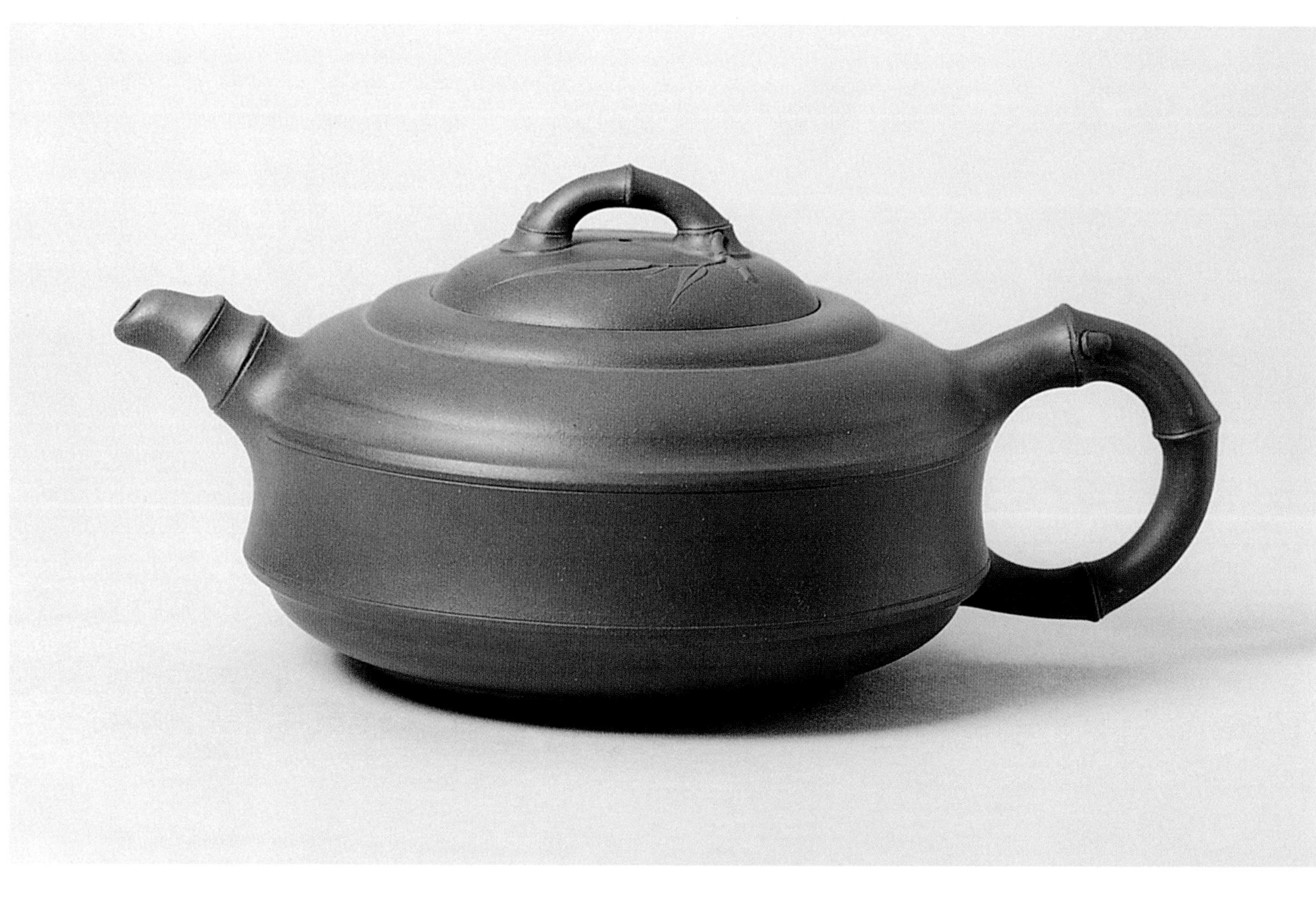

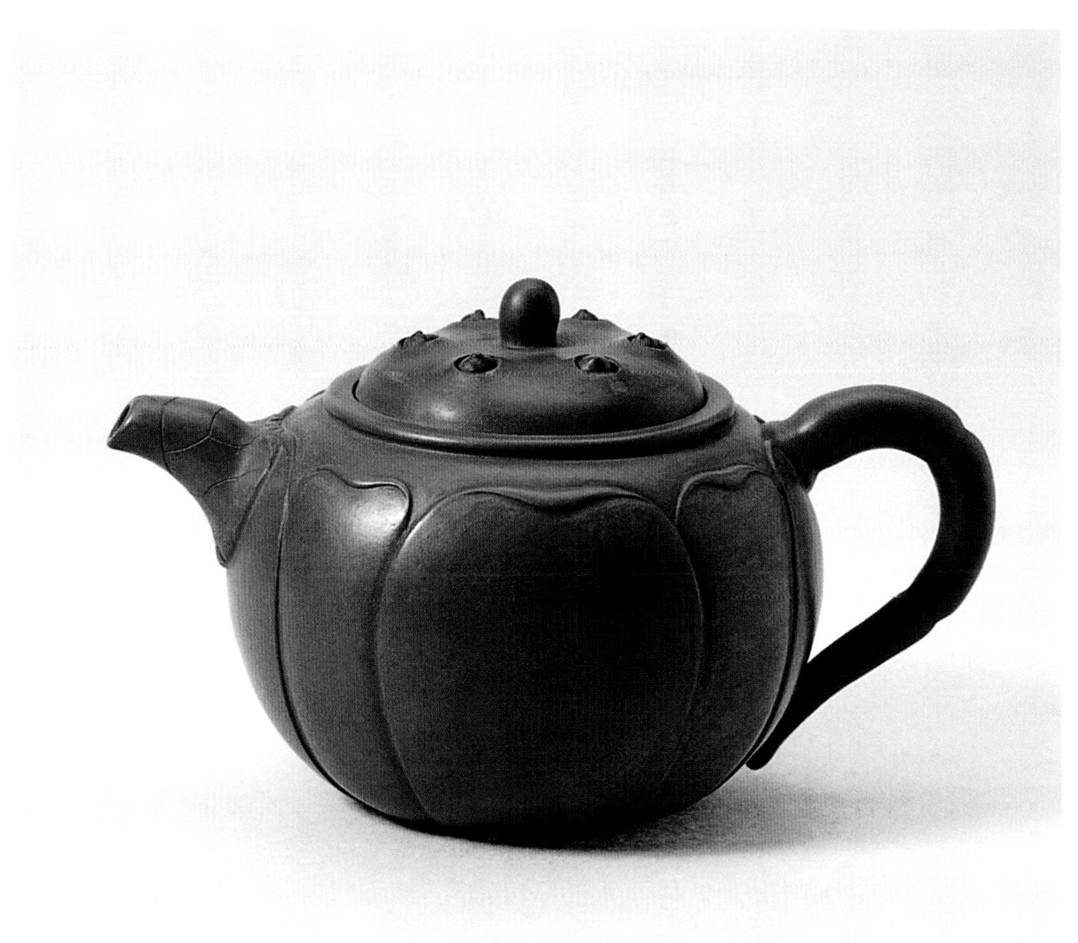

344.
荷花蓮子壺
裴石民（設計） 朿鳳英（製）
高118mm 口徑76mm

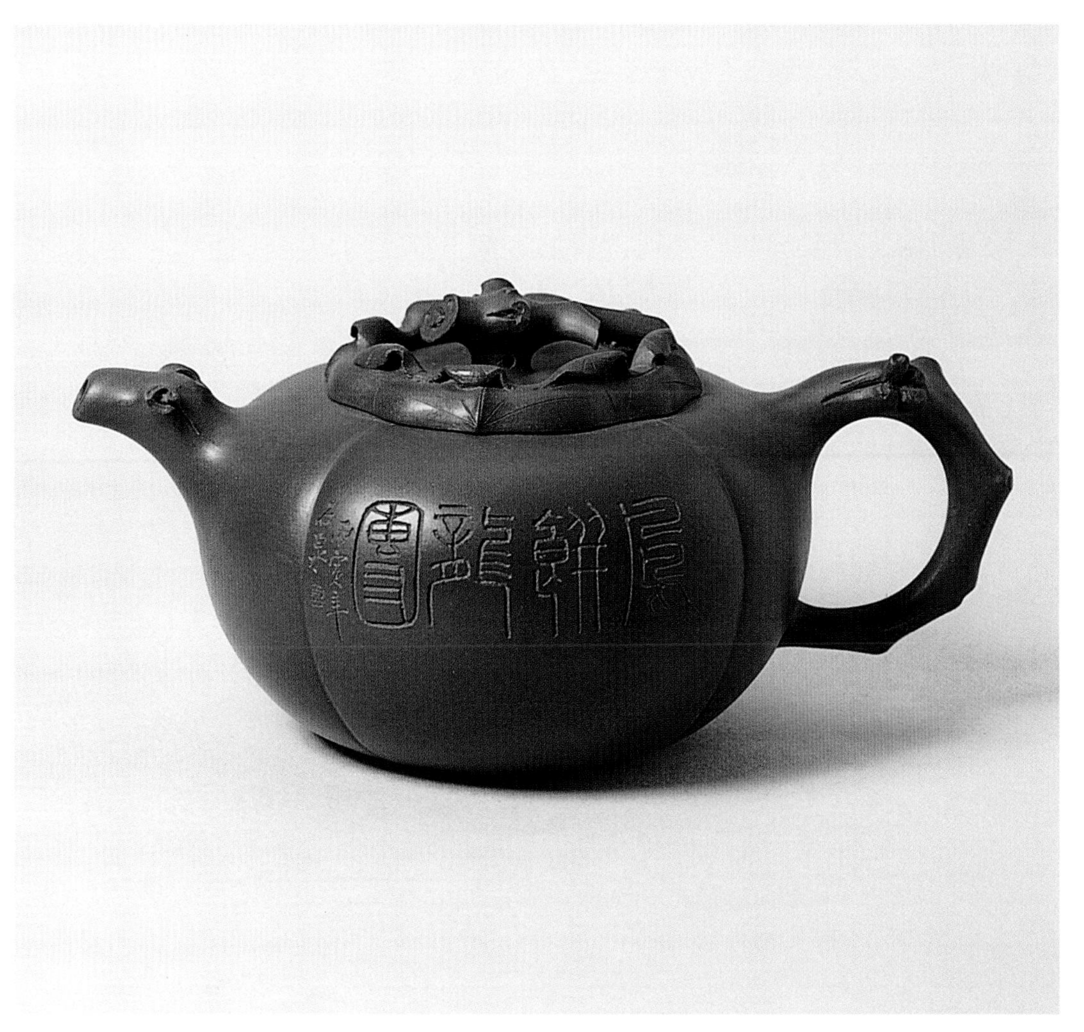

345.
翻蓋柿子壺
朿鳳英
高100mm 口徑68mm
壺身銘：鳳餅龍團
丙寅年
石泉 **印：**泉

◉ 此壺是傳統紫砂壺。壺身只有四條筋鑲，底爲一捺底，但簡潔中有力度；嘴、把以柿樹枝桿便化；蓋用傳統技法徒手製作、捏成翻邊柿蓋，頗具自然神氣。壺身刻以幾句茶詩，使人得無窮回味。

346.

圓條茶具

高紅英

壺高112mm　口徑72mm

杯高44mm　口徑62mm

碟高20mm　寬125mm

◉　圓條壺，又名菊形壺。壺身是用十八瓣綫條筋紋組成的圓體。見功力處是蓋和口十八瓣，瓣瓣相吻，製作極爲嚴謹。筋紋表達玉而不腫，轉角鈍而不圓，備顯腴美的寶相。

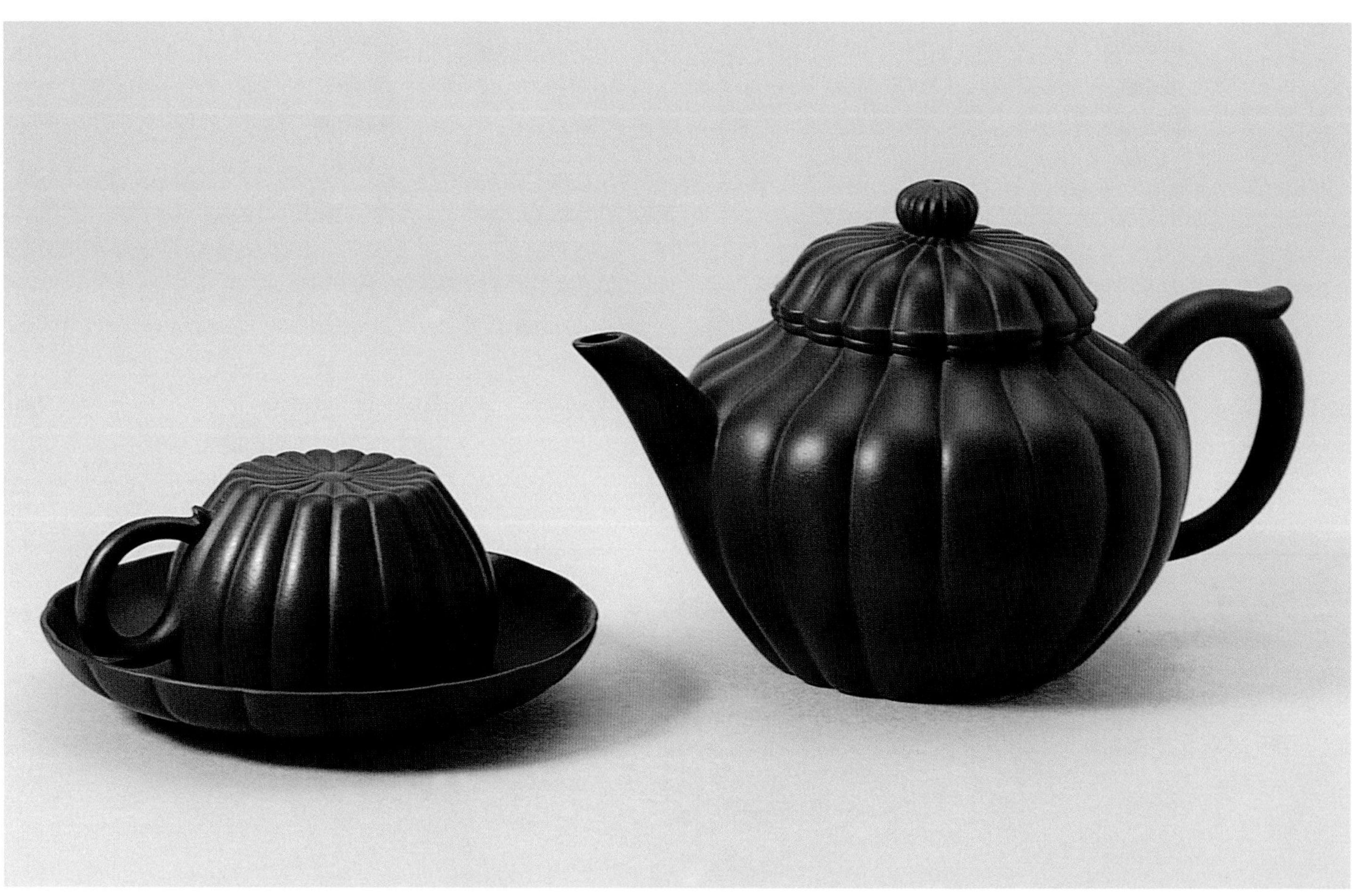

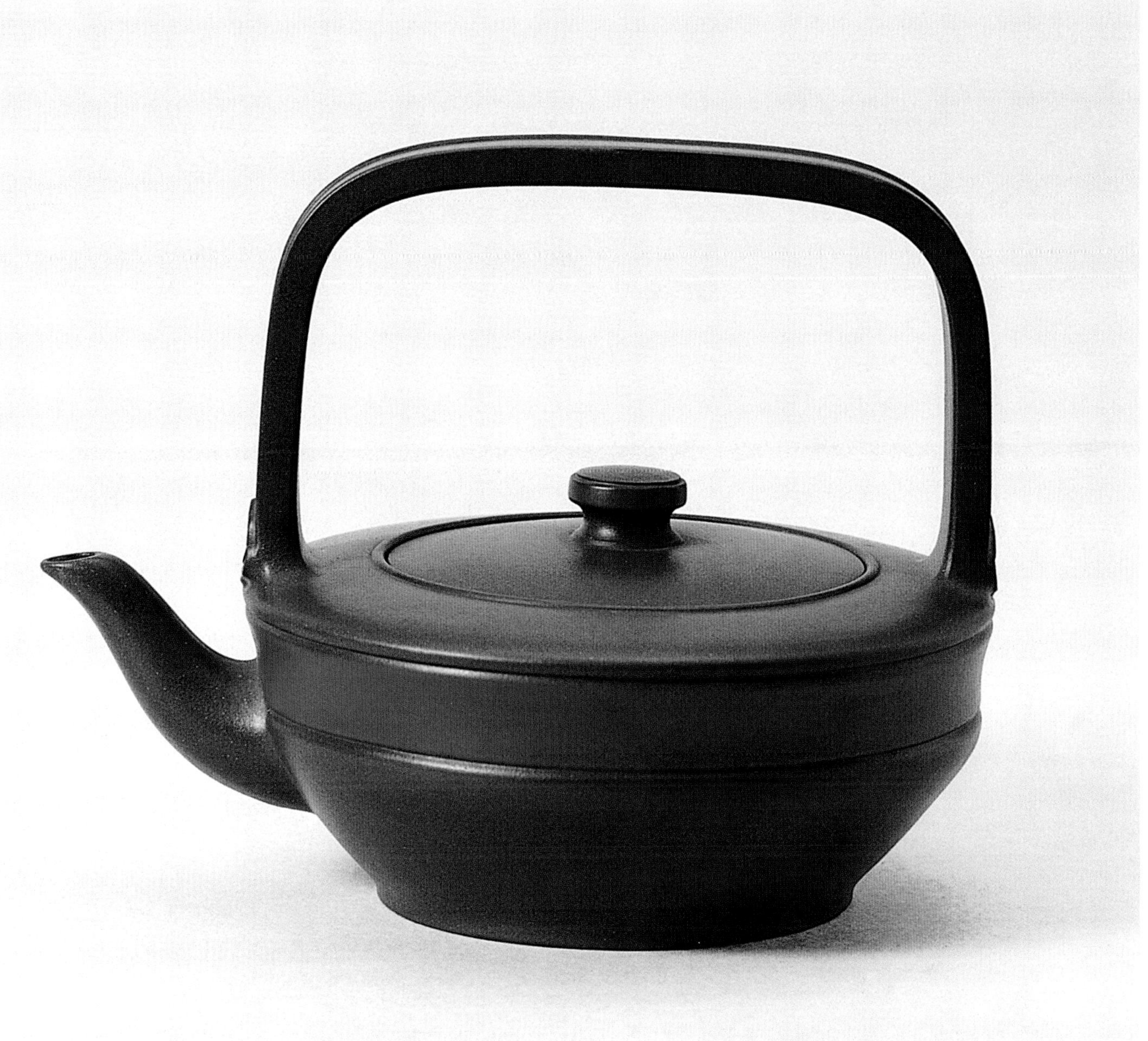

347.

雙色提梁

何廷初

高130mm　口徑80mm

348.

圈頂三足壺

何廷初

高160mm　口徑98mm

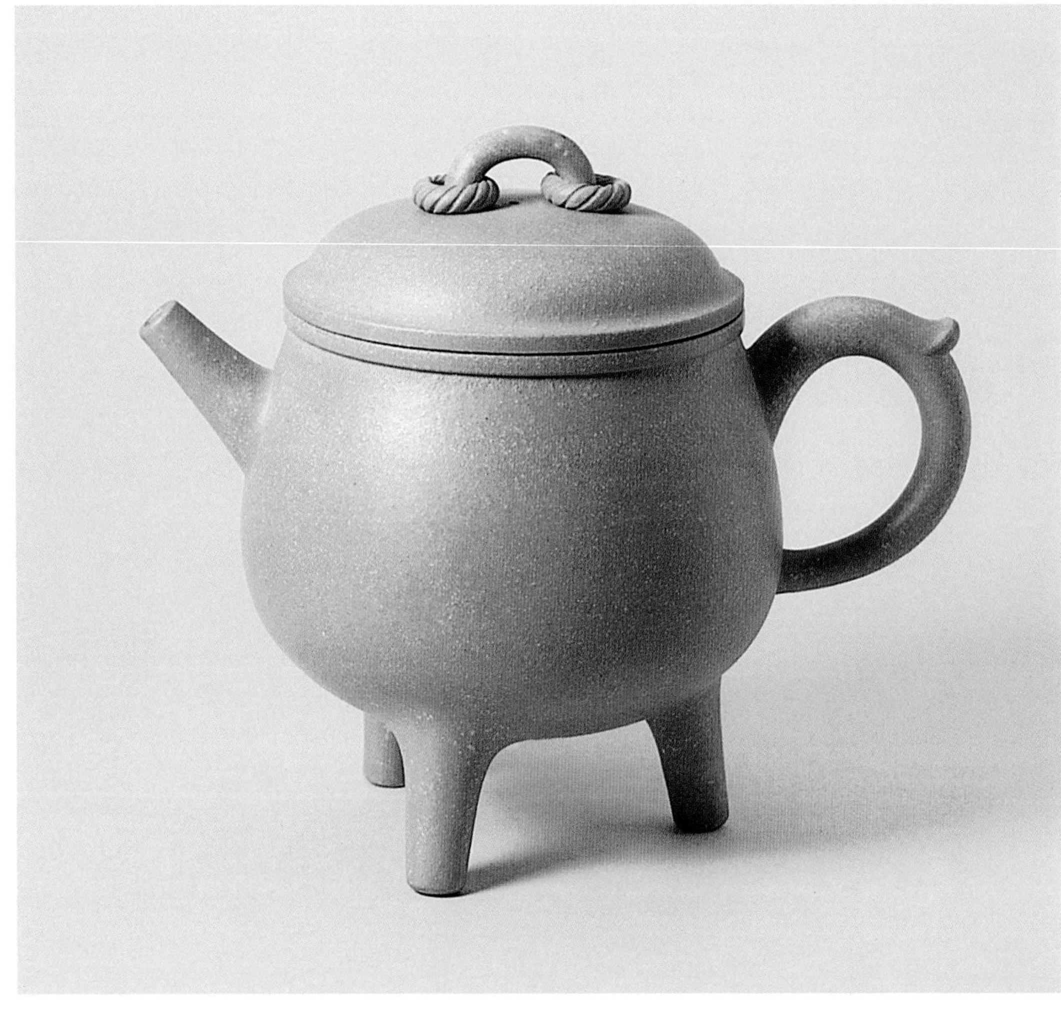

349.

魚壺

何廷初

壺高105mm　口徑59mm

杯高39mm　口徑64mm

碟高14mm　直徑113mm

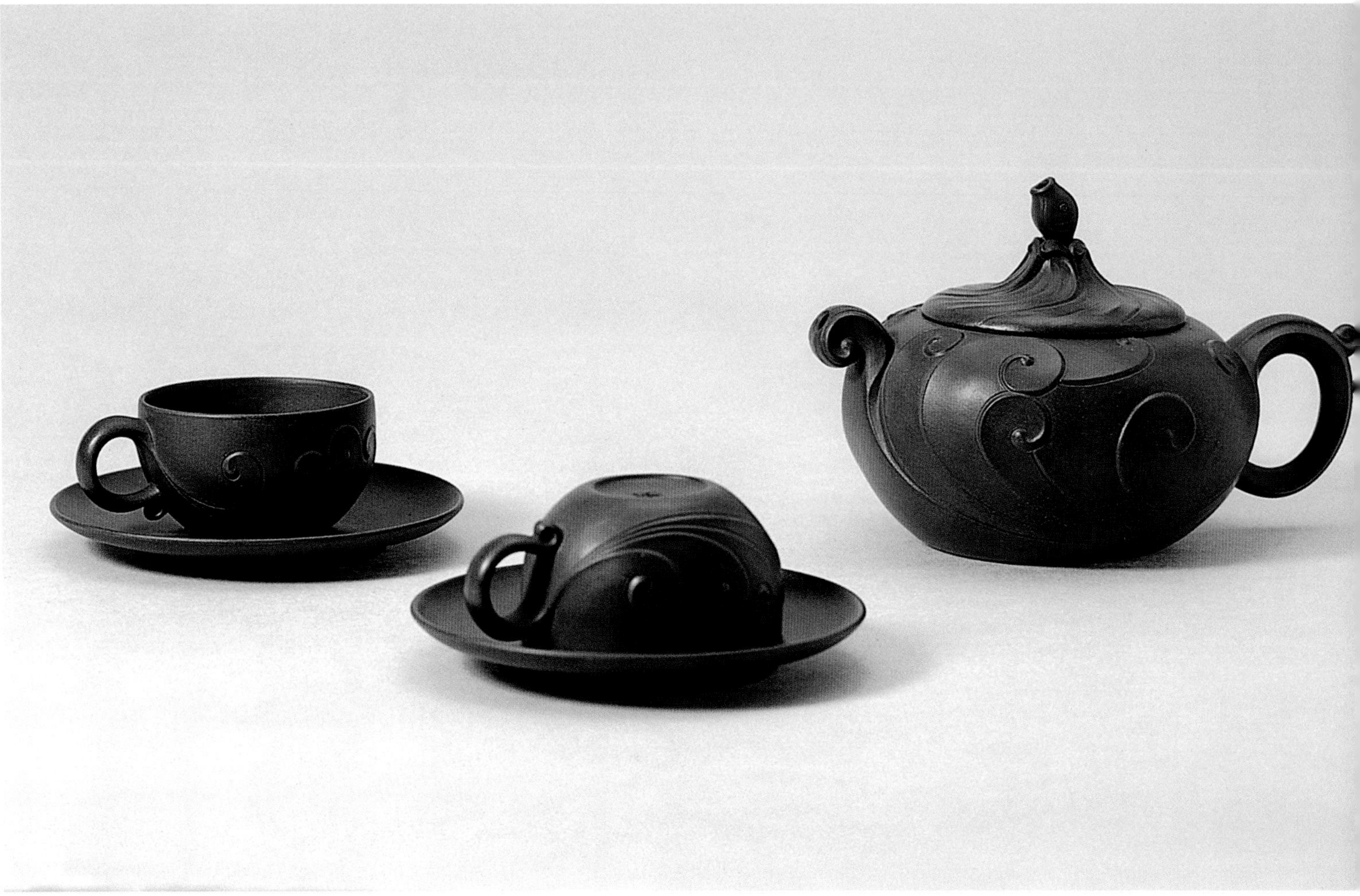

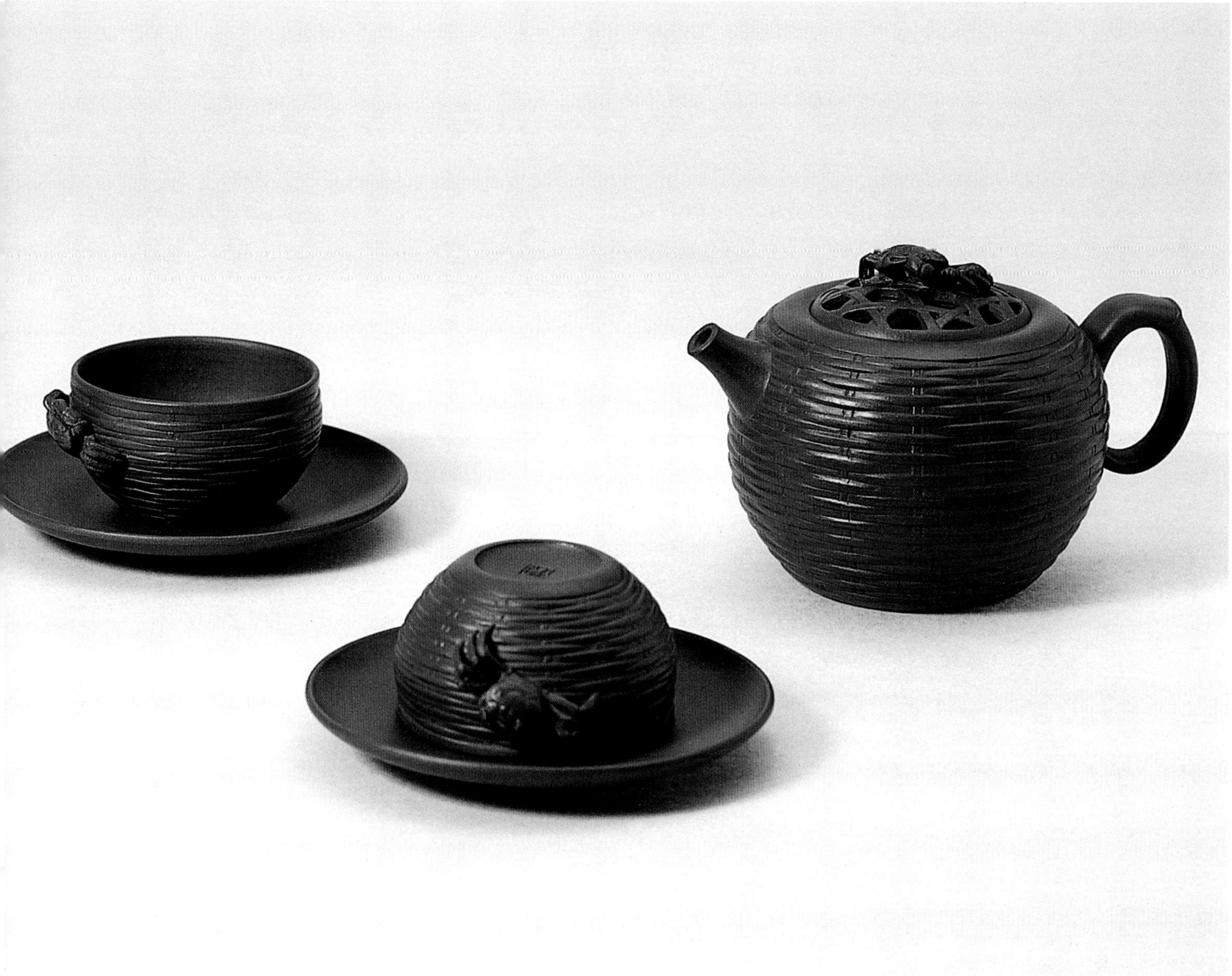

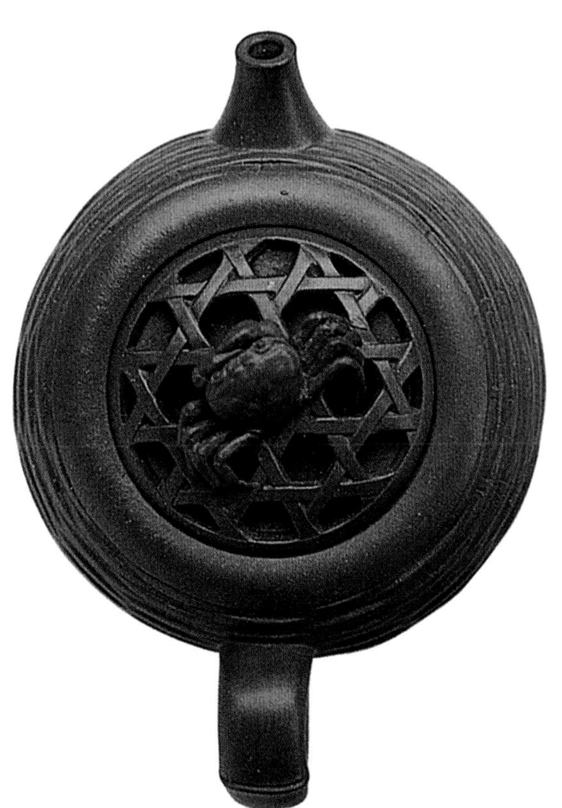

350.

蟹簍茶具

何廷初

壺高93mm　口徑58mm

杯高39mm　口徑69mm

碟高14mm　直徑114mm

◉ 作者借生活、生產中的用具——蟹簍的形，設計一套紫砂飲茶具。壺身似竹簍編結，做工細緻；壺面螃蟹，形態逼真，靜中有動，別有情趣。配上幾套杯碟，這套茶具，不啻是十分別致的工藝品。

351.

葡萄提梁

葛明仙

A高160mm　口徑68mm

B高121mm　口徑40mm

◉ 圓潤的壺身和別具一格的壺蓋設計都暗示了作者的創新思路圍繞着一串玲瓏葡萄。壺身配製提梁式壺把，賦予壺以清新俏麗的神韵。

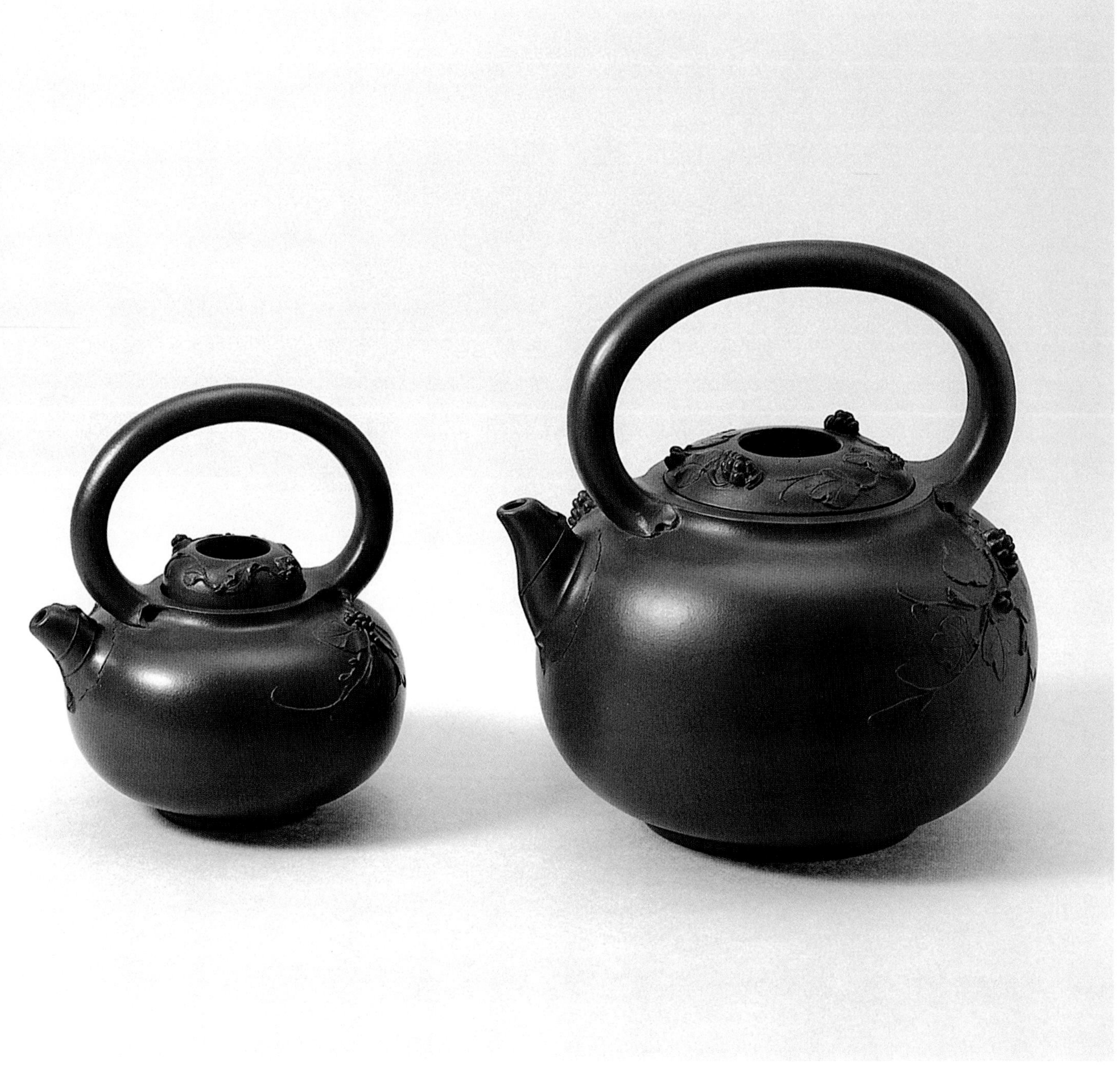

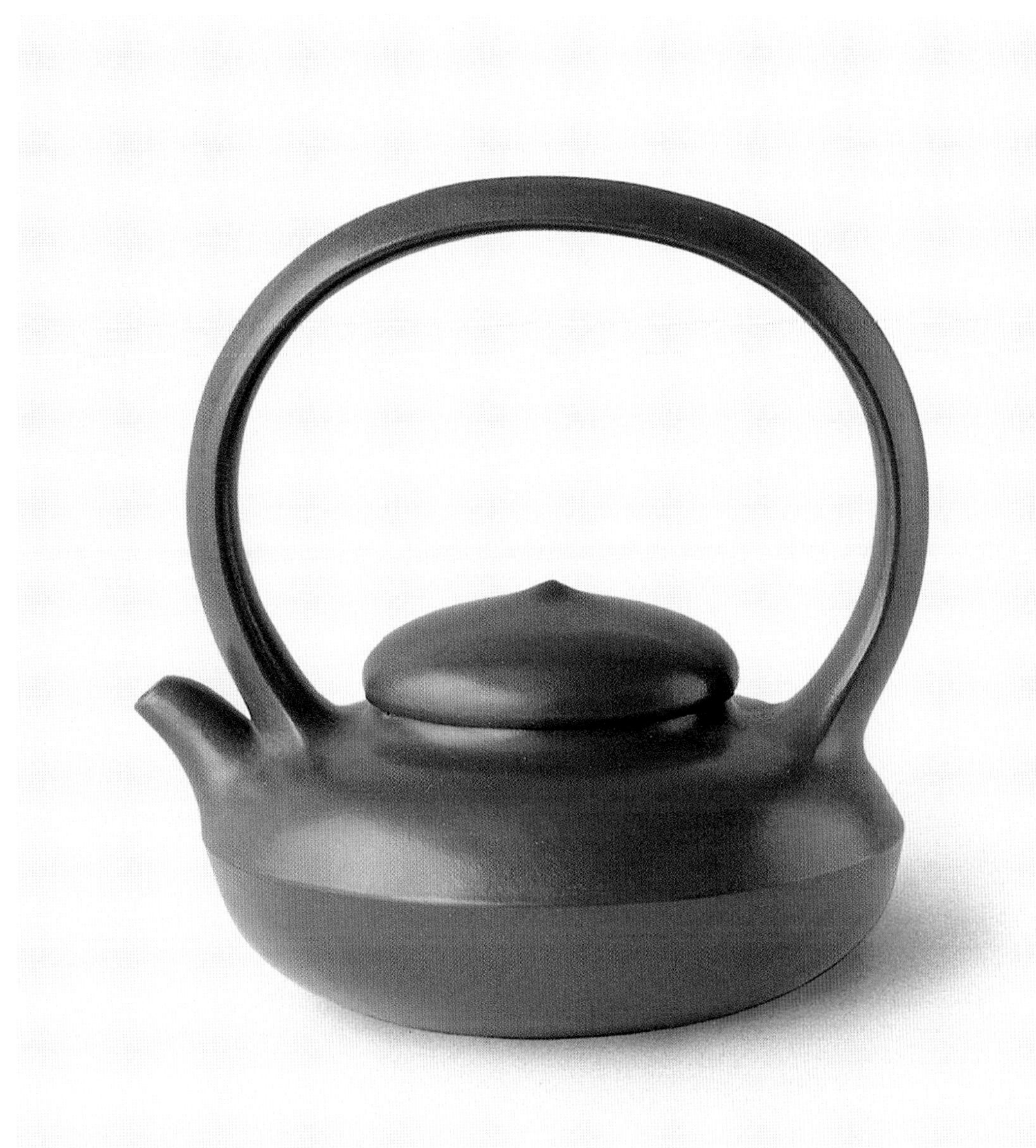

352.

柿圓提梁

張守智（設計）　葛明仙（製）

高145mm　口徑63mm

◉　柿圓提梁，造型樸質渾厚，是取之有物的作品。在壺身中央創意新穎、恰到好處地加添了一條裝飾綫，綫條流暢，渾然天成，毫無牽強附會之感；再配上提梁作把，與壺同出一轍，相映成趣。由於製壺前精心選配泥料，因此，燒成的作品紫中泛紅，給賞壺者一種愉悅的感覺。

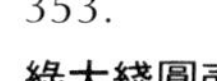

353.

綠大綫圓壺

葛明仙

高90mm　口徑80mm

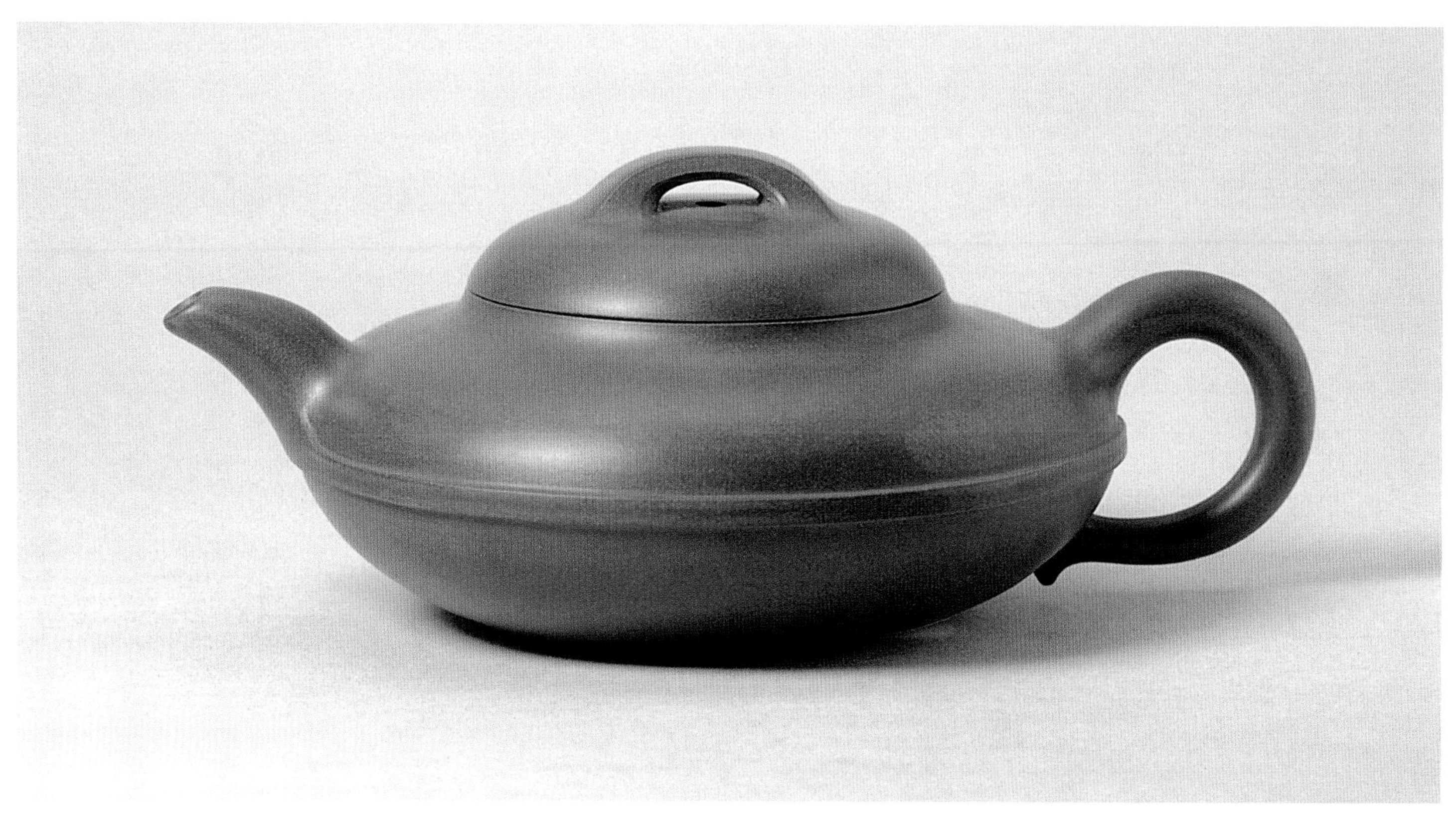

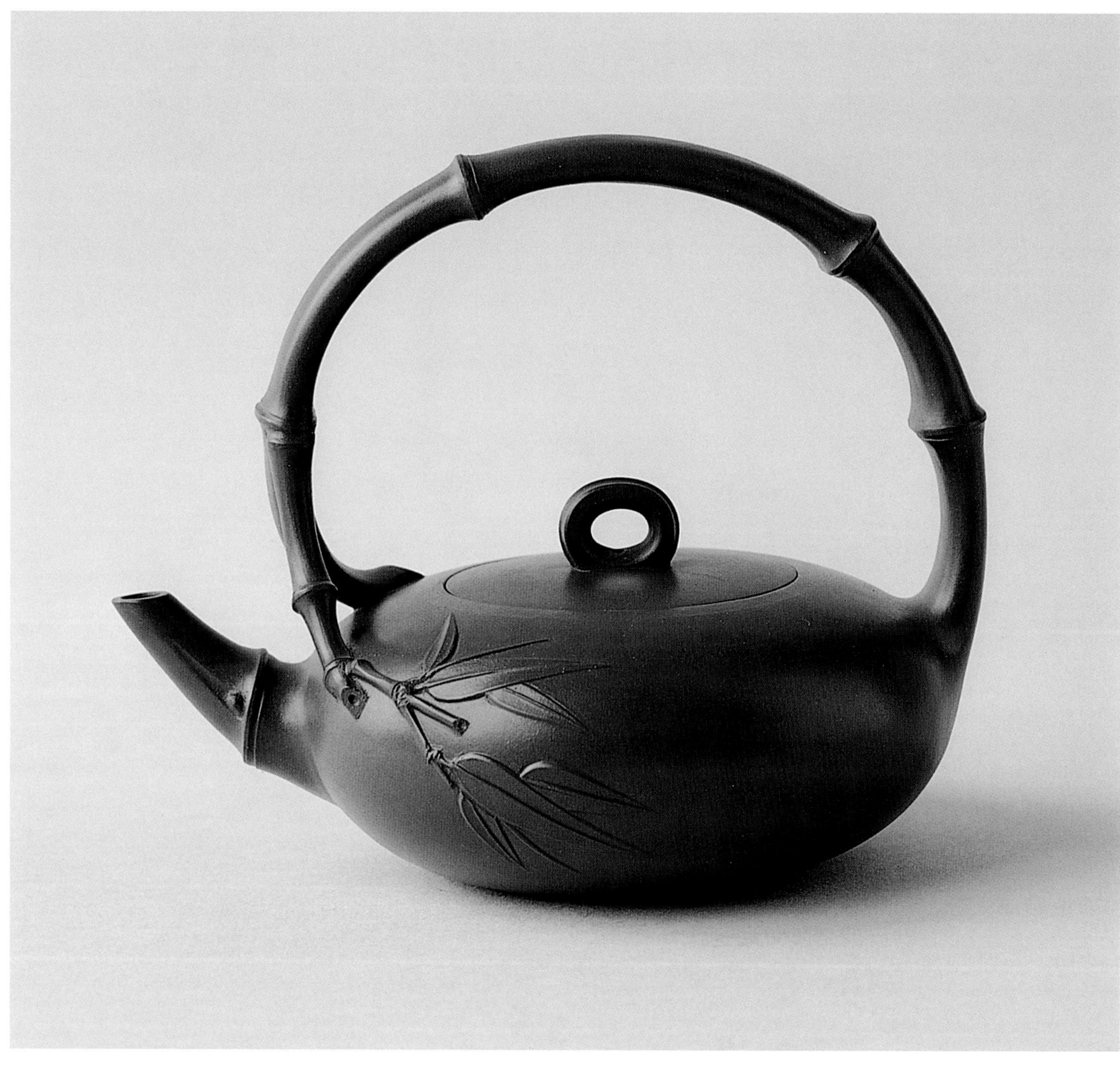

354.

高竹提梁

周桂珍

高155mm　口徑75mm

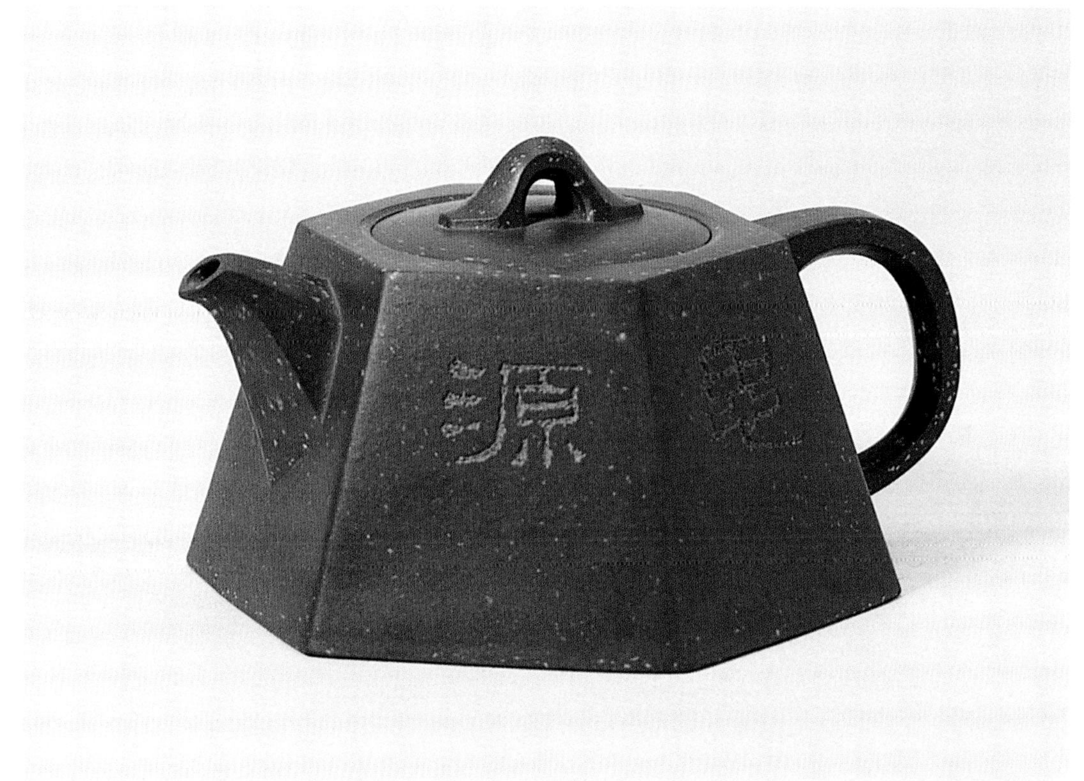

355.
思源
周桂珍
高80mm　口徑60mm
壺身銘：思源

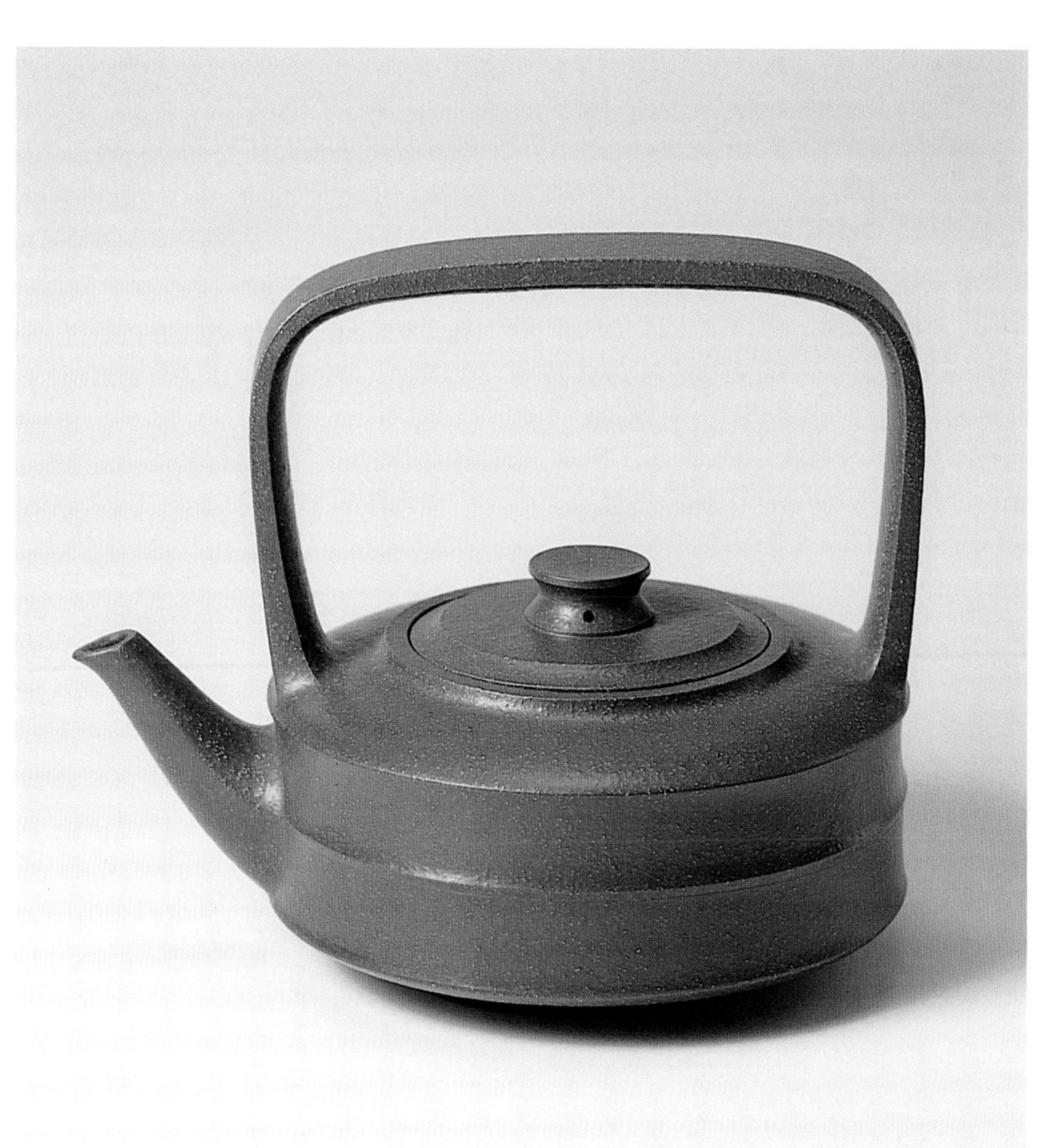

356.
珍竹提梁
張守智（設計）　周桂珍（製）
高156mm　口徑82mm

357.

春神提梁

周桂珍

高140mm　口徑78mm

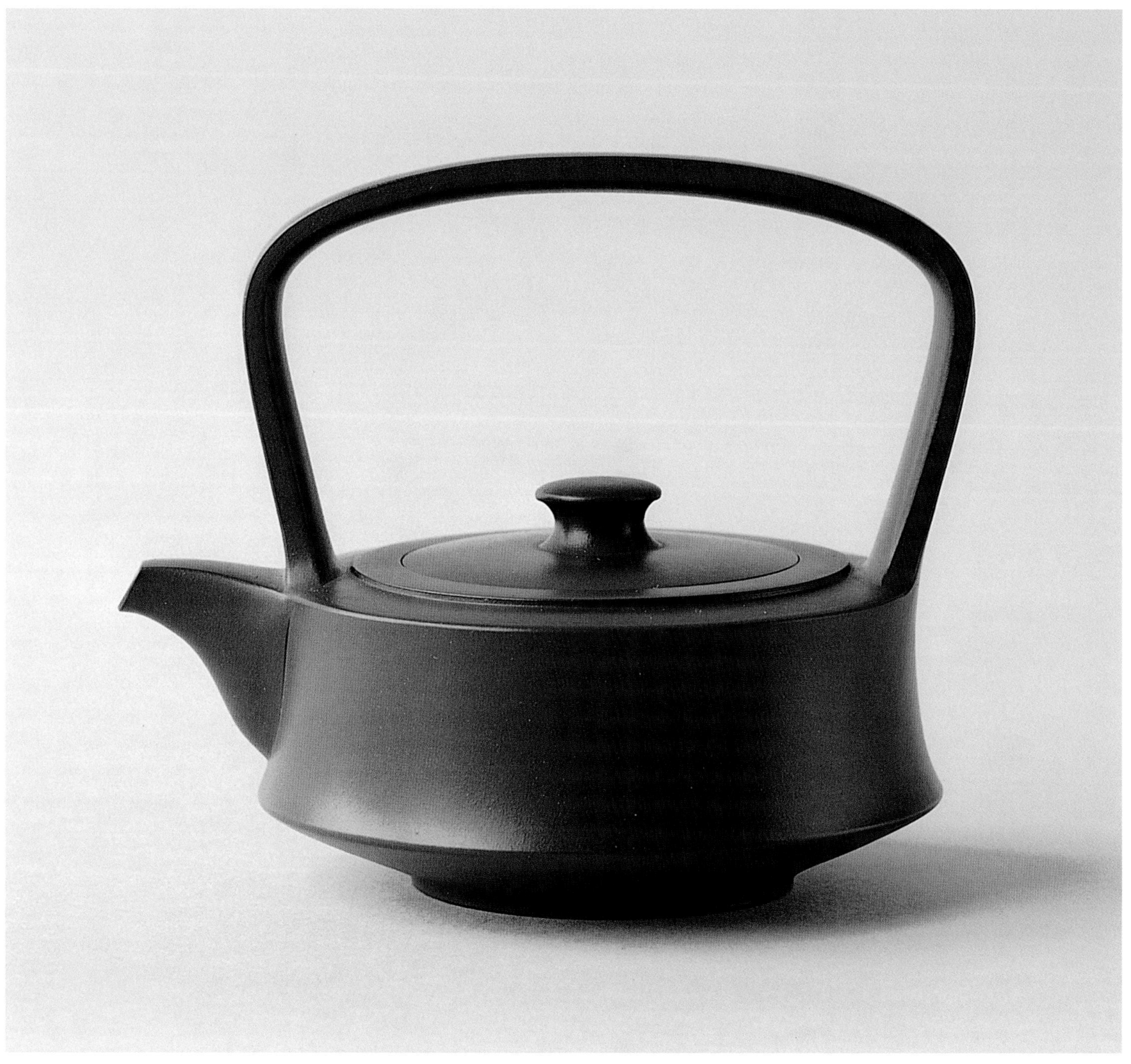

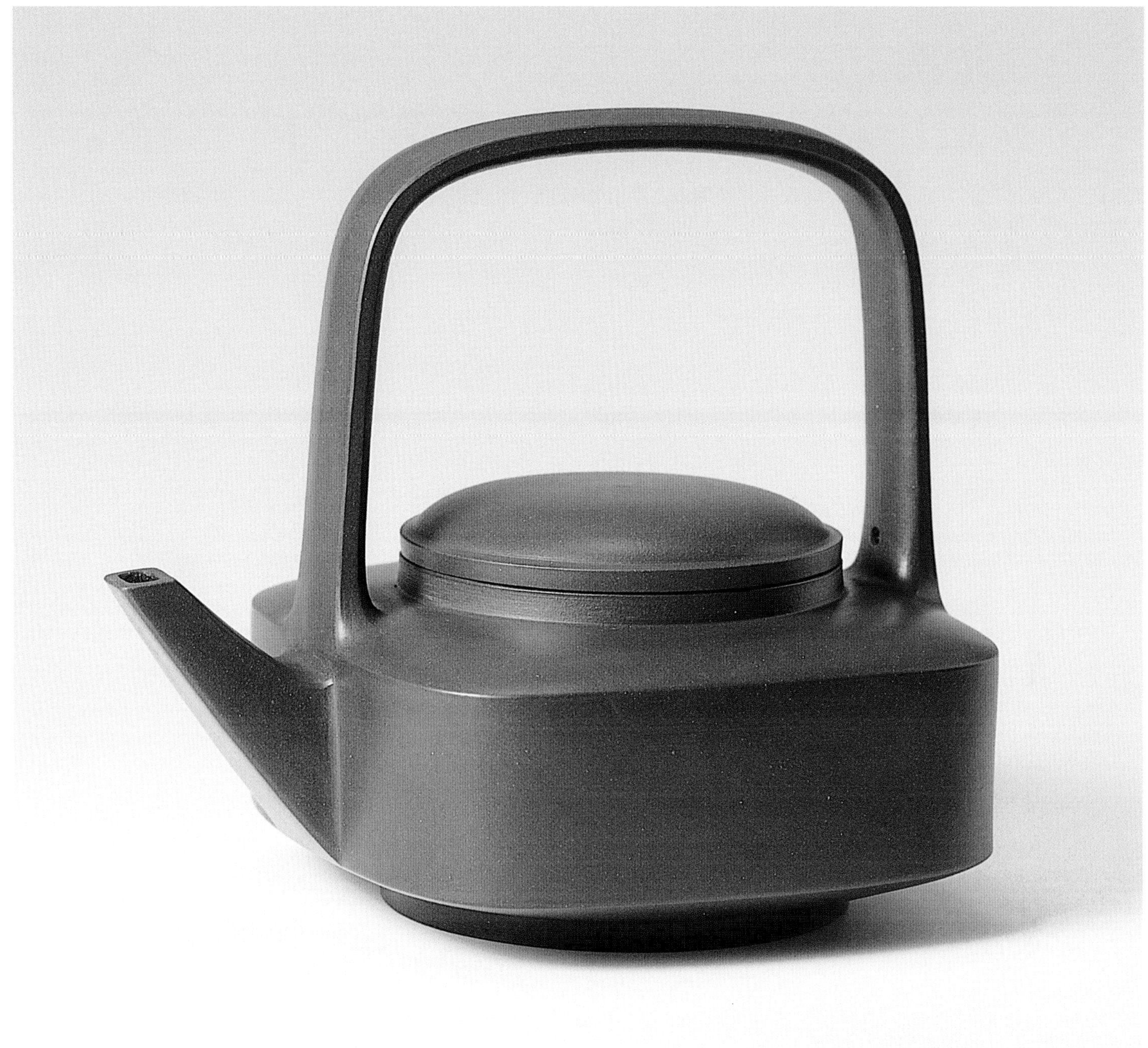

358.

漢方提梁

張守智（設計）　周桂珍（製）

高147mm　口徑73mm

359.

井欄六方壺

周桂珍（製）　馮其庸（書）

徐秀棠（刻）

高82mm　口徑55mm

底印：瓜飯婁（樓）

壺身銘：孤標傲世偕誰隱，

一樣花開爲底遲。

戊辰春日書於荊溪　馮其庸

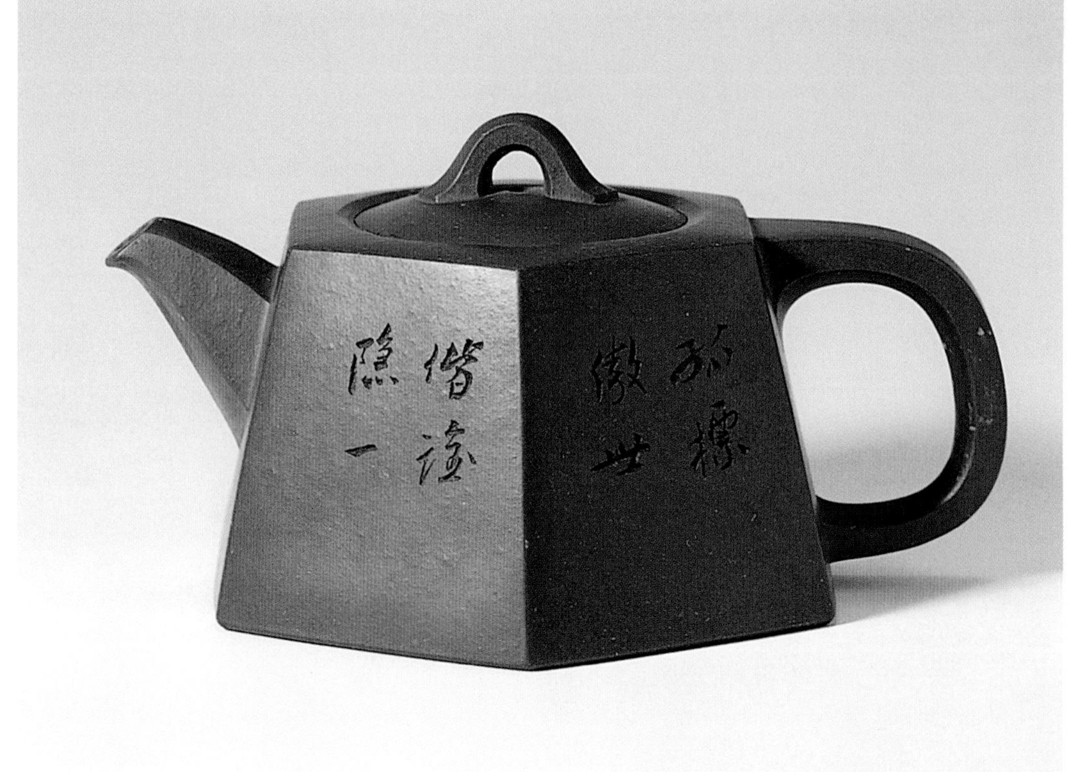

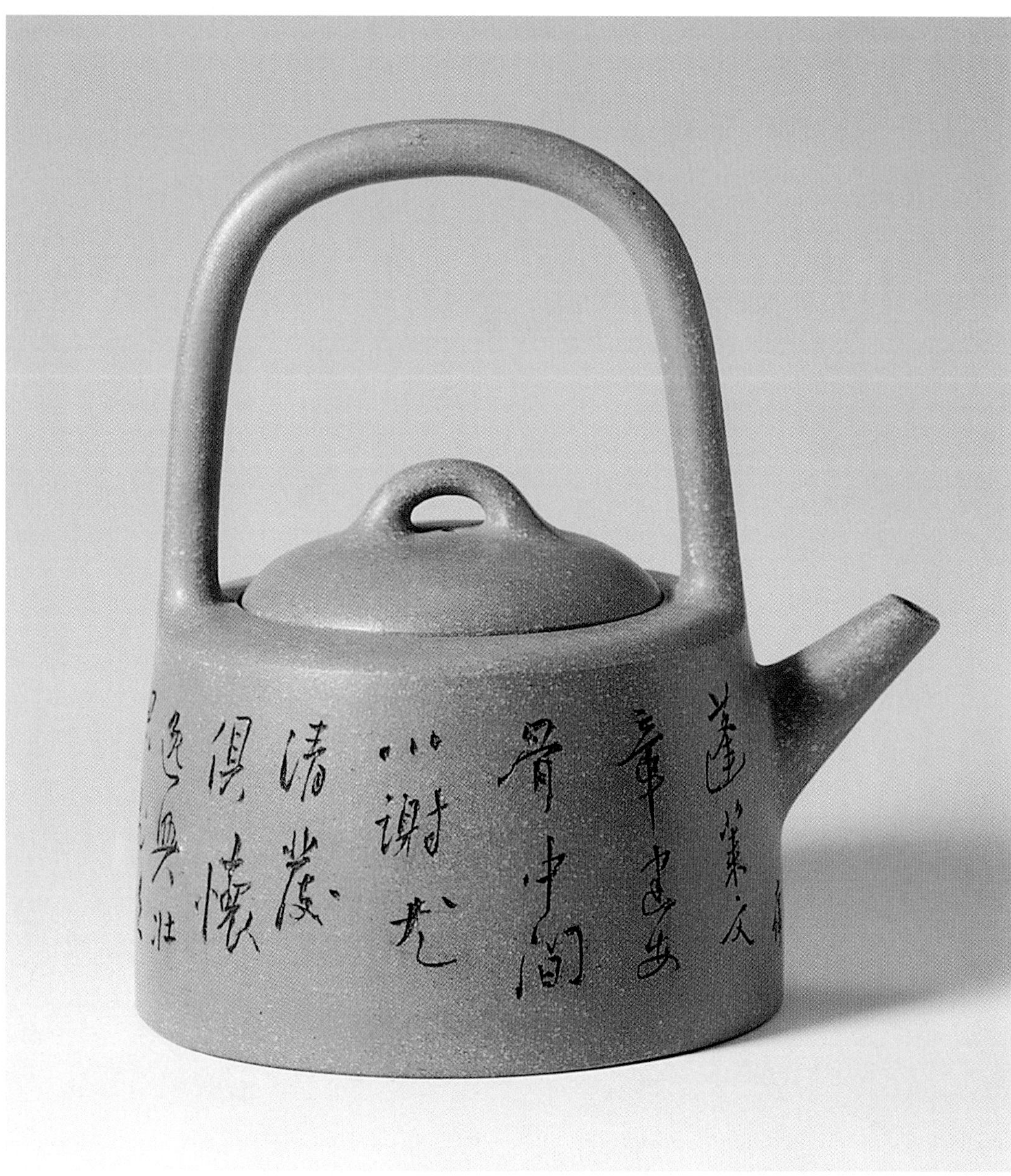

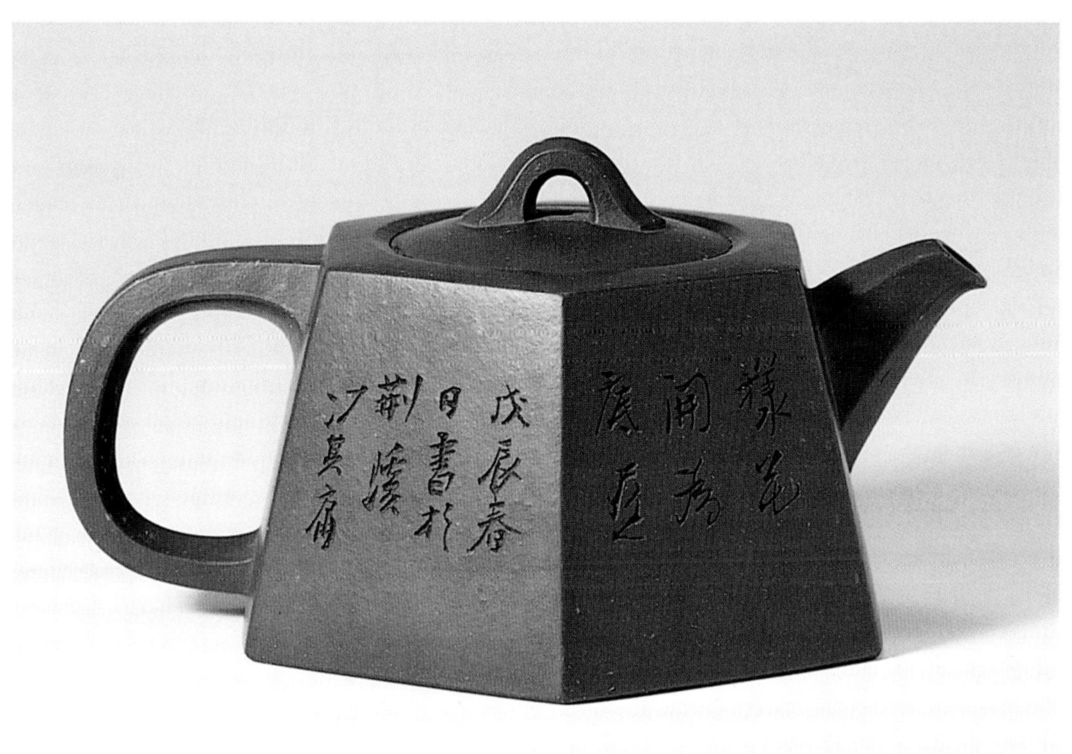

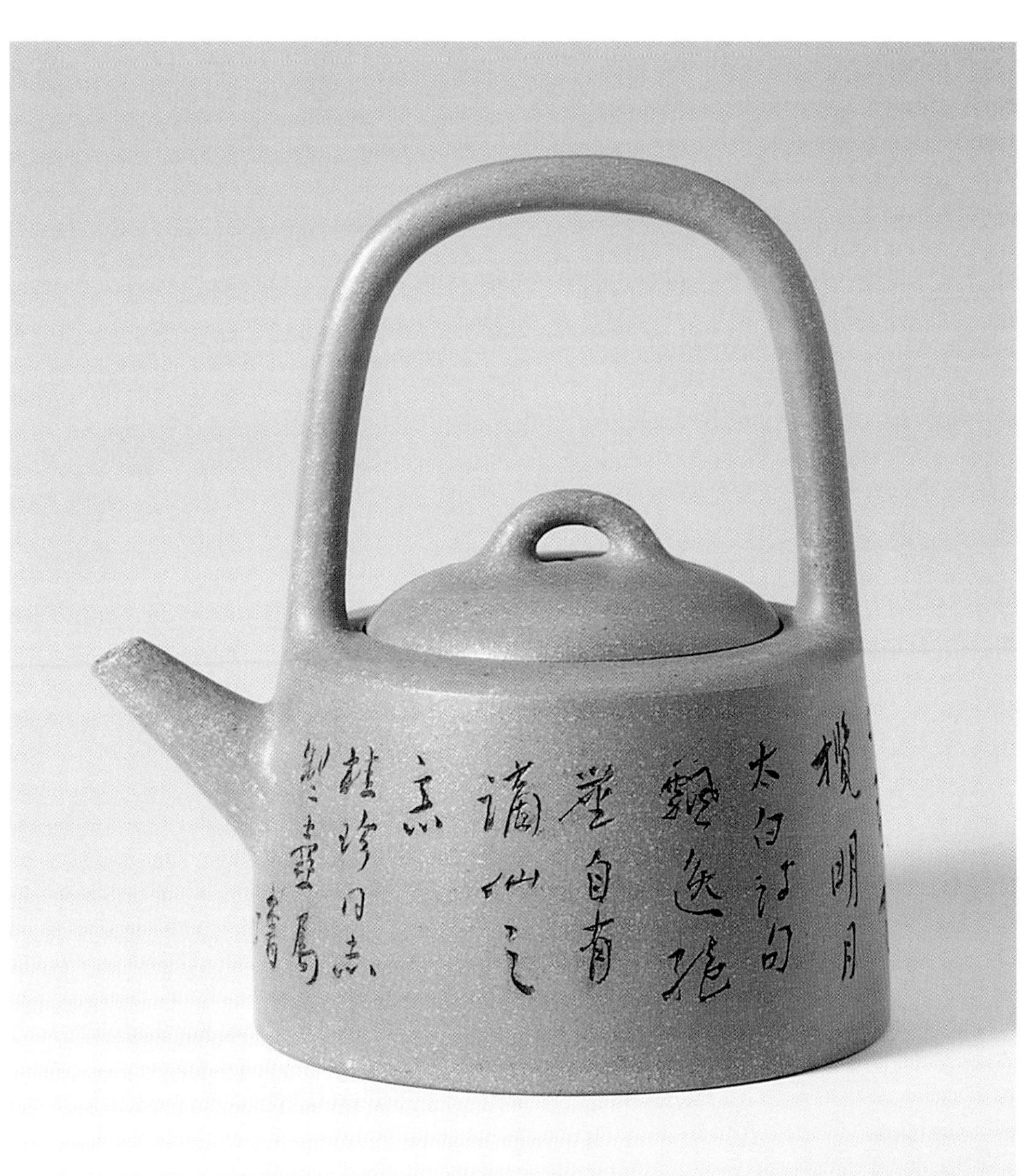

360.

曼生提梁

周桂珍（製）　馮其庸（書）

徐秀棠（刻）

高156mm　口徑71mm

壺身銘：蓬萊文章建安骨，

中間小謝尤清發，

俱懷逸興壯思然，

敢上青天攬明月。

太白詩句　飄逸絕塵　自有謫仙之意

桂珍同志製壺屬書　馮其庸

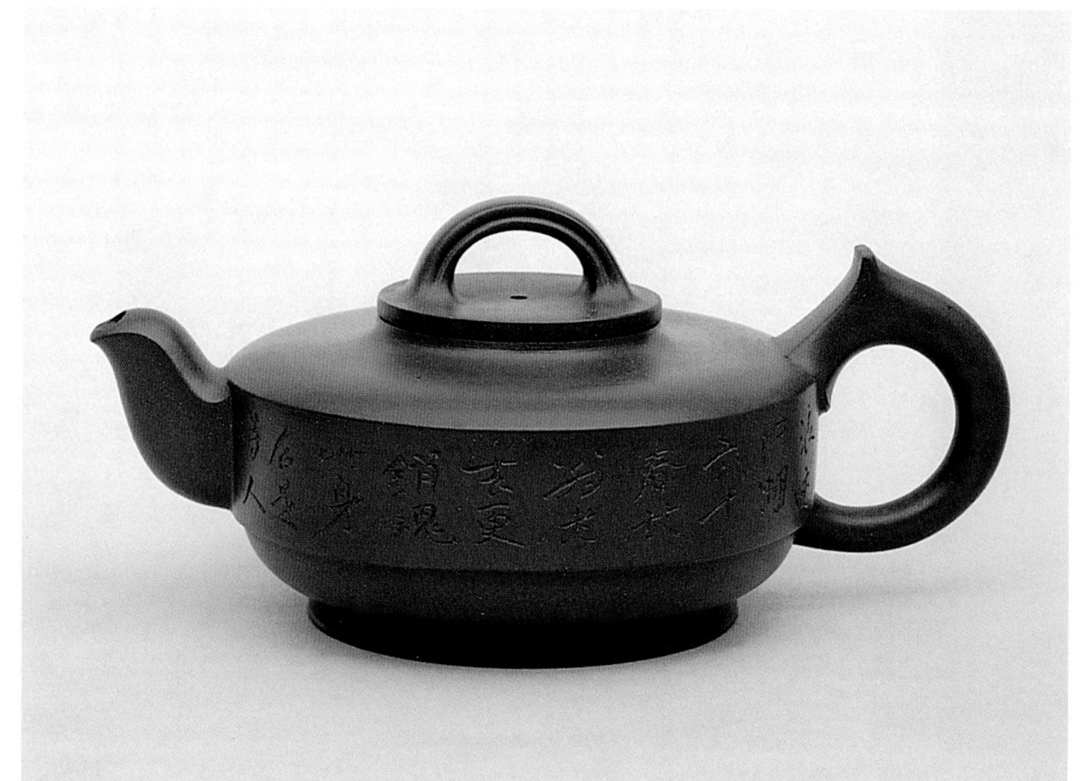

361.

聯璧

韓美林（設計）　周桂珍（製）

馮其庸（書）

高75mm　口徑43mm

壺身銘：浪迹江湖六十春。

放翁老去更銷魂。

此身合是詩人未，

細雨春江食河豚。

庚午三月一日於初食河豚

寬堂　馮其庸

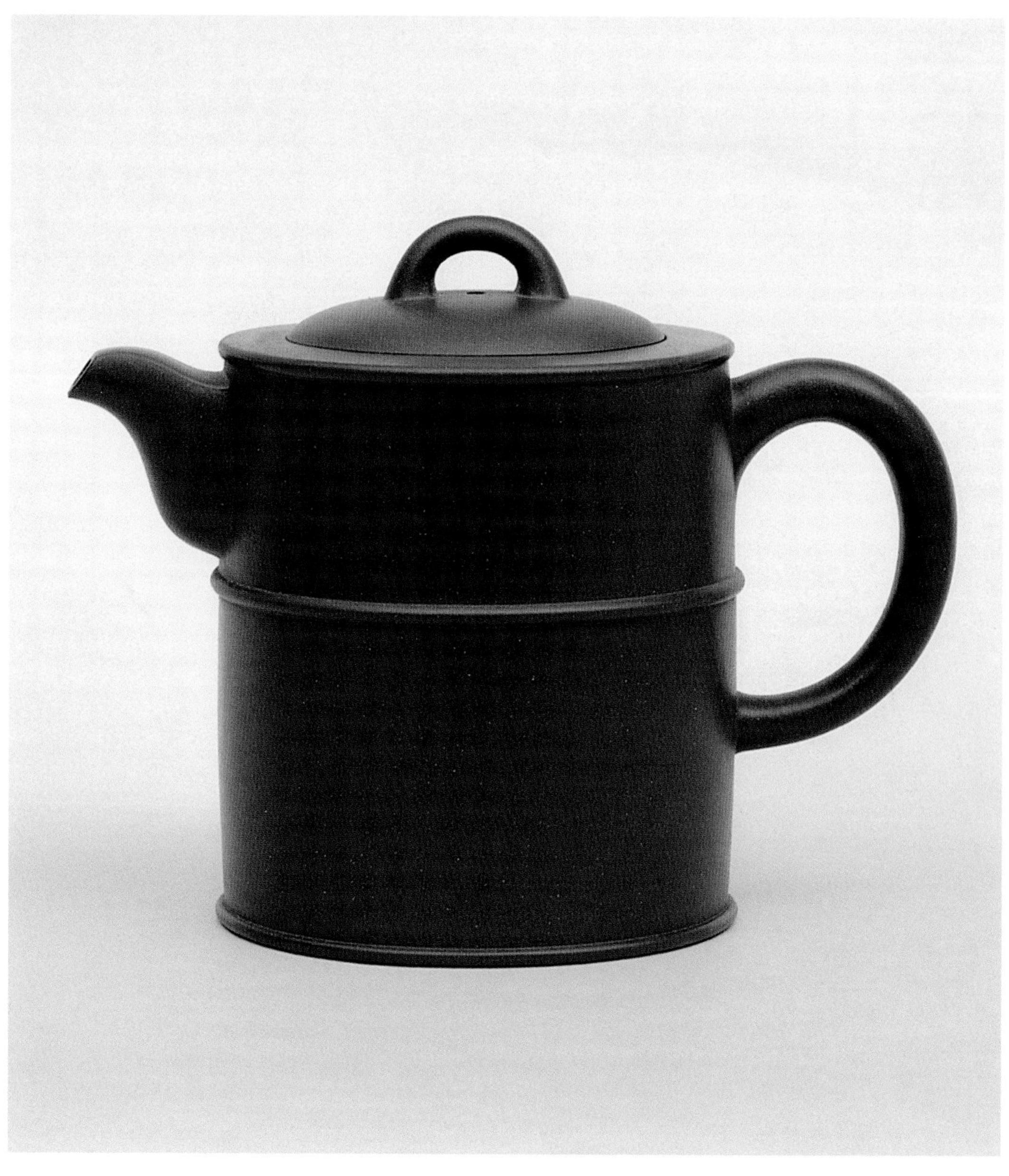

362.

高三綫

顧景舟（設計）　周桂珍（製）

高132mm　口徑74mm

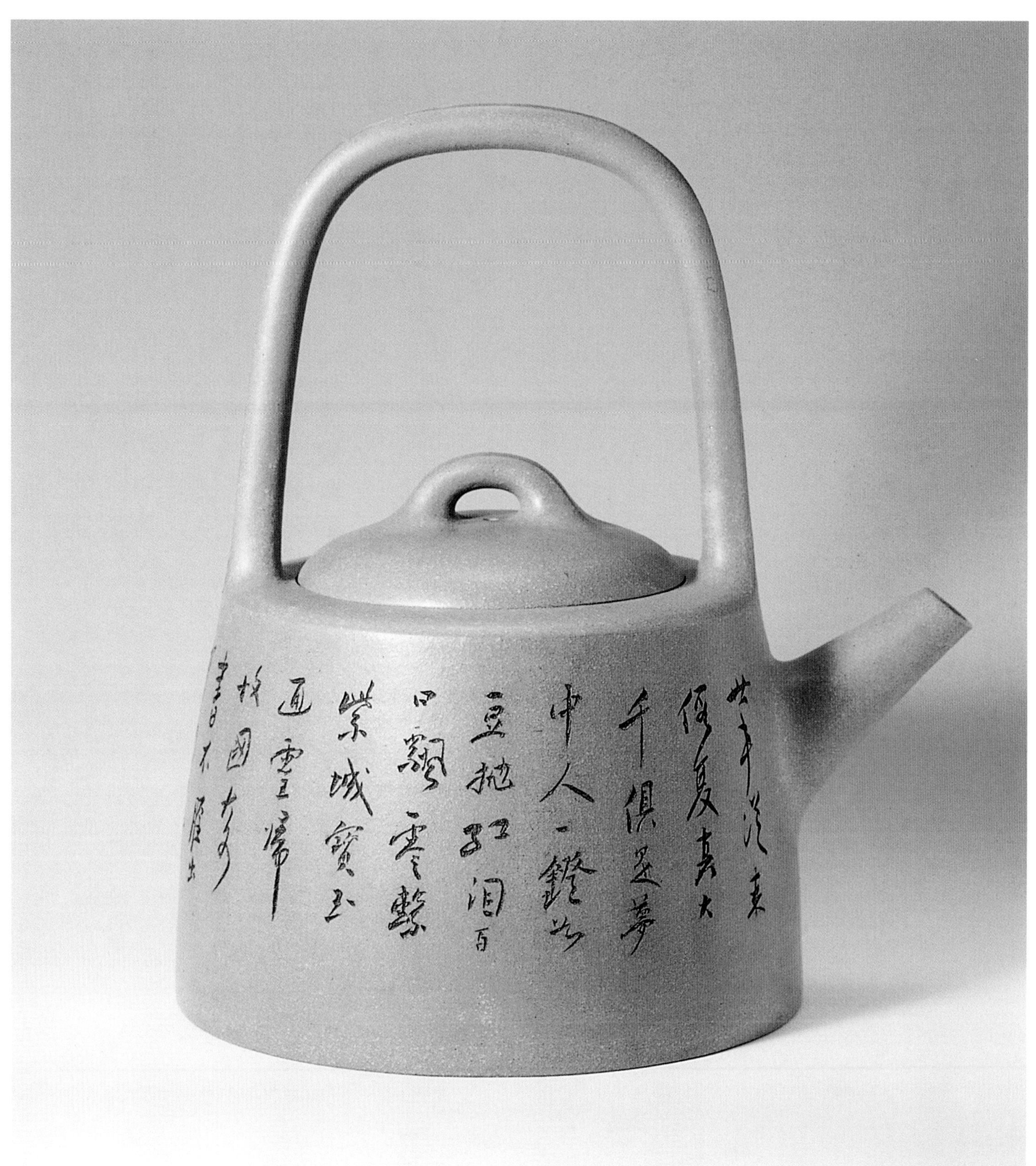

363.

大曼生提梁

周桂珍（製）　馮其庸（書）

徐秀棠（刻）

高310mm　口徑135mm

蓋印：桂珍　瓜飯樓

把印：瓜飯樓　馮

底印：周桂珍　瓜飯樓　丁卯後作

壺身銘：世事從來假復真。

大千俱是夢中人。

一鐙如豆拋紅淚，

百口飄零繫紫城。

寶玉通靈歸故國，

奇書不脛出都門。

小生也是多情者，

白酒三杯吊舊村。

一九八五年十二月予赴蘇聯，鑒定《石頭記》乾隆抄本，歸後李一氓丈賜詩爲賀，即次原韵。

寬堂馮其庸　圖

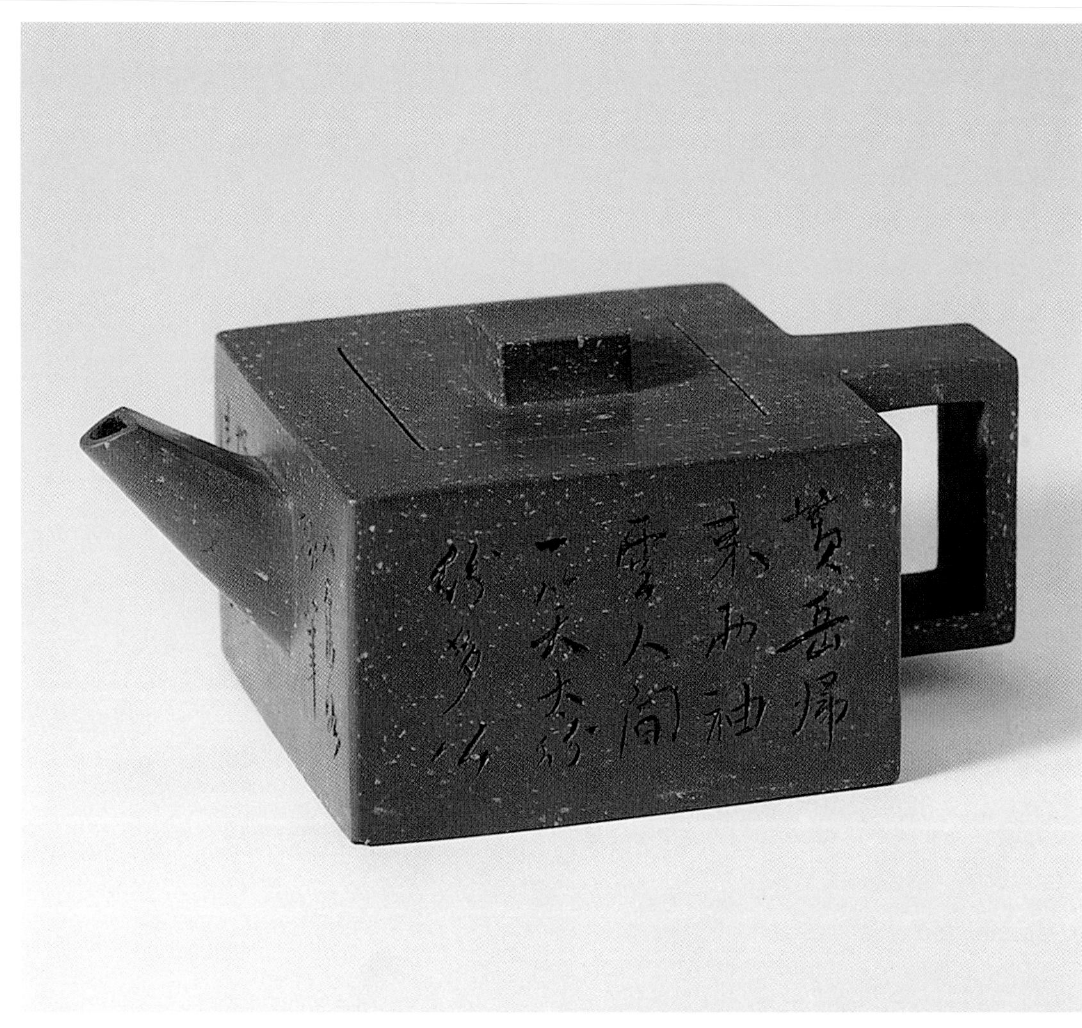

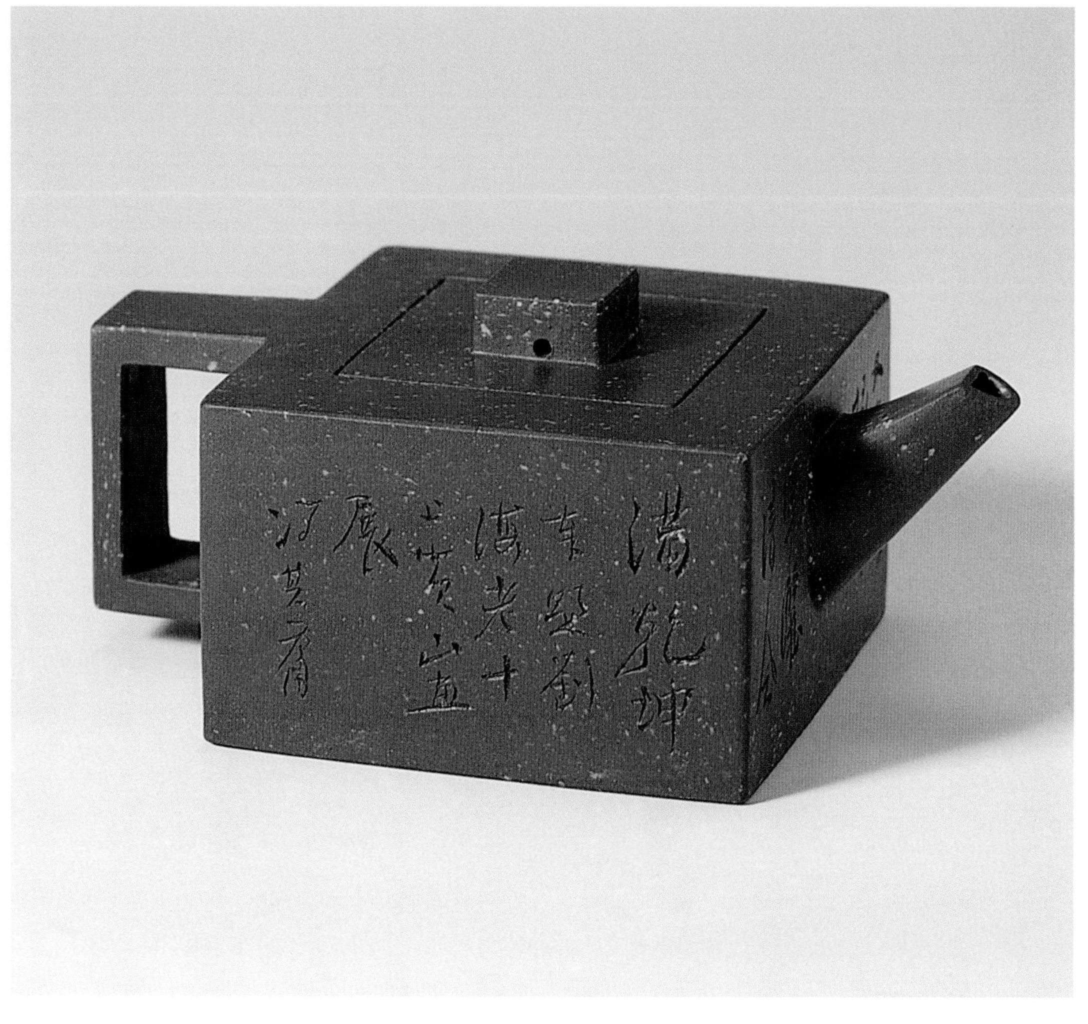

364.

印方

周桂珍（製）　馮其庸（書）

徐秀棠（刻）

高60mm　口徑52mm

底印：瓜飯婁（樓）

壺身銘：黃岳歸來兩袖雲，
人間一笑太紛紛。
多麼又奮如椽筆，
揮灑清風滿乾坤。

奉題劉海老十上黃山畫展

馮其庸

365.

升方壺

潘持平

高75mm　口徑51mm

壺身銘：飲穌　歲在癸亥年

泉海鐫　**印：**泉

◉　升方壺，原是紫砂傳統器皿造型，穩重剛健。梯形壺身塊面裝飾書畫，相得益彰。

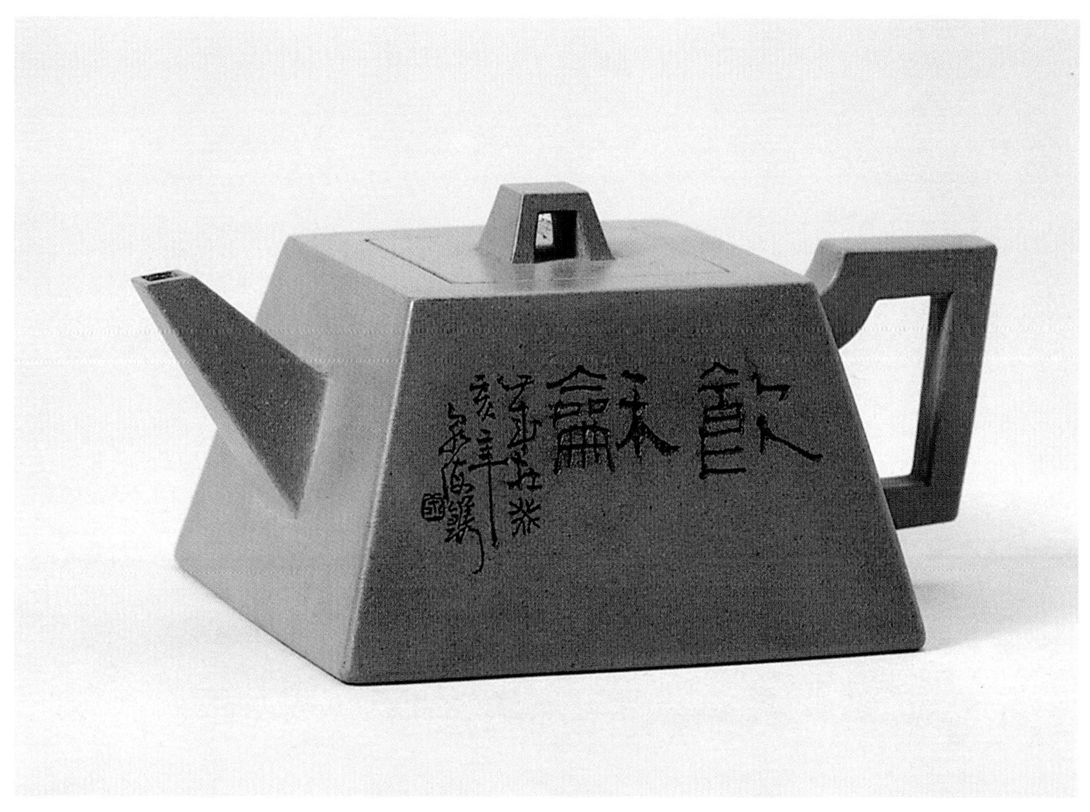

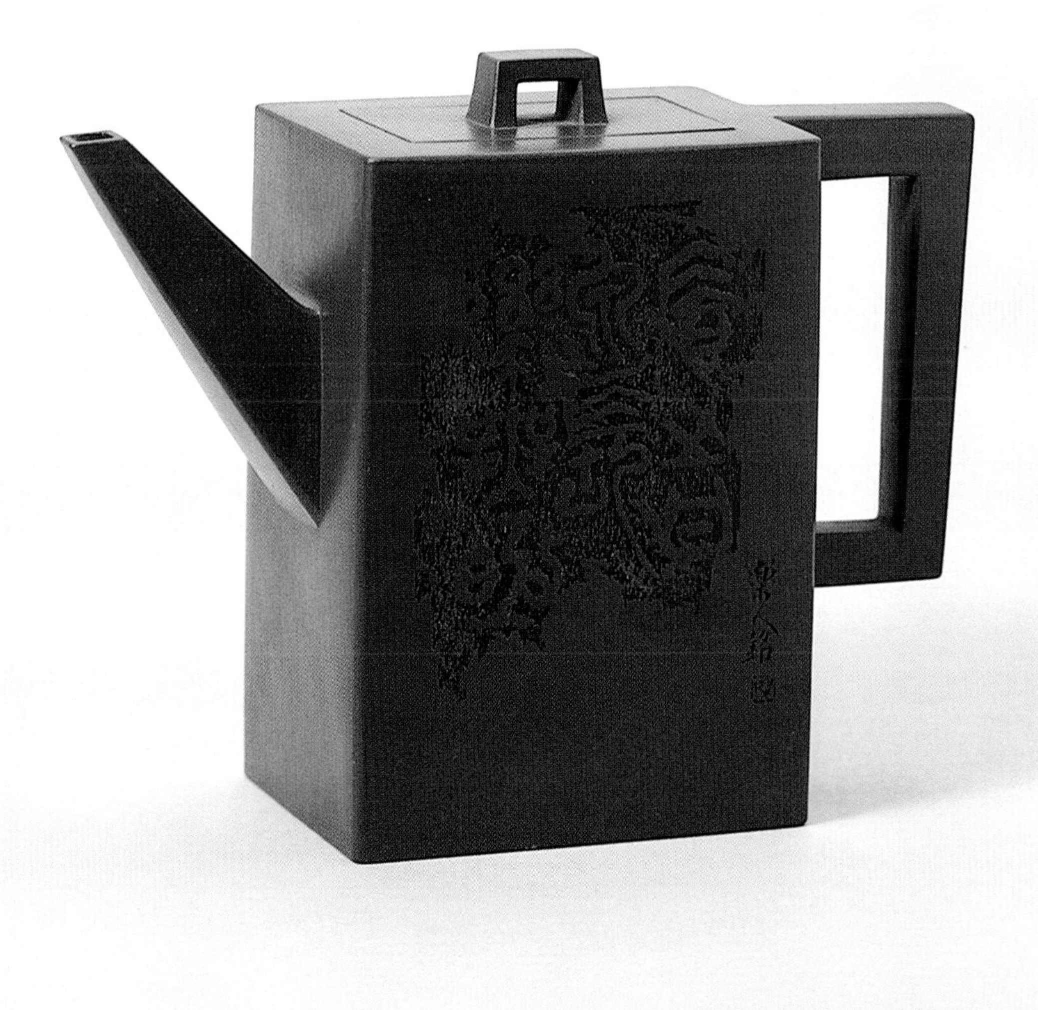

366.

磚方壺

潘持平

高154mm

口徑橫69mm　縱43mm

壺身銘：飲之甘泉　長樂無極

樂人銘

◉　磚方壺，原是紫砂傳統器皿造型，形似磚，主體、附件均由直綫組成。顯功力處，方直而不瘦、挺括而不板，轉折處理乾淨利落。寓意做人應正直不阿、坦蕩爲人。

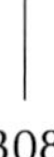

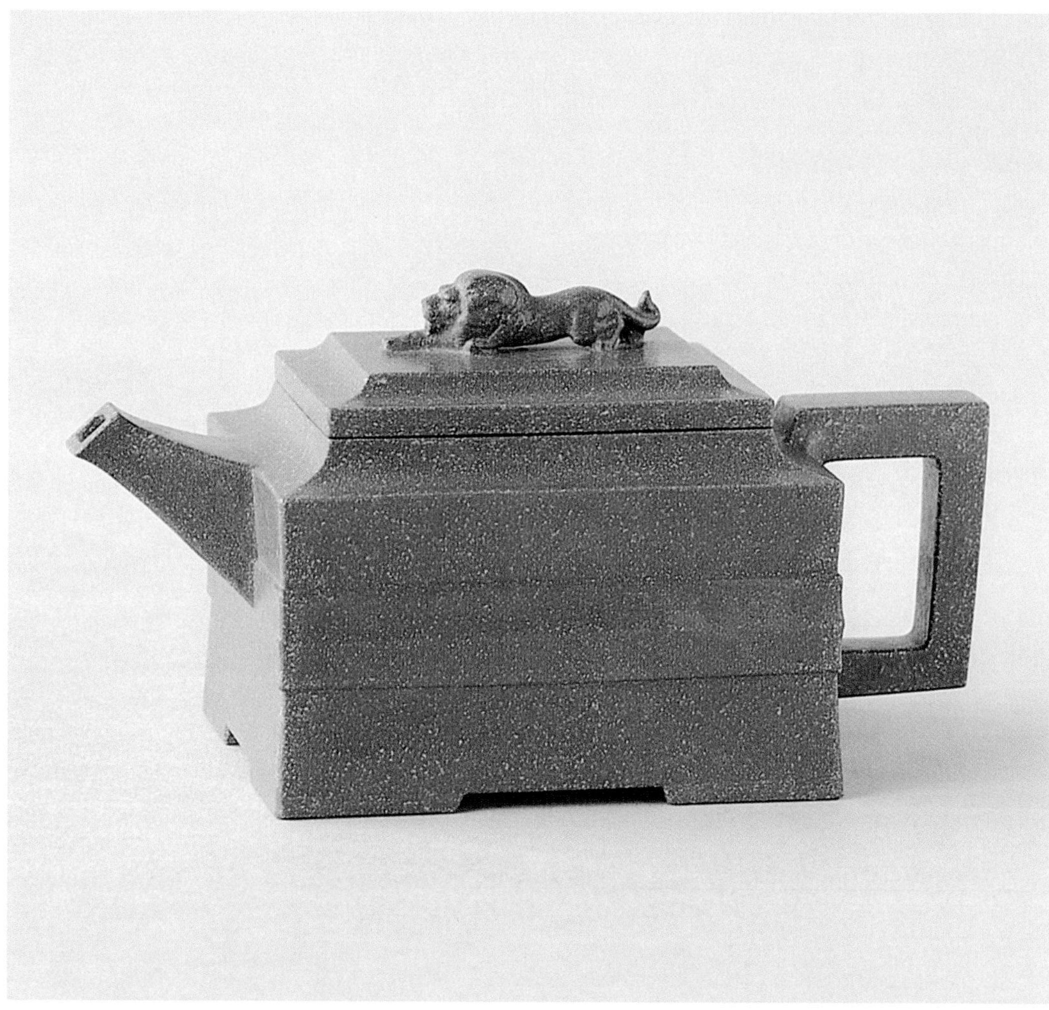

367.
青獅
潘持平
高78mm
口徑橫72mm　縱52mm

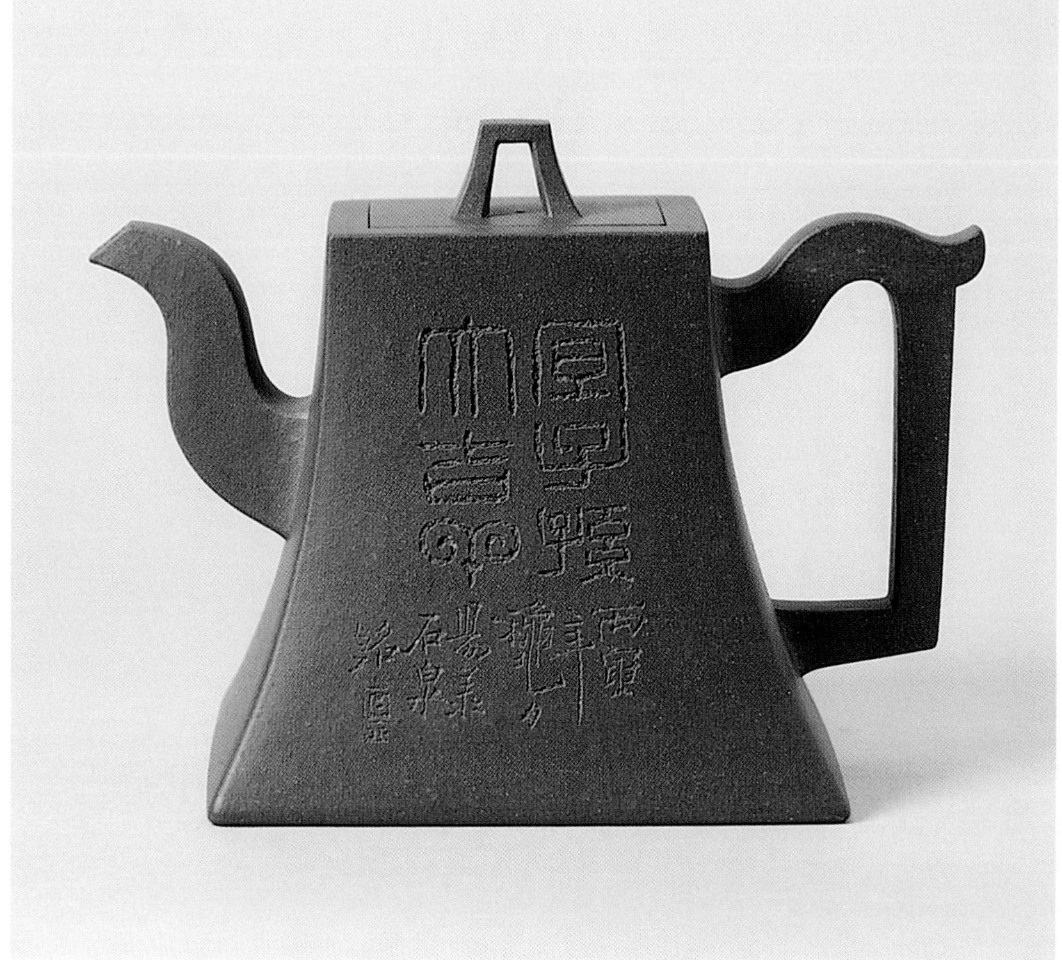

368.
方鐘壺
潘持平
高125mm
口徑橫56mm　縱44mm

壺身銘：宜子孫大吉祥
丙寅年秋月陽羨石泉銘
刻印：石泉

◉　方鐘壺，紫砂傳統器皿造型。取古鐘款式變形。形制端莊大方，輪廓綫條清晰優美。

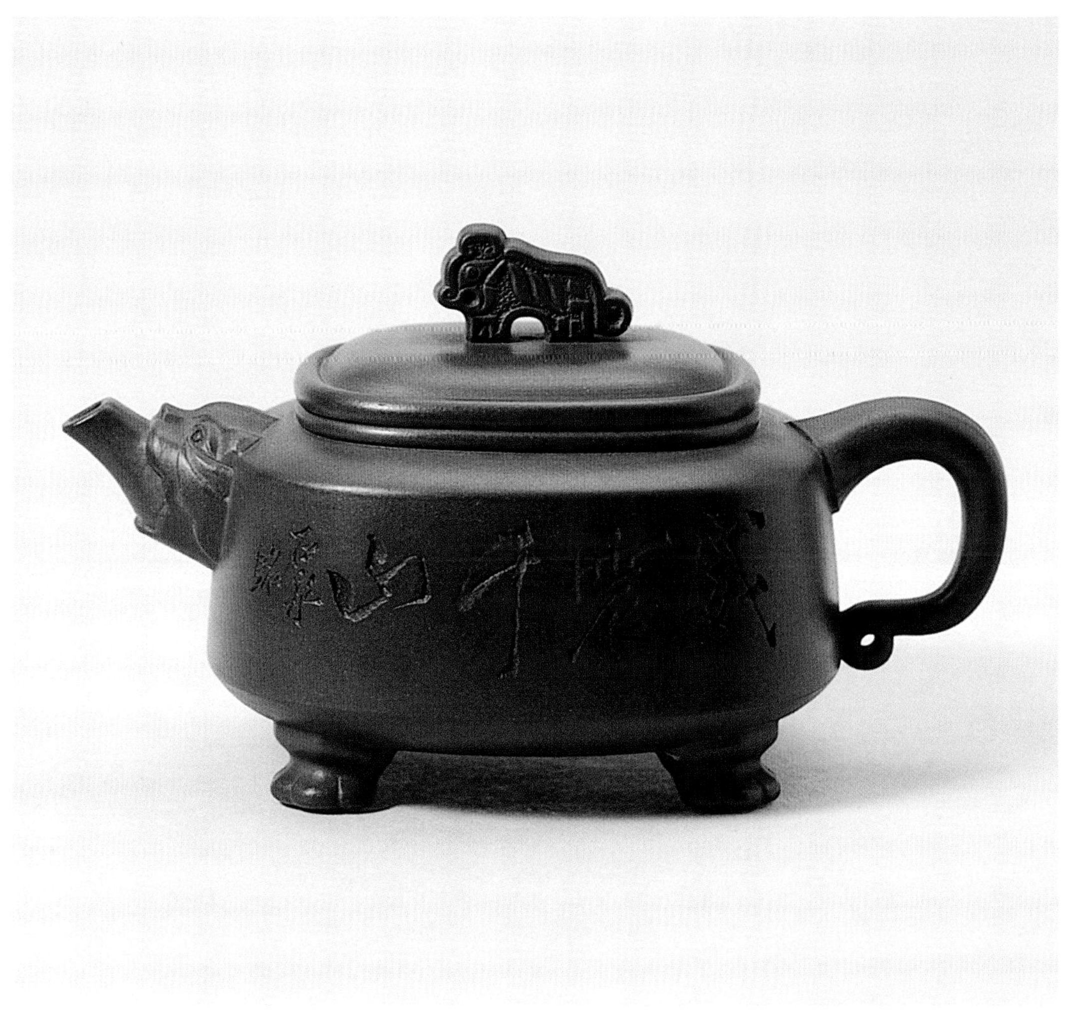

369.
虎壺
潘持平
高97mm
口徑橫79mm 縱68mm
壺身銘：威震千山 石泉銘
◉ 此壺爲虎年而作。壺體敦龐周正、方中寓圓。嘴把與壺身，體現山君之雄健。壺紐採用虎形圖案，突出主題。整個壺的起勢，顯示了臥虎的力度。

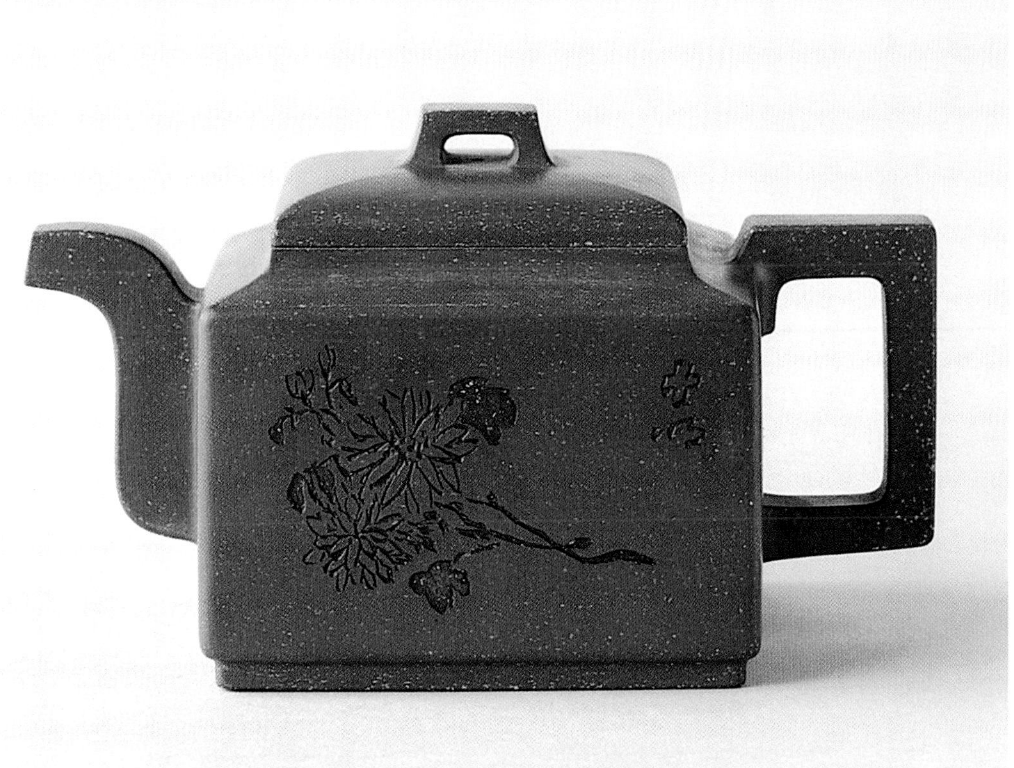

370.
亞明方壺
亞明（設計） 潘持平（製）
高109mm 口徑73mm

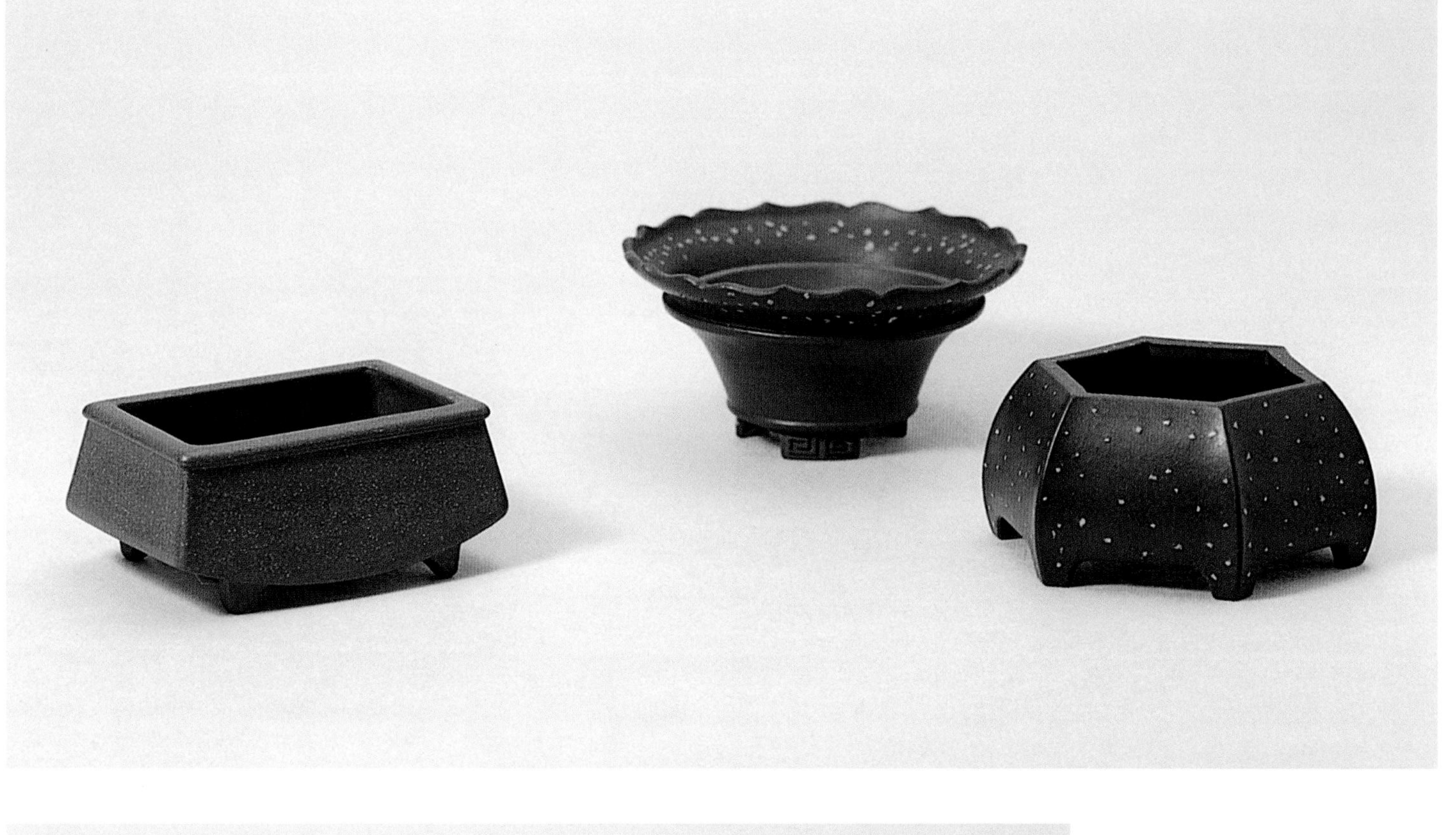

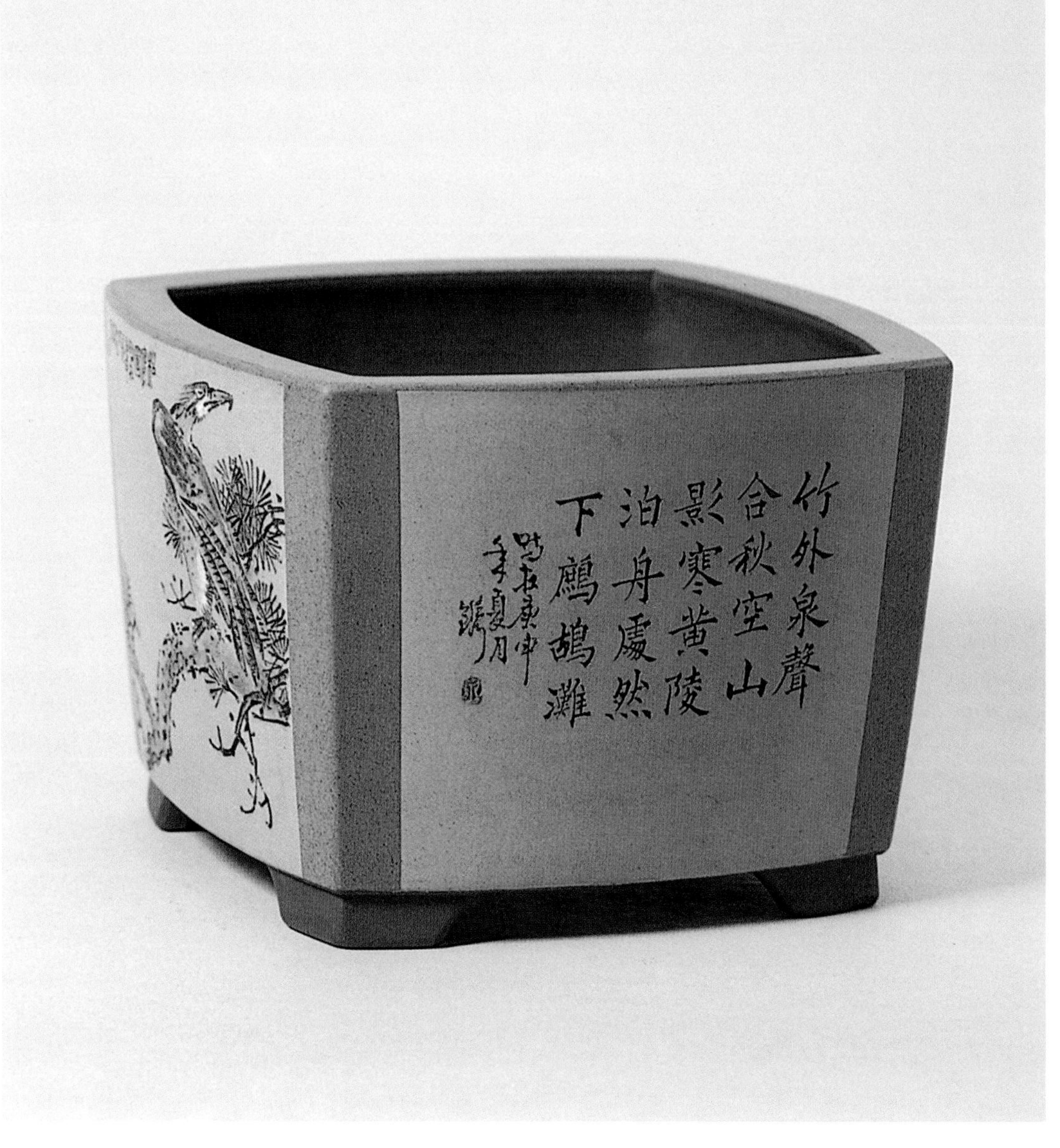

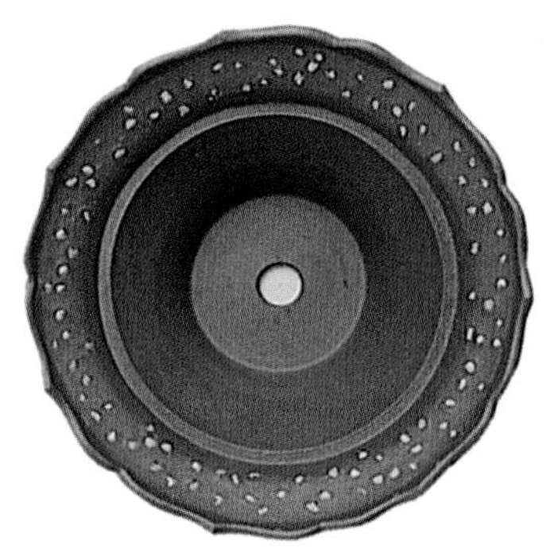

372.

四方凸奎盆

潘持平（製） 譚泉海（刻）

高112mm 寬153mm

銘文：竹外泉聲合，秋空山影寒，
黃陵泊舟處，然下鷓鴣灘。
時在庚申年夏月鐫 **刻印：**泉

371.
芝麻砂船形盆
潘持平
高42mm
口徑橫69mm　縱42mm

花口喇叭小盆
程潤年
高53mm　直徑102mm

鋪砂六方小盆
程潤年
高45mm　口徑50mm

◉　此類小花盆，是案頭、窗台、室內博古架及茶几上常見的小品盆，也是高檔陳設品，不僅要求款式新穎，也特別要求做工考究。這個花口喇叭小盆的下部亭亭玉立，上部向上坦展，象徵荷花盛開的勃勃生機，既高雅又靈巧。

鋪砂六方小盆和花口喇叭小盆同類。它以幾何形爲主體，六方體角面鮮明、造型穩健，用細砂點綴，更具韵味。

373.
翠竹提梁
張紅華
高167mm　口徑97mm

◉　運用多彩絞泥手法，摹仿天然雨花石之紋理裝飾。通過竹子壺體的表面，使人彷彿進入了翠竹叢林。頑石假山之中，有清閑灑脫、超塵避俗的文人境界。作品獲一九九〇年全國陶瓷創作設計評比三等獎。

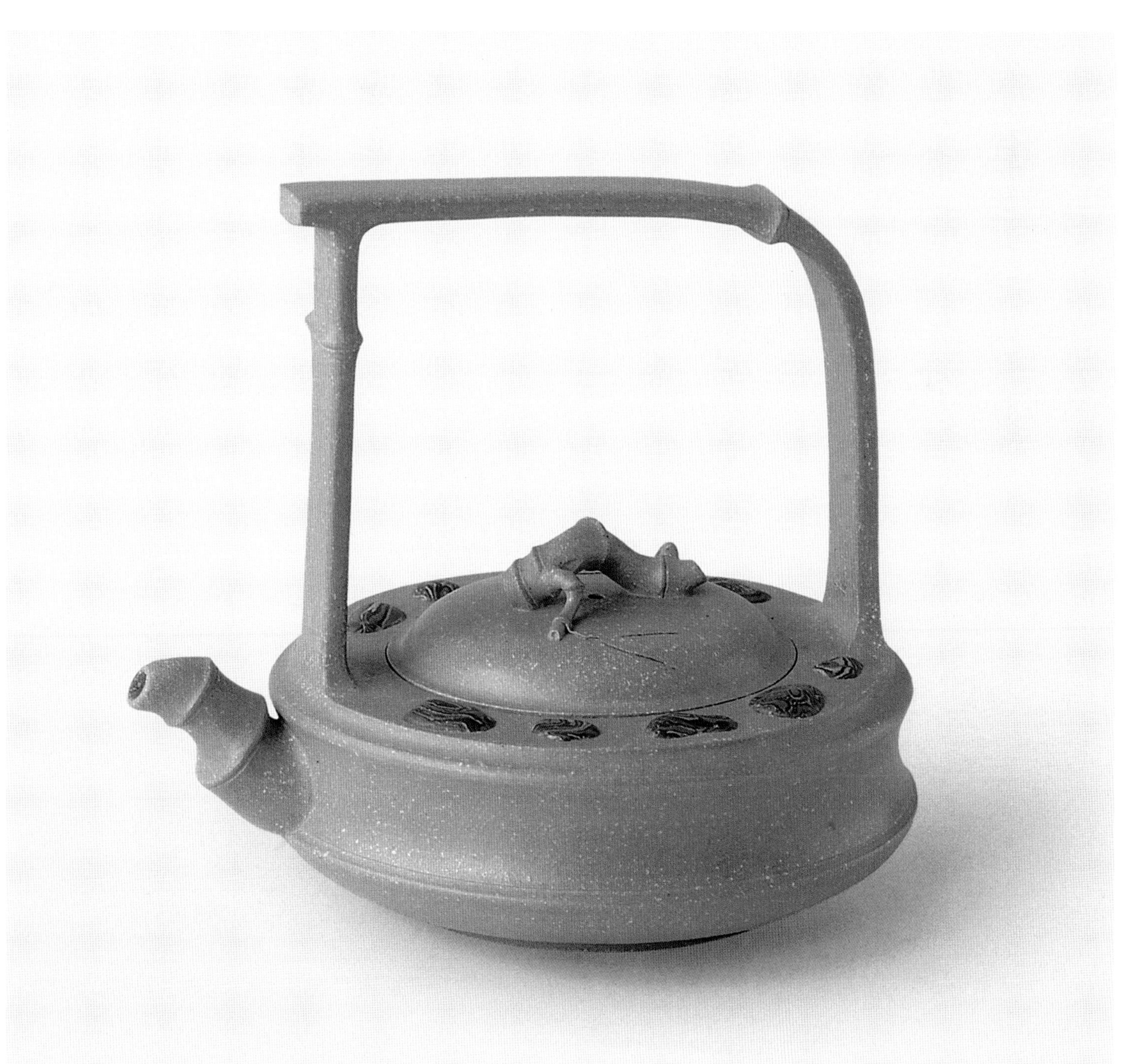

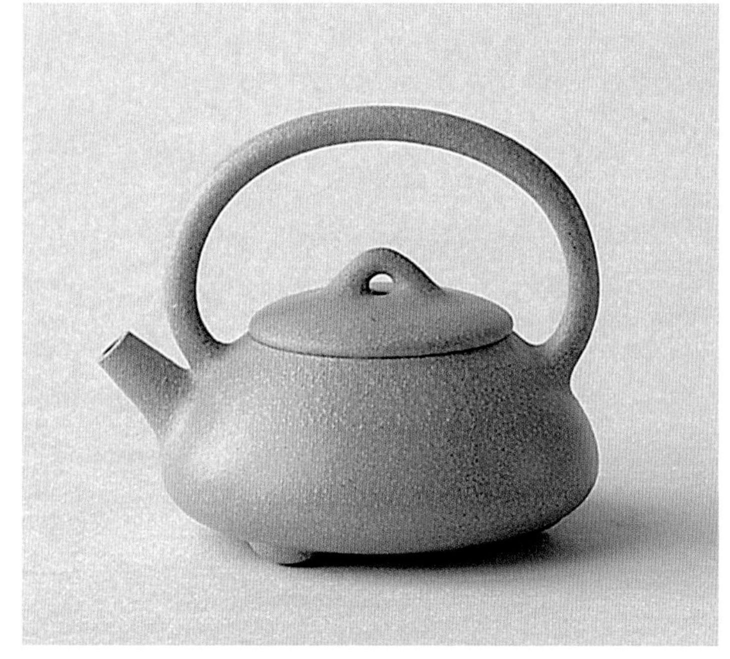

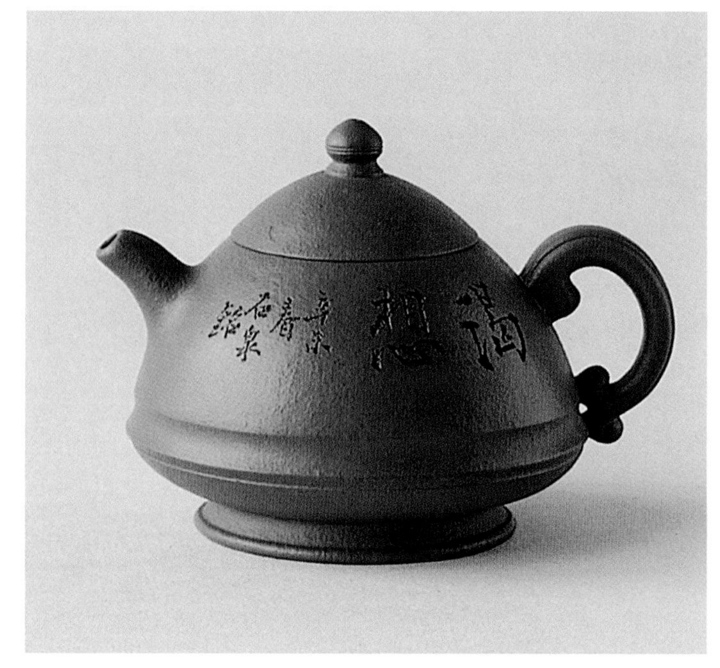

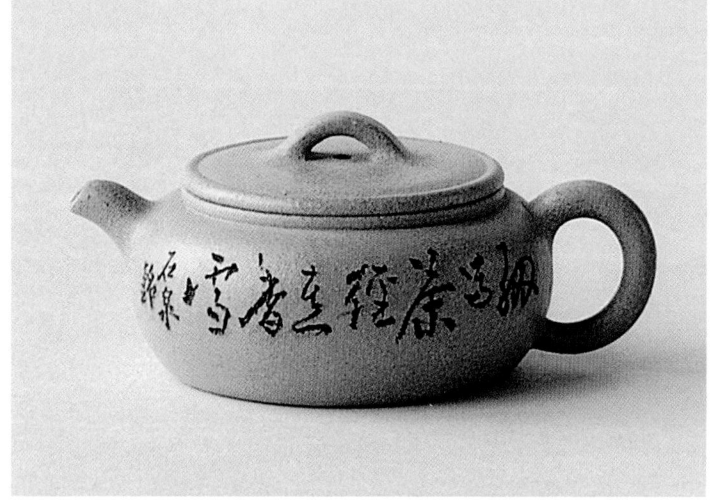

374.

山樵棲影（十件）

張紅華

仿曼生石瓢

高78mm　口徑48mm

金沙

高50mm　口徑67mm

壺身銘：細寫茶經煮香雪 石泉銘

玉笠

高80mm　口徑48mm

壺身銘：渴想　辛未春石泉銘

雙竹提梁

高93mm　口徑58mm

束柴三友

高66mm　口徑34mm

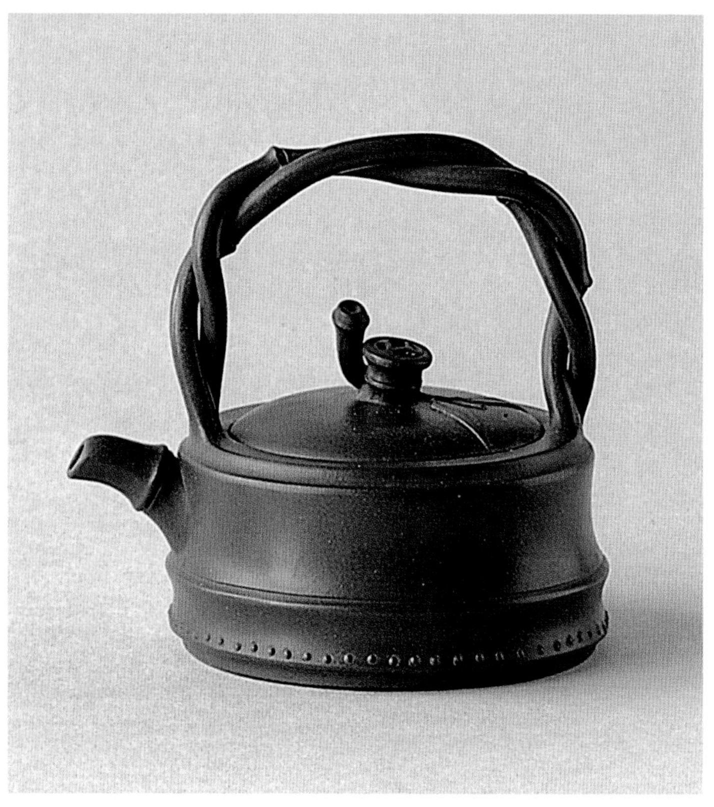

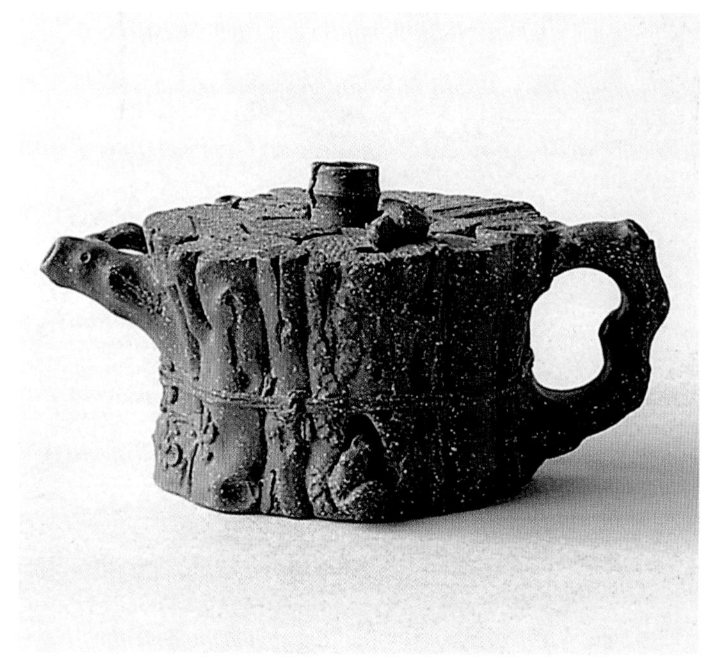

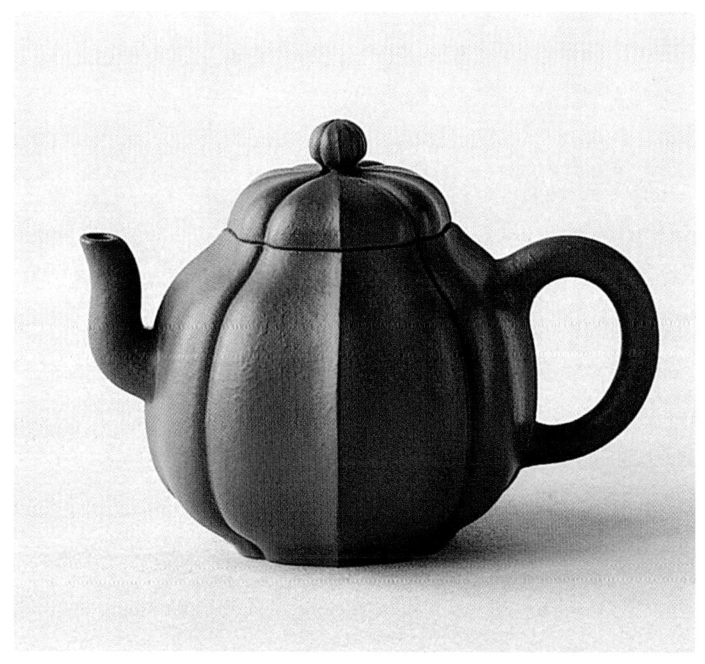

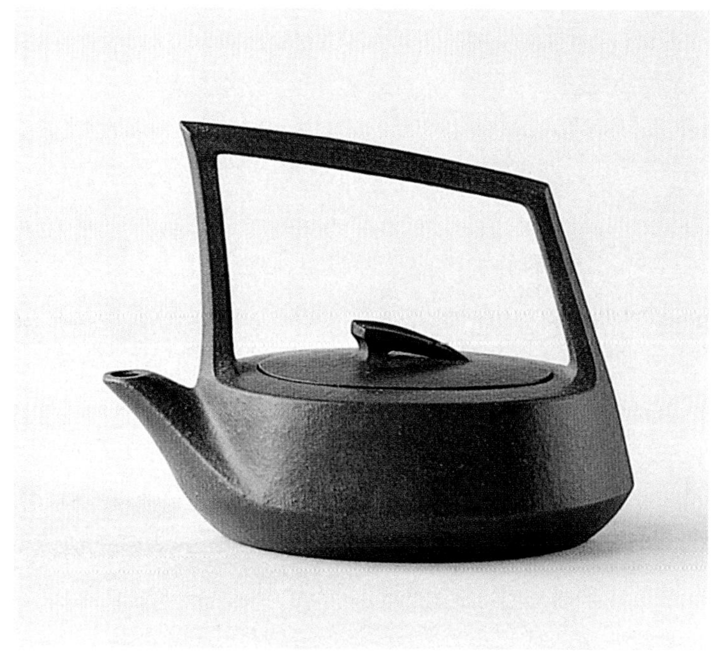

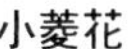

小菱花

高76mm　口徑40mm

千帆競發

高83mm　口徑59mm

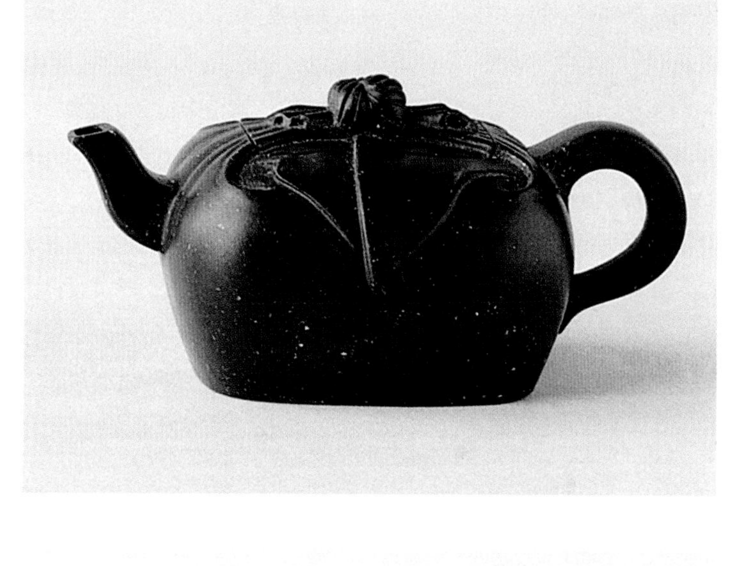

包袱

高52mm　口徑43mm

如意仿鼓

顧景舟（設計）　張紅華（製）

高70mm　口徑59mm

神蛋

高108mm　口徑42mm

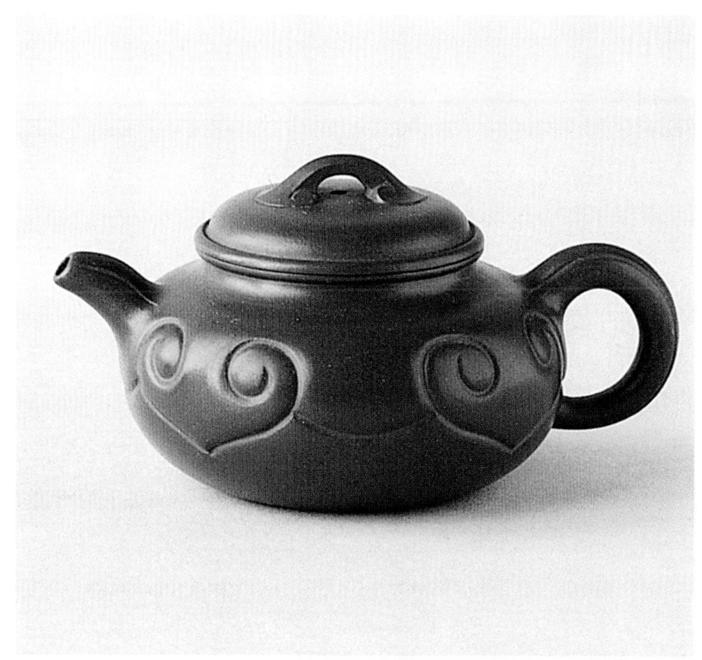

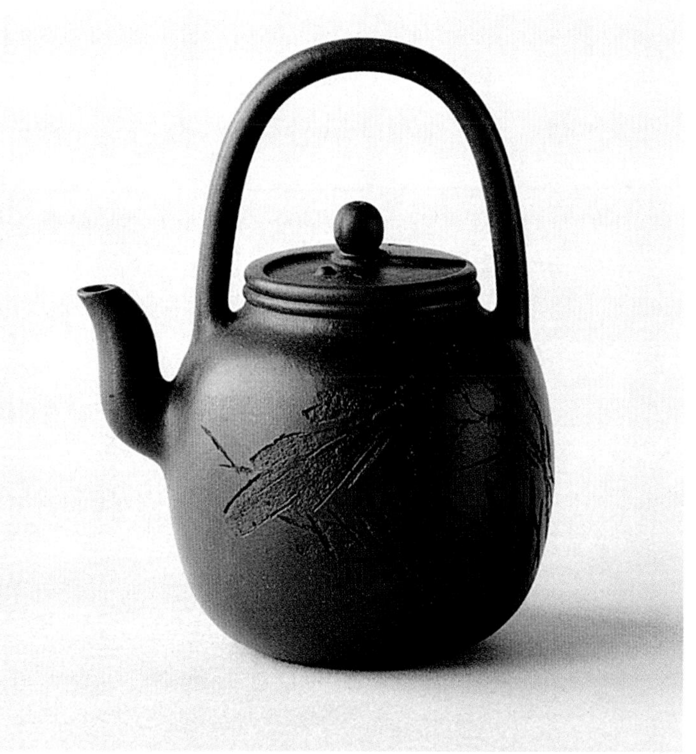

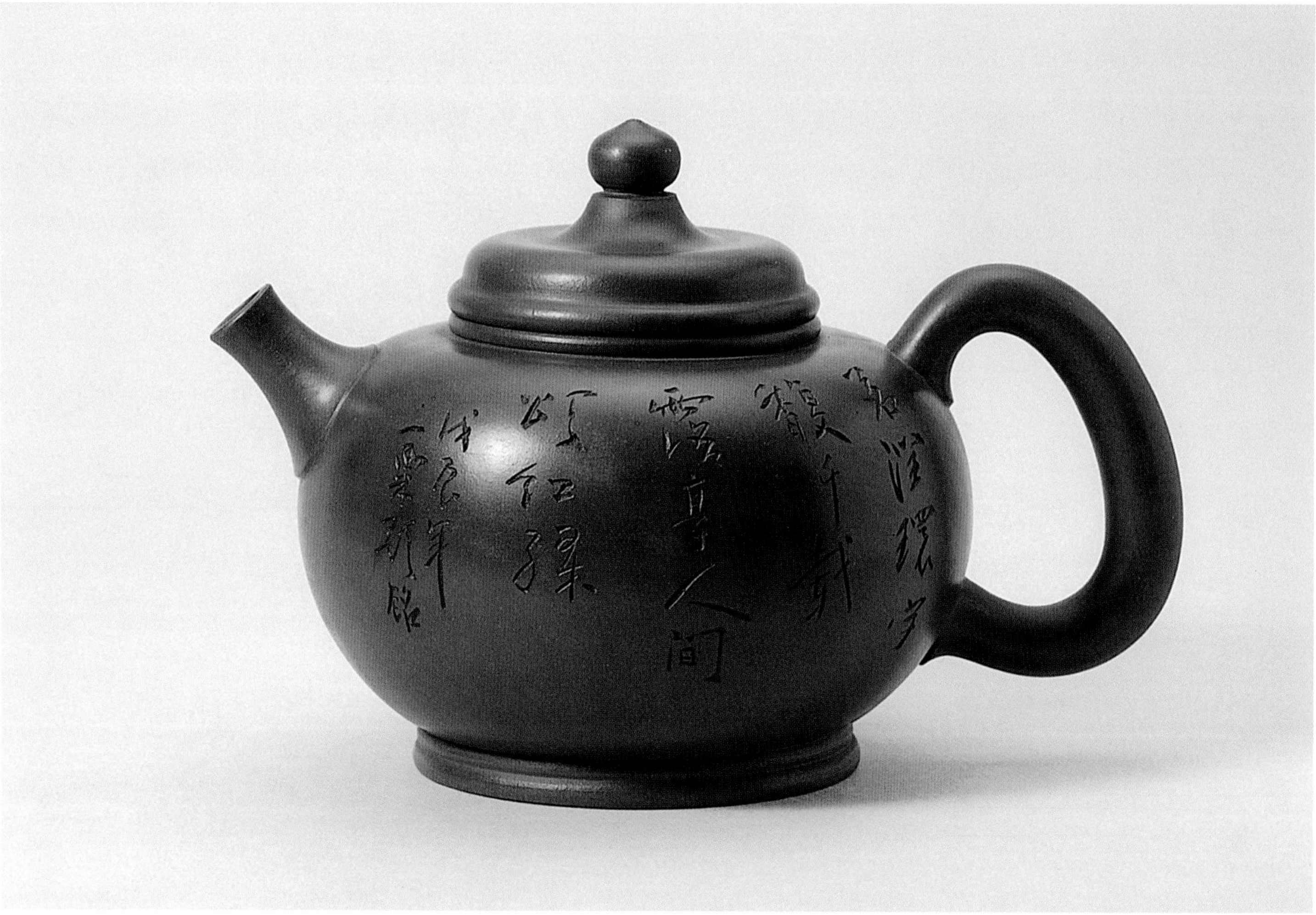

375.

海圓珠壺

張紅華

高172mm　　口徑90mm

壺身銘：茗潤環宇馥千載
露亭人間頌紅緣
戊辰年一粟鐫銘

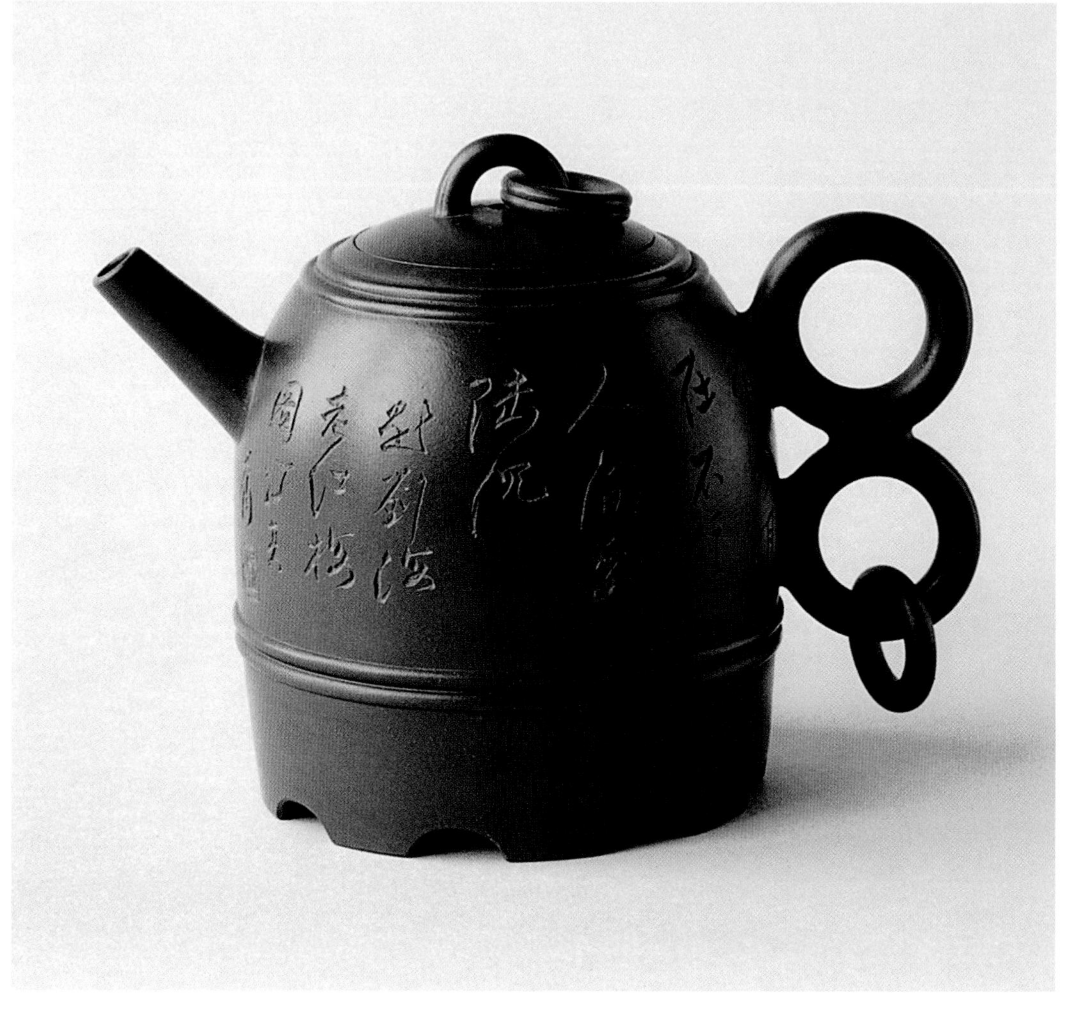

376.

金鈴

張紅華

高124mm　口徑56mm

壺身銘：百歲海翁不老身，
紅梅一樹見精神。
丹心鐵骨分明在，
不信神州要陸沉。
題劉海老紅梅圖　馮其庸

377.

彩燈提梁

張守智（設計） 張紅華（製）

高180mm 口徑77mm

◉ 彩燈是民間喜慶的吉祥物。借其形象製一柄砂壺，在綫條流暢的壺身上，誇張提梁，看似一盞華麗的彩燈高懸於一輪明月之下，令人幽然神往。

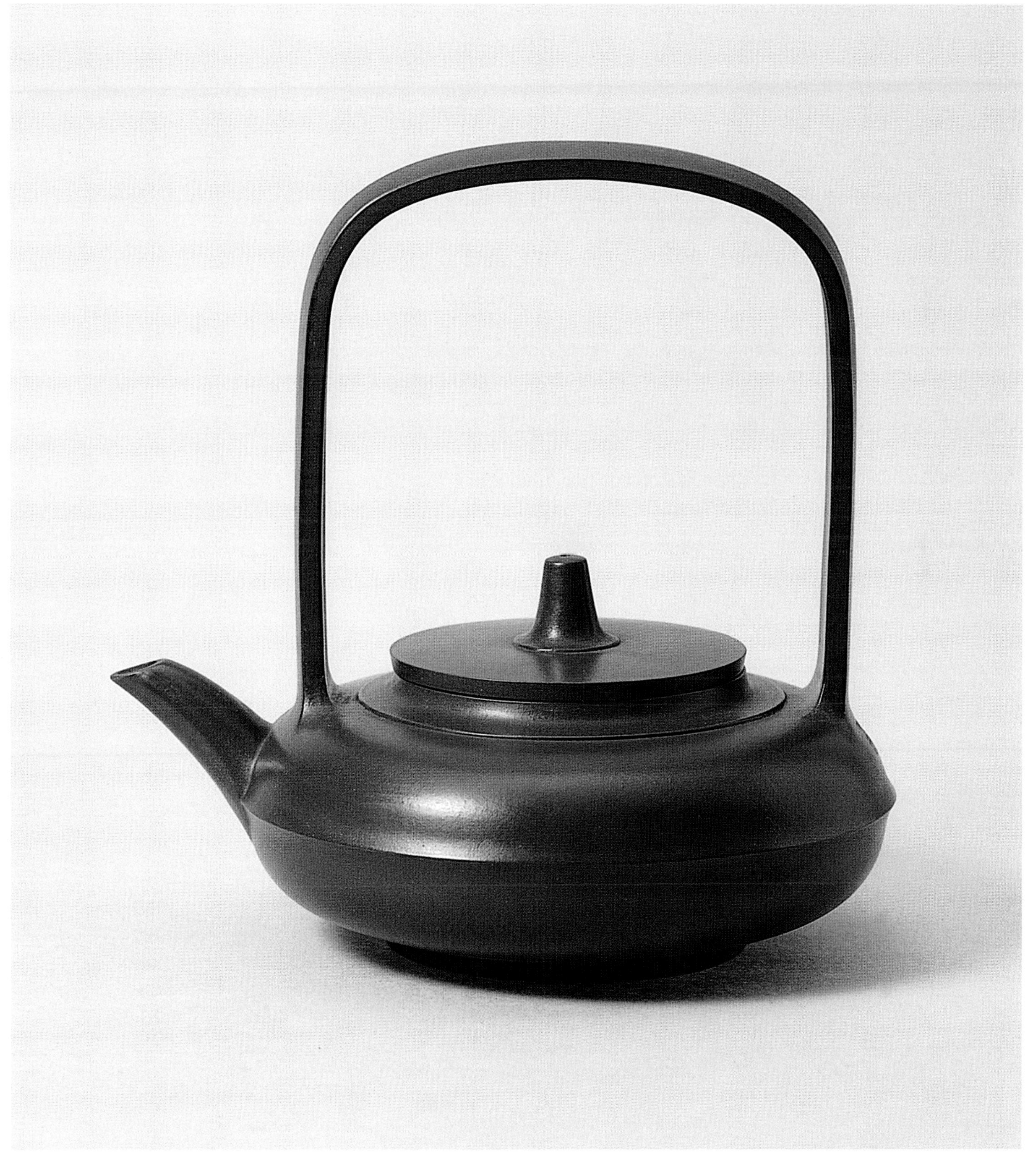

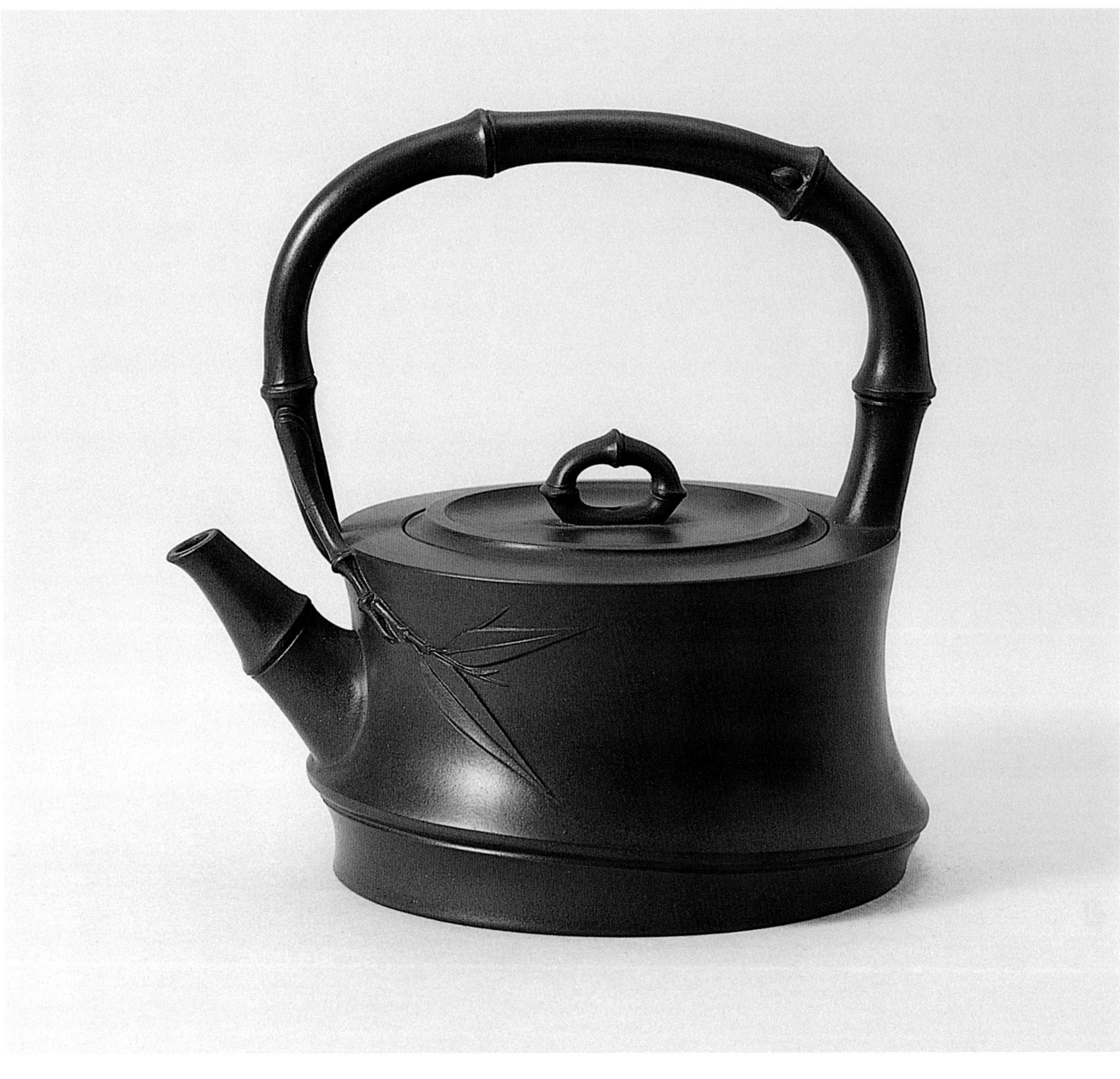

378.

竹段提梁

謝曼倫

高137mm　口徑76mm

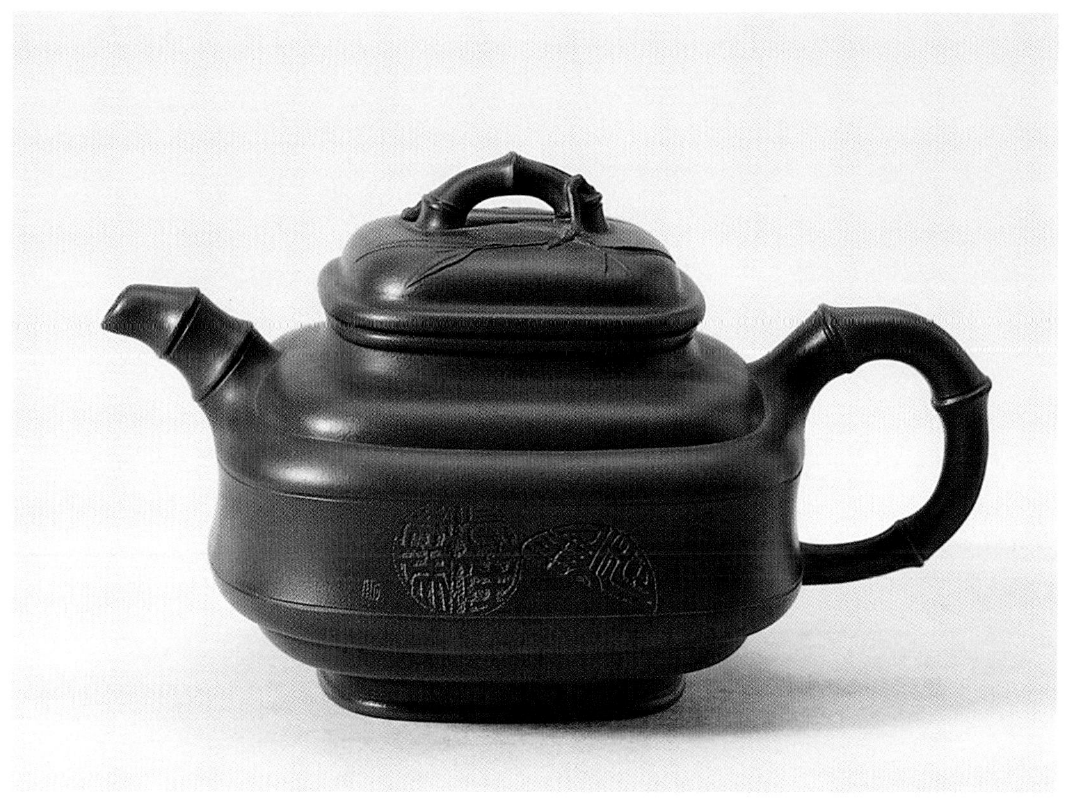

379.
四方竹鼓
謝曼倫
高101mm　口徑71mm

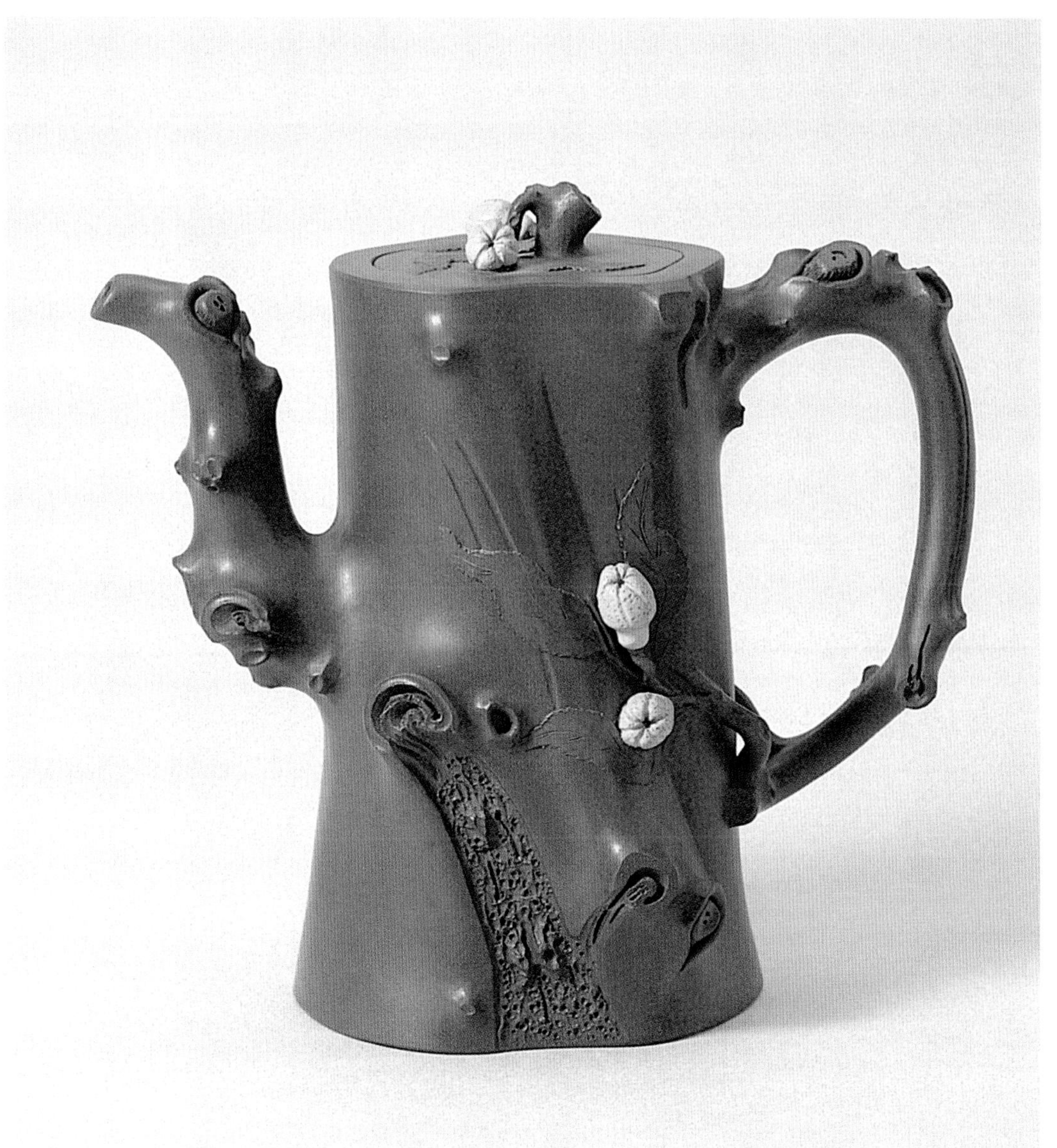

380.
高佛手樁
謝曼倫
高182mm　口徑67mm

381.

小桑寶壺

謝曼倫

高67mm　口徑35mm

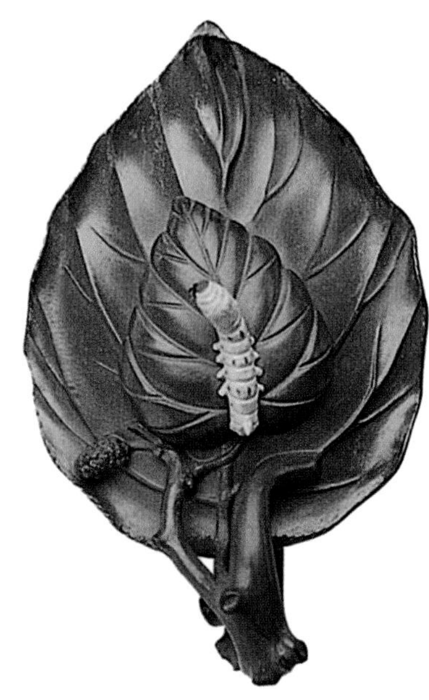

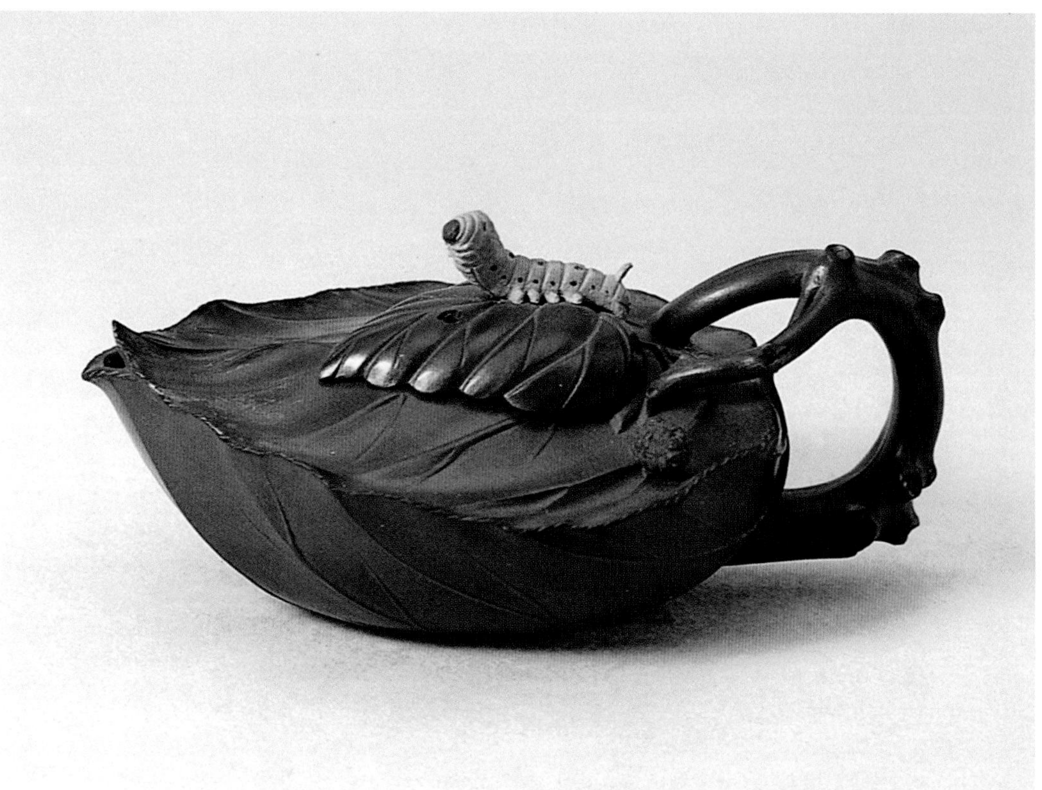

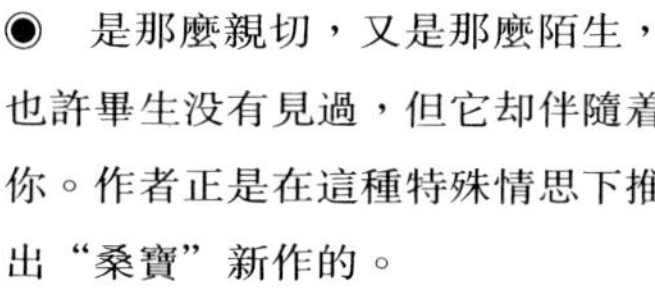

◉　是那麼親切，又是那麼陌生，也許畢生沒有見過，但它却伴隨着你。作者正是在這種特殊情思下推出"桑寶"新作的。

三片桑葉合成壺體，壺蓋是那樣微肖微妙。二葉尖吻合成壺嘴，自然優美；蓋面爬上昂首蠕動的蠶寶寶爲摘手，更增加了生活情趣。牠似乎在告訴人們：幾千年來，牠的祖祖輩輩爲人類造福，默默無聞地貢獻着自己的一切。

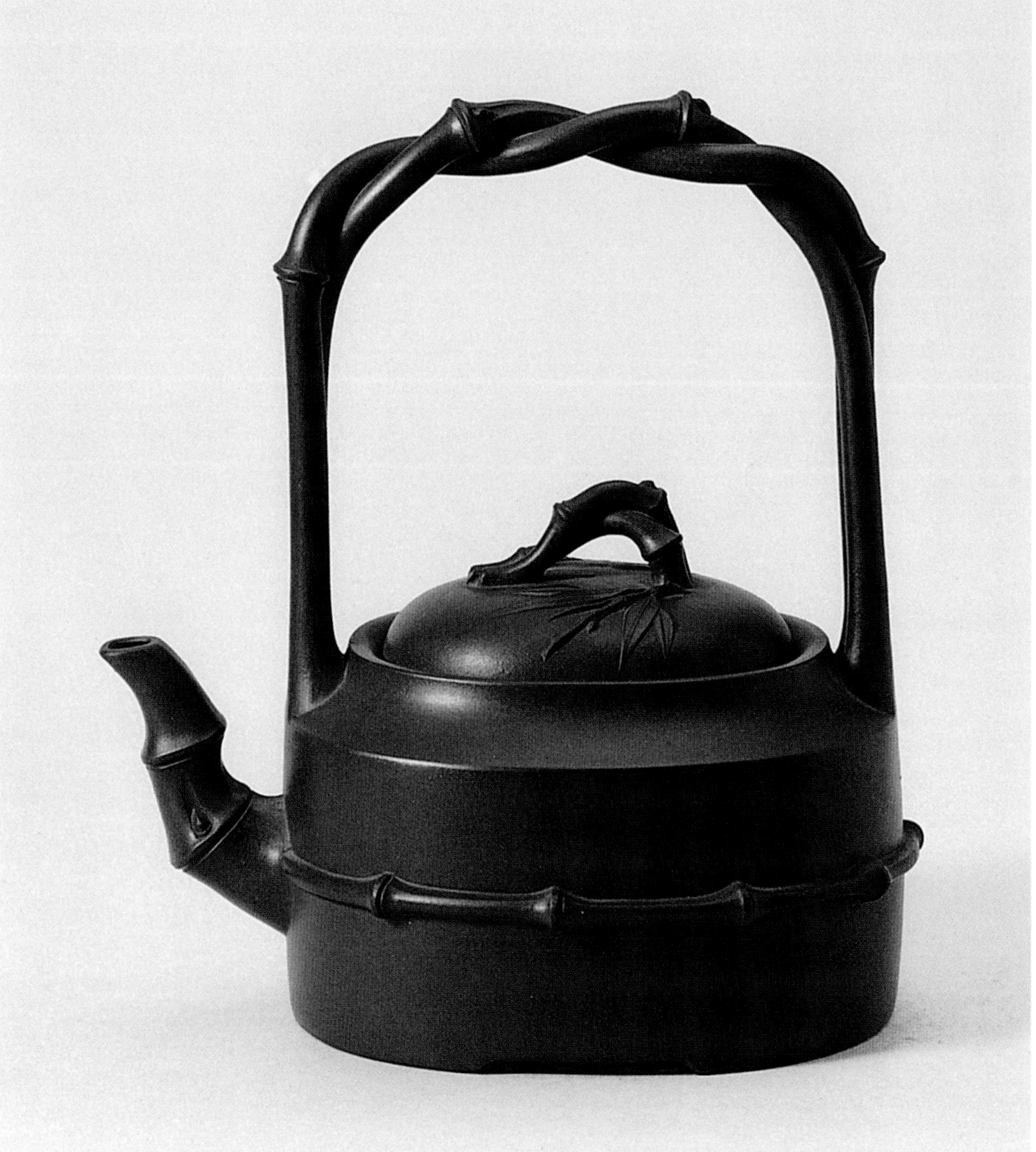

382.

上竹提梁

謝曼倫

高154mm

口徑橫84mm　縱75mm

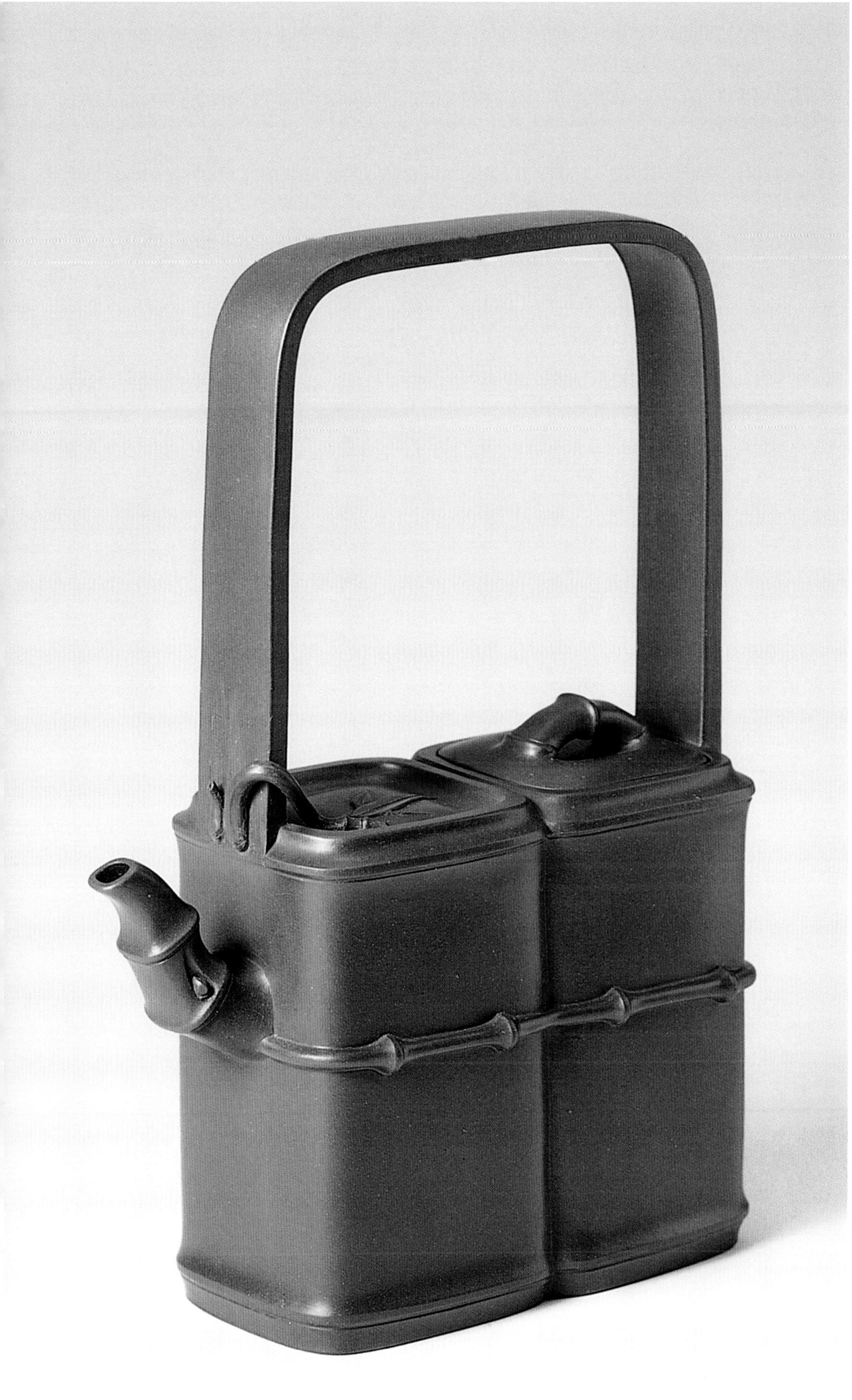

383.

雙方竹提

張守智（設計）　謝曼倫（製）

高213mm　口徑46mm

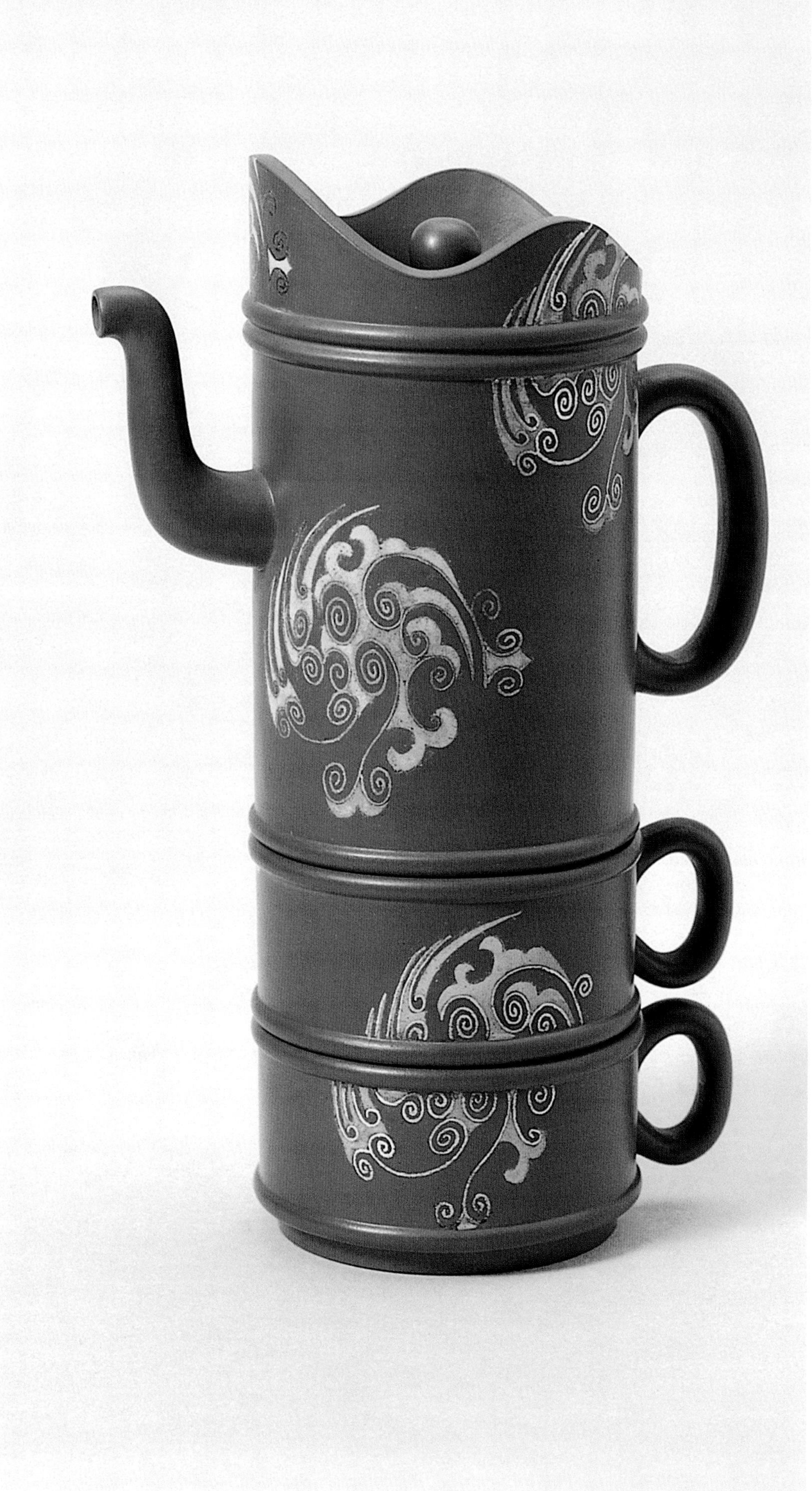

384.

嵌銀絲錦罐茶具

鮑仲梅、施秀春

通高200mm

壺高130mm　口徑53mm

杯高40mm　口徑65mm

◉　絲綢錦緞，也是我國一寶。把錦緞這個題材及其工藝藝術移植到紫砂壺上，體現了作者別具匠心。壺身設計如一捆錦緞，又取兩截半捆錦緞的形狀設計兩隻杯，然後用嵌銀絲的裝飾，鉤嵌出織錦圖案的團團花簇，看上去有立體之感，使作品兼備趣味性和藝術性。

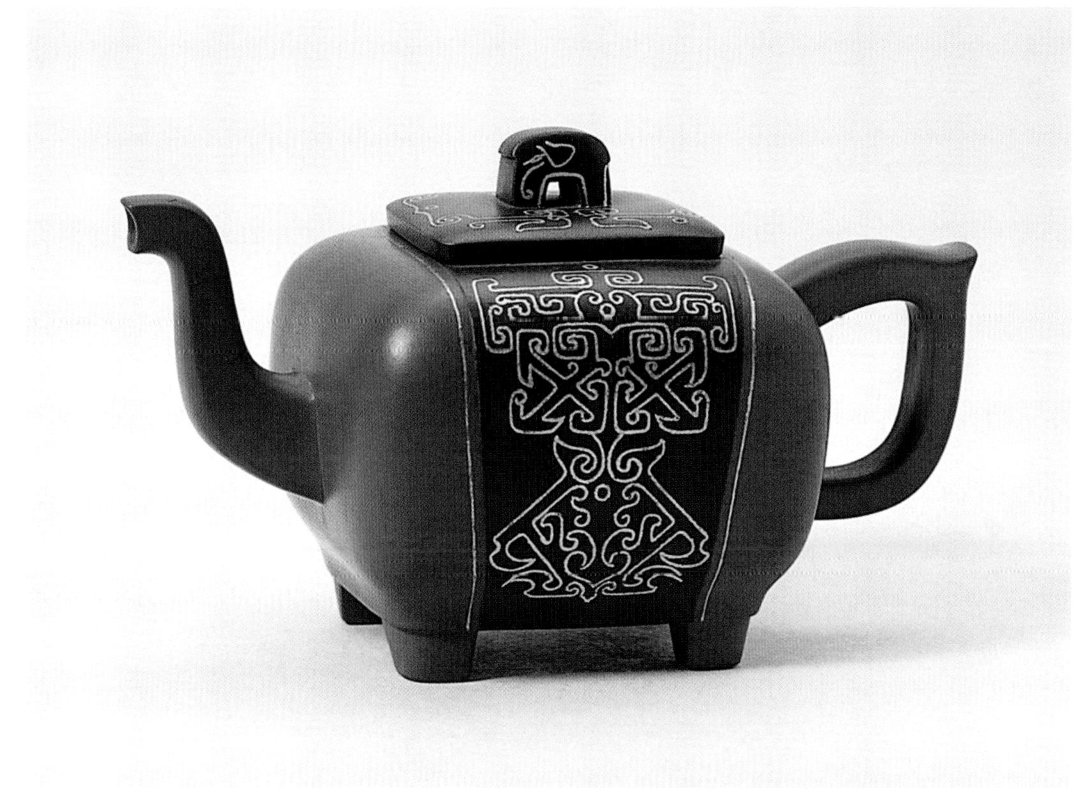

385.
嵌銀絲象壺
鮑仲梅、施秀春
高94mm
口徑橫52mm　縱44mm

◉　此件作品，以象形變化成型，委婉動人。在黑色壺胎上，填鑲紅色泥的圖案，在紅、黑色泥處用銀絲鑲嵌紋飾，這樣不僅使對比泥色更加强烈，而且使作品樸質端莊。因爲壺形像象，作品也就有吉祥如意的含意。

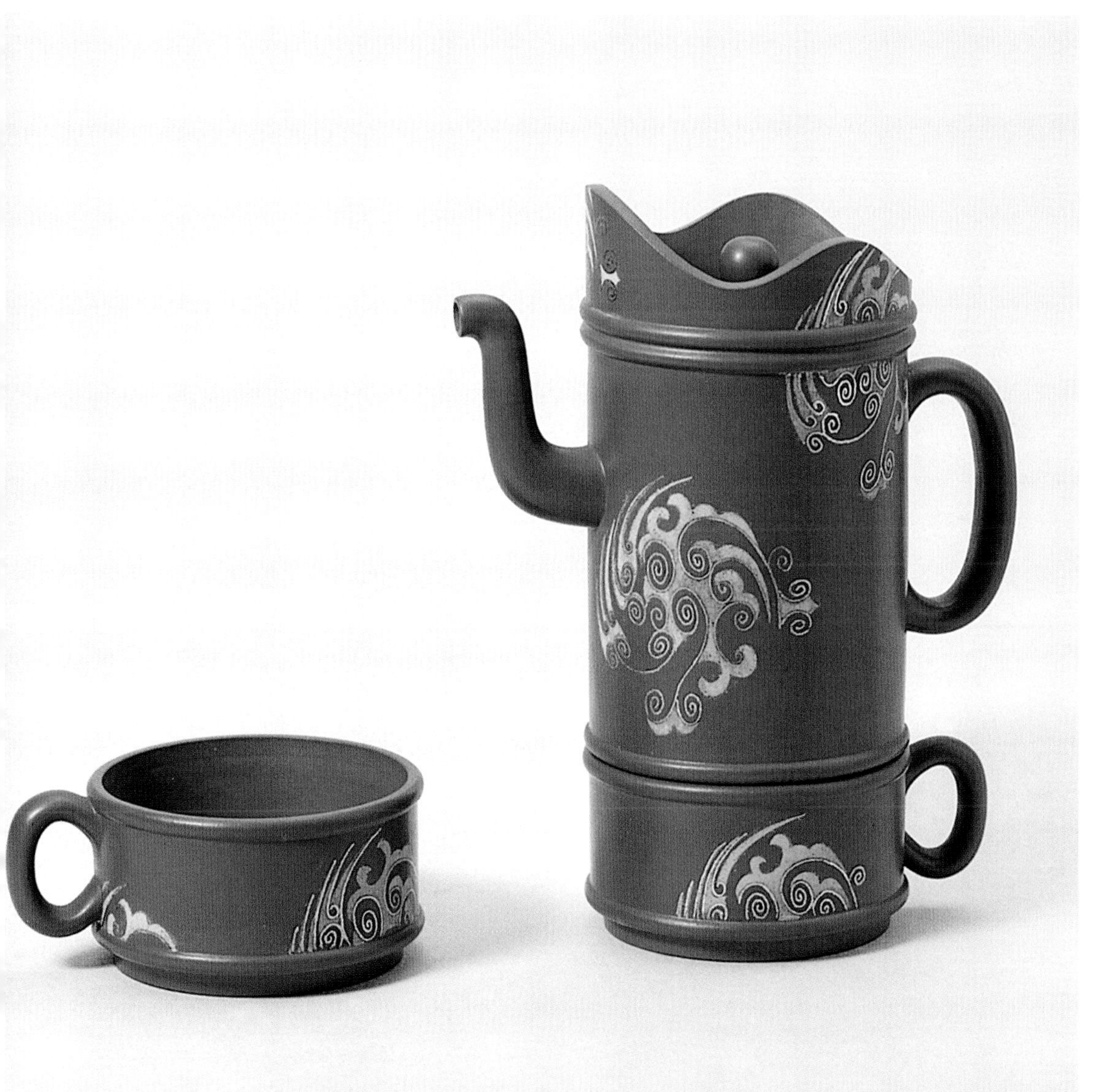

386.

嵌銀絲三足鼎壺

鮑仲梅、施秀春

高138mm　口徑70mm

◉ 借鑒古代青銅器“鬲”的造型製成砂壺，並在“鬲”的造型上，加飾凸起和凹陷的筋囊，豐富器皿結構。鬲與鼎相通，是古代文化的象徵，因此，壺身鑲嵌銀絲給以點綴，使作品形體更顯出高雅、古樸、大方的獨特的民族風格。

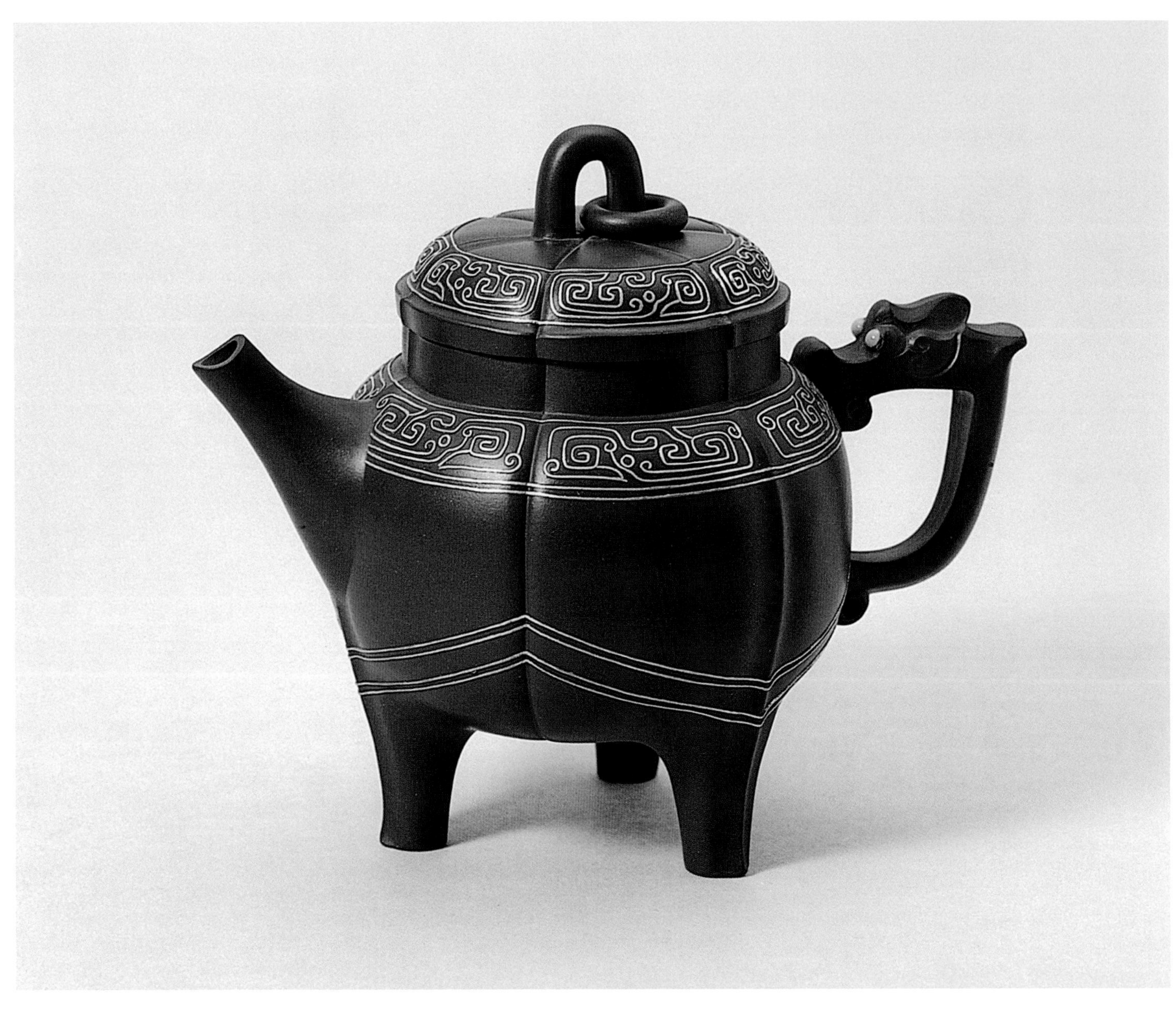

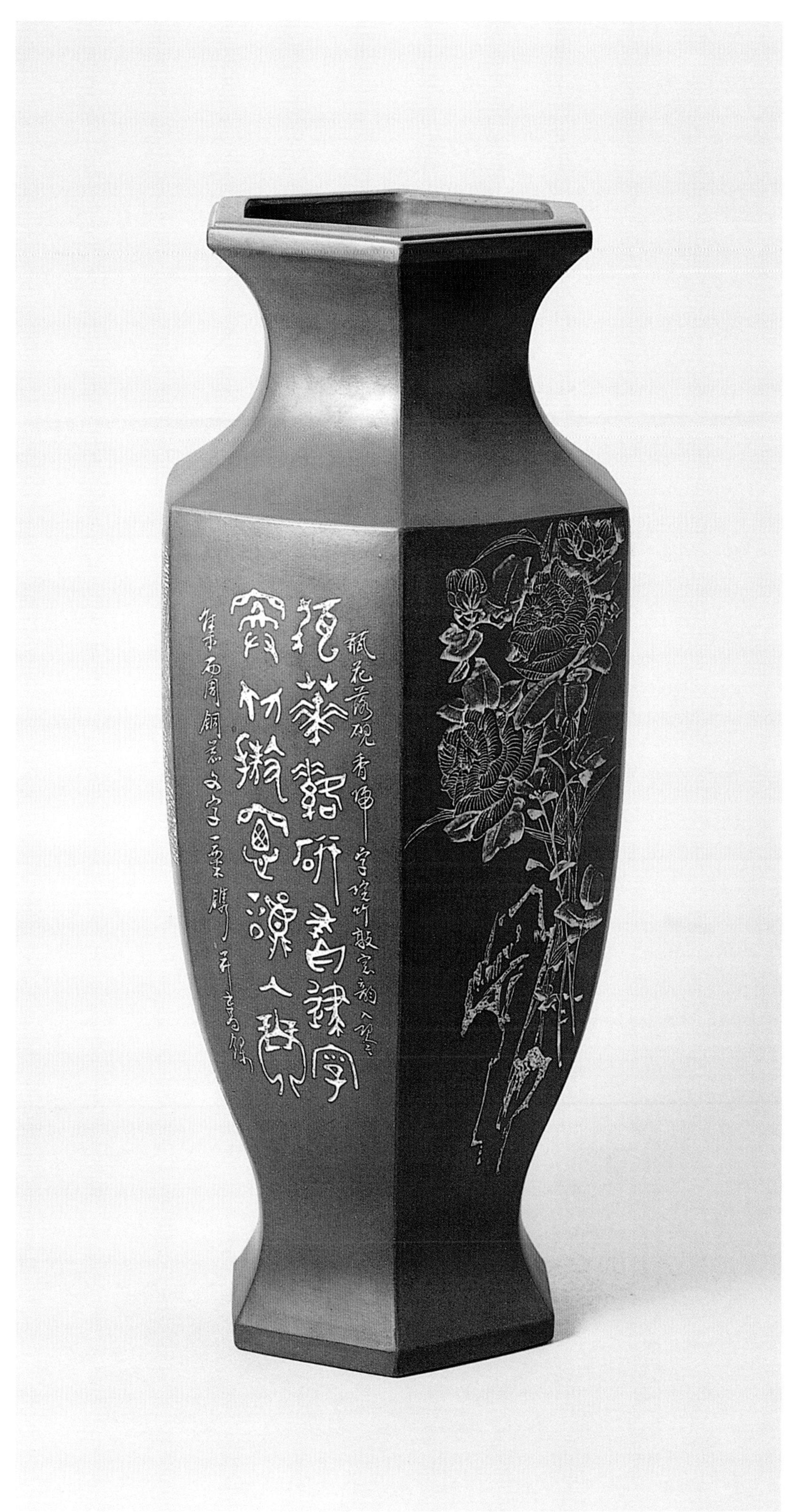

387.

墨綠六方瓶

毛國强（刻）

高452mm　寬210mm

銘文：瓶花落硯香歸字

院竹敲窗韻入琴

集西周銅器文字

一粟鐫并書錄

◉　六方瓶是高雅陳設品。瓶上裝飾重意境。陶刻見神韵，輕刀秀筆曼揮，重刀酣墨淋漓；書得力於漢碑之雄渾質樸，畫豪放中蘊含靈氣，自出機杼，復歸於樸。

388.

有聲有色

毛國强

高91mm　口徑70mm

壺身銘：佳茗瀹泉精　一粟鐫

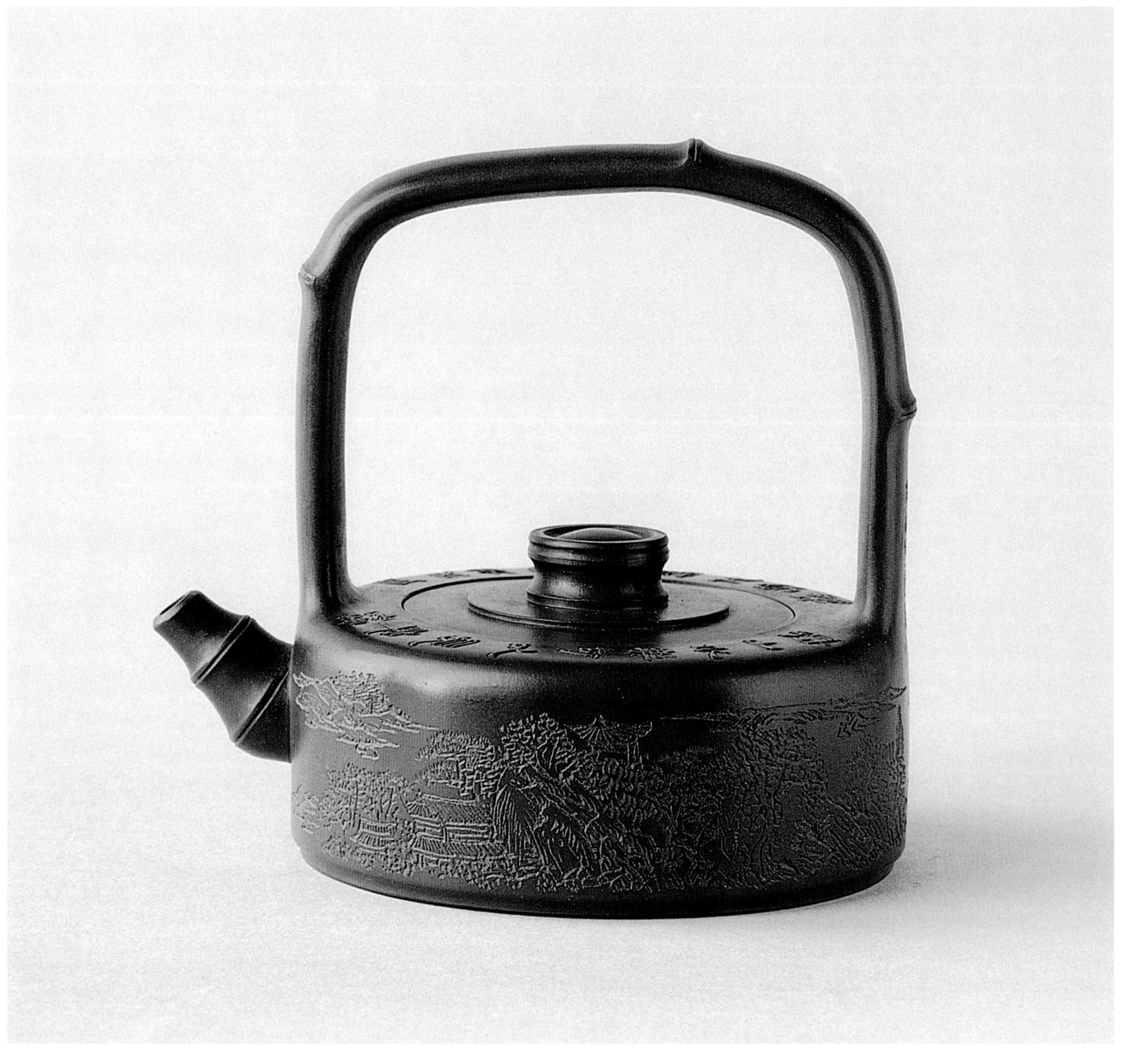

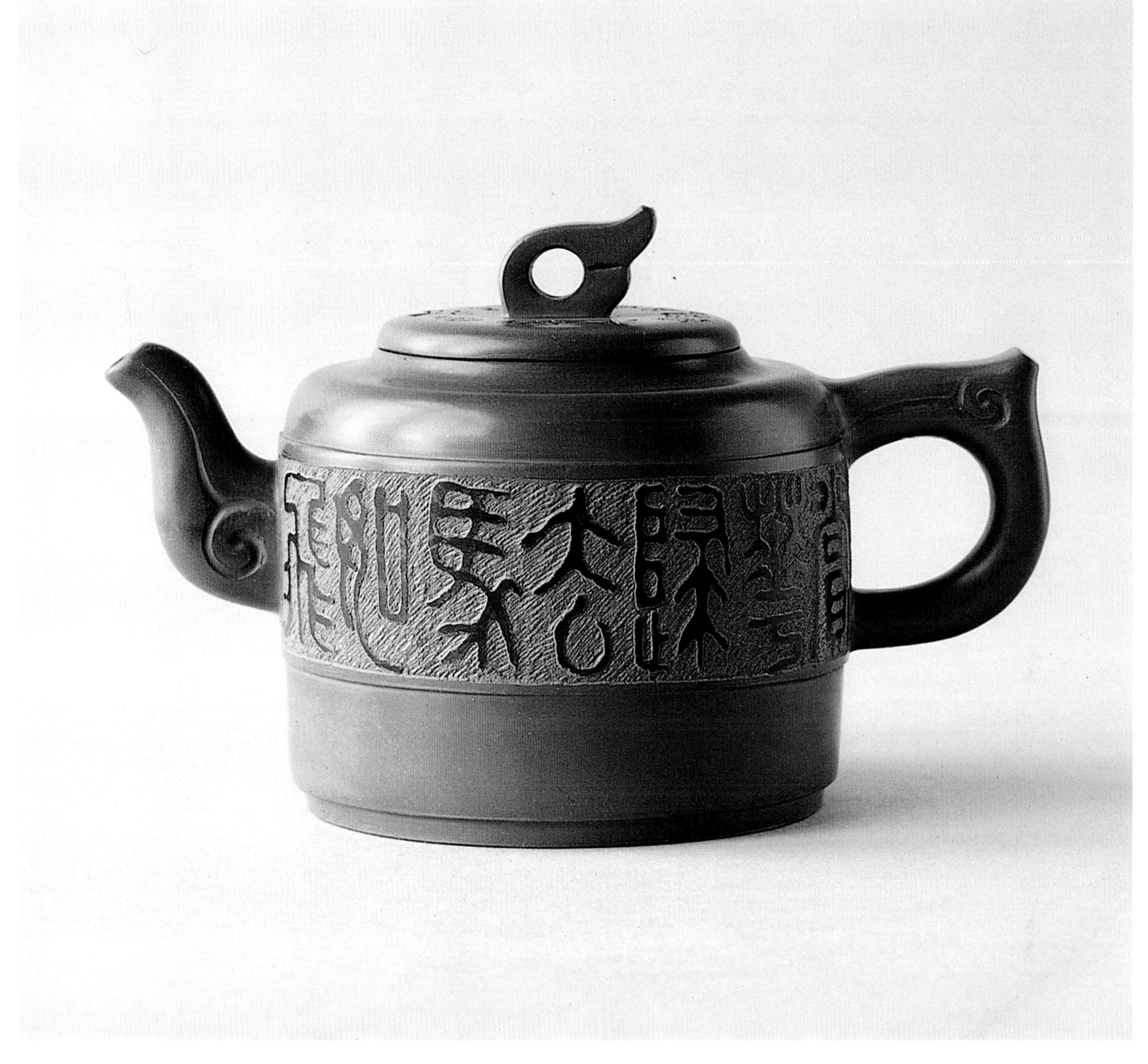

389.

天泉

沈漢生

高95mm　口徑53mm

壺身銘：賞花歸去馬如飛

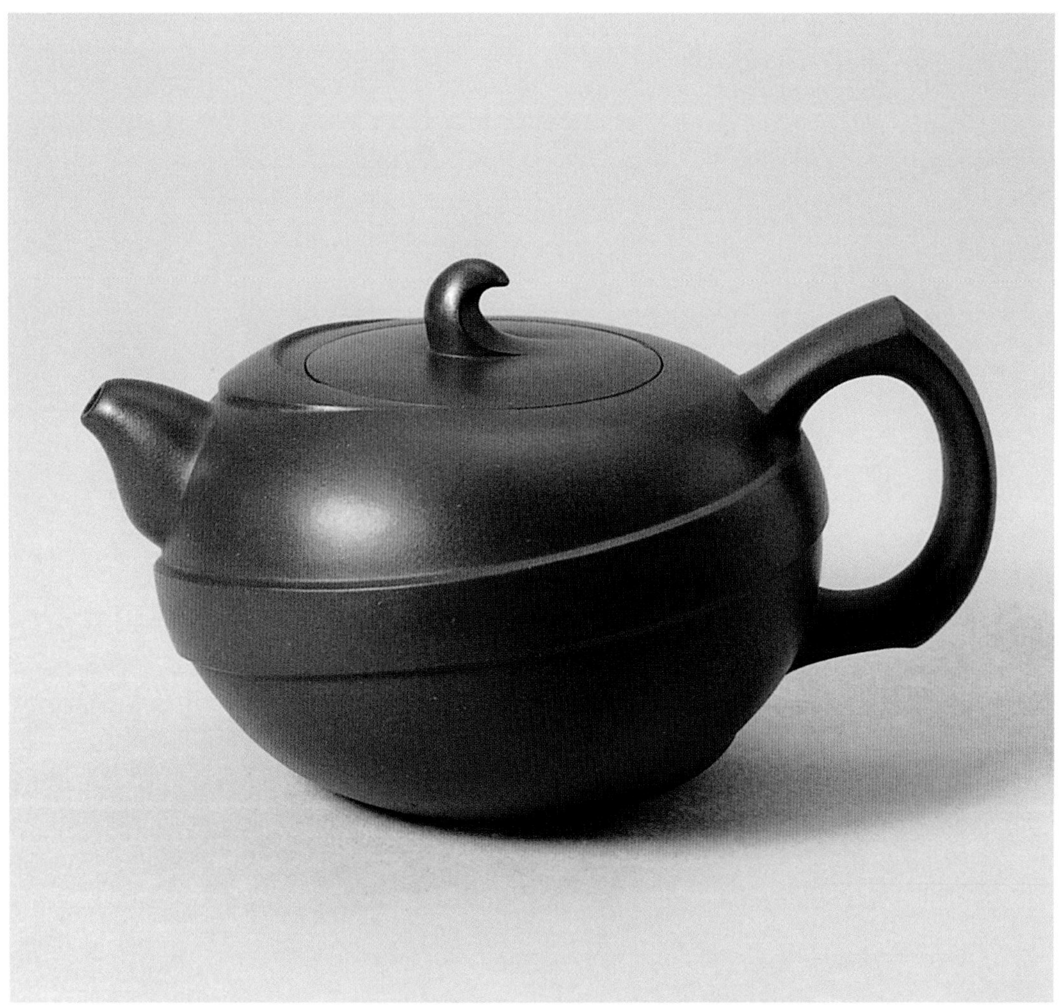

390.
登月
周尊嚴
高98mm　口徑62mm
◉　砂壺取題，天地廣闊，把扁圓形地球儀，設計成壺身。曲綫由壺的底部螺旋式向壺的身口轉去，一直聯接蓋面，整個設計不僅帶來動感，而且產生了旋律的靈感。在旋至蓋面的螺綫尾端，塑上一個牙形月亮，既成蓋的摘手，又使壺顯示了登月形象，使欣賞者喚發種種美的遐想。

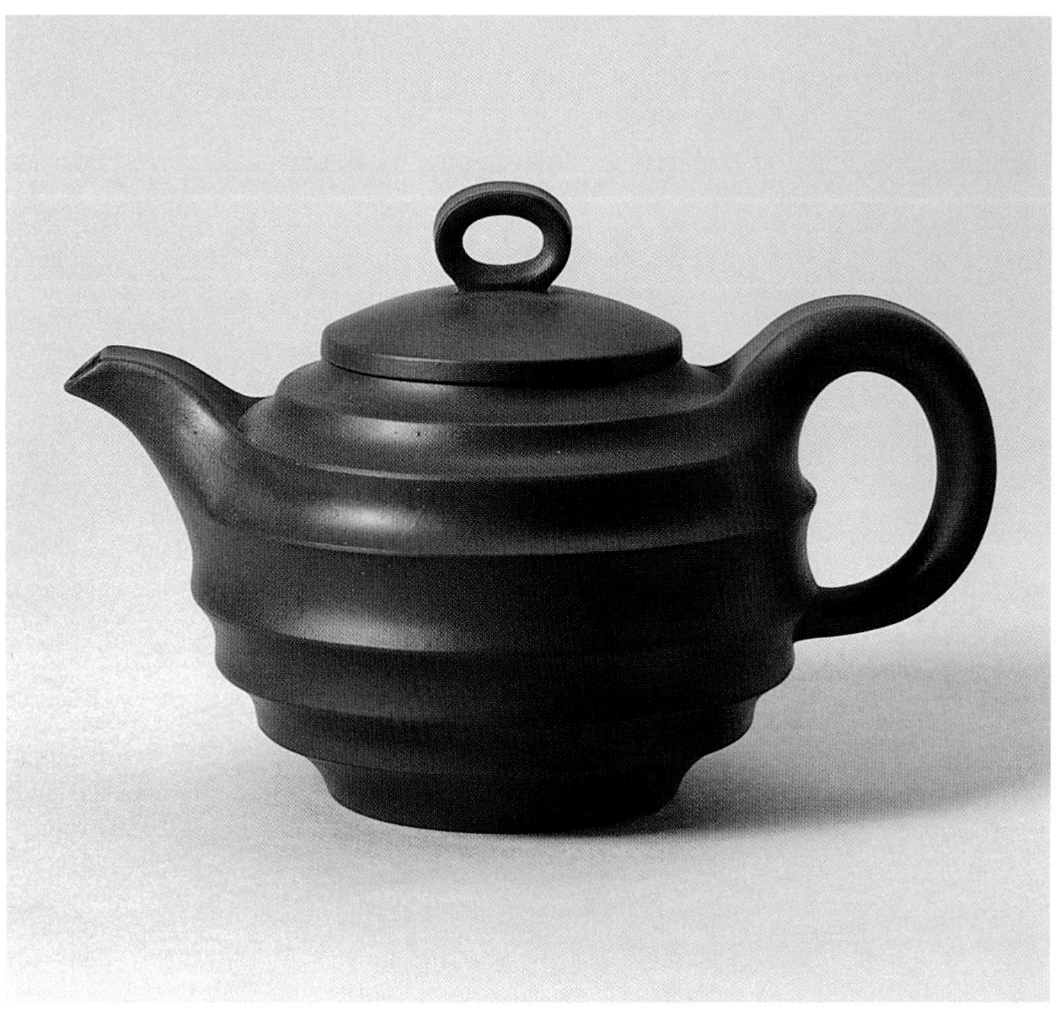

391.
黑疊綫壺
周尊嚴
高112mm　口徑64mm
◉　此壺形似紡錘。疊綫間距厚薄相應、重疊勻襯，由腹部最寬處，分別向上、向下逐漸收縮，遞減比例恰當；層層疊綫玉潤飽滿，另有一番情趣。

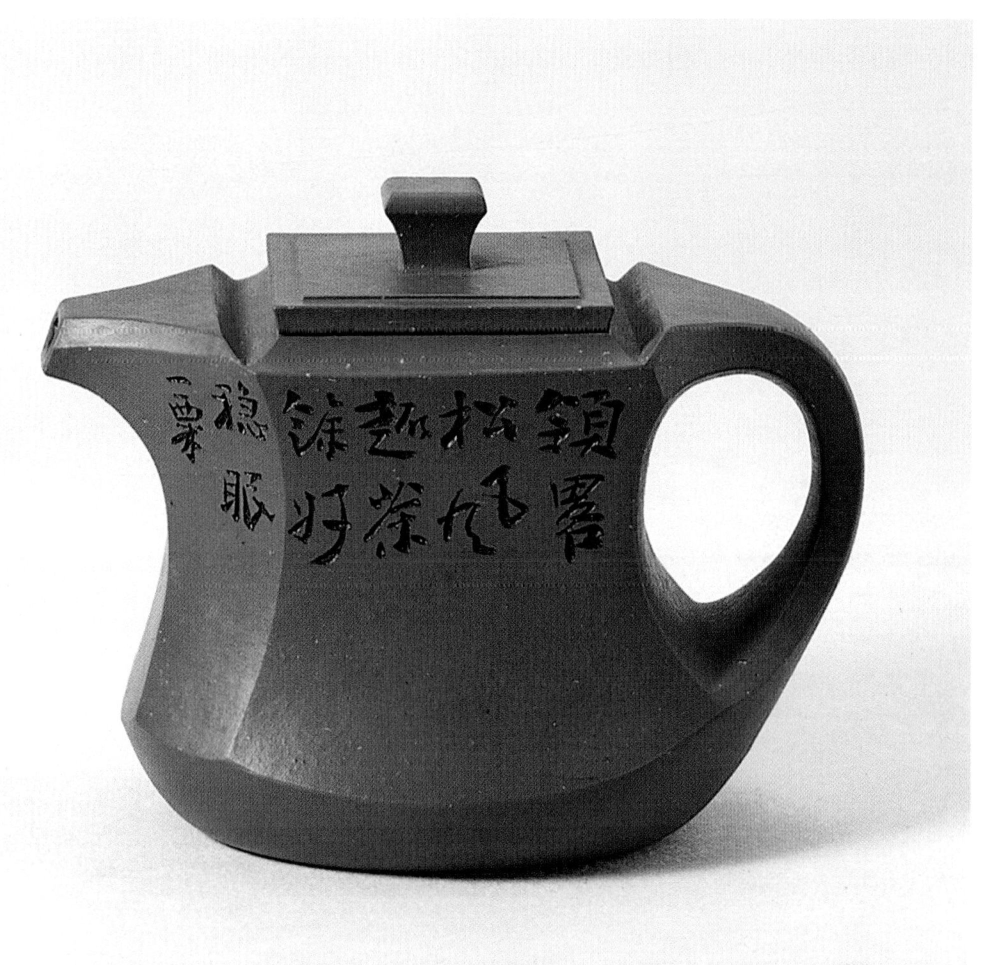

392.

紅砂船方

周尊嚴、毛國强（刻）

高110mm　口徑53mm

壺身銘：領略松風趣，
茶餘好穩眠。
一粟

393.

菱花窩雲角盆

周尊嚴

高46mm

口徑橫150mm　縱109mm

黑橢圓蒲包口盆

周尊嚴

高26mm

口徑橫91mm　縱49mm

紅菱形小盆

周尊嚴

高31mm

口徑橫79mm　縱59mm

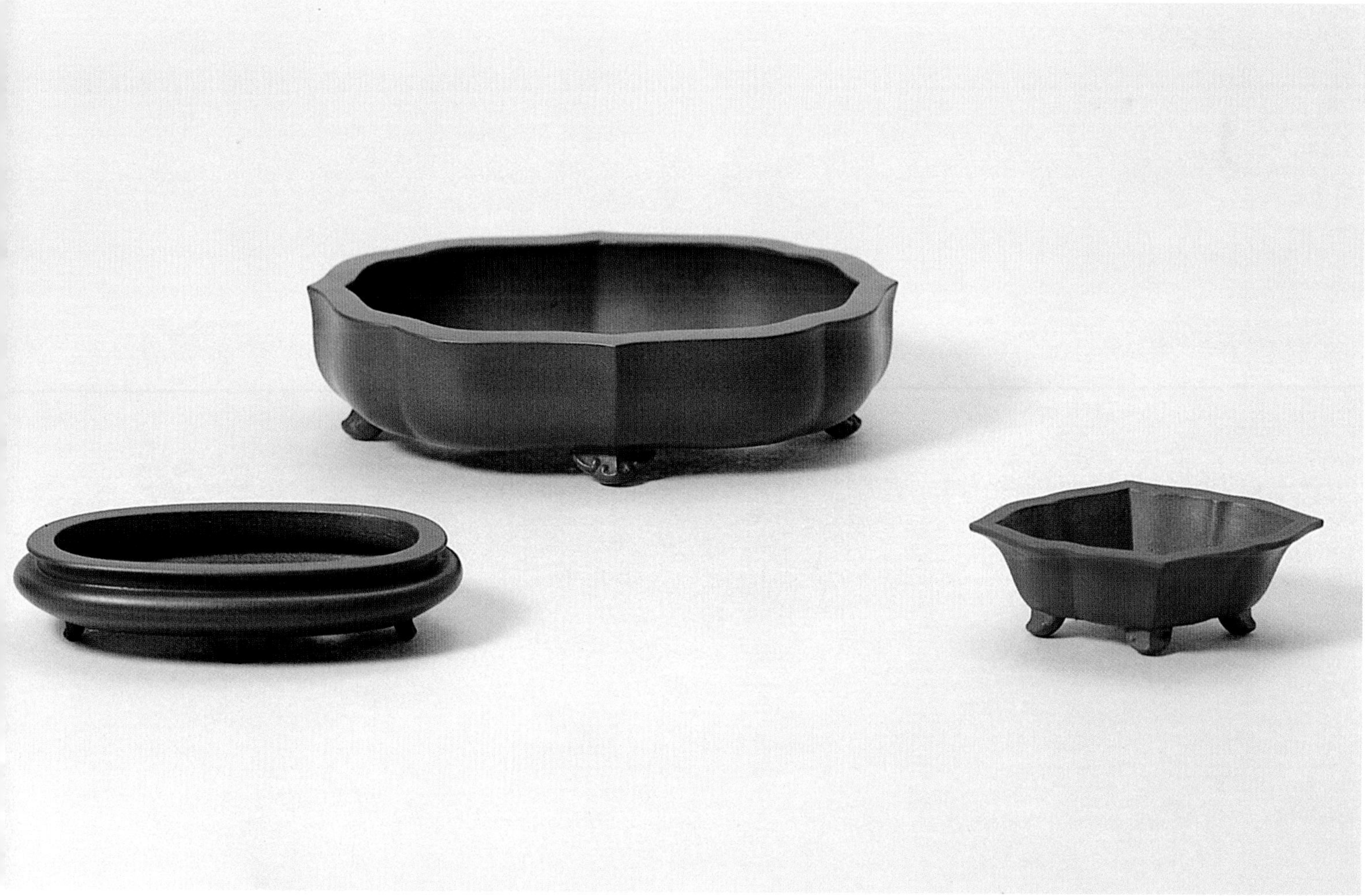

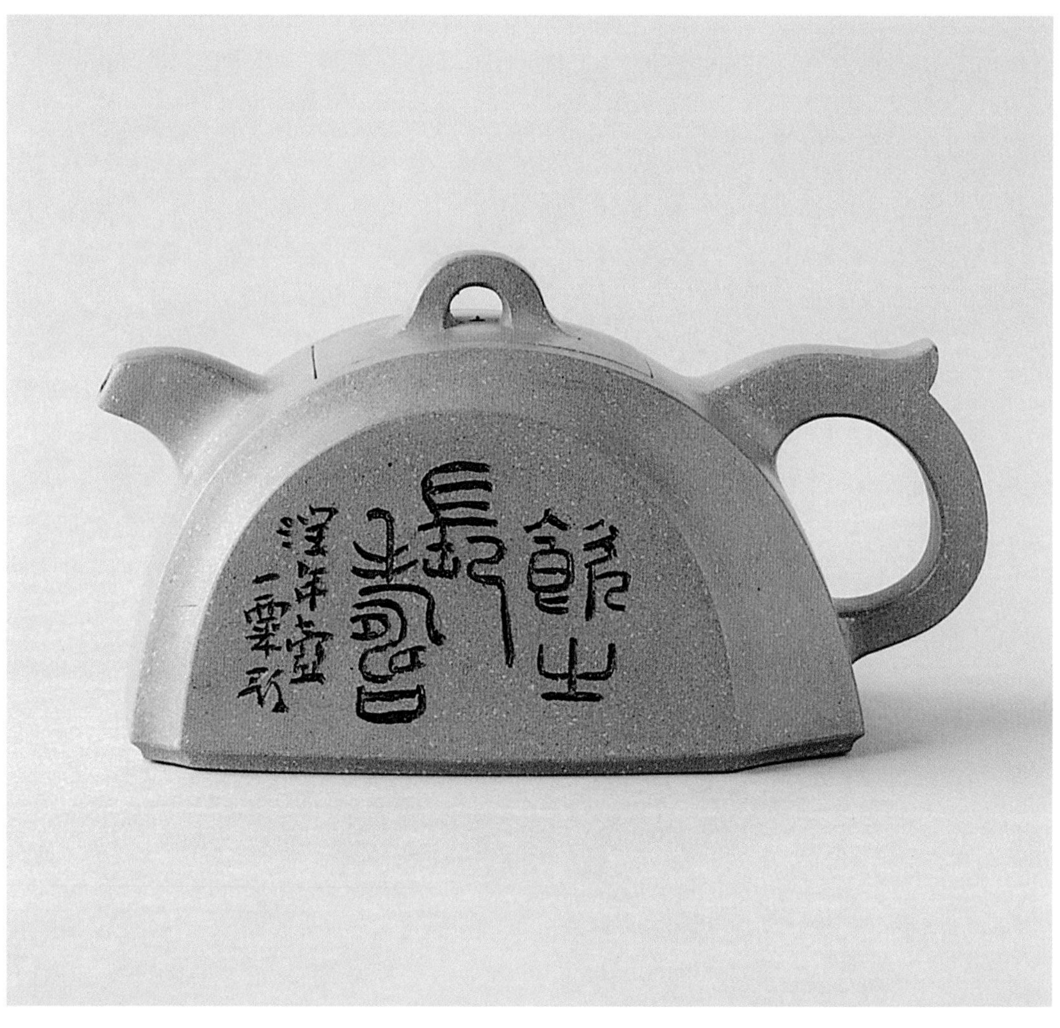

394.

虹途

程潤年

高86mm

口徑橫57mm　縱48mm

壺身銘：飲之長壽

潤年壺　一粟題

◉　該壺器形受古代的“漢瓦”所啓發。整個壺體由兩條弧綫組成，自然舒展，卷曲延伸。造型既剛健又柔和，凹凸處理對比鮮明。壺的塊面醒目，撫摸舒適，加之美麗的裝飾，顯得格外古樸端莊。

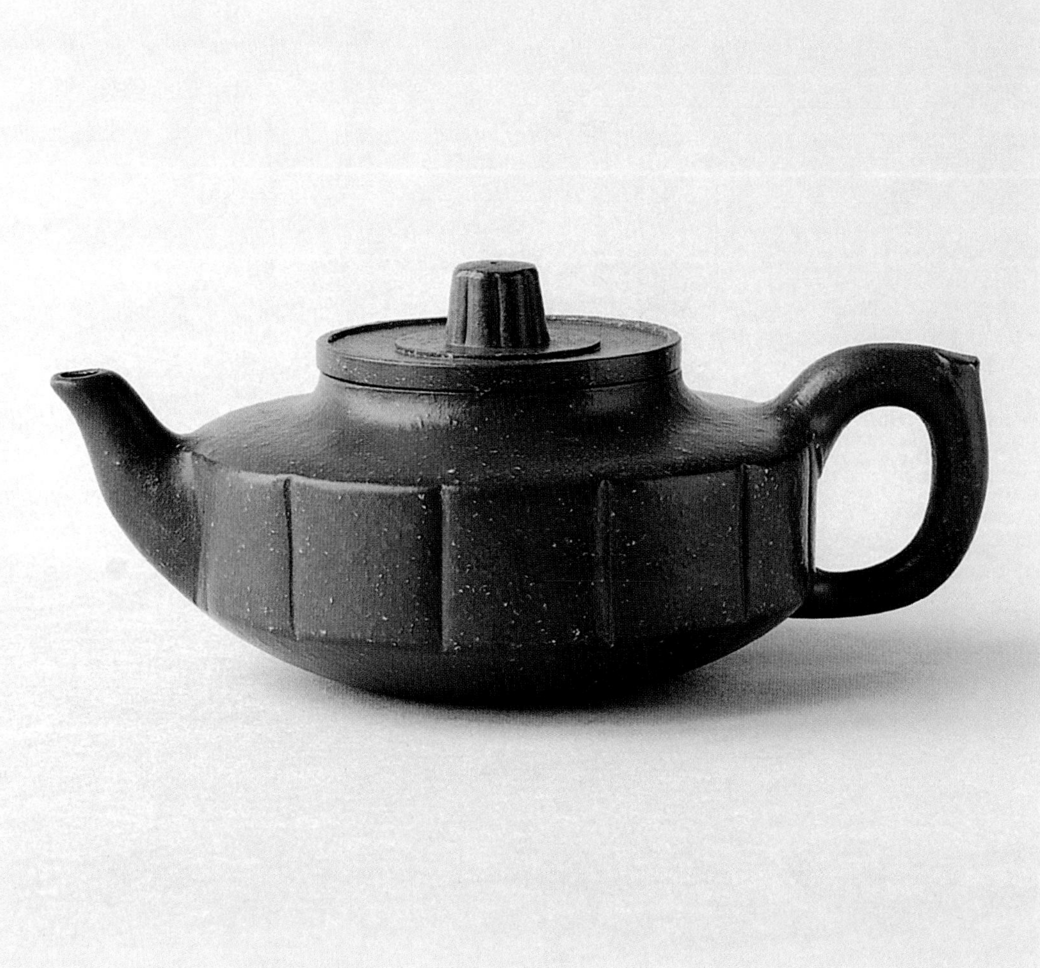

395.

東籬高士

程潤年

高71mm　口徑61mm

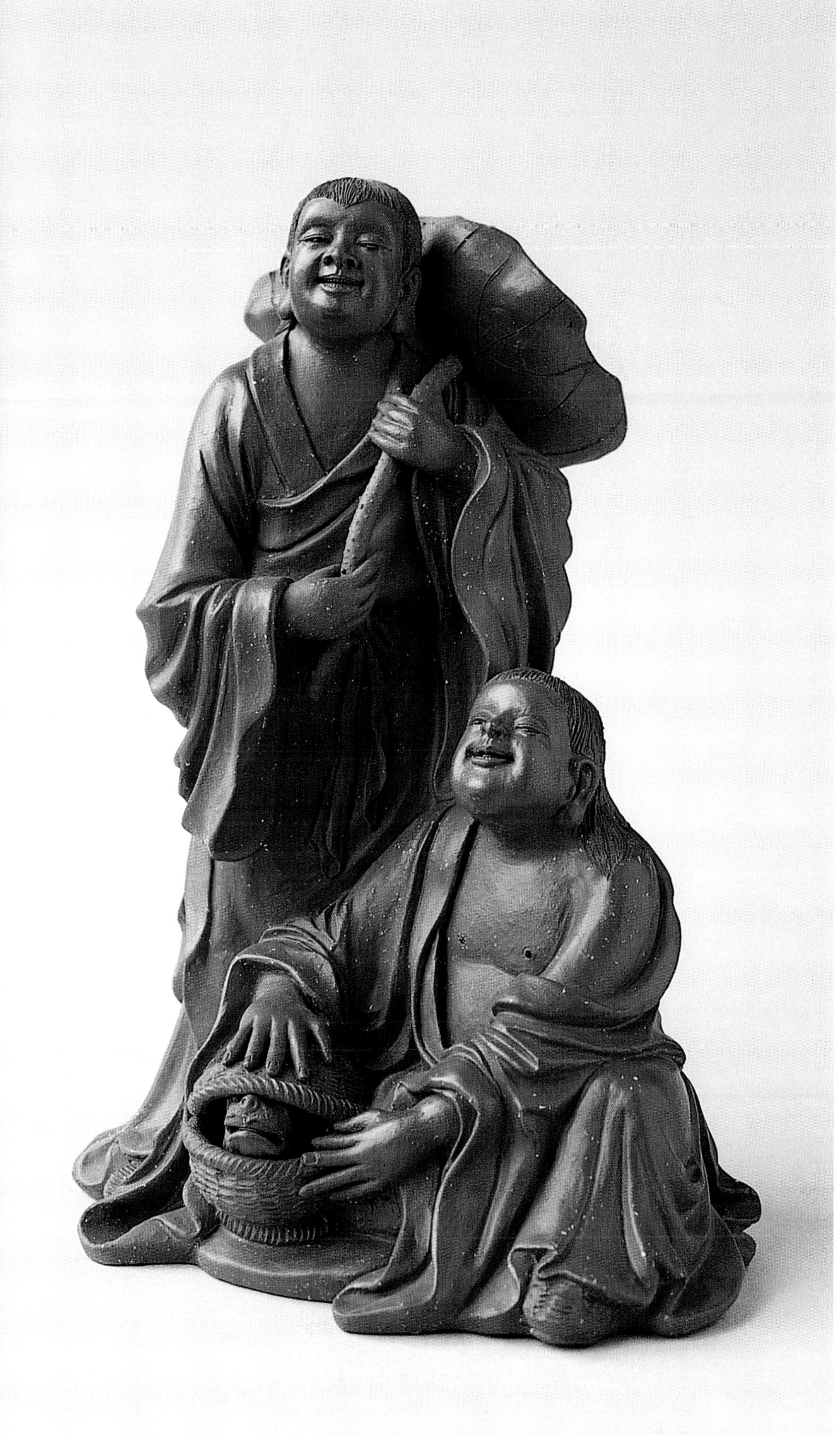

396.
和合二仙
趙洪生
高305mm

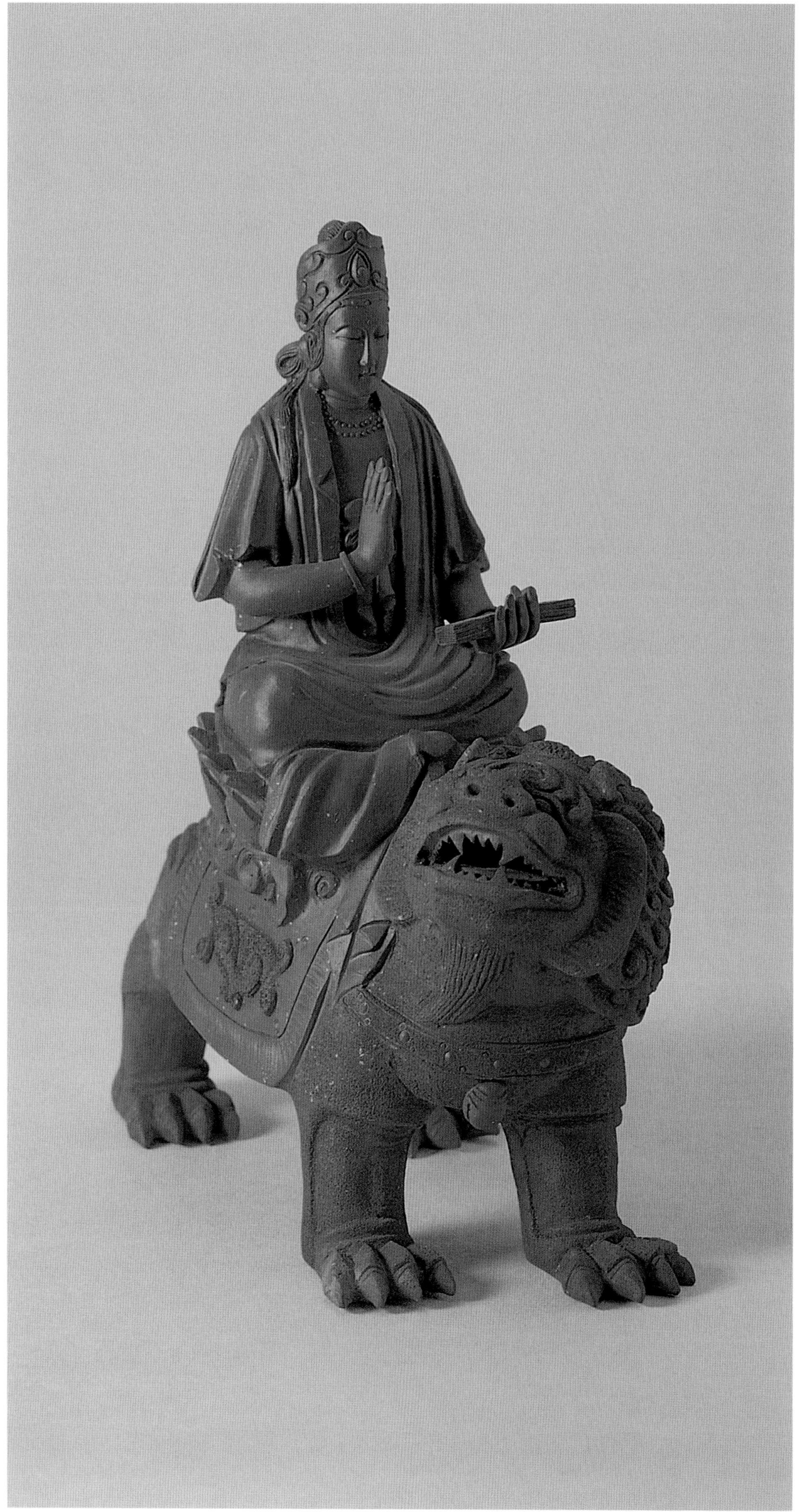

397.

文殊

趙洪生

高235mm　寬195mm

◉　文殊，"文殊師利"之略稱，梵文Manjusti的音譯。新譯"曼殊室利"，意譯"妙德"、"妙吉譯"等。佛教菩薩名。中國佛教四大菩薩之一。釋迦牟尼佛的左脇侍，專司"智慧"，常與司"理"的右脇侍普賢並稱。頂結五髻，手持寶劍，表示智慧鋭利；塑像多騎獅子，表示智慧威猛。相傳其顯靈說法的道場，在山西五臺山。

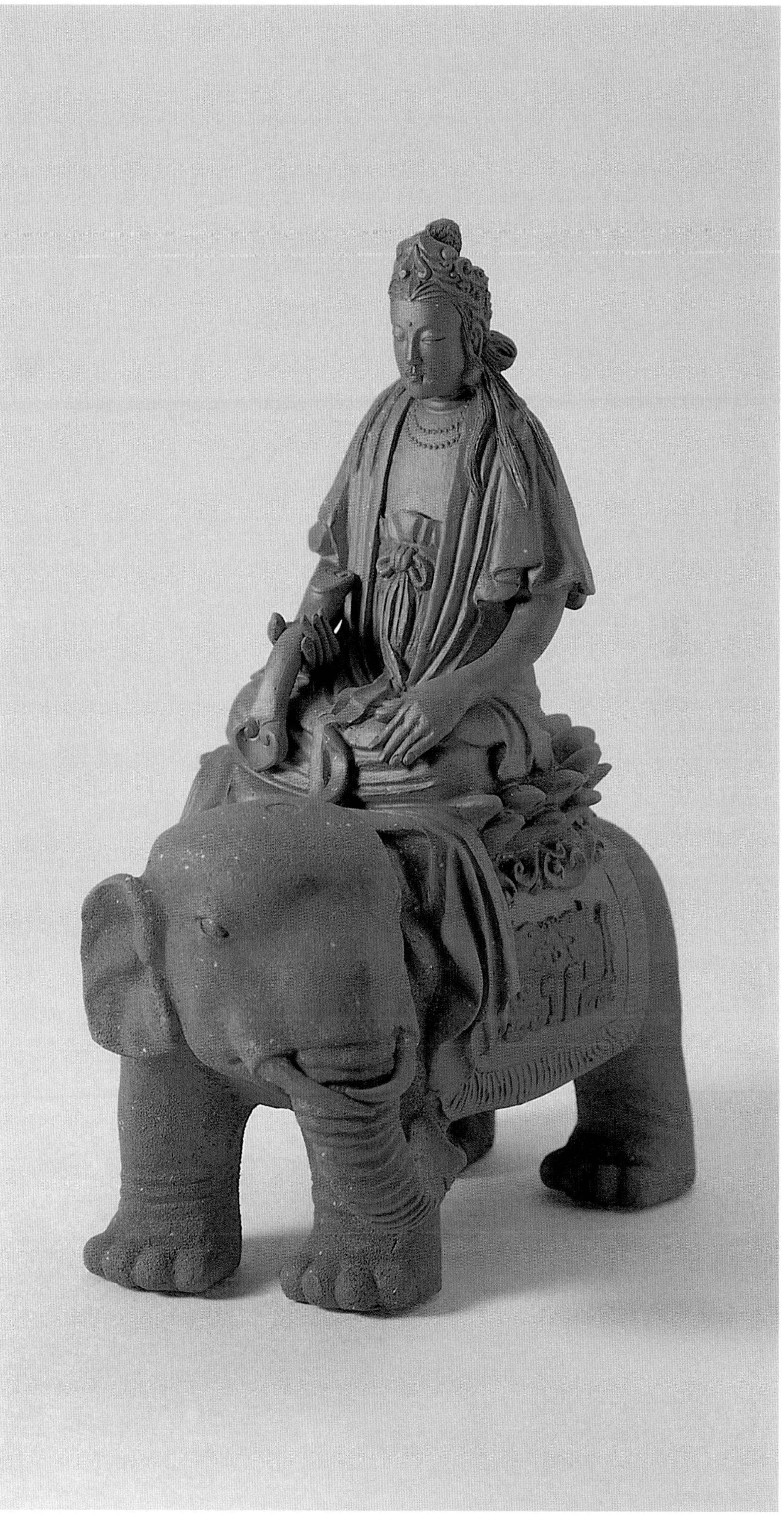

398.

普賢

趙洪生

高245mm　寬190mm

◉ 普賢，梵文Samonta bhadra的意譯，亦譯“徧吉”，音譯“三曼多跋陀羅”。佛教菩薩名。中國佛教四大菩薩之一。釋迦牟尼佛的右脇侍，專司“理”德，與專司“智慧”的左脇侍並稱。其塑像多騎白象。相傳其顯靈說法的道場，在四川峨嵋山。

399.

鰲魚觀音

李正華

高480mm

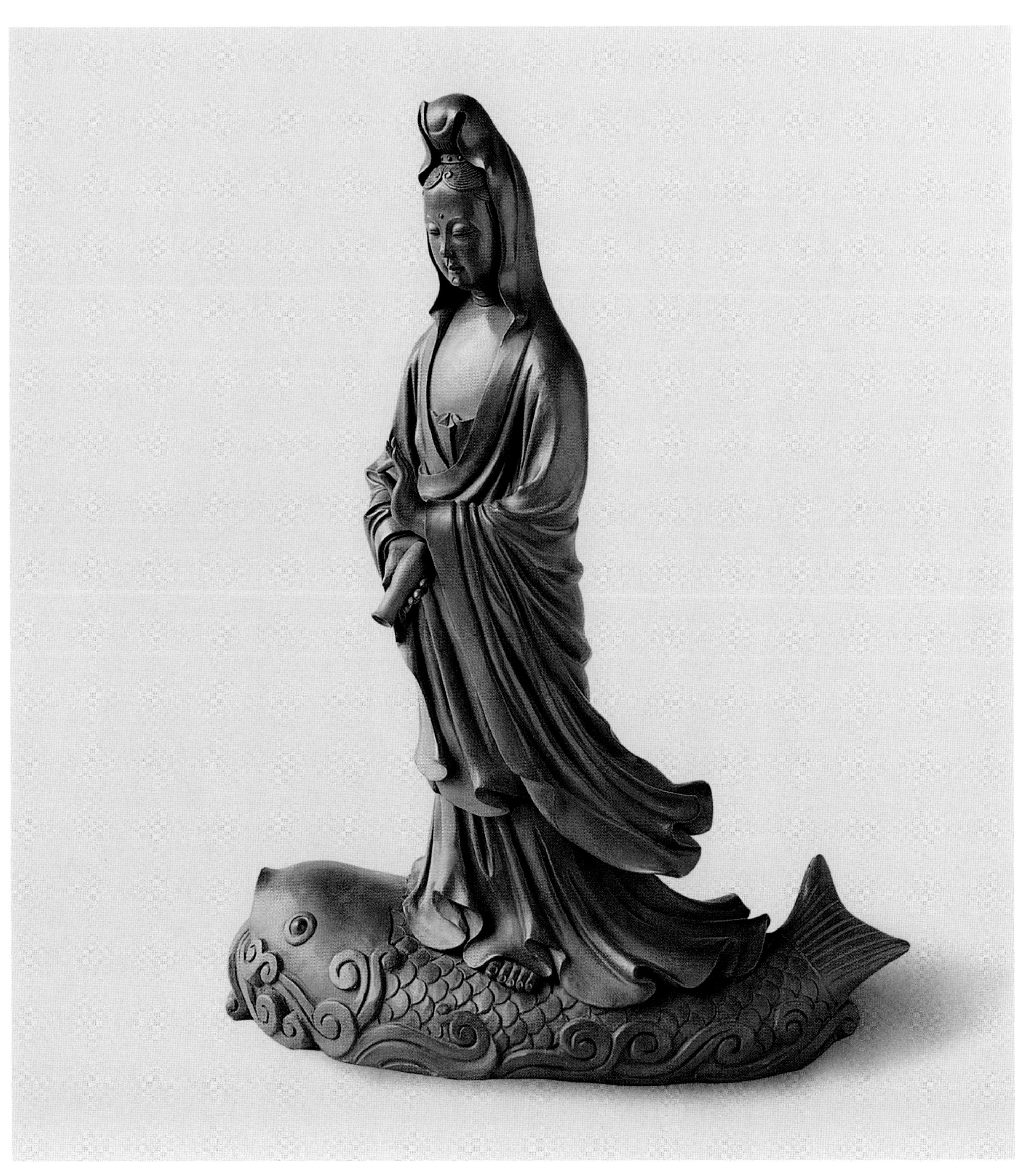

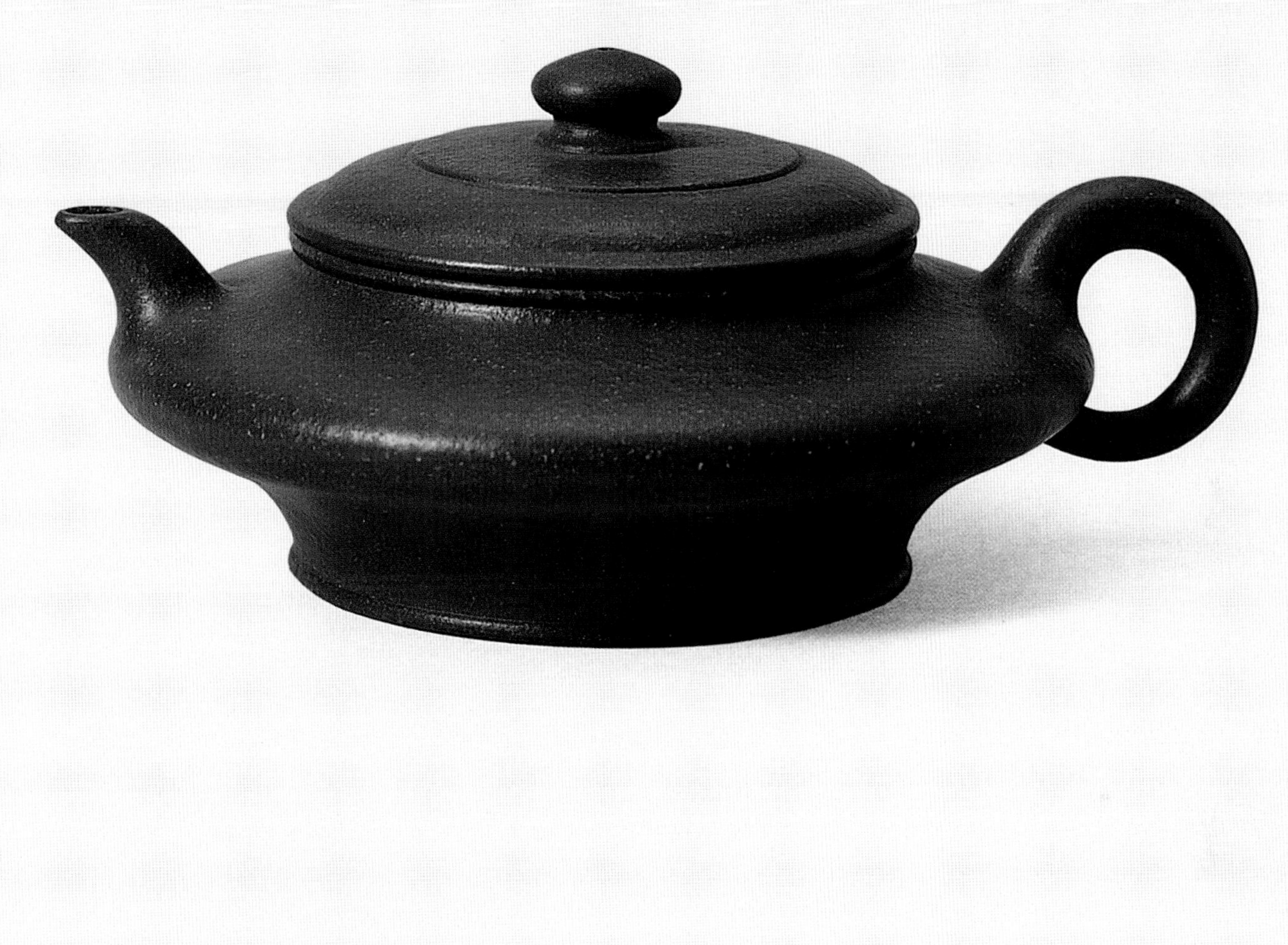

400.

大虛扁

吳群祥

高85mm　口徑92mm

◉　大虛扁壺，是紫砂器皿的傳統造型。腹徑寬，壺口、壺脚收縮大，是紫砂器皿中的功力活，沒有扎實的基本功製作不好。大虛扁壺由雙曲綫組成，嘴是一彎嘴，把是門箍把，相當有情趣，加上口、脚、蓋三條圓綫既可裝飾又起了加强圈的作用，使作品更加完美。此器不愧是一件傳統名作。

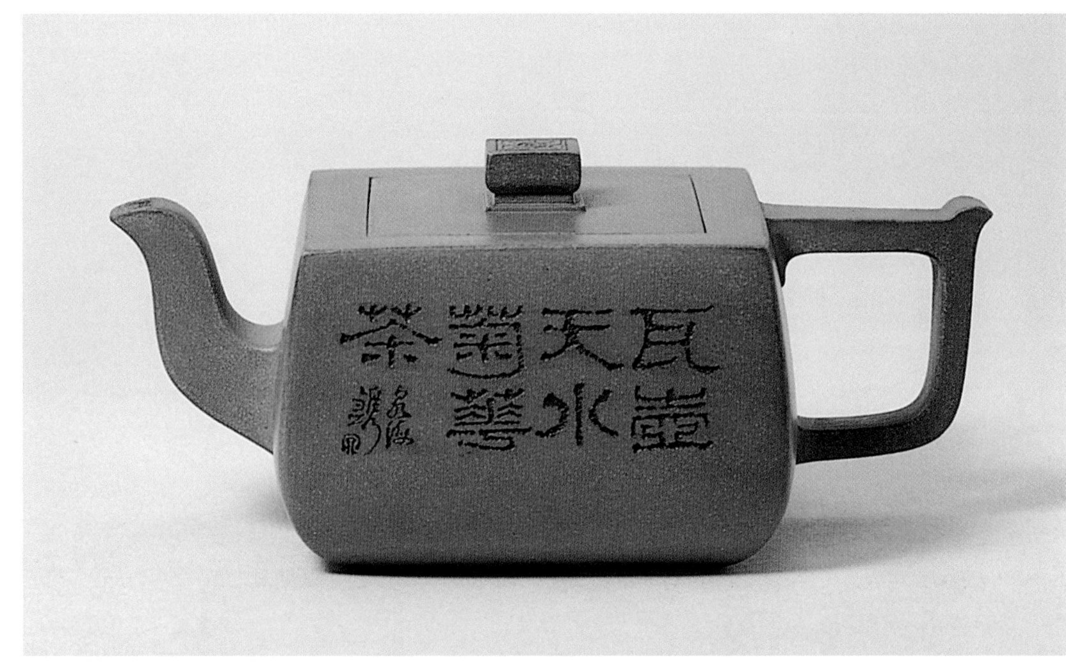

401.
灰四方壺
吳群祥
高76mm　口徑66mm
壺身銘：瓦壺天水菊花茶
泉海鐫

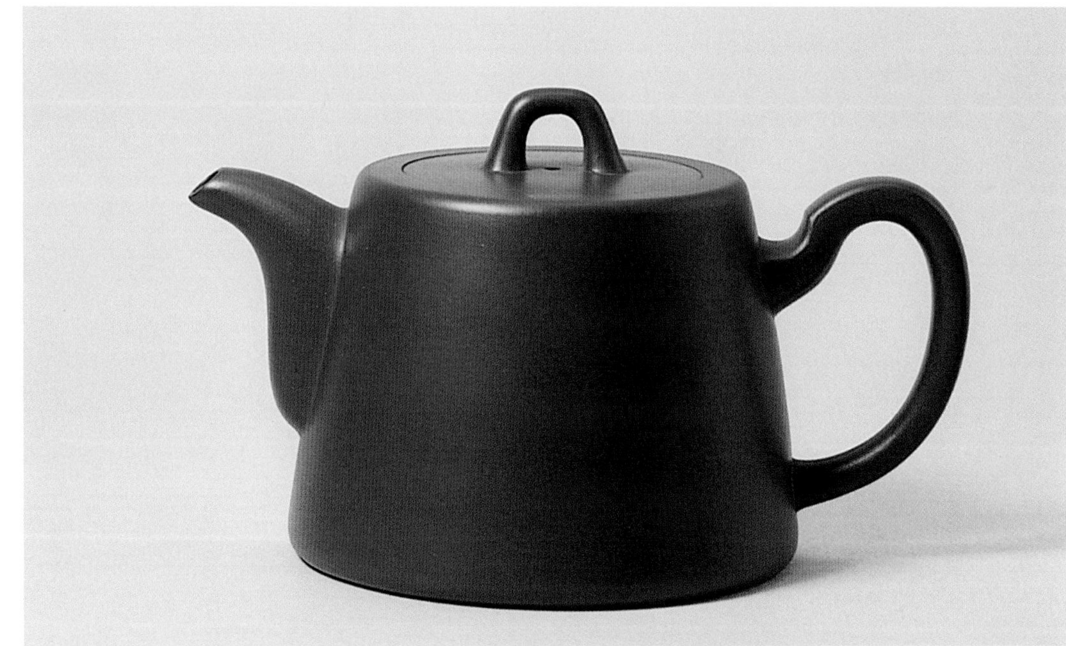

402.
泉中壺
吳群祥
高100mm　口徑64mm

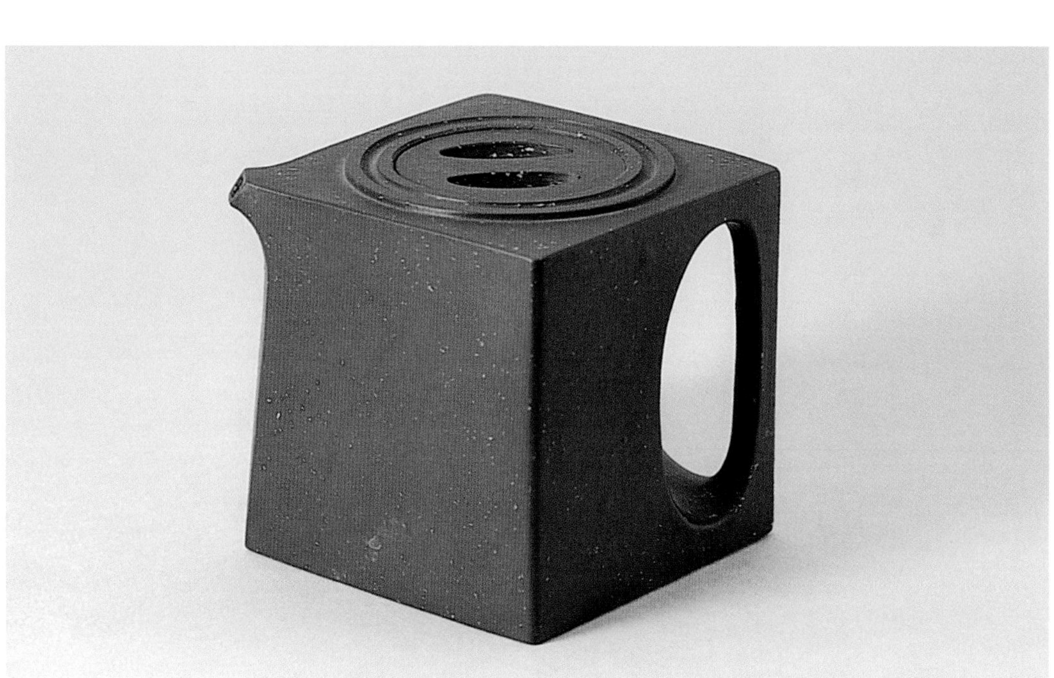

403.
方壺
吳群祥
高96mm　口徑54mm

404.

葵八瓣壺

李慧芳

高105mm　口徑86mm

◉　葵八瓣壺、菊八瓣壺、高水仙壺三件作品都取形於自然界的花。經藝術誇張加工製成的壺，再現了自然界的美，一瓣一瓣的花楞，使口蓋吻合無隙，確是鬼斧神工。

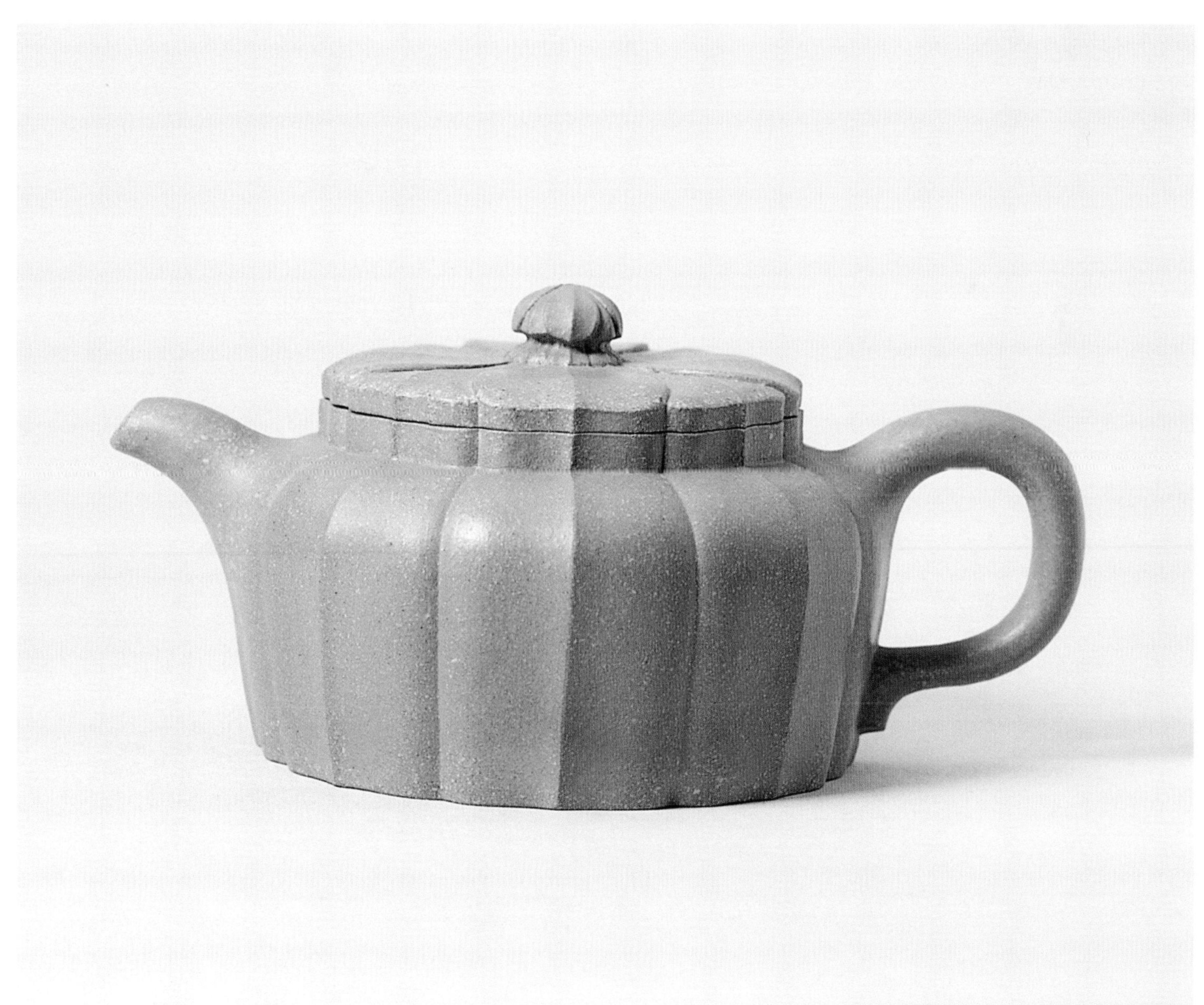

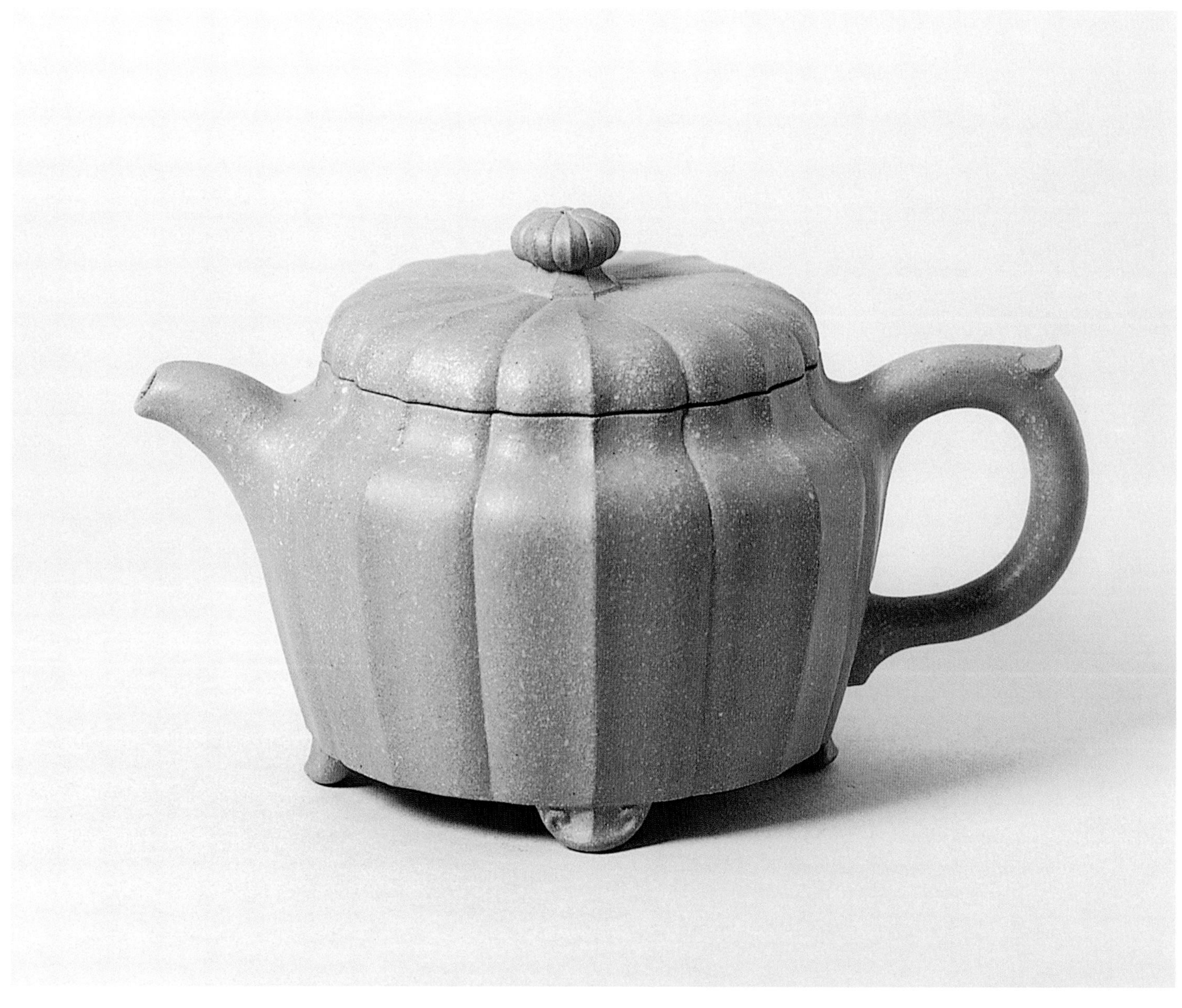

405.

菊八瓣壺

葛陶中

高85mm　口徑84mm

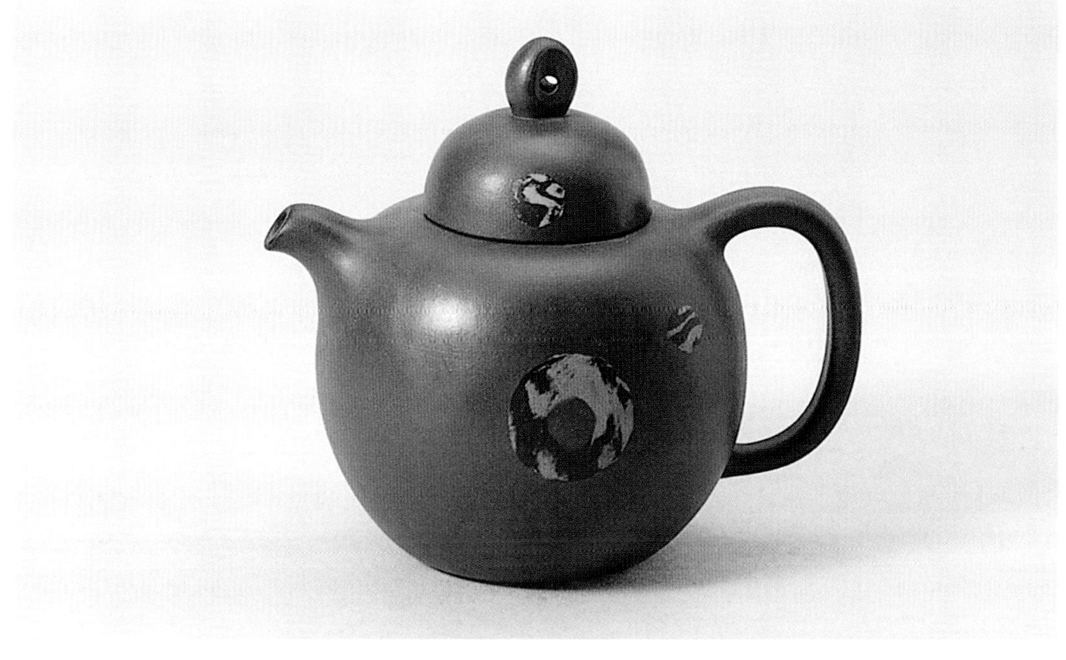

406.
彩燈壺
葛陶中、李慧芳
高118mm　口徑42mm

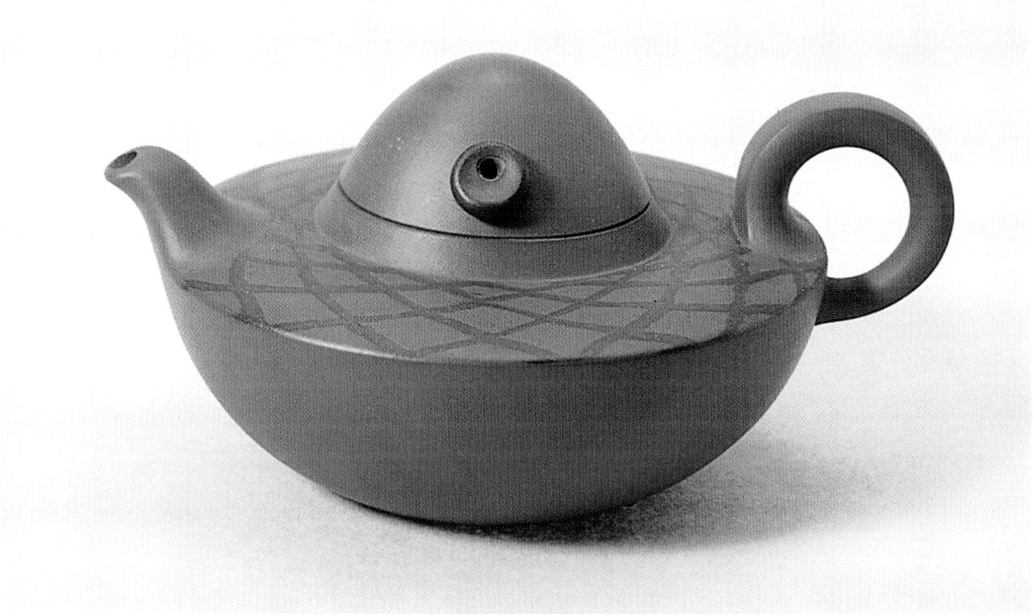

407.
歡樂壺
葛陶中、李慧芳
高74mm　口徑50mm

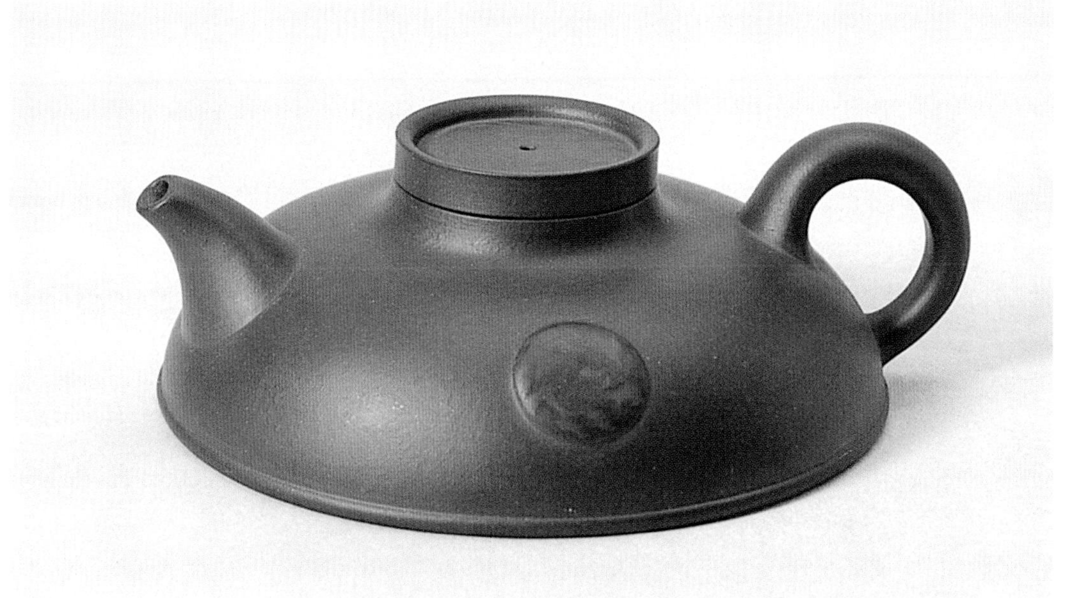

408.
子平壺
葛陶中、李慧芳
高50mm　口徑45mm

409.

高水仙壺

葛陶中

高113mm　口徑58mm

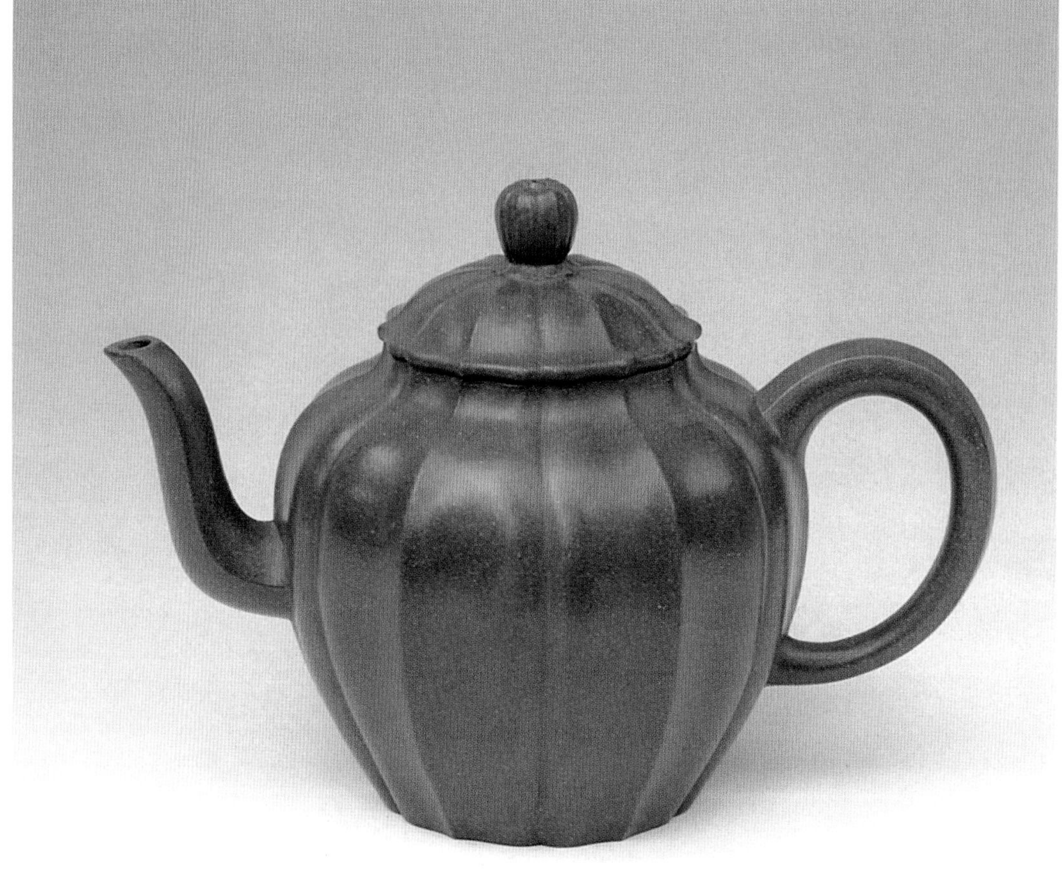

410.

天柱對壺

王建中（設計）　葛陶中（製）

方壺高86mm　口徑68mm

圓壺高96mm　口徑72mm

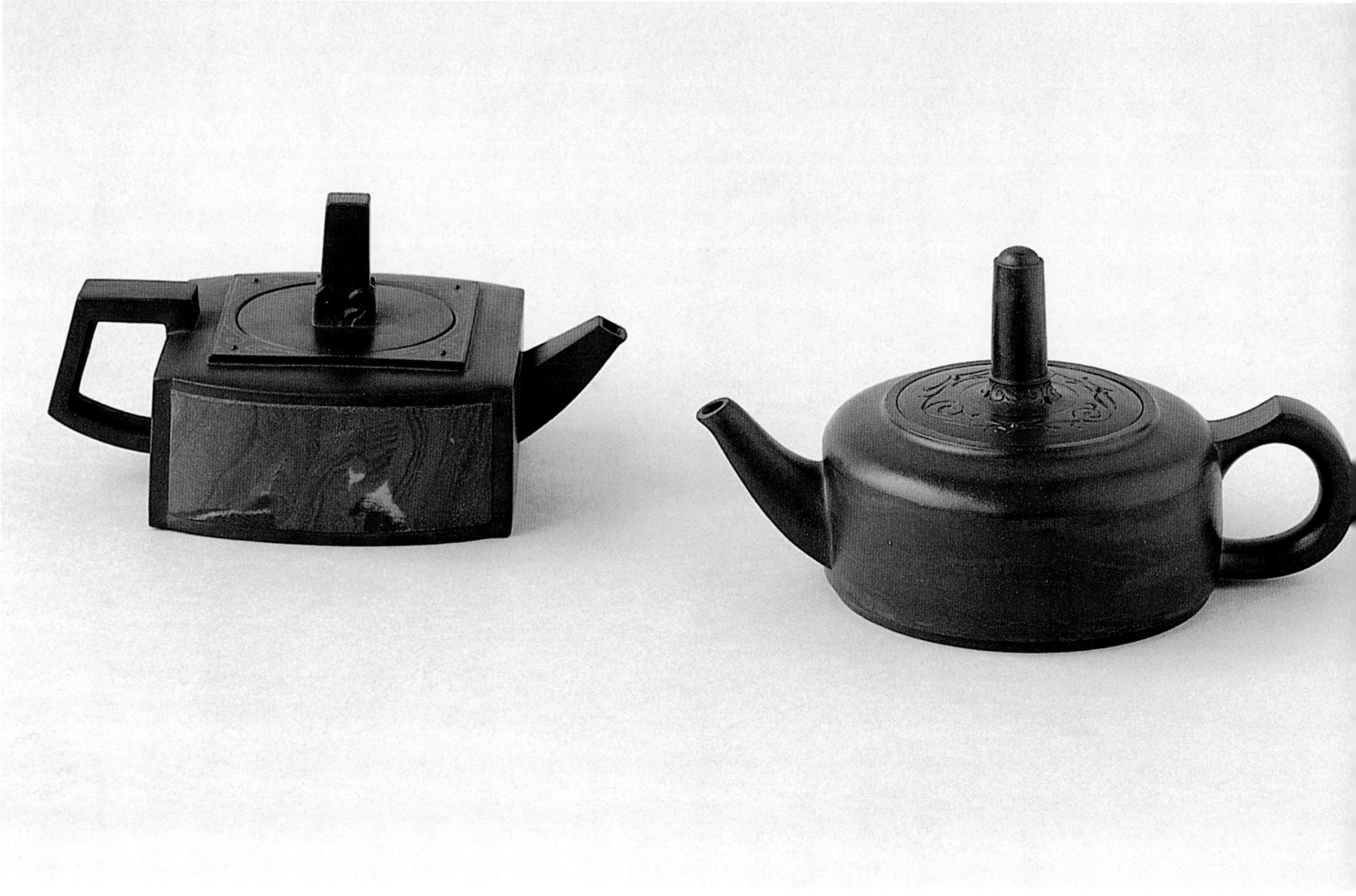

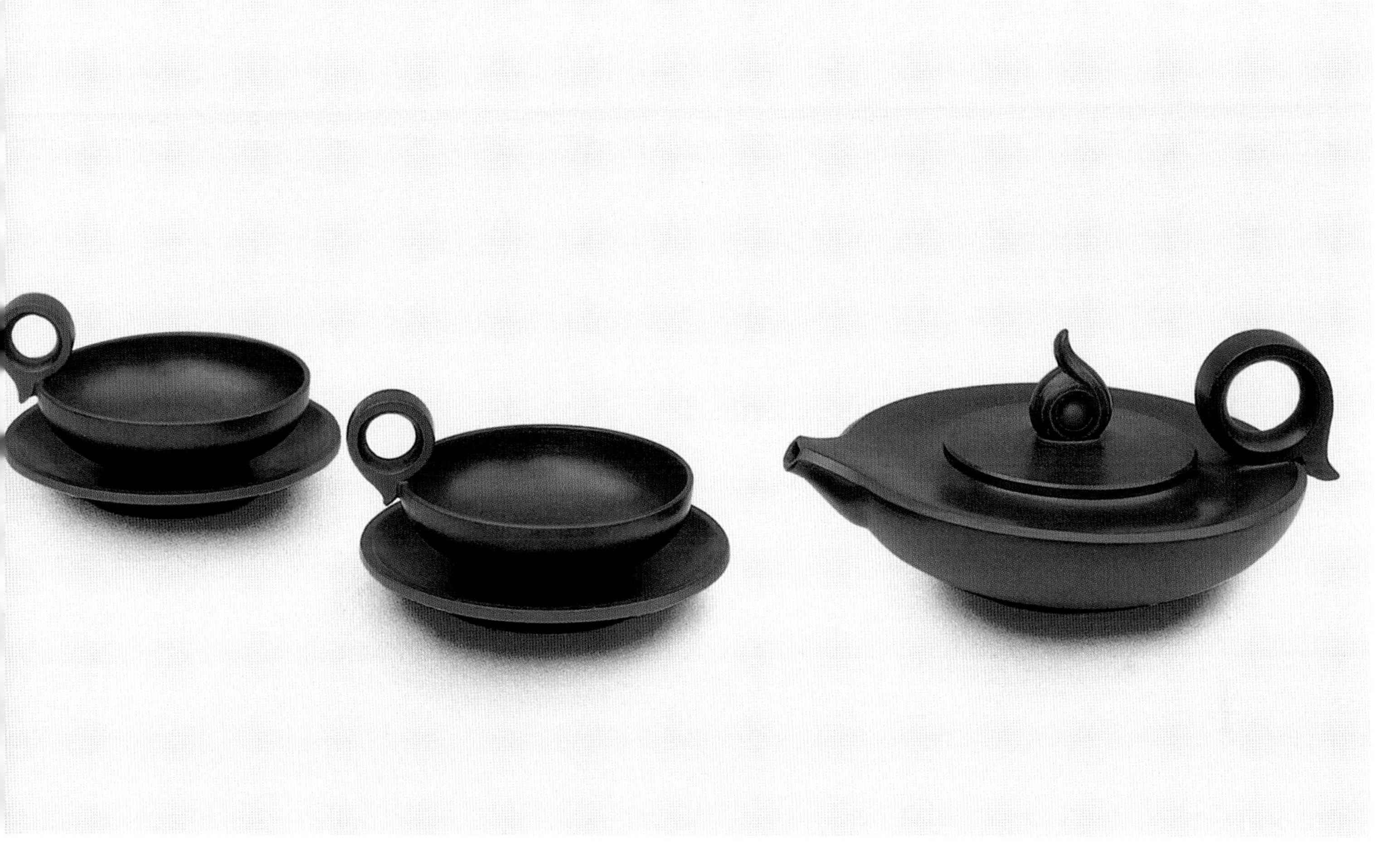

411.

夜知己

葛陶中

壺高70mm　口徑70mm

杯高27mm　口徑84mm

碟高16mm　直徑102mm

◉　借取一盞油燈爲壺的造型，暗示茫茫黑夜裏，會有一盞明燈伴隨人們渡過難關。人們視明燈爲知己，壺蓋的摘手像是不滅的火苗。設計新穎，耐人尋味。

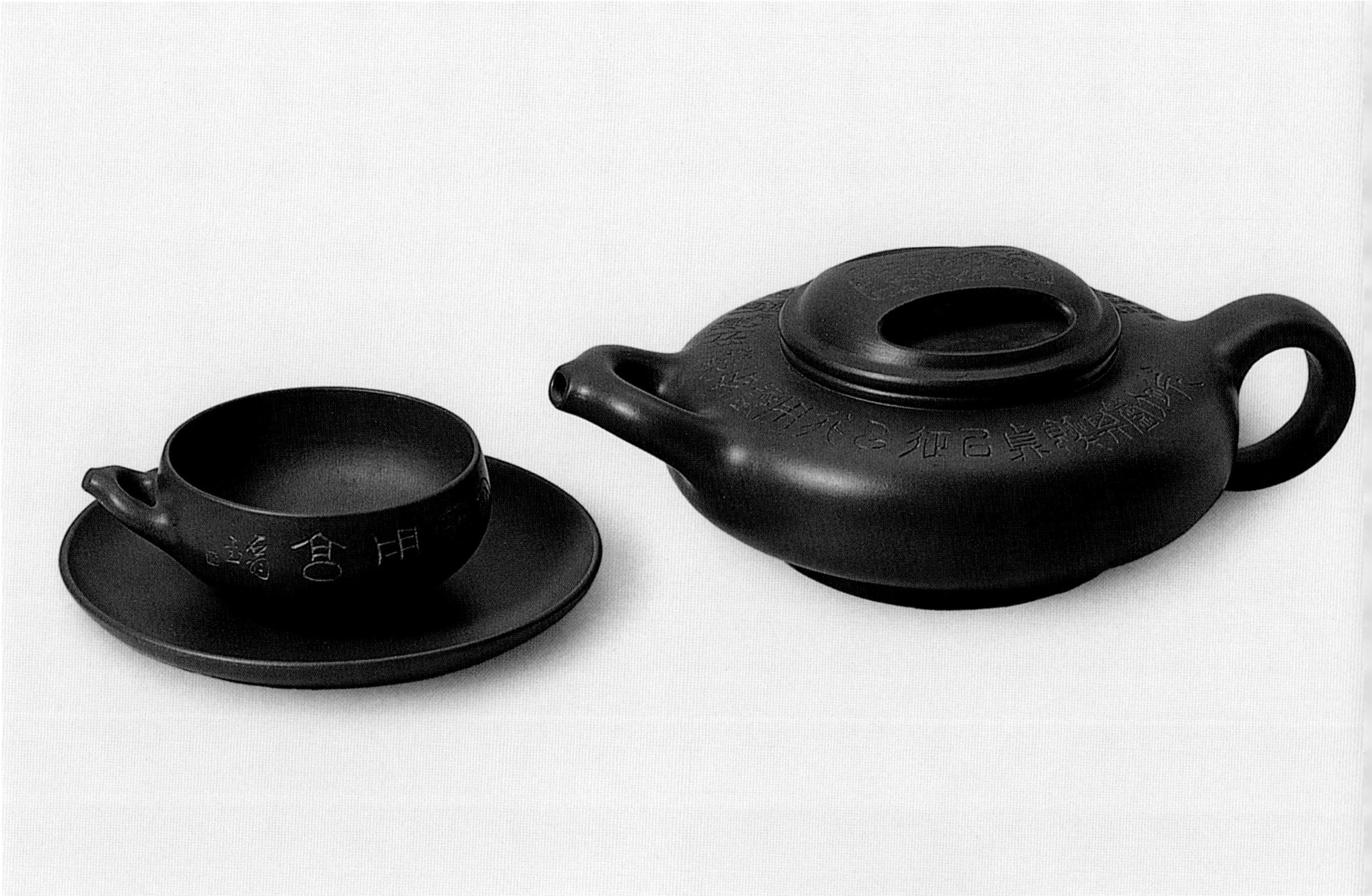

412.

金牛壺

劉建平（製）　沈漢生（刻）

壺高70mm　口徑77mm

杯高40mm　口徑71mm

碟高16mm　直徑129mm

壺身銘：叔夜鑄其饙鼎，
以征以行，
用鬻用鬻用靳，
眉壽無疆。
周叔夜鼎銘
乙丑年石羽銘之

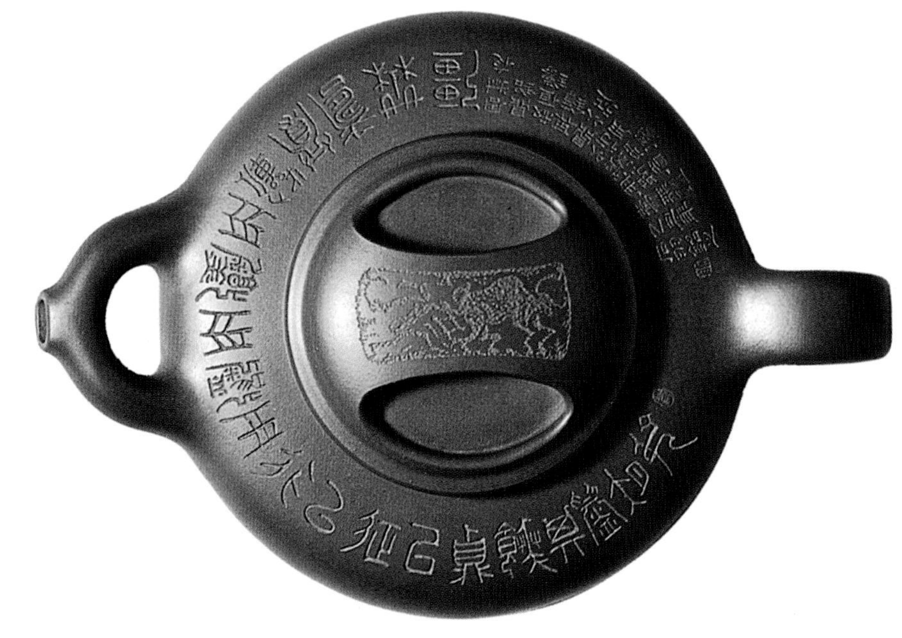

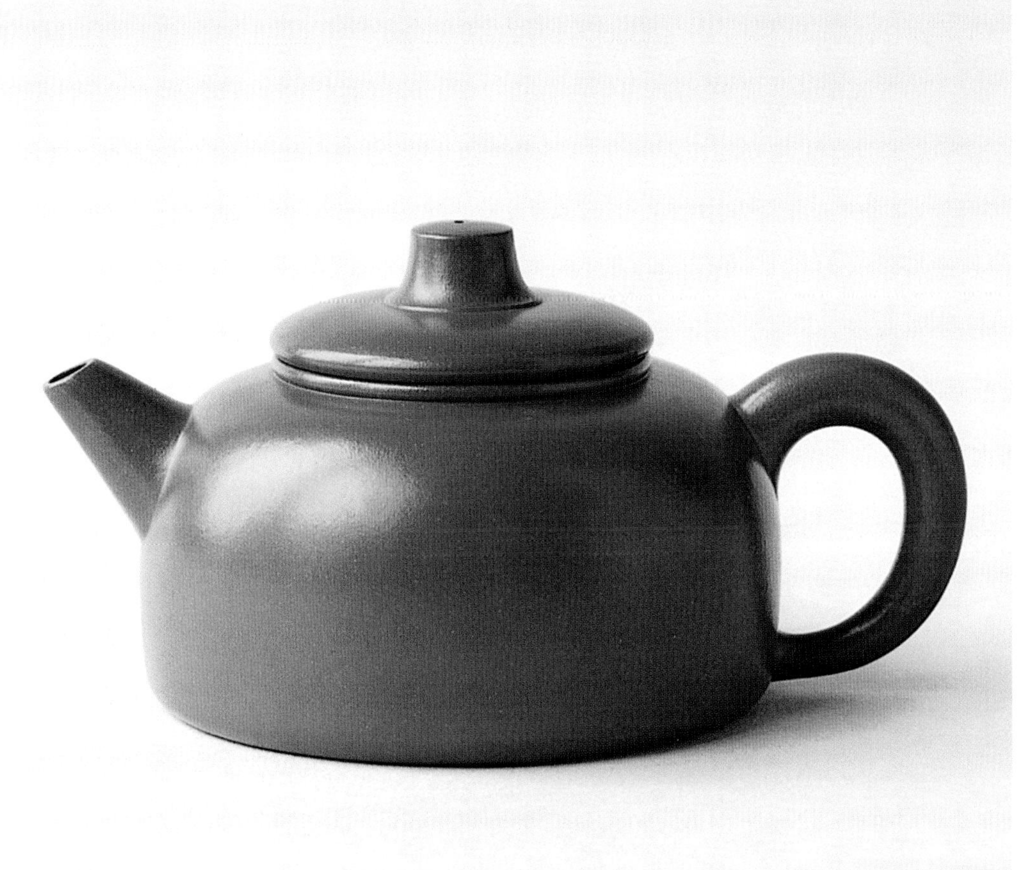

413.

天香壺

劉建平

高85mm　口徑64mm

414.

富貴茶具

劉建平

壺高77mm　口徑97mm

杯高45mm　口徑67mm

碟高8.5mm　直徑125mm

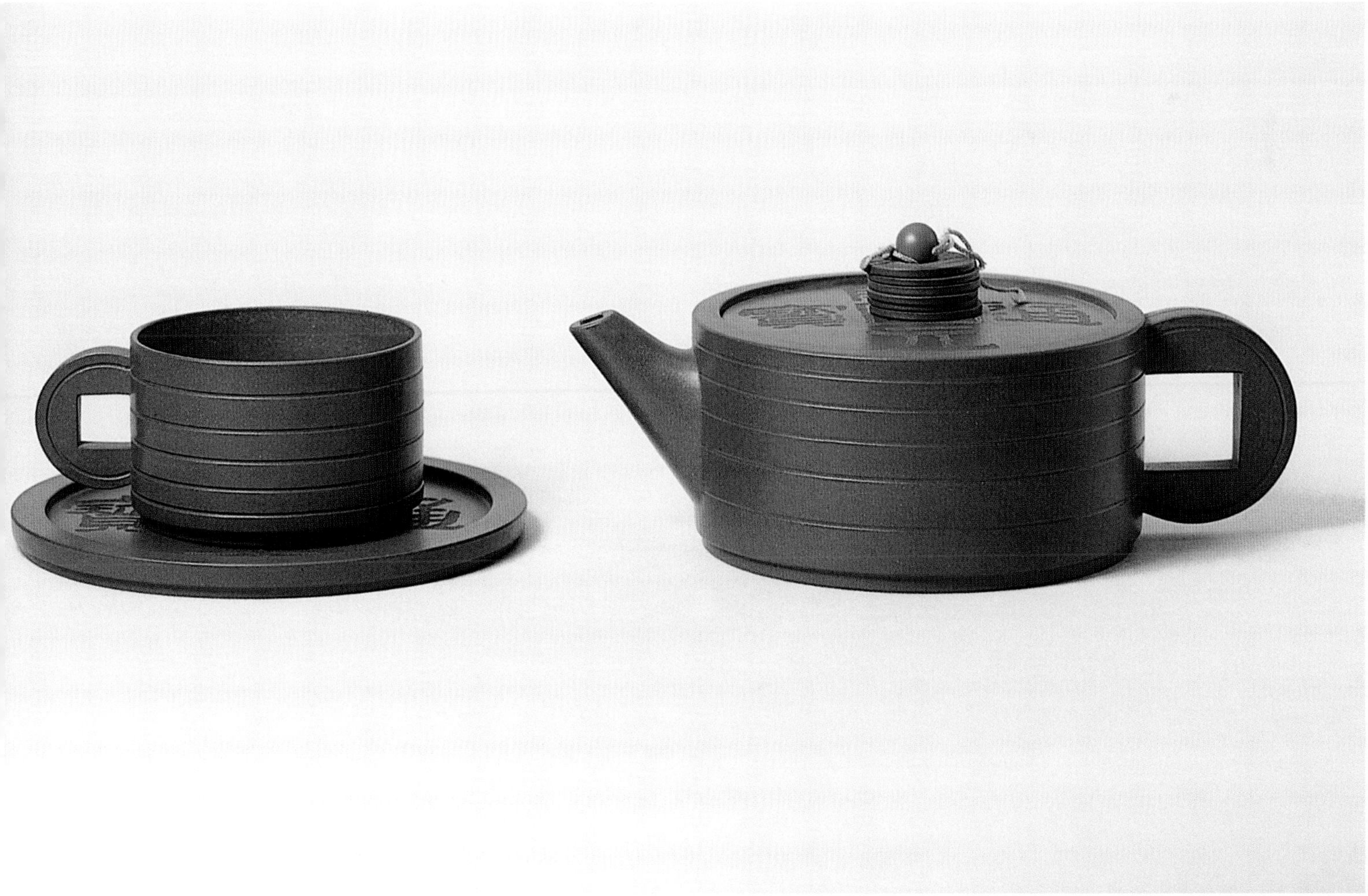

415.

蘊育生機壺

劉建平

高116mm　口徑65mm

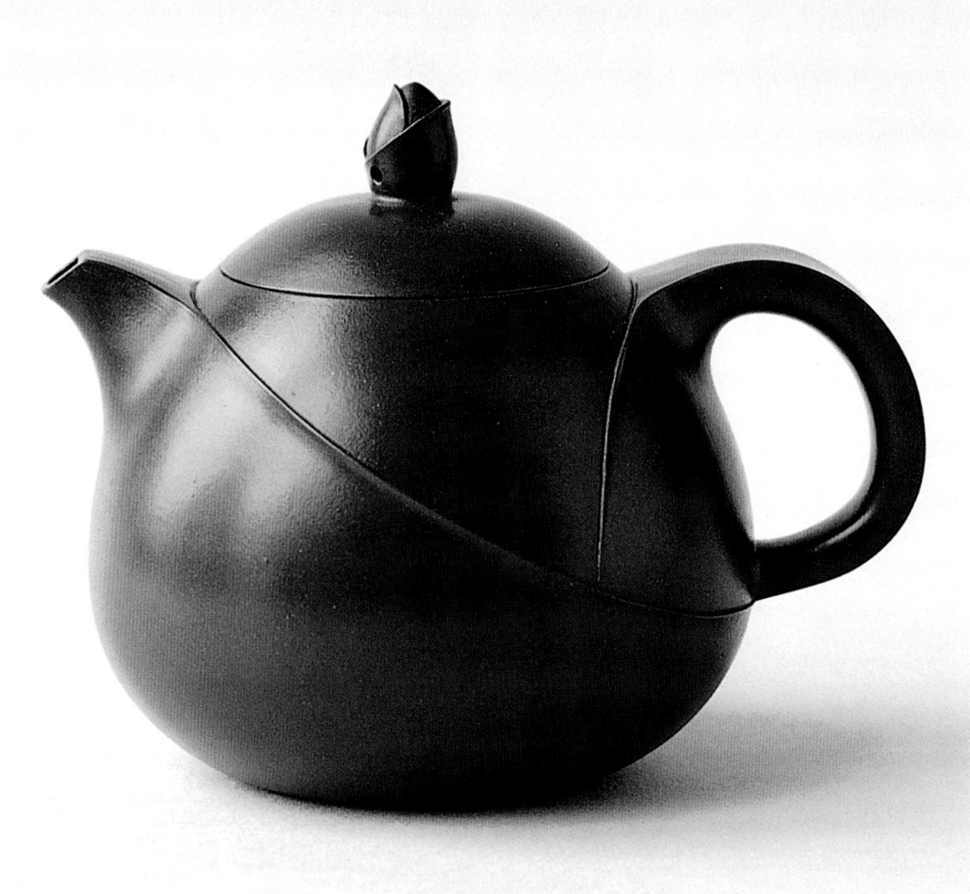

416.

勁節清風茶具

劉建平

壺高86mm　口徑70mm

杯高33mm　寬81mm

碟高12mm　直徑160mm

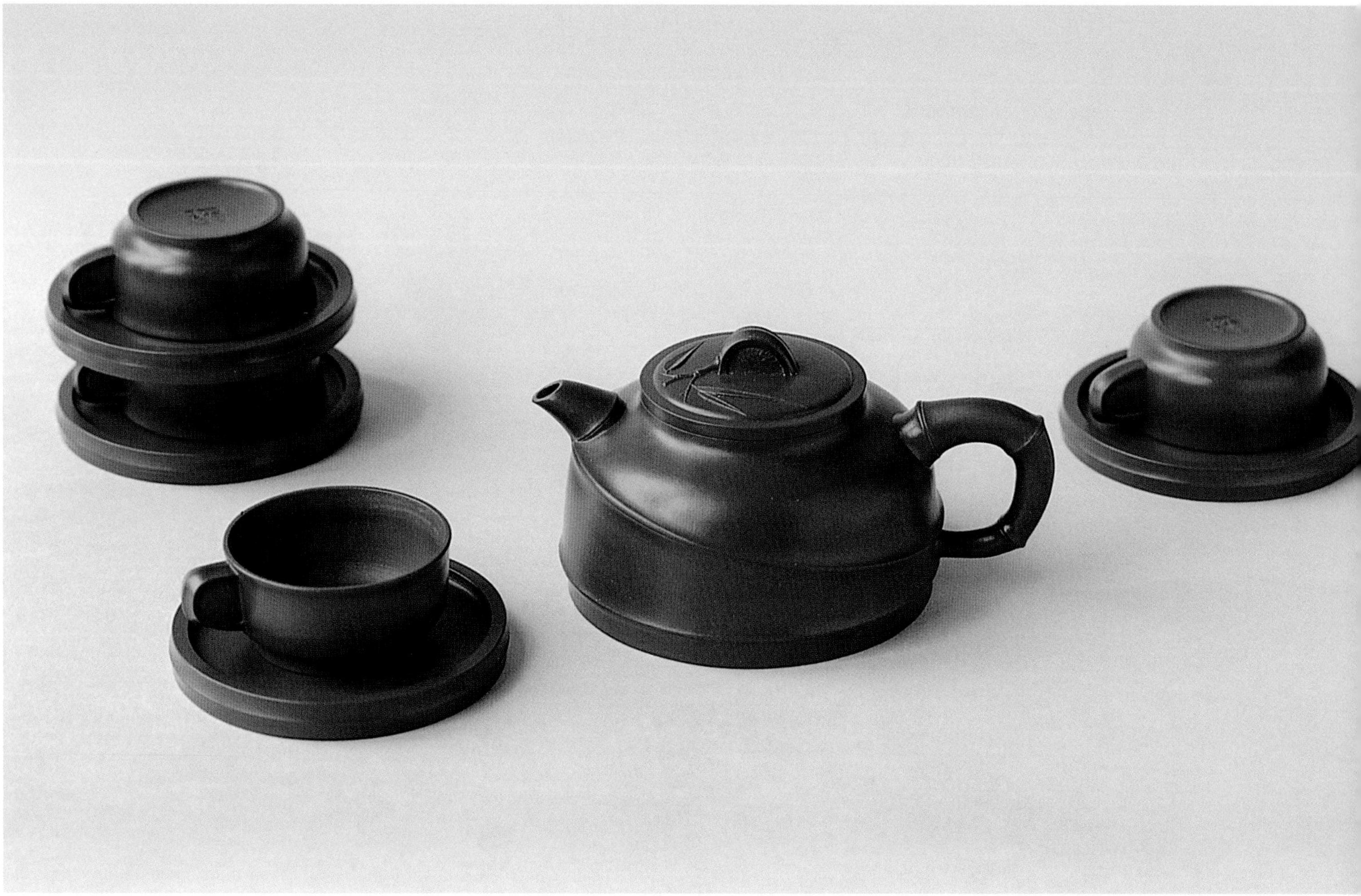

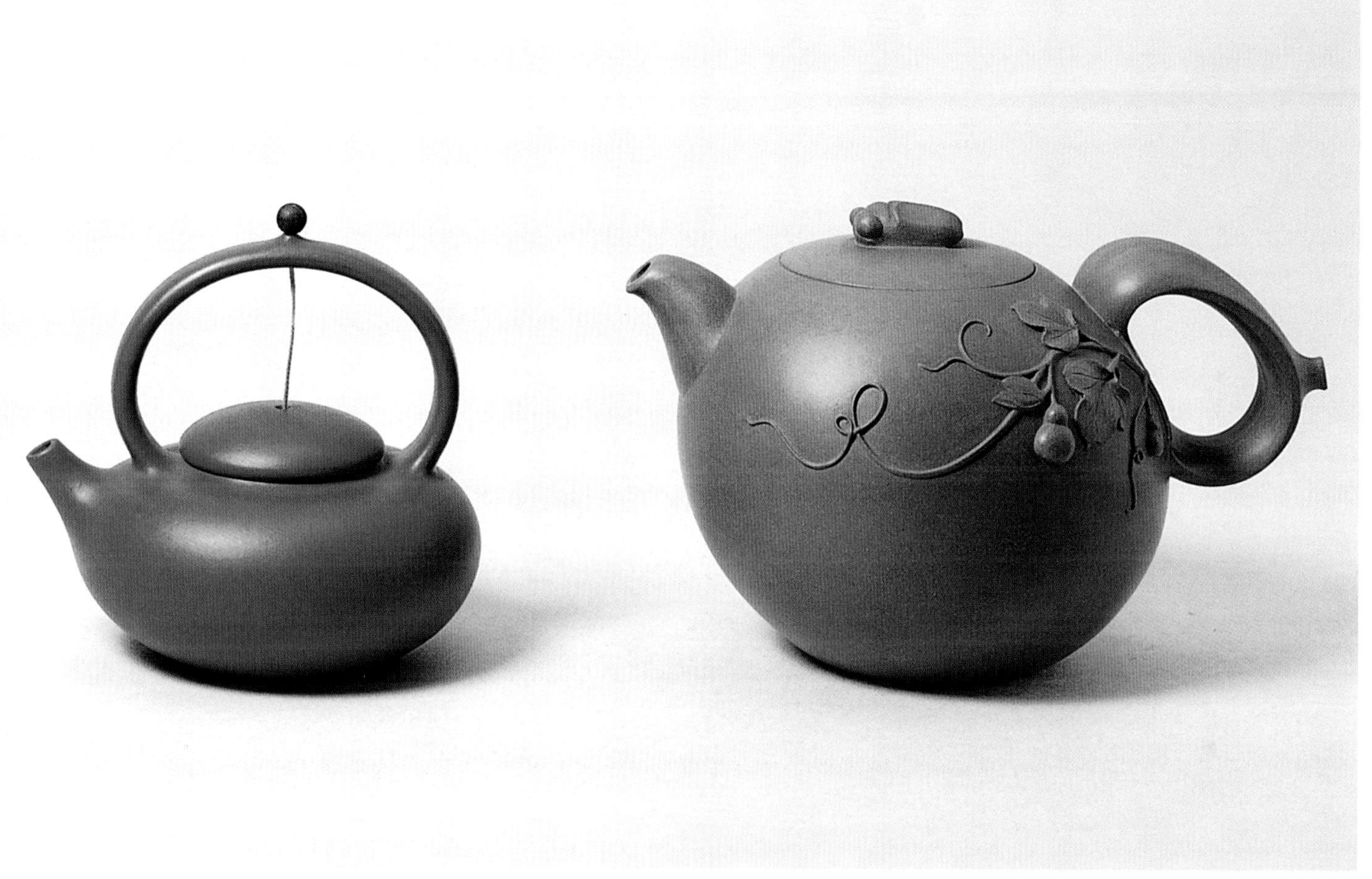

417.

紅小圓提梁

江建祥

高93mm　口徑44mm

灰葫蘆壺

江建祥

高101mm　口徑56mm

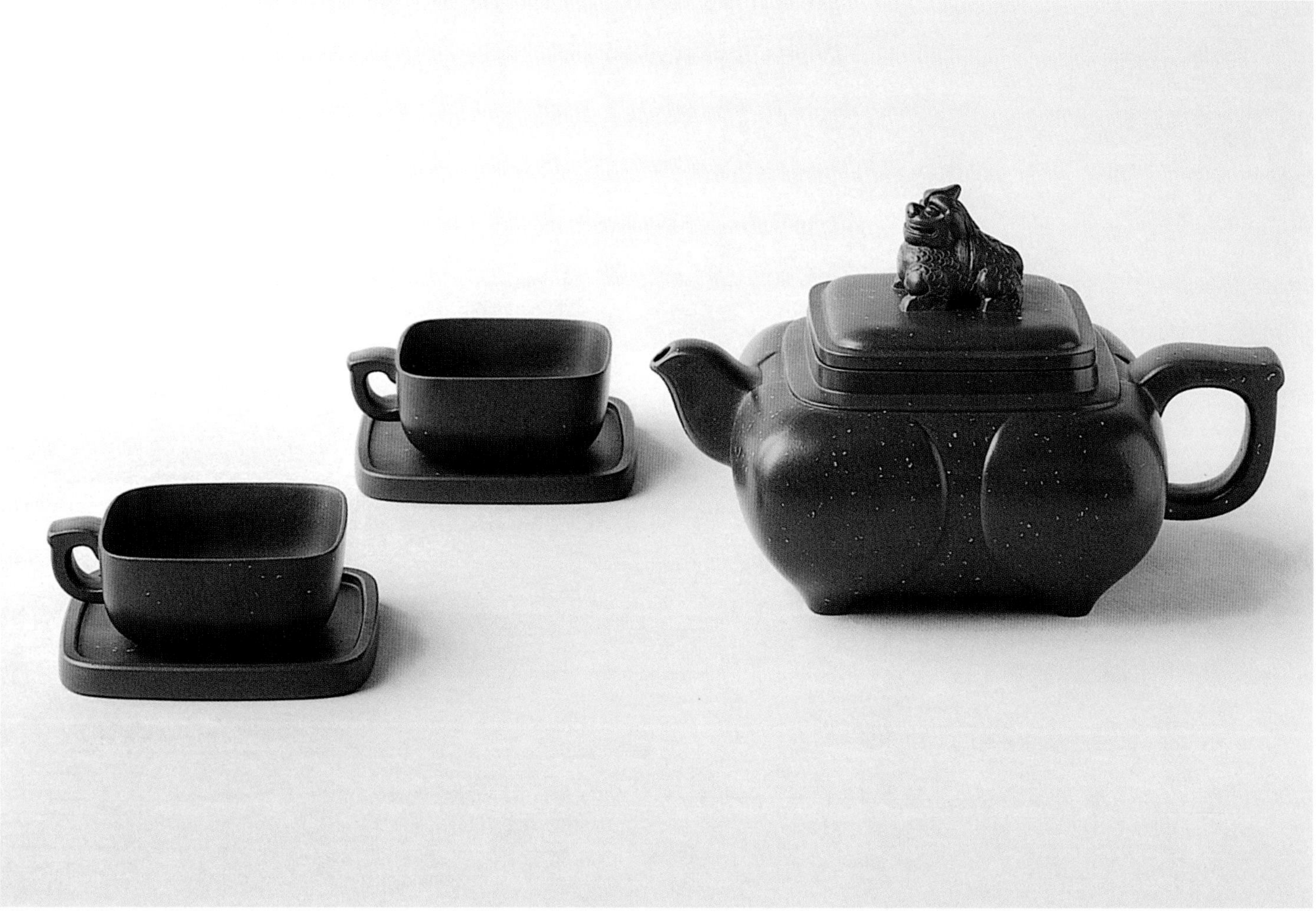

418.

權鼎茶具

江建祥

壺高99mm　口徑70mm

杯高27mm　寬75mm

碟高7mm　直徑77mm

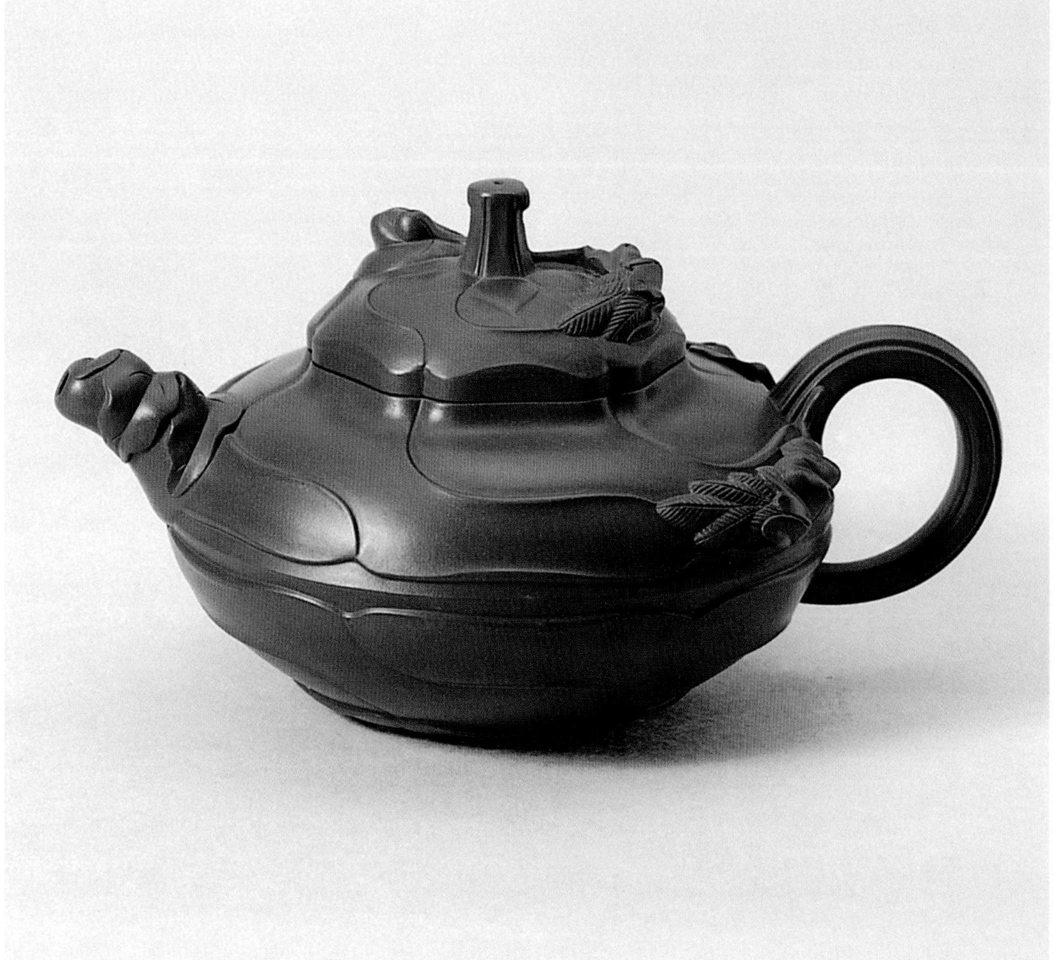

419.

風卷葵

江建祥

高108mm　　口徑71mm

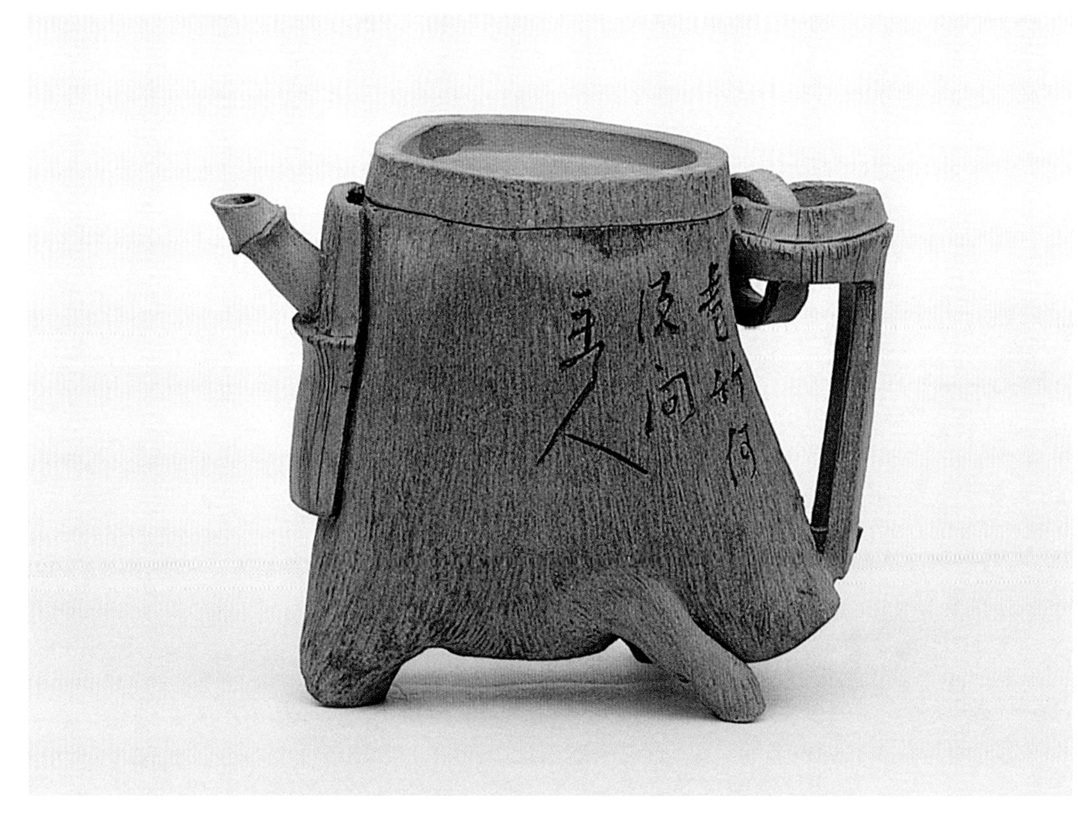

420.
看竹
高振宇
高105mm
口徑橫62mm　縱57mm
壺身銘：看竹何須問主人

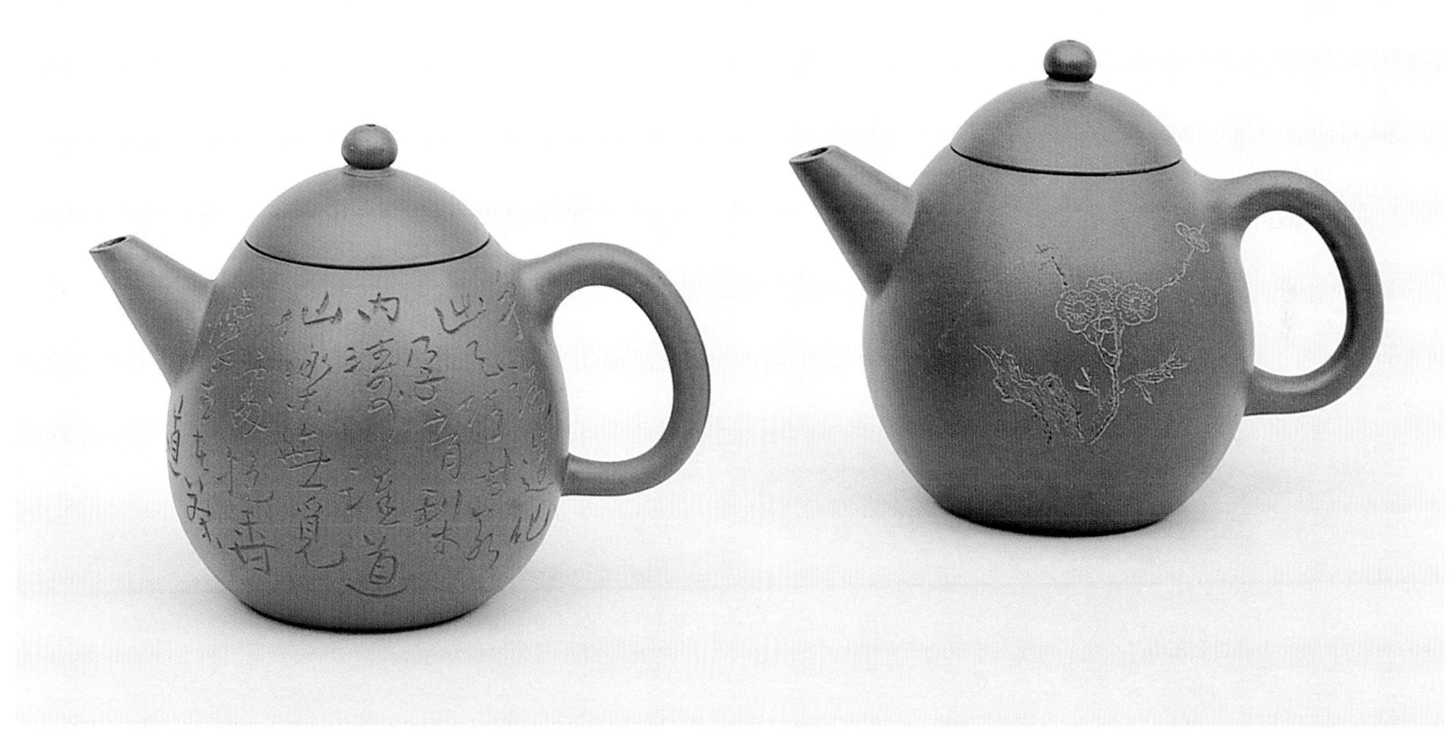

421.
小梨式
高振宇、徐徐
高90mm　口徑40mm
壺身銘：手端造化出天巧，
甘泉孕育梨內濤。
誰道仙樂無覓處，
抱香懷古在茶道。
秀棠題

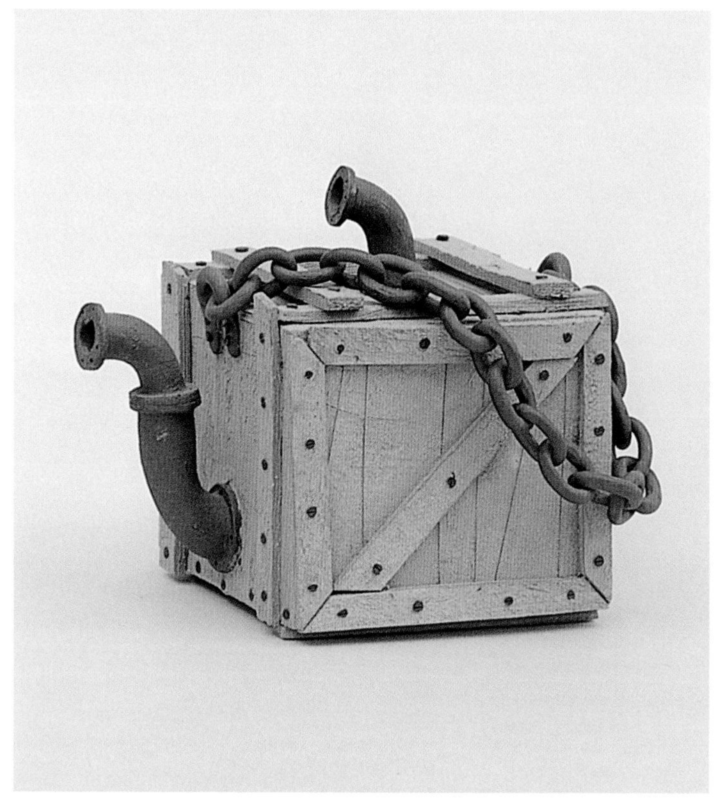

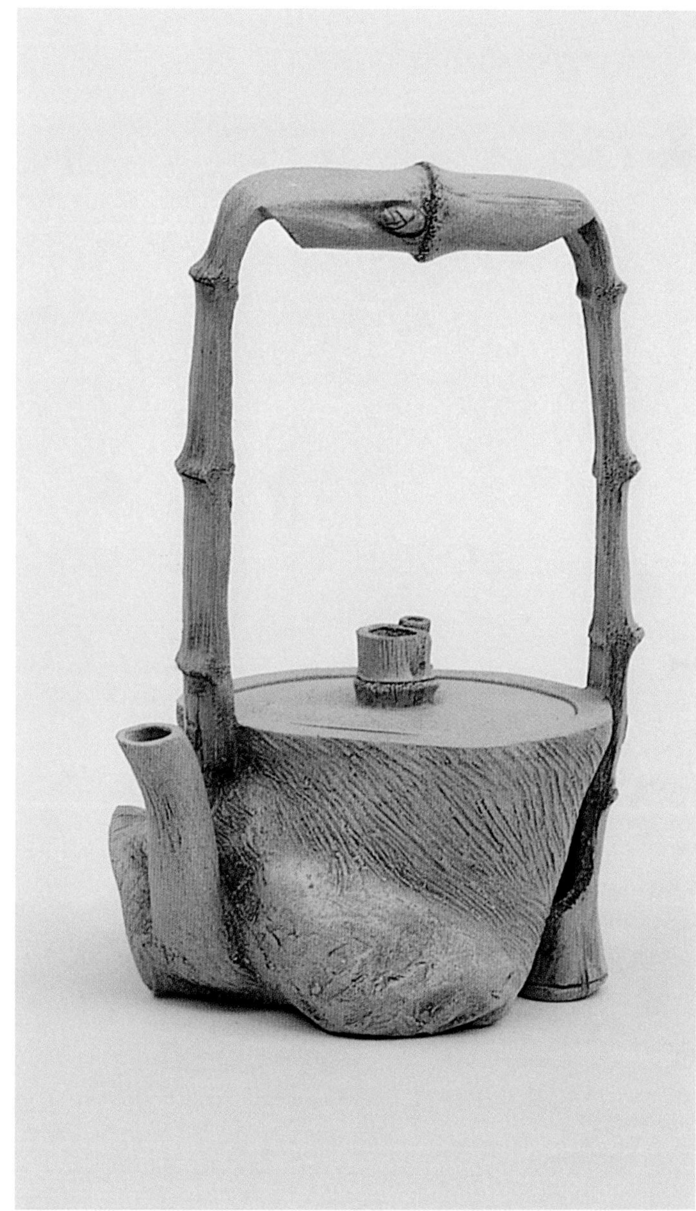

422.

箱鍊壺

高振宇

高115mm

口徑橫56mm　縱46mm

424.

匏瓜

高振宇、徐徐

高95mm　口徑46mm

壺身銘：春草扁舟眼暫明，

江濤還似舊時清。

明兩翁昔年名句 寬堂 馮其庸

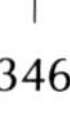

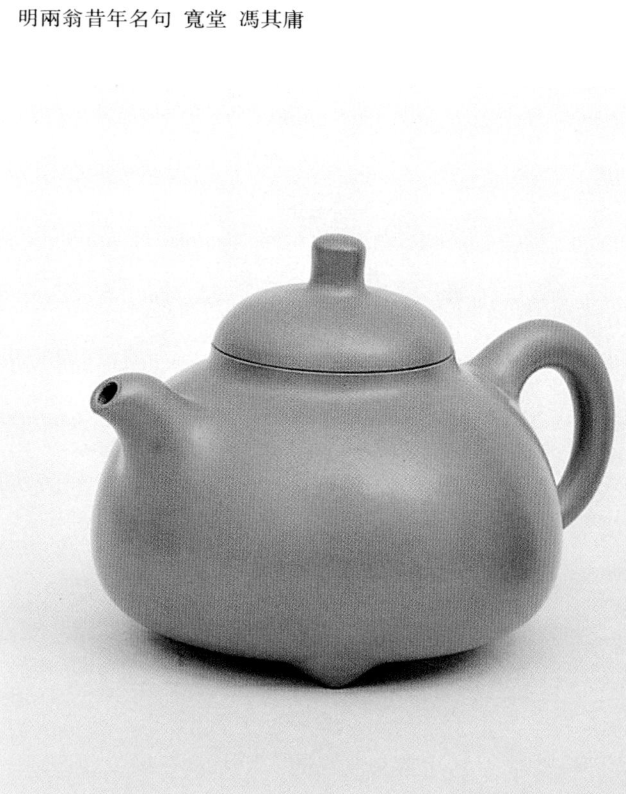

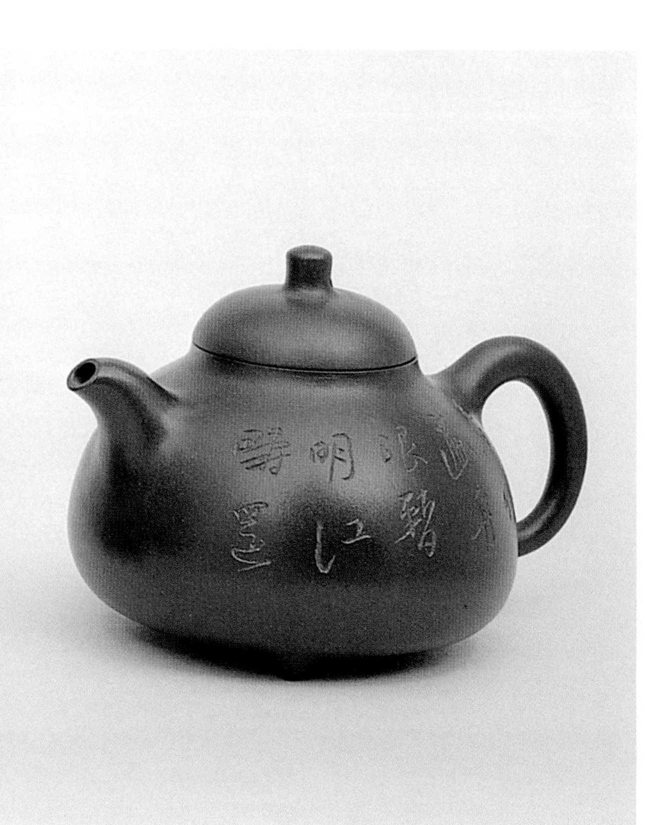

423.

石竹提梁

高振宇

高145mm

口徑橫64mm　縱46mm

425.

水波提梁

徐維明

高133mm　口徑91mm

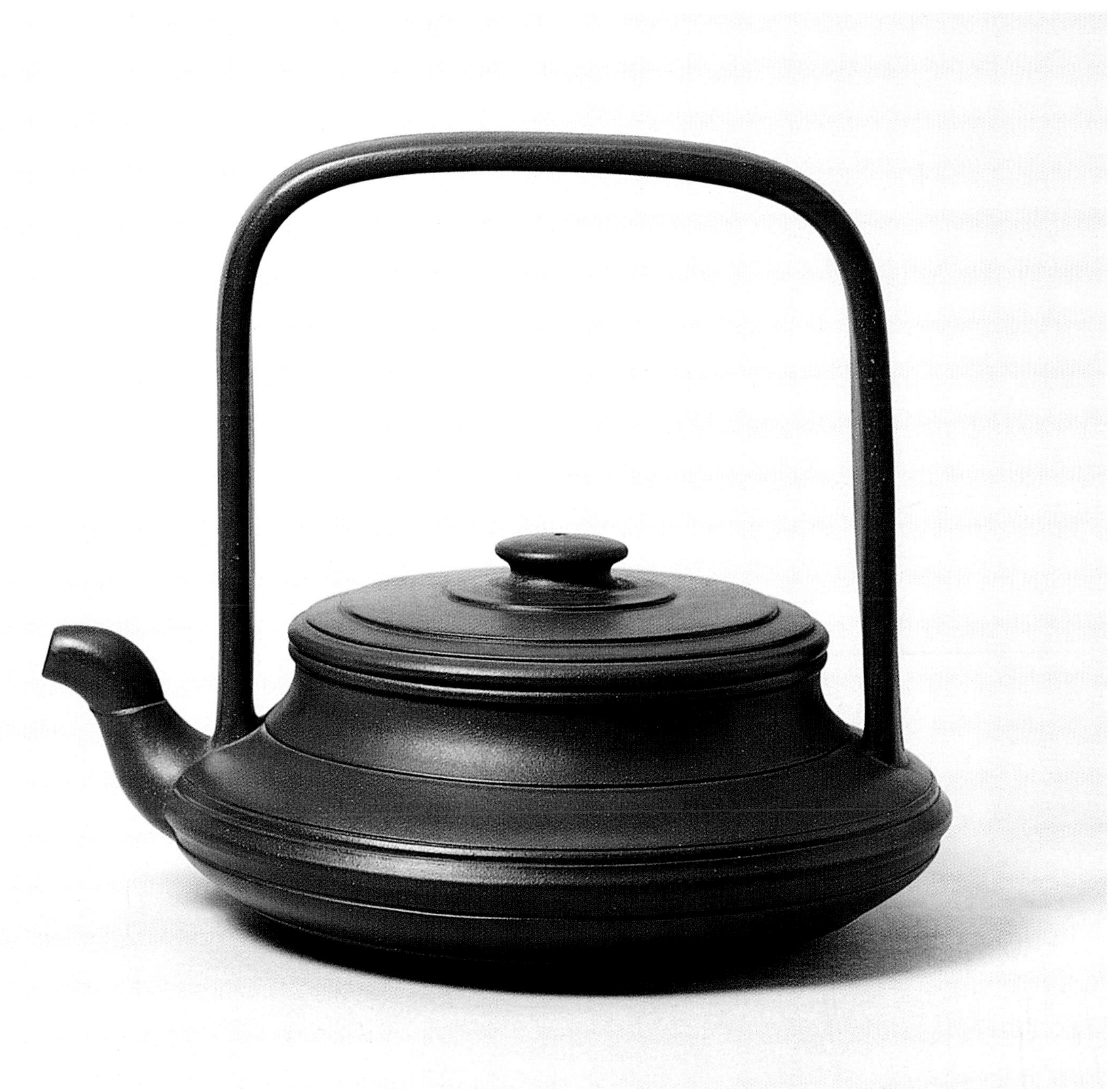

426.

裙花提梁

徐維明

高150mm

口徑橫64mm　縱46mm

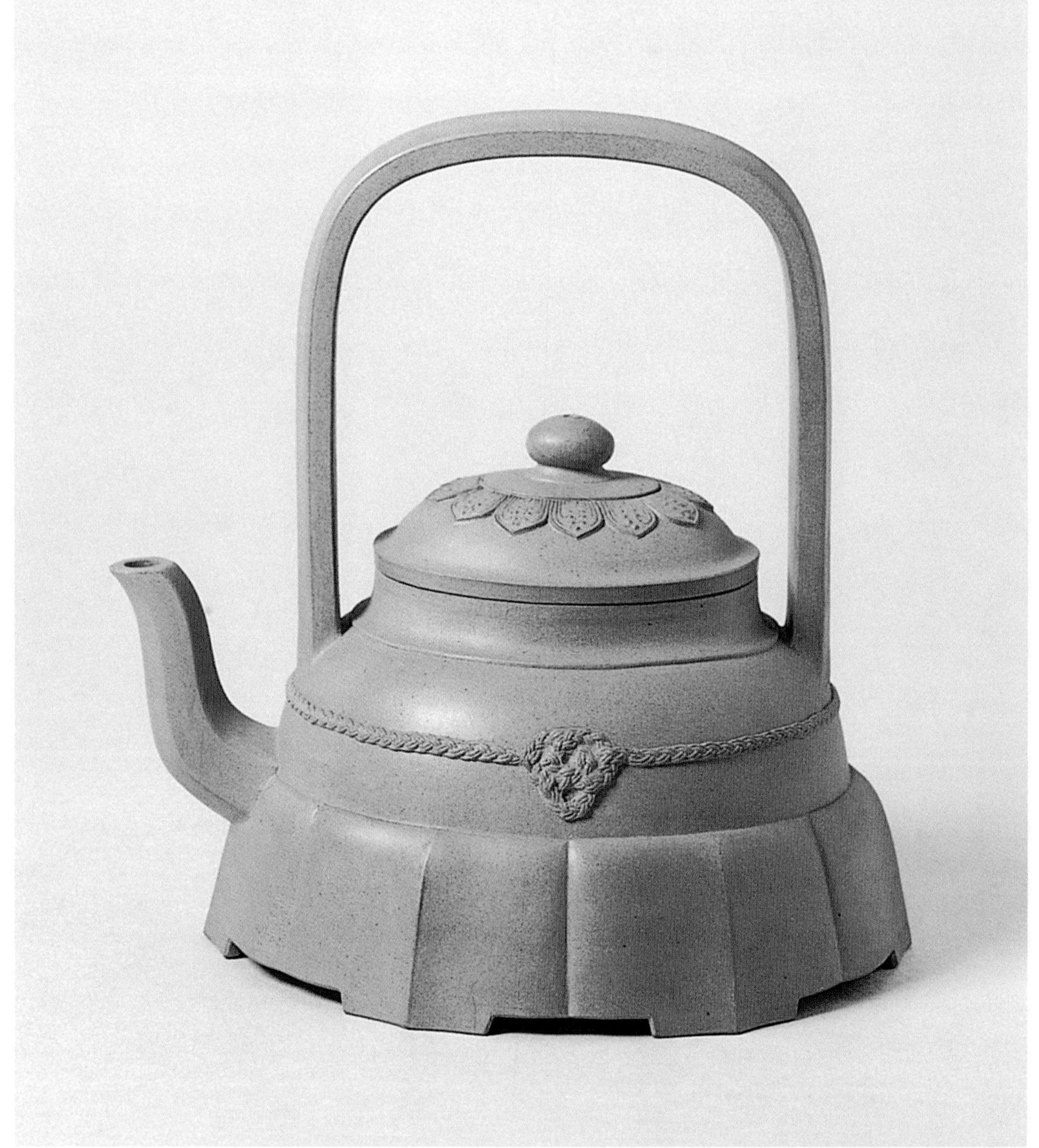

427

陶俑壺

徐維明

高116mm　口徑42mm

高73mm　口徑60mm

◉ 緊張的構思、怡然自得的遐想，把一團泥摶埴成俑或蛹。是超寫實也好，是浪漫寫意也罷，總之，紫砂壺題材之廣、表現手法之多，遠超想像。講究壺藝的藝壺，有它只可意會難以言傳的妙象。像這個陶俑壺，頗具神韵和靈氣，惟有靠你自己去細細品味了。

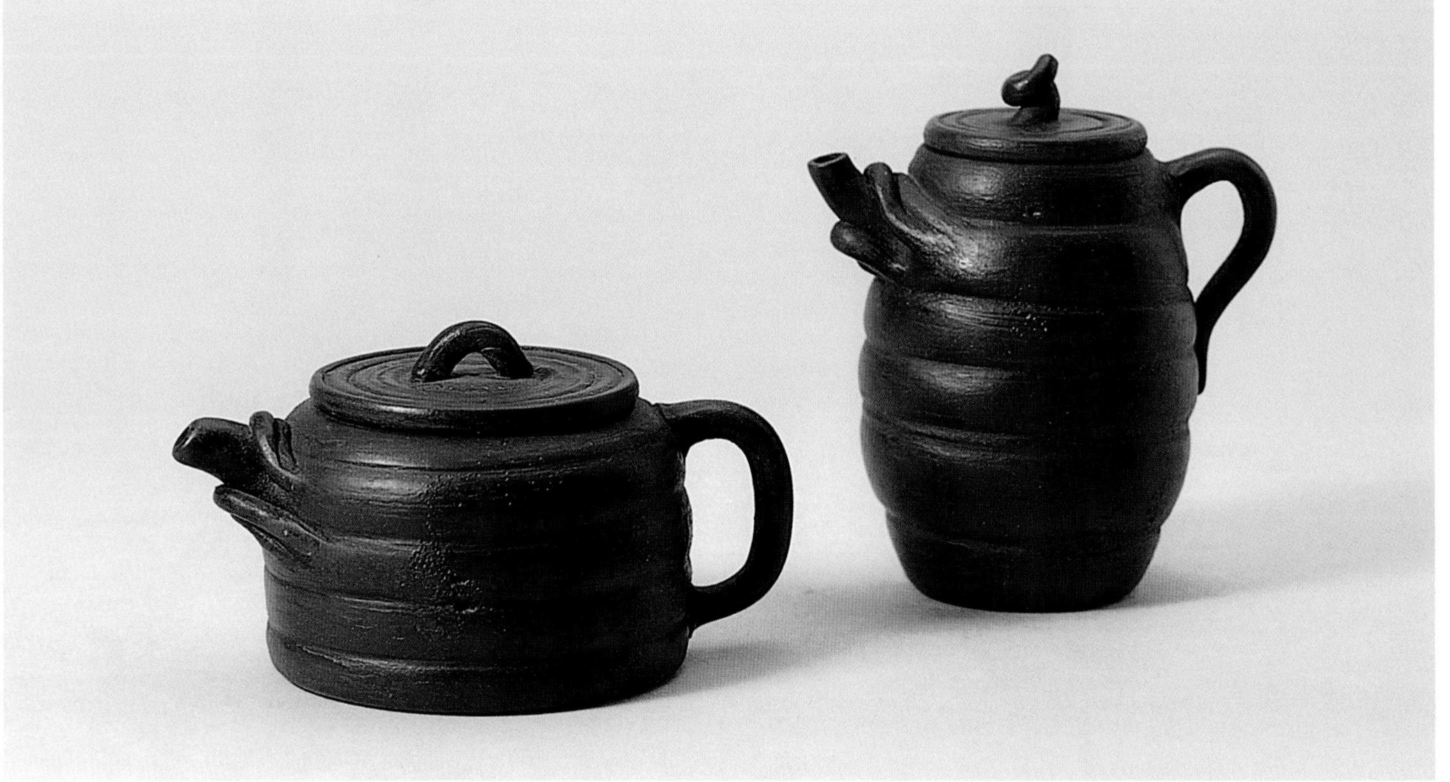

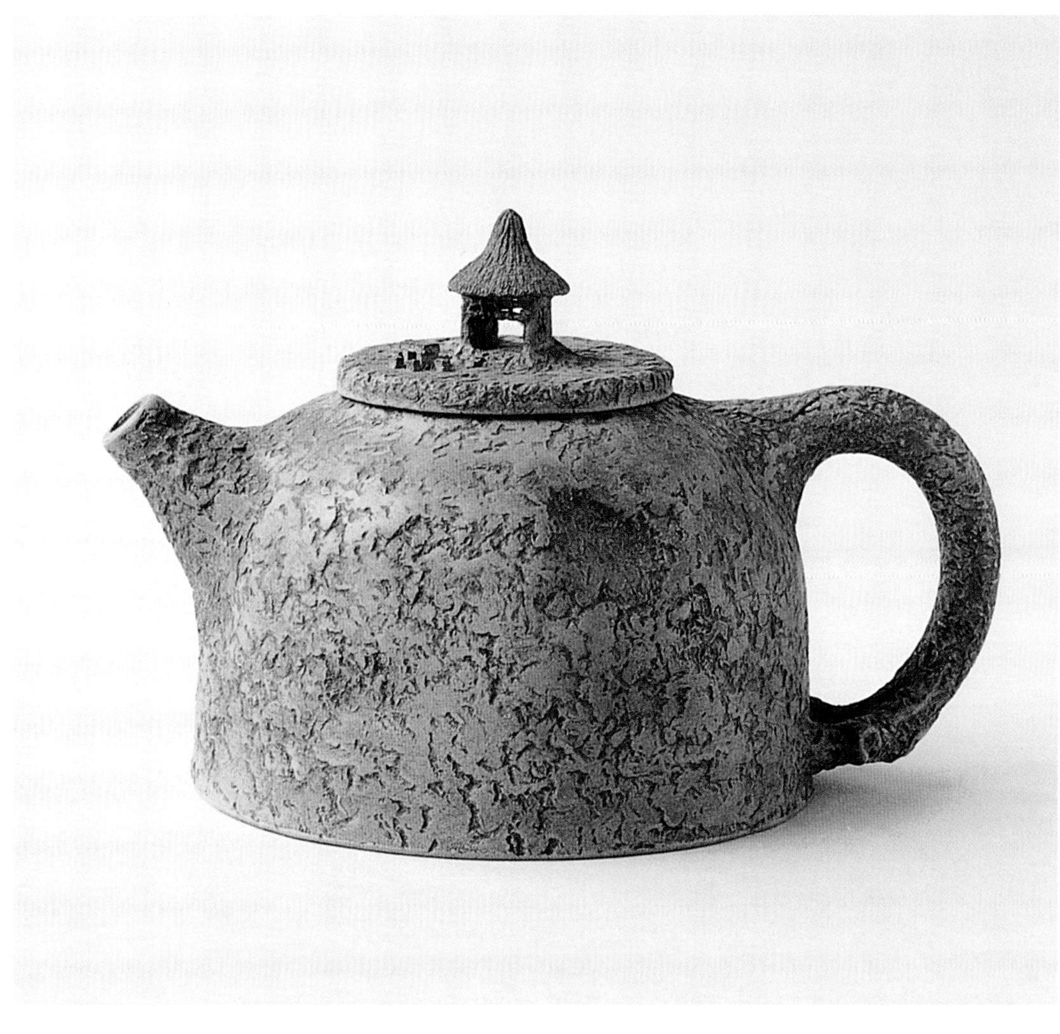

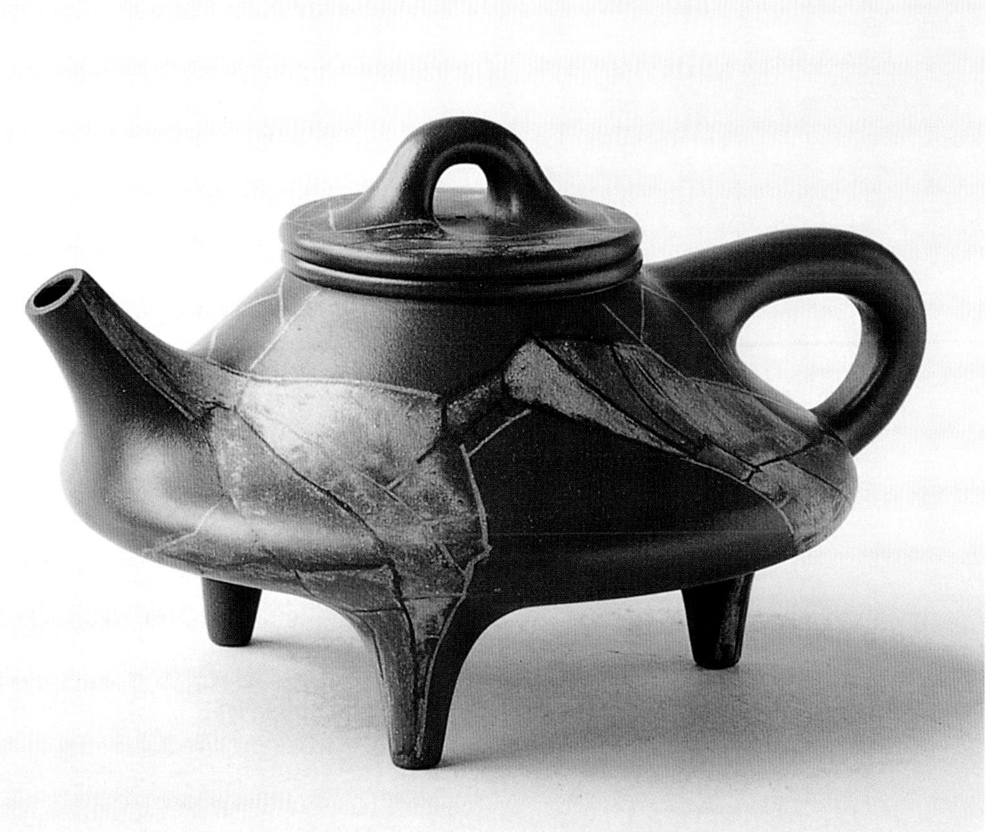

428.
壺心亭
徐維明
高98mm　口徑59mm

429.
嵌泥汲古
徐維明
高86mm　口徑46mm

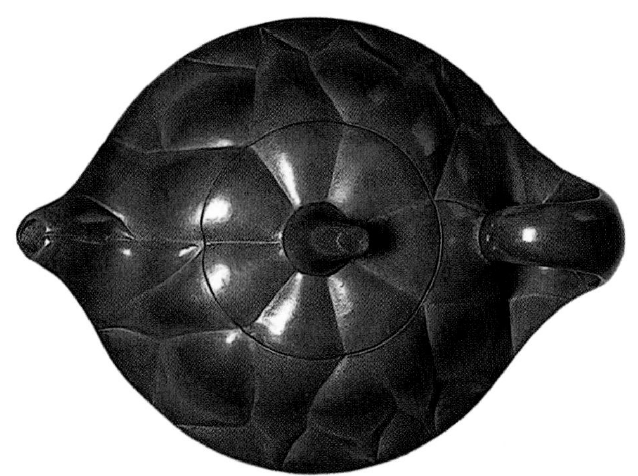

430.

矮荷葉壺

高建芳

壺高68mm　口徑50mm

杯高32mm　口徑70mm

碟高15mm　直徑92mm

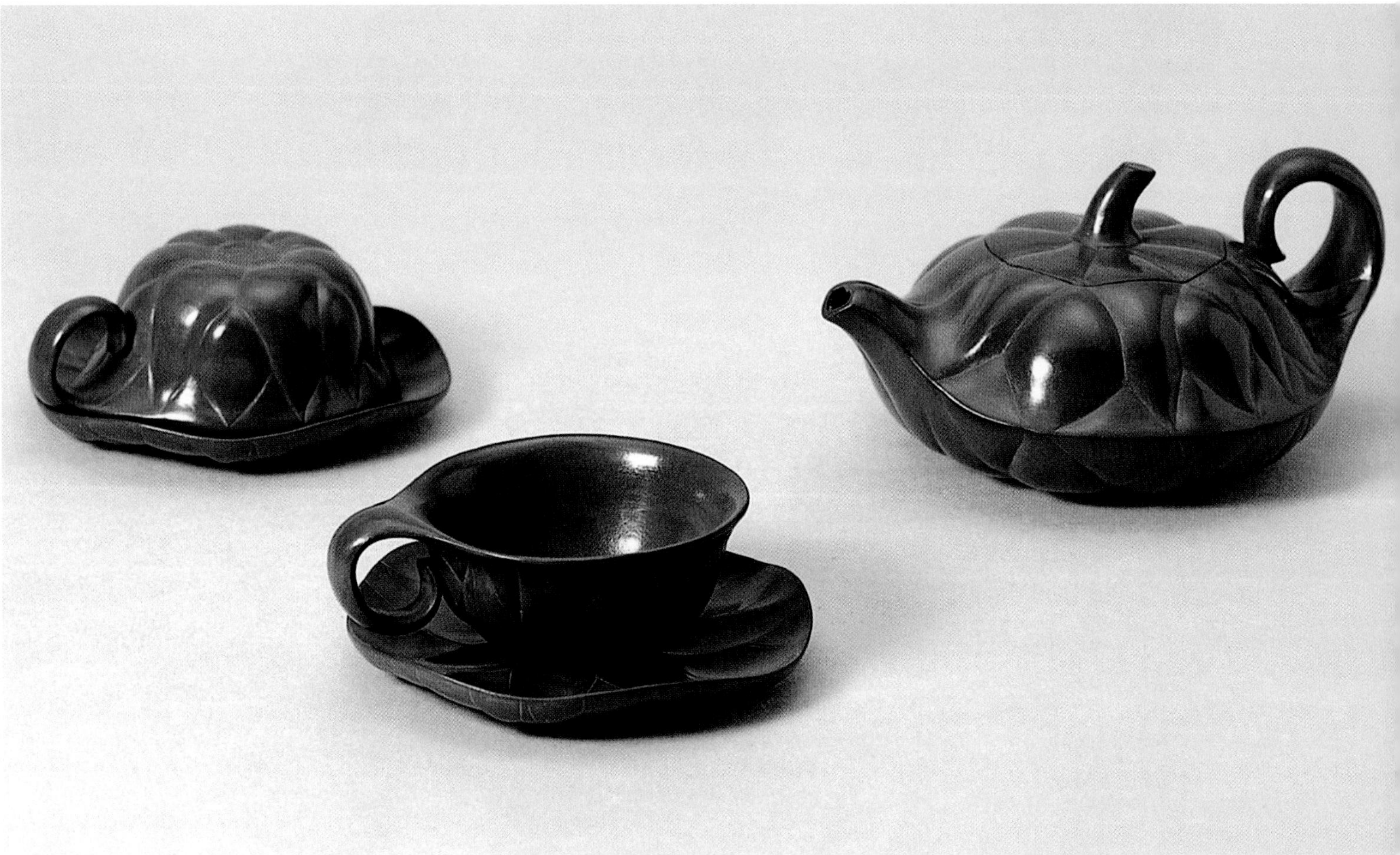

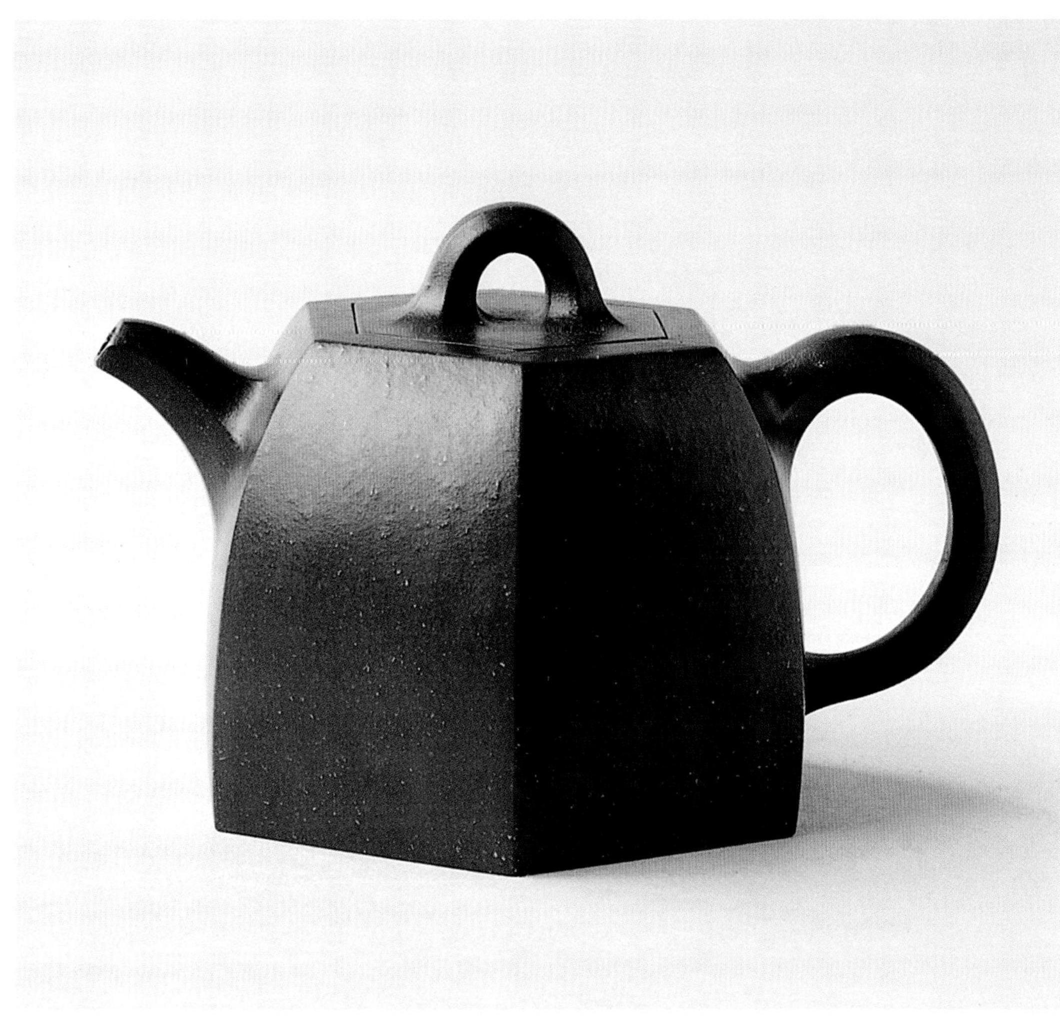

431.
銅陀六方
施小馬
高96mm　口徑49mm

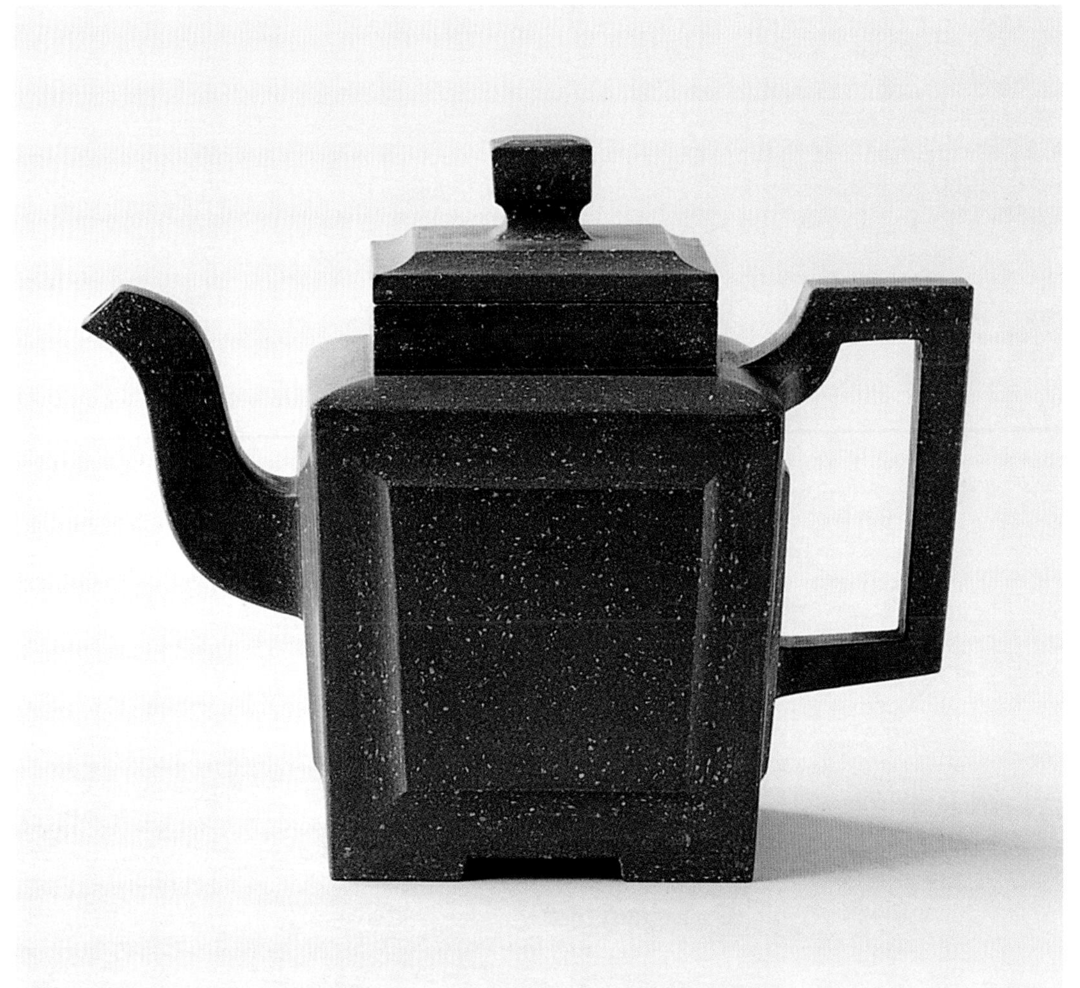

432.
瑞方
施小馬
高151mm　口徑74mm

433.

龍頭一捆竹

施小馬

高86mm　口徑95mm

◉　龍頭一捆竹，是清代有名紫砂藝人邵大亨的精品代表作。整個壺，從蓋摘手、蓋、口，到身底脚、嘴、把，不管大處或小處，技法處理一絲不苟，施藝嚴謹；在雕琢修飾上，工具取置無不潔淨、爽朗，真是一件神品。當代藝人，亦不自弱，躍躍欲試，臨摹了此壺。新壺亦富神韵，口蓋榫縫精密，細緻處幾可亂真。

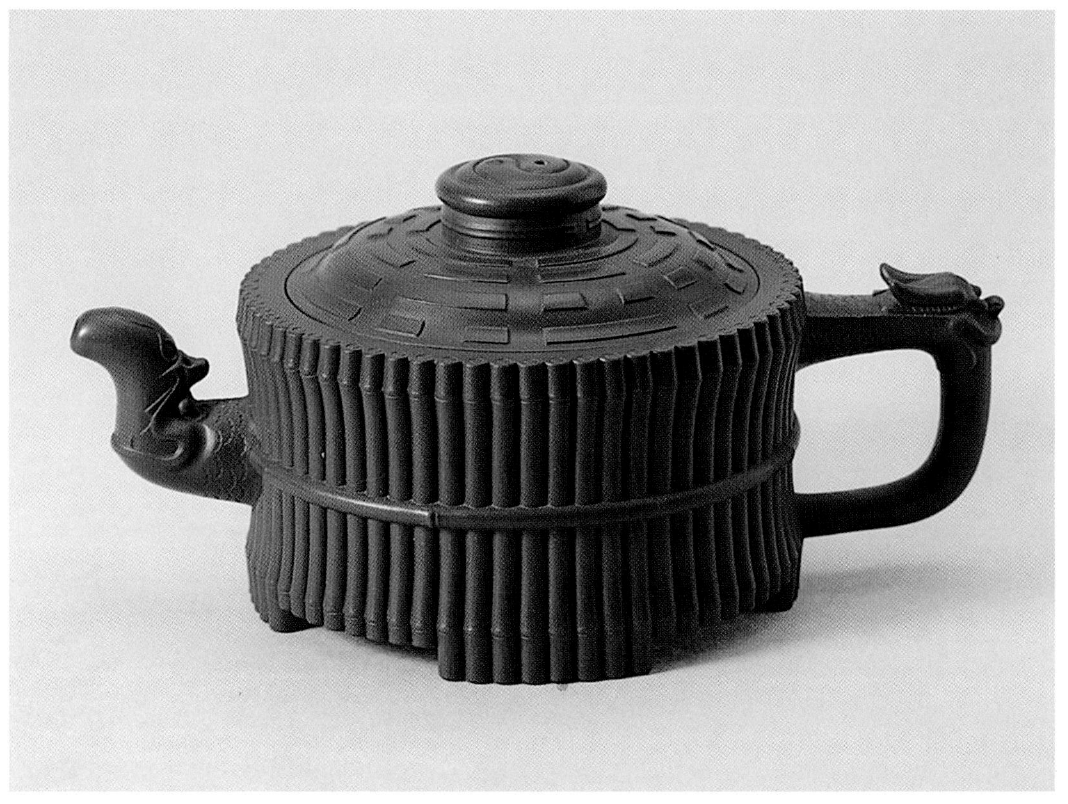

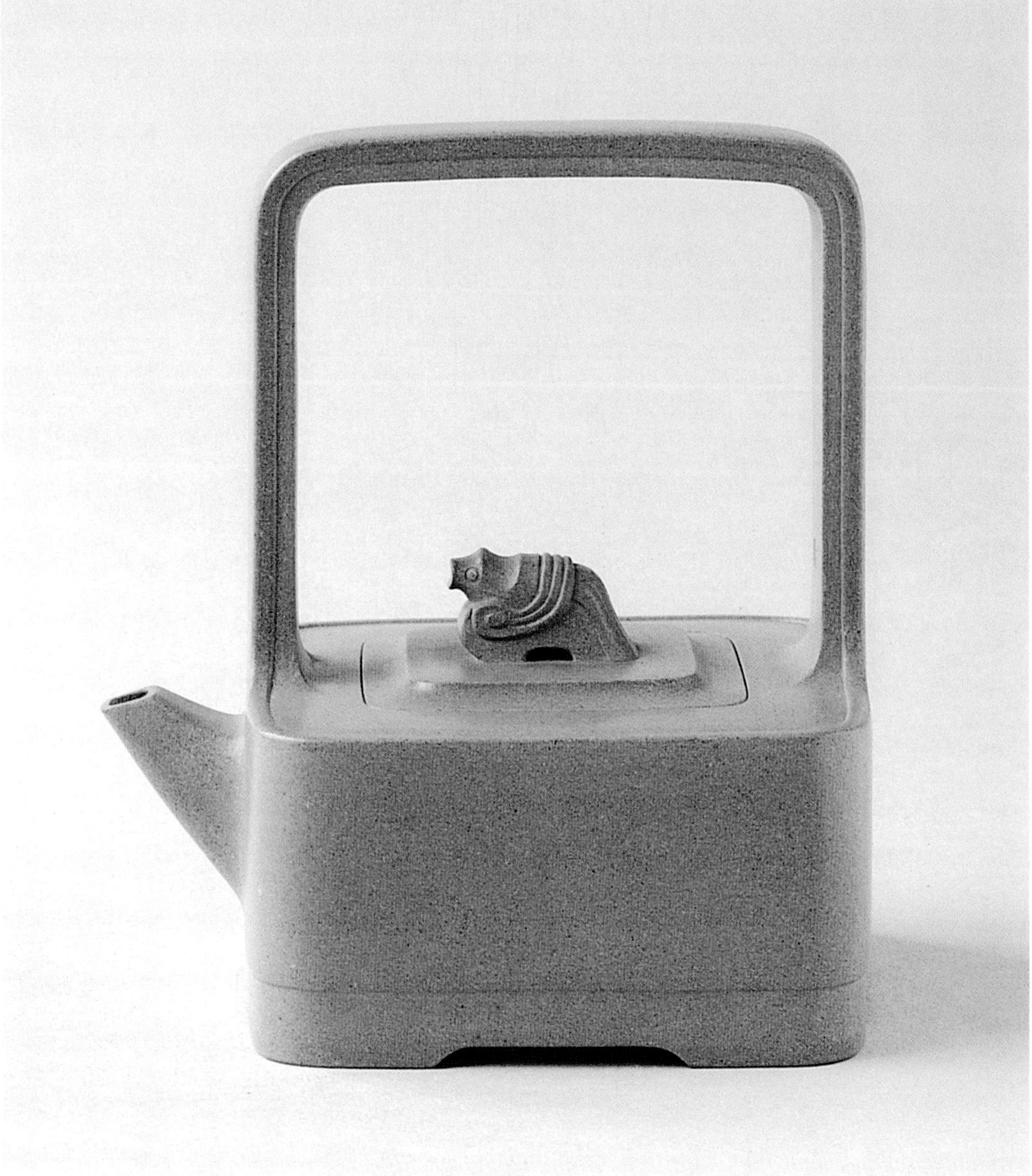

434.

雀啼

施小馬

高131mm

口徑横54mm　縱46mm

435.
橢圓蒲包口盆
陳國良
高45mm　長210mm　寬155mm

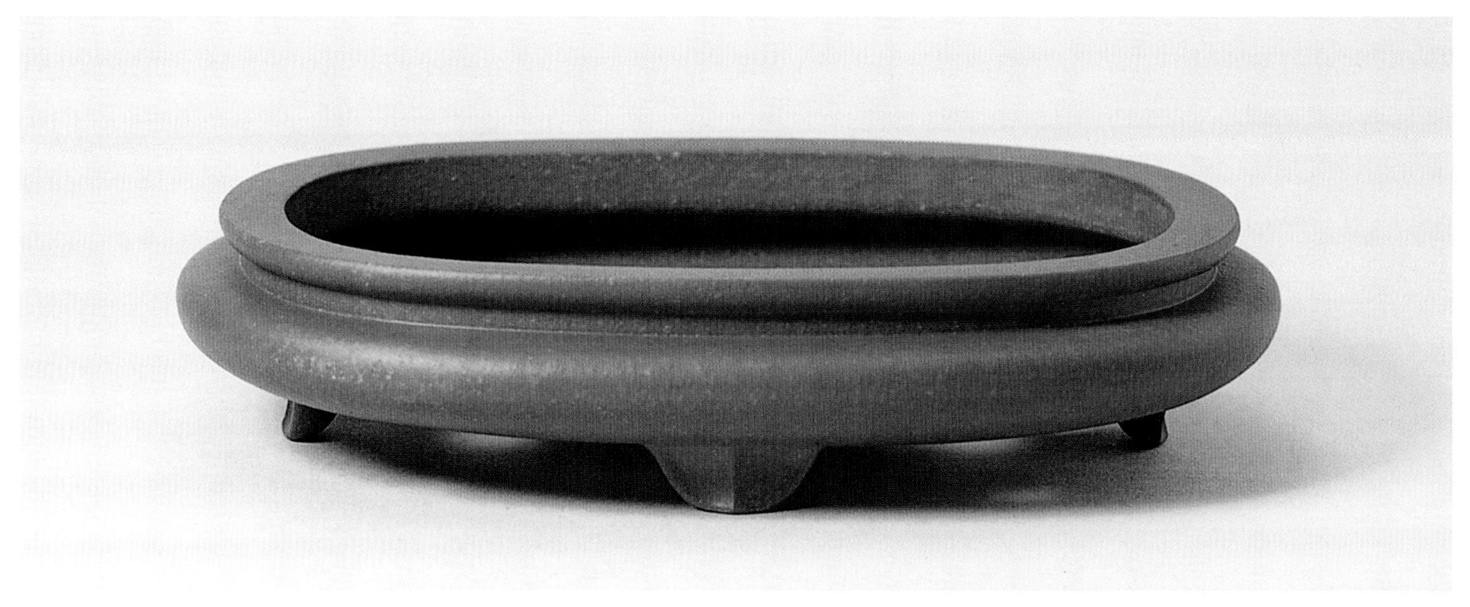

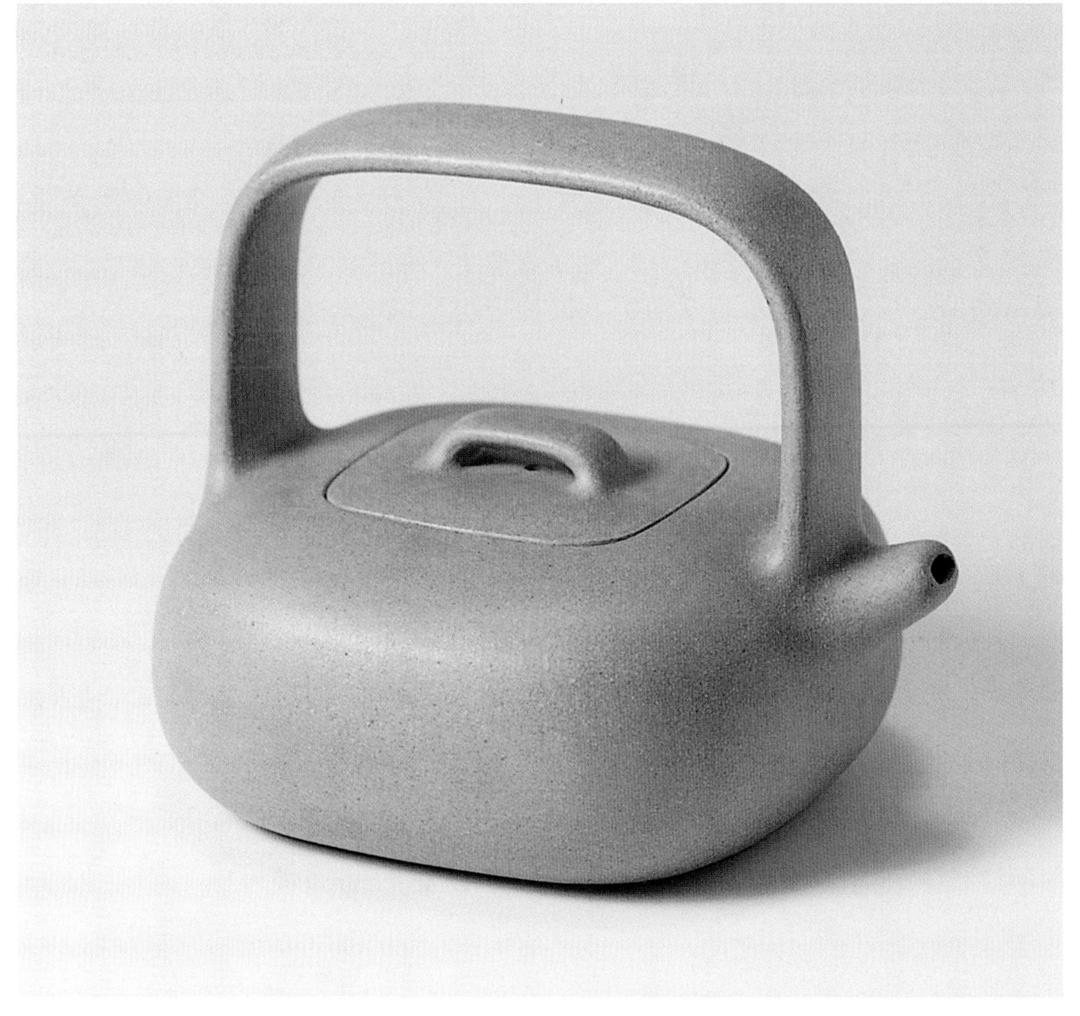

436.
鈺方
陳進海（設計）　陳國良（製）
高97mm　口徑49mm

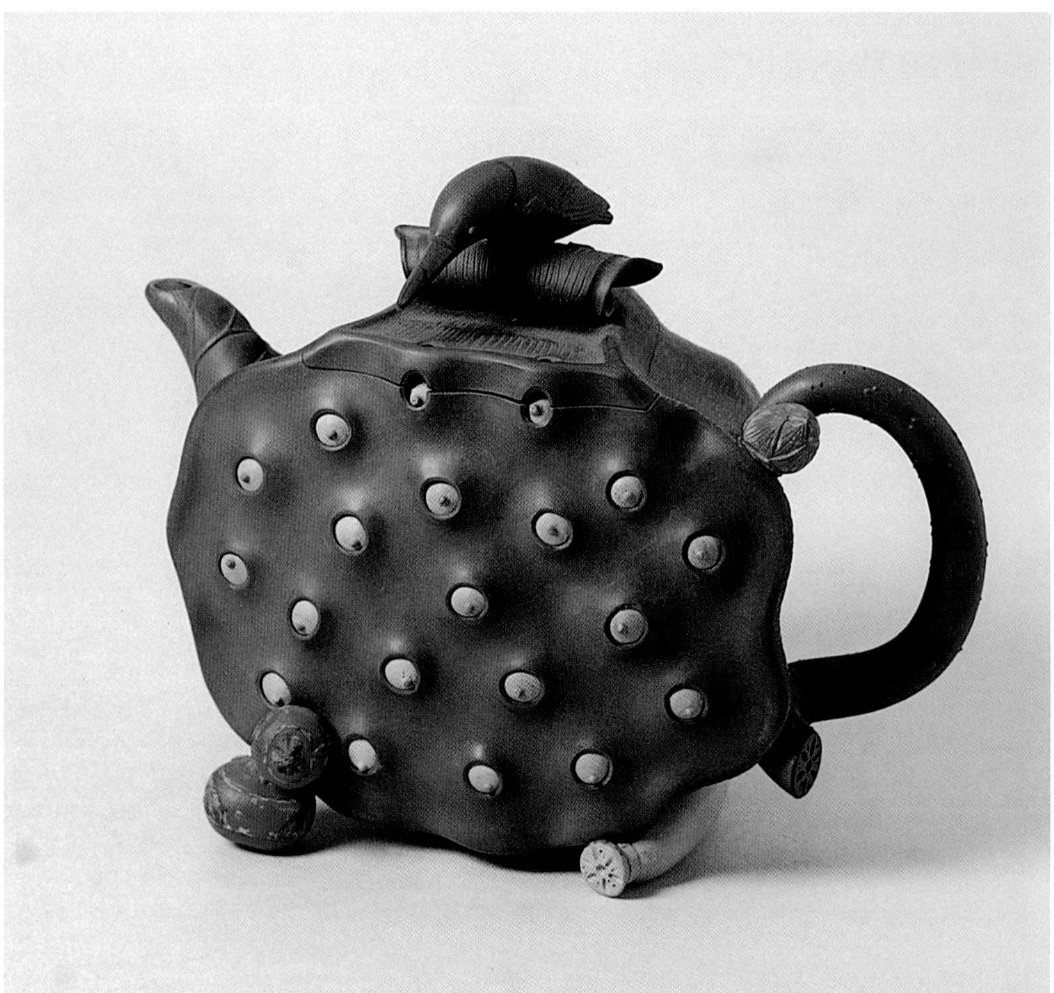

437.

翠鳥蓮蓬

胡永成

高150mm

口徑橫50mm　縱46mm

◉　作品採蓮蓬之形作壺身，　以荷葉爲嘴，荷花梗爲擽，底脚用荸薺、蓮藕相襯，壺蓋掀開一片蓮蓬，棲息的一隻翠鳥作摘手。集荷塘植物和翠鳥於一壺，呈現的簡直是一幅立體的圖畫。

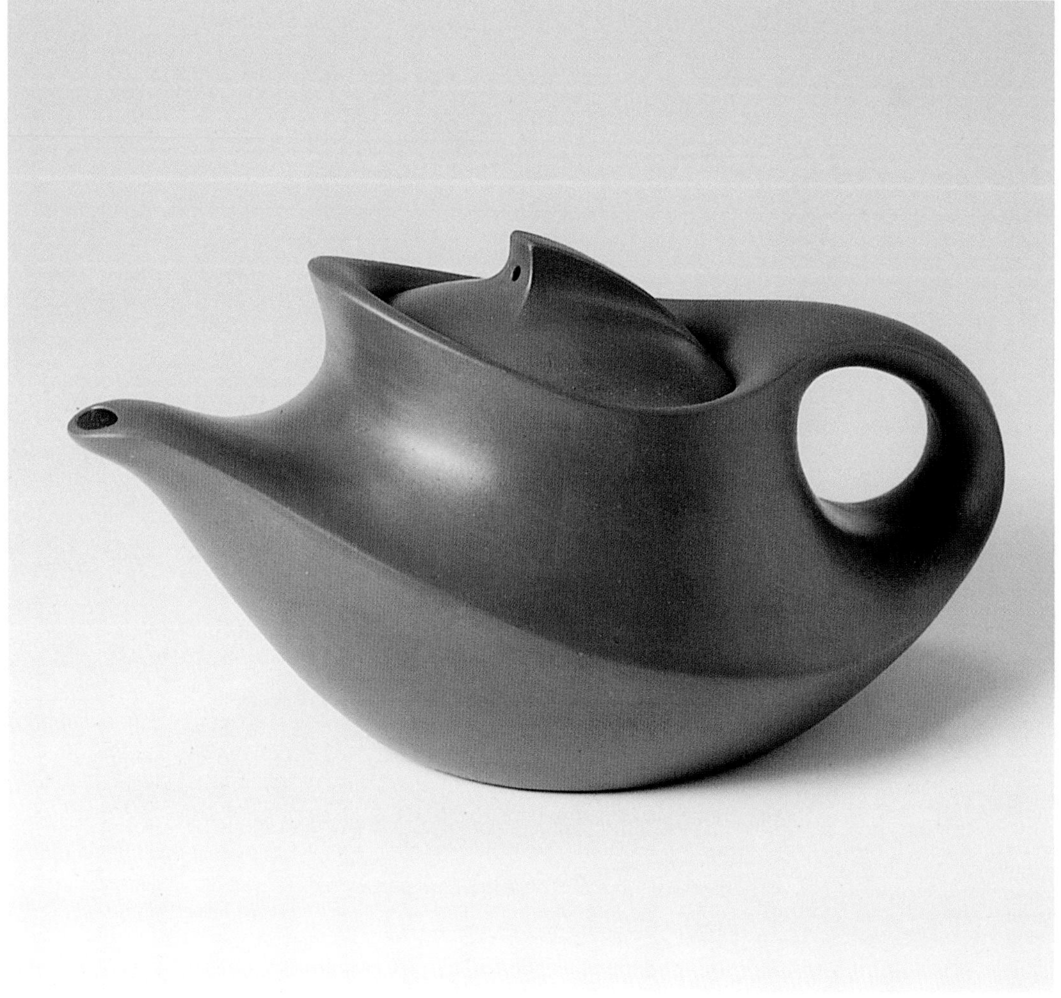

438.

舟

張守智（設計）　胡永成（製）

高95mm　口徑65mm

439.

金砂僧壺

丁洪順

高90mm　口徑56mm

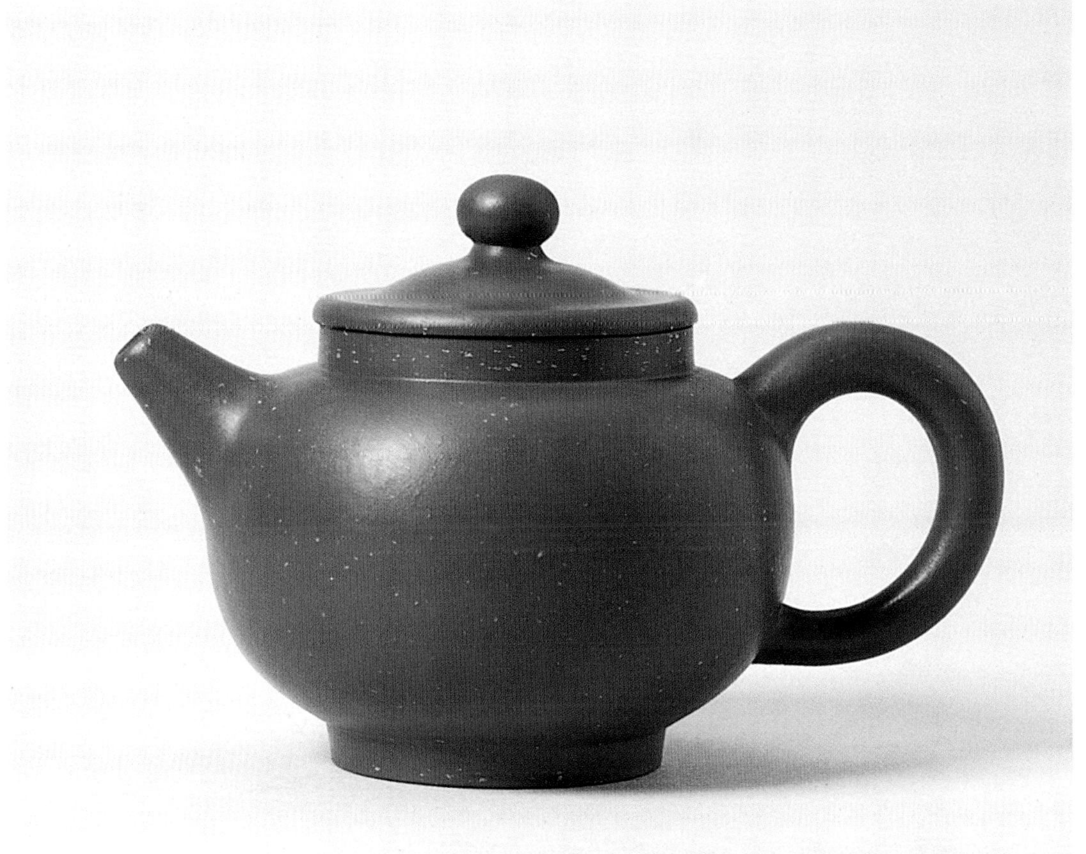

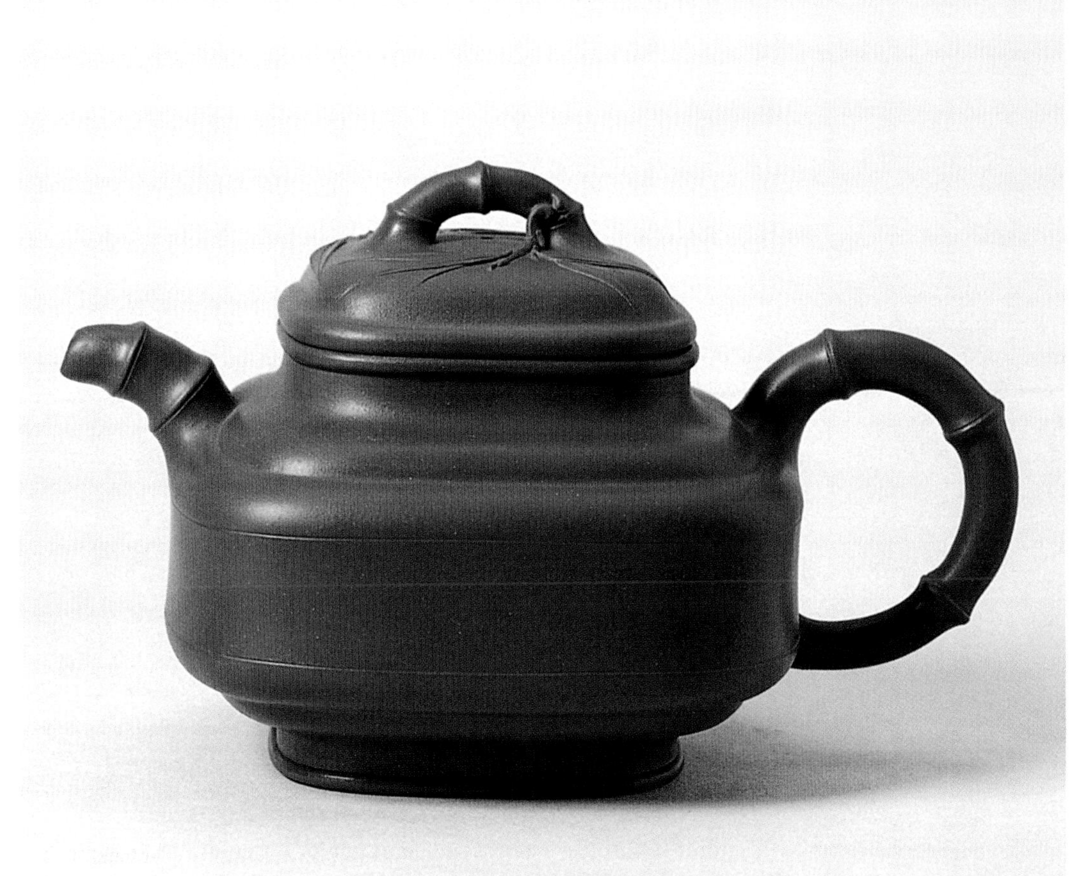

440.

四方圓竹鼎壺

張靜

高107mm

口徑橫73mm　縱63mm

441.

雀屏壺

張靜

高123mm　口徑62mm

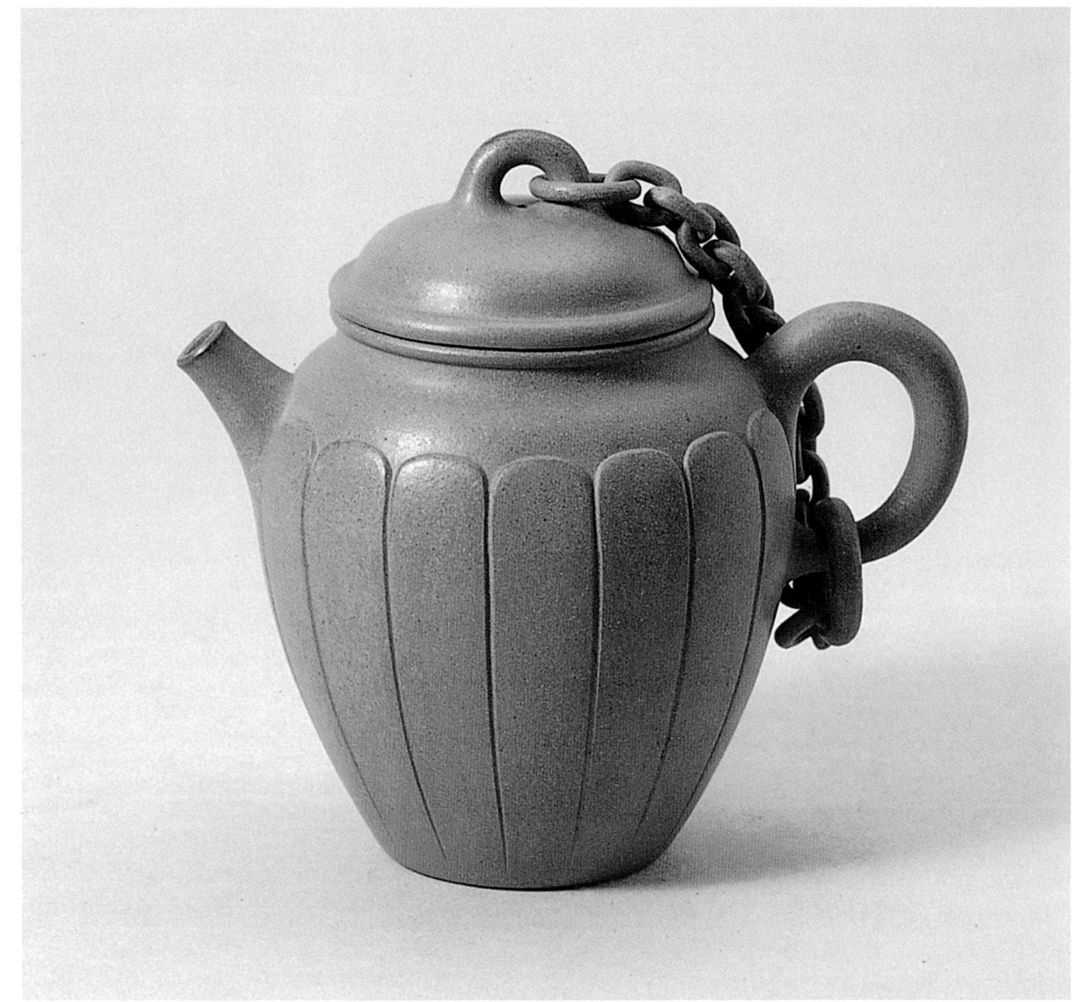

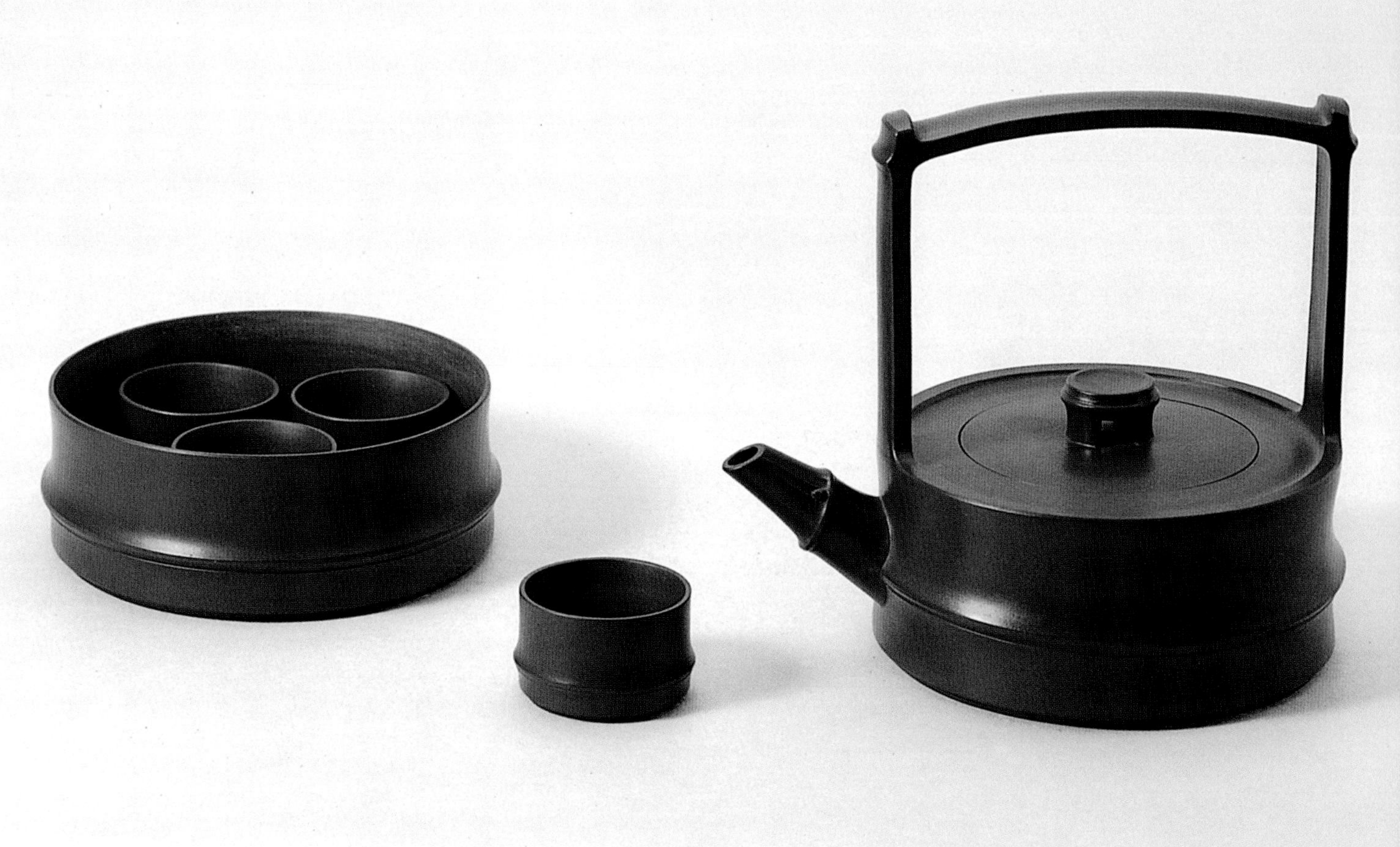

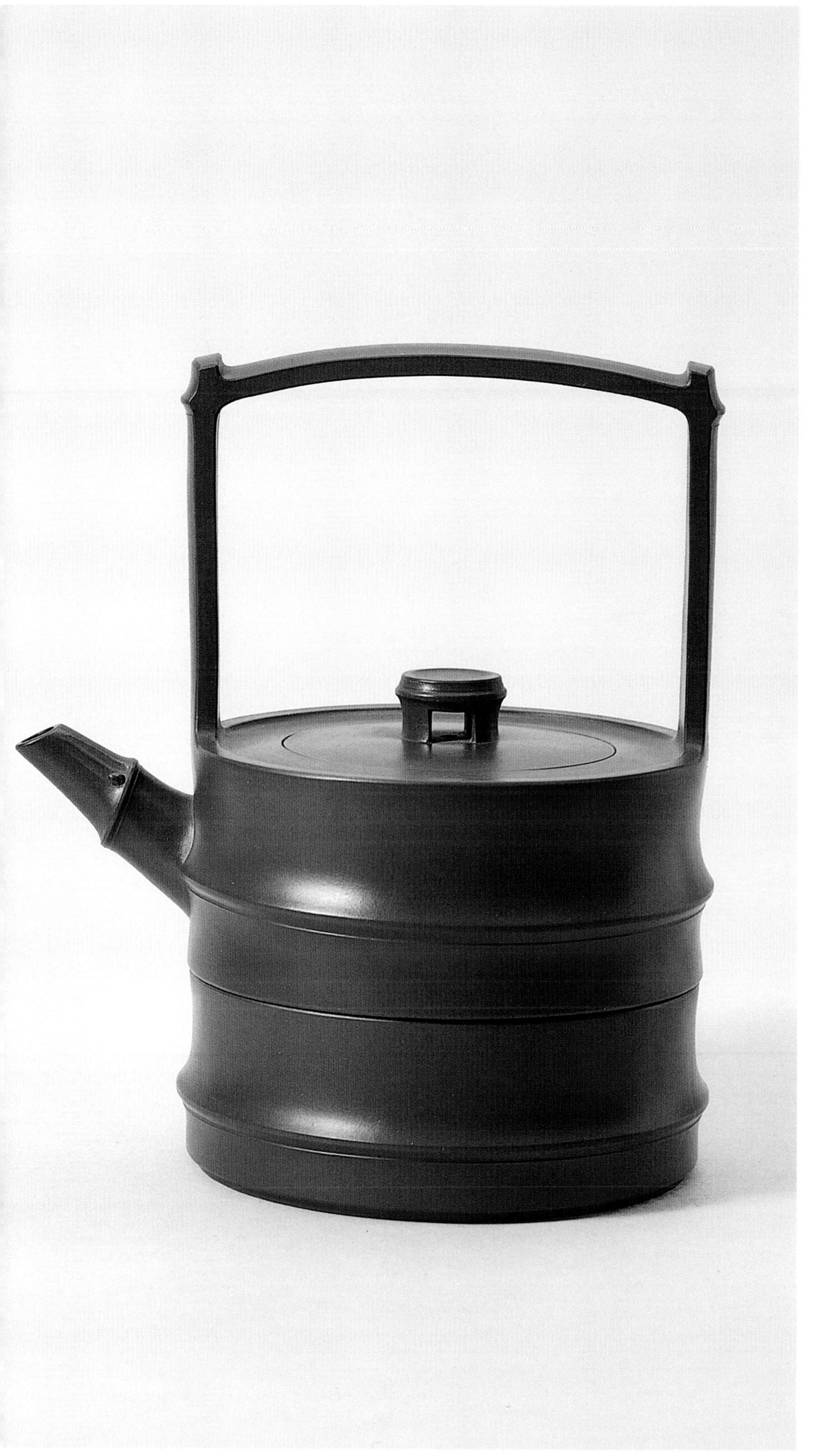

442.
竹提盒具
吳亞亦
通高200mm
壺高158mm　口徑81mm
杯高30mm　口徑43mm

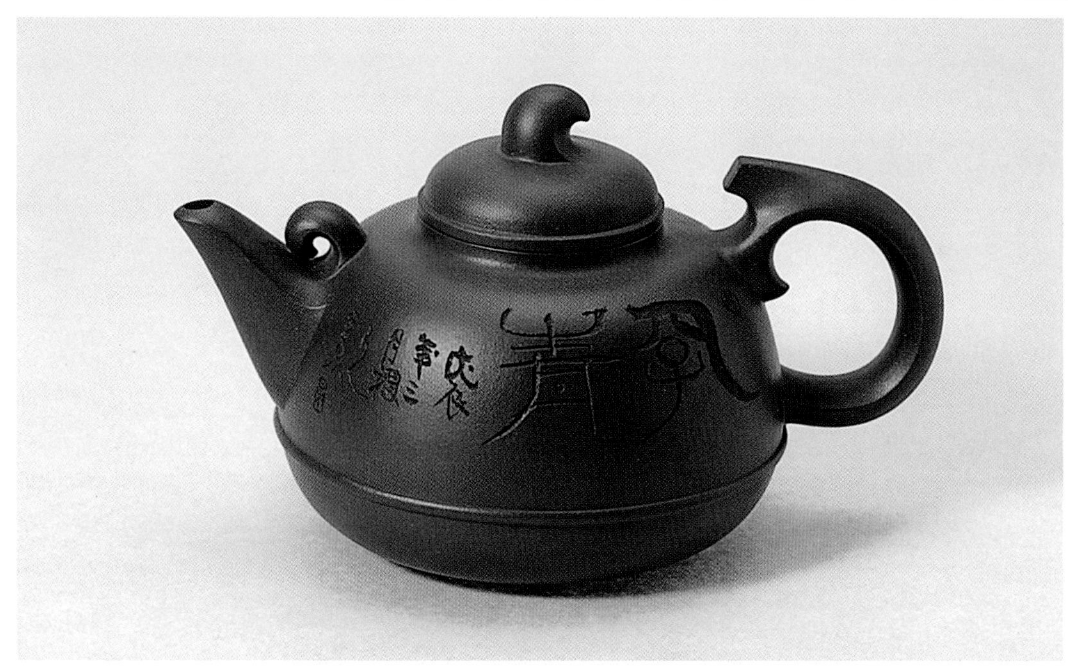

443.
美玉壺
韓美林（設計）　吳亞亦（製）
高94mm　口徑50mm
壺身銘：孚青　戊辰年三月
稷下　美林

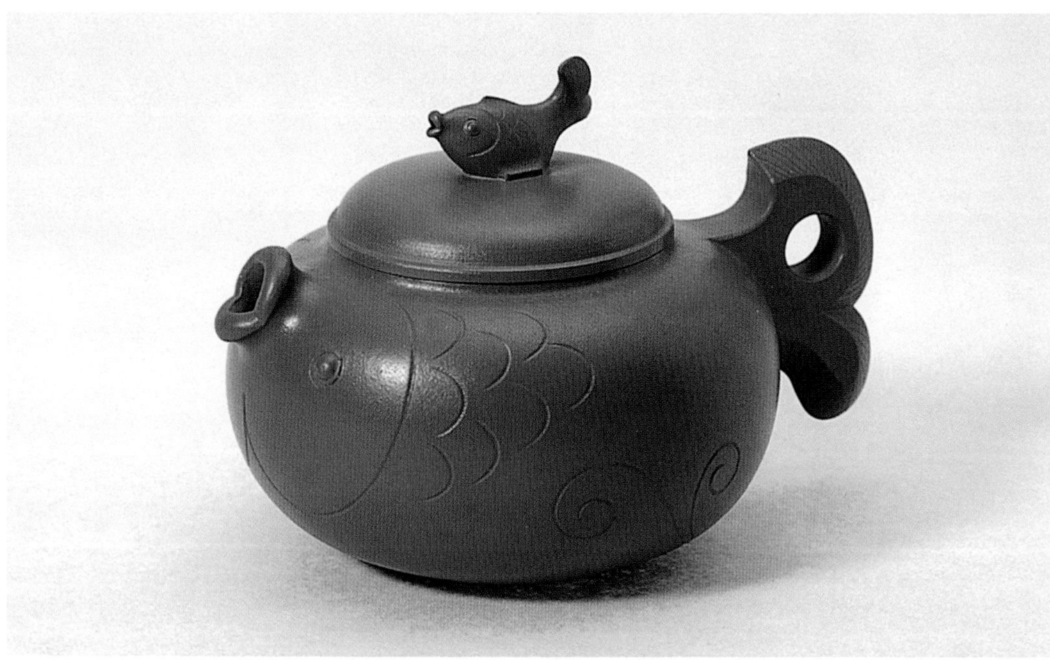

444.
新魚歡壺
韓美林（設計）　吳亞亦（製）
高93mm　口徑60mm

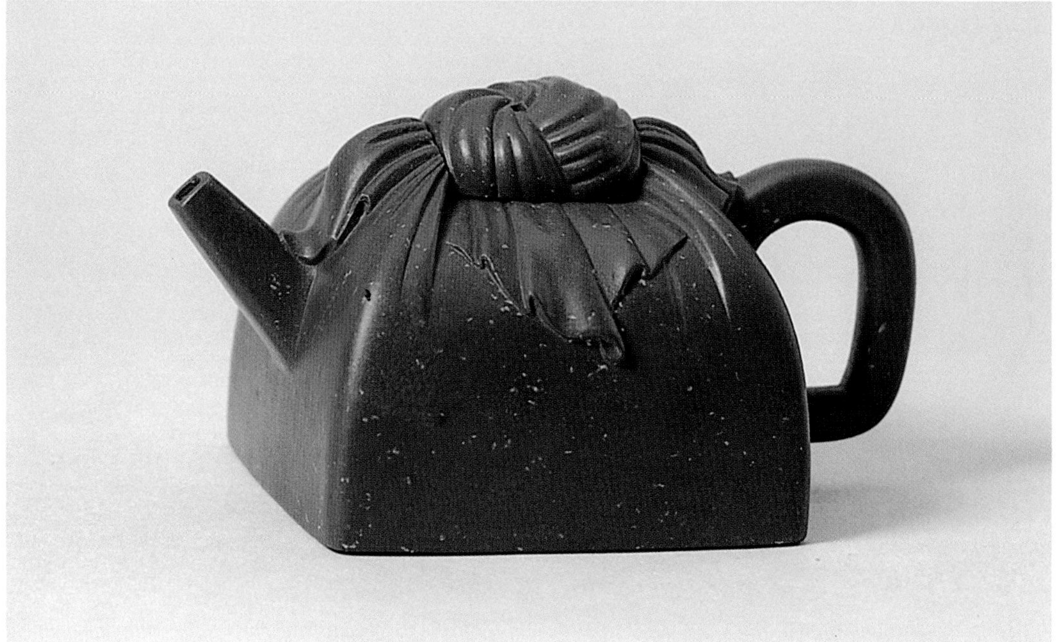

445.
小印包
吳亞亦
高70mm
口徑橫25mm　縱23mm

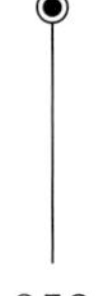

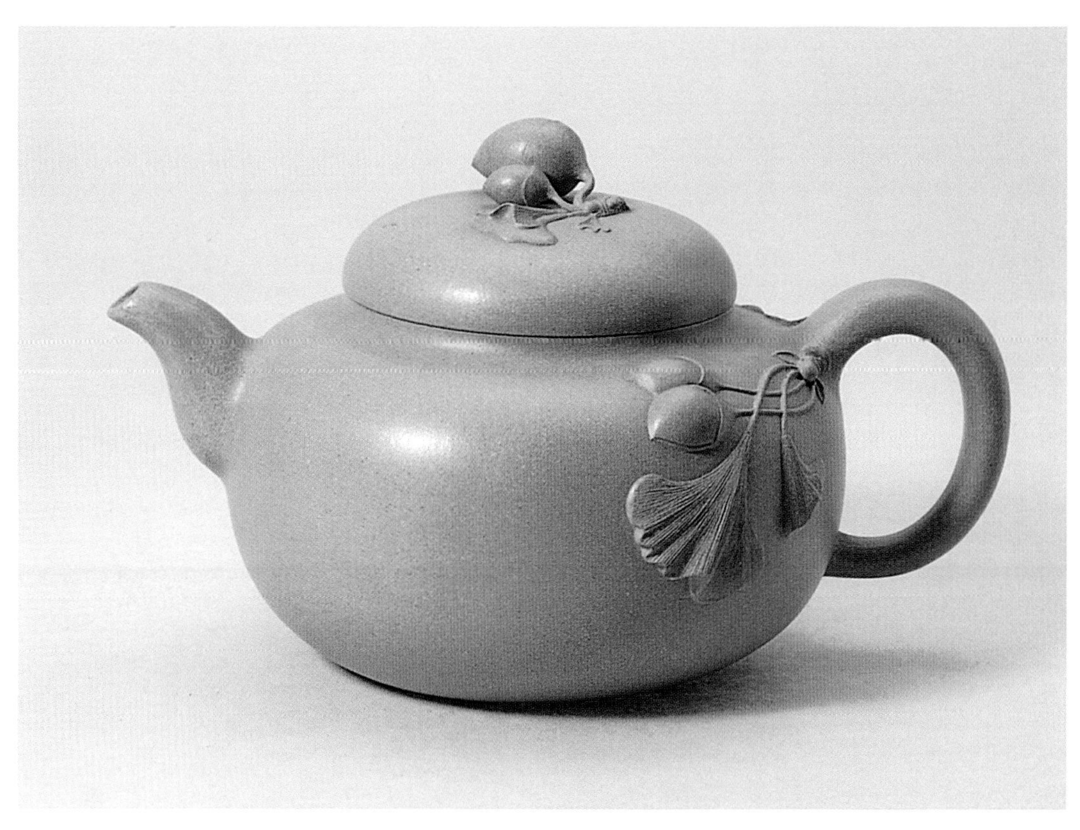

446.

白果壺

吳亞亦

高132mm　口徑90mm

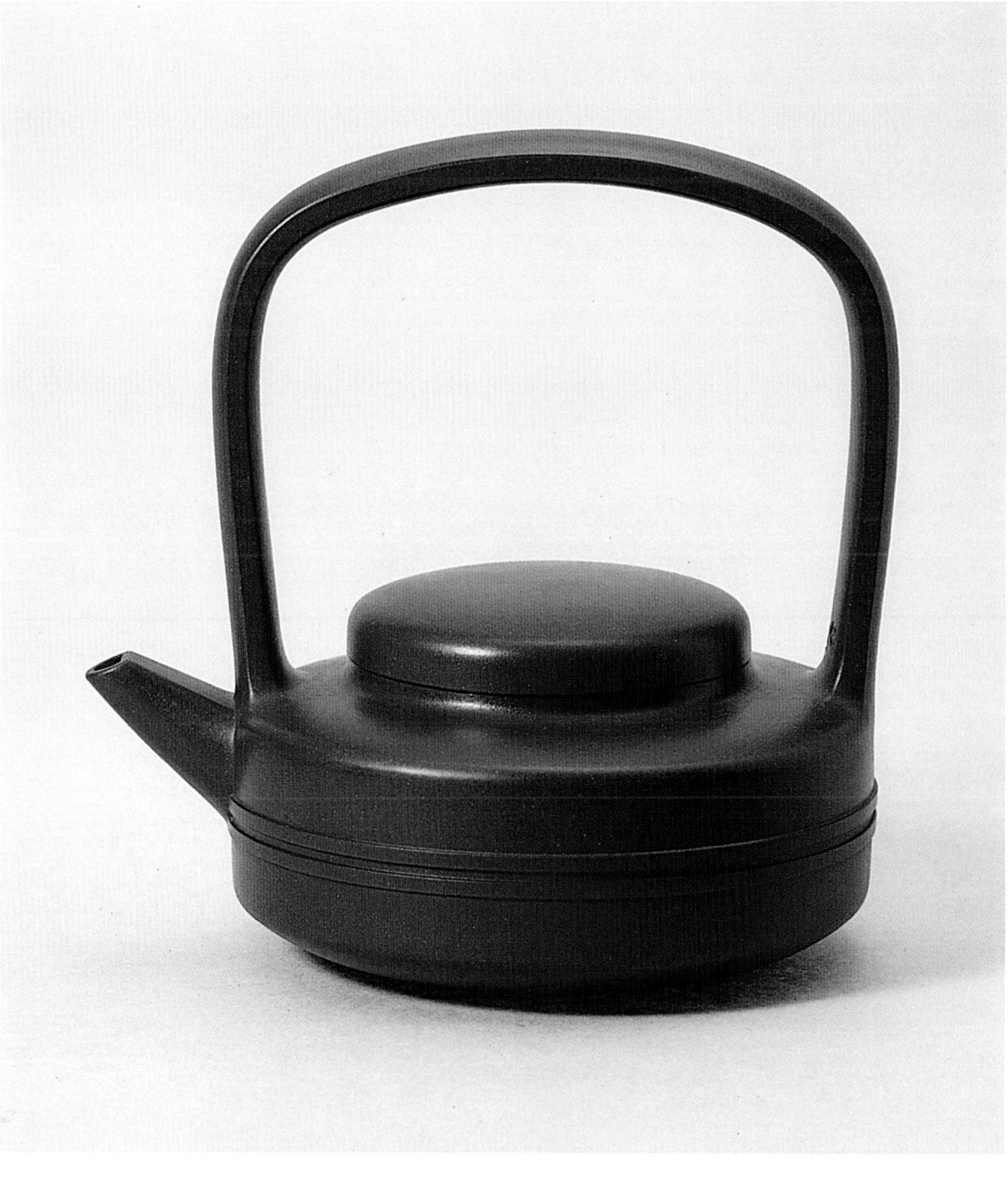

447.

雙綫提梁壺

張守智（設計）　吳亞亦（製）

高150mm　口徑70mm

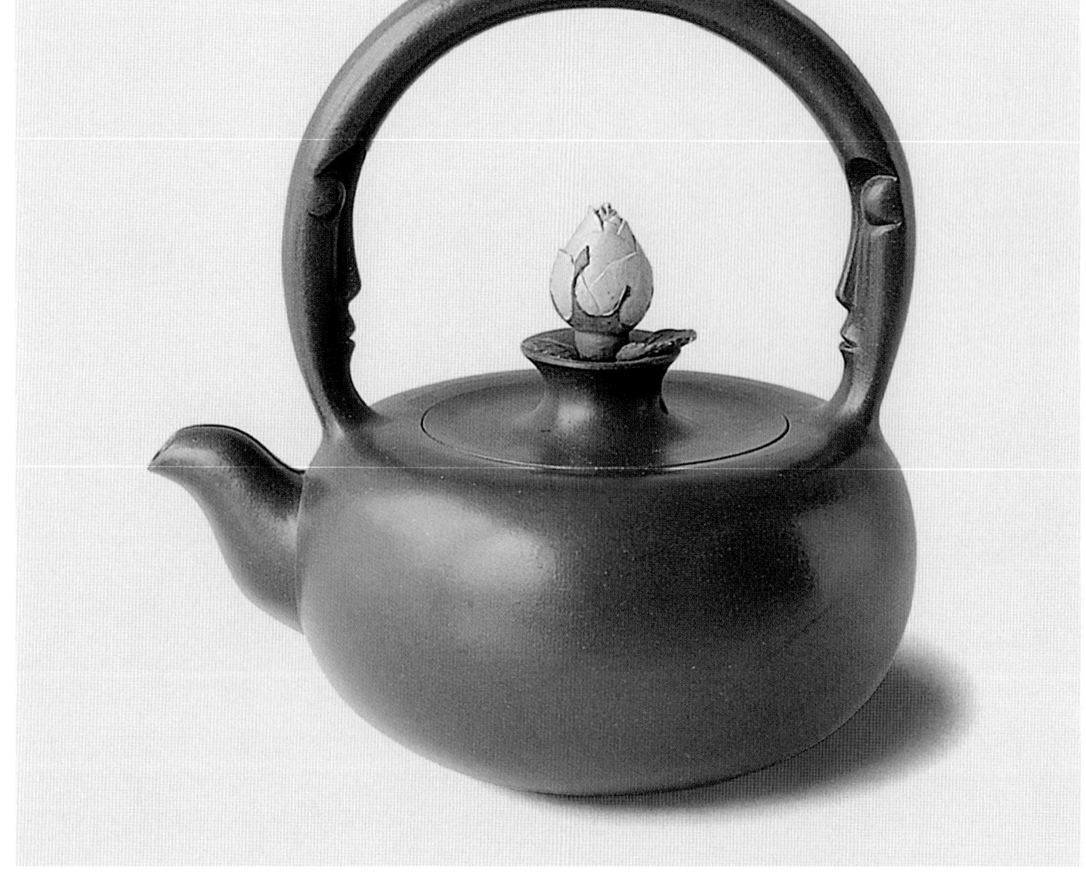

448.

同心壺

季益順

高156mm　口徑67mm

◉　“心心相印”、“同心同德”是被廣泛應用的成語。作者取這美好的語彙設計了一件紫砂壺。壺身和壺嘴都採用了鷄心造型，提梁把的兩根，一面塑俊男一面塑倩女的面型，對視着含苞欲放的蓋摘手，暗示願把那“同心茶”，真誠地奉獻給有情人間的心意。

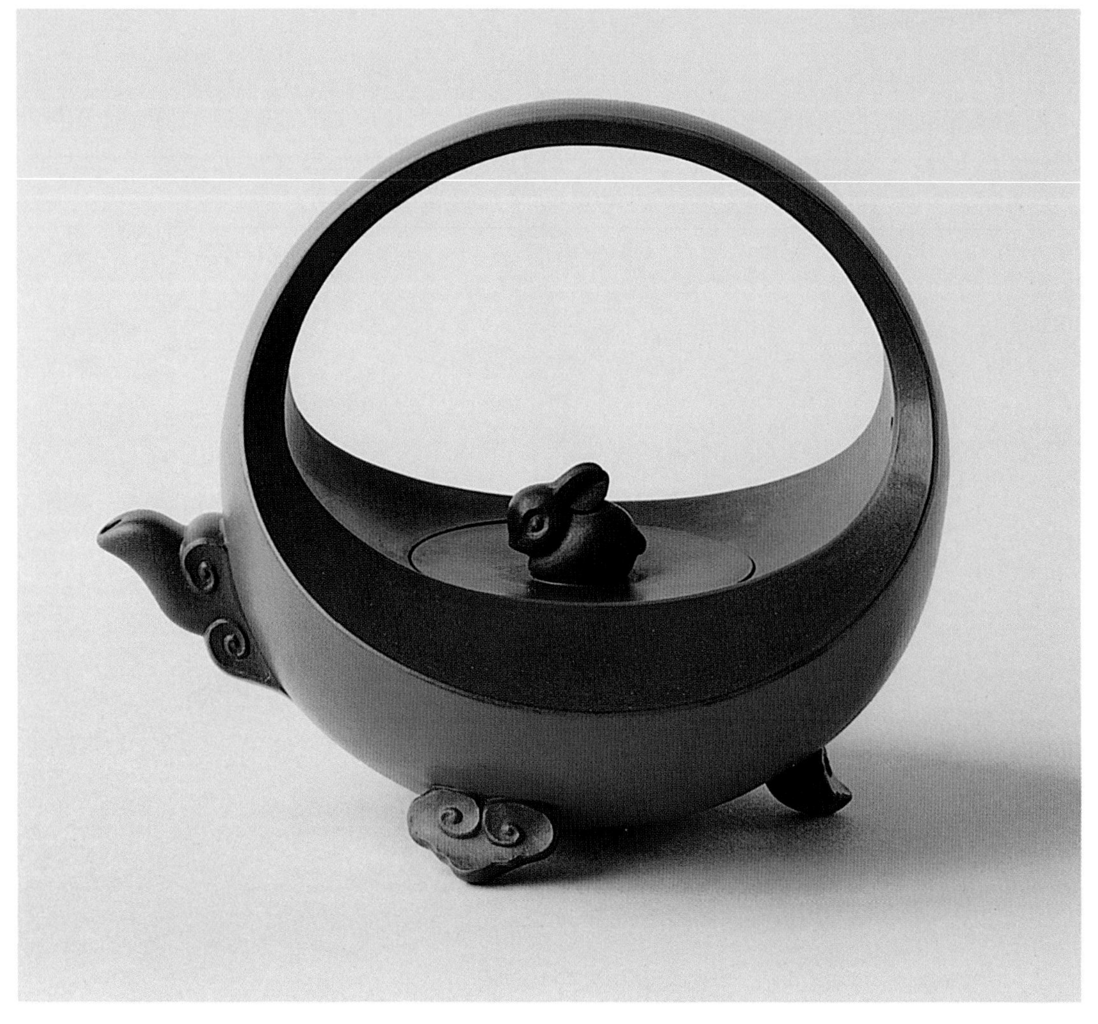

449.

環蝕奇光

季益順

高128mm　口徑62mm

450.

生命

張守智（設計） 蔣彥（製）

高163mm 口徑73mm

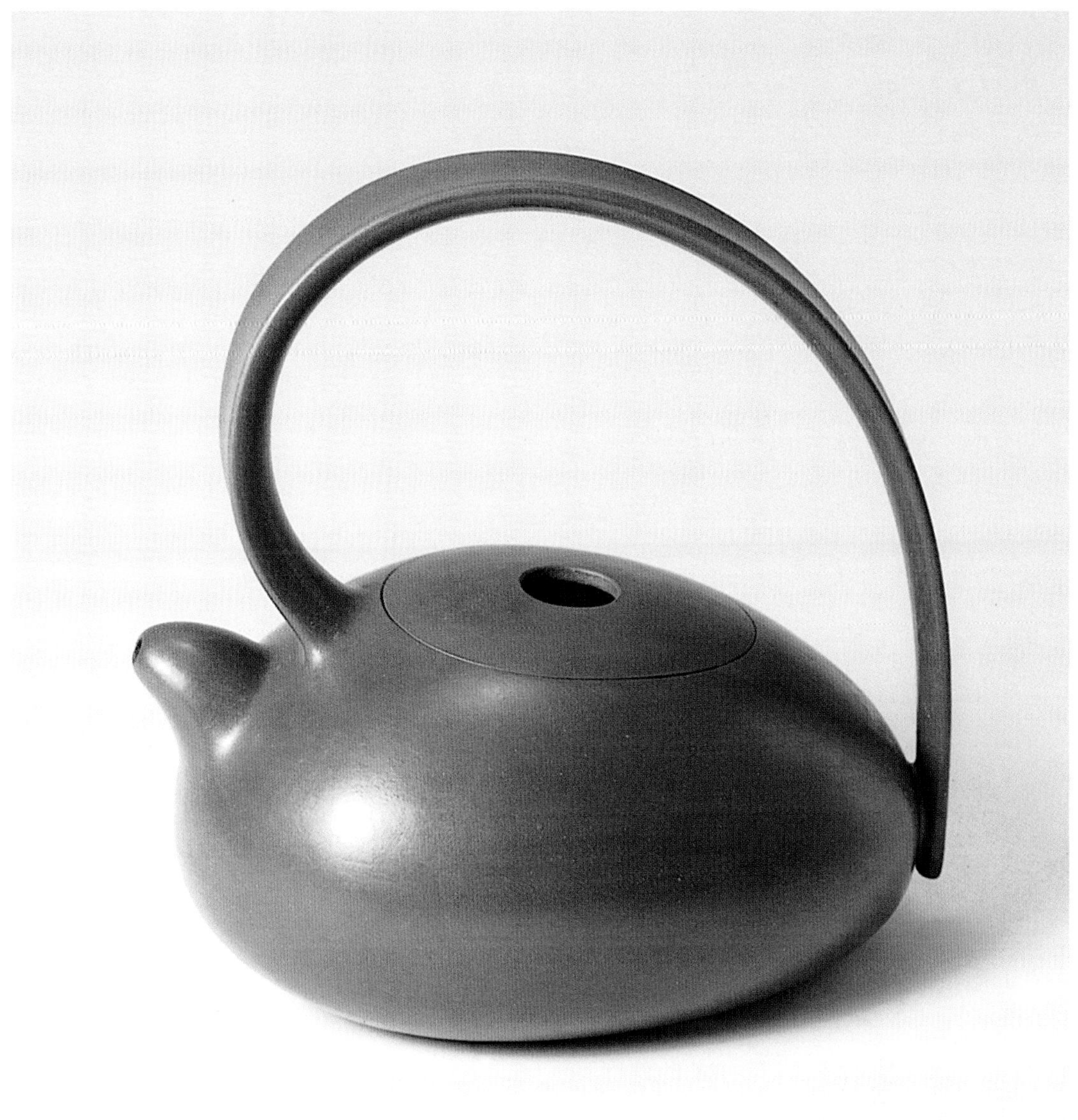

451.

荷塘月色

季益順

高74mm 口徑58mm

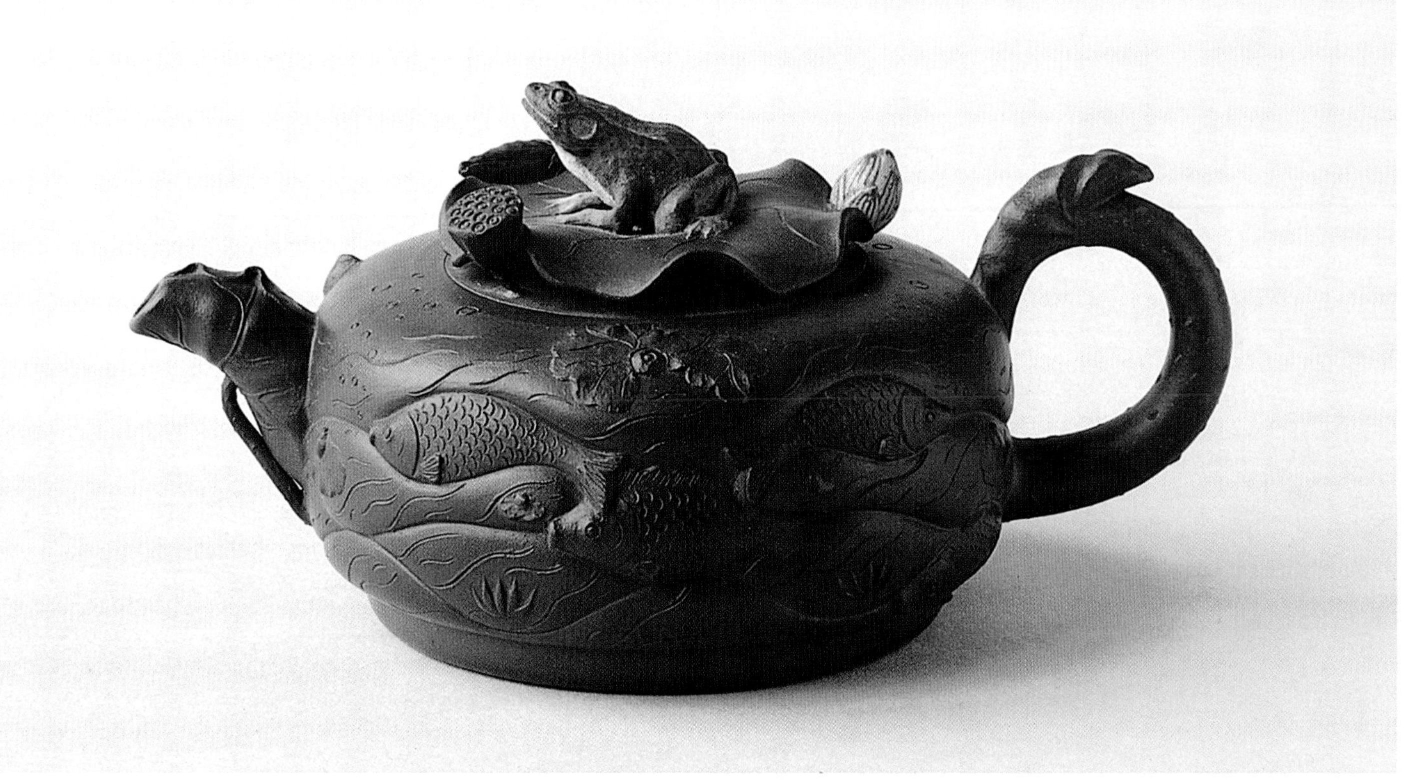

452.

歲月有情茶具

吳鳴

壺高120mm　口徑46mm

杯高55mm　口徑38mm

◉　常言道："歲月無情"，但作者一反其道，認爲"歲月有情"。他發掘了穿越時空之美，以朽蝕殘缺之木爲嘴把，使之與身筒之光滑形成强烈對比，橫穿而過。壺上並飾以抽象畫面，似日出又似日夕，格調清新。

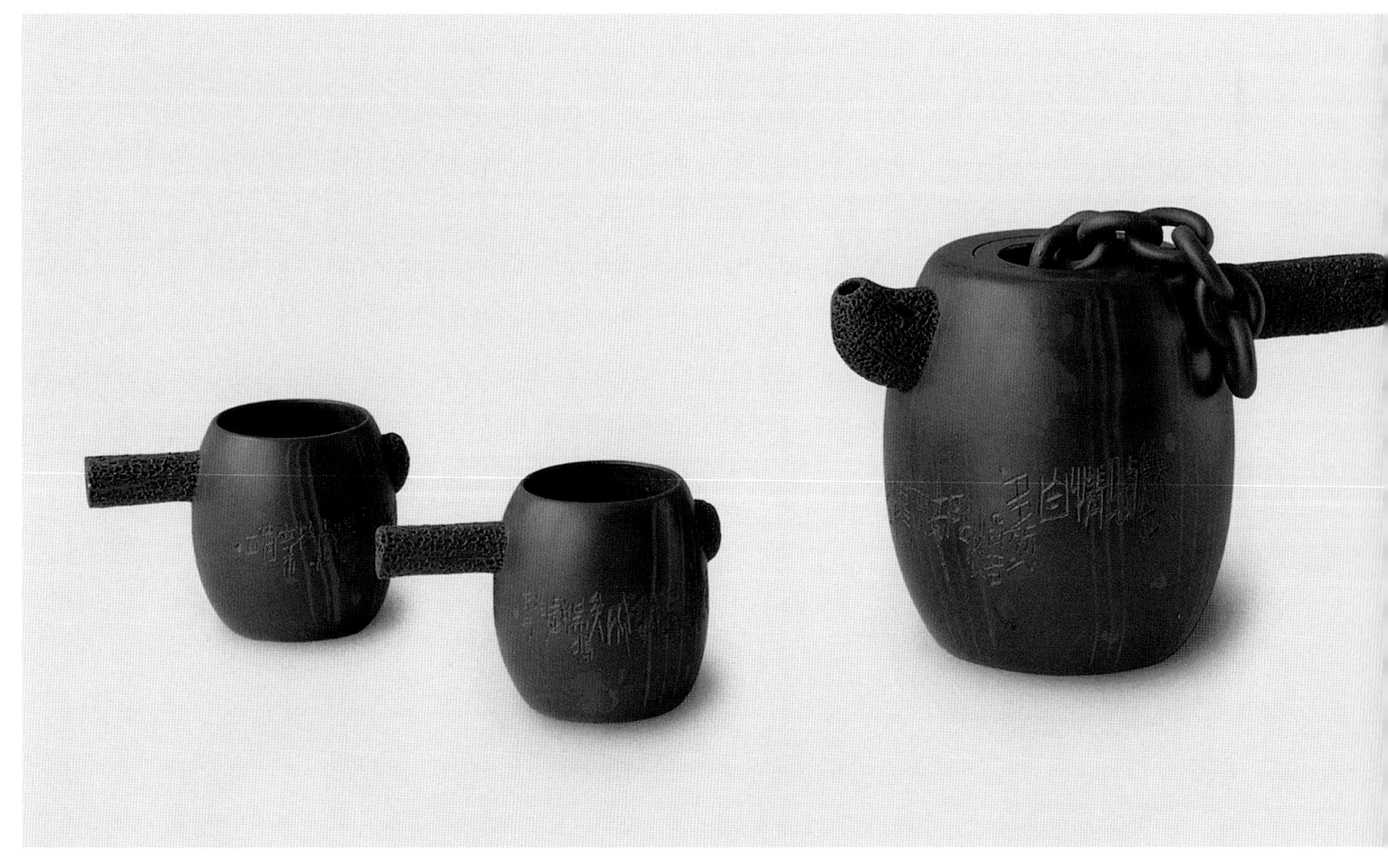

454.

獨此一族茶具

吳鳴

壺高80mm

口徑橫68mm　縱48mm

杯高35mm　寬75mm

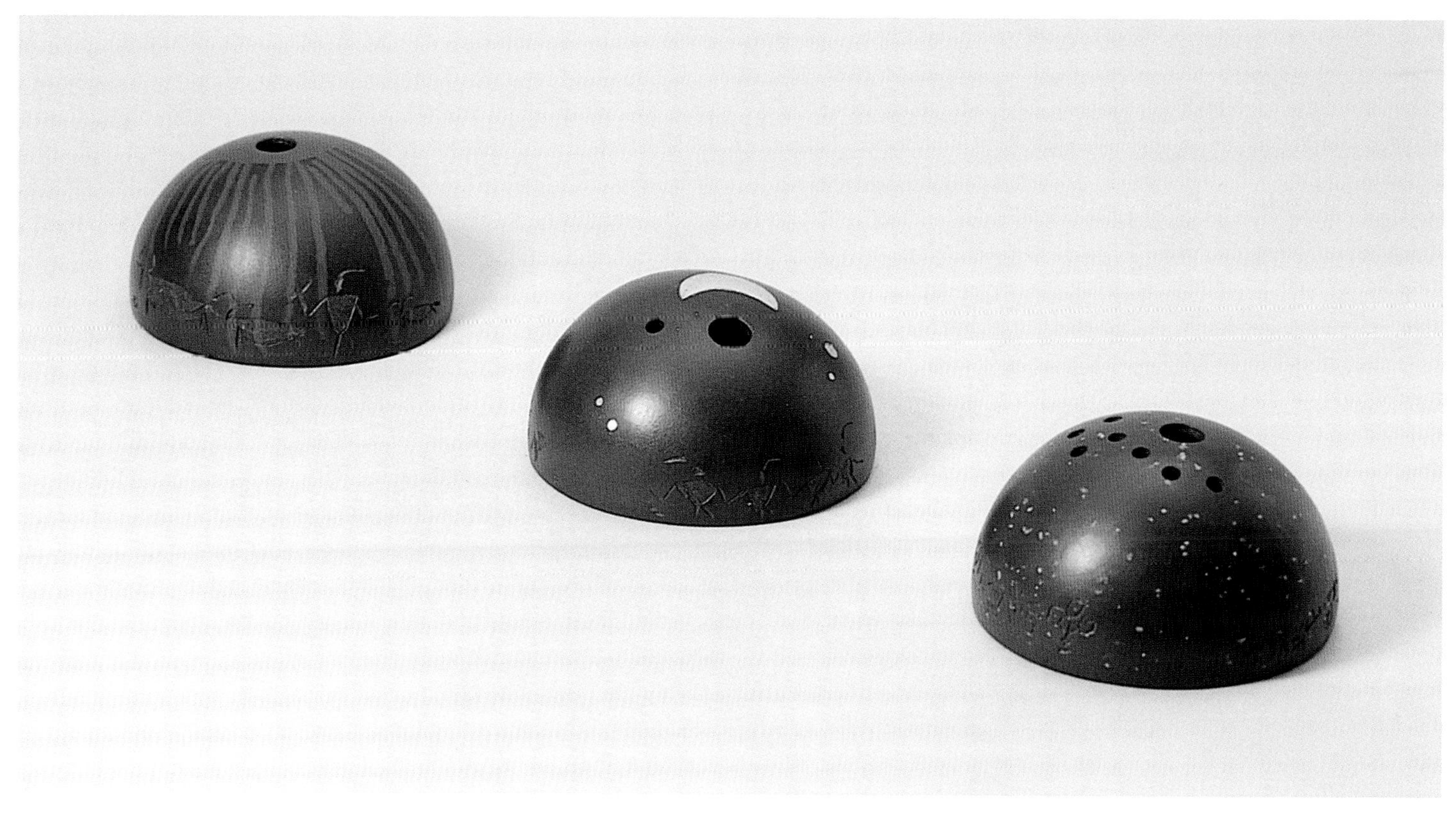

453.
日、月、星花插
吳鳴
高52mm　直徑105mm

◉　作品自大自然吸取靈感，在簡煉的形體上，以嵌泥、鑲銀、鋪砂等手法表達各自的內容。不同的孔形，簡中有變，吸收了傳統的陶刻技藝進行裝飾，竭力傳達人們對大自然的理解和依戀之情。作品獲一九八九年日本美濃第二屆國際展評會入選獎。

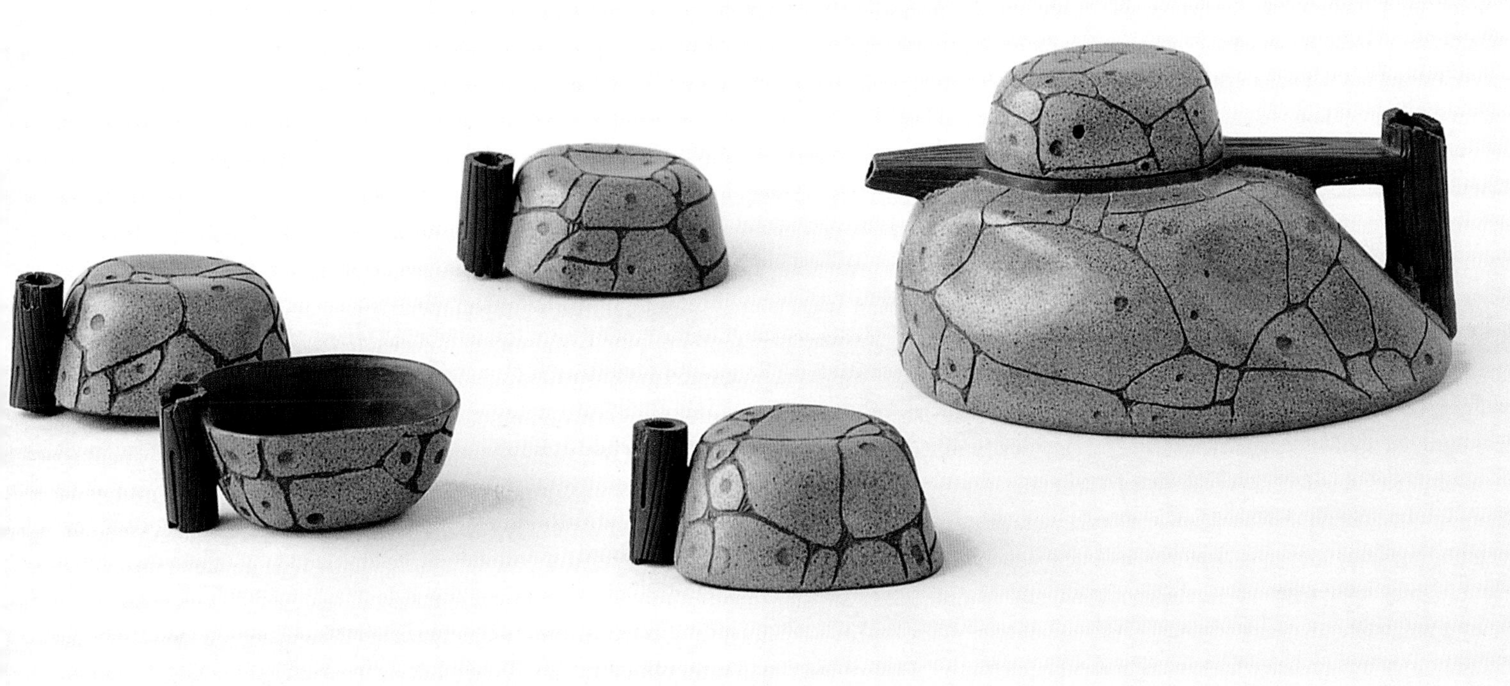

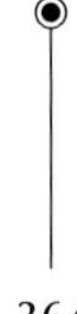

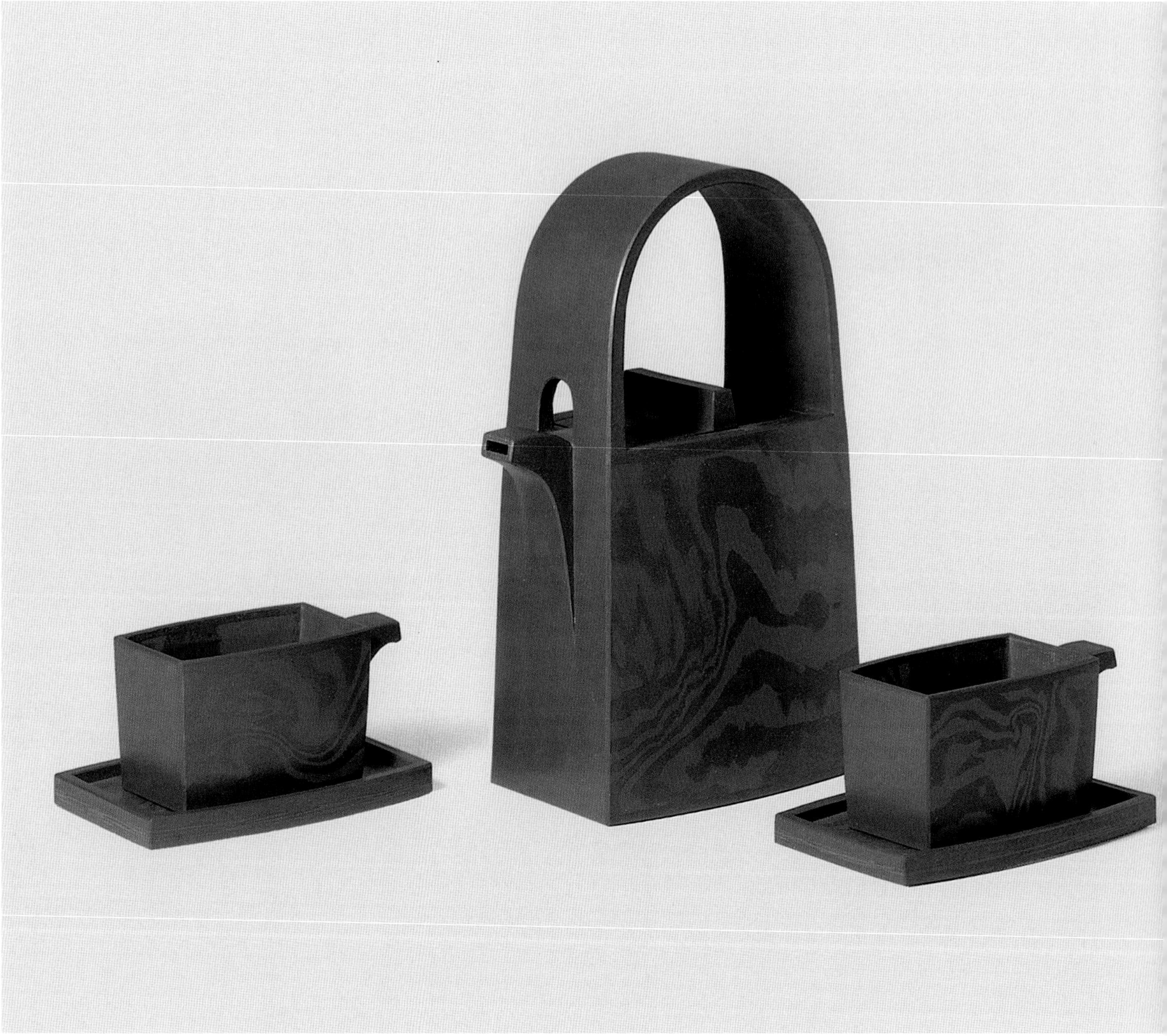

455.

智華茶具

張守智（設計）　周定華（製）

壺高196mm

口徑橫68mm　縱47mm

杯高48mm

口徑橫67mm　縱42mm

碟高7mm　長101mm　寬70mm

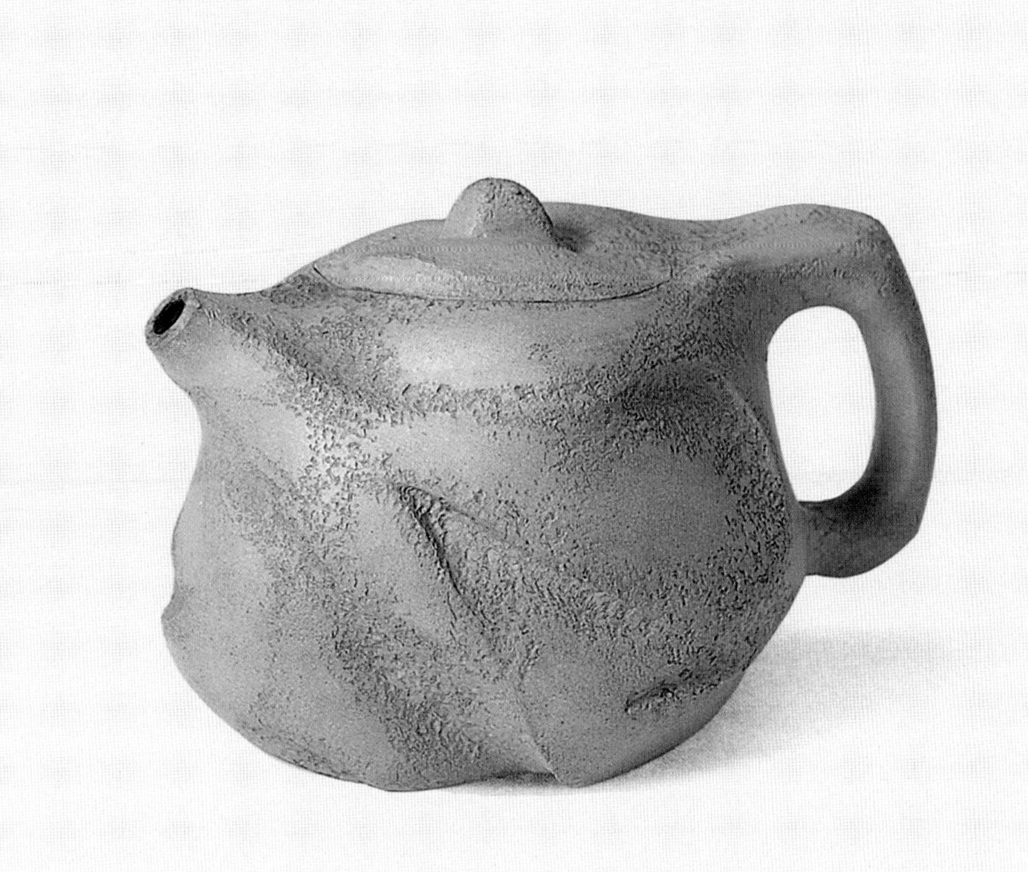

456.

百納

陳進海（設計） 周定華（製）

高68mm 口徑55mm

457.

磚方壺

周定華

高66mm

口徑橫68mm 縱52mm

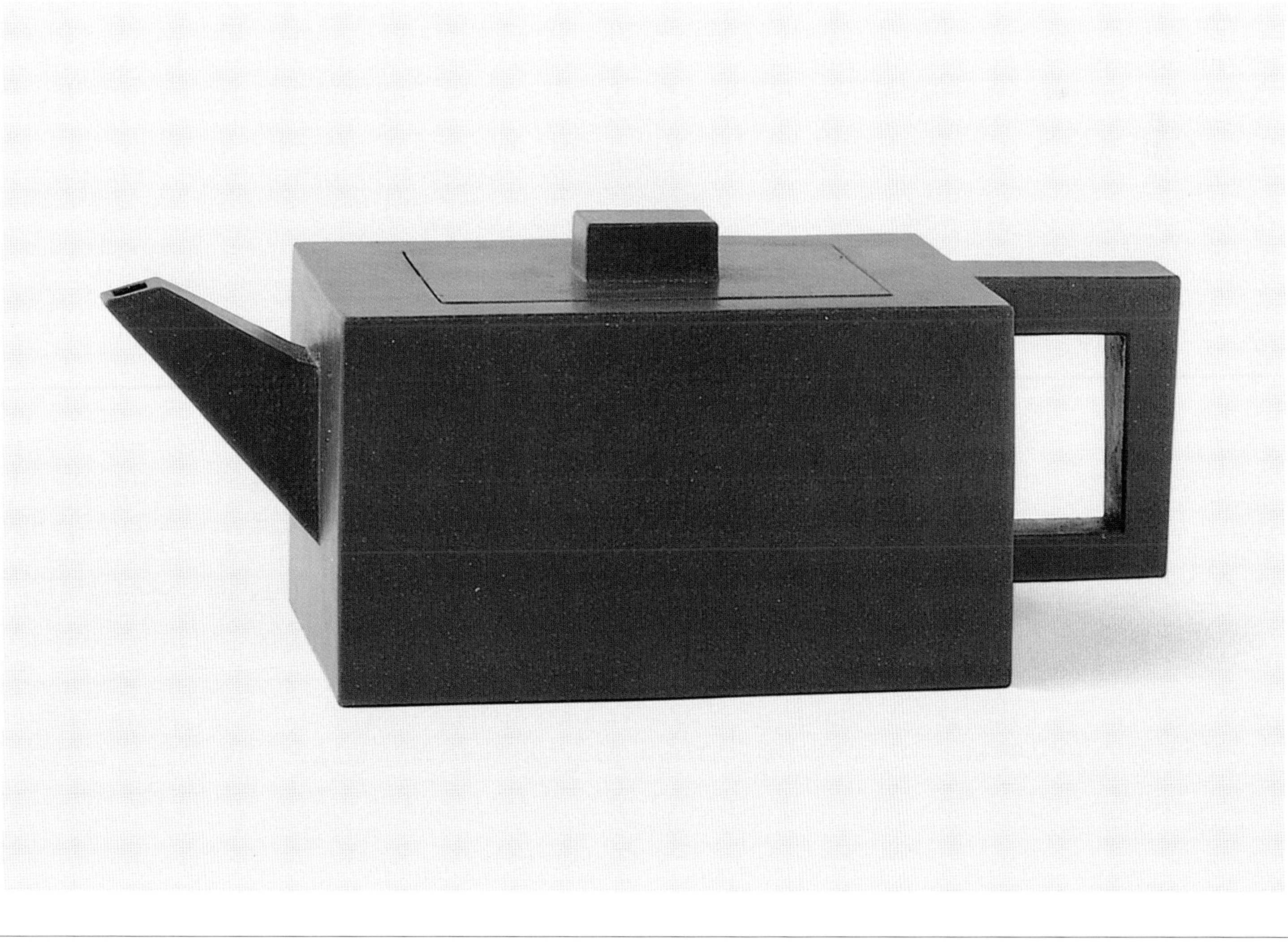

458.

津古提梁壺

周定華

高156mm　口徑84mm

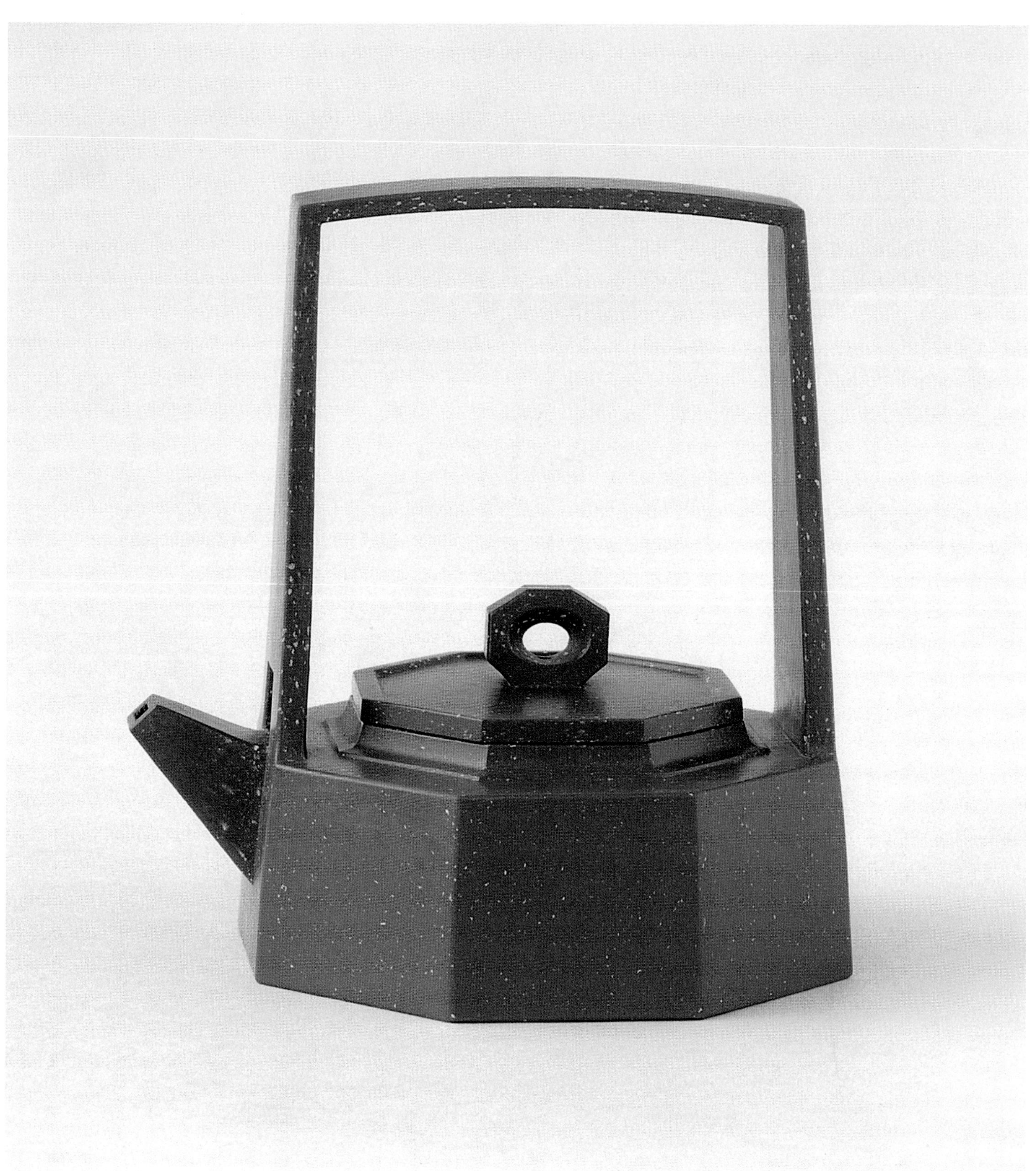

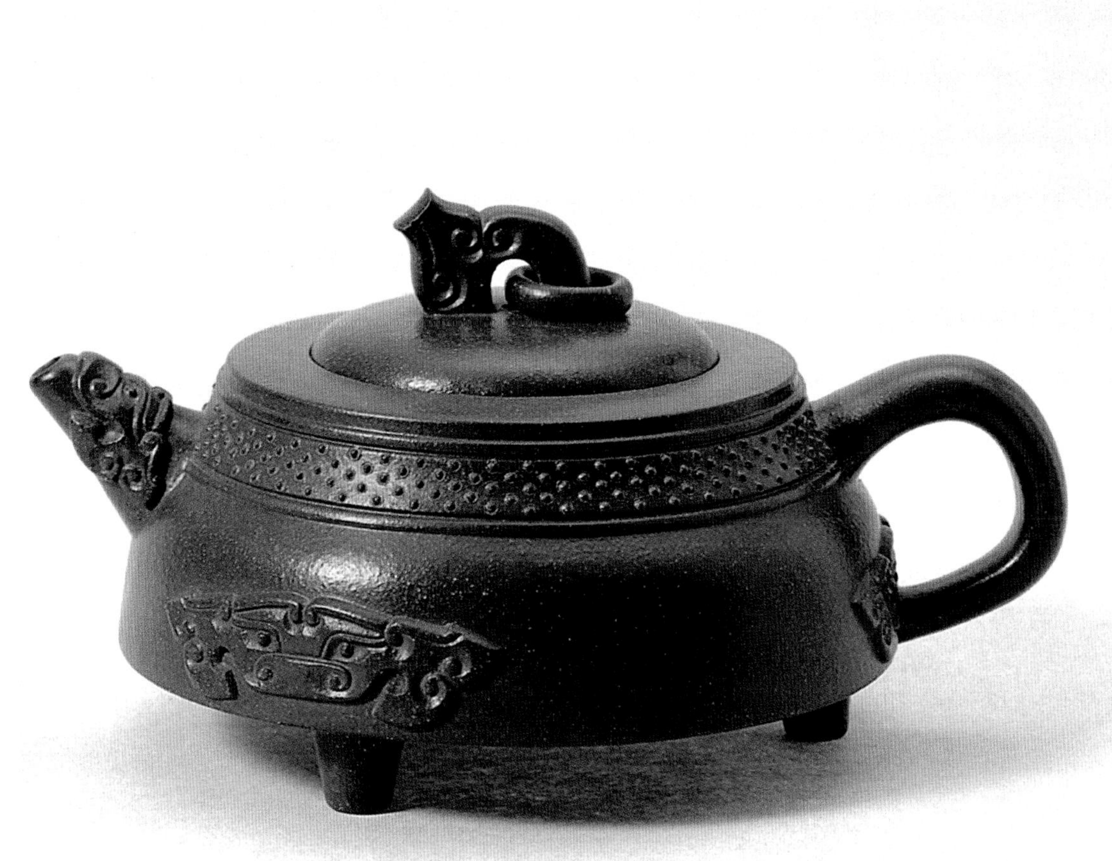

459.

玉趣壺

曹亞麟、曹燕萍

高98mm　口徑69mm

◉　玉石雕刻，也是中華民族傑出的文化藝術。她那獨特的"語言"，光潤優美的材質，令人愛不釋手。紫砂壺使用愈久，愈發光潤，簡直不似玉石而勝似玉石。基於這一點，作者運用玉雕藝術語言，塑造了玉趣壺。壺身圓渾剛勁；壺底以浮雕龍面紋飾的鼎足爲脚；圓柱形浮雕龍面作壺嘴，如龍欲出；壺身飾以乳鐐紋帶，像似龍體，與挕連接，挕如龍尾；壺蓋摘手，也用龍的主體造型。整個作品之格局紋飾，若分若連，或抽象或變形，給人以脫俗浪漫之感，具有濃郁的玉雕趣味。

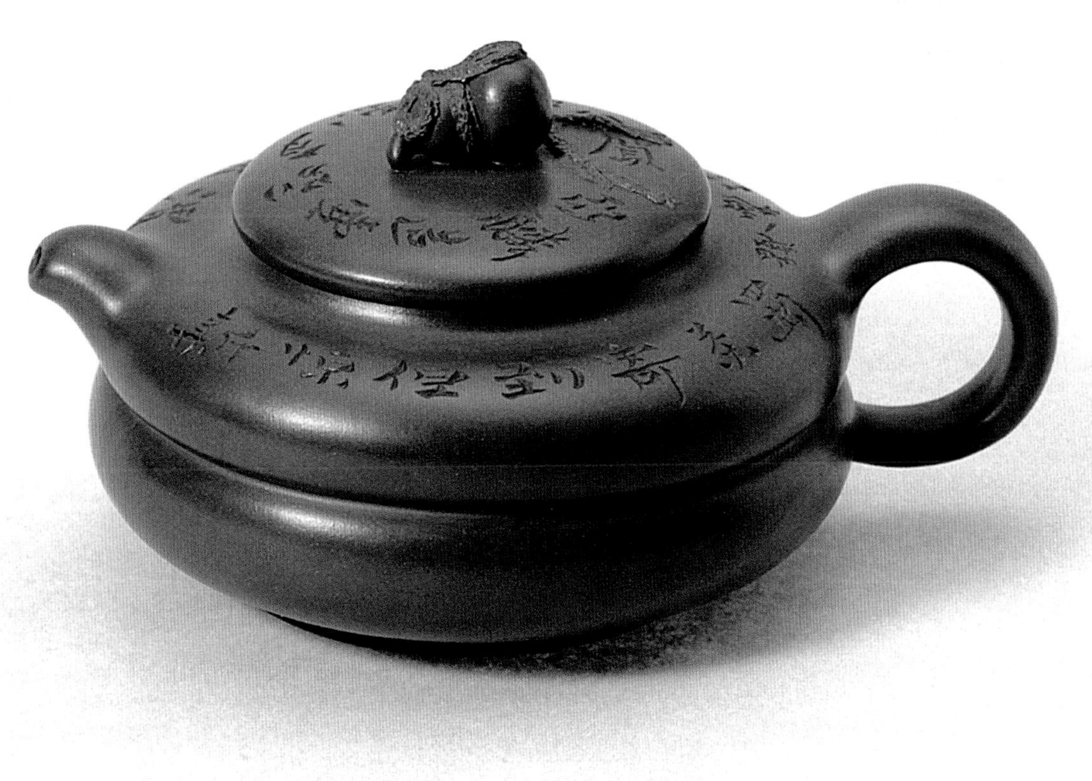

460.

葫蘆壺

曹亞麟、曹燕萍

高87mm　口徑72mm

壺蓋銘：亞麟造壺別有一脈　可喜可賀

壺肩銘：蜀茶寄到但驚新
渭水煎來始覺珍
樂人題

◉　作品取材於中國古代神話傳說。相傳寶葫蘆能賜予人們嚮往幸福生活的美好願望。作者緊緊抓住葫蘆的特徵，結合壺的實用功能，運用抽象手法設置主體造型，又用寫實手法製作蓋和摘手，點題引導，使人從中品味美感。作品肩部鐫刻了"別有一般滋味在心頭"的草書詩句，在形式上賦予作品簡潔而豐富的藝術效果。

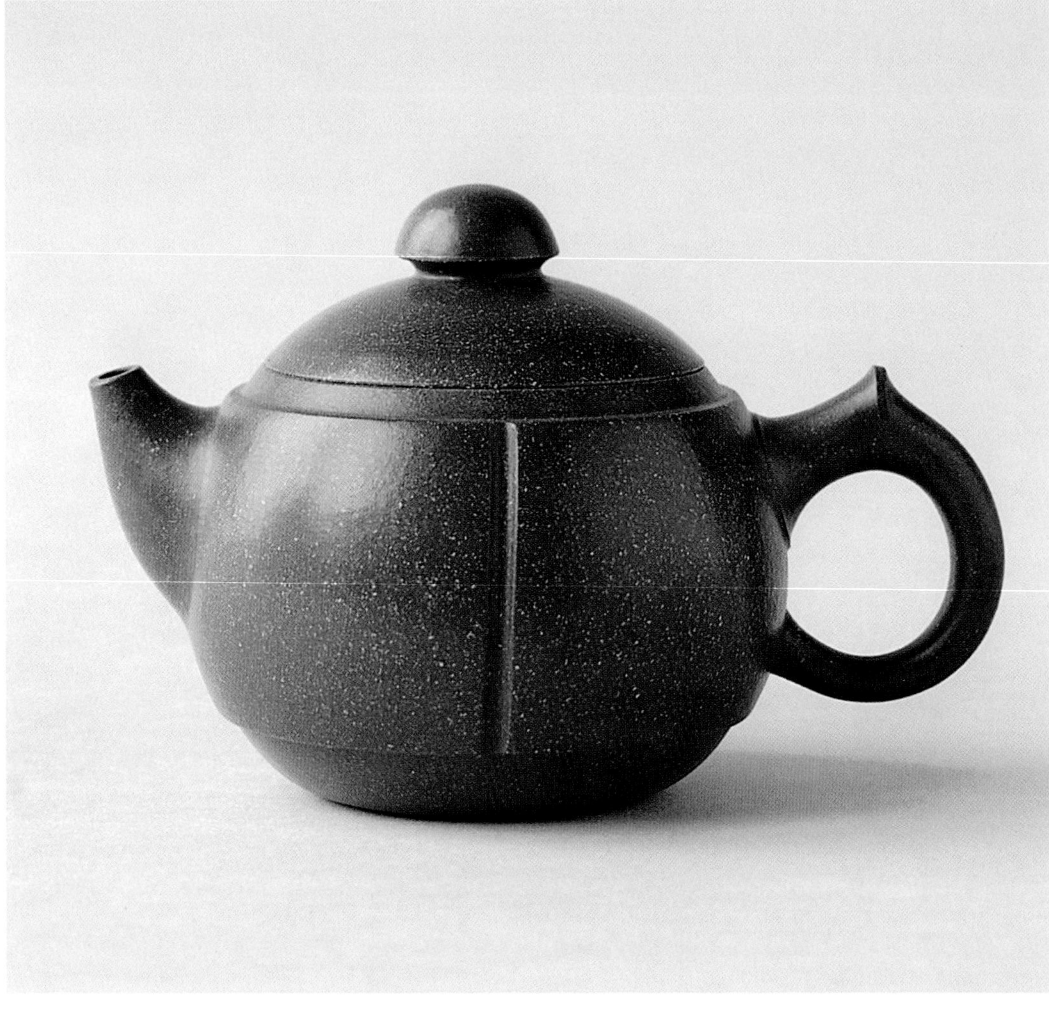

461.
錦笠
王建中（設計）　張志強（製）
高105mm　口徑76mm

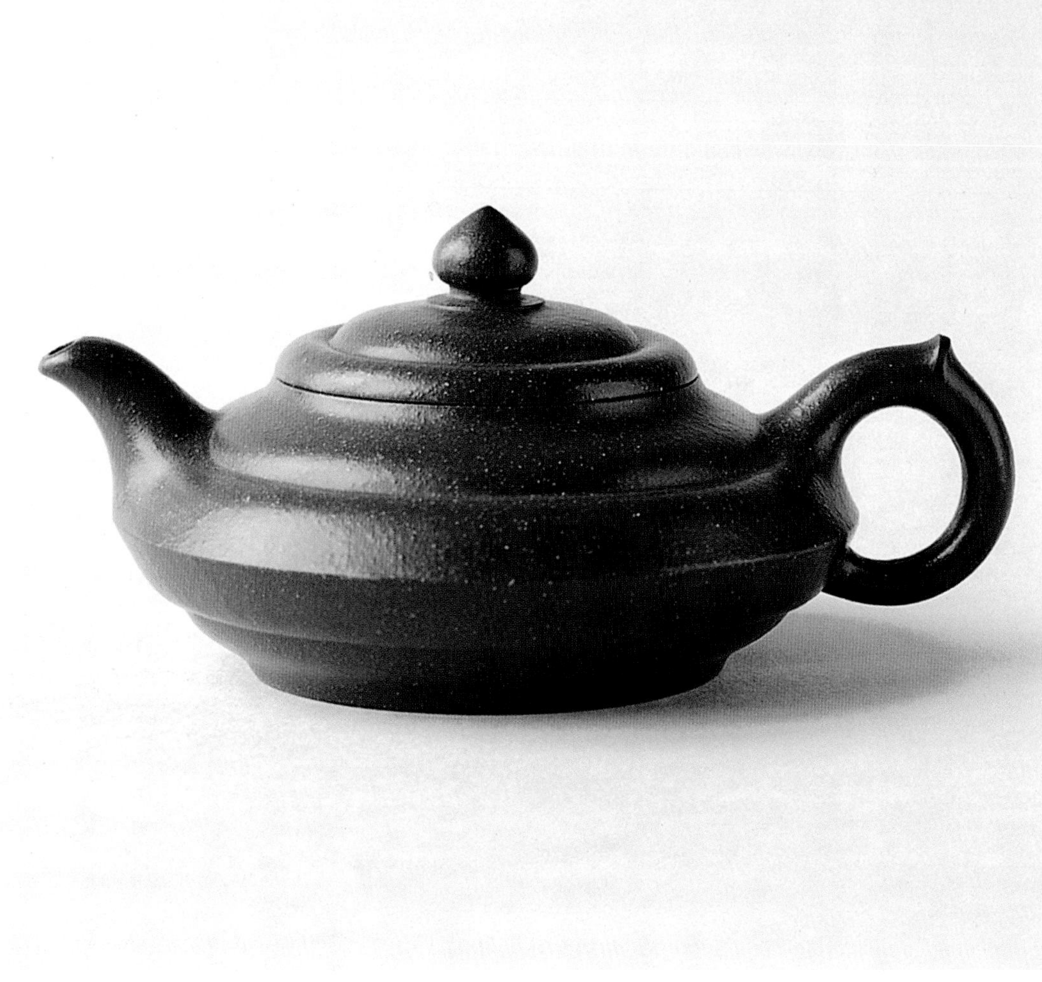

462.
金波玉頂
張志强
高70mm　口徑64mm

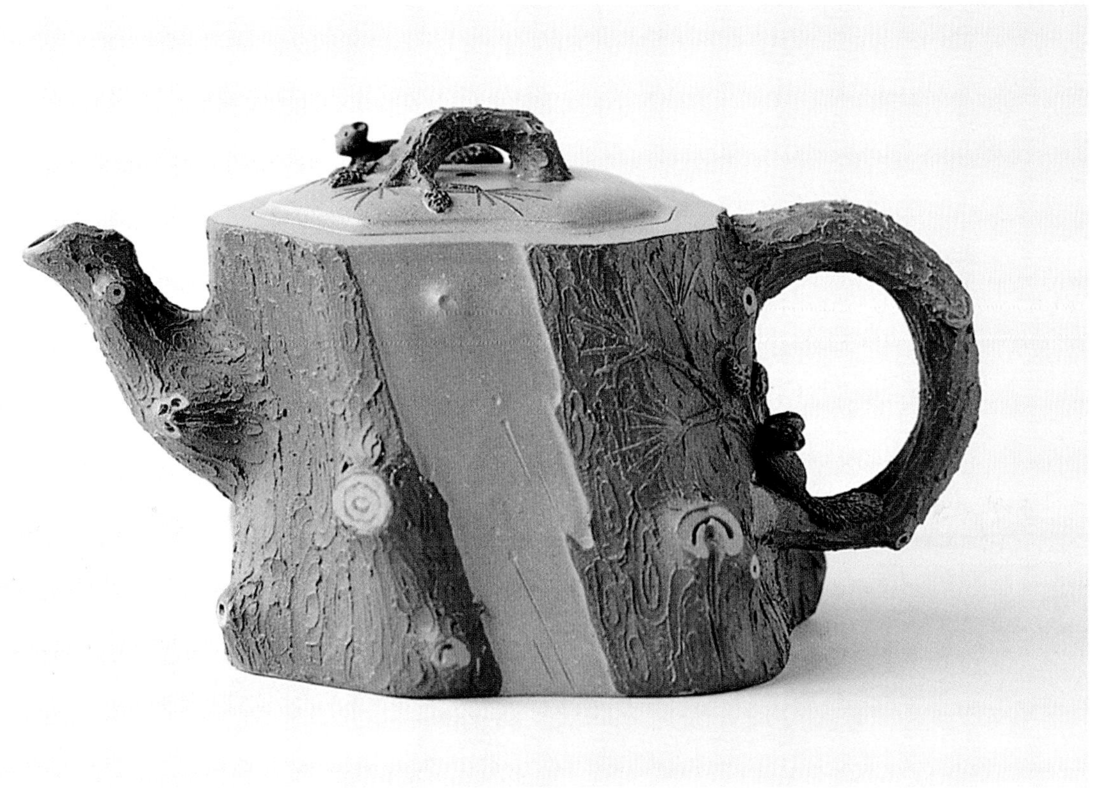

463.
樂趣壺
惲益萍
高88mm
口徑橫71mm　縱62mm

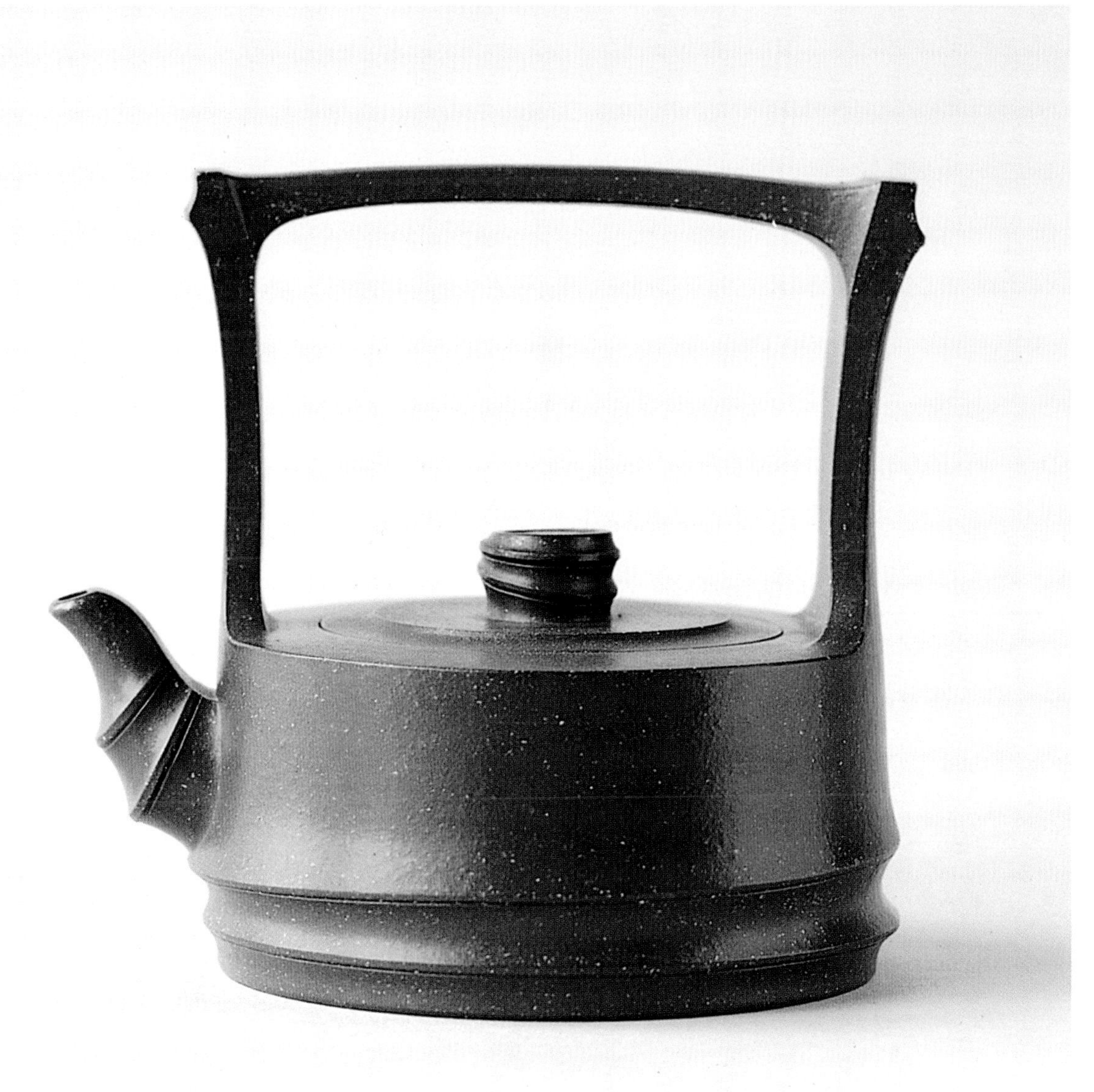

464.
韵竹提梁
惲益萍
高142mm　口徑82mm

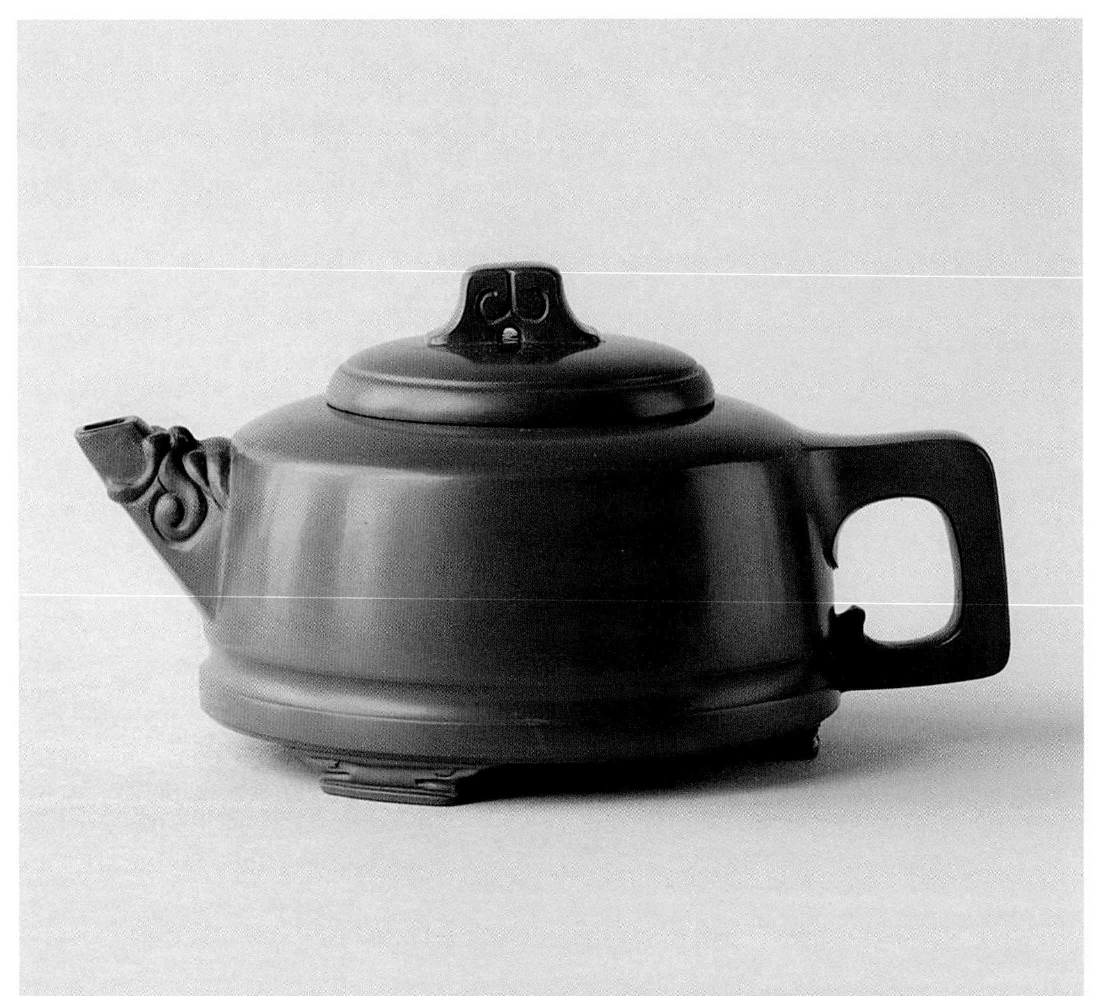

465.
紫雄
强德俊
高75mm　口徑62mm

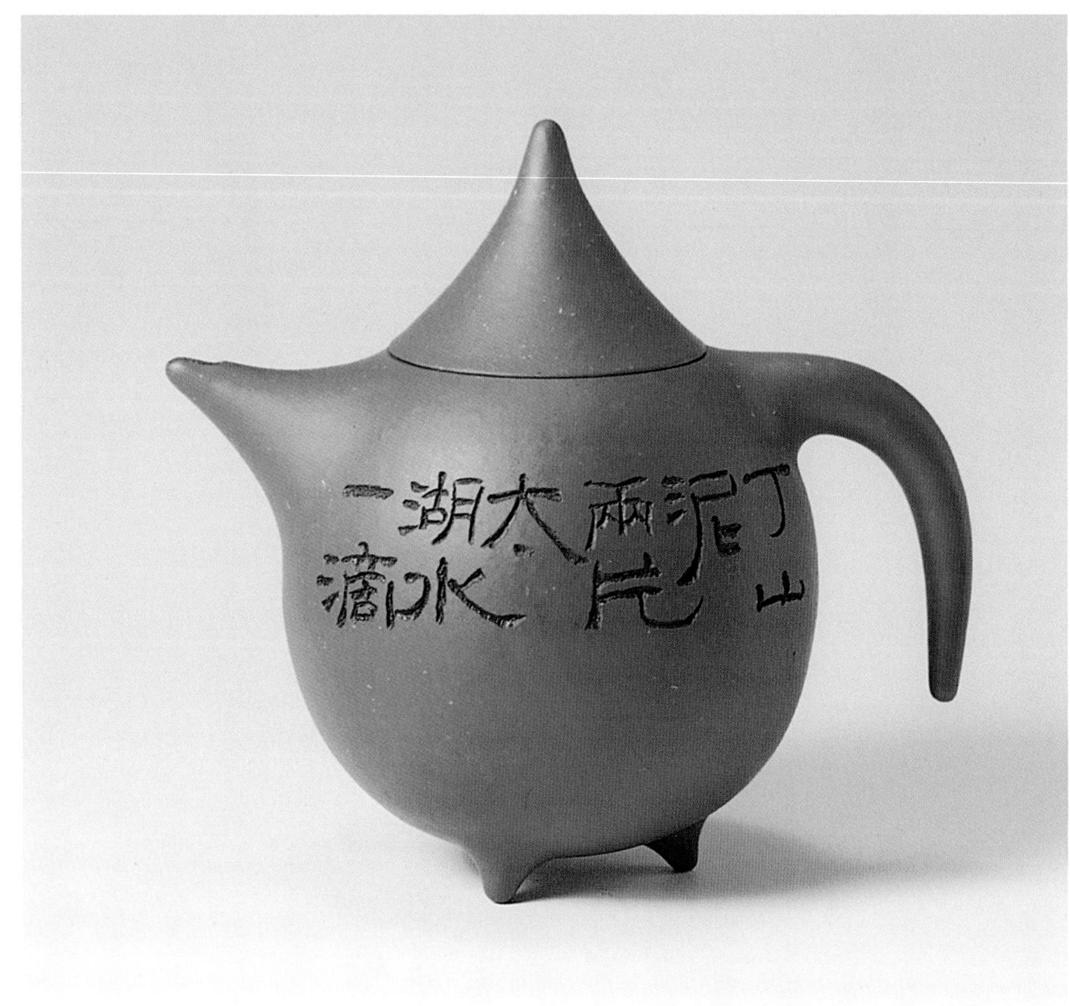

466.
一滴水
陳進海（設計）　李園林（製）
高123mm　口徑51mm
壺身銘：丁山泥兩片
　　　　太湖水一滴

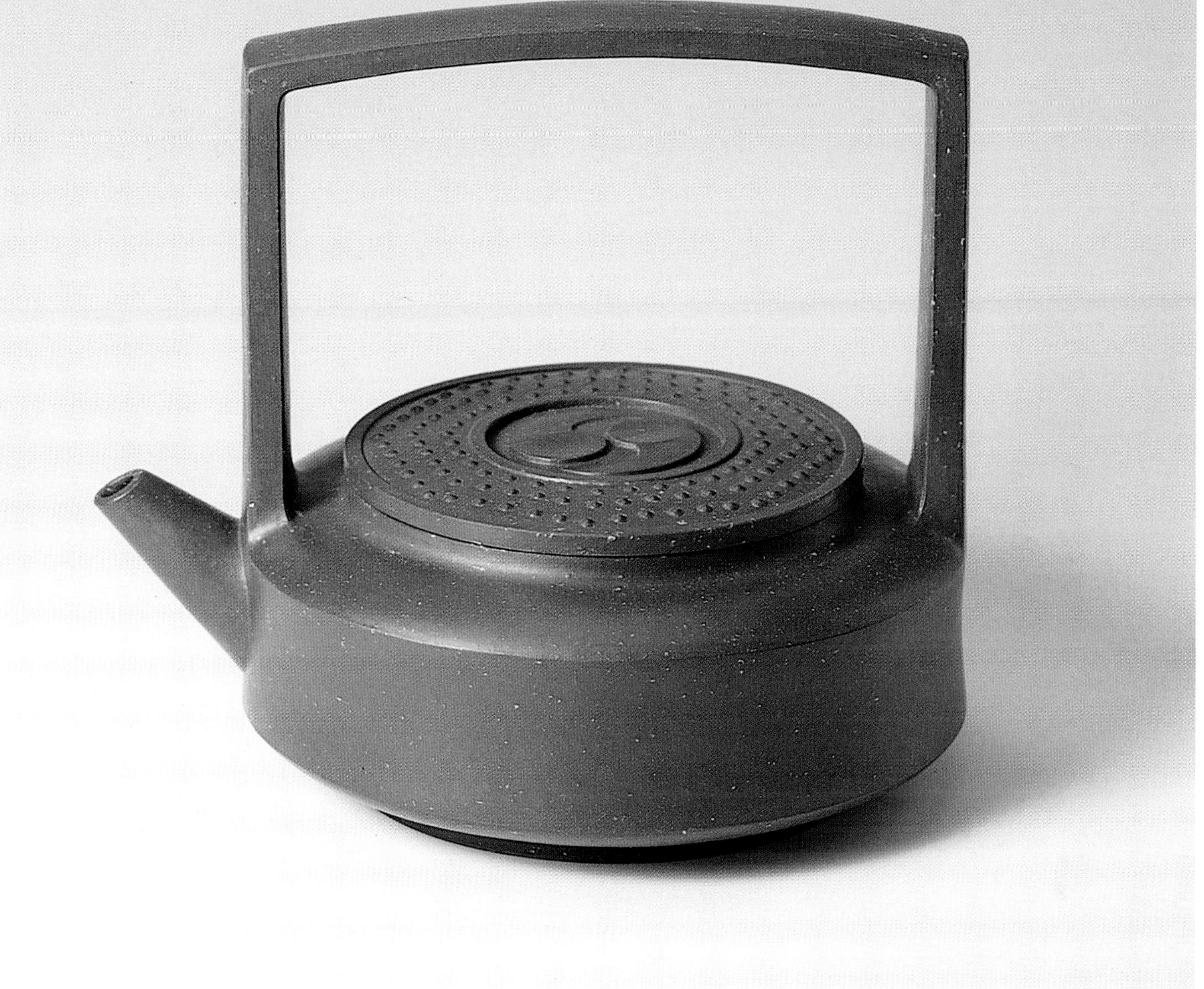

467.

太極

張守智（設計）　李園林（製）

高160mm　口徑113mm

468.

絞泥九重

范永良

高73mm　口徑56mm

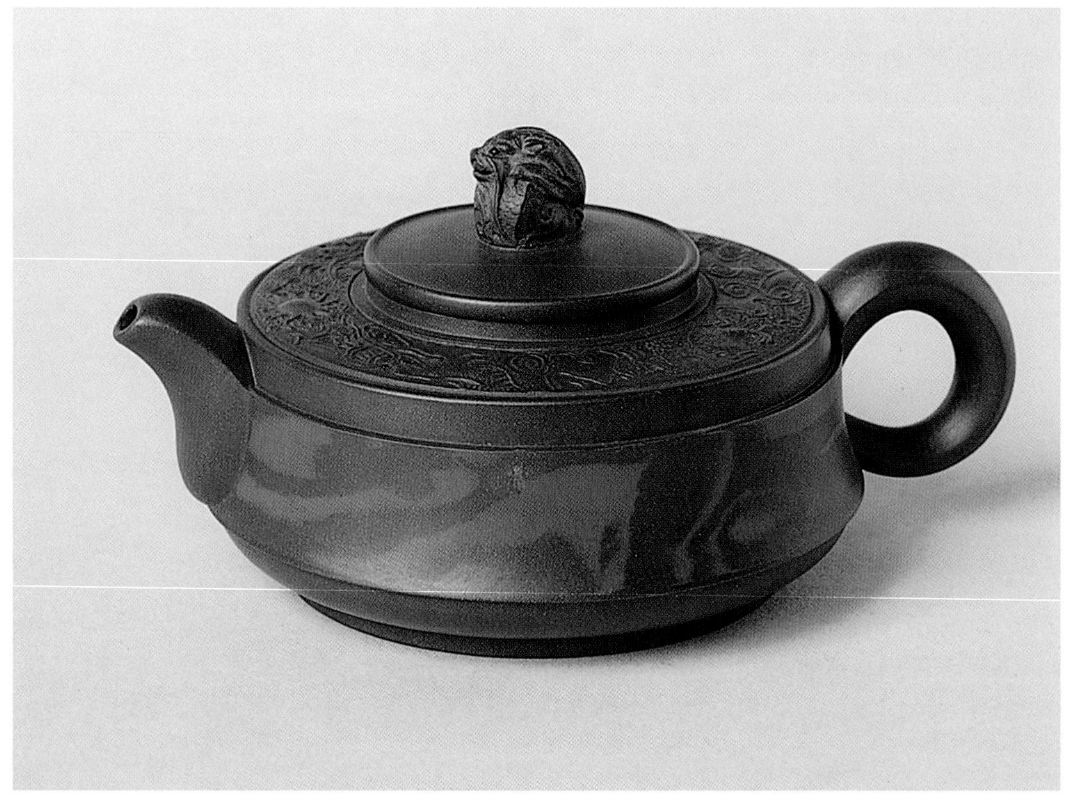

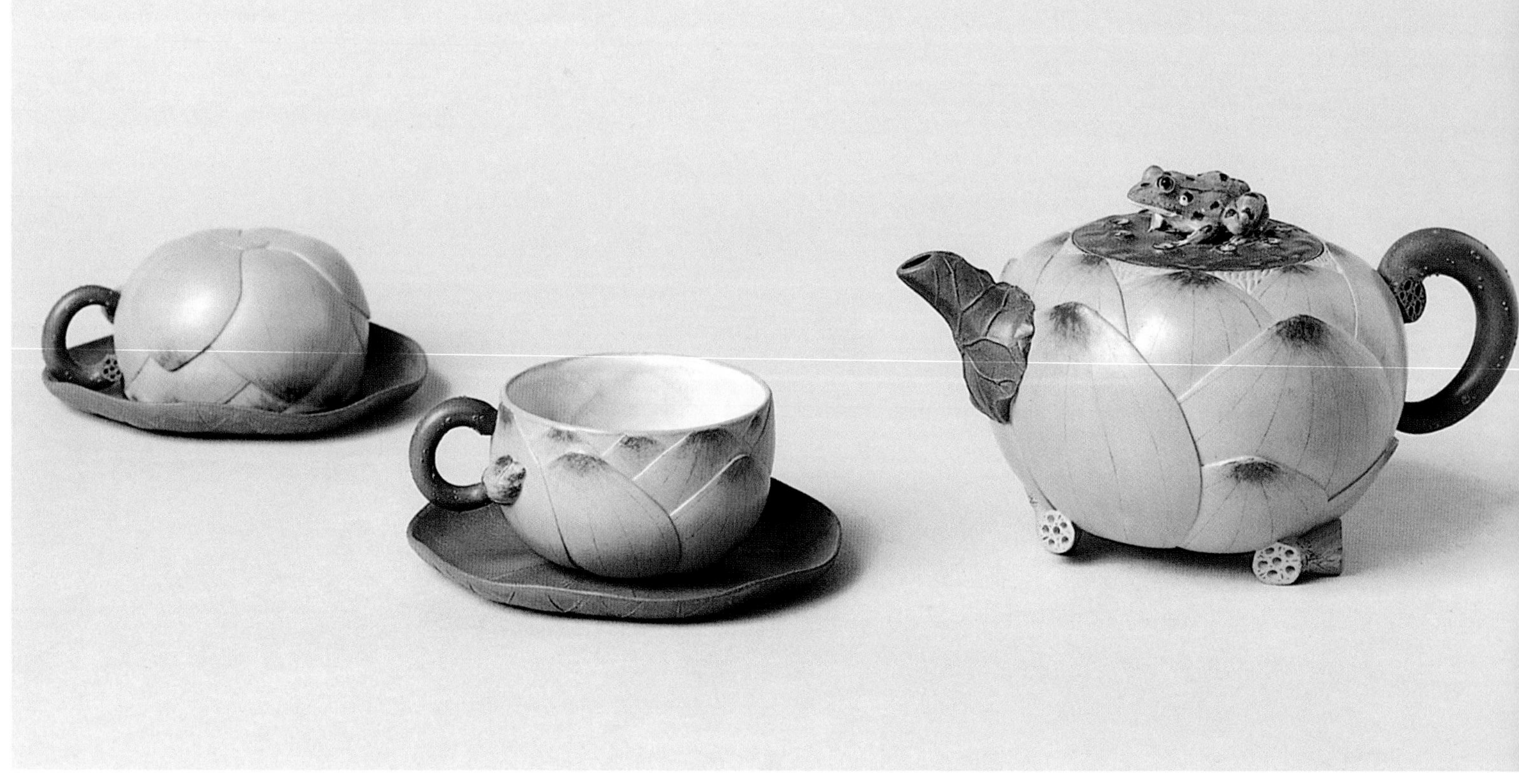

469.

荷花茶具

范永良

壺高98mm　口徑61mm

杯高41mm　寬61mm

碟高12mm　寬104mm

470.

飲之長生

徐達明、王秀芳

壺高118mm

口徑橫55mm　縱47mm

杯高45mm

口徑橫65mm　縱50mm

碟高42mm

長168mm　寬30mm

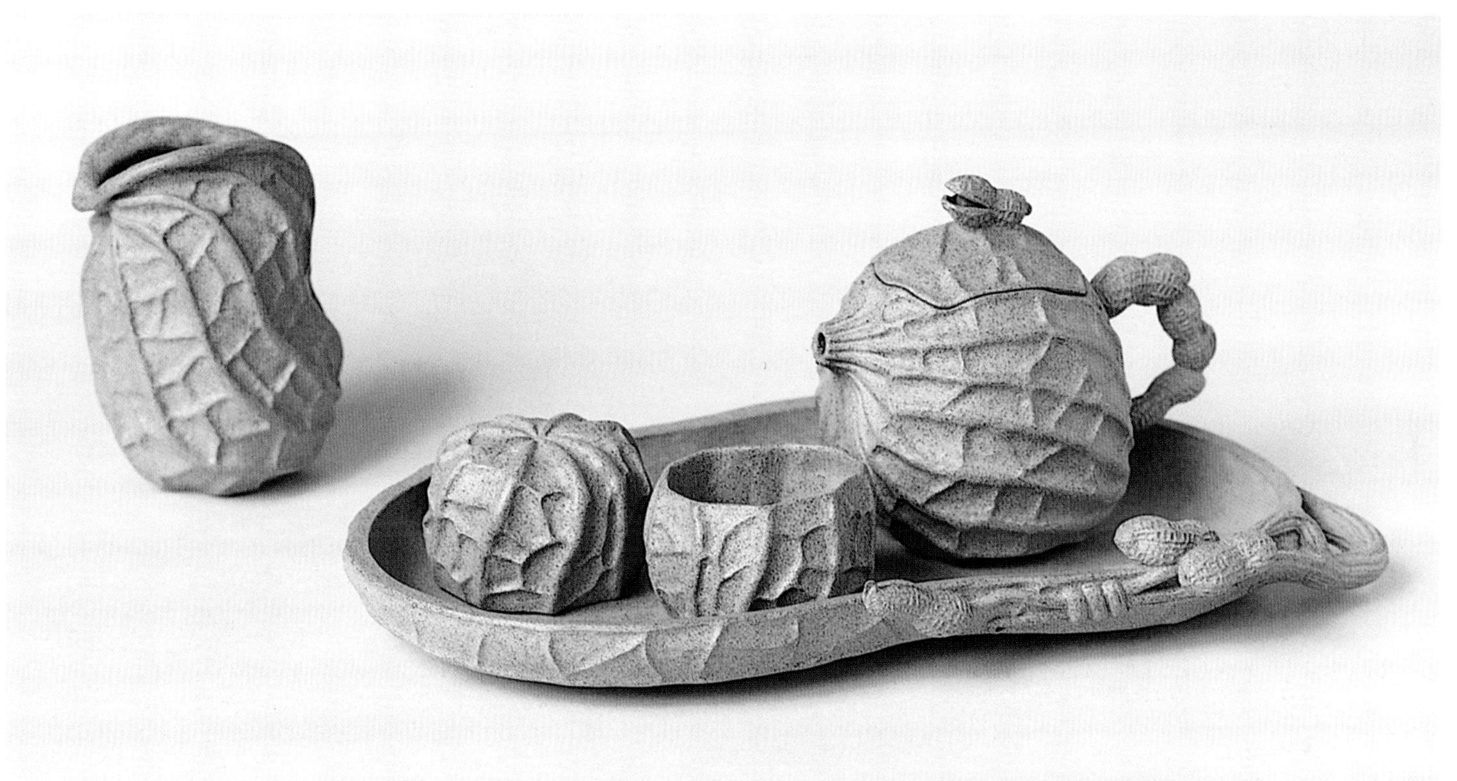

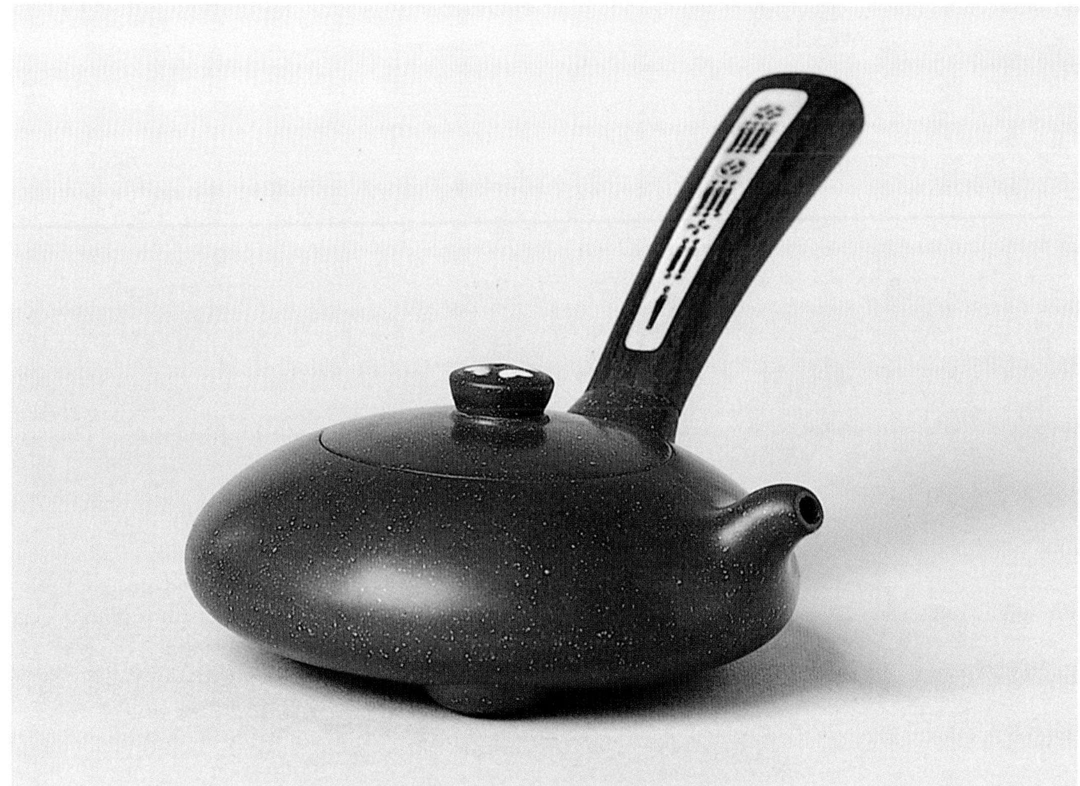

471.

唐羽

徐達明、王秀芳

高83mm　口徑57mm

472.

六棱壺

楊勤方、王生娣

高124mm　口徑80mm

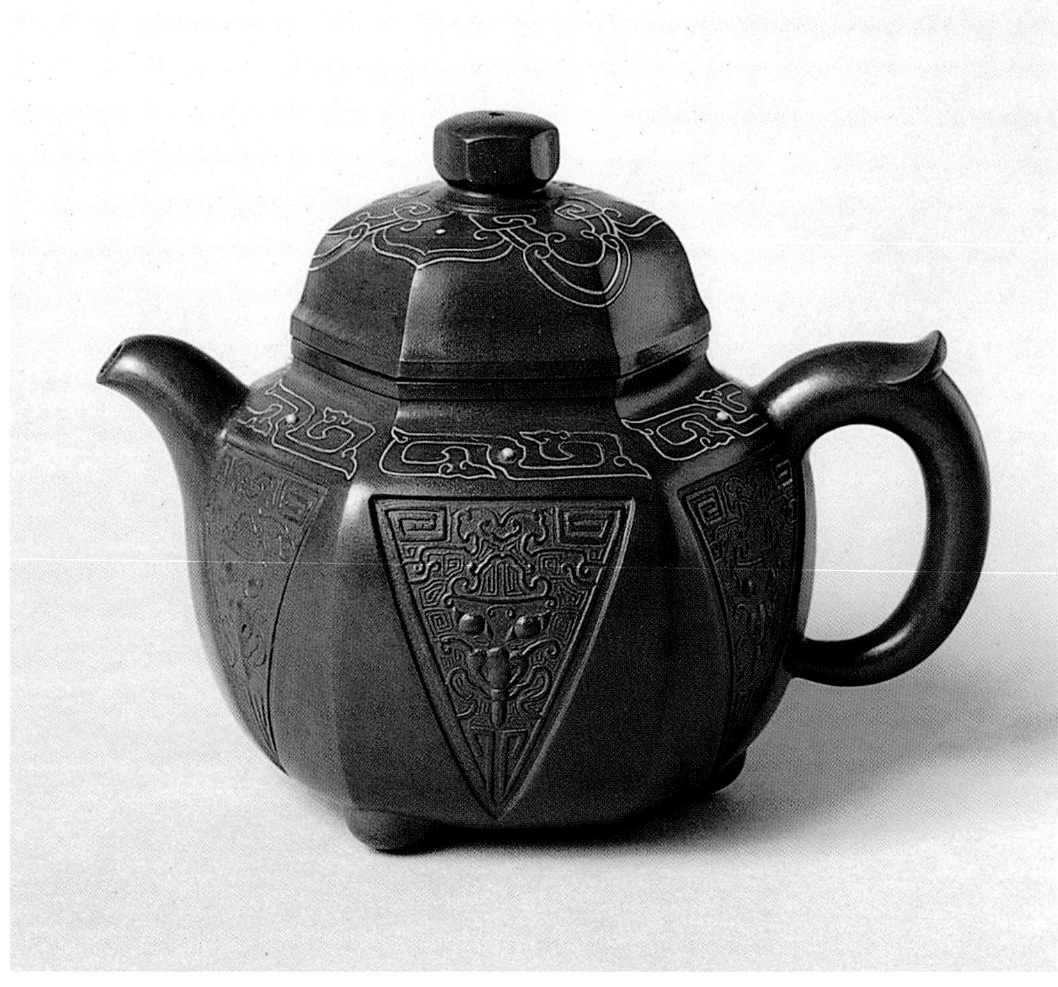

473.

六方福壽提梁茶具

楊勤方、王生娣

壺高161mm　口徑65mm

杯高45mm　口徑62mm

碟高10mm　直徑76mm

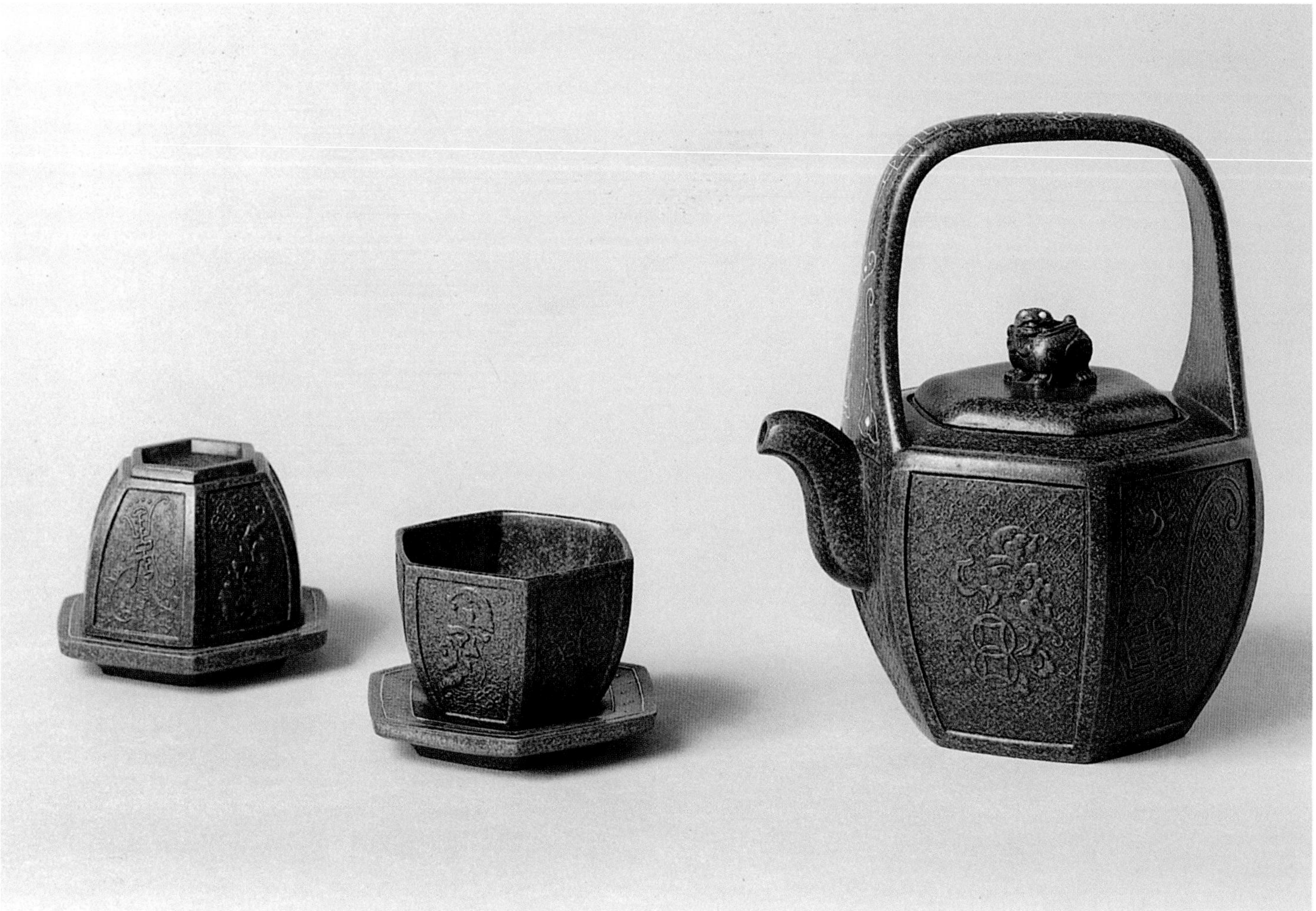

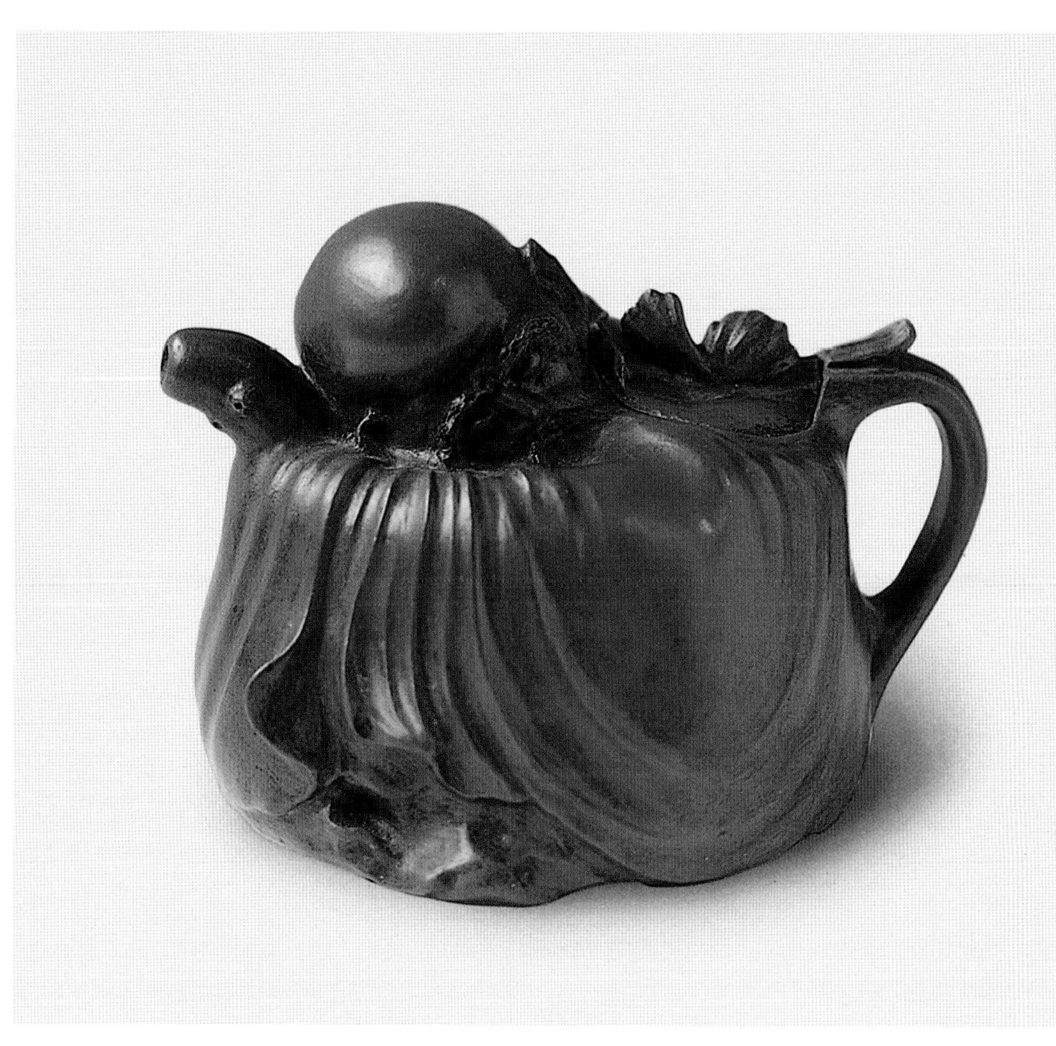

474.
睡翁壺
許四海
高96mm
口徑橫45mm　縱33mm

475.
舜卣提梁雙流茶具
楊勤方、王生娣
壺高188mm　口徑108mm
杯高54mm　口徑72mm
碟高17mm　直徑114mm

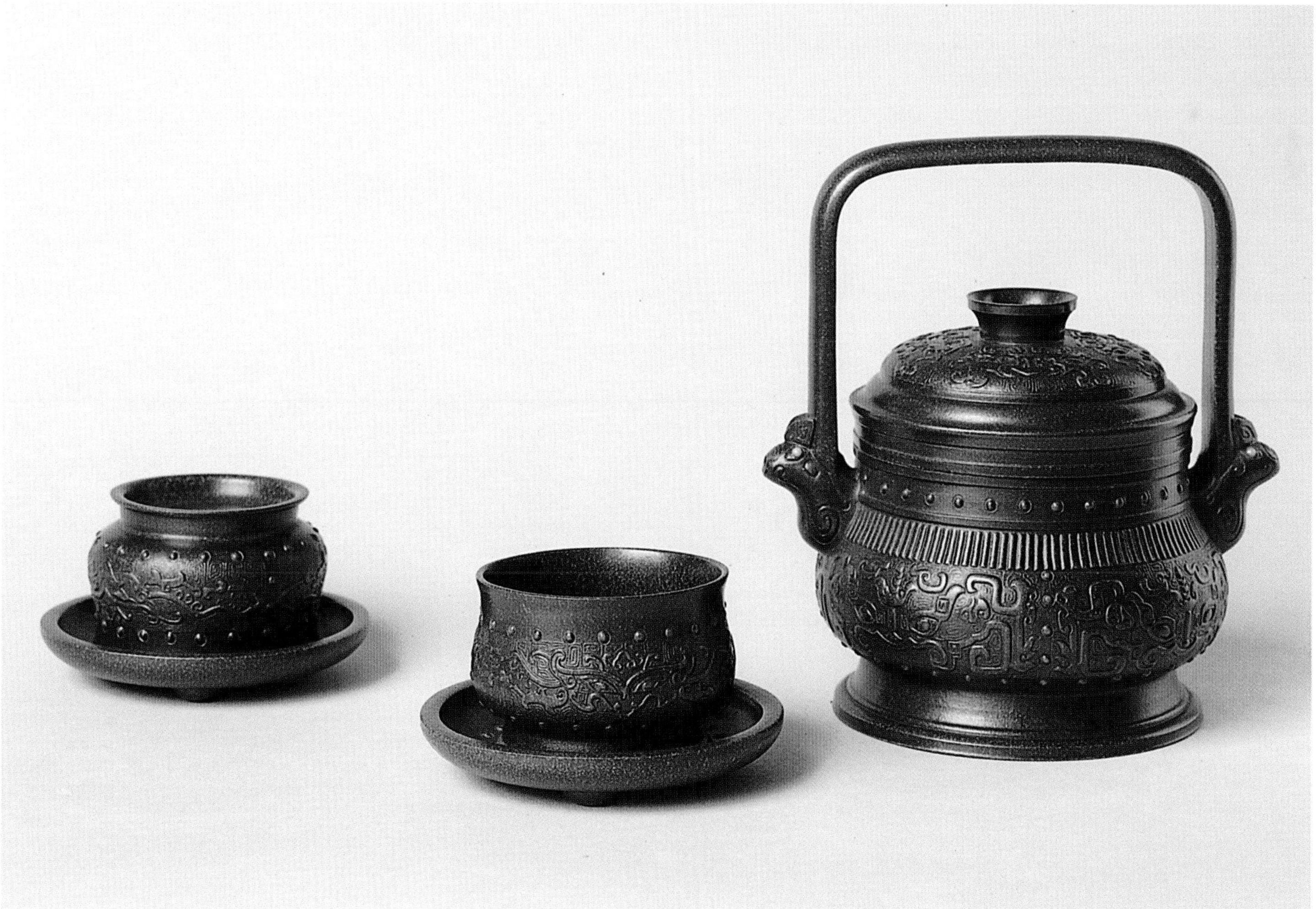

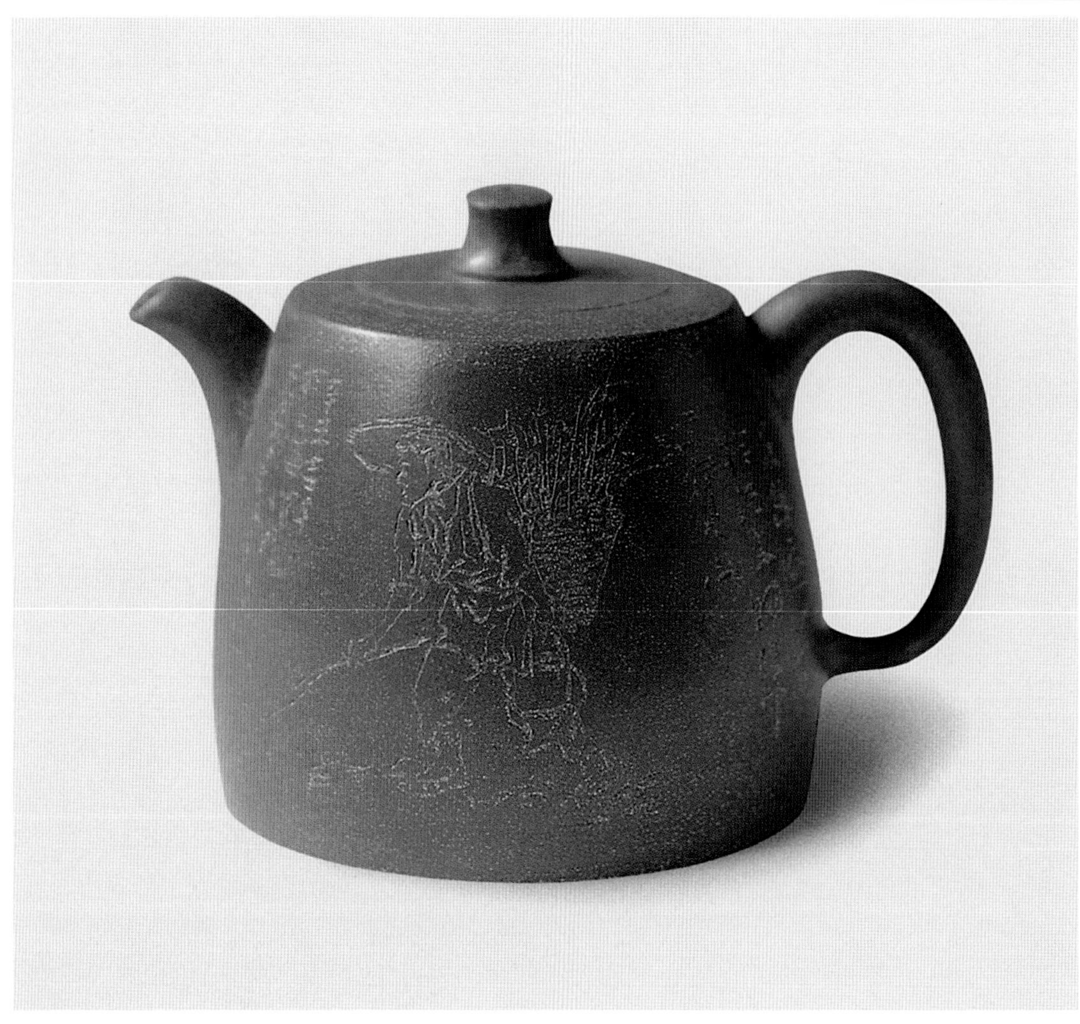

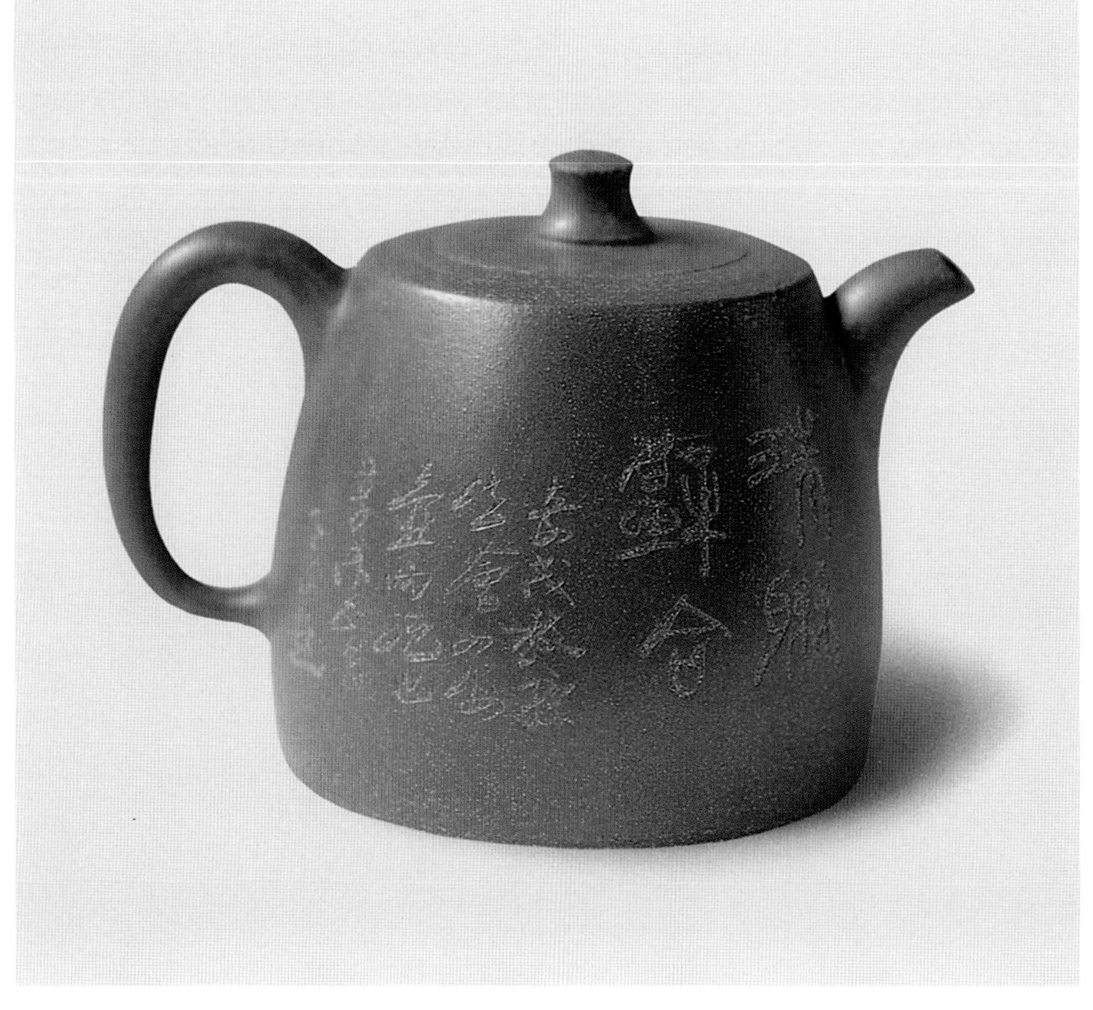

476.
秦權
許四海、李奇茂
高110mm　口徑54mm
壺身銘：足跡遍四海，
　　拾得文物歸寶山。
辛未年寫於上海作客　采風堂主人　李奇茂
　　珠聯璧合
奇茂教授法會四海壺兩絕也　辛未正月　天衡題

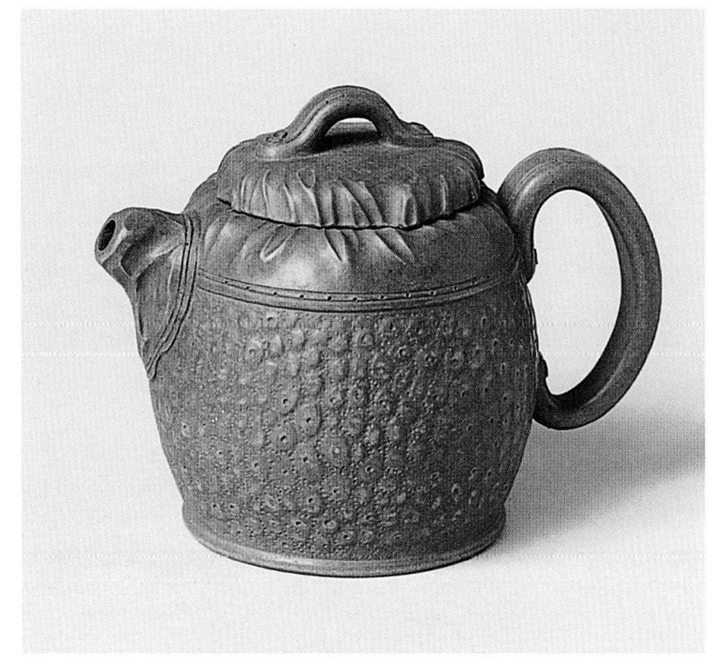

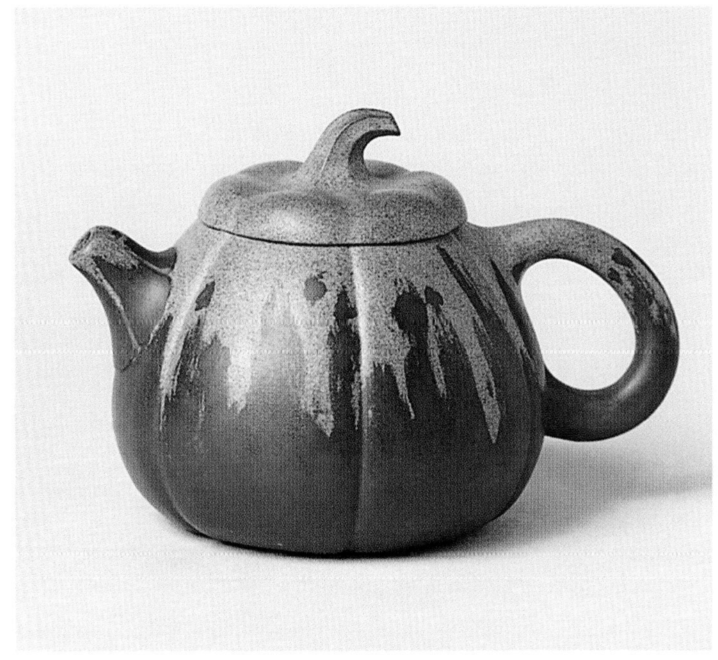

477.
新意
徐雪娟
高92mm　口徑52mm

478.
甜瓜壺
徐雪娟
高103mm　口徑56mm

479.
雪花漢韵茶具
徐雪娟
壺高122mm　口徑66mm
杯高54mm　口徑64mm
碟高11mm　直徑104mm

◉　在傳統造型上大膽施加陶藝處理手段，頗有藝術感染力。

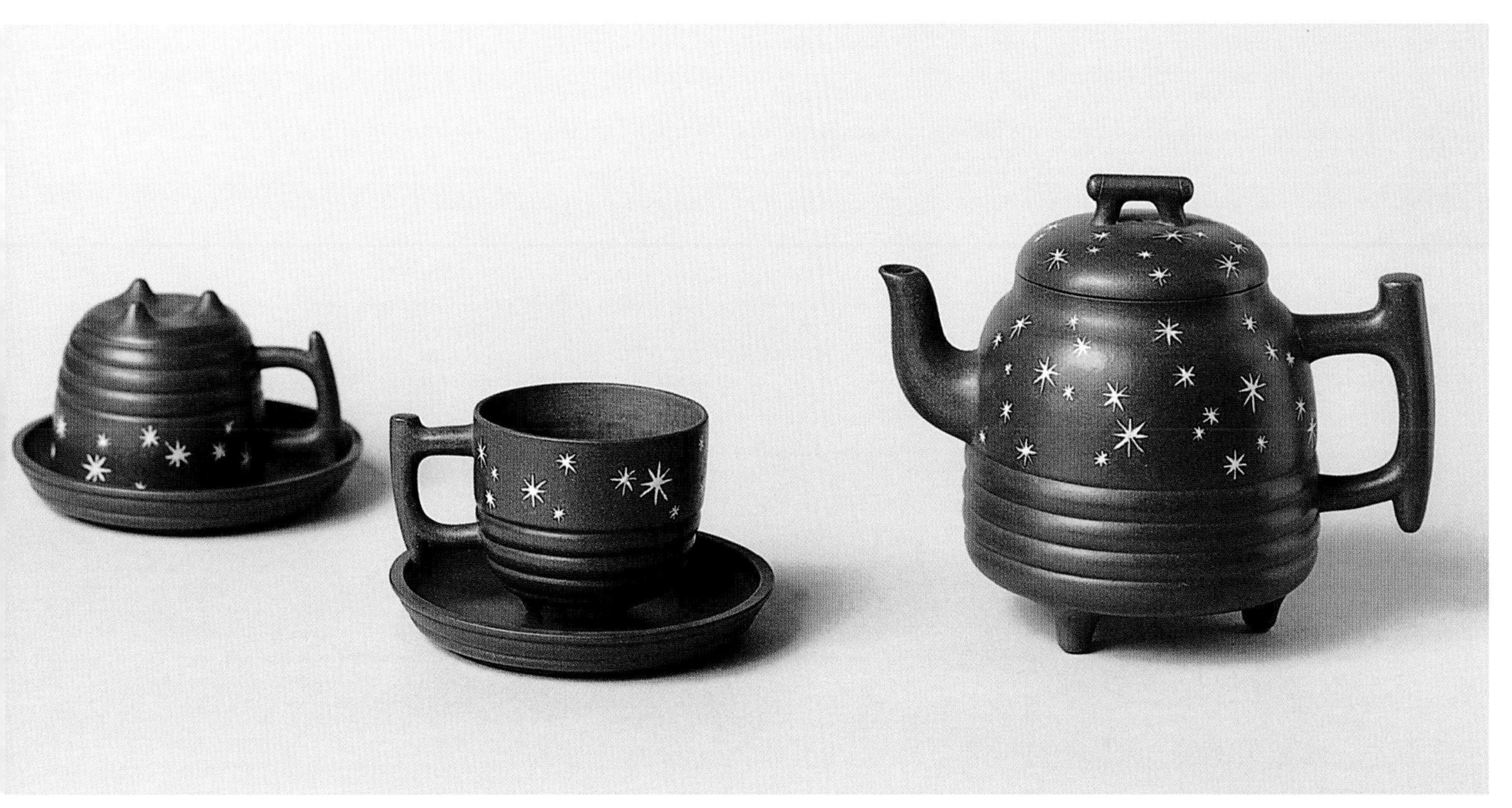

480.

五色土系列之一

盧劍星、陸文霞

高92mm

口徑橫50mm　縱47mm

482.

五色土系列之三

盧劍星、陸文霞

A高57mm　口徑37mm

B高63mm　口徑54mm

C高90mm　口徑44mm

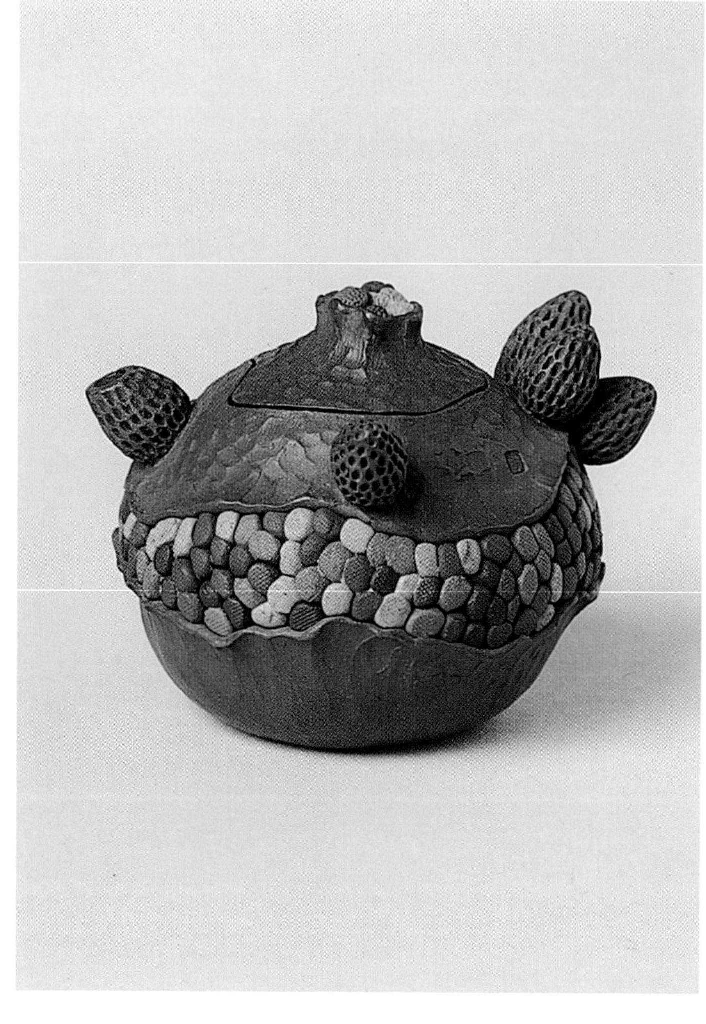

481.

五色土系列之二

盧劍星、陸文霞

高112mm

口徑橫44mm　縱42mm

483.

五色土系列之四

盧劍星、陸文霞

A高97mm　口徑47mm

B高97mm　口徑45mm

C高90mm　口徑47mm

D高90mm　口徑67mm

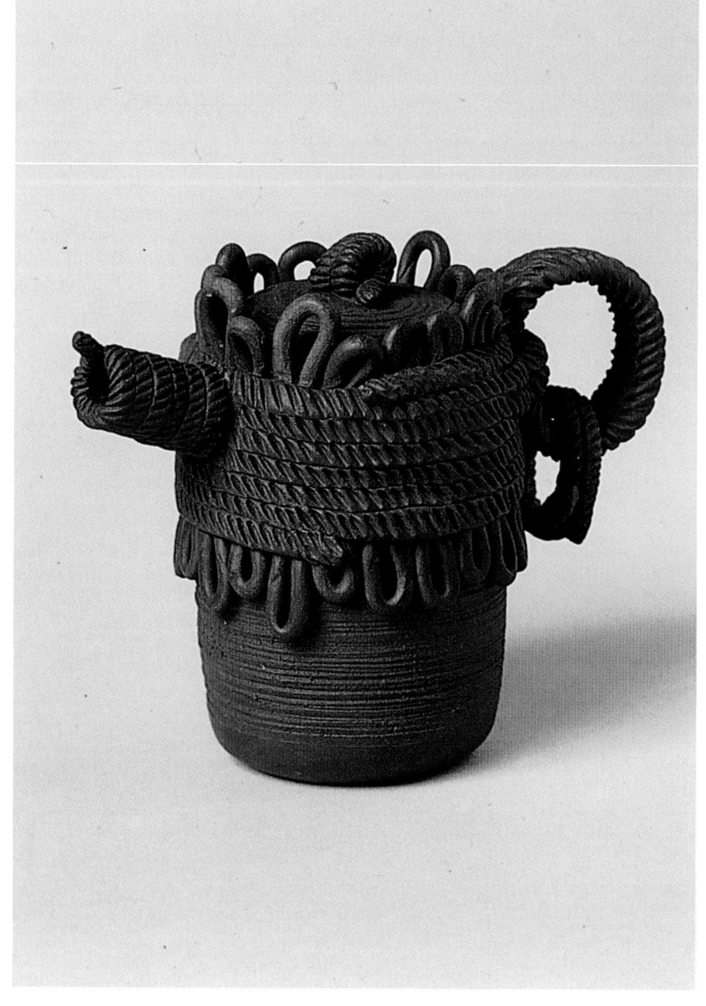

◉　紫砂陶藝的追求，是否以特種工藝品爲高滿足點？見仁見智。在正常經濟生產制度下，當然決不可以放棄傳統工藝的地位，但它決不能阻礙對陶藝的追求。這組作品的造型，完全離開了傳統觀念，但成型的基本法則，仍是嚴謹的傳統，這大概也是紫砂陶器新的“課題”之一吧。

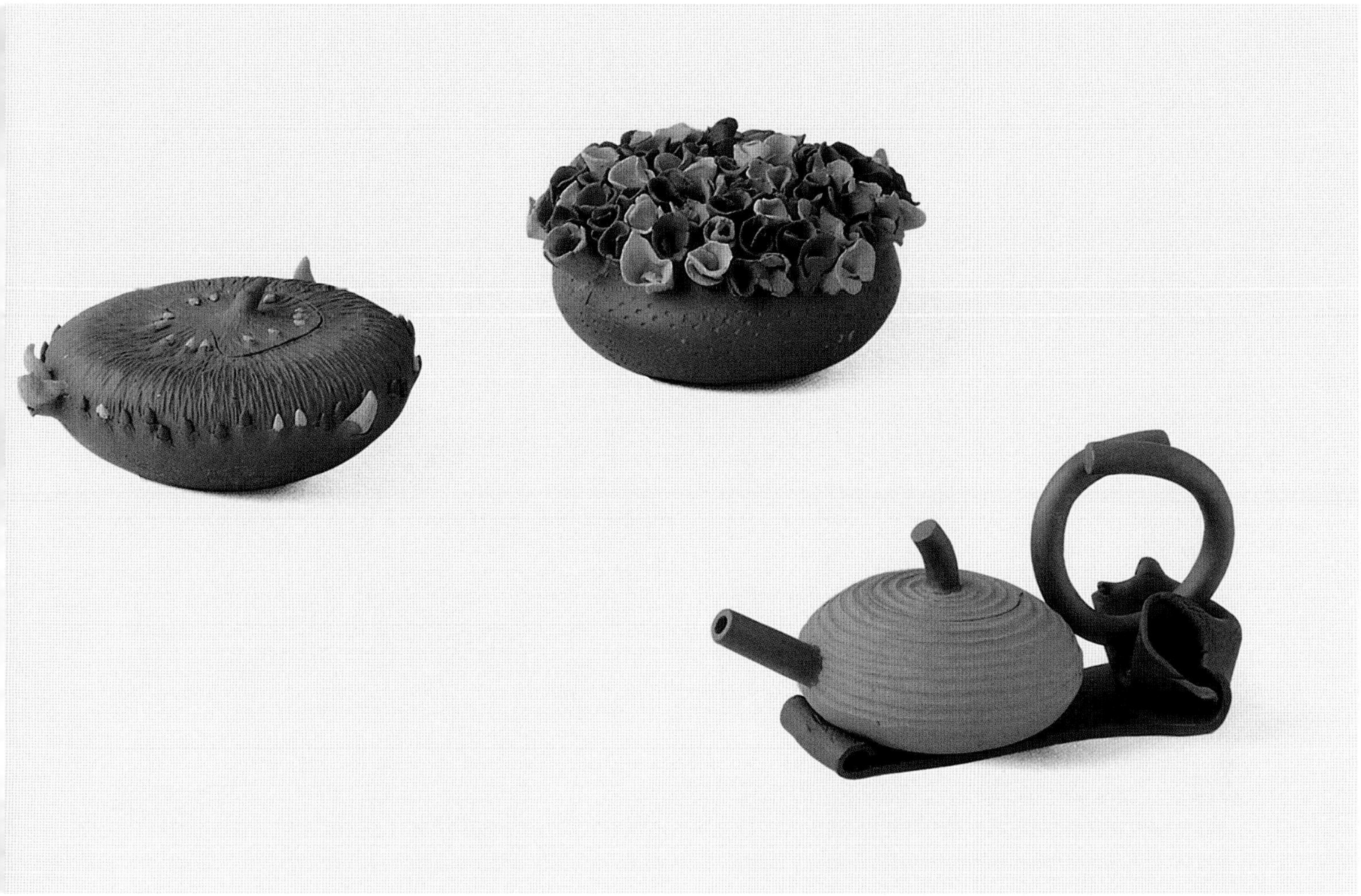

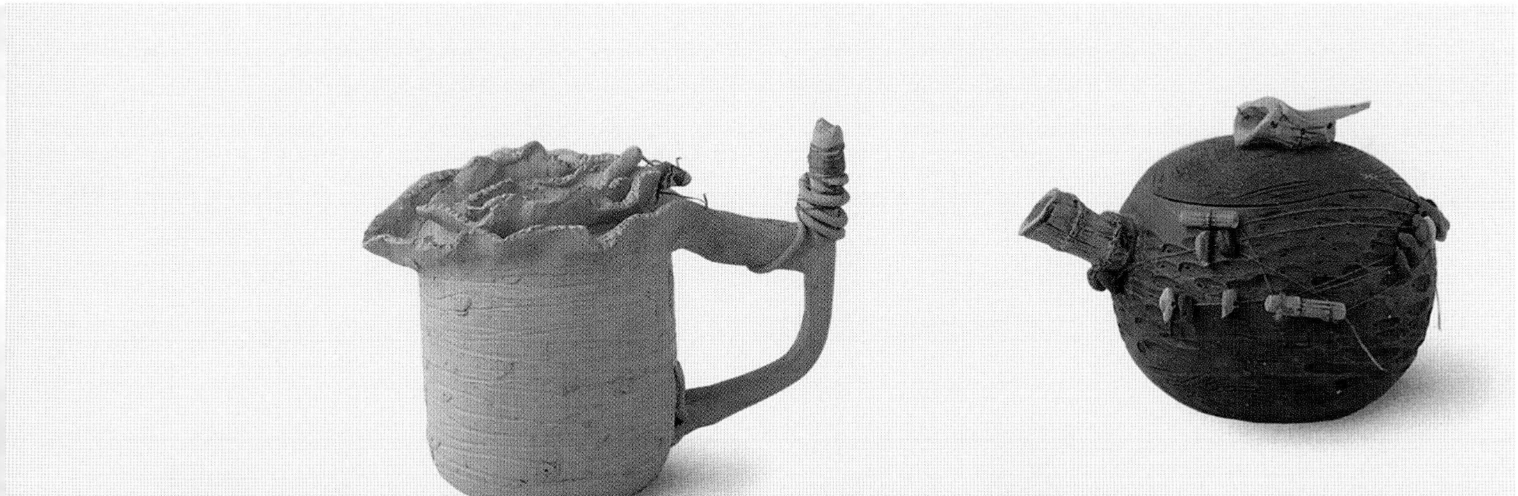

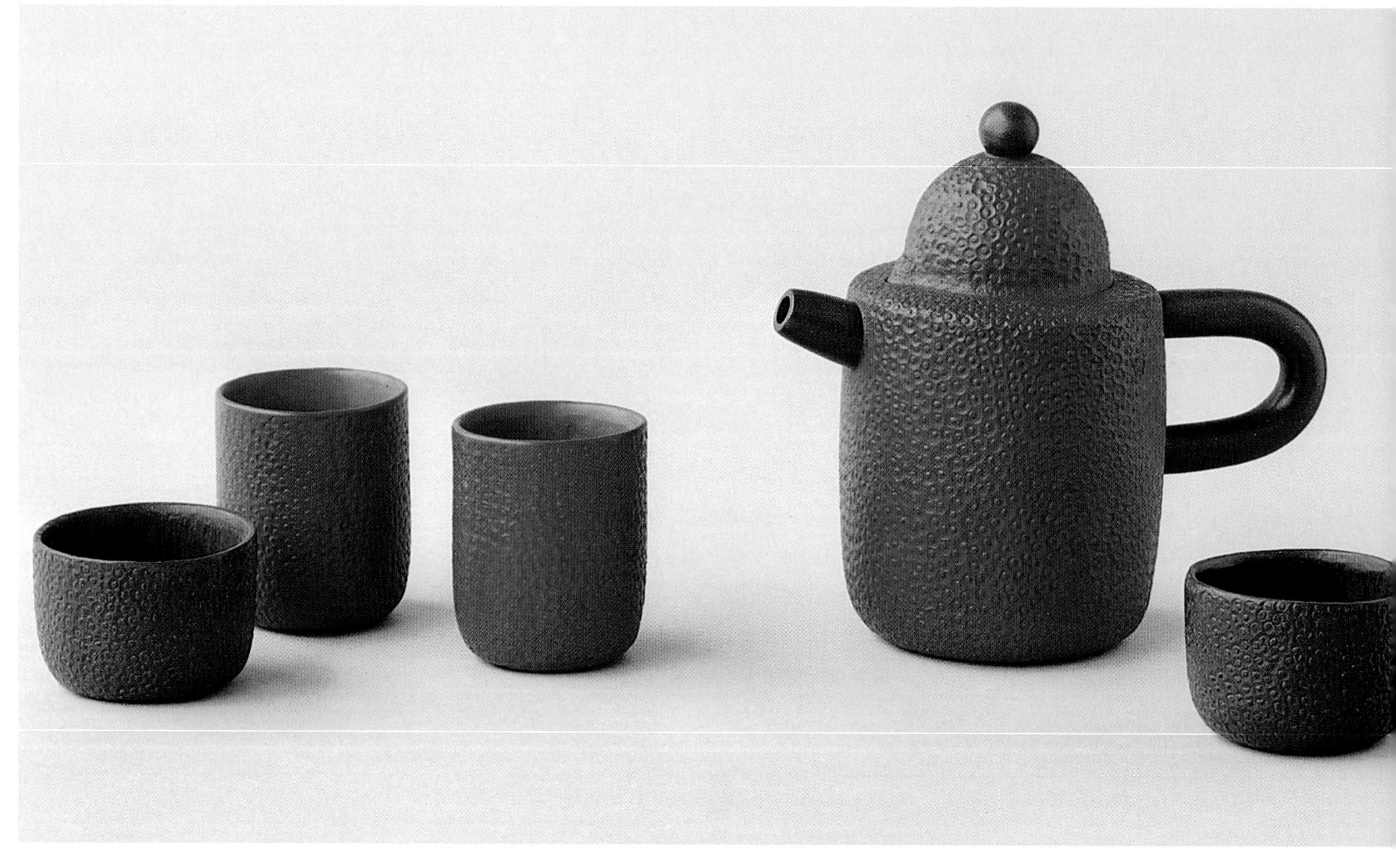

484.

紅與黑茶具

盧劍星

高125mm　口徑47mm

485.

觀音

盧劍星

高280mm

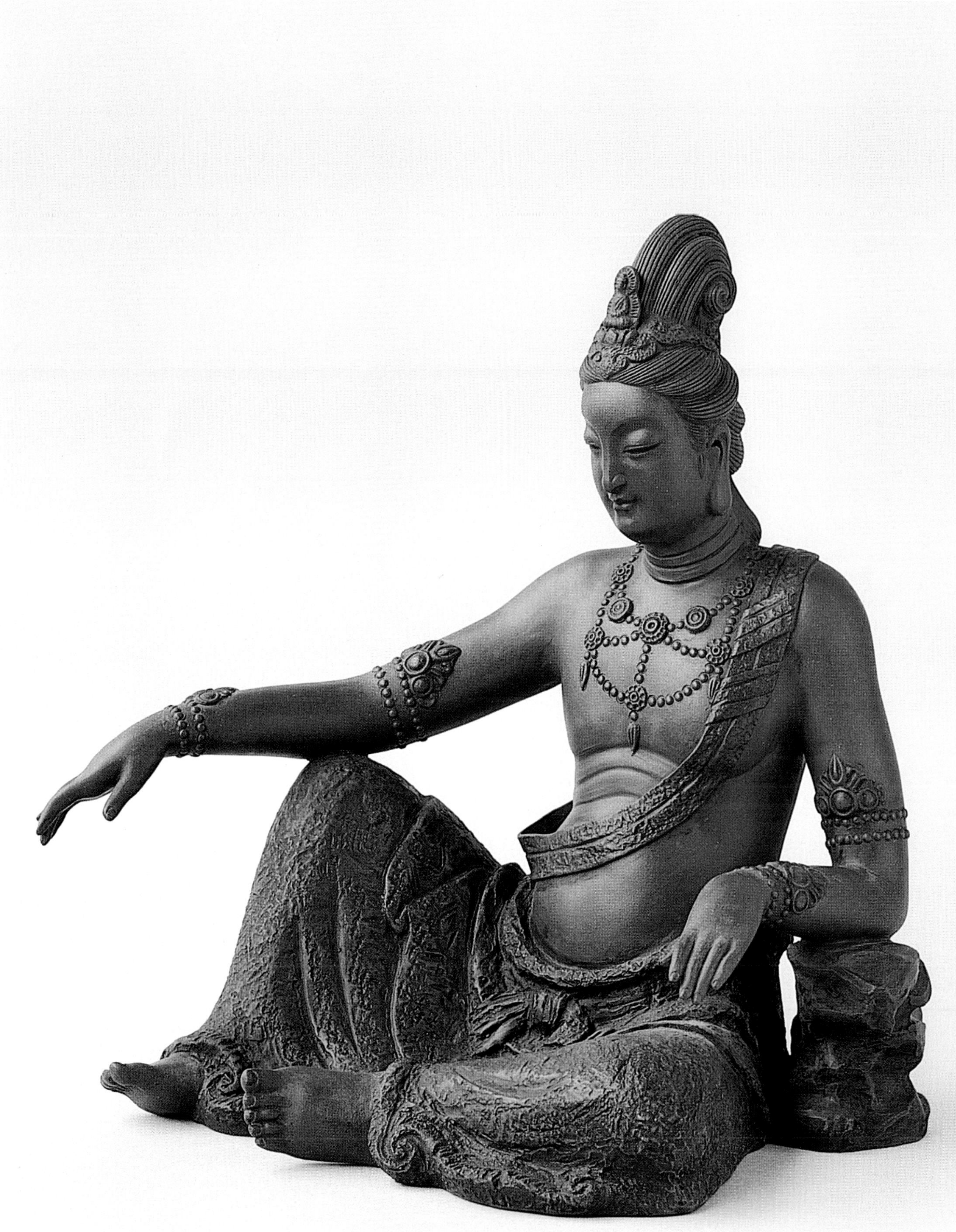

486.
關公
陳文南
高410mm

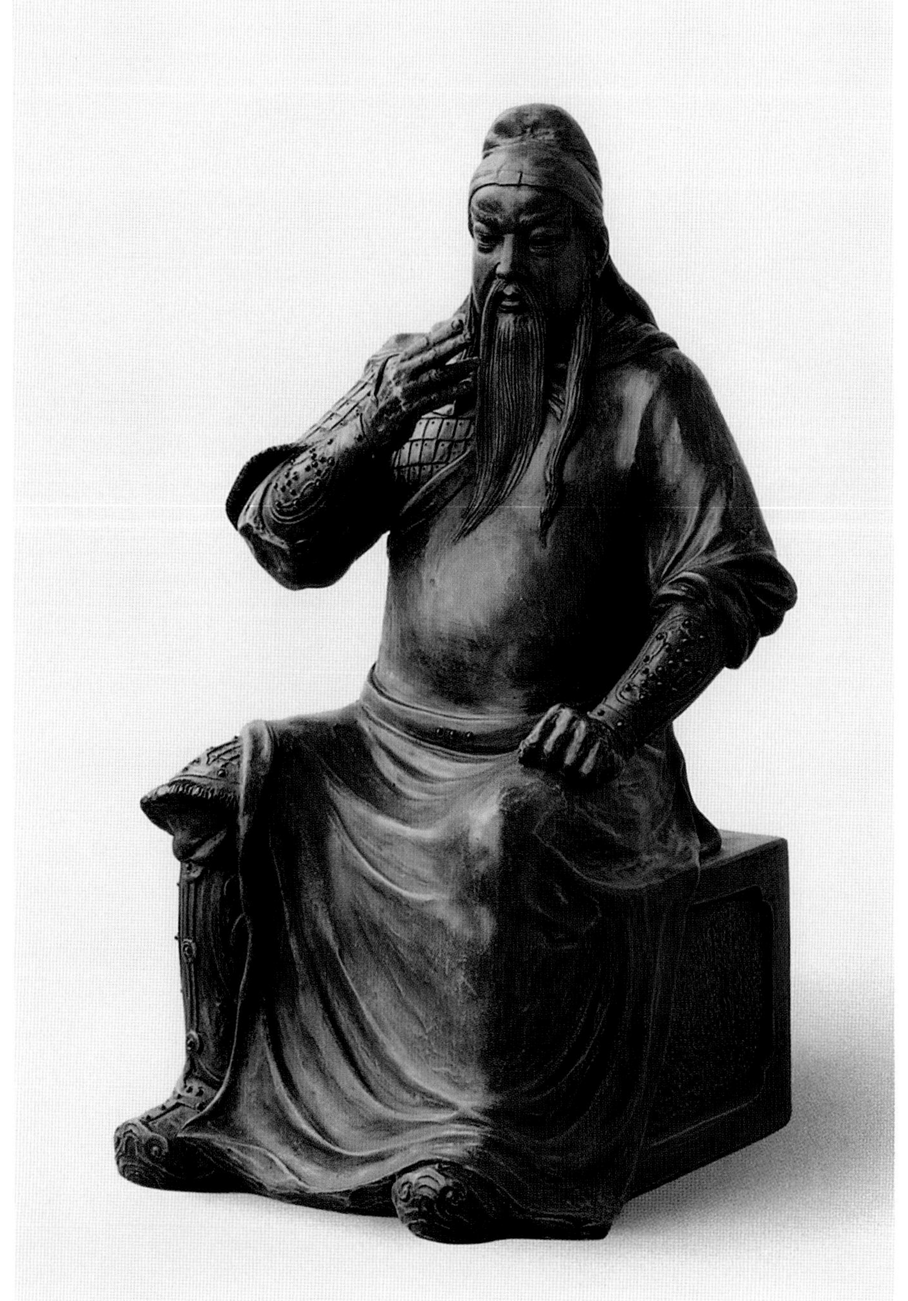

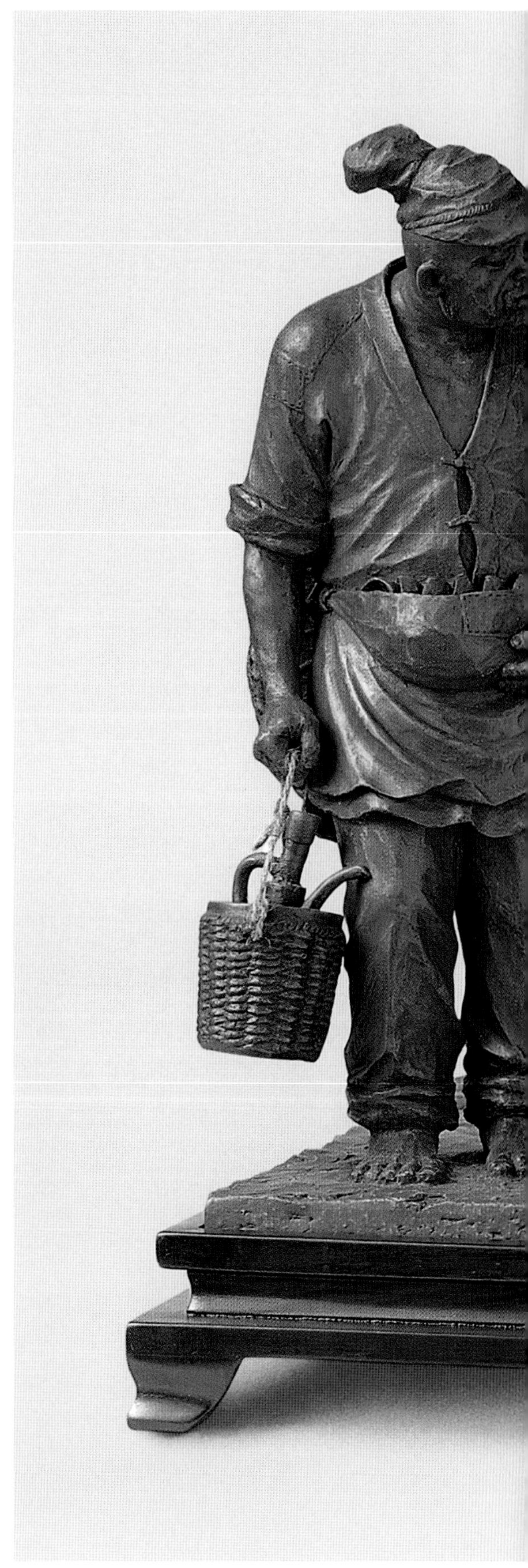

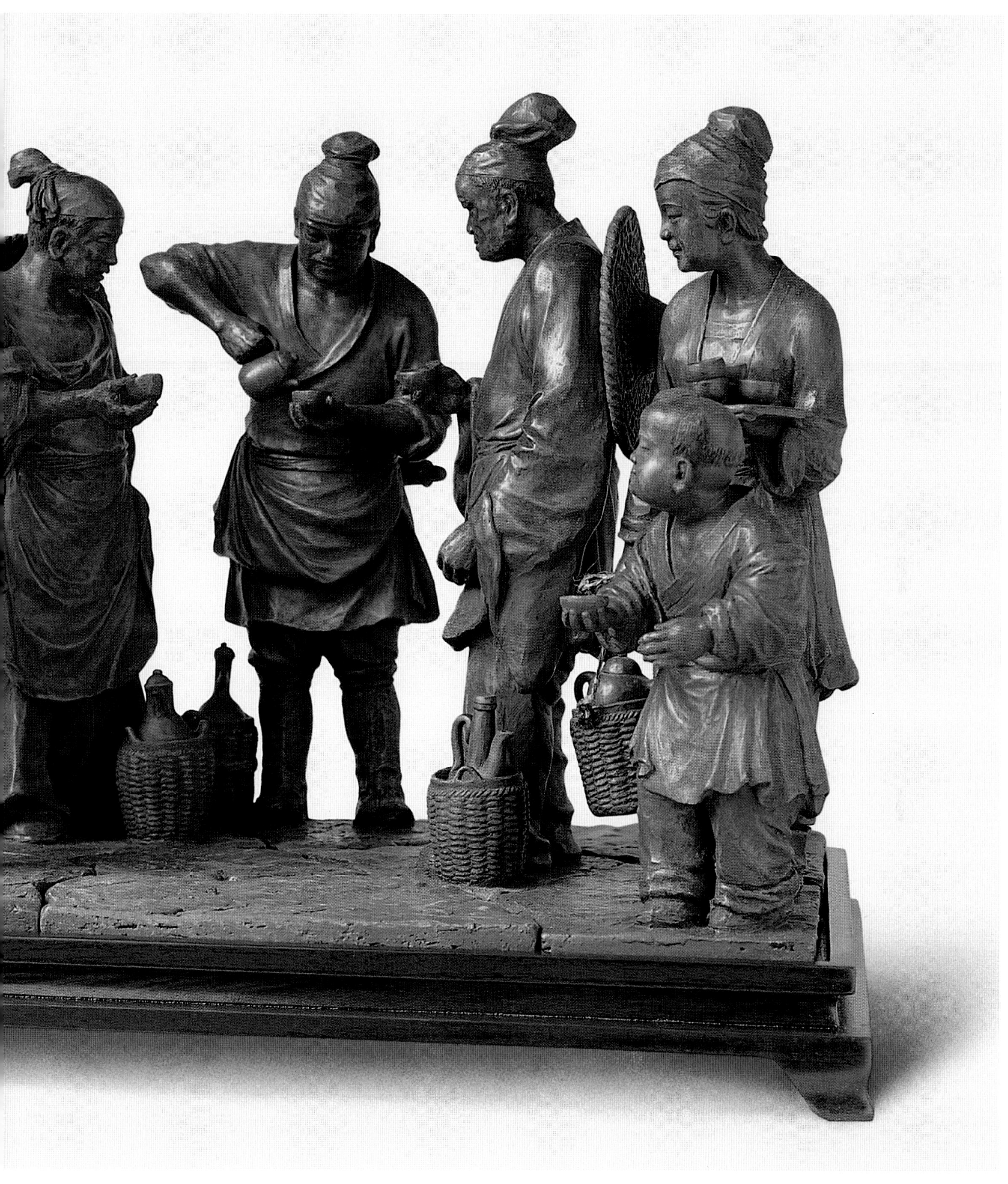

487.

鬥茶圖

陳文南

高350mm

◉ 宋代民間常有茶會，外鄉客藉此以傳遞各方信息，嗜茶者設立湯社，彼此比試茶品。更有盛者，寓玩要娛樂於一起，嗜茶者每每相聚比試茶藝。此種玩意稱爲“鬥茶”。

488.

江南水鄉

徐瑞平

高134mm　通寬274mm

（左）口徑橫54mm　縱45mm

（右）口徑橫51mm　縱49mm

◉　構思巧妙，趣味性強，通俗而無俗氣，把江南水鄉茶樓的瀹茶情景重現眼前，理、趣、情、用皆切。

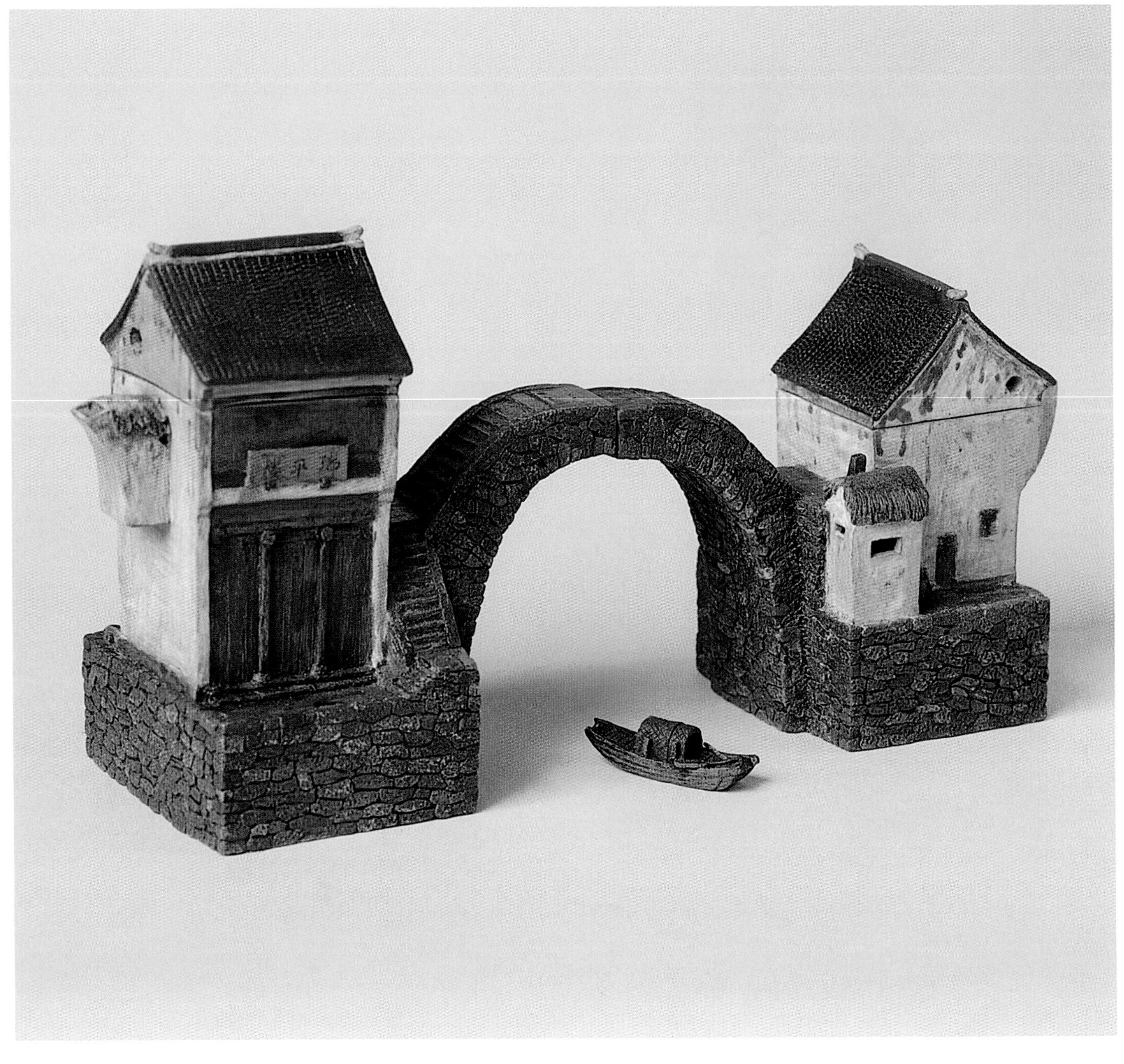

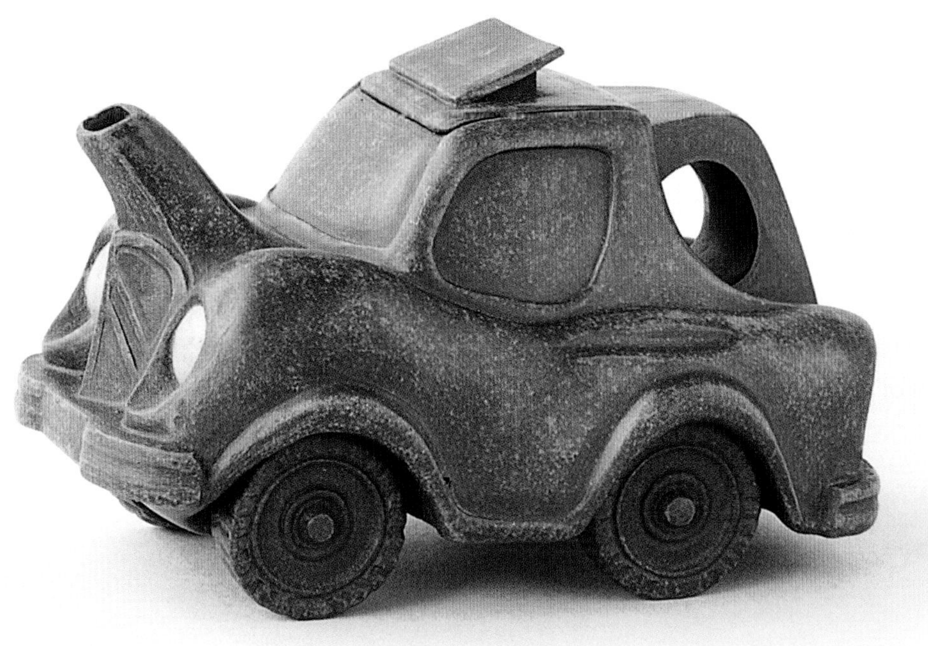

489.
汽車壺
徐瑞平
高90mm　口徑45mm

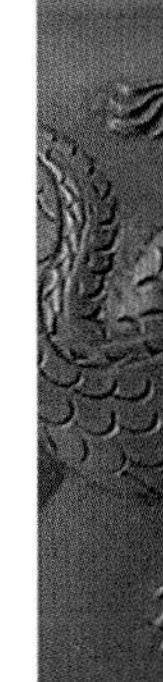

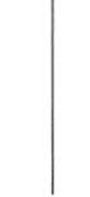

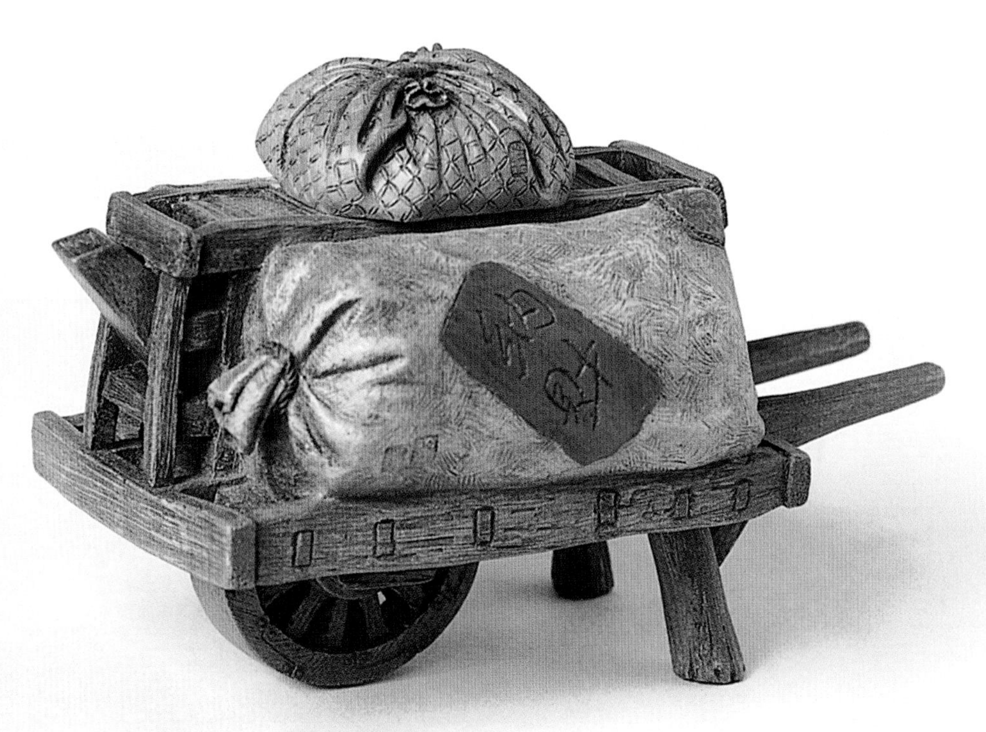

490.
山林味
徐瑞平
高110mm　口徑35mm
壺身銘：納財

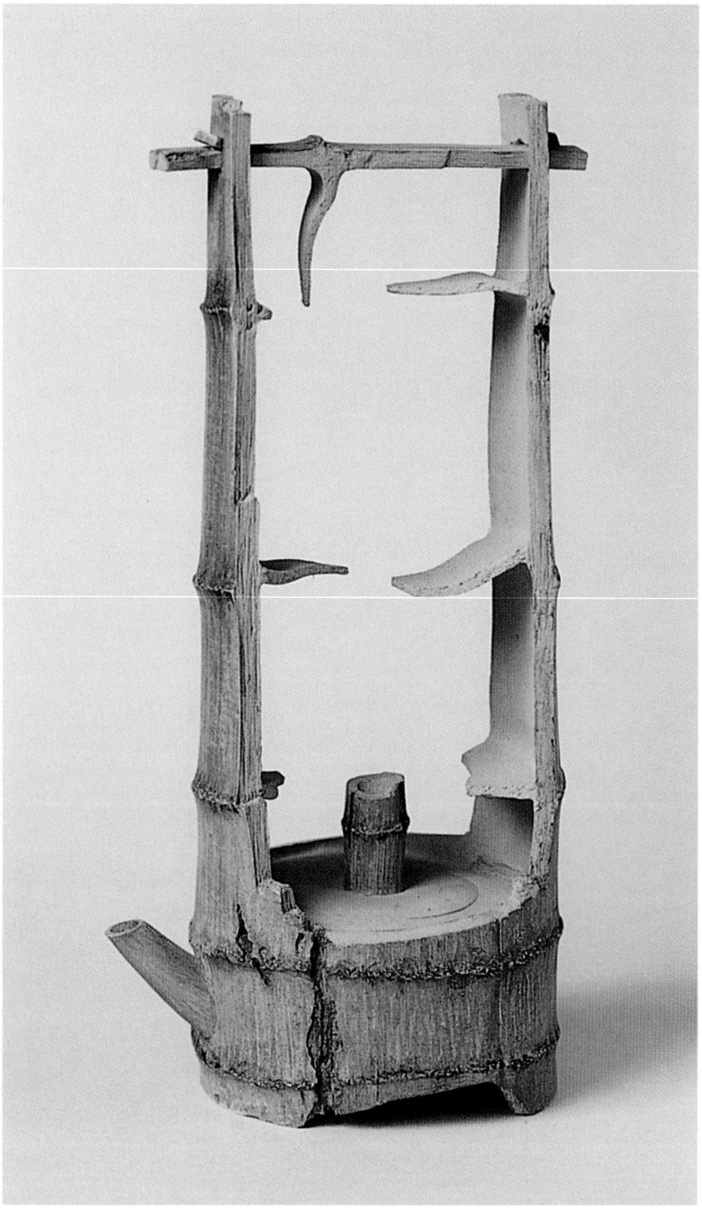

491.

竹報平安

周定芳

高277mm　口徑58mm

492.

咬定青山

周定芳

高100mm　口徑71mm

◉　紫砂造型中寫竹的特別多，此壺的表現形式可算在竹子題材中另闢蹊徑。

494.

日月觀音

周定芳、徐瑞平

高1100mm　寬650mm

千手觀音

周定芳

高530mm　寬330mm

◉　六觀音之一。觀世音在過去無量劫，聽千光王靜住如來說“廣大圓滿無礙大悲心陀羅尼”發誓要長出千手，表示遍護衆生。雕塑端莊慈祥，具有一定的品味和欣賞價值。

493.

方結壺

周定芳

高90mm　口徑45mm

壺身銘：滌煩襟，破孤悶。

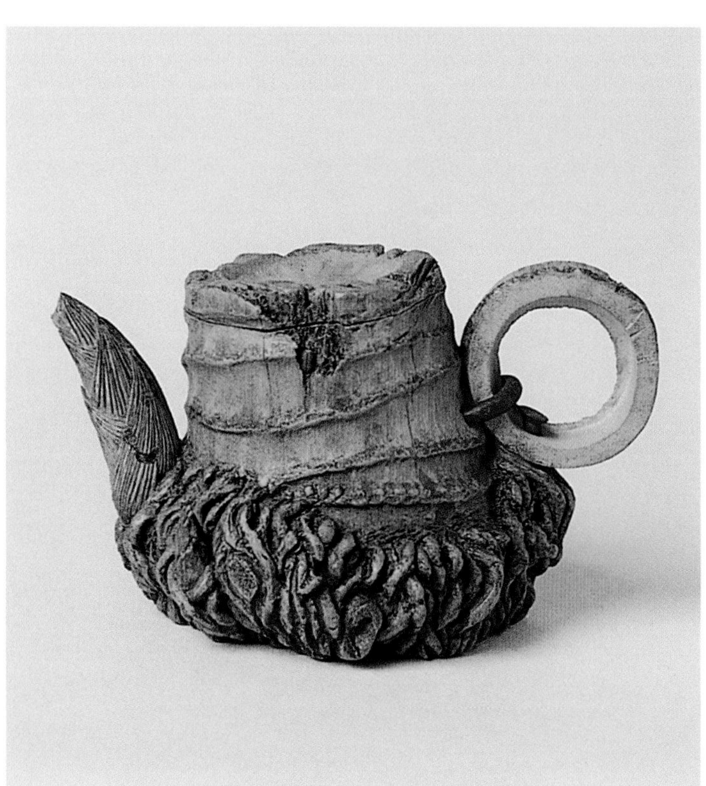

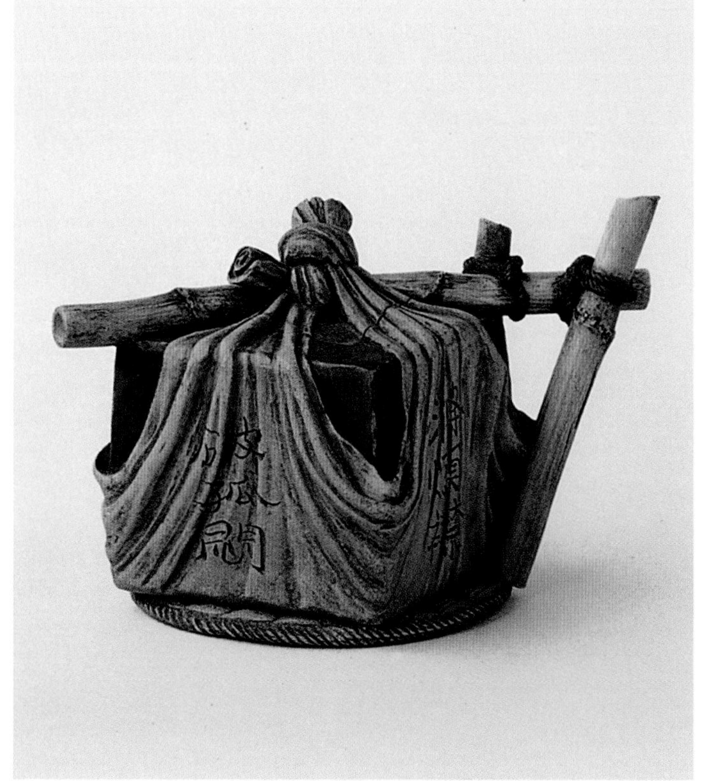

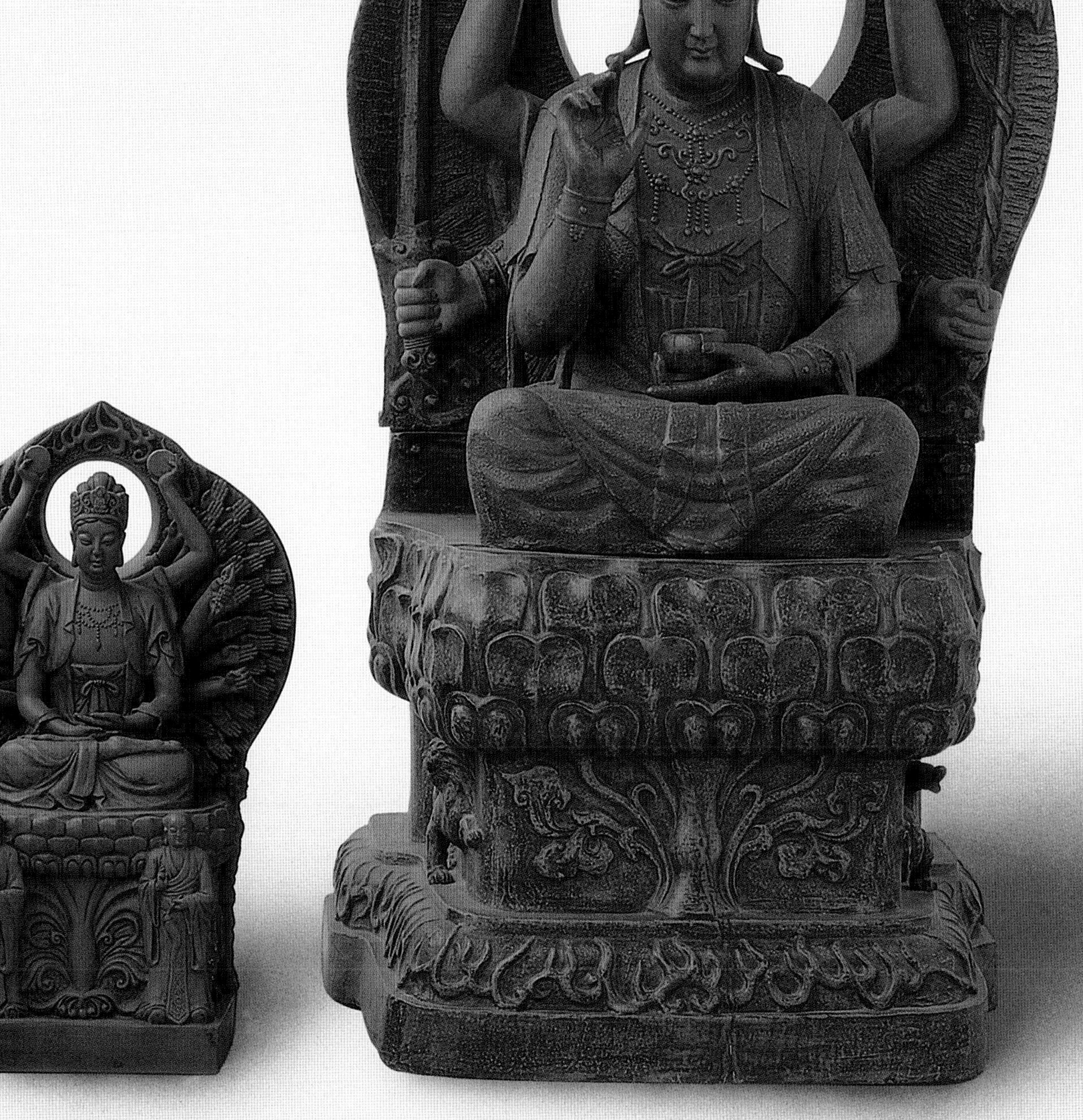

495.

皮包

周定芳

高97mm

口徑橫52mm　縱32mm

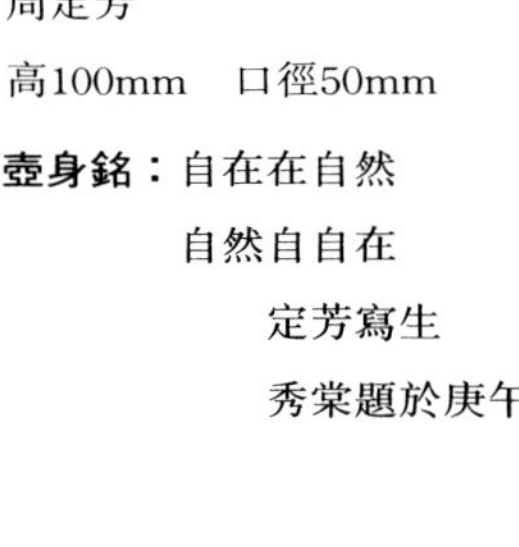

496.

木箱壺

周定芳

高100mm　口徑50mm

壺身銘： 自在在自然
自然自自在
定芳寫生
秀棠題於庚午

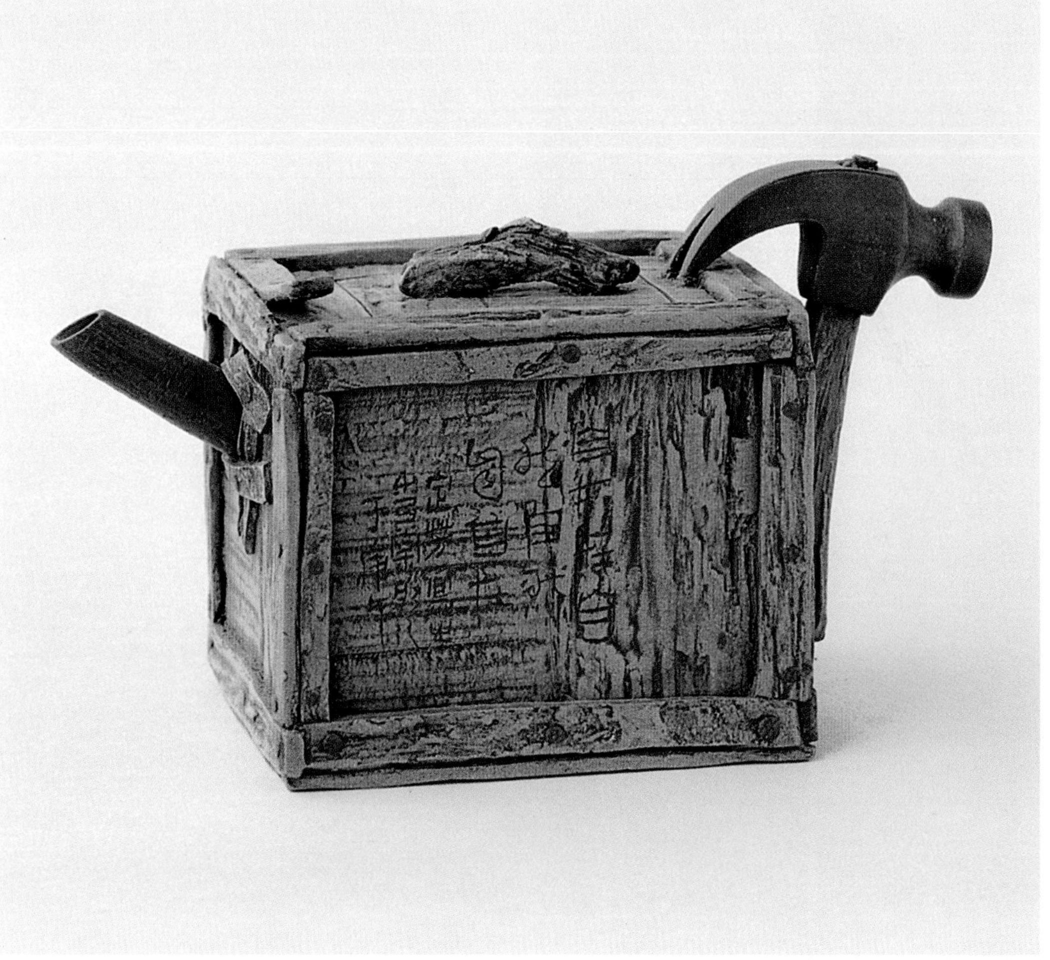

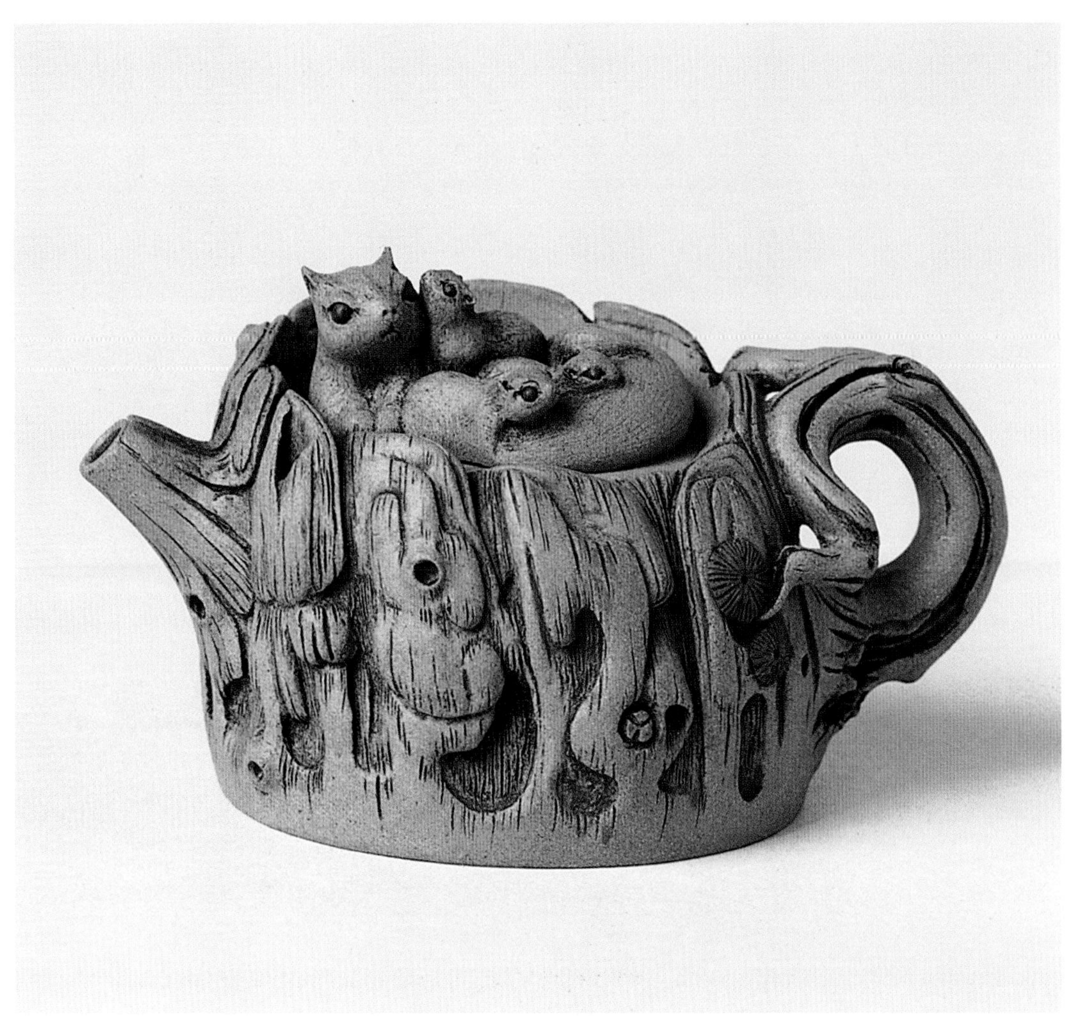

497.

野趣之一

勇躍駿

高110mm

口徑橫48mm　縱42mm

◉　此壺把樹皮的肌理大膽地加以誇張變形，從紫砂傳統處理手法中蛻變出一種新的裝飾效果。小松鼠也可愛逗人。作者頗具雕塑功底。

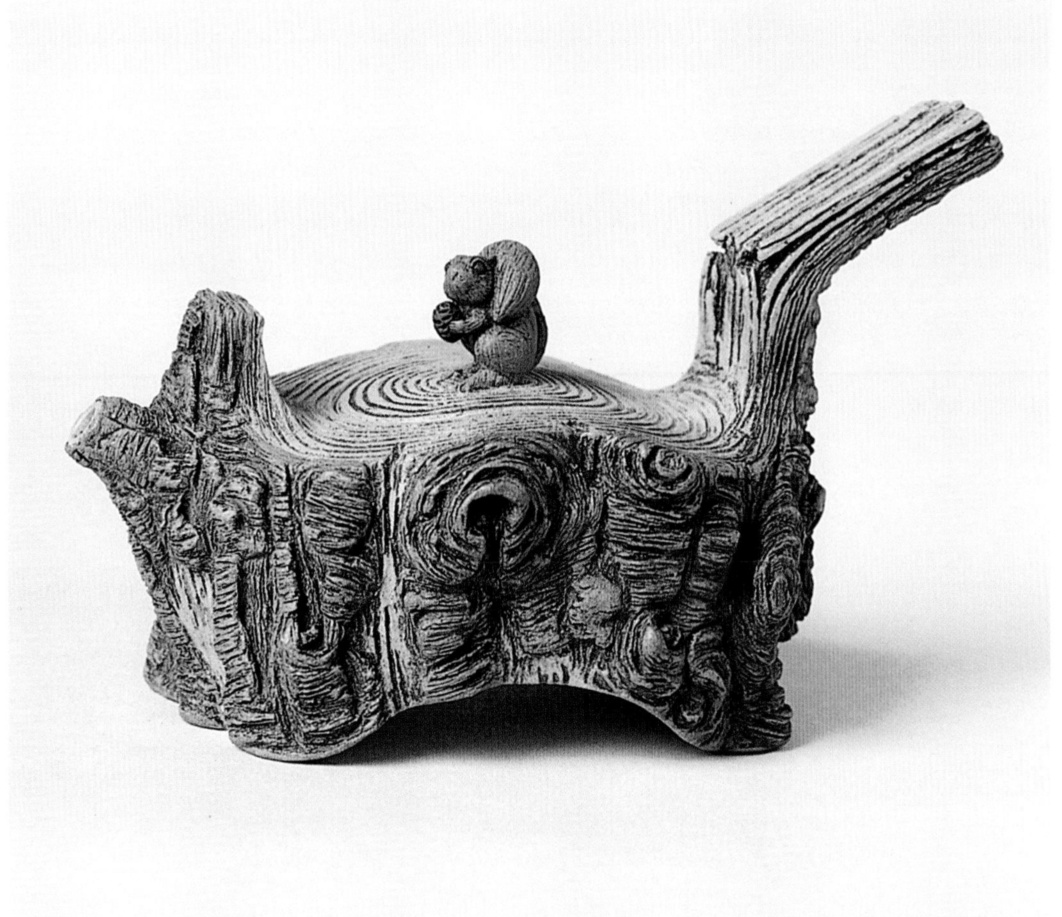

498.

野趣之二

勇躍駿

高101mm

口徑橫48mm　縱42mm

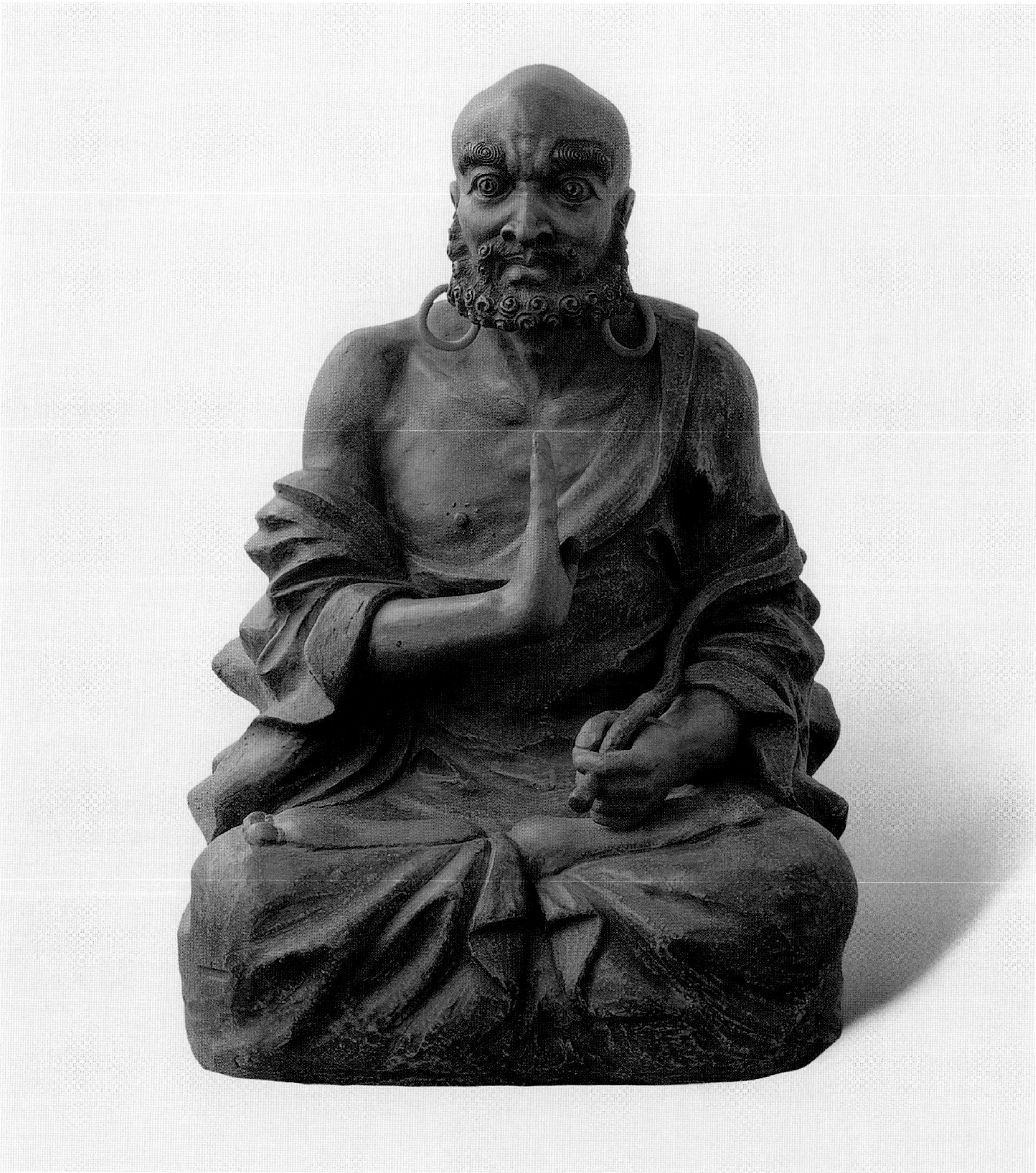

499.
達摩
勇躍駿
高640mm

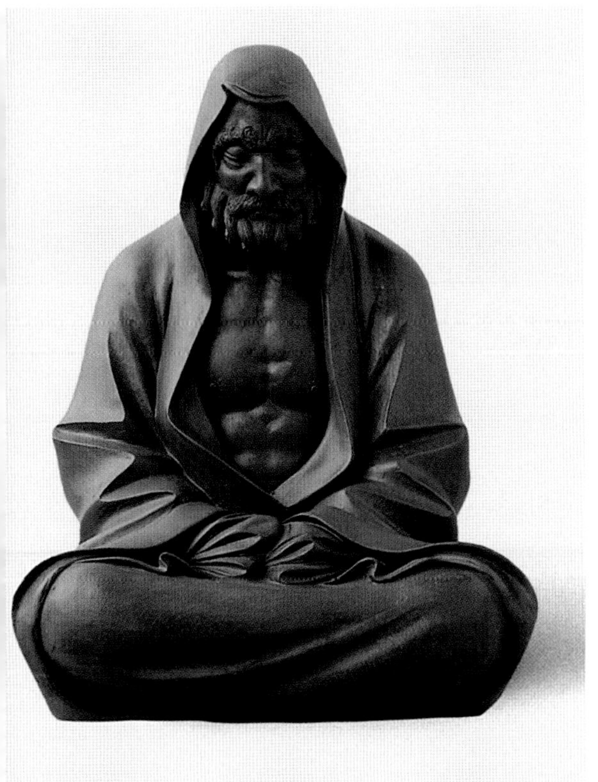

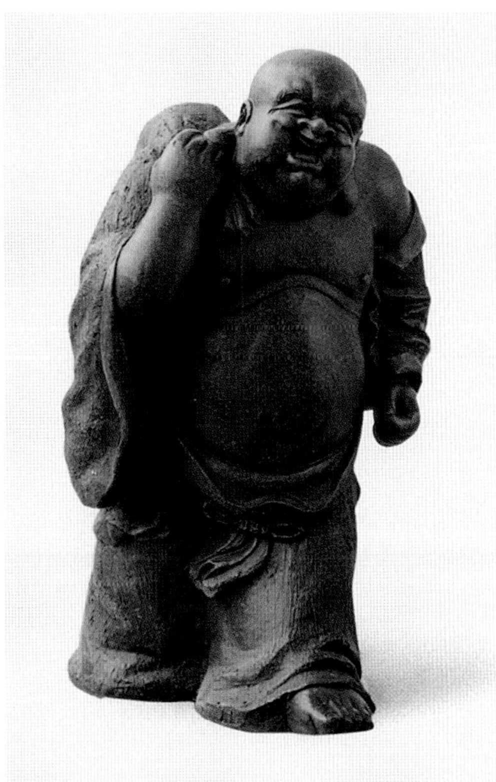

500.
小達摩
勇躍駿
高400mm

501.
背袋羅漢
勇躍駿
高410mm

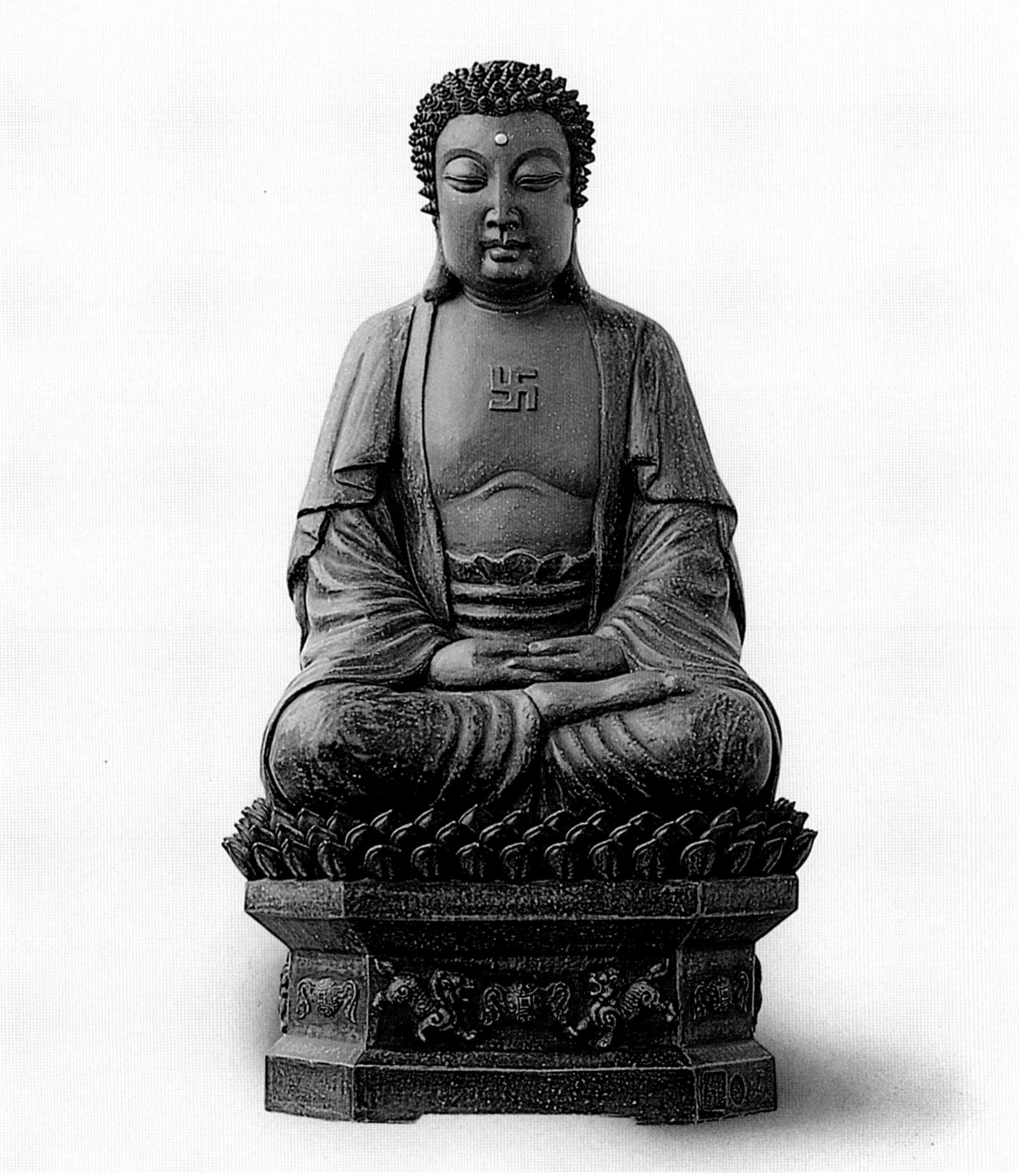

502.
中如來佛
勇躍駿
高570mm

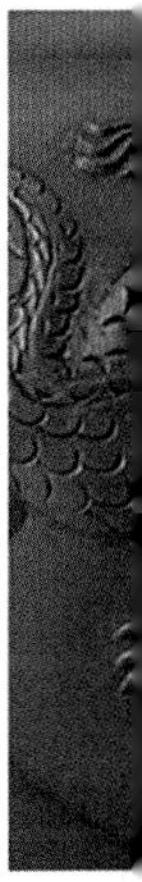

503.

石磨壺

陸文霞（製）　徐秀棠（銘）

高130mm　口徑67mm

壺身銘：泥煉天心轉，

品茗定禪玄。

庚午夏月上浣陽羨文霞作秀棠題

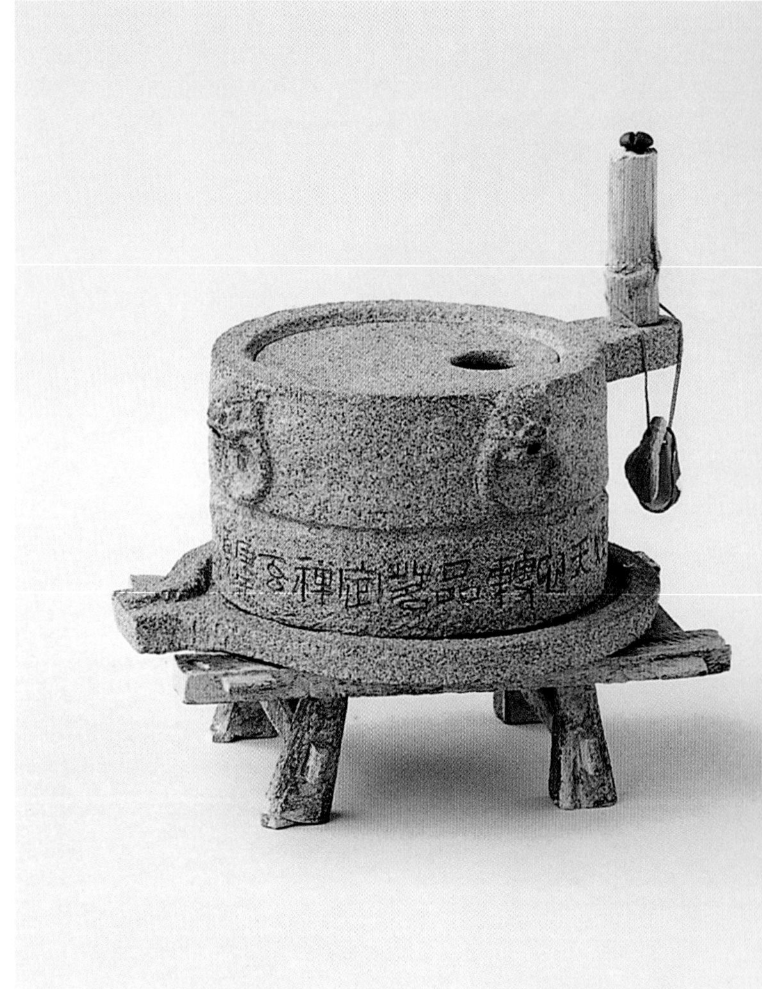

504.

鄉情茶具

陸文霞

壺高143mm

口徑橫55mm　縱34mm

杯高81mm　口徑51mm

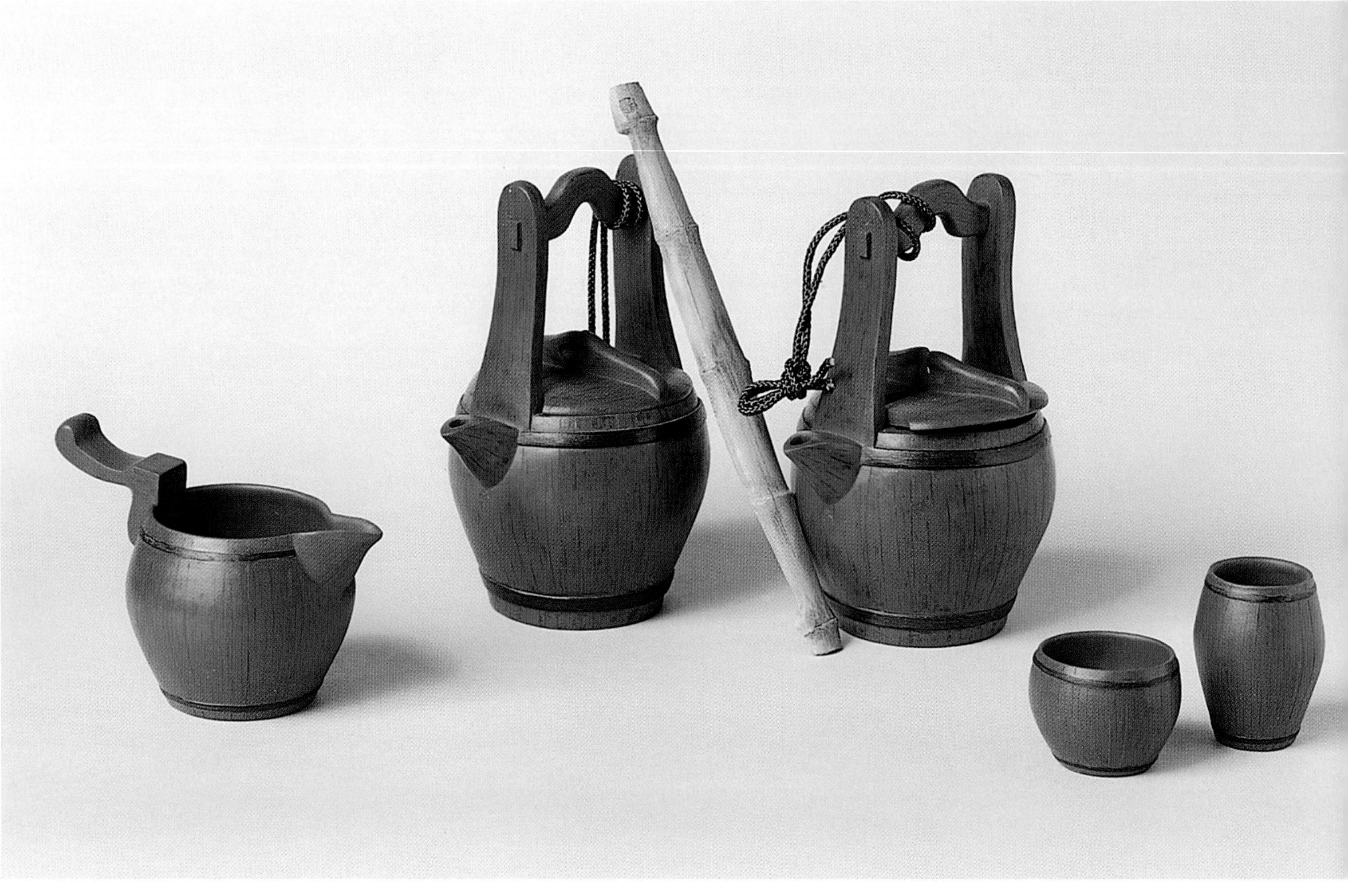

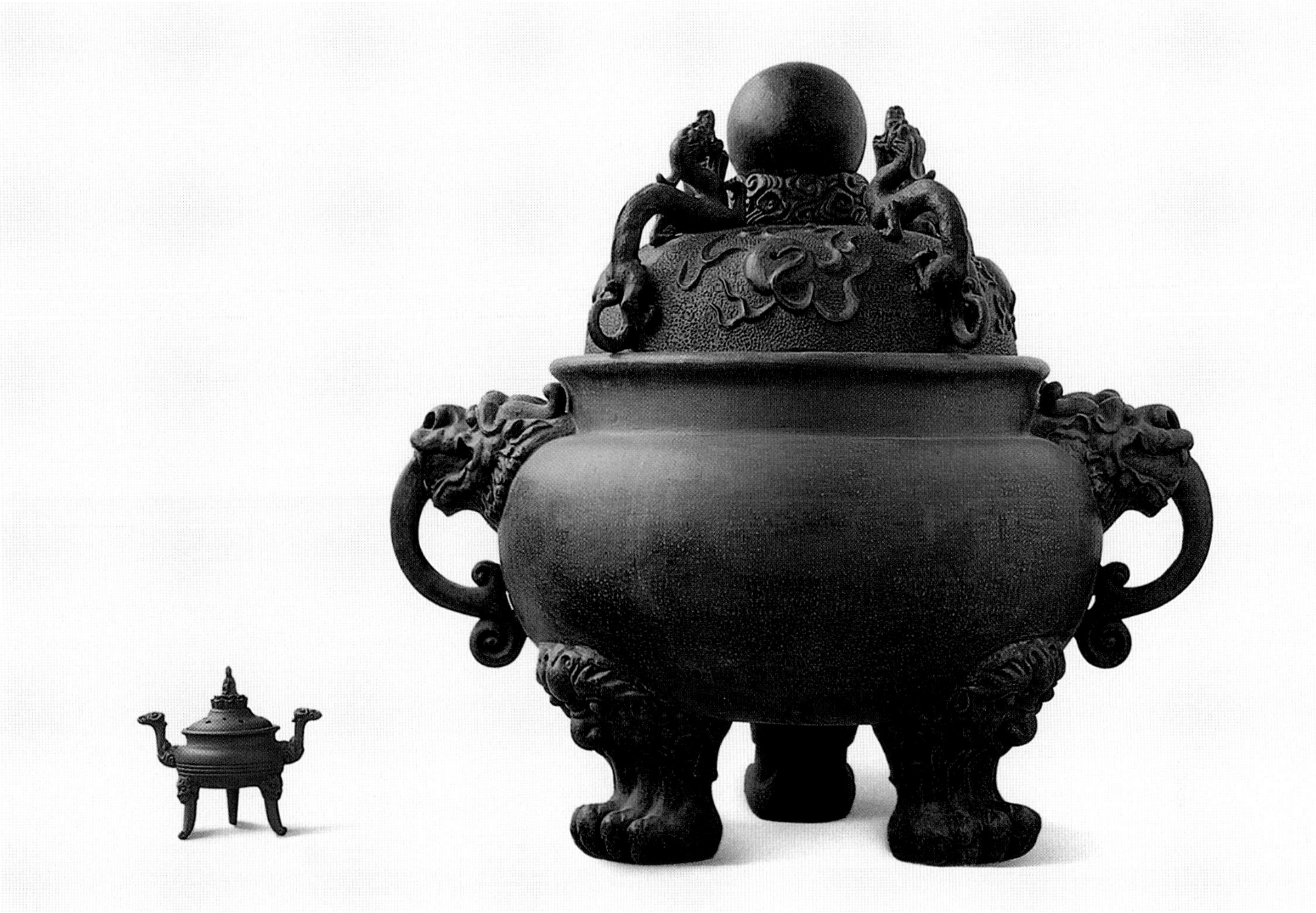

505.

九龍鼎大香爐

徐秀棠、周定芳

高950mm　寬1040mm

雲耳小香爐

盧劍星、陸文霞

高197mm　寬217mm

◉　此特大件紫砂作品，不說爲最，也屬可數，氣勢雄偉，大具鼎力之魄。且不易製作燒造。

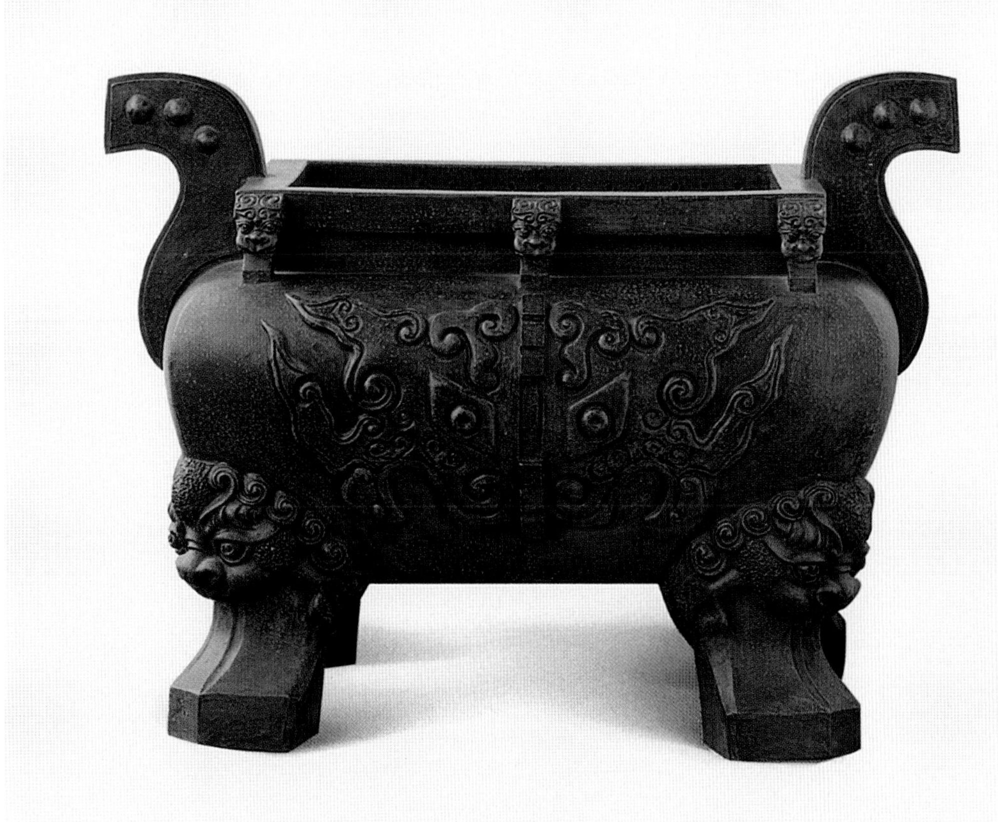

506.

大長方鼎

陸文霞

高61mm

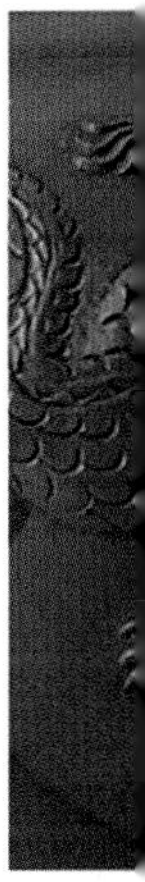

507.
藤編竹提梁
葉惠毓
高110mm 口徑58mm

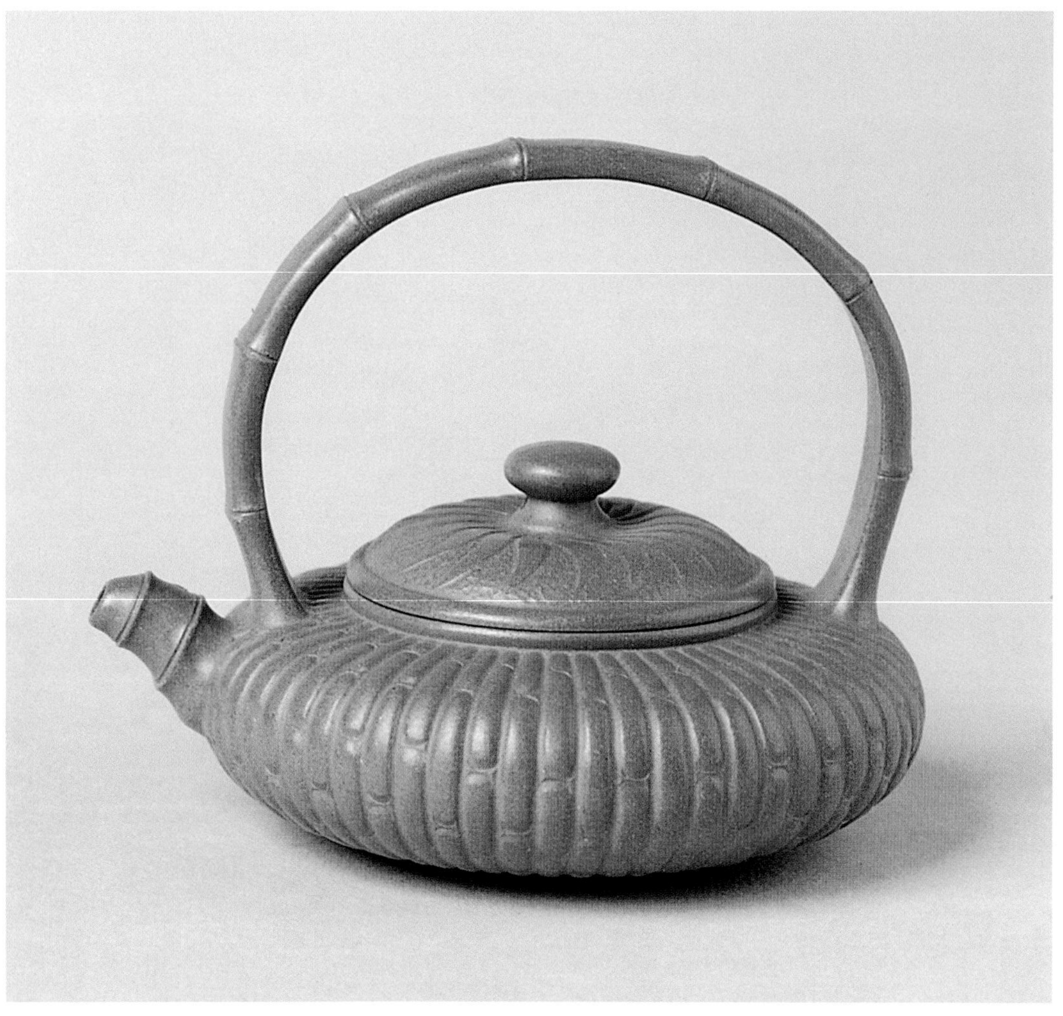

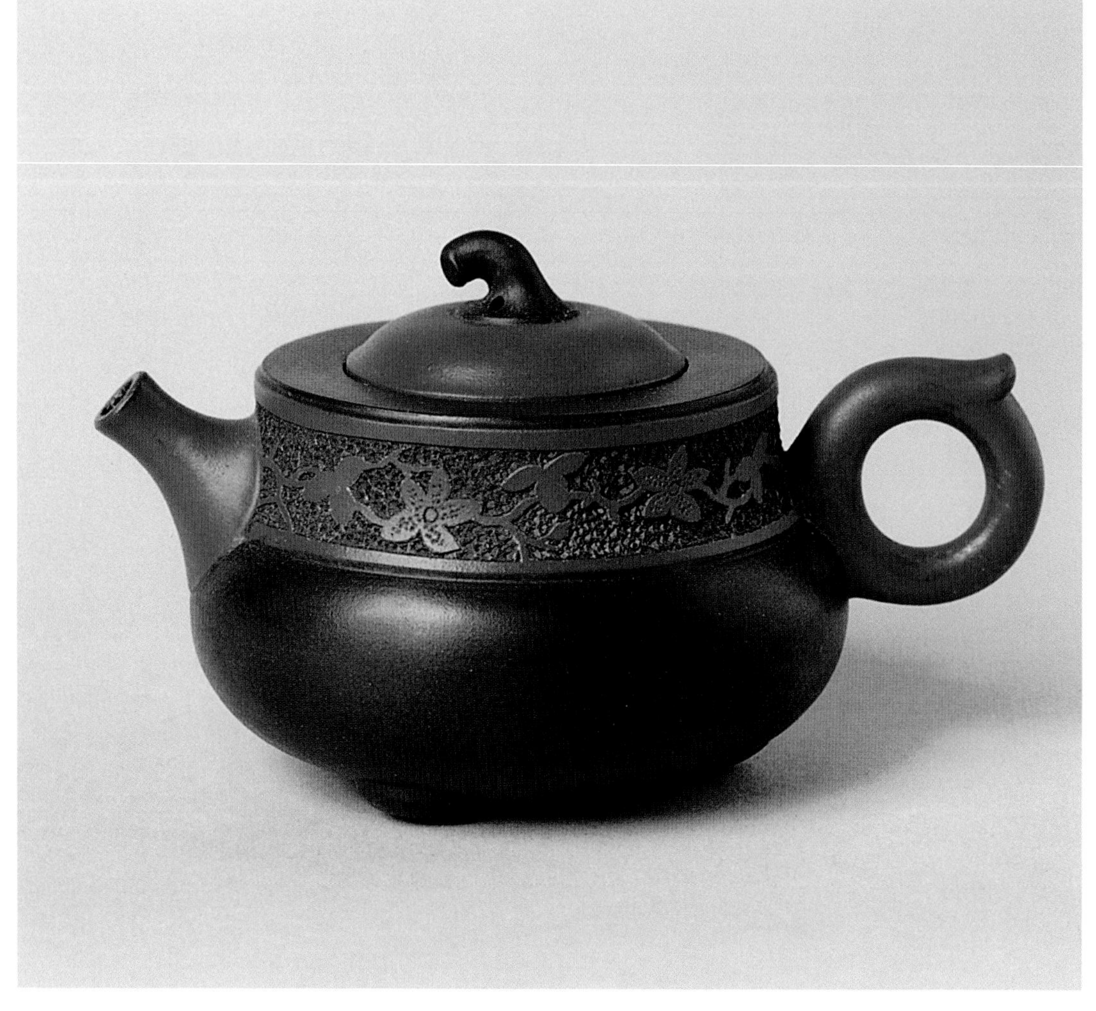

508.
北瓜壺
房玉蘭
高78mm 口徑58mm

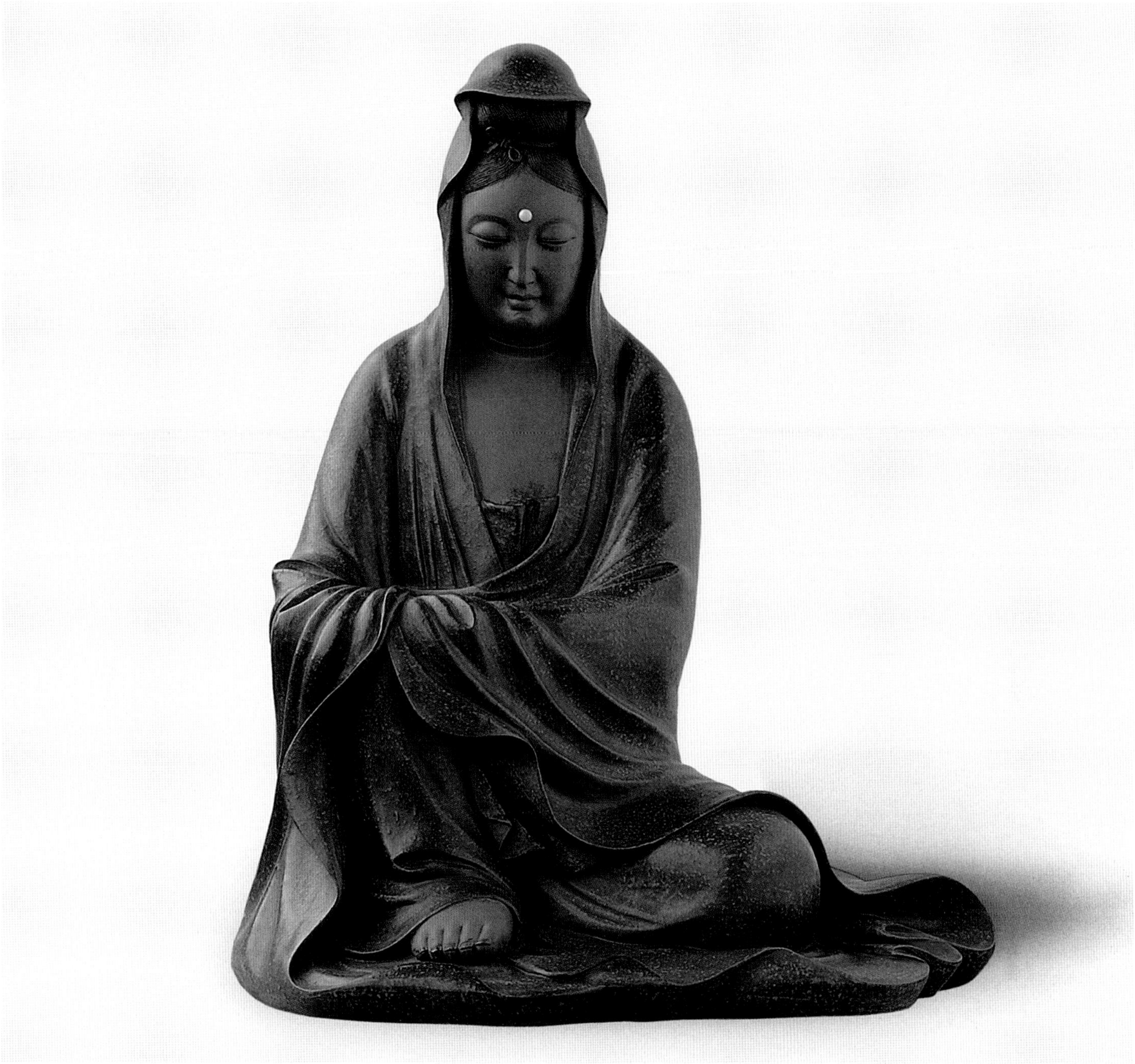

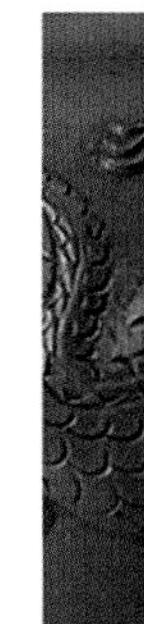

509.
仿明大觀音
徐秀棠、史小明
高580mm

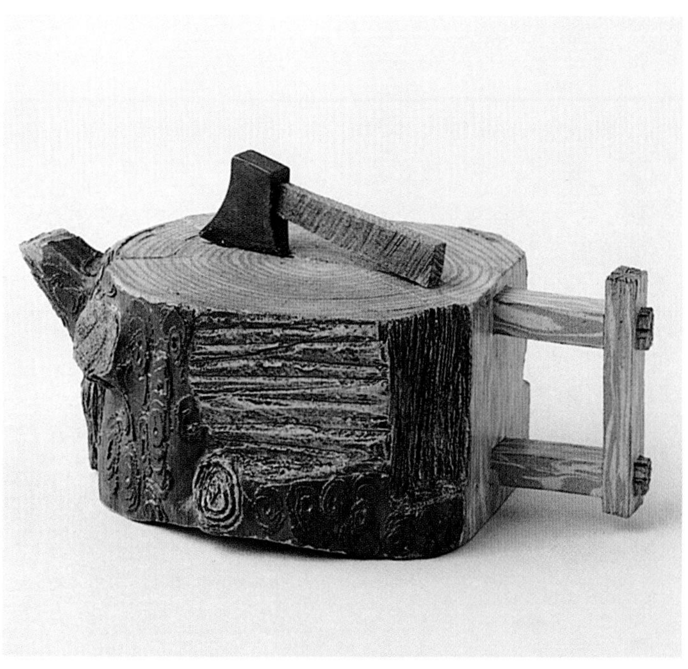

510.
勁壺
史小明
高75mm
口徑橫64mm　縱60mm

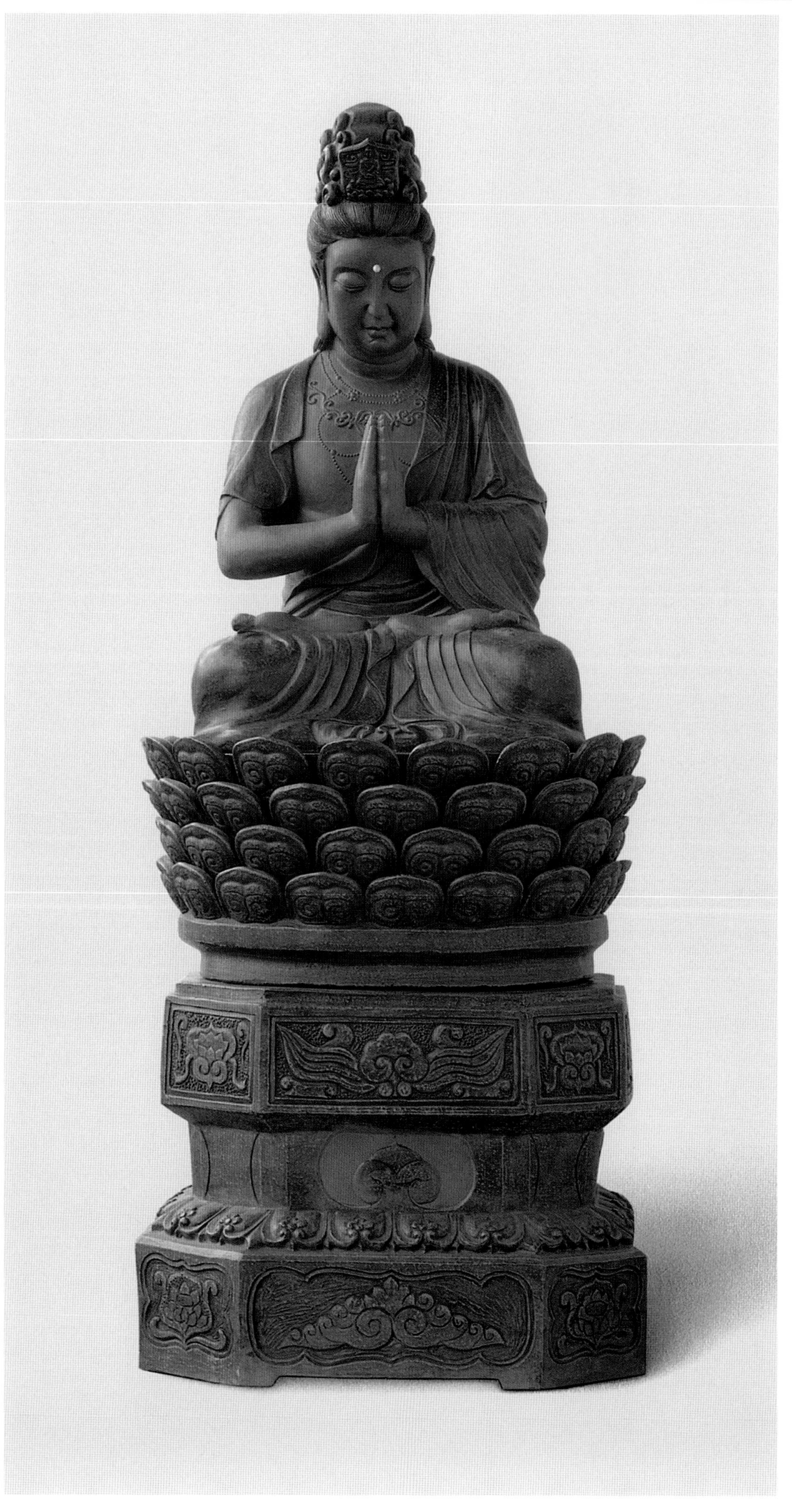

511.
大蓮花觀音
尹祥明
高1470mm

主編簡介

顧景舟，又名景洲。中國工藝美術大師，高級工藝美術師，中國美術家協會會員。一九一五年生於江蘇宜興上川埠鄉上袁村紫砂世家。少年立志於紫砂陶藝，隨其祖母邵氏學藝，悉心鑽研紫砂名著，刻苦磨煉紫砂製作技法。二十歲便躋身於紫砂名工之列。數十年的刻意探求，使他在繼承傳統的基礎上形成了自己獨特的藝術風格：形器雄健而嚴謹，綫條流暢而規整，氣格古樸而典雅，藝品細秀而工精。他飽覽歷代紫砂名作，憑自身的藝術素養，對紫砂壺藝的研究和鑒賞有獨到之處。在書法、繪畫、金石、鐫刻、考古等方面也都有很高的造詣。

顧氏是近代紫砂陶藝家中最有成就的一位，被譽爲“一代宗師”、“壺藝泰斗”，所享聲譽，可媲美明代的時大彬。他雖已年逾古稀，搏埴茗壺尚游刃有餘，晚近偶有所作，每將紫砂造型藝術的特點表現得淋漓盡致，顯露其精、氣、神、韵之美，洋溢時代氣息，被人們所珍視。

徐秀棠，高級工藝美術師，中國美術家協會會員。一九三七年生。一九五四年，隨着名藝人任淦庭學習陶刻。一九五八年，在北京中央工藝美術學院“泥人張”（張景祜）工作室學習民間雕塑。他能充分利用紫砂陶土材質的特點，借鑒其他藝術，創出了紫砂陶塑的個人風格。所製以古獸爲題材的茗壺，有濃厚的雕塑味；其他作品題材具有生活情趣，人物刻劃形神兼備，均爲海內外愛好者所珍視。一九八一年曾赴香港參加第六屆亞洲藝術節活動。

李昌鴻，高級工藝美術師。一九三七年生。一九五五年，隨工藝美術大師顧景舟學藝，功底扎實，知識面寬，勇於創新。一九五六年，曾用點、綫、面美學構成法則，研究紫砂造型，創作了“化石紋飾”、“印紋裝飾”、“紋泥紋飾”的紫砂器，受到中央美術學院高莊教授的讚賞。一九五九年，從事工廠企業行政技術管理工作以來，利用工餘，深入探究紫砂歷史和傳統技藝，並寄興於紫砂壺、盆和陳設陶藝的創新設計，作品構思邃密，技法嚴謹，裝飾新穎，風格多樣，博採衆長而又獨具個性。他設計的“竹簡茶具”（沈蘧華製作，沈漢生裝飾）獲一九八四年萊比錫國際博覽會金質獎；“丙寅大吉”陳設壺（與徐秀棠合作）獲一九八六年全國藝術陶瓷創作設計一等獎；“九龍壺”獲一九九〇年全國陶瓷評比三等獎。

作者索引

丁洪順 355
大 炳 91
于耀忠 200
方 拙 127
王石耕 282、283
王生娣 374、375
王秀芳 373
王建中 287、338、368
王寅春 179～182
毛國強 274、275、289、323、324、327
尹祥明 396
永 明 82
古拉特 287
申 錫 113、123
史小明 395
史維高 83、84
朱可心 183～186
朱石楳 111～115
任伯年 142、143
任淦庭 171、172
江建祥 343、344
江聽香 109
束鳳英 291
李正華 332
李茂林 57
李奇茂 376
李昌鴻 230～234、248
李園林 370、371
李碧芳 242、251～253
李慧芳 335、337
李寶珍 168
何廷初 293～295
何道洪 261～264
汪寅仙 254～260
汪寶根 161、162
沈漢生 325、340
沈蘧華 230、231、243～248
呂堯臣 265～270
吳 鳴 362、363
吳月亭 146
吳亞亦 357～359
吳純根 208
吳雲根 177、178
吳群祥 236、237、333、334
房玉蘭 394
東 石 142
亞 明 309
范 占 168
范大生 159、160
范正根 187
范永良 372
味清老人 66
季益順 360、361
供 春 40
周定芳 386～388、393
周定華 364～366
周品珍 126
周桂珍 236、238～240、298～306
周尊嚴 326、327
邵二泉 92
邵大亨 86～91
邵友廷 128～131
邵友蘭 92、93
邵全章 188
邵旭茂 79
邵俊根 83
邵赦大 133
邵維新 132
施小馬 351、352
施秀春 320～322
施福生 209
胡永成 354
胡耀庭 163、164
咸仲英 284
俞國良 153～156
勇躍駿 389～391
高紅英 292
高建芳 350
高海庚 235～242、289
高振宇 345、346
高麗君 290
華鳳翔 73
虔 榮 85
時 鵬 41

時大彬 42～52
笏　山 124
留　珮 128
殷　尚 75
徐　徐 228、229、345、346
徐友泉 58、59
徐秀棠 219～229、302、303、305、306、393、395
徐雪娟 377
徐達明 373
徐瑞平 384、385、387
徐漢棠 210～218
徐維明 347～349
許四海 375～376
許成權 250
郭　麐 100、101
根　翁 140～142
黃玉麟 136～140
曹亞麟 367
曹婉芬 285～289
曹燕萍 367
陳　父 116
陳　辰 64、65
陳子畦 63、65
陳少亭 161
陳文南 382、383
陳光明 149
陳仲美 61
陳信卿 60
陳國良 353
陳曼生 93～100、102～106
陳進海 353、365、370
陳鳳妹 226
陳蔭千 78
陳鳴遠 67～72
陸文霞 378、379、392、393
陸巧英 284
張　靜 355、356
張子祥 144
張守智 252、255、257、262、274、297、299、301、315、319、354、359、361、364、371
張志强 368
張紅華 311～315
强德俊 370
壺　痴 122
葉惠毓 394
葛明仙 296、297
葛陶中 336～339
萬　泉 124～126
惠孟臣 62
雲　岩 115
程潤年 310、328
程壽珍 150～152
馮其庸 302～306
馮桂林 165
惲益萍 369
聖　思 55
楊　氏 109～111
楊季初 80
楊彭年 94～99、101～103、105～109、111、114、115、118、120、121、124
楊勤方 374、375
趙松亭 146～148
趙洪生 329～331
蔣　彥 361
蔣　蓉 204～207
裴石民 173～176、291
銘　遠 134、135
潘春芳 249
潘持平 307～310
劉建平 279、340～342
鄧　奎 117
盧劍星 378～381、393
鮑仲梅 320～322
鮑志强 279、280
謝曼倫 316～319
韓美林 253、304、358
儲立之 281
瞿子冶 116、118～121
譚泉海 246、277、278、310
韻　石 140～142
顧紹培 271～276
顧景舟 189～203、241、304

後　記

我們終於有了一本由宜興紫砂大師親自編撰的，極具權威性的《宜興紫砂珍賞》畫册。

本書主編顧景舟大師，自幼隨其祖母邵氏學藝，刻苦實踐；數十年來，且遍覽歷代紫砂精華，潛心鑽研，以其造器形制之精巧、技藝之深湛，以及對紫砂歷史和鑒定之獨特心得，被公認爲紫砂工藝的一代宗師、當代紫砂研究的權威。顧老年近八十，這次與其大弟子李昌鴻、徐秀棠先生一起，不辭勞苦，親力親爲，考察古窰址，走訪博物館，選汰藏品，釐定次序，不但爲畫册精選了古今紫砂代表作，寫了鑒賞指引，還綜論陶藝，詳述工藝流程，並縷介陽羨茶事，以其深厚的藝術積累，向熱愛紫砂陶藝的方家獻出了這部“珍賞”，寫下了紫砂陶藝史上重要的一頁。

本書的總體工作是在宜興陶瓷公司王傲盤總經理的親自關懷下，組成編委會進行的。作爲紫砂陶藝的基地，數十年來，宜興陶瓷公司爲保存和發展這項傳統工藝，作出了巨大貢獻，這次又爲本書創造一切方便，保證了編寫、拍攝工作的順利進行。

在編輯過程中，我們還得到了宜興陶瓷陳列館、宜興紫砂工藝廠陳列室以及上海博物館、南京博物院、南京市博物館、蘇州市博物館、蘇州文物商店、無錫縣文物管理委員會、故宮博物院等文博單位的鼎力支持和幫助。尤其必須一提的是，著名畫家、收藏家唐雲先生，書法家王一羽先生，以及許四海先生無私出示了他們的精彩藏品；馮其庸先生不僅俯允爲本書寫序，還借出了數件珍藏精品給予拍攝。此外，郭群先生爲本書拍攝了南京博物院、市博物館及王一羽先生的藏品。在組織拍攝藏品的過程中，也得到了宜興杜鵑攝影社唐國新先生的熱情協助(凡標有＊的圖版，均由唐國新攝影)。

在編輯、設計的最後階段，香港茶具文物館、香港中文大學文物館爲本書迅速提供圖片，使得圖版歷史部分更加全面、完整；香港中文大學的黎淑儀女士百忙中爲部分藏品撰作賞鑒文字，認真負責的精神令人感佩。

本書所得到各方面充滿深情厚意的援助，無法一一，謹在此一併致以衷心感謝。

一九九一年十月